»Kollaboration« in Nordosteuropa

Veröffentlichungen des Nordost-Instituts

Band 1

2006

Harrassowitz Verlag · Wiesbaden

»Kollaboration« in Nordosteuropa

Erscheinungsformen und Deutungen im 20. Jahrhundert

Herausgegeben von Joachim Tauber

2006

Harrassowitz Verlag · Wiesbaden

Herausgeber:
Nordost-Institut
Institut für Kultur und Geschichte
der Deutschen in Nordosteuropa e.V.
an der Universität Hamburg
Conventstr. 1
21335 Lüneburg
www.ikgn.de

Redaktion des Bandes: Konrad Maier

Umschlagabbildung: J. Šiletis: Vokieču okupacija Lietuvoje 1915–1919 m. /
The German Occupation in Lithuania 1915–1919. Šiauliai 1999, S. 89.

Gedruckt mit Unterstützung des Beauftragten der Bundesregierung
für Kultur und Medien und des Niedersächsischen Innenministeriums.

Bibliografische Information Der Deutschen Bibliothek:
Die Deutsche Bibliothek verzeichnet diese Publikation in der Deutschen
Nationalbibliografie; detaillierte bibliografische Daten sind im Internet
über http://dnb.ddb.de abrufbar.

Bibliographic information published by Die Deutsche Bibliothek:
Die Deutsche Bibliothek lists this publication in the Deutsche
Nationalbibliografie; detailed bibliographic data is available in the
internet at http://dnb.ddb.de.

Informationen zum Verlagsprogramm finden Sie unter
http://www.harrassowitz-verlag.de

ISSN 1862-7455
ISBN 978-3-447-05367-9

Inhalt

Andreas Lawaty
Vorwort   9

Joachim Tauber
„Kollaboration" in Nordosteuropa. Erscheinungsformen und Deutungen
im 20. Jahrhundert 11

Grundlagen

Werner Röhr
Kollaboration: Sachverhalt und Begriff. Methodische Überlegungen
auf der Grundlage vergleichender Forschungen zur Okkupationspolitik
der Achsenmächte im Zweiten Weltkrieg 21

Gerhard Hirschfeld
Formen nationalsozialistischer Besatzungspolitik im Zweiten Weltkrieg 40

Christian Koller
Fremdherrschaft und nationale Loyalität: Das Fremdherrschaftskonzept
in der politischen Sprache Deutschlands der ersten Hälfte des 20.
Jahrhunderts 56

Fallstudien

Lettland

Kathrin Reichelt
Kollaboration: Zwei Beispiele aus der Judenverfolgung in Lettland 1941–1944 77

Litauen

Darius Staliūnas
Russländische „Kollaborationsangebote" an nationale Gruppen
nach dem Januaraufstand von 1863 im so genannten Nordwestgebiet 88

Leonidas Donskis
Loyalty, Dissent, and Betrayal in the Liberal-Nationalistic Moral
Imagination: A Lithuanian Perspective 101

Vėjas Gabriel Liulevičius
Das Land Ober Ost im Ersten Weltkrieg: Eine Fallstudie
zu den deutsch-litauischen Beziehungen und Zukunftsvorstellungen................. 118

Christoph Dieckmann
Kollaboration? Litauische Nationsbildung und deutsche Besatzungsherrschaft
im Zweiten Weltkrieg.. 128

Saulius Sužiedėlis
Lithuanian Collaboration during the Second World War:
Past Realities, Present Perceptions 140

Michael McQueen
Collaboration as an Element in the Polish-Lithuanian Struggle Over Vilnius 164

Egidijus Aleksandravičius
Lithuanian collaboration with the Nazis and the Soviets 174

Polen

Lars Jockheck
Vom Agenten zum Kollaborateur? Die Zusammenarbeit des jüdischen Publizisten Fritz
Seifter aus Bielitz mit deutschen Behörden in den 1930er und 1940er Jahren........ 192

Klaus-Peter Friedrich
Polen und seine Feinde (sowie deren Kollaborateure). Vorwürfe wegen
„polnischer Kollaboration" und „jüdischer Kollaboration"
in der polnischen Presse (1942–1944/45)... 206

Hans-Jürgen Bömelburg
Der Kollaborationsvorwurf in der polnischen und jüdischen Öffentlichkeit
nach 1945 – das Beispiel Michał Weichert 250

Jerzy Kochanowski
„Selbst mit dem Teufel, Hauptsache in ein freies Polen".
War während des Zweiten Weltkriegs ein gemeinsames Vorgehen
von Polen und Deutschen gegen die UdSSR denkbar?........................... 289

Jerzy W. Borejsza
Einige Anmerkungen zum Gebrauch des Begriffs Kollaboration
in der heutigen polnischen Sprache 305

Piotr Madajczyk
Bedeutung und Nutzen des Begriffs „Kollaboration"
für Forschungen über die Zeitgeschichte Polens.................................. 314

Tomasz Szarota
Kollaboration mit deutschen und sowjetischen Besatzern
aus polnischer Sicht – damals, gestern und heute 324

Włodzimierz Borodziej
Zur Debatte um Kollaboration in Polen im Zweiten Weltkrieg 342

Russland/Sowjetunion

Leonid Luks
Heiligt der Zweck die Mittel? Lenins Zusammenarbeit
mit dem Wilhelminischen Reich in vergleichender Perspektive 353

Alfred Eisfeld
Deutsche in der Region Odessa 1917–1920: Loyalität, Autonomie, Emigration 364

Nikolaus Katzer
Heute Weiße, morgen Rote. „Kollaboration" als Grenzerfahrung
im Russischen Bürgerkrieg 379

Iskander Gilyazov
Die Kollaboration der türk-muslimischen Völker der Sowjetunion
während des Zweiten Weltkrieges als Erscheinungsform des Nationalismus 406

Martin Dean
The "Local Police" in Nazi-occupied Belarus and Ukraine as the "Ideal Type"
of Collaboration: in Practice, in the Recollections of its Members and
in the Verdicts of the Courts 414

Matthias Schröder
„Denkmal Vlasov" – Zur politischen Instrumentalisierung
des russischen Kollaborateurs General Vlasov im Zweiten Weltkrieg
und zur Rezeptionsgeschichte nach 1945 434

Otto Luchterhandt
Die Kollaborationsproblematik im Verhältnis von Religionsgemeinschaften
und kommunistischem Einparteistaat (ausgehend vom Fall ‚Sowjetunion') 443

Tschechoslowakei

Detlef Brandes
Politische Kollaboration im „Protektorat Böhmen und Mähren" 453

Personenregister 463

Die Autoren des Bandes 473

Vorwort

Mit dem vorliegenden Band zur „Kollaboration in Nordosteuropa" wird eine neue Publikationsreihe der historischen und kulturwissenschaftlichen Forschung eröffnet, die am Nordost-Institut in Lüneburg (Institut für Kultur und Geschichte der Deutschen in Nordosteuropa e.V. an der Universität Hamburg) herausgegeben wird. Parallel zu dem ebenfalls am Nordost-Institut erscheinenden „Nordost-Archiv. Zeitschrift für Regionalgeschichte" sollen in dieser Reihe Monographien, Sammelbände und Quelleneditionen veröffentlicht werden, die der Erforschung der Geschichte des nördlichen, östlichen und nordöstlichen Europas, insbesondere in seinem Verhältnis und in seiner Nachbarschaft zur deutschen Geschichte, neue Anregungen geben. Es geht dabei um eine historische Region, die zwar als integraler Bestandteil der europäischen Geschichte betrachtet wird, dennoch aber nicht selten in einem auf Westeuropa und Zentren fixierten „Europa" der politischen und kulturellen Ausgrenzung bzw. der Vergessenheit zum Opfer fiel. In dieser Großregion war die deutsche Geschichte in verschiedensten Formen präsent: sie trug zur Entwicklung der Region bei, verdankte dieser wichtige Impulse, zugleich aber vereinnahmte sie Teile davon oder stieß sie ab.

Die Erforschung der Geschichte Ostmittel- und Osteuropas ebenso wie die „Ostdeutschlands" kann in Deutschland selbst auf eine lange Tradition zurückblicken, in der gravierende Brüche, ja Zusammenbrüche von Paradigmen einen festen Platz haben. Längst sind wir indes bei einer regionalhistorischen Forschung angelangt, die der Absicht nach offen ist für eine erkenntnisgeleitete Methodenvielfalt und die sich nationalhistorischen Verpflichtungen verweigert, ohne freilich die kulturelle und politische Wirkungsmacht der nationalen Selbstfindungsprozesse zu missachten. Diese methodische Vielfalt und europäische Offenheit veranlasst die deutsche Historiographie – zumindest dann, wenn sie in ihrer Sprachkompetenz dazu in der Lage und wissenschaftspolitisch willens ist – zu einem Dialog mit allen nationalen Historiographien der Region, sofern diese wiederum an einem solchen interessiert sind. Und es ist ein Zeichen der Zeit, dass sie sich zunehmend, wenngleich nicht ohne Rückschläge, an diesem Dialog beteiligen. Die Autoren der Geschichtspolitik in den europäischen Ländern scheinen nicht immer in der Lage zu sein zu entscheiden, ob sie eher die nationale Identität schützen oder den europäischen Kommunikationsraum fördern sollen; im günstigen Fall tun sie beides. Das Interesse am Dialog ist nicht neu, und das Nordost-Institut ist sich der Tradition bewusst, die ihm etwa aus dem von Heinz Ischreyt in Lüneburg gegründeten „Studienkreis für Kulturbeziehungen in Mittel- und Osteuropa" zuwächst, dessen Veröffentlichungsreihe sich in den 1970er Jahren dem gleichen „vielgegliederten europäischen Kommunikationsraum" zuwandte.

Auch wenn man sich der Relativität einer kulturgeographischen Zuordnung bewusst ist – in Stanisław Jerzy Lec' „unfrisierten Gedanken" heißt es: „Auch uns nennt man im Osten den Westen und im Westen den Osten" –, so ist der praktische Nutzen und der Erkenntnisgewinn einer Einteilung Europas in historische Großregionen erkennbar, vor allem

dann, wenn berücksichtigt wird, dass alle zur Eingrenzung einer Region genutzten Kategorien auch für andere Raumzuschnitte verwendet werden können: für nationale, klein-
und großregionale sowie europäische oder universalgeschichtliche. Das Nordost-Institut befasst sich schwerpunktmäßig mit Nordosteuropa sowie mit der Geschichte der Deutschen in
Russland (in dessen historischen, imperialen Grenzen), was sich auch in den Titeln dieser
Veröffentlichungsreihe spiegeln wird. Zugleich reizt aber auch der Erkenntnisgewinn, der
sich aus der Beschäftigung mit eben der „Eingrenzung" einer historischen Region „Nordosteuropa" einzustellen verspricht, einer Region, die als Konstrukt der Mediävistik gelten
kann, sich aber seit der Frühen Neuzeit im Wirkungskreis solcher Großmächte wie Preu-
ßen/Deutschland, Polen/Litauen, Schweden und Russland sowie deren imperialer Diskurse
befand, dabei zeitweise von der Ostsee bis zum Schwarzen Meer gedacht wurde, die aber
ebenso von kleingliedrigen Regionen und ‚kleinen Nationen' etwa in den Ostseeprovinzen, schließlich von verstreuten oder zu ‚Inseln' zusammengefügten ethnischen/nationalen
Minderheiten ihre besondere Prägung erhielt.

Sowohl der regionalhistorische Ansatz als auch das besondere Interesse an der Geschichte der Deutschen in diesen Regionen lässt es wichtig erscheinen, sich in der Analyse von
historischen Prozessen der politisch-diskursiven Abhängigkeit der diversen Zeitzeugen und
Quellenproduzenten sowie der nichtlinearen Erkenntnisprozesse in den historischen Wissenschaften in besonderem Maße bewusst zu sein. Mehr noch, es scheint angeraten zu sein,
die Diskurse und die Begriffe, die die historischen Prozesse erhellen sollen, verstärkt, und
unter Berücksichtigung der ‚babylonischen' Vielfalt der Sprachen und Nationen dieser Region, selbst zum Gegenstand der historischen Forschung zu machen. Der vorliegende Band
macht dies auf eine seinem Gegenstand eigene Weise deutlich: Ein in der Zeit des Zweiten
Weltkriegs entstandener und auf den Erfahrungsraum dieser Zeit zugeschnittener Begriff der
„Kollaboration" erweist sich in der politischen Sprache der Gegenwart als besonders pro-
duktiv, er ist zeit- und raumgreifend, weil er alle möglichen Formen der ideologischen und
nationalen „Illoyalität" abzudecken scheint. Zugleich wird dem Historiker bewusst, wie ihm
dieser Begriff, allein schon seiner Kampftauglichkeit in politischen Diskursen wegen, zwischen den Fingern zerrinnt und unbrauchbar wird, obgleich er doch sehr präzise das zu beschreiben scheint, was wohl eine Begleiterscheinung moderner Nationsbildungsprozesse ist,
die auf die Loyalität des „ganzen Menschen" Anspruch erheben. Verbrechen im Krieg oder
(freiwillige) Beteiligung am Verbrechen der Besatzer ist ein Verbrechen, egal ob man es Kollaboration nennt oder nicht. Wie umschreibt man aber die praktische und politische Zusammenarbeit mit einer Besatzungsmacht oder einer als „fremd" empfundenen oder als „fremd"
definierten Herrschaft? Vielleicht doch aus praktischen Gründen „Kollaboration"? Und wie
spricht man „Kollaboration" aus in den verschiedenen nationalen und lokalen Diskursen?
Und wie soll die deutsche Historiographie über die „Kollaboration" der Besetzten mit der
deutschen Besatzungsmacht sprechen? Braucht sie dafür eine eigene Sprache, sprachliche
und begriffliche Sensibilität? Und wird nicht aus jedem Versuch, die Geschichte einer Kollaboration zu schreiben, in Handumdrehen die Geschichte eines Kollaborationsvorwurfs?

Die Zahl der Fragen wird, wie so oft, mit Leichtigkeit die Zahl der Antworten übertref-
fen. Die Beiträge des von Joachim Tauber zusammengestellten Bandes helfen die Fragen
zu präzisieren, statt sie ins Kraut schießen zu lassen. Und das ist ein Schritt in Richtung
einer Antwort: zum besseren Verständnis des historischen Prozesses, zur Klärung der Dis-
kursebenen und zur Präzisierung der Begriffe, die eben auch ihre Geschichte haben.

Andreas Lawaty, Lüneburg

Joachim Tauber

„Kollaboration" in Nordosteuropa.
Erscheinungsformen und Deutungen im 20. Jahrhundert

Kollaborateure sind Verlierer der Geschichte. Damit ist bereits ein Typikum benannt, denn das Scheitern der Zusammenarbeit ist konstitutiv für die Verwendung des Begriffs.[1] Eine erfolgreiche Kollaboration dagegen verliert das moralische Stigma. Ein – durchaus überraschendes – Beispiel für einen erfolgreichen Kollaborateur ist der erste deutsche Bundeskanzler, dem der SPD-Vorsitzende Kurt Schumacher in der erregten Parlamentsdebatte um das Petersburger Abkommen am 25. November 1949 das Wort des ‚Kanzlers der Alliierten' entgegenschleuderte,[2] um Konrad Adenauers Politik als ‚Verrat' zu diskreditieren. In diesem Falle fruchtete, wie man weiß, der Kollaborationsvorwurf jedoch nicht: Adenauer ist als Gründungsvater der Bundesrepublik und nach 1989/90 als Vordenker der deutschen Einheit in die Geschichte eingegangen.[3]

Zunächst jedoch meinte Kollaboration die Zusammenarbeit mit der deutschen Besatzungsmacht im Zweiten Weltkrieg. Als Philippe Pétain am 24. Oktober 1940 in einer Rundfunkansprache verkündete, er werde den „Weg der Kollaboration"[4] beschreiten, ahnte er noch nicht, dass er damit ein Schlagwort in die Welt setzte, das innerhalb kürzester Zeit seine positiv gemeinte Konnotation verlieren und zum allumfassenden Ausdruck einer verwerflichen Beziehung zur deutschen Besatzungsmacht und zum Nationalsozialismus im Allgemeinen mutieren würde.

Eben weil Kollaboration ein moralisches Verdikt bedeutet und bis heute ein politisch-emotionaler Kampfbegriff geblieben ist, tut sich die Geschichtsschreibung schwer, das Phänomen zu beschreiben und zu analysieren. Das zeigt sich schon allein daran, dass der Begriff meist nur mit einer adjektivischen Bindung Verwendung findet: es gibt politische, wirtschaftliche, ideologische, kulturelle Kollaboration, die französische Männergesellschaft[5] erfand sogar den Begriff der ‚horizontalen' Kollaboration für diejenigen Französinnen, die

---

1 Vgl. Hans Lemberg, Kollaboration in Europa mit dem Dritten Reich um das Jahr 1941, in: Das Jahr 1941 in der europäischen Politik, hrsg. v. Karl Bosl. München/Wien 1971, S. 151.
2 Vgl. etwa Christoph Kleßmann, Die doppelte Staatsgründung. Deutsche Geschichte 1945–1955. 3. Aufl., Bonn 1984, S. 229.
3 Leonid Luks stellt in diesem Band in der Person Lenins ein Beispiel aus der russisch-sowjetischen Geschichte vor, bei dem der Vorwurf der Kollaboration ebenfalls ins Leere ging.
4 „C'est dans l'honneur et pour maintenir l'unité française, une unité de dix siècles, dans le cadre d'une activité constructive du nouvel ordre européen, que j'entre aujourd'hui dans la voie de la collaboration... Cette politique est la mienne... C'est moi seul que l'histoire jugera. Je vous ai jusqu'ici tenu le langage d'un père. Je vous tiens aujourd'hui le langage d'un chef. Suivez-moi." Zit. nach: Pascal Ory, Les collaborateurs 1940–1945. Paris 1976, S. 36.
5 Hierzu Fabrice Virgili, La France ‚virile'. Des femmes tondues à la Libération. Paris 2000.

sich mit einem der Besatzer auf intime Beziehungen einließen.[6] Weisen diese Bezeichnungen bis auf letztere auf Segmente hin, die der Historiker als klassische Teildisziplinen kennt,
setzen andere Begriffspaare eher auf eine Klassifizierung der jeweiligen Akteure: neutrale, bedingungslose, bedingte oder taktische Kollaboration bezeichnet Verhaltensformen und
Motive von Kollaborateuren, wobei letztere eigentlich das genaue Gegenteil meint: nämlich
Widerstand gegen den Besatzer unter der Camouflage der Zusammenarbeit.[7] Der Versuch,
zwischen Kollaborationismus und Kollaboration zu unterscheiden, wobei ersterer eine auch
empathisch-moralische, also ‚engere‘ Zusammenarbeit charakterisieren sollte, konnte sich
nicht durchsetzen.[8]

Die eben vorgestellten Begriffseingrenzungen zeigen die Außenansicht nach 1945. Für
alle von der deutschen Wehrmacht besetzten Länder stellte sich nach der Befreiung die
Frage, wie die Phase der deutschen Herrschaft in die kollektive Erinnerung eingehen sollte:
Ähnlich wie die Deutschen, von denen nach 1945 bis auf wenige ‚Verbrecher‘ ja ‚eigentlich‘ keiner ‚richtiger‘ Nazi gewesen war, wurde in den Ländern Ost- und Westeuropas die
gesamte Bevölkerung zu Widerstandskämpfern deklariert – mit Ausnahme der wenigen Kollaborateure. Die Dichotomie zwischen Kollaboration und Widerstand verhinderte lange Zeit
einen Blick auf den Alltag der Besatzung, auf die breite Mehrheit, die weder kollaborierte
noch widerstand, sondern so gut wie möglich über die Runden kommen wollte. Gerhard
Hirschfeld spricht in diesem Zusammenhang von einem *modus vivendi* mit den Besatzern,
den der Großteil der Bevölkerung hingenommen habe.[9] Attentismus, Akkomodation und
Anpassung sind weitere Begriffe, die in diesem Zusammenhang Verwendung finden.[10]

Aus Sicht der Kollaborateure dagegen stellte ihr Handeln immer den Versuch dar, die
Politik der Besatzungsmacht gegenüber der eigenen Bevölkerung abzumildern. Ob man nun
wie Pétain davon sprach, der Schild Frankreichs zu sein,[11] oder wie Vidkun Quisling, der
sprichwörtliche Archetypus des Kollaborateurs, behauptete, ein autonomes Norwegen in
einem deutsch dominierten Europa zu schaffen,[12] immer ging es den Kollaborateuren im
eigenen Selbstverständnis darum, ‚Schlimmeres‘ zu verhüten. Sie reklamierten patriotisch-
nationale Motive und rechtfertigten ihre Tätigkeit als ‚kleineres Übel‘.

---

6 Vgl. etwa die Darstellung bei Philippe Burrin, France under the Germans. Collaboration and
   Compromise. New York 1996, S. 204–209.
7 Hierzu Werner Rings, Leben mit dem Feind. Anpassung und Widerstand in Hitlers Europa 1939–
   1945. München 1979.
8 Vgl. etwa John A. Armstrong, Collaborationism in World War II: The integral nationalist Variant
   in Eastern Europe, in: The Journal of Modern History 40 (1968), S. 396–410; Stanley Hoffmann,
   Collaborationism in France during World War II, in: Ebenda, S. 375–395. Beide Autoren verwenden ‚Kollaborationismus‘ letztlich synonym zu Kollaboration.
9 Gerhard Hirschfeld, Kollaboration in Frankreich – Einführung, in: Kollaboration in Frankreich.
   Politik, Wirtschaft und Kultur während der nationalsozialistischen Besatzung 1940–1944, hrsg. v.
   dems. u. Patrick Marsh. Frankfurt a.M. 1991, S. 15.
10 Vgl. etwa Kooperation und Verbrechen. Formen der ‚Kollaboration‘ im östlichen Europa 1939–
   1945, hrsg. v. Christoph Dieckmann (u.a.). Göttingen 2003 (Beiträge zur Geschichte des Nationalsozialismus. 19), S. 13.
11 Vgl. Burrin, France (wie Anm. 6), S. 67: „Even if I have not been able to be your sword, I have
   tried to be your shield." Bezeichnenderweise fiel dieser Ausspruch im August 1944 und kann
   daher schon als Teil einer Rechtfertigungsstrategie verstanden werden.
12 Vgl. David Littlejohn, The Patriotic Traitors. A History of Collaboration in German-occupied
   Europe, 1940–45. London 1972, S. 34.

Unter diesen Voraussetzungen verfolgt das vorliegende Buch ein schwieriges Unterfangen, und dies in zweifacher Hinsicht: Zum einen steht im Mittelpunkt ein Wort, mit dem der Historiker nur schwer, wenn überhaupt umgehen kann, zum anderen soll der Begriff auch außerhalb seines eigentlichen Entstehungszusammenhangs untersucht werden. Dabei sind die Bedenken von Historikern gegen die Verwendung des Begriffs durchaus nachzuvollziehen; erst jüngst wurde vorgeschlagen, statt von ‚Kollaboration' von ‚Kooperation' zu sprechen, um den inhärenten Widersprüchen des Begriffs zu entgehen.[13] Andererseits fehlt es nicht an Ansätzen zu einer Definition von ‚Kollaboration'. Die umfassendsten Versuche haben Hans Lemberg und Werner Röhr unternommen, an deren Ergebnissen sich die folgenden Ausführungen orientieren.[14]

1.   Zweifellos ist ein asymmetrisches Verhältnis zwischen den Parteien eine fundamentale Voraussetzung von Kollaboration. Im Zweiten Weltkrieg handelt es sich dabei um die militärische Okkupation eines Landes, d.h. die ungleiche Beziehung ist deckungsgleich mit Besatzern und Besetzten. Eine Interaktion findet nicht zwischen ebenbürtigen Partnern statt, ja eines der zentralen Ziele jeglicher Kollaboration muss geradezu sein, die eigene Position immer mehr auf einen gleichberechtigten Status hin zu verbessern. In diesem Sinne ist wiederum Konrad Adenauer das klassische Beispiel eines erfolgreichen Kollaborateurs, dem dieser Statuswechsel gelungen ist, denn mit dem sog. Deutschlandvertrag erlangte der westdeutsche Staat trotz einer im Rahmen des Viermächtestatus begrenzten Souveränität den Rang eines gleichberechtigten Partners.[15] Im besten Fall mutiert der Kollaborateur also zum Staatsmann und *pater patriae*. Kollaboration führt zur Kooperation, womit zugleich grundsätzliche Bedenken an der Verwendung dieses Begriffs formuliert sind: Kooperation setzt eine Gleichberechtigung voraus, die während der Kollaborationsphase nicht gegeben ist. Zugespitzt formuliert: Kooperation ist das positive Endergebnis einer erfolgreichen Kollaboration.

2.   Eine Teilidentität der Ziele muss vorhanden sein. Diese Konvergenz mag pragmatische Motive haben wie etwa ein gemeinsames Interesse an ‚Ruhe und Ordnung' oder an einer funktionierenden Verwaltung. Doch häufiger sind zweifellos ‚weltanschauliche' Affinitäten, bei denen es sich oft auch um bloße gemeinsame Feindbilder handelt: Antisemitismus und Antibolschewismus erleichterten vor allem in Osteuropa den deutschen Besatzern ihre Aufgabe.

3.   Kollaboration setzt zwar, wie gesagt, eine Teilidentität der Interessen voraus, aber

---

13 Vgl. Kooperation und Verbrechen (wie Anm. 10), S. 11-14. Dagegen bietet der 2004 erschienene Band zur Kollaboration im Baltikum und in Weißrussland keine methodische Auseinandersetzung mit dem Begriff, sondern setzt ihn eher stillschweigend voraus. Vgl. Collaboration and Resistance during the Holocaust. Belarus, Estonia, Latvia, Lithuania, hrsg. v. David Gaunt, Paul A. Levine u. Laura Palosuo. Bern (u.a.) 2004.

14 Lemberg, Kollaboration (wie Anm. 1); Werner Röhr: Okkupation und Kollaboration, in: Die Okkupationspolitik des deutschen Faschismus (1938–1945), hrsg. v. Bundesarchiv. Ergänzungsband 1: Okkupation und Kollaboration (1938–1945); Beiträge zu Konzepten und Praxis der Kollaboration in der deutschen Okkupationspolitik, zusammengest. u. eingel. v. Werner Röhr. Berlin und Heidelberg 1994, S. 59 ff. Vgl. auch den Beitrag von Werner Röhr in diesem Band.

15 Vgl. etwa das Themenheft „50 Jahre Souveränität" der Zeitschrift Aus Politik und Zeitgeschichte 17 (2005). Dazu auch Helmut Vogt, „Wir stehen als Freie unter Freien." Der Tag der Souveränität am 5. Mai 1955, in: Vierteljahrshefte für Zeitgeschichte 53 (2005), S. 315-329.

weit wichtiger ist, dass sich zwischen den Zielen der beiden Gruppen auch klare Diskrepanzen aufzeigen lassen. Solche spezifischen Vorstellungen lassen sich unschwer nachweisen: Vichy-Frankreich ging es auch um eine neue innenpolitische Ordnung, die provisorische Regierung Litauens strebte nach einer – wie auch immer gearteten – Form von Selbstbestimmung für ihr Land, und die demokratisch legitimierte Regierung Dänemarks versuchte sämtliche deutsche Einflussnahme auf die innere Verwaltung zu verhindern. Die Heterogenität der Interessen ist also ein strukturelles Merkmal der Kollaboration.

Legt man dieses Koordinatensystem zugrunde,[16] dann ist offensichtlich, dass es ‚Kollaboration‘ nicht nur im Zweiten Weltkrieg und nicht nur mit deutschen Besatzern gegeben hat. Das nationalsozialistische Deutschland ist im Gegenteil in jeglicher Hinsicht ein extremes Beispiel, denn die hochgradig ideologisch-rassistisch geprägte Politik erreichte eine Radikalisierung und Dynamik, die schließlich im millionenfachen Massenmord an vermeintlichen Feinden gipfelte und in ganz Europa zu einem Terrorregime führte.

Wie aber gestalteten sich die Beziehungen im Falle eines anderen Besatzers? Die nordosteuropäische Region stellt für diese Frage einen besonderen Raum dar, denn hier ging es im Gegensatz zu Westeuropa nicht nur um den Verlust einer historisch entstandenen staatlichen Souveränität durch *debellatio*, sondern oft um den bloßen Wechsel eines Besatzungsregimes (Baltische Staaten, Ostpolen) oder um Erlangung bzw. Verlust der Unabhängigkeit. Der Blick auf russische, sowjetische, polnische oder litauische Okkupationsstrategien kann dazu beitragen, die Politik des Besatzers, die oft als gegeben und quasi statisch vorausgesetzt wird, mehr in den Focus der Forschung zu rücken. Kollaborationsangebote an Großgruppen verraten oft mehr über die Besatzungsmacht als über die Kollaborateure und weisen darauf hin, dass selbst innerhalb des asymmetrischen Bezugsrahmens Kollaboration nie nur ein einseitiges Geschäft war. Schließlich darf die Dynamik der Besatzungspolitik und der äußeren Entwicklungen nicht vergessen werden: Es macht einen Unterschied, ob man 1940, als viele von einer langfristigen deutschen Dominanz in Europa ausgingen, oder 1944, als der Krieg bereits zugunsten der Anti-Hitler-Koalition entschieden war, den Kontakt mit der deutschen Besatzungsmacht suchte.

Und selbst Okkupation ist nicht nur als militärische Besatzung und als Ergebnis einer vollständigen Niederlage zu verstehen. Cornelis J. Lammers beschreibt Okkupation als „process or form of domination by one ethnic group, people or nation, of another ethnic group, people or (part of a) nation by means of force".[17] Bereits diese Definition weist auf einen – für die dieser Publikation zugrundeliegenden Tagung – entscheidenden Gesichtspunkt hin, den Hans Lemberg bereits vor mehr als 30 Jahren lakonisch beschrieben hat: „Kollaboration ist *sensu stricto* ein Phänomen des Nationalismus."[18]

Wie wichtig diese fundamentale Voraussetzung ist, zeigt sich allein am Begriffsumfeld von Kollaboration. Wenn das nach 1945 pejorativ verwendete Wort vor allem synonym zu

16 Selbstverständlich spielten daneben oft auch individuelle Interessen und der persönlichen Vorteil eine Rolle.
17 Cornelis J. Lammers, Levels of collaboration. A comparative study of German occupation regimes during the Second World War, in: Die deutsche Herrschaft in den ‚germanischen‘ Ländern, hrsg. v. Robert Bohn. Stuttgart 1997, S. 47.
18 Lemberg, Kollaboration (wie Anm. 1), S. 148.

‚Verrat' gebraucht wird, dann stellt sich die Frage, was ‚verraten' wird. Ob nun Mossert in den Niederlanden, Vlasov in der Sowjetunion oder Laval in Frankreich, Kollaborateure verraten die eigene Nation, den eigenen Ethnos, sie stellen die Interessen der eigenen Großgruppe hintan und erledigen das Geschäft des ‚Feindes'. Im Endeffekt handelt es sich um einen fatalen Wechsel der Loyalität: Kollaborateure gehören nicht mehr ihrer nationalen und ethnischen Großgruppe an, sondern der ‚anderen'. (Dementsprechend ist Widerstand auch als eine ostentative Betonung der bisherigen nationalen und/oder ethnischen Loyalitätsbezüge zu verstehen.)

Die Voraussetzung für ein derartiges Kategorienschema liegt auf der Hand: Die Trennung zwischen ‚uns' und ‚ihnen' analog der ethnischen Stratifikation[19] ist ein Typikum des Nationalismus, nur vor diesem Hintergrund wird Fremdherrschaft ‚fremd'.[20] Und schließlich agierten die Akteure in einem klar erkennbaren nationalen Koordinatensystem. Die Konfliktlinien der Vorkriegszeit ziehen sich wie ein roter Faden durch die Geschichte der Kollaboration: Vichy-Frankreich ist ohne die sozial-politischen Verwerfungen der französischen Gesellschaft in den 30er Jahren (Volksfront) undenkbar; in Belgien erhofften die Flamen eine Stärkung des eigenen Ethnos in der Auseinandersetzung mit den Wallonen; der Streit um das Vilniusgebiet zwischen Litauen und Polen ging während des Zweiten Weltkrieges in die nächste Runde, und die russischen Kollaborateure führten in gewissem Sinne den Bürgerkrieg gegen die Bol'ševiki weiter.

All dies führte zu dem Ansatz, den zeitlichen Rahmen nicht auf den Zweiten Weltkrieg zu beschränken, sondern nach Erscheinungsformen von Kollaboration in einer durch den Nationalismus geprägten Epoche zu suchen. Damit ist aber auch eine wichtige Einschränkung gegeben: Es geht vor allem um die asymmetrische Interaktion von national und ethnisch definierten Großgruppen in der ersten Hälfte des 20. Jahrhunderts und deren Rezeption und Deutung nach 1945, weswegen andere Aspekte (z.B. die wirtschaftliche oder kulturelle Zusammenarbeit mit den Besatzern) wenig oder gar nicht berührt werden.

Die Aufsätze beleuchten die schillernden und doppeldeutigen Reaktionen auf Fremdherrschaft. Sie zeigen aber auch, dass es nicht nur um die konkrete Zusammenarbeit mit einem Besatzer ging, sondern oftmals Feindbilder und ‚Verratstheoreme', wie beispielsweise in Bezug auf die jüdische Bevölkerung, von vornherein eine Großgruppe unter Kollaborations- und Illoyalitätsverdacht stellten.

---

19 Lammers, Levels (wie Anm. 17), S. 48: „I prefer to emphasize as a key element ethnic stratification, ‚us' being ruled by ‚them'".
20 Der Begriff ‚Kollaboration' findet sich auch in der Kolonialismusdebatte. Obwohl Jürgen Osterhammel, Kolonialismus. Geschichte – Formen – Folgen. 3. Aufl., München 2001, S. 72, seine Verwendung als „unglücklich" bezeichnet, ergeben sich dennoch interessante Parallelen: „Unvermeidlich erinnert er [sc. der Begriff ‚Kollaboration'] an die verräterische, ihren Landsleuten zurechenbaren Schaden verursachende Zusammenarbeit von Individuen und kleinen Cliquen mit einem beim gesamten Rest der unterworfenen Bevölkerung verhaßten militärischen Besatzungsregime während des Zweiten Weltkrieges. Im kolonialen Kontext sind nur wenige Fälle denkbar, auf die eine solche Analogie zutreffen könnte... Eine solche klare Freund-Feind-Situation und mit ihr überhaupt die Möglichkeit eines Verratsbewußtsein entsteht erst mit dem Aufkommen eines antikolonialen Nationalismus im frühen 20. Jahrhundert. Bis dahin ist die Herrschaft von Fremden keineswegs als *illegitime* Fremdherrschaft aufgefaßt worden." (Ebenda)

Die meisten Beiträge gehen auf Vorträge zurück, die auf der vom 13. bis 16. November 2003 in Lüneburg vom Nordost-Institut veranstalteten Tagung „Fremdherrschaft und Kollaboration – Erscheinungsformen in Nordosteuropa 1900–1950" gehalten wurden. Daneben wurden für diesen Band weitere Beiträge eingeworben, um die Fragestellung zu vertiefen und das Themenspektrum zu erweitern. Die Gliederung und Anordnung der Aufsätze für diese Publikation zeigte nochmals die inhärente Problematik des Begriffs. Der Herausgeber hat sich für eine sach- und regionalspezifische Reihenfolge entschieden. Werner Röhr, Gerhard Hirschfeld und Christian Koller bieten in ihren Stellungnahmen zum Begriff ‚Kollaboration', zur nationalsozialistischen Okkupationspolitik und zum Terminus ‚Fremdherrschaft' in der politischen Sprache Deutschlands verschiedene Einstiege und Zugänge für die nachfolgenden Fallstudien.

Regionale Schwerpunkte stellen Litauen, Polen und Russland/Sowjetunion dar. Aus verschiedenen Perspektiven wird die litauische Entwicklung betrachtet: Während sich Christoph Dieckmann und Saulius Sužiedėlis mit der litauischen Beteiligung an den nationalsozialistischen Verbrechen (insbesondere am Holocaust) während des Zweiten Weltkrieges beschäftigen, dabei aber weder die Tauglichkeit des Begriffs ‚Kollaboration' (Dieckmann) noch die heutige litauische Debatte (Sužiedėlis) außer Acht lassen, analysiert Mike MacQueen die litauische Kollaboration als Funktion in der seit Jahrzehnten virulenten polnisch-litauischen Auseinandersetzung um Vilnius. Egidijus Aleksandravičius versucht in seinem Essay das litauische Verhalten unter deutscher und sowjetischer Herrschaft mit dem Begriff des ‚Wallenrodismus' zu beschreiben; um übergreifende und dennoch in der litauischen Geistesgeschichte verwurzelte Phänomene geht es Leonidas Donskis, der den Begriffen Loyalität, Dissens und Verrat im Litauen des 20. Jahrhunderts nachspürt. Sowohl der Beitrag von Darius Staliūnas als auch der von Vėjas Gabriel Liulevičius zeigen, dass auch eine epochenfremde Verwendung von ‚Kollaboration' nicht *a priori* zum Scheitern verurteilt ist: Liulevičius' Ausführungen zu den deutsch-litauischen Beziehungen während der Ersten Weltkrieges weisen zudem auf Parallelen in den Jahren 1941 bis 1944 hin, die erst jüngst in der Forschung thematisiert wurden.[21] Darius Staliūnas führt uns im letzten Beitrag zu Litauen zurück in die Mitte des 19. Jahrhunderts und schildert, wie die russische Politik über ‚Kollaborationsangebote' versuchte, die ethnischen Verhältnisse in der litauischen Region zur eigenen Machtsicherung auszunutzen.

Die polnischen Fallstudien sind zum einen dadurch gekennzeichnet, dass viele Beiträge auf die derzeit aktuelle ‚Kollaborationsdebatte' im Land eingehen oder die Verwendung des Begriffs durch die Zeitläufte nach 1945 verfolgen. Jerzy W. Borejsza, Piotr Madajczyk, Tomasz Szarota und Włodzimierz Borodziej setzen dabei jeweils eigene, durchaus auch unterschiedliche Akzente und zeigen damit Eckpunkte der polnischen Diskussion auf. Ähnlich, aber doch weit gegenwartsbezogener und (tages)politischer als im Falle Litauens geht es um die Frage der Vergleichbarkeit von ‚Kollaboration' unter nationalsozialistischen und sowjetischen Vorzeichen. Allein die mit den Stichworten ‚Jedwabne' und ‚Institut für deutsche Ostarbeit' verbundene Erkenntnis, dass der heroische Mythos des ‚Landes ohne Quisling' Risse bekommt, lässt kein schnelles Ende der Diskussion erwarten. Für den deutschen Le-

---

21 Erster Weltkrieg – Zweiter Weltkrieg. Ein Vergleich. Krieg, Kriegserlebnis, Kriegserfahrung in Deutschland, hrsg. v. Bruno Thoß u. Hans-Erich Volkmann. Paderborn (u.a.) 2002.

ser mögen manche Wertungen und Einschätzungen, aber auch direkte Vergleiche zwischen nationalsozialistischen und sowjetischen Verbrechen überraschend, ungewohnt und teilweise verstörend erscheinen, doch illustrieren sie in besonders deutlicher Weise, welche bis heute spürbare Rückwirkungen autostereotype nationalkonservative Sichtweisen besitzen. Jerzy Kochanowskis Beitrag zu einer möglichen polnisch-deutschen militärischen Kooperation gegen die Sowjetunion stellt daher nicht nur thematisch, sondern auch mental einen Tabubruch dar.

Daneben geht es um die schwierige polnisch-jüdische Beziehungsgeschichte. Lars Jockheck stellt in Fritz Seifter die zweifellos ungewöhnliche Biographie eines Mannes vor, der mit der von ihm propagierten deutsch-jüdischen Zusammenarbeit in fataler Weise das mörderische Potenzial der nationalsozialistischen Judenpolitik verkannte, der er schließlich selbst zum Opfer fallen sollte. Klaus-Peter Friedrich analysiert die polnische Untergrundpresse unter der Fragestellung, wie polnische und jüdische ‚Kollaboration' vorgestellt und kommentiert wird. Und schließlich bietet Hans-Jürgen Bömelburg einen Beitrag zum seit Hannah Arendt kontrovers diskutierten Thema jüdischer Kollaboration am Beispiel des Leiters der Jüdischen Selbsthilfe in Polen, Michał Weichert.

Ein besonders breites Spektrum von Themen und Epochen wird für die russische Region abgedeckt. Mit dem Beginn der sowjetischen Epoche beschäftigen sich Leonid Luks, Alfred Eisfeld und Nikolaus Katzer. Luks geht dabei der Frage nach, weswegen der Vorwurf, Lenin kollaboriere mit den deutschen Feinden, trotz seiner Faktizität das Ansehen des Revolutionärs praktisch nicht schmälerte. Alfred Eisfeld berichtet über das Verhalten der Russlanddeutschen in und um Odessa in einer durch Unsicherheit und immer wieder wechselnde Machtverhältnisse geprägten Zeit. Nikolaus Katzer geht in seinem auch historiographisch informativen Beitrag ebenfalls auf den russischen Bürgerkrieg ein, wobei es ihm um Situation und Verhalten der Bevölkerung in einem Umfeld geht, das durch eine überaus hohe Gewaltbereitschaft aller Beteiligten gekennzeichnet war.

Die folgenden drei Beiträge beziehen sich chronologisch auf den Zweiten Weltkrieg, thematisch verfolgen sie das Verhalten von Kollaborateuren ganz unterschiedlicher Couleur: Iskander Gilyazov analysiert das Verhalten der turk-muslimischen Völker als Erscheinungsform des Nationalismus; Martin Dean schildert die Rolle der lokalen Polizei beim Judenmord in Weißrussland, analysiert die späteren Erinnerungen von Beteiligten und bietet einen Einblick in die juristische Aufarbeitung dieser Verbrechen in den angelsächsischen Ländern; Matthias Schröder widmet sich mit der Person von Andrej Vlasov dem Mann, der neben Vidkun Quisling zum Symbol der landesverräterischen Kollaboration mit den Deutschen geworden ist. Die russischen Fallstudien werden durch einen Beitrag von Otto Luchterhand beschlossen, der die Anwendbarkeit des Kollaborationsbegriffs auf nicht nationale Gruppen am Beispiel der Religionsgemeinschaften in der Sowjetunion untersucht.

Der alphabetischen Reihenfolge ist es zu verdanken, dass am Anfang und Ende der ‚Fallstudien' quasi als Klammer Beiträge zu zwei weiteren Ländern zu finden sind. Katrin Reichelt beleuchtet die deutsch-lettische Kooperation beim Judenmord anhand des berüchtigten Arajs-Kommandos und beim ‚Erwerb' der jüdischen Hinterlassenschaften. Detlef Brandes beschließt mit seinem Forschungsbericht zum Protektorat Böhmen und Mähren nicht nur die Fallstudien, sondern zeigt noch einmal die verschiedenen Deutungsmöglichkeiten des Begriffs Kollaboration auf.

Die Referate belegen die vielen Spielarten des Phänomens, die multiplen Erscheinungsformen von Kollaboration in der ersten Hälfte des 20. Jahrhunderts. Die während der Tagung geäußerte Skepsis, ob der Kollaborationsbegriff auch außerhalb der Jahre 1939 bis 1945 mehr als nur moralisches Verdikt und politisches Schlagwort sein könne, wird auch nach dieser Veröffentlichung nicht verstummen, doch sollte der vorliegende Band eine erste Grundlage für weiterführende Diskussionen und Ansätze bieten. Die englischsprachigen Beiträge wurden zusätzlich von Mark Hatlie Korrektur gelesen. Er versteht sich auch als Beitrag zur Geschichte des Begriffs in seinem Spannungsverhältnis zwischen Erscheinungsform und politisch-nationaler Auseinandersetzung. Der abschließende Dank gilt der Autorin und den Autoren dieses Bandes sowie Andreas Lawaty, der als Direktor des Nordost-Instituts die Konzeption der Tagung mitgestaltete und kritisch begleitete.

Grundlagen

Werner Röhr

Kollaboration: Sachverhalt und Begriff Methodische Überlegungen auf der Grundlage vergleichender Forschungen zur Okkupationspolitik der Achsenmächte im Zweiten Weltkrieg

1. Zum Sprachgebrauch

Für die deutsche Okkupationsherrschaft im Zweiten Weltkrieg war Kollaboration keine periphere, sondern eine zentrale Angelegenheit, weil mit allen Elementen der Besatzungspolitik verbunden. Keine einzige Okkupationsverwaltung wäre bei einer Totalverweigerung der Bevölkerung des besetzten Landes arbeitsfähig gewesen. Jede musste sofort Maßnahmen treffen, um die Produktion der lebenswichtigen Güter, um Handel und Geldverkehr aufrechtzuerhalten oder wiederherzustellen. Die Zusammenarbeit mit Behörden und Verbänden, Institutionen und Organisationen war daher gar nicht zu umgehen.

In der Geschichtsschreibung zum Zweiten Weltkrieg spielte die Okkupationspolitik der Achsenmächte gegenüber den Kampfhandlungen zunächst kaum eine Rolle.[1] Noch weniger war die Kollaboration von Teilen der Bevölkerung der besetzten Länder mit den Besatzungsmächten ein selbständiger Forschungsgegenstand. Die langjährige Verleugnung ihrer tatsächlichen Bedeutung für die Besatzungspolitik hatte zweifellos mit dem Stigma des Verrats zu tun. Die Problematik galt weithin als heikel, politisch brisant und moralisch anrüchig, ihre Bearbeitung polarisierte die Forscher oder unterwarf sie politischen Kalkülen.

Inzwischen ist die Geschichtsforschung über die Kollaboration mit den Okkupanten kein blinder Fleck mehr;[2] längst liegen auch Untersuchungen und Darstellungen für Frankreich,[3]

---

[1] Zum Stellenwert der Okkupation als selbständigem Gegenstand innerhalb der Forschungen zum Zweiten Weltkrieg vgl. Werner Röhr, Forschungsprobleme zur deutschen Okkupationspolitik im Spiegel der Reihe „Europa unterm Hakenkreuz", in: Europa unterm Hakenkreuz. Die Okkupationspolitik des deutschen Faschismus (1938–1945). Achtbändige Dokumentenedition, hrsg. v. Bundesarchiv. Bd. 8: Analysen, Quellen, Register, zusammengest. u. eingel. v. Werner Röhr. Heidelberg 1996, S. 27-38.

[2] Zu den einzelnen Ländern vgl. die Beiträge in: Okkupation und Kollaboration (1938–1945). Beiträge zu Konzepten und Praxis der Kollaboration in der deutschen Okkupationspolitik, zusammengest. u. eingel. v. Werner Röhr. Berlin/Heidelberg 1994 (Europa unterm Hakenkreuz. Die Okkupationspolitik des deutschen Faschismus [1928–1945], hrsg. v. Bundesarchiv. Ergänzungsband 1).

[3] Vgl. in deutscher Sprache: Marc Oliver Baruch, Das Vichy-Regime. Frankreich 1940–1944. Stuttgart 1999 (Paris 1996).

Dänemark,[4] Norwegen,[5] die Niederlande[6] oder Griechenland[7] in deutscher Sprache vor. In den 90er Jahren erfuhr die vergleichende wissenschaftliche Beschäftigung mit dem Gegenstand einen neuen Aufschwung, in Italien und Deutschland wurden wissenschaftliche Konferenzen veranstaltet,[8] doch insgesamt gibt es nur wenige übergreifende oder vergleichende Analysen.[9]

Die Konjunktur des Themas ist jüngeren Datums. Neben dem wissenschaftlichen ist auch das öffentliche Interesse in einer Reihe von Ländern lebhafter geworden. Bestimmte Stränge dieses öffentlichen Interesses an der Geschichte der Kollaboration lassen indes fragen, ob diese konjunkturelle Gunst einer kritischen Untersuchung förderlich ist oder ob sie nicht vielmehr einem aktuellen politischen Kalkül folgt. In der revisionistischen Geschichtsschreibung über den Zweiten Weltkrieg werden viele historische Erkenntnisse eskamotiert und die Bewertung unleugbarer Sachverhalte umzukehren versucht. Dazu gehört die Interpretation der Kollaboration als „Einigungsbestrebungen Europas", die nur am verblendeten Starrsinn Hitlers, Himmlers und Ribbentrops gescheitert seien.[10]

Seit den 90er Jahren gehört zu dieser Konjunktur in den baltischen Republiken, der Ukraine, der Slowakei und den Nachfolgestaaten Jugoslawiens bei der Suche nach historischen Symbolen nationaler Identität der politische Rückgriff auf die Kollaborationsregime des Zweiten Weltkrieges und deren Repräsentanten.[11] Die Besatzungspolitik der USA in Irak und Israels in Palästina in der unmittelbaren Gegenwart lassen nach der Anwendbarkeit

---

4 Vgl. Hans Kirchhoff, Die dänische Staatskollaboration, in: Okkupation und Kollaboration (wie Anm. 2), S. 101-118; Fritz Petrick, Dänemark – das Musterprotektorat?, in: „Neuordnung Europas". Vorträge vor der Berliner Gesellschaft für Faschismus- und Weltkriegsforschung 1992–1996, hrsg. v. Werner Röhr u. Brigitte Berlekamp. Berlin 1996, S. 31-46.

5 Vgl. Fritz Petrick, Die norwegische Kollaboration, in: Ders., „Ruhestörung". Studien zur Nordeuropapolitik Hitlerdeutschlands. Berlin 1998, S. 45-58.

6 Vgl. Gerhard Hirschfeld, Fremdherrschaft und Kollaboration. Die Niederlande unter deutscher Besatzung. Stuttgart 1984.

7 Hagen Fleischer: Im Kreuzschatten der Mächte. Griechenland 1941–1944. Okkupation – Resistance – Kollaboration. Frankfurt a.M. 1986.

8 Die Stiftung Micheletti führte 1991 in Brescia ein Seminar „Kollaboration mit den Achsenmächten in Europa 1939–1945" durch, das sich vor allem der Quellenlage widmete. Zu Gosen siehe „Konferenz: Europa unterm Hakenkreuz. Okkupation und Kollaboration, Gosen 5.-7. März 1992. Referate, hrsg. vom Projekt Vergleichende Okkupationsforschung in Zusammenarbeit mit der Hamburger Stiftung für Sozialgeschichte des 20. Jahrhunderts und dem Bundesarchiv Koblenz. [Berlin 1992].

9 Vgl. Hans Lemberg, Kollaboration in Europa mit dem Dritten Reich um das Jahr 1941, in: Das Jahr 1941 in der europäischen Politik, hrsg. v. Karl Bosl. München/Wien 1972; Werner Rings, Leben mit dem Feind. Anpassung und Widerstand in Hitlers Europa. München 1979; Czesław Madajczyk, Faszyzm i okupacje 1939–1945. Wykonywanie okupacji przez państwa Osi w Europie. Tom 1: Ukształtowanie się zarządów okupacyjnych [Faschismus und Besatzungen 1939–1945. Ausübung der Besatzung durch die Achsenmächte in Europa. Bd. 1: Die Strukturierung der Besatzungsherrschaft]. Poznań 1983; Tom 2: Mechanizmy realizowania okupacji [Bd. 2: Die Mechanismen der Umsetzung von Besatzung]. Poznań 1984; Okkupation und Kollaboration (wie Anm. 2).

10 Vgl. Hans Werner Neulen, An deutscher Seite. Die Freiwilligen der Waffen-SS. München 1985; ders., Eurofaschismus und der Zweite Weltkrieg. München 1980; ders., Europa und das 3. Reich. Einigungsbestrebungen im deutschen Machtbereich 1939–1945. München 1987.

11 Vgl. Okkupation und Kollaboration (wie Anm. 2), Einleitung, S. 18 ff.

von Begriffen, Problemstellungen und Einsichten fragen, die in der historischen Forschung über den Zusammenhang von Okkupationspolitik, Kollaboration und Widerstand im Zweiten Weltkrieg gewonnen wurden.

Doch nicht allein infolge dieser Konjunktur wird der Begriff Kollaboration inflationär ausgeweitet. Seine inkonsequente Anwendung selbst in der Fachliteratur hat Hans Lemberg schon 1972 moniert.[12] Schon damals war „Kollaboration" als ein schillernder, diffuser, „blumiger" Begriff im Umlauf, der in einem metaphorischen Sinn auf Sachverhalte übertragen wurde, die der Begriff nicht abdeckt, z.B.

– auf die Beziehungen zwischen sozialen Klassen innerhalb eines Landes;
– auf die Beziehungen politisch gegensätzlicher Parteien innerhalb eines Landes;
– auf die ungleichen Beziehungen von Staaten verschiedener Größe und Macht, die sich weder im Krieg befinden noch einander besetzt halten;
– auf die Beziehungen zwischen Staat und Kirche eines Landes.

Verwässert wird der Begriff weniger durch „ausufernde Differenzierung",[13] vielmehr begünstigt der Mangel an begrifflicher Differenzierung seinen beliebigen Gebrauch. Um die mit dem Terminus „Kollaboration" zwangsläufig verknüpften negativen politischen Konnotationen zu vermeiden, weichen manche Autoren auf „Zusammenarbeit" aus.[14] Andere Autoren wiederum nutzen diese Konnotationen zielstrebig zur politischen Stigmatisierung.[15]

Eine wissenschaftliche Untersuchung des Phänomens Kollaboration kann auf den Begriff nicht verzichten, weil er politisch instrumentiert wurde und wird, sie muss ihn aber genau bestimmen, semantisch präzisieren und möglichst trennscharf formulieren, damit er praktikabel ist. Dabei müssen die semantischen und syntaktischen Aspekte scharf von den pragmatischen unterschieden und alle explizit benannt werden. Wissenschaftliches Bemühen zielt auf Begreifen, Erklären und Beurteilen, nicht auf Stigmatisierung. Natürlich ist es jedermann unbenommen, in einem politischen Kontext metaphorisch von „Kollaboration" zu sprechen, doch für eine wissenschaftliche Bestimmung kann solche Metaphorik außer Acht bleiben.

Meine Überlegungen und Fragen zum Begriff, zu Dimensionen und Funktionen der Kollaboration stützen sich auf vergleichende Untersuchungen zur Okkupationspolitik der Achsenmächte im Zweiten Weltkrieg,[16] auch wenn Fragen nach der Tragweite, Anwendbarkeit und Praktikabilität der begrifflichen Differenzierungen darüber hinausgreifen.

---

12 Lemberg, Kollaboration (wie Anm. 9), S. 143.
13 So Hermann Weiß in: Die Kollaboration mit den Achsenmächten in Europa 1939–1945. Ein Seminar der Stiftung Micheletti in Brescia, in: Vierteljahreshefte für Zeitgeschichte (1992), H. 1, S. 159.
14 Vgl. Kooperation und Verbrechen. Formen der „Kollaboration" im östlichen Europa 1939–1945. Göttingen 2003 (Beiträge zur Geschichte des Nationalsozialismus. 19), Editorial, S. 11-14.
15 Siehe den Bericht der Enquete-Kommission des Bundestages unter Leitung von Rainer Eppelmann, Drucksache 12/7820 des Deutschen Bundestages vom 31.05.1994, das thematische Heft „Kollaboration" des „Kursbuch", Nr. 115, Berlin 1994.
16 Okkupation und Kollaboration (wie Anm. 2).

2. Die Haltung der Hitlerregierung

Am 24. Oktober 1940 traf sich Adolf Hitler mit dem französischen Staatschef Marschall Henri-Philippe Pétain und dem Regierungschef Pierre Laval in dem kleinen Ort Montoire in den Pyrenäen. Danach verkündeten beide Seiten „Zusammenarbeit" bzw. „Collaboration", doch führte diese für das Vichyregime „praktisch zu nichts".[17] Der Karikaturist einer italienischen Zeitung versinnbildlichte dies in einer wenige Tage nach dem Treffen gedruckten Karikatur. Sie zeigt einen mühsam von einem Esel gezogenen Karren, auf dem Adolf Hitler sitzt und mit einer großen Peitsche auf den Esel einschlägt, der immer wieder „collaboration, collaboration" schreit. Zu Recht hat Czesław Madajczyk diese Karikatur für ein treffendes Sinnbild dessen erklärt, was die faschistische Führung unter Kollaboration verstanden wissen wollte.[18] Die nach Montoire kurzzeitig ausgegebene Losung der „Collaboration" aber führte langfristig zu einem Bedeutungswandel des Begriffs.

In der Tat zeigt sich die Haltung Hitlers und anderer faschistischer Führer zur Kollaboration exemplarisch am Beispiel Frankreichs. Die nach Montoire propagierte „Collaboration" war keineswegs „das Ergebnis eines hartnäckig verfolgten methodischen deutschen Plans", sondern „eine von der Vichyregierung hinter Marschall Pétain einstimmig erdachte Politik, und es waren die Deutschen, die sich (...) nicht mehr engagieren wollten, als sie kein Interesse mehr daran fanden".[19] Goebbels vertraute seinem Tagebuch an: „Das Gerede von Kollaboration ist nur für den Augenblick gedacht."[20] Und Göring instruierte am 6. August 1942 die Reichskommissare und Militärbefehlshaber der besetzten Gebiete: „Ich mache keine Kollaboration. Kollaboration der Franzosen sehe ich nur in folgendem: wenn sie abliefern, bis sie selber nicht mehr können, wenn sie es freiwillig tun, dann werde ich sagen, ich kollaboriere."[21] Der Höhere SS- und Polizeiführer in Paris, Carl Oberg, formulierte diese grundsätzliche Haltung der für die Okkupationspolitik entscheidenden deutschen Instanzen noch Anfang August 1944 so, dass „zwar nach außen hin eine Politik der Zusammenarbeit zu betreiben sei, dabei aber niemals das Ziel, Frankreich endgültig zu zerschlagen, aus den Augen verloren werden dürfe".[22]

Diese Stellungnahmen drücken die Haltung der Okkupanten zur Kollaboration mit Vertretern der unterworfenen und besetzten Länder prägnant aus, erfassen aber nicht deren Widersprüchlichkeit, vor allem nicht die Widersprüchlichkeit der wirtschaftlichen Kollaboration. Hitler selbst und die faschistische Führung im engeren Sinne waren nicht daran interessiert, irgendwelchen Kollaborateuren verbindliche Konzessionen einzuräumen. Sie wollten keine Zusammenarbeit, bei der sie sich in vertraglicher oder anderer Form an Bedingungen hätten binden müssen. Daher war Kollaboration niemals ein politisches Ziel der deutschen Okkupationsherrschaft – in keinem besetzten Land. Hitler und seine Regierung waren zwar bestrebt, Angebote zur Zusammenarbeit auszunutzen, doch wollten sie

---

17 Henry Michel, Vichy année 40. Paris 1966, S. 353. Übersetzung von Hans Umbreit.
18 Czesław Madajczyk, Zwischen neutraler Zusammenarbeit der Bevölkerung okkupierter Gebiete und Kollaboration mit den Deutschen, in: Okkupation und Kollaboration (wie Anm. 2), S. 45-58.
19 Michel, Vichy année 40 (wie Anm. 17), S. 433. Übersetzung von Hans Umbreit.
20 Joseph Goebbels, Tagebücher. Aus den Jahren 1942–1943. Mit anderen Dokumenten hrsg. v. Louis P. Lochner. Zürich 1948, S. 177 (Notiz vom 26.4.1942).
21 Bundesarchiv (BA), Nürnberger Nachfolgeprozesse, Fall XI, Bd. 394, Dok. NI-10-105.
22 Ebenda, Bl. 4 ff., abgedruckt in: Europa unterm Hakenkreuz (wie Anm. 1), Bd. 5. S. 35.

den Kollaborateuren keinen eigenen Entscheidungs- und Handlungsspielraum zugestehen, sondern im Grunde nur ergebene Befehlsempfänger. Wo sie in der Praxis doch derartige Zugeständnisse machten, verstanden sie diese als taktische und zeitweilige Notwendigkeit, die sie selbst zu nichts verpflichtete. Kollaboration erschien ihnen nur tolerierbar, wenn die Kollaborateure sich den Forderungen der Okkupanten unterwarfen und jenen Beitrag zur deutschen Kriegführung leisteten, der ihnen zudiktiert wurde.

Wenngleich Haltung und Probleme für andere Länder ähnlich waren, so ist die Haltung zur Kollaboration doch für kein Land so explizit ausgesprochen worden wie für Frankreich. Der französische Staat von Vichy war bei all seiner Vielschichtigkeit ein Regime, das „grundsätzlich im Sinn des Hitlerregimes und (...) auf die Konsolidierung der beherrschenden Positionen der größten privaten Interessen gerichtet war". Doch war er keineswegs einfach „ein Transmissionsriemen für die Absichten des Siegers".[23] Die Vichyregierung und die sie tragenden Kräfte sowie die verschiedenen profaschistischen und faschistischen Gruppierungen Frankreichs sahen vielmehr, so verschieden ihre Positionen sonst auch waren, in der Zusammenarbeit mit der Okkupationsmacht die Chance, ihre innenpolitischen Gegner auszuschalten und ihre innen- und außenpolitischen Ziele mit Hilfe der Besatzungsmacht durchzusetzen.[24]

3. Nach Kriegsvölkerrecht geboten

Nach dem 1939/40 geltenden Kriegsvölkerrecht war eine Zusammenarbeit der Verwaltungsbehörden eines besetzten Landes mit der Besatzungsmacht nicht nur zugelassen, sondern geboten. In den staatsrechtlichen Bestimmungen mancher Länder waren für den Eventualfall Regulative vorgesehen. Umgekehrt schreibt die Haager Landkriegsordnung dem Inhaber der vollziehenden Gewalt vor, die öffentliche Ordnung und das öffentliche Leben wiederherzustellen – unter Beachtung der Landesgesetze.[25]

Ohne ein Mindestmaß an Zusammenarbeit mit der Besatzungsmacht könnte das tägliche Leben eines Volkes überhaupt nicht gesichert werden. Die Bäckereien müssen arbeiten und die Feuerwehr Brände löschen, die Banken Geld auszahlen und die Post Briefe befördern. Es geht um die Fortsetzung der lebensnotwendigen Produktion, um die Ernährung der Bevölkerung, die Aufrechterhaltung von Handel, Verkehr und Kommunikation, von Finanzinstituten und Dienstleistungen sowie die Gewährung der öffentlichen Sicherheit durch einheimische Polizei, um das Funktionieren der öffentlichen Verwaltung auf verschiedenen Ebenen. Die Bevölkerung eines besetzten Landes ist elementar daran interessiert, die Grundlagen ihres Lebens zu reproduzieren. Jede Zusammenarbeit mit der Besatzungsmacht aber schließt ein Minimum an Respektierung der vollziehenden Gewalt ein. Das bedeutet zunächst weder eine Verletzung der Landesgesetze noch einen Bruch der staatlichen oder nationalen Loyalität und erst recht nicht die Billigung oder Unterstützung der Okkupationsziele.

---

23 Roger Bourderon, Le régime de Vichy était-il fasciste?, in: Revue d'histoire de la deuxième guerre mondiale (1973), H. 91, S. 45. Übersetzung von Hans Umbreit.

24 Vgl. dazu Jerzy Eisler, Kolaboracja we Francji 1940–1944 [Kollaboration in Frankreich 1940–1944]. Warszawa 1989; Reinhold Brender, Kollaboration in Frankreich im Zweiten Weltkrieg. Marcel Déat und das Rassemblement national populaire. München 1992.

25 Ordnung der Gesetze und Gebräuche des Landkrieges vom 18. Oktober 1907, Reichsgesetzblatt (1910), Nr. 2, S. 132 ff.

Ohne Zweifel dient jede Arbeit unter Duldung und Kontrolle der Besatzungsmacht ihrem Interesse an „Ruhe und Ordnung", am Funktionieren der Produktion und der öffentlichen Einrichtungen. In der Praxis kamen daher die deutschen Okkupanten überhaupt nicht ohne die Inanspruchnahme funktionierender Strukturen eines besetzten Landes aus. Ohne die Tätigkeit von Verwaltung, Polizei, Justiz, Wirtschaftsorganisation etc. wäre weder eine Beherrschung des Landes noch die Ausbeutung seiner Ressourcen noch die schrittweise Durchsetzung der Okkupationsziele möglich gewesen. Daher unterschied sich die Interessenlage der institutionalisierten Besatzungsverwaltungen, seien es Zivilverwaltungen oder Militärverwaltungen, von den Proklamationen Hitlers. Ihre Hauptaufgabe bestand darin, aus dem besetzten Land so viele Ressourcen wie nur möglich der deutschen Kriegführung zur Verfügung zu stellen und dabei so wenig wie nötig deutsche Kräfte zu beanspruchen. Den Okkupationsverwaltungen war selbstverständlich bewusst, dass sie allein mit den Kräften ihrer vollziehenden Gewalt diese Aufgaben nicht leisten konnten. Sie praktizierten Kollaboration auch ohne ausdrückliche Proklamation insoweit, als die geforderten Leistungen nicht auf andere Weise billiger oder wirkungsvoller erreichbar schienen. Aus diesen Gründen arbeiteten die deutschen Besatzungsverwaltungen in Nord-, West- und Südosteuropa vorzugsweise mit den vorhandenen, herrschaftserfahrenen Verwaltungs-, Justiz-, Polizei- und Militärapparaten sowie den bestehenden Wirtschaftsorganisationen zusammen.

So wenig Kollaboration nur dann stattfand, wenn man sie auch so nannte, so wenig sinnvoll erscheint es, jede Arbeit unter dem Okkupationsregime, die dieses objektiv unterstützt, als Kollaboration zu qualifizieren. Die Wehrmacht marschierte ein und übernahm völkerrechtlich die vollziehende Gewalt, die Gesellschaft aber existierte weiter, die Menschen mussten essen, trinken, sich kleiden und wohnen. Von daher ist die Frage, ob all jene Arbeiter, die Brot gebacken oder Flugzeuge für die Wehrmacht gebaut haben, ob alle Ärzte, die in französischen oder belgischen Kliniken weitergearbeitet haben, ob die Angehörigen der Feuerwehr oder der Wasserwirtschaft als Kollaborateure zu bezeichnen sind, zu verneinen. Tatsache bleibt jedoch, dass mehr oder weniger das gesamte von Hitlerdeutschland besetzte Europa am 22. Juni 1941 zum Hinterland der deutsch-sowjetischen Front geworden war und ökonomisch, rüstungstechnisch und personell zur Kriegsfähigkeit des faschistischen Deutschland beigetragen hat, vom französischen Bauern über den belgischen Stahlschmelzer bis zum polnischen Lokomotivführer.

Laut Haager Landkriegsordnung steht der Besatzungsmacht nur der Nießbrauch am Eigentum des feindlichen Staates zu. Da die deutsche Besatzungsmacht diese Treuhänderfunktion missachtete und ihre vollziehende Gewalt zum Instrument äußerer wie innerer „Neuordnung" nach den Maßgaben nazistischer Herrschaft machte, schlug die Zusammenarbeit mit dem Okkupanten zur Sicherung der Lebensfähigkeit der Gesellschaft des besetzten Landes in ihr Gegenteil um. Diese „Neuordnung Europas" betraf die Grenzen und den politischen Status eroberter Länder, darüber hinaus auch die inneren politischen, sozioökonomischen und demografischen Strukturen. Sie richtete sich zuerst auf Größe und Struktur der Bevölkerung, weil die Okkupanten davon ausgingen, hier seien Veränderungen am leichtesten ohne Investitionskosten durch bloßen Gewalteinsatz zu bewirken.

4. Konstitutive Voraussetzungen

Wo wäre also die Grenze zu ziehen, an der diese rechtlich zulässige und praktisch unabweisbare Zusammenarbeit mit einer Besatzungsmacht in Kollaboration umschlägt? Diese Grenze überschritt die Okkupationsmacht durch Okkupationsziele wie die Beseitigung der Lebensgrundlagen der Bevölkerung oder gar deren physische Vernichtung. Solche Kriegsziele kannte das Besatzungsrecht bis dahin nicht. Es versagte gegenüber einer Politik, die sich auf die Aufhebung der nationalen Existenz, auf die Selektion, Aussiedlung und „Ausmerzung" von Teilen der Bevölkerung oder ganzer Völker richtete.

„Kollaboration" heißt wörtlich zunächst nichts weiter als Zusammenarbeit bzw. Kooperation. So wie Verrat im Kriege uralt ist, so wurde auch der Sachverhalt einer Zusammenarbeit von Teilen der Bevölkerung mit den Okkupanten des eigenen Landes nicht erst im Zweiten Weltkrieg geboren. Die seit 1940 durchgesetzte Bedeutungsänderung des Begriffs „Kollaboration" beschreibt eine sehr spezifische Art der Zusammenarbeit, deren Grundlage der faschistische Charakter der Kriegführung wie der Okkupationspraxis Deutschlands war. Dem Bedeutungswandel bereits vorausgegangen waren die Herausbildung von Nationalstaaten als Subjekte völkerrechtlicher Souveränität und des Krieges sowie die bereits im Ersten Weltkrieg praktizierte „totale Kriegführung" mit ihrer Einbeziehung der sachlichen und personellen Ressourcen der national verfassten Gesellschaft und die Verwischung der Grenzen zwischen Kombattanten und Zivilbevölkerung.

Drei konstitutive Bestimmungsmerkmale von Kollaboration sind für alle Dimensionen und Felder maßgebend:

Erstens: Kollaboration ist keine selbstständige historische Erscheinung, sondern eine Reaktion auf die Besetzung des eigenes Landes und auf die Besatzungsherrschaft. Die Okkupationspolitik ist ihre Ursache, auf die sie reagiert und für die sie zugleich Funktionen erfüllt. Die Okkupationspolitik bestimmt die Rahmenbedingungen und setzt die Erwartungen. Kollaboration ist eine der Antworten der Gesellschaft des besetzten Landes auf die mit Besetzung und Okkupationsherrschaft gesetzte Herausforderung. Kollaboration bezieht sich korrelativ sowohl auf die Okkupationspolitik als auch auf den Widerstand gegen sie.

Keine Kollaborationstätigkeit kann allein aus sich selbst heraus zulänglich bestimmt werden, nur in ihrer Funktionalität für die Okkupationspolitik nimmt sie den Charakter der Kollaboration an. Die Charakterisierung als Kollaboration setzt daher die Analyse dieser Politik voraus. Hinsichtlich der Vergleichbarkeit, kategorialen Bestimmung und Verallgemeinerbarkeit von Kollaborationstätigkeiten verschiedener Länder hat das zur Konsequenz, dass ein unmittelbarer Vergleich der Tätigkeiten ohne Berücksichtigung der Okkupationspolitik zu Fehlurteilen führen kann.

Zweitens: Kollaboration hat die Struktur einer Kooperation verschiedener Handlungssubjekte. Dies wird nicht selten übersehen oder missachtet. Auch wenn die Kooperierenden, also die Okkupationsmacht, ihre Instanzen oder Vertreter auf der einen und Teile der Gesellschaft eines besetzten Landes als Kollaborateure auf der anderen Seite innerhalb dieser Zusammenarbeit nicht gleichberechtigt sind, wenn ihre Macht und ihre Wirkungsmöglichkeiten sogar äußerst ungleich sind, so ist und bleibt ihre Heterogenität vorausgesetzt, um überhaupt von Kollaboration sinnvoll reden zu können. Kollaborierende Kräfte können in der Tat für die Okkupationspolitik nur dann eine Funktion erfüllen, wenn ihre sozialen und politischen Existenzgrundlagen unabhängig vom Okkupanten bestehen und sie eigene

Ressourcen und Einflussmöglichkeiten haben. Nur wenn sie über eine eigene soziale bzw. politische Rekrutierungsbasis, über eigene, selbstständige Organisationsformen und spezifische Wirkungsmöglichkeiten in der Gesellschaft des besetzten Landes verfügen, ist der Okkupant an ihrer Tätigkeit interessiert, ob diese nun erzwungen, reaktiv oder initiativ ist.

Es wäre aber falsch, schlechthin jede Unterstützung, jede Leistung für die Okkupanten als Kollaboration zu begreifen; nicht jeder, der im Dienste der Okkupanten steht, ist ein Kollaborateur. Eine völlige Identifizierung mit dem Okkupanten fällt aus der Kollaboration genauso heraus wie die bloße Erfüllung von Befehlen oder Auflagen. Von den Okkupanten selbst geschaffene, organisierte oder unterhaltene Gruppen ohne eigene soziale Basis, SD-Agenten, Gestapospitzel oder ähnliche Personen sind nicht einmal Kollaborateure: Jedenfalls sollte eine Marionettenregierung von einer Kollaborationsregierung ebenso unterschieden werden wie Kollaboration vom Attentismus.

Drittens: Ausgehend von der strukturellen Heterogenität disparater Kräfte setzt Kollaboration daher (1) selbst bei krasser Ungleichberechtigung in der Beziehung der Kooperierenden ein Minimum an Entscheidungsfreiheit für die Kollaborateure, (2) selbst bei völliger Unterordnung unter die Okkupationspolitik eine faktische Respektierung ihrer Interessen und Ziele und (3) eine Tolerierung ihrer institutionellen und organisatorischen Basis voraus. Sonst wäre sie nicht funktionsfähig. Zweifellos waren die Übergänge von Kollaborateuren zu bloßen Befehlsempfängern der Besatzungsmacht fließend und wurden mit wachsender Abhängigkeit häufiger. Erst die Preisgabe der eigenen Interessen der Kollaborateure oder deren völlige Unterdrückung verändert die Spezifik und verwandelt Kollaborateure in Marionetten.

Offiziell sah die deutsche Okkupationspolitik eine Respektierung eigener Interessen und Ziele der Kollaborateure gar nicht vor. Aus taktischen Zwängen tolerierte sie sie höchstens insoweit, als sie ihren unmittelbaren Zwecken diente, ihren längerfristigen Zielen aber nicht im Wege zu stehen schien. Daher ist zu fragen, ob hier überhaupt berechtigt und sinnvoll von Kollaboration zu sprechen ist. Meines Erachtens ist diese Haltung der deutschen Okkupanten kein Hindernis, sinnvoll von Kollaboration zu reden. Denn die Okkupationsherrschaft war auch dann eine Herausforderung, wenn sie Kollaboration nicht anbot, sondern duldete, soweit sie für die Okkupationsherrschaft als funktional galt. Kollaboration lag nicht nur dann vor, wenn man sie auch so nannte. Die deutschen Okkupanten haben das bewusst vermieden.

Im Frühjahr 1941 charakterisierten die „Lettres Confidentioneles" Kollaboration als einen politischen Kontrakt, der es erlaube, in das Lager des Siegers überzutreten und sich an sein Schicksal zu binden.[26] Mir scheint die Feststellung zutreffend zu sein. Politischer Übertritt ins Lager der Okkupanten heißt, deren Fremdherrschaft zu respektieren. Ein solcher Übertritt in das Lager des Feindes als Sieger hebt nicht auf, dass für das Handeln der Kollaborateure ihre besonderen Interessen und nicht jene der Okkupationsmacht maßgebend sind. Und er muss keineswegs identisch sein mit einer eigenen faschistischen Position oder der ideologischen Akzeptanz des Nationalsozialismus durch die Kollaborateure.

Wer politisch ins Lager des Feindes übertritt, strebt dessen Sieg im Krieg an. Dies ist von vielen Kollaborateuren bekannt worden, in der militärischen Kollaboration fand

---

26 Zit. nach Madajczyk, Faszyzm i okupacje (wie Anm. 9). Tom 2, S. 336.

dieses Streben seinen extremen Ausdruck. Dennoch halte ich es für falsch, nur jene Kräfte der Kollaboration zuzurechnen, die den Sieg der Okkupationsmacht im Krieg anstrebten, und jene auszuschließen, die die eigene militärische Niederlage durch Kollaboration in ihren Wirkungen mindern, mildern, ausgleichen oder wettmachen wollten oder die durch Kollaboration Zeit und Kraft gewinnen wollten.

5. Spezielle Probleme der Begriffsbestimmung

Kollaboration ist also unter verschiedenen Gesichtspunkten genauer zu bestimmen: Man kann die Motive und Ziele heranziehen, die Interessen und ihre Realisierung, die objektiven Wirkungen und die Funktionen jener Tätigkeiten, die Kollaboration ausmachen. Für Ursachen und Motive wie für Funktionen und Wirkungen gilt, dass meist mehrere und oft sogar gegensätzliche gleichzeitig ins Spiel kommen. Wenn daher die Historiker bei ihrem Bemühen, handhabbare Bestimmungen zu setzen, nicht selten ins Straucheln geraten, so liegt dies nicht so sehr am subjektiven Unvermögen der Analytiker, sondern in der Natur der Sache.[27]

Anknüpfend an die Konstitutiva sollen einige spezielle Probleme der Bestimmung von Kollaboration wenigstens benannt werden:[28]

1. Kollaboration war und ist eine Antwort auf die Herausforderungen der eigenen Gesellschaft durch die Besatzung, doch ihre Wurzeln liegen in den wirtschaftlichen, sozialen und politischen Widersprüchen jener Gesellschaften und sind in die Geschichte des besetzten Landes eingebettet. Die Praxis der Kollaboration war nicht nur in Frankreich unmittelbar mit den Klassenkämpfen verbunden und ebenso mit dem Kampf verschiedener Klassenfraktionen und -gruppierungen um die Macht. In mehreren besetzten Ländern versuchten die Kollaborateure nicht nur, mit Hilfe der Okkupationsmacht die bedrohte innere Ordnung aufrechtzuerhalten oder ein autoritäres oder faschistisches Regime zu errichten, so dass sich der Bürgerkrieg bereits unter der Besatzungsherrschaft, in anderen nach der Befreiung entflammte.

2. Eine soziale Klassifizierung der kollaborierenden Kräfte ist unerlässlich, aber jede Pauschalisierung unangebracht: Weder Widerstand noch Kollaboration sind einzelnen Klassen ausschließlich zuzuordnen. Aus der großen Bandbreite aller Formen von Kollaboration kann keine soziale Klasse einer Gesellschaft unter der Okkupation per se davon ausgenommen werden.[29] Ein und dieselbe soziale Klasse, ein und dieselbe Klassenfraktion hat sich in verschiedenen Ländern unterschiedlich gegenüber den Okkupanten verhalten, ganz abgesehen von unterschiedlichen Zeitphasen in ein und demselben Land. Die für den Okkupanten wichtigsten Träger dieser Kollaboration im Spektrum der Kollaborationskonkurrenz aber waren überall die schon vor der Aggression herr-

---

27 Vgl. die Kritik von Holm Sundhaussen am Modell von Rings, Okkupation, Kollaboration und Widerstand in den Ländern Jugoslawiens 1941–1945, in: Okkupation und Kollaboration (wie Anm. 2), S. 349 f.

28 Ausführlicher siehe dazu Werner Röhr, Landesverrat oder Patriotismus? Fragen und Probleme zur Kollaboration im Zweiten Weltkrieg, in: „Neuordnung Europas" (wie Anm. 4), S. 87-116.

29 Vgl. dazu Karl Heinz Roth, Die Sozialpolitik im europäischen Großraum im Spannungsfeld von Okkupation und Kollaboration (1938–1945), in: Okkupation und Kollaboration (wie Anm. 2), S. 433-460.

schenden Gruppen in Wirtschaft, Verwaltung, Politik und Militär, weil die Okkupanten glaubten, nur sie könnten die geforderten Leistungen mobilisieren.[30]

3. Analog verhält es sich mit der politischen Spezifik der Kollaborateure. Auch hier gilt: Keine politische Partei, Bewegung oder Strömung war dafür prädestiniert, keine aber auch per se davon ausgenommen. Selbst die einheimischen Faschisten haben nicht überall kollaboriert, sondern auch aus nationalistischer Motivation Widerstand geleistet. Darum war die Kollaboration keineswegs auf die faschistischen, extrem reaktionären oder die konservativen Kräfte der besetzten Länder beschränkt, sondern umfasste ein erheblich breiteres Spektrum bis hinein in die Arbeiterbewegung.

4. Französische Historiker unterscheiden zwischen Kollaboration und Kollaborationismus und beziehen letzteren auf die faschistischen Kräfte. War die Kollaboration der einheimischen Faschisten mit den Faschisten der Besatzungsmacht tatsächlich der „klassische Fall von Kollaboration im Zweiten Weltkrieg"?[31] Es bedarf der näheren Bestimmung, in welcher Hinsicht dieser Fall „klassisch" ist. Er ist es nämlich nur dann und nur insoweit, wie wir einen bestimmten Typus politischer Kollaboration als normgebend bewerten. Mindestens auf dem wichtigsten Felde, nämlich der wirtschaftlichen Kollaboration, war die Kollaboration der einheimischen Faschisten gerade nicht der dominierende Typus. Auch übersieht diese Kennzeichnung jene Verschiebungen, die in mehreren Ländern spätestens 1943 eintraten.

5. Während des Krieges vollzogen sich zwei signifikante Verlagerungen innerhalb des Kollaborationsspektrums. In den Ländern West- und Nordeuropas verengte sich die aktive Kollaborationsbereitschaft tendenziell auf faschistische Kräfte bei zunehmender taktischer Reserve der traditionellen Repräsentanten der herrschenden Klassen. Die Ursachen lagen im Kriegsverlauf. Nach der Niederlage bei Kursk hatte die Wehrmacht endgültig die Fähigkeit zur strategischen Initiative verloren, ihre Niederlage war absehbar. Damit wurde die bisherige Annahme, auf Dauer unter der Vorherrschaft des deutschen Imperialismus leben zu müssen, hinfällig. Darüber hinaus war diese Einschränkung auch eine Reaktion auf die Entwicklung des Widerstandes.
    Während die herrschenden Gruppen in Westeuropa nach taktischen Rückzugsmöglichkeiten aus der Kollaboration suchten, unternahmen sozial und politisch vergleichbare Kräfte in Jugoslawien, Griechenland und anderen Ländern Südosteuropa zu diesem Zeitpunkt verstärkte Anstrengungen zu einer Kollaboration mit den Okkupanten. Da die genannten Ursachen auch hier nicht unbekannt waren, wird diese geografisch-politische Verlagerung gemeinhin mit der Furcht der herrschenden Klassen vor dem Sieg der kommunistischen Widerstandsbewegung begründet.

6. Die Kollaborateure veränderten sich im Kriegsverlauf durch ihre Kooperation mit der Besatzungsmacht, vor allem aber änderte sich ihre Stellung: Ihre Abhängigkeit von der Besatzungsmacht wurde größer, ihre eigene Basis geringer. Ihr politischer und moralischer Verschleiß im Dienste der Okkupanten war beabsichtigt. Ein instruktives Beispiel dafür ist die Regierung des Protektorats in Böhmen und Mähren, aber tendenziell trifft dies für viele zu.

---

30 Vgl. Dietrich Eichholtz, Wirtschaftskollaboration und „Ostgesellschaften" in NS-besetzten Ländern (1941–1944), in: Okkupation und Kollaboration (wie Anm. 2), S. 461–565.
31 Vgl. Hirschfeld, Fremdherrschaft und Kollaboration (wie Anm. 6), S. 9.

6. Arbeitsdefinitionen

Arbeitshypothetisch kann formuliert werden, dass eine Kollaboration mit den Besatzungsmächten im Zweiten Weltkrieg dann vorliegt, wenn

1. Bestimmungen des zeitgenössischen Besatzungsvölkerrechts bzw. Gesetze und Rechts-
   vorschriften des eigenen Staates verletzt, aufgehoben oder ersetzt werden;
2. die Möglichkeiten des eigenen Landes zur Überwindung der Okkupationsherrschaft
   und/oder sein Potenzial dazu gemindert, geschädigt oder ausgeschlossen werden;
3. die Berechtigung des Okkupanten zur Durchsetzung seiner Kriegs- und Okkupationsziele legitimiert und sein Potenzial dazu mitproduziert werden;
4. der Widerstand gegen die Okkupationsherrschaft ausgeschlossen und/oder die Wider-
   standsfähigkeit gegen die Okkupationspolitik behindert, geschwächt oder bekämpft
   werden.

Bereits jedes dieser Momente kann allein als Kriterium fungieren. Für spezifische Sach-
gebiete könnte ein solches Kriterium für Kollaboration zunächst so bestimmt werden:

Völkerrechtlich wird die Trennlinie zur Kollaboration dort zu ziehen sein, wo die besatzungsrechtlichen Kompetenzen überschritten, die besatzungsrechtlichen Verbote negiert
und Vorschriften verletzt werden.

Militärisch ist jeder Einsatz von Formationen aus Staatsbürgern des okkupierten Landes
für die Kriegsziele des Okkupanten auszuschließen, gleichgültig, ob diese Staatsbürger in
nationalen Formationen des besetzten Landes oder in denen der Okkupationsmacht kämpfen.

Polizeilich überschreitet jeder Einsatz landeseigener polizeilicher Kräfte, der nicht den
inneren staatsrechtlichen Normen des okkupierten Landes zur Aufrechterhaltung der öffentlichen Ordnung entspricht, den Rahmen völkerrechtlich zulässiger Zusammenarbeit. Dabei
ist es völlig gleichgültig, ob die Befehle von einer Kollaborationsregierung oder unmittelbar
von den Okkupanten gegeben wurden.

Rechtlich ist die Bestimmung der Kollaboration einheimischer Gerichte dort anzuset-
zen, wo diese sich eine Beseitigung der Rechtsgrundlagen ihrer Tätigkeit durch die Okkupationsmacht zu eigen machen, sei es z.B. hinsichtlich der Gegenstände der Strafjustiz,
der Verfahrensweisen oder selbst der Zusammensetzung der Gerichte. So schloss z.B. der
Oberste Gerichtshof der Niederlande seine jüdischen Mitglieder auf Forderung der Okkupationsmacht aus und amtierte weiter.

Ökonomisch ist es sicher noch schwieriger, die Zusammenarbeit zur Aufrechterhaltung
der Grundlagen des materiellen Lebens des Volkes in jedem Einzelfall von der Produktion
für die Kriegführung des Okkupanten abzugrenzen. Relativ klar scheint die Scheidelinie
jeweils dort zu liegen, wo es um die direkte Produktion von Waffen, Munition und Kriegs-
gerät geht. Aber bereits bei strategisch wichtigen Rohstoffen für diese Rüstungsproduktion,
z.B. die billigen französischen Bauxitlieferungen, gab es keinen Zweifel über den Verwen-
dungszweck.

Als wichtigste Felder der Kollaboration sind Verwaltungskollaboration, politische, wirtschaftliche, polizeiliche und militärische Kollaboration zu differenzieren.

Nur dort, wo die Okkupationsherrschaft die staatliche Existenz des besetzten Landes
nicht negierte und eine funktionsfähige Regierung unter der Kontrolle der Okkupationsmacht bestehen blieb, konnte es zu einer *Staats- oder Regierungskollaboration* kommen.
Das bekannteste Beispiel ist die Beziehung des Vichystaates zu Hitlerdeutschland, in das

Spektrum der Regierungskollaboration gehört aber auch die Tätigkeit solcher Regierungen wie die Serbiens, Griechenlands oder Ungarns (nach 1944). Dieses Spektrum ist durch Dänemark einerseits und den kroatischen Ustascha-Staat zum anderen abgesteckt.

Hinsichtlich solcher Regierungen wie der Quislings in Norwegen dürfte es unangebracht sein, von Staatskollaboration zu sprechen, war sie doch originär ein Geschöpf des Okkupanten, auch wenn sie sich aus dem eigenen Lande rekrutierte. Allerdings gab es vielfältige Übergänge zwischen Kollaborateuren und Marionetten.

Aber auch dort, wo die Okkupanten nicht einmal zum Schein eine nationale Staatlichkeit zulassen wollten, wie in den baltischen Ländern, oder wo es keine offizielle Staatskollaboration auf Regierungsebene gab, konnte die Verwaltungskollaboration die Ebene faktischer oberster Organe umfassen, so die sog. Staatssekretärsregierungen in den Niederlanden und Belgien oder in Dänemark nach dem August 1943, oder die Regierung des Protektorats und andere. Die entscheidende Leistung der administrativen Kollaboration für die Okkupanten besteht m.E. darin, dass sie sich auf eine Aufsichtsverwaltung beschränken konnten, weil die Landesverwaltung von der obersten Ebene an alle Zweige und alle Ebenen umfasste, und dass sie viele bedrückende Aufgaben der Kollaborationsverwaltung überließen.

7. Polizeiliche Kollaboration

Militärische und polizeiliche Kollaboration sind jene Bereiche, in denen sich ihr politischer Inhalt am klarsten ausdrückte. Beide widersprachen ausdrücklich den Bestimmungen der Haager Landkriegsordnung.

Die polizeiliche Kollaboration umfasste alle besetzten Länder, wurde aber bisher wenig untersucht.[32] Die Okkupanten benötigten in jedem besetzten Land die landeseigene Polizei „zur Aufrechterhaltung von Ruhe, Sicherheit und Ordnung", da ihre eigenen Kräfte nicht ausreichten. Sie waren bestrebt, sich überall die unmittelbare Kontrolle über diese Polizei zu sichern, so dass die Polizei zunehmend von einem Instrument kollaborierender Regierungen oder Verwaltungen zu einem verlängerten Arm der Besatzungsmacht wurde. Auch in Ländern ohne Kollaborationsregierung erlangte die polizeiliche Kollaboration große Bedeutung, wie z.B. in den baltischen Staaten. Selbst in Polen war unter der Kontrolle der Okkupanten die „blaue" Polizei tätig.[33]

Vor allem zwei Bereiche hatten für die politische Kollaboration der Polizei grundlegende Bedeutung. Das war erstens die Erfassung, Registrierung, Gefangennahme und der Abtransport der Juden in die Vernichtungsstätten. Diese vielstufige Aktion im Vorfeld des Genozids an den Juden Europas wäre den deutschen Okkupanten in keinem einzigen besetzten Land ohne die einheimische Polizei gelungen. Dazu mussten diese Polizisten und Angehörigen der Miliz keineswegs persönlich die Juden mit Knüppeln auf der Straße totschlagen, wie das z.B. in Litauen, Lettland und Estland bei von den Nazis initiierten Pogromen geschah. In der Regel bestand die Rolle der einheimischen Polizei in der Erfassung, Verhaftung und Deportation.

---

32 Ausführlicher zur polizeilichen Kollaboration siehe Röhr, Landesverrat (wie Anm. 28), S. 95 ff.
33 Vgl. Adam Hempel, Pogrobowcy klęski. Rzecz o policji „granatowej" w Generalnym Gubernatorstwie 1939–1945 [Die Totengräber der Niederlage. Zur „Blauen Polizei" im Generalgouvernemt 1939–1945]. Warszawa 1990.

Zweitens wurde der landeseigenen Polizei die Aufgabe übertragen, den Widerstand gegen die Besatzungsherrschaft im eigenen Land, aber auch jenseits seiner Grenzen zu bekämpfen. Zunächst übernahmen sie Aufgaben der Aufdeckung und der Information, bald wurden sie auch bewaffnet gegen Widerstandsgruppen eingesetzt. Das betraf insbesondere die angestrebte physische Vernichtung der kommunistischen Parteien und die Zerschlagung der Partisanenverbände, sei es in Frankreich, Jugoslawien, Norwegen, Griechenland oder in der Sowjetunion.

Schließlich wurden nationale Polizeiformationen in andere besetzte Länder entsandt, um dort am Kampf gegen die Partisanen teilzunehmen oder bei der Niederschlagung von Aufständen, z.B. des Ghettoaufstandes in Warschau, teilzunehmen. So wirkten beim Massen- und Völkermord in Polen unter deutschem Kommando ukrainische, lettische, litauische und andere nationale Formationen mit.

Die polizeiliche Kollaboration umfasste vor allem drei Gruppen: erstens die bisherige Landespolizei, die entweder faktisch wie in Vichy oder auch formell wie in Polen, den Niederlanden oder Norwegen unter die Kontrolle des Okkupanten trat. In den Ländern ohne Staatskollaboration unterstand die Polizei nicht den offiziellen Besatzungsverwaltungen, sondern den jeweiligen Höheren SS- und Polizeiführern. Zweitens wurden von der Okkupationsmacht besondere nationale Polizei- oder Milizformationen aufgestellt, die für spezielle Okkupationsaufgaben vorgesehen waren. Diese unterstanden von vornherein und direkt den Höheren SS- und Polizeiführern, z.B. in den baltischen Ländern, in Belorussland und der Ukraine. Meist wurden diese einheimischen Verbände in sog. Schutzmannschaften (Schuma-Bataillonen) zusammengefasst, die dann der Sicherheitspolizei unterstanden und auch jenseits der Landesgrenzen gegen Partisanen eingesetzt wurden.

Schließlich konnten die Okkupanten auch jene Milizen polizeilich oder militärisch einsetzen, die von den einheimischen Faschisten erst unter der Besatzung gegründet wurden, so in den Niederlanden die „Germanische SS" und ihr „Feldkommando Feldmejer", das systematisch Widerstandskämpfer und deren Sympathisanten ermordete, in Belgien der „Germanische Landdienst" und die „Boerenwacht", in Dänemark das „Schalburg-Korps" und in Frankreich die „Milice Française".

Stellenwert und Funktionen der polizeilichen Kollaboration für die Okkupanten sind nur im Zusammenhang mit dem Widerstand zu bestimmen. Nach 1943 erstarkte in vielen besetzten Ländern der Widerstand. Zur Sicherung der Okkupationsherrschaft reichte die bloße Niederhaltung des Widerstandes nicht mehr aus. Die Okkupanten gingen dazu über, zur Bekämpfung der Partisanen möglichst viele Reserven der besetzten Länder heranzuziehen. Dazu wurden die kollaborierenden Polizei- und Militärverbände ab 1943 personell gestärkt. Ihr Einsatz ging in Griechenland, Jugoslawien und Frankreich direkt in den Bürgerkrieg über. Die Sicherheitsbataillone und die Evzonen in Griechenland, die Ustaschi und das Serbische Freiwilligenkorps in Jugoslawien und die Milice Française entlasteten die Okkupanten bei der Bekämpfung des Widerstands.

Das Beispiel der Milice verdeutlicht, dass deren Tätigkeit den Rahmen der Kollaboration des Vichystaates überschritt, wenn sie im Auftrag der Okkupanten Jagd auf alliierte Geheimsender und alliierte Nachrichtendienste im unbesetzten Frankreich machte und selbst die Verfolgung von Nachrichtenoffizieren des Vichyregimes durch die deutsche Sicherheitspolizei mittrug. Der Ausrottungsfeldzug der Milice gegen französische Antifaschisten kam dem Okkupationsregime in seiner Krise kurz vor der erwarteten Landung der Alliierten sehr zupass. Durch die Bildung dieser gegen die Résistance kämpfenden Polizeistreitmacht wurden fehlende Kräfte der Okkupanten ausgeglichen und der Widerstandsbewegung ernsthafte Schläge versetzt. Zweifelsohne verfolgte die Milice mit der Eröffnung des Bürgerkriegs eigene, innenpolitische Ziele, die mit denen der Okkupationsmacht auch kollidieren konnten.[34] Aber die Verbrechen der Milice belasteten nicht das Mordkonto der Besatzungsmacht.

8. Militärische Kollaboration

Die militärische Kollaboration hatte verschiedene Formen: Erstens konnten offizielle Streitkräfte eines okkupierten Landes als eigene Formationen unter dem Oberkommando und für die Ziele des Okkupanten eingesetzt werden. Dafür ist Ungarn nach dem März 1944 das beste Beispiel. Oder der Okkupant nutzte den Einsatz von Militäreinheiten einer Kollaborationsregierung gegen die Widerstandsbewegung wie z.B. in Griechenland. Zwischen polizeilicher und militärischer Kollaboration gab es einen fließenden Übergang, denn in vielen Ländern wurden Polizeiformationen als militärische Einheiten eingesetzt.

Zweitens sahen sich kollaborierende Regierungen genötigt oder veranlasst, Werbung und Aufstellung von Formationen aus Bürgern ihres Landes zu dulden, die ihrem Kommando absolut entzogen und Bestandteil der Streitkräfte des Okkupanten waren. Beispiele sind sowohl die von faschistischen Organisationen der besetzten Länder aufgestellten Einheiten, die zumeist in die Waffen-SS übergingen, als auch die Rekrutierung von Bürgern jener Staaten mit deutscher Nationalität durch die Okkupanten, meist ebenfalls zur Waffen-SS, so in Serbien oder Ungarn.

Drittens gehörte zur militärischen Kollaboration aber auch der umgekehrte Fall: Die Kollaborateure der baltischen Länder, denen der Okkupant mit der Verweigerung eigener Staatlichkeit auch eigene Militäreinheiten untersagte und sie auf Polizeiformationen beschränkte, durften angesichts der militärischen Niederlagen der Wehrmacht nun doch für Kanonenfutter aus ihrem Lande sorgen.

Auf jenen Spezialfall militärischer Kollaboration, wie er sich mit den von der Wehrmacht selbst aus Kriegsgefangenen der Roten Armee formierten Ost-Legionen und weiterer Verbände darstellt, sei an dieser Stelle nur verwiesen.[35]

Es ist also zu unterscheiden, ob es sich bei der militärischen Kollaboration um Wehrpflichtige aus den besetzten Ländern handelte, um Freiwillige oder um kriegsgefangene Soldaten. Für die Art des Militärdienstes war von Bedeutung, ob sie in offiziellen Militärformationen des eigenen Landes dienten oder in speziell gebildeten nationalen Legionen oder direkt als Angehörige der Wehrmacht kämpften. In Westeuropa ergriffen die pronazistischen Parteien die Initiative zur militärischen Kollaboration und bildeten Legionen. Die Werbung für die SS, für einzelne Wehrmachtteile und andere Einheiten ging von deutschen Dienststellen aus. Diese Werbung zu legalisieren, war eines der gravierendsten und

---

34 Ausführlicher zur Milice siehe Röhr, Okkupation und Kollaboration, in: Okkupation und Kollaboration (wie Anm. 2), S. 80 f.

35 Vgl. Valentin Bojzow, Aspekte der militärischen Kollaboration in der UdSSR 1941–1944, in: Okkupation und Kollaboration (wie Anm. 2), S. 293 ff., sowie den Beitrag von Matthias Schröder in diesem Band, S. 434-442.

schmachvollsten Beispiele für Staatskollaboration – nicht nur der Vichy-Regierung. Doch diese Werbung zeigte nur dürftige Resultate.

Eine definitive Wendung kollaborationsbereiter Gruppen zur militärischen Zusammenarbeit mit dem Okkupanten erfolgte unmittelbar nach dem Überfall auf die Sowjetunion. War in den besetzten „germanischen" Ländern bereits zuvor für die Waffen-SS geworben worden, so entstanden nunmehr in den Niederlanden, in Belgien, Dänemark und Norwegen nationale Legionen speziell für den Kampf an der sowjetischen Front. Diese Legionen waren zunächst keine SS-Einheiten, sondern nationale Formationen unter eigenen Offizieren. Nachdem sie jedoch 1942 an der Ostfront schwerste Verluste erlitten hatten, wurden sie 1943 sämtlich wieder aufgelöst und sollten künftig in den „germanischen Einheiten" der Waffen-SS kämpfen. Die Okkupanten wollten damit eine politische Einflussnahme der pronazistischen Parteien der besetzten Länder auf „ihre Legionen" ausschalten. Diese „germanischen" Kollaborateure waren ebenso wie die baltischen direkt an der Ostfront eingesetzt, dagegen kämpften die griechischen und jugoslawischen Kollaborationsverbände im eigenen Land gegen die bewaffnete Widerstandsbewegung.

9. Gründe und Beweggründe der Kollaborateure

Die Gründe einer Entscheidung zur Kollaboration waren vielfältig und oft widersprüchlich. Jede Entscheidung, z.B. die der französischen Regierung über die Legalisierung der Lieferung von Kriegsmaterial an Deutschland, wäre daraufhin zu untersuchen, (1) aus welchen Gründen sie gefällt wurde, (2) unter welchen Zwängen und Determinanten sie erfolgte, (3) welche Motive die Betreffenden bewogen, (4) mit welchen Zielen, Erwartungen und Hoffnungen bzw. welchen taktischen Kalkülen und Vorbehalten sie getroffen wurde. Doch wichtiger als alle diese Faktoren waren stets ihre Wirkungen.

Nicht wenige Historiker beleuchten vorrangig oder ausschließlich die Motive der Kollaborateure, besser gesagt, was diese dafür ausgaben.[36] Nach den über das Bewusstsein der Handelnden hinausgehenden objektiven Ursachen und Bedingungen wird selten gefragt. Natürlich waren alle Gründe über die Beweggründe der Handelnden vermittelt. Doch brauchten die Motive der Beteiligten mit den Gründen nicht identisch zu sein, sie konnten sich darüber irren, sich oder andere täuschen oder betrügen. Dies änderte nichts an den Gründen und auch nicht an den Wirkungen, erfordert aber, die Wirkungsweise der Beweggründe genauer zu untersuchen.

In der Literatur werden die von den Kollaborateuren angegebenen Motive aufgelistet und meistens ganz kurzsichtig als Gründe für Kollaboration unterstellt. Sehr selten allerdings geschieht dies auch für die Okkupanten. Als verbreitetste Motive stehen politischer Opportunismus und egoistische Vorteilsnahme an der Spitze, von den Kollaborateuren selbst werden Antikommunismus, Antisemitismus und Nationalismus genannt, aber auch das Streben nach nationaler Befreiung oder Selbstbestimmung. Die Illusionen jener Kollaborateure, die glaubten, es sei die ureigenste Zielstellung der Okkupanten, ihnen zu einem eigenen Staat zu verhelfen und statt der Expansionsinteressen deutscher Imperialisten ihre nationalen Ambitionen durchzusetzen, brauchen hier nicht analysiert zu werden. Die Führer der Organisation Ukrainischer Nationalisten (OUN) z.B. mussten bald einsehen, dass Hitler den

---

36 Vgl. Madajczyk, Zwischen neutraler Zusammenarbeit (wie Anm. 18), S. 56 ff.

Krieg gegen die Sowjetunion keineswegs führte, um einen bürgerlichen ukrainischen Nationalstaat zu gründen. Die am 30. Juni 1941 in Lwów von der OUN gebildete ukrainische Regierung Jaroslav Stecko wurde am 9. Juli verhaftet. Bereits zuvor scheiterte ein analoger litauischer Versuch, unter Kazys Škirpa eine profaschistische, aber von den deutschen Okkupanten nicht autorisierte Regierung zu bilden.[37]

Sicher hat es die aufgelisteten Beweggründe der Kollaborateure tatsächlich gegeben, auch wenn sie später oft stilisiert wurden. Doch die angegebenen Motive oder Absichtserklärungen ohne Prüfung umstandslos als Ursachen oder Wirkungen zu unterstellen, verhindert deren Erkenntnis durch den Historiker. Vor allem aber sollte er über die psychologischen Aspekte der Bedürfnisse und Motive und über die ideologische Gründe[38] hinaus nach jenen Ursachen fragen, die von den Kollaborateuren seltener autorisiert wurden, z.B. nach den ökonomischen und politischen Interessen, die mittels Kollaboration realisierbar erschienen, nach den von den Okkupanten gesetzten materiellen Zwängen im Reproduktionsprozeß der Gesellschaft unter der Besatzung und den durch die materielle Zusammenarbeit selbst erst produzierten Erfordernissen. Es reicht nicht aus, nur auf die Beweggründe der Kollaborateure zu schauen.

10. Wirkungen und Funktionen

Entscheidend für die historische Rolle der Kollaboration waren nicht die Motive, sondern die objektiven Wirkungen. Und diese waren keineswegs mit den Intentionen der Akteure identisch und auch nicht mit den Funktionen. Die Wirkungen müssen nüchtern konstatiert werden, gleichgültig, ob sie der Motivlage der Kollaborateure entsprachen oder nicht, gleichgültig auch, ob sie aktuellen politischen Interessen ent- oder widersprechen.

Die von den Okkupanten erstrebten Wirkungen konnten auf unterschiedlichen Wegen, durch verschiedene Personen oder in unterschiedlicher Form erreicht werden; Kollaboration war eine Möglichkeit von mehreren. So konnten z.B. die Okkupationsbehörden Informationen über Situation, Struktur und Stärke, Pläne und Aktionen der Widerstandsbewegungen auf verschiedene Weise erlangen, durch eigene Kräfte, durch Agenten der Gestapo oder des SD oder auch durch kollaborierende Organisationen. Die Wirkung war dieselbe, nämlich der Nutzen, den die Okkupanten bei der Niederhaltung des Widerstandes daraus zogen. Auch die Funktion der Information blieb dieselbe, alle weiteren Funktionen aber hingen bereits von der Art und Weise der Informationsgewinnung und deren Trägern ab.

Die Kollaboration erfüllte unterschiedliche Funktionen,[39] für die Okkupationsmacht zum einen, für die Träger der Kollaboration zum anderen. Eine funktionalhistorische Analyse kann sich jedoch mit einer differenten Funktionsverteilung auf die beiden Parteien nicht

---

37 Vgl. Ryszard Torzecki, Die Rolle der Zusammenarbeit mit der deutschen Besatzungsmacht in der Ukraine für deren Okkupationspolitik, in: Okkupation und Kollaboration (wie Anm. 2), S. 239 ff., bes. S. 267 f.

38 Lemberg ordnet die Motive der Kollaborateure nach der ideologischen Nähe zum Nationalsozialismus; Lemberg, Kollaboration (wie Anm. 9), S. 155 f.

39 Der Funktionsbegriff sichert im Rahmen der analytischen Methode der wissenschaftlichen Arbeit die Einheit der empirischen Untersuchung mit der theoretischen Darstellung ihres Resultats. Funktionen sind Tätigkeitsklassen, die im Rahmen eines Systems auf relevante Ereignisse mit Resultaten reagieren, welche die Systemerhaltung sichern.

zufrieden geben. Sie muss auch die für beide Seiten jeweils gleichzeitig oder auch wechselnd erfüllten Funktionen durch ein und dieselbe Tätigkeit in den Blick nehmen. Allerdings ist es für die historische Forschung keineswegs selbstverständlich, nach Funktionen zu fragen.[40] Für die Okkupanten erfüllte die Kollaboration vor allem folgende Funktionen:

1. Sie ersparte ihnen den Einsatz eigener militärischer, polizeilicher oder Verwaltungskräfte;
2. sie schwächte alle Formen des Widerstandes;
3. sie ermöglichte die rücksichtslose Auspressung des Landes und die Nutzung seiner Ressourcen für die Kriegführung;
4. sie ermöglichte den Mord an den jüdischen Landesbewohnern;
5. sie erleichterte die demografische, sozialstrukturelle, politische und wirtschaftliche „Neuordnung" des Landes;
6. sie verschleierte die Herkunft vieler Befehle des Okkupanten;
7. sie verlagerte viele Proteste herausfordernde Maßnamen auf die Kollaborateure.

11. Gefahren und Optionen der Forschung

Die Zeitgeschichtsforschung entkommt ihrem Schicksal, eminent politische Wissenschaft zu sein, weder durch eine vermeintliche Abstinenz noch durch Verschweigen oder Vertuschen ihrer politischen Voraussetzungen, Kriterien und Implikationen. Für einen so politischen Sachverhalt wie die Kollaboration kann erst recht nicht von den politischen Zusammenhängen des Gegenstandes und auch nicht von jenen der Begriffsverwendung abgesehen werden. Solches zu fordern, ist Augenwischerei. Vielmehr gilt es, diese Zusammenhänge explizit auszuweisen, die relevanten Schnittstellen von Wissenschaft und Politik bei diesem Gegenstand zu benennen und ausdrücklich zu erörtern, nicht aber unbewusste oder verschwiegene politische Normative vorauszusetzen. Nur das bewusste Thematisieren der politischen Aspekte der eigenen Untersuchungen kann davor bewahren, sich seine Begrifflichkeit und seine Problemstellung vom Opportunismus des „Zeitgeistes" diktieren zu lassen.

Wie sehr Urteile über die Kollaboration von politischen Herrschaftsbedürfnissen abhängen, veranschaulicht der Gegensatz zwischen der „Epuration" in Westeuropa[41] und dem Beispiel Griechenland: Die griechischen „Sicherheitsbataillone" wurden bereits in der ersten Phase des Bürgerkriegs stillschweigend rehabilitiert in die Front des „nationalen Konsenses" aufgenommen. Nach dem Staatsstreich der Obristen 1967 verlieh die Militärjunta den bewaffneten Kollaborationsfomationen aus der Zeit der Okkupation den Status und die Privilegien der „Nationalen Résistance", den sie durch ihren Kampf gegen die „anti-nationalen" Kommunisten der EAM/ELAS ipso facto erworben hätten.[42]

Jede Rekonstruktion ist genötigt, ihren Gegenstand aus der Perspektive des eigenen Denkens zu erklären und zu verstehen. Da diese Perspektive nicht dem Gegenstand angehört, sollte sie ebenso wie die Gesichtspunkte seiner Interpretation explizit ausgewiesen werden.

---

40 Vgl. Ian Kershaw, Der NS-Staat. Geschichtsinterpretation und Kontroversen im Überblick. Reinbek 1988.
41 Vgl. Politische Säuberung in Europa. Abrechnung mit Faschismus und Kollaboration nach dem Zweiten Weltkrieg, hrsg. v. Klaus Dieter Henke u. Hans Woller. München 1991.
42 Vgl. Hagen Fleischer, Kollaboration und deutsche Politik im besetzten Griechenland, in: Okkupation und Kollaboration (wie Anm. 2), S. 377-396.

Nicht erst das Urteil des Historikers, sondern bereits seine Begriffsbildung und seine Untersuchung können mit einer bestimmten politischen Interessennahme an diesen historischen
Vorgängen kollidieren – oder ihr dienen. In keiner Frage ist dies unvermeidlicher als in
jener nach den tatsächlichen Wirkungen der Kollaboration. Mit den Antworten auf diese
Frage werden Rechtfertigung oder Verurteilung begründet. Der rechtfertigende Selbstan-
spruch vieler Kollaborateure, „Schlimmeres verhütet zu haben", wird von ihnen und ihren
Apologeten als historische Tatsache ausgegeben.[43] Doch die historischen Fakten gestatten
nicht, solche Rechtfertigung aufrechtzuerhalten. Nicht die Bewahrung vor noch schärferen
Repressionen der Besatzungsmacht war Resultat der Kollaborationspraxis, sondern deren
Ermöglichung. Nur die Unterstützung und Beteiligung kollaborierender Gremien und Organisationen ermöglichte z.B. in Frankreich oder Ungarn die Festnahme und Deportation
der Juden. Durch die Kollaborateure wurde nicht nur kein größerer Schaden vermieden,
sondern der durch ihr Handeln eingetretene Schaden war schlimmer, als er ohne dieses
Handeln gewesen wäre.[44]

Eine vergleichende Kollaborationsforschung läuft nicht nur Gefahr begrifflicher Inflati-
on und politischer Indienstnahme. Sie hat auch mit Problemen zu tun, die der Spezifik des
Gegenstandes inhärent sind. Rangunterschiede hinsichtlich der Opfer faschistischer Aggres-
sionen darf es für den Historiker nicht geben; die von den deutschen Faschisten über die
Völker der besetzten Länder verhängte und exekutierte Ranggliederung der Lebenschan-
cen bzw. der Wahrscheinlichkeit, ermordet zu werden, konstituiert keine Wertmaßstäbe.[45]
Ebenso wenig konstituieren die Beispiele für Kollaboration Urteile über Wert oder Würde
von Völkern.

Gegenüber dem Spektrum kollaborierenden Verhaltens gab es in jedem Land unterschiedliche Bewertungsmaßstäbe, die sich im Kriegsverlauf änderten. Was in Frankreich
als tolerierbar galt, konnte in Polen als Kollaboration geächtet und der Todesstrafe würdig
sein.[46] So hat die polnische Exilregierung einen ganzen Katalog von Verhaltensnormen
aufgestellt und bekannt gegeben, der detailliert Handlungen und Unterlassungen bezeichnete, die verurteilenswert waren, und moralische und juristische Sanktionen festlegte. Die
während der Okkupation von den betroffenen Völkern selbst angewandten unterschiedlichen politischen und juristischen Maßstäbe bei der Bewertung ihrer Kollaborateure sind
ebenfalls Gegenstand historischer Analyse, doch ihre moralische Normativität wird von der
Forschung nicht tangiert und erst recht nicht aufgehoben.

Es scheint mir ein für wissenschaftliche Forschung ungeeigneter Maßstab zu sein, wenn
ein populäres Verständnis den Begriff „Kollaboration" nur auf jene Fälle anwenden will,
in denen die Zusammenarbeit mit einer Besatzungsmacht durch den Zusammenbruch der
Okkupation gescheitert ist. Erwiese sich hingegen „diese (...) Zusammenarbeit als zukunftsträchtig und als erfolgreiche Grundlage einer für längere Zeit stabilen Ordnung", dann, so

---

43 Vgl. Alvin Isberg, Zu den Bedingungen des Befreiers. Kollaboration und Freiheitsstreben in dem
    von Deutschland besetzten Estland 1941–1944. Stockholm 1993.
44 Vgl. Hirschfeld, Kollaboration in Frankreich. Einführung, in: Kollaboration in Frankreich: Politik,
    Wirtschaft und Kultur während der nationalsozialistischen Besatzung 1940–1944, hrsg. v. dems.
    Frankfurt a.M. 1991, S. 15.
45 Vgl. dazu Röhr, Forschungsprobleme (wie Anm. 1), S. 276 ff.
46 Madajczyk, Faszyzm i okupacje (wie Anm. 9). Tom 2, S. 510.

Lemberg,[47] sei diese Bezeichnung ungebräuchlich. Zweifellos ist nicht nur für die Wertung, sondern selbst für die Bezeichnung der Kollaboration ihr Ausgang von größter Bedeutung. Doch die politischen Bedingungen und Modalitäten, welche ein solches „Urteil ex eventu" prägten und oft herausforderten, müssen selbst als historisches Produkt untersucht werden, sie können nicht kritiklos als Urteilsgrundlage dienen.

47 Lemberg, Kollaboration (wie Anm. 9), S. 143 f.

Gerhard Hirschfeld

Formen nationalsozialistischer Besatzungspolitik im Zweiten Weltkrieg[1]

Zwischen 1939 und 1945 herrschte das nationalsozialistische Deutschland über weite Teile Europas.[2] Ende des Jahres 1941 lebten schätzungsweise etwa 180 Millionen Nicht-Deutsche unter deutscher Herrschaft – in der einen oder anderen Form. Bezeichnenderweise ist die „Kriegserfahrung" der meisten Europäer dieser Generation deshalb weniger geprägt von den militärischen Ereignissen vor Beginn der Besatzung oder bei der Befreiung ihres Landes als von der deutschen Besatzungszeit und ihren Umständen: von Erlassen und Verordnungen, von Zwangsmaßnahmen und Willkürhandlungen, von Unsicherheit und Rechtlosigkeit und von ständig härter werdenden Lebensbedingungen. Sofern diese Europäer aber zu jenen Millionen Menschen zählten, denen Hitler und sein Regime jedes Recht auf Leben und Existenz kurzerhand abgesprochen hatten, und sofern sie die nationalsozialistischen Verfolgungen überhaupt überlebten, so wird sich ihnen die Zeit der deutschen Besetzung ihrer Länder erst recht als nur schwer erträgliche Erinnerung darstellen.

Zur nationalsozialistischen Unterwerfungspolitik

Der in Athen lehrende deutsche Historiker Hagen Fleischer hat in einer synoptischen Darstellung der deutschen Besatzungsherrschaft in Europa auf zwei Hauptgruppen verwiesen: zum einen auf jene Länder, deren Eroberung aus „hegemonialen Aspirationen" erfolgte – er nennt hier die Tschechoslowakei, Frankreich und die Sowjetunion –, zum anderen auf jene Staaten und Gebiete, deren Besetzung als militärisch unumgänglich bzw. politisch notwendig zur Erreichung der genannten Primärziele angesehen wurde – dies sind beispielsweise Dänemark, Norwegen, die Niederlande, Belgien sowie einige Balkanstaaten – oder die im

---

1 Der deutsche Text erschien in tschechischer Übersetzung: Gerhard Hirschfeld, Formy nacionálno-socialistickej okupačnej politiky v období druhej svetovej vojny [Formen nationalsozialistischer Besatzungspolitik im Zweiten Weltkrieg], in: Nacionálno-socialistický systém vlády. Ríšska župa Sudety. Protektorát Čechy a Morava. Slovensko [Das nationalsozialistische Herrschaftssystem. Reichsgau Sudetenland. Protektorat Böhmen und Mähren. Slovakei], hrsg. v. Monika Glettler, Lubomír Lipták u. Alena Míšková. Bratislava 2002, S. 11-24.

2 Dies ist die überarbeitete, erheblich erweiterte sowie mit Anmerkungen versehene Fassung meines Beitrags „Zwischen Kollaboration und Widerstand – Europa unter deutscher Besatzung" für die Brockhaus-Enzyklopädie. Die Bibliothek: Weltgeschichte, Bd. 5 (Aufbruch der Massen – Schrecken der Kriege, 1850-1945). Leipzig/Mannheim 1999, S. 634-643. Weiterführende Literaturangaben über die im Nachfolgenden genannten hinaus finden sich in: Gerhard Hirschfeld, German Occupation of Europe, the Axis „New Order", and Collaboration, in: World War II in Europe, Africa, and the Americas, with General Sources. A Handbook of Literature and Research, hrsg. v. Loyd E. Lee. Westport, Conn./London 1997, S. 267-284.

Verlauf des Krieges gleichsam zur späteren Absicherung des ursprünglichen „Besitzstandes" okkupiert wurden. Zur letzteren Kategorie zählt er unter anderen Südfrankreich, Italien und Ungarn. Zwischen beiden Gruppen steht Polen, über dessen Rolle und künftige Bedeutung von Hitler und den übrigen NS-Strategen allerdings *ex post facto* entschieden wurde. Gleiches gilt für Jugoslawien, das Fleischer dennoch eher zur zweiten Hauptgruppe – also zu den so genannten „Sekundärzielen" – rechnet.[3]

Fleischers Unterscheidung nach politisch-ideologischen Motiven und militär-strategischen Erwägungen ist grundsätzlich richtig, obgleich sie späteren politischen und militärischen Entwicklungen sowie nachfolgenden Entscheidungen der deutschen Führung nur wenig Raum lässt. Sie übersieht ferner, dass Hitlers teilweise äußerst vagen Vorstellungen und Augenblickseingebungen seine Satrapen sowie nachgeordnete Instanzen häufig zu *ad hoc*-Planungen und ständigen alternativen Konzepten animierten. Sofern diese tatsächlich die spätere Zustimmung des „Führers" erhielten, waren ihnen sogar gewisse Aussichten auf Erfolg beschieden. In dieser Konstellation ist auch die Ursache für das Vorhandensein divergierender deutscher Strategien und Absichten zu sehen, die entscheidend zur Ausbildung polykratischer Strukturen innerhalb der deutschen Besatzungsherrschaft in Europa beitrugen.

Für das Schicksal der ersten „Hauptgruppe" deutscher Herrschaftsstrategien waren geostrategische und ökonomische Motive ebenso ausschlaggebend wie politisch-historische Beweggründe. Hinzu kamen ethnisch-geographische sowie schließlich ideologische Überlegungen. Eine Gewichtung der expansiven Motive ist allerdings nicht immer klar zu erkennen. Dies gilt sowohl für die Zerschlagung der restlichen Tschechoslowakei im Frühjahr 1939 als auch für die Aufteilung Frankreichs nach seiner militärischen Niederlage im Sommer 1940. Die in beiden Fällen von der nationalsozialistischen Propaganda mit großem Aufwand verkündete radikale Revision des Versailler Vertrags lieferte zweifellos den innenwie außenpolitisch bedeutsamen Vorwand. Ebenso rasch aber traten militärische und sicherheitspolitische Erwägungen hinzu. Auch wurden bei der Besetzung dieser Länder einige der bereits in Hitlers frühen Schriften anzutreffenden „völkischen" Argumente für eine europäische „Neuordnung" aufgegriffen. Eine Rückkehr zu den Grenzen von 1914 sei – so äußerte sich Hitler in seinem so genannten „Zweiten Buch" – vom „in die Zukunft weisenden völkischen" Standpunkt unmöglich und in seinen Konsequenzen „wahnsinnig".[4] Doch während sich Goebbels das künftige Frankreich immerhin als eine „vergrößerte Schweiz" vorzustellen vermochte, schien die Liquidierung der tschechischen Nation eine von Anfang beschlossene Sache zu sein – nur über den geeigneten Weg waren die verantwortlichen Herren anscheinend nicht ganz einig.[5]

Als ein Liquidierungsunternehmen galt auch der langfristig konzipierte, umfassend angelegte Raub- und Vernichtungskrieg gegen die Sowjetunion. Wie schon in Westeuropa ging

---

3 Hagen Fleischer, Nationalsozialistische Besatzungsherrschaft im Vergleich: Versuch einer Synopse, in: Anpassung, Kollaboration, Widerstand, hrsg. v. Wolfgang Benz (u.a.). Berlin 1996, S. 257-302, hier S. 258.

4 Hitlers Zweites Buch. Ein Dokument aus dem Jahr 1928. Stuttgart 1961, S. 163.

5 Hierauf weist Miroslav Kárný hin: Die Rolle der Kollaboration in der deutschen Okkupationspolitik im Protektorat Böhmen und Mähren, in: Europa unterm Hakenkreuz. Okkupation und Kollaboration (1938–1945). Berlin/Heidelberg 1994, S. 150.

es Hitler im Osten zunächst einmal um die Sicherung des deutschen Herrschaftsanspruchs: „Grundsätzlich kommt es also darauf an, den riesenhaften Kuchen handgerecht zu zerlegen, damit wir ihn erstens beherrschen, zweitens verwalten und drittens ausbeuten können" – so lautete ein entsprechender Aktenvermerk des Leiters der Parteikanzlei, Bormann, vom 16. Juli 1941, nur wenige Tage nach dem deutschen Überfall auf die Sowjetunion.[6]

Die Konzeption eines deutschen Ostimperiums war nicht neu – darauf deuten bereits entsprechende Überlegungen der deutschen Heeresleitung im Ersten Weltkrieg vor allem auch im Umfeld des Friedensschlusses von Brest-Litovsk hin.[7] Neu jedoch war die „vulgärdarwinistische Hemmungslosigkeit" (Fleischer), mit der das „Lebensraum"-Projekt in Osteuropa vom NS-Regime und seinen Trägern vorbereitet, in Angriff genommen und schließlich exekutiert wurde. Von analogen, keinesfalls jedoch identischen Zielsetzungen wie gegenüber den eroberten sowjetischen Territorien war auch die Haltung des NS-Regimes gegenüber Polen und – allerdings deutlich „milder" – der so genannten „Rest-Tschechei" bestimmt. Der „Fall" Polen ist insofern bedeutsam, als hier – darauf hat vor allem Christoph Kleßmann verwiesen – „strategische, rassenideologische, politische, ökonomische und auch psychopathologische Elemente" zusammenwirkten.[8] Letztere beeinflussten auch Hitlers Politik gegenüber dem von ihm mit historischen Assoziationen bedachten „serbischen Verschwörerpack", das sich ähnlich wie die polnische Führung unzugänglich für die deutschen Pläne einer „Globallösung" gezeigt hatte. Gemäß Weisung 25/1941 sollte Jugoslawien fortan „als Feind betrachtet und daher so rasch wie möglich zerschlagen werden".[9]

Die zu Beginn der Okkupation europäischer Länder – dies gilt sowohl für die Primäreals auch für die Sekundärziele deutscher Hegemonialpolitik – verwandten Topoi zur Bemäntelung des Aggressionsverhaltens reduzierten sich sehr rasch zu bloßen Propagandaformeln: die Wehrmacht komme „nicht als Feind", jedenfalls „nicht des Volkes", sondern sei „zum Eingreifen gezwungen" gewesen. Vor allem in West- und Mitteleuropa galt es, „historisches Unrecht" wieder gut zu machen oder „Neutralität sicherzustellen". Gemäß der Goebbelschen Direktive „Niemals Völker angreifen, sondern immer nur Regierungen" firmierte selbst der Angriff im Juni 1941 auf die Sowjetunion als Befreiung vom Joch der „jüdisch-bolschewistischen Sowjetregierung".

Strukturen der deutschen Besatzungspolitik

Die deutsche Herrschaft in Europa während des Zweiten Weltkriegs umfasste eine Vielzahl von Unterwerfungs- und Unterdrückungsmechanismen und spiegelte sich in unterschiedlichen Formen der Abhängigkeit und Kontrolle. Die jeweiligen Besatzungs- und Verwaltungstypen wiederum waren bestimmt durch politische, militärisch-strategische und ökonomische sowie vor allem ideologische Faktoren, mitunter auch durch nationale und sogar örtliche

---

6 Aktenvermerk Bo[rmann] 16.7.1941 über Besprechung Hitlers, in: Der Prozeß gegen die Hauptkriegsverbrecher vor dem Internationalen Militärgerichtshof, Nürnberg 1949, Bd. XXXVIII, Dok. 221 -L.

7 Hierzu jetzt Vejas Gabriel Liulevičius, War Land on the Eastern Front. Culture, National Identity, and German Occupation in World War I. Cambridge 2000, S. 54-88.

8 Christoph Kleßmann, Das Beispiel Polen, in: Der nationalsozialistische Krieg, hrsg. v. Norbert Frei (u.a.). Frankfurt a.M./New York 1990, S. 182.

9 Zit. in: Fleischer, Nationalsozialistische Besatzungsherrschaft (wie Anm. 3), S. 261.

Gegebenheiten. Der Verlauf des Krieges und die sich ändernden politischen Machtverhältnisse innerhalb und außerhalb der besetzten bzw. abhängigen Territorien wirkten sich dabei
in hohem Maß auf die jeweilige Herrschaftsform aus.

Grob skizziert lassen sich drei Verwaltungstypen der NS-Herrschaft im besetzten Europa
unterscheiden:
1. Ausdehnung der Reichsverwaltung auf formell annektierte Gebiete (Reichsstatthalter
    und Oberpräsidenten bzw. Gauleiter) sowie auf zunehmend wie Reichsgebiete ver-
    waltete Territorien (so genannte CdZ [d.i. Chef der Zivilverwaltung]-Gebiete: Elsass,
    Lothringen, Luxemburg, Untersteiermark, Kärnten und Krain, Białystok).
2. Einsetzung von Zivilverwaltungen in
    –   Staaten, deren „Schutz" das Reich übernimmt (Dänemark),
    –   Staaten mit so genannter „germanischer" Bevölkerung unter einem Reichskom-
        missar (Norwegen/Niederlande),
    –   deutschen „Siedlungsgebieten", mit deren Kolonisierung bereits während des
        Krieges begonnen wurde (Protektorat Böhmen und Mähren, Generalgouverne-
        ment Polen, RK [d.i. Reichskommissariat]-Ostland sowie RK-Ukraine),
3. Beibehaltung der Militärverwaltung unter
    –   Militär- bzw. Wehrmachtsbefehlshabern (Belgien, Nordfrankreich, Kanalinseln,
        Südost: Serbien, Saloniki-Ägäis, Südgriechenland mit Festung Kreta),
    –   Oberbefehlshabern von Heeresgruppen und Armeen in rückwärtigen Heeres- bzw.
        Armeegebieten (etwa in den Gebieten der besetzten Sowjetunion).
Die von den Historikern in den letzten Jahrzehnten vorgeschlagenen Kategorien von Herrschaftsformen bzw. Besatzungstypen unterscheiden sich teilweise erheblich. Zudem sind
manche Einteilungen durch die häufige Vermischung formaler, programmatischer und prag-
matischer Gesichtspunkte nicht unproblematisch. So betont der polnische Historiker Czesław
Madajczyk bei den von ihm vorgeschlagenen sechs „Typen der nazistischen Okkupation"
sehr stark den politischen Gestaltungswillen und die Absichten der deutschen Besatzungsmacht, während sich für den Amerikaner Clifton Child nationalsozialistische Besatzungsherrschaft als ein ständiger „process of trial and error" definiert. Der wohl beste deutsche
Kenner der nationalsozialistischen Besatzungsherrschaft in Europa, Hans Umbreit, wiederum beschreibt die Stadien der territorialen „Neuordnung" im Kontext der deutschen Expansionspolitik nach 1938, wobei er auch der innenpolitischen Entwicklung in den besetzten
Gebieten eine erhebliche Bedeutung einräumt.[10]

Vorschläge zu einer Kategorisierung der Verwaltungstypen in „Hitlers Europa" waren im
Übrigen kein Gegenstand der Nachkriegs-Historiker, sondern wurden bereits von einigen nationalsozialistischen Praktikern unterbreitet. Die sicherlich bekannteste Darstellung stammt
von dem Verwaltungsjuristen des SD und Cheforganisator im Reichssicherheitshauptamt
(RSHA) Werner Best – zur Zeit der Abfassung Leiter der Verwaltungsabteilung des Militär-

---

10 Madajczyk, Czesław: Die Besatzungssysteme der Achsenmächte. Versuch einer komparativen Ana-
    lyse, in: Studia Historiae Oeconomicae 14 (1980), S. 105-122; Clifton Child, The Concept of the
    New Order, in: Hitler's Europe, hrsg. v. Arnold Toynbee und Veronica Toynbee. London 1954;
    Hans Umbreit, Auf dem Weg zur Kontinentalherrschaft, in: Das Deutsche Reich und der Zwei-
    te Weltkrieg, hrsg. v. Militärgeschichtlichen Forschungsamt: Organisation und Mobilisierung des
    deutschen Machtbereichs. Stuttgart 1988, S. 3-345.

befehlshabers Frankreich und später „Reichsbevollmächtigter" in Dänemark. Bests Aufsatz erschien in der Festschrift zu Himmlers 40. Geburtstag im Juni 1941, wenige Tage vor dem deutschen Angriff auf die Sowjetunion.[11] Der Beitrag war nicht nur eine fundamentale Abrechnung mit der eher traditionellen Vorkriegs-"Großraumordnung" des Völkerrechtlers Carl Schmitt, sondern er stellte zugleich auch eine massive Kritik an den Befürwortern eines kruden Ausbeutungs- und Bereicherungssystems dar, wie es vor allem von den zahlreichen inzwischen in Ost- und Südosteuropa engagierten Gauleitern und anderen hochrangigen Parteifunktionären, aber auch im Umkreis von Göring und Goebbels, propagiert und praktiziert wurde.[12] Dieser einfach gestrickten „Heloten"-Politik setzte Best (gemeinsam mit anderen SS-Intellektuellen und hochkarätigen Verwaltungsfachleuten) das Modell einer an Effizienzkriterien orientierten „vernünftigen" Herrschaft auf radikaler, völkischer Grundlage entgegen. Vor dem Hintergrund historischer Beispiele von Großraumordnungen entwickelte Werner Best ein System von vier Typen von Verwaltungsformen, wie sie seiner Ansicht nach inzwischen in Europa existierten:

– die „Bündnis-Verwaltung" (Dänemark)
– die „Aufsichts-Verwaltung" (Norwegen, Niederlande)
– die „Regierungs-Verwaltung" (Protektorat Böhmen-Mähren)
– die „Kolonial-Verwaltung" (Generalgouvernement Polen)

Am aufschlussreichsten sind hier sicherlich die Kategorien drei und vier, bei denen das „Führungsvolk" (Deutschland) die Regierung und Verwaltung des „abhängigen Großraum-Volkes" übernimmt. Während die „Regierungs-Verwaltung" immerhin die Heranziehung einheimischer Behörden für „lokale Verwaltungsaufgaben sowie im Vollzugsbereich" vorsah, war im Fall der „Kolonial-Verwaltung" – angesichts „der niedrigen Kulturstufe des Großraumvolkes" – die „auf das Notwendige reduzierte Verwaltung" vom „Führungsvolk" selbst zu übernehmen. „Eingeborene" – so Best – sollten lediglich zur Arbeit ihrer „Art" und entsprechend dem „Arbeitszweck" herangezogen werden. Dies klingt wie eine Vorwegnahme von Passagen aus der berüchtigten Posener Rede Heinrich Himmlers vom Oktober 1943. Dass es sich bei Bests Entwurf nicht um einen Himmlers „Festgabe" geschuldeten „Zufallsradikalismus"[13] handelte, machte Best deutlich, als er seine Forderungen nach einer „vernünftigen" Großraumordnung in Europa ein Jahr später in der renommierten „Zeitschrift für Politik" noch einmal in gekürzter Fassung aufnahm und zugleich ideologisch zuspitzte: „Vernichtung und Verdrängung fremden Volkstums widerspricht nach geschichtlichen Erfahrungen den Lebensgesetzen nicht, wenn sie vollständig geschieht."[14]

Die von Best vorgenommene Einteilung war somit nicht nur eine nach den Prinzipien „zweckrationalen" Verwaltungshandelns und der völkischen Lehre ausgerichtete Systematik unterschiedlicher Herrschaftsformen, wie sie sich bis zum Sommer 1941 „eher zufällig und ohne eine politische Gesamtkonzeption" (Herbert) entwickelt hatten. Seine Überlegungen verknüpften vielmehr die aus traditionellen Elementen zusammengesetzten Antriebs-

_____

11 Grundfragen einer deutschen Großraum-Verwaltung. Festgabe für Heinrich Himmler. Darmstadt 1941, S. 33-60.
12 Vgl. Ulrich Herbert, Best. Biographische Studien über Radikalismus, Weltanschauung und Vernunft, 1903–1989. Bonn 1996, S. 279-298, hier S. 271-284.
13 Ebenda, S. 283.
14 Großraumordnung und Großraum Verwaltung, in: Zeitschrift für Politik 32 (1942), S. 406-412.

kräfte der deutschen Expansionspolitik mit völkisch-rassistischen Erwägungen und stellten zugleich – worauf Ulrich Herbert nachdrücklich hingewiesen hat – „eine öffentlich und schriftlich formulierte theoretische Rechtfertigung des Völkermords aus der Perspektive der SS" dar.[15]

Besatzungspolitik im Schatten von Kolonisierung und Germanisierung

Die Hauptverantwortung für die von ihm propagierte Ostsiedlung und die Germanisierung der eroberten Gebiete im Osten lag beim Reichsführer-SS Heinrich Himmler in dessen (im Oktober 1939 neu geschaffener) Funktion als „Reichskommissar für die Festigung deutschen Volkstums". Mit dieser zunehmend nach Osten ausgreifenden Institution verband sich ein äußerst personalintensiver, mit Weisungsbefugnissen großzügig ausgestatteter Apparat, der fortan Rassen-, Bevölkerungs- und Strukturpolitik im großen Stil betrieb. Himmlers erste Aufgabe war die zwangsweise, häufig von Massenerschießungen begleitete Deportation von ca. 365 000 Polen und ca. 500 000 Juden aus den annektierten Gauen „Wartheland" und „Danzig-Westpreußen" in das künstlich geschaffene Gebilde des Generalgouvernements Polen. Mit der Konzentration der Juden in großstädtischen Ghettos vollzog sich dabei bereits der erste Akt ihrer seit Frühsommer 1942 systematisch betriebenen Deportation in die dortigen Vernichtungslager. In den „eingegliederten Ostgebieten", also dem westlichen Teil Polens, wurden anschließend etwa 370 000 Reichsdeutsche sowie 350 000 „Volksdeutsche", deutschstämmige Umsiedler, die überwiegend aus dem Baltikum, aus Bessarabien und der Bukowina stammten, angesiedelt.[16]

Mit der Invasion der Sowjetunion und der Errichtung der Reichskommissariate „Ostland" und „Ukraine" eröffneten sich weitere expansive Möglichkeiten. Unter der Schirmherrschaft Himmlers entwarfen zahllose Staats- und Parteiorganisationen, aber auch universitäre und private Einrichtungen weitreichende Pläne für eine künftige Ostsiedlung.[17] Im so genannten „Generalplan Ost" – einem Konglomerat radikaler, die Vernichtung von Menschen kaltblütig einkalkulierender, bevölkerungs- und siedlungspolitischer Vorstellungen und Maßnahmen – zeichnete sich ansatzweise bereits die Grundlage des deutschen Vorgehens in Osteuropa ab.[18]

„Umvolkung", „Kolonisierung" und „Germanisierung" Osteuropas waren langfristig konzipierte Vorhaben der NS-Ideologie, die sich keineswegs auf die Dauer des Krieges be-schränken sollten. Doch hinter diesen pan-germanischen Ideen und propagierten ethnisch-rassistischen Zielen standen sehr konkrete Maßnahmen der Besatzungsmacht, die in der Vertreibung, Deportation und Vernichtung ganzer Bevölkerungsgruppen gipfelten. Ob die Politik ethnischer „Flurbereinigungen" durch die praktische Aussicht auf eine „Rücksied-lung" von mehr als einer halben Million Volksdeutscher beeinflusst war – wie der Ber-liner Historiker Götz Aly überzeugend für das Gebiet des Generalgouvernements Polen

---

15 Herbert, Best (wie Anm. 11), S. 297.
16 Hierzu Götz Aly, Endlösung. Völkerverschiebung und der Mord an den europäischen Juden. Frankfurt a.M. 1995.
17 Hierzu jetzt Ingo Haar, Historiker im Nationalismus. Deutsche Geschichtswissenschaft und der „Volkstumskampf" im Osten. Göttingen 2000.
18 Der „Generalplan Ost". Hauptlinien der nationalsozialistischen Planungs- und Vernichtungspolitik, hrsg. v. Mechthild Rössler (u.a.). Berlin 1993; sowie Bruno Wasser, Himmlers Raumplanung im Osten. Der Generalplan Ost in Polen, 1940–1944. Basel 1993.

darlegt[19] –, oder ob sich dahinter einmal mehr die ideologische Vision Hitlers und anderer vom deutschen „Lebensraum" im Osten offenbarte, sei dahingestellt. Das Ergebnis der deutschen Bevölkerungspolitik auf dem Territorium der Sowjetunion war schrecklich genug. Bereits innerhalb der ersten neun Monate des Russlandfeldzuges ermordeten die vier unmittelbar hinter der Front operierenden „Einsatzgruppen" der Sicherheitspolizei und des SD systematisch mehr als eine Million Juden, Zigeuner sowie andere „unerwünschte Elemente". Dies geschah nicht selten mit der logistischen oder auch aktiven Unterstützung der für diese Gebiete verantwortlichen Wehrmacht, wobei die Opfer häufig kurzerhand zu „Partisanen" erklärt wurden.[20]

Aber auch die Besatzungspolitik selbst war von rassistischen und sozialdarwinistischen Erwägungen bestimmt. Die anfänglichen Sympathien mancher Einwohner der Ukraine, aber auch anderer Gebiete der westlichen Sowjetunion für die neuen Herren verflüchtigte sich angesichts des Auftretens der deutschen „Herrenmenschen" und ihrer Ausbeutungspolitik sehr rasch. Ostminister Alfred Rosenberg konnte sich mit seiner von Nützlichkeitserwägungen bestimmten, begrenzt moderaten Strategie gegenüber den nicht-russischen Völkerschaften nicht einmal gegenüber dem ihm formell unterstellten Reichskommissar der „Ukraine", Erich Koch, durchsetzen. Der neu eroberte „Lebensraum" in Osteuropa geriet somit zum Experimentierfeld nationalsozialistischer Planer und Praktiker, deren menschenverachtendem Handeln erst mit dem militärischen Rückzug der Wehrmacht die Grundlage entzogen wurde.

Die zu Beginn der Besatzung tätigen Militärverwaltungen galten zunächst einmal als eine administrative Übergangslösung, bis die politischen Verhältnisse als konsolidiert oder reif für eine Zivilverwaltung angesehen wurden. Allerdings verblieb eine Anzahl besetzter Gebiete aufgrund militärisch-strategischer Erwägungen oder mangels politischer Initiativen in der Zuständigkeit der Wehrmachtsführungen. Dabei weisen diese Gebiete – insbesondere im Ost-West-Vergleich – teilweise erhebliche Unterschiede auf. Die Erwartung, dass eine Militärverwaltung grundsätzlich gemäßigter gegenüber der Zivilbevölkerung auftritt, bestätigt sich nur im Norden und Westen Europas, und dies häufig genug auch nur zu Beginn der Besatzungszeit. Bereits der Blick nach Südosteuropa (insbesondere nach Serbien oder auch nach Griechenland) zeigt, dass eine vorgeblich „unpolitische" Militärverwaltung nicht unbedingt ein Garant für völkerrechtlich-korrektes Verhalten darstellte. Dies zeigt sich nicht zuletzt bei den so genannten bevölkerungspolitischen Anordnungen und Maßnahmen, insbesondere im Bereich der Judenverfolgungen, die von den Militärverwaltungen mehr oder minder bereitwillig unterstützt wurden – und zwar in West- wie in Ost- bzw. Südosteuropa. Die Gründe hierfür mögen unterschiedlicher Natur gewesen sein ebenso wie die jeweiligen praktischen Umsetzungen. Diese reichten von Otto von Stülpnagels konzessionsbereiter Haltung gegenüber dem SD und dem RSHA und der aktiven Unterstützung des Militär bei den Deportationen von Juden aus dem besetzten Frankreich bis hin zu der „schrankenlosen Repressionspolitik gegen die Zivilbevölkerung" von Hitlers „Bevollmächtigtem General in

---

19 Aly, Endlösung (wie Anm. 15).

20 Hierzu Lutz Klinkhammer: Der Partisanenkrieg der Wehrmacht 1941–1944, in: Die Wehrmacht. Mythos und Realität, hrsg. v. Rolf-Dieter Müller u. Hans-Erich Volkmann. München 1999, S. 815-836; Timm C. Richter, Die Wehrmacht und der Partisanenkrieg in den besetzten Gebieten der Sowjetunion, in: Ebenda, S. 847-857.

Serbien", Franz Böhme, der unter dem Vorwand der Partisanenbekämpfung zugleich die systematische Liquidierung von Juden und Zigeunern anordnete.[21]

Besatzungspolitik und die „Neuordnung" Europas

Der Begriff der „Neuordnung" oder „Neuen Ordnung" entstammt ursprünglich einer im Frühsommer 1940 in Deutschland geführten wirtschaftspolitischen Debatte über die Errichtung einer „Großraumwirtschaft" in Europa. Bereits kurz nach der Kapitulation Frankreichs (22. Juni 1940) und nach dem Abschluss der Besetzung Nord- und Westeuropas forderte Hermann Göring in seiner Eigenschaft als Beauftragter für den Vierjahresplan die deutschen Wirtschaftsverbände auf, konkrete Vorschläge für „den Einbau der in das Reich eingegliederten und der besetzten Gebiete in die Großdeutsche Wirtschaft" zu erarbeiten. Auch die staatlichen Institutionen erhielten entsprechende Vorgaben. Das Ergebnis der vorgelegten Entwürfe sowie der zahlreichen Diskussionen über eine europäische „Nachkriegsordnung" war jedoch enttäuschend. Die von den Unternehmen und Wirtschaftsverbänden in der „Reichsgruppe Industrie" erarbeiteten „Neuordnungspläne" und „Friedensplanungen" beispielsweise enthielten vor allem massive Forderungen gegenüber den Industrien der von Deutschland eroberten Länder. Auch die programmatischen Europakonzeptionen der staatlichen Wirtschaftsbehörden, wie sie etwa von Reichswirtschaftsminister Walther Funk am 25. Juli 1940 verkündet wurden, erwiesen sich trotz aller verbalen Schönfärberei in ihrem Kern als Zeugnisse sehr konkreter imperialistischer Machtausübung. Sie ließen keinen Zweifel daran, wer in diesem Neuen Europa das Sagen und vor allem den Nutzen haben würde.[22]

Statt des angekündigten autarken „Großwirtschaftsraumes" entstand ein dirigistisches System zunehmender ökonomischer Abhängigkeit und Kontrolle. Statt Harmonisierung der nationalen Volkswirtschaften und Liberalisierung des Warenverkehrs in Europa dominierten Verordnungen und Forderungen aus dem Reich. Die deutsche Wirtschaftspolitik gegenüber den besetzten Ländern lässt sich, bei allen Unterschieden, durchaus als klassische Ausbeutung und ebenso häufig als brutale Ausnutzung einer Notsituation charakterisieren. Dies gilt auch für Westeuropa, wo sich die Methoden und Formen der wirtschaftlichen Ausplünderung insgesamt sehr viel humaner und weniger ideologisch ausnahmen als in den neuen „Ostkolonien" des Reiches.

In nahezu allen besetzten Ländern erhoben die deutschen Verwaltungen einen gezielten Anspruch auf die angelegten Rohstoffvorräte. Dieser ersten Plünderungsphase folgten in der Regel mehr oder weniger verbindliche Abmachungen zwischen den deutschen Kontrollbehörden (Rüstungsinspektionen, Zentralauftragsstellen) und der einheimischen Industrie bzw. den nationalen Wirtschaftsverwaltungen, die einen beständigen Abfluss von Rohstoffen und Gütern nach Deutschland garantierten. Frankreich, Belgien, Norwegen und den Niederlanden (später auch Jugoslawien und Griechenland) wurden die (weit überzogenen)

---

21 Vgl. Ulrich Herbert, Die deutsche Militärverwaltung in Paris und die Deportation der französischen Juden, in: Von der Aufgabe der Freiheit. Politische Verantwortung und bürgerliche Gesellschaft im 19. und 20. Jahrhundert. FS für Hans Mommsen zum 5.11.1995, hrsg. v. Christian Jansen (u.a.). Berlin 1995, S. 427-450; Walter Monoschek, „Serbien ist judenfrei". Militärische Besatzungspolitik und Judenvernichtung in Serbien 1941/42. München 1993.

22 Hierzu Jean Frymond, Aspects of the Reich's Ministry of Economics concept of an economic reorganization of Europe (1940), in: Studia Historiae Oeconomicae 14 (1980), S. 5-14.

Kosten für den Unterhalt der deutschen Besatzungen (einschließlich der dort stationierten Wehrmachtsverbände) auferlegt.[23]

Natürlich waren die ökonomischen Bedingungen in den besetzten Gebieten keineswegs homogen. Ebenso wenig lassen sich alle Bereiche der nationalen Volkswirtschaften in den besetzten Ländern ausschließlich unter den Prämissen von Ausbeutung und Plünderung betrachten. Zweifellos bestanden die größten Diskrepanzen zwischen Ost- und Ostmitteleuropa einerseits und West- und Nordeuropa andererseits, aber unterschiedliche Bedingungen existierten innerhalb gleich verwalteter Territorien oder auch zwischen Ländern analoger politischer Ausrichtung. Ein Beispiel ist der höchst ungleiche und sich stets verändernde Lebensstandard in den besetzten Gebieten. Obgleich es bislang noch keine systematische Untersuchung hierzu gibt, so fallen doch schon bei oberflächlicher Betrachtung einige interessante Unterschiede auf (auf die u.a. die englischen Historiker Alan Milward und Richard Overy hingewiesen haben). Hierzu einige Beispiele:

– Es existierten für die größte Zeit des Krieges in Böhmen höhere Zuteilungsraten bei der Versorgung mit Lebensmitteln als im Altreich selbst;
– 1942 lag die Versorgung mit Fleisch in Böhmen, Kroatien und Litauen etwa auf dem gleichen Niveau wie in Deutschland;
– In all diesen Ländern, einschließlich Deutschland, bestanden zur gleichen Zeit bereits strikte Rationierungsmaßnahmen, nicht jedoch in den besetzten Ländern Dänemark und Norwegen;
– Deutschlands Alliierte (Italien, Slowakei, Rumänien, Kroatien) wiesen eine deutlich niedrigere Brotzuteilung auf als einige west- und nordeuropäische Länder. Dies änderte sich allerdings spätestens 1944 auch für diese besetzten Länder.[24]

Eine in allen besetzten Ländern vorhandene wichtige Ressource war die Arbeitskraft der Bevölkerungen. Innerhalb Deutschlands hatte der stetig steigende Rekrutierungsbedarf der Wehrmacht sowie Hitlers vorwiegend ideologisch begründete, kategorische Weigerung, den Anteil der weiblichen Arbeiter in der Industrie signifikant zu erhöhen, zu einem erheblichen Arbeitskräftemangel, insbesondere in der Landwirtschaft, geführt. Die Lage auf dem deutschen Arbeitsmarkt verschlechterte sich weiter drastisch mit der Einführung spezieller Rüstungsprogramme für die Industrie durch den neuen Rüstungsminister Albert Speer im Frühjahr 1942. Den einzigen Ausweg schien die zwangsweise Beschaffung von so viel ausländischen Arbeitskräften wie möglich zu bieten. Speers unmittelbar untergebener „Bevollmächtigter für den Arbeitseinsatz", Gauleiter Fritz Sauckel, erfüllte diese Aufgabe mit schrankenloser Brutalität und ebensolcher Effizienz. Sauckels Agenten und Bevollmächtigte durchkämmten sämtliche besetzten Länder Europas, wobei es ihnen bis zum Mai 1943 gelang, etwa 2,1 Millionen Zwangsarbeiter für den Arbeitseinsatz in Deutschland zu rekrutieren. Zu dieser Zeit waren im Reich bereits rund 6 Millionen männliche und weibliche aus-

---

23 Hierzu Dietrich Eichholtz, Geschichte der deutschen Kriegswirtschaft 1939–1945. 3 Bde., Berlin (u.a.) 1971, 1985 u. 1996; Jean Freymond, Le IIIe Reich et la réorganisation économique de l'Europe 1940–1942. Origines et projets. Leiden 1974.
24 Alan S. Milward, The fascist economy in Norway. Oxford 1972; ders., The New Order and the French Economy. Oxford 1970; Robert Bohn, Reichskommissariat Norwegen. „Nationalsozialistische Neuordnung" und Kriegswirtschaft. München 2000; Die „Neuordnung" Europas. NS-Wirtschaftspolitik in den besetzten Gebieten, hrsg. v. Richard Overy. Berlin 1997.

ländische „Fremdarbeiter" eingesetzt. Allein bei den Firmen I.G. Farben, Flick und Krupp betrug der Anteil der ausländischen Zwangsarbeiter und Kriegsgefangenen schließlich mehr als 40%, in den Hauptwerken von Daimler-Benz in Stuttgart und des Volkswagenkonzerns in Wolfsburg arbeiteten im April 1944 etwa 33 respektive 65% ausländische Arbeiter. Seit dem Spätherbst 1942 überließ das Wirtschafts- und Verwaltungshauptamt der SS vorzugsweise den Unternehmen der deutschen Rüstungsindustrie (gegen entsprechende Gebühr) arbeitsfähige KZ-Häftlinge, die in eigens dazu errichteten KZ-Außenlagern in der Nähe der Betriebe untergebracht wurden. Die Zahl der in der Industrie tätigen (jüdischen und nicht-jüdischen) KZ-Häftlinge lag Ende 1944 bei etwa 230 000, weitere 140 000 waren bei den unterirdischen Verlagerungen und etwa 130 000 bei den Bauvorhaben der Organisation Todt eingesetzt. Ihre Überlebenschancen waren angesichts der zumeist unmenschlichen Arbeits- und Wohnverhältnisse, der systematischen medizinischen Vernachlässigung und der Willkürhandlungen des Wachpersonals bedeutend geringer als die der übrigen Zwangsarbeitern.[25]

Die Masse der von Sauckel zwangsrekrutierten Arbeiter kam aus Osteuropa, vor allem aus Polen sowie aus den eroberten Gebieten der Sowjetunion. Ursprünglich hatte es Hitler entschieden abgelehnt, die beim Vormarsch der Wehrmacht gemachten, als „Untermenschen" diffamierten sowjetischen Kriegsgefangenen zur Arbeit im Reich heranzuziehen. Mehr als die Hälfte der bis Ende 1943 in deutsche Hände gefallenen 3,35 Millionen sowjetischen Kriegsgefangenen, die man in völlig überfüllten Lagern im Hinterland der deutschen Front zumeist ihrem Schicksal überlassen hatte, starb an Erschöpfung, völliger Unterernährung sowie an endemischen Krankheiten.[26] Das schließlich durch den Kriegsverlauf motivierte ideologische Umdenken der deutschen Führung und die vor allem von den Unternehmen des deutschen Bergbaus geforderte Beschäftigung der sowjetischen Kriegsgefangenen kam nur vergleichsweise wenigen Gefangenen zugute: Bis März 1942 wurden etwa 160 000 Kriegsgefangene zum Arbeitseinsatz ins Reich gebracht. Deshalb griffen die deutschen Behörden auf den Einsatz sowjetischer Zivilarbeiter zurück, von denen in den nächsten zwei Jahren rund 2,5 Millionen Frauen und Männer nach Deutschland deportiert wurden.

Besatzungspolitik und einheimische Kollaboration

Die Zusammenarbeit oder Kollaboration der einheimischen Bevölkerung mit einer Besatzungsmacht ist eine komplexe historische Erscheinung. Kollaboration artikuliert sich politisch (auch ideologisch) ebenso wie wirtschaftlich und kulturell, aber sie ist auch ein gesellschaftliches, mitunter sogar privates Phänomen. Grundsätzlich bleibt festzuhalten, dass Kollaboration stets abhängig ist von der jeweiligen Besatzungspolitik und ihrem Verlauf. Allerdings wäre es falsch, nur von einem schlichten Aktions-Reaktions-Modell auszugehen, dazu sind die Variablen im Verhalten der Menschen insgesamt zu vielschichtig: Historische Feindbilder bestimmen die Einstellung der Menschen ebenso wie das Vorhandensein stabiler sozialer und politischer Strukturen, die zahlenmäßige Stärke der mit den Invasoren

---

25 Hierzu Ulrich Herbert, Fremdarbeiter. Politik und Praxis des „Ausländer-Einsatzes" in der Kriegswirtschaft des Dritten Reiches. Berlin 1985; ferner Europa und der „Reichseinsatz". Ausländische Zivilarbeiter, Kriegsgefangene und KZ-Häftlinge in Deutschland 1938–1945, hrsg. v. Ulrich Herbert. Essen 1991.

26 Vgl. Christian Streit, „Keine Kameraden". Die Wehrmacht und die sowjetischen Kriegsgefangenen, 1941–1945, Neuausgabe Bonn 1997.

ideologisch verwandter Gruppen oder das Verhalten der Besatzungsmacht gegenüber der Zivilbevölkerung und den Kriegsgefangenen.[27]

Während des Zweiten Weltkriegs entwickelten die Menschen in den von Deutschland besetzten Ländern entsprechend ihre eigenen kollaborativen Verhaltensweisen, wobei die Unterschiede zwischen Ost- bzw. Ostmitteleuropa und West- und Nordeuropa im allgemeinen erheblicher Natur waren. Manche Länder nahmen eine Sonderstellung ein (etwa Vichy-Frankreich), anderen billigten die Deutschen die Möglichkeit der Kollaboration nur in sehr eingeschränkter Weise zu (so in Polen lediglich auf der unteren Verwaltungsebene). Darüber hinaus lassen sich auch Reaktionen der Bevölkerungen feststellen, die über den Einzelfall weit hinausgehen. So wuchs unter dem Eindruck der deutschen militärischen Anfangserfolge in den meisten europäischen Ländern sehr rasch die Bereitschaft, sich mit den Siegern auf der Basis des *Status quo* zu arrangieren.[28]

Nach der fehlgeschlagenen Invasion Englands und mehr noch nach dem Scheitern des Vormarsches der Wehrmacht im Osten begann sich der politische Sog der Blitzkriegsphase allmählich zu verflüchtigen. Die Praxis der deutschen Besatzungspolitik tat ein Übriges. Statt des von den meisten Menschen erwarteten einvernehmlichen Miteinanders dominierten Verordnungen und Forderungen, die eine zunehmende Abhängigkeit von Deutschland implizierten. Immer deutlicher wurde auch, dass politische Anpassung schlicht Unterwerfung und Zusammenarbeit lediglich Indienstnahme durch die Besatzungsmacht bedeuteten. Ungeachtet der nun offenkundigen Instrumentalisierung der Besatzungsverhältnisse seitens der deutschen Verwaltungen entwickelten sich in nahezu allen besetzten Territorien gewisse Formen einer mehr oder weniger engen Kollaboration mit den Besatzern, die sich wiederum aus sehr unterschiedlichen Motiven speisten. Keineswegs waren dabei immer politische Beweggründe ausschlaggebend. Kennzeichnend für die Kollaboration war außerdem eine durchgehende Ambivalenz der Argumente wie der Handlungsweisen. Dies gilt insbesondere für die wirtschaftliche Zusammenarbeit zwischen der deutschen Kriegswirtschaft und den meisten privaten wie staatlichen Unternehmen in den besetzten Ländern, insbesondere in West- und Nordeuropa. Für die ökonomische Kollaboration mit Deutschland sprachen zunächst sowohl unternehmerische als auch volkswirtschaftliche Gründe: das Interesse, die Betriebe rentabel zu halten, das investierte Kapital vor dem Zugriff der Besatzungsmacht zu sichern und eine Vereinnahmung der einheimischen Industrie durch deutsche Konzerne (etwa durch die so genannte Kapitalverflechtungen) zu verhindern.

Hinzu traten allerdings sehr rasch Überlegungen und Ziele, die vor allem profitorientiert waren und die jeweiligen Unternehmensinteressen widerspiegelten. Eine Reihe von west- und nordeuropäischen Unternehmern verstand es sehr wohl, sich die besonderen Umstände der Besatzungssituation zunutze zu machen. So erfreute sich etwa die niederländische und flämische Bauwirtschaft, u.a. durch ihre Mitwirkung beim Ausbau des Atlantikwalls und von

---

27 Vgl. Fleischer, Nationalsozialistische Besatzungsherrschaft (wie Anm. 3), S. 262.
28 Hierzu und zum Folgenden Gerhard Hirschfeld, Collaboration and Attentisme in the Netherlands 1940–41, in: Journal of Contemporary History 16 (1981), S. 467-486; ders., Fremdherrschaft und Kollaboration. Die Niederlande unter deutscher Besatzung 1940–1945. Stuttgart 1984; Philippe Burrin, La France à l'heure allemande: 1940–1945. Paris 1995; John Gillingham, Belgian Business in the Nazi New Order. Gent 1977. Zu einigen Formen der Kollaboration in Ostmittel- und Osteuropa siehe auch einige Beiträge in dem Sammelband Anpassung, Kollaboration, Widerstand (wie Anm. 3).

deutschen Luftwaffenstützpunkten, zeitweilig eines enormen wirtschaftlichen Booms. Rein ideologische Motive für die wirtschaftliche Kollaboration waren hingegen eher selten, auch wenn manchem Unternehmer (und Politiker) die von deutscher Seite anfänglich genährte Vorstellung, man werde als (nahezu gleichberechtigter) Partner des Deutschen Reiches in einer künftigen europäischen Wirtschaftsgemeinschaft eine wichtige Rolle spielen, zunächst sehr attraktiv erschien.

Die Zusammenarbeit der einheimischen Faschisten mit den nationalsozialistischen Besatzern gilt als der klassische Fall von politischer Kollaboration während des Zweiten Weltkriegs. Nirgends wird die Bandbreite kollaborierenden Verhaltens deutlicher, nirgends zeigt sich eindrucksvoller, dass Chancen wie Grenzen der Kollaboration stets an die handfesten Interessen der Besatzungsmacht gekoppelt waren. Zugeständnisse waren meist zeitlich begrenzt und stellten selten eine grundsätzliche Änderung der deutschen Politik dar. Faschistische Bewegungen und deren Führer wurden von Hitler und seinen Satrapen in den besetzten Ländern im allgemeinen lediglich als nützliche Werkzeuge angesehen, mit deren Hilfe die Indienststellung der jeweiligen wirtschaftlichen und administrativen Ressourcen für die Besatzungsmacht organisiert werden sollten. Quisling in Norwegen, Clausen in Dänemark, Mussert in den Niederlanden, Doriot und Déat in Frankreich, die Führer der Eisernen Garde in Rumänien oder der Pfeilkreuzler in Ungarn – um nur einige von ihnen zu nennen –, sie alle mussten erfahren, dass die Politik des Dritten Reiches im Grunde nur einem einzigen Ziel diente: der Errichtung und Aufrechterhaltung der deutschen Hegemonie in Europa.

Von den meisten faschistischen Gruppen und Organisationen wurde die während des Krieges mit der Besatzungsmacht praktizierte Kollaboration hingegen als das primäre Ziel schlechthin angesehen, sei es als dauerhafte Zusammenarbeit mit dem nationalsozialistischen Deutschland oder gar durch ein späteres Aufgehen in einem von Himmlers SS beherrschten großgermanischen Reich. Dabei war der Grat zwischen nationalsozialistischer Herrschaft und faschistischer Kollaboration angesichts der ideologischen Nähe mitunter derart schmal, dass oftmals eine partielle oder sogar totale Überlappung – auch bei den während der Besatzung begangenen Verbrechen – zwischen ihnen entstand. Allerdings vertraten die faschistischen Ideologen unter den Kollaborateuren häufig sehr unterschiedliche, teilweise widersprüchliche Überzeugungen. Manche von ihnen, darunter – beispielsweise im besetzten Frankreich – auch prominente Schriftsteller und Intellektuelle, verkündeten sozialrevolutionäre oder radikal-technokratische Zukunftsvisionen. Insgesamt aber waren die faschistischen Bewegungen, trotz einer jugendbewegten Sprache und Fortschrittsrhetorik, zumeist antimodernistisch und reaktionär eingestellt.

Die politische Kollaboration enthielt stets auch Elemente einer historischen Kontinuität. So entsprach etwa die von der französischen Vichy-Regierung angestrebte „révolution nationale" den von der französischen Rechten bereits lange vor dem Krieg postulierten ständestaatlichen und antiliberalen Ideen. Gewiss waren Protagonisten und Anhänger über Inhalte und Ziele der nationalen Revolution (mit den Schlagworten „Arbeit, Familie, Vaterland") keineswegs immer einig – kaum erstaunlich bei einem Regime, das reaktionär-patriarchalische Züge (Pétain) mit einem autoritär-technokratischen Herrschaftsanspruch (Laval) und schließlich einer offen faschistischen Ideologie und Praxis (Darnand) zu vereinen suchte.[29]

---

29 Hierzu Burrin, La France (wie Anm. 28), sowie Kollaboration in Frankreich. Politik, Wirtschaft

Unter den Motiven für eine politische Kollaboration waren nationalistische und (gebiets)revisionistische Beweggründe besonders nachdrücklich vertreten. Diese beeinflussten vor allem auch die Politik der mit Deutschland verbündeten, faktisch jedoch mehr oder weniger abhängigen Balkanstaaten Ungarn, Rumänien und Bulgarien sowie der Slowakei, die sich schließlich (mit Ausnahme Bulgariens) mit eigenen Truppen auch an Hitlers Feldzug gegen die Sowjetunion beteiligen durften. Bei Annäherung der Roten Armee 1944 an die Grenzen dieser Staaten beschloss Hitler die Totalbesetzung Ungarns und der Slowakei, während Rumänien und Bulgarien einen vergeblichen Frontwechsel in letzter Minute unternahmen. Zwar entgingen die vormaligen Bundesgenossen infolge des sowjetischen Vormarsches einer deutschen Besatzungsherrschaft, doch wurden ihre Bevölkerungen nun voll in die Endphase des Krieges hineingezogen. Zu diesem Zeitpunkt schien mit Ausnahme einiger radikal-faschistischer Führer und ihrer überzeugtesten Anhänger kaum noch jemand bereit, auf der Seite Hitlers und seines untergehenden Dritten Reiches zu stehen.

Eine Ausnahme bildeten jene ausländischen Soldaten, die als „Germanische Freiwillige" aus West- und Nordeuropa oder als letztes Aufgebot einer „russischen Befreiungsarmee" (ROA), oftmals in gesonderten Verbänden, auch jetzt noch an der Seite von Wehrmacht und SS kämpften. Goebbels' Propaganda pries die nicht-deutschen Soldaten als „Kämpfer gegen den Bolschewismus", tatsächlich jedoch waren es im allgemeinen weniger politische Motive als persönliche Lebensumstände, die häufig den Ausschlag für die militärische Kollaboration von Hunderttausenden von Ausländern gaben.

Mit dem phasenweisen Zusammenbruch der deutschen Herrschaft in Europa 1944/45 fand auch die Kollaboration mit dem nationalsozialistischen Deutschland in den besetzten Ländern ihr sukzessives Ende. Es folgten Massenarrestierungen und öffentliche „épurations", in die oftmals Hunderttausende – und nicht immer nur die Schuldigen – einbezogen wurden. Tausende, vor allem in Frankreich und Osteuropa, fanden bei „wilden Säuberungen" den Tod, andere – unter ihnen mit wenigen Ausnahmen auch die meisten prominenten Kollaborateure – mussten sich vor eigens eingerichteten Sondergerichten oder so genannten „Volkstribunalen" verantworten. Art und Ausmaß der politischen Säuberungen in Europa waren historisch beispiellos und entsprachen somit durchaus der einzigartigen verbrecherischen Ausprägung von Nationalsozialismus und Faschismus.[30]

Der Widerstand gegen die deutsche Besatzungsherrschaft

Ähnlich wie die Kollaboration gestaltete sich auch der Widerstand gegen die deutsche Herrschaft von Land zu Land höchst unterschiedlich, wobei die Intensität von Westen nach Osten zunahm.[31] Angesichts des von Deutschland von Beginn an in Osteuropa geführten

---

und Kultur während der deutschen Besatzung 1940–1944, hrsg. v. Gerhard Hirschfeld u. Patrick S. Marsh. Frankfurt a.M. 1991.

30 Politische Säuberungen in Europa. Die Abrechnung mit Faschismus und Kollaboration nach dem Zweiten Weltkrieg, hrsg. v. Klaus-Dietmar Henke u. Hans Woller. München 1991; The politics of retribution in Europe: Word War II and its aftermath, hrsg. v. István Deák. Princeton, NJ 2000.

31 Die Literatur zum nationalen Widerstand gegen die deutsche Herrschaft über Europa ist nahezu uferlos. Bibliografische Hinweise finden sich in: Bob Moore, Resistance movements in Europe, in: World War II (wie Anm. 2), S. 285-301; ferner jetzt: Resistance in Western Europe, hrsg. v. Bob Moore. Oxford/New York 2000.

„Vernichtungskrieges" und des Vorgehens der nationalsozialistischen Verwaltungen gegen die polnischen und sowjetischen Bevölkerungen konnte das Ausmaß des dort praktizierten aktiven Widerstandes hinter der deutschen Front kaum überraschen. Vor allem den in den unübersichtlichen Waldgebieten Russlands zunehmend seit dem Sommer 1942 operierenden, teilweise (von Moskau aus) straff geführten sowjetischen Partisanenverbänden – also Gruppen, die sich zumeist der Guerillataktik bedienten und die nicht von vornherein als Kombattanten zu erkennen waren – gelang es mitunter, erhebliche militärische Kräfte der Wehrmacht zu binden. Ihre operative Wirkung stellten die Partisanen etwa bei der sowjetischen Großoffensive im Juni 1944 unter Beweis, als es ihnen durch mehr als 10 000 Sprengungen gelang, das Eisenbahnnetz hinter der deutschen Heeresgruppe Mitte zu zerstören. In jüngster Zeit erhellte sich auch der Anteil der jüdischen Partisanen an dieser Widerstandsbewegung.[32] Der Partisanenkrieg im Osten lieferte den deutschen Militärs aber auch jenes Argument, mit dem sie ihr menschenverachtendes Vorgehen gegen die sowjetische Zivilbevölkerung vom ersten Tag des „Russlandfeldzuges" an (durch die so genannten „verbrecherischen Befehle" Hitlers) zu legitimieren suchten.

In Polen hatte sich bereits kurz nach der deutschen und sowjetischen Besetzung des Landes 1939 eine Untergrundorganisation, die so genannte „Heimatarmee" (Armia Krajowa – AK) gebildet, die in enger Verbindung zur polnischen Exilregierung in London stand. Mit Hilfe zahlloser Anhänger im ganzen Land gelang es ihr, ein effizientes Informationsnetz aufzubauen, das „London" und die Westalliierten mit wichtigen Nachrichten versorgte. In Rivalität zur eher konservativ-nationalen AK stand die zahlenmäßig kleinere geheime „Volksarmee" (Armia Ludowa – AL) des kommunistischen Untergrunds. Verglichen mit diesen stark politisch beeinflussten und ausgerichteten Organisationen verfügten die wenigen und schlecht bewaffneten jüdischen Widerstandskämpfer kaum über einen Rückhalt in der polnischen Bevölkerung. Trotzdem widersetzten sie sich mit dem Mut der Verzweiflung im April 1943 der Räumung des Warschauer Ghettos, indem sie Wehrmacht und SS in einen fast vierwöchigen Häuserkampf verwickelten. Der ungleiche Kampf, der mit der Deportation der restlichen 6 000 Juden in die deutschen Vernichtungslager endete, gilt zu Recht als eine heroische Tat sondergleichen. Zu einer Tragödie großen Ausmaßes entwickelte sich auch der militärisch vollkommen unzureichend vorbereitete Warschauer Aufstand der „Heimatarmee" unter General Tadeusz „Bór"-Komorowski Anfang August 1944. Inzwischen gibt es kaum mehr Zweifel daran, dass Stalin den sowjetischen Vormarsch auf Warschau kalkuliert stoppte, um Hitler eine Gelegenheit zu geben, den konservativen polnischen Widerstand zu vernichten. Der Aufstand endete mit der Kapitulation und fast völligen Vernichtung der „Heimatarmee". Hitlers Befehl, Warschau dem Erdboden gleichzumachen, wurde mit brutaler Gründlichkeit ausgeführt.[33]

Organisierter und bewaffneter Widerstand gegen die deutschen Besatzer lässt sich in nahezu allen okkupierten Ländern feststellen, doch nirgends, mit der Ausnahme der besetz-

---

32 Vgl. Soviet Partisans in World War II, hrsg. v. John A. Armstrong. Wisconsin 1964; Nechama Tec, Bewaffneter Widerstand. Jüdische Partisanen im Zweiten Weltkrieg. Gerlingen 1996.

33 Hierzu Stanislaw Okecki, The Polish Resistance Movement in Poland and Abroad 1939–45. Warsaw 1987; Jan Ciechanowski, The Warsaw Rising of 1944. Cambridge 1974; Der Warschauer Aufstand 1944, hrsg. v. Bernd Martin. Warschau 1999.

ten sowjetischen Gebiete, erreichte der Kampf gegen die Deutschen eine derartige Stärke wie auf dem Balkan. In den Gebirgen Serbiens und Montenegros operierten schließlich sogar zwei, noch dazu miteinander verfeindete Partisanenarmeen gegen die deutschen und italienischen Invasoren: die nationalserbischen Tschetniks (von četa = Schar) unter Draža Mihailowič und die kommunistische Partisanenbewegung unter dem Kroaten Josip Broz („Tito"). Mit seiner auf über 300 000 Mann angewachsenen Partisanenarmee, die inzwischen weite Teile des Landes kontrollierte, war Titos Bewegung spätestens Mitte 1944 zu einer festen militärischen und auch politischen Größe im Kalkül der Alliierten geworden.

Außer in Jugoslawien bestanden ausgesprochene Partisanenbewegungen – jedoch sehr viel geringeren Umfangs – in Griechenland (die Partisanen des „National-Republikanischen Bundes" – EDES und der mit dieser verfeindeten kommunistischen „Nationalen Befreiungsarmee" – ELAS), in der Slowakei („Slowakischer Nationalrat" – SNR) und schließlich nach 1944 innerhalb der italienischen „Resistenza" in Norditalien. Keiner dieser Gruppierungen, die zweifellos über einen gewissen Rückhalt bei den jeweiligen Bevölkerungen verfügten, gelang es jedoch, eine ähnliche strategische Bedeutung zu gewinnen wie der Partisanenarmee Titos.[34]

Je verlustreicher und ungünstiger der Krieg sich für Deutschland entwickelte, umso stärker traten bewaffnete Organisationen auch in West- und Nordeuropa auf den Plan. Allerdings stellten derartige Gruppen, die zumeist dort unter für den offenen Widerstand relativ ungünstigen geografischen Bedingungen operieren mussten, zunächst eher eine Ausnahme dar. Lediglich die im Dickicht des bergigen Zentralmassivs kämpfenden und nach der dortigen Vegetation benannten französischen Widerstandskämpfer („maquisards") waren imstande, über einen größeren Zeitraum hinweg gezielte Anschläge und Sabotageaktionen gegen die deutsche Besatzungsmacht zu unternehmen. Ansonsten beschränkte sich der Widerstand gegen die deutschen Besatzungen in Westeuropa im Allgemeinen auf unbewaffnete Aktionen wie die Übermittlung von Nachrichten an westliche Agenten, die Hilfe für abgeschossene alliierte Flieger und entflohene Kriegsgefangene oder die Unterstützung jüdischer und anderer Opfer des Besatzungsregimes. Da die deutschen Behörden mit großer Brutalität, oft unter Einbeziehung der übrigen Familie („Sippenhaft"), gegen Oppositionelle und Widerständler vorzugehen pflegten, ist die anfängliche Weigerung der meisten Menschen, sich an derartigen Aktionen zu beteiligen, nur zu begreiflich. Mit der Gewissheit eines alliierten Sieges wuchs die Bereitschaft zum Widerstand. Ebenso übte die nach 1942/43 zunehmende wirtschaftliche und soziale Verelendung als Folge der Besatzungssituation einen nicht zu unterschätzenden Einfluss auf das Widerstandsverhalten aus. Zwar blieb der aktive Widerstand in seinen vielfältigen Formen stets Ausdruck einer Minderheit in der Bevölkerung, aber der Widerstand bewies durch seine bloße Existenz, durch Flugblätter und illegale Zeitungen,

---

34 Lucien Karchmar, Draza Mihailovic and the rise of the Cetnik movement 1941–42. 2 Bde., New York/London 1987; Mark C. Wheeler, Pariahs to Partisans to Power. The Communist Party of Yugoslavia, in: Resistance and Revolution in Mediterranean Europe 1939–1945, hrsg. v. Tony Judt. London/New York 1989; Mark Mazower, Inside Hitler's Greece. The experience of occupation 1941–44. New Haven/London 1993; Haris Vlavianos, Greece 1941–49. From Resistance to Civil War. The Strategy of the Greek Communist Party. New York 1992; Dante A. Puzzo, The Partisans and the War in Italy. New York 1993.

dass es fortan eine wirkliche Alternative zur eigenen Passivität oder zur Kollaboration mit den Deutschen gab.[35]

Die Aktionen der Widerstandsgruppen und Untergrundorganisationen wurden zunehmend wirkungsvoller und begannen, die deutschen, aber auch die eigenen kollaborierenden Verwaltungen mitunter empfindlich zu treffen. Es kam zu vereinzelten Arbeitsniederlegungen und schließlich sogar zu zeitweiligen Massenstreiks (Niederlande im Mai 1943). Als bevorzugte Zielscheibe für Attentate des Widerstandes erwiesen sich die Repräsentanten und Führer der einheimischen faschistischen Bewegungen und Parteien. Im Gegenzug reagierten Polizei- und Sicherheitsdienste, aber auch die Wehrmacht, mit brutalen Vergeltungsmaßnahmen (summarische Geiselerschießungen, Zerstörungen ganzer Ortschaften), die den Terror, oft auch gegen Unbeteiligte und Unschuldige, zum obersten Gebot erhoben. Die an zahlreichen Orten im besetzten Europa von Deutschen begangenen Untaten – stellvertretend seien genannt die Namen Lidice (Tschechien), Oradour (Frankreich), Putten (Niederlande), Marzabotto (Italien) – haben sich tief in das kollektive Bewusstsein der dort lebenden Menschen eingegraben.[36]

Der Widerstand in den besetzten Ländern Europas hat die große Wende im Krieg gegen das nationalsozialistische Deutschland nicht herbeizuführen vermocht. Dazu war er militärisch zu schwach und politisch zu zersplittert. Trotz der engen Zusammenarbeit der meisten Widerstandsorganisationen mit ihren Regierungen und Armeeführungen im Londoner Exil gab es oft nicht einmal einen einheitlichen nationalen Widerstand, geschweige denn eine „europäische Résistance". Die politischen und gesellschaftlichen Perspektiven der beteiligten Widerstandsgruppen reichten von konservativen und monarchischen Staatsvorstellungen bis hin zu den Ideen von sozialistischen und kommunistischen Nachkriegsordnungen. Befreit wurden die europäischen Staaten und ihre Bevölkerungen vor allem durch die siegreichen Armeen der Alliierten und durch die Opfer ihrer Soldaten. Und doch hatte der Widerstand in den von Deutschland besetzten Ländern eine zentrale Bedeutung. Er gab vielen Menschen ihre Würde und Selbstachtung zurück, die sie mit Beginn der deutschen Okkupation verloren hatten, und er trug entscheidend zur politischen Legitimation der demokratischen Nachkriegsregierungen in Europa bei.

---

35 Für Frankreich siehe jetzt einige Beiträge in dem Sammelband Frankreich und Deutschland im Krieg (November 1942 – Herbst 1944): Okkupation, Kollaboration, Resistance, hrsg. v. Stefan Martens u. Maurice Vaisse. Bonn 2000, bes. S. 553-604.
36 Vgl. hierzu für einige westeuropäische Länder die Studie von Pierre Lagrou, The Legacy of Nazi Occupation. Patriotic Memory and National Recovery in Western Europe, 1945–1965. Cambridge 2000.

Christian Koller

Fremdherrschaft und nationale Loyalität: Das Fremdherrschaftskonzept in der politischen Sprache Deutschlands der ersten Hälfte des 20. Jahrhunderts

Am 18. Oktober 1938 frohlockte der „Völkische Beobachter" nach dem „Anschluss" der sudetendeutschen Gebiete an das Deutsche Reich: „Die große mitteleuropäische Umwälzung des Jahres 1938 ist abgeschlossen. Zehn Millionen Deutsche, die zwanzig Jahre lang unter Fremdherrschaft lebten – denn auch der Wiener Staat von Saint-Germain war eine Fremdherrschaft –, sind vom Führer heimgeholt worden ins Reich."[1] Ein knappes halbes Jahr später erschien in Paris eine anonyme Flugschrift mit dem Titel „Österreich unter dem Reichskommissar: Bilanz eines Jahres Fremdherrschaft", worin moniert wurde, die *„entscheidende Tatsache, auf der das heutige Regime in Oesterreich sich gründet"* (Hervorhebung i.Orig.), sei, dass es nicht das Ergebnis einer inneren politischen Entwicklung oder Umwälzung, „sondern lediglich die Folge eines militärischen Eindringens von *außen* ist, dass es nicht aus den Gegebenheiten des Kräfteverhältnisses in *Oesterreich*, sondern aus den Expansionsbedürfnissen des Finanzkapitals in *Deutschland* entspringt, dass es daher nicht ein Regime der faschistischen Reaktion schlechthin, sondern ein *Regime der deutsch-faschistischen Fremdherrschaft ist, ein Regime, das für Oesterreich faschistische Knechtschaft mit nationaler Unterdrückung paart.*"[2] Was den einen als Befreiung von einer „Fremdherrschaft" erschien, war für die anderen gerade erst die Errichtung einer solchen. Der Fremdherrschaftsbegriff war also durchaus interpretationsbedürftig. Was eine „Fremdherrschaft" sei, hing von verschiedenen ideologischen, definitorischen und perspektivischen Prämissen ab.

Im Folgenden soll das Konzept der „Fremdherrschaft" in der politischen Sprache Deutschlands unter dem Aspekt der eingeforderten nationalen Loyalität und des darin inhärenten Verrats- bzw. Kollaborationsvorwurfs in Fällen von festgestellter Zusammenarbeit mit der „Fremdherrschaft" analysiert werden. In diesem Kontext werde ich insbesondere die Relevanz des Konzepts der „nationalen Ehre" als verhaltensnormierender Kodex herauszuarbeiten versuchen. In einem ersten Teil werde ich die Memoria an die napoleonische Zeit, den (in deutschen Augen) Prototypen jeder „Fremdherrschaft", analysieren. Sodann soll die Wahrnehmung der eigenen Situation bzw. der Situation anderer Deutscher als „Fremdherrschaft" ins Blickfeld genommen werden (selbstbezogener Fremdherrschaftsbegriff). In einem letzten Abschnitt werde ich auf die Problematik der semantischen Bewältigung von Konstellationen eingehen, die nach dem allgemeinen Begriffsverständ-

---

1   Völkischer Beobachter, 18.10.1938.
2   Oesterreich unter dem Reichskommissar: Bilanz eines Jahres Fremdherrschaft. Paris 1939, S. 16.

nis der Zeit als „Fremdherrschaften" zu betrachten waren, bei denen Deutsche aber nicht als Beherrschte, sondern als Herrschende auftraten. Gelangte hier der Fremdherrschaftsbegriff ebenfalls zur Anwendung und waren unter der Prämisse des eigenen Fremdherrschertums seine Konnotationen oder seine Definition einem Wandel ausgesetzt (fremdbezogener Fremdherrschaftsbegriff)?

Memoria an die napoleonische Zeit

Die Zeit der napoleonischen Hegemonie über Deutschland war auch in der ersten Hälfte des 20. Jahrhunderts noch die „Fremdherrschaft" schlechthin. Erst die Erfahrung der Franzosenzeit hatte im frühen 19. Jahrhundert zur Entstehung des Terminus und zur Verfestigung eines eigentlichen Konzepts von „Fremdherrschaft" in der deutschen politischen Kultur geführt; entsprechend war der Vergleich mit den Jahren 1806 bis 1813 beinahe allgegenwärtig, wann immer die Fremdherrschaftsproblematik diskutiert wurde.[3] Insofern lassen sich die Grundelemente des Fremdherrschaftskonzeptes, die Definitionen und Konnotationen von „Fremdherrschaft" recht zuverlässig durch die Analyse der Memoria an die napoleonische Zeit herausarbeiten.

Eine zentrale Rolle spielte dabei stets die kollektive „Ehre der Nation". Sie verknüpfte die individuelle Ehre der Nationsgenossen mit der Sinnstruktur der Nation und fungierte als normierendes Moment sowohl individuellen als auch kollektiven Handelns.[4] Dabei wurde sie in der Memoria als prästabiliert betrachtet, unabhängig davon, ob sie im Denken der Zeitgenossen um 1800 eine Rolle gespielt hatte oder nicht. Dementsprechend konnte sie als Maßstab für die moralische ex-post-Beurteilung des Denkens und Handelns von Akteuren in der Vergangenheit dienen. Mangelndes Gefühl für die „Nationalehre" konnte nicht als Entschuldigung für dieser kollektiven Ehre zuwiderlaufendes Agieren wie etwa die Zusammenarbeit mit den Franzosen akzeptiert werden, sondern war seinerseits Objekt rückblickenden Tadels. Der Nation und ihrer Ehre wurde eine eigenständige Materialität jenseits des subjektiven Empfindens ihrer Angehörigen als selbstverständlich attestiert.

Die „Nationalehre" wurde damit zu einem überzeitlich gedachten Beurteilungsmaßstab teleologischer nationaler Geschichtsdeutung. So schrieb etwa der Gießener Ordinarius Gustav Roloff 1914 über die letzten Jahre vor dem Zusammenbruch des Reiches: „Nach seinem erneuten Bruche mit England besetzte Napoleon Hannover, das dem englischen König gehörte, ohne die Neutralität des Reichs zu respektieren (1803), und ein Jahr darauf beleidigte er das Reich aufs neue durch die Verhaftung des Herzogs von Enghien auf badischem Boden.

---

3   Vgl. Christian Koller, „Fremdherrschaft". Ein politischer Kampfbegriff im Zeitalter des Nationalismus. Frankfurt a.M./New York 2005; ders., „Die Fremdherrschaft ist immer ein politisches Uebel" – Die Genese des Fremdherrschaftskonzepts in der politischen Sprache Deutschlands im Zeichen umstrittener Herrschaftslegitimation, in: Fremde Herrscher – fremdes Volk: Inklusions- und Exklusionsfiguren bei Herrschaftswechseln in Europa, hrsg. v. Helga Schnabel-Schüle u. Andreas Gestrich (im Druck).

4   Vgl. dazu Andreas Dörner, Die symbolische Politik der Ehre: Zur Konstruktion der nationalen Ehre in den Diskursen der Befreiungskriege, in: Ehre: Archaische Momente in der Moderne, hrsg. v. Ludgera Vogt u. Arnold Zingerle. Frankfurt a.M. 1994, S. 78-95; Christian Koller, Die Ehre der Nation: Überlegungen zu einem Kernelement der politischen Kultur im 19. Jahrhundert, in: Saeculum 54 (2003), S. 87-121.

Beide Male erhob sich keine Hand, um die verletzte Ehre zu schützen. Es fragt sich, ob die Nation das Unwürdige dieses Zustandes fühlte. Der Moderne, dem der Reichsgedanke etwas Selbstverständliches ist, wird mit Sicherheit erwarten, dass die Nation die Zwietracht der Großmächte für das Elend verantwortlich gemacht und begehrt hätte, dass die nächste Gelegenheit benutzt werde, um dem räuberischen Frankreich seine Beute wieder abzunehmen (...). Aber von solchen Gedanken findet man unter den Zeitgenossen nur geringe Spuren."[5]

Der Erste Weltkrieg bot keinen Anlass, das herkömmliche Bild von der napoleonischen „Fremdherrschaft" wesentlich zu revidieren. Insbesondere die einigende Wirkung durch das „gemeinsame Erleben der Fremdherrschaft und des Befreiungskampfes"[6] wurde hervorgehoben und – zumindest implizit – zum „Augusterlebnis" von 1914 in Beziehung gesetzt.

In der Zwischenkriegszeit war in der Memoria zur napoleonischen Zeit der implizite oder explizite Vergleich mit der Gegenwart beinahe allgegenwärtig. Hans Delbrück bezeichnete 1919 in einem Artikel „Der Entehrungsfriede" in den „Preußischen Jahrbüchern" diesen Vergleich als „leider unzutreffend". 1806 sei nämlich „nur der Staat zusammengebrochen, das Volk aber war unbeteiligt geblieben, und 1813 erhob und erneuerte sich der Staat gerade dadurch, dass das Volk so zu sagen in ihn eintrat, sich mit ihm eins erklärte. Jetzt ist nicht nur der Staat unterlegen, sondern auch das Volk war es, was schließlich versagt hat."[7]

Max von Szczepanski publizierte im selben Jahr in den „Grenzboten" einen Artikel mit dem Titel „Die Lehre von Leipzig", in welchem er zunächst einmal Delbrücks Diagnose teilte; es sei heute wie damals „dasselbe traurige Bild – nur dass noch viel schmachvoller diesmal der vernichtende Schlag nicht lediglich von außen kam, sondern aus den Reihen der Volksgenossen, die verräterisch den Umsturz im Innern von unten her vorbereiteten, einen Umsturz, dem dann von oben her durch einen verräterischen Kanzler die Wege frei gemacht wurden. Dafür hat nun das Schicksal die Deutschen wie einst das preußische Volk in harte Zucht genommen. Wir stehen unter dem Joch, das um so frevntlicher für uns ist, als es freiwillig, ohne Rücksicht auf Ehre und Recht, ohne letzte kraftvolle Abwehr aufgenommen wurde."[8]

Dennoch glaubte Szczepanski die napoleonische „Fremdherrschaft" und die „Freiheitskriege" als *magistra vitae* für die Gegenwart anpreisen zu können: „Sieben harte Jahre haben den Preussen von 1806 erst gezeigt, dass sie zusammengehören, dass sie eine Nation seien. Das grössere Deutschland hat, ehe es an eine neue Freiheit denken darf, noch einen ähnlichen Prozess durchzumachen; wir brauchen zunächst einen Siegestag über unser Selbst. (...) Innerlich und äusserlich muss alles Volksfremde bekämpft und ausgeschieden, muss einmüthiges Wollen erlernt und angestrebt, muss die sittliche Notwendigkeit einer neuen Erhebung allgemein anerkannt werden – und sollte sie anstatt nach sieben Jahren erst nach sieben Lustren möglich sein! (...) In diesem Sinne ist der Tag von Leipzig von besonderer Bedeutung – nicht so sehr, weil von da ‚die Viktorie beginnt', sondern weil da

---

5 Gustav Roloff, Von Jena bis zum Wiener Kongress. Leipzig 1914, S. 7 f.
6 Paul Rohrbach, Die Geschichte der Menschheit. Königstein i.T./Leipzig 1914, S. 285.
7 [Hans] Delbrück, Der Entehrungsfriede, in: Preußische Jahrbücher 177 (1919), S. 142-149, hier S. 145.
8 Max von Szczepanski, Die Lehre von Leipzig, in: Grenzboten 78 (1919), H. 4, S. 49-53, hier S. 50.

erst die Schmach endet. Nicht was auf Leipzig folgte, sondern der Weg, der bis dorthin zurückzulegen war, ist das Lehrhafte für unser heute."[9]

Im Unterschied zu diesen unmittelbar unter dem Eindruck der Kriegsniederlage und der Versailler Friedensbedingungen gezogenen Vergleichen, welche die aktuelle Situation gar noch schlimmer einschätzten als die napoleonische Zeit, fiel fünf Jahre später in Hermann Onckens Rede zum Pfalztag 1924 die Beurteilung der Gegenwart positiver aus. Namentlich der passive Widerstand gegen die französisch-belgische Ruhrbesetzung, der vom Januar bis in den Herbst 1923 aufrechterhalten worden war, und das Scheitern separatistischer Bestrebungen im Rheinland dürften dazu beigetragen haben, Oncken optimistischer in die Zukunft blicken zu lassen: „Wenn wir das alles erleben, dann erkennen wir auch die grosse Veränderung gegen die Zeit vor hundertzwanzig Jahren, wo das linke Rheinufer die Fremdherrschaft zwar verbissen, aber tatenlos trug, ohne mit nationalem Selbstgefühl wider den Stachel zu löcken – wir sind doch ein gutes Stück weiter gekommen als Nation, die sich als Nation empfindet, und wir wollen dankbar dafür sein im tiefsten Herzen."[10]

Auch in Alexander Conradys 1922 erschienener Abhandlung über die „Rheinlande in der Franzosenzeit" war der Aktualitätsbezug unübersehbar. Unter dem Eindruck der Rheinlandbesetzung und der von französischer Seite zumindest wohlwollend geduldeten separatistischen Bestrebungen betonte Conrady an zahlreichen Stellen die deutsche Loyalität der Rheinländer im ausgehenden 18. und beginnenden 19. Jahrhundert. Es könne „kein Zweifel" sein, „dass die Bauern fast überall nichts davon wissen wollten, von Deutschland losgerissen zu werden".[11] Diese Haltung könne man nicht einfach als konservativ abtun, es sei nicht richtig, dass „das Landvolk (...) sowohl für die Feudal- als gegen die Fremdherrschaft" war. Sogar die rheinischen Jakobiner, „soweit sie von ehrlichem Idealismus beseelt waren", hätten – so Conrady mit einer unübersehbaren Spitze gegen den aktuellen Separatismus – „nie die Absicht gehabt, sich zu blossen Werkzeugen einer Fremdherrschaft degradieren zu lassen, sondern zwar mit Hilfe ihrer vermeintlichen französischen Gesinnungsgenossen die Revolutionierung der Rheinlande sichern, diesen aber den deutschen Charakter wahren wollen".[12]

Allgemein wurde in der Weimarer Republik – immer mit Blick auf die aktuelle Situation – die katalytische Wirkung der napoleonischen „Fremdherrschaft" für das deutsche Nationalgefühl betont. „Fremdherrschaft und Befreiungskriege" hätten, so im Jahre 1923 Friedrich Wolters und Walter Elze, „ungewollte Ergebnisse von grosser Bedeutung für die Zukunft der Deutschen und das Schicksal des Rheines" gezeigt, „mit dem Abbruch des alten ständischen Lebens die Neuordnung der inneren Formen der Staaten, die Verminderung der Zahl dieser Staaten auf einige dreissig, das Fortleben des Einheitsgedankens im ganzen Volke".[13] Der Memoria an die napoleonische „Fremdherrschaft" und die antinapoleonischen „Freiheitskriege" kam wesentlich eine Trostfunktion für die unter der „Schmach"

---

9 Ebenda, S. 51.

10 Hermann Oncken, „Brûlez le Palatinat" („Brennt die Pfalz nieder!" Louvois i.J. 1689): Eine Rede zum Pfalztage. Berlin/Leipzig 1924, S. 16.

11 Alexander Conrady, Die Rheinlande in der Franzosenzeit (1750 bis 1815). Stuttgart 1922, S. 108.

12 Ebenda, S. 171.

13 Friedrich Wolters, Walter Elze, Stimmen des Rheins: Ein Lesebuch für die Deutschen. Breslau 1923, S. 44.

des Versailler Vertrages lebenden Deutschen zu. Aussagen über Kausalitäten in Bezug auf die Zeit zu Beginn des 19. Jahrhunderts stellten damit meistens auch politische Aussagen zu Gegenwart und Zukunft dar. Im Wesentlichen bewegten sich die Interpretationen zwischen zwei Polen. Der eine, den man als nationaldemokratisch bezeichnen könnte, ging tendenziell davon aus, dass sich die Freiheitsideale der Französischen Revolution in den „Befreiungs-" bzw. „Freiheitskriegen" gegen die Franzosen selbst gewendet hätten, der andere, elitär-reaktionäre, sah dagegen ein „Wiedererwachen" der Führungsschicht. Entsprechend der jeweils gewählten Interpretation sah man auch den Weg zum „Wiederaufstieg" Deutschlands in der aktuellen Situation.

Auch nach der nationalsozialistischen Machtübernahme blieben die Vergleiche des aktuellen Geschehens mit der Zeit um 1800 geläufig, wobei man nunmehr den Tiefpunkt durchschritten sah. Im Vorfeld der Abstimmung über die Rückgliederung des Saarlandes im Januar 1935 wurde an den saarländischen Widerstand gegen die Franzosen in der Epoche von 1792 bis 1815 erinnert.[14] Als im März 1935 die allgemeine Wehrpflicht eingeführt wurde, zog man Parallelen zu den preußischen Heeresreformen und zur „Erhebung" von 1813; die Soldaten von Preußisch-Eylau und Friedland seien „ebensowenig umsonst gefallen wie die Enkel in den Herbstschlachten von 1918: auf Tilsit folgte die Erhebung von 1813 – auf Versailles der 16. März 1935!"[15] Die „Erhebung" von 1813 erschien indessen lediglich als eine noch unreife Vorläuferin derjenigen von 1933. So schrieb der Tübinger Rechtsprofessor Hans Erich Feine 1936, während des „Jahrzehnts der französischen Fremdherrschaft" sei, „vielleicht überhaupt zum erstenmal, ein grosse Teile des Volkes durchströmendes Nationalgefühl" entstanden, „ein erstes Ahnen des gewaltigen Erlebens unserer Tage".[16]

Selbstbezogener Fremdherrschaftsbegriff

Wenngleich die Parallelen zur napoleonischen Zeit allenthalben gezogen wurden, existierte doch eine gewisse semantische Varianz in Bezug auf den aktuellen selbstbezogenen Fremdherrschaftsbegriff. Grundsätzlich gab es drei Spielarten. Die erste, in allen politischen Lagern mit Ausnahme der äußersten Linken übliche Variante bezog den Begriff auf die Situation der deutschen Minderheiten außerhalb des Deutschen Reiches und der Republik Österreich sowie auf die von den Siegermächten besetzten bzw. vom Völkerbund verwalteten Gebiete. Der Fremdherrschaftsbegriff hatte in diesem Kontext häufig eine stark materielle Komponente, indem man auf alle möglichen Varianten von Unterdrückung der Deutschen unter „Fremdherrschaft" hinwies.

In den ersten Jahren der Weimarer Republik gab es innerhalb dieser Spielart eine gewisse semantische Differenz zwischen Sozialdemokratie und Linksliberalismus einerseits, die den Fremdherrschaftsbegriff für die abgetrennten Gebiete reservierten[17] und ihn für die

---

14 Vgl. z.B. Franz und Alfred Ecker, Der Widerstand der Saarländer gegen die Fremdherrschaft der Franzosen 1792–1815. Saarbrücken [1934]; Germania, 6.1.1935.
15 Germania, 31.3.1935.
16 Hans Erich Feine, Das Werden des Deutschen Staates seit dem Ausgang des Heiligen Römischen Reiches, 1800 bis 1933: Eine verfassungsgeschichtliche Darstellung. Stuttgart 1936, S. 48.
17 Vgl. z.B. Theodor Steltzer, Die Überwindung der Gewaltpolitik, in: Sozialistische Monatshefte 52 (1919), S. 616-620, hier S. 618; Friedrich Ebert, Schriften, Aufzeichnungen, Reden. Bd. 2, Dresden 1926, S. 244.

nur besetzten Gebiete kaum verwendeten, und politischem Katholizismus und Rechtsopposition andererseits, die ihn gerade als Kampfbegriff gegen die Besatzung besonders intensiv benutzten.[18] Erst nach dem Einmarsch französischer und belgischer Truppen ins Ruhrgebiet im Januar 1923 glich sich der Sprachgebrauch an, indem nun alle politischen Lager mit Ausnahme der Kommunisten von „Fremdherrschaft" an der Ruhr sprachen.[19]

Im Umfeld des so verstandenen Fremdherrschaftsbegriffs spielte die Ehrsemantik eine wichtige Rolle. Die wie auch immer geartete Kollaboration mit den neuen Herrschern bzw. der Besatzungsmacht wurde als ehrenrührig sowohl individuell für die Kollaborateurinnen und Kollaborateure als auch kollektiv für die deutsche Nation betrachtet. So wurde etwa in Propagandaschriften über die Rheinlandbesetzung an die deutschen Frauen appelliert, sie sollten sich „mit dem ganzen Stolze deutscher Frauenwürde, keuscher Weiblichkeit" umgürten und nicht vergessen, „daß auch in Eurer Hand, im Blick Eurer Augen, im Ausdruck Eurer Mienen die Ehre Deutschlands liegt".[20]

Eine zweite, nur in der Sprache des auch republikfeindlichen Radikalrevisionismus gebräuchliche Spielart bezog sich auf die generelle Lage Deutschlands unter der Versailler Ordnung. Es war vor allem diese Spielart, die zu komparativen Betrachtungen mit der napoleonischen Zeit einlud. So schrieb Kuno Graf von Westarp zum Jahreswechsel 1922/23 in der „Neuen Preussischen Zeitung", „Aufgabe gerade des inneren Politikers" sei es, „die Abhängigkeit all unserer inneren politischen und wirtschaftlichen Verhältnisse von dem Zwangsgebot unserer Feinde klar zu stellen, die furchtbare Gleichgültigkeit und Schwäche, mit der unser Volk den äusseren Druck betrachtet, zu bekämpfen und es darauf hinzuweisen, dass die letzte Ursache aller Not das Joch der Fremdherrschaft ist".[21] Westarp fühlte sich offensichtlich geistesverwandt mit den Initiatoren der „Erhebung" von 1813.

Wenn der Konservativismus den Fremdherrschaftsbegriff im 19. Jahrhundert erst relativ spät rezipierte, so gebrauchte er ihn in der Weimarer Republik in seiner auf eine radikale Revision der Versailler Ordnung abzielenden und auch gegen die demokratisch-republikanische Staatsform gerichteten Propaganda umso intensiver.[22] Die Gegenwart wurde dabei als unte-

---

18 Vgl. Germania, 6.4.1921; Neue Preussische Zeitung, 6.1.1919; 29.1.1920; 23.2.1920; 26.4.1920; 7.5.1920; 12.5.1920; 14.5.1920; 16.5.1920; 3.6.1920; 4.6.1920; 5.6.1920; 16.6.1920; 20.6.1920; 22.6.1920; 23.6.1920; 24.6.1920; 15.7.1920; 22.7.1920; 1.8.1920; 11.8.1920; 15.8.1920; 24.9.1920; 20.8.1920; 21.8.1920; 27.8.1920; 10.9.1920; 20.10.1920; 21.10.1920; 28.9.1920; 21.10.1920; 4.11.1920; 18.12.1920; 22.12.1920; 28.12.1920; 30.12.1920; 4.1.1921; 8.1.1921; 14.1.1921; 23.1.1921; 31.1.1921; 8.2.1921; 10.2.1921; 11.2.1921; 12.2.1921; 19.2.1921; 23.2.1921; 24.2.1921; 25.2.1921; 19.9.1921; 8.4.1922; 15.4.1921; 7.5.1921; 19.5.1921; 28.5.1921; 1.6.1921; 3.6.1921; 30.6.1921; 23.7.1921; 3.8.1921; 8.8.1921; 12.8.1921; 17.8.1921; 1.9.1921; 7.9.1921; 17.9.1921; 5.10.1921; 8.10.1921; 31.10.1921; 25.11.1921; 17.12.1921; 19.1.1922; 14.2.1922; 5.3.1922; 3.4.1922; 4.6.1922; 8.4.1922; 16.4.1922; 22.6.1922; 18.7.1922; 21.7.1922; 28.7.1922; 7.10.1922; 1.3.1923; Fritz Hartung, Das deutsche Volk und das Deutsche Reich, in: Grenzboten 80 (1921), S. 31-42, hier S. 31 u. 42; A. Forst, H. Oncken und A. von Wrochem über die Ziele der französischen Rheinpolitik, in: Grenzboten 81 (1922), H. 2, S. 281 ff., hier S. 282.
19 Vgl. z.B. Vossische Zeitung, 10.1.1923 und 14.1.1923; Verhandlungen des Reichstags: I. Wahlperiode 1920. Bd. 375, Berlin 1923, S. 9417 u. 9426; Ebert, Schriften (wie Anm. 17), Bd. 2, S. 289, 291 u. 298.
20 Ritter von Eberlein, Schwarze am Rhein: Ein Weltproblem. Heidelberg 1921, S. 147.
21 Neue Preussische Zeitung, 31.12.1922.
22 Vgl. z.B. Neue Preussische Zeitung, 27.3.1921; 16.4.1922; 4.6.1922; 20.8.1922; 3.12.1922; 21.1.1923.

rer Wendepunkt eines wellenförmigen, zwischen nationaler Größe und „Fremdherrschaft" pendelnden Geschichtsverlaufes betrachtet. Die beiden Pole des historischen Auf und Ab fanden gemäß dieser Interpretationsfigur im Innern ihre Entsprechungen in der monarchisch-autoritären bzw. in der republikanisch-demokratischen Staatsform.

Für Wolfgang Eisenhart etwa wiederholte sich mit der in der Ruhrbesetzung kulminierenden „Fremdherrschaft" der Siegermächte die Geschichte des beginnenden 19. Jahrhunderts. War damals der aufgeklärte Kosmopolitismus „dank" Napoleon von einem völkischen Nationalismus verdrängt worden, so sollten nun dem sozialistischen Internationalismus und dem demokratischen Republikanismus dasselbe Schicksal widerfahren, wobei wiederum die Franzosen von der Geschichte als Katalysatoren dieser Läuterung der Deutschen ausersehen waren: „Was wir heute erleben, ist ja im letzten Grunde nur eine Wiederholung der damaligen Napoleonischen Zeit. Und worin damals edle patriotische Führer des Volkes die einzige Rettung sahen, in der Erziehung der Deutschen zu nationalem Selbstgefühl, zum Bewusstsein ihres eigenen Wertes, zu einem alle Klassen, Stände, Berufe, alle deutschen Stämme einigenden deutschen kraftvollen Volkstum, das muss auch heute die Losung in gleich schwerer Zeit sein."[23]

Auch die rechten Strömungen, die seit Armin Mohlers gleichnamiger Dissertation aus dem Jahre 1950 unter der Sammelbezeichnung „konservative Revolution" subsumiert zu werden pflegen,[24] sahen das Deutschland der Weimarer Zeit unter „Fremdherrschaft" stehen. Im Unterschied zu den traditionellen Konservativen ging es ihnen indessen nicht darum, das Wilhelminische Reich wiederaufersthen zu lassen, vielmehr sollte nach der Überwindung der republikanisch-demokratischen und liberal-kapitalistischen Ordnung im Innern und der Abschüttelung des Versailler Vertrages etwas Neues entstehen, das etwa vom Kulturhistoriker und politischen Schriftsteller Arthur Moeller van den Bruck im Jahre 1923 als „drittes Reich" benannt wurde.[25] Moeller van den Bruck hoffte, „dass unter dem Joche der Fremdherrschaft, unter dem das deutsche Volk nunmehr geht, sich die Wandlung zu einem nationalisierten Volke vollzieht, und zu einer politisierten Nation, die frei sein will".[26]

Den in deutschnationalen Kreisen weit verbreiteten Vergleich der aktuellen Lage Deutschlands mit der napoleonischen Zeit wollte Moeller van den Bruck indessen nicht gelten lassen. Die Vorstellung, den „Freiheitskampf" gegen Versailles „nach dem Muster von 1813" denken zu können, war für Moeller van den Bruck ein typisches Merkmal des „reaktionären Menschen": „die Rückgängigmachung stellte er sich als ein schieres Ungeschehenmachen vor."[27] Demgegenüber formulierte er eine Befreiungsvision, die das wellenförmige Weltbild durch ein heilsgeschichtliches ersetzte und sich stark am Gedankengut des so genannten „Nationalbolschewismus" orientierte, der eine Allianz zwischen revolutionärem Konservativismus und der extremen Linken propagierte.[28]

23 Neue Preussische Zeitung, 30.3.1923. Vgl. auch Eduard Stadtler, Die Völkische Bewegung, in: Die Einheit der Nationalen Politik, hrsg. v. Alfred Bozi u. Alfred Niemann. Stuttgart 1925, S. 121-132, hier S. 131.
24 Armin Mohler, Die konservative Revolution in Deutschland 1918–1932: Ein Handbuch. 2 Bde., 3., erw. Aufl., Darmstadt 1989.
25 [Arthur] Moeller van den Bruck, Das dritte Reich, hrsg. v. Hans Schwarz. 3. Aufl., Hamburg 1931.
26 Ebenda, S. 24.
27 Ebenda, S. 184.
28 Ebenda, S. 185.

Auch der von links her kommende Ernst Niekisch, Herausgeber der nationalbolschewistischen und antiwestlichen Zeitschrift „Der Widerstand", betrachtete in seinen 1929 publizierten „Gedanken über deutsche Politik" Deutschland als unter „Fremdherrschaft" stehend. Seines Erachtens war die republikanische Staatsform „das Symbol der Fremdherrschaft über Deutschland", denn „kein ursprünglich deutsches Wollen begehrte die republikanische Staatsform; nicht einmal die Sozialdemokratie hatte den Sturz der Monarchie ins Auge gefasst; Wilson war der einzige Vater und Urheber der deutschen Republik. Sie ist da, weil die Entente sie wollte; in ihrem blossen Dasein prägt sich sichtbar und anschaulich die deutsche Bereitschaft aus, dem Willen der Siegerstaaten gemäss zu leben". Die Weimarer Republik sei deshalb „von ihrer Herkunft an unlöslich mit der Fremdherrschaft verknüpft; ihr gefährlichster Feind ist der nationale Lebenswille. Von fremder Knechtschaft frei sein zu wollen empfindet die Weimarer Republik deshalb von vornherein als Absicht des Hochverrats."[29] Die Konsequenz war auch hier klar: Eine Überwindung der „Fremdherrschaft" bedingte eine vorherige Überwindung der republikanisch-demokratischen Weimarer Ordnung im Innern.

Im Kontext des Verständnisses der Weimarer Republik insgesamt als „Fremdherrschaft" spielte die Ehrsemantik eine zentrale Rolle. Graf Westarp etwa betonte im August 1922, die deutschnationale Kritik an der „Erfüllungspolitik" müsse den Deutschen die Augen offen halten, „was ihnen die Fremdherrschaft an Sklaverei, Entehrung und Ausbeutung" bringe.[30] Entsprechend wandelte sich auch die konservative Ehrsemantik. War sie bislang häufig noch stark ständisch geprägt gewesen, so schwenkte sie nun voll und ganz auf eine nationalistische Linie ein.

Noch im Dezember 1920 beklagte Theodor Oettli in der „Konservativen Monatsschrift" in einem Artikel über die „preussische Ehre" den Untergang der „preussischen Ehrgemeinschaft", die er mit einem „grossen Kreise" verglich, „der eine Reihe von kleineren Kreisen umschliesst; diese stellen kleinere Ehrgemeinschaften vor, deren Ehrengesetze sich in vielen Dingen unterscheiden mögen, denen allen aber das eine Ehrengesetz gemeinsam ist, das den Staatsdienst als Ehrensache erklärt, und eben dies schliesst sie zu einer grossen Ehrgemeinschaft zusammen".[31] Damit war nach der Novemberrevolution seines Erachtens Schluss, denn „für Ehre und Ehrgemeinschaften ist kein Raum in der wahrhaft demokratischen Republik".[32] Als entscheidenden Vorgang betrachtete Oettli jedoch nicht die innere Umwälzung; seiner Ansicht nach wurde die preußische Ehre „todkrank (...) an dem Tage, da die Reichsregierung sich entschloss, das Haupt der feindlichen Koalition um die Vermittlung eines Waffenstillstandes zu bitten".[33] Da seines Erachtens eine Ehrgemeinschaft, die die Ehrlosigkeit von Ehrenbrechern zu sanktionieren hatte, nicht selbst ehrlos werden konnte, „ohne dass sie zugleich zu sein aufhörte",[34] war mit dem Kriegsende die preußische Ehrgemeinschaft verschwunden. In dieser altkonservativen Interpretation wurde also das Deutsche Reich nicht durch den Versailler Vertrag entehrt, vielmehr hatte es dies durch

---

29 Ernst Niekisch, Gedanken über die deutsche Politik. Dresden 1929, S. 155.
30 Neue Preussische Zeitung, 20.8.1922.
31 Theodor Oettli, Von der preussischen Ehre, in: Konservative Monatsschrift 78 (1920), S. 133-146, 214-217 u. 274-287, hier S. 216.
32 Ebenda, S. 227.
33 Ebenda, S. 146.
34 Ebenda, S. 145.

die „Aufgabe" des Krieges selbst getan, und der ganze Vorgang wurde als irreversibel betrachtet.

Verschiedene Prämissen dieser Ehrvorstellung wandelten sich in der Weimarer Zeit auch bei den Konservativen. Der ständische Bezug der Ehrsemantik wurde von einem völkischen abgelöst, die Referenz auf das Preußentum von derjenigen auf das Deutschtum.[35] Als Beispiel sei hier der ehemalige Polizeioberst Hermann Müller-Brandenburg zitiert, der 1931 klagte: „Wir haben alles verloren: Ehre, Macht und Recht. Die Ehre verloren wir, als Deutschland das Diktat unterschrieb; die Macht, als wir uns selbst entwaffneten und über die Entwaffnung hinaus uns selbst weiter wehrlos machten; das Recht verloren wir, als wir vergaßen, dass trotz allem ein unwiderrufliches Recht für uns noch vorhanden war. Stellen wir unsere Ehre wieder her, indem wir um unser unwiderrufliches, unveräusserliches Recht auch als wehrloses Volk kämpfen und bereiten wir durch diesen Kampf um unser Recht vor aller Welt die Stunde vor, da eine starke Regierung die Kraft findet, dem Reiche auch die Macht wiederzugeben, damit die Welt dann versteht, warum das deutsche Volk und sein Reich wieder Macht aufbaut, um gleichberechtigt unter die Völker der Erde zurückzukehren!"[36] Hier erschien der Ehrverlust grundsätzlich reversibel, vorausgesetzt ein entsprechendes Handeln der Deutschen fand statt. Die Ehre gab die Richtung vor, in der sich die deutsche Politik bewegen musste, sollte die als „Fremdherrschaft" perzipierte Lage überwunden und der „Untergang" des deutschen Volkes abgewendet werden. Die Ehre und das Ehrbewusstsein stellten also die Weiche zwischen einem wellenförmigen und einem apokalyptischen Verlauf der deutschen Geschichte.

Die „Nationalehre" wurde dabei als ein das Verhalten aller Nationsgenossen normierendes, über den individuellen Interessen stehendes Medium betrachtet. Der Soziologe und Bankier Walter Sulzbach meinte 1929 in seiner Studie „Nationales Gemeinschaftsgefühl und wirtschaftliches Interesse", bei der „nationalen Freiheit" sei „die innerpolitische Ausdehnung der Staatsgewalt ohne Belang; bloss sollen keine Fremden dem Staate *vorstehen*. Die nationale Freiheit ist keine Frage des Glückes, sie ist ausschliesslich eine Sache der Ehre. Während es vielleicht die *Interessen* des Arbeiters berühren kann, dass er vom Kapitalisten, die Interessen des Katholiken, dass er vom Protestanten regiert wird, steht in beiden Fällen kein Bruchteil Ehre auf dem Spiele. Bei jüdischen Beamten liegt der Fall schon zweifelhaft, geradezu ‚nichtswürdig' aber ist der Deutsche, der nicht sein alles daran setzt, dass in Deutschland keine Franzosen gebieten."[37]

Sulzbachs Bemerkung zu den jüdischen Beamten leitet über zur dritten Verwendungsvariante des selbstbezogenen Fremdherrschaftsbegriffs, die das „innere" Pendant der zweiten darstellte und sich auf den angeblichen Einfluss des Judentums sowie „fremdländischen", etwa marxistischen oder „französischen",[38] Denkens in Deutschland bezog. Häufig wurde

---

35 Vgl. allgemein zu diesem Wandel: Raimund von dem Bussche, Konservatismus in der Weimarer Republik: Die Politisierung des Unpolitischen. Heidelberg 1998, S. 68-90.

36 Hermann Müller-Brandenburg, Die Schuld der Anderen und der Betrug von Versailles. Berlin 1931, S. 138.

37 Walter Sulzbach, Nationales Gemeinschaftsgefühl und wirtschaftliches Interesse. Leipzig 1929, S. 88.

38 Vgl. z.B. Expeditus Schmidt, Literarische Fremdherrschaft in Deutschland: Eine literaturgeschichtliche Betrachtung für die Deutschen von heute. Dortmund 1925.

die Beseitigung dieser „inneren Fremdherrschaft" als notwendige Voraussetzung für die Abschüttelung der „äußeren Fremdherrschaft", der Versailler Ordnung, postuliert. Alfred Rosenberg benutzte bereits im Oktober 1919 in seinem Aufsatz „Jüdische Zeitfragen" den Fremdherrschaftsbegriff, um das politische Wirken der Antisemiten als patriotisch zu legitimieren. Früher oder später, so Rosenberg, komme es auf jeden Fall zu einer Auflehnung des deutschen Volkes gegen den „rassisch fremden, religiös und sittlich feindlichen Eindringling". „Die Arbeit der deutschen Antisemiten soll sein, dieser grausamen Notwendigkeit, die unbedingt eintreten wird, wenn die jüdische Unersättlichkeit einen nicht mehr zu überbietenden Höhepunkt in der Beherrschung des deutschen Volkes erlangt hat, einen legalen Ausweg zu verschaffen, indem sie fordern, dass die Juden auf Grund eines Gesetzes aus allen Staatsämtern entfernt werden. (...) Wird aber auch dieses hintertrieben und verhindert, dann muss das eintreten, was sich mit unentrinnbarer Folgerichtigkeit durch alle Jahrhunderte hindurch wiederholt hat: eine Judenverfolgung. Sind alle mahnenden Stimmen um Schutz des christlichen und deutschen Wesens nach bestem Wissen und Können erschöpft, dann ist die Erhebung gegen eine Fremdherrschaft kein hasserfülltes Pogrom mehr, sondern ein Zeichen, dass die Seele eines Volkes noch nicht vermodert ist."[39] Dadurch, dass Rosenberg den jüdischen Einfluss in Deutschland als „Fremdherrschaft" bezeichnete, glaubte er also auch gewalttätige Ausschreitungen gegen Juden rechtfertigen zu können, war doch nach einem wohl breiten Konsens gegen eine „Fremdherrschaft" Widerstand aller Art legitim.

In einer 1920 vom völkischen „Deutschbund" herausgegebenen Schrift mit dem Titel „Rassenlehre und Rassenpflege" wurde in Bezug auf die infolge der Vorortsverträge abgetretenen Gebiete die Gefahr der „Entnationalisierung" beschworen, „die von den Völkern, unter deren Fremdherrschaft sie stehen, mit allen Mitteln der Gewalt und Unterdrückung betrieben wird".[40] Der Weg, um dies abzuwehren, wurde folgendermaßen beschrieben: „Zunächst muss Deutschland im Innern die Fremdherrschaft des internationalen, des undeutschen Geistes und seiner grösstenteils fremdrassigen Träger abschütteln. Erst dann können wir Hoffnung haben, unserem Volke nationalen Geist anzuerziehen. Und erst dann wiederum können wir uns von der äusseren Fremdherrschaft der feindlichen Völker des Raubverbandes befreien."[41] Der Fremdherrschaftsbegriff tauchte in diesen wenigen Zeilen gleich in drei Varianten auf: Erstens bezeichnete er die Situation der Deutschen in den abgetrennten Gebieten, zweitens stand er für das „System", die demokratische Verfassung der Weimarer Republik und ihre Exponenten,[42] und drittens umschrieb er die generelle außenpolitische Lage Deutschlands nach dem Versailler Vertrag. Wenngleich die Befreiung von der „inneren" als *conditio sine qua non* für die Befreiung von der „äußeren Fremdherrschaft" postuliert wurde und damit in groben Zügen auch der angestrebte Endzustand skizziert war – ein autoritär regierter Nationalstaat, der sich nicht um völkerrechtliche Normen und Verpflichtungen zu

---

39 Alfred Rosenberg, Jüdische Zeitfragen [1919], in: Ders., Blut und Ehre: Ein Kampf für deutsche Wiedergeburt: Reden und Aufsätze von 1919–1933, hrsg. v. Thilo von Trotha. München 1934, S. 15-27, hier S. 27.
40 M.R. Gerstenhauer, Rassenlehre und Rassenpflege, hrsg. v. Deutschbund. Zeitz 1920, S. 62.
41 Ebenda, S. 69.
42 Ähnlich z.B. auch A. Fetz, Weltvernichtung durch Bibelforscher und Juden. München 1925, S. 76; Hans Freiherr von Liebig, Die Verschweizerung des deutschen Volkes. Leipzig 1928, S. 14.

kümmern brauchte –, so standen die verschiedenen Spielarten des Fremdherrschaftsbegriffs hier doch relativ schwach integriert nebeneinander.

Adolf Hitler stellte den Bezug zwischen der in verschiedenen politischen Lagern zuweilen als „Fremdherrschaft" bezeichneten außenpolitischen Machtlosigkeit der Weimarer Republik und der „jüdischen Fremdherrschaft" expliziter her als die meisten seiner völkischen Gesinnungsgenossen bzw. Konkurrenten. 1920 rief er etwa auf einer NSDAP-Versammlung aus, die Linksparteien hätten nicht den Mut, sich „als Deutsche zu bekennen und das Joch der jüdischen Fremdherrschaft abzuschütteln".[43] Daneben verwendete er den Fremdherrschaftsbegriff ganz konventionell für die Lage der Deutschen in den abgetretenen Gebieten[44] sowie für die generelle Situation Deutschlands.[45] Damit wurde ein unmittelbarer Zusammenhang zwischen dem angeblichen Einfluss des Judentums und den Versailler Vertragsbestimmungen hergestellt, ja letztere erschienen recht eigentlich als das Resultat des Wirkens des ersteren.

Aufgrund dieser drei Varianten des Fremdherrschaftsbegriffs konnten die Nationalsozialisten sämtliche wesentlichen Bestandteile ihrer Politik der ersten Jahre nach 1933 als Kampf gegen „Fremdherrschaft" deklarieren, die Zerschlagung der Weimarer Ordnung genauso wie den außenpolitischen Revisionismus und den zunehmend in Gesetzesnormen verankerten Antisemitismus. Und entsprechend der engen Verknüpfung des Fremdherrschaftskonzepts mit nationaler Ehrsemantik konnte Alfred Rosenberg das „Wesen des Nationalsozialismus" im Oktober 1933 in einer Rede im Berliner Sportpalast als „Kampf um Charakterwerte, um die Wiederherstellung der nationalen Ehre als höchsten Wert auf dieser Welt" definieren.[46]

Entsprechend dem prioritären außenpolitischen Impetus des NS-Regimes bekam der Fremdherrschaftsbegriff zunächst einen überwiegend irredentistischen Charakter: „Fremdherrschaften" bestanden in all jenen Gebieten, auf deren Anschluss ans Deutsche Reich man Anspruch erhob oder die man sich soeben einverleibt hatte. Alfred Rosenberg schrieb am 13. Januar 1935, dem Tag der Abstimmung über den zukünftigen Status des seit 15 Jahren vom Völkerbund verwalteten Saarlandes, vom „Martyrium einer Fremdherrschaft", das die „kerndeutsche Bevölkerung" an der Saar durchgestanden habe; sie habe „alles zu ertragen gehabt (...), was sich an Ungerechtigkeiten und schikanösen Behandlungen denken liess".[47] Bereits ein Jahr zuvor hatte der Jurist Friedrich Grimm konstatiert, die „Farbe der Fremdherrschaft" sei der Saarbevölkerung „innerlich fremd" geblieben.[48] Die Abstimmung über

43 Hitler: Sämtliche Aufzeichnungen 1905–1924, hrsg. v. Eberhard Jäckel u. Alex Kuhn. Stuttgart 1980, S. 267.
44 Vgl. z.B. Adolf Hitler, Mein Kampf: Zwei Bände in einem Band. 676.-680. Aufl., München 1941, S. 711; ders., Hitlers zweites Buch: Ein Dokument aus dem Jahr 1928, hrsg. v. Gerhard L. Weinberg. Stuttgart 1961, S. 193; Hitler (wie Anm. 43), S. 176.
45 Hitler (wie Anm. 43), S. 169 f.
46 Alfred Rosenberg, Um Deutschlands Weltgeltung, in: Ders.: Blut und Ehre (wie Anm. 39), S. 355-381, hier S. 380. Vgl. auch ders., Wille zur Wiedergeburt [1930], in: Ders., Kampf um die Macht. o.O. o.J., S.704-708, hier S. 706; ders., Der Mythos des 20. Jahrhunderts: Eine Wertung der seelisch-geistigen Gestaltenkämpfe unserer Zeit. 5. Aufl., München 1933, S. 514.
47 Völkischer Beobachter, 13.11.1935. Vgl. auch Unsere Saar, hrsg. v. Heinrich Schneider. Berlin 1934, S. 3 u. 17; Völkischer Beobachter, 23.12.1934; Germania, 6.1.1935; 9.1.1935; 1.3.1935; Kölnische Zeitung, 7.1.1935; 10.1.1935; Frankfurter Zeitung, 8.1.1935.
48 Friedrich Grimm: Frankreich an der Saar: Der Kampf um die Saar im Lichte der historischen französischen Rheinpolitik. Hamburg 1934, S. 38.

den zukünftigen Status, bei der es „nur um ein Zweifaches" gehe, „ein Entweder – oder,
Deutschland oder Frankreich, Volkstum oder Fremdherrschaft, Treue oder Verrat, Selbstbehauptung oder Selbstaufgabe, Freiheit oder Annexion",[49] hielt er für unsinnig, denn: „Wann
wäre es je in der Weltgeschichte vorgekommen, dass ein Volk freiwillig für die Fremdherrschaft optiert! (...) Ein solches Volk würde sich selbst richten. Es verdiente, vom Schauplatz
der Geschichte abzutreten. (...) Nichtswürdig ist die Nation, die nicht ihr alles setzt an ihre
Ehre."[50]

Auch die als nächstes „heimgeholte" Republik Österreich wurde nach erfolgtem „Anschluss" im Rückblick als „Fremdherrschaft" bezeichnet. Karl Siegmar Baron von Galéra
beschrieb in einem Buch über „Österreichs Rückkehr ins Deutsche Reich" den nach dem
Ersten Weltkrieg tobenden „Kampf der beiden Prinzipien Anschluss oder Völkerbund" und
kommentierte dessen vorläufiges Ende im Jahre 1922 mit den Worten: „Für zwei Jahrzehnte ist das Land unter Fremdherrschaft gekommen, eine Kolonie des Völkerbundes, ein
Spielball seiner Mächte geworden."[51] In einer anderen Publikation war von „volksfremder
Gewalt" die Rede, unter der die österreichische Bevölkerung zwei Jahrzehnte lang gelebt
habe.[52]

Auch die Annexion des Sudetenlandes im Herbst 1938 wurde als das Ende einer „zwan-
zigjährige(n) Bedrückung und Fremdherrschaft" gefeiert.[53] Die Freude, die den deutschen
Truppen beim Einmarsch in die Sudetengebiete entgegentönt sei, sei besonders ergreifend
gewesen, denn – so eine NS-Propagandaschrift von 1938 – „hier waren nicht nur die Exponenten einer Weltanschauung gestürzt worden, hier wurde ein Volk aus der Fremdherrschaft
befreit".[54]

Noch zu Beginn des Zweiten Weltkrieges tauchte der irredentistisch konnotierte Fremdherrschaftsbegriff in der NS-Propaganda auf. Während des Polenfeldzuges war von der „Befreiung des Weichsellandes von polnischer Fremdherrschaft" die Rede,[55] und auch während
und unmittelbar nach dem Westfeldzug fand sich die entsprechende Semantik in Bezug
auf Eupen-Malmedy[56] sowie auf das Elsass, dessen Bewohner „in den 20 Jahren der fran-

---

49 Ebenda, S. 79.
50 Ebenda, S. 78.
51 Karl Siegmar Baron von Galéra, Österreichs Rückkehr ins Deutsche Reich: Von Kaiser Karl zu
    Adolf Hitler. Leipzig 1938, S. 91. Vgl. auch Völkischer Beobachter, 18.10.1938.
52 Günter Wüster, Uns ruft die Ostmark, in: Des Führers Wehrmacht half Grossdeutschland schaffen:
    Berichte deutscher Soldaten von der Befreiung der Ostmark und des Sudetenlandes. Berlin 1939.
    S. 27-34, hier S. 33.
53 Völkischer Beobachter, 1.10.1938; 4.10.1938; Kölnische Zeitung, 24.10.1938; Helmut Sünder-
    mann, Die Grenzen fallen: Von der Ostmark zum Sudetenland. 2. Aufl., München 1939, S. 232;
    Wilhelm Katzer, Volkstreue mit Hochverrat: Sudetendeutsche Schicksale in den Kasematten von
    Theresienstadt und in der Frauenabteilung von Pancraác. Karlsbad/Leipzig 1940, S. 34; Reinhold
    Lorenz, Der Staat wider Willen: Österreich 1918–1938. Berlin 1940, S. 174 f.
54 Erich Pecher, Der Anschluss des sudetendeutschen Gebietes, in: Deutsche Zeitwende: Ein Buch
    vom Deutschen Weg aus lichter Höhe durch dunkle Nacht zu neuem Aufstieg, hrsg. v. Max Krebs.
    Dresden [1938], S. 274-282, hier S. 280.
55 Erich Keyser, Geschichte des deutschen Weichsellandes. 2. verm. Aufl., Leipzig 1940, S. 5. Vgl.
    z.B. auch Friedrich Lange, Ostland kehrt heim: Memel – Danzig – Westpreussen – Wartheland
    und Oberschlesien. Berlin/Leipzig 1940 (Volksdeutsche Heimkehr. 5), S. 40.
56 Peter Dehottay, Die Fremdherrschaft in Eupen-Malmedy. Köln 1940, S. 17 u. 81.

zösischen Fremdherrschaft (...) ungebrochen durch Gefängnisse und Todesdrohungen dem deutschen Volk treu" geblieben seien.[57]

Erst danach verschwand aufgrund der immer neuen Eroberungen von Gebieten ohne jeglichen deutschen Bevölkerungsanteil der Fremdherrschaftsbegriff weitgehend aus der NS-Propaganda. Auch gegen Kriegsende, als sich infolge des Vordringens der Alliierten auf deutsches Territorium für die Zukunft Deutschlands zunehmend eine politische Situation abzeichnete, die man traditionellerweise als „Fremdherrschaft" bezeichnet hätte, spielte dieser Begriff in der NS-Propaganda keine Rolle. Nur vereinzelt tauchten verwandte Ausdrücke wie „Feindherrschaft"[58] oder „Joch fremder Gewalthaber"[59] auf. Es ist zu vermuten, dass der Fremdherrschaftsbegriff für die Durchhaltepropaganda der letzten Kriegsmonate zu wenig apokalyptisch erschien, war er ja häufig etwa mit der Idee einer Läuterung als Voraussetzung eines späteren Wiederaufstiegs einer Nation konnotiert. Die Durchhalteparolen zu Kriegsende pflegten aber das deutsche Volk nur noch vor eine Alternative zu stellen, nämlich Weiterkämpfen oder „Untergang". Hiezu eignete sich der „Fremdherrschaftsbegriff", der ja zumindest das Weiterleben eines großen Teils der Angehörigen einer Nation als Individuen implizierte, offensichtlich nicht.

Nach dem Zweiten Weltkrieg hatte der Fremdherrschaftsbegriff seine große Zeit hinter sich. In der auf das Ende des Dritten Reiches folgenden Besatzungszeit brach die bislang weitestgehend unbestrittene binäre Strukturierung der politischen Welt in Nationalstaaten und „Fremdherrschaften" zusammen. Ein Nationalstaat war, dies hatte die Erfahrung des Dritten Reiches gezeigt, nicht a priori etwas Gutes, eine Regierung durch „Fremde" nicht a priori das schlimmste denkbare Übel. Friedrich Meinecke formulierte diese Einsicht bereits 1946 in seiner Abhandlung „Die deutsche Katastrophe", wobei er sich allerdings durchaus noch in den argumentativen Strukturen des Fremdherrschaftskonzeptes und der damit verknüpften Ehrsemantik bewegte und mittels eines semantischen Tricks das nationalsozialistische Regime von der deutschen „Nation" separierte: „Manch bekümmertes Gemüt (...) könnte es heute aus nationalem Ehrgefühl für unzulässig halten, mit dem bisherigen Landesfeinde am selben Strange zu ziehen. Es ist ja eine ganz paradoxe und in dem üblichen Katechismus der nationalen Pflichten nicht vorgesehene Situation eingetreten. (...) Nur wer sich ganz klargemacht hat, dass dem Zeitalter der äusseren Fremdherrschaft, wie es zunächst jetzt über uns hereingebrochen ist, ein Zeitalter der inneren Fremdherrschaft, der Herrschaft eines Verbrecherklubs, vorangegangen ist, findet den Weg zur Lösung des nationalen Pflichtproblems. Äussere Fremdherrschaft ist etwas Furchtbares und für stolze Völker schwer Demütigendes. Aber es braucht dabei nicht die Seele dieser Völker notwendig und allgemein zu leiden. Das Nationalgefühl der Besseren kann sich sogar dann unter Schmerzen vertiefen und reinigen. Das wissen wir aus unserer eigenen Geschichte. Wie aber eine innere Fremdherrschaft von der Art, wie sie uns im Dritten Reich zuteil geworden ist, auf die Seele des Volkes und der Einzelnen zu wirken vermag, das haben wir selber eben erst zu erleben begonnen. Sie umklammert die Seele viel stärker

---

57 Der Aufbruch des deutschen Elsass! Die erste nationalsozialistische Kundgebung im Elsass, 20. Oktober 1940 in Strassburg. Colmar 1940, o.P. Vgl. auch Alfred Nollau, Aus meinem Elsasstagebuch, in: Deutschtum im Ausland 25 (1942). S. 35 ff., hier S. 36.
58 Völkischer Beobachter (Berliner Ausgabe), 22.3.1945.
59 Völkischer Beobachter (Münchner Ausgabe), 3.4.1945.

als die äussere Fremdherrschaft, weil sie viel wirksamer mit Lug und Trug zu arbeiten vermag.“[60]

Fremdbezogener Fremdherrschaftsbegriff

Beklagten Deutsche unterschiedlicher politischer Richtung während der Weimarer Zeit die „Fremdherrschaft“, unter der sie lebten, und wurde bis Ende der 1930er Jahre die NS-Außenpolitik zu einem guten Teil als Kampf gegen die „Fremdherrschaft“ angepriesen, so waren seit 1938 Konstellationen semantisch zu verarbeiten, die nach dem allgemeinen Begriffsverständnis der Zeit als „Fremdherrschaften“ mit den Deutschen als Herrschende zu betrachten waren. Dies führte zunächst einmal zu einer Aufwertung des Fremdherrschaftsbegriffs im deutschsprachigen kommunistischen Diskurs. In der Sprache der Kommunisten hatte der Fremdherrschaftsbegriff lange Zeit kaum eine Rolle gespielt. Während der Ruhrbesetzung etwa wurde von kommunistischer Seite sehr wohl der Vergleich der Situation Deutschlands mit derjenigen der Kolonien in Übersee angestellt, der Begriff, über den dieser Vergleich hergestellt wurde, war aber nicht die auf eine nationale Solidarität abzielende „Fremdherrschaft“, sondern der auf die *internationale* Klassensolidarität abzielende Terminus „Imperialismus“.[61]

Erst Ende der 1930er Jahre wurde der Fremdherrschaftsbegriff im kommunistischen Sprachgebrauch plötzlich ubiquitär, und zwar im Zusammenhang mit den „Anschlüssen“ Österreichs und des Sudetenlandes. „Fremdherrschaft“ wurde in der Terminologie der deutschen und österreichischen Kommunisten recht eigentlich zum Signum der „angeschlossenen“ Gebiete.[62] In einer Ende 1938 beschlossenen Resolution österreichischer Spanien-

---

60 Friedrich Meinecke, Die deutsche Katastrophe: Betrachtungen und Erinnerungen. 3. Aufl., Wiesbaden 1947, S. 151 f.

61 Siehe z.B. Rote Fahne (österreichische Ausgabe), 30.1.1923. Vgl. dazu auch Eve Rosenhaft, Afrikaner und „Afrikaner“ im Deutschland der Weimarer Republik: Antikolonialismus und Antirassismus zwischen Doppelbewusstsein und Selbsterfindung, in: Phantasiereiche: Zur Kulturgeschichte des deutschen Kolonialismus, hrsg. v. Birthe Kundrus. Frankfurt a.M./New York 2003, S. 282-301, hier S. 294.

62 Vgl. An die Jugend Oesterreichs! o.O. [1938], o.P.; „Das österreichische Volk ist vergewaltigt worden, aber sein Glaube und seine Zuversicht sind ungebrochen“ – Völker Europas, lernt endlich am Beispiel Österreichs, in: Rundschau 7 (1938), S. 482 f.; Oesterreich: „Für Oesterreichs Freiheit und Unabhängigkeit!“, in: Rundschau 7 (1938). S. 1313; Ph. Gruber, Nürnberg und die nationale Freiheit, in: Rundschau 7 (1938). S. 1534 f.; Die Kommunistische Partei zur Nationalen Frage Österreichs, 1937–1945. Wien 1945, S. 15; Johann Koplenig, Trotz alledem: Oesterreichs Volk kämpft weiter für seine Unabhängigkeit, in: Rundschau 7 (1938). S. 547 f.; Internationale Solidarität mit der tschechoslowakischen Demokratie: „Duldet nicht, dass die Tschechoslowakische Republik wie Oesterreich dem barbarischen Faschismus preisgegeben wird!“, in: Rundschau 7 (1938), S. 951; Robert Korb, Die Nazi-Herrschaft im Sudetengebiet, in: Rundschau 8 (1939), S. 750 ff.; Der Kampf um die Befreiung Oesterreichs von der Fremdherrschaft: Resolution des Zentralkomitees der Kommunistischen Partei Oesterreichs, in: Rundschau 8 (1939). S. 1473-1476; Rote Fahne (österreichische Ausgabe), Nr. 20/6, 1938; April 1939; Dezember 1938; Fritz Alt, Schmücke dein Heim! Leipzig o.J. [Titel im Innern: Der Kampf um die Befreiung Oesterreichs von der Fremdherrschaft]; Heinrich Baumann, Österreich unter dem Reichskommissar, in: Weg und Ziel 3 (1938), S. 220-224, hier S. 222 f.; A. Schönau, Krise des Katholizismus, in: Weg und Ziel 3 (1938), S. 215-220, hier S. 217 f. u. 220; Für die Einheitspartei der österreichischen Arbeiterklasse!, in: Weg und Ziel 3 (1938), S. 210-215, hier: S. 214; Koplenig, Johann: Ein Jahr nach

kämpfer wurde mit Blick auf die deutsche und italienische Unterstützung der Franquisten auch die Sache des republikanischen Spanien als Kampf „gegen Faschismus und Fremdherrschaft" bezeichnet.[63] Der zunehmende Einfluss der von Deutschland unterstützten rechtsradikalen Pfeilkreuzlerbewegung in Ungarn wurde ebenfalls mit dem Fremdherrschaftsbegriff umschrieben.[64]

Die Kommunisten versuchten in den Jahren 1938/39 auch, das expandierende Dritte Reich als einen Vielvölkerstaat darzustellen, der an denselben Problemen scheitern werde wie die Donaumonarchie. Friedrich Hexmann schrieb in der „Rundschau über Politik, Wirtschaft und Arbeiterbewegung", das „faschistische Regime" treibe „die Klassengegensätze und die nationalen Gegensätze auf die Spitze". Allerdings werde sich dies nicht in Konflikten zwischen den unterworfenen Völkern untereinander manifestieren, sondern in einem Gegensatz dieser gegen die Deutschen. Schließlich hätten Österreicher und Tschechen schon „dem reaktionären und nationalen Joch der Habsburger durch die gemeinsame Revolution des Jahres 1918 ein Ende bereitet", und „für den Nationalitätenhass mussten die Völker der österreichisch-ungarischen Monarchie so schweres Lehrgeld bezahlen, und die 20 Jahre nationaler Selbständigkeit und neidlosen Nebeneinanderlebens waren für die Völker eine so wertvolle Schule, dass sich Oesterreicher und Tschechen den fremden Fronvögten zuliebe niemals gegeneinander verhetzen oder missbrauchen lassen werden".[65] Die deutsche Expansionspolitik, so wurde in einer anderen Schrift behauptet, habe zur Folge, dass sich „Völker" zu nach politischer Unabhängigkeit strebenden „Nationen" konstituierten: „Im Kampfe gegen den Imperialismus, gegen die Fremdherrschaft werden auch solche Völker zu Nationen, die unter anderen Umständen vielleicht bereit gewesen wären, in einer grösseren Nation aufzugehen; wir sehen diese Entwicklung z.B. bei den Österreichern".[66]

Insgesamt handelte es sich bei dem um 1938 einsetzenden kommunistischen Sprachgebrauch um einen aus der Defensive heraus unternommenen Versuch, die Expansionspolitik des Dritten Reiches mit deren eigener Begrifflichkeit anzugreifen. Wie gezeigt pflegten die Nationalsozialisten sämtliche vor dem Ausbruch des Krieges vorgenommenen Gebietsakquisitionen mit dem Fremdherrschafts- und Selbstbestimmungsargument zu legitimieren. Die offensichtlich axiomatische legitimatorische Gültigkeit des Begriffspaars schien den Kommunisten für propagandistische Zwecke besser geeignet als die internationalistisch-antifaschistische Parole. Die Kommunisten ließen sich damit also unter weitgehender Aufga-

---

der Annexion Oesterreichs, in: Weg und Ziel 2 (1939), o.P.; Oesterreich unter dem Reichskommissar: Bilanz eines Jahres Fremdherrschaft. Paris 1939; Zu den Waffen, Österreicher! [Freies Österreich: Organ der österreichischen Freiheitsfront in Belgien, August 1944]: in: Österreicher im Exil: Belgien 1938–1945: Eine Dokumentation, hrsg. v. Dokumentationsarchiv der österreichischen Widerstandes. Wien/München 1987, S. 142; Fritz Walter, Österreichs Jugend unter der deutschen Fremdherrschaft. London 1944; Fragen der Demokratie. Wien [1945/46], S. 13.

63 Rote Fahne (österreichische Ausgabe), Dezember 1938.

64 Leopold Holzknecht, Unruhiges Ungarn, in: Weg und Ziel 3 (1938), S. 203-207, hier S. 207.

65 Friedrich Hexmann, Das Kampf um die Freiheit Österreichs, in: Rundschau 8 (1939), S. 759 f., hier S. 759.

66 Schweizerisches Sozialarchiv 335/397 Z: KP Oesterreich: Flugblätter, Flugschriften, Einzelnrn. von Zeitschriften, Peter Wieden [Pseud. für Ernst Fischer], Arbeiterklasse und Nation. [1939], o.P.

be klassenkämpferischer Rhetorik auf das genuin nationalistische Feld der „Eigen – Fremd"-Dichotomie drängen.

Wie verhielt es sich aber mit dem nationalsozialistischen Sprachgebrauch? Verschwand der Fremdherrschaftsbegriff nach dem Übergang zu einer Expansionspolitik, die auch mit allen semantischen Verrenkungen nicht mehr als Befreiung von Deutschen aus der „Fremdherrschaft" bezeichnet werden konnte? Gab es gar semantische Angebote der „Kollaboration" im Rahmen der Etablierung deutscher „Fremdherrschaft" im östlichen Europa?

Die nationalsozialistische Großraumideologie[67] stand an sich im Widerspruch zum auf traditionellen nationalstaatlichen Kriterien beruhenden Fremdherrschaftsbegriff. Allerdings argumentierten die wissenschaftlichen Legitimationsversuche der über den von deutschsprachiger Bevölkerung bewohnten Raum hinausgreifenden expansiven Aspirationen durchaus mit dem Fremdheitskriterium, banden dieses aber nicht mehr an die Nationalität, sondern an den Raum. Carl Schmitt ging in seiner 1939 präsentierten Vision einer „völkerrechtlichen Großraumordnung" vom Vorbild der Monroe-Doktrin aus und postulierte sowohl in Abgrenzung zum traditionellen Souveränitätsprinzip als auch zu einem „von den westlichen Demokratien her betriebenen, unstaatlichen und unvölkischen Übergreifen in ein universalistisches Weltrecht"[68] ein „Großraumprinzip", dessen Kern der Gedanke der völkerrechtlichen Unzulässigkeit von Interventionen „raumfremder" Mächte in einem von einem Ordnungsprinzip beherrschten Großraum bilden sollte.[69] Als Träger dieser „volkhaften Großraumordnung" sah Schmitt „Reiche", „die führenden und tragenden Mächte, deren politische Idee in einen bestimmten Grossraum ausstrahlt und die für diesen Grossraum die Interventionen fremdräumiger Mächte grundsätzlich ausschliessen".[70] Hier wurde also aus der Selbstbestimmung der „Völker" diejenige der „Großräume", innerhalb derer die dominierende Macht dann durchaus das Recht auf Fremdbestimmung der kleineren Völker und Staaten haben sollte. Schmitt versuchte faktisch, eine rechtliche Ungleichheit zwischen den ein „Reich" tragenden und den übrigen „Völkern" zu etablieren.

Ähnliche Gedankengänge hatte bereits die geopolitische Schule entwickelt, die sich nach dem Ersten Weltkrieg etwa im neu gegründeten „Geopolitischen Seminar" an der „Deutschen Hochschule für Politik" institutionalisieren konnte und bis 1945 einen bedeutenden Einfluss auf das außenpolitische Denken in Deutschland ausübte. Grundsätzlich verstand sich die „Geopolitik" als anwendungsorientierte Integrationswissenschaft im Schnittpunkt von Geographie, Politik- und Staatswissenschaften sowie Geschichte und bewegte sich zwischen den Polen „Raum", „Staat"/"Macht" und „Rasse"/"Volk".[71] Dabei ging man von

67 Vgl. dazu z.B. Lothar Gruchmann, Nationalsozialistische Grossraumordnung. Stuttgart 1962.

68 Carl Schmitt, Völkerrechtliche Grossraumordnung mit Interventionsverbot für raumfremde Mächte: Ein Beitrag zum Reichsbegriff im Völkerrecht. Berlin/Wien 1939, S. 86.

69 Vgl. dazu auch Felix Blindow, Carl Schmitts Reichsordnung: Strategie für einen europäischen Grossraum. Berlin 1999.

70 Schmitt, Grossraumordnung (wie Anm. 68), S. 69 u. 87. Ähnlich: Reinhard Höhn, Reich – Grossraum – Grossmacht. Darmstadt 1942.

71 Vgl. Rainer Sprengel, Kritik der Geopolitik: Ein deutscher Diskurs 1914–1944. Berlin 1996; Frank Ebeling, Geopolitik: Karl Haushofer und seine Raumwissenschaft, 1919–1945. Berlin 1994; Rainer Matern, Karl Haushofer und seine Geopolitik in den Jahren der Weimarer Republik und des Dritten Reiches: Ein Beitrag zum Verständnis seiner Ideen und seines Wirkens. Phil. Diss. Karlsruhe 1978.

einer organologischen Staatstheorie aus. Der Staat wurde als Raumorganismus betrachtet, wobei unter den Geopolitikern indessen das Verhältnis von „Geo-Raum" und „Anthropos", worunter man die Kategorien „Volk" und „Rasse" subsumierte, umstritten war.

Eine zentrale Rolle spielte der Begriff des „Großraumes", auf den sich im geopolitischen Diskurs zumeist auch das Begriffspaar „Fremdherrschaft" und „Selbstbestimmung" bezog. Eine „Fremdherrschaft" war demzufolge definiert als die Herrschaft einer „raumfremden Macht" (beispielsweise europäischer Staaten in Asien), und der Selbstbestimmungsbegriff bezog sich auf die so genannte „Großraum-Selbstbestimmung".[72] Die Großraumidee vermochte damit durch entsprechende Definition von Großräumen die Kolonialreiche der Westmächte als „unnatürliche Fremdherrschaften" erscheinen zu lassen, die eigenen machtpolitischen Ambitionen in Europa wie auch in Afrika dagegen als Ausfluss einer durch die erdräumlichen Gegebenheiten prästabilierten und dadurch legitimierten „natürlichen" Großraumpolitik – und dies mit dem Gewicht scheinbar naturwissenschaftlicher Evidenz.

Darin war implizit ein Angebot an die Unterworfenen zur Kollaboration enthalten: Beschützte das „Reich" als Hegemonialmacht einen Großraum vor Interventionen „raumfremder" Mächte, so stellte die Zusammenarbeit mit seinen Exponenten nicht mehr eine ehrenrührige Kollaboration mit einer „Fremdherrschaft" dar, sondern vielmehr die Unterstützung der einzigen Macht, die einen Schutz vor „raumfremder" Herrschaft bieten konnte. Zwar vertraute man auf die Plausibilität dieses Arguments zu wenig, als dass man den Fremdherrschaftsbegriff in seiner neuen, raumbezogenen Definition in diesbezüglicher Propaganda benutzt hätte; er verschwand, wie bereits erwähnt, um 1940 weitgehend aus der *Lingua Tertii Imperii*. Der Großraumgedanke und das in ihm enthaltene Kollaborationsangebot an die unterworfenen Nachbarstaaten wurden aber ganz deutlich in der im Laufe des Krieges immer stärker forcierten Europa-Propaganda nutzbar gemacht.

Nachdem die Nationalsozialisten in der Zwischenkriegszeit zu den erbittertsten Gegnern europäischer Einigungsbestrebungen gezählt hatten – der „Völkische Beobachter" titulierte etwa Richard Coudenhove-Kalergi im Sommer 1928 als „Paneuropa-Graf, dessen Mischlingsideal bekanntlich die eurasisch-negroide Zukunftsrasse unter jüdischer Führung ist"[73] –, so spielte der Begriff „Europa" in der NS-Propaganda vor allem in der zweiten Kriegshälfte plötzlich eine wesentliche Rolle. Meist in Verbindung mit dem Ausdruck „neue Ordnung" wurde darunter nun der Herrschaftsraum verstanden, den das nationalsozialistische Deutschland zu schaffen im Begriffe war.[74]

Hitler selbst war zwar der Ansicht, „Europa" sei „kein geographischer, sondern ein blutsmässig bedingter Begriff"[75]; die Zugehörigkeit zu und die Stellung in „Europa" sollte nicht auf geografischen, sondern auf „rassischen" Kriterien beruhen. Konkret existierte zum Beispiel der Plan, nach Kriegsende um einen deutsch beherrschten mitteleuropäischen

---

72 Z.B. Erich Obst, Koloniale Ausbreitung und Selbstbestimmungsrecht, in: Raumüberwindende Mächte, hrsg. v. Karl Haushofer. Leipzig/Berlin 1934, S. 318-346, hier S. 337.

73 Völkischer Beobachter, 17.7.1928. Vgl. auch ebd., 5.7.1928 und 20.5.1930; Hitlers zweites Buch (wie Anm. 44), S. 129 u. 218; Walther Borgius, Der Paneuropa-Wahn. Berlin 1927; A. Dix, Schluss mit Europa. Leipzig 1928.

74 Vgl. Paul Kluke, Nationalsozialistische Europaideologie, in: Vierteljahreshefte für Zeitgeschichte 3 (1955), S. 240-275.

75 Hitlers Tischgespräche im Führerhauptquartier 1941–42, hrsg. v. Henry Picker. Bonn 1951, S. 45.

Block herum einen West-, einen Nord- und einen Ostbund zu gruppieren, wobei vor allem der letztere, hauptsächlich von Slawen bewohnte Zusammenschluss als Zone wirtschaftlicher Ausbeutung und Rekrutierungsgebiet von Zwangsarbeitern für das Deutsche Reich geplant war. Die unter dem Schlagwort von der „Krise Europas" geführte antikommunistischen Propaganda, die nach der Niederlage von Stalingrad entfaltet wurde und das Deutsche Reich zum letzten Bollwerk der abendländischen Kultur gegen die heranstürmenden „bolschewistischen Horden" emporstilisierte, bewegte sich dann aber klar in den Bahnen eines geografisch und kulturell definierten Europabegriffes im Sinne des geopolitischen Großraumdenkens.[76]

Fazit

Der Fremdherrschaftsbegriff in der politischen Sprache Deutschlands zeichnete sich in der ersten Hälfte des 20. Jahrhunderts durch eine definitorische Varianz sowohl in Bezug auf das Verständnis von „Fremdheit" als auch in Bezug auf das Verständnis von „Herrschaft" aus. Während die „Fremdheit" in Übereinstimmung mit dem Begriffsverständnis des 19. Jahrhunderts überwiegend national definiert war und eine „Fremdherrschaft" demzufolge dann vorlag, wenn eine „Nation" oder Teile davon von Nationsfremden regiert wurde, so bestand daneben ein über den deutschen Sprachraum hinausgreifendes, nationalsozialistische Expansionsbestrebungen unterstützendes Begriffsverständnis von „Raumfremdheit", das die traditionellen nationalstaatlichen Kategorien sprengte. Der zweite Teil des Fremdherrschaftsbegriffs war so schwammig, dass damit die Annexion, die Okkupation, die indirekte Abhängigkeit von einem oder mehreren anderen Staaten, aber auch die tatsächliche oder vermeintliche Dominanz einer bestimmten politischen Richtung im Innern gemeint sein konnte. Diese definitorischen Unschärfen machten es möglich, in der Weimarer Zeit beinahe alle politischen Übel auf irgendwelche „Fremdherrschaften" zurückzuführen, die wesentlichen Punkte der nationalsozialistischen Außen- wie auch Innenpolitik bis 1939 als Kampf gegen „Fremdherrschaft" zu deklarieren, das expansive Ausgreifen über den deutschen Sprachraum hinaus dann aber, wenn auch mit erheblich weniger Überzeugungskraft, als Schutz gegen „raumfremde" Mächte zu bezeichnen.

Den wesentlichen Konnex zwischen dem Fremdherrschaftsbegriff und der von den Individuen eingeforderten nationalen Loyalität bildete das Konzept der „nationalen Ehre". Grundsätzlich galt es als „nationale Schande", wenn eine „Nation" oder Teile davon unter einer „Fremdherrschaft" leben mussten. Die „nationale Ehre" war also wesentlich eine Funktion der außenpolitischen Handlungsfähigkeit. Sie hatte aber auch eine innere Komponente, indem sie an die Mitglieder des nationalen Kollektivs normative Handlungsvorgaben richtete. Über den Parteien, Klassen und Konfessionen stehend schrieb sie ihnen bei Androhung der individuellen Entehrung bestimmte Verhaltensmuster vor, denen unabhängig von der individuellen politischen Einstellung aus eigenem Antrieb Folge zu leisten war.

---

76 Vgl. dazu auch Rüdiger Vogt, Die Karriere „Europas": Vom Eigennamen zum politischen Schlagwort, in: Begriffe besetzen: Strategien des Sprachgebrauchs in der Politik, hrsg. v. Frank Liedtke (u.a.). Opladen 1991, S. 276-294; Wolfgang Schmale, Geschichte Europas. Wien (u.a.) 2000, S. 115-128; Christian Koller, Der Kampf um den Begriff: Zur Dialektik der Europasemantik im politischen Diskurs, in: Etü 16 (2000), H. 2, S. 58-61.

Die „Nationalehre" war also ein Medium der Transformation nationalistischer Verhaltenserwartungen zu subjektiven Bedürfnissen der Nationsangehörigen. Eine der wichtigsten Verhaltenserwartungen war dabei der Kampf gegen „Fremdherrschaft".

Dies galt indessen nur für die Angehörigen des eigenen nationalen Kollektivs. An die Unterworfenen anderer Nationen wurde mittels der Grossraumidee ein semantisch-propagandistisches Angebot gerichtet, das die Zusammenarbeit mit den Exponenten der Hegemonialmacht von einer ehrenrührigen Kollaboration mit einer „Fremdherrschaft" zur ehrenhaften Unterstützung des Kampfes gegen „raumfremde" Einflüsse machen sollte. Dieses Angebot war indessen nur bei einer Minderheit seiner Adressaten erfolgreich.

Fallstudien

Kathrin Reichelt

Kollaboration:
Zwei Beispiele aus der Judenverfolgung in Lettland 1941–1944

Der Begriff Kollaboration ist inzwischen zum Gegenstand jahrzehntelanger methodischer und inhaltlicher Debatten geworden. Bereits 1972 meinte Hans Lemberg ironisch, dass offensichtlich jedermann wisse, was Kollaboration bedeute.[1] Der Begriff diente ursprünglich als Bezeichnung eines positiven Verhältnisses zu den deutschen Besatzern im Frankreich des Jahres 1940. Als analytische Bezeichnung und sprachliches Mittel zur Beschreibung der Zusammenarbeit verschiedener Tätergruppen bei der Ausübung von Verbrechen, die unter der nationalsozialistischen Diktatur begangen wurden, bleibt Kollaboration dagegen problematisch. Einerseits wurde der Begriff zunehmend aus seinem ursprünglichen Kontext herausgelöst und erlangte die Funktion eines allgemeinen Erklärungsmodells für das Verhalten von Tätern und deren Komplizen. Andererseits wurde Kollaboration angesichts des Ausmaßes der verübten Verbrechen, die während des Krieges begangen wurden, emotionalisiert und oft als politisch-moralische Kategorie im Sinn von Verrat gebraucht. Ein erster beachtenswerter Versuch zur systematischen Einordnung war die Diskussion über den Begriff im Zusammenhang mit den Voraussetzungen und Bedingungen der deutschen Okkupationspolitik in verschiedenen besetzten Ländern.[2] Dieser Ansatz stellte die Kollaborationsbereitschaft der einheimischen Bevölkerung in Beziehung zu den Grundzügen der jeweiligen deutschen Besatzungspolitik. Gleichzeitig wurde versucht, verschiedene Bereiche von Kollaboration zu benennen, wofür Bezeichnungen wie Staatskollaboration, politische oder wirtschaftliche Kollaboration Verwendung fanden.[3] Daneben ging es um die Grauzonen des Begriffs. Czesław Madajczyk beispielsweise unterschied zwischen Verrat, freiwilliger oder erzwungener Kollaboration sowie neutraler Zusammenarbeit[4] und nannte verschiedene Motive für eine Unterstützung der Ziele der deutschen Besatzer. Die Gründe für Kollaboration sah er in erster Linie in der Hoffnung der Kollaborateure, als Teil eines nationalsozialistisch beherrschten Europas größeren politischen Einfluss zu erlangen, an der Seite einer Großmacht aktiv gegen den Bolschewismus vorgehen zu können, staatliche Unabhängigkeit zu erlangen, aber auch als Opportunisten und Kriegsgewinnler persönlichen Nutzen aus der Zusammenarbeit zu ziehen. Damit ist aber das Spektrum der möglichen Motive noch nicht erschöpft. Schließlich geht es um Verhaltensweisen und Entscheidungen

---

1 Okkupation und Kollaboration (1938–1945). Beiträge zu Konzepten und Praxis der Kollaboration in der deutschen Okkupationspolitik, zusammengest. u. eingel. v. Werner Röhr. Berlin/Heidelberg 1994 (Europa unterm Hakenkreuz. Ergänzungsband 1), S. 23.
2 Ebenda.
3 Ebenda.
4 Ebenda, S. 50.

von Menschen unter den extremen Bedingungen einer militärischen Okkupation, die man auf der Mikroebene des alltäglichen Lebens nicht allein auf die Absichten der deutschen Besatzungspolitik reduzieren oder damit begründen kann. Insbesondere bei der Beteiligung von Einheimischen an der Verfolgung von Juden wird dies deutlich.

Im vorliegenden Beitrag will ich versuchen, zwei Schlaglichter auf den Begriff Kollaboration zu werfen. Vor dem Hintergrund der deutschen Besatzungspolitik in Lettland zwischen 1941 und 1944 soll an zwei Beispielen der lettisch-deutschen Zusammenarbeit bei der Judenverfolgung die Motivation der lettischen Täter untersucht werden. Dabei wird die Mittäterschaft nicht nur als Folge der deutschen besatzungspolitischen Maßnahmen interpretiert, sondern auch aus Sicht der kollaborierenden Letten geschildert. An diesen unterschiedlichen Fällen soll also untersucht werden, ob der Begriff Kollaboration zur Analyse beitragen kann: Zum einen wird die Tätigkeit eines lettischen mobilen Erschießungskommandos dargestellt, dessen Opfergruppe im Sommer und Herbst des Jahres 1941 vorwiegend aus Juden bestand, zum anderen geht es um die Beteiligung der lettischen Bevölkerung an der Enteignung der verfolgten Juden.

Wie eine Reihe anderer Länder und Gebiete (Baltikum, Bessarabien und Ostpolen), die durch den Hitler-Stalin-Pakt im Jahr 1939/40 der Sowjetunion einverleibt worden waren, musste die Bevölkerung Lettlands mit der Okkupation zwischen Juni 1940 und Juni 1941 und den damit verbundenen Repressionen von Seiten der stalinistischen Besatzungsmacht fertig werden. Durch zwei Deportationsschübe nach Sibirien wurde die Führungsschicht des Landes entmachtet. Gemessen an der geringen Bevölkerungszahl bedeutete dies einen immensen Eingriff in die soziale Struktur des Landes. Durch einschneidende Umgestaltungen auf sämtlichen gesellschaftlichen Ebenen verlor Lettland schnell sein nach der Unabhängigkeit 1918/19 enstandenes Profil. Politische und wirtschaftliche Verhältnisse wurden in kürzester Zeit radikal dem sowjetischen Vorbild angepasst. Die lettischen Juden, speziell die jüdischen Intellektuellen wurden ebenfalls Opfer der sowjetischen Besatzung. Sämtliche jüdischen religiösen und kulturellen Institutionen wie Schulen, Theater und Synagogen wurden geschlossen.

Doch erst die deutsche Okkupation konfrontierte die lettischen Juden mit der systematischen physischen Vernichtung. Die deutsche Besatzungspolitik in Lettland war primär auf drei Grundziele gerichtet: An erster Stelle stand die militärische Besetzung und „Befriedung", d.h. die Verwaltung des Landes, dessen Nutzbarmachung und Ausbeutung für die Kriegswirtschaft und rassische Umgestaltung.[5] Lettland war zudem als Territorium für Germanisierungsmaßnahmen größeren Umfangs vorgesehen, wobei jedoch geplant war, den auszusiedelnden, nicht ,germanisierungsfähigen' Teil der Letten erst nach Beendigung des Krieges zu bestimmen.[6] So war für die lettische Bevölkerung der deutsche Einmarsch zunächst in erster Linie mit dem weiter andauernden Verlust der staatlichen Unabhängigkeit verbunden. Anders sah die Situation für die lettischen Juden aus. Das lettische Judentum war für eine nahezu vollständige Vernichtung bestimmt, die im Lauf des Krieges durchgeführt

---

5 Seppo Myllyniemi, Die Neuordnung der Baltischen Länder. Zum nationalsozialistischen Inhalt der deutschen Besatzungspolitik. Helsinki 1973, S. 74-87 u. 121-134.
6 Czesław Madajczyk, Vom Generalplan Ost zum Generalsiedlungsplan. München/New Providence/London/Paris 1994, S. V.

werden sollte. Die Erschießungsaktionen begannen demnach sofort nach dem deutschen Einmarsch. Lediglich ca. 5% des lettischen Judentums überlebten die Mordaktionen.

Als die deutschen Truppen Ende Juni/Anfang Juli 1941 das Land besetzten, fanden sie eine Gesellschaft vor, deren wirtschaftliche, politische und intellektuelle Oberschicht praktisch nicht mehr vorhanden war. Das Einsatzkommando 2 der Einsatzgruppe A, einer mobilen Einheit des Reichssicherheitshauptamts, folgte der Heeresgruppe Nord und ermordete Juden und als Kommunisten geltende Personen. Der Chef der Einsatzgruppe, SS-Brigadeführer Walther Stahlecker, traf am 1. Juli 1941 in Riga ein. Die Reaktion der lettischen Bevölkerung auf die Ankunft der deutschen Truppen war gemischt. Während ein Teil der Einwohner des Landes, vor allem Angehörige der Opfer der sowjetischen Verbrechen, die Besatzer als Befreier vom vorangegangenen Terror begrüßten, standen viele Letten den Ereignissen mit einer eher abwartenden Haltung gegenüber. Für den überwiegenden Teil war in erster Linie die Frage relevant, wie sie ihr eigenes Leben unter den neuen Bedingungen gestalten konnten, und sie verhielten sich eher gleichgültig gegenüber den Maßnahmen gegen die lettischen Juden.[7] Die lettischen Kollaborateure, die bei der sofort massiv einsetzenden Verfolgung der Juden mitwirkten, können daher nicht als repräsentativ für die Haltung der gesamten Bevölkerung angesehen werden. Die Spuren der sowjetischen Terroraktionen, speziell die in den Kellern des Rigaer Zentralgefängnisses aufgefundenen verstümmelten Leichen der zu Tode gefolterten Gefangenen, wurden von den deutschen Besatzungsbehörden geschickt ausgenutzt.[8] Daraus entstand ein Verlangen nach Vergeltungsaktionen bei extrem antisowjetisch und antijüdisch eingestellten Gruppierungen. Gemessen an der Stimmung eines Teils der Bevölkerung scheinen Ausschreitungen gegen die „jüdischen Bolschewisten" allerdings relativ gering gewesen zu sein. Die meisten Angehörigen der Opfer der sowjetischen Diktatur, zumeist Frauen, verarbeiteten den Verlust in privater Trauer.[9] Diejenigen, die sich unter Berufung auf Rache an den „jüdischen Bolschewisten" an der Verfolgung von Juden und anderen Opfern beteiligten, befanden sich in der lettischen Gesellschaft in der Minderheit und genossen einen außerordentlich schlechten Ruf. Es handelte sich um selbsternannte paramilitärische Einheiten, ehemalige Angehörige des lettischen Heimatschutzes („Aizsargi" und „Zemessargi") und ehemalige Mitglieder der nationalistischen Organisation „Perkonkrusts" („Donnerkreuz"). Hinzu kamen einige Zivilpersonen, entwurzelte Menschen oder auch einfache Kriminelle.[10] Noch im Februar 1942 ereignete sich ein Vorfall in der lettischen Schutzmannschaft, der einen Bericht des Stabschefs der Schutzmannschaft Riga an den Führer der Schutzmannschaft zur Folge hatte, der in fehlerhafter deutscher Übersetzung überliefert ist: „Erinnere mich an eine Begebenheit,

---

7 Vgl. Vernehmungsprotokolle der Außerordentlichen Republikanischen Kommission der Lettischen Sowjetrepublik. Lettisches Historisches Staatsarchiv (LVVA) Riga, P-132-26 bis 30.

8 Im Filmarchiv Riga befinden sich Kopien einiger Filme, die die Verbrechen der „jüdischen Bolschewisten" am lettischen Volk zeigen sollen. Vor allem der lettischsprachige Film „Im Roten Nebel" beschuldigt die Juden, an den Terroraktionen gegen Letten beteiligt gewesen zu sein. Im Frühjahr 1942 veröffentlichten die deutschen Behörden ein lettischsprachiges Buch unter dem Titel „Das Jahr des Schreckens", in dem Photographien der im Rigaer Zentralgefängnis aufgefundenen Leichen in Verbindung mit der Rolle des lettischen Judentums gezeigt wurden.

9 Lettland unter sowjetischer und nationalsozialistischer Herrschaft. Eine Darstellung des Lettischen Okkupationsmuseums. Riga 1998.

10 Andrew Ezergailis, The Holocaust in Latvia 1941–1944. Riga 1996, S. 79 ff., 173 ff. u. 311 ff.

etwa in Februar dieses Jahres, als zu mir ins Kabinett ein Jüngling von 17 oder 18 Jahren in privater Kleidung hineinraste und äußerst unkorrekter Weise mir in herausforderndem und befehlendem Ton anforderte, ihn sofort in dem Dienst der deutschen SS zum Judenschiessen zu beordern. Dieser Jüngling hieß R. Saulis."[11]

Es gab Letten, die massiv mit den deutschen Besatzungsbehörden zusammenarbeiteten und dabei Verbrechen verübten, und es gab ebenfalls Mittäter und Mitwisser, die in Ausübung ihrer täglichen Arbeit in die Judenverfolgung eingebunden waren. Andere wiederum riskierten ihr Leben, um Verfolgte zu retten, doch der Großteil der Letten stand, wie bereits gesagt, dem Schicksal der Juden gleichgültig gegenüber.[12] Die Frage der Unabhängigkeit Lettlands blieb zwar während der gesamten Zeit der deutschen Besatzung ein Streitobjekt zwischen der deutschen Besatzungsverwaltung und der lettischen Zivilverwaltung, jedoch hatte diese Auseinandersetzung keinen Einfluss auf die Haltung des lettischen Volkes gegenüber den Juden ihres Landes. Die meisten Aktionen wurden von kleineren Organisationen initiiert, deren Mitglieder bis auf wenige Ausnahmen[13] aus der unterprivilegierten Bevölkerungsschicht Lettlands stammten. Zudem waren teilweise minderjährige Angehörige der Opfer des sowjetischen Terrors bereit, mit Hilfe der deutschen Besatzungsmacht Vergeltung zu üben.

Nachdem das Einsatzkommando 2 und Teile des Einsatzkommandos 1b am 1. Juli 1941 mit Stahlecker in Riga eingetroffen waren, bildeten sich diverse militärisch organisierte Einheiten, die willkürlich und in Eigeninitiative jüdische Wohnungen plünderten, Verhaftungen vornahmen und Juden misshandelten. Von den ursprünglich insgesamt ca. 95 000 lettischen Juden befanden sich zum Zeitpunkt des deutschen Einmarsches noch ca. 70 000 Personen im Land. Bis zum 15. Oktober 1941 fielen insgesamt 30 025 Juden den Kommandos der Einsatzgruppe A zum Opfer,[14] einer Anzahl gelang die Flucht ins Innere der Sowjetunion. Sofort nach dem Eintreffen der deutschen Militär- und Polizeikräfte setzten Massenverhaftungen vor allem von jüdischen Männern ein, an denen auch der lettische Selbstschutz- sowie Hilfspolizeieinheiten beteiligt waren. Die Opfer wurden zumeist für einige Tage oder Wochen in das Rigaer Zentralgefängnis gebracht und in Gruppen zum Wald von Bikernieki abtransportiert, um dort von lettischen Hilfspolizisten erschossen zu werden. Ab Herbst 1941 setzte die Ghettoisierung der verbliebenen Opfer ein, wobei insgesamt drei abgetrennte jüdische ‚Wohnbezirke‘ in den größten Städten des Landes, Riga, Liepaja und Daugavpils, errichtet wurden. Das Ghetto Riga diente als Deportationsort für ca. 26 500 deutsche, österreichische und tschechische Juden, die zwischen Spätherbst 1941 und Sommer 1942 in Transporten von jeweils etwa 1 000 Personen eintrafen. Dem Großteil der lettischen Juden wurde nach den üblichen Ausgrenzungsmaßnahmen (Verbot der Benut-

---

11 Die Einsatzgruppen in der besetzten Sowjetunion 1941/1942. Die Tätigkeits- und Lageberichte des Chefs der Sicherheitspolizei und des SD, hrsg. v. Peter Klein. Berlin 1997, S. 401.

12 Dies geht aus den Memoiren Überlebender hervor, die in Verstecken der Verfolgung entgingen. Bei der Suche nach Verstecken stießen sie häufig auf eine ablehnende bzw. gleichgültige Reaktion der lettischen Bevölkerung.

13 In jüdischen Memoiren wird häufig erwähnt, dass sich Mitglieder von konservativen lettischen Studentenkorporationen aktiv an der Verfolgung der Juden beteiligten.

14 So genannter 1. Stahleckerbericht vom 15. Oktober 1941 über die Tätigkeit der EG A zwischen 22. Juni und 15. Oktober 1941. Nürnberger Prozeß gegen die Hauptkriegsverbrecher vor dem Internationalen Gerichtshof Nürnberg 1949. Bd. XXXVII, L-180, Bl. 670 ff.

zung öffentlicher Orte und Besuch von Veranstaltungen, allgemeine Kennzeichnungspflicht mit Davidstern an der Kleidung) ab August die Umsiedlung in die Ghettobezirke befohlen. Die Schließung des Rigaer Ghettos erfolgte am 25. Oktober 1941 und unterbrach den vorher noch vorhandenen Kontakt zur restlichen Bevölkerung. Der Aufenthalt im Ghetto war nur von kurzer Dauer. In zwei Aktionen zwischen Ende November und Mitte Dezember 1941 wurde der Großteil der Ghettoinsassen ermordet. Den großen Erschießungsaktionen vom 30. November und 8. Dezember 1941 im Wald von Rumbula fielen insgesamt 25 500 Menschen aus dem Rigaer Ghetto zum Opfer. Die Aktionen fanden unter der Führung des Höheren SS- und Polizeiführers SS-Obergruppenführer Jeckeln statt.

Es gab mehrere paramilitärische Gruppierungen, die Stahlecker bereits einen Tag nach seinem Eintreffen in Riga ihre Dienste anboten. Er entschied sich am 2. Juli 1941, ein Kommando unter Viktors Arajs, einem ehemaligen Jurastudenten, der ca. 200 Männer als Freiwillige aufgestellt hatte, zur Liquidierung der als Feinde Großdeutschlands deklarierten Personen (Juden, Kommunisten, Geisteskranke) zu benutzen. Arajs erschien am 2. Juli mit seinen Männern persönlich an der Polizeipräfektur in Riga und ersuchte um ein Gespräch mit Stahlecker.[15] In den nächsten Wochen hielt er zahlreiche Reden, um die männliche Bevölkerung Lettlands gegen den „jüdischen Bolschewismus" aufzuwiegeln und zum Eintritt in sein Kommando zu bewegen. Das Kommando unterstand offiziell den deutschen Sicherheitsorganen; es erhielt umgehend Uniformen und residierte in einem großen Gebäude an der Valdemara iela (Waldemarstraße). Das Haus diente nicht nur als Unterkunft für die Mitglieder und die Ausrüstung des Kommandos, sondern ebenso als Gefängnis für den temporären Aufenthalt zumeist jüdischer Opfer, die entweder in das Rigaer Zentralgefängnis transferiert oder in Bikernieki erschossen wurden. Das Arajs-Kommando war auch für die Massenmorde an den lettischen Juden außerhalb Rigas verantwortlich. Der deutsche Sicherheitsdienst stellte Busse zur Verfügung, die eine Einheit von 40 bis 50 Mann in alle Teile Lettlands brachte.[16] In der Regel waren die Juden bereits vorher von der örtlichen lettischen Polizei verhaftet und Gruben für die Erschießungsaktionen vorbereitet worden. Die befohlenen oder freiwilligen Mitglieder des Arajs-Kommandos hatten ‚lediglich' den Mord vor Ort auszuführen. Aufgrund der geringen Größe des Landes war es möglich, dass die Täter mehrere Orte an einem Tag aufsuchten. Als die lettischen Juden außerhalb Rigas zwischen Juli und Dezember 1941 ermordet wurden, bestand das Arajs-Kommando aus lediglich einigen hundert Mann. Die Zahl der Opfer des Kommandos lässt sich nicht mehr genau ermitteln. In der lettischen Bevölkerung hatten die Mitglieder der Einheit allgemein einen äußerst schlechten Ruf. Die meisten Einwohner Rigas gingen den von ihnen als „Arajs-Burschen" bezeichneten Mitgliedern des Kommandos aus dem Weg.

Ab Frühjahr 1942 erhielt das Arajs-Kommando jedoch bemerkenswerten Zulauf, wofür mehrere Gründe eine Rolle gespielt haben mögen. Zum einen war die Erschießung der lettischen Juden abgeschlossen, was für viele Bewerber den Dienst eventuell ‚attraktiver' oder zumindest akzeptabler machte. Hassgefühle gegen die jüdische Bevölkerung dürften für einen Beitritt jetzt jedenfalls keine Rolle mehr gespielt haben. Zum anderen wurden wirtschaftliche Engpässe im Generalbezirk Lettland immer offensichtlicher, und deswegen

---

15 Ezergailis, Holocaust in Latvia (wie Anm. 10), S. 180.
16 KGB-Archiv Riga (LVA), Akte Viktors Arajs Nr. 45 285, Bd. I bis VI.

suchten mehr Menschen nach einer Verdienstmöglichkeit. Die Lageberichte der deutschen
Zivilverwaltungs- und Polizeibehörden ab Frühjahr 1942 machen zunehmend deutlich, dass
sich die Stimmung der lettischen Bevölkerung aufgrund der Wirtschafts- und Arbeitslage
verschlechterte. Das Arajs-Kommando agierte weiterhin als Exekutive der deutschen Interessen und Ziele, wurde jedoch bald nach der Ermordung der lettischen Juden lediglich als
„Kanonenfutter" gegen weißrussische Partisanen eingesetzt. Zu diesem Zeitpunkt hatte das
Kommando eine Zahl von etwa 1 500 Mitgliedern erreicht.[17]

Es bleibt also das Paradoxon, dass eine erstaunlich kleine Anzahl von weniger als 200
Tätern den Großteil der Morde ausführte, während ein Zuwachs von ca. 1 000 Personen in
einer Zeit zu verzeichnen ist, in der mit einem Fronteinsatz und eventuellem Tod zu rechnen
war. Außerdem war jetzt immer mehr Letten klar geworden, dass die deutschen Truppen
nicht mit dem Ziel der Befreiung Lettlands eingerückt waren und ein unabhängiges Lettland
unter der Oberhoheit Deutschlands eine illusorische Vorstellung war. In diesem Zeitraum
spielten eher patriotische Gesinnungen für die meisten Letten eine entscheidende Rolle. Die
zunächst willige Zusammenarbeit der Letten mit der deutschen Besatzungsmacht war einer
eindeutigen Stimmung der Ernüchterung des besetzten Volkes gewichen.

Nicht zu unterschätzen ist dabei auch der Wechsel von der einen zur anderen Okkupationsmacht. Während die Wirkung der sowjetischen Repressalien lang anhaltend war und
nicht unterschätzt werden sollte, hatte sich für viele, vor allem jüngere Letten die Lage
bis Mitte 1942 ‚normalisiert‘, und man hatte sich den Verhältnissen angepasst. Für einen
Teil der Bevölkerung ging es jetzt um einen ‚unkomplizierten‘ Arbeitsplatz, auch wenn
das bedeutete, gegen Partisanen kämpfen zu müssen. Die Furcht vor und der Kampf gegen
die Rückkehr der sowjetischen Truppen spielte ebenfalls eine Rolle. Die Vernehmungsprotokolle der Sowjetischen Außerordentlichen Kommission des NKVD zur Erforschung der
Verbrechen gegen sowjetische Bürger sowie die Prozessakten im Fall Arajs in Hamburg aus
dem Jahre 1979 belegen, dass ein Großteil der Mitglieder dieses Mordkommandos wenig
über die praktischen Konsequenzen eines derartigen ‚Arbeitsplatzes‘ nachdachte.

Die meisten Mitglieder des Arajs-Kommandos waren unter 30 Jahre alt. Zudem handelte
es sich bei den Tätern um Personen, die in einem Milieu von Gewalt sozialisiert wurden.
Ein Mitglied des Arajs-Kommandos sagte aus, dass er sich nicht mehr erinnern könne,
wann er an der Erschießung einiger hundert Juden, die zuvor im Rigaer Zentralgefängnis
interniert waren, teilgenommen habe, da er zu betrunken gewesen sei.[18] Oft waren, wie
gesagt, die Gründe des Beitritts banal und mit der Erwartung auf eine Erwerbsmöglich-
keit verbunden.[19] Jedoch sollte neben der schwierigen Quellenlage[20] berücksichtigt werden,
dass die Zusammensetzung des Kommandos nicht homogen war, sondern sich abhängig

---

17 Ezergailis, Holocaust in Latvia (wie Anm. 10), S. 185.
18 LVA, Akte Viktors Arajs, Nr. 45 285, Bd. VI, S. 82.
19 Aussage eine Mitglieds des Arajs-Kommandos namens Rolmanis: „Ich bin in das Arajs-Kommando in der Überzeugung eingetreten, ein einfaches und gutes Leben führen zu können. Aus
   diesem Grund entschloss ich mich, die deutsche Besatzungsmacht zu unterstützen." LVA, Akte
   Viktors Arajs, Nr. 45 285 Bd. V, S. 206.
20 Die einzigen vorliegenden Quellen bestehen aus Vernehmungsprotokollen. Die darin dokumen-
   tierten Aussagen der vernommenen Tatverdächtigen folgten in den meisten Fällen der Absicht,
   einer strafrechtlichen Verurteilung zu entgehen, und können als nur bedingt glaubhaft eingeschätzt
   werden.

von den wechselnden Aufgaben der Einheit veränderte. Auch der Zeitfaktor spielte eine bedeutende Rolle, denn die Motive und die personelle Zusammensetzung veränderten sich im Lauf der ersten Monate der deutschen Besatzung. In den ersten Wochen handelte es sich bei dem Kommando um eine Gruppe aus fanatisierten und militant gegen die so genannten „jüdisch-bolschewistischen Verbrecher" eingestellten, teilweise kriminellen Personen, die Gewaltausübung gegenüber wehrlosen Opfern als nichts Ungewöhnliches empfanden. Für diesen quantitativ nicht mehr ermittelbaren Teil der Mitglieder des Kommandos war eindeutig Antisemitismus das Motiv für ihre Partizipation an der Ermordung der Juden. Auch spricht die Tatsache, dass das Gebäude der Einheit in Riga über ein Gefängnis verfügte, das dazu genutzt wurde, verhaftete Juden zu foltern, dafür, dass ein Teil der Kommandomitglieder sowohl Gewaltausübung genoss als auch antisemitisch eingestellt war.

Aus anderen Dokumenten geht hervor, dass die Exekutionseinheit den Opfern gleichgültig gegenüberstand und die Morde als Teil ihrer ‚Arbeit' ansah. Als im Frühjahr 1942 ein Krankenhaus geistig behinderter Patienten geräumt wurde, war das Arajs-Kommando für die Erschießung der Opfer zuständig. Die Tatsache, dass bei dieser Aktion aus ‚Versehen' eine lettische Krankenschwester miterschossen wurde, zeigt die offensichtliche Distanz der Täter zu den Opfern und ihre Abgestumpftheit.[21]

Es ist anzunehmen, dass innerhalb der Einheit eine ähnliche Gruppenstruktur und -dynamik vorlag wie bei dem von Christopher Browning untersuchten Polizeireservebataillon 101, das in Polen operierte.[22] Es gab zweifellos im Arajs-Kommando einen harten Kern, der den Großteil der Gewaltaktionen bereitwillig ausführte, und Angehörige, die, der Gruppendynamik folgend, sich an den Verbrechen beteiligten. Anders als beim Polizeireservebataillon 101 sind jedoch keine Fälle einer Verweigerung bekannt worden. Wer sich entschied, dem Kommando anzugehören, wusste, dass er es mit Mord oder zumindest mit Partisanenaktionen unter gefährlichen Bedingungen zu tun hatte.

Die wenigsten Mitglieder des Arajs-Kommandos hatten bereits eine Familie gegründet. Es handelte sich bei den Tätern vorwiegend um Männer, die nur für sich selbst verantwortlich waren und deren soziale Kontakte weitgehend auf andere Mitglieder der Einheit reduziert waren. Aus zahlreichen Aussagen geht hervor, dass ein Teil der Angehörigen der Einheit durch Hinweise von Bekannten und Freunden Zugang fand.

Das Kommando unterstand in allen Entscheidungsfragen dem SD und war dem Kommandeur der Sicherheitspolizei und des SD in Riga, SS-Sturmbannführer Rudolf Lange, in jeder Frage rechenschaftspflichtig. Die Tatsache, dass Viktors Arajs und seine Männer nicht ohne deutsche Autorisierung gegen Juden vorgingen, sondern sich den deutschen Verfolgungsmaßnahmen und der entsprechenden Befehlsgewalt unterordneten, zeugt von einer klaren Bereitschaft zur Kollaboration mit dem Besatzer. Viktors Arajs selbst galt als ein sehr ehrgeiziger und karriereorientierter Mensch, der, aus ärmlichen Verhältnissen stammend, bereits unter der sowjetischen Besatzung versucht hatte, als Anwalt beruflich

---

21 Ebenda sowie: Zeugenvernehmung Janis Brencis vom 7. Mai 1971, Arajs Prozeß beim Landgericht Hamburg, Blatt 6397, sowie Ereignismeldung UdSSR, Nr. 96 vom 27. September 1941, T-175, roll 233, frame 23653.
22 Christopher R. Browning, Ordinary Men. Reserve Police Bataillon 101 and the Final Solution in Poland. New York 1992.

aufzusteigen.[23] Die Ursachen seines Judenhasses und seiner sowjetfeindlichen Haltung sind unbekannt. Seine Familie war jedenfalls vom sowjetischen Terror verschont geblieben, so dass von ‚Vergeltung' aus persönlichen Gründen keine Rede sein kann. Arajs, der zusammen mit anderen Angehörigen der Einheit eine mehrwöchige Ausbildung in der SD-Schule in Fürstenberg erhalten hatte,[24] funktionierte in jeder Lage: Er entzog sich keiner deutschen Anordnung und setzte sein Kommando auch in den schweren Partisanenkämpfen des Winters 1942 und im Jahr 1943 ein.

Ein zweites Beispiel eines lettisch-deutschen Zusammenwirkens ist die Konfiszierung des jüdischen Eigentums. Die deutsche Besatzungsverwaltung war nicht imstande, die Enteignungsmaßnahmen ohne einheimische Hilfe effektiv durchzuführen.[25] Angesichts der deutschen Invasion und der drohenden Einweisung in Ghettos versuchten viele Juden, wertvolle Gegenstände in Sicherheit zu bringen, indem sie sie Bekannten oder Nachbarn übergaben, denen sie vertrauten. Die Quellenlage ist ungleichgewichtig, wobei der deutsche Behördenweg, das jüdische Eigentum systematisch und gewinnbringend zu konfiszieren, relativ gut überliefert ist. Zunächst plünderten deutsche Polizeiangehörige, die an der ersten Liquidierungsaktion im Rigaer Ghetto am 30. November 1941 beteiligt waren, einen großen Teil der beweglichen Habe wie Geldwerte, Schmuck, Uhren und andere transportierbare Gegenstände. Dies führte zu einem Streit mit der deutschen Zivil- und Treuhandverwaltung, die erfolglos versuchte, die von der Sicherheitspolizei erbeuteten Gegenstände in die eigene Hand zu bekommen, und sich mit einem Bruchteil des geraubten Vermögens bescheiden musste.[26]

Dagegen besitzen wir nur spärliche Informationen über die lettische Seite. Die Haltung der lettischen Selbstverwaltung lässt sich vorwiegend nur aus der Sicht der deutschen Besatzer darstellen. Daraus ist ersichtlich, dass die deutsche Zivilverwaltung unter keinen Umständen bereit war, sich die Verfügungsgewalt über das jüdische Vermögens aus der Hand nehmen zu lassen. Die lettische Selbstverwaltung wurde auf eine rein exekutive Funktion bei der so genannten Verwertung jüdischen Eigentums beschränkt. Die benötigte Hilfe der einheimischen Bevölkerung verursachte dennoch ‚Kosten' für die Besatzer. Die lettischen Akteure wie die Angehörigen der Hilfspolizei oder Selbstverwaltung hatten dabei ein deutlich erkennbares Eigeninteresse. Die Angestellten der lettischen Zivilverwaltung wussten genau, wann eingezogene Vermögenswerte in den erforderlichen Papieren nicht auftauchen durften, und zogen ihren Nutzen daraus. Es ist nicht mehr rekonstruierbar, welche Summen so in den Kanälen der Zivilverwaltung verschwanden. Jedenfalls hatten die deutschen Behörden große Mühe, selbst Einzelgegenstände von zum Teil geringem Wert in ihren Besitz zu bringen. Es ist auffällig, dass in den Akten des Reichskommissariats Ostland zahlreiche akribische Auflistungen von billigen Haushaltsgegenständen vorhanden sind.[27] Es entsteht der Eindruck, dass der bürokratische Aufwand, diese Gegenstände zu erfassen und in die Hand zu bekommen, möglicherweise höher war als der tatsächliche finanzielle Nutzen. Weitere Objekte, die für die deutschen Behörden vor allem von kriegswirtschaftlichem

---

23 Ezergailis, Holocaust in Latvia (wie Anm. 10), S. 175 ff.
24 Ebenda, S. 187 f.
25 National Archives Washington D.C., T-459, roll 17, frame 38.
26 National Archives Washington D.C., T-459, roll 24, frame 1187.
27 National Archives Washington D.C., T-459, roll 17, frame 314 ff.

Interesse waren, fanden sich in kleineren jüdischen Unternehmen wie Schuhgeschäften oder
Schneidereibetrieben. Die deutsche Zivilverwaltung hatte nicht das Personal, sich auf dieser unteren exekutiven Ebene mit der Ausbeutung zu befassen, und gründete daher kurze
Zeit nach ihrer Einsetzung im Herbst 1941 zwei lettische so genannte Verbrauchervereine
namens „Turiba" und „Vieniba".[28] Obgleich es sich dabei um Scheinunternehmen handelte, zeigen diese Gründungen, dass sich die deutschen Besatzungsbehörden sehr wohl
bewusst waren, dass sie angesichts der Notwendigkeit, einen effektiven Enteignungsprozess
zu organisieren, auf eine reibungslose Zusammenarbeit mit den Letten angewiesen waren.
In beiden Verbrauchergemeinschaften wurden die jüdischen Kleinbetriebe „zwischengela-
gert", d.h. an lettische Kleinunternehmer vergeben, die zwar den Großteil ihrer Produktion
an die deutsche Kriegswirtschaft abzuliefern hatten, aber ihren eigenen Lebensunterhalt
sichern konnten. Die Zusammenarbeit zwischen den deutschen Vorgesetzten und der lettischen Exekutive beruhte auf einer Übereinstimmung der Interessen, wobei beide Seiten
versuchten, für sich den größten Nutzen zu erzielen. Die deutsche Besatzungsmacht sicher-
te sich durch entsprechende Verordnungen die Kontrolle innerhalb dieser Allianz, indem
beide Verbrauchergenossenschaften deutschen Vorgesetzten unterstanden. Allerdings waren
auch lokale lettische Polizeibehörden in die Aktionen der Vereine miteingebunden. In einer
Anweisung an den Chef der Gesellschaft „Turiba" vom 14. Oktober 1941 heißt es: „Auf
Grund eingehender Instruktion führt die Übernahme des Eigentums eine spezielle Kommission aus, bestehend aus 3 Personen, von denen möglichst ein Vertreter der Polizei oder des
Schutzdienstes anwesend sein sollte."[29]

Das Zusammenwirken von lettischen und deutschen Instanzen in der möglichst reibungslosen Abwicklung des Enteignungsprozesses zeigt also zwei Perspektiven auf. Einerseits
strebte die deutsche Seite nach einem effektiven Ablauf der Konfiszierungen und bemühte sich um eine dementsprechende Kontrolle der lettischen Akteure. Die Hierarchie in der
Kompetenzverteilung war strikt geregelt und der Gewinn kam theoretisch ausschließlich der
deutschen Zivilverwaltung zu, was den Letten durchaus bewusst war. Andererseits fanden
die Angestellten der Verbrauchergenossenschaften ebenso wie die Angehörigen der lettischen Selbstverwaltung zahlreiche Mittel, den komplizierten und bürokratischen Prozess
der Umverteilung des jüdischen Eigentums für sich zu nutzen und sich zu bereichern, was
wiederum den Interessen der deutschen Besatzer zuwiderlief. Riga war zudem die einzige Stadt des Generalbezirks Lettland, die einem deutschen Bürgermeister, Hugo Wittrock,
unterstand. In der Provinz hatten die lettischen Bürgermeister, da sie für Erfassung und
Ablieferung ehemaligen jüdischen Eigentums zuständig waren, weit größeren Spielraum,
den deutschen Behörden einen Teil der konfiszierten Dinge vorzuenthalten. In den Akten
der örtlichen Polizei kleinerer Städte finden sich zahlreiche Beschwerden der deutschen
Zivilverwaltung über willkürliche Aktionen der lokalen lettischen Verwaltung, deutschen
Vorgesetzten Gegenstände aus ehemals jüdischem Besitz wie Wohnungsinventar, Telefone,
Fahrräder oder Schreibmaschinen nicht zu übergeben und einfach verschwinden zu lassen.
Die lettischen Vertreter der Zivilverwaltung in den Provinzstädten nutzten ihre Positionen
häufig, um mit dem geraubten Gut eigene Geschäfte zu tätigen, und boten die Gegenstände

---

28 LVVA Riga, P-828-4-66, S. 9.
29 LVVA Riga, P-828-4-66-, S. 44.

der lokalen Bevölkerung zum Verkauf an, wobei sie mit der lettischen Ortspolizei zusammenarbeiteten. So verfügte der Ortspolizeichef in Abrene (Ostlettland, Kreis Skijbenis) am 1. Oktober 1941, dass Mobiliar aus ehemals jüdischem Besitz an die Gemeindeverwaltung, die örtliche Ambulanz und die Schule übergingen.[30] Doch auch zwischen der lettischen Ortsverwaltung und der lettischen Hilfspolizei konnte es zu Konflikten über das jüdische Eigentum kommen. In einem Schreiben des Leiters des Chefs des IV. Polizeibezirks in Abrene an den Kreisältesten der Gemeinde Balinava vom Oktober 1941 heißt es: „Ihnen sind vor einiger Zeit Gegenstände aus jüdischem Besitz zur Aufbewahrung gegeben worden. Aus diesem Grunde ersuche ich, den Prozess der Judenenteignung schriftlich in meine Verantwortung zu übertragen und zwei Exemplare der Listen mit den Adressen der Personen anzugeben, die jüdisches Eigentum erworben haben oder denen es zeitweilig anvertraut wurde, und (die zweite Liste) für den Fall, dass sich niemand um dieses Eigentum beworben hat oder aus irgendwelchen Gründen kein Interesse an diesen Gegenständen bekundet wurde."[31]

Diese Dokumente zeigen, wie komplex das Zusammenwirken der verschiedenen Akteure bei der Umverteilung des ehemals jüdischen Vermögens war. Die deutsche Zivilverwaltung musste sich gegen zwei Konkurrenten zur Wehr setzen, um zumindest einen Teil der Gegenstände konfiszieren zu können. Zum einen plünderten Angehörige der deutschen und lettischen Polizei bei den Massenerschießungen vom 30. November und 8. Dezember 1941, zum anderen entwickelte die lettische Verwaltung eine interne Hierarchie, die die Umverteilung der geraubten Gegenstände unter sich regelte. Teilweise arbeitete, wie gezeigt, die lettische Zivilverwaltung in der Provinz mit der örtlichen einheimischen Polizei gegen die deutschen Besatzungsbehörden zusammen, teilweise standen sich beide Gruppen als Widersacher gegenüber. Diese Vorgänge waren den deutschen Besatzern wahrscheinlich wenig oder gar nicht bekannt. Die überlieferten Dokumente, die die Auseinandersetzungen zwischen der lettischen Zivilverwaltung und der lettischen Hilfspolizei in den kleineren Städten belegen, sind ausnahmslos in lettischer Sprache verfasst und erreichten gemäß der Verteilerlisten nie den Schreibtisch einer deutschen Behörden bzw. wurden nie ins Deutsche übersetzt. Die meisten Letten, die in den Enteignungsprozess involviert waren, handelten also nicht ausschließlich im Interesse der deutschen Besatzer. Im Bestand der Akten des Reichskommissariats Ostland finden sich zahlreiche Gesuche lettischer Hilfspolizisten, die sich, teilweise unter der Erwähnung ihrer Beteiligung an „Judenaktionen", für den verbilligten oder kostenlosen Erwerb jüdischen Eigentums bewarben.[32] Die Zusammenarbeit zwischen Deutschen und Letten war auf beiden Seiten von rationalem und systematischem Vorgehen geprägt, mit dem Ziel, die Gegenpartei in dieser Komplizenschaft zur Erlangung des höchstmöglichen Gewinns für die eigene Seite zu übervorteilen.

Abschließend soll nun auf die Frage eingegangen werden, ob die vorgestellten Beispiele die Debatte um den Begriff Kollaboration weiterführen können? Beide Fälle machen zumindest deutlich, dass die Beziehung zwischen den miteinander kollaborierenden Parteien kompliziert war und sich nicht allein auf eine Reaktion der Besetzten auf die Politik der

30 LVVA Riga, P-1878-8-1, S. 285.
31 LVVA Riga, P-1369-2-293, S. 28.
32 Antrag des lettischen Schutzmanns Peteris Leikarts vom 30. April 1942. National Archives Washington D.C., T-459, roll 2, frame 822.

Besatzer reduzieren lässt. Es handelt sich zwar sicherlich um eine, was die Handlungsspiel-räume anging, ungleichgewichtige Komplizenschaft, bei der aber auch die untergeordnete Partei ihren Nutzen aus der Situation ziehen konnte. Die Juden Lettlands waren folglich mit zwei Tätergruppen, den deutschen Besatzern und den kollaborierenden Letten, konfrontiert. Obgleich die Entscheidungsgewalt eindeutig auf deutscher Seite lag, betonten überlebende Juden unabhängig voneinander ihre Erfahrung, dass Letten bei der Ausübung von Gewalt schlimmer als die deutschen Besatzer gewesen seien.[33]

Die vorgestellten Beispiele machen zudem deutlich, dass die Perspektive der lettischen Täter nicht unterschätzt werden darf. Kollaboration bei der Judenverfolgung sprengt den Rahmen einer einseitig hierarchischen Beziehung. Die Beteiligung von Letten an der Ju-denvernichtung stellt eben nicht nur eine Reaktion auf Aktionen des Besatzers dar, sondern wirft die Frage nach eigenen Interessen und Intentionen auf. In diesem Zusammenhang eröffnet der Kollaborationsbegriff eine Möglichkeit, die Perspektive der einheimischen Tä-ter, die entweder freiwillig oder gezwungenermaßen die Maßnahmen der NS-Besatzer un-terstützten, differenzierter zu erfassen. Die beiden Beispiele aus Lettland mögen belegen, wie unterschiedlich sich Täterprofile unter den Bedingungen einer Besatzung entwickeln konnten.

---

33 Zeugenaussage Aleksandrs Bergmanis in Riga vom 20. November 1999.

Darius Staliūnas

Russländische „Kollaborationsangebote" an nationale Gruppen nach dem Januaraufstand von 1863 im so genannten Nordwestgebiet

Der Aufstand von 1863/64, den Historiker in Polen und anderen Ländern auch „Januaraufstand" nennen und der zusammen mit denen von 1794 und 1830/31 (auch als „Novemberaufstand" bekannt) unter der Bezeichnung „Polnische Aufstände" in die Geschichtsschreibung einging, wurde in vieler Hinsicht zu einem Wendepunkt. Die Neigung zur national-revolutionären Hingabe ersetzte ein positives Konzept für die Zukunft, und in den Gebieten des ehemaligen Großfürstentums Litauen erlitt die dominante Adelskultur einen schweren Rückschlag. Tiefgreifende Veränderungen kennzeichneten zudem die russländische Nationalitätenpolitik in den westlichen Randgebieten des Imperiums.

In diesem Beitrag wird der Frage nachgegangen, wie sich die „ethnische Hierarchie" nach dem Aufstand von 1863/64 im Nordwestgebiet (also in den Gouvernements Wilna, Kowno, Grodno, Minsk, Witebsk und Mogilow) veränderte.[1] Von dieser Einstufung hing ab, welche Aufgaben in Verwaltung, Kultur und Gesellschaft den jeweiligen Gruppen anvertraut wurden.

Zuallererst ist zu klären, wie die russländische Staatsmacht die nationalen Gruppen überhaupt identifizierte. Im Folgenden stütze ich mich auf die von Andreas Kappeler vor geraumer Zeit entwickelte These, dass drei Faktoren auf die „ethnische Hierarchie" im russländischen Imperium Einfluss ausgeübt hätten: die politische Loyalität, der ständisch-soziale Faktor und die kulturelle (religiöse, sprachliche usw.) Nähe zu den Russen. Die beiden ersten Faktoren spielten Kappelers Meinung nach bis zum Ende des Zarenreiches die größte Rolle, obwohl sie ab der zweiten Hälfte des 19. Jahrhunderts des öfteren durch kulturelle Kriterien ergänzt oder gar ersetzt wurden.[2] Wichtig erscheint daneben aber auch, dass die Russifizierung (russ. „obrusenie") die Möglichkeiten der Mitglieder verschiedener Volksgruppen vergrößerte, wichtige Machtfunktionen anvertraut zu bekommen. Und schließlich stellt sich die Frage, was bei den einzelnen Volksgruppen den Ausschlag für eine „abgelehnte Russifizierung"[3] gab.

---

1 Das Hauptaugenmerk dieses Beitrags liegt auf den 60er Jahren des 19. Jahrhunderts, obwohl sich die Prinzipien der Nationalitätenpolitik bis 1905 nur unwesentlich veränderten.

2 Andreas Kappeler, Mazepincy, malorossy, chochly: ukraincy v ètničeskoj ierarchii Rossijskoj imperii [Die Mazepas, Kleinwüchsigen, Haubenträger: Die Ukrainer in der ethnischen Hierarchie des Russländischen Reiches], in: Rossija – Ukraina: istorija vzaimootnošenij [Russland – Ukraine: Geschichte ihrer Beziehungen], Red. v. A.I. Miller, V.F. Reprincev u. B.N. Florja. Moskva 1997, S. 125-144.

3 Aleksej Miller, Rusifikacii: klassificirovat' i ponjat' [Russifizierung: klassifizieren und verstehen], in: Ab Imperio (2002), Nr. 2, S. 139.

Zweifelsohne nutzte die russländische Bürokratie am liebsten die Möglichkeit, auf Russen zurückzugreifen – sowohl auf regional Ansässige als auch auf Zugereiste aus den so genannten „Inneren Gouvernements" des Imperiums. In der offiziellen Terminologie jener Zeit wurde diese Volksgruppe als „russischer Herkunft und orthodoxen Glaubens" bezeichnet. Aber auch sie war sehr uneinheitlich: Der größte Teil bestand aus weißrussischen Bauern, deren nationale Verschiedenheit nach dem Aufstand nicht mehr wahrgenommen wurde (wenn sich die russländische Bürokratie darunter überhaupt etwas vorstellte, dann galt das Weißrussentum als eine regionale Variante der russischen Kultur), außerdem gab es die nicht besonders große Gruppe der russischen Gutsbesitzer (die oft von den Beamten überhaupt nicht wahrgenommen wurde), orthodoxe Geistliche (meist ehemalige Unierte) und die neu Angekommenen aus den „inneren Gouvernements": Beamte und Lehrer, wie auch Gutsbesitzer und Bauern. In die Kategorie „Russen" fielen auch die Altgläubigen. Implementiert waren politische Loyalität und ‚Kulturträgerfunktion', zudem hatte diese Gruppe im Falle der Gutsbesitzer als wichtigste Machtstütze im Nordwestgebiet auch eine zentrale gesellschaftliche Aufgabe.

Es waren diese „Personen russischer Herkunft und orthodoxen Glaubens", die die „Polen" sowohl in den Herrschaftsinstitutionen als auch in den Schulen ersetzen sollten, weswegen ihnen z.B. Erleichterungen beim Landerwerb gewährt wurden. Eine dementsprechende Kaderschmiede sollte auch die in diesem Gebiet zu gründende Hochschule werden. Geplant war, in Wilna eine Universität oder ein Lyzeum mit speziellen Stipendien für Russen aufzubauen. Letztlich siegte aber doch die Befürchtung, dass auch an einer russischen Universität die Polen dominieren würden. Deshalb wurde später über diverse orthodoxe geistliche Akademien nachgedacht, die nicht nur Geistliche, sondern auch Lehrer und Beamte ausbilden sollten, oder die Gründung einer Universität in Städten mit stärkerem russischen Einfluss wie etwa Witebsk oder Polotzk projektiert.[4]

Obige Überlegungen finden sich in der offiziellen Ideologie und Rhetorik, obgleich sich beim Studium der vertraulichen Korrespondenz und auch in der politischen Praxis erkennen lässt, dass die Beamten den örtlichen Russen nicht immer uneingeschränkt vertrauten. Am deutlichsten zeigte sich diese Vorsicht, ja sogar Misstrauen während der Herrschaft des Generalgouverneurs Michail Murav'ev zwischen 1863 und 1865.

Murav'ev beklagte mehr als einmal, man könne den russischen Gutsbesitzern in dem Gebiet nicht trauen, während des Aufstandes sei von ihnen keinerlei Unterstützung zu erwarten gewesen, ein Teil habe sogar mit der „Erhebung" sympathisiert. Allerdings stellt sich die Frage, ob Murav'ev auf diese Weise nicht einfach versuchte, die Bedeutung der von ihm geleisteten Arbeit herauszustellen, indem er hervorhob, dass es in Litauen und Weißrussland keinerlei dem Zaren und dem Reich gegenüber loyalen Subjekte gegeben hatte, um mit den Aufständischen fertig zu werden, und so versuchte, alle „Verdienste" sich selbst zuzuschreiben. Diese These ist zwar durchaus plausibel, aber einige Handlungen Murav'evs zeigen, dass er mit seiner Einschätzung der russischen Gutsbesitzer noch sehr wohlwollend war. So versuchte er beispielsweise die so genannte Prozentualsteuer von allen Gutsbesitzern ohne

---

4   Darius Staliūnas, Visuomenė be universiteto? (Aukštosios mokyklos atkūrimo problema Lietuvoje: XIX a. vidurys-XX a. pradžia) [Eine Gesellschaft ohne Universität? (Das Problem der Gründung einer Hochschule in Litauen von der Mitte des 19. bis zum Beginn des 20. Jahrhundert)]. Vilnius 2000 (Lietuvių Atgimimo istorijos studijos. 16), S. 76-99.

Ausnahmen zahlen zu lassen, und ließ später nur auf Grund des Drucks aus Petersburg davon ab. Einige Volksgruppen wurden schließlich ausgenommen, wie zu erwarten in erster Linie die Russen.

Ein größeres Vertrauen dürfte die orthodoxe Geistlichkeit besessen haben. Und in der Tat versuchten Murav'ev und andere Generalgouverneure bei der Durchführung ihrer Politik im so genannten Nordwestgebiet, sich nicht nur in religiösen Dingen, sondern auch im Bildungsbereich mit auf die orthodoxe Geistlichkeit zu stützen. Vor allem wurde den orthodoxen Geistlichen zugetraut, Grundschulen zu eröffnen. Dennoch war Murav'ev nicht geneigt, irgendwelche wichtigeren Initiativen der orthodoxen Geistlichkeit allein zu überlassen, er wollte die Zügel in der Hand behalten. Sogar bei der Planung zur Gründung einer orthodoxen geistlichen Akademie in Wilna versuchte Murav'ev, alles zu kontrollieren und der orthodoxen Kirchenleitung keinen Handlungsspielraum zu gewähren. Wie Michail Dolbilov bemerkt, betrachteten die örtlichen Staatsorgane auch das Anliegen, in diesem Gebiet orthodoxe Bruderschaften zu gründen, mit Skepsis, weil sie fürchteten, ihnen würde dadurch die „Initiative zur regionalen Russifizierung" entgleiten.[5] Misstrauisch war man außerdem angesichts von „Resten der Union" in der orthodoxen Kirche (Gebrauch der polnischen Sprache, Überbleibsel der unierten Messe, Kleidung der Geistlichen usw.). Die Reserviertheit gegenüber ehemaligen unierten Geistlichen war wahrhaftig nicht unbedeutend, man schlug sogar vor, einige von ihnen mit Neuankömmlingen aus den „inneren Gouvernements" auszutauschen – ähnlich wie Beamte und Lehrer „polnischer Herkunft" durch „Personen russischer Herkunft"[6] ersetzt werden sollten.

Und wie stand es mit den Weißrussen? Obwohl es zu Beginn der 1860er Jahre auch Beamte gab, die vorschlugen, zumindest teilweise ethnokulturelle weißrussische Eigenheiten – zuallererst: den Dialekt – zu unterstützen, gewann mit dem Beginn des so genannten Januaraufstandes die Russifizierungstendenz an Boden, und die Weißrussen wurden für einen integren Bestandteil der dreieinigen russischen Nation gehalten. Ihr Ethnonym wurde mit zwei „s" geschrieben und somit die historische Gemeinsamkeit mit den Russen betont. Dass Weißrussen wie Russen eine Stütze der imperialen Macht sowohl im kulturellen als auch im politischen Sinne werden konnten, stellte ein vermeintlich großes Potenzial für die Zukunft dar. Eben deswegen wurde auch in diesem Gebiet die Reform zur Abschaffung der Leibeigenschaft zu Gunsten der Bauern korrigiert. Jetzt konnten Weißrussen orthodoxen Glaubens problemlos die verschiedenen Stufen der damaligen Hierarchie emporsteigen, denn offiziell mussten sie nicht noch einmal „russifiziert" werden. Trotzdem kann man Andreas Kappeler und Alex Miller nicht uneingeschränkt zustimmen, die meinen, diejenigen Ukrainer

5   Mikhail Dolbilov, The Bureaucratic Mind: Russification as Administrative Routine in the Northwest Region of the Russian Empire in the 1860s, in: Kritika. Explorations in Russian and Eurasian History 5 (2004), Nr. 2, S. 258-262.
6   Zu Murav'evs Tätigkeit siehe Michail D. Dolbilov, Konstruirovanie obrazov mjateža: Politika M.N. Murav'eva v Litovsko-Belorusskom krae v 1863–1865 gg. kak ob'ekt istoriko-antropologičeskogo analiza [Das Konstruieren der Bilder von Rebellion: Die Politik M.N. Murav'evs im Litauisch-weißrussischen Gebiet 1863–1865 als Objekt historisch-anthropologischer Analyse], in: Actio nova 2000. Moskva 2000, S. 338-408; Darius Staliūnas, Ėtnopolitičeskaja situacija Severo-Zapadnogo kraja v ocenke M.N. Murav'eva (1863–1865) [Die ethnopolitische Lage des Nordwest-Gebiets im Urteil von M.N. Murav'ev (1863–1865)], in: Baltijskij archive. Russkaja kul'tura v Pribaltike. Bd. VII, Vilnius 2002, S. 250-271.

und Weißrussen, die Russisch konnten, seien im russischen Zarenreich nicht diskriminiert worden.[7] Zumindest weißrussische Katholiken unterlagen der Diskriminierung (oder wären damit konfrontiert worden), wenn sie Karriere machen wollten (oder es angestrebt hätten). Diese Aussage stützt sich nicht so sehr auf konkretes empirisches Material als auf die allgemeine Einstellung der Behörden gegenüber den Katholiken im Nordwestgebiet, die damals für zumindest potenzielle Feinde des Reichs gehalten wurden. Trat man allerdings vom Katholizismus zur Orthodoxie über, waren die Probleme aus der Welt geschafft, denn die betreffenden Personen galten dann nicht nur als Ostslawen, sondern der offiziellen Version zufolge auch als ehemalige orthodoxe Christen, die nur per Gewalt zum Katholizismus bekehrt worden waren.[8]

Einige der offiziellen Erklärungen in den 60er Jahren des 19. Jahrhunderts (vor allem die des Generalgouverneurs von Wilna Murav'ev) verleiten aber zu der Annahme, dass sich die Politik den Altgläubigen gegenüber änderte. Nachdem altgläubige Bauern in der Gegend von Dünaburg (lett. Daugavpils) gegen die Aufständischen vorgegangen waren, stellte ein Teil der Beamten sie als zuverlässigste Stütze der Regierung hin, denn sie hätten „mehr als andere ihr Russentum bewahrt". Eine Zeit lang erhielten sie inoffizielle Zugeständnisse (ihnen wurde erlaubt, ihr Gotteshaus zu reparieren) und sogar Privilegien beim Landbesitz. Doch blieb dies eine kurze Episode, zumal die diskriminierenden Gesetze nicht geändert wurden. Obwohl sie in ethnischer und sprachlicher Hinsicht eigentlich zur Spitze der „ethnischen Hierarchie" hätten aufsteigen müssen, wurden sie als religiöse „Häretiker"[9] doch wie ein unzuverlässiges Element behandelt. Im russischen Diskurs jener Zeit war das „Image" ein anderes: Ohne größere Probleme wurde vom Bild der gegen die „Polen" kämpfenden Bauern zu dem von Räuberbanden übergegangen (der offiziellen Statistik zufolge entfiel auf sie ein überproportional großer Verbrechensanteil).[10]

Im Nordwestgebiet und besonders im Gouvernement Kowno gab es eine, wenn auch zahlenmäßig nicht große, so doch nach Meinung der Staatsorgane einflussreiche Gruppe von Deutschbalten, die traditionell als verlässliche Stütze des Staates nicht nur in den Ostseeprovinzen, sondern auch im ganzen Nordwestgebiet gesehen wurde. Mitunter gab

7 Kappeler, Mazepincy (wie Anm. 2), S. 135; Aleksej I. Miller, „Ukrainskij vopros" v politike vlastej i russkom obščestvennom mnenii (vtoraja polovina XIX veka) [Die „Ukrainische Frage" in der Herrschaftspolitik und in der russischen öffentlichen Meinung (zweite Hälfte des 19. Jahrhunderts)]. Sankt-Peterburg 2000, S. 37.

8 Zur russländischen Nationalitätenpolitik gegenüber den Weißrussen siehe Darius Staliunas, Granicy v pograniče: Belorusy i ėtnolingvističeskaja politika Rossijskoj imperii na Zapadnych okrainach v period Velikich Reform [Grenzen im Grenzgebiet: Die Weißrussen und die ethnolinguistische Politik des Russischen Reiches in den Westgebieten in der Zeit der Großen Reformen], in: Ab Imperio (2003), Nr. 1, S. 262-292.

9 M. Dolbilov weist darauf hin, dass in den Fällen, in denen die Staatsmacht ihr Russentum betonen wollte, man den Begriff „Altgläubige" (staroobriadcy) gebrauchte; wenn man sie negativ sah, fand hingegen das eine herabsetzende Färbung habende „raskol'niki" Verwendung.

10 Leonid E. Gorizontov, Raskol'ničij klin. Pol'skij vopros i staroobrjadcy v imperskoj strategii [Der Raskolniki-Keil. Die polnische Frage und die Altgläubigen in der Reichsstrategie], in: Slavjanskij al'manach 1997. Moskva 1998, S. 140-167; Dolbilov, Konstruirovanie (wie Anm. 6), S. 397; Staliunas, Ėtnopolitičeskaja (wie Anm. 6), S. 256 f.; Vorträge von G. Potašenko und Y. Leclere auf der Konferenz „Die Konfessionspolitik des russländischen Imperiums in Litauen und Weißrussland (19. Jahrhundert)" in Vilnius, 2.-3. Oktober 2003.

es allerdings Probleme, wer zu den Deutschbalten gezählt werden sollte: Einige Beamte rechneten auch Katholiken dazu, deren Vorfahren aus den Ostseegouvernements stammten, doch dominierte die Tendenz, die aus den Ostseeprovinzen stammenden Gutsbesitzer protestantischen Glaubens als Deutschbalten zu klassifizieren. Und so wurden nach dem Aufstand von 1863 die „Personen polnischer Herkunft" nicht nur durch Russen, sondern auch durch Deutschbalten ersetzt. Besonders Alexander Potapov, zunächst Mitarbeiter des Generalgouverneurs von Wilna und 1868–1874 selbst Generalgouverneur, vertraute ihnen. 1865 schlug er, um die Litauer zu schwächen, vor, das Gouvernement Kowno aufzuteilen und den schemaitischen Bezirk des Gouvernements Kowno dem Gouvernement Kurland und den Rest dem Gouvernement Wilna anzuschließen. Die Schemaiten würden sich Potapov zufolge recht schnell unter dem Einfluss der Deutschen wiederfinden. In diesem Fall waren die Deutschbalten also dazu ausersehen, als Verbündete der Macht die durch Litauer und Schemaiten entstehende Gefahr zu neutralisieren.[11]

Andererseits gab es auch in Petersburg schon eine bedeutende Gruppe hoher Beamter (Großfürst Konstantin Nikolaevič, Kriegsminister Dmitrij Miljutin, Domänenminister Alexander Zelenoj), die sich um die Modernisierung der imperialen Sozialstruktur bemühten und vorschlugen, sich nicht mehr auf die Deutschbalten zu stützen. Die russische Gesellschaft begann nach dem Aufstand von 1863, die Lage in den imperialen „Randgebieten" aufmerksamer zu beobachten, und das Problem der zukünftigen ethnopolitischen Orientierung der lettischen und estnischen Bauern kam auf die Tagesordnung. Sowohl für die Russen als auch für die Deutschbalten handelte es sich dabei immer noch nur um ethnografisches ‚Material', aber eines Tages, so die allgemeine Überzeugung, mussten sie entweder zu Deutschen oder zu Russen werden – mit anderen Worten: Man ängstigte sich vor einer Germanisierung und befürchtete zusätzlich mögliche, mit dem Erstarken Preußens verbundene politisch-separatistische Tendenzen.

Die wohl negativste Einstellung zu den Deutschbalten personifizierte im Nordwestgebiet der Generalgouverneur von Wilna, Konstantin von Kaufman, der, so ein örtlicher Beamter, „unter Missachtung seines deutschen Nachnamens orthodox und ein echter Russe" war. Kaufman lehnte Potapovs Teilungsvorschlag des Gouvernements Kowno unter anderem aus ethnopolitischen Gründen ab. Der Staat wolle „das Gebiet russifizieren", deshalb sei es völlig sinnlos, „ein fremdes Herrschaftselement gegen ein anderes auszutauschen". Außerdem würde das deutsche Element nach der Verbindung der drei Bezirke mit dem Gouvernement Kurland natürlich die Vereinigung mit Preußen anstreben. Kaufman zweifelte zwar nicht daran, dass die Position des Katholizismus geschwächt worden wäre, aber zugleich wäre seiner Meinung nach auch das russische Element untergegangen. Die Dominanz des deutschen Elements im Nordwestgebiet fürchtete er noch mehr als den Status quo: „Das bedeutet, Kurland und Preußen zusammenzufügen und die preußische Grenze weit in das Imperiumsinnere zu verschieben. Es steht außer Frage, dass das polnische Element uns [Russland] feindlich gesinnt und schwer zu assimilieren ist, dennoch ist das rein deutsche Element dort, wo keine russische Dominanz vorherrscht, noch gefährlicher, denn es ist über-

---

11 Zu diesem Projekt siehe Darius Staliūnas, Kaip bandyta keisti Kauno gubernijos ribas. Slapti Rusijos valdžios projektai [Wie versucht wurde, die Grenzen des Gouvernements Kaunas zu ändern. Geheime russische Verwaltungsprojekte], in: Darbai ir dienos (2001), Nr. 28, S. 67-84.

all und immer expandierend und beherrscht es, fremde Volksgruppen [narodnosti] völlig zu absorbieren. In diesem Sinne vollführt die deutsche Rasse ihre historische Mission. Leider an den Stellen, an welchen zuvor slawische Stämme siedelten."[12] Diese Annahmen des Generalgouverneurs führten zur Ablehnung des Projekts von Potapov. Kaufman war nicht der einzige, der sich vor der Ausweitung der deutschen Einflusssphäre fürchtete. Nikolaj Novikov, Schulinspektor im Gouvernement Kowno, befürchtete, die Deutschbalten würden Gutshöfe im Gouvernement Kowno kaufen und daraus ein „Kowenland" zu machen.[13]

Trotz des zunehmenden Einflusses des russischen Nationalismus und des Erstarkens Deutschlands wurden die Deutschbalten in der zweiten Hälfte des 19. Jahrhunderts vorwiegend als vertrauenswürdiges Element im Nordwestgebiet gesehen.[14] Dies liegt wohl vor allem daran, dass sie sowohl als Gutsbesitzer als auch als Lehrer oder Beamte vertrauenswürdiger waren als „Personen polnischer Herkunft". Zusätzlich fehlte es einfach an Russen, oder die Neuankömmlinge aus den „inneren Gouvernements" erwiesen sich als wenig nützlich. Außerdem bestand keine reale bzw. aktuelle Germanisierungsgefahr für diese Gouvernements.

Die Polen und vor allem der Adel hatten am Ende des 18. und zu Beginn des 19. Jahrhunderts einen bedeutenden Teil ihrer Privilegien bewahren können. Die zaristische Regierung agierte mit der traditionellen Kooperationspolitik gegenüber den Eliten in neu inkorporierten Randgebieten. Die offizielle Politik diesen Volksgruppen gegenüber begann sich nach dem Aufstand 1830/31 zu ändern. Die Polen demonstrierten außerdem 1863/64 noch einmal ihre Illoyalität der Staatsmacht gegenüber.

Diese Volksgruppe wurde nach dem Aufstand 1863/64 einfach „Personen polnischer Herkunft und katholischen Glaubens" genannt. In der offiziellen nationalen Nomenklatur jener Zeit bedeutete das Katholiken aus den so genannten „westlichen Gouvernements", die nicht dem Bauernstand angehörten. Im offiziellen und öffentlichen russischen Diskurs herrschte die Auffassung vor, dass diese Polen im Laufe der Geschichte polonisierte Litauer und Russen (Weißrussen) seien.[15] Dieser Umstand und die Annahme des Katholizismus, d.h. die Kapitulation vor dem westlichen Einfluss, bedeuteten eine Absage an die authenti-

---

12 Ebenda, S. 77
13 Pis'mo okružnogo inspektora N. N. Novikova k popečiteliu Vilenskogo učebnogo okruga ... ot 9 oktiabria 1867 g. o častnoi biblioteke v Poneveže i o stremlenii nemcev rasprostranit' svoe vlianie k vostoku ot Pribaltiiskogo kraja i v Kovenskoi gubernii, I. P. Kornilov [Das Schreiben des Kreisinspektors N.N. Novikov an den Kurator des Wilnaer Schulbezirks ... vom 9. Oktober 1867 über die Privatbibliothek in Ponevež und über den Drang der Deutschen, ihren Einfluss östlich der Ostseeprovinz und im Kovno-Gouvernement auszubauen], in: Russkoe delo v Severo Zapadnom krae [Das Werk Russlands im Nordwestgebiet]. Sankt Peterburg 1908, S. 289.
14 Ohne weitere Forschungen ist schwer zu beurteilen, wie die im kulturellen Sinn russifizierten Deutschbalten im Nordwestgebiet eingestuft wurden.
15 Bei den Überlegungen über das Verbot des Kaufes von Landgütern für „Personen polnischer Herkunft" im Westgebiet wurde bestimmt, dass als „Polen" entweder aus dem ethnisch polnischen Gebiet stammende Personen galten oder diejenigen Einwohner, die polnische politische Ideale übernommen hatten. Diese Definition richtete sich gegen die Gleichsetzung von Polentum und Katholizismus. Obgleich in der Praxis verschiedene Volkstumsdefinitionen angewandt wurden, war oft dennoch der Katholizismus das wichtigste Kriterium, um einzelne Personen zur Kategorie „Pole" zu zählen. Versuche in späteren Jahren, genauere Bestimmungen zu entwickeln, hatten keinen Erfolg.

schen slawischen Wurzeln und machten sie zu „Abtrünnigen". Mitunter sprachen ihnen die Staatsbediensteten sogar eine eigene Volksbezeichnung ab.

Murav'ev, der Generalgouverneur von Wilna, versuchte Zar Alexander II. davon zu überzeugen, dass „den Polen" niemals ganz zu trauen sei, auch dann nicht, wenn sie ihre Loyalität erklären würden. Unter diesen Umständen ist es nicht verwunderlich, dass keine Polen im Staats- und Schuldienst übrig blieben. Diese Volksgruppe stellte russischen Offiziellen zufolge eine Gefahr nicht nur in den westlichen Gouvernements, sondern auch im Inneren Russlands dar. So wurde bei den Überlegungen um eine Hochschule für das Gebiet damit argumentiert, dass „aus den Westlichen Gouvernements stammende junge Menschen mit dem Beenden der Lehre in die russischen Universitäten der russischen Jugend die gefährlichste Tendenz bringen würden, davon zeugen die Unruhen, die an den Universitäten stattgefunden haben, in denen selbstverständlich Anstifter und Hauptteilnehmer Studenten polnischer Herkunft waren".[16] Eine andere Episode, die von der fast panischen Angst vor polnischem Einfluss zeugt, stellen die staatlichen Bemühungen gegen Hochzeiten von Beamten mit „Mädchen örtlicher Provenienz", d.h. mit Polinnen, dar.[17]

Antipolnische Rhetorik und politisches Handeln verfestigten sich massiv nach dem Aufstand von 1863/64, obgleich das nicht zwingend bedeutet, dass diese Politik vollständig durchgeplant war und es keine Ausnahmen gab. Scheinbar war Murav'ev von Anfang an nicht geneigt, sich bei der Einteilung in vertrauenswürdige und unzuverlässige Untertanen des Imperiums nur auf die Volkszugehörigkeit zu stützen. Nach Aussage eines seiner wichtigsten Mitarbeiter, des Betreuers des Bildungsbezirks Wilna, Ivan Kornilov, stimmte der Generalgouverneur zwar seiner Auffassung zu, wonach die „polnischen" Lehrer zu entlassen seien, merkte aber an, unter ihnen gebe es auch vertrauenswürdige Personen.[18] Der Unwille, sich nur auf nationale Kriterien zu verlassen, steht in diesem Fall im Zusammenhang mit dem immer noch recht ‚konservativen' Denken einiger Beamter, darunter auch Murav'ev selbst. Darüber hinaus wurden loyalen Polen diverse „Privilegien" zugestanden: So durften sie beispielsweise Gutsbesitz erwerben, und des öfteren wurde ihnen die sog. „Prozentualsteuer" erlassen.

Andererseits gab es genügend Situationen, in denen es der Staatsmacht nützlich erschien, sich der Polen zu bedienen. Noch in den 50er Jahren erlaubte man dem litauischen Adel in Wilna, eine archäologische Kommission zu gründen. Obgleich die örtlichen Beamten klar erkannten, dass die Ziele des Adels sich deutlich von ihren eigenen Intentionen unterschieden, ließen sie die Gründung der erwähnten Vereinigung zu, denn auf diese Art und Weise wurde es möglich, von Adelshand die Wertsachen mit einem „polnischen" Charakter aus dem gesellschaftlichen Umlauf zu entfernen, sie an einem Ort zu sammeln und bei einem günstigen Anlass geschlossen zu übernehmen.[19] Die Gründer dieser Gesellschaft – allen voran Adam Kirkor – waren dem Staat auch nach dem Aufstand 1863/64 von Nutzen. Kirkor war der Redakteur des offiziellen „Vilenskij Vestnik" („Wilnaer Bote"). Als die

---

16 Staliūnas, Visuomenė (wie Anm. 4), S. 77.
17 Dolbilov, Konstruirovanie (wie Anm. 6), S. 365.
18 Staliunas, Ėtnopolitičeskaja (wie Anm. 6), S. 253.
19 Egidijus Aleksandravičius, Kultūrinis sajūdis Lietuvoje 1831–1863 metais. Organizaciniai kultūros ugdymo aspektai [Die Kulturbewegung in Litauen 1831–1863. Organisatorische Aspekte der Förderung der Kultur]. Vilnius 1989, S. 37–41.

Idee aufkam, Kirkor durch einen Russen zu ersetzen, sagte Murav'ev dem Stabsoffizier der Gendamerie Alexander Losev zufolge: „(...) wenn nicht Kirkor Redakteur sein wird, dann werden die Polen den ‚Vilenskij Vestnik' nicht lesen." Überliefert ist auch das folgende Zeugnis eines Zeitgenossen über Murav'evs Einstellung zu Kirkor: „Die besten Helfer der Entpolonisierung sind Örtliche. Ich stütze Kirkor, weil er weiß, dass ich ihn zwanzig Mal hängen kann."[20]

Der Staat benutzte loyale Polen z.B. auch in der Religionspolitik, um weißrussische Katholiken zur Orthodoxie zu bringen. Dabei gebrauchten manche Beamte eine einfallsreiche Taktik: Man versuchte, einige weniger gläubige katholische Geistliche zu kaufen, damit diese den Übertritt der ganzen Gemeinde zum orthodoxen Glauben organisierten. Zweifellos gab es dabei ein besseres ‚Ergebnis', als wenn man versuchte, einzelne Personen, Familien oder Dorfgemeinschaften zu überzeugen oder zu zwingen. Darüber hinaus wirkte eine solche Praxis negativ auf die übrig gebliebenen Katholiken. Und schließlich war der Übertritt von katholischen Gutsbesitzern zum orthodoxen Christentum für die unerbittlichen Verbreiter der Orthodoxie in ihrem Kampf gegen die Vertreter der Bürokratie von Nutzen, die dem Einsatz radikaler Mittel gegen den Katholizismus skeptisch gegenüber standen. Deswegen war der Eindruck, dass dieser Prozess quasi freiwillig vonstatten ging, besonders hilfreich.

Wie wurde mit „russifizierten" Polen umgegangen? Wie schon erwähnt, war das wichtigste Kriterium für ‚Polentum' der Katholizismus. Es stellt sich daher die Frage, ob die zur Orthodoxie übergetretenen Polen in den Augen der Staatsmacht zu vertrauenswürdigen Partnern bei der „Russifizierung des Landes" wurden. In einigen Fällen, so z.B. im Staatsdienst, hätten die Konvertierten formal wie „Russen" behandelt werden können. Doch soweit bekannt, bekleideten solche Personen keine leitenden Positionen, deshalb kann man diese Posten höchstens als Ansporn und Hoffnung für ihren Glaubenswechsel sehen. Wie schon erwähnt, bediente sich der Staat beim Übertritt von Weißrussen zur Orthodoxie auch der Priester, dennoch dürfte die Schwelle für die Ablehnung der Russifizierung relativ hoch gelegen haben. Quellen belegen, dass z.B. einige örtliche Beamte diesen ehemaligen Priestern deutlich misstrauten und behaupteten, sie hätten die Orthodoxie nur formal angenommen und seien in Wirklichkeit jesuitische Agenten geblieben.

Obwohl die „Personen polnischer Herkunft" zumindest im politischen Sinne für ein unzuverlässiges Element gehalten wurden und auch im kulturellen Sinne als staatliche Zielvorstellung galt, die Dominanz der polnischen durch die russische Kultur abzulösen, konnten die vorhandenen Sozialstrukturen nicht zerstört werden. Versuche, die nationale Zusammensetzung des Adels zu ändern (durch Sequestrierung der Gutshöfe der „Aufständischen", ein Verbot des Erwerbs von Gutshöfen für „Personen polnischer Herkunft", die Einführung der Prozentualsteuer und die verstärkte Kolonisierung durch Russen), erhöhten zwar die Anzahl der „Personen russischer Herkunft" in dieser Schicht, doch wurden sie nicht dominant. Laut Leonid Gorizontov war nach offiziellen Zahlen Anfang der 1880er Jahre das Verhältnis zwischen den Gutshöfen, die Russen und denen, die Polen verwalteten, 1:3 – bei den Eigentümern 4:25.[21] Folglich fiel den „Personen polnischer Herkunft" auch weiterhin

20 Darius Staliūnas, Bažnytinės unijos projektas [Das Projekt der kirchlichen Einheit] (1865–1866), in: Lietuvių katalikų mokslo akademijos metraštis 20 (2002), S. 136.

21 Leonid E. Gorizontov, Paradoksy imperskoj politiki: Poljaki v Rossii i Russkie v Pol'še [Paradoxien der imperialen Politik: Polen in Russland und Russen in Polen]. Moskva 1999, S. 147.

eine wichtige Aufgabe im gesellschaftlichen Leben zu. Einer weiteren Radikalisierung der Politik gegenüber den Gutsbesitzern „polnischer Herkunft" wurde eine Absage erteilt, als Potapov Generalgouverneur wurde.

Eine andere große Gruppe von Katholiken bestand aus litauischen Bauern, die im Gouvernement Kowno dominierten (sie waren auch im Gouvernement Wilna zahlreich vertreten, auch wenn mancher Beamter „Litauer" nur im Gouvernement Kowno fand). In der historischen Literatur heißt es, der Staat habe den Teil des Adels in Litauen ignoriert, der sich selbst als Litauer definierte, und den gesamten Adel als Polen behandelt.[22] Im Allgemeinen kann man dieser Aussage zustimmen, obgleich einige Episoden noch eine eingehendere Erforschung benötigen (z.B. stellt sich die Frage, ob die Einstellung der Staatsorgane dem bereits erwähnten Kirkor gegenüber zumindest eine Zeit lang [bis 1865] nicht nur wegen seiner Loyalität, sondern auch wegen seines litauischen Patriotismus positiv war). Bis zur Abschaffung der Leibeigenschaft konnten die litauischen Bauern auch nicht als ernsthafte Stütze der Nationalitätenpolitik im russländischen Imperium gesehen werden. Der Staat versäumte es sogar, die Litauer vor polnischem ‚Einfluss' zu schützen, wie beim ‚Schülerfall' Anfang der 1850er Jahre offenbar wurde. Die damals aufkommende Idee, Litauer und Polen in den Bildungseinrichtungen zu trennen, wurde unter anderem deswegen nicht umgesetzt, weil solche Maßnahmen „die Einwohner des Gebiets daran erinnern würden, dass die einen von ihnen Polen seien und die anderen Litauer".[23] Anders gesagt: Die Staatsmacht war nicht geneigt, von eigener Hand einen neuen Nationalismus zu erschaffen.

Nach der Niederschlagung des Aufstands, für den die Regierung vor allem die gesellschaftliche Elite des Gebiets verantwortlich machte, war die Zugehörigkeit zum Bauerntum in den Augen der Macht manchmal sogar eine Loyalitätsgarantie per se. Ab 1872 fand auf Erlass des Bildungsminister Dmitrij Tolstoj für diesen Stand der Numerus Clausus für „Personen polnischer Herkunft" in Bildungseinrichtungen keine Anwendung mehr. Man glaubte, die Litauer für die russische Seite gewinnen zu können. So bemerkte Tolstoj zur Lösung des Numerus Clausus-Problems, dass die Litauer an beiden Aufständen nur deswegen aktiv teilgenommen hätten, weil die „Polen" sie auf ihre Seite gezogen hätten. Als Hauptwerkzeuge wurden die Schulen und besonders das Priesterseminar von Varniai ausgemacht. Tolstojs Lösung lautete: „(...) wenn ihnen (den Litauern; D. S.) die Möglichkeit gewährt wird, die Universität zu absolvieren, dann werden sie sich zweifelsohne eine hohe russische Bildung aneignen und nicht mehr Verbündete der Polen sein, so sie doch mit ihnen nur die Religion gemein haben, sich jedoch in Sprache und gesamtem alltäglichen Leben sehr unterscheiden."[24]

Alexander Hilferding, einer der bekanntesten russischen Slawophilen und Hauptautor des Bildungsreformprojekts im Königreich Polen, veröffentlichte Ende 1863 den Artikel

---

22 Zita Medišauskienė, Rusijos cenzūra Lietuvoje XIX a. viduryje [Die russische Zensur in Litauen in der Mitte des 19. Jahrhunderts]. Kaunas 1998, S. 228; Antanas Kulakauskas, Kova už valstiečių sielas. Caro valdžia, Lietuvos visuomenė ir pradinis švietimas XIX a. viduryje [Kampf um die Seelen der Bauern. Zarenherrschaft, litauische Gesellschaft und Grundbildung Mitte des 19. Jahrhunderts]. Kaunas 2000, S. 21.

23 Der Bericht des Bildungsministers an den Generalgouverneur von Wilna datiert auf den 19. Dezember 1853. Russisches Historisches Staatsarchiv, St. Peterburg, f. 733, op. 62, d. 1224, l. 85-86.

24 Staliūnas, Visuomenė (wie Anm. 4), S. 87.

„Einige Anmerkungen über den Volksstamm der Litauer und Schemaiten".[25] Hilferding schlug vor, die litauische kulturelle Entwicklung zu fördern (der Autor empfahl, in den Grundschulen im Siedlungsgebiet der ethnischen Litauer in der Muttersprache, d.h. im Litauischen, zu unterrichten und Russisch als Fach einzuführen sowie an den Universitäten Moskau, Petersburg und Kiev Lehrstühle für die litauische Sprache zu gründen), weil es „nötig ist, dass der Litauer, indem er zu einem gebildeten Menschen wird, nicht zum Polen wird", sondern zu einem Verbündeten der Russen. Die Pflege eines litauischen nationalen Selbstbewusstseins sei – so der berühmte Slawophile – nicht gefährlich, denn „der litauischen Volksgruppe (litovskaja narodost') sind so wenige, und sie sind so eingequetscht zwischen Russen, Polen und Deutschen, dass sie an eine Selbständigkeit überhaupt nicht denken können". Gleichzeitig führte er als empfehlenswertes Beispiel die Politik Preußens den ethnischen Litauern gegenüber an. Und dort, so der Autor, sei „das litauische Element im Zustand eines sterbenden Volkstums: Die Litauer lernen die deutsche Sprache, nach und nach vergessen sie ihre eigene und verschmelzen mit den Deutschen". Die Vorschläge von Hilferding wurden jedoch nur teilweise und nur im Gouvernement Augustów (später: Gouvernement Suwałki)[26] realisiert, das zum Königreich Polen gehörte.

Währenddessen entschied sich die Regierung im Nordwestgebiet, den öffentlichen Gebrauch der litauischen Sprache (ebenso wie die kulturellen Aktivitäten) so weit wie möglich zu reduzieren (es gab keine Periodika in Litauisch, in der Schule blieb der Sprache nur eine reine Hilfsfunktion, toleriert war sie nur in den ersten Klassen und im Religionsunterricht), außerdem wurde der Druck des Litauischen in lateinischer Schrift verboten, später auch das gotische Alphabet, so dass Bücher nur in kyrillischer Schrift publiziert werden konnten. Manche Beamte tolerierten die litauische Sprache und Kultur auch deswegen nicht, weil sie eine linguistische Assimilierung anstrebten, andere glaubten einfach nicht an die Zukunft dieser Ethnokultur: „Österreich konnte für sich den Erfolg garantieren, als es das ruthenische Volkstum (Nacional'nost') und dessen Literatur bis auf das Niveau der polnischen Kultur erhob. Im Nordwestgebiet ist das litauisch-schemaitische Volkstum (Nacional'nost') zwar recht selbstständig, hat aber weder ein eigenes Alphabet noch eine Literatur, deshalb ist unmöglich, es bis auf ein polnisches [Niveau] zu heben."[27]

Andererseits machte der Katholizismus der Litauer aus ihnen in den Augen der Staatsmacht wenn schon nicht ‚echte', so doch „potenzielle Polen".[28] Deshalb konnten auch ausgebildete Litauer – wie in der historischen Literatur beschrieben – keine Arbeit im Staatsdienst in diesem Territorium bekommen. In das 1872 gegründete Lehrerseminar von Panevėžys, das die Lehrer für das Gouvernement Kowno ausbilden sollte, wurden z.B. nur orthodoxe Christen aufgenommen.

---

25 Aleksandr Gil'ferding, Neskol'ko zamečanij o litovskom i žmudskom plemeni [Einieg Anmerkungen zum litauischen und schemaitischen Stamm], in: Sbornik statej razjasnjajuščich pol'skoe delo po otnošeniju k Zapadnoj Rossii [Sammlung von Aufsätzen, die das polnische Verhältnis zu Westrussland erläutern], zusammengest. v. S. Šolkovič. Vil'na 1885, S. 106-127.

26 Das beste Beispiel hierfür ist die Begründung für sog. „litauische Stipendien" aus dem Jahre 1866.

27 Der Bericht von A. Potapov ist auf den 7. Juni 1865 datiert, Staatsarchiv der Russischen Föderation, Moskau, f. 109, sekretnyi archiv, op. 2, d. 758a, l. 9.

28 Theodore R. Weeks, Official Russia and Lithuanians, 1863–1905, in: Lithuanian Historical Studies 5 (2001), S. 71.

Wenn die litauischen Bauern von Seiten des Staates aus wie treue Untertanen behandelt wurden, dann nicht als Litauer, sondern als „potenzielle Russen". Ohne weitere Forschung ist ein Urteil schwierig, wie hoch die Schwelle der „abgelehnten Russifizierung" war. Die ambivalente Sichtweise der Behörden den Litauern gegenüber (vertrauenswürdig, weil Bauern, aber zumindest potenziell gefährlich als Katholiken) sowie einige Einzelfälle[29] zeigen, dass die Staatsorgane russifizierten Litauern gegenüber (wichtigstes Kriterium hierbei war der Übertritt zur Orthodoxie) recht positiv eingestellt waren, so dass vermutlich die Schwelle für eine Ablehnung der Russifizierung nicht so hoch gewesen sein dürfte wie im Fall der Polen.

Die Kooperationsmöglichkeiten mit der Staatsmacht waren für Juden, das kulturell ‚fremdeste' Element im Nordwestgebiet, nicht minder kompliziert. Im russländischen Imperium gab es ja keine „Judenemanzipation", d.h. sie wurden nach ethnokonfessionellen Kriterien diskriminiert. So versuchte die russische politische Elite sie „zu verschmelzen" (slit') oder „anzunähern" (sblizit'). Grundsätzlich waren sich die Offiziellen in Russland darin einig, dass die Lage der Juden im Zarenreich „verbesserungswürdig" war. Die meisten antijüdischen Stereotypen sind erkennbar: Man stieß sich am jüdischen „Fanatismus", d.h. der klaren Religiosität, der Isolation (die angeblich damit verbunden war, dass sich diese ethnokonfessionelle Gruppe für auserwählt hielt) und der „Exploration", d.h. der wirtschaftlichen „Ausnutzung" anderer im heutigen Sprachgebrauch ethnosozialer Gruppen, vor allem der Bauern. Obgleich das Problem gesellschaftlich bekannt war, bedeutete dieser Umstand aber noch nicht, dass Ursachen und Reformziele und -wege erkennbar gewesen wären. Liberaler eingestellte zarische Beamte schlugen zuallererst vor, Restriktionen abzubauen, um ein „Annähern" oder „Verschmelzen" zu ermöglichen, während der konservativere Teil meinte, dass zuerst „Annäherung" und „Verschmelzung" vonstatten gehen müssten und erst danach die diskriminierenden Beschränkungen aufgehoben werden könnten.

Obwohl der Staat schon seit Katharina II. versuchte, die Juden in die Ständestruktur des Imperiums zu integrieren, fiel doch die Umsetzung dieses Vorhabens schwer. So gelang es in den 40er und 50er Jahren des 19. Jahrhunderts nicht, die Juden in „Nützliche" und Unnütze" zu kategorisieren. Nach den vorläufigen Regeln von 1851 waren alle Juden in „nützliche oder sesshafte" (Händler, Landarbeiter, Handwerker und sesshafte Stadtbewohner) und „nicht sesshafte Stadtbewohner" einzuteilen. Die erste Kategorie sollte in die Stände der Stadtbewohner und Händler integriert werden. Es war daran gedacht, die Rechte der „unnützen Juden" so weit wie möglich einzuschränken: Sie sollten die Stadt nicht mehr verlassen können, waren unter besondere Polizeiaufsicht zu stellen, zur Zwangsarbeit und zum verschärften Militärdienst heranzuziehen. Der Misserfolg der Judenintegration in die russische Sozialstruktur fußte auf vielen Faktoren: dem ineffektiven bürokratischen Apparat des Imperiums, dem Unwillen der jüdischen Gemeinde, den eigenen Lebensstil zu ändern usw. So waren die Juden im sozialen Sinne keine adäquaten Verbündeten des Staates.

Im politischen Sinne warfen die Juden dagegen in der Mitte des 19. Jahrhunderts für den Staat noch keine Probleme auf, obwohl sie natürlich, wie dargestellt, auch nicht für eine Stütze des Zarenreiches gehalten werden konnten. Vorschläge, wie sie von prorussisch

---

29 Antanas Petkevičius war von der katholischen zur orthodoxen Glaubensrichtung übergetreten und diente, nachdem er Pope geworden war, nicht nur als Zensor litauischer Bücher, sondern auch bei der massenhaften „Orthodoxierung" nach dem Aufstand von 1863/64.

eingestellten Juden nach der Niederschlagung des 1863er Aufstandes veröffentlicht wurden, die darin gipfelten, sie als Gegengewicht zu den Polen im Westgebiet zu nutzen, fanden keine größere Beachtung, obwohl solche Ideen auch von einigen russländischen Beamten unterstützt wurden.[30] Der Hauptgrund, der die Regierung daran hinderte, ähnliche Reformen umzusetzen wie die von Aleksander Wielopolski im Königreich Polen, bestand in der ethnischen Zusammensetzung der Einwohner im so genannten Nordwestgebiet. Anders als im Königreich Polen waren die Bauern nicht Polen, sondern Litauer und Weißrussen, zu deren Verteidigung und Interessenwahrung der Staat angetreten war.

Zunächst setzte sich die Regierung das Ziel, eine neue jüdische Elite heranzuziehen. Wahrscheinlich sollte mit der Gründung von Rabbinerseminaren in den 1840er Jahren eine neue Rabbinergeneration folgen, die die jüdische Gemeinschaft „erziehen" sollte (es gab sogar Pläne, aus dem Wilnaer Rabbinerseminar eine Hochschule zu machen).

Aber manchmal konnte der Staat auf jüdische Hilfe nicht verzichten, besonders in den Fällen, in denen er Reformen im religiösen Leben der Juden plante. 1869 lud die Regierung deswegen auch jüdische Vertreter in eine Arbeitskommission in Wilna ein, die Vorschläge für eine Reform der jüdischen Situation machen sollte. Dabei fiel Juden prinzipiell eine Expertenrolle zu, und John D. Klier weist darauf hin, dass die Aktivitäten der jüdischen Elite in den verschiedenen Kommissionen durchaus erfolgreich waren.[31]

Obwohl jüdische Konvertierte mit Ausnahme von einigen Fällen am Anfang des 20. Jahrhunderts nicht mehr diskriminiert wurden, existierte aufgrund der fest gefügten Auffassung, dass Juden nur aus Eigennutz zum orthodoxen Christentum überträten, in der russischen Gesellschaft ein deutliches Misstrauen ihnen gegenüber. Anders gesagt: Die Schwelle einer Ablehnung der Russifizierung lag vermutlich recht hoch, auch wenn es darüber für das Nordwestgebiet noch keine empirischen Untersuchungen gibt. Indem manche dieser Konvertierten, wie z.B. Jakov Brafman, Pläne zur „Orthodoxierung" der Juden entwickelten und die Ursache für alle Probleme im geheim existierenden *Kahala* erblickten (Klier spricht in diesem Zusammenhang vom „grandfather of ‚The Protocols of the Elders of Sion'"[32]), wurden sie zu ungewollten Helfern der Staatsmacht, da sie eine antijüdische Atmosphäre in der Presse schufen und Konzepte für die „Verschmelzung" dieser ethnokonfessionellen Gruppe mit den anderen Einwohnern vorlegten.

In den 40er Jahren des 19. Jahrhunderts schufen die Bildungsreformen und später die den Juden gegenüber mehr oder weniger liberale Politik Alexanders II. die Bedingungen, dass sich eine russisch-jüdische Intelligentsia bilden konnte, die glaubte, mit der Verinnerlichung der russischen Kultur, der Absolvierung russischer Schulen und dem Treueeid auf die Regierung „Privilegien" vom Staate zugesprochen zu bekommen. Doch änderte sich nach den Pogromwellen von 1881/82 in der Ukraine und Südrussland die Strategie in der staatlichen Nationalitätenpolitik gegenüber dieser ethnokonfessionellen Gruppe: Vom Versuch, die Juden teilweise zu assimilieren, wurde übergegangen zu einer segregativen Politik.

---

30 Darius Staliūnas, Changes in the Political Situation and the „Jewish Question" in the Lithuanian Gubernias of the Russian Empire (1855 – April 1863), in: The Vanished World of Lithuanian Jews, hrsg. v. A. Nikžentaitis, S. Schreiner u. D. Staliūnas. Amsterdam/New York 2004, S. 21-43.
31 John Doyle Klier, Imperial Russia's Jewish question, 1855–1881. Cambridge 1995 (Cambridge Russian, Soviet and Post-Soviet Studies. 96), S. 173.
32 Ebenda, S. 263.

Dieser Wechsel wirkte sich natürlich auch auf die politische Orientierung der Juden aus – unter ihnen wurden sozialistische und zionistische Ideen besonders populär.

So nahm nach der Niederschlagung des Aufstandes von 1863/64 der kulturelle Faktor in der „ethnischen Hierarchie" des russländischen Imperiums an Wichtigkeit zu. Die kulturelle „Fremdheit" zwischen Russen und „Personen polnischer Herkunft" stand in direkter Verbindung mit politischer Illoyalität, deshalb waren für viele Beamte alle „Polen" politisch nicht vertrauenswürdig. Und deshalb wurden sie nicht nur aus den Schulen, sondern auch aus dem Herrschaftsapparat entfernt. Trotzdem konnte die Staatsmacht eine absolute Trennung zwischen vertrauenswürdigen und -unwürdigen Untertanen aufgrund praktischer Erwägungen nicht aufrecht erhalten. Oft konnten Vertreter einer nicht dominierenden Volksgruppe die ihnen anvertraute Aufgabe besser erfüllen als die Russen selbst (z.B. in religiösen Dingen). Außerdem hatte das Imperium keine großen „Humanressourcen", so dass der „Import" einer ausreichenden Anzahl von qualifizierten und vertrauenswürdigen Russen aus den so genannten „inneren Gouvernements" nicht gelang. Deshalb ist es wenig überraschend, dass sich in der zweiten Hälfte des 19. Jahrhunderts die Staatsorgane im Nordwestgebiet trotz deutlicher antideutscher Stimmung unter einigen Beamten auch teilweise auf die Deutschbalten stützten, die traditionell für die Bewahrer eines konservativen Sozialsystems gehalten wurden.

Leonidas Donskis

Loyalty, Dissent, and Betrayal in the Liberal-Nationalistic Moral Imagination: A Lithuanian Perspective

It is widely and rightly assumed that loyalty and betrayal are among the key concepts of the ethic of nationalism. Marriage of state and culture, which seems the essence of the congruence between political power structure and collective identity, usually offers a simple explanation of loyalty and dissent. Within such an interpretative framework of nationalism, loyalty is seen as a kind of once-and-for-all commitment of the individual to his or her nation and its historical-cultural substance, whereas betrayal is identified as a failure to commit him or herself to a common cause or as a diversion from the object of political loyalty and cultural/linguistic fidelity. However, there are vast differences between different patterns of nationalism.

For conservative or radical nationalists, even social and cultural critique of one's people and state can be regarded as nothing more and nothing less than treason, whilst for their liberal counterparts it is precisely what constitutes political awareness, civic virtue, and a conscious dedication to the people, culture and state. On a closer look, it appears that the concepts of loyalty, dissent and betrayal can be instrumental in mapping the liberal and democratic facet of nationalism.

This paper attempts a discursive map of Lithuanian liberal nationalism by focusing on two eminent Lithuanian émigré scholars – Aleksandras Shtromas and Tomas Venclova. They are a perfect embodiment of what has been termed by Tomas Venclova the second voice of culture, the voice which acquires crucial significance when the first voice either remains silent or sings the wrong and imposed melody. Analyzing the works and views of these dissenters and critics of society and culture, we can reveal a mode of being of liberal nationalism as a social and cultural criticism.

Aleksandras Shtromas: Loyalty vs. Covert and Overt Dissent

Aleksandras Shtromas (1931–1999), a British-American scholar, became an eminent figure in his native Lithuania, yet Western social scientists have yet to reveal this human rights activist, Soviet dissident, and political thinker. He had no doubts about the inexorable collapse of the Soviet Union, resting his analysis on the assumption that Communism was unable to provide any viable social and moral order. The vast majority of the Soviet intelligentsia, as he pointed out, had become skilled at the ideological cat-and-mouse games, wrestling with the Soviet newspeak and censorship, and employing the Aesopian language to survive and remain as decent as possible in a world of brainwashing and lies. This was not in tune with a Western image of the Soviet and Eastern European intellectual perceived either as a fool and single-minded fanatic or as a cynical opportunist.

Shtromas seems to have been the only political scientist in the world who took an empirically elusive disintegration of the Soviet Union, as early as the late 1970s, as an ongoing process. Shtromas's propensity to mercilessly disclose the blindness and naiveté of his Western colleagues regarding the alleged humanity and justice of Communism as an alternative or even as a rival civilization, as well as his massive attacks on the double standard in assessing National Socialism and Communism, irritated not a few.

Shtromas, while quite justifiably separating Communism from the *ancien régime* of pre-revolutionary Russia, might have placed more emphasis on Communism as the failed modernization of Russia. Although operating as a secular ideocracy – to recall a brilliant term first employed by Raymond Aron and then reinterpreted by Ernest Gellner – and as a messianic promise of collective salvation, Soviet Communism was always reminiscent of the nearly Byzantine sacrosanct structure of symbolic authority and of the fusion of the sacral and secular elements of power. Modern in intent, yet archaic in symbolic organization, Soviet Communism is likely to continue puzzling and striking, for a long time, many Western scholars as a false promise of modernity with a human face.

Therefore, Max Weber's comparison of Communism and Protestantism sheds new light on Communism as a failed civilization-shaping movement. Yet Shtromas's main intention was to show that the Communist ideology, rather than the old-fashioned Russian imperialism and jingoism, was the inner spring of the Soviet regime. In this, he succeeded. He sounds very convincing when pointing out that the West should reconsider the implications of the Communist ideology for world order and world peace, instead of glorifying Communism as an important political and moral alternative to capitalism, and as a rival civilization.

While assessing, in vigorous terms, "this self-inflicted blindness of the West," Shtromas comes to stress the crucial importance of political dissent in the Soviet Union.

> The victory over Communism should and will be decisively won by the determined engagement of the West in the battle of ideas, not of arms. The greatest asset in that battle is that Communism as an ideology is already entirely and irreversibly dead within the hearts and minds of the people ruled by the Communists.[1]

Hence, Shtromas's idea that every Soviet citizen is, at least, a potential dissident. As Shtromas points out,

> In spite of the purportedly monolithic structure of Soviet society and the persistent ability of the authorities to orchestrate "unanimous" support for their every act, it is almost impossible to find any ordinary person in the USSR genuinely committed to the official ideology or truly devoted to the Communist Party and to the Soviet state. Communism and even socialism have become the most discredited words used by the Soviet people.[2]

If so, the question arises: How is the Soviet regime possible at all, once it is so fragile and vulnerable? The answer of Shtromas was that "the Communist regime in the USSR has *no* genuine supporters and exists *only* by oppression and inertia." That is why "its break-

---

1   Alexander Shtromas, To Fight Communism: Why and How?, in: International Journal on World Peace 1 (1984), No. 1, p. 27.
2   Alexander Shtromas, Who are the Soviet Dissidents? Bradford 1977, p. 2.

up is inevitable." Hence, a far-reaching conclusion presented by Shtromas as the working hypothesis:

> The slightest instability in the structure of Soviet power could, within a short space of time, cause a complete disintegration of Soviet society... without anyone trying to oppose this flow of events or even regretting it happening. This alone is sufficient ground to regard potential dissent in the USSR as a phenomenon of crucial importance.[3]

The incisiveness of this hypothesis is striking. Suffice it to recall the amazing speed, ease, and dynamics of the process of the break-up of the Soviet regime and of the Warsaw Pact alliance to prove Shtromas to have been nearly prophetic in his dynamic premises of, and brilliant insights into, the nature and logic of the Communist regime.

Exactly the same might be said about his concept of dissent. Overt dissent in the USSR, as well as the most visible and eminent figures among the Soviet dissidents, was quite well known in the West. What remained beyond the reach from without and elusive for the conventional academic and political perceptions in the West, was what Shtromas defined as "intrastructural" dissent, i.e., latent dissent well accommodated within the framework of existing political conditions and institutional settings. Whereas "extrastructural," or overt, dissent emerged on the surface of Soviet society, "intrastructural" dissent was deeply rooted in Soviet society, penetrating almost every aspect of societal life.

In fact, what Shtromas described as intrastructural dissent was rather a vague phenomenon ranging from the deeply suppressed, though obvious enough in almost every walk of life, anti-Russian and anti-Soviet feelings among the minor Soviet peoples – more particularly among Ukrainians, Georgians, and Armenians, Lithuanians, Latvians, and Estonians – to the ideas of the "humanization of socialism" that date back to 1956. Intrastructural dissent may well be characterized as one of the most mysterious phenomena of consciousness and culture ever analyzed in the social sciences and political essays. Aleksandras Shtromas and Czesław Miłosz were the major contributors to the analysis of this puzzling trait of societal existence under totalitarianism.

According to Shtromas, intrastructural dissent in the USSR manifested itself in many ways, from the so-called "shadow economy" to attempts of high-ranking Soviet officials to resist Sovietization and Russification by maintaining the national languages and cultures in their respective republics. Shtromas refers to selfishness, fear, and petty bourgeois aspirations – disguised as a genuine support for the "system" – as the engine of intrastructural dissent. Nobody wanted to sacrifice his or her academic career. Nobody was willing to give up the possibility to go abroad and visit Western countries, whatever the cost. Nobody was willing to abandon his or her safety and security. After all, it was all too human and quite understandable to wish well to one's own family. The system reached the heights of sophistication in manipulating and appealing to such obvious and harmless human needs. The outcome was that, as Vytautas Kavolis, an eminent émigré sociologist, ironically put it, Lithuanians and other peoples under the Soviets "have become skilled at being oppressed."[4]

---

3   Ibidem, p. 4.
4   For more on the issue, see Leonidas Donskis, Identity and Freedom: Mapping Nationalism and Social Criticism in Twentieth-Century Lithuania. London/New York 2002.

Some people rose to eminence and recognition desperately hiding their "bad" family trees or "dangerous" international liaisons and backgrounds of their parents. In doing so, they elaborated and polished myriad ways of how to praise the system and glorify the wisdom and generosity of the Party, while remaining, deep in their hearts and minds, hostile to the Soviets – alas, this quite often used to take the form of an undifferentiated hostility to, and hatred of, Russians – and patriotic to their country. Yet a more noble cause or reason behind such a conformist stance had to be invented.

Hence, a justificatory and comforting, though obviously deceptive, theory of the necessity to resist the system by joining it and subverting it from within. The theory was worked out to stress the priority of culture over politics: political regimes come and go, so went this logic, but culture and spirituality last forever. Being, by definition, prior and superior to politics, culture and its continuity must be regarded as the priority of the first order, whatever happens in politics which is always a filthy and cynical thing. What is the point in desperately fighting the mighty and cruel regime, thus provoking more meaningless bloodshed and political repression, but weakening the cultural potential of the nation? Small nations must preserve their traditions and values. Survival of the language and culture, whatever cost, is the answer.

In 1992, this theory of cultural resistance, which earlier was severely criticized and explicitly rejected by Tomas Venclova as amoral, would gain new currency. The then President of Lithuania Algirdas Brazauskas, who spent much of his time serving as a high-ranking Communist Party official in Soviet Lithuania and reaching office of the First Secretary of the CPL, went so far as to openly state that nobody of them, i.e., neither he nor his political advisers and former Party friends, ever supported the Soviet regime, and that they were all devoted patriots of Lithuania.

This is not to mock Brazauskas who still remains a highly respected statesman in Lithuania. As an issue able to provoke much polemic passion, intrastructural dissent, after 1990, was still on the political agenda in Lithuania. Due to its ambiguity and complex nature, intrastructural dissent turned out to be able to be politically exploited or otherwise misrepresented.

Shtromas adds an important qualification to his analysis of dissent: latent dissenters and overt dissidents are by no means locked up within their once-and-for-all frames of political activity and self-expression. On the contrary, they can freely migrate from intrastructural to extrastructural dissent, save those cases when not a few prominent Russian intellectuals were forced to become overt dissidents. They are "people whom the authorities themselves have pushed into the position of overt dissent." Of one of them, Solzhenitsyn, Shtromas writes:

> Take, for example, Solzhenitsyn. His case is probably typical. He used all the means of his power to maintain his official position as a member of the prestigious Writers' Union. Moreover, efforts were made by him and his friends to acquire for him the Lenin Prize which would have substantially strengthened his official position. Only after he had been expelled from the Writers' Union in 1969, and after all means of publication in the USSR were completely closed to him, did Solzhenitsyn start to act as a deliberate dissident, publishing books abroad and taking part in some of the overt dissident activities.[5]

---

5   Shtromas, Who are the Soviet Dissidents? (as note 2), p. 11.

An overt dissident is thus "created" by the authorities – such is an interesting and provocative Shtromas's conclusion. This reminds us of how Winston Smith, in George Orwell's "1984," is, in a way, created by O'Brien ("1984" was among the favorite books of Shtromas). A latent, or intrastructural, dissenter Winston Smith is identified by O'Brien as a threat to Oceania's Ingsoc only to be consciously transferred to the level of extrastructural dissent. Such a deliberate transfer is the only way to clean up Smith's consciousness, in order to push him to the limit of his dissent and then re-indoctrinate him.

The climax of this cynical brainwashing is the fact that the dissident treatise "The Theory and Practice of Oligarchic Collectivism" is written by O'Brien himself disguised as patron saint of Oceanian dissent, rather than by the reputed author and overt dissident Emmanuel Goldstein – a diabolic technique of manipulation invented by the dystopian mental technicians.

Thus, Orwell suggests the idea of something like a double conspiracy in a world of the jackboot pressing down upon the human face, the world where even extrastructural political dissent is fabricated by the authorities and, therefore, serves as a mousetrap for potential, or latent, dissenters.

Written in 1948, that is, eight years before the actual birth of the Soviet dissidents, Orwell's masterpiece anticipated and depicted, with a stroke of genius, some traits of totalitarian reality. Although far from being fabricated or otherwise manipulated, even the towering figures in Soviet dissent were, in a way, created. As Shtromas points out:

> Sakharov, Sinyavsky, Daniel, Voinovich, Nekrasov, Aykhenvald, mentioning just a few among hundreds of well known and thousands of less known names, also became overt dissidents against their will. Many such overt dissidents were "created" by the authorities after 1956. Official criticism of Stalin aroused in many people an enthusiastic response, but the authorities would not tolerate criticism which exceeded officially established limits, and reacted to it accordingly.[6]

Shtromas's concept of intrastructural dissent may well be compared to Czesław Miłosz's interpretation of Ketman – a time-honored principle of Islam (although it seems to date back to ancient Persian culture, and the term itself has its roots in the Persian language), according to which, a Muslim is entitled to conceal his or her true faith and temporarily adopt a false one in the face of grave danger to his or her dignity and life.

In his thoughtful and subtle analysis of the totalitarian system of brainwashing and manipulative exchanges, Miłosz offers a new version of Ketman, translated into a trans-ideological, or even trans-civilizational, idiom equally well operating within religious and secular ideocracies. Miłosz's provocative and thought-stimulating interpretation of Ketman enabled him to reveal various literary devices and interpretative techniques concealing one's true political, moral, aesthetic, and religious views – the devices and techniques invented by Central and East European intellectuals who were desperately trying to survive and act decently in a world of cynical lies and severe censorship.

In "The Captive Mind," Miłosz analyses the following varieties of modern ideological Ketman: National Ketman; the Ketman of Revolutionary Purity; Aesthetic Ketman; Profes-

---

6   Ibidem.

sional Ketman; Skeptical Ketman; Metaphysical Ketman; and Ethical Ketman. Interestingly enough, the phenomenon of Ketman was discovered and described by the notorious founding father of racist anthropology, Comte Joseph-Arthur de Gobineau, a perceptive and interesting, albeit dangerous and sinister, writer, whose "Religions and Philosophies of Central Asia" made it available to a nineteenth-century European readership.[7]

Of the incredible world of Ketman, which is beyond grasp and imagination of Western intellectuals and politicians, Miłosz writes:

> The inhabitants of Western countries little realize that millions of their fellow-men, who seem superficially more or less similar to them, live in a world as fantastic as that of the men from Mars. They are unaware of the perspectives on human nature that Ketman opens. Life in constant internal tension develops talents which are latent in man. He does not even suspect to what heights of cleverness and psychological perspicacity he can rise when he is cornered and must either be skilful or perish. The survival of those best adapted to mental acrobatics creates a human type that has been rare until now. The necessities which drive men to Ketman sharpen the intellect.[8]

Miłosz and Shtromas did not raise the issue of the moral implications of such a technique of survival. The aforementioned theory of cultural resistance and linguistic survival at the expense of political freedom may well be defined as the case of National Ketman. However, to judge and dismiss people practicing intrastructural dissent or Ketman as cowards or cynics or fools was the last thing they would have done. Whereas Miłosz was mapping the existence of the split and paranoid ideological consciousness in the countries of the New Faith, Shtromas was tracing the remains of human dignity and decency in a world of social engineering, political and moral cynicism, and unprecedented manipulations.

Here we are in the dark Kafkaesque world of the weak, cornered, and totally confused human being, the world of alienation and anguish. Yet there is ample ground for hope. To the contrary of the Orwellian world of the jackboot trampling the human face, the world where the failure of Winston Smith and Julia's relationship and the triumph of O'Brien over the last individual's striving for freedom, love, memory, and authentic existence signify the end of history, the world of Miłosz and Shtromas comes to witness the triumph of the seemingly little and weak individual over the monster of totalitarian modernity.

Miłosz and Shtromas succeeded where Orwell failed. Whilst Orwell was at his best deeply penetrating the reason and conscience of a separate and isolated individual who was desperately trying to maintain his ability to make logical and ethical distinctions (the heroic attempt at common sense, sound reason, and human connection, indeed, as opposed to the crowd of the true believers and ideological fanatics), Central and East European critics of totalitarianism placed much more emphasis on the collective memory and on the crucial importance of the community of memory and participation. It is hardly accidental that Orwell, who failed to appreciate the merits of liberal nationalism both in exposing totalitarianism and standing for human rights (dying in 1950, he was simply unable to do so), relied only on individual memory, too weak a basis for the sense of history.

---

7   For more on this issue, see Czesław Miłosz, The Captive Mind, transl. Jane Zielonko. New York 1990, pp. 54-81.
8   Ibidem, p. 78.

For Orwell, nationalism, as well as its derivative phenomena, such as collective identity and collective memory, remained a vague category. Hence, his hostility to nationalism, and also his propensity to accord to the term an exclusively pejorative connotation. Ascribing to nationalism almost every possible manifestation of group stereotyping, political cleavages, social and ideological divisions, and even chauvinism and racism, Orwell is at risk of losing not only the frame of reference, but also the target of his criticism. However insightful and brilliant in his sharp and provocative analysis of what he called "transferred nationalism," i.e., such transposed forms of exclusive ideology as Communism, political Catholicism, color feeling, and class feeling, Orwell failed to understand and appreciate nationalism as a social criticism.[9] The trouble with his concept of nationalism is that nationalism begins to mean everything and, in effect, nothing.

Although Orwell, as Timothy Garton Ash suggested, richly deserved to qualify for the honorable title of one of the great Central and East Europeans,[10] an additional remark is needed here. When depicting totalitarianism or deploring the naiveté and myopia of Western intellectuals concerning their attitude to the most "progressive" part of the world, Orwell reaches the heights of Central and East European intellectual and moral sensibility. Yet on nationalism he writes as a British maverick and dissenter, an *enfant terrible* of British socialism, who deliberately translates the term into a tool of critique targeted at pre- and post-war British and European political realities.

So what was the difference between social or civic dissent – a phenomenon which embraced the whole of Soviet society and which was represented mainly by the Russian nationals themselves – and national dissent represented by the non-Russian nationals? According to Shtromas,

> (t)he non-Russian nationals, those who are aware of their non-Russian identity (about half of the population of the USSR), are dissidents almost by definition. Their deviance has a distinctive cultural background and is based on positive autonomist ideas. There is no doubt that a conscious non-Russian in the USSR dreams about independence for his people or, at least, of some genuine autonomy. This hope can only become a reality when there is a fundamental change in political conditions in the whole of the USSR; it requires, first of all, the abolition of the present Soviet Empire which deserves the title of "a prison of nations" more than Tsarist Russia ever did.[11]

Here we have a new theme in Shtromas's critique of totalitarianism. Social or civic dissent, a phenomenon represented mainly by the Russian intelligentsia, with its emphasis on the universal human rights and political liberty of society as a whole, had little to do with national dissent which was less universalistic, yet more deeply rooted in religion and collective identity. No wonder that Shtromas, in his analysis of the social and political morphology

---

9 For more on this issue, see George Orwell, Notes on Nationalism, in: George Orwell, Decline of the English Murder and Other Essays. Harmondsworth 1970, pp. 155-179.

10 See Timothy Garton Ash, The Uses of Adversity: Essays on the Fate of Central Europe. London 1999, p. 154, 157, and 191.

11 Shtromas, Who are the Soviet Dissidents? (as note 2), p. 13.

of dissent, links religion to nationalism as one more facet of dissent. "Like nationalism, religion is, in Soviet conditions, a dissident attitude by its very nature."[12]

However, nationalism of the non-Russian nationals in the Soviet Union, according to Shtromas, was not limited to intrastructural dissent. It also produced some outbursts in the form of overt extrastructural dissent, as was proved by the Chronicles of the Lithuanian Catholic Church, Ukrainian, Georgian and Armenian Samizdat, "Helsinki groups" in the Ukraine, Lithuania, and Georgia, etc. In spite of the universalistic character of civic dissent in Russia, both forms of dissent were more or less related to each other.

Noteworthy is the fact that "The Chronicle of Current Events," which started circulating in Moscow in 1968, was the obvious model for "The Chronicle of the Catholic Church in Lithuania", which began in 1972. Russian dissent also produced its national movement. Shtromas points out:

> In recent years the non-Russian national movements were joined by a Russian national movement which advocates a Russian national revival in terms incompatible with totalitarian Communist rule (A. Solzhenitsyn, I. Shafarevich, V. Osipov and others are the well-known exponents of this movement). It is remarkable that these Russian national forces, with a few exceptions, favor national freedom for all non-Russian nations of the USSR. Under these circumstances, national dissent being "partial" in essence (i.e., representing the case of one particular nation rather than that of the whole of the USSR), acquires an overall social dimension relevant to political change in the country at large. As one dissident writer stated: "In the Soviet Union the Marxist slogan: 'Proletarians of all countries, unite!' has been strangely replaced by a much more practical slogan: 'Nationalists of all Soviet nations, unite!' In this united shape, national movements are organically joining the democratic movement in its struggle for freedom and human rights."[13]

Yet the nationalism of the non-Russian movements, by virtue of its ability to enjoy much more popular support and social cohesion than its counterpart in Russia, had an obvious advantage over the noble-spirited, yet disconnected, universalism and secular liberalism of civic dissent in Russia. This is especially true of the marriage of religion and nationalism, so potent in such Catholic countries as Poland and Lithuania, where this alliance came to transform itself into a potent alternative to the regime and its ideology.

Although the implications of such an alliance for liberal democracy and pluralism are profoundly problematic, it was operating extremely well as an alternative framework for collective memory and identity and as a mobilizing force. Even the greatest of the Russian dissidents may never have achieved such popular recognition and support. The notorious gap between the Russian intelligentsia and common people, the curse of modern Russia, still remained a deep injury on the body politic inflicted not only by Peter the Great and nineteenth-century Russian political and ideological dramas, but also by the recent fission of the social body inflicted by Communism.

Not in vain, comparing dissent in Poland and the Soviet Union (in particular, Russia), H. Stuart Hughes notes:

---

12 Ibidem, p. 14.
13 Ibidem.

Dissent in Poland could count on the backing of a homogenous people – overt support from the working class and tacit sympathy among the peasants. In the Soviet Union it was the reverse: the dissidents formed a beleaguered band drawn largely from the intelligentsia and cut off from the mass of the population by a wall of mutual incomprehension. Polish dissent drew on patriotic traditions reaching back nearly two centuries; Soviet dissent smacked of treason. Such held true for the dominant ethnic Russians. Among the minor Soviet peoples – more particularly among Ukrainians, Georgians, and Armenians, Lithuanians, Latvians, and Estonians – patriotic resistance here and there united intellectuals and ordinary folk in a common hatred of Russian over-lordship. But movements of this sort languished in obscurity; it was not they that inspired interest and sympathy in the West. Nor was it religious protest, whether Eastern Orthodox or evangelical Protestant; only the pleas of the Jews found support abroad. Yet even Jewish protest fastened almost exclusively on the issue of emigration; such single-mindedness often sounded like indifference to the wider question of arbitrary rule at home. By contrast, the greatest of the Russian dissidents tried to see beyond the plight of their own people to that of the other Soviet nationalities and of humanity as a whole. Their numbers, their eminence, the fact that only they wrote in a major international language, dictate a focus on their struggles and their frustration.[14]

In his attempt to bridge these disunited faculties of dissent, namely, the standing for human rights and the struggle for the national independence cause, Shtromas was among those unique figures in Soviet dissent who combined, on the one hand, the ideals of cosmopolitan tolerance, liberal democracy, pluralism, and ethical universalism, and, on the other hand, local sensibility and fidelity to the cause of the freedom and independence of their native countries.

In this, he stands very close to his friends and fellow dissidents, such as Andrei Sakharov, Andrei Sinyavsky, Yuli Daniel, Vladimir Bukovsky, and Tomas Venclova. For them, nationalism, disconnected from the sympathetic understanding of the Other and from an overall dimension of human dignity, decency, and freedom, would degenerate into a tribal sentiment and collective solipsism; whereas a universalistic program of the struggle for human rights, if lacking in sympathy and sensitivity to the peoples and their cultures under duress of oppression, would turn into a bloodless and soulless political catholicity.

In this political and moral stance, Shtromas and his fellow dissidents are reminiscent of the best moments and the most moving allegiances of the epoch of the springtime of the peoples. The ideals of universal brotherhood and fellowship in a common fight for independence and liberty of the peoples, as the inmost principle and as the starting point in the ethic of liberal nationalism, were still there. "For your and our freedom!" was the war cry, introduced by the Polish fighters for the Italian "Risorgimento" movement and then used as a loan slogan not only by the prominent Russian dissidents, but also by the "Sajūdis" members in Lithuania as early as 1988.

A liberally minded cosmopolitan and fighter for human rights in the broadest sense, an

---

14 H. Stuart Hughes, Sophisticated Rebels: The Political Culture of European Dissent, 1968–1987. London/Cambridge, Mass. 1988, pp. 94 f.

extrastructural dissident, in his parlance, Shtromas also was a patriot of Lithuania. A profound moral sense, as well as his tolerant and wise attitude to human virtues and vices, greatly assisted him in grasping the nerve of intrastructural dissent – human fear, selfishness, adaptability, and attachment to mundane stability and predictability, accompanied by the invincible will to live. Shtromas appreciated and analyzed every single manifestation of intrastructural dissent, instead of severely judging people for inconsistency, cowardice, lack of principle, and moral compromising. That same moral sense did not deceive him when he described the political and moral impetus of the Soviet regime.

> On a personal level, even high officials are dissidents – including members of the Politburo. (That is one of the reasons why in public they act as automatons – mouthpieces of an abstract ruling body and not like real people; Khrushchev, even when in power, showed something of his personality and, therefore, often sounded like a dissident.) By far the greatest expression of "dissent" is greedy selfishness, a rapacious attitude to the common good which results in cynicism being the dominant attitude towards life. Those in power, although having ceased to believe in Communism and in the infallible virtues of the Soviet regime, are still prepared to defend it by all means in their power but only because they thus protect their enormous personal privileges which they could not maintain in any other socio-political system.[15]

Shtromas dismissed all considerations about the alleged fanaticism and ideological single-mindedness of the Soviet people as vulgar and ill-founded political propaganda, and quite justifiably so. Instead of searching for the special qualities of *homo sovieticus* or depicting the allegedly ever-present fanaticism and ideological zeal of Russians or the "Soviet people," he focused on the analysis of the Communist Party and Communist ideology as the sword and the shield of the Soviet regime.

It is the sole political party-based and oligarchic regime, or partocracy, that wages the never-ending war against its own society, while pretending to be constantly surrounded and plotted by external and internal enemies – roughly speaking, such an Orwellian hypothesis regarding the nature of Communism was employed in many of Shtromas's contributions. Although Shtromas made himself quite clear regarding "greedy selfishness" and "rapacious attitude to the common good which results in cynicism being the dominant attitude towards life,"[16] he remained a theorist of the alternative possibilities and visions of political existence.

However, there were millions of people in the USSR who are committed to positive social goals which are incompatible with the totalitarian Soviet regime. In this positive sense the Soviet dissident is everyone who has managed to remain loyal and committed not only to himself as to an isolated individual, but also to the society or simply to the fate of others. These people who are motivated by civic considerations are joined by professionals who cannot help but be critical of mismanagement and other symptoms of decay induced and maintained by the regime, allegedly for ideological reasons, but really to keep in a position of absolute power an ignorant oligarchy. For such professionals the whole rule

---

15 Sthromas, Who are the Soviet Dissidents? (as note 2), p. 15.
16 Ibidem.

of that oligarchy (partocracy) seems to be irrational and needs to be replaced by a system based on sound management which they – the professionals themselves – would be able to provide.

According to Shtromas, this is more than true of nationalism, which is, almost by definition, hostile to, and incompatible with, the Soviet regime. Being much at home in every aspect of Russian history and culture, let alone his overall expertise in Central and East European politics and societies, Shtromas strongly felt what other political analysts and sovietologists overlooked, namely, that nationalism alone, no matter whether Russian or non-Russian, could destroy the Soviet regime. Tracing nationalism as a political dissent, Shtromas worked out not only a theory of political change focused on the collapse of Communism as a major issue in world history, but also a new identity and freedom discourse which enabled him to theoretically substantiate his statement regarding the liberal nature of nationalism, unless it degenerated into a framework for xenophobic or racist reactions.

At the same time, he explicitly stated that nationalism and national identity, like religion, operates optimally in a democratic setting – in this, Shtromas entirely endorsed Kavolis's conception of identity and freedom. Shtromas also added that nationalism and religion, unless they are distorted by authoritarianism, totalitarianism, or otherwise politically exploited, operate not only as an inescapable right of people to have a collective identity and be rooted in their histories and cultural traditions, but also as a potent alternative to global ideologies that come to deny this right as an obstacle to historical progress or modernization or the creating of a "new human being" free of history, religion, and tradition. Noteworthy is the fact that Shtromas, an agnostic himself, raised his voice in defense of religion and religious believers in the Soviet Union.

> The Soviet dissident is everyone whose genuine commitment to any social issue is stronger than his egoism and the imposed commitment to the Soviet state. Specifically, it means that all nationalists (including the Russian ones who are already able to distinguish between the Imperial and genuine national interests of Russia and see them as incompatible – Solzhenitsyn is one of them) and all religious believers are unqualified dissidents.[17]

In order to understand this emphasis on nationalism as a phenomenon radically opposed to global ideologies of the twentieth century, we have to trace Shtromas's conception of ideology and utopia, which was fully developed in his later contributions. Such an analysis is a clue to his ambitious undertaking to map the modern world of political and moral imagination.

Tomas Venclova: Loyalty, Dissent and Betrayal from a Universalist Perspective

Tomas Venclova (b. 1937) may well be regarded as the most influential social and cultural critic in twentieth century Lithuania. Having passed from intrastructural to extrastructural dissent, he repeated the sequence of the phases of political dissent so aptly described by Shtromas. A national poet of Lithuania, a liberal critic of conservative nationalism, and a brilliant essayist, Venclova may be said to have quite legitimately joined the honorable

---

17 Ibidem.

company of the most prominent critics of society and culture in Central and Eastern Europe, such as Czesław Miłosz, Adam Michnik, Václav Havel, Milan Kundera, and Joseph Brodsky. As a critic of Communism, and as a human rights activist, he was a major figure in the human rights movement in the Soviet Union and beyond. Yet Venclova's critiques and humane concerns far transcended the limits of the conventional political dissent and entered the discursive universe of the critical questioning of his society and culture. Prejudice, superstition, irrational fear of modernity, antisemitism, xenophobia, self-centeredness, and self-righteousness are keywords to define the object of his criticism targeted at Lithuanian society and culture.

A clue to Tomas Venclova's political and moral choices is the fact that he has never been a typical representative of Lithuanian Catholic and nationalistic dissent. However respectful of "The Chronicle of the Catholic Church in Lithuania," Lithuanian Samizdat and other forms of political dissent, Venclova may never have fallen into the category of the mainstream of Lithuanian patriotic and nationalistic dissent. Venclova describes his double dissent in the following way:

> I could regard myself neither as professional writer nor as professional scholar; I was rather professional translator. In the eyes of society and government, I was an obvious non-conformist. I would say, I was even a double non-conformist. I was at odds not only with official values, but also with those values that usually signify, in the Baltic countries and in the Soviet Union, non-acceptance of the regime. For instance, I did not have a strong interest in the new music of the West; nor was I interested in its technology and fashion. And seriously speaking, I never was a nationalist and xenophobe. The Soviet regime does not regard mundane non-conformity with great suspicion. Moreover, it has even learned how to "co-opt" and integrate such a form of non-conformity. Yet they must have been puzzled with my case. The Lithuanian intelligentsia was not sympathetic to me either.[18]

In 1960, Venclova met Alexander Ginzburg, who at that time edited an underground literary journal, "Sintaksis" (Syntax), and who was willing to publish a special issue of the journal in Lithuanian. Venclova gave him some of his poetry to publish in this issue. Much around the same time, he participated in establishing a Samizdat publishing group, "Eglutė" (Christmas tree), and a literary scholarship and culture studies group. As Venclova remembers it himself, all these initiatives ended up with interrogations. Happily, it was a post-Stalinist epoch, and nobody was jailed. Although Venclova's name was put on the KGB blacklist at that time, he was left to his own devices for some time.

In 1968, Venclova, along with many Russian dissidents, signed a letter of protest regarding the case of Alexander Ginzburg and Yuri Galanskov (224 persons signed the letter). This time he was neither interrogated nor otherwise punished, although the real consequences of his dissent were still to come. Venclova's application for membership of the LSSR Writers' Union was denied. He was also not allowed to visit Hungary where his book of poetry was about to appear.

---

18 Tomas Venclova, Vilties formos, eseistika ir publicistika [Forms of Hope: Essays and Reviews]. Vilnius 1991, p. 10. This book has also been translated into Russian as Tomas Venclova, Svoboda i Pravda [Freedom and Truth]. Moscow 1999.

According to Venclova, the fact that he was the son of the Soviet writer Antanas Venclova protected him from big trouble at the beginning of his dissident activities. (His father, Antanas Venclova, was a famous Soviet Lithuanian poet and writer, and even a high-ranking official within the Soviet power structure.) Although Antanas Venclova did little if anything at all to promote his son or to secure his position as a poet and translator, the authorities were reluctant to do harm to the son of a prominent Soviet poet and statesman. However, things have changed after Antanas Venclova's death in 1971, which coincided with the beginning of an increasing Brezhnevist reaction.

In 1973, Venclova lost his position at the University of Vilnius, and a number of his texts did not get through political censorship, and, subsequently, were refused by editors of literary magazines. Being deeply convinced that much of his creative and intellectual endeavor was simply being ignored, Venclova decided to write the aforementioned letter to the Central Committee of the Lithuanian Communist Party, a decisive action and a dangerous undertaking in those days.

Having written this letter on 9 May 1975, he was certain that a severe reaction of the authorities, including the possibility of being put in jail or psychiatric hospital, would not be long. Surprisingly enough, instead of punishment, the new job offers came up, such as the translation of Shakespeare's "Tempest." A recently deceased émigré historian in the United States, Vincas Trumpa, wrote a public letter to Venclova, which was published in a liberal American-Lithuanian monthly "Akiračiai" (Horizons). In this letter, Trumpa warned Venclova about the possible hardships and difficulties of living in the West if he, a Lithuanian poet and an East European intellectual, should leave for the West instead of staying with his people.

Trumpa implied that a foreign country would inevitably fail to appreciate Venclova's talents and that he would therefore be unable to fulfill himself, outside Lithuania, as a poet and translator. Moreover, Trumpa's letter acquired a moral plane suggesting that the real responsibility of a national poet and eminent intellectual is to do his or her best to improve things in his or her country, instead of emigrating. Having mentioned Socrates and Ovid, one of whom preferred death to exile from Athens, and another, to Dacia, who was banished from Rome to Tomi without being able to choose, Trumpa wonders at the modern poet's, that is, Tomas Venclova's, willingness to leave his country without being brutally forced to do so.

Venclova's response to Trumpa, published in "Akiračiai" (surprisingly enough, the text has reached the United States), contains some crucial points of his moral philosophy, the philosophy of ethical universalism and cultural dialogue. Here Venclova passionately and explicitly denies the idea that we can allow moral compromise for the sake of our national culture and its survival. Venclova also reminds of the importance of émigré culture and émigré existential experiences, a phenomenon which he describes as the second voice of culture and which acquires crucial significance when the first voice either remains silent or sings the wrong and imposed melody.

The following passage sheds new light on Venclova as representing a new type of Lithuanian émigré, who, in the admirable words of Kavolis, comes to choose exile only to be able to speak the truth and keep faith with his ethical principles and moral integrity.

You say that our writers are corrupt and enjoy many benefits of the regime. The writers, who really deserve this title, have, in our country, such existential experiences that

I would not wish you to have. You are talking about Socrates and Ovid. Unfortunately, these analogies are misleading. The country in which I live has little to do with Rome, and definitely nothing with Athens. It is an absolutely new phenomenon in world history. I could discuss it in detail, but writers, who are better than I and with whose works you can easily familiarize yourself, have already done it. I also wonder that you, historian, did not recall such exiles as Adam Mickiewicz, Herzen, and many Lithuanians. Their way to exile much differs from that of Socrates and Ovid. I am very happy that I managed to write without lies for many years (not always, though). It is equally true that I, in doing so, was not alone – in fact, there are a number of people of this sort in our country. Yet, in recent years (roughly, since 1968), non-Marxist and non-dogmatic intellectuals are bound to choose between compromising with their conscience and being marginalized. There is an opinion that compromises are justifiable and even indispensable for the sake of national culture. In my view, no demoralization – bearing in mind that compromise is the beginning of demoralization, and sooner or later has very sad consequences – has ever been, is, and will be of value for culture.[19]

In 1976, Venclova joined the Lithuanian Helsinki group where he acted along with Viktoras Petkus, a human rights activist in Lithuania. The first conference of the Moscow Helsinki group, which took place on 1 December 1976, in Yuri Orlov's flat, Moscow, and where Venclova participated together with many other prominent dissidents, such as his old acquaintance Alexander Ginzburg, was the last thing the Soviet authorities would have tolerated. Suffice it to recall that Natan (Anatoly) Sharansky served, in this Helsinki group initiation conference, as an interpreter from Russian into English. The reaction would not be long. Some of the Helsinki group members were jailed, others – Venclova among them – thrown out of the Soviet Union.

On 25 January 1977, Tomas Venclova left for Paris, France. Having spent three weeks in Paris, he went to the United States. On 14 June 1977, in accordance with a special decree of the Supreme Soviet, Venclova's Soviet citizenship was terminated "on the grounds of his actions incompatible with the title of the Soviet citizen."[20] Shortly afterwards, Venclova was granted political asylum in the United States. Such a legal procedure – termination of Soviet citizenship – was applied not only to Venclova, but also to such celebrity writers and artists as Aleksandr Solzhenitsyn, Vassily Aksyonov, and Mstislav Rostropovich.

As Venclova later would point out himself, he could only speculate about the reasons behind the decision to allow him to emigrate. According to him, one of such reasons might have been his family name, quite inconvenient for the Soviet authorities. After all, Venclova's case was too well known in the West for them to ignore Western political and moral opinion. Most importantly, the KGB files provided Venclova's psychological portrait where he must have been depicted as an indulgent boy of the Soviet privileged class – wishy-washy, vulnerable, and, in a way, unstable.

It might have been expected that Venclova, having failed to adjust to highly competitive and insensitive Western society, would certainly ask for permission to return to the Soviet

---

19 Ibidem, p. 23.
20 For more on the issue, see Leonidas Donskis, Identity and Freedom (as note 4), pp. 121-160.

Union, which would be his grand failure, yet the very triumph of the Soviet authorities. Instead, such a naïve and unrealistic portrayal of Venclova proved to have been the grand failure of the authorities, KGB and Soviet press alike. When Lithuania and Poland, after the break-up of the Soviet Union, became independent and achieved a historic breakthrough in their relations, Venclova's political voice and humanist message were recalled in both countries.

In the United States, Venclova joined "Santara-Šviesa" (Concord-Light). A close friend of Czesław Miłosz and Joseph Brodsky (who dedicated his poetic masterpiece, "Lithuanian Divertissement," to Venclova, cherishing the remembrances of their discussions and evenings in the Vilnius café "Neringa," a favorite place of Russian and Lithuanian dissidents and non-conformist intellectuals), Venclova was much at home in this liberal intellectual and cultural movement of Lithuanian émigrés.

It was quite logical that he established close relationship with "Santara-Šviesa." It would be difficult to imagine him somewhere else in American-Lithuanian circles. Being at odds with the mainstream of Lithuanian immigrants in the United States regarding many points of Lithuanian identity and freedom issues, the liberal and cosmopolitan Venclova was frequently referred to by the conservative part of Lithuanian community in the United States as a Russophile, Polonophile, and, *horribile dictu*, a Judophile.

Although nobody in Lithuania and beyond has ever critically questioned or otherwise doubted his major contribution to the human rights movement and to the Soviet political dissent, it is difficult to get rid of a feeling that Venclova has met more sympathy, respect, and understanding in Russia and Poland than in his native Lithuania. However cherished and respected by his friends and fellow dissidents in Lithuania, Venclova has always been alienated from the mainstream of Lithuanian culture and from the Lithuanian intelligentsia. With sound reason, his close friend Vladimir Bukovsky, one of the towering figures in Moscow circles of overt political dissent, once made a joke: "The Lithuanian people – after two thousand years of working so hard on it – gave birth to its first Jew. The name of the Jew is Tomas Venclova."[21]

Quite early establishing his reputation as a citizen of the world, Venclova moved the centre of his Lithuanian political and cultural concerns towards core issues in ethics, political philosophy, and metaphysics of human existence. He might well be regarded as the founder of modern Lithuanian ethical universalism. At the same time, he, along with Kavolis and Shtromas, laid the foundations for the ethic of Lithuanian liberal nationalism. There are many reasons to treat Venclova as a major figure in the philosophy of history and moral philosophy, too. His concept of nations as moral actors of history is much in tune with the humanistic pathos of Shtromas's ethical theory of nationalism, and also is reminiscent of the best traditions of German and Russian philosophies of history and culture, and of the dialogue-based ethical personalism as well, the latter ranging from Nikolai Berdyaev to Martin Buber.

It sheds new light on his attempts to expose prejudices, superstitions and taboos deeply embedded in modern Lithuanian politics and culture. One of such taboos in Lithuanian

21 Quoted from Tomas Venclova, Kad išliktų bent vienas... [To Have at Least One...]. Vilnius 1995, p. 3.

history and historical memory still is the role and place of the Lithuanian Activist Front (LAF) in the 1941 uprising to restore Lithuania's independence and in the spread of anti-semitic propaganda in Lithuania. In 1941, the provisional government of Lithuania started playing a complicated game with the Nazis, sincerely hoping to restore Lithuania's independence. The game, as Venclova notes, was inexorably doomed to failure. It is difficult to imagine something more dubious than choosing between Stalin and Hitler. Nobody can deny the fact that the provisional government was inspired by the LAF. And the point is that it was members of the LAF who launched antisemitic propaganda employing such pearls of the Nazi rhetoric as "the Judeo-Bolshevik conspiracy," "a plot of the Jewish bankers and communists," "the Jewish yoke and exploitation," and the like.

This is not to say that the entire 1941 uprising should be regarded as an overture to the Holocaust. But its fallacies and grave mistakes have to be admitted. Venclova was the first to do this. In his articles, he openly challenged the romanticized and patriotic version of the Second World War history, which tends to glamorize both the LAF and the 1941 uprising, thus calling for a transvaluation of those values. Quoting from editorials in war-time Lithuanian papers, Venclova showed black on white that some Lithuanian politicians, intellectuals, and ordinary Lithuanians, on the eve of World War II, were influenced by Nazism. Moreover, Venclova implied that they, by choosing and joining Nazism, betrayed Lithuania and also turned down the values of the democratic world.[22] Needless to say, the conservative and ultrapatriotic circles, particularly amongst émigrés, reacted noisily, thus adding insult to injury.

The problem for Lithuanian Jews is that quite a large sector of Lithuanian society – including not a few representatives of the intelligentsia – is still inclined to consider the Jews as collectively responsible for the mass killings and deportations of civilians, as well as for other atrocities committed during the Soviet occupation on the eve of the Second World War. This represents the disgraceful adoption of the Nazi rhetoric that equated Communism with the Jews. In an effort to modify the charges that Lithuanians participated in the mass killings of Jews in 1941 and after, some Lithuanians have spoken of "two genocides," or – as some Jewish writers have called it – "symmetry" in the suffering of both peoples.

The notorious theory of the historic guilt of Lithuanian Jews for the nation's disaster, which up to now has been deeply embedded in Lithuanian political discourse and popular consciousness, deals with a Jewish segment of the Soviet regime as decisive. At the same time, this theory includes considerations on the allegedly subversive and treacherous activities, of local Jewry between June 1940 and June 1941, the latter perceived as lacking in loyalty, patriotism, and civic-mindedness.

Hence, its derivative theory of two genocides, which provides an assessment of the Holocaust and of local collaborators of the Nazis in terms of the revenge for the Soviet

---

22 For instance, Venclova quotes from an editorial in "Naujoji Lietuva" ("The New Lithuania") (July 4, 1941): "The greatest enemy of Lithuania and other nations was and in some places remains a Jew... Today, as a result of the genius of Adolf Hitler ... we are free from the Jewish yoke... A New Lithuania, after joining a New Europe of Adolf Hitler, must be clean from Jews... To exterminate the Jewry and Communism along with it is a primary task of the New Lithuania." See Tomas Venclova, A Fifth Year of Independence: Lithuania, 1922 and 1994, in: East European Politics and Societies 9 (1995), No. 2, p. 365.

genocide of local population. It is little wonder, then, that the theory of two genocides, which is just another term for the theory of the collective guilt of the Jews, has been qualified by Venclova as "troglodytic" and treacherous with regard to Lithuania, thus characterizing people who are still inclined to practice it as moral troglodytes. Regrettably, Lithuania has failed to bring war criminals to justice and provide an unambiguous legal assessment of those Lithuanians who were active in the Holocaust.

Yet the great Lithuanian émigrés achieved intellectually what their country has yet to achieve politically, namely, the accommodation of Lithuanian consciousness and culture in an increasingly global and interrelated world of today and tomorrow. If culture precedes and anticipates politics – the reverse is true only of totalitarian countries – then the two Lithuanian critics of society and culture have demonstrated this better than anybody else in the twentieth-century world.

At this point, Shtromas and Venclova richly deserve to reach a wider audience and to be placed beside such phenomena of the contemporary critical intellectual discourse as Group 47 in Germany, and beside the great critics of society and culture of the twentieth century in general, such as Karl Jaspers, Hannah Arendt, Raymond Aron, George Orwell, Arthur Koestler, Ernest Gellner, Czesław Miłosz, and Zygmunt Bauman.

Vėjas Gabriel Liulevičius

Das Land Ober Ost im Ersten Weltkrieg: Eine Fallstudie zu den deutsch-litauischen Beziehungen und Zukunftsvorstellungen

I. Einführung

Der folgende Beitrag behandelt die Frage der Kollaboration im Rahmen der deutsch-litauischen Beziehungen sowohl im Ersten Weltkrieg unter dem deutschen Okkupationsregime Ober Ost als auch nach dem Kriege.[1] Um eine erste Antwort auf den Fragenkomplex vorwegzunehmen, lässt sich sagen, dass Definitionen von „Kollaboration" in nationalistische Narrative eingebettet sind. Des weiteren gilt, dass diese nationalistischen Narrative im Kontext des so genannten „Verrats" und im Gegensatz zu so genannten „richtigen" nationalen Identifikationen unter Fremdherrschaft auftauchen.[2] So wie sich verschiedene Vorstellungen von nationaler Identität entwickeln, so verändern sich auch Bedeutung und Intensität des Vorwurfes der „Kollaboration". Im Folgenden sollen zwei Thesen entwickelt werden, wobei die erste die Perspektive der Besatzer, die zweite die der Besetzten wiedergibt.

Die erste These behandelt die grundlegende Voraussetzung von Kollaboration und lässt sich als Frage wie folgt formulieren: Inwiefern und mit welcher Motivation lässt das Besatzungsregime Kollaboration überhaupt zu? Mit anderen Worten: Ist Kollaboration nicht von vornherein mehr als nur eine ‚Einbahnstraße'? Werden einzelne Volksgruppen unter Okkupation als „kollaborationsfähig" angesehen oder nicht? Kann es Kollaboration im eigentlichen Sinne geben, wenn die Verwaltung Kollaborateure nicht zur Mitarbeit heranzieht? In seinem neuen Buch skizziert Michael Burleigh die zwiespältige Orientierung der Nazi-Verwaltung in Bezug auf Kollaboration, ein Wort, das Hitler angeblich nur mit Schwierigkeit aussprechen konnte.[3] Das Problem der Kollaboration ist in jedem Falle eines von Bezie-

---

1 Zu den deutsch-litauischen Beziehungen insgesamt: Joachim Tauber, Die deutsch-litauischen Beziehungen im 20. Jahrhundert. Lüneburg 1993. Zum Land Ober Ost: Vejas Gabriel Liulevicius, War Land on the Eastern Front: Culture, National Identity and German Occupation in World War I. Cambridge 2000; Aba Strazhas, Deutsche Ostpolitik im Ersten Weltkrieg. Der Fall Ober Ost, 1915–1917. Wiesbaden 1993; ders., The Land Oberost and its Place in Germany's Ostpolitik, 1915–1918, in: The Baltic States in Peace and War, 1917–1945, hrsg. v. Stanley V. Vardys u. Romualdas J. Misiunas. University Park 1978, S. 43-62.

2 Webster's Dictionary definiert Kollaboration wie folgt: „2. to cooperate treasonably, as with an enemy occupying one's country". Anderswo gilt Kollaboration als „voluntary cooperation with the officials of an occupation power, usually taken as implying sheer opportunism on the part of collaborators. Real, or just accused, collaborators are often subjected to rough justice following liberation.": s.v. „Collaboration", in: Cathal J. Nolan, The Longman Guide to World Affairs, White Plains/New York 1995, S.67.

3 Michael Burleigh, The Third Reich: A New History. New York 2000, S. 418: „Collaboration de-

hungen zweier Entitäten, da sich hier zwei verschiedene Nationalismen begegnen. Liah Greenfeld zeigte in „Nationalism: Five Paths to Modernity" in aufschlussreicher Weise verwandte Entwicklungszüge verschiedener nationaler Identitäten, die aufeinander reagieren und sich nicht etwa in einem Vakuum bewegen, auf.[4] In Ober Ost war die Definition von „kollaborationsfähigen" Einheimischen eng begrenzt, denn man war misstrauisch und stand der Vorstellung einer Zusammenarbeit mit ihnen ambivalent gegenüber. Die Gründe hierfür sollen später erläutert werden.

Die zweite These geht davon aus, dass man das Konzept der Kollaboration nicht nur typologisch behandeln sollte, sondern auch genealogisch, d.h. dass die Entwicklungsstadien und Veränderungen des Konzepts berücksichtigt werden. Die Voraussetzungen und die sich entwickelnden Vorstellungen zur Kollaboration sind daher näher zu untersuchen. Im Falle von Ober Ost wird klar, dass ein Konzept zur Kollaboration nur in Anfangsstadien zu erkennen ist. Außerdem zeigt sich anhand von Ober Ost, dass Konzepte von Kollaboration und Verrat einen gewissen Grad von „nation building" und nationalem Selbstbewusstsein voraussetzen. Man kann als eine historische Analogie anführen, dass Kollaboration eine säkularisierte Version von früheren Urteilen über Ketzer oder abgefallene Gläubige darstellt. Was in späteren Stadien als nationaler Verrat angesehen werden konnte, wurde in früheren Entwicklungsphasen anders bewertet, nämlich als verzeihliches Zeichen von Schwäche oder unterentwickeltem Nationalbewusstsein. Jedoch konnten solche Beispiele einer „Proto-Kollaboration" von Nationalisten zur gleichen Zeit als Gegenmodelle für die Kultivierung des Nationalbewusstseins instrumentalisiert werden. Wie bedeutend die Schwelle zur eigenständigen Staatlichkeit ist, zeigen meine abschließenden Bemerkungen, die sich auf die Nachkriegszeit beziehen, als die deutschen Freikorps im Baltikum mit Litauern, Letten und Esten zusammenprallten und sich wieder andere, klarer konturierte Bewertungen der Kollaboration entwickelten. Die genealogische Dimension wird dabei ebenfalls eine bedeutende Rolle spielen, denn die Erlebnisse und Erinnerungen an Ober Ost beeinflussten die Handlungen litauischer Aktivisten im Zweiten Weltkrieg, auch wenn sie zu falschen Schlussfolgerungen führten (politische Persönlichkeiten hofften 1941, die Entwicklungen des Ersten Weltkriegs mit der Aussicht auf eine Wiederherstellung der Unabhängigkeit wieder aufnehmen zu können, und unterschätzten dabei die rassistische Radikalität der Nazis vollständig).

Wie bereits erwähnt, ist die Frage von Konzepten der Kollaboration mit Stadien des eigenen „nation building" verbunden. Im Falle der litauischen Aktivisten in Ober Ost ging man vom Fehlen einer vollständig ausgeprägten nationalen Identität unter den eigenen Landsleuten aus. Daher wurde, was anderswo als „Kollaboration" bewertet werden konnte, zunächst als Zeichen eines mangelnden Nationalbewusstseins verstanden. Zu dieser Einschätzung kam noch hinzu, dass die Verwaltung von Ober Ost die Litauer nur als begrenzt „kollaborationsfähig" einstufte.

---

scribes a spectrum of behaviour ranging from neutral co-operation, opportunism and ideological affinity to treasonable conduct as defined by the laws of the lands concerned, of which the Norwegian Vidkun Quisling was the most egregious example. The borders between the myriad shades of collaboration were vague. Even within the darkest hues of political collaboration, there were as many shades of black and brown as in a Rembrandt self-portrait." Zu Hitlers Schwierigkeiten, das Wort auszusprechen: Ebenda, S. 422.

4   Liah Greenfeld, Nationalism: Five Roads to Modernity. Cambridge 1992.

II. Ober Ost

Ober Ost war eine deutsche Militärverwaltung, die sich vor allem auf die 1915 dem Zarenreich entrissenen Gebiete erstreckte (zuerst in Litauen, Kurland und in Teilen von Polen und Weißrussland, dann 1918 noch auf das restliche Lettland und Estland erweitert). Das Land Ober Ost erhielt seinen Namen vom Oberbefehlshaber Ost, General Paul von Hindenburg. Unter Hindenburgs Patenschaft baute Erich Ludendorff eine umfangreiche Verwaltung auf, deren ausschließlich militärischer Charakter die Region zu einer militärischen Utopie machte. Das Gebiet war riesig: circa viermal größer als Belgien und in der Fläche den preußischen Provinzen Ostpreußen, Westpreußen, Pommern und Posen entsprechend.[5] Rund drei Millionen Menschen waren im Lande geblieben, während ein Drittel der Bevölkerung aus Friedenszeiten geflohen, verjagt oder verstorben war.[6] Obwohl die oberste Priorität die Wiederherstellung von „geordneten Zuständen" war, verfolgte Ober Ost zwei weitere bedeutende Initiativen, um die Länder und Einwohner unter seiner Kontrolle zu gewinnen, zu mobilisieren und umzuformen. Unter der Rubrik „Verkehrspolitik" wurde die Mobilität der Bevölkerung überwacht und gesteuert, um sie unter wirtschaftlichen Aspekten als Arbeitskräfte der deutschen Verwaltung nützlich zu machen. Die Verkehrsbeschränkungen und die oft willkürlichen und scheinbar endlosen Requisitionen wurden von den Einheimischen als eine große Belastung empfunden (die Bauern nannten mit schwarzem Humor die Requisitionen „Inquisitionen"). Über die große Verschiedenheit der ethnischen einheimischen Bevölkerungsgruppen (Litauer, Letten, Esten, Juden, Polen, Russen, Tataren, Weißrussen und andere) zeigten sich die Eroberer des Gebiets erstaunt, umso mehr als ethnische Selbstbekenntnisse oft verworren und unklar erschienen. Diese Gruppen wurden dann von den Besatzungsbehörden als „Völkerschaften" oder „Fremdstämmige", nicht als Völker an sich bezeichnet, um so die angeblich unvollkommene Entwicklung der nationalen Identität zu unterstreichen. Ein ehrgeiziges und weit verzweigtes Kulturprogramm wurde begonnen (zur Kriegszeit erstaunlich in seiner Vielfältigkeit), um die „Völkerschaften" zu kultivieren und ihnen den deutschen Kulturkreis näher zu bringen: mit Regelungen für Schulen, der Publikation von Zeitschriften, Wörterbüchern und der Öffnung von Museen. Diese Initiativen wurden von den Einheimischen aber kaum wahrgenommen, sei es wegen der wirtschaftlichen Härte der Verwaltung oder wegen der ungleichen Annäherung zwischen den einzelnen Völkern innerhalb der jeweiligen kulturellen Initiativen. Letztlich verhielten sich die Besetzten gegenüber diesen Initiativen misstrauisch bis ablehnend.

Um die Motivationen und Handlungen der Besatzer und Besetzten in dieser Fallstudie zu den deutsch-litauischen Beziehungen zu bewerten, ist es wichtig zu verstehen, wie die verschiedenen Gruppen ihre Zukunftsperspektiven entwickelten. Die Zukunftsvorstellungen der Besatzer und der Besetzten beeinflussten die Dynamik ihrer Beziehungen maßgebend. Die von Reinhart Koselleck theoretisch entwickelten „Erwartungshorizonte" sind dabei von entscheidender Bedeutung.[7] Obwohl es sehr schwierig ist, sie freizulegen, soll im Folgenden der Versuch unternommen werden.

---

5   Karl Strecker, Auf den Spuren Hindenburgscher Verwaltung. Erlebnisse und Ergebnisse einer Studienfahrt in Ob. Ost. Berlin 1917, S. 10.

6   Das Land Ober Ost. Ost. Deutsche Arbeit in den Verwaltungsgebieten Kurland, Litauen und Bialystok-Grodno, hrsg. v. Oberbefehlshaber Ost. Stuttgart/Berlin 1917, S. 89.

7   Reinhart Koselleck, Futures Past: On the Semantics of Historical Time, übersetzt v. Keith Tribe. Cambridge, MA 1985.

Die deutschen Zukunftsvorstellungen waren gewiss nicht monolithisch. Es gab viele Varianten, die vom enthusiastischen maximalistischen Kriegsziel der vollen Annexion bis hin zum „liberalen Imperialismus" oder der von Eberhard Demm beschriebenen indirekten Kontrolle reichten.[8] Selbstredend gab es auch ganz prosaische Hoffnungen auf persönliche Karrieren und den Besitz von Gutshöfen in den besetzten Ländern. Jenseits dieser zukunftsorientierten Vorstellungen existierte jedoch eine nüchterne Realität: die offensichtliche Kriegsmüdigkeit und das Heimweh der deutschen Soldaten, die vor allem wünschten, den Osten verlassen und nach Hause zurückkehren zu können. Schließlich gab es, wenn auch nur bei einer Minderheit, eine prinzipielle Ablehnung der imperialistischen Ziele und stattdessen eine vollständige Identifikation mit der unterdrückten einheimischen Bevölkerung. Jedoch war insgesamt – besonders nach dem Vertrag von Brest-Litovsk – die Erwartung weit verbreitet, dass der deutsche Einfluss den Osten politisch umgestalten werde. Die offizielle Propaganda der Verwaltung über die Zukunft von Ober Ost zeigt sich exemplarisch in den Aufzeichnungen eines Journalisten, der eingeladen wurde, das Gebiet zu bereisen: Am Ende stand der „Abschied von jenem gewaltigen Neuland, das unsere Soldaten erobert haben, zuerst mit dem Schwert, dann mit dem Geist der Organisation, der Zucht und Ordnung. Und als wir zum letzten Mal diese endlosen Ebenen mit ihren fruchtbaren Feldern, ihren angrenzenden Wäldern durchfuhren, da war es uns, als hörten wir ein Seufzen nach Menschen! Hier gibt es Aufgaben lohnendster Art für ein Volk von Kolonisatoren. Menschenarm liegen diese Gefilde mit ihren Reichtümern des Bodens. Selbst die Städte muten noch wie ein wüster Marktplatz an, auf dem sich die verschiedensten Rassen, Volksstämme, Bekenntnisse zusammengefunden haben, ohne eine Einheit zu bilden, nur gemeinsam im Mißtrauen gegeneinander, im Schmutz, Armut, und Unordnung. Mit deutschem Blute ist dies Land erobert, dem deutschen Geist soll es gewonnen, dem deutschen Muster angepasst, deutschem Wirtschaftsleben erschlossen sein. ... Im Zeichen Hindenburgs!"[9]

Aus der Sicht der Litauer sahen die Zukunftsvorstellungen allerdings anders aus. Sie mussten auf die Ereignisse des Krieges reagieren. Ihre politischen Ziele hatten sich seit der Mitte des 19. Jahrhunderts entwickelt.[10] Sie wurden entweder offen ausgesprochen oder eher verschleiert und nur implizit zum Ausdruck gebracht. Die Radikalisierung dieser Ideen (und die Genese einer politischen Basis in der Bevölkerung) wurde durch äußere Ereignisse forciert: die Februarrevolution in Russland 1917, die Entwicklung der deutschen Kriegsziele, die Oktoberrevolution 1917 und (was nicht unterschätzt werden darf) die konkreten Erlebnisse der Einheimischen unter der Ober Ost-Verwaltung. Sogar unpolitische Bauern kamen bis 1917 zu dem Schluss, dass weder eine erneute russische Herrschaft noch die derzeitige deutsche für ihre Zukunft verheißungsvoll sein dürften. Der nationale Aktivist Petras Klimas brachte diese Stimmung auf den Nenner, als er schrieb, „hier empfanden wir diese Sklaverei als unerträglich".[11] Männer wie Klimas legten Wert darauf, dieses radikalisierte Bewusstsein weiterzugeben, bis die einfachen Leute sich schließlich aktiv als

---

8 Eberhard Demm, Ostpolitik und Propaganda im Ersten Weltkrieg. Frankfurt a.M. 2002.
9 Strecker, Auf den Spuren (wie Anm. 5), S. 42.
10 Ich folge der Argumentation von Egidijus Aleksandravičius, Political Goals of Lithuanians, 1863–1918, in: Journal of Baltic Studies 23 (1992), H. 3, S. 227-238.
11 Petras Klimas, Iš mano atsiminimų [Aus meinen Erinnerungen]. Vilnius 1990, S. 122. – Alle Übersetzungen aus dem Litauischen durch den Autor.

Litauer verstanden und fühlten. Der große Preis hieß „Susipratimas" – Selbstbewusstsein, das früher kaum vorhanden war und sich nun auf eine litauische Identität richtete, die in einem unabhängigen Staat gipfeln sollte.

III. Strukturelle Voraussetzungen für Kollaboration

Eine entscheidende strukturelle Voraussetzung für Kollaboration besteht darin, dass der Besatzer die Besetzten überhaupt als „kollaborationsfähig" ansieht. Dieses Urteil basiert zum Teil auf Vorurteilen über das angebliche Entwicklungsstadium einer Gruppe. Nach dem Kulturhistoriker Peter Gay war „Rasse" im ausgehenden 19. Jahrhundert und zu Beginn des 20. Jahrhunderts „überall", und Rangordnungen und Hierarchien zwischen ungleichen Völkern wurden als selbstverständlich angenommen.[12]

Beweismaterial dafür, dass die Ober Ost-Verwaltung sich nur eine sehr begrenzte und bescheidene Kollaboration der Einheimischen vorstellen konnte und eigentlich an deren Kollaborationsfähigkeit zweifelte, findet sich in den offiziellen Dokumenten der Verwaltung. Die „Verwaltungsordnung" vom Juni 1916, praktisch die Verfassung des Militärstaates, formulierte die Hauptziele der Verwaltung folgendermaßen: „1. Aufgabe der Verwaltung ist die Herstellung und Erhaltung geordneter politischer und wirtschaftlicher Verhältnisse im besetzten Gebiet. 2. Die Interessen des Heeres und des Deutschen Reiches gehen stets denen des besetzten Gebietes vor."[13] Die Verwaltung wurde als ausschließlich deutsch und von einem rein militärischen Charakter angesehen. Den Namen der Behörden wurde das Wort „Deutsch" vorangesetzt. Was die einheimische Beteiligung betraf, erklärte die Verwaltungsordnung: „1. Die Mitwirkung der Landeseinwohner bei Verwaltungsgeschäften erfolgt nach Maßgabe dieser Verordnung und nur auf Befehl der zuständigen Behörden. 2. Zur Erfüllung der Verwaltungsaufgaben können angesehene, zuverlässige und geeignete Landeseinwohner stets widerruflich herangezogen werden. Sie sind in dem Falle nicht Beamte deutscher Behörden, sondern Landeseinwohner, welche auf Befehl der Behörde und in ihren Namen Verwaltungsgeschäfte ausüben. Über Reichsdeutsche darf ihnen keinerlei obrigkeitliche Befugnis eingeräumt werden. 3. Sie sind ehrenamtlich ohne Entschädigung für ihre Mühewaltung tätig (...) Landeseinwohner, welche zu Verwaltungsgeschäften herangezogen werden, sind weder berechtigt, den Auftrag abzulehnen, noch ihren Dienst niederzulegen oder sich der Ausübung der ihnen übertragenen Pflichten zu entziehen (...)". Außerdem konnten einheimische Amtsvorsteher oder Beiräte eingesetzt werden. Bestimmungen über die „Heranziehung der Insassen zu Hand- und Spanndiensten ohne bare Ausgaben" wurden ebenfalls als akzeptabel angesehen bzw. aktiv unterstützt. Das offizielle Buch der Verwaltung, „Das Land Ober Ost", formulierte: „Landeseinwohner können zu Verwaltungsgeschäften bei der großen kulturellen Rückständigkeit der Bevölkerung im allgemeinen nur da herangezogen werden, wo es sich um untergeordnete Dienste handelt" (mit der bezeichnenden Ausnahme von Kurland, denn dort gab es eine deutschbaltische Bevölkerungsschicht).[14]

12 Peter Gay, The Cultivation of Hatred: The Bourgeois Experience, Victoria to Freud. Bd. III, New York 1993, S. 73.
13 Bundesarchiv-Militärarchiv, PHD 8/20 „Verwaltungsordnung", Befehls- und Verordnungsblatt des Oberbefehlhabers Ost 34 (26. Juni 1916), S. 270.
14 Das Land Ober Ost (wie Anm. 6), S. 93.

Ferner spiegeln Presseberichte von Journalisten, die nach Ober Ost eingeladen wurden, diese offiziellen Zielsetzungen und Sichtweisen wider. Hier genügt es, einen einzigen typischen Zeitungsbericht zu erwähnen: Karl Streckers Erzählung seiner Reise von 1916, „Auf den Spuren Hindenburgscher Verwaltung. Erlebnisse und Ergebnisse einer Studienfahrt in Ob. Ost." (erschienen 1917).[15] Seine Reportage unterstreicht den ausschließlich deutschen Charakter der Verwaltungstätigkeit in einem Land, „wo ein buntes Völkergemisch mit vorwiegend deutschfremder und deutschfeindlicher Gesinnung, namentlich zu Anfang, die Arbeit ungemein erschwert hat".[16] Er sieht Ober Ost als „eine höchst eigenartige Verwaltung auf zunächst rein militärischer Grundlage".[17] Strecker gerät ins Schwärmen: „Wie das geschieht, ist, soviel ich weiß, ohne Beispiel; wie die weichen, beweglichen, fließenden Linien der Etappe allmählich erstarren zu dem festen Fundament einer vielverzweigten Verwaltung und Regierung."[18] Die militärische Eigenart der Verwaltung wird gelobt: „Wir haben schon bemerkt, dass die ganze weitverzweigte Landesverwaltung des Ob. Ost ihre schnelle Organisation, ihre zweckmäßige Anordnung, ihre gewissenhafte Durchführung vornehmlich dem Geist verdankt, der in diesem Kriege bisher den Ausschlag gegeben hat und ihn hoffentlich auch am Schluss geben wird: dem deutschen Soldatengeist."[19] Erwähnenswert und von großer Bedeutung für den militärisch-imperialen Charakter dieser Vorstellung ist, dass Litauen wegen seines landwirtschaftlichen Reichtums in dieser Erzählung als großer Gewinn dargestellt wird, aber angeblich entvölkert und meistens leer von Menschen und Siedlungen sein soll.[20] Die Unfähigkeit der Einheimischen zu irgendwelcher Organisation ergibt sich eindeutig aus deren Schmutzigkeit, die nur durch die Eroberer und deren energisches Eingreifen in den Griff zu bekommen war: „So wundert man sich über die Sauberkeit, die überall herrscht. Diese Sauberkeit hat ein schweres Stück Arbeit gekostet, denn bei der Mehrzahl der Einwohner fehlt nicht nur der gute Wille, sondern auch jedes Verständnis für Reinlichkeit, hier konnte nur Zwang helfen, und es ist nicht zuviel gesagt: dass die deutsche Verwaltung durch keine Maßnahme bei der Bevölkerung so starke heimliche Unzufriedenheit erregt wie hierdurch."[21] Strecker fährt fort: „Was es in dem eroberten Gebiet noch alles zu tun gibt, erhellt sich aus diesem Beispiel; eine ganze Bevölkerung erwachsener Menschen müssen [sic!] zu den gröbsten Anfängen körperlicher Sauberkeit noch gezwungen werden!"[22] Die passive Bevölkerung wird dennoch allmählich zu einem neuen Leben erzogen werden: „Werdet ihr nicht bald zu ähnlichen Überraschungen kommen, ihr Litauer, Letten, Juden, Polen, Weißrussen des Ostgebietes, wenn ihr euch erst an die verdammte Reinlichkeit gewöhnt habt?"[23]

Festzuhalten bleiben der ausgesprochen deutsche Charakter der Verwaltung, ihre militärische Prägung und die felsenfeste Annahme, dass die einheimische Bevölkerung nur

15 Strecker, Auf den Spuren (wieAnm. 5).
16 Ebenda, S. 9.
17 Ebenda, S. 11.
18 Ebenda, S. 17.
19 Ebenda, S. 31.
20 Ebenda, S. 24.
21 Ebenda, S. 28.
22 Ebenda, S. 28.
23 Ebenda, S. 30.

begrenzt kollaborationsfähig sei. Zusammen schufen diese Faktoren nur sehr eingeschränk-
te Voraussetzungen und Möglichkeiten für eine „geglückte" Kollaboration.

IV. Kollaboration aus der Sicht der Einheimischen

Das Nachdenken über Kollaboration war das Produkt einer nationalistischen Elite unter den
Einheimischen in Ober Ost – einer Elite, der sehr wohl bewusst war, dass eine nationale
Identität in der breiten Bevölkerung nicht ausgeprägt war. Diese selbstbewusste nationalisti-
sche Elite arbeitete deswegen gezielt daran, in den sich rasch verändernden Zuständen des
Ersten Weltkriegs nationale Bekenntnisse zu fördern; dies gilt im Übrigen auch für viele
andere nationale Eliten jener Zeit, wie es Aviel Roshwald beschrieben hat.[24]

Der Fall der litauischen Taryba (Landesrat) mit ihrem komplizierten und oft konfliktrei-
chen Verhältnis zu den deutschen Behörden ist bekannt. Weniger bekannt, aber ebenfalls
von großem Interesse sind die zeitgleichen Entwicklungen auf dem flachen Land und unter den „einfachen" Leuten. Wie der Fragenkomplex „Kollaboration" damals und später
wahrgenommen wurde, erhellen Quellen, in denen Anekdoten und Erinnerungen aus der
Okkupationszeit tradiert werden (obwohl die einzelnen Details oft schwer zu verifizieren
sind). Es handelt sich um ein Genre, das es noch viel mehr zu erforschen gilt. Zwei derartige
Quellen, die ich hier anführen möchte, sind die Bücher von J. Silietis und Petras Ruseckas.[25]
Das Buch von Silietis ist noch heute älteren Litauern in Erinnerung geblieben. Es ist eine
Sammlung von Zeichnungen und Texten über Vorkommnisse in Ober Ost. Diese Quellen
illustrieren, dass in Fällen, in denen für Nationalisten das wesentliche Problem ein Fehlen von Selbstbewusstsein, „Susipratimas", war, Kollaboration bzw. derer Verurteilung eine
vergleichsweise nebensächliche Angelegenheit blieb. Aus nationalistischer Sicht galt unter
diesen Voraussetzungen Kollaboration ohne Nationalbewusstsein eher als eine Tragödie als
ein Verbrechen – und sie wurde mehr für ein Missverständnis, aber nicht für Verrat gehalten.

Das tritt in diesen Quellen besonders in der Selbstkritik der Litauer hervor, die nicht
zu den sonst üblichen triumphalen nationalistischen Narrativen passt. Die Quellen unterstreichen, dass die Litauer zu diesem Zeitpunkt selbst oft für das Leiden der Kriegszeit
mitverantwortlich waren, doch nicht immer aufgrund von Kollaboration: „Viel Übel war
auch unsere Schuld", wird da geschrieben, oder: „Nicht nur die Deutschen haben unsere
Flüchtlinge beraubt, sondern auch die eigenen Leute, meistens Nachbarn."[26] Der endemische
Schmuggel gehört ebenfalls in diesen Zusammenhang.

In nächster Nähe zur Kollaboration standen diejenigen einheimischen Männer, die als
Amtsvorsteher eingesetzt wurden: „das war der einzige ‚Vertreter' des litauischen Volkes,
der deutsche Amtsvorsteher, aus unseren Leuten eingesetzt. Er musste den deutschen Angelegenheiten dienen und wurde für die kleinste Vernachlässigung [neistikimybė] schwer
bestraft. Nur Schurken verblieben länger in diesem Amt, und wurden den Leuten der Ge-

---

24 Aviel Roshwald, Ethnic Nationalism and the Fall of Empires: Central Europe, Russia, and the
   Middle East, 1914–1923. London 2001.
25 J. Silietis, Vokiečių okupacija Lietuvoje 1915–1919 m. paveiksleliuose ir trumpuose ju
   aprašymuose [Die deutsche Besatzung in Litauen 1915–1919 in Bildern und kurzen Beschreibun-
   gen]. Kaunas 1922; Lietuva didžiajame kare [Litauen im Großen Krieg], hrsg. v. Petras Ruseckas.
   Vilnius 1939.
26 Lietuva didžiajame kare (wie Anm. 25), S. 207; Silietis, Vokiečių okupacija (wie Anm. 25), S. 24.

gend eine wirkliche Peitsche."[27] In den Quellen ist von vielen solchen Amtsvorstehern oder Ältesten die Rede. Im Dorf Oginiai in der Gegend von Panėvežys gab es zwei Amtsvorsteher, die früher anständige Männer gewesen waren, aber durch Machtmissbrauch ihren guten Ruf verloren.[28] Der Älteste von Zapyskis namens Savickas war zwar auch „ein wirklicher Litauer, aber hatte sich den Deutschen verkauft".[29] Gewalttätig und bereit, die Nachbarn zu denunzieren, wurde diesem Schergen („pakalikas'") angeblich von den Deutschen mehr und mehr Macht zugeteilt, bis er so etwas wie ein „großer Gouverneur" gewesen sein soll. Unter den „einfachen Leuten" gab es solche, die Nachbarn denunzierten. In der Gegend von Siluva verriet ein Viktoras Vitkus seinen Nachbarn, „aber man weiß nicht, aus welchen Gründen".[30] In einem anderen Fall wurde ein eingeheirateter Verwandter „aus Neid oder anderen Ursachen" denunziert.[31] Der unklare Charakter der angeblichen Beweggründe für diese Beispiele von Kollaboration muss unterstrichen werden. Nach dem Abrücken der Deutschen wurden viele dieser Leute von ihren Mitbürgern bestraft. Einer der Amtsvorsteher in Oginiai wurde so schwer zusammengeschlagen, dass er kurz darauf starb.[32] Der „große Gouverneur" Savickas wurde vom ganzen Dorf aus Rache für alle seine Missetaten verprügelt. Jedoch konnte er entkommen, weswegen nur die Reste seiner zurückgelassenen Kleidung zerstört wurden. Einige Tage später starb er jedoch trotz seiner erfolgreichen Flucht, weil er wiederholt in warmes und kaltes Wasser geworfen worden war.[33] Ein anderer Denunziant, Urbas aus dem Dorf Lenciu, starb zwar eines natürlichen Todes, galt aber aus der Furcht vor Vergeltung als besessen.[34] In unserem Zusammenhang sind die Gründe, die für die Kollaboration angegeben werden, entscheidend: mangelndes Selbstbewusstsein oder die andauernde „Dunkelheit" des Volkes: „Nachbarn haben uns verraten (...) In diesen Zeiten konnten die dunkleren Nachbarn mit ganz leichtem Herzen den Okkupanten dienen und selbst den nächsten Nachbarn verraten. Das geschah oft, um persönliche Rechnungen zu begleichen."[35]

Die angeblich besondere Rolle von Frauen in diesen Tragödien wurde hervorgehoben. Silietis berichtet von „veränderten Rollen: Der Krieg hat Menschen verdorben und Familien zerstört: der Mann hat in deutscher Gefangenschaft gelitten, während seine Frau in Litauen oft mit einem Deutschen zusammengelebt hat".[36] Angeblich gab es auch Fälle, in denen zurückkehrende Männer von deutschen Liebhabern ihrer Frauen erschossen wurden.[37] Litauer berichteten mit Genugtuung davon, dass solche Frauen von den abziehenden Soldaten zurückgewiesen und nicht mitgenommen wurden.[38] Eine Photographie im Buch von Ruseckas zeigt Frauen, die mit deutschen Soldaten zusammen trinken. Die Bildunterschrift

---

27 Silietis, Vokiečių okupacija (wie Anm. 25), S. 66.
28 Lietuva didžiajame kare (wie Anm. 25), S. 172.
29 Ebenda, S. 216.
30 Ebenda, S. 110.
31 Ebenda, S. 109.
32 Ebenda, S. 172.
33 Ebenda, S. 222.
34 Ebenda, S. 204.
35 Ebenda, S. 257.
36 Silietis, Vokiečių okupacija (wie Anm. 25), S. 139.
37 Ebenda, S. 140.
38 Ebenda, S. 147.

ist bezeichnend: „Unter uns gab es ehrenlose, unsittliche, unsichere [nesusipratusių] Menschen, die mit den Deutschen fraternisiert und gesoffen haben. Diese Verbrüderung und Geselligkeit war unter den Frauen besonders unwürdig.“[39] Wieder fällt die Hervorhebung eines Mangels an Selbstbewusstsein ins Auge.

Eine andere Dimension war die der ethnischen Verschiedenheiten oder Verwandtschaften bzw. deren Zweideutigkeiten. Die Quellen belegen Reibungen zwischen Litauern und einheimischen Deutschen in Litauen oder „litauischen Deutschen“, wie sie manchmal genannt wurden.[40] Zum Beispiel wurde berichtet: „In der Gegend von Suvalki gibt es den einen oder anderen Deutschen oder verdeutschten evangelischen Litauer. Unter denen sind auch anständige Leute. Aber die Mehrheit ist, nachdem die Deutschen das Land okkupiert haben, zu deutschen Spionen geworden: Amtsvorsteher, Dolmetscher, Gesandte und diejenigen, die geradezu Verräter an den Litauern wurden. Nach den Berichten solcher Verräter haben die Deutschen die ansässigen Leute verhaftet, vertrieben, zusammengeschossen, meistens Nachbarn der Verräter.“[41] Es gibt Anekdoten über einheimische Protestanten unklarer nationaler Herkunft, die benachbarte Bauern wegen versteckter Pferde denunzierten: „Unser Nachbar hat ihnen erzählt über unsere Pferde. Er als Evangelischer dachte, dass er ein Deutscher sei. In seiner Familie aber war er der einzige, der Deutsch konnte, aber sein Familienname war rein litauisch.“[42] Eine entgegengesetzte Spiegelung dieser ethnischen Unklarheiten und Zweideutigkeiten zeigt sich in dem Lob für die Humanität deutscher Soldaten, die Kleinlitauer aus Ostpreußen waren.[43] Zusammenfassend lässt sich sagen, dass die Situation verworren und aus der Sicht der litauischen Aktivisten gekennzeichnet war durch ein mangelndes nationales Selbstbewusstsein.

V. Nachkriegskämpfe

Abschließend möchte ich kurz eine Hypothese wagen: Als die Schwelle zur litauischen nationalen Eigenständigkeit mit der deutschen Niederlage im November 1918 überschritten worden war, änderte sich die Situation von Grund auf. Mit den Anfängen einer unabhängigen litauischen Staatlichkeit erschienen die kleinen, aber doch so gewichtigen Symbole nationaler Souveränität: die Nationalfahne, Staatsbeamte und Behörden, Soldaten und Polizisten mit Uniformen. Es entstand auch eine veränderte moralische Bewertung der Kollaboration. Was früher als verzeihbar galt, bekam eine andere und viel ernstere Bedeutung. Von Silietis werden die ersten Stadien der Unabhängigkeit als eine Zeit der Entscheidung zwischen konkurrierenden Loyalitäten dargestellt: „Einige nach Kaunas, andere nach Warschau: Litauische Freiwillige, brennend mit Liebe für das Vaterland sind nach Kaunas geeilt, um eine Armee zum Schutz des Vaterlandes zu gründen, während Litauens polonisierter [sulenkeje] Adel nach Warschau reiste, um Legionen gegen Litauen und seine Unabhängigkeit zu bilden. Geführt von Żeligowski haben diese Verräter später Litauen seine Hauptstadt Vilnius entrissen.“[44]

---

39 Lietuva didžiajame kare (wie Anm. 25), S. 160.
40 Ebenda, S. 99.
41 Ebenda, S. 242.
42 Ebenda, S. 61.
43 Ebenda, S. 220 u. 243-246.
44 Silietis, Vokiečių okupacija (wie Anm. 25), S. 151.

Aus der Sicht der deutschen Quellen über die Freikorps sieht dieser Prozess wie folgt aus: Die Freikorpskämpfer, die so genannten Baltikumer, waren sehr empfindlich gegenüber den symbolischen nationalen Anfängen und bekämpften sie. In Erinnerungen und in populären Freikorpsromanen spielen Fragen der „richtigen" Uniform eine bedeutende Rolle.[45] Dort wird beschrieben, wie die nagelneuen einheimischen Uniformen verglichen mit den abgetragenen deutschen als verrückte Travestie empfunden wurden. All das bezeugt eine tiefgehende Beunruhigung über die offensichtlichen Umwälzungen von Hierarchien und Rangordnungen unter den Völkern. In diesen Quellen spielen Mitarbeit oder Kollaboration mit baltischen Einheimischen beinahe keine Rolle mehr.

Ganz anders die litauische Sicht: Litauer, die den deutschen Freikorps oder deren Verbündeten, der Weißen Russischen Armee von Fürst Bermondt-Awaloff (die zusammen „Bermontininkai" genannt wurden) halfen, wurden jetzt sehr scharf verurteilt. Das Buch von Silietis behauptet, dass einheimische Räuber die Bermondttruppen unterstützt hätten und ein Spionagenetzwerk aus dem „Abschaum der Gesellschaft" zusammengewürfelt worden sei.[46] Anders bewertet wurde ein weiterer Fall von „Kollaboration", nämlich der der verwaisten Kinder. Der Text unter der Fragestellung „Auch ein Bermondtist?!" erläuterte: „Mit aller Art von glänzenden Kleinigkeiten und Versprechen haben die Bermontininkai Banden von obdachlosen Kinder gelockt und organisiert – das konnten die Bürger von Litauen niemals ohne Herzensweh und Empörung ansehen."[47] Moralisch wurden diese Kinder also nicht sogleich verurteilt, sondern sie galten wie in früherer Zeit als ein Beispiel für die Folgen mangelnden Nationalbewusstseins.

Als letztes Beispiel für die steigende Aktualität von Kollaborationsvorwürfen wäre aus dem benachbarten Lettland der lettische Pastor Andrievs Niedra zu nennen. Nach dem Libauer Putsch der Deutschbalten und des Freikorps vom 16. April 1919 gegen die Regierung von Karlis Ulmanis führte Niedra eine kurzlebige pro-deutsche Marionettenregierung. Er wurde 1924 vor Gericht gestellt und 1926 aus Lettland ausgewiesen. Seine Erinnerungen (in drei Teilen 1923, 1924 und 1930 erschienen) hießen „Erinnerungen eines Verräters der Nation". So wurde er schon seit 1919 genannt. Der Untertitel „Kampf gegen den Bolschewismus" sollte jedoch eine Apologie für die Kollaboration anbieten.[48]

VI. Schluss

Als Schlussfolgerung der vorgestellten Überlegungen lässt sich bezüglich des Themas Kollaboration ein klares Moment erkennen: Die Fallstudie zu den deutsch-litauischen Beziehungen und Zukunftsvorstellungen zeigt, dass Kollaboration den Gesetzen wechselhafter Entwicklungen unterlag und von einer steigenden nationalen Selbstidentifikation geprägt war.

---

45 Z.B. Joseph Bischoff, Die letzte Front. Geschichte der Eisernen Division im Baltikum 1919. Berlin 1935.
46 Silietis, Vokiečių okupacija (wie Anm. 25), S. 173 u. 176.
47 Ebenda, S. 170.
48 Hans von Rimscha, Die Episode Niedra, in: Von den baltischen Provinzen zu den baltischen Staaten 1918–1920, hrsg. v. Jürgen von Hehn, Hans von Rimscha u. Hellmuth Weiss. Marburg a.d.L. 1977, S. 237-326.

Christoph Dieckmann

Kollaboration? Litauische Nationsbildung und deutsche Besatzungsherrschaft im Zweiten Weltkrieg

Die Zusammenarbeit mit dem deutschen Feind stellte eines der zentralen Phänomene der deutschen Vorherrschaft in Europa im Zweiten Weltkrieg dar und wird gemeinhin mit dem Begriff der „Kollaboration" umschrieben. Nicht nur in Litauen, sondern in allen besetzten Ländern ist ohne die Untersuchung des Verhältnisses zwischen deutschen Besatzern und der nichtdeutschen Bevölkerung eine plausible Analyse der Praxis der deutschen Herrschaft nicht möglich. Von deutscher Seite gab es – im Sinne der „Kalkulation des direkten oder indirekten Kräftegewinns"[1] – ein klares Interesse an bestimmten Formen der Zusammenarbeit. Aufgrund ihres Personalmangels standen vor allem deutsche Besatzungstruppen und -verwaltungen vor der Schwierigkeit, die einheimische Bevölkerung nur mit Hilfe der Institutionen des jeweiligen Landes kontrollieren zu können.[2] Die Förderung einer breiten Kooperation wurde damit zu einer der wichtigsten Aufgaben deutscher Besatzungspolitik.[3] Durch die Mitwirkung von ausgewählten einheimischen Führungsgruppen sollten Unruhen und Widerstand vermieden werden.[4] Dabei kam es nicht nur zur Zusammenarbeit mit den faschistischen Bewegungen, sondern auch mit den Verwaltungen, den Wirtschaftsverbän-

1 Werner Röhr, Okkupation und Kollaboration, in: Okkupation und Kollaboration (1938–1945). Beiträge zu Konzepten und Praxis der Kollaboration in der deutschen Okkupationspolitik, zusammengest. u. eingel. v. dems. Berlin/Heidelberg 1994 (Europa unterm Hakenkreuz. Ergänzungsband 1), S. 59-84, hier S. 60.
2 Raul Hilberg hat darauf hingewiesen, dass „der geringe Personalbestand" einer der „auffallendsten Aspekte des deutschen Verwaltungsapparates" gewesen sei, „namentlich in jenen Gebieten außerhalb des Reichs, in denen der Großteil der Opfer" ermordet wurde. Er meint dann allerdings, die Effektivität sei auf den deutschen Willen zur Perfektion zurückzuführen. Während in seiner Darstellung die Zusammenarbeit Einheimischer mit den Deutschen eine durchaus wichtige Rolle spielt, beschränkt er sich in seiner Schlussanalyse auf deutsche Täter und jüdische Opfer und lässt die nichtdeutsche einheimische Tatbeteiligung unberücksichtigt. Raul Hilberg, Die Vernichtung der europäischen Juden. Durchges. u. erw. Ausgabe, Frankfurt a.M. 1990 (zuerst 1961), Bd. 3, S. 1071 f.
3 Vgl. Kooperation und Verbrechen. Formen der „Kollaboration" im östlichen Europa, hrsg. v. Christoph Dieckmann, Babette Quinkert u. Tatjana Tönsmeyer. Göttingen 2003 (Beiträge zur Geschichte des Nationalsozialismus. 19); zu Nord- und Westeuropa vgl. die geringen Zahlen des deutschen Besatzungspersonals bei Hans Werner Neulen, Deutsche Besatzungspolitik in Westeuropa – zwischen Unterdrückung und Kollaboration, in: Deutschland 1933–1945. Neue Studien zur nationalsozialistischen Herrschaft, hrsg. v. Karl Dietrich Bracher, Manfred Funke u. Hans-Adolf Jacobsen. Düsseldorf 1992, S. 404-425, hier S. 412.
4 Polen und große Teile der besetzten Sowjetunion bildeten insofern eine Ausnahme, als dort ein Teil der einheimischen Führungsschichten systematisch ermordet wurde. Der Rückgriff auf einheimisches Personal fand jedoch ebenfalls statt.

den, der Polizei sowie den paramilitärischen Gruppierungen. Die Führungsschichten dieser Instanzen setzten sich in den meisten Fällen in weltanschaulicher Hinsicht aus Rechtskonservativen und Rechtsextremen zusammen, die mal konfliktreich, mal reibungslos kooperierten.[5]

Die Zusammenarbeit von einheimischen Instanzen mit einer feindlichen Besatzungsmacht ist völkerrechtlich legitimiert, da ohne ein Mindestmaß an lokaler Mitarbeit das alltägliche Leben der Bevölkerung nicht zu sichern ist.[6] Während des Zweiten Weltkrieges gewann eine Zusammenarbeit mit den Deutschen allerdings eine besondere Brisanz, da die Selektierung, Deportation und Ermordung bestimmter Bevölkerungsgruppen, insbesondere der jüdischen Bevölkerung, und in bestimmten Regionen die Zerstörung der Existenzgrundlagen der Zivilbevölkerung insgesamt zum Kernbestand deutscher Besatzungspolitik gehörten. Damit wirft die Frage nach der Kooperation von Einheimischen zugleich auch die Frage nach dem Verhältnis dieser Kooperation zu den Massenverbrechen auf.

Es geht um die Untersuchung eines ebenso dynamischen wie komplexen Prozesses der Interaktion zwischen Besatzern und Besetzten. Im Folgenden wird im ersten, methodisch ausgerichteten Teil in Frage gestellt, ob der Begriff der Kollaboration dabei ein nützliches Instrument darstellt. Dem knapp skizzierten Beispiel des historiografisch gut untersuchten französischen Falles folgt ein Rückgriff auf den alten und weithin vergessenen Ansatz von John A. Armstrong zur Untersuchung der Kooperation mit den Deutschen im östlichen Europa. Schließlich werde ich meine These aufgrund des litauischen Falles genauer ausführen.

Methodische Überlegungen

Taugt der Begriff der „Kollaboration" für die Analyse der historischen Sachverhalte und Zusammenhänge während der deutschen Vorherrschaft in Europa von 1938 bis 1945? Gegen Ende des Zweiten Weltkrieges und in den ersten Nachkriegsjahren ist der Begriff „Kollaboration" in Europa zu einem hoch aufgeladenen, politischen Kampfbegriff geworden – und er ist es bis heute geblieben.[7] Die Zusammenarbeit mit dem Feind, dem Besatzer des eigenen Staates, wurde von Seiten des Widerstandes und in vielen Fällen auch vor Gericht

---

5 Vgl. als Überblick zu Gemeinsamkeiten und Auseinandersetzungen zwischen den rechten Bewegungen Stanley Payne, Geschichte des Faschismus. Aufstieg und Fall einer europäischen Bewegung. München/Berlin 2001 (zuerst London 1995), S. 461, 479-496 (zu Rumänien, Frankreich, Slowakei), S. 508-517 (zu Ungarn); jetzt auch Robert O. Paxton, The Anatomy of Fascism. New York 2004; anhand des Falles der Slowakei und Kroatien zeigt die rechtskonservative Dominanz auch John A. Armstrong, Collaborationism in World War II: The Integral Nationalist Variant in Eastern Europe, in: Journal of Modern History 40 (1968), S. 396-410, hier S. 402; zu Polen in diesem Sinne schon Jan T. Gross, Polish Society under German Occupation. The Generalgouvernement 1939–1944. New Jersey 1979, S. 120-123; vgl. Röhr, Einleitung, in: Okkupation (wie Anm. 1), S. 17-30, hier S. 26.
6 Vgl. Haager Landkriegsordnung 1907, Art. 42-56, insbesondere Art. 43. Veröffentlicht in: Reichsgesetzblatt 1910, S. 147-151. Vgl. zur deutschen zeitgenössischen Haltung: Recht der Landkriegsführung. Die wichtigsten Abkommen des Landkriegsrechts, erläutert v. Dr. Alfons Waltzog. Berlin 1942, S. 73-83.
7 Vgl. zum semantischen Wandel des Begriffes: Hans Lemberg, Kollaboration in Europa mit dem Dritten Reich um das Jahr 1941, in: Das Jahr 1941 in der europäischen Politik, hrsg. v. Karl Bosl. München/Wien 1972, S. 143-162, hier S. 143; Gerhard Hirschfeld, Fremdherrschaft und Kollaboration. Die Niederlande unter deutscher Besatzung. Stuttgart 1984, S. 7.

als „Verrat" an der eigenen Nation, der besetzten Gesellschaft, gegeißelt. Der Begriff der
„Kollaboration" ist seither sehr eng mit den nationalistischen Diskursen verknüpft, die seit
dem Ende des 18. Jahrhunderts postulierten, die Bevölkerung schulde der „Nation" und dem
Staat absolute Treue und Loyalität. Ein Versuch, „Kollaboration" wieder aus diesem semantischen Feld des Nationalismus – von Loyalität, Treue und Verrat – zu lösen, erschiene zwar
wünschenswert, aber vergeblich und aussichtslos. Aufgrund dieser nicht mehr umkehrbaren
semantischen Veränderungen halte ich den Begriff der „Kollaboration" als historiografi-
sches Analyseinstrument gleichsam für „verbrannt". Es erscheint einfacher, die Geschichte
des Kollaborationsvorwurfes zu schreiben, als zum Kern der Sache selbst zu kommen, die
sich immer wieder entzieht. Für historische Fragestellungen halte ich daher den Begriff der
„Kollaboration" eher für einen Teil des Problems, das es zu historisieren gilt, als für einen
Teil der Lösung. Werner Röhr hat den ambitioniertesten Versuch vorgelegt, verschiedenste
Formen der „Kollaboration" möglichst trennscharf zu definieren.[8] Und er musste scheitern,
weil es auch ihm nicht gelingen konnte, das semantische Feld von Treue und Verrat zu
verlassen. Dabei macht es analytisch keinen Unterschied, ob als Beziehungsgröße eine Nation, eine Bevölkerungsgruppe oder eine soziale Klasse gewählt wird. Bei den von Röhr
vorgeschlagenen Definitionskriterien handelt es sich im Kern um Wert- und Ermessensfra-
gen. Bei juristischen Fragestellungen käme man nicht umhin, die Ermessensfrage immer
wieder dahingehend zu entscheiden, wo genau die Grenze liegen soll zwischen Verrat und
Treue, zwischen einem Verhalten, das der besetzten Bevölkerung nützt, und einem, das der
besetzten Bevölkerung schadet. Als Historiker müsste man aber jeweils Eindeutigkeiten in
einem Feld behaupten, auf dem man es fast durchweg mit ambivalenten und vielgestaltigen
Phänomenen zu tun hat, gleichviel, ob nach Motiven, Gründen (Röhr nennt sie „reale Gründe"), Interessen oder Folgen gefragt wird. Das würde der Geschichtswissenschaft gleichsam
juristische Urteilsfreudigkeit zumuten – ein Ansinnen, das eher Skepsis hervorrufen sollte.

Mit anderen Worten: Ich plädiere für eine Historisierung des Begriffes der „Kollaboration" und würde seine Verwendung als Analyseinstrument für Historiker eher in Frage
stellen und vermeiden. Das heißt natürlich nicht, dass man sich des Urteils und der Bewertung enthalten sollte. Nur bedarf es dazu nicht des Begriffes der Kollaboration in seiner
Bedeutung als „Landesverrat".

Der klassische Fall der „collaboration": Das Vichy-Regime

Als Marschall Philippe Pétain im Oktober 1940 mit dem Schlagwort der „collaboration" die
Formel prägte, die die künftige Zusammenarbeit zwischen dem unbesetzten Teil Frankreichs
und NS-Deutschlands kennzeichnen sollte, schwebte dem Vichy-Regime vor, dass die „collaboration" ihm Handlungsspielräume eröffne, um einerseits die französische Souveränität
unter den Bedingungen deutscher Besatzungs- und Vorherrschaft zu bewahren und andererseits im Inneren eine von rechtsnationalistischer Weltanschauung geprägte „révolution

---

8   Röhr, Okkupation (wie Anm. 1). Weitere Definitionsvorschläge stammen u.a. von Czesław Madaj-
    czyk, Zwischen neutraler Zusammenarbeit der Bevölkerung okkupierter Gebiete und Kollaboration
    mit den Deutschen, in: Okkupation (wie Anm. 1), S. 45-58; David Littlejohn, The Patriotic Traitors.
    A History of Collaboration in German-Occupied Europe, 1940–45. London 1972; Gross, Polish
    Society (wie Anm. 3), S. 117-144, bes. S. 131 ff.

nationale" zu forcieren.[9] Die „Kollaboration" nach außen und die „révolution nationale" nach innen stellten zwei Seiten derselben Medaille dar. Die dominierenden Gruppen von Vichy hatten sich zur Zusammenarbeit mit den Deutschen entschieden und folgten dabei nicht nur vermeintlichen Sachzwängen der Politik unter deutscher Vorherrschaft. Die Innenpolitik Frankreichs blieb auch während dieser Phase von den politischen Ereignissen und Konstellationen der 1930er Jahre geprägt. Die „nationale Revolution" entsprach der bereits vor dem Krieg seitens des breiten Spektrums der französischen Rechten postulierten konservativ-klerikalen, ständestaatlichen, antikommunistischen und antiliberalen Neuorganisation des französischen Staates. Die „nationale Revolution" in Frankreich zielte auf eine Revision der vermeintlichen Schwäche des republikanischen Vorkriegsstaates. Diese Intention war nicht „rückwärts" gerichtet, sondern implizierte eine autoritäre antidemokratische Modernisierung, wie die französische Politik besonders in der Wirtschafts- und Jugendpolitik deutlich machte, aber auch in der Politisierung der Verwaltung, der Verstaatlichung und Erweiterung der französischen Polizei und der Reorganisation der Justiz. Gespeist war diese „nationale Revolution" von einer autoritären Staatsphilosophie, die sich vor allem in diametralem Gegensatz zum republikanischen Modell sah.[10] Geeint durch den Kult um Pétain, einer gemeinsamen Verachtung der Demokratie, oft auch von Rachegedanken gegenüber der Volksfront der 30er Jahre und einem massiven Antikommunismus, sollte eine „Gemeinschaft der Franzosen" auf Kosten auszugrenzender ganzer Bevölkerungsteile geschaffen werden. Die vermeintliche Krise der Zwischenkriegszeit sollte durch die „Vorstellung von der Einheit der Nation als einem organischen Ganzen im Gegensatz zur Souveränität von gleichberechtigten Individuen" überwunden werden.[11] Der europäische Kriegszustand erleichterte die Aufhebung moralischer und rechtlicher Barrieren. In gewisser Hinsicht bot somit die Niederlage Frankreichs eine Legitimation für die rechten Gruppierungen Frankreichs, und sie instrumentalisierten sie, um die Instanzen der Dritten Republik zu zerschlagen. Außen- und Innenpolitik waren somit unlösbar miteinander verbunden, die „collaboration" mit Deutschland und die „nationale Revolution" gehörten zusammen. Marschall Pétain war zwar „Schutzschild", aber nur selektiv. Die Feindseligkeiten mit Deutschland waren mit dem Waffenstillstand eingestellt, und mit den nationalsozialistischen Deutschen hatte man die gleichen Feinde: Juden, Demokraten, Kommunisten und Liberale.[12] Die deutsche Herrschaft schuf nun gewissermaßen ein Alibi zur Forcierung der aus der Vorkriegszeit stammenden Vorhaben. Am französischen Beispiel ist die Verbindung

---

9 Vgl. die historiografischen Arbeiten zu Frankreich unter deutscher Besatzungs- und Vorherrschaft, die durch bahnbrechende Analysen von Robert Paxton und Stanley Hoffmann in den 60er Jahren angeregt wurden. Robert O. Paxton, Vichy France. Old Guard and New Order 1940–1944. Paris 1972; Stanley Hoffmann, Collaborationism in France during World War II, in: Journal of Modern History 40 (1968), S. 375-395; historiografischer Überblick bis 1990 bei Jean Pierre Azéma, Vichy et la mémoire savante: quarante-cinq ans d'historiographie, in: Le Régime de Vichy et les Français, hrsg. v. dems. u. François Bédarida. Paris 1992, S. 23-44; vgl. zuletzt in deutscher Sprache Marc Olivier Baruch, Das Vichy-Regime. Frankreich 1940–1944. Stuttgart 1999 (zuerst Le régime de Vichy. Paris 1996).

10 Vgl. Baruch, Vichy-Regime (wie Anm. 9), S. 126-131 u. 136-143.

11 Ebenda, S. 195-199.

12 Robert Frank, Deutsche Okkupation, Kollaboration und französische Gesellschaft 1940–1944, in: Okkupation (wie Anm. 1), S. 87-100, hier S. 89 u. 91 (Zitat).

einer bestimmten Form von Nationalismus und Kollaboration mit den Deutschen klar zu erkennen.

Diese Weltanschauung und ihre innenpolitische Umsetzung waren aber nicht nur in Frankreich, sondern in ganz Europa die Politik der rechten und faschistischen Bewegungen. Auch der Blick auf andere Länder unter deutscher Besatzungs- und Vorherrschaft weist darauf hin, dass es die jeweiligen nationalen Konstellationen der 30er Jahre waren, die die einheimische Politik auch unter deutscher Vorherrschaft in der ersten Hälfte der 40er Jahre maßgeblich mitprägten. Gleichwohl handelt es sich dabei immer auch um Reaktionsweisen auf die deutsche Herrschaft, und in der Historiographie sind zahlreiche differenzierende Analysen vorgelegt worden. Im deutschen Sprachraum hat vor allem Gerhard Hirschfeld wiederholt und mit großem Recht auf die fließenden Übergänge zwischen den möglichen Reaktionsweisen auf die NS-Besatzungsherrschaft hingewiesen.[13] Von einer klaren Dichotomie zwischen „Kollaboration" und Widerstand kann bei näherer Betrachtung oftmals kaum die Rede sein. Die Verhaltensweisen – angefangen vom so genannten Kollaborationismus über Akkomodation, Attentismus und Dissens bis hin zu unbewaffnetem oder bewaffnetem Widerstand – variierten je nach Zeitpunkt und Tätigkeitsfeld.[14] Das so entstehende Bild ist damit facettenreich und kompliziert. Zustimmung und Ablehnung zu einzelnen Aspekten der Politik der Besatzer bestanden meist zur gleichen Zeit nebeneinander, und das Verhältnis zwischen Zustimmung und Ablehnung war zudem noch häufigen Schwankungen unterworfen.

Der Ansatz von John A. Armstrong: das östliche Europa

Für das östliche Europa hat John A. Armstrong schon Ende der 60er Jahre am Beispiel der Ukraine, Kroatiens und der Slowakei wegweisende Anstöße zur Untersuchung des Phänomens der Zusammenarbeit mit den Deutschen gegeben.[15] Armstrong sah keinen Gegensatz zwischen Nationalismus und „Kollaboration", sondern zeigte die Verbindung von „Kollaboration" mit Formen des ethnischen Nationalismus auf. Die rechten nationalistischen Gruppen nannte Armstrong „integrale" Nationalisten, deren Abgrenzung zu faschistischen Bewegun-

---

13 Gerhard Hirschfeld, Kollaboration in Frankreich – Einführung, in: Kollaboration in Frankreich. Politik, Wirtschaft und Kultur während der nationalsozialistischen Besatzung 1940–1944, hrsg. v. dems. u. Patrick Marsh. Frankfurt a.M. 1991 (zuerst Oxford [u.a.] 1989), S. 14 f.

14 Kollaborationismus meint die Haltung, die Werte und Feindbilder mit den deutschen Nationalsozialisten teilte. Vgl. Hoffmann, Collaborationism (wie Anm. 9); Akkomodation (Anpassung) meint ein gewisses Maß des Sich-Einlassens auf Forderungen des Besatzers. Vgl. Philippe Burrin, Living with Defeat. France under the German Occupation, 1940–1944. London (u.a.) 1996 (zuerst La France à l'heure Allemande 1940–1944. Paris 1995). Attentismus bezeichnet eine abwartende Haltung, wie sich die Dinge entwickeln würden. Dissens meint Formen der Untätigkeit und stummer Opposition, Formen weniger bedeutenden zivilen Ungehorsams, die zwar Teile des Regimes ablehnten, aber nicht im Grundsatz widerständig sein wollten. Vgl. Ian Kershaw, Popular Opinion and Political Dissent in the Third Reich: Bavaria 1933–1945. Oxford 1983. Den Einsatz von Dissenstechniken durch die slowakische Regierung zur Durchsetzung eigener politischer Ziele gegenüber der deutschen Gesandtschaft und den ihr zugeordneten Beratern untersucht Tatjana Tönsmeyer, Das Dritte Reich und die Slowakei 1939–1945. Politischer Alltag zwischen Kooperation und Eigensinn. Paderborn 2003.

15 Armstrong, Collaborationism (wie Anm. 5), S. 404-409.

gen er mit Recht jedoch als sehr fließend beschrieb. Er betonte, zu einer Zusammenarbeit mit den Deutschen sei es seitens dieser Gruppierungen vor allem in den Fällen gekommen, in denen es keine Interessenkonflikte gegeben habe. Zwar gab es diese Konflikte in zunehmendem Maße im Verlauf des Zweiten Weltkriegs, aber die Absicht der „Reinigung" der Nation durch „Eliminierung von Feinden" drückte nach Armstrong ein gemeinsames Grundprinzip aus. Die Feinddefinitionen von Integralisten und Nationalsozialisten seien in Teilen identisch gewesen: antijüdisch, antidemokratisch und antikommunistisch. Bei ukrainischen Organisationen sei das starke antipolnische Moment noch hinzu gekommen. Der Krieg wurde als eine weitere Phase im Kampf gegen alte Feinde begriffen. Die Nationalsozialisten wurden dabei zeitweise als schwierige, aber notwendige Verbündete angesehen.

Wesentlich erscheinen mir an diesem Ansatz folgende Aspekte zu sein: Es wird nicht von vornherein von einem Gegensatz von Kooperation mit dem Feind und nationalistischer Motivation ausgegangen. Die Handelnden auf der Seite der besetzten Gesellschaften werden als Akteure begriffen, die durchaus eigene Interessen verfolgten. Die Handelnden bewahrten – in unterschiedlich großem Maße und abhängig vom tatsächlich vorhandenen Handlungsspielraum – ihre eigene Initiative. Von herausragender Bedeutung ist dabei, dass der von den Deutschen begonnene Krieg dabei nicht so sehr als ein Krieg zwischen Staaten, sondern als ein Krieg zwischen Völkern im ethnisch-nationalistischen Sinne angesehen wurde. Die von Armstrong angesprochene gemeinsame Feinddefinition hatte ein spezifisches ethnisches oder gar biologistisch-rassistisches Verständnis von „Nation" bzw. „Volk" zur Grundlage. Es ging um die Forcierung des Prozesses der Schaffung einer ethnisch möglichst homogenen Nation – auf Kosten der mit weltanschaulichen und nationalökonomischen Legitimationen als „unerwünscht" betrachteten Gruppen und Minderheiten. Die Politik der Diskriminierung gegenüber den Minderheiten hatte häufig schon lange vor Beginn des Krieges und der Besatzung begonnen und wurde dann unter deutscher Besatzung in radikalisierter Weise fortgesetzt. Dies betraf die jüdischen Minderheiten in besonderem Maße, aber nicht nur. Die Frontlinien in den besetzten Gesellschaften verliefen nicht nur zwischen Besatzern und Besetzten, sondern es gab innenpolitisch weitere Trennlinien, die weit über die zwischen „Kollaborateuren" einerseits und den Widerstandsgruppen andererseits hinausgingen. In der Westukraine etwa eskalierte diese Konfrontation 1943/1944 zu einem extrem brutalen Bürgerkrieg zwischen Ukrainern und Polen.[16]

In weiten Teilen im östlichen Europa führten die überhohen Erwartungen, die an die Schaffung einer ethnisch homogenen Nation geknüpft wurden, zu einer Politik, die dem Ziel der Bildung einer Staatsnation alles andere unterordnete. Die in meinen Augen wesentliche moralische Problematik der Zusammenarbeit mit den Deutschen war die Beteiligung an den Verbrechen. Diese Beteiligung fand ihre Legitimation immer wieder – wenn auch nicht nur und bei weitem nicht ausschließlich – in diesem nationalistischen Rahmen.

Litauische Nationsbildung und deutsche Besatzungsherrschaft im Zweiten Weltkrieg

Litauen war das erste Land der ehemaligen Sowjetunion, das völlig von den Deutschen besetzt wurde. Über 200 000 Juden waren in die Falle geraten. Nur wenige tausend Juden

---

16 Vgl. Timothy Snyder, The Reconstruction of Nations. Poland, Ukraine, Lithuania, Belarus, 1569–1999. New Haven/London 2004, S. 154-177.

konnten fliehen. Ein halbes Jahr später waren nur noch 45 000-50 000 Juden am Leben und mussten in einigen Ghettos Zwangsarbeit für die Deutschen leisten. Nur etwa 7 000 litauische Juden überlebten den Krieg. 96% des litauischen Judentums wurden ermordet.

Die Täter des Holocaust in Litauen waren in erster Linie Deutsche: in der Zivilverwaltung, der Polizei und der Wehrmacht. Die deutsche Initiative war für das Schicksal der Juden ausschlaggebend. Dies muss besonders betont werden, denn immer wieder kursiert die Vorstellung, es sei die Initiative der Litauer gewesen, die im Sommer 1941, der Phase der extremen Radikalisierung der antijüdischen Politik, eine ausschlaggebende Rolle gespielt habe. Es stimmt zwar, dass an zahlreichen Orten Litauens gewalttätige Ausschreitungen gegen Juden noch vor Ankunft deutscher Truppen stattgefunden haben. Die Motivation lag jedoch in der Verbreitung von Terror, in Racheakten und speiste sich aus dem antisemitischen Ideologem des Kampfes gegen den „jüdischen Bolschewismus". Die Perspektive der litauischen Täter in den ersten Kriegstagen war die Diskriminierung und schließliche Vertreibung der litauischen Juden, und das Ziel bestand nicht in ihrer sofortigen und vollständigen Ermordung. Im Unterschied dazu wollte die deutsche Sicherheitspolizei den Übergang zu einer Politik der sofortigen und möglichst weitgehenden Vernichtung der litauischen Juden forcieren. Und die Eskalierung gelang der deutschen Sicherheitspolizei in einer – wenngleich nicht reibungslosen – Kooperation mit der Ende Juli 1941 eingesetzten deutschen Zivilverwaltung.

Andererseits waren es jedoch nicht allein die Deutschen. In die Ermordung der litauischen Juden waren litauische Instanzen und Teile der litauischen Bevölkerung in hohem Maße involviert. Viele wurden von Zuschauern zu Mittätern. An vielen Orten in der Provinz war das Ausmaß der litauischen Beteiligung so groß, dass die jüdischen Opfer keinen Kontakt zu Deutschen hatten. Einer der größten Schocks für die Juden bestand in der Erfahrung, dass ihre bisherigen Nachbarn sich innerhalb kürzester Zeit in lebensbedrohende Feinde verwandelten. Diese Erfahrung fand ihren Ausdruck auf der ersten Konferenz des Verbandes der überlebenden litauischen Juden in München am 14./15. April 1947 in einer kurzen Resolution „über die Schuld eines breiten Teiles des litauischen Volkes an der Ermordung der Juden Litauens": „Die Konferenz konstatiert, dass: a) alle Schichten des litauischen Volkes (die Intelligenz, die Beamten, die Bauern, die Handwerker, die Arbeiter usw.) zusammen mit den Nazi-Banditen an der Ermordung der Juden Litauens aktiv teilnahmen, besonders in der Provinz. (...) Wir, die Wenigen von ehemals 160 000 Juden Litauens, sind die lebenden Zeugen der Grausamkeiten, die Litauer gegen ihre Nachbarn begingen. Jeder von uns kann viele Fakten berichten, die die Grausamkeit des litauischen Volkes gegen unbewaffnete, flüchtende jüdische Zivilisten während der Okkupationszeit illustrieren. Zu unserem größten Bedauern müssen wir konstatieren, dass die kleineren jüdischen Orte in der litauischen Provinz ausnahmslos durch Litauer vernichtet wurden, die größeren jüdischen Ansiedlungen – mit ihrer aktiven Hilfe. (...) Der Verband der Juden Litauens in der Diaspora in Deutschland hält es für seine jüdische und menschliche Pflicht, diese Fakten der jüdischen und nichtjüdischen Öffentlichkeit zur Kenntnis zu bringen."[17]

---

17 Eigene Übersetzung aus dem Litauischen nach: Lietuvos Žydų žudynių byla. Dokumentų ir straipsnių rinkinys [Die Akte der Ermordung der litauischen Juden. Ausgewählte Dokumente und Artikel], hrsg. v. Alfonsas Eidintas. Vilnius 2001, S. 340 f. Ich habe mich mit Absicht eng an den

In dieser Erklärung ist der wesentliche Ton angeschlagen, der mit Vehemenz von jüdischer Seite – aus der Perspektive der Opfer – immer wieder vorgetragen wurde und wird. Dass Hitler und seine deutschen Schergen eine mörderische antisemitische Politik betrieben, war das eine, dass aber so viele Litauer mitmachten, darin bestand der eigentliche Schock, der sich bis heute tief in das kollektive Gedächtnis der Opfer eingegraben hat. Und weil große Teile der litauischen Bevölkerung am Holocaust beteiligt waren, konnten nur wenige tausend Juden mit der Hilfe von einheimischen Nichtjuden gerettet werden. Bis zum 1. Januar 2004 sind 513 Litauer als „Gerechte unter den Völkern" geehrt worden. Die Zahl der innerhalb Litauens geretteten Juden beträgt nach den Recherchen des Jüdischen Museums in Vilnius etwa 3 000. Mehr als 2 300 Namen von Litauern, Russen, Weißrussen und Polen sind bekannt, die sich an diesen meist lebensgefährlichen Rettungsaktivitäten beteiligt haben. Unter diesen Rettern befinden sich 237 Repräsentanten der so genannten Intelligenz (Professoren, Lehrer, Ärzte, Juristen, Schriftsteller und Musiker) und etwa 120 Priester. Die übrigen fast 2 000 Personen waren so genannte „einfache Leute" aus den Dörfern.[18]

Beides zusammen – deutsche und litauische Politik – führte zum Holocaust in Litauen. Für die litauischen Juden bedeutete dies, dass sie sich nicht nur den Deutschen, sondern einer deutsch-litauischen Koalition gegenüber sahen, dass sie im Sommer 1941 plötzlich in der Falle saßen und es keinen Ausweg mehr gab.

Eine der wesentlichen Rahmenbedingungen für die litauische Beteiligung bestand darin, dass die deutschen Besatzer auf litauische Mitarbeit strukturell unbedingt angewiesen waren.[19] Das zentrale Dilemma der deutschen Besatzungspolitik ergab sich aus dem Ziel-

---

damaligen Sprachgebrauch angelehnt. Bei Josef Gar, Jews in the Baltic Countries under German Occupation, in: Russian Jewry 1917–1967, hrsg. v. Gregor Aronson (u.a.). New York (u.a.) 1969, S. 123-156, hier S. 140, und Dov Levin, The Litvaks. A Short History of the Jews in Lithuania. Jerusalem 2000, S. 238, finden sich Auszüge in englischer Sprache. Veröffentlicht wurde die Resolution in der in München erscheinenden jiddischen Zeitung „Unser Veg" am 22. Juli 1947; die Zahl von 160 000 Juden Litauens bezieht sich auf das Territorium Litauens ohne das Vilniusgebiet.

18 In Sowjetlitauen gab es nur zwei Veröffentlichungen über die Retter von Juden. Sofia Binkienė, Ir be ginklo kariai [Soldaten ohne Waffen]. Vilnius 1967; Kazys Ruksenas, Del Lietuvos žydu gelbėjimo hitlerinės okupacijos metais (1941–1945 m) [Zur Rettung von Juden durch Litauer während der Jahre der hitleristischen Okkupation (1941–1945)], in: Lietuvos istorijos metraštis (1978), S. 36-49; Überblicke bei: Sarah Neshamit, Rescues in Lithuania during the Holocaust, in Rescue Attempts During the Holocaust, in: Proceedings of the Second Yad Vashem International Historical Conference, Jerusalem, April 8-11, 1974. Jerusalem 1977; Solomon Atamuk, Juden in Litauen. Ein geschichtlicher Überblick vom 14. bis 20. Jahrhundert, hrsg. v. Erhard Roy Wiehn. Konstanz 2000, S. 199-203; Viktorija Sakaitė, Žydu gelbėjimas [Die Rettung von Juden], in: Genocidas ir Rezistencija (1998), Nr. 2 (4), S. 81-103; Gyvybė ir duona nešancios rankos [Hände, die Leben und Brot geben]. Bd. 1, hrsg. v. Michail Erenburg u. Viktorija Sakaitė. Vilnius 1997; Bd. 2, hrsg. v. Dalija Epsteinaitė u. Viktorija Sakaitė. Vilnius 1999; Whoever saves one life ... the efforts to save Jews in Lithuania between 1941 and 1944, hrsg. v. Dalia Kuodytė u. Rimantas Stankevičius. Vilnius 2002; eine Liste mit Namen von Helfern ist abgedruckt in: Žydu Gelbėjimas Lietuvoje II pasaulinio karo metais 1941–1944 m. (Pavardžių rodyklė) [Rettung von Juden in Litauen während des Zweiten Weltkriegs 1941–1944 (Namensliste)], hrsg. v. Viktorija Sakaitė. Vilnius 2001.

19 Vgl. dazu den Überblick bei Christoph Dieckmann, Deutsche und litauische Interessen. Grundlinien der Besatzungspolitik in Litauen 1941–1944, in: Holocaust in Litauen. Krieg, Judenmorde und Kollaboration im Jahre 1941, hrsg. v. Vincas Bartusevičius, Joachim Tauber u. Wolfram Wette. Köln (u.a.) 2003, S. 63-76.

konflikt zwischen einer ruhigen Sicherheitslage einerseits und der Erfüllung der überhohen Ablieferungskontingente an Gütern andererseits. Beide Problembereiche konnten nur dann gelöst werden, wenn die Bereitschaft der Litauer zur Kooperation mit den Deutschen hinreichend erhalten bleiben würde. Die deutsche Politik hing in fast allen Bereichen während der gesamten Zeitspanne von der Kooperationsbereitschaft der litauischen Verwaltung, Polizei und Bevölkerung ab. Ohne die massive Mitwirkung von Litauern konnten die Deutschen nur wenig ausrichten. Es wäre jedoch irreführend, von „den Litauern" zu sprechen, die weitgehend mit den deutschen Besatzern kooperierten. Denn ab Ende Juli 1941 dominierten in den wichtigsten Schlüsselpositionen des litauischen Verwaltungs- und Polizeiapparats die zwar kleinen, aber enorm einflussreichen rechtsextremen litauischen Gruppierungen. In der zweiten Julihälfte 1941 putschten die rechtsextremen Litauer – mit Unterstützung der Gestapo – innerhalb der litauischen Verwaltung und besetzten in der Folge fast alle wichtigen Positionen innerhalb der litauischen Verwaltung und Polizei.[20] Erst damit war das Reservoir an Personal für eine radikale antisemitische Politik einschließlich der Bereitschaft zu systematischen Massenmorden gegeben. Denn diese rechtsextremen Gruppen legitimierten die extreme antijüdische Politik mit dem Verweis auf eine bessere Zukunft der litauischen Nation und arbeiteten in radikaler Weise mit den Deutschen zusammen gegen die Juden. Rechtsextreme Litauer übernahmen ab Ende Juli 1941 die Führung der paramilitärischen Einheiten, den so genannten geschlossenen Schutzmannschaften, der Polizei, der so genannten Schutzmannschaft im Einzeldienst, sowie die Mehrzahl der Kreisverwaltungen.

Anfang 1944 arbeiteten etwa 660 Deutsche in der deutschen Zivilverwaltung in Litauen. Dem gegenüber standen rund 20 000 litauische Angestellte. Deutsche machten gerade 3,3% des Verwaltungspersonals aus, Litauer stellten im Durchschnitt sowohl in der Verwaltung wie in den polizeilichen Instanzen etwa 80-90% des Personals.[21] Hier liegt der Ansatzpunkt für die Frage nach möglichen Spielräumen der litauischen Politik, obwohl der litauischen Verwaltung von den Deutschen kaum Rechte zugedacht waren und vor allem jede zentrale Organisation nicht zugelassen oder nach und nach verboten worden war.

In ihrem hohen Anteil an der Verwaltung und der Exekutive lag das Machtpotenzial der litauischen Instanzen, das sie 1943/44 in einer geschickten Form unbewaffneten Widerstandes auch ausspielten. Wesentliche Teile der litauischen Verwaltung versuchten 1943/44, die Zwangskontingente an Arbeitskräften für das Reichsgebiet oder die militärverwalteten Gebiete der Heeresgruppe Nord, so weit es ging, durch die Zwangsmobilisierung von Nichtlitauern zu stellen und dadurch vor allem auf die in Litauen lebenden Polen und die 1943 in großer Zahl hereinströmenden zwangsevakuierten sowjetischen Zivilisten abzuwälzen.

---

20 Vgl. Kazys Ruksenas, Hitlerininkų politika Lietuvoje 1941–1944 metais [Hitleristische Politik in Litauen in den Jahren 1941–1944]. Vilnius 1970, S. 107; Arunas Bubnys, Vokiečių okupuota Lietuva (1941–1944) [Das deutsch besetzte Litauen (1941–1944)]. Vilnius 1998, S. 113; Valentinas Brandisauskas, Siekiai atkurti Lietuvos valstybingumą (1940 06-1941 09) [Die Bemühungen zur Wiederherstellung der litauischen Staatlichkeit (Juni 1940 – September 1941)]. Vilnius 1996, S. 131 f. u. 165.

21 Vgl. Seppo Myllyniemi, Die Neuordnung der Baltischen Länder 1941–1944. Zum nationalsozialistischen Inhalt der deutschen Besatzungspolitik. Helsinki 1973, S. 92 f.; Bericht über Stand und Leistungen der Gesamtwirtschaft des Generalbezirkes Litauen, Zeitraum vom 1.9.1941 bis 1.9.1943, Nationalarchiv Minsk, 370-6-20 (= United States Holocaust Memorial Museum, RG-53.002M).

Der litauische Widerstand bemühte sich, gegenüber den Deutschen so wenig Konflikte wie möglich aufkommen zu lassen, um die ethnisch-litauischen Kräfte für die absehbare Konfrontation mit der Roten Armee bzw. dem erneuten Sowjetregime zu schonen. Doch die Deutschen reagierten mit Terror auf den unbewaffneten und erfolgreichen Widerstand gegen die Zwangsmobilisierungen zur SS, zur Wehrmacht und zur Zwangsarbeit. Im Frühjahr 1943 wurden einige Dutzend litauischer Repräsentanten in das Konzentrationslager Stutthof gesperrt. Darunter befand sich eine ganze Reihe litauischer Politiker und Funktionäre, die noch im Sommer 1941 in hohem Maße an der Ghettoisierung und Ermordung der litauischen Juden beteiligt waren. Beteiligung an Verbrechen gegen die Juden im Jahr 1941 und Beteiligung am litauischen Widerstand gegen die Deutschen 1943/44 stellten keinen Gegensatz dar. Das Ziel der litauischen Kooperation mit den Deutschen selbst in den Politikfeldern wie der Rekrutierung von Arbeitskräften für die Deutschen lag darin, die Folgen für die ethnischen Litauer möglichst gering zu halten. Dass das nur auf Kosten von vermeintlichen Nichtlitauern möglich war, legitimierte diese Politik. Denn so konnte ein „positiver" Zweck im ethnisch-nationalen Sinne als Legitimation für die Beteiligung an Verbrechen angeführt werden.

Dem Selbstverständnis der litauischen Akteure zufolge ging es um die Bewahrung und – wenn möglich – die Fortführung der litauischen Nationsbildung in eine ethnisch-homogene Richtung. Man sah sich dabei in der Zange zwischen imperialistischen Großmächten und musste Koalitionspartner wählen, um überhaupt als Nation bestehen zu können. Gleichzeitig teilten wesentliche litauische Gruppen sowohl die weltanschauliche Ausrichtung der Deutschen auf „Volk" und „Kampf" als auch die Definition der „Volksfeinde": in erster Linie Kommunisten und Juden, aber auch Polen und Russen.

Die litauische Politik der Jahre 1943/44 verdeutlicht, dass man sich nicht in einer ausweglosen Zwangslage befand, sondern die durchaus vorhandenen Handlungsspielräume weiterhin genutzt wurden, wenn man es wollte. Auch 1941 wäre ein anderes Verhalten möglich gewesen, wenn nicht der völkische Nationalismus und eng damit verbunden ein radikalisierter Antisemitismus einem Eintreten für die Juden im Wege gestanden hätte. Zu Beginn der deutschen Besatzung sahen wesentliche litauische Gruppen es als nützlich für die Zukunft der litauischen Nation an, gegen die Juden zu agieren und mit den Deutschen zusammen zu arbeiten. Als sich die Hoffnungen auf die Hilfe der Deutschen bei der Erlangung eigener Souveränität als falsch herausstellten, ging man teilweise auf Distanz und in Opposition zu den Deutschen. Gleichzeitig blieb man antijüdisch ausgerichtet und im Vilnius-Gebiet dazu noch antipolnisch.

Ich möchte somit die nationalistische Motivation und Interessenlage im litauischen Fall unterstreichen, wenngleich der Nationalismus natürlich nur einen Teil der Motivationen speiste. Die Involvierung der litauischen Bevölkerung in den Holocaust war am breitesten in der Frage der Aneignung von jüdischem Eigentum. Die litauischen Juden lebten in über 200 Ortschaften, in denen sie zwischen 25 und 50% der Bevölkerung ausmachten. Die Ghettoisierung und Ermordung der Juden implizierte direkt die Frage, was mit ihrem Eigentum, ihren Häusern und Grundstücken geschehen solle. Wer würde es kontrollieren und wer würde als neuer Besitzer gelten? Diese Frage ist erst seit kurzem Gegenstand historischer Forschungen.[22] Das entstehende Bild gleicht dem bisher gezeichneten. Obwohl die deutsche

---

22 Valentinas Brandisauskas, Žydų nuosavybės bei turto konfiskavimas ir naikinimas Lietuvoje An-

Verwaltung versuchte, ihr eigenes Ziel der Kontrolle über das jüdische Eigentum durchzusetzen, scheiterte sie partiell, und es gelang Litauern, ihren Anteil an diesem gigantischen Raub zu sichern.[23] Diejenigen, die direkt in den Diskriminierungs- und Mordprozess involviert waren, profitierten von ihrer Tätigkeit. Die Polizisten nahmen zum Beispiel die Kleider der Opfer, benutzten sie selbst oder verkauften sie auf dem Schwarzmarkt. Sie behielten das Geld und die Wertsachen für sich. Mitglieder der lokalen litauischen Kommissionen zur „Liquidierung des jüdischen Eigentums" achteten darauf, dass sie selbst nicht zu kurz kamen. Die zahlreichen deutschen Versuche, diese Aneignung zu unterbinden, scheiterten teilweise daran, dass sie für die Durchsetzung des Verbotes auf diejenigen angewiesen waren, die selbst an dem Raub beteiligt waren.

Mit deutscher Zustimmung wurden große Teile der Einrichtungen und Möbel an die lokale Bevölkerung versteigert. Die litauische Verwaltung bezog jüdische Wohnungen, die Büros waren mit Möbeln der Ermordeten eingerichtet, in den Kantinen wurde Besteck von Juden benutzt. In den Provinzen waren Litauer fast ausschließlich die Nutznießer des jüdischen Eigentums. Dieser Raub wurde dabei noch antisemitisch legitimiert. Es sei Unrecht gewesen, dass sich „die Juden" auf Kosten des litauischen Volkes bereichert hätten, und nun sollte das Vermögen den vermeintlich rechtmäßigen Besitzern zurückgegeben werden. Der Raub funktionierte auch als eine Art völkischer Sozial- und Umverteilungspolitik.

Um das Ausmaß und die Relevanz dieses Politikfeldes deutlich zu machen, sei auf das Beispiel Vilnius verwiesen. In Vilnius gab es über 14 500 Häuser. Fast 40% hatten Juden gehört ebenso wie 46% der städtischen Grundstücke. Die Umverteilung dieses gigantischen Besitzes lag in den Händen einer „Grundstücksgesellschaft", in der 13 Deutsche und 2 000 Litauer arbeiteten, die aus dem ehemaligen staatlichen Wohnungsamt Litauens stammten.[24] Ein Großteil der litauischen Bevölkerung zögerte nicht und erwarb ehemaliges jüdisches Eigentum. Die so genannten „Zuschauer", die Bystanders, waren nicht unbedingt passiv. Viele waren aktiv genug, um von den Massenmorden zu profitieren.

Versucht man, diese Zusammenhänge unter dem Stichwort der „Kollaboration" zu analysieren, gerät man unweigerlich in Aporien. Kann man ethnisch-nationalistische Politik

---

trojo pasaulinio karo metais [Enteignung von jüdischem Eigentum und Vernichtung in Litauen während des Zweiten Weltkriegs], in: Genocidas ir Rezistencija (2002), Nr. 2 (12), S. 104-113; Yitzhak Arad, Plunder of Jewish Property in the Nazi-Occupied Areas of the Soviet Union, in: YVA-Studies 29 (2001), S. 109-148; Martin C. Dean, Die Enteignung „jüdischen Eigentums" im Reichskommissariat Ostland 1941-1944, in: „Arisierung" im Nationalsozialismus. Volksgemeinschaft, Raub und Gedächtnis, hrsg. v. Fritz-Bauer-Institut. Frankfurt a.M. 2000, S. 201-218; ders., Jewish Property Seized in the Occupied Soviet Union in 1941 and 1942: The Records of the Reichshauptkasse Beutestelle, in: Holocaust and Genocide Studies V (Sprinig 2000), Nr. 14, S. 83-101; ders., Seizure, Registration, Rental and Sale. The Strange Case of the German Administration of Jewish Moveable Property in Latvia (1941–1944), in: Latvia in World War II. Materials of an International Conference 14-15 June 1999, hrsg. v.d. lettischen historischen Kommission. Riga 2000, S. 372-382; allgemeine Informationen und Dokumente sind zu finden in: „Nazi Gold" from Belarus, Documents and Materials, hrsg. v. V.I. Adamushko u. G.D. Knatko. Minsk 1998.

23 Vgl. den Überblick zu Litauen, in: Christoph Dieckmann, The Role of Lithuanians in the Holocaust, in: Facing Naci-Genocide. Jews and Non-Jews in Europe, hrsg. v. Beate Kosmala u. Feliks Tych. Berlin 2004, S. 149-168.

24 Vgl. Bericht über Stand und Leistungen der Gesamtwirtschaft des Generalbezirkes Litauen. Zeitraum vom 1.9.1941 bis 1.9.1943. Weißrussisches Nationalarchiv Minsk, 370-6-20 (= United States Holocaust Memorial Museum, RG-53.002M), S. 299, 308-311.

mit Landesverrat gleichsetzen? Lag der Raub jüdischen Eigentums durch Litauer in deutschem Interesse und war daher Verrat am litauischen Staat? Der Begriff der „Kollaboration" hilft hier nicht weiter. Diejenigen Litauer, die mit den Deutschen kooperierten, waren nicht bloße Helfershelfer der Deutschen, die aus niederen Motiven zu Kriminellen wurden. Die kooperierenden Gruppen wussten, was sie taten, und sie verfolgten eigene Interessen, hatten eigene Weltanschauungen und Ziele. In erster Linie ging es um die Aufrechterhaltung der Hoffnung, einen erneuerten Nationalstaat im „neuen Europa" aufzubauen. Für wesentliche Teile der litauischen Führungsschichten gehörte der Ausschluss der Juden aus diesem Nationalstaat zum Programm. Das Ziel war die Homogenisierung der litauischen Nation auf Kosten der Juden und langfristig auch auf Kosten der Polen und anderer Minderheiten. Aber um den Schritt von Vertreibungsutopien hin zu tatsächlichem Massenmord zu gehen, bedurfte es des deutschen Einflusses.

Das Verhalten der litauischen Führung gegenüber den Deutschen blieb im Kern durch nationale Taktiken bestimmt. Viele Litauer distanzierten sich von den Deutschen, als sie realisierten, dass sie von den Deutschen keine substanzielle Unterstützung für die Neuerrichtung eines souveränen Nationalstaates erlangen würden. Eine ganze Reihe von Tätern, die Verbrechen gegen Juden begangen hatten, war 1943/44 im litauischen Widerstand aktiv – ohne dass sich ihre Motivation und Weltanschauung wesentlich geändert hätten. Es handelte sich bei diesem Prozess der Interaktion zwischen Besatzern und Besetzten nicht um einen deterministischen Prozess, der zur Kooperation mit den Deutschen führte. Im Unterschied zur jüdischen Seite hatten Litauer in einem größeren Ausmaß als gemeinhin angenommen die Wahl, wie sie sich verhalten wollten. Und sie haben diese Wahl getroffen.

Saulius Sužiedėlis

Lithuanian Collaboration during the Second World War: Past Realities, Present Perceptions[1]

In a study of the German occupation of Poland published in 1979, Jan Tomasz Gross defined a collaborator as someone willing, within a context of an "uneven distribution of power ... to grant the occupier authority, rather than merely... provide expertise and information."[2] For most people, betrayal is, perhaps, the characteristic stigma tarnishing the collaborator. Resistance, on the other hand, presents the antithesis. Collaboration and resistance are responses to foreign occupation. Very few persons accused of collaboration have ever defined their relationship with foreign conquerors as treason. The title of one study, the "Patriotic Traitors", reflects the conflicting, even counterintuitive, reality of the collaborators' self-perception.[3] Clearly, any study of collaboration, whatever its academic definition, must take into account the phenomenon's various manifestations, its *Erscheinungsformen*. A broad spectrum of possible behaviors, ranging from politically motivated conditional cooperation to complete identification with the ideological goals of the occupier should be recognized. Perhaps, a similar "spectrum of resistance" could also be useful.

Lithuania endured a half-century of foreign rule during the twentieth century. Whether the entire period between 1940 and 1990 can be characterized as an "occupation" in any other than a strictly juridical sense is questionable. Certainly, at least from the late 1950s, the world at large, as well as many inhabitants of Soviet Lithuania, ceased to think of the country's condition as an "occupation." As a consequence, the accusation of "collaborator" hurled at those who joined the CPSU lost much of its sting, but this situation changed

1   This presentation is in part a modified summary and collation of my studies presented in earlier venues: my reports "Foreign Saviors, Native Disciples: Perspectives on Collaboration in Lithuania, 1940–1945", presented at the conference "Reichskommissariat Ostland" at Uppsala University and Södertörn University College, in April 2002, now published in: Collaboration and Resistance during the Holocaust. Belarus, Estonia, Latvia, Lithuania, ed. by David Gaunt (et al.). Bern 2004, pp. 313-359, and "The Mass Persecution and Murder of Jews: The Summer and Fall of 1941" in Vilnius at the conference "Holocaust in Lithuania" September 2002; my articles: The Burden of 1941, in: Lituanus 47:4 (2001), pp. 47-60; Thoughts on Lithuania's Shadows of the Past: A Historical Essay on the Legacy of War, Part I, in: Vilnius (Summer 1998), pp. 129-146; Thoughts on Lithuania's Shadows of the Past: A Historical Essay on the Legacy of War, Part II, in: Vilnius (Summer 1999), pp. 177-208; and my introduction to Avraham Tory's well-known diary, Avrahamo Torio Kauno getas: diena po dienos. [The Kaunas Ghetto of Avraham Tory: Day after Day]. Vilnius 2000, S. V-LX.
2   See Jan Tomasz Gross, Polish Society under German Occupation: The Generalgouvernement 1939–1944. Princeton, N.J. 1979, pp. 117 and 119.
3   David Littlejohn, The Patriotic Traitors: A History of Collaboration in German-occupied Europe, 1940–1945. New York 1972.

when, during the late 1980s, the rapid disintegration of the Soviet regime and the subsequent loosening of censorship inaugurated a transformed political climate in which "collaboration" and "occupation" once again took center stage in public and academic discussion.[4] Given the turmoil unleashed during the post-Soviet transformation, it is not surprising that public discourse ranged from thoughtful academic analysis to political character assassination.

The study of collaboration in Lithuania has suffered from tendencies to either narrow or broaden the concepts of collaboration for partisan purposes, often in order to attack or defend the historic reputations of "nationalist" movements. Sometimes the advocates utilize the same data to provide diametrically opposed conclusions. One example will suffice. The supporters of the Lithuanian Activist Front (Lietuvių aktyvistų frontas, or the LAF) claim that the anti-Soviet uprising which erupted during the Nazi invasion counted some 100 000 rebels – proof, in their view, of the patriotic sentiments of the populace. Israeli author Sarah Shner-Neshamit accepts the same absurdly inflated figure as evidence of something quite different, namely, massive collaboration with the Nazis.[5] The actual number was at least five-fold less. The polemics have also given rise to the "theory of two genocides" according to which Lithuanian collaboration in the Holocaust was but revenge against the atrocities of Jewish supporters of the Soviets.[6] Then there are the unsubtle assertions that "the Baltic and Ukrainian *populations* (my emphasis) collaborated voluntarily with the Germans in murdering the Jews",[7] or that "most Lithuanian people" collaborated with the Nazis.[8] Aside from the problematic nature of such pronouncements, both denial and a broad brush approach to the problem of collaboration result in historically as well as methodologically meaningless constructs.

In addition to an approach which would avoid politicized formulations, a useful model of collaboration in Lithuania requires a grasp of history based on the mass of indigenous documents made available in Lithuanian archives since the late 1980s. A better understanding of the phenomenon, especially during the Second World War and the immediate

---

4 For example, see the discussion, in: Algis Kasperavičius, Kolaboravimas: chronologinės ribos [The Chronological Limits of Collaboration], in: Genocidas ir rezistencija (2002), No. 1(9), pp. 85-90.

5 Sara Shner-Neshamit, Lithuanian-Jewish Relations During World War II: History and Rhetoric, in: Bitter Legacy: Confronting the Holocaust in the USSR, ed. by Zvi Gitelman. Bloomington 1997, p. 170.

6 Versions of the "revenge" theory in the popular and pseudo-academic press are too numerous to mention here. One of the more egregious examples is Jonas Mikelinskas, Teisė likti nesuprastam, arba mes ir jie, jie ir mes. (Pamastyqas apie ne tiek škyrėjusia, kiek amžina tema) [The Right to Remain Misunderstood, or We and They, They and Us (Reflections on a Theme More Eternal than Annoying)], in Metai (1996), vol. 8-9, pp. 126-164.

7 Lucy Dawidowicz, The War Against the Jews 1933–1945. New York 1975, p. 541.

8 Amos Perlmutter in the *Washington Times*, 28 December 1996. Also, there is the assertion that the killers shared the same ideological values as the general populace: („teilten sie Nähe zu Werten und Konzepten der NS-Ideologie mit der Mehrheit der Bevölkerung") or that as late as 1943 Lithuania was the most supportive of Nazi ideology in Europe („insgesamt die Bejahung der NS-Herrschaft auch noch zu diesem Zeitpunkt wohl in keinem der von Deutschland besetzten Länder so groß war wie in Litauen"), as in Knut Stang, Kollaboration und Massenmord: Die litauische Hilfspolizei, das Rollkommando Hamann und die Ermordung der litauischen Juden. Frankfurt a.M. 1996, pp. 70, 178.

postwar period, requires a closer look at several important factors unique to Lithuania as well as some of the other states of the region. A study of a number of as yet insufficiently examined questions would result in more fruitful analysis of collaboration than has been the case heretofore. For example: What preconditions, if any, encouraged collaboration during the 1940–1945 period of foreign occupation and to what extent did this "prehistory" structure its nature? Is there a causal relationship between the Nazi and Soviet periods, or to what extent did events themselves feed the phenomenon of collaboration (and, perhaps, resistance)?[9] Is it possible, or even desirable, to construct a typology of collaboration, that is, its various forms? Posing such questions would also help us understand the extent to which differing perceptions of collaboration have influenced the search for a meaningful study and public discourse on the collaboration phenomenon.

The Prehistory of Collaboration: Defeatism and the Geopolitics of Ethnic Conflict

The passivity of the Lithuanian political leadership and populace in the face of the invasion of June 1940 greatly assisted the occupation authorities and their local collaborators in their task of Sovietization. The roots of this apathy can be traced to the so-called period of "three ultimatums" (Poland, 1938; Germany, 1939; USSR, 1940). Despite the official rhetoric of no further retreats, many ordinary Lithuanians met the crises with a fatalistic, even morbid resignation. According to security police reports, farmers debated whether Lithuania would be better off "under the Russians" or "with the Germans." In Vilkaviškis District, villagers spoke approvingly of the German option, especially since, after Munich, the "Great Powers could not be trusted."[10] Fatalism infected the political elite as well. Foreign Minister Juozas Urbšys recalls that in late autumn 1939, neither the people nor the government "had any firm conviction that the other [i.e. Soviet] side would really observe... [the treaty] concerning sovereign rights and noninterference in internal affairs..."[11] Antanas Smetona, Urbšys and others are reported to have stated a preference for Soviet dominance as the lesser of two evils.[12] When war came, the Leader of the Nation had little faith in a German victory given what he believed was the might of combined Anglo-American power. Smetona's attitude was in sharp contrast to the pro-Axis and anti-Semitic tilt of the Lithuanian Activist Movement (Lietuvių aktyvistų sąjūdis – LAS), which can be regarded as a precursor of the LAF. In any case, the spirit of defeatism provided a breeding ground conducive to collaboration, not unlike the atmosphere which produced Vichy France.

In retrospect, the period of Lithuania's "neutrality" during the first months of war in Europe (September 1939 – June 1940) provided not only the requisite defeatist atmosphere, but also enhanced divisions within the society between those oriented towards the German

---

9 One should emphasize that to recognize a relationship is not necessarily to *equate* differing phenomena.

10 State Security Department Bulletin No. 1 of 2 January 1939, Lietuvos Centrinis Valstybės Archyvas [The Lithuanian Central State Archive, henceforth LCVA], F. 378, Ap. 10, b. 186, I d., l. 4; cf. Lembergas' report of 30 June 1939, LCVA, F. 378, Ap. 11, b. 206, l. 104 ff.

11 Juozas Urbšys, Lietuva lemtingaisiais 1939–1940 metais [Lithuania during the Fateful Years, 1939–1940]. Vilnius 1988, p. 40.

12 Liudas Truska, Antanas Smetona ir jo laikai [Antanas Smetona and His Age]. Vilnius 1996, pp. 368 f.

option, others favoring a tilt towards the Soviet Union, and elements sympathetic to Britain and America, the "Anglo-Saxon alternative." The important factor here is the *expectation* of foreign domination and the sense that events were beyond Lithuanian control. After the First Republic became a de facto Soviet protectorate following the mutual assistance pact of 10 October 1939, the divisive nature of this defeatism became ever more pronounced.

The conflict over the country's geopolitical orientation acquired an ethnic dimension, clearly visible in the unruly pro-Soviet demonstration in Kaunas of 11 October 1939 in which a heavy Jewish presence was noted.[13] Annoyed anti-Semites noted the friendly attitude of some Jews to the Soviet garrisons now stationed in the country. The differing response to the foreign threat thus widened the already significant divide among the nationalities. These divisions influenced the forms of collaboration during 1940–1945.

The First Soviet Occupation, 1940–1941: Nationalism and the Geopolitics of Hatred

The occupation of 15 June 1940 and the subsequent Stalinization of Lithuania intensified the aggravations of the previous decade which now escalated into a chasm of fear and contempt. The mutual stereotypes solidified into dogmas about the collective guilt of the Other. The vision of invading Soviet hordes fashioned the archetypes which shaped attitudes towards Bolshevism, Russians and Jews. The images burned into the minds of contemporaries encompassed the crowds of leftists, Communists and Jews welcoming the troops with flowers, a contrast to the sullen, sometimes hostile, but also curious Lithuanians – the resentful silent majority. But it is also noteworthy that the first hours of the invasion are described as a divisive shock to the society, albeit in a different context, by Jewish memoirs as well.

Sometimes, the clichés of flower-throwing Jews who welcomed the Bolsheviks (1940), or the flower-tossing Lithuanians who greeted the fascists (1941), are noted with sadness more than rancor. A Lithuanian officer remembers the day he escorted Soviet tanks into the town of Plungė:

> When we reached the outskirts... I observed that quite a few people had gathered, mostly the town's Jews. Since I was first in line, they assumed that I was the commander of the Soviet tank force and showered flowers both on my car and the tanks which followed. The blossoms were fresh, the shouts and greetings in Russian. True, not everyone did this, but such exalted enthusiasm was shown especially by young Jewish boys and girls. I watched as the excited young Jews leaped into the Lithuanian gardens, tore up the flowers and threw them on my car and the Soviet tanks which crept along behind me. A trifle? Perhaps, but the impression then was horrendous, it burned in the mind. One part of Plungė's population exulted, the other wept. I saw how a young Lithuanian farm girl sobbed as the Jews uprooted her flowers. It seemed as if two peoples had split up, separated, never to live in peace again. And these momentary images are so ingrained in my memory that I can still see them today, forty-four years later.[14]

---

13 Details are in LCVA, F. 378, Ap. 10, b. 187, l. 232-246, State Security Department Bulletins of 12-15 October 1939; cf. the government's response in: Apžvalga, 22 October 1939.

14 Jonas Andrašiūnas, Kaip mane apmėtė gėlėmis [How They Covered Me with Flower], in: Aki-račiai, 10 (October 1984), pp. 13, 15.

Naturally, there were non-Jews among the flower-throwers in the accounts of those first hours, but the Jews stand out in the collective memory, and not only among anti-Semites or "nationalists."[15] Frieda Frome's childhood memories of Lithuania include the rosy conviction that under Smetona's regime "Germans, Russians, Jews, and many others, in addition to the native Lithuanians, lived together in tolerance and peace." As the Communists became more active after the establishment of Soviet bases in October 1939, she recalls, "little by little my thoughts were channeled into the Russian stream of ideology... so strongly that my parents were horrified at the opinions I expressed." And she remembers the day that pained many patriotic Lithuanians:

> I was at home the afternoon of June 15, 1940, when I heard singing outside in the street – not one voice but many. People were hurrying along the street, shouting, singing and clapping their hands. They were joined every few yards along their march by other excited men, women, and children. I rushed out of the house and into the street to learn the reason for their behavior. 'Our liberators are coming,' they shouted joyously. 'The Russians will make us free. Down with Smetona and the Fascists!' Those people on the street were the communists of Lithuania, led by the Russian underground. Looking in the direction they were headed, I saw great hordes of Russian soldiers in olive drab uniforms coming down from the hills.[16]

The interethnic conflicts are recounted in virtually all sources, including Jewish memoirs.[17] Bitter fault lines separate most Lithuanian and Jewish wartime memories, but, with few exceptions, the contrasting reaction of the communities to the Soviet invasion does not seem to be one of them.

Police reports indicate that, just as some Jewish citizens took the opportunity to repay past slights utilizing the Soviet umbrella, so "there is talk among Lithuanians and Poles that, if the Germans would come, the Jews would suffer greatly."[18] In the new geopolitics of hatred each side had a foreign threat with which to bash the other. The political middle ground, where moderate leaders of both communities could meet, narrow during the best of times, had now vanished.[19] Fierce ethnic antagonisms, expressed in accusations of "Jewish power" and betrayal by ethnic Lithuanians, who, in turn, suffered charges of fascist leanings by some Jews, intensified after the farcical elections to the People's Diet (Liaudies Seimas) in July 1941. Even anti-Communist Jews initially succumbed to the prospect of improved

15 See National Archives and Records Administration (NARA), College Park, MD, M1178, Roll 19, Norem to State, 17 July 1940, 860.00/464.
16 Frieda Frome, Some Dare to Dream: Frieda Frome's Escape from Lithuania. Ames, IA 1988, pp. 7, 10.
17 Harry Gordon, The Shadow of Death: Holocaust in Lithuania. Lexington, KY 1992, pp 11 f.
18 LVA, F. 378, Ap. 12, b. 296, l. 5, Šilas, Šiauliai Security and Criminal Police Report of 24 June 1940; ibidem, Ap. 10, b. 699, l. 619, Vilnius Security Police District Bulletin No. 138, 9 July 1940.
19 See acting prime minister Vincas Krėvė's complaint concerning the Jews in Lietuvos Ypatingasis Archyvas [Lithuanian Special Archive, henceforth LYA], Vilnius, Telephone report (Telefonograma) No. 2, 27 June 1940, Makarov to USSR Commissariat of Foreign Affairs F. K-1, Ap. 49, b. 828, l. 45-46.

status in the new geopolitics: "...we as Jews had no choice: under Germany we were doomed, under Russia we were free."[20]

Describing the Stalinist occupation as both destructive of a community's religious, economic and cultural life *and* as a carrier of freedom and civil rights in the same breath, as we see in some Jewish memoirs, seems, at the very least, a bizarre incongruity. On closer inspection, however, the fact that the geopolitics of Lithuania's occupation gave rise to eerie frames of reference is not so strange if one considers the surreal context of the experience. This was a war of aberrant ideological alliances in which criminal regimes could be, and were, perceived as liberators.

An interesting document on the roots of Lithuanian pro-German attitudes is the NKVD's January 1941 report on the 29th Territorial Riflemen's Corps, the Red Army formation which had incorporated most of the Lithuanian military. One Lithuanian soldier consoled himself with the hope that "we'll survive somehow – soon the Germans will come and we'll get back what's ours and *be free* (my emphasis)." A junior officer opined: "Hitler has proposed to clean out the Baltics, the Soviet Army will be gone and our Lithuania will be free." One lieutenant had a more sophisticated outlook: "Germany is much more cultured than the USSR, and Lithuanians are more cultured than Russians. If Germany seizes Lithuania, we will save culture." The NKVD acknowledged the growing ideological radicalization as a reaction to foreign occupation: "If earlier the Nazi territorial-racial theory did not attract [the men], so now very often there is talk among the officers that only German culture can save Lithuania." Many soldiers spoke with longing of the pre-Soviet days when "our life was better and our culture on a higher level." The contempt for the new order was palpable: "(...) barely literate Asians [*aziyaty*] have come here and have destroyed our national culture. Only Hitler can save us." As an alternative, the men pointed to Slovakia, where "life is splendid." The Soviet secret police predicted, accurately as it turned out, that the majority of the 29th Corps were "completely unreliable" and could defect en masse in case of war.[21]

In general, during 1940–1941 the country's national communities, Lithuanians, Jews, Germans and Poles, turned inward as their geopolitical orientations became ever more incompatible. Since most Lithuanians had underestimated, and many even approved, the growing anti-Semitic atmosphere of the 1930s, they tended to downplay the Jews' very real fears. Even as some angrily threatened their Jewish neighbors with Hitler, few could have fully grasped the Nazis' capacity for devastation. In a parallel development, except for the initial sympathetic response to suffering Poles at the war's outset,[22] anti-Polonism inoculated a large segment of Lithuanian society against an appreciation of the Nazis' murderous attack on their Polish neighbors. Then again, Soviet behavior in occupied Poland during 1939–1941 was no better, and, at least for a time, arguably worse.

---

20 See William W. Mishell, Kaddish for Kovno: Life and Death in a Lithuanian Ghetto 1941–1945. Chicago 1988, pp. 8 f; also cf. interesting passages in Gordon, Shadow of Death (see note 17), p. 16.

21 LYA, F. 1771, Ap. 2, b. 531, Dokladnye zapiski NKVD LSSR o politicheskom sostoyanii 29-go Teritorial'nogo korpusa [Reporting Notes of the NKVD of the Lithuanian SSR on the Political Situation of the 29th Territorial Corps], January 1941, ll. 3-4, 21, 61.

22 See Piotr Łossowski, Litwa a sprawy polskie 1939–1940 [Lithuania and the Polish Question 1939–1940]. Warsaw 1982, pp. 47 f.

While an ample variety of sources documents the numerous political and social conflicts which exacerbated mutual ethnic animosities, one should resist the temptation to read history backwards. Jewish society of the Soviet period was not a hapless body buffeted by a storm of racial hatred, as it was under the Nazi occupation. Anti-Semitism as an ideological construct is founded on religious and/or racial mythologies, but it would be an oversimplification and, indeed, a distortion, to characterize Lithuanian hostility to the Jews as simply a result of a fantasy, "de-contextualized" and unconnected to the actual situation as it evolved in 1940–1941. In fact, there was no single strand of pure anti-Semitism or, for that matter, pure anti-Polonism. The hostility, and it must be stressed that it was mutual, incorporated a conglomerate of old aversions, traditional stereotypes, current observations and distorted perceptions of the Other's behavior, intensified by the clash of competing collective interests and geopolitical orientations.

We can leave aside here the question to what extent the perception of "Jewish power" under the Soviets reflected reality. Suffice it to say that the archival evidence has today been thoroughly mined and discredits two politicized stereotypes: first, that the proportion of Jews in important Soviet power structures was not substantially greater than their percentage in the population (it was); or second, that Jews constituted the overwhelming majority of NKVD torturers (they did not).[23] The real power in Lithuania were the handful of doctrinaire Stalinists of the Sniečkus type, and the rapidly growing army of predominantly Russian and Russified military, security and other cadres offering "fraternal assistance" to the fledging Soviet republic.

In sum, the history of the 1930s, as well as the realities of the first year of Soviet power configured the manner in which the various communities would respond. Most of the Germans, who viewed the Russians with loathing, simply repatriated to the Reich during the spring of 1941. As potential enemies of the Russian oppressors, they were the best of the lot in a negative process of elimination as far as Lithuanians were concerned, the conflict over Klaipėda fast receding into the background. The Polish population was in an impossible situation, demoralized not only by the Nazi-Soviet destruction of their state, but also by the Lithuanian determination to hold on to Vilnius. Most Poles may have detested Soviet rule, but they also viewed Lithuanians as the "occupiers" of Vilnius, while the Nazis hardly figured as potential "liberators." It was also obvious that Jews, many of whom understandably preferred Stalin to Hitler, did not share the depth of the Lithuanians' grief and shame at the loss of independence.[24]

---

23 See Liudas Truska, Lietuvos valdžios įstaigų rusifikavimas 1940–1941 m. [The Russification of Lithuanian Government Institutions1940–1941], in: Lietuvos gyventojų genocido ir rezistencijos tyrimo institutas. Darbai 1 (1996), pp. 3-28; cf. Nijolė Maslauskienė, Lietuvos komunistų tautinė ir socialinė sudėtis 1939 m. pabaigoje – 1940 m. rugsėjo men. [The National and Social Composition of Lithuania's Communists from the End of 1939 to September 1940], in: Genocidas ir rezistencija (1999), No. 1/5, pp. 77-104, as well as her sequel, Lietuvos komunistų sudėtis 1940 spalio – 1941 birželio men. [The Make-up of Lithuania's Communists from October 1940 to June 1941], in: Ibidem (1999), No. 2/6, pp. 20-46. The data published here confirm what I found in my own search of the same archives in 1992.

24 See Azriel Shochat, Jews, Lithuanians and Russians, 1939–1941, in: Jews and Non-Jews in Eastern Europe, ed. by George L. Mosse and Bela Vago. New York 1974, pp. 301-314.

In 1918–1920 thousands of Lithuanians, Jews and other minorities had fought together for the reestablishment of an independent state even as they entertained conflicting visions and hopes for the First Republic. While it is true that other factors at work during the interwar period undermined the chances for cooperation among the nationalities, the Soviet occupation was a powerful catalyst relegating this common experience to a fleeting memory. Whatever the minorities' anti-Soviet moods, the politics and geopolitics of the war and occupation precluded an alliance with anti-Soviet ethnic Lithuanians who increasingly perceived the struggle for independence as their exclusive affair. International realities amplified national animosities, ensuring that, in the end, the struggle for Lithuania, whatever the various ideological trappings, would acquire many of the characteristics of a communal ethnic war.

The Nazi Occupation, 1941–1944

The historic interplay between the growth of anti-Soviet resistance in 1940–1941 and the behavior of many pro-Nazi Lithuanian collaborators during 1941–1944 is a complex story of nationalist idealism, political naivite, ideological contamination, obsequious opportunism and criminal intent. In contrast to pro-Soviet collaborators and Nazi collaborators in the West, Lithuania's pro-Nazi collaborators of 1941, almost without exception, originated in the anti-Soviet resistance, that is, in the struggle against the "first" foreign occupation.[25] This anti-Soviet opposition increasingly adopted attitudes which had percolated on the fringes, but had never dominated Lithuanian nationalism and which flourished in the nurturing soil of 1940–1941: the fascination with corporatism and a disciplined society, economic and racial anti-Semitism, as well as the geopolitical orientation towards Axis Europe, expressed as a distinct geopolitical tilt towards Germany.

Moreover, life itself served as the mid-wife of radicalism. The older generation's relatively moderate political discourse appeared hopelessly outmoded if not embarrassingly irrelevant. It was obvious that the only avenue of liberation, unless one were incurably naive, lay in a violent breakdown of the 1939 partnership established between the Soviet conquerors and the Nazis. For a time, these trends coexisted with genuinely democratic opposition to Stalinism, especially on the popular level,[26] but the Soviets, of course, lumped all protestors against Communist dominance with "fascists" and "reactionary elements." Overall, anti-Soviet activity was a complex and contradictory mosaic of attitudes and movements, which actually included both Jews and Lithuanians.[27] The other nationalities had reason to

---

25 Of course, many Communist collaborators who joined the Soviet regime in the summer of 1940 could claim their origins in the anti-Smetona movement, but that is a different context.

26 A good example is a case in Kapčiamiestis where local villagers protested undemocratic electoral practices, LYA, F. 1771, Ap. 1, b. 123, l. 29-30.

27 The various groups are discussed in Valentinas Brandišauskas, Siekiai atkurti Lietuvos valstybingumą (1940 06-1941 09) [The Efforts to Restore Lithuanian Statehood, June 1940 – September 1941]. Vilnius 1996. An interesting account of the NKVD's struggle against "Jewish counter-revolution" is Gladkov's report: O kontrrevoliutsionnoi deyatelnosti evreiskikh natsionalisticheskikh organizatsii [On the Counter-Revolutionary Activities of the Jewish Nationalist Organizations], 29 March 1941, in: LYA, F. K1, Ap. 10, b.4, l. 179-198. I am grateful to Dr. Solomonas Atamukas for providing me with a copy of this document.

chafe at Soviet rule, but none, as noted above, saw their situation in quite the same way as the Lithuanians.

On 17 November 1940 a group of émigrés inaugurated the aforementioned LAF in Berlin. Formally, the organization was an alliance of all non-Communist parties, but the LAF gravitated to the more militant nationalist political spectrum. The former Lithuanian envoy to Berlin, Col. Kazys Škirpa, although stripped of his credentials by the Nazis, was chosen as leader. Correctly convinced that Nazi-Soviet friendship was short-lived, the ambitious Škirpa pressed Lithuania's case, bombarded German officials with copious memoranda, arguing that it was in the Nazis' interest to sponsor an anti-Bolshevik national liberation movement and a restored Lithuanian state which, in turn, would prove a useful ally in the "New Europe."[28] Škirpa's pro-German stance did not go unchallenged, especially by Lithuanian diplomats of the older generation still accredited in Western capitals, who, like Smetona, were hostile to Nazi ideology and doubted Germany's success against an eventual Anglo-American alliance. However, the moderating forces were unfocused, geographically scattered, and dispirited.[29] Those who favored "the German card" held the upper hand in Berlin, many of them impressed by the raw power of National Socialism. In their eyes, Smetona's failed neutrality policy, the collapse of national will in the face of Soviet invasion, and the growing perception of Lithuania's Jews as traitors to the nation, more than validated their strident political stance. Of course, they could also point out the geopolitical realities to the squeamish: with Britain on the verge of defeat, Germany was the only force capable of expelling Lithuania's tormentors.

The LAF traced some of its ideological discourse to the LAS of the late 1930s.[30] The philosopher Antanas Maceina, who had then propagated national exclusiveness and a "Promethean" view of the world, composed the Front's platform: economic corporatism, emphasis on the national will, solidarity reinforced by the *Führer-Prinzip* and a foreign policy guided by a "realistic" accommodation of Germany's interests. Maceina also underscored adherence to "Christian ethics" as a factor in the moral education of the nation and envisioned a "New Europe" in which the rights of small nations would be safeguarded.[31] This vision departed significantly from that of the elites of the First Republic who had always been wary of, if not hostile to, Nazism, respected private property, and cherished the moderating influence of traditional Christian and bourgeois values.

---

28 The various contacts are detailed in Kazys Škirpa, Sukilimas [Uprising]. Washington 1973.
29 See Algirdas Budreckis, The Lithuanian National Revolt of 1941. Boston 1968; cf. Škirpa to Lozoraitis, 10 October 1940, in: Lietuvos Mokslų akademijos centrinė biblioteka, rankraščių skyrius [Manuscript Section of the Central Library of the Lithuanian Academy of Sciences – henceforth MACB RS], F. 9-3105.
30 Bronys Raila, Už ką kovoja aktyvistai [For What the Activists Struggle], MACB RS, F. 9-3105, l. 15.
31 The LAF's program in: Lietuvos aktyvistų platformos metmenys: projektas [A Project: Outline of the Platform of the Lithuanian Activists], Hoover Institution, Stanford University, Turauskas Collection, CSUZ 75015-A, Box 5, also published in Škirpa, Sukilimas (see note 28), pp. 65-89. However, in Škirpa's version, the reference to the role of "Jewish Communists" in the destruction of independent Lithuania and the need for Lithuanians to take over "the Jewish position in commerce" are elided.

A more extreme example of ideological contamination is the draft of the LAF action program composed by the polemicist Bronys Raila who derided "democratism" as a system which preached "the equality of all inhabitants and races" but was essentially "anti-national." A democratic nation-state was incapable of expressing the national which was more than simply "the sum of persons speaking the same language and united in a common historical consciousness." The nation constituted rather *an idea and indivisible organism (...) created by blood, land, historical fate and a struggle for a common future*" (emphasis in the original).[32] Raila urged Lithuanians to unite with their racial brethren, the Latvians and create a "unified Aestian ideal."[33] In contrast to the effete and "criminally negligent" Smetona regime, Raila proposed a pro-German stance based on Lithuania's national self-interest, despite the nation's difficult historic relations with its Teutonic neighbor. How this would square with the brutal Nazi racial empire envisioned by Hitler, a danger of which some of the older Nationalists had warned, Raila would not say.

The most egregious departure from the norms of the First Republic was the LAF's racial anti-Semitism. Raila emphasized that, while Germans, Russians and Poles had all contributed to the historic weakening of the Lithuanian state and nation, the Jews had done the most damage. Contemporary Russian imperialism was simply concocted by a "pack composed of the Caucasian Dzhugashvili-Stalin and his innumerable Israelite leeches." If Lithuania surrendered to Asiatic Judeo-Communism, the nation would cut itself off from "Western culture, and most important, from the orbit of National Socialist Germany's politics and civilization." The countless "Jewish breed," coddled by Smetona, had made Lithuania one of the most "Jewish states in Europe."[34] A future Lithuanian state, purified of "Jews, parasites and traitors," could only develop fruitfully if it were welded into a single nation-body, "an ethnic (...) racial, political, economic and spiritual unit." The Jew could never be assimilated into the host society, because "his peculiar Semitic race, the nature of this vagabond nation, seeks only a parasite's life." Raila had no scruples about spelling out the process of economic Lithuanianization:

> *The LAF, acting in accordance with the Aryan spirit of Europe reborn, is determined to completely separate the Jews from the Lithuanian state and national body and to progressively accomplish the general expulsion of the Jews from Lithuanian land. All the movable property accumulated by Jewish exploitation and deceit will have to be returned to the Lithuanian nation through legal means and justly distributed for Lithuanian use and possession.* (emphasis in original)[35]

In the end, Raila wrote, the Lithuanian nation, having rooted out the "remnants of Eastern nihilism," would gather strength from "the depths of the Lithuanian soul and its Aestian land." At that point, "the creative will of the Lithuanian nation would harmoniously join the healthy current of Western European culture." Rhetorical excess reached a peak in

---

32 Raila, Už ką (see note 30), l. 26-27.
33 The term "Aestian" (*aistiai*), given to inhabitants of the eastern Baltic region by Tacitus, was widely used to signify an anthropological, or racial, category, rather than the linguistic one denoted by the term "Balt."
34 Raila, Už ką (see note 30), l. 30-31.
35 Ibidem, l. 43-44.

Raila's vision of Lithuanian supermen: commitment to struggle would "permeate their entire being, bursting with the desire to set out on new campaigns, ever more determined actions, and greater victories (...) The (LAF) activist is a new ethical Aestian type." Like most fanatics, impervious to paradox and irony, the long-winded Raila maintained that the activists' "actions were more eloquent than their words."[36]

Such histrionics proved too much for the older moderates in Berlin who had not yet lost their senses. Even Škirpa was forced to admit that Raila's action program "having been written in a militant spirit..., perhaps, was a bit too sharp." Publication of Raila's call to arms was abandoned: the necessary "softening" of language could not be completed in time for the planned insurrection which was to coincide with the outbreak of the Nazi-Soviet war.[37] Nonetheless, Raila's program is revealing of the extent to which a gifted journalist could succumb to the influence of Nazi racist and geopolitical prattle.

By far the most extreme faction within the LAF were the radical followers of Augustinas Voldemaras, the charismatic Germanophile former prime minister and political enemy of Smetona. A week before the outbreak of the war, thirty-two self-described "remnants of the Voldemarists," mostly young officers, founded the Lithuanian National Socialist Iron Wolf Front which outlined a program for a "Third Lithuania." These "Wolves" proclaimed that the "young Lithuanian generation (...) has come to honor the new racial ideals of fascism and national socialism." Their brief ideological outline listed a number of principles for Lithuania's domestic politics, of which the second stated: "Jews are stricken from life." Other points included an educational system based on the "national socialist spirit," the installation of the leader of the Iron Wolf Front as head of state, and the establishment of the "closest cooperation with the Great Third Reich, and normal relations with other nations in the new European order..."[38] These self-styled Lithuanian Nazis had limited political impact, but they were to play their part as foot soldiers of the Holocaust.

The LAF claimed exclusive leadership in the struggle to restore Lithuania's independence, but its influence on events inside the country was limited. Only a handful of couriers were able to cross the border to maintain contacts with Berlin. The Front's instructions and documents were known to but a limited group of LAF people in Lithuania and most of the anti-Soviet leaflets circulated by the underground were home-grown. It is difficult to establish the political and ideological interaction between the Berlin center and the resistors in Lithuania, to determine which side radicalized the other. It is likely, but not certain, that LAF-Berlin's increasingly strident anti-Semitism was a reaction to the mood back home, which as we have seen, was a distorted response to a real tragedy and needed little prodding from "foreign influences."

An important document concerning the LAF's program for the Jews is the often-quoted "Directives for the Liberation of Lithuania" of 24 March 1941, which accurately predicted the development of the international situation through the spring and summer of 1941. The articulated goal was to seize control of Lithuania's administration at the outset of the Nazi-Soviet war with or without prior approval from Berlin. This would restore independent

---

36 Ibidem, l. 45-48.
37 In Škirpa's account, LMACB RS, F. 9-3105, l. 102-103.
38 Quoted in the diary of Zenonas Blynas, General Secretary of the Lithuanian Nationalist Party (LNP), LYA, F. 3377, Ap. 55, b. 235, l. 150-152.

Lithuania "on a new basis" of unity, nationalism and the "perfection of moral strength based on principles of Christian morality." To achieve these goals it was necessary "to strengthen anti-Communist and anti-Jewish action." As far as the latter was concerned:

> It is very important on this occasion to shake off (Lith. *atsikratyti*) the Jews. For this reason it is necessary to create within the country such a stifling atmosphere against the Jews that not a single Jew would dare to even allow himself the thought that he would have even minimal rights or, in general, any possibility to earn a living in the new Lithuania. The goal is to force all the Jews to flee Lithuania together with the Red Russians. The more of them who leave Lithuania at this time, the easier it will be to finally get rid of the Jews later. The hospitality granted the Jews during the time of Vytautas the Great is hereby revoked for all time on account of their repeated betrayal of the Lithuanian nation to its oppressors.[39]

LAF-Berlin had hoped that the Luftwaffe would consent to drop their leaflets during the Nazi invasion. The agreement never materialized and a chance was lost to proselytize anti-Semitism on a massive scale, but the texts have survived, including one aimed at the Jews, informing them of the aforementioned "revocation of hospitality" and presenting them with only two choices if they failed to flee with the Soviets: "arrest and trial before a military court" for those who had harmed Lithuanians and, for the rest, forcible expulsion and transfer of property "for the general needs of the Lithuanian nation and state." The proclamation directed against Lithuanian Communists, on the other hand, offered redemption if they returned to the "ranks of their Lithuanian brothers and patriots."[40] In March 1941 the Lithuanian Information Bureau in Berlin, the LAF's propaganda arm, issued an appeal for the population to revolt at the onset of war and "to arrest all local Communists and other traitors of Lithuania, so that none of them would escape retribution for their deeds (...) traitors would be forgiven only when they truly prove that they had liquidated at least one Jew."[41] The evidence gleaned from the available documentation indicates that the LAF intended to expel and expropriate, rather than exterminate, the Jews. However, the burden of Škirpa and Co. in laying the groundwork for criminal collaboration is considerable. The LAF intellectualized the popular animus towards "Jewish power," while its anti-Semitic diatribes served to legitimize anti-Jewish hatred.

The LAF's militant rhetoric belied the reality of an organization driven by doubts and infighting. Škirpa felt hemmed in by intrigue, criticized as being too pro-German or not enough. Smetona's public denunciations of Nazism from the former President's comfortable exile in America annoyed him. In public dealings outside the LAF inner circle, Škirpa downplayed the ideological radicalism, not only to the Lithuanian-American diaspora, but also in his formal memoranda to the Germans and Japanese. To the latter, he made no mention of the Jews and described the LAF laconically as "people's national and socialist, but strictly

---

39 Hoover Institution, Turauskas Collection, Box 5, "Lietuvai išlaisvinti nurodymai" [Instructions for the Liberation of Lithuania], 24 March 1941, 11.
40 The texts of the proclamations, including those directed at women, workers, activists and others, are in Hoover Institution, Turauskas Collection, Box 5.
41 LYA, F. 3377, Ap. 55, b. 50, l. 88 (129); cf. "Laisvoji Lietuva", January 1941, in Hoover Institution, Turauskas Collection, Box 9.

anti-Communist (*völkisch national und sozialistisch, aber scharf anti-kommunistisch*)," and as a movement under (his) unified leadership.[42]

In early 1941 Škirpa's pro-German stance was briefly put to the test. Following the Soviet-German treaty of 10 January 1941, Lithuanians living in the Suwałki region came under Nazi pressure to leave their farms and cross into the USSR. The German Commissar for the region revealed that colonization and expulsion rather than assimilation would be Nazi policy toward the area's Lithuanians who could now expect "the fate of the Poles." On 20 February 1941 the worried LAF council met to consider whether to continue cooperation with the Germans; some called for abandoning plans for an insurrection. At the same time, the Vilnius LAF center, mostly officers in the 29th Corps, had, on their own, queried the Germans whether the Reich would grant Lithuania independence if the Lithuanian Red Army men mutinied during the Nazi attack as planned, an offer of a conditional alliance rather than collaboration as envisioned by Raila.

Eventually it was decided that there was no alternative to utilizing the German invasion as a platform for an armed rebellion which would probably erupt with or without the LAF. Škirpa was relieved by Ribbentrop's March 1941 statement on the occasion of Bulgaria's accession to the Tripartite Pact affirming the Reich's interest in the "free development and independence of European states." For their part, the SD began to press Škirpa to scrap plans for the immediate re-establishment of a Lithuanian government both directly and through the Gestapo's Lithuanian agents in Berlin.[43] But it was too late to turn back.

The War and Holocaust

The Soviet deportations of 14-17 June 1941 pushed an already anxious and conflict-ridden Lithuanian society over the edge. Almost 20 000 men, women and children were rounded up and loaded onto cattle cars, most bound for Siberia and the Soviet Far North.[44] As the Germans invaded, much of the Lithuanian population exulted, while a significant minority were gripped by panic and dread: Communist officials, collaborators who had cast their lot with the Stalinists, above all, the Jews.[45] The much vaunted "Soviet power" unraveled overnight, leaving a vacuum quickly filled by the advancing Germans and angry young Lithuanians. On 23 June a hastily assembled LAF group proclaimed the restoration of the country's independence under a Lithuanian Provisional Government (PG) (*Lietuvos laikinoji*

---

42 See LMACB RS, F. 9-3105, l. 49-66; also Hoover Institution, Turauskas Collection, Box 8, Memo to Reich Foreign Office, 12 June 1941; cf. Memo to the Japanese Ambassador Oshima, 21 May 1941.

43 See Škirpa's memoir in: LMACB RS, F. 9-3105, l. 116-132.

44 Fewer than two thousand Lithuanian Jews were among the deportees. A disproportionate number were Poles, both Jews and non-Jews, but the majority were ethnic Lithuanians. Unfortunately, the old figures of 35 000 and more victims, including as many as 7 000 Jews are still being regurgitated by Western writers unaware of the latest findings. The figures for the deportees do not include the mostly Lithuanian political prisoners evacuated at the outbreak of the war. An excellent statistical analysis of the June 1941 deportations is Eugenijus Grunskis, Lietuvos gyventojų trėmimai 1940–1941, 1945–1953 metais [The Deportations of Lithuania's Inhabitants 1940–1941, 1945–1953]. Vilnius 1996, pp. 38-53.

45 See the interesting account in Laimonas Noreika, Mano 1941–1942 metai [My Year: 1941–1942], in: Metai (2001), No. 5-6, pp. 151-163.

vyriausybė) headed by Acting Prime Minister Juozas Ambrazevičius. Škirpa, the intended leader, had been detained in Berlin by the Germans.

The fact that the genocidal stage of the Holocaust began in Lithuania is the essential framework within which the events of 1941 must be viewed. Methodologically, the genocide falls into several more or less discernible stages:

– The pogroms and initial mass actions aimed primarily at Jewish men and alleged Communists, including ethnic Lithuanians, before about mid-July of 1941;[46]
– The killing operations of early July through December 1941, especially between August and October, directed by Einsatzkommando 3 (EK 3) with logistical support from Lithuanian Police Department in Kaunas, local precincts and police battalion personnel;
– The periodic "selections" in the Vilnius (mainly the SD's *Ypatingas Būrys*), Kaunas and Šiauliai Jewish ghettos during 1941–1944.[47]

The environment of the first weeks of the war was one of political uncertainty and chaos.[48] Until the first days of July, the killings of the Jews were embedded in a broader canvass of death which included hundreds of Gentile unfortunates of various categories. Some were real and alleged Communists killed by the anti-Soviet partisans or simply by vengeful neighbors; there were the political prisoners and other "suspect" elements murdered by the Stalinists. Some victims were simply unlucky, randomly gunned down by the retreating Red Army, as well as civilians and even anti-Soviet partisans shot by nervous German troops. During the first days of the Nazi invasion, scattered groups of Communist activists resisted the invaders and rebels with arms, also hunting down real and imagined anti-Soviet elements. Nearly a thousand anti-Soviet rebels died fighting the Red Army and communist militias.[49] Thus, not all clashes and altercations of the first days were pogroms or crimes against humanity.

As SS General Walter Stahlecker, commander of Einsatzgruppe A (EG A), admitted in his oft-quoted report, the Nazi-inspired initial pogroms were possible "only during the first days after the occupation."[50] The anti-Semitic discourse of the various irregular units, as well as the voiced perceptions of much of the populace, were expressed within the context of revenge, liberation and a struggle against Bolshevism, rather than the rhetoric of racially

---

46 Here we should differentiate between shootings carried out by predominantly German units, with or without local assistance, such as the Gargždai massacre of 23 June, other killings in the border areas, and a number of massacres in the area of Šiauliai (German Police Battalion 65), and killings carried out by predominantly Lithuanians under German control during the period *preceding* the mass extermination campaign of Hamann's Rollkommando.

47 This scheme is based on Yitzhak Arad, "The Final Solution" in Lithuania in the Light of German Documentation, in: Yad Vashem Studies 11 (1976), pp. 234-272.

48 Much of the material below is adapted from Christoph Dieckmann's and my unpublished draft report presented to the Commission for the Evaluation of the Crimes of the Nazi and Soviet Occupation Regimes in Lithuania.

49 A considerable number of relevant documents are published in: 1941 m. birželio sukilimas. Dokumentų rinkinys [The Uprising of June 1941. Selected Documents], ed. by Valentinas Brandišauskas. Vilnius 2000.

50 Nuremberg Document 180-L (Einsatzgruppe A: Gesamtbericht bis zum 15.Oktober 1941) in: Trial of the Major War Criminals Before the International Military Tribunal [IMT]. Vol. XXXVII, Nuremberg 1949, p. 683.

motivated genocide. The very first mass murders carried out by the Tilsit Stapo and SD in the specially designated border areas occurred within hours of the invasion; elsewhere, there was a period of transition from pogrom-like attacks to a campaign of organized extermination. On 1 July 1941 Obersturmbannführer Erich Ehrlinger reported that he had created five Lithuanian companies of auxiliary police (*Hilfspolizeitruppe*), two of which had been put at the disposition of his Einsatzkommando 1b guarding prisoners and "carrying out executions" at Kaunas' Seventh Fort.[51] At this point, organized mass executions under a militarized command structure became the tool of destruction rather than pogroms. Still, in method and scope the massacres of the first six weeks differed significantly from the decisive assault on the Jews which fell with the greatest force between August and October 1941. In a sense, the initial wave of violence is the prehistory rather than history of the Final Solution in Lithuania.

There is no question that the Third Reich owns the decision-making responsibility for the Holocaust: Stahlecker's EG A had already received sufficient instructions and official latitude to "solve the Jewish question." After 2 July 1941, EK 3 commanded by Karl Jäger supervised operations in most of western and central Lithuania, while EK 9A of EG B, briefly operated in eastern Lithuania. A number of German agencies provided logistical support and personnel in the destruction process:

– the Wehrmacht, principally Feldkommandantur 821 as well as the so-called Security Divisions, responsible for securing the rear areas;
– German police battalions, particularly the 11th under Franz Lechthaler and the 65th, as well as other police agencies, both political and criminal;
– finally, elements of the Zivilverwaltung, especially agencies dealing with Jewish matters.

The Lithuanian irregular, military, administrative and political formations were important auxiliary factors during the period before and after the full-scale assault on Lithuanian Jewry. A general classification might include the following:

– The Lithuanian Provisional Government (PG) and its cohort, the Vilnius Citizens' Committee;
– elements of the Lithuanian civilian administration, including district chiefs, mayors and rural officials; the local constabulary reestablished after the Soviet retreat and organized into police precincts under the administration of the Police Department in Kaunas;
– certain members of irregular forces, frequently termed partisans or "white armbands," which arose spontaneously or were quickly organized upon news of the Nazi invasion, the most notorious of which was the Klimaitis band in Kaunas;
– units of the so-called Defense of National Work (lith. *Tautinio Darbo Apsauga* – TDA), later termed Self-Defense Battalions (lith. *Savisaugos, apsaugos batalionai*).

It is important to note that the categories outlined above are somewhat artificial and general in nature. The personnel of the irregular forces, police administration and police battalions often overlapped. The levels of participation and responsibility in collaboration with the

---

51 Ehrlinger Report to Berlin and Einsatzgruppe A, 1 July 1941, in: Bundesarchiv (Koblenz), copy provided to author.

Nazi genocide varied greatly according to place, time and circumstance. The degree of collaboration ranged from limited cooperation with Germans political goals to outright identification with the Nazi occupiers and participation in mass murder.

Whether native assistance was a *sine qua non* of the Baltic Holocaust is an open question. Christopher Browning has made clear that the destructive campaign of the German Police Battalion 101 achieved most of its genocidal goals without significant outside assistance. While none of the Lithuanian agencies and police formations were involved in the decision-making of the Final Solution, there is no doubt that their collaboration was a significant help in facilitating all phases of the genocidal program, including the definition (,,marking"), expropriation, concentration and, extermination of the victims.[52]

The rebel leaders' ambiguous position emanated from the paradoxical political morass in which it found itself: the regime, such as it was, claimed sovereignty but could not exercise effective control. Still, the LAF's organ, "Į laisvę", greeted the hour of liberation with the charge that "Jews and Bolshevism are one and the same."[53] "Naujoji Lietuva", published in Vilnius, and the provincial newspapers contained even more strident passages. The PG's official anti-Semitism was reflected in the "Statutes on the Situation of the Jews" (Lith. *Žydų padėties nuostatai*) of 1 August 1941.[54] But the cabinet, even as it approved decrees segregating and expropriating the Jews, eschewed organized slaughter. The PG recorded, albeit not publicly, their disassociation from Klimaitis and other rogue partisan elements, and issued public reprimands against lawlessness and vigilante justice.[55] Only one member of the leadership, the PG's liaison with the Germans, the historian Zenonas Ivinskis, is reported to have suggested a public disassociation from anti-Jewish violence.[56] The men of the PG were clearly discomforted, even shocked, by the excesses.[57] A similar attitude was evidenced by the country's metropolitan, Archbishop Juozas Skvireckas, who confided to his diary that Hitler's "Mein Kampf" made good points about the Jewish world conspiracy; at the same time, he registered his horror at the Lietūkis killings and sent his assistant,

---

52   According to the process outlined by Raul Hilberg.
53   Į laisvę, 24 June 1941.
54   Lietuvos Laikinoji vyriausybė: posėdžių protokolai [The Lithuanian Provisional Government: Meeting Protocols], comp. by Arvydas Anušauskas. Vilnius 2001, pp. 135 ff.
55   See ibidem, pp. 9-18; Į laisvę, 24 June 1941. There is also the claim that two Lithuanian generals had privately rebuked Klimaitis, in: Algirdas Martin Budreckis, The Lithuanian National Revolt of 1941. Boston 1968, p. 63.
56   Liudas Truska, Ir atleisk mums mūsų tųvų bei senelių nuodėmes: apie holokaustą Lietuvoje 1941 m. [And Forgive Us the Sins of Our Fathers and Grandfathers: On the Holocaust in Lithuania], in: Lietuvos Žydų žudynių byla: dokumentų ir straipsnių rinkinys [The Case of the Murder of Lithuania's Jews: A Collection of Documents and Articles], comp. by Alfonsas Eidintas. Vilnius 2000, p. 671.
57   The following interesting formulation is found in the protocol of the 27 June 1941 cabinet meeting of the PG in response to the news about the Lietūkis killings: "Minister Žemkalnis reported on the extremely cruel torture of the Jews in the Lietūkis garage in Kaunas. <u>Decided</u>: Notwithstanding all the measures which must be taken against the Jews because of their Communist activity and harm to the German Army, partisans and individuals should avoid public executions of Jews. It has been learned that these actions have been committed by people who have no connection with the [Lithuanian] Activists' Staff, the Partisans' Staff, nor the Lithuanian Provisional Government"; published in: Lietuvos Laikinoji vyriausybė (see note 54), p. 18.

Msgr. Kazimieras Šaulys, to intercede with Kaunas authorities to halt such excesses.[58] Yet none of this amounted to the kind of public stance which alone could have persuaded at least some of those who had volunteered or been coopted into participating in the killings to rethink their behavior. The Šiauliai prosecutor, Matas Krygeris, did protest the extrajudicial lynching of alleged *Lithuanian* Soviet collaborators. A pastoral letter of July 1941 from Bishop Justinas Staugaitis of Telšiai strongly condemned violence against anyone, "whether one of our own or an outsider, whether friend or foe," but did not specifically mention Jews.[59] But Krygeris and Staugaitis were the exceptions.

No action by the PG or, for that matter, any Lithuanian could have prevented the Holocaust as such. The PG had no real control over the Lithuanian companies engaged in their gruesome task, but it had approved their formation. In early July, the city's Lithuanian military commandant, Col. Jurgis Bobelis, reported to the PG. At the same time, the Nazi Einsatzkommando was orchestrating mass shootings at the Kaunas forts over which Bobelis had only nominal jurisdiction. More damaging was the PG's voluntary public alignment with the Reich, as well as its fawning rhetoric of gratitude to Hitler and "Greater Germany" which increased the prestige of the Nazis. The rebel leaders may have been unable to affect the military situation, but they certainly had complete control over their own rhetoric.

However, the troublesome record of the PG and the chaotic violence which accompanied the anti-Soviet rebellion of June 1941 should not, in principle, obscure the insurrection's legitimacy. The picture of heroic anti-fascists being "shot in the back" by a treacherous fifth column is a propaganda fig-leaf. Stalinism was a criminal regime which deserved betrayal. While the anti-Soviet partisans inspired dread among Jews, not all were killers. But the sinister role of those "white arm bands" who did carry out atrocities against real and alleged Communists and, especially, the Jews, has understandably overshadowed the rebellion as an act of insurrection against foreign occupiers.

Natives in the Killing Fields: The Apex of Criminal Collaboration

Many bodies of the local administration contributed, at times with zeal, to the destruction of Lithuanian Jewry. In Alytus, at the end of June, the police chief's offer to kill the Jews of his locale was turned down by the Germans.[60] On 16 September 1941, the Šakiai District Chief, Vincas Karalius, reported that his Jews had been "handled by the local partisans and auxiliary police."[61] Although such murderous initiative were not the norm, there is substantial evidence of the participation of local administrative bodies in the enactment of various restrictions, discriminatory measures, financial expropriation and compulsory

---

58 Relevant excerpts of the diary entries for 27-28 June 1941 are published in: 1941 m. birželio sukilimas (see note 49), pp. 271 f.

59 Lietuvos Žydų žudynių byla (see note 56), pp. 127 f.; Lietuvos Valstybės Istorijos Archyvas [Lithuanian State History Archive = LVIA], F. 1671, Ap. 5, b. 63, Pastoral Letter to the Faithful, 12 July 1941.

60 Christoph Dieckmann, The War and the Killing of the Lithuanian Jews, in: National Socialist Extermination Policies: Contemporary German Perspectives and Controversies, ed. by Ulrich Herbert, trans. from German 1998. New York 2000, p. 245.

61 LCVA, F. R-683, Ap. 2, b. 2, l. 86.

labor involving the Jews.[62] In part these were attempts to follow the "Announcement to the Occupied Land" issuing by the German military within a week of the invasion, which, among other regulations, defined Jews according to the Nuremberg standards and forbad kosher slaughter, the very first such racist statutes promulgated in Lithuania. The local authorities' discriminatory announcements also were well within the spirit of the anti-Semitic rhetoric emanating from the press and the Lithuanian authorities in Kaunas.[63]

While the rationale behind the decision to initiate the genocide of the Jews during the summer of 1941 is still a subject of some controversy,[64] there is no doubt that the majority of the personnel involved in the actual destruction process were drawn from native sources, including former partisans and local police. The massive desertion of Lithuanian Red Army soldiers, who naturally saw no reason to die for Stalin, created an additional large reservoir of armed men, many of whom volunteered or were pressed into service as TDA troops. The Nazified Voldemarists who coalesced in the Lithuanian Nationalist Party (lith. *Lietuvių nacionalistų partija* – LNP), and whose moral degeneration is aptly captured in the diary of their General Secretary, Zenonas Blynas,[65] supplied many of the officers.

The most extensive collaboration in the genocide can be traced to August 1941 with the police collection of demographic data on Jewish communities, soon to be followed by the Secret Circular No. 3 which ordered precincts to gather their Jews for "transportation to camps."[66] The records are fragmentary but, at least for Kaunas district, they provide a stark picture. The Lithuanian Police Department headquartered in Kaunas and supervised by Col. Vytautas Reivytis played a fateful role in the destruction of Lithuanian Jewry even though the mastermind of detail, the daily manager of murder, was a rather low-ranking Nazi henchman from Kiel, 28-year old SS First Lieutenant Joachim Hamann. Forty-year old Vytautas Reivytis could have considered himself superior to Hamann in both rank and social status. The son of a respected local patriot from Maneikiai, Reivytis had entered police service in 1925, completing criminology studies in Kaunas and Berlin. An accomplished target shooter and ju-jitsu expert who competed internationally, an aviation enthusiast, the pro-German Reivytis fit the self-image of the *voldemarininkai*, the hard right-wing "men of action." Whenever problems arose, Reivytis was quick to implore Hamann for instructions, even on the minutest details of the operation. There is no way to know whether the colonel was galled by his humble subordination to a lowly SS lieutenant, but there was no doubt about his subservence and loyalty to the Nazi cause throughout the occupation.[67]

---

62 A well-documented example is the Joniškis LAF staff, some of whose documents have been published in: 1941 m. birželio sukilimas (see note 49), pp. 253-261.

63 LCVA, R-1436, Ap. 1, b. 7, l. 4.

64 See, for example, the interesting and well-documented argument in Dieckmann.

65 See note 38.

66 LCVA, F. R-683, Ap. 2, b. 2, l. 1. Responses to Reivytis' circular indicate that it was received by other police chiefs before 16 August 1941. Only a few of the documents in the file have been published, most notably in the series of Soviet propaganda publications of the 1960s and 1970s. Cf. Arūnas Bubnys, Vokiečių okupuota Lietuva [German occupied Lithuania]. Vilnius 1998, pp. 190 ff.

67 For more on Reivytis see Petras Stankeras, Lietuvių policija 1941–1944 metais [Lithuanian Police 1941–1944]. Vilnius 1998).

A relatively small proportion of those involved in the actual killing caused the most destruction. The Rollkommando, particularly its Lithuanian contingent under Lt. Bronius Norkus, accounted for at least half of the total number of persons murdered during the period encompassed by the well-known Jäger Report of 1 December 1941. The infamous Special Platoon (*Ypatingas Būrys*) was directly responsible for the majority of deaths in the immediate vicinity of Vilnius (Paneriai). At the same time, a considerably larger number of Lithuanian police battalion members and local auxiliaries, took part in "sporadic," rather than "permanent" killing operations, as well as in secondary roles, especially the guarding of detainees, securing the perimeters of killing operations and the hunt for Jews in hiding. Lithuanian police battalions also participated in mass murders in Belarus and Ukraine.

At the core of the program of mass extermination of Lithuanian Jewry was an intensive "cleansing" (*Säuberung*) of the provincial population which reached a burst of murderous activity between mid-August and mid-September 1941. Of the more than 125 000 Jewish inhabitants of the Republic of Lithuania who are listed as having perished in the German accounts during the summer and fall of 1941, nearly half were murdered during this four-week period. The infamous *Großaktion* of 28 October 1941, when nearly 10 000 Lithuanian Jews were slaughtered at the Ninth Fort in Kaunas by the Nazis and their collaborators, stands out as a brutal record.[68] Never had so many been killed on Lithuanian soil in so short a time. At least 95% of Lithuania's Jews who had not succeeded in escaping the country were still alive on 5 August 1941 when the Provisional Government formally announced its own dissolution. By the time Karl Jäger had completed his renowned report on 1 December 1941, about four-fifths of Lithuania's Jewish community were dead.

Holocaust Time-Line:
German Reports on the Destruction of Lithuanian Jews, Summer and Fall 1941[69]

REPORTED DATES OF ACTIONS	NUMBER OF REPORTED VICTIMS
Before Aug 1	8,237
1-14 August	4,756
15-31 August	32,909
1-15 September	28,707
16-30 September	11,671
1-15 October	10,752
16-31 October	18,027
1-15 November	2,991
16-30 November	252

68 A factual account which preserves the horror of the atrocity is in Avraham Tory, Surviving the Holocaust: The Kovno Ghetto Diary. Cambridge, MA 1990, pp. 43-60.
69 This table is adapted from the Jäger Reports of 10 September 1941 and 1 December 1941 located in a number of venues. Victims in the border areas during the first days of the war, foreign Jews and Gentiles are not included in the calculation. One may find slightly different figures in other sources.

Germans and Lithuanians, 1942–1944

1942 dawned on a changed landscape of Lithuanian-German relations. The Nazis' disbanding of the PG and the banning of the LAF created disillusion among political and cultural elites. Revulsion at the massacre of the Jews had set in not only among many ordinary people, but had affected even some of the most fervent collaborators, although the latter were more bitter at the debasement of their soldierly honor than any real sympathy for the victims.[70] Popular dissatisfaction grew, exacerbated by rationing, intermittent food and fuel supplies, and the arrogant behavior of the German civilian administration, the detested Zivilverwaltung. However, the most important catalyst for the breakdown in German-Lithuanian relations was political: the issue of independence. Ambrazevičius' ingratiating letter to Generalkommissar Adrian von Renteln of August 1941 rejecting the German offer to join the advisory council noted that only the prospect of an independent state would guarantee Lithuanian support in the war against Bolshevism.[71] As early as February 1942 Josef Wutz of Rosenberg's *Einsatzstab* reported that "the mood of the (Lithuanian) population vis-a-vis the Germans has noticeably worsened in the last quarter," emphasizing that „the national demands for the regaining of independence or, at the very least, a recognition of cultural autonomy, are equally strong among all strata."[72]

Large elements of the Lithuanian police and security apparatus continued their functions under German supervision, although here as well there appeared signs of disaffection and even open resistance. As result of the Nazi attempt to mobilize a Lithuanian SS Legion in the spring of 1943, tensions between non-Communist Lithuanians and the Germans broke into open conflict. The incompatibility of German and Lithuanian interests was exposed. This crisis also bared the growing rift between those who favored submission to Nazi demands, such as Gen. Petras Kubiliūnas and elements of his police apparatus, and Lithuanians demanding, at the very least, significant German concessions in return for cooperation in the war against the Soviet Union.

Lithuania's non-Communist resistance to the German occupation, a movement with a perspective different from that of the other anti-Nazi groups which were viewed with suspicion by most ethnic Lithuanians, evolved in its own way. The goals of the Soviet and Polish (*Armia Krajowa*) partisan movements were incompatible with Lithuanian national aspirations: the Communists evoked memories of Stalinist crimes and denied Lithuania's independence, while the Poles demanded Vilnius. Jewish partisans were feared as avengers. While the violence of the armed resistance groups paled in comparison with the Nazi genocide, all of the anti-German forces committed atrocities against civilians and requisitioned supplies from hard-pressed peasants.

The motley non-Communist resistance consisted of the now underground LAF (after late 1942, the Lithuanian Front or LF), the Union of Lithuanian Freedom Fighters (LLKS), the student-dominated Lithuanian Unity Movement, and groups corresponding to prewar political parties, such as the Populists. The LF and its allies represented a Catholic wing,

---

70 There are a number of such self-pitying passages in the aforementioned Blynas diary.
71 Juozas Brazaitis, Raštai [Works]. Vol. VI, Chicago 1985, p. 428.
72 Centre de Documentation de Juive Contemporaine (Paris), Rosenberg Collection, CXLIV-430, Wutz Report, 26 February 1942, 14.

while the LLKS and other groups can be described as a more militant "secular" faction. By late 1943 the various non-Communist groups had formed the Supreme Committee for the Liberation of Lithuania (VLIK). A detailed breakdown of the movement would reveal a wide and interesting spectrum from right-wing Nationalists to Social Democrats whose analysis is outside the scope of this study. An interesting aspect of the Lithuanian resistance movement was that some of the most militant nationalists, including officers involved in the killing of Jews, were also the most belligerently anti-German. While the rhetoric of the former LAF sounded a tone of regret at the Lithuanian-German divorce, the now unabashedly pro-Western LLKS took on a progressively sharper anti-Nazi stance, stressing repeatedly the historic animosity between the Lithuanians and their Germanic enemy as personified in the destructive medieval crusades of the Teutonic Knights. Both sides tarred the occupiers with the ultimate insult: the Nazis were no different from the Bolsheviks, the "red" equaled "the brown."[73] Unlike the other resistance groups, the Lithuanian non-Communist underground required no ideological litmus test, only a commitment to the cause of independence – this was the one constant. Naturally, in this context it was agreed that nothing should be done to assist the Soviet military effort.

The German Security Police and SD reports correctly reflected the people's repudiation of the Nazi policy towards Lithuanian independence and the increasing hopes of an Anglo-American victory as the major reasons for the nearly universal failure to enlist volunteers for the SS.[74] The Legion fiasco of 1943 contrasted sharply with the enthusiastic response to the call for the creation of the so-called Local Force (Lith. *Vietinė Rinktinė*) a year later. This time the Germans had agreed to Lithuanian conditions in their negotiations with Gen. Povilas Plechavičius, a charismatic anti-Communist officer of the old school: the proposed military units would be stationed only in Lithuania under native command and were to be outfitted with Lithuanian uniforms. On Independence Day, 16 February 1944, Plechavičius issued a public call for volunteers to defend the country. Within days nearly 20 000 men showed up at recruitment centers to enlist in the Local Force, which was widely perceived as forming the core of a future Lithuanian Army under conditions that, deceptively, resembled those of 1918–1920.

In contrast to the failure of the previous spring's SS mobilization, the recruitment for the Force soon had to be halted because the flood of volunteers could not be accommodated. The very success of the Local Force triggered German resentment and the Nazis pressed further demands which proved unacceptable. Plechavičius refused to declare the Lithuanian people at war with the West and rejected the proposed assignment of Lithuanian volunteers to defend Germany itself. When the senior officers of the Force ordered their men to disband, they were arrested, but thousands of men fled into the forests and the countryside. A handful were executed and the remainder were rounded up and pressed into service in the Reich.[75] The violent end of the Local Force left only a diehard contingent favoring Lithuanian

---

73 Nepriklausoma Lietuva [Independent Lithuania], 3 February 1943; also in: Ekstra Leidinys, ibi-
    dem, 2 April 1943; cf. Laisvės Kovotojas [Freedom Fighter], 18 March 1943.
74 See the official Ost Meldungen 39 (29 January 1943), 1; 52 (30 April 1943), 1; 53 (7 May 1943),
    20 (author's archive).
75 For an overview of the Local Force see Bubnys, Vokiečių okupuota Lietuva (see note 66), pp.
    405-423.

collaboration with the Reich. Remnants of the Lithuanian police battalions which had not deserted or been destroyed in battle, some of which were transformed into anti-aircraft units and stationed outside Lithuania, continued in the German ranks, but this service no longer had any meaningful political or ideological content.

In 1945 the last geopolitical prospect of Lithuanian independence rested on an unlikely repetition of the outcome of the Great War: a Russian reversal followed by Germany's defeat at the hands of the Western powers. As the Soviet steamroller neared, this dreamlike possibility of a Western alliance with a Hitler-less German regime against the Bolshevik menace was the only illusion which made sense.

Some Perspectives: The Tragedies of Collaboration

The contentious issues of Jewish behavior during the Soviet occupation and Lithuanian participation in the Holocaust has undermined rational discourse on the Stalinist and Nazi periods. Aside from seeking proof of their opponents' perfidy, many Jews and Lithuanians have shown little genuine interest in each other's history, especially the sufferings of the Other.[76] The bloodletting of the first days of the Nazi invasion in particular has created a vortex of conflicting memories which make meaningful discourse about the events of June 1941 difficult for even the most even-handed observers and virtually impossible among the elderly witnesses to the events. "Collaborator" is one of the common reciprocal epithets. The most egregious canards can be easily dismissed. Before their destruction, not Communism, but pious Orthodoxy, Zionist commitment and secular Yiddish culture described most Lithuanian Jews. Only the most embittered argue that Lithuanians are a nation of criminals.

Some of the images extant in supposedly scholarly formulations show little more nuance than the shopworn stereotypes. The brush of Nazi collaboration, when widely applied to entire peoples, can degenerate into meaningless formulations. The image of Jews cowering reluctantly behind Soviet power as the "lesser of two evils" against a vengeful anti-Semitic populace and the looming shadow of neighboring Nazi Germany reflects only one of a wide range of experiences.[77] In fact, before 22 June 1941, the admittedly tense Jewish-Lithuanian relationship was a web of mutual interactions. One should resist the temptation to read history backwards: before 1941 Jewish society was not a hapless body buffeted by a storm of anti-Semitism. The universal victimization of Lithuania's Jews began on 22 June 1941 (after which it is difficult to talk seriously of "relations" between Lithuanians and Jews – the latter were on death row).

As noted above, a sensible concept of collaboration should recognize a broad spectrum of possible behaviors, ranging from politically motivated conditional cooperation to complete identification with the goals of the occupier, genuine collaboration. (It should also be possible to construct a similar "spectrum of resistance" as well.) It is no simple task sepa-

---

76 This problem is nicely summarized in Alfred E. Senn, Reflections on the Holocaust in Lithuania: A New Book by Alfonsas Eidintas, in: Lituanus 47 (2001), No. 4, pp. 61-75.

77 See Dov Levin, Fighting Back: Lithuanian Jewry's Armed Resistance to the Nazis, 1941–1945. New York 1984, pp. 21, 23. The author's idea that "Soviet rule in Lithuania did defer the Holocaust there for twelve months and seven days" is an incomprehensible rhetorical flourish which would only make sense if the Germans had attacked the USSR in the fall of 1939, or if the Lithuanians had initiated the Holocaust on 14 June 1940.

rating credible rationale from rank apologia. The difficulty of making existential choices is one of the usual self-vindications for those trapped by unsavory options, but moral and/or philosophical contamination can be one result from ignoring the nature of an evil ally. On the other hand, easy judgements about the geopolitical choices of those caught between Moscow and Berlin, the two most egregious foci of mass murder in the twentieth century, are no solution either. In 1941 the decision to fight one of the homicidal regimes of the Eastern Front, the worst slaughter-house in modern history, meant seeking the assistance of the other. Genuinely ethical choices, such as resisting *both* Hitler and Stalin, or Quaker-like nonviolent opposition to all evil state power, were excruciatingly difficult and could be dismissed as naïvité, or worse. Determining the "lesser of two evils" is not always an easy matter, at times begetting a morally compromising and subjective decision favoring the survival of some, mostly one's own ilk, over others. The wisdom of such choices is evident mostly to the choosers and usually obvious only in hindsight. And there is always the question: a lesser evil for whom?

It is, moreover, useful to remember that the scale of comparative evil changes over time, and nowhere was this more true than on the eastern divide of what Mark Mazower has aptly titled "The Dark Continent." Before 1939 Nazi repression paled in comparison to the Kremlin's bloodletting. In June 1941 Communism's body count still greatly exceeded that of the Third Reich, even within tormented and divided Poland. On the eve of Operation Barbarossa Stalin's victims included thousands of captured Allied POW's. The Nazis, as they assembled the largest invasion ever launched, still had considerable catching up to do in the field of mass murder. The rape of Ukraine, the siege of Leningrad and the horrors of Lithuania's killing fields still lay ahead.

Unfortunately, the definitions of collaboration (and resistance, for that matter) are often too elastic and subjective, an easy way to increase or decrease the number of perpetrators or heroes, depending on the need. But it should be possible to concoct a reasonable formulation of *criminal* collaboration. Without absolving the Stalinists, it is safe to say, that for Lithuania during 1940–1945, the burden falls most heavily on the enablers and foot soldiers of the Holocaust. The responsibility of the Klimaitis gang, the "white armbands," the Special Platoon and the police battalions is clear enough. The files of the Lithuanian archives certainly indict Reivytis' police department and the precinct chiefs, even if, in a few cases, the latter did not initially comprehend what "transport to the camps" signified. The more complex issues arise when we consider the role of those who genuinely believed that disreputable allies could bring freedom and independence. Certainly, people who became the willing servants of genocide deserve contempt, but the propagandists who internalized and then publicized Nazified racial notions must also share responsibility. The men who witnessed Nazism at close range should have grasped what lay behind Hitler's blather about saving Western civilization. Some did know better, showing up the foolishness of those who did not.

Unfortunately for the reputation of the anti-Stalinist opposition, it came to be largely identified with the LAF. The Front, of course, was not alone in seeking out ideologically repulsive partners. In a sense, the Western democracies did much the same and called it the Grand Alliance. But there is a crucial difference, for even as Britain and America embraced *Stalin*, the majority of their citizens rejected *Stalinism*. By contrast, the most extreme Lithuanian collaborators emulated the value system, rhetoric and behavior of the

Nazis. There are, after all, many possible responses regarding the ideology and goals of one's prospective ally, ranging from reluctant accommodation to total identification. Befriending one devil to fight another is one thing; to be seduced into seeing the world through the devil's eyes, another. The racist philosophy expressed in Raila's action program transformed a tactical arrangement with Germany into an ideological alliance. While the less dogmatic LAF members had accepted the inevitable (and to some, distasteful) partnership with Hitler on grounds of *Realpolitik*, Raila and the more extreme wing of the LAF lionized the Reich's leading role in destroying the Judaized, Asiatic and barbarian Soviet ideology, hoping for the creation of a reorganized and harmonious family of European nations led by Greater Germany and anchored within the solid foundations of Western civilization. And one should note that, at any point, the PG and the supporters of independence had a choice during the first weeks of Nazi occupation in what to say and do even if their actions would not have affected the physical destruction of the Jews.

An abundant historical literature based on newly accessible archives has been building in Lithuania. The best of the new genre has revealed a reality more complex and troubling than the picture which has been heretofore predominant. One could even argue that since 1990 the most interesting and thorough research conducted on the Lithuanian Holocaust is now taking place in the Second Republic. Unfortunately, it has not been sufficiently accessed outside the country.

Michael McQueen

Collaboration as an Element in the Polish-Lithuanian Struggle Over Vilnius

Why do nations collaborate? One motivation is that collaboration comes to be regarded as a device employed to counter the "existential fear" of a real or imaginary threat of national extinction,[1] with extinction defined as the loss of state independence, assimilation or genocide, or as a means to overcome national frustration. For Lithuania, in most of the 20th century, the source of this fear and frustration was Poland, and the existential struggle was the irredentist battle over the possession of the city of Vilnius.[2]

In this article I will illustrate the operations of the Lithuanian fear of Poland. This produced great distortions in political behavior, with collaboration which was ultimately against its own interests among them. Fear characterized Polish-Lithuanian relations both in the period up to 1939 and in the period of Soviet and German occupations of Lithuania. It is only in the last decade that the Poles and Lithuanians have begun to overcome the metahistory, a history of national dreams and phobias, myths and falsehoods, which had previously confounded them.[3]

The Interwar Period

The parameters of the struggle for Vilnius, once the city was seized by Poland in 1920, were simply defined, and chiefly characterized by a great asymmetry of power. Poland was stronger not only in military power, but also far outweighed Lithuania in terms of diplomatic might, in terms of access to the opinion of the western powers, as reflected by the recognition of Poland's inclusion of Vilnius by the Council of Ministers of the League of Nations in 1923. Lithuanian weakness and isolation meant that it had to rely on foreign assistance in the quest for Vilnius, and in the context of its diplomatic isolation that meant one of two choices: Moscow or Berlin.

The Lithuanian diplomat Albertas Gerutis cited Lithuanian Foreign Minister Augustinas Voldemaras, eventually driven into exile after his right-wing intriguing and coup attempts, as saying (circa 1927) that "the key to Vilnius lies in Berlin."[4] But the reality was that

---

1 I credit this term to the Hungarian historian Istvan Bibo.
2 As the prize in an irredentist struggle Vilnius was rather unique. In the city itself, only about 1,4% of the population was ethnically Lithuanian before 1939, and in the hinterland surrounding the Lithuanian share did not exceed 4%, according to the last pre-war Polish census which, even if "cooked," was not far off the mark. It should be noted that a fair share of Vilnius' interwar Lithuanian population consisted of political refugees from Lithuania's authoritarian regime.
3 See Timothy Snyder, The Reconstruction of Nations: Poland, Ukraine, Lithuania, Belarus, 1569–1999. New Haven/London 2003, pp. 9 f.
4 Piotr Łossowski, Stosunki Polsko-Litewskie 1921–1939 [Polish-Lithuanian Relations, 1921–1939].

circumstances such as the dispute over Klaipėda/Memel and what the Germans perceived to be the Lithuanian persecution of the German minority in Lithuania overrode the shared interest in destabilizing Poland and kept German-Lithuanian collaboration out of the realm of the possible for the interwar period.

The situation as concerned Lithuanian-Soviet relations was different. It can be asserted that unlike the Poles and the other Baltic states, which shared borders with the USSR, had been forced to fight to defend their frontiers and state existence against the Red Army and continued to perceive it as a direct threat, the Lithuanians did not. Piotr Łossowski cites in support of this again Gerutis, who commented: "In Lithuania only a minimal number of people...interested themselves much in happenings in the Soviet Union. Its life and in particular the political order were, for the overwhelming majority of the Lithuanian people, a completely unknown thing. It was as if the Soviets were far away, beyond the seas and the mountains."[5]

The tone-setting cornerstone of Lithuanian-Soviet political collaboration was the Non-Aggression Pact of 28 September 1926, which produced not concrete acts but instead initiated an era of what one might term diplomatic-political symbiosis. The section of the treaty in which each party pledged its recognition of the inviolability of the other's territory contained language in which the Soviets recognized the fact of "the violation of Lithuania's borders which occurred contrary to the will of the Lithuanian people," in other words recognition of Lithuania's right to Vilnius.[6] The justifications were unambiguous: Antanas Smetona wrote in support of the treaty (this before he seized power in his coup d'etat of December 1926): "We, first among the Baltic states, are signing the Non-Aggression Treaty with Moscow not because we fear aggression from the USSR, but to better defend ourselves from Polish aggression..." Foreign Minister Voldemaras added: "He who wants an independent Lithuania with Vilnius should conduct a friendly policy towards the Russians."[7] According to the Lithuanian government daily "Lietuva", "undoubtedly the most important article of the Soviet-Lithuanian treaty is the recognition of the Lithuanian right to the Vilnius area..."[8] This treaty, renewed in 1934 and ostensibly effective through 1941, formed the basic framework of Soviet-Lithuanian relations up into the crisis year of 1939.

The Polish reaction to the Soviet-Lithuanian treaty and other acts came in the form of protests at the League of Nations (violation of the principle of one member entering into diplomatic agreements aimed against the interests of another) and warning notes. For public consumption, the reaction was folded into the general campaign of government-sponsored bellicosity which was a constant drumbeat up through the 1938 ultimatum, by which the Poles forced an opening in Polish-Lithuanian relations.

Warszawa 1997, pp. 106 f., citing Gerutis' Dr. Donas Zaunius, Mažosios Lietuvos sunus [A Son of Lithuania Minor]. s.l. (1962).

5   Ibidem, p. 89. The Gerutis citation is from the same source.
6   The text of the treaty is contained in: Dokumenty Vniešnoi Polityki SSSR [Documents on the Foreign Policy of the USSR]. Vol. 9, Moskva 1964.
7   Both citations from Łossowski, Stosunki (see note 4), p. 89.
8   Lietuva (Kaunas), 30 September 1926, cited in Łossowski, Stosunki (see note 4), p. 91.

Crisis Point 1939

From opening of relations in March 1938, the atmosphere between Poland and Lithuania improved substantially, particularly in view of the extreme level of mutual loathing which had characterized the prior 20 years. But 1939 signaled the slide into isolation preparatory to obliteration which awaited both states. When the war started, Lithuania declared strict neutrality, despite German attempts to induce collaboration in the attack on Poland, with Vilnius as the lure.

Stalin's Gift to Lithuania

The circumstances of the return of Vilnius to Lithuania require some elucidation. It was not a Soviet plot forced on the unsuspecting Lithuanians. After the Polish collapse, on the date Red Army troops entered Vilnius (19 September), the Lithuanians took the initiative on the Vilnius question. The Lithuanian Legation in Moscow transmitted a note to the Soviet Foreign Ministry on that date, announcing that Vilnius was inhabited by Lithuanians and that Lithuania wished to make its rights known on this question. The basic environment for this move, I would argue, was conditioned by the ignorance of the reality of the Soviet Union which Gerutis described in the citation above.[9] The Lithuanians went, to employ a popular proverb, from eating with the devil with a long spoon to using a much shorter utensil. On 10 October 1939 a Soviet-Lithuanian accord was signed and on 28 October 1939 Lithuanian troops marched into Vilnius, while 20 000 Red Army troops began the process of moving to bases all over Lithuanian territory.

A substantial portion of Lithuanian society regarded Poland's destruction as permanent. This view not only obviated the need for moderation in their treatment of the Poles, it gave them additional incentive to collaboration with what they viewed as chief guarantor that Poland would not ever again threaten Vilnius, the Soviet Union. As one observer put it (some Lithuanians) "amidst toasts to the Russians (...) went so far as to welcome the (Soviet-Lithuanian) treaty as a sure safeguard against the wrath of Polonia Restituta."[10]

Foreign Minister Juozas Urbšys explained away the threat posed by the presence of Red Army forces on Lithuanian soil this way in a speech to the Nationalists' Association (*Tautininkų Sąjunga*) in early January 1940:

> The agreement of October 10 has provisions that are extraordinary in international relations regarding the maintenance on Lithuanian territory of Soviet military forces that have been given various and frequently pessimistic interpretations to the effect that Lithuania has lost its independence (...). Those who put forward this interpretation have based it on the belief that the Soviet Union was not sincere when it concluded the agreement, that it was seeking means to suppress Lithuania, and that the entry into Lithuania of Soviet military forces is the beginning of this suppression. These pessimists

---

9 One task I would set myself in expansion of this piece would be to make a survey of events in the Soviet Union, such as the Great Purges, as presented (or not) in the pages of the Lithuanian press.

10 Leonas Sabaliūnas, Lithuania in Crisis: Nationalism to Communism, 1939–1940. Bloomington 1972, p. 162.

(...) are mistaken. It is true that we have armed forces of the Soviet Union on our soil, but these forces do not interfere with our internal life and the Government is as it was before October 10 (...) (they in no) way affect the sovereignty of Lithuania or Lithuania's independence.[11]

The popular magazine of the state-sponsored Vilnius irredentist movement "Mūsų Vilnius" ("Our Vilnius") celebrated the Soviet-Lithuanian accord with these words:

19 years we have suffered from the loss of Vilnius. Finally we have it! Our eastern neighbor, Great Russia, has handed our capital back after ripping it from the hands of the occupier. Must I tell you, what a noble step this was which the USSR has done? We want close and friendly neighborly relations with the USSR.[12]

Polish writers/memoirists for the period October 1939-June 1940 tended to concentrate much more on the oppressive aspects of the Lithuanianization of Vilnius than on questions of political collaboration which were beyond their view.

The Polish Home Army underground organization in Vilnius, and the Polish Government-in-Exile did conduct exchanges of messages on the Vilnius question starting in the fall of 1939, the chief purpose of which was to establish the political line (in essence, to maintain that the Poles intended to restore their pre-September 1939 frontiers). The section of the Polish Exile Government responsible for propaganda included in its broadcast content the warning that:

Poland will rise once more and be powerful. Poland will remember the injustices so recklessly committed against her citizens. Remind them that Lithuania had independence only as long as Poland existed and will regain it at the time Poland rises again. It ill suits the Lithuanian authorities to imitate the Germans and the Muscovites.[13]

Crisis Year 1940

In May 1940 the Soviet Union signaled its intentions toward the Baltic states when "Izvestia" published a justification of the 'rationalization' of the political map of Europe.

Recent war events once more proved that the neutrality of small states, which do not have the power to support it, is a mere fantasy (...) All considerations of small countries on the question of justice and injustice in relations with the major powers, which are at war to determine if they are 'to be or not to be' are, at the least, naïve.[14]

---

11 The text of Urbšys' speech was printed in: Lietuvos Aidas, 9 January 1940, and cited in the 13 January 1940 report of the American Legation at Kaunas to the Secretary of State. U.S. National Archives and Records Administration, College Park, Maryland (NARA), Record Group 59 (U.S. Department of State), microform 1178, roll 19, frame 1.
12 Cited in: Piotr Łossowski, Litwa a sprawy Polskie, 1939–1940 [Lithuania and the Polish Question]. Warszawa 1985, p. 57.
13 Projekt propagandy na Kraj [Draft on Propaganda to the Homeland], 9 March 1940. Polish Underground Movement Study Trust (London), records of the Ministry of Information and Documentation, folder 2.2.2.2.
14 Izvestia, 16 May 1940. United States Library of Congress Periodicals Collection, microform.

Two months later the Soviets set in motion the events which led to the swallowing of Lithuania. As Lithuania underwent the transformation to the Lithuanian SSR, the propaganda line stressed the Soviet role as guarantor of Vilnius; by way of example, the formerly Smetona-nationalist Šaulių Sąjunga (Riflemen's Union), in the process of dissolution, issued this statement to its membership:

> The new Lithuanian Government is energetically putting our internal affairs into order and strengthening our sincere relationship with Lithuania's great neighbor, the USSR, which for 20 years has consistently and sincerely carried out its international obligations and kept its word. We can all be certain that the Soviet Union, which returned our capital Vilnius, taken away by Polish treachery, will continue to carry out its obligations as contained in the Lithuanian-Soviet agreement.[15]

Red Lithuania

It was in the first period of Soviet rule that the image – the *Feindbild* – of Soviet-Lithuanian collaboration set itself in the Polish consciousness. It is my contention that the image of the Lithuanians presented in the reporting of the underground Home Army in the period June 1940-June 1941 accurately reflected the developing popular image among the Poles both in Vilnius and in the rest of occupied Poland of the Lithuanians as arch-collaborators (*Berufskollaborateure*), an image which only strengthened under German rule. The commander of the Vilnius-area Home Army, Col. Nikodem Sulik, reporting in August 1940 on the experience of the first months of Soviet Rule, saw Lithuanian collaboration with the Soviets as an instrumentality in the pursuit of anti-Polish goals:

> Lithuanian chauvinism, as in the time of Smetona, now today as well in its Red wrappings, is working consistently for the liquidation of all manifestations of Polishness. We cannot deceive ourselves that there can be any possibility of establishing friendly relations with the Lithuanians even now after the tragedy which has befallen them.[16]

Prior to June 1940, the Lithuanians had persecuted the Vilnius Poles *qua* Poles. Now, they persecuted them as Polish "Pans" (lords). The Communist Party daily newspaper "Tiesa" (Truth) underscored this line in an article which appeared on 1 July 1941. Even as it headlined the article with the slogan "Long Live Lithuania, the 13th Soviet Socialist Republic," the paper decried the chauvinist Lithuanian "culture bearers" who had "given Lithuanian lessons to the Poles with police clubs" while "the true enemies of the people, the Polish landowners, drank champagne with their highnesses, the Lithuanian ministers."[17] Further

---

15 Order nr. 52 of the Command of the Šaulių Sąjunga, signed Lt. Col. Žukas, 21 June 1940. Lithuanian Central State Archives (LCVA), collection 561 (records of the Šaulių Sąjunga), series 21, folder 4, p. 55. This statement may have been produced under a degree of coercion; one of the research projects I envision in order to expand this paper is to survey the Lithuanian press in the period of transition to Soviet rule and after.

16 Raport obywatela Ladyny z terenu Wilna [Report of Citizen Ladyna (Col. Nikodem Sulik) from Vilnius], 28 August 1940. Armia Krajowa w Dokumentach (AKwD), Polish Underground Movement Study Trust. Vol. I, London 1970, p. 280.

17 Tiesa, Nr. 10, 1 July 1940, article "Tegyvuoja 13-oji Lietuvos Socialistinės Sovietų Respublika". Library of the Institute of History of the Lithuanian Academy of Sciences.

articles contained lavish praise of Soviet generosity in awarding Vilnius to Lithuania, while making clear that the national question per se had been replaced by the class struggle, with the chief enemies of the "working people of Vilnius" being the "Polish lords."[18]

Col. Sulik subsequently, after the sham elections to the "People's Seimas," produced an analysis which would loom large, symbolically and practically, in the further development of Polish thought on the Lithuanian question. He offered a political model of Lithuanian society, commenting:

> We can divide the Lithuanians into two groups. The one is satisfied with (...) the incorporation into the USSR, since they have not been long under Bolshevik rule, also as they are seeing the Soviet Army behaving with unusual decorum, they do not yet feel any fear. For this reason the Bolsheviks have many ardent and reliable adherents (...)
>
> Other Lithuanians, the majority of them, desire a German victory, they want the occupation of Lithuania by the Germans and the creation of a buffer state under German protection. There are currently no Lithuanians who want the complete independence of Lithuania, nor are there any who support cooperation with the Poles.[19]

A further report from February 1941 by the Warsaw Home Army command, reveals the degree to which identification of Lithuanian collaboration with the Soviets was perceived as an explicitly anti-Polish device:

> In general, (Polish) society is more hostile to the Lithuanians than to the Bolsheviks. The moment is awaited when revenge can be taken for the brutal methods with which they have treated the Poles, for the denationalization and the Lithuanianization (...) Especially those (Lithuanians) who have come into the Wileńszczyzna who, even though they have had to paint themselves Red, in their blind chauvinism hate the Poles above all.[20]

After June 1941

Two factors contributed to the hardening of Polish attitudes towards the Lithuanians in German-occupied Lithuania, once the storm wave of *Barbarossa* had passed through the land and its imposition of a grim new reality of occupation and a new system of oppression had set in. One what the Poles perceived as the facile switch from collaboration with the previous conqueror to collaboration with the new one. The second factor was the role of the Lithuanians in the killing of the Jews.

While Lithuanian participation in the murder of the Jews had its own, independent impetus (much of which sprang from or was ripened in the impact of the year of Soviet occupation), the Polish reporting misrepresented the power relationship between the Germans and Lithuanians in the conduct of the Holocaust in Lithuania. However, the manner

---

18 Tiesa, Nr. 24, 15 July 1940, article "Galas smurto ir šovinizmo politikai Vilniuje" [An End to the Politics of Violence and Chauvinism in Vilnius].

19 Ibidem, pp. 284 f. Sulik's report is noteworthy for its myopia: by this time, with the wave of phony elections, enforced participation in massive "joyous demonstrations" and the onset of a confiscatory land reform program, much of Lithuanian society was simply exhausted and sullen.

20 Meldunek o stanie organizacyjnym ZWZ w Wilnie [Report on the State of Organization of the Union of Armed Struggle in Wilno], 19 February 1941, transmitted to General Sosnkowski, London. AKwD, Vol. I, p. 462.

in which they perceived the slaughter is more important than the facts.[21] Some excerpts from a lengthy Home Army "Situation Report for the Period 15 August to 15 September 1941" serve to illustrate this development:

> (...) the Germans left their vassals complete freedom in the resolution of the Jewish question, skillfully steering the excess of the Lithuanian national temperament to anti-Semitic action. For several months the Lithuanians, with the knowledge and approval of the Germans, have been liquidating the Jewish minority on their lands in an unprecedentedly bestial fashion. (...) The executions are being carried out by the Lithuanian police with the help of volunteers (...)
>
> The attitude of the Lithuanians to the Poles continues to be extremely hostile. If up to now they have not been permitted to apply to the Poles the methods tested out on the Jews, the cause of this is a certain reserve on the part of the German authorities (...)
>
> The Lithuanian intelligentsia and semi-intelligentsia is completely corrupted. The Lithuanian administration is composed of people ready to serve with equal devotion anyone who impresses them with force. They were at one time Smetonists, later became communists, now in turn they have become National Socialists (...) At the current moment there is nowhere in all of Lithuania any group with which we could talk (...)
>
> (...) nothing can change the fact that the political stance taken by the Lithuanian nation and as well the low ethical level which it has displayed as a whole and the great dose of cruelty which it has summoned up – places it morally on the same level with the Nazis.[22]

Looking over the brief course of history since 1939, some Poles reached the conclusion that Lithuanian independence and sovereignty were indeed sham conceptions, a surplus and dangerous luxury. As they perceived the situation, first the Lithuanians had embraced the Soviets, and now they were serving the criminal ends of the Germans. Especially on the Polish Right it began to be taken as an article of faith that an independent Lithuania in whatever form would forever pose a threat to Polish security, its long-festering grievances against Poland the driving force which made it subject to the manipulations of whichever hostile neighbor decided to turn it against Poland.

Reporting on Lithuanian crimes against Jews and Poles became a regular feature of the mainstream Polish underground press, with increasingly harsh tones. The mass circulation newspaper (relatively speaking – at points reaching a print run of up to 50 000 copies, which were dutifully passed from hand to hand) "Biuletyn Informacyjny" ("Information Bulletin") published by the Home Army commented in October 1941: "The news from Wileńszczyzna of the dimensions of the pogroms against the Jews being perpetrated by the Lithuanians exceeds the boundaries of even the most degenerate imagination (...)"[23] The Lithuanians, in particular the Lithuanian police, acquired in the pages of the AK press an image as brutal

---

21 See Michael MacQueen, The Context of Mass Destruction: Agents and Prerequisites of the Holocaust in Lithuania, in: Holocaust and Genocide Studies XII (Spring 1998), Nr. 1, pp. 27-48.

22 Raport sytuacyjny za okres od 15. VIII do 15. IX 1941 r. – Ziemie Wschodnie [Situation Report for the Period 15 August to 15 September 1941 – the Eastern Lands]. GSHI, folder A.9.III 2c/56.

23 Biuletyn Informacyjny, news item "Zbrodnie Litewskie" [Lithuanian Crimes], 23 October 1941. Archiwum Akt Nowych (AAN), collection P 193.

as that accorded to the Gestapo. Each issue of the "Biuletyn" had carried a section with the title "German Crimes;" from fall of 1941, another section called "Lithuanian Crimes" was added.

Over the course of the war, discussion of how to resolve the Lithuanian question, the increasingly belligerent tone of the discussion was set by the Polish Right. In the fall of 1941 the influential main press organ of the National Party (Stronnictwo Narodowe, hereafter Endeks) in the underground, "Walka" (The Struggle), printed a series of pieces in which it articulated Endek war aims. In one of these, entitled "What Are We Fighting For? Lithuania!" published in October 1941 "Walka" proposed that:

> Lithuanian behavior in the current armed conflict strengthens us in the conviction that an independent Lithuania would continually be a hotbed of disorder in Europe (...) bearing in mind the stages of development of the Lithuanian rebirth movement, which were initiated by foreign factors and aimed against the Polish nation... we have to take the position that a return to prewar conditions lies neither in Poland's interest nor in the interest of lasting peace in Europe (...) There is only one solution: the incorporation of Lithuania into (...) the Polish state.[24]

As 1942 wore on, the conviction that Lithuanian independence was essentially incompatible with Poland's interests began to spread from the Right towards the parties of the Center and Center-Left. This spread was linked to the news of a mass reprisal action carried out against Poles in the Švenčionys area, northeast of Vilnius, following on the 19 May 1942 ambush slaying of two German administrators by a band of Communist partisans near the village of Lyntupy. The Germans publicly announced that 400 persons, almost all of whom were Poles, had been shot; the Poles exaggerated the count.[25] The reprisal executions were conducted by Lithuanian uniformed police under command of the German Security Police from Vilnius.

German propaganda in Lithuania played up the Polish threat; in an article carried in the "Kauener Zeitung" (attributed to the "Basler National Zeitung"), it was charged that Stalin and Sikorski had signed a secret agreement by which Poland would have a free hand in Lithuania after the war in return for Polish acceptance of the Soviet annexation of western Ukraine and western Byelorussia.[26]

On the Polish Right the demonization of the Lithuanians increased and approached the realm of the fantastic. One Right-Catholic paper went so far as to assert (without basis) that infanticide and the murder of burdensome aged parents had become commonplace in Lithuania.[27]

---

24 Walka, article "O co walczymy? Litwa!", 10 October 1941, nr. 40. AAN, collection P 562.
25 Government Delegacy to the Homeland, Biuro Prezydialne of the Department of Information and Press, 30 June 1942. AAN, folder 202/I/6. The Poles claimed up to 2 000 persons were shot. As it was, the German authorities had to take measures to rein in the Lithuanian police in their conduct of reprisal actions.
26 The Stalin-Sikorski "deal" was outlined in an article "Polnischer Appetit auf Litauen" which appeared in the "Kauener Zeitung" on 19 August 1942. U.S. Library of Congress, periodicals collection, microform.
27 Brochure entitled "Golgota," published by the Front Odrodzenia Polski [Front for Polish Rebirth], 1943. PUMST [Polish Underground Movement Study Trust], brochures collection, item 83.

It suffices to say that the situation between Poles and Lithuanians could not have been worse at the time the Red Army re-entered Vilnius in July 1944.

Post-War

The Soviet leadership used the Lithuanianization of Vilnius as the central element in the political and ethnic reconstruction of the Lithuanian SSR, the result of "a compromise between Soviet authorities and Lithuanian communists."[28] The Soviet authorities, through the vehicle of the Communist Party daily newspaper "Tiesa" even dangled the prospect that "Lithuanian portions of East Prussia, where the land was soaked with the blood of ancient Lithuanians who fought centuries for their freedom" might accrue to the Lithuanian SSR – this after the sharp reminder that the Lithuanians had only the Soviet Union to thank for the return of the capital city of Vilnius.[29]

All Poles in the Lithuanian SSR had to register for repatriation to Poland and the effect of this policy was far more dramatic in the city of Vilnius, from which 80% of the Polish population was removed, than in the surrounding countryside, where fewer than one-third of the Poles were removed. In the countryside the Polish element was almost totally peasant, and in Vilnius largely proletarian; the intelligentsia was, by the effects of occupation and the post-war repatriation, almost completely eliminated.[30] The energies of the Lithuanian nationalists were diverted to the construction of an ethnically Lithuanian capital city, emptied of the bearers, markings and meaningful institutions of Polish culture, under Soviet protection. Included in the bargain was a limitation of the number of Russians resettled to Lithuania in comparison to the numbers of Russian in-migrants who skewed the ethnic balance so much in Latvia and Estonia. A similar strategy of strategically unleashing ethnic rivalry was employed in Poland, where the nationalists who had been sharpening their knives in anticipation of showdowns with the Ukrainians and Lithuanians were diverted to release their energies in the Polonization of the "regained territories" in the west.[31] In Poland under communist censorship, the Vilnius question disappeared from open Polish discourse.

The Vilnius question re-emerged at the time of the independence struggle, 1990–1991. Two factors underlay this: one was Soviet manipulation of the Polish minority, the second was the reemergence of a metahistorical perception of a Polish threat as felt and articulated by elements of the Lithuanian leadership.

The Polish minority, heavily russified (largely due to a program which combined Polish and Russian-language schooling) and poorly led, was susceptible to manipulation because the imminence of Lithuanian independence brought with it memories, readily stimulated if not exaggerated by the Soviets propaganda, of murderous Lithuanian nationalist excesses of the wartime era. There were also real fears that the Lithuanians would refuse to recognize land title documents which originated in the period of Polish rule, dispossessing the Poles

---

28 See Snyder, Reconstruction (see note 3), p. 93.
29 Tiesa, Nr. 55 (116), 9 September 1944, article "Tolimesnis žingsnis Lietuvių tautos valstybinguma stiprinant" [On the Further Progress of Strengthening the Statehood of the Lithuanian People].
30 Snyder, Reconstruction (see note 3), p. 92.
31 See, among others, Leopold Gluck, Od Ziem Postulowanych do Ziem Odzyskanych [From the Promised Land to the Regained Land], in: Miesięcznik Literacki V (February 1970), Nr. 2 (42).

or denying them the possibility of regaining nationalized properties. Indeed, a program to enhance the territorial extent of "Greater Vilnius" city, which entailed a discriminatory program of restoring land ownership was among the earliest initiatives embraced by the authorities of newly independent Lithuania. As a result, much of the Polish minority aligned itself with the anti-independence Russian-identified "Jedinstvo" movement and fell in behind the movement to assert autonomy for the Vilnius and Šalčininkai raions, which had large Polish and Russian population shares. In contrast to the Polish minority, the Polish Government in Warsaw strongly supported Lithuanian independence, explicitly disavowed territorial pretensions to Lithuania, and denounced the stupid entanglements of the Polish minority in Lithuania, who one commentator termed "Soviet people of Polish origin."[32]

Some elements of the Lithuanian leadership managed, in a planned Treaty on Friendship and Cooperation with Poland, a document viewed as a necessary fundament to launching normal relations between the two states emerging from Communism, to plant language by which Poland had to denounce and apologize for the 1920 seizure of Vilnius as part of the process of establishing good-neighborly relations. While assuring the Lithuanians (chiefly, Chairman of the Supreme Council Vytautas Landsbergis) that there would be no more General Żeligowskis, the Poles refused to renegotiate history, to engage in a metahistorical argument. This bitter issue took more than two years to resolve. The depth of Lithuanian fears, as felt by certain actors, was profound: in late 1991, after the reversal of the Soviet attempted coup, Landsbergis was still openly expressing his fears of "Polish nationalism and expansion."[33] In a conversation in late 1991 with a prominent western diplomat, Landsbergis agonized over the unfounded rumors that the Polish minority was forming a new Polish Home Army which would rise up and seize Vilnius.[34] To counter this, he said, referring to the crisis going on at the time in Southern Ossetia, he would have no recourse but to call on the Soviet Army to resist the Poles.

The most significant change in the Polish-Lithuanian relationship is the removal of the basis of the existential fear referred to at the beginning of this paper through the installation of a modern architecture of mutually-assured security and regional cooperation. In recent years, as the threats of Russian subversion and of western manipulation of the new member states of NATO for the accomplishment of grander geopolitical schemes have grown and receded, then grown again, the basic situation between Poles and Lithuanians is much simplified by the fact that intervention on the behalf of one by an outside power against the other no longer seems a real possibility.

---

32 Grzegorz Kostrzewa, cited in: Snyder, Reconstruction (see note 3), p. 252.
33 Gazeta Wyborcza, interview with Vytautas Landsbergis, 24 September 1991, cited in: Snyder, Reconstruction (see note 3), p. 269.
34 Discretion requires that I withhold the source of this information.

Egidijus Aleksandravičius

Lithuanian collaboration with the Nazis and the Soviets

Introduction

The attempt to compare the features of collaboration in the Nazi period with those in the Soviet period is doubtless an intriguing intellectual endeavor. Not only is it relevant to understand the Lithuanian historical context but also opens up a comparative perspective. After all, the destiny of 20th century Central Europe played itself out against the tension between collaboration and resistance. The shame of collaboration was often included in the price of freedom.

On the other hand, the attempt to gain clarity about such matters allows us to envision the possibility of a collective memory therapy that might deliver us from bewitchment by an unduly simplified picture of the recent past. It must be stressed that in the public discourse of Lithuania (and that of the entire region) the very term "collaborator" has a negative connotation. The comparativistic effect is enhanced when the experiences of Lithuanian collaboration are compared with those of other similarly fated nations. It is the purpose of this paper to highlight the most important similarities and differences between collaboration with the Nazis and that with the Soviets as these are reflected in the documents of Lithuanian intellectual history. The latter include the writings of those mid-20th-century social activists and critics who consciously sought to understand the significance of collaboration (accommodation, collusion, conformity) and sometimes not only personally tried out various recipes of political behaviour but also experienced their effectiveness firsthand. In proceeding toward this goal it would of course be wise to look for the differences first because the similarities are intrinsically more evident anyway.

The historiographic perspective

The historiography of Lithuanian collaboration is sparse, methodologically limited, and ideologically as well as emotionally tendentious, a condition for which the peculiarities of the Soviet period are responsible. After all, the bulk of what was written about Lithuania's Nazi collaborators was produced during the Soviet period when almost the entire official Soviet historiographical corps was itself collaborationist. That is, Soviet collaborators in Lithuania (the official historians, the purveyors of the Soviet line) wrote about those who collaborated with the Nazis (the bourgeois nationalists, the Nazi lackeys) without the slightest hint of, or effort at, self-reflexion. Such articles, studies, and books were produced by the dozens; however, they contain very little in the way of a more comprehensive description of the collaborationist consciousness.

A contrary perspective opened up in the work of émigré Lithuanian historians and memoirists, who depicted collaboration with the Nazis (generally, of course, circumventing the Holocaust) in brighter colors than they did obeisance to the Soviets. But even here we must remark that the texts about collaboration with the Soviets, and those about the cruelty and repressiveness of the Soviet occupation, were often written by authors who themselves had in one way or another collaborated with the Nazis. The abundance of such texts and their painfully contradictory descriptions of collaboration with the occupiers is a good source for explaining the difference in attitudes toward collaboration in Nazi and in Soviet times.

However, contrary to the Soviet authors, the émigrés did not achieve any sort of unified attitude or evaluation. What stands out is a nonconformist liberal view exhibiting a nonconformist attitude. The texts of Vincas Rastenis, Karolis Drunga, Vincas Trumpa, Vytautas Kavolis, and Alexander Shtromas (Aleksandras Štromas) reveal the discordant circumstances of collaboration in Lithuanian history. The latter's "Politinė sąmonė Lietuvoje"[1] ("Political consciousness in Lithuania") may be regarded as an exceptional study. For several decades this remained the sole work delving seriously into the mentality of collaborating with the Soviets. In a certain sense Shtromas's book may be compared with Czesław Miłosz's "The Captive Mind",[2] written by another post-war émigré who had experienced the effects of a communist regime in practice. Both of these authors managed to convey to readers in the free world the way the collaborationist mentality developed under communism or Nazism. This was especially important for enabling the Lithuanian and Polish émigré communities to understand what had really happened in their occupied homelands.

Emigration also provided the opportunity for a broader analysis of the significance of resistance and collusion in Lithuanian history. Vincas Trumpa in his paper "Kovotojai ir kolaborantai"[3] ("Fighters and collaborators") tried to call attention to the fact that at the crossroads of national survival no choices were easy. He consciously sought out parallels between the first lessons from Lithuanian collaboration at the beginning of the 19th century and later reactions to the occupations of the mid-20th century. He noted that it "often isn't easy for the historian to say who in fact is a freedom fighter and who is a collaborator".[4] Only after freedom of speech had returned and independence was restored in 1990 were Lithuanian historians able to build on Trumpa's insights. Several years ago, in her book "Lojalumo krizė" ("The Crisis of Loyalty"), Halina Beresnevčiūtė did just that: she described aspects of early 19th century political culture and delved into the "political ethics surrounding and motivating the behavior of the political classes".[5] The investigations of

---

1 Aleksandras Štromas, Politinė sąmonė Lietuvoje [Political consciousness in Lithuania]. London 1980.
2 Czesław Miłosz, Pavergtas protas [The Captive Mind]. Vilnius 1993. Miłosz's book was based on his direct observations of the way Polish intellectuals accommodated, and started collaborating, with the Communist regime. Though the author never joined the Communist party, he was doubtless a man of the left. The same may be said of Shtromas, who traversed the road of political self-determination leading from faith in communism to active dissidence and ending in political emigration. In a way this painful awakening of leftwing intellectuals may be compared with the ideological development of Arthur Koestler.
3 Vincas Trumpa, Kovotojai ir kolaborantai [Fighters and Collaborators], in: Vincas Trumpa, Lietuva XIX amžiuje [Lithuania in the 19th Century]. Chicago 1989, pp. 62-77.
4 Ibidem, p. 62.
5 Halina Beresnevičiūtė, Lojalumų krizė: Lietuvos bajorų politinės sąmonės transformacija 1795–

Trumpa and Beresnevičiūtė help us to understand the imprint of collaborationist tendencies in the collective memories of the Lithuanian people. Thereby the Nazi and Soviet periods loose some of their uniqueness in the context of Lithuanian history.

The most recent work of the historians, especially that inspired by the International Commission for the Evaluation of the Crimes of the Nazi and Soviet Occupation Regimes, is slowly changing the situation. In this Commission's purview both segments of the history of Lithuanian collaboration are finding their due weight. However, more extensive publications in this respect are a matter for the immediate future, and they will doubtless answer many dramatic questions, increase our fund of known facts, and inevitably lead to more accounts of some of the phenomena associated with collaboration. On the other hand, precisely because the Commission's investigations are focused on crimes against humanity, the anthropology or symbolic structures of collaboration might once again receive insufficient attention. Moreover, because of the traditional tendency to prefer investigating events that are further removed in time, Lithuanian historiography has more seriously, more analytically, and more critically looked at collaboration with the Nazis. Massacres or armed conflicts more clearly draw the line between fighters and collaborators. However, problems arise when, the gunfire having ceased, various conformist processes begin. That is why the most recent episode of collaborating with the Soviets has received the weakest portrayal in the scholarly literature. Despite some rare exceptions the depiction of Soviet collaborators (cf. the commemorations of Antanas Sniečkus at the Lithuanian Academy of Sciences) still belongs more to the sphere of sentiment than to that of scholarship.

Our heroes, *their* toadies

It is almost inevitable that for the Lithuanian nation, which in the last two centuries enjoyed independence for but 35 years, not just armed or unarmed direct resistance but collaboration (conformism, opportunism) as well became a way of national survival. It would be logical to assume that during centuries of alternating foreign domination, skills of accommodation rather than force of arms largely ensured that survival. However, in the cultural collective memory the norms of conformist accommodating behavior have been pushed back into a dark corner of the subconscious. What always predominated in the histories written by Lithuanians were romantic and heroic images together with depictions of the deprivations continuously inflicted on Lithuania by foreigners. That, of course, reflects the complex and dramatic fate of a small Baltic nation, although it is quite one-sided.

In general accounts or surveys of the Lithuanian character we rarely find it affirmed that the Lithuanian people – living as they did through two centuries of conflict, defeat, violence, and accommodation – acquired many of the traits characteristic of the worst toadies: spinelessness, treacherousness, the ability to hide one's thoughts, mendacity, the skill to sense shifting winds and to seek the best for oneself. But weren't just these traits absolutely necessary for survival? And hasn't the cultural sensibility of collaboration become part and parcel of Lithuanian identity? These issues should be no less interesting to contemporary

---

1831 metais [Crisis of Loyalty: Transformation of the Political Consciousness of Lithuanian Gentry 1795–1831]. Vilnius 2001, p. 30.

historical scholarship than those that involve the number of collaborators, the organization of the killings, and the Nazis' political technologies.

On the other hand, it isn't uniformly obvious how much harm is done by self-conceptions not corresponding to historical reality – harm, that is, to a society's cultural communication and to the formation and transmission of its tradition. But that is no longer a question for historical scholarship. The historian's task is to discern how the collective cultural memory itself is formed.

In the Lithuanian collective memory the Lithuanians themselves appear as contrarians, whereas the country's minorities – especially the Jews – are invariably depicted as having the traits of conformism and opportunism. In this landscape of the Lithuanian memory and identity, group toadyism is reserved for a relatively foreign element. Is not this same mental attitude responsible for nurturing a typical and recalcitrant stereotype about how the concept *Lithuanians* is related to that of *Jew-killers*? In simplified form this stereotype goes as follows: *They, the Lithuanian killers of Jews, are Nazi collaborators, criminals, degenerates–such as can be found anywhere. They have no nationality. They no longer belong to our nation... Therefore, they are not Lithuanians.* **They** *aren't* **us**. In this way the most extreme collaborators are naturally purged from the collective memory.

This attitude of separation from strangers sometimes even found its way into texts exhibiting higher academic standards. Thus one can find symptomatic statements to the effect that among the worst Holocaust perpetrators wearing Lithuanian army uniforms there were numerous men of uncertain nationality. For example, in his book "Lietuvių tautos kelias į naują gyvenimą"[6] ("The Lithuanian nation's way to a new life") the liberal professor Mykolas Biržiška wrote: "Vilnius University professor Viktoras Biržiška happened to drop in on a corps of 'cleansers.' Attempting to save the life of an arrested Jew, he went to the headquarters of a unit commanded by a Žeromskis. But he couldn't communicate with anyone there in the Lithuanian language because all of the armed youths in that unit spoke only Polish even though that unit itself was referred to in Polish society as 'Lithuanian'; that is also how it was called by the Germans."[7]

What is important to us here is not whether Mykolas Biržiška's facts are right but how the personal characteristics of collaborationists are evaluated and what place they find in the texture of historical memory. The Lithuanian collaborationst and Jew-killer simply are not admitted into the popular historical memory.

This claim, which should be verified by research in both cultural anthropology and the history of mentalities, has been provoked by a circumstance surrounding the publication of Liūtas Mockūnas's book "Pavargęs herojus. Jonas Deksnys trijų žvalgybų tarnyboje"[8] ("Tired hero: Jonas Deksnys in the service of three secret agencies"). In it he describes the activities of the liberal anti-Nazi and anti-Soviet resistance activist Jonas Deksnys, whose career led him through all the important centers of the Lithuanian partisan movement, resistance conspiracy, and political emigration before he started, after being captured by Soviet

---

6   Mykolas Biržiška, Lietuvių tautos kelias į naująjį gyvenimą [The Lithuanian Nation's Way to a New Life]. Vol. 1, Los Angeles 1952.
7   Ibidem, p. 48.
8   Liūtas Mockūnas, Pavargęs herojus. Jonas Deksnys trijų žvalgybų tarnyboje [Tired hero: Jonas Deksnys in the Service of Three Secret Agencies]. Vilnius 1997.

intelligence, to collaborate with his former enemy, the Soviet regime in 1949. Mockūnas drew a very forthright portrait of an exceptionally controversial human being. This was an attempt neither to lionize nor to defend him, but just to tell the story of an ambitious man whose life degenerated into shameful collaboration. In academic circles this book was evaluated positively even though some of its assertions were disputed. But with regard to our topic I wish to emphasize something else. The book's appearance provoked not so much a discussion of its qualitative aspects or of the facts alleged as a general wave of discontent: how dare one write books about a traitor, a collaborator with the enemy, and so forth. Marginal newspapers started publishing angry articles directed against Mockūnas and his associates who had helped him prepare this book. The important point was that the book's hero was a Soviet collaborator, and that writing a book about him threatened to elevate him, as a phenomenon, into the collective historical memory.

In general, the overarching pattern was to characterize the behavior of the Lithuanians in the whirlwinds of the 20th century in such a way as not to impute to them any collaborationist tendencies. But these tendencies were easily recognized in the case of *other* nations. For example, the Latvian neighbors were endowed *a priori* with qualities of opportunism. A well-known Lithuanian cultural figure, Prime Minister of the 1941 Provisional Lithuanian Government Juozas Ambrazevičius-Brazaitis, who personally experienced the tensions of collaborating with the Nazis, wrote as follows in the émigré press in 1948: "... the Lithuanian has a stronger internal culture and stronger traditions, whereas the Latvian, for example, has a stronger technical culture and is more prone to opportunism (accommodation). That is why in emigration the Lithuanian will for a longer time preserve his difference from the surrounding environment, while the Latvian will more quickly integrate. The Lithuanian will for a longer time feel estranged from his new life, while the Latvian will more readily immerse himself in it and be satisfied."[9] This example again reveals how the collective memory mechanism begins to function in producing the general feeling that the heroes are *one's own*, while the sycophants, the collaborators belong with the *strangers*.

There are various explanations that can be given of these just-discussed features of Lithuanian mentality; they should be of interest not only to historians and should provide material for more than one paper. At any rate it is clear that as of today there has been no systematic research either from the viewpoint of Lithuanian intellectual history or from that of socio-cultural anthropology. In this paper we must content ourselves with one far-reaching assumption: it happened this way because of the specific valuational orientation of the Lithuanian historical consciousness, which was influenced by the long duration of Russian rule in Lithuania. The latter in turn was influenced by its Imperial politics. During the times of the Russian Czars the Lithuanians in Lithuania itself had no opportunities for conscious collaboration – from the middle of the 19th century onwards Catholics in general were not allowed to obtain any official positions.[10] And those who pursued a career in the depths of the empire in fact often ceased to be Lithuanians. Dozens or hundreds of those who attained positions in Russia proper lost their former identity through assimilation. All of this makes delving into the historical development of collaboration quite difficult.

9 Juozas Brazaitis, Apie kultūros reikalą tremtyje [About the Cultural Issue in Exile], in: Juozas Brazaitis, Raštai [Works]. T. 5, Chicago 1984, p.77.
10 See the article of Darius Staliūnas in this volume, pp. 88-100.

The lessons of Wallenrod

The history of relations with whatever regime ruled Lithuania during the last two centuries shows that besides rebels and insurrectionists there always were people who understood the significance of inevitable compromise. After Lithuania's incorporation into the Russian Empire at the end of the 18th century the ruling social classes experienced a challenge that historians have termed "a crisis of loyalties." That meant that for a whole generation its representatives had to endure multiple trials, both making oaths and breaking them. Besides pledging to fight for one's country's freedom, Lithuanians had to solve pragmatic problems of how best to serve one's own and the nation's utilitarian interests. To fight for your country's liberty, like dying for it, was considered a noble and beautiful act. On the other hand, colluding with the occupier or enemy seemed dishonorable and craven. At the beginning of the 19th century it often happened that the same exceptional people took upon themselves both the risk of fighting and that of collaborating. Tadeusz Kosciuszko and Tomasz Wawrzecki, the most prominent leaders of the anti-Russian insurrection of 1793–1795, later pledged fealty to Czar Alexander I and opposed those Lithuanian activists who envisioned reestablishing Lithuanian statehood in concert with Napoleonic France and therefore joined the military campaign against Russia.

However, the best example in this regard is Prince Adam Jerzy Czartoryski (1770–1861). Joining the St. Petersburg court as a young adult he became one of Czar Alexander's closest friends. In 1803 he was appointed curator of the Imperial University of Vilnius: this meant that he became responsible for educational policy in the whole of the former Grand Duchy of Lithuania. In addition, he filled the post of Russia's foreign minister from 1804 to 1806. Nevertheless subsequent political developments as well as the fruits of his collaboration with Imperial Russia led to disappointment: the result of the 1815 Congress of Vienna as well as the final collapse of hopes of resurrecting the Polish-Lithuanian Commonwealth forced him to acknowledge the end of his service to Russia and to resign.[11] In 1830 Czartoryski became head of the insurrectionist Polish national government; after the insurrection was crushed that same government condemned him to death (by beheading) *in absentia*. Finding himself in exile he was feted by one group of émigrés as a national hero; others condemned him as a traitor for having collaborated with the Czar; later he eventually became the uncrowned king of Poland-Lithuania in exile.

Today historians are disinclined to use the terms "treason" and "traitor" when describing the political behaviors of early 19th-century Lithuanian figures. The meanings of honor, oath, and loyalty in the political culture of that period took on various guises and appeared in various combinations. In the contemporary historiography of political culture and mentality considerable significance is attached to "Konrad Wallenrod", a poem by the Polish-Lithuanian Adam Mickiewicz, as a document of early 19th-century political behavior. The poem is set in the age of the 14th-century crusades against Lithuania. Its main hero, the knight Konrad Wallenrod, had Lithuanian blood in his veins and was fated (by the poet's grace) to become the Grand Master of the Teutonic Order. The story of the poem leads the reader across several thresholds of painful choice with Wallenrod having to choose between

---

11 Marian Kukiel, Czartoryski and European Unity. London 1955, p. 135.

his knightly oath, on the one hand, and the voice of his people and his homeland, on the other. He chooses his people.

Mickiewicz's hero became a symbolic figure; those who entered upon the path of collaboration with the nation's enemy yet did not entirely lose their patriotic sense, had the term "wallenrodism" applied to them. Wallenrodism became a significant but controversial feature of literary fiction as well as reality – the cultural reality of the political elites of all the three nations (Poles, Lithuanians, Ukrainians)[12] that comprised the former Polish-Lithuanian Commonwealth. In any case, Konrad Wallenrod attracted considerable scholarly attention. It was often discussed how closely this literary work reflected the real problematics of society's political consciousness during Mickewicz's time. Polish and more recently Lithuanian historians[13] looked for manifestations of wallenrodism among the conspirators of Vilnius and Warsaw, and the Decabrists of St. Petersburg. As revealed by the choices of loyalty within the 19th century Lithuanian elite at least until the Insurrection of 1863, wallenrodism developed from a literary fiction into a category of political behavior.

But until now this opposition between fighter and collaborator is rather more characteristic of Polish historical thought; in the Lithuanian tradition its traces are less marked. What is more commonly believed in the Lithuanian historical memory and popular opinion it that throughout the 19th century the Lithuanian people carried on a most difficult and merciless struggle against the Russian occupiers. However, according to Vincas Trumpa, with such attitudes "we often carry back into the past only an empty phrase that politicians, and occasionally historians, coined much later, long after the events."[14]

In his opinion, the political biographies of the most important figures of the 19th century Lithuanian Awakening, Motiejus Valančius and Simonas Daukantas, belong to the history of collaboration rather than to that of an overt struggle for the country's freedom.[15]

The symbolic figure of the mid-19th-century Lithuanian movement, Motiejus Valančius, Bishop of Samogitia (1850–1875), can indeed be held to exemplify a certain type of collaboration with the Russian government. Both among his contemporaries and among later historians there is no uniform evaluation of this man who developed from a humble helper of the Russian authorities (especially during the 1863 insurrection) to an obstinate political contrarian constantly skirting the boundary of legal possibilities. Valančius's uniqueness lay in his ability to hold on to his episcopal seat at such a time when no other bishop in the territory of the former Lithuanian Grand Duchy withstood the repressions of the government.

It is also remarkable that the storms of the 1830/31 insurrection found Simonas Daukantas, the author of the first history of Lithuania written in the Lithuanian language, in the

---

12 Georg G. Grabowicz, Franko et Mickiewicz: le wallenrodisme et la crainte de l'influence, in: Le Verbe et l'Histoire: Mickiewicz, la France et l'Europe, ed. by François-Xavier Coquin and Michel Maslowski. Paris 2002, pp. 96-103.

13 Maria Janion, Życie pośmiertne Konrada Wallenroda [The Life after the Death of Konrad Wallenrod]. Warszawa, 1990; Stefan Chwin, Literatura a zdrada. Od Konrada Wallenroda do Małej Apokalipsy [Literature and Betrayal. From Konrad Wallenrod to the Small Apocalypse]. Kraków 1993; Beresnevičiūtė, Lojalumų krizė (see note 5).

14 Trumpa, Kovotojai ir kolaborantai (see note 3), p. 65.

15 Ibidem.

service of the Russian governor-general in Riga. And indeed, Daukantas had participated in neither the famous students conspiracies of the second decade nor would he participate in later anti-Russian patriotic activities; nevertheless, the appearance of his books mightily aroused the government's suspicion. In the second half-century of Romanov rule over Lithuania only members of the weakening nobility directly accepted the challenge of Adam Mickiewicz' Konrad Wallenrod – it was in this social class that the *wallenrodist* consciousness bloomed. In the less sophisticated classes it was unpopular. Finally, after the suppression of the 1863 insurrection and the aggressive introduction of compulsory Russification it became impossible for Lithuanians to obtain any sort of public employment. Catholics were forbidden to be employed both in the administrative apparatus and in public schools. Thus in this period the more massive, conscious collaboration was offset by attempts to disseminate illegal publications and to ignore the Russian educational system.

The new generation of the National Awakening left but few traces of collaborationist adventures at the margins of Lithuania's historical memory. Jonas Šliupas, one of the publishers of the first illegal Lithuanian periodical, "Aušra", tried to convince Russian officials that he was prepared to collaborate with the government in pursuing an anti-Polish policy if the latter would ease restrictions on Lithuanian cultural activities. However, this attempt was rejected by other Lithuanians and did not persuade the Russians. Instead of bringing to fruition an insincere attempt at playing Wallenrod, Šliupas had to emigrate to the United States.

Generalizing the first lessons of wallenrodism in Lithuanian political culture, we can say that real wallenrodism, as a heroic type of collaboration, came into its own only after the Molotov-Ribbentrop Pact. But contemporary investigators find it hard to identify because, in the general context of collaboration experiences with the Soviets and with the Nazis, it became so entangled with other elements.

Lithuanian collaboration during World War II: the first Soviet occupation

The features of Lithuanian collaboration during the occupations of World War II were formed during three separate periods of unequal length. The shortest (the first Soviet period) was the period of the Soviet occupation and initial Sovietization; it lasted from June 1940 to June 1941. The second, the Nazi period, was somewhat longer, lasting from June 1941 until the fall of 1944. The third, called the second Soviet period, embraced a whole epoch lasting several generations during which the character of the Soviet regime changed substantially. Throughout these three periods we can observe phenomena of accommodation to, and collaboration with, the occupation regime.

On the dramatic road from 1940 to 1990 the collaboration of the Lithuanians with their oppressors altered its parameters. Representatives of different generations varied in the way they solved the dilemmas posed by Wallenrod and other heroes of historical mythology. The fundamental circumstances of collaboration changed because the expected duration of the occupation changed. The Lithuanian people went from collaboration diluted by a direct hope of preserving some remnants of Lithuanian sovereignty to a natural accommodation with the regime – a getting along with it that entailed forgetting any quest for political independence. Nevertheless, however much the character of the collaboration might have changed, there is little doubt that both in 1940 and in 1980 we are dealing with the same sociopolitical phenomenon. Collaboration is collaboration, and the Lithuanians are a typical nation of collaborators, having a developed sense of collective accommodation that helped them to survive and perhaps even to mitigate the evil brought on by occupying and totalitarian regimes.

Even so all collaborations are not equal. These differences and similarities were mainly due to the fact that the first Soviet occupation and the Nazi occupation were conceived in the context of a world war. Neither in the summer of 1940 nor in the fall of 1941 nor even as late as 1943 could anyone in Lithuania be certain about when and how the war would end. It was only the post-war situation that gradually shattered those mirages of the occupation's short-livedness and forced the painful recognition that the Soviets were here to stay, that the new cold-war order was a long-term proposition. Eventually such an attitude became dominant in the minds of Lithuanian activists on both sides of the Iron Curtain. And while indeed the thrust and cost of collaboration had to be borne directly by the inhabitants of the occupied country, these same issues were on the minds of many Lithuanians living abroad as well.

During the first Soviet period Lithuanian political activists found themselves particularly torn in view of the crisis that had gripped the Smetona regime and that made itself evident just before World War II. The year 1940 and the onset of the Soviet occupation did not appear to everyone as an unmitigated disaster. Opposition to Smetona's regime was sufficiently strong to enable many of his enemies – both on the left and on the Catholic right – to experience at least a pinch of satisfaction at the dictator's fall. However, the gradual intensification of Soviet repression quickly diluted any hopes of compromise.

In any case, despite the flight of Antanas Smetona and his closest associates to Germany, the bulk of Lithuania's political elite remained in the country. For a while even the Nationalist Vincas Krėvė-Mickevičius believed that collaborating with the Soviet puppet regime would help preserve the formal independence of the Lithuanian state in the shape of a Mongol people's democracy defended by Soviet tanks. That was a tempting though hopeless fancy, as shortly became clear. But for a while even the old leader of the Lithuanian Christian Democratic Party, Father Mykolas Krupavičius, generally an insightful politician, engaged in rather serious talks with Soviet secret service representatives about possible terms of collaboration. He even attempted to write a treatise envisioning the perspective of the Catholic Church's cohabitation with communism. However, he did not get a chance to test his theories – one year of Soviet occupation was just not too short a time in which to accomplish this. Finally, Hitler's attack of June 22, 1941 changed the uniform of the occupying army and posed new puzzles of collaboration.

There's no need to talk about the left-wing politicians – they were intrinsically inclined toward the mirage of socialist prometheanism. On the eve of the Soviet occupation a large part was played not so much by the small Lithuanian Communist Party as by the left-wing intelligentsia which had considerable influence on public opinion. According to Alexander Shtromas, "the fact that a part of the Lithuanian left-wing intelligentsia became active supporters of the Soviet occupation and the regime it introduced was quite natural. And it would be wrong to think that people like Liudas Gira, Petras Cvirka, Salomėja Neris and Antanas Venclova were motivated to become such strong champions of Soviet power by purely sycophantic or career-oriented considerations. Their motives at the beginning were

probably sincere and idea-oriented."[16] Shtromas judges the behavior of these Soviet collaborators rather leniently; he particularly emphasizes the internal drama, the contradictions
that they experienced between their convictions and the reality that had suddenly overwhel-
med them. "Having been irreparable romanticists during the independence period, these
persons learned, under the incomparably worse conditions of Soviet reality, to become even
more irreparable realists"[17] – this is the way Shtromas describes the metamorphosis of
these "ideal" Soviet collaborators. However, the situation rapidly changed and the energy
of sincere collaboration dissipated: the June 1941 deportations of Lithuania's social elite
separated illusion from outright mistake.

The first Soviet period dictated its own terms for collaboration. The strategists of the
Soviet occupation succeeded in partially preserving the impression that Lithuania's state
institutions were being continued, while a majority of state employees had to keep on working, though they were tormented by feelings of confusion, fear, and suspicion as they were
witnessing the gradual disappearance from the scene of all the active players in the politics
and society of independent Lithuania. The same feelings were experienced by the Lithuanian Army, which initially was not disbanded but gradually integrated into the structures of
the Red Army. Formally, we can regard the Lithuanians who were employed by all of these
institutions as Soviet collaborators although most of them certainly did not regard themselves as such. The gradual steps of sovietization during those months did not create an
opportunity of decisive choice for most of them. Only certain specific social groups felt the
pressure to decide whether to go underground or to obey, accommodate, and cooperate. The
real and direct forms of collaboration developed against the background of an alternative
to fight the occupier.

It is important to keep in mind that in this dramatic but short period the intellectual
potential of Lithuanian society was still largely intact, and that the idea of a national
independent state could survive in surreptitious form. On the other hand, this situation
allowed not only for resistance but also for the appearance of more complex varieties
of collaboration, demanding sophisticated political behavior and wily methods of formal
conformism. This indeed was the time for a resuscitation of Lithuanian wallenrodism.

Helpful in understanding the character of the collaborationist political mentality formed
during the first Soviet period are some remarks of Karolis Drunga, a member of the anti-
Soviet and anti-Nazi resistance who had participated in the June 1941 revolt. A subtle
political thinker, he saw that World War II provided the opportunity for the emergence of
a sort of cooperation with occupying regimes that might be termed patriotic collaboration.
Finding himself in the West after the war and actively joining in the many debates about
cooperating with people in the occupied homeland, he wrote in the 1960s:

"All older émigrés have known two totalitarian occupations: the first Soviet (1940/41)
and the Nazi (1941–1944). And while, because of the war and other historical circumstances,
the latter had not yet had the time to fully permeate society from top to bottom, it is true that
in both occupations human life and freedom were exclusively and arbitrarily in the hands of
the occupying power. And, whatever the occupation, we would certainly not wish that while

---

16 Štromas, Politinė sąmonė Lietuvoje (see note 1). pp. 13 f.
17 Ibidem.

it was going on Lithuania were left without functioning hospitals, power plants, schools, water supply systems, food distribution systems, and so on. Even during the most brutal of occupations an oppressed country needs people capable of maintaining and running the services without which life would come to a halt."[18] These political observations from a veteran of the Lithuanian resistance most accurately reflect the complex situation of collaboration during World War II.

Lithuanian collaboration in World War II: the Nazi occupation

The Nazi occupation presented a very specific test of Lithuania's collaborationist creativity. First of all, the beginnings of that collaboration lie in the time of the first Soviet occupation: the Nazis tried to turn the "Lithuanian Activist Front" (LAF), which organized itself in the Third Reich, into a Nazi 5th column despite the fact that not all of its members – let alone all of the participants in the June 1941 revolt – consciously saw themselves as such. In the face of the Soviet occupation it was entirely natural to look for bases from which to organize resistance actions. Therefore, those who were dissatisfied with the Soviet regime and with the destruction of the Lithuanian state found an obvious place in Nazi Germany's plans for the East. In this way Lithuanian patriotic ideas as well as the remnants of national values and democratic hopes found themselves "between a rock and a hard place" – between the grindstones of both the Soviet and the Nazi occupations.

Lithuanian activists, champions of a lost independence, and people resolved to fight for it, had to choose from among a few options involving vague risk factors supported only by uncertain conjecture and a more or less developed political intuition. Unfortunately, the history of the mid-20th century shows how limited the real possibilities for choice were and what tragic consequences could ensue from even the most glorious ideas.

The following questions are very important: How many sincere supporters of National Socialist ideas were there in Lithuania prior to World War II? What sorts of motives, feelings, and prejudices determined a greater or lesser sympathy for nazism or communism? Finally, was there any difference between the orientation of the political classes and that of the masses on these questions? Unfortunately, the current condition of historiography on collaboration with the Soviets and the Nazis does not permit any unambiguous answers. This is so despite the fact that more or less open political discussions during the First Republic (1918–1940) frequently led to questions concerning possible threats from Germany and Russia. One of these questions was the following: Which of these two political predators would be faster in digesting Lithuania with all its national and cultural characteristics? And even though the Lithuanians had no knowledge of the fate which Nazi strategists envisioned for the Baltic nations, it seems fair to say that throughout the decades of the establishment of Lithuanian independence and of the First Republic, both the Nationalistic-Christian Democratic and the Peasant Populist-Social Democratic circles were inclined to view the German threat as the greater evil. One should not forget that the older generation of Lithuanian politicians had already experienced the practical effects of these dangerous

---

18 Drunga's manuscript containing these remarks was published posthumously by Liūtas Mockūnas in the Chicago-based monthly "Akiračiai": Išeivijos ryšių su Lietuva prieigose [The Beginnings of Emigree Relations with Lithuania], in: Akiračiai (2003), Nr. 2, p. 4.

alternatives and fully understood the "German threat deriving from their 'Drang nach Osten' and their policy of systematic extermination."[19]

After the Soviet intervention, to be sure, public sentiment shifted toward Germany. But even then, the more experienced statesmen of an older generation looked rather sceptically on the possible role of Nazi Germany with respect to the cause of Lithuanian independence. Even Mykolas Krupavičius initially regarded Soviet Russia as a lesser evil than Nazi Germany.

For the Catholic politicians of a younger generation it was the other way around. Long after the war ended Juozas Ambrazevičius (who shortened his name to Brazaitis) wrote in his book "Vienų vieni" ("All alone") that on the eve of the German-Russian war reflection historical experience recommended drawing the following conclusion: "Lithuania's number one enemy is the Soviet Union, and the number two enemy is Nazi Germany fighting with the number one enemy."[20] Certainly in the Lithuanian mass consciousness the authority of German civilization and order trumped the Russian perspective as it had unfolded in 1940; thus the idea of collaboration with the Germans fell on sufficiently fertile ground. Hopefully, in the near future, research in political anthropology and history will allow us to penetrate more deeply into these fateful circumstances of Lithuanian collaboration.

The Revolt of June, 1941, and the Nazi entry into Lithuania forced an accommodation between the declared hopes of national independence and the pledge to join in the creation of a Hitlerite *New Europe*. Despite the fact that the provisional Lithuanian government lasted barely a month and that it wasn't a sincere collaborator of the Nazis, its goal to earn their trust plunged it into the bloodiest events marking the onset of the Nazi occupation and the Holocaust in Lithuania.

Within the Lithuanian Front there probably were no more sincere Nazi collaborators than there were ideological supporters of the Soviet regime in left-wing circles. Nevertheless, when in the summer and fall of 1941 they were writing feigned panegyrics to Hitler and the ideas of a new Europe, the people surrounding Juozas Ambrazevičius and the Provisional Government he headed neglected to voice sharper criticism of even those aspects of Nazi policy in Lithuania that provoked sincere disgust in their own environment. Ambrazevičius himself later quite accurately described the difference between the Soviet and the Nazi occupation regimes as well as the difference between the forms of collaboration these regimes had given rise to. According to him, "the Bolsheviks allowed the Lithuanians to maintain certain fictions of formal political freedom – to call their polity a ‚republic' and to style their officials 'ministers' or 'commissars' – without allowing them to preserve the content of political freedom – the rights of state independence and civil liberties of thought, ideology, and personal life. The Nazi occupiers did not speak much about the political forms

---

19 Michał Romer, Lietuva karo akivaizdoje [Lithuania Facing the War], in: Baltos lankos 3 (1993), p. 221. Perhaps the best characterization of typical Lithuanian attitudes during World War I has been provided by the liberal political and civic leader Mykolas Romeris, a big fan of the idea of resurrecting the Grand Duchy of Lithuania. For a time he supported Józef Piłsudski but turned away from him after the Żeligowski coup in the Vilnius area. The entire text of this confidential memo to the leadership of the Polish movement was published in: Michał Romer, Litwa wobec wojny. Poufny memoriał z sierpnia 1915 r. [Lithuania and the War. Secret Memorial of August 1915], in: Zeszyty Historyczne (1970), No. 17, pp. 56-127.
20 Juozas Brazaitis, Vienų vieni [All alone]. Vilnius 1990, pp. 75 f.

but allowed more of the content of personal freedom, not forcing people to change their convictions."[21]

Ambrazevičius' book contains additional comparisons of the behaviors of the Soviet and Nazi occupiers, which so far have not been confirmed by more recent historians' work based on primary sources. According to him, there were differences in moral attitude that implied a greater or lesser zealousness in enforcing the goals of the regime. The Bolsheviks were obsessed with destroying everything: the existing social relationships, the order, the institutions, and the people heading them. The Germans, by contrast, wanted above all to exploit everything that could be useful for the purposes of war. "For the Lithuanians the moral attitudes of the Germans were more useful because German officials were more easily persuaded not to destroy the life of the Lithuanian locals. On the other hand, nothing could staunch the destructive sadism of the Bolshevik official because that was part of his regime's essence,"[22] – explained Ambrazevičius. The tactics, in his view, were similarly different: the Bolsheviks used treachery and deceit, whereas the Germans were cynically frank; the Bolsheviks were demonically sophisticated, while the Nazis were brutally primitive; but just because of this they were more useful to the Lithuanians because they revealed their plans at once and allowed the Lithuanians to react and adjust accordingly.[23]

Among Lithuanians, there were few Nazis out of conviction; however, as may be judged from the diaries (not yet published) of their leader, Laimutis Feliksas Blynas, sometimes they could allow themselves to criticize the bloody repressions even more forthrightly than did the insincere collaborators. This phenomenon is highlighted by facts about those directly collaborating with the Nazi occupation regime, the counsellors. Pranas Germantas-Meškauskas and other direct collaborators expressed their critical attitudes toward the Nazi regime more strongly than did persons in the former provisional government. At length they too got a taste of concentration camp. Perhaps it was the times, but the sociopsychological aspects of this phenomenon deserve attention. During both Nazi and Soviet times the ideologically convinced collaborators allowed themselves to criticize the regime more sharply than did those who faked collaboration. This is a very important characteristic determining the collaborative skills of Lithuanian society.

Although at least initially the Nazis didn't pay much attention to local peoples' attitudes in the Baltic states they had occupied, the German administrative structures in them differed somewhat. While in Estonia and Latvia the local administration and the commissariats of the occupying government were joined, in Lithuania the institution of the German general commissar and that of the Lithuanian counsellors worked in parallel. This circumstance strengthened the appearance that some of the administrative offices were 'Lithuanian' or 'independent', which in turn influenced the collaborative consciousness. The German occupation government did not seek to change the administrative personnel from top to bottom, as the Soviets did, but contented itself with a closer supervision of the leading cadres.

Thus, in Lithuania, the local administration consisted of at least three distinct groups of civil servants. The first, the smallest, was made up of those newly appointed by the Germans. The second consisted of Germans who had formerly lived in Lithuania and now

21 Ibidem, p. 75.
22 Ibidem, p. 101.
23 Ibidem, p. 102.

(were) returned to it. The third group, which, according to Ambrazevičius, was the largest, consisted of district chiefs, mayors, police chiefs, school principals, university rectors, and other officials appointed by the former provisional government. It is this layer of people who for the most part, it seems, engaged in insincere, inconsistent and internally conflicting forms of collaboration. In the eyes of that government's leader himself, the institution he headed was in no sense a Nazi collaborator – it only sought the reestablishment of Lithuanian independence and tried by means of conformist diplomacy to win more rights on Lithuania's behalf. Unfortunately, the tragic circumstances of war as well as the lumping together of antisemitism and anticommunism brought these attempts to the brink of the Holocaust, thereby creating favorable conditions for implementing the *final solution* regarding Jews that the Nazis had planned.

Because the Nazi regime had not yet had the time to fully permeate society from top to bottom, i.e., because in spite of all the horrors and repressions of the war the occupation regime did not yet completely control social life, there was room left – and conditions created – for a certain interlacing of resistance and collaboration activities. During the Nazi occupation there were people in the Lithuanian administration and police, even in the secret services, who upheld the goal of independence and had contacts with the underground. Anti-Nazi resistance groups, sensing the crucial significance of events on the Eastern front, strove to direct their activities in such a way that they wouldn't become direct helpers of the Soviet offensive.

This two-fold situation was appreciated not only by the more perspicuous members of the resistance, but also by Soviet security officials who after the war assessed the Lithuanian anti-Nazi underground as having been but a training ground for anti-Soviet activities. Thus Karolis Drunga, one of the leaders of the anti-Nazi Lithuanian Freedom Fighters' Association, was interrogated right after the war by a Soviet security officer; when Drunga asked him whether fighting the Nazis was considered to be a crime against the Soviet government, the officer bluntly replied that resisting the Nazis "was just a Lithuanian 'training exercise' in preparation for resisting the Soviets."[24]

In both of those periods there evolved a certain tendency of collaboration (to be sure, of unequal breadth and depth) that Drunga called *patriotic collaboration*, which indeed has similarities with the Lithuanian wallenrodism already discussed. Even superficial historical investigations show that Lithuanian administrative officials often tried to save their countrymen from harm and often themselves suffered harm: dozens of civil servants and police officers ended up in the occupier's jails. Unfortunately, such civic solidarity was exceptionally rarely shown toward Lithuanian Jews who were being murdered. Because of the Nazi occupation regime's short-livedness and its special administrative character, both resistance and collaboration came in several varieties and had some political space to maneuver. All of that quickly came to an end when the Soviets occupied Lithuania anew and their second period of occupation began.

---

24 Quoted in: Mockūnas. Pavargęs herojus (see note 8), p. 126.

From collaboration to cohabitation?

That period was very heterogeneous. The time of the armed anti-Soviet resistance (1945–1953) represented by the Soviets as a civil war brought to the fore tens of thousands of anti-Soviet activists. The regime tried to cover the most cruel repressions and mass deportations with methodically ideological indoctrination. In the depth and demagogical effectiveness of their totalitarianism the Soviets indeed surpassed the Nazis. Those veterans of the anti-Nazi resistance who tried to continue their underground activities soon realized that conditions for it differed immensely. Even though several opponents of open partisan warfare attempted to channel the fighting energy of anti-Soviet resistance into more passive underground venues, the Soviet repressive machine constantly forced people to come to radical decisions: either choose a conformist, collaborationist position, or take up arms!

The organizers of partisan warfare themselves often grasped the extremity of this form of resistance. That during the German occupation the anti-Nazi underground did not erupt in a broader guerilla war can in part be explained by the fact that under those circumstances activities of passive unarmed resistance were still possible. After all, even the Polish Armia Krajowa turned to open warfare only upon the approach of the Red Army. In Lithuania, during several years of World War II, forces were accumulated, fighters were prepared, and the right moment was awaited. Even one of the most professional of Lithuanian partisan leaders, Lieutenant Colonel of the former Lithuanian General Staff Juozas Vitkus-Kazimieraitis, did not rule out the possibility of a certain kind of accommodation with the Soviet regime. According to the testimony of Karolis Drunga, Vitkus-Kazimieraitis had expressed the following position: "In my ranks I don't want to see guerillas who are motivated solely by patriotism. I accept only those who have no other way out, who have been condemned, who are being sought for deportation, and so on. Those who can somehow manage a ‚legal' existence – I urge them to return to a normal life under normal circumstances, if possible. I know that nothing here will be solved quickly even though my men think that next spring we'll be liberated."[25]

The third way, connected with rationalization of resistance, conservation of forces, penetration into civil service, gradually became impossible under the Soviets. The whole network of public servants was replaced by new cadres; the nationalization and collectivisation of agriculture, accompanied by mass deportations, fundamentally uprooted that social order which could have served as a base for unarmed resistance. The dimensions of Soviet totalitarianism were such that after the end of the guerilla war only small groups of people and isolated individuals dared to test the possibility of an anti-Soviet underground.

Postwar collaboration was shaped by other factors as well. We might begin by noting the diminution of the intellectual capacity of a Lithuanian society that had to face the returning Soviet government. Along with the German army about 60,000 war refugees, the greater part of the country's clerks and office workers, intellectual leaders, scholars, writers, and artists fled the country in fear of the onset of Soviet horrors. Thus the Soviets had to create the entire administrative network practically from scratch. Because there were

---

25 Apie sėklą, krauju laistomą.(Pasikalbėjimas apie rezistenciją Lietuvoje su Karoliu Drunga) [About the Seed, Sprinkled with Blood (Interview about Resistance in Lithuania with Karolis Drunga)], in: Dirva 1965 May 19; Mockūnas, Pavargęs herojus (see note 8), pp. 128 f.

so few ideological Communists and because even the direct collaborators of the Russian army – officially called "people's defenders" and popularly nicknamed "stribai" – numbered only several thousand and were insufficient to fill out an entire government structure, there arose a need to quickly form a new layer of collaborators. Recruiting for it proceeded by effectively exploiting the revanchist instincts of the lowest classes and the immense capacities of Soviet indoctrination. This process was very well characterized by Alexander Shtromas in his "Politinė sąmonė Lietuvoje". In his view, the Soviets succeeded in forming out of the children of Lithuanian industrial and farm workers, who from whatever motives (ideological or self-interested) had resolved to become participants in the new Soviet life, the most important links in the Soviet apparatus. That process proceeded so quickly that it truly could intoxicate those penurious individuals who had never before felt the possibility of a happier personal life. Accelerated secondary school courses (for example, eight grades in three years) and evening schools for those working in factories or the administrative apparatus allowed half-educated upstarts to obtain graduation diplomas and to satisfy their career desires with ideological fictions.

A whole system of Soviet academies was created; its purpose was to hasten the preparation of regime-friendly specialists who could be relied upon. In the words of Alexander Shtromas: "For instance, a barely literate person from the countryside was sent for six months to a so-called 'Bacharovite academy' (Bacharov was then procurator of the Lithuanian SSR) and emerged from it as a procurator or judge. When I worked as a lawyer (1952–1955), a judge or procurator with higher education was a rarity in Lithuania. Former blacksmiths, soldiers, carpenters, agricultural workers, and persons of similar profession, without exception semi-literate, were absolutely dominant in the court and procuratory system of the Lithuanian SSR."[26]

The same principles guided the formation of other links in the Soviet power apparatus and, to some extent, the literary and artistic spheres as well. Caught up by Young Communist League romanticism and by the passion of creating a new world, or just by the opportunity to rise to the very top of society, Lithuania's newly formed Bolsheviks became the most trustworthy of collaborators, no matter what the field of public activity – security, jurisprudence or poetry – in which they had to fulfill their mission as loyal party soldiers.

But again, there still were not very many intellectually high-level champions of communism or even sincere toadies. A portion of those who, already in the independence period, had harbored a belief in a bright future under communism but had in some sense not lost their patriotic feeling, were painfully disappointed by the actual realities of sovietization. The Lithuanian Communist Party, small at first, later grew quite rapidly, incorporating the new nomenklatura we have just described.

Thus it was difficult though not impossible for patriotic collaboration or wallenrodism to develop under such conditions. It seems plausible to suppose that one of the main reasons (other than Stalinism itself) for the absence of sophisticated forms of collaboration lay in the fact that this sort of wallenrodism presupposed the availability of real personalities or at least a higher level of general education. But this second requirement began to be met in

---

26 Štromas, Politinė sąmonė Lietuvoje (see note 1), p. 17.

Lithuania only from the nineteen seventies onward when a new generation of intelligentsia not having directly experienced the post-war traumas began to arrive on the scene.

Furthermore, after Stalin's death and the suppression of the armed resistance it gradually became clear to Lithuanian Communist Party Secretary Antanas Sniečkus and other party leaders that they wouldn't be able to reach the most important Soviet goals without the help of *bourgeois specialists*. To be sure, that was a small group of people that in general represented the economic interests of the Soviet regime. Working in close association with Sniečkus, economists such as Romualdas Sikorskis and Aleksandras Drobnys (head of the State Planning Committee) undoubtedly sought to ensure the best industrial policy terms for Lithuania. Having acquired great influence in this area they acted in a deliberate way to obtain the best deal for Lithuania. In this context one may perhaps speak of patriotic collaboration, although it is difficult today to evaluate which element – the patriotic, the servilistic, the selfish or the dastardly – predominated. One thing is clear: more historical studies of this complex question are needed.

Who are and were the collaborators? In the merciless ideological struggle on both sides of the Iron Curtain reckless diagnoses abounded. Soviet authors unhesitatingly put all *bourgeois nationalists* on the list of those who helped the Nazis; while émigré authors, perhaps compensating for the psychic pain of their own flight from Lithuania, tended to regard those who had remained in their homeland and who were forced to accommodate as Soviet collaborators. However, there were remarkable exceptions even among those who had personally experienced the ravages of Communist totalitarianism, witnessed the human dramas of others affected by them, and then escaped to the West. Here I would single out two exiles from Lithuania: the Polish poet and Lithuania patriot Czesław Miłosz, and the already-mentioned Karolis Drunga.

At one point in "The Captive Mind" Miłosz called attention to a very special group of people acting under the constrains of a communist regime: "I admit that I have too much admiration for those who fight evil, whether their choice of ends and means be right or wrong. I draw the line, however, at those intellectuals who adapt themselves, although the fact that they are adapted and not genuine revolutionaries in no way diminishes their newly acquired zeal and enthusiasm."[27]

Of course, Miłosz first of all had the Poles in mind, but he never forgot the Balts as well. His insight in evaluating collaborationist phenomena might be compared with Drunga's position. Ten years after Miłosz Drunga argued, in several articles and private discussions, that one should not identify all Lithuanian Communists with those who committed treason against their country. It isn't always easy to distinguish real and supposed Soviet collaborators. According to him, "an intellectually honest answer to this complicated problem can be reached only conditionally, with many 'ifs' and 'becauses'. And even then that answer would indicate only a principle. In a specific case that principle might at one time dictate a positive answer and at another a negative answer."[28]

It was evident to Drunga, as it was to Miłosz, that not every collaborator with the Soviets could be deemed to be an irredeemable traitor to his nation. In his opinion, "there were

---

27 Miłosz, Pavergtas protas (see note 2), p. 19.
28 Karolis Drunga, Trečioji jėga? Santykiavmas su okupuota Lietuva [The Third Power? Relations with Occupied Lithuania], in: Metmenys 6 (1963), p. 170.

very many of the latter in the underground party prior to the first occupation. During that occupation, when the Communist Party increased by 3,500 per year, there were very many of them too. During the second occupation, when the party increased by more than 30,000, there were still many, but their percentage was surely lower than before. (...) we can in all probability surmise that even among the true collaborators there are some whose eyes are turned in envy towards Yugoslavia and Poland."[29]

Drunga's insights are both an intellectual history source for today's investigators and a challenge to undertake further research guided by strict methods and based on concrete factual material. In this paper it is not possible to answer all questions that arise.

Over several decades the attitude of many Lithuanians to the Communist Party changed. The Party became Lithuanianized, and so did the institutions of government. The rising level of education, though infected by Soviet quasitheories, as well as the symbols of the regime, did not allow the energy of Lithuanian patriotism to become completely depleted. This tendency lasted until the close of the Soviet era. It revealed that mass Russification had not succeeded and that the sovietization of society, although it had deformed the traditional nationalist mentality, had not penetrated down into the roots.

In lieu of conclusions

Collaboration is inherently infested with contradictions. The half-century after World War II was a test of Lithuania's abilities – to resist as well as to conform. The opportunities for collaboration, and the covert nationalist self-interest and inventiveness, not only facilitated, but also inoculated against, sovietization. The fact that out of misfortune and tragedy Lithuania emerged strange but modernized is, in part, an achievement of those who collaborated (not necessarily the Communists of Snieckus's type). However, the cultivation of such a cunning type of wallenrodism exacted a heavy price. The visage of today's post-Soviet society indeed reveals the features that the American sociologist Vytautas Kavolis had predicted in the 1950s, when he sought answers to the question, what will the Lithuanian character formed by the Soviet occupation be like and with what difficulties will those who would reestablish Lithuania's independence be faced? He believed that if the occupation lasted longer, a new indoctrinated generation would be formed, and that "the social fabric would not only be destroyed and replaced by the Soviets but that, upon liberation, the new (now Soviet) fabric would again be unraveled. (...) The psychological world built up in the Communist system could fall to pieces, and this breakdown will manifest itself in (1) aggressiveness and (2) indifference to societal matters..."[30]

Kavolis, studying the behaviors of former Hitler Youth members in postwar denazified Germany, in essence correctly foresaw the perspectives of Lithuanian society undergoing several decades of accommodation to the Soviet regime. Fifty years later the remnants of Lithuanian wallenrodism have not disappeared entirely. Under the Soviets the Lithuanians have acquired traits that can reveal themselves in free and united Europe as well, especially in the corridors of the Brussels bureaucracy. What is an advantage in some situations can be a reproachable flaw in others.

---

29 Ibidem, pp. 170 f.
30 Ibidem.

Lars Jockheck

Vom Agenten zum Kollaborateur?
Die Zusammenarbeit des jüdischen Publizisten Fritz Seifter
aus Bielitz mit deutschen Behörden
in den 1930er und 1940er Jahren

Mitte Juli 1940 stand in der „Krakauer Zeitung" eine kleine, aber Aufsehen erregende Nachricht. Durch ihr Presseorgan ließ die Besatzungsmacht im so genannten Generalgouvernement – dem 1939 vom Deutschen Reich nicht annektierten, sondern einer deutschen Zivilverwaltung unterstellten polnischen Gebiet[1] – mitteilen, demnächst solle in Krakau „eine jüdische Zeitung erscheinen, die für die Judenschaft des gesamten Generalgouvernements bestimmt sein wird".[2] Ludwik Landau, ein Ökonom jüdischer Herkunft, bemerkte dazu in seiner täglich im polnischen Untergrund erstellten Chronik der deutschen Besatzung: „Die Herausgabe einer solchen Zeitung, vielleicht mit dem Verbot für Juden, andere Zeitungen zu kaufen, soll eine Art kulturelles Ghetto schaffen, noch eine Trennwand sein, und zugleich ein Beweis für die Normalität der Verhältnisse, sogar bei den Juden, unter dem deutschen Regime."[3] Einige Tage später ergänzte Landau, Redakteur des neuen Blattes sei angeblich „der seit langem in deutschen Diensten stehende Journalist Seifert"[4] – gemeint war der aus Westgalizien stammende jüdische Publizist Fritz Seifter, den die Besatzungsbehörden nicht nur mit der Chefredaktion, sondern auch mit der Geschäftsführung ihrer „jüdischen Zeitung" beauftragt hatten, die in polnischer Sprache als „Gazeta Żydowska" erschien.

Angesichts des nationalsozialistischen Genozids an den Juden bekam der Vorwurf, einige Juden und besonders Teile der jüdischen Vorkriegseliten hätten den Interessen der

---

1   Zum Stand der Forschung über die deutsche Besatzung Polens im Zweiten Weltkrieg siehe Hans-Jürgen Bömelburg, Bogdan Musial, Die deutsche Besatzungspolitik in Polen 1939–1945, in: Deutsch-polnische Beziehungen 1939–1945–1949. Eine Einführung, hrsg. v. Włodzimierz Borodziej u. Klaus Ziemer. Osnabrück 2000, S. 43-111.

2   Eine jüdische Zeitung im Generalgouvernement, in: Krakauer Zeitung Nr. 167 vom 17. Juli 1940, S. 6. Die Meldung bezog sich auf ein gleichzeitig verbreitetes Werbeflugblatt für die neue Zeitung.

3   Ludwik Landau, Kronika lat wojny i okupacji. Tom I: wrzesień 1939 – listopad 1940 [Chronik der Kriegs- und Besatzungsjahre. Bd. 1: September 1939 – November 1940]. Warszawa 1962, S. 589 (Eintrag vom 17. Juli 1940). Landau gehörte zum „Biuro Informacji i Propagandy" [„Büro für Information und Propaganda"], einer Einheit der führenden polnischen Untergrundorganisation, vgl. Grzegorz Mazur, Biuro Informacji i Propagandy SZP-ZWZ-AK 1939–1945. Warszawa 1987, hier S. 33 u. 78. Zur Entstehung der vor allem aus der Lektüre und Analyse der Besatzungspresse hervorgegangenen Chronik vgl. Jacek Leociak, Sztuka czytania gazet. Legalna prasa okupacyjna: Landau i Jakub [Die Kunst der Zeitungslektüre. Die legale Besatzungspresse: Landau und Jakub], in: Teksty drugie 9 (1998), S. 173-198. – Alle Übersetzungen aus dem Polnischen stammen vom Verfasser.

4   Landau, Kronika (wie Anm. 3), S. 613 (Eintrag vom 30. Juli 1940).

deutschen Besatzungsmacht gedient, eine einzigartige, ungeheure Brisanz. In Israel wurde er zu einem der Gründungsmythen des jüdischen Staates, der seinen Bürgern versprach, nunmehr die Lebensinteressen der Juden kompromisslos zu vertreten. Zugleich gab er einen Impuls, neben dem Gedenken an die Shoah auch deren wissenschaftliche Erforschung zu fördern und damit zu einem fundierten Urteil über jüdische Verhaltensweisen im Kontakt zur deutschen Besatzungsmacht zu gelangen. Die erste grundlegende wissenschaftliche Studie über die Vernichtung der europäischen Juden von Raul Hilberg und mehr noch deren Rezeption durch Hannah Arendt entzündeten Ende der 1950er, Anfang der 1960er Jahre eine heftige Diskussion zu diesem Thema.[5] In ihren publizistischen Anmerkungen zum Eichmann-Prozess hatte Arendt vor allem im Hinblick auf die bürokratische Zusammenarbeit zwischen Juden und Nationalsozialisten behauptet: „Diese Rolle der jüdischen Führer bei der Zerstörung ihres eigenen Volkes ist für Juden zweifellos das dunkelste Kapitel in der ganzen dunklen Geschichte." Sie erwähnte im Übrigen auch das jüdische „Presse- und Nachrichtenwesen, das von den Nazis umgeschaltet und gleichgeschaltet werden konnte". Obschon Arendt solches Verhalten als „Kooperation" bezeichnet hatte, wurde ihr Essay – wie zuvor schon die Thesen Hilbergs – als Vorwurf einer verbreiteten jüdischen Kollaboration mit den Nationalsozialisten verstanden.[6] Die nicht unberechtigte Kritik, Hilberg und Arendt hätten ihr Urteil vor allem auf deutsche Dokumente und Aussagen gestützt und die jüdische Perspektive vernachlässigt, wurde inzwischen mit Blick auf die administrative Zusammenarbeit zwischen jüdischen Institutionen – besonders den von der Besatzungsmacht eingerichteten so genannten Judenräten – und deutschen Behörden berücksichtigt. Dabei ergab sich ein differenzierteres Bild: Die Juden, die in Kontakt mit deutschen Stellen standen, waren aufgrund des extremen Machtgefälles zwischen Deutschen und Juden in erster Linie Befehlsempfänger, versuchten größtenteils aber durchaus, die ihnen verbliebenen, immer enger werdenden Spielräume im jüdischen Interesse zu nutzen.[7]

Weit weniger erforscht ist die von deutscher Seite ins Leben gerufene Presse, wie sie seit 1938 zuerst im Reich und dann in den besetzten Gebieten die zuvor bestehenden jüdischen Blätter ersetzen sollte. Nur zum Vorbild dieser Organe, dem in Berlin und später auch in Wien von 1938/39 bis 1943 erscheinenden „Jüdischen Nachrichtenblatt", liegt eine

5 Roni Stauber, Confronting the Jewish Response During the Holocaust: Yad Vashem – a Commemorative and a Research Institute in the 1950s, in: Modern Judaism 20 (2000), S. 277-298; Richard J. Cohen, A Generation's Response to Eichmann in Jerusalem, in: Hannah Arendt in Jerusalem, hrsg. v. Steven E. Aschheim. Berkeley (u.a.) 2001, S. 253-277, hier S. 253-267; Idith Zerkal, Nation und Tod. Der Holocaust in der israelischen Öffentlichkeit. Göttingen 2003, S. 216-227.
6 Hannah Arendt, Eichmann in Jerusalem. Ein Bericht von der Banalität des Bösen. 5. Aufl., München/Zürich 1986 (amerikanische Ausgabe 1963), S. 153 u. 161. Zu Reaktionen auf diese Essays siehe Hans Mommsen, Hannah Arendt und der Prozeß gegen Adolf Eichmann, in: Ebenda, S. I-XXXVII, hier S. XXII-XXXII. Die Kontroverse. Hannah Arendt, Eichmann und die Juden. München 1964, dokumentiert einen Teil der Polemiken gegen Arendt.
7 Grundlegend: Isaiah Trunk, Judenrat. The Jewish Councils in Eastern Europe under Nazi Occupation. New York 1972. Vgl. auch Aharon Weiss, Jewish Leadership in Occupied Poland – Postures and Attitudes, in: Yad Vashem Studies 12 (1977) S. 335-365; Patterns of Jewish Leadership in Nazi Europe 1933–1945, hrsg. v. Yisrael Gutman u. Cynthia J. Haft. Jerusalem 1979. Vgl. ferner Doron Rabinovici, Instanzen der Ohnmacht. Wien 1938–1945. Der Weg zum Judenrat. Frankfurt a.M. 2000, zum Vorläufer der später in den besetzten Gebieten eingerichteten Judenräte.

gründliche und ausführliche Monographie vor.[8] Reiner Burger gelangt darin zum Fazit, das Blatt habe zwar ohne Zweifel „im Dienste der nationalsozialistischen Judenpolitik gestanden", lehnt es aber dennoch ab, seine Macher „der Kollaboration zu bezichtigen". Burger verweist auf die „außerordentliche Zwangslage", in der sich die Juden allgemein unter nationalsozialistischer Herrschaft befunden hätten, und besonders darauf, dass diese Zeitung „wie kein anderes Blatt im ‚Dritten Reich' der totalen staatlichen Kontrolle unterworfen" gewesen sei. Immerhin habe die Tatsache, dass das Blatt „von Juden für Juden" gemacht worden sei, der Redaktion die Möglichkeit gegeben, für ihre Leserschaft „gewisse soziale Orientierungsfunktionen" zu erfüllen.[9] Ein derart fundiertes Urteil über die nach dem Muster des „Jüdischen Nachrichtenblattes" aufgebaute „Gazeta Żydowska" lässt der Forschungsstand zu Personal, Inhalt und Funktion dieser Zeitung noch nicht zu[10] – obschon sie sich unter den Blättern gleicher Art doch an den potenziell bei weitem größten Leserkreis richtete.[11]

Besonders über biografische Hintergründe und Motivationen von Mitarbeitern in Redaktion und Verlag der „Gazeta Żydowska" ist nur wenig bekannt. Da das Blatt von Anfang an im Geruch der Kollaboration stand, waren die Beiträge meist allenfalls mit Initialen oder Pseudonymen unterzeichnet.[12] Sogar über den seinen Funktionen nach wichtigsten Gestalter

---

8 Reiner Burger, Von Goebbels Gnaden. „Jüdisches Nachrichtenblatt" (1938–1943). Münster 2001.
9 Ebenda, S. 178 ff.
10 Die wichtigsten Beiträge über die „Gazeta Żydowska" (GŻ) stammen von Marian Fuks; siehe ders., Życie w gettach Generalnej Guberni na tle „Gazety Żydowskiej" [Das Leben in den Ghettos des Generalgouvernements anhand der GŻ] 1940–1942, in: Biuletyn Żydowskiego Instytutu Historycznego 21, 22 (1971, 1972), H. 79, S. 3-47; H. 80, S. 23-41; H. 81, S. 41-69; ders., Małe Judenraty w świetle „Gazety Żydowskiej" [Die kleinen Judenräte im Licht der GŻ] 1940–1942, in: Ebenda 33 (1983), H. 126/127, S. 169-199; H. 128, S. 99-117; ders., Z dziejów wielkiej katastrofy narodu żydowskiego [Zur Geschichte der großen Katastrophe des jüdischen Volkes]. Warszawa 1999, S. 103-147. Vgl. außerdem Tadeusz Cieślak, Z historii niemieckiej prasy w języku polskim [Aus der Geschichte der deutschen Presse in polnischer Sprache], in: Rocznik Historii Czasopiśmiennictwa 8 (1968), S. 569-588, hier S. 579-588. 1999 entstand an der Lubliner Marie-Curie-Skłodowska-Universität eine von Tadeusz Radzik betreute Magisterarbeit „Gazeta Żydowska" 1940–1942, die mir nicht vorlag. Barbara Engelking-Boni hat eine erste Monographie über die „Gazeta Żydowska" angekündigt, die sie bereits als Quelle für den Ghetto-Alltag benutzt hat; vgl. dies., Jacek Leociak, Getto warszawskie. Przewodnik po nieistniejącym mieście [Das Warschauer Ghetto. Führer durch einen nichtexistierenden Ort]. Warszawa 2001.
11 1940 lebten im Generalgouvernement laut deutschen Schätzungen etwa 1,7 Millionen Juden (nach den Kriterien der Nürnberger Gesetze), was einem Bevölkerungsanteil von 14,2% entsprach; vgl. Heinrich Gottong, Die Juden im Generalgouvernement, in: Das Vorfeld 1 (1940), H. 3, S. 14-20, hier S. 14. – Burger, Von Goebbels Gnaden (wie Anm. 8), S. 99 f., nennt von den nach dem Vorbild des „Jüdischen Nachrichtenblattes" geschaffenen Blättern nur das zweisprachige „Jüdische Nachrichtenblatt/Židovské listy" in Prag, „Het Joodsche Weekblad" in Amsterdam, die „Informations Juives" in Paris sowie den 1944 zum Verlautbarungsorgan umgewandelten „Magyar Zsidók Lapja" in Budapest, nicht aber die GŻ.
12 Eine Ausnahme ist Marcel Reich(-Ranicki), der in seiner Autobiographie mitteilt, neben der Arbeit als Übersetzer beim Warschauer Judenrat habe er unter dem Pseudonym „Wiktor Hart" Musikkritiken für die GŻ geschrieben; vgl. Marcel Reich-Ranicki, Mein Leben. Stuttgart 1999, S. 225-230. Zur Einordnung vgl. Elżbieta Szczepańska-Lange, Sobotnie poranki w Feminie [Samstägliche Matineen im Femina], in: Gazeta Wyborcza Nr. 209 vom 7. September 2002, S. 16 f. Emanuel Ringelblum, Kronika getta warszawskiego. Wrzesień 1939 – styczeń 1943 [Chronik des Warschauer Ghettos. September 1939 – Januar 1943]. Warszawa 1988, S. 160, 295 u. 589 f., erwähnt in

der Zeitung, den Chefredakteur und Geschäftsführer der „Gazeta Żydowska", wusste man bislang kaum mehr als den Namen und die Herkunft. Im Folgenden sollen mit Hilfe einiger Fundstücke in deutschen Akten die Biographie und mögliche Handlungsmotive des Bielitzer Publizisten Fritz Seifter näher beleuchtet werden. Dabei muss allerdings betont werden, dass die wenigen, eher zufällig aufgefundenen Quellen nur ein vorläufiges, fragmentarisches Bild ergeben. Eine systematische Suche auch in polnischen und israelischen Archiven könnte vielleicht noch weiteres, aussagekräftigeres Material zutage bringen. Die folgenden Ausführungen verstehen sich also vor allem als eine Anregung für weitere Forschungen.

Im Frühjahr 1927 wandte sich Fritz Seifter erstmals an eine deutsche Behörde – das Generalkonsulat in Kattowitz – und schlug eine Zusammenarbeit vor: Seifter präsentierte den ausgearbeiteten Plan einer deutsch-jüdischen Halbmonatszeitschrift in Bielitz, für die er sich in der Gründungszeit deutsche Subventionen erhoffte. Er rechtfertigte sein Ansinnen damit, dass in Ermangelung eines Organs für das „deutschorientierte Judentum ganz Polens" besonders die deutsch-jüdische Jugend sich immer mehr „ins jüdisch-nationale und polnisch-jüdische Lager hineinzerren" lasse. Seifter schwebte dagegen eine Zeitschrift vor, die sich „in erster Linie mit innerjüdischen Fragen in deutschfreundlicher Tendenz" befasse und die „Notwendigkeit des Zusammenschlusses des westlich orientierten Judentums mit dem Deutschtum" propagiere. Er richtete sich damit sowohl gegen die „polnisch assimilierte Judenschaft" wie auch gegen die „nationalisierten Ostjuden" (womit wohl die Folkisten gemeint waren) und Zionisten. Stattdessen berief er sich auf deutsch-jüdische Organisationen aus dem Reich, namentlich auf den „Centralverein deutscher Staatsbürger jüdischen Glaubens", den „Verband nationaldeutscher Juden" sowie die „Jüdisch-liberale Vereinigung für Deutschland", die sein Projekt angeblich „mit großem Interesse" verfolgten. Um zu belegen, dass er „im tiefsten Innern vom Deutschtum durchdrungen" sei, äußerte sich Seifter auch ausführlich zu seiner Biographie.

Friedrich Seifter, der sich gewöhnlich „Fritz Seifter" nannte, war demnach am 19. November 1888 im westgalizischen Trzebinia, einer Kleinstadt zwischen Krakau und Kattowitz, geboren worden. Seine Schulzeit hatte er im nahegelegenen Bielitz im österreichischen Schlesien verbracht. Nach dem Abitur auf dem staatlichen Gymnasium 1911 ging er nach Wien, wo er jüdische Theologie am Rabbinerseminar studierte und 1913 das Examen als Religionslehrer für höhere Mittelschulen ablegte. Zugleich besuchte er bis zum Sommer 1915 die philosophische Fakultät der Wiener Universität. Nach wenigen Monaten Landsturmdienst wurde Seifter wegen schwerer Krankheit freigestellt und konnte so im Frühjahr 1916 auch sein Studium an der Wiener Universität mit einer Dissertation zur frühneuzeitlichen Reichsgeschichte und dem anschließenden Doktor-Examen beenden. Danach unterrichtete er als Religionslehrer – zunächst ein Jahr lang an drei staatlichen Schulen im mährischen Iglau und danach bis zum November 1918 an zwei Berliner Gymnasien sowie einer Reli-

---

seinen Aufzeichnungen aus dem jüdischen Untergrund die Namen mutmaßlicher Warschauer Mitarbeiter der GŻ: den Judaistik-Dozenten Edmund Stein, den Historiker Majer Bałaban sowie die Journalisten Hilel Zajdman, Abraham (Aron) Mordechaj Rogowoj, Szulim Rozenfeld und Szaul (Szymon) Stupnicki. Beim Vorsitzenden des Warschauer Judenrats sprach mehrmals ein gewisser Langier (Langer) für die GŻ vor, vgl. Adama Czerniakowa dziennik getta warszawskiego [Adam Czerniaków Tagebuch des Warschauer Ghettos]. 6 IX 1939–23 VII 1942, hrsg. v. Marian Fuks. Warszawa 1983, S. 132 u. 149 ff. (Einträge vom 22. Juli 1940 u. 9.-15. September 1940).

gionsschule der jüdischen Gemeinde zu Berlin. Durch das von Seifter als „Zusammenbruch"
erlebte Kriegsende brach diese Karriere ab; er kehrte zurück in das nunmehr polnische Bielitz. Dort versuchte sich Seifter, der nebenbei an der Berliner Handelshochschule auch Na-
tionalökonomie studiert hatte, kurze Zeit als selbständiger Unternehmer. Anfang der 1920er
Jahre gab er unter dem Eindruck der ökonomischen Krise seine Geschäfte auf und arbeitete
seitdem als freier Wirtschaftsjournalist für deutschsprachige Zeitungen in Polen, Danzig,
dem Reich, Österreich und in der Tschechoslowakei. Um materielle Motive hinter seinem
Zeitschriftenprojekt auszuschließen, betonte Seifter, sein Beruf biete ihm „eine reichlich
gesicherte und vor allem sehr entwicklungsfähige Existenz mit bedeutenden Einkünften".
Zudem hob er seinen ideellen Einsatz „fürs Deutschtum" hervor – so sei er 1923 infolge
eines gegen Polen gerichteten Artikels zu einer hohen Geldstrafe verurteilt worden. Wegen
seines vordringlichen Interesses an „der Gewinnung des Judentums fürs Deutschtum" und
im „Kampf gegen Zionismus und jüdischen Nationalismus" sei er inzwischen auch von
dieser Seite „oft heftigen Angriffen" ausgesetzt.[13]

Das Generalkonsulat Kattowitz übersandte das Exposé Seifters an das Auswärtige Amt
nach Berlin. Im Begleitschreiben hatte sich Konsul Friedrich Illgen eher ablehnend über
Seifters Person und sein Projekt geäußert. In deutschen Kreisen werde dem Journalisten
gegenüber „starke Zurückhaltung geübt", da er sehr oft in verschiedenen Warschauer Mini-
sterien verkehre und Gerüchte besagten, dass er von der polnischen Regierung „Zuschüsse"
beziehe. Im Übrigen dominiere in der Kattowitzer jüdischen Gemeinde infolge der „geschlossenen Front der deutschen Juden" trotz der starken jüdischen Zuwanderung aus dem
Osten noch das deutsche Element. Dies sei einer geschickten, nachgiebigen und nachsich-
tigen Haltung gegenüber den Zuwanderern zu verdanken. Ein Konfrontationskurs dagegen,
wie ihn Seifter herbeiführen wolle, „würde aller Voraussicht nach einen erheblichen Teil des
Ostjudentums, der zur Zeit zur deutschen Kultur neigt, jedenfalls zu ihr nicht in Opposition
steht, in eine Kampfstellung gegen die deutschen Juden drängen". Einen solchen Kampf aber
könnten die deutschen Juden wegen des wachsenden Anteils der „Ostjuden" nur verlieren.[14]

Ob das Auswärtige Amt auf Seifters Kooperationsangebot reagierte, ist der Akte nicht
zu entnehmen. Allerdings wurden die Unterlagen mit dem Vermerk „Geheim!" versehen
und offenbar umgehend eine (im Archiv des Auswärtigen Amtes nicht mehr aufzufindende)
Personenakte zu Seifter angelegt. Diese Umstände deuten darauf hin, dass man in Berlin
eine Zusammenarbeit mit Seifter wenigstens nicht ausschloss. Sein Zeitschriftenprojekt kam
jedoch offensichtlich damals nicht zustande.

Dabei waren vom Auswärtigen Amt koordinierte geheime Subventionen an die deutsche
Minderheit in Polen und besonders an ihre Presse seit langem üblich.[15] Durch den sich auch

13 Das hier zitierte Exposé Seifters liegt in Abschrift einem Schreiben des Generalkonsulats Kattowitz
    an das Auswärtige Amt (AA) in Berlin vom 14. April 1927 bei. Politisches Archiv des Auswärtigen
    Amtes (PAAA), R 121308, Nachrichten-Abt., Akten betr. Maßnahmen zur Hebung des deutschen
    Ansehens in Polen, P. 3357. Einige wenige Daten wurden aus dem *curriculum vitae* Seifters vom
    Mai 1916 im Archiv der Universität Wien ergänzt.
14 Generalkonsulat Kattowitz an das AA, 14.4.1927, gez. (i.V.) [Friedrich] Illgen. PAAA, R 121308
    (wie Anm. 13). Siehe auch den Hinweis auf zwei Artikel Seifters in Danziger Zeitungen, die
    angeblich zu günstig für Polen ausgefallen seien. Generalkonsulat Danzig an das AA, 23.4.1927,
    gez. [Edmund v.] Thermann. Ebenda, P. 3574.
15 Grundlegend: Norbert Krekeler, Revisionsanspruch und geheime Ostpolitik der Weimarer Repu-

unter den Deutschen in Polen mehr und mehr ausbreitenden Antisemitismus war es jedoch längst nicht mehr selbstverständlich, dass sich auch die dortigen deutschsprachigen Juden zur deutschen Nationalität zugehörig fühlten. Bielitz etwa galt in österreichischer Zeit noch als „wichtiger Umwandlungsplatz aus dem Ost- in das Westjudentum", an dem die Juden Anschluss an die deutsche Kultur suchten. Doch bereits gegen Ende des 19. Jahrhunderts hatte sich allmählich eine Trennung zwischen deutschem und jüdischem Leben in der Stadt vollzogen, wie zum Beispiel an der Abschließung deutscher Vereine gegen Juden und der Gründung eigener, jüdischer Vereine abzulesen war.[16] Seifter jedoch schrieb in seinem Exposé nur von „antisemitischen Einzelfällen in Deutschland", deren „Aufbauschung" durch die polnisch-jüdische Presse er mit seiner „Aufklärungsarbeit" entgegentreten wolle.[17]

Erst nachdem die Nationalsozialisten in Deutschland an die Macht gelangt waren und sich unter dem Eindruck der antisemitischen Politik im Reich immer mehr Juden von Deutschland abwandten, konnte Seifter entgegen dieser Strömung doch noch seinen Traum von einer deutsch-jüdischen Zeitschrift verwirklichen. Im neu gegründeten Reichsministerium für Volksaufklärung und Propaganda in Berlin fand Seifter offene Ohren für seine Pläne. Ministerialrat Hermann Demann, Leiter der „Abwehr"-Abteilung des Ministeriums, sagte ihm zunächst die gewünschte „ideelle Unterstützung" zu.[18] Dafür zeigte Seifter sich bereit, alle 14 Tage aus Polen an das Ministerium zu berichten. Gemeinsam mit einem von ihm ins Leben gerufenen „Pressekomitee" in Berlin hoffte er, bereits im Sommer 1933 seine Idee einer deutsch-jüdischen Wochenschrift für Polen verwirklichen zu können.[19] Es dauerte jedoch noch einmal ein halbes Jahr, bis Seifter ans Ziel seiner Wünsche gelangt war. Am 16. Februar 1934 erschien in Bielitz zum ersten Mal die „Jüdische Wochenpost". Seifter gab das Blatt gemeinsam mit dem langjährigen leitenden Handelsredakteur der national-liberalen „Kattowitzer Zeitung", Fritz Guttmann, heraus. Guttmann hatte sich bereits im Frühjahr 1933 mit Chefredakteur Max Krull von der „Kattowitzer Zeitung" überworfen, da Krull sich weigerte, vermeintlich haltlose Nachrichten über antisemitische Ausschreitungen in Deutschland zu drucken.[20]

Schon wenige Wochen nach dem ersten Erscheinen der „Jüdischen Wochenpost" teilte das deutsche Generalkonsulat in Kattowitz dem Auswärtigen Amt die Ergebnisse seiner „Er-

---

blik. Die Subventionierung der deutschen Minderheit in Polen 1919–1933. Stuttgart 1973. Allgemein zum Stand der Forschung über die Deutschen in Polen zwischen den Kriegen vgl. Albert S. Kotowski, Die deutsche Minderheit in Polen 1919–1939/45, in: Nordost-Archiv N.F. IX (2000), S. 483-506.

16 Walter Kuhn, Geschichte der deutschen Sprachinsel Bielitz (Schlesien). Würzburg 1981, S. 344 f. Laut der Volkszählung vom 9. Dezember 1931 gaben in Bielitz bei der Frage nach der Muttersprache – die von vielen auch als eine Frage nach der Nationalität aufgefasst wurde – von 22 332 Einwohnern 10 220 Deutsch an, 1 732 Jiddisch und 543 Hebräisch. Bei der Frage nach der Religion bekannten sich aber 4 430 Bürger zum Judentum – wie viele davon Polnisch oder Deutsch als Muttersprache angaben, lässt die Statistik nicht erkennen; vgl. ebenda, S. 376 f.

17 Exposé Seifter (wie Anm. 13).

18 Abschrift eines Schreibens Demanns an das AA, 24.8.1934. PAAA, Deutsches Generalkonsulat Kattowitz, Akten betr. Politik, Geheim, Bd. 6, Bl. 185.

19 Abschrift eines Schreibens Seifters an Demann, 10.8.1933. PAAA, Deutsches Generalkonsulat Kattowitz (wie Anm. 18), Bl. 64 f.

20 Tadeusz Kowalak, Prasa niemiecka w Polsce 1918–1939. Powiązania i wpływy [Die deutsche Presse in Polen 1918–1939. Bindungen und Einflüsse]. Warszawa 1971, S. 285-288, hier S. 285 f.

mittelungen [!]" über das Blatt mit. Besonders hervorgehoben wurde, dass einer der beiden Herausgeber der „dem Auswärtigen Amt bekannte" Fritz Seifter sei. Zur politischen Ausrichtung der „Jüdischen Wochenpost" merkte Konsul Franz Quiring an, das Blatt befleißige sich bislang „gegenüber den Ereignissen in Deutschland einer neutralen Haltung" und bekämpfe vor allem „den antideutschen von jüdischer Seite inszenierten Wirtschaftsboykott". Schließlich schien dem Konsul noch eine „vertraulich" erlangte Information bemerkenswert, wonach das Blatt niedrige Anzeigenpreise und Gratisannoncen gewähre – damit deutete Quiring an, dass die „Jüdische Wochenpost" sich zumindest in ihrer Gründungsphase wohl kaum selbst finanzieren konnte.[21]

Tatsächlich wurde das Blatt von „einem gewissen Kreis prominenter Berliner Juden" finanziert, die damit „im Sinne einer Abwehr der auslandsjüdischen Lügenpropaganda und des Wirtschaftsboykotts Einfluß nehmen" wollten, wie Seifter dem Generalkonsulat Kattowitz im Juli 1934 mitteilte. Für weitere Informationen über die Zusammenhänge verwies der Journalist auf die „Abwehr"-Abteilung des Propagandaministeriums, mit deren „Wissen und Genehmigung" er die „Jüdische Wochenpost" herausgebe. Seifter versuchte mit dem Hinweis auf diese seine „Mission" zum wiederholten Mal, vom Generalkonsulat einen Dauersichtvermerk für seine häufigen Reisen nach Deutschland zu erlangen.[22] Mündlich hatte er Konsul Wilhelm Nöldeke zudem mitgeteilt, dass er mit Genehmigung der „Abwehr"-Abteilung des Propagandaministeriums eine „Sonder-Ausgabe" der „Jüdischen Wochenpost" für das Saargebiet plane.[23] Im Oktober desselben Jahres berichtete das deutsche Generalkonsulat in Danzig an das Auswärtige Amt, Seifter habe sich an den Danziger Senat mit dem Angebot gewandt, in der Stadt ein Blatt zur „Bekämpfung" der jüdischen Zeitung „Danziger Echo" herauszugeben. Dazu habe er sich „auf seine Zusammenarbeit mit dem Reichsministerium für Volksaufklärung und Propaganda berufen". Seifter sah sich also selbst in der Rolle eines publizistischen Agenten des Propagandaministeriums mit der Aufgabe, gegen die Ablehnung des nationalsozialistischen Regimes innerhalb der deutsch-jüdischen Gemeinden jenseits der Grenzen des Reiches vorzugehen. Eine Randbemerkung auf dem Schreiben deutet darauf hin, dass auch der im Auswärtigen Amt verdeckt mit Propagandaaufgaben befasste Journalist und Ökonom Curt Poralla über Seifters Tätigkeit Bescheid wusste.[24]

Im Generalkonsulat Kattowitz jedoch blieb die grundsätzliche Skepsis gegenüber Seifter bestehen. Im Juli 1933 hatte Seifter dem Generalkonsul Raban Graf Adelmann von Adelmannsfelden einen angeblich mit dem Propagandaministerium abgestimmten Plan präsentiert, deutsch-national gesinnte Juden aus dem Reich ins polnische Schlesien einzuladen, damit diese auf die örtliche „Judenschaft" einwirkten, die „sich von den deutschen Vereinen,

---

21 Generalkonsulat Kattowitz an das AA, 27.3.1934, gez. [Franz] Quiring. PAAA, R 82931, Abt. IV, Politik 12, Oberschlesien, Akten betr. Pressewesen, Bl. 55.

22 Seifter an das Generalkonsulat Kattowitz, 31.7.1934. PAAA, Generalkonsulat Kattowitz (wie Anm. 18), Bl. 150 f., hier 150.

23 Generalkonsulat Kattowitz an das AA, 8.8.1934, gez. [Wilhelm] N[öldeke]. PAAA, Generalkonsulat Kattowitz (wie Anm. 18), Bl. 149.

24 Generalkonsulat Danzig an das AA, 25.10.1934, gez. [Otto v.] Radowitz. PAAA, R 83219, Abt. IV, Politik 12, Danzig, Akten betr. Pressewesen. Zu Poralla und seiner Rolle im AA vgl. Peter Fischer, Die deutsche Publizistik als Faktor der deutsch-polnischen Beziehungen 1919–1939. Wiesbaden 1991, S. 119 f.

dem Theater und dergleichen zunehmend abwende". Adelmann wies bei dieser Gelegenheit
wie gehabt auf die aus „Bielitzer Deutschtumskreisen" geäußerten „Bedenken gegen die Zuverlässigkeit des Dr. Seifter" hin. Als Anhaltspunkte hierfür galten nun aber nicht mehr nur
die angeblich „enge Beziehung zu polnischen Kreisen", sondern auch die Tatsache, dass
Seifter „selbst Jude ist".[25] Auf dieser Grundlage beschied Vicco von Bülow(-Schwante),
Leiter des „Deutschland"-Referats im Auswärtigen Amt, das Kattowitzer Generalkonsulat
in einem Geheimerlass, Seifter sei dem Ministerium zwar nicht unbekannt, „[e]ine amtliche
Förderung" der Pläne Seifters erscheine „jedoch nicht angezeigt".[26] Als Seifter im Sommer
1934 im Zusammenhang mit seinen publizistischen Aktivitäten erneut an das Generalkonsulat herantrat, um einen Dauersichtvermerk für Reisen ins Deutsche Reich zu erlangen,
wandte sich das Auswärtige Amt an das Propagandaministerium, um Näheres über das
dortige Verhältnis zu Seifter zu erfahren. Ministerialrat Hermann Demann antwortete, als
Leiter der „Abwehr"-Abteilung des Propagandaministeriums habe er zunächst keine Bedenken gehabt, Seifters Pläne zur Gründung der „Jüdischen Wochenpost" ideell zu unterstützen,
da das Blatt sich „den Kampf gegen die jüdisch-polnischen Hetzblätter" zur Aufgabe gestellt habe und mit einer „prodeutschen Haltung" aufgetreten sei. In der letzten Zeit habe
sich die Tendenz der „Jüdischen Wochenpost" jedoch „unverkennbar in ungünstigem Sinne
geändert", so dass er „Herrn Dr. Seifter jede ideelle Unterstützung entzogen habe".[27] Daraufhin bat die Presseabteilung des Auswärtigen Amtes das Generalkonsulat in Kattowitz,
Seifters publizistische Tätigkeit zu beobachten und nur in dem Fall auf kurze Zeit befristete
Sichtvermerke auszustellen, dass „sich dagegen vom Standpunkte der deutschen Belange
keine Einwendungen ergeben". Der Generalkonsul entschied, Seifters Anliegen fortan „di-
latorisch" zu behandeln.[28]

Dennoch erschien die „Jüdische Wochenpost" bis zum Sommer 1939, erreichte angeblich
eine Auflage von immerhin 5 000 Stück und wurde nicht nur im polnischen Teil Schlesiens,
sondern auch in den angrenzenden Gebieten des Reiches und der Tschechoslowakei sowie in
Warschau und Lodz vertrieben. Offenbar blieb das Blatt jedoch nicht immer dem Kurs treu,
der in den ersten Ausgaben eingeschlagen worden war: Damals ging es nach außen darum,
auch im Interesse der Juden im Reich zu einer „Versachlichung" und einem „vernünftigen
Verhältnis" in der Beziehung zum nationalsozialistischen Deutschland zu gelangen – d.h.
die Redaktion lehnte Boykottmaßnahmen ab und hoffte statt dessen auf eine allmähliche
Rückkehr zu rechtsstaatlichen Verhältnissen und auf ein Ende der antisemitischen Gewaltpolitik im Reich –, während nach innen einer „Entzionisierung und Entpolitisierung" der
jüdischen Gemeinden in Polen das Wort geredet wurden. Statt im als „Faschismus und Nationalismus" denunzierten Zionismus suchte die Redaktion der „Jüdischen Wochenpost" das
Heil „im religiösen Aufbau und in der restlosen Eingliederung der Juden in den Organismus

---

25 Generalkonsulat Kattowitz an das AA, 1.7.1933, gez. [Raban Graf] A[delmann v. Adelmannsfel-
den]. PAAA, Generalkonsulat Kattowitz (wie Anm. 18), Bl. 39.

26 AA, Ref. D[eutschland], an das Generalkonsulat Kattowitz, 7.8.1933, gez. [Vicco] v. Bülow-
Schwante. PAAA, Generalkonsulat Kattowitz (wie Anm. 18), Bl. 61.

27 Abschrift eines Schreibens Demanns an das AA, 24.8.1934 (wie Anm.18).

28 AA, Abt. P[resse], an das Generalkonsulat Kattowitz, 12.9.1934, gez. [Wilhelm] Crull, mit handschriftlichen Zusatz, 17.9.[1934], gez. [Albrecht v.] K[essel]. PAAA, Generalkonsulat Kattowitz
(wie Anm. 18), Bl. 184.

ihrer Heimatländer". Daraus resultierte eine unkritische, ausgesprochen positive Einstellung zum polnischen Staat und zur polnischen Regierung.[29]

Das publizistische Appeasement, das Seifter zumindest anfangs mit dem „Jüdischen Wochenblatt" betrieb, entsprach den Interessen der nationalsozialistischen Regierung. Adolf Hitler hatte bereits im Frühjahr 1933 eine Wende in den traditionell feindseligen Beziehungen zwischen Polen und dem Deutschen Reich eingeleitet. Der Hintergrund war Hitlers taktisches Kalkül, im autoritären polnischen Regime unter Piłsudski einen willfährigen „Juniorpartner" für seine Expansionspläne gegen die Sowjetunion zu finden. Ausdruck der von polnischer Regierungsseite erwiderten Annäherung war die im Januar 1934 in Berlin unterzeichnete deutsch-polnische Nichtangriffserklärung.[30] In diesem Zusammenhang einigten sich beide Regierungen im Februar 1934 auch auf ein Abkommen zur „Zusammenarbeit in der öffentlichen Meinungsbildung", an dem auf deutscher Seite sowohl das Propaganda- wie das Außenministerium beteiligt waren. Das Abkommen, das neben der Presse auch alle weiteren Medien betraf, zielte nach amtlicher Mitteilung darauf, eine „freundschaftliche Atmosphäre" im deutsch-polnischen Verhältnis zu gewährleisten.[31] Wie ein internes polnisches Dokument zeigt, war den Deutschen dabei unter anderem an einer „aufmerksamen Beobachtung der jüdischen Presse" in Polen gelegen, um die Boykottbewegung und deren durch jene Presse verbreitete „antideutsche Propaganda" zu schwächen.[32] Eben dieser Absicht entsprach die Haltung der „Jüdischen Wochenpost", so dass deutlich wird, in welchem Sinne deutsche Behörden zumindest in der Anfangszeit über Seifter auf die politische Ausrichtung des Blattes einwirken konnten.

---

29 Zitate nach den Artikeln „Unsere Einstellung zum antideutschen Wirtschaftsboykott" und „Neue Männer, neues Leben in der Bielitzer Kultusgemeinde", in: Jüdische Wochenpost Nr. 5 vom 16. März 1934, S. 1 f. u. 5. Diese Ausgabe der „Wochenpost" lag dem Schreiben des Generalkonsulats Kattowitz (wie Anm. 21) bei. Zur weiteren Entwicklung der „Wochenpost" vgl. Kowalak, Prasa (wie Anm. 20), S. 287 f.

30 Günter Wollstein, Hitlers gescheitertes Projekt einer Juniorpartnerschaft Polens, in: Universitas 38 (1983), S. 525-532, ist die konziseste Darlegung dieses Konzepts. Zur Hinhaltetaktik, mit der das polnische Regime auf Hitlers Polenpolitik reagierte, vgl. Tomasz Serwatka, Józef Piłsudski a Niemcy [Józef Piłsudski und Deutschland]. Wrocław 1997, S. 129-163.

31 Deutsch-polnische Zusammenarbeit in der öffentlichen Meinungsbildung, in: Völkischer Beobachter, Norddeutsche Ausgabe Nr. 59 vom 28. Februar 1934, o.S. Zur Umsetzung des Abkommens auf deutscher Seite vgl. Carsten Roschke, Der umworbene „Urfeind". Polen in der nationalsozialistischen Propaganda 1934–1939. Marburg 2000. Zu den weniger einschneidenden Konsequenzen in Polen vgl. Wojciech Wrzesiński, Sąsiad. Czy wróg? Ze studiów nad kształtowaniem obrazu Niemca w Polsce w latach 1795–1939 [Nachbar. Oder Feind? Studien zur Gestaltung des Deutschenbildes in Polen in den Jahren 1795–1939]. Wrocław 1992, S. 609-672; Michał Pietrzak, Reglamentacja wolności prasy w Polsce [Reglementierung der Pressefreiheit in Polen] (1918–1939). Warszawa 1963, S. 448-472.

32 Notiz aus der Presseabteilung des polnischen Ministeriums für Auswärtige Angelegenheiten, 23.10.1935, abgedruckt bei: Eugeniusz Rudziński, Dokumenty o porozumieniu prasowym polsko-niemieckim z 1934 r. [Dokumente zum polnisch-deutschen Presseabkommen aus dem Jahr 1934], in: Rocznik czasopiśmiennictwa polskiego 4 (1964), S. 171-178, hier S. 171-175. – Zur jüdischen Boykottbewegung gegen NS-Deutschland vgl. Yfaat Weiss, Deutsche und polnische Juden vor dem Holocaust. Jüdische Identität zwischen Staatsbürgerschaft und Ethnizität 1933–1940. München 2000, S. 169-194. Zur Schwächung der Boykottbewegung bediente sich das NS-Regime auch jüdischer Emissäre aus dem Reich nach Polen; vgl. ebenda, S. 173 ff.

Wie lange diese Kontakte Seifters zu deutschen Regierungsstellen hielten, ist nicht klar.[33] Im Herbst und Winter 1939/40, als die deutsche Zivilverwaltung im besetzten Polen daranging, anstelle der so gut wie vollständig liquidierten Vorkriegspresse ein eigenes Nachrichten- und Pressewesen einzurichten, schien der Draht zu Seifter aber schon längst abgerissen zu sein. Jedenfalls gelang es der Abteilung für Volksaufklärung und Propaganda im Amt des Generalgouverneurs erst im Frühjahr 1940 „nach eingehenden Forschungen und Erkundigungen", in Fritz Seifter den geeigneten Chefredakteur für ihre geplante jüdische Zeitung „ausfindig" zu machen. Ein interner Rechenschaftsbericht des Propagandaamtes erwähnte die früheren Kontakte zu Seifter mit keinem Wort. Stattdessen nannte er neben Seifters „deutsch-freundlicher Betätigung" in Polen noch einen weiteren Grund als ausschlaggebend, warum gerade dieser jüdische Journalist „unter entsprechender Beaufsichtigung als ‚vertrauenswürdig' angesehen" werden könne: Rudolf Wiesner, ehemaliger Leiter der „Jungdeutschen Partei Polens", habe Seifter „bestens empfohlen".[34]

Der Hinweis auf die Beziehung Seifters zu Rudolf Wiesner erklärt vielleicht, warum Seifter sich im Verhältnis zu den Nationalsozialisten offenbar über deren Gefährlichkeit getäuscht hatte. Der Bauingenieur Wiesner hatte 1921 in Bielitz einen „Deutschen Nationalsozialistischen Verein für Polen" gegründet, der mit Hitlers Nationalsozialisten lange Zeit nicht viel zu tun hatte. Wesentlich engere Beziehungen unterhielt die kleine, nur wenige hundert Mitglieder umfassende Organisation anfangs mit Gesinnungsgenossen in der Tschechoslowakei. Später suchte sie auch die Zusammenarbeit mit der „Deutschen Partei", einem Zusammenschluss national-liberaler und deutsch-nationaler Kräfte im zuvor österreichischen Schlesien. Die Gruppierung ordnete sich also zunächst ins Spektrum der etablierten nationalistischen Gruppierungen innerhalb der deutschen Minderheit in Polen ein. Erst Anfang der 1930er Jahre, unter dem Eindruck des Aufstiegs der NSDAP im Reich, änderte sich der Charakter von Wiesners Organisation. Damals nahm die Gruppierung wegen des erwachten Misstrauens der polnischen Behörden den Namen „Jungdeutsche Partei für Polen" an, begann aber zugleich, sich am Vorbild der NSDAP zu orientieren und eine rege Propaganda zu entfalten. Mit Hilfe ihrer Polemik gegen die so genannten „alten" politischen Kräfte der deutschen Minderheit gelang es der „Jungdeutschen Partei", innerhalb weniger Jahre in ganz Polen Fuß zu fassen. Besonders nachdem die NSDAP im Reich an die Macht gelangt war und auch die anderen deutschen Minderheitenpolitiker die Nähe zum neuen Regime suchten, gaben Wiesner und seine Parteigenossen sich als die einzigen authenti-

---

33 Kowalak, Prasa (wie Anm. 20), S. 288, schreibt, dass der Umfang und Mitte 1935 auch die Frequenz des Erscheinens der „Jüdischen Wochenpost" abnahmen. Dies könnte ein Hinweis auf verringerte oder ausbleibende Unterstützung sein.

34 [Emil] Gassner, Jüdische Presse, in: Grundlage und Aufgaben des Propagandaamtes. [Krakau 1940], S. 120-122, hier S. 120. Bei dem Dokument handelt es sich um eine hektografisch vervielfältigte Bilanz der Arbeit der Abteilung für Volksaufklärung und Propaganda in den ersten zehn Monaten ihres Bestehens, die der Abteilungsleiter Max du Prel zu seinem Abschied aus Krakau im Juli 1940 hatte zusammenstellen lassen. Das von mir benutzte, wohl einzige erhaltene Exemplar findet sich in der Jagiellonen-Bibliothek in Krakau, Sign. BJ 794541 III, 443. Zum Stand der Forschung über die Pressepolitik der deutschen Besatzungsverwaltung in Polen vgl. den Bericht von Klaus-Peter Friedrich, Die deutsche polnischsprachige Presse im Generalgouvernement (1939–1945). NS-Propaganda für die polnische Bevölkerung, in: Publizistik 46 (2001), S. 162-188.

schen Nationalsozialisten in Polen aus. Tatsächlich war die „Jungdeutsche Partei" jedoch weit weniger abhängig vom Reich als die meisten anderen, hoch subventionierten deutschen Minderheitenorganisationen. Die Partei konnte sich daher auch nach 1933 ein großes Maß an Selbstständigkeit bewahren und ordnete sich nicht ohne weiteres Weisungen aus Berlin unter. Wiesners Verhältnis zu den Juden war durchaus ambivalent. Einerseits fanden sich in einigen Organen seiner Partei von Anfang an antisemitische Parolen, andererseits arbeitete Wiesner persönlich noch über das Jahr 1933 hinaus mit prominenten Bielitzer Juden zusammen.[35] Auch in den programmatischen Leitsätzen der „Jungdeutschen Partei" fand sich zwar der Satz: „Wir lehnen jede Gemeinschaft mit dem Juden ab", jedoch hieß es ergänzend, in Minderheitenfragen wolle man eine deutsch-jüdische Zusammenarbeit nicht ausschließen.[36] Angesichts der eher pragmatischen Haltung Wiesners und seiner Partei zu den Juden in Polen erscheint Seifters anfängliche Fehlperzeption der antisemitischen Politik im Reich somit ein wenig verständlicher.

1940 war eine solche Illusion längst undenkbar. Die Pogromnacht des 9. November 1938 und mehr noch die Morde und Gewalttaten der deutschen Okkupanten gegenüber Polen und Juden seit September 1939 mussten auch den letzten Sympathisanten Deutschlands die Augen öffnen. Bezeichnenderweise war es diesmal nicht Seifter, der den Kontakt zu deutschen Stellen suchte, sondern sie hatten ihn „ausfindig" gemacht. Es führte also kein direkter Weg von Seifters Zusammenarbeit mit deutschen Behörden in den 1930er Jahren zu seiner Tätigkeit als Chefredakteur und Geschäftsführer der „Gazeta Żydowska". Welche Umstände ihn dazu bewogen, diese Aufgaben zu übernehmen, ist nicht bekannt. Fest steht, dass Seifter in keiner Hinsicht frei war. Die Zeitung, ihr Verlag und ihre Inhalte unterstanden völlig deutscher Aufsicht und Kontrolle. Die „Jüdische Presse GmbH" wurde von der örtlichen Tochter des Zentralverlages der NSDAP beaufsichtigt und „möglichst kurz" gehalten; jede Ausgabe des Blattes unterlag einer genauen Vorzensur.[37]

---

35 Vgl. Mirosław Cygański, Hitlerowskie organizacje dywersyjne w województwie śląskim [Nazi-Diversionsorganisationen in der Wojewodschaft Schlesien] 1931–1936. Katowice 1971, S. 45-86, bes. S. 50 f. Zu Wiesners Biographie siehe Mads Ole Balling, Von Reval bis Bukarest. Statistisch-Biographisches Handbuch der Parlamentarier der deutschen Minderheiten in Ostmittel- und Südosteuropa 1919–1945. Bd. 1, Kopenhagen 1991, S. 200 f.; Ryszard Kaczmarek, Rudolf Wiesner – przywódca górnośląskich nazistów [Rudolf Wiesner – Anführer der oberschlesischen Nazis], in: Śląsk w myśli politycznej i działalności Polaków i Niemców w XX wieku [Schlesien im politischen Denken und Handeln von Polen und Deutschen im 20. Jahrhundert]. Teil 2, hrsg. v. Danuta Kisielewicz u. Lech Rubisz. Opole 2004, S. 195-210. Zur relativen Unabhängigkeit Wiesners und seiner Partei gegenüber der Reichsregierung und den damit einhergehenden Konflikten vgl. Richard Blanke, Orphans of Versailles. The Germans in Western Poland 1918–1939. Lexington 1993, S. 171-182; Hans-Adolf Jacobsen, Nationalsozialistische Außenpolitik 1933–1938. Frankfurt a.M./Berlin 1968, S. 584-597.

36 Unsere Leitsätze. Erläuterungen zu den weltanschaulichen Grundgedanken der Jungdeutschen Partei für Polen. 4. Aufl., Bielsko 1934, S. 23 ff.

37 Gassner, Jüdische Presse (wie Anm. 34), S. 120. Demnach war die Frage der einfacheren Zensur auch ein Grund, weshalb das Blatt in polnischer und nicht in jiddischer Sprache erschien. In der Krakauer Jagiellonenbibliothek hat sich ein Ordner mit Zensurfahnen der GŻ erhalten; vgl. Korekta Gazety Żydowskiej rok 1941 [Korrekturen der GŻ für das Jahr 1941], Sign. BJ 794541 III, 444 (Die Bezeichnung ist euphemistisch; die Fahnen weisen Streichungen auf und tragen den handschriftlichen Vermerk „Gen[ehmigt]").

Die öffentlich genannten Aufgaben und Ziele der Zeitung entsprachen nur teilweise der Haltung, die seinerzeit das „Jüdische Wochenblatt" vertreten hatte: Die jüdische Zeitung im Generalgouvernement solle ein Blatt werden, so hatte es in der schon eingangs zitierten Ankündigung geheißen, „daß sich mit *intern-jüdischen* Angelegenheiten befassen wird, ähnlich der im Protektorat Böhmen-Mähren und im Reich erscheinenden jüdischen Presse. Die Zeitung will insbesondere die Idee der Produktivierung der Juden, ihre Umschichtung und Umschulung, sowie das Auswanderungsproblem pflegen und sich auch sonst mit allen sozialen und religiösen Angelegenheiten, die das Judentum betreffen, befassen".[38] Die Konzentration auf jüdische Themen und besonders soziale, ökonomische sowie religiöse Fragen hatte die „Gazeta Żydowska" mit Seifters eigenen Projekten gemein. Neu hinzu gekommen waren die Arbeitsappelle und die (illusorischen) Aussichten auf eine Emigration der Juden aus Polen. Bei diesen beiden Themen berührten sich damals noch Interessen der Besatzungsbehörden und der mit ihnen zusammenarbeitenden Juden. Tatsächlich gab es auf beiden Seiten Vertreter, die im Einsatz der Juden in der deutschen Kriegswirtschaft des Generalgouvernements mit der Perspektive ihrer Auswanderung nach dem bald gewonnenen Krieg die Möglichkeit sahen, zu einem kurzfristigen *modus vivendi* zwischen jüdischer Bevölkerung und Okkupanten zu gelangen. Dass die deutsche „Judenpolitik" zur Ermordung der Juden im Generalgouvernement führen würde, stand nicht von Anfang an fest.[39]

Ein weiteres wichtiges Ziel, das die deutschen Propagandisten im Generalgouvernement mit der „Gazeta Żydowska" verfolgten, nannten sie nicht öffentlich, auch wenn es sich leicht erschließen ließ: Eine eigene Zeitung für die Juden sollte neben der fortschreitenden räumlichen Trennung von Polen und Juden die geistige Dissimilation fördern. Die Tatsache, dass die „Gazeta Żydowska" in polnischer Sprache erschien, widersprach dieser Absicht nur scheinbar, denn mit ihr sollten gerade die tonangebenden, teilweise ans Polentum assimilierten Kreise unter den Juden erreicht werden.[40] In den Worten des Leiters der Abteilung für Volksaufklärung und Propaganda in Krakau, Max du Prel, galt es bei der Propaganda für Polen und Juden „gleichzeitig anti- und projüdisch [zu] sein, solange es noch Juden im Generalgouvernement gibt".[41]

Obschon die Besatzungsbehörden den Vertrieb der für Deutsche und Polen bestimmten Presse im Warschauer Ghetto vom Mai 1941 an verboten, gelangten auch diese Zeitungen weiterhin ins Ghetto, wo sie zu Schmuggelpreisen gehandelt wurden. Zudem gab es eine rege

---

38 Eine jüdische Zeitung (wie Anm. 2), Hervorhebung wie im Original.
39 Zur Entwicklung der deutschen Besatzungspolitik im Generalgouvernement gegenüber der jüdischen Bevölkerung bis zum Beginn ihrer systematischen Vernichtung vgl. jetzt Christopher Browning, Die Entfesselung der „Endlösung". Nationalsozialistische Judenpolitik 1939–1942. München 2003, S. 30–252. Zum anschließenden Mordgeschehen vgl. Dieter Pohl, Die Ermordung der Juden im Generalgouvernement, in: Nationalsozialistische Vernichtungspolitik 1939–1945. Neue Forschungen und Kontroversen, hrsg. v. Ulrich Herbert. Frankfurt a.M. 1998, S. 98–121.
40 Gassner, Jüdische Presse (wie Anm. 34), S. 120. Vgl. neben der zu Anfang zitierten Einschätzung der GŻ bei Landau, Kronika (wie Anm. 3), S. 589, auch ebenda, S. 613 (Eintrag vom 30. Juli 1940).
41 Max du Prel, Einleitung, in: Grundlage (wie Anm. 34), S. I–XIX, hier S. VIII. – Das Erscheinen der GŻ löste in der Tat im polnischen Untergrund und Exil einige Verwirrung aus: Es hieß, ihre Machart sei besser als die der für Polen bestimmten Besatzungszeitungen; vgl. Friedrich, Presse (wie Anm. 34), S. 168.

jüdische Untergrundpublizistik, die allerdings nur in wenigen Exemplaren verbreitet werden konnte. Sowohl Vertreter des jüdischen Untergrunds als auch des selbst mit den Okkupanten zusammenarbeitenden Warschauer Judenrates und des Ordnungsdienstes hatten daher für die „Gazeta Żydowska" und deren Mitarbeiter nur Verachtung übrig – nach ihrem Urteil wurde die Besatzungszeitung kaum gelesen und „kein anständiger Journalist" war für sie tätig.[42]

Ein deutlich anderes Bild zeichnete jedoch in ihrem Tagebuch Mary Berg, Tochter eines polnischen Juden und einer US-Amerikanerin, die als Jugendliche ebenfalls im Warschauer Ghetto lebte. Sie betonte, dass die „Gazeta Żydowska" das einzige legale Bindeglied zwischen den verschiedenen Ghettos in Polen darstellte. Besonders die Tätigkeitsberichte der einzelnen Judenräte seien daher ein begehrter Lesestoff gewesen.[43] Jedes meist eilig weitergereichte Exemplar der „Gazeta Żydowska" habe Hunderte Leser gehabt, auch wegen der begrenzten Auflage.[44] Tatsächlich warb das Blatt mit folgender Anzeige für sich: „Warum sollte jeder Jude Abonnent der ‚Gazeta Żydowska' sein? Weil ausschließlich und einzig sie eine Brücke zwischen ihm und der übrigen jüdischen Welt ist."[45]

Erst nachdem die Entscheidung zum Völkermord gefallen war und die Verschleppung der Juden in die Vernichtungslager begonnen hatte, glaubten die Okkupanten, auf ihre jüdische Zeitung verzichten zu können. Im Sommer 1942 stellten sie das Erscheinen der „Gazeta Żydowska" ein.[46] Das Schicksal ihres Chefredakteurs und Verlegers liegt im Dunkeln. Viel-

---

42 Ringelblum, Kronika (wie Anm. 12), S. 314 u. 372 f. (Einträge vom Juli-September 1941 u. vom 12. Mai 1942). Vgl. auch Fuks, Czerniakowa dziennik (wie Anm. 12), S. 133 (Eintrag vom 23. Juli 1940) sowie Stanisław Adler, In the Warsaw Ghetto. 1940–1943. An Account of a Witness. Jerusalem 1982, S. 261 f. Adler war Offizier des Ordnungsdienstes, der von den Besatzungsbehörden eingerichteten jüdischen Ghettopolizei. Vgl. zur Politik des Warschauer Judenrates und seines Vorsitzenden: Marian Fuks, Das Problem der Judenräte und Adam Czerniaków Amtstätigkeit, in: Deutsche – Polen – Juden. Ihre Beziehungen von den Anfängen bis ins 20. Jahrhundert, hrsg. v. Stefi Jersch-Wenzel. Berlin 1987, S. 229-239; zum Ordnungsdienst: Trunk, Judenrat (wie Anm. 7), S. 475-569.

43 Warsaw Ghetto. A diary by Mary Berg [d.i. Miriam Wattenberg], hrsg. v. S[amuel] L[oeb] Shneiderman. New York 1945, S. 66 f. (Eintrag vom 10. Juni 1941). Zu den Tätigkeitsberichten der Judenräte siehe die Dokumentation von Fuks, Judenraty (wie Anm. 10). – In der Tat zeigt z.B. das Tagebuch eines ausgesprochenen Gegners jeder Zusammenarbeit mit der Besatzungsmacht, dass sogar er die GŻ (sowie andere deutsch- oder polnischsprachige Besatzungszeitungen) benutzte, besonders zur Information über die Situation in den jüdischen Gemeinden; vgl. The Warsaw Diary of Chaim A. Kaplan, hrsg. v. Abraham I. Katsh. 2. Aufl., New York 1973, S. 63 f., 173 f., 176 f., 182, 207, 265, 304 u. 360 (Einträge vom November 1939-Juni 1942).

44 Die Besatzungsbehörden hatten bereits im April 1941 wegen Papiermangels die Auflage des „Nowy Kurier Warszawski", ihrer Zeitung für die polnische Bevölkerung Warschaus, eingeschränkt; vgl. Raporty Ludwiga Fischera, Gubernatora Dystryktu Warszawskiego [Die Berichte von Ludwig Fischer, Gouverneur des Distrikts Warschau] 1939–1944, hrsg. v. Krzysztof Dunin-Wąsowicz (u.a.). Warszawa 1987, S. 318.

45 Diese Anzeige erschien z.B. in: GŻ Nr. 23 vom 21. März 1941, S. 4.

46 Die wahrscheinlich letzte Ausgabe der GŻ erschien am 30. August 1942; vgl. Cieślak, Z historii (wie Anm. 10), S. 579; Adler, Ghetto (wie Anm. 42), S. 262. Fuks, Judenraty (wie Anm. 10), S. 169, dagegen schreibt, die Zeitung sei nur bis Mitte Juli 1942 erschienen. Anfang Mai 1942 hatte in allen Distrikten des Generalgouvernements die Vorbereitung für eine Räumung der Ghettos und die Verschleppung ihrer Bewohner in Vernichtungslager begonnen; vgl. Pohl, Ermordung (wie Anm. 39), S. 105.

leicht wurde er schon im Oktober des gleichen Jahr nach Bełżec verschleppt, vielleicht kam er auch – wie andere Funktionsträger des Krakauer Ghettos[47] – erst im folgenden Jahr ins nahe gelegene Lager Płaszów.

Was bleibt abschließend über Fritz Seifter und seine Zusammenarbeit mit deutschen Behörden festzuhalten? Um auf die eingangs skizzierte Diskussion über jüdische „Koope-ration" oder „Kollaboration" mit den Nationalsozialisten zurückzukommen: Es besteht kein Zweifel, dass Seifter zumindest in den Jahren 1933 und 1934 dem Propagandaministerium als publizistischer Einflussagent unter den deutschsprachigen Juden in Polen diente – aber wurde er deshalb 1940 im Generalgouvernement zu einem Kollaborateur? Die Umstän-de der Zusammenarbeit waren 1933/34 ganz andere als im Sommer 1940. Zu Beginn der nationalsozialistischen Herrschaft schien es noch eine partielle Gleichheit von politischen Interessen und Ideen auf beiden Seiten zu geben. Die Nationalsozialisten erschienen in er-ster Linie als Vertreter des deutschen Nationalismus, mit dem Seifter sympathisierte, und ihr gewalttätiger Antisemitismus war vielleicht noch zu besänftigen. 1940 ging es dagegen für Seifter und die Juden in Polen nunmehr um das Überleben angesichts eines Regimes, das Juden gegenüber keinerlei Rücksicht kannte. Unter solchen Umständen ist der wertende Begriff der „Kollaboration" fehl am Platz, denn der absolute Vorrang des Überlebens setzte die üblichen Wertmaßstäbe außer Kraft. In diesem Sinne erscheint mir Seifters Tätigkeit für die „Gazeta Żydowska" als eine von vielen, nicht allein auf die eigene Person, sondern auch auf die jüdische Gesellschaft gerichteten Überlebensstrategien, die sich tragischerweise am Ende als hoffnungslos erwiesen.[48]

---

47 Nach der Ermordung und Verschleppung der letzten größeren Gruppe von Bewohnern im März 1943 sollen nur noch etwa 50 Familien von Mitgliedern des Judenrates und des jüdischen Ord-nungsdienstes im Krakauer Ghetto verblieben sein, die Ende 1943 ebenfalls verschleppt oder an Ort und Stelle ermordet wurden; vgl. Aleksander Bieberstein, Zagłada Żydów w Krakowie [Die Vernichtung der Juden in Krakau]. Kraków 1985, S. 82-94. Die Umstände von Seifters Tod sind unbekannt. Die von der Jerusalemer Gedenk- und Forschungsstätte Yad Vashem erstellte Datenbank der Shoah-Opfer, von denen bislang etwa drei Millionen den Namen nach bekannt sind, verzeichnet Friedrich Seifter nicht; vgl. The Central Database of Shoa Victims' Names, http://www.yadvashem.org (letzter Zugriff am 27. Oktober 2005).

48 Vgl. Tomasz Grosse, Przeżyć! Obrona życia jako wartość podstawowa społeczności getta warszaw-skiego [Überleben! Die Verteidigung des Lebens als Grundwert der Gesellschaft des Warschauer Ghettos]. Warszawa 1998; Dan Diner, Die Perspektive des „Judenrats". Zur universellen Bedeu-tung einer partikularen Erfahrung, in: „Wer zum Leben, wer zum Tod...". Strategien jüdischen Überlebens im Ghetto, hrsg. v. Doron Kiesel (u.a.). Frankfurt a.M./New York 1992, S. 11-35.

Klaus-Peter Friedrich

Polen und seine Feinde (sowie deren Kollaborateure). Vorwürfe wegen „polnischer Kollaboration" und „jüdischer Kollaboration" in der polnischen Presse (1942–1944/45)

Einführung

Wie Roman Zimand in den 1980er Jahren in einer klarsichtigen Analyse des polnisch-jüdischen Verhältnisses[1] festgestellt hat, waren Juden überzeugt, das nationalsozialistische Vernichtungswerk habe nicht ohne Beteiligung der Polen durchgeführt werden können, während Polen die Juden als Verfechter und Architekten des ihnen aufgezwungenen kommunistischen Systems betrachteten: „both sides accused the other of collaboration – to the detriment of the other side – either with nazism or with communism (in its Stalinist phase), that is, of collaboration with the most criminal régimes in the history of the world."[2]

Das Eigenbild der polnischen Gesellschaft war bereits in der Zeit der deutschen Okkupation von der Vorstellung einer allein ihr eigenen unbeugsamen und von allen geteilten Widerstandshaltung geprägt und mythisiert: Polen betrachteten sich selbst als den wichtigsten Akteur im Widerstand gegen den nazideutschen Expansionskrieg.[3] Entsprechend machte sich die (volks-)polnische Geschichtsschreibung die Auffassung zu eigen, dass die „polnische öffentliche Meinung (...) die sogenannte Kollaboration wesentlich eindeutiger als in jedem der anderen besetzten Länder verurteilt" habe.[4] Auch darin blieb das polnische Bild der Okkupationszeit von der martyrologischen Perspektive beherrscht, gebunden an die

1 Zu den polnisch-jüdischen Beziehungen unter der NS-Okkupation existiert eine umfangreiche und in vielen Fällen streitbare Forschungsliteratur, vgl. Klaus-Peter Friedrich, Juden in Polen während der Schoa. Zu polnischen und deutschen Neuerscheinungen, in: Zeitschrift für Ostmitteleuropa-Forschung 47 (1998), S. 231-274; Antony Polonsky, Beyond Condemnation, Apologetics and Apologies: On the Complexity of Polish Behavior Toward the Jews During the Second World War, in: The Fate of the European Jews, 1939–1945. Continuity or Contingency?, hrsg. v. Jonathan Frankel. New York (u.a.) 1997, S. 190-224; sowie Marek Jan Chodakiewicz, Żydzi i Polacy 1918–1955. Współistnienie – zagłada – komunizm [Juden und Polen 1918–1955. Koexistenz – Vernichtung – Kommunismus]. Warszawa 2000, passim.

2 Roman Zimand, Wormwood and Ashes (Do Poles and Jews Hate each other?), in: Polin 4 (1989), S. 313-353, hier S. 328.

3 Vgl. Klaus-Peter Friedrich, Über den Widerstandsmythos im besetzten Polen in der Historiographie, in: 1999. Zeitschrift für Sozialgeschichte des 20. und 21. Jahrhunderts 13 (1998), S. 10-60, bes. S. 10 ff.; Frank Golczewski, Zur Historiographie des Schicksals der polnischen Juden im Zweiten Weltkrieg, in: Verdrängung und Vernichtung der Juden unter dem Nationalsozialismus, hrsg. v. Arno Herzig u. Ina Lorenz. Hamburg 1992, S. 85-99, bes. S. 97 f., Anm. 14.

4 Wacław Długoborski, Die deutsche Besatzungspolitik und die Veränderungen der sozialen Struktur Polens 1939–1945, in: Zweiter Weltkrieg und sozialer Wandel. Achsenmächte und besetzte Länder, hrsg. v. dems. Göttingen 1981, S. 303-363, hier S. 321.

Gewissheit, dass die polnische Nation von Beginn des Zweiten Weltkriegs an das größte Opfer erbracht habe. Auch die Kenntnis des Verbrechens der deutschen Besatzer an den Juden hat an dieser Sicht lange nichts ändern können.[5]

Der in diesem Beitrag geübte Blick in die im Untergrund erscheinende polnische Presse unter der NS-Okkupation sollte ermöglichen, mehr Klarheit über die Hintergründe und Begleitumstände der damaligen polnisch-jüdischen Konfliktgeschichte zu gewinnen.[6] Dabei ist es sinnvoll, zunächst allgemeine Merkmale herauszuarbeiten, mit Hilfe derer die zeitgenössische Presse die vorherrschenden Einstellungen und Befindlichkeiten der polnischen Nation von denen der benachbarten Nationen positiv abgrenzte.[7] Untersuchungsgegenstand ist hier also zunächst die Eigenstereotypisierung der polnischen Nation.[8] Diese wird sodann kontrastiert mit einer großen Zahl von Presseaussagen über diejenigen Teile der Gesellschaft, die dem postulierten nationalen Konsens real zuwiderhandelten.

Der Eigenstereotypisierung werden die von polnischer Seite wahrgenommenen Einstellungen und Befindlichkeiten der Juden, das heißt deren Fremdstereotypisierung, gegenübergestellt. Grundsätzlich oszillierten die zeitgenössischen polnischen Sichtweisen zwischen zwei unterschiedlichen Blickwinkeln: Auf der Rechten und bis weit in die politische Mitte hinein war das Stereotyp von ‚den Juden‘ als Gegnern der nationalen Bestrebungen der polnischen Nation oder gar als „Feinde Polens“ mehr oder weniger ausgeprägt. Auf der äußersten Linken und besonders bei den polnischen Kommunisten herrschte unterdessen die Vorstellung von der Gleichrangigkeit der Vernichtungsdrohungen, denen Juden und Polen von Seiten der deutschen Besatzer ausgesetzt waren.

Einer näheren Beschreibung der tradierten stereotypen Vorstellungen von ‚den Juden‘ folgt eine Zusammenstellung von Aussagen, die überwiegend dem rechten und konservativen Spektrum der Untergrundpresse entstammen und an denen das antijüdische Wahrnehmungsmuster noch einmal verdeutlicht wird. Schließlich ist auf die Neubestimmung des Kollaborationsbegriffs durch die Kommunisten und ihre Mitläufer einzugehen, die es ihnen ermöglichte, 1944/45 nahtlos zur politischen Verfolgung ‚der Reaktion(äre)‘ zu schreiten.

Der zeitliche Anfangspunkt dieser Untersuchung ist zum einen dem Umstand geschuldet, dass die polnische Untergrundpresse aufgrund des für die Alliierten der Anti-Hitler-

---

5   Vgl. Klaus-Peter Friedrich, Die Legitimierung ‚Volkspolens‘ durch den polnischen Opferstatus. Zur kommunistischen Machtübernahme in Polen am Ende des Zweiten Weltkriegs, in: Zeitschrift für Ostmitteleuropa-Forschung 52 (2003), S. 1-51, bes. S. 4 f., 9, 14 u. 49 f.

6   Zum Quellenwert der Untergrundpresse vgl. Klaus-Peter Friedrich, Der nationalsozialistische Judenmord in polnischen Augen: Einstellungen in der polnischen Presse 1942–1946/47. Phil. Diss., Köln 2003, elektronische Ressource: http://kups.ub.uni-koeln.de/volltexte/2003/952/, S. 7 f. sowie die Einleitungen zu den Kapiteln III.1-III.7.

7   Die positiven polnischen Selbstzuschreibungen wurden durch kollektive Zuschreibungen ergänzt, welche die benachbarten Nationalitäten samt und sonders der Zusammenarbeit mit den deutschen Besatzern (Kollaboration) bezichtigten: Eine Vielzahl von Meldungen machte darauf aufmerksam, dass sich Ukrainer, Litauer, Letten und auch Esten von den Deutschen für die Durchführung antijüdischer Mordaktionen benutzen ließen.

8   Zum nationalen Stereotypenbegriff vgl. Jan Berting, Christiane Villain-Gandossi, Rola i znaczenie stereotypów narodowych w stosunkach międzynarodowych: podejście interdyscyplinarne [Die Rolle und Bedeutung von Stereotypen in den internationalen Beziehungen: Ein interdisziplinärer Ansatz], in: Narody i stereotypy [Nationen und Stereotype], hrsg. v. Teresa Walas. Kraków 1995, S. 13-27.

Koalition günstigeren Kriegsverlaufs 1942 einen beachtlichen Aufschwung nahm, der sich in einer großen Zahl neuer Titel und in höheren Auflagen niederschlug, zum anderen gingen die deutschen Besatzer 1942 zum massenhaften und planmäßigen unmittelbaren Mord an der jüdischen Bevölkerung über, wobei die polnische Gesellschaft mit offen sichtbaren Grausamkeiten konfrontiert wurde, aus deren Wahrnehmung heraus sich eine Änderung im Verhältnis zu den Juden hätte ergeben können.

* * *

Mit dem vorliegenden Beitrag wird keine Gesamtschau der Problematik zu der Frage angestrebt, welche Haltung die polnische Bevölkerung insgesamt gegenüber dem NS-Judenmord einnahm bzw. in den Augen der Publizisten der Untergrundpresse einnehmen sollte.[9] Mein Ziel ist vielmehr, angesichts einer beachtlichen ‚volkspolnischen‘ Forschungsliteratur zur Haltung von Untergrundblättern der Linken und der „Heimatarmee" („Armia Krajowa", AK) das Bild zu ergänzen. Dies bringt es unvermeidlich mit sich, gewisse Schattenseiten zu beleuchten und klarer hervortreten zu lassen, welche von einer nach 1944/45 von Staats wegen zensierten und politisch-ideologisch ausgerichteten Geschichtsschreibung übersehen wurden. Der Schwerpunkt ruht daher bewusst auf Aussagen der rechtsnationalen, konservativen und (national-)katholischen Presse – denn diese war es vor allem, die antijüdische Bilder den aktuellen Gegebenheiten anpasste und damit weitertradierte.

Die Untergrundzeitungen können in sieben, auf Parteien und Bündnisse der Vorkriegsjahre zurückgehende Gruppen unterteilt werden,[10] wobei sich die größte Sammlungsbewegung des polnischen Widerstands allerdings erst unter der NS-Okkupation als demokratische Alternative zum Vorkriegsregime der ‚Sanacja‘ herausbildete. Sie war zeitweilig als „Verband für den Bewaffneten Kampf" („Związek Walki Zbrojnej", ZWZ), später als Heimatarmee bekannt und arbeitete eng mit der Regierungsdelegatur zusammen, welche als legitimes Vertretungsorgan der polnischen Exilregierung für das besetzte Polen in Warschau konspirativ fungierte. Das wichtigste Blatt der AK war das liberale und der politischen Mitte verpflichtete „Biuletyn Informacyjny" („Informationsbulletin"), das sich bis 1944 zum auflagenstärksten Untergrundorgan entwickelte; die „Delegatura Rządu RP na Kraj" („Regierungsdelegatur") gab u.a. „Rzeczpospolita Polska" („Die Polnische Republik") und das einflussreiche Nachrichtenorgan „Kraj" („Das Land") heraus.[11]

Das Spektrum der Rechten reichte von Blättern, welche die Hauptströmung der nationalistischen und antisemitischen Nationaldemokratie repräsentieren, wie „Walka" („Der

---

9 Um eine solche bemüht sich die bereits erwähnte Studie: Friedrich, Judenmord (wie Anm. 6).

10 Für eine ausführlichere Würdigung des politischen und ideologischen Spektrums und der organisatorischen Strukturen der Untergrundpresse sei hier verwiesen auf Friedrich, Judenmord (wie Anm. 6), wo sich in den Einleitungen zu den Kapiteln III.1-III.7 Kurzbeschreibungen der hier ausgewerteten Blätter finden.

11 Da sie gewissermaßen halboffizielle Sprachrohre der Exilregierung und deren ‚Untergrundstaat‘ waren, verstanden sie sich in ungleich stärkerem Maß als die übrigen Untergrundblätter als Hüter der polnischen Staatsräson. In Übereinstimmung mit ihrer Informationspolitik, die unter Einfluss von zentralen, bei der Exilregierung ansässigen Stellen stand, war die Berichterstattung im allgemeinen sachlich, ausgleichend und – wie zu vermuten ist – unter dieser Maßgabe verantwortungsbewusst ‚gefiltert‘.

Kampf"), bis hin zu Organen rechtsradikaler, rechtsextremer und faschistischer Gruppen, darunter „Wielka Polska" („Großes Polen"), „Szaniec" („Die Schanze") und „Barykada" („Die Barrikade"). Die Presse der Linken wurde dominiert von den Untergrundzeitungen der Polnischen Sozialistischen Partei (Polska Partia Socjalistyczna): „WRN" („Freiheit, Gleichheit, nationale Unabhängigkeit") und „Robotnik w walce" („Der Arbeiter im Kampf"), daneben erschien in Krakau der „Dziennik Polski" („Polnisches Tageblatt"). Darüber hinaus hatten Untergrundzeitungen eine gewisse Bedeutung, die sich in erster Linie als (national-)katholisch verstanden, wie „Naród" („Das Volk"), „Kadra P.N." („Kader des Unabhängigen Polen"), „Prawda" („Die Wahrheit") oder „Kultura Jutra" („Kultur von Morgen"), weiterhin Blätter, welche die konspirative Bauernbewegung (Ruch Ludowy) und seine Bauernpartei (Stronnictwo Ludowe) repräsentierten, darunter „Przez walkę do zwycięstwa" („Durch Kampf zum Sieg") und „Wieś" („Das Dorf"), schließlich Zeitungen, die mit den Vorkriegsregierungen sympathisierten, wie „S.[Strzelec]" („Der Schütze"), oder die von Kommunisten gemacht wurden, wie „Trybuna Wolności" („Freiheitstribüne"). Die Auflage schwankte meist zwischen 200 bis 1 000 Exemplaren bei den bloß vervielfältigten Blättern und bis zu einigen tausend bei den gedruckten Zentralorganen.[12]

Die Eigenstereotypisierung der polnischen Nation

In dem ganz überwiegenden Teil der polnischen Untergrundblätter herrschte die Auffassung, dass die Gesellschaft unter der Okkupation keinerlei Kompromisse eingegangen sei und dem Herrschaftsanspruch der deutschen Besatzer unbeugsamen Widerstand entgegensetze. So gab sich das Organ der nationaldemokratischen Nationalpartei (Stronnictwo Narodowe), „Walka", im April 1943 überzeugt, es werde den Deutschen nicht gelingen, irgendeinen Polen dazu zu bewegen, sich einem SS-Kommando zu unterstellen. Das Blatt verband diese Prophezeiung mit einem Ausfall gegen die benachbarten Nationalitäten: „Man kann uns mit Hilfe ukrainischer Schlägertrupps, mit Hilfe der Litauer oder auch der Juden – wie in Majdanek – unterdrücken. Aber es werden sich keine Polen bereit finden, gegen Polen vorzugehen."[13] Wiederholt wurde betont, dass sich die Polen auf politischer Ebene einer Zusammenarbeit mit den deutschen Besatzern stets und konsequent verweigert hätten. Das bedeutendste, mit der Heimatarmee verbundene Untergrundblatt „Biuletyn Informacyjny" unterstrich dies in seiner letzten Nummer noch einmal und zog mit Blick auf die Auswirkungen von über fünf Jahren NS-Okkupation eine positive Bilanz: „Polen ist ein durch und durch antifaschistisches Land. Bei uns gibt es keinen (Emil) Hacha, (Vidkun) Quisling [oder Andrej; K.-P. F.] Vlasov, gibt es keine nazifreundliche Partei."[14] In

---

12 Stanisława Lewandowska, Polska konspiracyjna prasa informacyjno-polityczna 1939–1945 [Die politische und Nachrichtenpresse des polnischen Untergrunds 1939–1945]. Warszawa 1982, S. 268. Die höchste Auflage hatte „Biuletyn Informacyjny", das Mitte 1944 43 000 Stück erreichte; „Walka" erschien mit einer Auflage von bis zu 20 000 Exemplaren.
13 Walka Nr. 14 vom 14. April 1943, Skazani [Die Verurteilten]: „Można nas gnębić przy pomocy bojówek ukraińskich, Litwinów czy wreszcie żydów – jak na Majdanku – ale nie będzie Polaków, których możnaby użyć przeciwko Polakom." Alle Übersetzungen wurden durch den Autor angefertigt.
14 Biuletyn Informacyjny vom 19. Januar 1945, Wolność [Freiheit]: „Polska jest krajem organicznie antyfaszystowskim. Nie ma u nas Hachy, Quislinga, Własowa, nie ma partii pronazistowskiej."

einer psychologisierenden Interpretation dieses Phänomens war die katholische Zeitschrift „Kultura Jutra" übrigens bereits 1943 der Auffassung, es habe sich ein polnischer Minderwertigkeitskomplex entwickelt, der durch häufigen Bezug auf pathetische Wendungen – „Polen hat zuerst Widerstand geleistet" („Polska pierwsza stawiła opór"), „Polen hat keinen Quisling hervorgebracht" („Polska nie wydała Quislinga"), etc. – kompensiert werde. Tatsächlich sei der Beitrag Polens zum Krieg trotz überdurchschnittlich hoher personeller Verluste gering.[15]

Nur selten wurde darauf aufmerksam gemacht, dass es aufgrund der NS-Politik gegenüber Polen keine Voraussetzungen für eine politische Zusammenarbeit mit den deutschen Besatzern gab. Nachdem in dem Londoner Exilblatt „Wiadomości Polskie" die Möglichkeit eines Kompromisses mit NS-Deutschland angedeutet worden war, machte das Krakauer linksdemokratische Untergrundorgan „Dziennik Polski" deutlich: „Unter den unterworfenen oder unter Schutzherrschaft gestellten Ländern ziehen einige gewiss Nutzen daraus, etwas freier atmen zu können, und sie werden weniger verfolgt und bedrückt als die Polen. Aber selbst wenn das polnische Volk sich selbst untreu und mit Erniedrigung die Bedingungen des Dritten Reiches annehmen würde, so würde es dabei nichts gewinnen, da gemäß den Grundüberzeugungen des Nationalsozialismus die Polen bedingungslos und vor anderen Völkern ausgerottet und vom Erdboden getilgt werden sollen."[16]

In einem alarmierenden Offenen Brief an die Regierungsdelegatur verbreiteten die Kommunisten Anfang 1943: „Die in Gang gesetzte Maschinerie von Mord, Gewalt, Raub und Vernichtung all dessen, was polnisch ist, kommt immer mehr in Fahrt. Das polnische Volk soll nach den Plänen des Besatzers genau das gleiche Schicksal ereilen, das die Juden in Polen ereilt hat."[17] Belegt wurde diese Behauptung mit Worten General Sikorskis, des Ministerpräsidenten der Exilregierung, der in New York selbst gesagt habe, dass unter der NS-Okkupation schon die Zahl von 6,5 Millionen ermordeten, gefangenen oder verschleppten „polnischen Bürgern einschließlich Juden" („obywateli polskich łącznie z Żydami") erreicht sei. Zudem verglich „Trybuna Wolności" das Vorgehen der Besatzungsorgane gegenüber der polnischen Bevölkerung im Distrikt Lublin mit dem gegenüber der jüdischen Bevölkerung: „In den Gebieten Zamość und Lublin wurden die typischen Verfahren zur Ju-

---

    J.T. Gross meint dagegen zu Recht, eine solche Feststellung sei „of a limited heuristic value. It merely tells us that the Germans, locally, had not made the offer." Jan Tomasz Gross, War as Revolution, in: The Establishment of Communist Regimes in Eastern Europe, 1944–1949, hrsg. v. Norman Naimark u. Leonid Gibianskii. Boulder (u.a.) 1997, S. 17-40, hier S. 25.

15 Kultura Jutra Nr. 10 vom Oktober 1943, Niemcy a Polska [Deutschland und Polen].
16 Dziennik Polski Nr. 451 vom 5. Dezember 1942, Londyńska abstrakcja i rzeczywistość polska [Londoner Abstraktion und polnische Realität]: „Spośród podbitych czy hodowanych krajów niektóre zapewne korzystają okresowo z nieco swobodniejszego oddechu i mniej są tępione i uciskane niż Polska. Ale naród polski, gdyby nawet sprzeniewierzył się sobie i w upodleniu przyjął warunki Trzeciej Rzeszy – nicby na tym nie zyskał, gdyż w myśl założeń hitleryzmu, Polacy powinni bezwarunkowo i przed innymi narodami być wytępieni i starci z powierzchni ziemi."
17 Trybuna Wolności Nr. 25 vom 1. Februar 1943, Otwarty list do Delegatury Krajowej Rządu Gen. Sikorskiego [Offener Brief an General Sikorskis Regierungsdelegatur]: „Puszczona w ruch machina mordu, gwałtu, rabunku i niszczenia wszystkiego co polskie przybiera coraz większy rozmach. Naród polski, w myśl zamiarów okupanta ma spotkać taki sam los, jakiego doznali Żydzi w Polsce."

denvernichtung entwickelt, welche gegenwärtig auf die Polen angewendet werden. (...) Die Arbeitsunfähigen und Alten deportiert man zur Ausrottung über den Bug wie die Juden nach Treblinka. (...) Was Kälte, Hunger und Krankheiten nicht vermögen, das wird durch die an den Juden erprobten Mörder, denen für jüdische Kinder nicht selten eine Kugel zu schade war und die deren Schädel mit dem Gewehrkolben zertrümmerten, restlos erledigt."[18]

„Kraj" gab mehrmals die Warnung aus, die rechtlichen Bestimmungen der NS-Herrschaft stellten „Polen und Juden unter das Niveau des Menschentums".[19] Das Ausmaß des deutschen Hasses auf die Polen werde u.a. daran deutlich, dass die Vorschriften zur Reinhaltung der Rasse, wie auf die Juden so auch auf die polnische Bevölkerung voll angewendet würden.[20] Das katholische Blatt „Prawda" ging unterdessen davon aus, dass erst, wenn es keine jüdischen Opfer mehr gäbe, die Henker „über uns" kommen würden.[21]

Die Frage der „Kollaboration" war auf mehrfache Weise mit der Haltung gegenüber den Juden verbunden – wobei Fälle der Beteiligung von Polen an der Judenverfolgung, meist jedoch nicht ausdrücklich, als eine gegen die polnische Staatsräson gerichtete (politisch-ideologische) Zusammenarbeit gebrandmarkt wurden.[22] Das Blatt der Polnischen Sozialistischen Partei (PPS) im Untergrund, „WRN", machte nach dem Ende der Großen Vernichtungsaktion gegen das Warschauer jüdische Zwangswohnviertel deutlich, welche Haltung seiner Meinung nach die polnische Bevölkerung angesichts der NS-Verbrechen an den Tag lege bzw. welche als vorbildlich anzusehen sei: „Die ganze polnische Gesellschaft hat gegenüber dem Massenmord an den Juden einen entschiedenen, von Empörung und Verachtung gegenüber den Mördern geprägten Standpunkt eingenommen." Das Referat für Zivilen Kampf (KWC)[23] habe, wie das Blatt hinzufügte, „im Namen aller Organisationen, welche der polnischen öffentlichen Meinung Ausdruck verleihen, einen scharfen Protest veröffentlicht".[24] Abschließend legte „WRN" mit volkserzieherischem Impetus dar, welches

---

18 „Zamojszczyzna i lubelskie to typowe metody wyniszczenia Żydów, zastosowane obecnie do Polaków. (...) Niezdolnych [do pracy] i starców wywozi się za Bug, na wytrącenia, jak Żydów do Treblinki. (...) Czego nie dokonają zimno, głód i choroby, to dopełnią reszty wyszkoleni na Żydach oprawcy, co to nieraz nawet kuli żałowali dla żydowskiego dziecka i kolbą miażdżyli główki."

19 Kraj Nr. 15 vom 3. Mai 1944, Ziemie Zachodnie. Prawo na usługach gwałtu [Die Westgebiete. Recht im Dienste der Willkür]: „Prawo niemieckie stawia Polaków i żydów poniżej poziomu człowieczeństwa."

20 Kraj Nr. 14 vom 26. April 1944, Ziemie Zachodnie. (...) Przestępstwa rasowe [Die Westgebiete. (...) Rassenverbrechen].

21 Prawda vom September 1942, Nasze życie [Unser Leben].

22 Vgl. Klaus-Peter Friedrich, Kollaboration und Antisemitismus in Polen unter deutscher Besatzung (1939–1944/45), in: Zeitschrift für Geschichtswissenschaft 45 (1997), S. 818-834.

23 Das KWC war das Zentrale Koordinierungsorgan für die Gesamtheit des zivilen bzw. gesellschaftlichen Kampfes, zunächst dem Vorläufer der Heimatarmee (ZWZ), seit 15. April 1942 der Regierungsdelegatur unterstehend; seit 15. Juli 1943 unter der Bezeichnung „Opór Społeczny" („Gesellschaftlicher Widerstand") Teil des „Kierownictwo Walki Podziemnej" („Referat für den Untergrundkampf", KWP). Andrzej Krzysztof Kunert, Ilustrowany przewodnik po Polsce Podziemnej 1939–1945 [Illustrierter Führer durch das Polen im Untergrund 1939–1945]. Warszawa 1996, S. 501 f.

24 WRN Nr. 18 (100)vom 28. September 1942, Zbrodnia, jakiej nie było dotąd [Ein Verbrechen, das bislang ohnegleichen ist]: „Całe społeczeństwo polskie zajęło wobec masowego mordu Żydów stanowisko zdecydowane, pełne oburzenia i pogardy wobec morderców. Kierownictwo Walki Cywilnej w imieniu wszystkich organizacji opinii polskiej opublikowało ostry protest."

Verhalten man seitens der Polen für angebracht und wünschenswert hielt: „Auf die Hilfe für Juden, denen es in ganz geringer Zahl gelang, den Mördern zu entgehen, haben die Deutschen die Todesstrafe ausgesetzt. Jeder ehrliche Mensch begegnet diesen Drohungen mit Verachtung, denn er weiß, dass Hilfe im Unglück, dass die Rettung seines tödlich bedrohten Nächsten eine Verpflichtung ist, die stärker ist als der Tod. Die Pflicht eines jeden Polen ist es, den Opfern der deutschen Bestialität zu helfen."[25]

Zum gleichen Thema äußerte sich „Rzeczpospolita Polska", wobei es Fälle der Beteiligung von Polen an der Judenverfolgung durchaus mit der Frage der Kollaboration verband: „Fälle einer Zusammenarbeit mit den Deutschen bei den Verbrechen sind trotz Bemühungen der Besatzer selten und sporadisch, und sie sind allseits auf allgemeine Verurteilung gestoßen. Die den Juden von der polnischen Gesellschaft geleistete Hilfe war dermaßen beträchtlich und spontan, dass die deutschen Behörden es als notwendig erachteten, einen Aufruf zu veröffentlichen, der jeden mit dem Tode bedroht, der einem Juden Hilfe leistet (bzw.) einen Juden versteckt (...)."[26]

Mit Stolz wurde vermerkt, dass – obwohl diejenigen, die bis zum 7. September 1942 Juden anzeigten, straffrei bleiben sollten – die von den Deutschen erwartete Reaktion ausgeblieben sei. „Gleichzeitig", fuhr „Rzeczpospolita Polska" mit einem Überblick über die Stellungnahmen in der konspirativen Presse fort, „hat eine Reihe polnischer Untergrundblätter dem jüdischen Martyrium gewidmete Artikel veröffentlicht, und eine katholische Gruppierung ist in Form eines Flugblattes mit einem feurigen Protest hervorgetreten."[27] Darüber hinaus habe es keine Stimmen mit inhaltlich anderer Aussage gegeben. Wenngleich es „in Polen nicht an Leuten und Parteien mangelt, die Juden als unsere prinzipiellen und bedrohlichen Feinde erachten", so habe – wie „Rzeczpospolita Polska" mit Erleichterung feststellte – „doch keine einzige von ihnen die Verbrechen Hitlers gutgeheißen. (...) jeder Pole hat in gleicher Weise reagiert: *Das sind Menschen* (...)."[28] Das Organ der Regierungsdelegatur erkannte in dieser Reaktionsweise „einen hervorragenden Beweis für die in der polnischen Natur von Grund auf vorhandene *Redlichkeit*, die von der christlichen Ethik

---

25 „Za pomoc Żydom, którzy w znikomej ilości zdołali wymknąć się oprawcom – Niemcy wyznaczyli karę śmierci. Każdy uczciwy człowiek z pogardą traktuje te groźby, bo wie, że pomoc w nieszczęściu, ratowanie zagrożonego śmiertelnie bliźniego jest obowiązkiem silniejszym niż śmierć. Obowiązkiem każdego Polaka jest pomóc ofiarom niemieckiego bestjalstwa."

26 Rzeczpospolita Polska Nr. 18 (48) vom 14. Oktober 1942, Wobec zbrodni niemieckiej dokonanej na Żydach [Angesichts des deutschen Verbrechens an den Juden]: „Wypadki współdziałania w zbrodni z Niemcami były mimo zachęty ze strony okupantów rzadkie i sporadyczne i spotykały się z powszechnym potępieniem ogółu. Pomoc okazywana żydom przez polskie społeczeństwo była tak wydatna i spontaniczna, że władze niemieckie uznały za potrzebne wydać odezwę grożącą śmiercią każdemu, kto udzieli pomocy żydowi, przechowa żyda (...)"

27 „Równocześnie szereg polskich pism tajnych zamieścił artykuły poświęcone męczeństwu żydowskiemu, jedno z ugrupowań katolickich wystąpiło z gorącym protestem w formie ulotki." Gemeint ist die „Front für die Wiedergeburt Polens" („Front Odrodzenia Polski"). Zum Wirken dieser Untergrundgruppierung, die auf den Judenmord mit Empathie reagierte, gibt es bereits eine Reihe von Untersuchungen, vgl. eingehender Friedrich, Judenmord (wie Anm. 6), S. 305 ff. Zu dem von der „Front" herausgegebenen Blatt „Prawda" siehe weiter unten.

28 „Nie brak w Polsce ludzi i stronnictw uważających żydów za zasadniczych i groźnych naszych wrogów. Ani jeden jednak z nich nie pochwalił zbrodni Hitlera. (...) każdy Polak miał jedną tylko reakcję: *To są ludzie* (...)." Hervorhebung im Orig.

so tief und völlig durchdrungen ist, dass kollektive Reflexe, die dieser Ethik widersprechen, undenkbar sind".[29]

Der Kollaborationsvorwurf in einem Land ohne Quislinge

Mit dem Eigenstereotyp schwer in Einklang zu bringen ist ein in der Untergrundpresse auffällig häufiger Bezug auf in der polnischen Gesellschaft anzutreffende Verhaltensweisen, die als unakzeptabel gerügt wurden: „Quislingismus",[30] Bespitzelung,[31] Denunziantentum,[32] dem Besatzer zur Hand gehen bzw. zu Diensten sein,[33] Faschismus[34] und Verrat.[35] Das in der polnischen Untergrundpresse verbreitete positive Eigenstereotyp verhinderte nämlich nicht, dass der Kollaborationsvorwurf in der Untergrundpresse tatsächlich geäußert und in der politischen Auseinandersetzung rasch instrumentalisiert wurde – etwa vom Hauptstrom des Widerstands gegenüber als nazifreundlich beargwöhnten rechtsgerichteten Gruppierungen[36] oder von Seiten der Rechten und der Kräfte der politischen Mitte gegenüber den prosowjetischen Gruppen.[37]

Der nationalsozialistische Judenmord wurde dabei von einem Teil der Untergrundblätter durchaus als eine Bedrohung für die moralische Integrität der Polen wahrgenommen. So sorgte sich die katholische Untergrundzeitung „Prawda" bereits im September 1942, die Zeugenschaft des massenhaften Mordens rufe bei den Polen Abstumpfung und Gleichgültigkeit hervor: „Die moralische Verderbnis der polnischen Gesellschaft ist eine der unweigerlichen Konsequenzen der deutschen Verbrechen."[38] Zugleich wurde davor gewarnt, dass

---

29 „(...) wspaniały dowód gruntownej *uczciwości* natury polskiej, przerośnięcia jej przez etykę chrześcijańską tak głęboko i gruntownie, że zbiorowe odruchy obce tej etyce stają się nie do pomyślenia." Hervorhebung im Orig. Eine Verlautbarung des KWC erklärte ein halbes Jahr später in ähnlichem Ton: „Die große Mehrheit der moralisch gesunden, von christlichem Geist durchdrungenen polnischen Gesellschaft hat die von den deutschen Tätern an den Juden verübten Verbrechen mit Abscheu betrachtet – und betrachtet sie weiterhin so –, und begegnet den Opfern dieses Verbrechens mit aufrichtigem und tiefem Mitgefühl." („Olbrzymia większość moralnie zdrowego, przepojonego duchem chrześcijańskim społeczeństwa polskiego z odrazą patrzyła i patrzy na zbrodnie popełniane przez niemieckich oprawców na Żydach i ze szczerym głębokim współczuciem traktuje ofiary tej zbrodni.") Rzeczpospolita Polska Nr. 8 (59) vom 6. Mai 1943, Żerowanie na najcięższych tragediach [Ausschlachten der schlimmsten Tragödien]. Ebenfalls abgedruckt in: WRN Nr. 10 vom 21. Mai 1943.
30 Vgl. Trybuna Wolności Nr. 42 vom 15. Oktober 1943.
31 Polak Nr. 4 vom 29. Oktober 1942.
32 Kraj Nr. 11 vom 5. Oktober 1943.
33 Trybuna Wolności Nr. 50 vom 20. Februar 1944.
34 Barykada Wolności Nr. 2 vom 14. Juni 1944.
35 S. Nr. 73 vom 23. November 1942, Zdrajcy i nikczemnicy [Verräter und Nichtswürdige] – über den Gestapo-Agenten L. Ramult-Baldwin. Der Titel „S." stand für das Untergrundblatt „Strzelec" („Der Schütze").
36 Vgl. etwa die Angriffe in: Barykada Ende 1942, die den Gruppierungen der politischen Mitte ihrerseits Nähe zur diskreditierten Vorkriegsregierung vorwarf.
37 Vgl. Walka Nr. 29 vom 29. Juli 1944, wo es hieß, das Regime des „Polnischen Komitees der Nationalen Befreiung" („Polski Komitet Wyzwolenia Narodowego", PKWN) „ist der erste Versuch einer Quisling-Aktion in Polen" („jest w Polsce pierwszą próbą akcji quislingowskiej").
38 Prawda vom September 1942, Nasze życie (wie Anm. 21): „Deprawacja polskiego społeczeństwa stanowi jedną z nieuchronnych konsekwencyj zbrodni niemieckich."

die deutschen Besatzer geflissentlich die Nachricht verbreiteten, „dass wir, die Polen, es
wären, welche die Ausrottung der Juden forderten".[39] „WRN" führte im Frühjahr 1943 aus,
seitdem die Deutschen die Nachricht über den sowjetischen Massenmord an polnischen Offizieren in Katyn verbreitet hätten, habe sich auch die antisemitische Propaganda verstärkt.
Damit wollten die Besatzer gegen die moralische Empörung und Verachtung vorgehen, die
ihnen angesichts der antijüdischen Verbrechen seitens der Polen entgegenschlage.[40] Un-
längst sei auf deutschen Bekanntmachungen zu lesen gewesen: „Die Polen sollten keinerlei
moralische Skrupel gegenüber der Judenverfolgung empfinden", und das Blatt kommentierte dies mit den Worten: „Wie sehr wünschten es sich die Deutschen, dass Polen den
deutschen Mangel an moralischen Skrupeln zeigen würden! Wie sehr ist ihnen daran gelegen, dass wir sie in den Augen der Welt freisprechen durch unsere Mitwirkung an der
antijüdischen Bestialität."[41] Wie wichtig den Deutschen die Einbeziehung der Polen in die
antijüdischen Verbrechen sei, zeige ihre Inszenierung von antijüdischen Übergriffen mit
Hilfe von „Abschaum" („szumowina"). So habe eine nach Treblinka deportierte Gruppe
ihr Gepäck abstellen müssen, und der umstehende Pöbel sei eingeladen worden, sich daran
zu bereichern. Die Szene sei gefilmt worden, und werde, wie „WRN" argwöhnte, einst als
Beweis dafür herhalten, dass die Juden nicht von den Deutschen, sondern von den Polen
beraubt und ermordet worden seien. Überdies setzten die Deutschen Agenten ein, die antisemitische Propagandareden hielten und antisemitische Publikationen vertrieben. „WRN"
erinnerte an die Worte des Ministerpräsidenten Sikorski zum 3. Mai-Nationalfeiertag[42] und
warnte, diese Stellungnahme der Regierung sei für jeden Polen bindend – wer ihr zuwider-
handle, arbeite mit dem Angreifer zusammen. Das Blatt forderte schließlich alle Leser zu
Wachsamkeit und Mitwirkung „bei dieser Aktion der Bereinigung unseres Lebens und der
Bekämpfung der Keime deutscher Propaganda" auf.[43]

Extreme Beispiele für durch den Judenmord herbeigeführte moralische Verfallserschei-
nungen brachte das Nachrichtenorgan der Bauernbewegung. Anfang 1943 warnte es vor dem
demoralisierenden Einfluss, der von den im Tötungszentrum Treblinka tätigen „Ukrainern"
ausgehe: „Sie kommen in die [nahegelegenen; K.-P. F.] Dörfer, um sich zu vergnügen, und
schmeißen mit Gold und Schmuck um sich, das sie den Juden geraubt haben."[44] Einige
Monate später hieß es, in der Kleinstadt Węgrów habe die örtliche Gendarmerie Anfang
Juli „etwa 17 dort ‚Zahnärzte' genannte Personen verhaftet, die nach Treblinka deportiert

39 „(...) jako byśmy to my, Polacy, domagali się wytępienia żydów."
40 WRN Nr. 11 vom 4. Juni 1943, Baczność na usiłowania wroga! [Vorsicht vor den Bemühungen
    des Feindes!].
41 „Polacy nie powinni czuć żadnych skrupułów moralnych wobec prześladowań Żydów. O jakże
    Niemcy by chcieli, żeby Polacy wykazali niemiecki brak skrupułów moralnych! Jakże im za-
    leży na tym, żebyśmy w oczach świata rozgrzeszyli ich swoim współudziałem w bestialstwie
    antyżydowskim."
42 Sikorski hatte zum Nationalfeiertag erklärt, es geschehe das größte Verbrechen in der Mensch-
    heitsgeschichte; er wisse, dass die Polen im besetzten Land den Juden helfen würden, soweit sie
    dazu in der Lage wären; er danke ihnen und bitte sie, den Juden alle erdenkliche Hilfe zuteil
    werden zu lassen.
43 „(...) w tej akcji oczyszczenia naszego życia i tłumienia zarazków propagandy niemieckiej."
44 Wieś Nr. 2 vom 1. Februar 1943, Treblinka: „Przychodzą oni do wsi na zabawę, rzucając złotem
    i biżuterią, zrabowaną Żydom."

wurden. Die Bezeichnung ‚Zahnärzte' ist darauf zurückzuführen, dass es sich um abartige Verbrecher handelt, die bei der Judenfang-Aktion mit der Gendarmerie zusammenarbeiteten, wobei sie sich das barbarische Vorgehen zuschulden kommen ließen, die jüdischen Leichen zu fleddern und Kiefer mit Goldzähnen aufzubrechen."[45]

Die Einheimischen hätten die Verhaftung mit Erleichterung aufgenommen, erachteten sie jedoch „als Absicht, die Spuren der deutschen Bestialitäten zu verwischen".[46] Im Mai 1944 wusste „Kraj" sogar von einer deutsch-polnischen Zusammenarbeit bei der Leichenfledderei zu berichten, denn als am Gründonnerstag in Żyrardów deutsche Gendarmen auf der Suche nach Gold die Gräber ermordeter Juden geöffnet hätten, seien „ein paar dem Abschaum der Gesellschaft Zugehörige ihrem Vorbild gefolgt, so dass die Gendarmen daran gingen, die unerwünschten Konkurrenten wegzutreiben und zu verfolgen".[47]

Wiederholt äußerte die polnische Untergrundpresse den Vorwurf, gewisse Teile der polnischen Gesellschaft ließen sich auf eine Zusammenarbeit mit den deutschen Besatzern ein, indem sie diesen bei der Verwirklichung ihres politischen Programms zur Hand gingen. Befürchtungen, solche Handlungen nähmen zu, wurden von der polnischen Wahrnehmung der NS-Judenverfolgung genährt. In den Augen der Untergrundblätter führte sie nämlich zu einer fortschreitenden Entsolidarisierung und Lähmung der jüdischen Gemeinschaft. Konkreter Anlass war häufig die Verwicklung bestimmter Gruppen und Institutionen in den nationalsozialistischen Judenmord. Es nimmt daher nicht wunder, dass immer wieder die im Generalgouvernement unter deutschem Kommando weiterbestehende Polnische Polizei (PP)[48] der Kollaboration bzw. einer besonderen Anfälligkeit für Kollaboration bezichtigt wurde. So teilte „Biuletyn Informacyjny" im Frühherbst 1942 mit, die Besatzer würden seit neuestem die PP und Mitarbeiter der Arbeitsämter bei Menschenjagden einsetzen und auf diese Weise versuchen, bei den Polen das gleiche Verfahren der „Selbstvernichtung" („samozagłady") anzuwenden, das sie während des Sommers an den Juden erfolgreich ausprobiert hätten.[49] Eine Verlautbarung in „Rzeczpospolita Polska" beklagte kurz darauf die Beteiligung von Polen an Aktionen gegen Polen: „Dem Feind jedoch genügt nicht die Vernichtung des Polnischen Volkes. Er hat den verbrecherischen Gedanken gefasst, dessen eigene Söhne einzusetzen, um sie durchzuführen. Dies ist ihm bei den Juden gelungen – nun versucht er es bei den Polen."[50] Ein Blatt der Bauernpartei meldete, dass aus pol-

---

45 Wieś Nr. 25 vom 19. Juli 1943, Woj. warszawskie. (...) Z węgrowskiego pow. Likwidowanie śladów bestialstwa [Wojewodschaft Warschau. (...) Aus dem Kreis Węgrów. Wie die Spuren der Bestialität ausgelöscht werden]: „(...) ok. 17 osób, zwanych tam „dentystami", których wywieziono do Treblinki. Nazwa ‚dentystów' powstała stąd, że są to zwyrodnialcy, którzy współpracowali z żandarmerią w akcji łapania Żydów, przy czym dopuszczali się barbaryńskiej roboty obdzierania trupów żydowskich i wyłamywania szczęk ze złotymi zębami."

46 „(...) jako chęć zatuszowania śladów niemieckiego bestialstwa."

47 Kraj Nr. 16 vom 10. Mai 1944, Polska Środkowa. (...) Okradają trupy [Mittelpolen. (...) Sie fleddern Leichen]: „Kiedy nieliczne męty społeczne poszły ich śladem, żandarmi poczęli odpędzać i ścigać niepożądanych konkurentów."

48 Vgl. Friedrich, Widerstandsmythos (wie Anm. 3), S. 35-38.

49 Biuletyn Informacyjny Nr. 39 (143) vom 8. Oktober 1942, Próba wyniszczania Polaków polskiemi rękoma [Der Versuch, Polen von polnischer Hand zu vernichten].

50 Rzeczpospolita Polska Nr. 18 (48) vom 14. Oktober 1942, Oświadczenie [Erklärung]: „Wrogowi nie dość jednak samego niszczenia Narodu Polskiego. Powziął on zbrodniczą myśl wykonania tego rękami jego własnych synów. Udało się z Żydami – próbuje z Polakami."

nischen Polizisten bestehende Hinrichtungskommandos an der Erschießung von jüdischen Häftlingen beteiligt seien:[51] Heute würden sie eingesetzt, um Juden umzubringen, „doch morgen, wenn sie abgerichtet sind und Juden nicht mehr zur Verfügung stehen, werden sie auch auf polnische Häftlinge schießen. Und sie werden sich damit herausreden, dass man sie dazu gezwungen hat (...)".[52] Im Zusammenhang mit sog. Judenjagden im Distrikt Lublin des Generalgouvernements (GG) hieß es, die Deutschen und die Polnische Polizei verfolgten jüdische Flüchtlinge, die sich in die Wälder bei Szczebrzeszyn geflüchtet hätten: Ein polnischer Polizist rühme sich, schon 69 Juden „erlegt" („upolował") zu haben.[53]

„WRN" ermahnte die polnische Gesellschaft, es nicht länger hinzunehmen, dass immer mehr Polizisten verbrecherische Handlungen begingen, und verurteilte ausdrücklich ihre Mittäterschaft bei der Judenverfolgung: „(...) die Zahl derjenigen nimmt immer mehr zu, die sich von ihrer Zugehörigkeit zur polnischen Gesellschaft völlig lossagen und bereit sind, jedwede Verbrechen zu begehen, die ihnen von den Besatzungsbehörden angewiesen oder gestattet werden. Sie lassen sich immer häufiger benutzen, um von den Deutschen an polnischen Bürgern ausgesprochene Todesurteile zu vollstrecken, sie nehmen teil an Aktionen der deutschen Polizei, Gendarmerie und Gestapo, die auf Besitz und Leben der polnischen Bevölkerung zielen; und schließlich entwickeln sie eine außergewöhnliche Findigkeit, wenn es darum geht, Personen jüdischer Herkunft aufzuspüren, welche sie erpressen und zur Zahlung von Lösegeldern zwingen bzw., wenn sie diese nicht erhalten, sie den deutschen Behörden zur Ermordung ausliefern."[54]

Die Ermahnung blieb offenbar nicht ohne Folgen, denn im März 1943 gab „WRN" bekannt, dass der PP-Offizier Roman Leon Święcicki angeklagt worden sei, mit der Besatzungsmacht zum Schaden der polnischen Bevölkerung zusammenzuarbeiten „und von polnischen (Staats-)Bürgern[55] Lösegelder zu erpressen mit der Drohung, sie einem deutschen Gericht auszuliefern".[56] Während der Kämpfe im Warschauer Ghetto bescheinigte das Nachrichtenorgan der Bauernbewegung „Wieś" der PP, dass sie „in vielen Fällen grässlich

---

51 Przez walkę do zwycięstwa Nr. 25 (63) vom 20. Oktober 1942, Granatowa policja [Die Polnische Polizei].
52 „(...) ale jutro, gdy się zaprawią i gdy żydów zabraknie, będą również strzelać do więźniów Polaków. I będą się tłumaczyć, że ich do tego zmuszano (...)."
53 Przez walkę do zwycięstwa Nr. 28 vom 20. November 1942, Pod Szczebrzeszynem [Bei Szczebrzeszyn].
54 WRN Nr. 2 (108) vom 22. Januar 1943, Wśród granatowych policjantów [Unter polnischen Polizisten]: „(...) coraz liczniejsze są jednostki, które całkowicie wyrzekając się swej przynależności do społeczeństwa polskiego gotowe są do popełniania wszelkich zbrodni zlecanych im lub dozwalanych przez władze okupacyjne. Dają się coraz częściej używać przy wykonywaniu wyroków śmierci wydanych przez Niemców na polskich obywateli, uczestniczą w akcjach niemieckiej policji, żandarmerii i gestapo, wymierzonych przeciwko mieniu i życiu polskiej ludności; wreszcie rozwijają niezwykłą pomyślność w tropieniu osób pochodzenia żydowskiego, które szantażują i zmuszają do płacenia okupów bądź w razie nieuzyskania okupu – oddają na zamordowanie w ręce władz niemieckich."
55 Wie im vorigen Zitat diente diese Umschreibung hier – wie auch in anderen Untergrundblättern – für die polnischen Juden.
56 WRN Nr. 6 vom 19. März 1943, Tajny polski sąd specjalny [Das geheime polnische Sondergericht]: „(...) oraz o wymuszanie od obywateli polskich okupów groźbami oddania pod niemiecki sąd."

vorgegangen ist".[57] Auch bei der Räumung des Ghettos in Tarnów am 1./2. September, als die zu Deportierenden sich mit Äxten zu Wehr setzten und „mit den Juden auf barbarische Weise umgegangen wurde", sei die PP beteiligt gewesen.[58] In Ojców habe sie bei einer „Verhaftung" sowohl bei Polen sich verbergende Juden als auch deren polnische Helfer erschossen.[59] Der Krakauer „Dziennik Polski" teilte mit, die PP nutze die von den Besatzungsbehörden forcierte Hatz auf Ghetto-Flüchtlinge, um sich zu bereichern: „Fälle, in denen die Polnische Polizei unter dem Vorwand, Juden zu suchen, in Wohnungen eindringt, nehmen zu. Bei den Hausdurchsuchungen wird gestohlen."[60] „Wieś" stellte in Bezug auf das Verhalten der polnischen Polizisten fest: „Es muss vermerkt werden, dass gegenwärtig das Schlagen von Bürgern, dass Trunkenheit, die Beraubung von Handeltreibenden und (ehemals) jüdischen Läden an der Tagesordnung sind."[61]

Um der Beteiligung polnischer Polizisten am Judenmord entgegenzuwirken, wurden seit März 1943 in der Untergrundpresse der Linken, der AK/Regierungsdelegatur und der Bauernbewegung immer wieder Einzelfälle von bestraften Mittätern der Judenverfolgung angeführt. So sei der von einem konspirativen Gericht verurteilte Polnische Polizist N. Wańtuch auf Veranlassung des KWC u.a. deswegen erschossen worden, weil er Juden aufgegriffen und geschlagen habe.[62] Der Polizist Józef Hyłko sei verurteilt und erschossen worden, weil er „polnische (Staats-)Bürger denunziert und in die Hände der Deutschen übergeben"[63] bzw. weil er den polnischen Offizier Dr. Leopold Górzyński (eigentlich Goldberg) an die Deutschen verraten habe.[64] Da er mit den Besatzern bei der Verfolgung von und Fahndung nach polnischen Bürgern jüdischer Abstammung zusammengearbeitet hatte, wurde im Juni der 40-jährige Antoni Pietrzak, PP-Unteroffizier in Warschau, vom polnischen Widerstand hingerichtet.[65] Am 9. März 1944 zum Tode verurteilt, ereilte die gleiche Strafe den 39-jährigen Zugführer der Warschauer Kriminalpolizei Bolesław Szostak, „weil er von polnischen Bürgern jüdischer Nationalität unter der Drohung, sie in die Hände der Deutschen auszuliefern, Lösegelder erpreßt hatte".[66]

---

57 Wieś Nr. 14 vom 8. Mai 1943, Ghetto się broni [Das Ghetto wehrt sich]: „(...) w wielu wypadkach postąpiła ohydnie."
58 Wieś Nr. 37 vom 5. Oktober 1943, Powiat Tarnów. Samoobrona Żydów [Kreis Tarnów. Selbstverteidigung der Juden]: „(...) obchodzono się z Żydami w barbarzyński sposób."
59 Dziennik Polski Nr. 535 vom 22. Juni 1943, Zbrodnie i łajdactwa [Verbrechen und Gemeinheiten].
60 Dziennik Polski Nr. 523 vom 25. Mai 1943, Kronika stolicy [Hauptstadt-Chronik]: „Mnożą się wypadki wdzierania policji granatowej do mieszkań pod pozorem szukania Żydów. W następstwie okradanie rewidowanych lokali."
61 Wieś Nr. 4 (46) vom 15. Februar 1944, Czarna karta policji olkuskiej [Untaten der Polizei in Olkusz]: „Należy zaznaczyć, że w tym czasie, bicie obywateli, pijaństwo, rabunki towaru handlującym, po sklepach żydowskich – jest na porządku dziennym."
62 Wieś Nr. 19 vom 9. Juni 1943, Z Małopolski [Aus Kleinpolen]: Przeworsk.
63 Kraj Nr. 11 vom 5. Oktober 1943, KWC: Rozporządzenia władz RP. (...) Obwieszczenie [Verfügung der Behörden der Polnischen Republik (...) Verlautbarung].
64 Dziennik Polski Nr. 571 vom 16. September 1943, Wyrok [Urteil].
65 Biuletyn Informacyjny Nr. 27 vom 6. Juli 1944. Die gleiche Meldung in: Rzeczpospolita Polska Nr. 11 (83) vom 18. Juli 1944.
66 Rzeczpospolita Polska Nr. 4 (76) vom 26. März 1944, Komunikaty K.W.P. Obwieszczenie [Mitteilungen des Referats für den Untergrundkampf. Verlautbarung]: „(...) – za wymuszanie okupu od obywateli polskich narodowości żydowskiej, pod groźbą oddania w ręce władz niemieckich." Die gleiche Meldung in Biuletyn Informacyjny Nr. 13 vom 30. März 1944.

Über die PP hinaus befasste sich dieser Teil der Untergrundpresse wiederholt mit der Tätigkeit krimineller Banden, die sich infolge der juristischen Ausgrenzung der Juden aus der Gesellschaft unter dem NS-Regime herausgebildet hatten. Sie ging aber auch darauf ein, welche Folgen sich daraus für ein breites gesellschaftliches Umfeld ergaben. Mehrere Blätter publizierten im März 1943 eine Warnung des KWC, die sich an diejenigen richtete, welche von Juden Freikaufgelder erpressten. Demnach *„fanden sich ehr- und gewissenlose, sich aus dem Verbrechermilieu rekrutierende Individuen, die sich durch die Erpressung von Polen, die Juden verstecken, und Juden selbst eine neue Einkommensquelle verschafft haben. Das KWC warnt, dass Vorfälle von Erpressung dieser Art registriert werden und mit aller Gesetzesstrenge bestraft werden, soweit möglich schon jetzt, und jedenfalls in der Zukunft."*[67]

Am Ende der Ausgabe des „Biuletyn Informacyjny", in der diese KWC-Verlautbarung erschien, hieß es über die Umtriebe von „Hyänen" in Menschengestalt, inzwischen seien regelrechte Banden entstanden, die der Erpressung als ihrer täglichen Beschäftigung nachgingen; Juden wurden als Opfer ausdrücklich erwähnt, doch würden – aus politischen Gründen – auch etliche Polen erpresst.[68] Wurde in diesem Artikel festgestellt, dass Denunziationen und Erpressungen in Warschau und im ganzen Land zurückgegangen seien, so musste „Biuletyn Informacyjny" wenige Tage vor dem Beginn der Kämpfe im Warschauer jüdischen Ghetto eingestehen, das sich im Warschauer Umland Fälle von Erpressung häuften. Die Kriminellen seien mit gefälschten Dokumenten ausgestattet, die sie als SS- oder Gestapo-Männer oder deutsche Polizisten auswiesen. Sie würden sich zu im Verborgenen lebenden Juden Zutritt verschaffen und ihren Opfern als Gegenleistung für ihr Schweigen alles abnehmen.[69] Eine weitere Verlautbarung[70] unterrichtete darüber, dass seit längerem „Kriegshyänen" unglücklichen Familien von Verhafteten „Hilfe" anböten, gegen Geldzahlungen eine Freilassung zu erwirken. 1942 sei eine neue Spielart hinzugekommen. Es fänden sich „verdorbene, manchmal leider Polizeiuniform tragende Individuen, die nicht zögern, die Tragödie der von den Deutschen gejagten und gehetzten Juden auszunutzen, um sie zu erpressen und ihnen hohe Lösegeldsummen abzunötigen".[71] Solche Handlungen soll-

---

67 *„(...) znalazły się jednostki, wyzute ze czci i sumienia, rekrutujące się ze świata przestępczego, które stworzyły sobie nowe źródło występnego dochodu przez szantażowanie Polaków, ukrywających Żydów i Żydów samych. K.W.C. ostrzega, że tego rodzaju wypadki szantażu są rejestrowane i będą karane z całą surowością prawa, w miarę możności już obecnie, a w każdym razie w przyszłości."* Hervorhebung im Orig. Gleichlautend u.a. veröffentlicht in: Rzeczpospolita Polska Nr. 4-5 (55-56) vom 11. März 1943, Ostrzeżenie (S. 15); WRN Nr. 6 vom 19. März 1943 (S. 6). Unter Berufung auf das konspirative Nachrichtenorgan der Heimatarmee „Agencja Informacyjna" konstatierte auch „Wieś" im März 1943 „immer häufigere Denunziationen von Juden", „die sich außerhalb des (Warschauer) Ghettos verbergen", und beklagte die verbreitete Erscheinung, daß Juden erpresst würden (Nr. 8 vom 18. März 1943). Vgl. auch Wojna żydowsko-niemiecka [Der jüdisch-deutsche Krieg], hrsg. v. Paweł Szapiro. Warszawa 1992, Nr. 8, S. 25, Anm. 7.
68 Biuletyn Informacyjny Nr. 11 (166) vom 18. März 1943, Hjeny.
69 Biuletyn Informacyjny Nr. 15 (170) vom 15. April 1943, (Beilage:) Z Frontu Walki Cywilnej [Von der Front des Zivilen Kampfes]: Piętnujemy! [Wir brandmarken!].
70 Rzeczpospolita Polska Nr. 8 (59) vom 6. Mai 1943, Żerowanie na najcięższych tragediach [Ausschlachten der schlimmsten Tragödien]. Ebenfalls abgedruckt in: WRN Nr. 10 vom 21. Mai 1943.
71 „Olbrzymia większość moralnie zdrowego, przepojonego duchem chrześcijańskim społeczeństwa polskiego z odrazą patrzyła i patrzy na zbrodnie popełniane przez niemieckich oprawców na

ten von der Gesellschaft verurteilt und geächtet werden. Es wurde verlangt, sie in einer Liste festzuhalten und diese Fälle Sondergerichten zur strengen Bestrafung zu übergeben. „Dziennik Polski" wusste in diesem Zusammenhang mitzuteilen, „dass einige Juden, die sich unter fremdem Namen vor den Hitler-Schergen verbergen, Briefe erhalten, in denen ihnen Erpresser anonym androhen, sie in die Hände der Gestapo auszuliefern, falls sie nicht an einem bestimmten Ort und zu bestimmter Zeit ein festgesetztes Lösegeld übergeben. Diese verbrecherische Art, sich an der Tragödie von Menschen gütlich zu tun, die im Namen einer wahnsinnigen rassistischen Ideologie wahllos ermordet werden, verurteilen wir (...) als verbrecherischen Plan, mit der Gestapo und der deutschen Polizei zusammenzuarbeiten. Keine Bedingungen des Krieges, ‚Überzeugungen und Ansichten' können Methoden rechtfertigen, sich das Leben durch Erpressung zu erleichtern. (...) Alle Briefe dieser Art sind unverzüglich an das Referat für Zivilen Kampf weiterzuleiten."[72]

Seit Juni 1943 wurde über eine ganze Reihe von Todesurteilen und Urteilsvollstreckungen berichtet, um (potenzielle) Erpresser abzuschrecken: Dabei ging es u.a. um N. Zembroń, der Juden aufgegriffen und eigenhändig ermordet hatte und von Unbekannten erschossen worden war,[73] um den Gestapo-Zuträger Wacław Noworol, der sich verbergende polnische Bürger jüdischer Abstammung denunziert und damit deren Verhaftung und die ihrer Helfer herbeigeführt hatte,[74] um den Krakauer Schneider Jan Grabiec, der „die Einwohner eines Dorfes mit der Drohung erpresste, sie wegen der heimlichen Beherbergung von Juden zu denunzieren",[75] und um den 21-jährigen Warschauer Bogusław Jan Pilnik, der „den deutschen Behörden polnische Staatsbürger jüdischer Nationalität auslieferte, die sich vor den deutschen Organen versteckt gehalten hatten, und er hat seinen Opfern große Summen zu seinem Vorteil entlockt unter dem Vorwand, diese Summen für den Schutz der sich Verbergenden zu benötigen, und dann, nach ihrer Auslieferung in die Hände der deutschen Behörden, entlockte er den Familien der Opfer verschiedene Gegenstände aus ihrem Besitz – angeblich, um sie den Verhafteten zu überbringen, die er aber dann zu seinem Vorteil verwendete".[76]

Żydach i ze szczerym głębokim współczuciem traktuje ofiary tej zbrodni. Ale znajdują się zdeprawowane jednostki, niestety przybrane niejednokrotnie w mundur policyjny, które nie wahają się wykorzystać tragedii tropionych i szczutych przez Niemców Żydów dla szantażowania ich i wymuszania wysokich okupów." Rzeczpospolita Polska Nr. 8 (59) vom 6. Mai 1943, Żerowanie na najcięższych tragediach (wie Anm. 29).

72 Dziennik Polski Nr. 515 vom 6. Mai 1943, Obwieszczenie [Verlautbarung]: „(...) że niektórzy Żydzi ukrywający się pod obcymi nazwiskami przed zbirami hitlerowskimi, otrzymują listy, w których anonimowo szantażyści grożą im wydaniem w ręce Gestapo, jeśli w określonym miejscu i dniu nie złożą wyznaczonego okupu. Ten zbrodniczy sposób żerowania na tragedii ludzi, mordowanych bez wyboru i w imię obłędnej ideologii rasistowskiej, piętnujemy (...) jako zbrodniczy zamiar współdziałania z Gestapo i policją niemiecką. Żadne warunki wojny, ‚przekonania i poglądy' nie mogą usprawiedliwiać metody ułatwiania sobie życia przy pomocy szantażu. (...) Wszystkie tego rodzaju listy należy natychmiast przekazywać Kierownictwu Walki Cywilnej."

73 Wieś Nr. 19 vom 9. Juni 1943, Z Małopolski [Aus Kleinpolen]: Przeworsk.

74 Dziennik Polski Nr. 576 vom 28. September 1943, Wyrok [Urteil].

75 Kraj Nr. 5 vom 24. August 1943, KWC: Rozporządzenia władz RP. (...) Obwieszczenie (wie Anm. 63): „(...) szantażował mieszkańców wsi groźbą doniesienia o ukrywaniu żydów." Auch in: Biuletyn Informacyjny Nr. 35 vom 2. September 1943.

76 Kraj Nr. 8 vom 14. September 1943, KWC: Rozporządzenia władz RP. (...) Obwieszczenie (wie

Im Kreis Limanowa hätten der volksdeutsche Gemeindevorsteher Gelb und der polnische Polizist Zyłka einen Bauern dafür gefoltert, „dass er einem Juden, der sich versteckte, einen halben Zentner Kartoffeln verkauft hatte".[77] Nachdem aber „von jemandem" („od kogoś") über ihn ein Todesurteil verhängt worden sei, habe Gelb sich besonnen, von der deutschen Polizei verfolgten Polen geholfen, einen Gestapo-Mann erschossen und sich schließlich den Partisanen angeschlossen. „Wieś" hielt Gelb somit für rehabilitiert.[78] Als dann im Februar 1944 mitgeteilt wurde, die deutsche Polizei habe erneut fünf Juden erschossen, zweifelte das Blatt daran, dass diese den Deutschen tatsächlich von Polen übergeben worden seien – und „dass sich heute noch ein Pole fände, der an dieser barbarischen Aktion, die Juden unmenschlich zu vernichten, teilnehmen würde".[79]

Erst seit März 1944 lassen sich in „Rzeczpospolita Polska" Meldungen finden, die über die Ahndung antijüdischer, aus der polnischen Bevölkerung heraus begangener Handlungen berichten. So sei am 20. Februar 1944 der 22-jährige Forstgehilfe Janusz Krystek aus Grebków im Kreis Węgrów-Sokołów zum Tode verurteilt worden, nachdem er „zwei polnische Bürger jüdischer Nationalität getötet" hatte.[80] Ende April führte das Untergrundorgan der Regierungsdelegatur in einer langen Liste von zum Tode Verurteilten den 18-jährigen Jan Łakiński aus Warschau auf, der „mit dem Besatzer bei der Verfolgung von und Fahndung nach polnischen Bürgern jüdischer Abstammung zusammengearbeitet hat".[81]

Neben polnischen Polizisten und Judenerpressern in Stadt und Land wurde vereinzelt auch den polnischen Bauern vorgeworfen, den Besatzern bei der Ausführung des Judenmordes zur Hand zu gehen. Sprachrohr dieser möglicherweise mehr von Befürchtungen als von konkreten Handlungen genährten Anklage war die katholische Untergrundzeitschrift „Prawda", in der es im Mai 1942 hieß: „Die Frage der Demoralisierung und Verwilderung, welche von den Judengemetzeln unter uns ausgelöst werden, wird brennend. (...) In vielen Ortschaften (Kolno, Stawiski, Jagodne, Szumów, Dęblin) hat die örtliche [d.h. polnische; K.-P. F.] Bevölkerung freiwillig an dem Massaker teilgenommen."[82]

Anm. 63): „(...) wydał w ręce władz niemieckich obywateli polskich, narodowości żydowskiej, ukrywających się przed władzami niemieckimi, oraz, że wyłudził na swoją korzyść od swych ofiar duże sumy pieniężne pod pretekstem potrzeby tych sum dla ochrony ukrywających się, a następnie po wydaniu ukrywających się w ręce władz niemieckich, wyłudził od rodzin ofiar różne przedmioty majątkowe – rzekomo dla dostarczenia ich aresztowanym, które następnie obrócił na swoją korzyść." Die gleiche Meldung in: Biuletyn Informacyjny Nr. 37 vom 16. September 1943.

77 Wieś Nr. 9 vom 25. März 1943, Kronika cierpień wsi [Chronik der Leiden der Landbevölkerung]: „(...) że sprzedał ukrywającemu się Żydowi pół cetnara ziemniaków."

78 Wieś Nr. 37 vom 5. Oktober 1943, Nawrócony Volksdeutsch – dywersantem [Ein bekehrter Volksdeutscher als Saboteur].

79 Wieś Nr. 6 (48) vom 29. Februar 1944, Skierniewice. (...) Dalsze mordowanie Żydów [Skierniewice. (...) Der Judenmord geht weiter]: „(...) aby dziś jeszcze znalazł się Polak, któryby w tej barbarzyńskiej akcji nieludzkiego niszczenia Żydów brał udział."

80 Rzeczpospolita Polska Nr. 4 (76) vom 26. März 1944, Komunikaty K.W.P. Obwieszczenie [Verlautbarung der Leitung des Untergrundkampfes. Bekanntmachung]: „(...) za zabicie dwóch obywateli polskich narodowości żydowskiej."

81 Rzeczpospolita Polska Nr. 5 (77) vom 28. April 1944, Komunikaty K.W.P. Obwieszczenie (wie Anm. 80): „(...) za współdziałanie z okupantem w tropieniu i prześladowaniu obywateli polskich pochodzenia żydowskiego." Vgl. ebenda, Nr. 7 (79) vom 28. Mai 1944, Komunikaty K.W.P. Obwieszczenie, über ähnlich strenge Urteile gegen antipolnischer Verbrechen Bezichtigte.

82 Prawda vom Mai 1942, Proroctwa się wypełniają [Die Prophezeiungen erfüllen sich]: „Natomiast

Nach einer Judenmordaktion der Besatzer sei es in einer Ortschaft des Generalgouvernements einigen Opfern gelungen, zu fliehen und sich in den umliegenden Wäldern zu verstecken. Dort hätten sie eine gewisse Zeit gelagert, „indem sie sich wie wilde Tiere verbargen. (...) Einige polnische Halbwüchsige aus dem Dorf entdeckten das Versteck der Geflohenen. Zuerst haben sie sie völlig ausgeraubt, dann haben sie sie den Gendarmen ausgeliefert. Die deutsche Polizei hat den Wald umstellt und alle Juden erschossen. So haben sich polnische Burschen und Bauernsöhne verhalten."[83] Wie das Blatt kommentierte, sei dies „ein erschütternder, aber leider authentischer Fall. Uns sind sowohl der Name des Ortes als auch die Vor- und Nachnamen der Jungen bekannt, welche die Juden denunziert haben." Die Geistlichen, die Lehrer und überhaupt alle Leser müssten breitesten Kreisen bewusst machen, dass solche Taten verbrecherisch seien. Kritisch gegenüber der konspirativen Presse fügte „Prawda" hinzu, Vorfälle dieser Art würden hier nicht genug angesprochen und erörtert, doch müsse sich die Untergrundpresse damit befassen.

Die polnische katholische Kirche war eine von ganz wenigen Institutionen im Generalgouvernement, die unter polnischer Führung blieb. Von verschiedenen Seiten wurde der Hierarchie der katholischen Kirche vorgeworfen, den Wünschen des Besatzers zu bereitwillig entgegenzukommen. So übte ein Blatt der Bauernpartei Kritik an der Politik des Papstes bei der Ernennung Apostolischer Administratoren. Eine Kirche, die Politik betreibe, begebe sich auf einen Irrweg.[84] Über den Bischof von Sandomierz, Jan Lorek, hieß es zudem vorwurfsvoll, politische Erwägungen hätten ihn dazu bewogen, „die Gläubigen zum Gehorsam gegenüber dem Besatzer und zur freiwilligen Meldung für die Fahrt [zur Arbeit] ins Reich aufzurufen".[85] Der Administrator der Diözese Lublin und ehemalige Rektor der Lubliner Katholischen Universität (KUL), Józef Kruszyński, hatte in der polnischsprachigen Besatzerzeitung „Nowy Głos Lubelski" 1943 einen Artikel über den „Standpunkt der Geistlichkeit zum Kommunismus" („Stanowisko duchowieństwa wobec komunizmu") veröffentlicht. Auch wenn dagegen inhaltlich nichts einzuwenden sei, habe sich Kruszyński doch eine „unverzeihliche Willfährigkeit" gegenüber dem deutschen Propagandaapparat zuschulden kommen lassen: „Den Kommunismus", kritisierte die Heimatarmee, „darf und *muss*

---

paląca staje się kwestia demoralizacji i zdziczenia, jaką rzezie żydowskie wprowadzają wśród nas. (...) W wielu miejscowościach (Kolno, Stawiski, Jagodne, Szumów, Dęblin) w masakrze brała udział na ochotnika miejscowa ludność." Die beiden erstgenannten Orte liegen unweit von Jedwabne (Jagodne?) in der Umgebung von Łomża im Nordosten Polens. Dazu ausführlicher Klaus-Peter Friedrich, Zusammenarbeit und Mittäterschaft in Polen 1939–1945, in: Kooperation und Verbrechen. Formen der „Kollaboration" im östlichen Europa 1939–1945, hrsg. v. Christoph Dieckmann, Babette Quinkert u. Tatjana Tönsmeyer. Göttingen 2003 (Beiträge zur Geschichte des Nationalsozialismus. 19), S. 113-150, hier S. 142-149.

83 Prawda vom Juli 1942, Pręgierz: Nie wolno przemilczać [Pranger: Man darf es nicht verschweigen]: „Niemcy wymordowali po swojemu wszystkich żydów. Garstka skazańców zdołała zbiec i ukryć się w sąsiednich lasach państwowych. Koczowali tam pewien czas, ukrywając się jak dzikie zwierzęta (...) Kilku polskich wiejskich wyrostków znalazło kryjówkę zbiegów. Najpierw ograbili ich doszczętnie, potem wydali żandarmom. Policja niemiecka otoczyła las i wystrzelała wszystkich żydów. Tak postąpili polscy chłopcy, synowie gospodarzy."

84 Przez walkę do zwycięstwa Nr. 27 vom 10. November 1942, To nie jest w porządku [Dies ist nicht in Ordnung].

85 Ebenda: „(...) polityka widocznie kazała sandomierskiemu bisk. Lorkowi wzywać wiernych swojej diecezji do posłuszeństwa okupantowi i do ochotniczego zgłaszania się na wyjazd do Rzeszy."

man bekämpfen. Aber nicht Hand in Hand mit den Deutschen, unserem Todfeind Nr. 1."[86] Der Krakauer „Dziennik Polski" rügte, durch die Veröffentlichung seines Namens in den Spalten der Besatzerzeitung habe sich der hohe kirchliche Würdenträger kompromittiert und eine bedenkliche Charakterschwäche bewiesen.[87]

Im Zusammenhang mit den im Winter 1944 in Fabriken und Ämtern durchgeführten antikommunistischen Propagandakundgebungen des Besatzungsregimes, an denen Polen teilzunehmen hatten,[88] tadelte „Biuletyn Informacyjny", dass sie manchmal „in diesem Affentheater nicht bloß Zuschauer, sondern auch Darsteller sind", wie in Lublin, wo „Bürgermeister Janicki die Kundgebung eröffnete und der Priester Rusek einen ausführlichen Vortrag hielt".[89] Der Priester Augustyn Potempko habe, wie „Dziennik Polski" mitteilte, anlässlich der Aushebung von Schützengräben durch polnische Jugendliche sogar eine deutschfreundliche Predigt gehalten: „Abscheu und Empörung ergreift einen bei dem Gedanken, dass sich ein Priester finden konnte, der Deutschland und Hitler verherrlicht, denn damit akzeptieren wir die Massenmorde an Menschen, die Lager, Gefängnisse, Gaskammern, Krematorien usw."[90]

Außer gegen die Verwicklung von Polen in die nationalsozialistische Judenverfolgung und Mithilfe bei der Stabilisierung der Besatzungsherrschaft wandte sich die Untergrundpresse vielmals gegen die Beteiligung von Polen an kulturellen Veranstaltungen und (pseudo-)wissenschaftlichen Unternehmungen des Regimes. Verurteilt wurden so
–   Mitarbeiter der deutschen polnischsprachigen Besatzerzeitungen,[91]
–   Schriftsteller, die sich mit dem vom Regime stark reglementierten und nur in Rest-

---

86 Biuletyn Informacyjny Nr. 13 (168) vom 1. April 1943, Niewybaczalna uległość [Eine unverzeihliche Willfährigkeit]: „Walczyć z komunizmem można i *trzeba. Ale nie ręka w rękę z Niemcami,* naszym wrogiem śmiertelnym Nr. 1." Hervorhebung im Orig.

87 Vgl. Dziennik Polski Nr. 511 vom 27. April 1943, Niewybaczalna uległość [Eine unverzeihliche Willfährigkeit].

88 Der Regierungsbevollmächtigte für das besetzte Land erklärte am 7. März 1944 anlässlich der Heranziehung von Polen zu antibolschewistischen Deklarationen: „(...) Polen ist es unter keinen wie auch immer gearteten Umständen gestattet, ihre Solidarität mit dem Besatzer zum Ausdruck zu bringen. (...) dem Besatzer liegt derzeit daran, den Eindruck zu erwecken, als gäbe es eine gemeinsame polnisch-deutsche Front gegen den Bolschewismus, um neue Aushebungen für die Arbeit im Reich in einer günstigen Atmosphäre durchführen zu können [(...) Polakom nie wolno wyrażać swojej solidarności z okupantem pod żadnym pozorem i w jakiejkolwiek bądź formie. (...) okupantowi należy obecnie na wywołaniu wrażenia wspólnego polsko-niemieckiego frontu przeciwbolszewickiego, aby móc przeprowadzić w pomyślnej atmosferze nową brankę na roboty w Rzeszy]." Rzeczpospolita Polska Nr. 4 (76) vom 26. März 1944.

89 Biuletyn Informacyjny Nr. 10 (217) vom 9. März 1944, Niemiecka propaganda przeciwbolszewicka [Die deutsche antibolschewistische Propaganda]: „(...) nie tylko widzami, ale i aktorami w tej szopce byli również Polacy. (...) wiec (...) otworzył burmistrz Lublina Janicki, obszerny zaś odczyt wygłosił ksiądz Rusek."

90 Dziennik Polski Nr. 707 vom 17. August 1944, Pod pręgierz polskiej opinii [Am Pranger der polnischen öffentlichen Meinung]: „Ohyda i oburzenie ogarnia człowieka na myśl, że mógł się znaleźć kapłan, gloryfikujący Niemcy i Hitlera, tym samym więc akceptujemy masowe mordy ludzi, obozy, więzienia, komory gazowe, krematoria i t.p."

91 Vgl. WRN Nr. 12 vom 6. Juli 1942, Z Warszawy [Aus Warschau]; S., Nr. 73 vom 23. November 1942, Zdrajcy i nikczemnicy [Verräter und Schurken]. Dazu auch Klaus-Peter Friedrich, Publizistische Kollaboration im sog. Generalgouvernement. Personengeschichtliche Aspekte der deutschen Okkupationsherrschaft in Polen (1939–1945), in: Zeitschrift für Ostmitteleuropa-Forschung 48

beständen weiter bestehenden Kulturbetrieb arrangierten,[92] unter ihnen verschiedene, meist unter Pseudonym veröffentlichende Autoren von Sensationsromanen,

– Mitarbeiter des Propaganda-Amts, darunter ein Al[eksander?] Sendlikowski, der ein Handbuch veröffentlichte „über die Verwaltung von (Juden und Emigranten gehörenden) Häusern" („o administrowaniu domami" [żydowskimi i emigranckimi]"),[93]

– am offiziellen Musikleben teilnehmende Musiker und Musikwissenschaftler, darunter Julian Punikowski, und der Dirigent Adam Dołżycki, der sich als Ukrainer bekannt habe,[94]

– Schauspieler, die an deutschen (Propaganda-)Filmen mitwirkten,[95]

– das 48 Personen umfassende polnische Personal des Krakauer Instituts für Deutsche Ostarbeit, darunter 36 Wissenschaftler(innen), die zuvor meist mit der Jagellonen-Universität in Verbindung gestanden hatten,[96]

– die bekanntesten „Abtrünnigen" (zaprzańcy) im Generalgouvernement: Feliks Burdecki und Jan Emil Skiwski. Burdecki war zunächst Redakteur der auflagenstarken Zeitschrift „Ster" („Das Steuer"), die im Schulunterricht als Ersatz für die aus dem Verkehr gezogenen Lehrwerke der Vorkriegszeit diente; Skiwski, in den 1930er Jahren Mitarbeiter rechter Literaturzeitschriften, und Burdecki gaben 1944 gemeinsam die offen für eine Zusammenarbeit mit dem nationalsozialistischen Deutschland eintretende Zeitschrift „Przełom" („Der Durchbruch") heraus.[97] Im Sommer 1943 wurde Burdecki vom KWC „für ehrlos" erklärt.[98]

Das Stereotyp der Rechten vom Juden als Feind Polens

Die Nationaldemokratie (Narodowa Demokracja oder Endecja) war die größte politische Bewegung auf dem rechten Spektrum in der ersten Hälfte des 20. Jahrhunderts. Die politische Ideenwelt der Nationaldemokraten leitete sich von den Schriften ihres Gründers Roman Dmowski her, der das polnische Volk von drei Feinden bedrängt sah: den Deutschen im Westen, den Russen bzw. Sowjets im Osten und den Juden im Innern des polnischen Siedlungsgebiets. Nach der bolschewistischen Revolution in Russland, die als von Juden an- und durchgeführter Umsturz wahrgenommen wurde, richtete sich die Nationaldemokratie

---

(1999), S. 50-89; ders., Die deutsche polnischsprachige Presse im Generalgouvernement (1939–1945). NS-Propaganda für die polnische Bevölkerung, in: Publizistik 46 (2001), S. 162-188.

92 S., Nr. 77 vom 24. Dezember 1942, „Schriftstellerzy" – literaci.

93 S., Nr. 73 vom 23. November 1942, Zdrajcy i nikczemnicy (wie Anm. 91).

94 Ebenda; sowie S., Nr. 3 vom 1. März 1944, Muzykalne klowny ... [Musikalische Hanswurste ...] – über eine Aufführung von Moniuszkos „Halka" im Stadttheater Warschau.

95 S., Nr. 9/10 vom 7. März 1943, Z frontu wewnętrznego [Von der inneren Front].

96 S., Nr. 76 vom 14. Dezember 1942, Zaprzańcy [Abtrünnige]. Vgl. auch Anetta Rybicka, Instytut Niemieckiej Pracy Wschodniej „Institut für Deutsche Ostarbeit". Kraków 1940–1945 [Das Institut für Deutsche Ostarbeit. Krakau 1940–1945]. Warszawa 2002, S. 139-154.

97 S., Nr. 73 vom 23. November 1942, Zdrajcy i nikczemnicy (wie Anm. 93); Dziennik Polski Nr. 688 vom 18. Juli 1944, Generalny Gubernator i jego urzędnicy [Der Generalgouverneur und seine Beamten].

98 Dziennik Polski Nr. 545 vom 15. Juli 1943, Wyrok [Urteil]. Skiwski floh 1945 aus Polen, hielt sich zunächst in Bayern, dann in Venezuela auf. 1949 wurde er in Polen in Abwesenheit zu lebenslänglicher Haft verurteilt. Vgl. Friedrich, Publizistische Kollaboration (wie Anm. 91), S. 71 f.

streng antikommunistisch aus. Die Rechte bediente sich des Propagandaschlagworts von der
„Judenkommune" („żydokomuna"), und weit darüber hinaus fand die Ansicht Verbreitung,
dass der Kommunismus von Juden inspiriert und gesteuert sei.[99] Ende 1926, nach dem
Mai-Umsturz Józef Piłsudskis, gruppierten sich die radikaleren, überwiegend der jüngeren
Generation angehörenden Aktivisten unter der Führung Dmowskis neu in einem außerparla-
mentarischen „Lager für ein Großes Polen" („Obóz Wielkiej Polski", OWP). 1928 entstand
die „Nationalpartei" („Stronnictwo Narodowe", SN). Sie hatte vor Beginn des Zweiten Weltkriegs 180 000 bis 200 000 Mitglieder und war damit die größte und mitgliederstärkste Partei
in Polen.[100]

In den 1930er Jahren spalteten sich unter dem Einfluss von Faschismus und Nationalsozialismus radikalere Gruppen von der Hauptströmung ab. Die Parteienzersplitterung
der Rechten wurde indes durch die Vorstellung eines „Nationalen Lagers" („Obóz Narodowy") gemildert, in dem man sich gemeinsam auf Dmowski berief. Aktivisten des „Obóz
Narodowo-Radykalny" („Nationalradikales Lager", ONR)[101] verlangten u.a. eine „Polonisierung" („unarodowienie") des Wirtschaftslebens durch eine Übertragung ausländischer und
jüdischer Unternehmen an ethnisch polnische Eigentümer und den Aufbau eines hierarchisch
organisierten „Nationalstaates" („państwo narodowe"), und sie verwarfen die staatsbürgerliche Gleichberechtigung der jüdischen Bevölkerung. Bewaffnete Stoßtrupps verliehen den
Forderungen mit Überfällen auf jüdische Geschäfte, mit psychischem und moralischem Terror Nachdruck. Kurz nach seiner Gründung verboten, setzte der ONR seine Tätigkeit in der
Illegalität fort.

Die Rechte stand in Opposition zum regierenden Sanacja-Regime, dessen Politik als
‚national' zu wenig entschieden erachtet wurde. Vor allem im Hinblick auf die ‚Judenfrage'
wurde zunehmend Druck ausgeübt, die ökonomische, soziale und politische Diskriminierung der jüdischen Bevölkerung entschlossener zu betreiben. Der ONR und die mit ihm gei-
stesverwandten Parteien und gesellschaftlichen Kräfte der radikalen und extremen Rechten
setzten sich lautstark und oft gewaltsam für eine „Entjudung" („odżydzenie") der polnischen
Gesellschaft ein. Der Nationalsozialismus wurde von ihnen einerseits für seine Methoden
und Erfolge bewundert, andererseits durchaus als eine verschärfte Bedrohung durch den
nun aggressiveren nazideutschen „Drang nach Osten" empfunden. Eine spezifische Form
des Rassismus[102] wandte sich jedoch anders als seine nationalsozialistische Spielart nur

99 Vgl. André Gerrits, Antisemitism and Anti-Communism: The Myth of „Judeo-Communism" in
    Eastern Europe, in: East European Jewish Affairs 25 (Sommer 1995), H. 1, S. 49-72, bes. S. 59.
100 Antoni Dudek, Grzegorz Pytel, Bolesław Piasecki. Próba biografii politycznej [Bolesław Pia-
    secki. Versuch einer politischen Biographie]. Londyn 1990, S. 69; Szymon Rudnicki, Koncepcje
    niepodległego państwa polskiego w myśli politycznej obozu narodowego [Vorstellungen über
    den unabhängigen polnischen Staat im politischen Denken des Nationalen Lagers], in: Wizje
    przyszłej Polski w myśli politycznej lat I i II wojny światowej [Visionen des künftigen Polen
    im politischen Denken während des Ersten und Zweiten Weltkriegs], hrsg. v. Mieczysław Tanty.
    Warszawa 1990, S. 145-165, hier S. 152.
101 Szymon Rudnicki, Obóz Narodowy-Radykalny. Geneza i działalność [Das Nationalradikale La-
    ger. Seine Entstehung und sein Wirken]. Warszawa 1985.
102 Vgl. Włodzimierz Mich, Obcy w polskim domu. Nacjonalistyczne koncepcje rozwiązania pro-
    blemu mniejszości narodowych 1918–1939 [Fremde im polnischen Haus. Nationalistische Ent-
    würfe zur Lösung des Minderheitenproblems 1918–1939]. Lublin 1994; Anna Landau-Czajka,
    The Ubiquitous Enemy. The Jew in the Political Thought of Radical Right-Wing Nationalists

gegen Juden und bezog sich auch nicht primär auf den „Mythos des Blutes", postulierte vielmehr eine psychische bzw. ‚geistige' Andersartigkeit der Juden und der Jüdischstämmigen. „Ein Jude bleibt immer ein Jude", verkündete nun ein Grundsatz der polnischen Rechtsradikalen, womit die Möglichkeit der Assimilation (d.h. vollständigen Polonisierung der Juden) in den 1930er Jahren zunehmend verworfen wurde.[103]

Unterdessen unterstützte eine breiter werdende Strömung innerhalb der polnischen Gesellschaft Bemühungen, Juden aus ihren Positionen – besonders in Wirtschaft und Handel sowie im Kultur- und Bildungswesen – hinauszudrängen. Verschiedene Initiativen zielten nun – nach dem Vorbild des nationalsozialistischen Deutschland – auf einen minderen Rechtsstatus der jüdischen Bevölkerung ab. Rechte Aktivisten praktizierten den ökonomischen Boykott jüdischer Freiberufler, Handwerker, Händler und Ladenbesitzer. Antijüdische Propaganda ging mit einem aktiv-kämpferischen Antisemitismus einher, der nicht zuletzt von einem Teil der jungen Intelligenz getragen wurde. Von zahlreichen Gewaltakten begleitet, setzten radikalisierte nationalistische Studentengruppen ihren Ehrgeiz daran, jüdische Studenten durch tätliche Übergriffe und Schikanen aus den Universitäten hinauszuekeln. Durch die beständigen Störmanöver an polnischen Universitäten gelang es Mitte der 1930er Jahre, einen antijüdischen Numerus clausus durchzusetzen; in den Hörsälen mussten Juden besondere Sitzplätze (sog. Ghetto-Bänke) einnehmen.

Die katholische Kirchenhierarchie, welche die größte Religionsgemeinschaft im Land vertrat, hing wie ihre Gläubigen einem traditionellen Antijudaismus an und verband diesen mit antiliberalen, antikommunistischen und kulturkritischen Standpunkten.[104] Politisch stand ein großer Teil der Geistlichkeit der Nationaldemokratie nahe.

* * *

Mit Bitterkeit blickte die nationaldemokratische Rechtsabspaltung „Wielka Polska" („Großes Polen") in ihrem gleichnamigen Organ Ende September 1942 auf die Geschichte der polnisch-jüdischen Beziehungen. Demnach seien die Juden auf ihrer Wanderschaft nur einem einzigen Volk begegnet, das sie nicht verfolgt habe – den Polen: „Und da ist etwas Merkwürdiges passiert. Eben dieses tolerante und gute polnische Volk ist seitens der Juden zum Objekt ihres größten Hasses geworden. Jeder unserer Feinde war in der Regel ihr Verbündeter."[105] So habe das „Weltjudentum" erst im Bündnis mit Preußen, dann mit der Weimarer Republik gestanden. In einer Stellungnahme zum Verhältnis gegenüber Deutschen und Juden

---

in Poland, 1926–1939, in: Polin 4 (1989), S. 169-203; poln. Fass.: Wszechobecni wrogowie. Niektóre elementy światopoglądu skrajnej prawicy nacjonalistycznej 1926–1939, in: Przegląd Historyczny 79 (1988), S. 63-91.

103 Mich, Obcy (wie Anm. 102), S. 66; Landau-Czajka, Ubiquitous Enemy (wie Anm. 102), S. 175 ff.

104 Vgl. Ronald Modras, The Catholic Church and Antisemitism: Poland, 1933–1939. Chur (u.a.) 1994; Viktoria Pollmann, Untermieter im christlichen Haus. Die Kirche und die „jüdische Frage" in Polen anhand der Bistumspresse der Metropolie Krakau 1926–1939. Wiesbaden 2002.

105 Wielka Polska Nr. 11 vom 27. September 1942, W. B...: Tron wrogów pęka [Der Thron der Feinde stürzt ein]: „I tu stała się rzecz dziwna. Właśnie ten tolerancyjny i dobry naród polski stał się przedmiotem największej ze strony żydów nienawiści. Każdy nasz wróg był z reguły ich sprzymierzeńcem."

begrüßte das Untergrundorgan „Naród",[106] dass „vor unseren Augen die beiden Völker in den letzten Zügen liegen, welche in der neuzeitlichen Geschichtsepoche im materialistischen Europa die erste Geige spielten".[107] Die Ideologie vom Herrenvolk, verkündete „Naród", beruhe auf dem Auserwähltheitsglauben der Juden: „Der gleiche Größenwahn, der gleiche hochmütige und verächtliche Ton für die Fremden."[108] Trotz all der „Wohltaten", mit denen die Zweite polnische Republik – nach Auffassung von „Naród" – die Juden überschüttet habe, habe hinter den Ghettomauern zuletzt der Hass auf die Polen um sich gegriffen: „Im nördlichen Stadtviertel hat seit Jahrhunderten eine uns feindlich gesinnte fremde Bevölkerung gelebt. Feindlich und fremd sowohl unseren Interessen als auch unserer Psyche und unserem Herzen gegenüber. Wir sollten daher nicht eine heuchlerische Haltung annehmen. (...) Den einzelnen jüdischen Menschen bedauern wir und wir erweisen dem Herumirrenden und sich Versteckenden im Rahmen unserer Möglichkeiten Hilfe. Wir verurteilen jene, welche denunzieren. Von denen, die sich erlauben, [über die Opfer] zu höhnen und zu witzeln, fordern wir Ernsthaftigkeit und Hochachtung angesichts des Todes. Aber wir bemühen uns nicht um künstliche Trauer für ein sterbendes Volk, das unserem Herzen nun einmal nicht nahe stand. Lasst uns angesichts der gegenwärtig vollstreckten Ratschlüsse der Geschichte ernst und aufrichtig sein."[109]

„Walka" stellte Ende 1942 fest, „die Juden" seien bis 1917 auf Seiten der Deutschen gestanden; noch auf der Pariser Friedenskonferenz hätten sie deutsche Interessen verteidigt, „sie, die treuesten deutschen Verbündeten im Kampf gegen das Polentum...". Erst später hätten sich „die Wege Deutschlands und des Judentums getrennt, aber wohl nur, weil es seitens der Juden an Takt mangelte. (...) immer wieder verkündeten sie, dass sie über die Macht, ja nahezu Allgewalt verfügten".[110]

„Kraj" teilte im Sommer 1943 mit, die Gestapo habe damit begonnen, polnische Gebiete mit politischem Inhalt herauszugeben. In der Broschüre „Gotteslästerung gegen die Heiligen Sakramente" („Bluźnierstwo przeciw Świętym Sakramentom") sei aus dem Talmud zitiert worden: „Der Körper eines Christen ist in unseren Augen kein menschlicher Körper, sondern fauliges Fleisch (...)." Das Blatt kommentierte dies mit der Feststellung:

---

106 Ein Blatt der katholischen und rechtsgerichteten Gruppierung Unia (Nr. 8/9, 1943).
107 Naród Nr. 13 vom 3. Oktober 1942, Rzeź żydów [Das Gemetzel an den Juden]: „Na naszych oczach konają te dwa narody, które w epoce nowożytnej grały pierwsze skrzypce w zmaterializowanej Europie."
108 „Ta sama megalomania, ten sam ton pychy i pogardy dla obcych."
109 „W dzielnicy północnej od setek lat żyła wroga nam obcość. Wroga i obca zarówno interesom, jak psychice i sercu. Nie wytwarzamy zatem fałszywej postawy (...). Poszczególnego żyda-człowieka żałujemy i w miarę możności zabłąkanemu czy kryjącemu się okażmy pomoc. Piętnujmy tych którzy denuncjują. Narzucajmy powagę i szacunek dla śmierci tym, co pozwalają sobie szydzić i dowcipkować. Ale nie wysilajmy się na sztuczny żal nad ginącym narodem, który przecież nie był bliski sercom naszym. W obliczu dokonywujących się wyroków historii bądźmy poważni i prawdziwi."
110 Walka Nr. 44 vom 24. November 1942, Dmowski w oczach wrogów [Dmowski in den Augen der Feinde]: „(...) oni, najwierniejsi sojusznicy niemieccy w walce przeciwko polskości... Później się wprawdzie drogi Niemiec i żydostwa rozeszły, lecz chyba tylko ze względu na brak taktu ze strony żydów. (...) wciąż i wciąż głosili swoją potęgę, swoją, nieomal, wszechmoc." Es handelt sich um eine Polemik mit einem Artikel von Felix Schmittjakob in der „Warschauer Zeitung": Dmowski, ein blindwütiger Deutschenhasser.

„Der Stil des Gebets sowie die eifrige Realisierung der Grundsätze des Talmud weist auf eine schreckliche Tatsache hin: Die Gestapo ist unter die Herrschaft von Juden geraten."[111] „Naród" bezeichnete in seiner Novemberausgabe die Deutschen als „verfluchtes Volk, das bis in das Mark seiner Knochen verjudet ist, weil es vom Geist jüdischer Rachsucht ergriffen ist (...)".[112]

Mehr noch als mit den Deutschen wurde ‚den Juden' in den rechten, nationaldemokratischen und in vielen katholischen Untergrundblättern ein heimliches oder offenes Bündnis mit dem Sowjetkommunismus unterstellt, und dies um so häufiger, als sich die Bedrohung für die Unabhängigkeit Polens durch die Sowjetunion abzeichnete. „Walka" verbreitete im Sommer 1943, ‚die Juden' hätten sich dem Ziel eines „Sowjeteuropa" verschrieben, und sagte voraus, „das Judentum wird (hauptsächlich in Polen als dem neuralgischen Punkt unseres Kontinents) die Rolle einer Vorhut der Roten Armee spielen, die Rolle von Organisatoren und Anführern kommunistischer Revolutionen".[113]

Die Schlussaussage des „Walka"-Artikels deutete bereits auf die Kette antijüdischer Gewalttaten hin, die sich ein bis zwei Jahre später – unter veränderten politischen Rahmenbedingungen – in weiten Teilen Polens ereignen sollten:[114] „Wenn wir auf die Juden schießen werden – dann wohl auf den Barrikaden im Kugelhagel einer uns aufgezwungenen, roten Revolution, denn wir selbst wollen nicht zum Objekt von bestialischen Schandtaten krummnasiger Tschekisten werden (...). Hart mögen unsere Bedingungen (...) für den Frieden erscheinen, den wir den künftigen [jüdischen; K.-P. F.] Emigranten anbieten, aber sie werden von der harten Notwendigkeit diktiert, die seit 300 Jahren aus unserer Geschichte mit jedem Tag eindringlicher zu uns spricht."[115]

Ein halbes Jahr später machte „Wielka Polska" deutlich, dass sich die Untergrund-Formationen der rechtsgerichteten „Nationalen Streitkräfte" bereits jetzt dieser Mission widmeten.[116]

---

111 Kraj Nr. 5 vom 24. August 1943, Nowy dział pracy gestapo [Eine neue Arbeitsabteilung der Gestapo]: „Styl modlitwy oraz gorliwa realizacja zasad talmudu wskazuje na straszną rzecz: Gestapo opanowali żydzi."

112 Naród Nr. 11 vom Nov. 1943, Straszna przyszłość Niemców [Schreckliche Zukunft der Deutschen]: „(...) przeklęty, do szpiku kości zżydziały, albowiem duchem żydowskiej mściwości przejęty naród (...)."

113 Walka Nr. 28 vom 28. Juli 1943, Niebezpieczeństwo pozornego rozwiązania [Die Gefahr einer Scheinlösung]: „W każdym innym wypadku żydostwo (a głównie w Polsce, jako w neuralgicznym punkcie naszego kontynentu[)] będzie odgrywało rolę awangardy Czerwonej Armii, rolę organizatorów i przywódców komunistycznych rewolucyj."

114 Vgl. Klaus-Peter Friedrich, Antijüdische Gewalt nach dem Holocaust. Zu einigen Aspekten des Judenpogroms von Kielce, in: Jahrbuch für Antisemitismusforschung 6 (1997), S. 115-147.

115 „Jeśli będziemy do żydów strzelać – to chyba na barykadach w ogniu narzuconej nam, czerwonej rewolucji, sami bowiem nie chcemy być przedmiotem bestialskich wyczynów krzywonosych czekistów (...). Twarde to może warunki (...) pokoju, jaki ofiarujemy przyszłym emigrantom, ale dyktuje je nam twarda konieczność, przemawiająca do nas z kart historii od 300 lat z każdym dniem coraz silniej."

116 Wielka Polska Nr. 47 vom 20. Februar 1944, Oddziały leśne Narodowych Sił Zbrojnych w akcji: Skomunizowana wioska X spacyfikowana [Einheiten der Nationalen Streitkäfte in den Wäldern: Das von den Kommunisten beherrschte Dorf X wurde befriedet]. Die „Nationalen Streitkräfte" („Narodowe Siły Zbrojne", NSZ) waren der bewaffnete Arm nationaldemokratischer und rechtsradikaler Gruppierungen.

„Wieś" hielt der russischen Bevölkerung zugute, unter ihr herrsche „ein allgemeiner Hass auf die Juden, die sich in den höchsten Positionen breit gemacht haben. Nicht nur die Juden, sondern alle bolschewistischen Machtorgane – mit Stalin an der Spitze – sind so verhasst, dass die Bevölkerung vom Bolschewismus und seinen Führern genug hat".[117]

„Barykada" kritisierte scharf den der Exilregierung unterstehenden Londoner polnischen Rundfunk, „der Unsinn redet über das Heldentum der Israeliten, die ihre Ehre niemals durch einen Kampf um das Wohl des polnischen Volkes befleckt haben".[118] Der jüdische Vertreter im polnischen Nationalrat, Ignacy Schwarzbard, hatte in einer mehrmals gesendeten Rede geäußert, er sei stolz darauf, dass sich die polnische Judenheit so wenig wie die Polen mit Quisling-Geist besudelt hätten. „Barykada" wies dies mit den Worten zurück: „Schwarz- bard hat offenbar vergessen, welche Rolle das Judentum während der bolschewistischen Besatzung spielte, die jüdischen Kommissare, die Hauptschöpfer des Roten Terrors..."[119] Das Blatt stellte das Fortbestehen jüdischen Lebens in Polen in Frage: „Die Juden glau- ben daran und haben einen berechtigten Grund, an die Garantien der Regierung und der offiziellen Kreise in Polen zu glauben, dass mit der Befreiung auch ein neues Leben in unserem Land begänne." Doch nicht die Regierung, welche die Bestrebungen des Volkes nicht widerspiegele, werde darüber bestimmen – entscheiden werde „die polnische Gesell- schaft als Gesamtheit der dazu berechtigten Polen" („społeczeństwo polskie, jako całość uprawnionych do tego Polaków").[120]

In einer ausführlichen Auseinandersetzung mit dem nationalitätenpolitischen Programm des „Rates der Nationalen Einheit" („Rada Jedności Narodowej")[121] vom März 1944, das rundweg abgelehnt wurde, erklärte „Wielka Polska", in Polen dürfe einzig und allein das polnische Volk der Hausherr sein.[122] Der „Fluch der Toleranz" habe Polen nämlich an den Rand des Abgrunds geführt. Besonders in der Politik habe, wie „Wielka Polska" wenig später ausführte,[123] „der destruktive Einfluss des Judentums auf das polnische Volksleben einen gezielten und methodischen Charakter" gehabt. Sein Einfluss „drückte sich in einer Reihe von Handlungen aus, die einer elementaren Loyalität gegenüber der polnischen Staat- lichkeit zuwiderliefen, (...) in der Betätigung für eine Polen feindliche Propaganda, indem es im Dienst fremder Agenturen verblieb und der polnischen Staatsräson gegenüber feindlich auftrat. Die massenhafte Beteiligung des Judentums in Polen an kommunistischen und kom-

---

117 Wieś Nr. 13 vom 20. April 1943, Codzienne życie w sowietach [Das Alltagsleben unter den So- wjets]: „(...) panuje ogólna nienawiść do Żydów, którzy wcisnęli się na najwyższe stanowiska. Nie tylko Żydzi, ale wogóle wszystkie władze bolszewickie, ze Stalinem na czele, są znienawidzone tak, że ludność ma dosyć bolszewizmu i jego przywódców." Möglicherweise handelt es sich bei dieser Einschätzung um eine Übertragung eigener antijüdischer Empfindungen.

118 Barykada. Pismo młodych Nr. 10 vom Okt. 1943, Ślad: Niebezpieczna gra [Ein gefährliches Spiel]: „prawiącym o bohaterstwie izraelitów, którzy nigdy honoru swego nie splamili w walce o dobro narodu polskiego."

119 „(...) widocznie zapomniał o roli żydostwa w czasie okupacji bolszewickiej, o żydach komisa- rzach, głównych twórcach teroru czerwonego..."

120 „(...) żydzi wierzą i mają słuszną podstawę swej wiary w gwarancjach rządu i kół oficjalnych w Polsce, że wraz z wyzwoleniem rozpoczną i nowe życie w naszym kraju. ... Decydować tu będzie społeczeństwo polskie, jako całość uprawnionych do tego Polaków..."

121 Der Rat der Nationalen Einheit war das Ersatzparlament des sog. Polnischen Untergrundstaates.

122 Wielka Polska Nr. 5 vom 27. April 1944, Przekleństwo tolerancji [Fluch der Toleranz].

123 Wielka Polska Nr. 7 vom 11. Mai 1944, Łagodność karygodna [Sträfliche Sanftmut].

munisierenden Organisationen, das Ausbreiten von polnischen inneren Angelegenheiten auf internationaler Ebene (...) waren notorisch bekannt und wurden mehrmals auch von Leuten gebrandmarkt, die dem Antisemitismus fern standen."[124]

Als Prüfstein für die jüdische Loyalität gegenüber Polen galt die Einstellung zur „Landesverteidigung" („obrona kraju"), wobei laut „Wielka Polska" zu verzeichnen sei, dass „sich die Juden an den polnischen Unabhängigkeitskämpfen in keiner Weise (Krieg gegen die Bolschewiken 1920) oder zumindest in einer höchst disproportionalen Weise im Verhältnis zur Zahl der in Polen lebenden Juden beteiligt haben".[125] Am beliebtesten sei unter den Juden noch der Krieg mit Deutschland 1939 gewesen – aber nicht deswegen, weil sie etwas für Polen empfänden, sondern „aus purem Haß" („zwykła nienawiść") auf die Deutschen. Bis zu dem Zeitpunkt, als die in Westeuropa stationierte polnische Armee nach Italien in den Kampf geschickt wurde, sei der Krieg gegen die Deutschen populär geblieben – doch seither habe sich Fahnenflucht ausgebreitet, gegen die die polnischen Befehlshaber aus Angst vor ausländischer Einmischung allzu milde vorgegangen seien. Diese Betrachtungen führten „Wielka Polska" zu der Schlussfolgerung: „Die in Jahrhunderten gewonnene Erfahrung des polnischen Volkes hat gezeigt, dass die Assimilierung der Juden reine Utopie ist. Die jüdische Psyche, die jüdische Art zu denken, das Verhältnis zur Welt und zur Realität, die Wertmaßstäbe und die Urteilsfähigkeit der Juden sind von den polnischen so grundverschieden, dass bei bestem und verständigstem Willen des Juden seine angeborenen Prädispositionen bei ihm die Oberhand gewinnen müssen."[126]

Mit Abscheu blickte „Wielka Polska" auch auf die polnische Vorkriegsarmee zurück, die nur eine Nationalitätenarmee gewesen sei. Von der Mehrheit ihrer deutschen, jüdischen und ukrainischen Angehörigen sei die polnische Sache verraten worden. Zumal für die Juden gebe es „nichts, wofür sie in den polnischen Reihen kämpfen könnten":[127] „Die Juden, für die Polen nur insoweit existierte, als es Raum für ‚goldene Geschäfte' bot und erlaubte, die Träume von der Herrschaft des ‚auserwählten Volkes' zu realisieren, drückten sich immer und auf vielfältige Weise vor dem Kriegsdienst. Jene, welche in der Armee dienten, waren Brutstätten des Kommunismus und pazifistischer Ideen. Während des Krieges sind

---

124 „Destrukcyjny wpływ żydostwa na polskie życie narodowe miał charakter celowy i metodyczny (...). Działalność żydostwa i jego wpływ w polityce wyrażał się w szeregi aktów, który kolidowały z elementarną lojalnością wobec polskiej państwowości, w szeregu wystąpień, w służeniu w propagandzie wrogiej Polsce, w pozostawaniu w służbie obcych agentur, we wrogim występowaniu wobec polskiej racji stanu. Masowy udział żydostwa w Polsce w organizacjach komunistycznych i komunizujących, wyciąganie wewnętrznych spraw polskich na teren międzynarodowy (...) były sprawami notorycznie znanymi i piętnowanymi niejednokrotnie również przez ludzi daleko stojących od antysemitów."

125 „Udział żydów w polskich walkach niepodległościowych ... był zawsze żaden (wojna z bolszewikami w 1920 r.) w każdym zaś razie wysoce nieproporcjonalny w stosunku do ilości żydów zamieszkujących w Polsce."

126 „Wiekowe doświadczenia narodu polskiego wykazały, iż asymilacja żydów jest zupełną utopią. Żydowska psychika, żydowski sposób myślenia, stosunek do świata i rzeczywistości, sposób i zdolność wartościowania żydowskiego jest tak diametralnie od polskiego różny, iż przy najlepszej wyrozumowanej woli żyda jego przyrodzone predyzpozycje muszą w nim wziąć górę."

127 Wielka Polska Nr 14 vom 29. Juni 1944, Armia Narodowa (Na drodze do Wielkiej Polski) [Die Nationale Armee (Auf dem Weg in ein Größeres Polen)]: „Żydzi nie mają o co walczyć w polskich szeregach."

sie massenhaft desertiert, und als die Rote Armee Polen einen heimtückischen Stoß in den Rücken versetzte, haben sie – in Zusammenarbeit mit den Bolschewiken – jenseits des Bug die polnischen Soldaten entwaffnet und ermordet."[128]

„Diese Tatsachen" bestätigten, soweit es um „die Juden" gehe, die Erfahrungen aus dem polnisch-sowjetischen Krieg von 1920. Dabei stellte der Verfasser anerkennend fest: „In den Reihen der Roten Armee, die mittelbar für die jüdische Weltherrschaft kämpft, vermögen sich die Juden mitunter sogar hartnäckig zu schlagen."[129]

Mit Genugtuung vermerkte „Wielka Polska"[130] die antijüdische Äußerung einer Untergrundzeitung, die mit der Regierungsdelegatur der polnischen Regierung verbunden war. „Dzień Warszawy" hatte angesichts des Vordringens der Roten Armee auf polnisches Gebiet 1944 geschrieben, man müsse sich bewusst sein, „dass den jüdischen Deklarationen [in England; K.-P. F.] eine geschäftemacherische Spekulation in Bezug auf Russland zugrunde liegt. Den talmudischen Rechenkünstlern scheint es, dass die polnische Position ganz und gar verloren ist, und in Anbetracht dessen müsse man auf ein starkes Russland setzen (...) So haben es die Juden immer getan, und sie haben sich stets verrechnet (...). Wir nennen gewisse Dinge beim Namen, nicht deswegen, um verschiedenen Erpressern und politischen Banditen ein moralisches Alibi zu verschaffen, die gejagten Juden im Land zu verfolgen, sondern damit einst eine Aufrechnung gemacht werde von dem, was wir für die Juden und dem, was die Juden für uns getan haben."[131] Das nationaldemokratische Blatt machte in diesem Zusammenhang darauf aufmerksam, „dass ‚Dzień Warszawy' niemals antisemitische Akzente aufgewiesen hat" („iż ‚Dzień Warszawy' nie przejawiał nigdy akcentów antysemickich").

In einem Rückblick auf den Einmarsch der Roten Armee in Wilna im September 1939 schrieb „Wielka Polska": „Wilna wurde rot von kommunistischen Bannern, die von den einheimischen Juden in Windeseile hinausgehängt wurden."[132] Auch die geistesverwandte „Walka" meinte, dass „die Juden aus Polen sich als die eifrigsten Agenten Moskaus erwiesen hätten, indem sie sich der Agitation zugunsten sowjetischer Interessen offen zur Verfü-

---

128 „Żydzi, dla których Polska istniała tylko o tyle, o ile była terenem ‚złotych interesów' i pozwalała realizować marzenia o panowaniu ‚narodu wybranego' zawsze i rozmaitymi sposobami uchylali się od służby wojskowej. Ci, którzy w armii służyli, byli rozsadnikami komunizmu i idei pacyfistycznych. W czasie wojny dezertowali z armii masowo, a gdy Armia Czerwona zadała Polsce podstępny cios w plecy, rozbrajali i mordowali za Bugiem polskich żołnierzy, współdziałając z bolszewikami."

129 „Żydzi potrafią bić się niejednokrotnie nawet zaciekle w szeregach Armii Czerwonej, która pośrednio walczy o panowanie żydostwa nad światem."

130 Wielka Polska Nr. 8 vom 18. Mai 1944, „Żydowski rachunek" [„Jüdisches Kalkül"].

131 „(...) iż u dna żydowskich deklaracji znajduje się geszefciarskie równanie na Rosję. Talmudycznym kalkulatorom wydaje się, iż pozycja polska jest doszczętnie zgrana i wobec tego trzeba grać na silną Rosję ... Tak czynili Żydzi zawsze i zawsze się przeliczali (...). Nazywamy pewne rzeczy po imieniu, nie poto, by różnym szantażystom i bandytom politycznym stwarzano morale alibi do prześladowania zaszczutych Żydów w kraju, lecz poto, by kiedyś dokonać rozrachunku pomiędzy tym co uczyniliśmy dla żydów a tym co Żydzi uczynili dla nas."

132 Wielka Polska Nr. 18 vom 27. Juli 1944, Migawki z Wilna [Eindrücke aus Wilna]: „Wilno czerwieniło się od komunistycznych płacht, wywieszonych z piorunującą gorliwością przez miejscowych Żydów."

gung stellen."[133] Namentlich genannt wurden „der ‚polnische' Dichter (Julian) Tuwim"[134] und der Sänger Jan Kiepura, dem unterstellt wurde, er handle „sicherlich aus rassischer Sehnsucht nach seiner jüdischen Mame heraus" („zapewne z tęsknot rasowych po mamie żydówce").

Das NSZ-Blatt „Informator" beschuldigte im Juni 1944 die jüdische Minderheit: „Sie hat uns an die Bolschewisten verkauft – hat das Schulwesen zerstört, den Glauben untergraben, die Jugend demoralisiert und kommunistische Zellen organisiert."[135] Zu den drei angrenzenden Teilungsmächten, unter deren Tritten die Polen fast anderthalb Jahrhunderte lang zu leiden gehabt hätten, zählte „Informator" als vierten Unterdrücker „den russisch-jüdischen Stiefel" („but rosyjsko-żydowski").[136] Nach der Kapitulation der Warschauer Aufständischen auf die polnischen Nationalaufstände zurückblickend, gab „Szaniec"[137] folgende historische Interpretation: „Nach jedem unvorbereiteten und gescheiterten Aufstand verarmten die Polen und machten sich auf zu einem Wanderleben, und ihre Plätze wurden von Juden, Deutschen und Russen eingenommen."[138]

Vorwürfe „jüdischer Kollaboration" in der rechten Untergrundpresse

Galten die Juden ohnehin schon verbreitet als Feind der polnischen Nation und ihrer politischen Bestrebungen, so fanden rechte und (national-)katholische Untergrundblätter mannigfache Gelegenheit, an Einzelereignissen zu verdeutlichen, was sie unter jüdischer „Kollaboration" verstanden und immer wieder thematisierten. Über die Rechte hinaus sind solche antijüdischen Bilder und Verdächtigungen zuweilen auch in den Blättern der Regierungsdelegatur und der Bauernbewegung nachweisbar.

Allgemein herrschte die Auffassung, dass ‚die Juden' zwischen 1939 und 1941 mit den sowjetischen Besatzern in den polnischen Ostgebieten zusammengearbeitet hätten. „Kadra P.N." sprach von der Erinnerung an die „feindlich gesinnten Machenschaften des Weltjudentums und an die jüdischen Verbrechen unter der sowjetischen Okkupation in den östlichen Grenzmarken, die noch allzu frisch ist".[139] Schon jetzt, hieß es in „Walka", „bereiten sich in unserem Land die im Verborgenen agierenden Überlebenden sehr gewissenhaft auf diese

---

133 Walka Nr. 11 vom 16. März 1944, Inwazja na Amerykę [Die Invasion Amerikas]: „Najgorliwszymi agentami Moskwy okazali się żydzi z Polski, stając otwarcie do agitacji na rzecz interesów sowieckich."

134 „Wielka Polska" bezeichnete ihn kurz darauf als „kosmopolita-żyd Tuwim", Nr. 9/10 vom 1. Juni 1944, Niepoczytalność i zdrada [Unzurechnungsfähigkeit und Verrat].

135 Informator Nr. 18 vom 13. Juni 1944, Prawica ... lewica ... centrum [Die Rechte ... die Linke ... die Mitte]: „(...) sprzedawała w ręce bolszewickie – niszczyła nam szkolnictwo, podkopywały wiarę, demoralizowała młodzież i organizowała placówki komunistyczne."

136 Informator Nr. 27 vom 15. Juli 1944, Nasze cele [Unsere Ziele].

137 Szaniec Nr. 52 (158) vom 1.-15. November 1944, Bohaterzy a podpalacze [Helden und Brandstifter].

138 „Po każdym nieprzygotowanym i nieudanym powstaniu Polacy ubożeli i szli na tułaczkę, a miejsca ich zajmowali Żydzi, Niemcy i Moskale."

139 Kadra P.N. Nr. 9 vom 10. Dezember 1942, Obietnice pana Premiera [Die Versprechen des Herrn Ministerpräsidenten]: „(...) zbyt dobra jest pamięć o wrogich nam machinacjach żydostwa światowego i zbyt świeża o zbrodniach żydowskich z okresu okupacji sowieckiej na Kresach Wschodnich."

[revolutionäre] Aufgabe vor".[140] Sie wollten auf dem Warschauer Schloss die rote Fahne hissen: In ihren unruhigen Träumen erscheine dieses Bild „den Führern der in den Wäldern operierenden Partisanenbanden, die sich aus Fallschirmspringern und Ghettoflüchtlingen zusammensetzen; die politischen Anführer der künftigen Revolte, die sich versteckt halten und um unseren (...) Schutz bitten, denken sorgfältig darüber nach und treffen Vorbereitungen, die hinters Licht geführten ‚Genossen' von der PPR und PS[141] arbeiten an der Verwirklichung eines sowjetischen (...) Polen."[142]

Als Minderheiten, die dem polnischen Staat am feindlichsten gegenüberstanden, galten Deutsche, Ukrainer und Juden:[143] Habe zur Septemberniederlage 1939 die Zersetzungsarbeit der deutschen Minderheit beigetragen, so hätten sich „beim Einmarsch der Bolschewiken Judenkommunisten und Ukrainer" darin geübt.[144] „Diese Juden leiten heute Organisationen, die durch ihre Tätigkeit in Polen im entscheidenden Moment eine rote Revolution und den Boden für die bolschewistische Herrschaft vorbereiten."[145] Ein Blatt der Bauernbewegung teilte Anfang 1943 mit, an der Weichsel seien Banden aufgetaucht, die manchmal aus Kommunisten, manchmal aus Juden bestünden.[146] „Wieś" vermerkte über das Geschehen bei Lubartów, die deutsche Gendarmerie habe sowjetische Banden angegriffen, wobei wohl 200 umgebracht worden seien, darunter viele jüdische Familien, die sich dort versteckt hätten.[147] Wenige Wochen später notierte das Blatt im Kreis Węgrów eine gewaltige deutsche Terrorwelle gegen Bauernfamilien. Sie würden beschuldigt, sowjetischen Kriegsgefangenen und dem Ghetto entflohenen Juden zu helfen: „Einer der Henker – ein Jude und Mitglied der bolschewistischen Banden, die seinerzeit den Bauern Lebensmittel abpressten, hat in der Gemeinde Sadowne auf Bauern gezeigt, die den Juden und sowjetischen Kriegsgefangenen Nahrungsmittel gegeben hatten. Aufgrund dieser Denunziation haben die Deutschen die Bauern (...) unter dem Vorwurf, das Recht gebrochen zu haben, versammelt. Bei der Untersuchung wurde auf grausame Weise geprügelt und (die Bauern) am Ende (...) massenhaft erschossen."[148]

---

140 Walka Nr. 28 vom 28. Juli 1943, Niebezpieczeństwo pozornego rozwiązania (wie Anm. 113): „Do tego zadania ukrywające się niedobytki żydów w naszym kraju przygotowują się bardzo starannie."

141 PPR: Polska Partia Robotnicza (Polnische Arbeiterpartei), die 1942 wiedergegründete KP Polens; PS: Polscy Socjaliści (Polnische Sozialisten), linke Abspaltung von der PPS.

142 „(...) wodzowie dywersyjnych band leśnych, złożonych ze spadochroniarzy sowieckich i uciekinierów z ghetta(;) obmyślają starannie i przygotowują ukrywający się i proszący o naszą ... opiekę szefowie polityczni jutrzejszej rewolty, pracują nad realizacją Polski (...) radzieckiej otumanieni ‚towarzysze' z PPR czy PS.

143 Wielka Polska Nr. 9/10 vom 1. Juni 1944, Demagogia, bolszewizm i kompromitacja [Demagogie, Bolschewismus und Kompromittierung].

144 Wielka Polska Nr. 5 vom 27. April 1944, Przekleństwo tolerancji [Fluch der Toleranz]: „Takąż dywersyjną akcję stosowali w momencie wkraczania do Polski bolszewików in żydzi-komuniści i Ukraińcy (sic)."

145 „Ci żydzi kierują dzisiaj organizacjami, które swą działalnością przygotowują w Polsce na moment przełomu czerwony przewrót i grunt pod panowanie bolszewickie."

146 Przez walkę do zwycięstwa Nr. 5 (74) vom 20. Februar 1943, Z Kielecczyzny [Aus dem Gebiet Kielce].

147 Wieś Nr. 4 vom 18. Februar 1943, Kronika cierpień wsi [Chronik der Leiden auf dem Land].

148 Wieś Nr. 8 vom 18. März 1943, Kronika cierpień wsi (wie Anm. 147): „Kat – Żyd, uczestnik band bolszewickich, które swego czasu wymuszały od chłopów środki żywnościowe, wzkazywał

„Walka" berichtete über den „bekannten jüdischen Kommunisten" („znany komunista żyd") Rubin aus Wołomin, der eine SS-Formation in das Dorf Zarzetka geführt habe, um dort den Deutschen diejenigen Bauern anzuzeigen, die ihm nach seiner Flucht aus dem Ghetto Unterschlupf gewährt hatten; 40 seien daraufhin sofort erschossen und 140 verhaftet und verschleppt und das Dorf in Brand gesteckt worden.[149] „Kraj" vermeldete im Sommer 1943, dass im Gebiet Białystok Partisanengruppen aufgetaucht seien, die sich als polnische Armee unter dem Oberbefehl General Berlings ausgegeben hätten und über polnische und russische Befehlshaber verfügten: „Juden melden sich massenhaft, um in ihre Reihen zu treten."[150] Bei Biłgoraj (südlich von Lublin) habe eine Partisaneneinheit dieser Art mit den Deutschen einige Scharmützel ausgetragen – und sich viele Diebstähle und Raubüberfälle zuschulden kommen lassen. Ihre Beschreibung bediente sich folgender Wortwahl: „Im Stab und in den Lagern Juden und Jüdinnen. ‚Politruk' der Einheit ist ein großer, hagerer Jude, der mit ‚Genosse Doktor' angeredet wird. Er hat für das Verbergen von Getreide zwischen zehn und zwanzig Bauern zum Tode verurteilt."[151] „Wielka Polska" teilte mit, dass in den Góry Świętokrzyskie (Heiligkreuzberge) bei Kielce eine kommunistische Bande unter Führung eines Jan Byk ihr Unwesen treibe, die aus Russen, Juden und „aus der polnischen Gesellschaft Ausgestoßenen" („wyrzutki społeczne") bestehe.[152] „Wielka Polska" schilderte im Winter 1944 ein „Befriedungs"-Unternehmen der NSZ und beklagte dabei, es gebe in Polen ganze Landstriche, die sich in „wahrhaft wilde Felder" verwandelt hätten: „Auf ihnen treiben kommunistische und jüdische Banden, Banditen- und Diebesgesindel ihr Unwesen."[153]

„Walka" warnte, die Sowjets wollten sich durch den als polnisches Nationalkomitee geschaffenen „Związek Patriotów Polskich" („Verband Polnischer Patrioten", ZPP) unter den Polen Anhang verschaffen und stellte fest: „(...) die bolschewistischen ‚polnischen Patrioten' werden überwiegend von ‚Polen' mit Schläfenlocken dargestellt ...".[154] Das Blatt drängte

---

w gm. Sadowne chłopów, którzy dawali żywność Żydom i jeńcom sowieckim Na podstawie tej denuncjacji Niemcy zgromadzili (...) chłopów pod zarzutem łamania prawa. Przy badaniu w okropny sposób bito, w końcu (...) masowo rozstrzelano."

149 Walka Nr. 13 vom 7. März 1943, Bez komentarzy (Wiadomości z kraju) [Ohne Kommentar (Inlandsnachrichten)].

150 Kraj Nr. 5 vom 24. August 1943, Polska Wschodnia: Wojacy Berlinga [Ostpolen: Die Krieger Berlings]: „Do ich szeregów zgłaszają się masowo żydzi." Zygmunt Berling war Befehlshaber der 1943 in der Sowjetunion aufgestellten polnischen Einheiten, die auf der Seite der Roten Armee gegen die Wehrmacht kämpfen sollten.

151 „W sztabie i taborach żydzi i żydówki. ‚Politrukiem' oddziału jest wysoki, szczupły żyd, którego tytułują: ‚towarzysz doktor'. Wydał on kilkanaście wyroków śmierci na chłopów ukrywających zboże." Vgl. auch ebenda, Nr. 7 vom 9. September 1943, Kraj pod okupacją. Polska Środkowa. Bojówki komuny w polskich mundurach [Das Land unter Besatzung. Mittelpolen. Kommunistische Trupps in polnischen Uniformen], wo von Aktivitäten der Partisanen der Polska Armia Ludowa und ihrer Presse die Rede ist, Juden aber nicht erwähnt werden.

152 Wielka Polska Nr. 11 vom 8. Juni 1944, P.P.R. działa [Die PPR ist aktiv].

153 Wielka Polska Nr. 47 vom 20. Februar 1944, Oddziały leśne Narodowych Sił Zbrojnych w akcji (wie Anm. 116): „(...) prawdziwe dzikie pola. Hulają po nich bandy komunistyczne i żydowskie, szajki bandytów i złodziejów."

154 Walka Nr. 19 vom 25. Mai 1944, Hultajska trójka [Ein liederliches Kleeblatt]: „(...) bolszewickich ‚patriotów polskich' markują przeważnie ‚Polacy' pejsaci (...)."

darauf, die Offiziere der in der Sowjetunion gebildeten polnischen Armee abzuurteilen, bei denen es sich nahezu zur Hälfte um Juden handle.[155]

Mit Unverständnis nahmen einige Untergrundblätter wahr, dass Teile der jüdischen Gemeinschaft sich für die antijüdischen Vernichtungsmaßnahmen benutzen ließen. Zu Beginn der Großen Vernichtungsaktion gegen das Warschauer jüdische Zwangswohnviertel teilte „Biuletyn Informacyjny" seinen Lesern mit: „Was die Organisierung der Deportation angeht, so hat teuflischer deutscher Erfindungsreichtum sie auf den jüdischen Gemeinderat und die jüdische Ordnungspolizei abgewälzt. (...) Die Beladung der Züge usw. geschieht von jüdischer Hand."[156] „Rzeczpospolita Polska" bestätigte Ende August 1942, „das Hauptinstrument bei der Durchführung der Umsiedlung" sei weiterhin „die überaus eifrige jüdische Polizei."[157] „Prawda" ergänzte, die jüdischen Polizisten müssten eine tägliche Quote bereitstellen: Wer nicht 20 Personen für die Deportation herbeischaffe, werde erschossen.[158]

„Biuletyn Informacyjny" resümierte Anfang Oktober: „Im Warschauer Ghetto ist mit Hilfe einer von wenigen Deutschen beaufsichtigten jüdischen Polizei die ganze alptraumhafte Aktion, bei der die jüdische Bevölkerung zur Vernichtung deportiert wurde, durchgeführt worden. Im letzten Stadium haben die Deutschen – selbst diese jüdischen Polizisten und ihre Familien zur Vernichtung abtransportiert (...)".[159]

„Rzeczpospolita Polska" zeigte sich über den reibungslosen Ablauf des vielhunderttausendfachen Massenmordes sehr verwundert: „Die Juden der ganzen Welt haben sich bis zum Ende in ein rätselhaftes Schweigen gehüllt, soweit es um die Leidensgeschichte ihrer Brüder in Polen ging. Und sie nehmen sie weiterhin nicht zur Kenntnis."[160] Das Blatt bot dafür zwei Erklärungen: Die Juden schenkten den Nachrichten keinen Glauben und hielten sie für das Produkt einer vom Hass auf die Deutschen besessenen polnischen Propaganda, oder „das hartnäckige Schweigen über die jüdische Leidensgeschichte ist augenscheinlich Teil eines Planes für ein großes politisches Spiel jüdischer Kreise, das früher oder später die Wiederherstellung guter Beziehungen zwischen Juden und Deutschen vorhersieht und den Polen die

---

155 Walka Nr. 22 vom 15. Juni 1944, Zdrajców pod sąd! [Verräter vor Gericht!].
156 Biuletyn Informacyjny Nr. 30 (134) vom 30. Juli 1942, Początek likwidacji ghetta [Der Beginn der Ghetto-Liquidierung]: „Co do sposobu organizowania wywożenia, to szatańska pomysłowość niemiecka obarczyła nim żydowską Radę Gminną i żydowską policję porządkową. (...) załadowywanie do pociągu itd. przeprowadzane jest rękoma żydowskiemi."
157 Rzeczpospolita Polska Nr. 14-15 (44-45) vom 24. August 1942, Na ziemiach Rzeczypospolitej. W stolicy. Likwidacja ghetta [Auf den Gebieten der Republik. In der Hauptstadt. Liquidierung des Ghettos]: „Głównym instrumentem wykonawczym wysiedlenia jest nader gorliwa policja żydowska."
158 Prawda vom August 1942, Nasze życie (wie Anm. 21).
159 Biuletyn Informacyjny Nr. 39 (143) vom 8. Oktober 1942, Próba wyniszczania Polaków polskiemi rękoma (wie Anm. 49): „w getcie warszawskim rękoma policji żydowskiej, nadzorowanej przez nielicznych Niemców, przeprowadzono całą koszmarną akcję wywożenia ludności żydowskiej na zatracenie. W ostatnim etapie – Niemcy wywieźli na zatracenie tychże samych policjantów żydowskich i ich rodziny (...)."
160 Rzeczpospolita Polska Nr. 18 (48) vom 14. Oktober 1942, Wobec zbrodni niemieckiej dokonanej na Żydach [Angesichts des an den Juden begangenen deutschen Verbrechens]: „Narazie spójrzmy jeszcze na sprawę żydowską, na to co najważniejsze: jaką reakcję wywołała zbrodnia nie mająca równie sobie w dziejach. (...) Żydzi całego świata zachowali do końca zagadkowe milczenie na temat męczeństwa swych braci w Polsce. Nadal nie przyjmują go do wiadomości."

Verantwortung für das von den Deutschen verübte Verbrechen aufbürdet. Sowohl die eine als auch die andere Antwort ist möglich, und wer weiß, ob nicht beide zugleich zutreffen."[161]
Der linksdemokratische „Dziennik Polski" schloss sich dieser Unterstellung an. Den Grund für die hier beklagte Haltung der Juden in den alliierten Ländern sah der Verfasser in der folgenden, aus dem „Rzeczpospolita"-Artikel wiedergegebenen Gedankenkonstruktion: „Lässt dies nicht unweigerlich den Verdacht aufkommen, dass die internationale Finanzoligarchie schon beginnt, den Boden für eine Zusammenarbeit mit den Deutschen zu bereiten, dass sie angesichts dessen an Dinge nicht rühren will, die Ursache für Reibereien sein könnten, dass sie schon jetzt auf diese Weise ihr ‚Fingerspitzengefühl' gegenüber Deutschland deutlich macht und sich die Gnade seiner künftigen Herrscher sichert, welche jene Selbstverleugnung doch immerhin werden anerkennen müssen, dass sie von den eigenen Schmerzen zur Tagesordnung übergehen eingedenk der Sympathie für das ‚große deutsche Volk', das ... wer weiß, ob es nicht der Rache zum Opfer fällt, wer weiß, ob es nicht Verteidiger nötig haben wird – und dann wird eben diese Finanzoligarchie ..."[162]
In seiner Stellungnahme konstatierte das Blatt in Übereinstimmung mit den auf der polnischen Linken kursierenden antikapitalistischen Vorstellungen: „Es unterliegt keinem Zweifel, dass die polnischen Juden für die ausländische jüdische Finanzoligarchie eine nicht unbedeutende Belastung waren. Sie haben das geschaffen, was man eigentlich als die Judenfrage bezeichnen könnte. Sie – das ist diese völlig unzeitgemäß organisierte, die in jeder Hinsicht vielleicht rückständigste Masse, die in tausenden Vorurteilen verwurzelt ist, die Gesetze bekämpft wie das der Sonntagsruhe, welche das Schächten praktiziert, die Genossenschaften bekämpft, die ganz und gar nicht angepasst ist an die moderne Entwicklung der Gesamtgesellschaft, die in einer monströsen, sich als Schule ausgebenden Einrichtung, wie sie der Cheder darstellt, erzogen wird – diese (Masse) hat in einem ungeheuren Ausmaß den stärksten Ansporn für den Antisemitismus geliefert. Die Auswanderung (von Juden) aus Polen hat das Leben jeder jüdischen Gemeinschaft im Ausland erschwert. Der polnische Siedlungsschwerpunkt der Juden war und ist der Glutofen des jüdischen Nationalismus."[163]

---

161 „Uparte milczenie o męczeństwie żydowskim wchodzi widocznie w plan wielkiej gry politycznej sfer żydówskich, przewidującej prędzej czy później powrót dobrych stosunków żydowsko-niemieckich, a obarczającej Polskę odpowiedzialnością za dokonane przez Niemców zbrodnie. Każda z tych dwu ewentualności jest możliwa, a kto wie, czy nie zachodzą obydwie równocześnie."

162 Dziennik Polski Nr. 438 vom 5. November 1942, Jasno i otwarcie [Klar und offen]: „Czy nie nasuwa się mimowoli podejrzenie, że międzynarodowa finansjera już poczyna przygotować grunt do współpracy z Niemcami, że wobec tego nie chce wprowadzać momentu ‚zadraśnień'[zadrażnień?], że już teraz w ten sposób manifestuje swą ‚delikatność' względem Niemiec i zaskarbia łaskawość przyszłych ich władców, którzy przecież będą musieli uznać owo zaparcie się siebie, przejście nad własnymi bólami do porządku [dnia] ze względu na sympatię dla narodu niemieckiego ‚wielkiego narodu', który ... kto wie czy nie padnie ofiarą zemsty, który kto wie czy nie będzie potrzebował obrony – i wtedy właśnie owa finansjera ...

163 „Nie ulega wątpliwości, że Żydzi polscy byli dla finansjery żydowskiej zagranicznej nielada ciężarem. Oni to wytwarzali to, co właściwie nazywaćby się mogło kwestią żydowską. Oni – ta masa zorganizowana całkiem niewspółcześnie, może najbardziej ze wszystkich zacofana pod każdym względem, tkwiąca w tysiącznych przesądach, walcząca z takimi ustawami jak odpoczynek niedzielny, uprawiająca ubój rytualny, walcząca ze spółdzielczością, nieprzystosowana zupełnie do nowoczesnego rozwoju całości społeczeństwa, wychowana w potwornym naśladownictwie szkoły jaki jest cheder – ona to w olbrzymim stopniu stanowiła najdoskonalszą podnietę

Aus diesen selektiven Beobachtungen leitete das Blatt weit reichende Mutmaßungen ab: „Im Stillen denkt also bei sich nicht nur der einheimische Antisemit, sondern auch der westliche jüdische Finanzmann, wenn er seiner Empörung gegenüber den Gewalttaten Ausdruck verleiht, dass Hitler ihn doch für die Zukunft von all diesen (...) Unbequemlichkeiten befreit. Daher hat er es mit ‚unrealistischen Forderungen‘ zum Schutz seiner ‚Mitbrüder‘, hat er es mit der [Verbreitung von; K.-P. F.] ‚Greuelpropaganda‘ nicht eilig. Und so löst sich der Mythos von der internationalen Solidarität des Judentums, ja löst sich der Mythos vom jüdischen Volk selbst in Luft auf. Wo gibt es dieses denn, wenn nicht in den Ghettos in Polen – oder in einer Handvoll anderer osteuropäischer Staaten! Wo gibt es dieses denn, wenn nicht in der [Warschauer] Nalewki[-Straße], in [den Krakauer Stadtteilen; K.-P. F.] Kazimierz oder Podgórze! Dieses Volk als solches gibt es nicht, und seine Solidarität existiert nicht, und ... es hat kein gemeinsames nationales Interesse. Es gibt die große Fiktion der Diaspora, eines eigentümlichen Kulturstandes, des Bekenntnisses. Und all dies muss der Fortschritt assimilieren und einebnen. Und all dies hätte in Ruhe und Frieden stattfinden können, wenn es nicht zur rohen und sinnlosen NS-Intervention gekommen wäre – deren Folgen, wenn überhaupt, nur für jene jüdische Finanzoligarchie vorteilhaft sind."[164]

Der Verfasser schloss seine von antijüdischen Vorurteilen und antikapitalistischen Vorstellungen geprägten Ausführungen mit der „Schlussfolgerung", „dass die Moral der internationalen Finanzoligarchie und der großen Haie des Kapitalismus der nationalsozialistischen Moral gleichkommt. Während die eine ungeheuerliche Morde begeht, schweigt die andere und akzeptiert sie damit gewissermaßen, denn so empfiehlt es die Bequemlichkeit, so diktieren es die Planungen für künftige Geschäftsinteressen."[165]

„Kadra P.N." beklagte wenig später ebenfalls das „erstaunlich lange währende Schweigen des Weltjudentums und der angelsächsischen öffentlichen Meinung in Bezug auf die von den Deutschen verübten Massenmorde an den Juden in Polen".[166]

Nachdem ein Londoner Rabbiner Gottes Segen „für Polen und Juden, die ihr Leben für ihr Vaterland gaben und geben", angerufen und Polen als *nationale Heimat des Judentums*

---

dla antysemityzmu. Emigracja z Polski utrudniała byt każdego środowiska żydowskiego zagranicą. Skupisko polskie było i jest zarzewiem nacjonalizmu żydowskiego."

164 „Oto nie tylko tuzinkowy antysemita, ale Żyd finansista zachodni, wyrażając oburzenie przeciwko gwałtom, po cichu myśli sobie, że jednak Hitler wyzwoli go na przyszłość od wszelkich tych ... niedogodności. Więc nie kwapi się z ‚nierealnymi żądaniami‘ w obronie ‚współbraci‘, nie kwapi się z ‚propagandą okrucieństwa‘. I oto pryska mit o solidarności międzynarodowego Żydostwa – ba, pryska mit o samym narodzie żydowskim. Gdzież on jest poza ghettem polskim, czy kilku innych państw wschodnio-europejskich! Gdzież on jest poza Nalewkami, czy Kazimierzem, czy Podgórzem! Niema tego narodu jako takiego i nie istnieje jego solidarność i ... niema wspólnego interesu narodowego. Jest wielka fikcja diaspory, swoistego poziomu kultury, wyznania. I wszystko to postęp musi asymilować i niwelować. I wszystko to odbyć się mogło spokojnie, a przynajmniej bezkrwawo, gdy nie hitlerowska interwencja, dzika i bezsensowna, a w skutkach – jeśli pożyteczna, to tylko dla owej finansjery żydowskiej."

165 „Oto moralność międzynarodowej finansjery żydowskiej czy wielkich rekinów kapitalistycznych jest równa moralności hitlerowskiej. Gdy jedna popełnia potworne mordy, druga milczy, niejako je akceptuje, bo tak nakazuje wygoda, tak dyktują plany przyszłych interesów."

166 Kadra P.N. Nr. 9 vom 10. Dezember 1942, Obietnice pana Premiera [Die Versprechen des Herrn Ministerpräsidenten]: „Po zdumiewająco długotrwałym milczeniu międzynarodowego żydostwa i opinii anglosaskiej w sprawie masowych mordów żydów w Polsce, dokonywanych przez Niemców (...)."

(„*narodową ojcowizną żydostwa*") bezeichnet hatte,[167] polemisierte der rechtsradikale „Szaniec" in einer „Anmerkung der Redaktion": „Die Londoner Rabbiner wissen genau so gut wie wir, dass die Juden weder für Polen noch für das Polentum starben und sterben; dass sie jegliche deutsche Angebote, und seien sie noch so niederträchtig, annehmen würden, wenn man sie ihnen unterbreiten wollte; sie sterben, weil die Nazi-Doktrin dies verlangt, denn es hängt nicht von ihrem Willen, ihrer Macht und ihrem Wunsch ab, sich der jüdischen Merkmale zu entledigen, doch sind gerade diese Merkmale in den Augen der Deutschen eine hinreichende Begründung für das Vernichtungsurteil gegen das Judentum."[168]

Die „Szaniec"-Redaktion widersprach Protesten[169] gegen eine derartige Einschätzung, indem sie auf einen neuen Beleg für die ‚jüdische Kollaboration', in Majdanek, verwies: „Eine ungewöhnliche Sache ist hier, dass Juden zur ‚Zusammenarbeit' zugelassen werden",[170] denn in den Männerbaracken hätten die Deutschen nun Juden als Aufseher eingesetzt. Die Bezeichnung der Funktionshäftlinge als KAPO wurde als „Kainowa policja" („Kains Polizei") gedeutet, da fast alle Kapos ehemalige jüdische Polizisten aus dem Warschauer Ghetto seien. Während sich in dem Lager Deutsche kaum blicken ließen, würden sich ‚die Juden' „mit Vorliebe an den Polen vergehen! ... sie schlagen sie, und – sie schlagen sie tot! (...) Die Juden können im Hinblick auf ihre ‚Mitbürger' endlich ‚ihrem Herzenstrieb folgen'."[171] Auch „Wieś" gab bekannt, dass „(e)inige junge Juden und Bolschewiken, die sich für diese Arbeit gemeldet haben, die Funktion niederer Aufseher erfüllen. Sie verhalten sich dabei grausam und brutal."[172] „Biuletyn Informacyjny" teilte lediglich mit, dass in einem Teil des Lagers Warschauer Juden als Kapos und Vorarbeiter tätig seien.[173]

---

167 Szaniec Nr 1 (92) vom 1. Januar 1943, Modły żydowskie [Jüdische Gebete]. Hervorhebung im Orig.

168 „Rabini londyńscy równie dobrze jak my wiedzą, że Żydzi ginęli i giną nie za Polskę, ani za polskość; że przyjęliby wszelkie, choćby najbardziej łajdackie propozycje niemieckie, gdyby je chciano im przedłożyć; giną, bo tego wymaga doktryna hitlerowska, bo nie od ich woli, mocy i chęci zależy pozbycie się cech żydowskich, a te właśnie cechy w oczach Niemców są dostatecznym uzasadnieniem wyroku zagłady na Żydostwo."

169 Demnach habe der polemische Kommentar vom 1. Januar in gewissen „humanitären Kreisen" Empörung hervorgerufen, „wobei uns vorgehalten wurde, daß wir ‚in unserer antisemitischen Verbohrtheit selbst die Trauer um die ermordeten Mitbürger auf gotteslästerliche Weise bekundet' hätten" („gdzie wytknięto nam, że „w antysemickiem zacietrzewieniu nie uszanowaliśmy bluźniercze nawet żałoby po wymordowanych współobywatelach")." Szaniec Nr. 4 vom 15. Februar 1943, Dwa narody wybrane [Zwei auserwählte Völker].

170 „Rzeczą niezwykłą jest tu dopuszczenie do ‚współpracy' Żydów (...)."

171 „(...) z lubością pastwią się nad Polakami! ... biją, i - właśnie do śmierci! (...) Żydzi nareszcie mogą ‚pójść za popędem serca' w stosunku do ‚współobywateli'. Später hieß es, in Majdanek seien die Kapos „vereidigt" und beauftragt worden, im entsprechenden Augenblick („w przełomowym momencie") alle Gefangenen zu töten; Szaniec Nr. 15 (106) vom 4. Dezember 1943, Majdanek.

172 Wieś Nr. 3 vom 11. Februar 1943, Obóz na Majdanku /Lublin/ [Das Lager in Majdanek /Lublin/]: „Kilku młodych Żydów i Bolszewicy, którzy się do tej pracy zgłosili, pełnią w obozie funkcję niższych dozorców. Zachowują się przy tym okrutnie i brutalnie." Anders als „Szaniec" machte „Wieś" aber deutlich, dass „es für die Konzentrationslager eine typische Erscheinung ist, dass die Deutschen mit Hilfe der gemeinsten Häftlinge die anderen unterdrücken" („Jest to dla obozów koncentracyjnych zjawisko typowe, że Niemcy rękami najpodlejszych więźniów gnębią innych").

173 Biuletyn Informacyjny Nr. 11 (166) vom 18. März 1943, Majdanek. Gleichzeitig hieß es, dass die überwiegende Mehrheit der zur Vernichtung vorgesehen Häftlinge Juden seien.

Unterdessen würden Juden bei der Judenvernichtung auch außerhalb der NS-Lager Beihilfe leisten. So teilten „Dziennik Polski" und „Walka" im Juli 1943 aus Krakau mit, dass 42 Angehörige des „Ordnungsdienstes" („policja żydowska") des ehemaligen Krakauer Ghettos von der Gestapo als Zuträger übernommen worden seien: „Die jüdischen Konfidenten haben in erster Linie die Aufgabe, Glaubensgenossen zu fassen, die sich verborgen halten."[174] Zugleich wurden zwei jüdische Gestapo-Mitarbeiter mit Angabe ihres Namens und ihrer Anschriften enttarnt. „An der Spitze dieser Konfidentengruppe", meldete „Walka", „steht der Jude Blodek. Alle Mitglieder der jüdischen Polizei gehen in Krakau ohne Armbinden herum und wohnen ungemeldet."[175] Einer der Gestapo-Mitarbeiter, „der Jude Perlmutter", sei im Januar 1944 in Krakau verhaftet worden, wo er – wie „Kraj" zu berichten wusste – unter dem Namen Mieczysław Dzikiewicz (d.i. Perlmutter) für die Gestapo den Kontakt zu Zuträgern aufrechterhalten hatte; nach (deutschen) Polizeiangaben sei er auch Agent des sowjetischen Geheimdienstes.[176]

„Wielka Polska" resümierte, unter der deutschen Besatzung hätten sich die Zustände aus dem Ersten Weltkrieg nicht wiederholt, als Juden „die eifrigsten Deutschenknechte" gewesen seien; und doch hätten sie, wo immer dies möglich gewesen sei, mit den Deutschen gegen die Polen zusammengearbeitet: Während der Vernichtung der Ghettos hätten sie, wenn gefangen genommen, tausende polnischer Bauern denunziert, die ihnen geholfen hätten, und die Deutschen hätten allein aufgrund dieser – häufig gänzlich unwahren – Denunziationen die Beschuldigten erschossen. Es gebe Kreise, in denen hunderte und tausende Polen aus diesem Grund umgekommen seien. Trotz der deutschen Grausamkeiten würden die Juden die Polen mehr als die Deutschen hassen und „drohten häufig, dass sie diese deutschen Verfolgungen mit Zins und Zinseszins an uns vergelten werden, weil es unsere Pflicht sei, sie vor den Deutschen zu schützen, auch wenn wir dabei umkommen sollten. Die Juden erkennen nur die brutale Gewalt an, und da sie diese bei uns nicht sehen, verachten und hassen sie uns".[177]

Neuverteilung und Verwertung des jüdischen Eigentums

Die Aussicht, an der Neuverteilung des jüdischen Eigentums teilzuhaben, war in den Okkupationsjahren einer der Gründe, die manche Polen zu gegen Juden gerichteten Handlungen veranlassten.

---

174 Dziennik Polski Nr. 540 vom 3. Juli 1943, Z Krakowa: „Konfidenci żydowscy w pierwszym rzędzie mają za zadanie wyłapywanie ukrywających się współwyznawców."
175 Walka Nr. 28 vom 28. Juli 1943, Terror w Małopolsce. (...) Masowe mordy ... [Terror in Kleinpolen. (...) Massenmorde ...]: „Na czele tej grupy konfidentów stoi żyd Blodek. Wszyscy członkowie policji żydowskiej chodzą w Krakowie bez opaski i mieszkają nie meldowani."
176 Kraj Nr. 8 vom 22. Februar 1944, Polska Środkowa. (...) Aresztowanie gestapowca za współpracę z wywiadem sowieckim [Mittelpolen. (...) Verhaftung eines Gestapomannes wegen Zusammenarbeit mit dem sowjetischen Geheimdienst].
177 Wielka Polska Nr. 43 vom 3. November 1943, Żydzi w Polsce [Die Juden in Polen]: „(...) i odgrażali się często, że za te prześladowania niemieckie z nawiązką nam odpłacą, bo naszym obowiązkiem było ich bronić przed Niemcami, choć byśmy mieli przy tym zginąć. Żydzi uznają jedynie siłę brutalną, a tej u nas nie widząc, pogardzają nami i nienawidzą nas."

Über den materiellen Anreiz für Mittäter beim Judenmord teilte etwa „Robotnik", das Organ der Polnischen (Links-)Sozialisten, aus dem Kreis Biała Podlaska kritisch mit: „Nach der Liquidierung der Juden (...) lässt sich beobachten, dass die Reste ihrer armseligen Habe unter der örtlichen Polnischen Polizei aufgeteilt werden, die das Gerümpel in ihre Häuser bringt, es aussortiert und das, was sich nicht mehr gebrauchen lässt, verbrennt, die nützlichen Dinge jedoch weiterverkauft oder zum eigenen Gebrauch behält."[178]

Wiederholt ging die Untergrundpresse auf die Umsiedlungen innerhalb des Generalgouvernements ein, bei denen Polen in Übereinstimmung mit den bevölkerungspolitischen Maßnahmen der Besatzer in den vormals mehr oder weniger jüdisch geprägten Kleinstädten an die Stelle der ermordeten Juden traten. „Walka" teilte im November 1942 aus Lublin mit, schon seit mehreren Wochen dauere „die Aussiedlung aller nichtarbeitenden Rentner in die Provinz an, wo sie in ehemals jüdischen Wohnungen untergebracht werden".[179] In einem Beitrag über die Vorgänge in Zamość informierte „Kadra", die aus dem Gebiet um Zamość zwangsausgesiedelte polnische Bevölkerung werde „nach einem zwei- bis dreiwöchigen Aufenthalt im Lager in verschiedene Ortschaften gebracht, in denen zuvor die Ghettos liquidiert worden sind (...). Laut einer den Gemeindeverwaltungen erteilten Anordnung sollen sie in der Gesellschaft den Platz der vernichteten Juden einnehmen."[180]

Allerdings scherten sich die Deutschen nicht darum, „dass schon mit dem Abriss der ehemals jüdischen Häuser begonnen wurde und die ehemals jüdischen Werkstätten teils beschlagnahmt und teils ausgeraubt worden sind".[181] „Wieś" bestätigte Anfang 1943, dass aus Zamość Zwangsausgesiedelte in der Gegend von Garwolin „in ehemals jüdischen Häusern untergebracht werden (...), und die Typhuskranken im Bethaus", während der polnische Bürgermeister „in verschiedene Handelsspekulationen verwickelt ist, deren Grundlage die Liquidierung des Judenghettos war".[182]

Über die finanzielle Verwertung des jüdischen Besitzes war im Dezember 1942 in „Naród" zu erfahren: „Der Chef der SS- und deutschen Polizei im Bezirk Warschau verkauft die auf dem Gelände des jüdischen Viertels befindliche bewegliche Habe. Sie wird Haus für Haus verkauft, d.h. der Käufer kauft alles, was sich in dem durch ihn erworbenen jeweiligen Haus befindet." Zum „moralischen Aspekt" („aspekt moralny") übergehend, stellte das Blatt fest, dass „nur eine kleine Personengruppe arischer Abstammung und polnischer Nationalität

---

178 Robotnik Nr. 97 vom 17. Oktober 1942, Z kraju: Powiat Biała Podlaska [Aus dem Inland: Kreis Biała Podlaska]: „Po zlikwidowaniu żydów (...) daje się zauważyć, że resztkami nędznego dobytku dzieli się miejscowa policja granatowa, która zwozi do swoich domów graty, sortuje je i gorsze pali, lepsze zaś sprzedaje lub zatrzymuje na własny użytek."

179 Walka Nr. 44 vom 24. November 1942, Lublin: „(...) akcja wysiedlania wszystkich niepracujących emerytów z miasta na prowincję, gdzie umieszczani są w mieszkaniach pożydowskich."

180 Kadra P.N. Nr. 11 vom 7. Januar 1943, Zamość – Himmlerstadt: „Po dwu do trzytygodniowym pobycie w obozie, wysiedleńcy są rozwożeni do rozmaitych miejscowości, w których poprzednio zlikwidowano ghetta (...). Według zarządzenia, skierowanego do gmin danych miejscowości, mają oni zająć w społeczeństwie miejsce wyniszczonych żydów."

181 „(...) że rozpoczęli już rozbiórkę domów pożydowskich, a warsztaty pracy pożydowskie zostały częściowo konfiskowane, a częściowo rozgrabione."

182 Wieś Nr. 1 vom 27. Januar 1943, Wysiedleni z Zamojskiego w Garwolińskiej [Die Ausgesiedelten aus dem Gebiet Zamość im Gebiet Garwolin]: „Wysiedleni umieszczani są w budynkach pożydowskich (...), a chorzy na tyfus w bóżnicy. (...) Robi rozmaite spekulacje handlowe, których podstawą była likwidacja ghetta żydowskiego."

zum Kauf zugelassen" worden sei: „Jene Personen haben damit ein Privileg erworben –
denn der Erwerb, der zu ungewöhnlich niedrigen Preisen getätigt wird, bringt dem Käufer
Einnahmen, die um Hunderte Prozent über den eingesetzten Geldern liegen. Es ist nämlich
bekannt, dass die Personen, die sich mit diesem Handel beruflich befassen, nicht selten sehr
wohlhabend sind, dass sie eigene Immobilien oder Unternehmen besitzen, z.B. in Form von
Möbelfirmen. Sie machen dies also nicht aus einer Lebensnotwendigkeit heraus, sondern
allein auf der Jagd nach einer schnellen, rücksichtslosen Selbstbereicherung."[183]

Auch jüdische Friedhöfe wurden von den Besatzungsbehörden veräußert oder zerstört.
In Niepołomice bei Krakau wurden das Aufbahrungsgebäude und die Grabsteine für 3 020
und das Mobiliar der ermordeten Juden „zum sehr niedrigen Preis von 22 500 Złoty" versteigert. Erstere habe ein einheimischer „Volksdeutscher", letztere „ein paar Schieber" („kilku
paskarzy") erworben.[184] Über die Zerstörung eines jüdischen Friedhofs in Krakau wurde
mitgeteilt, deutsche Firmen und polnische Baudienstler[185] hätten für ein neues Bahngleis
einen Bahndamm mit Erde vom jüdischen Friedhof aufgeschüttet. Die Grabsteine würden
von deutschen Steinhändlern weggeschafft und, wie in Dąbrowa bei Tarnów, Bürgersteige
damit gepflastert. Bei Baumaßnahmen dieser Art machten die Deutschen viele Fotos von
polnischen Arbeitern, denn sie hofften darauf, „nach dem Krieg die Schuld auf uns abzu-
schieben" („zwalić winę na nas po wojnie") – auf die polnischen Bauern und Arbeiter.[186]

Ein äußerst wichtiger Gesichtspunkt in der Debatte der polnischen Rechten über die Folgen des NS-Judenmords waren die Zukunftsplanungen hinsichtlich des ehemals jüdischen
Eigentums. „Walka" führte im Juli 1943 zur künftigen Behandlung jüdischer Eigentumsfra-
gen aus, „die Juden" hofften, dass ihre bewegliche, von den Deutschen geraubte Habe bei
der Festlegung der Kriegsentschädigung berücksichtigt werde, und sie seien auch bestrebt,
ihre Immobilien zurückzuerhalten: „Gewiß werden sich Erben, ‚Verwandte', Stiftungen und
im schlimmsten Fall ‚kommissarische Verwaltungen' finden, unter denen das ehemals jüdische Eigentum eine sorgsame Pflege finden wird ... in der Person der Glaubensgenossen
der früheren Besitzer, als ‚Spezialisten', die überdies die moralische Wiedergutmachung für
die deutschen Verbrechen an den Juden personifizieren. ‚Gebt dem Kaiser, was des Kaisers

---

183 Naród Nr. 15 vom Dezember 1942, Sprawa, której milczeniem pominąć nie wolno [Eine Sa-
     che, die man nicht mit Schweigen übergehen darf]: „Szef SS i policji niemieckiej na okręg
     warszawski sprzedaje znajdujące się na terenie zlikwidowanej dzielnicy żydowskiej całe mienie
     ruchome. Ruchomości sprzedaje się domami, t.zn. nabywca kupuje wszystko, co znajduje się
     w nabywanym przezeń poszczególnym domu. (...) Do kupna dopuszczona jest przez czynniki
     urządzające sprzedaż nieliczna tylko grupa osób pochodzenia aryjskiego i narodowości polskiej.
     Osoby te uzyskały ów przywilej – bo kupno dokonywane po niezwykle niskich cenach przynosi
     zakupującym zarobki wynoszące setki procent od włożonych pieniędzy. Wiadomym zaś jest, że
     osoby zajmujące się zawodowo tym handlem są niejednokrotnie bardzo zamożne, posiadające
     własne nieruchomości lub przedsiębiorstwa, n.p. w rodzaju przedsiębiorstw meblarskich. Nie
     robią więc tego z potrzeby życia, a jedynie w pogoni za szybkim – bezwzględnym bogaceniem
     się."
184 Kraj Nr. 5 vom 24. August 1943, Zlicytowany cmentarz [Ein versteigerter Friedhof]; Kraj Nr. 9-
     10 vom 28. September 1943, Z całego kraju [Aus dem ganzen Land]. Niepołomice.
185 Im polnischen Baudienst wurden im GG junge Männer nach dem Vorbild des Reichsarbeits-
     dienstes organisiert, vgl. Friedrich, Widerstandsmythos (wie Anm. 3), S. 38-41.
186 Wieś Nr. 41 vom 4. November 1943, Profanacja grobów na nasz rachunek [Profanierung von
     Gräbern auf unsere Rechnung].

ist, und was ... jüdisch – den Juden' – schlägt das Judentum vor, das nach einer völligen Wiederherstellung der zweiten Säule seiner Macht in Polen trachtet."[187]

Zum Glück würden jedoch die Polen darüber entscheiden, was ‚den Juden' zukomme, „z.B. nach Maßgabe ihres Beitrags zum Sieg und zum Kampf mit den Feinden des polnischen Staates".[188] Dies werde jene allerdings „nicht daran hindern, die Restitution sogar im Namen der ... Gerechtigkeit anzustreben". Und diese wiederum werde, befürchtete „Walka", „den Juden" dank ihres Einflusses ermöglicht werden – dem „dritten Element des jüdischen Imperiums im polnischen Staat".[189] Denn die „Kompensierung der schmerzlichen und empfindlichen Verluste entscheidet über das Sein oder Nichtsein des Judentums in Polen". Propaganda und Geld seien aber nicht alles. Sie stellten „bloß eine Vorbereitung und Versicherung zugleich dar für den Fall eines für die Juden ungünstigen Verlaufs des Kriegsendes, d.h. für eine vorherige Niederlage Russlands (...)."[190]

Auch „Wielka Polska" legte seinen Standpunkt zur Verwendung des jüdischen Eigentums dar und stellte fest, dass „eine beachtliche Anzahl von Juden sich vor der Liquidierung retten konnte".[191] Noch vor Kriegsbeginn sei die gesamte jüdische industrielle, Finanz- und intellektuelle Elite mit Millionen von Złoty und Güterzügen voll Waren emigriert, wobei ein großer Teil von ihnen gleich nach der sowjetischen Invasion nach Russland gefahren sei, um Geschäfte zu machen und für „die Kommune" zu arbeiten. Das Blatt schätzte die Zahl der überlebenden Juden auf 25-30%, und darüber hinaus gebe es unter ihnen tausende polnische Staatsbürger, die seit Jahren nicht in Polen gelebt hätten. Auf Grundlage dieser Annahmen äußerte das Blatt seine Erwartungen im Hinblick auf die Lage nach Kriegsende. Dann würden sich „all diese jüdischen Elemente bemühen, nach Polen zurückzukehren, um erneut die Führung unseres gesamten wirtschaftlichen, geistigen und politischen Lebens zu übernehmen, so wie es vor dem Krieg gewesen ist".[192] Doch da die Juden sich dem „Polnischen Staat" gegenüber als untreu erwiesen hätten und unablässig gegen ihn aufträten, dürften sie nicht die vollen bürgerlichen Rechte genießen.

---

187 Walka Nr. 28 vom 28. Juli 1943, Niebezpieczeństwo pozornego rozwiązania (wie Anm. 113): „Napewno znajdą się spadkobiercy, ‚krewni', fundacje a w najgorszym razie ‚komisaryczne zarządy', pod którym i pożydowski majątek znajdzie troskliwą opiekę ... w osobach współplemieńców dawnych właścicieli, jako ‚speców', uosabiających ponadto moralne zadośćuczynienie za zbrodnie niemieckie na żydach. ‚Oddajcie co cesarskiego cesarzowi, a co ... żydowskie – żydom' – proponuje żydostwo dążące do pełnej restytucji drugiego filaru swej potęgi w Polsce." Als erste Säule „ihrer Macht in Polen" galt „Walka" die große Zahl der Juden in Polen.

188 „Np. wkładem do zwycięstwa i do walki z wrogami państwa polskiego."

189 „(...) nie przeszkadza im w dążeniu do restytucji nawet w imię ... sprawiedliwości. (...) trzeci element żydowskiego imperium w państwie polskim."

190 „Powetowanie bolesnych i dotkliwych strat zadecyduje o bycie i niebycie żydostwa w Polsce. (...) Lecz propaganda i pieniądze to nie wszystko. To tylko przygotowanie i ubezpieczenie się zarazem na wypadek niepomyślnego dla żydów przebiegu końca wojny t.zn. uprzedniej klęski Rosji (...)."

191 Wielka Polska Nr. 43 vom 3. November 1943, Żydzi w Polsce [Die Juden in Polen]: „(...) bardzo znaczna ilość żydów uratowała się przed likwidacją."

192 „(...) wszystkie te elementy żydowskie będą usiłowały wrócić do Polski, by znów objąć kierownictwo całokształtu naszego życia gospodarczego, umysłowego i politycznego, jak to było przed wojną."

Obgleich die Deutschen die Juden beraubt hätten, sei ihnen ein gewaltiger Besitz verblieben: an Grund und Boden, Fabriken, Immobilien, und sogar Geschäften und Werkstätten, die kommissarisch verwaltet würden. Da die meisten Eigentümer ermordet worden seien, gäbe es meist nur noch Erben im Ausland, und dieser Teil müsse automatisch an den polnischen Staat fallen. Damit könnten dann Wunden geheilt, Kriegszerstörungen behoben und eine Reihe wichtiger Reformen finanziert werden; jüdischer Grundbesitz solle ansonsten aufgeteilt werden, jüdische Häuser, Geschäfte und Werkstätten in Kleinstädten in den Besitz von polnischen Bauern gelangen, und in Großstädten Häuser an Genossenschaften und Anteile von Fabriken den Arbeitern übergeben werden; was die Juden über Jahrhunderte dem „polnischen Volk" durch Betrug abgenommen hätten, müsse wieder zu dessen Besitz werden.

Darüber hinaus müssten die Polen anstreben, dass die Juden nach dem Krieg nicht zurückkehren oder dass sie nach Palästina ausreisen würden. Dies werde allerdings davon abhängen, welche Regierung in Polen an die Macht komme. Die politischen Lager, welche die Vorkriegsregierungen gebildet hatten, träten für die volle Gleichberechtigung der Juden ein, während „das Judentum" mit Unterstützung aus dem In- und Ausland „Polen erneut unter seine Herrschaft bringen will" („żydostwo chce znów opanować Polskę"). Dem widersetze sich das „Nationale Lager", welches das Ziel verfolge, die bürgerliche Gleichberechtigung nur jenen Minderheiten zuzuerkennen, die sich den Polen gegenüber loyal verhalten hätten.[193]

Im Frühjahr 1944 bemerkte „Wielka Polska" in einem programmatischen Artikel zur Neuaufteilung des jüdischen Besitzes, der jüdische Einfluss in Polen habe hauptsächlich auf dem „kolossalen wirtschaftlichen Übergewicht" der Juden beruht: Vor allem Juden seien Fabrikanten, Bankiers, Hauseigentümer, Kapitalisten, Groß- und Kleinhändler gewesen. Aus diesem Grund hätten die Polen in mehr oder weniger großer finanzieller Abhängigkeit von Juden gelebt, was eine politische nach sich gezogen habe. Daher sei die Frage des ehemals jüdischen Eigentums eine von erstrangiger Bedeutung. „Der gegenwärtige Krieg und die mit ihm einhergehende Umwälzung muss in diesen Bereichen radikale Änderungen bringen. Das polnische Volk darf nicht mehr der Knecht des jüdischen Kapitals sein."[194] Der Grund und Boden solle genutzt werden, um „den Landbesitz von Kleinstbauern auf eine existenzfähige Größe zu vermehren" („upełnorolnienie karłowatych gospodarstw chłopskich"). Jüdische Fabriken, die kriegswichtige Güter produzierten, solle der Staat übernehmen, Bergwerke sollten – wie jene in ausländischem Besitz – ebenfalls an den Staat fallen und Wohnhäuser in Wohnungsgenossenschaften umgewandelt werden: „Ehemals jüdische Gewerbelokale und Werkstätten, die von Polen während des Krieges übernommen wurden, müssen ausnahmslos in ihren Händen verbleiben. Die polnische Gesellschaft muss sich unter allen Umständen jeglichen Versuchen widersetzen, diese Geschäfte an die ehemaligen jüdischen Eigentümer oder ihre Erben zurückzugeben."[195]

---

193 Wielka Polska Nr. 43 vom 3. November 1943, Żydzi w Polsce (wie Anm. 191).
194 Wielka Polska Nr. 7 vom 11. Mai 1944, Sprawa majątków pożydowskich [Die Frage des ehemals jüdischen Eigentums]: „Obecna wojna i przewrót, jaki za sobą pociągnęła, musi i w tych dziedzinach przynieść radykalne zmiany. Naród polski nie może być już więcej niewolnikiem żydowskiego kapitału."
195 „Lokale przedsiębiorstw handlowych i zakładów rzemieślniczych pożydowskich, przejęte przez Polaków w czasie wojny muszą bezwzględnie pozostać w ich rękach. Społeczeństwo polskie mu-

Unterdessen solle – vor allem in Warschau – das Grundeigentum in den zerstörten jüdischen Ghettos in den Besitz der Stadt übergehen. Darüber hinaus sei es notwendig, „ein Gesetz zu verabschieden, das verhindert, dass entfernte Verwandte im Ausland sich um eine Erbschaft in Polen bemühen".[196]

Die Neubestimmung von „Kollaboration" durch die Kommunisten

Wies fast die gesamte polnische Untergrundpresse gerne darauf hin, dass es den Polen als großes Verdienst anzurechnen sei, dass es keinen Quisling hervorgebracht habe, so wurde dieser Konsens in den letzten Besatzungsjahren zusehends brüchiger. Es bildete sich unter den Gruppierungen des polnischen Widerstands ein unüberbrückbarer politischer Gegensatz heraus, wobei die breite Masse der Untergrundorganisationen einer kleinen, aber wachsenden Zahl kommunistischer und prosowjetischer Gruppen gegenüberstand.

Für die kommunistischen Gruppen wurden im Frühjahr 1943 all jene zu Kollaborateuren der Nazis, die sich weigerten, den sowjetischen Erklärungen im Hinblick auf den Massenmord von Katyn Glauben zu schenken. Denn „die Zerschlagung der Einheit des Volkes" liege „im Interesse des Besatzers und macht diese Unruhestifter solchen Faschistenknechten wie Kozłowski,[197] Skiwski, oder Goetel[198] gleich, die den guten Ruf des Polen [in der Welt] durch ihre Beteiligung an den deutschen Provokationen in Katyn besudelt haben".[199]

---

si się przeciwstawić bezwzględnie wszelkim próbom zwrotu tych lokali dawnym właścicielom żydowskim czy też ich spadkobiercom."

196 „(...) winna być przeprowadzona ustawa uniemożliwiająca postępowanie spadkowe w Polsce dla krewnych dalszych stopni zamieszkujących zagranicą."

197 Leon Kozłowski (1892–1944), Archäologie-Professor in Lemberg, Piłsudskist, Sejmabgeordneter, Senator und 1934/35 polnischer Ministerpräsident. Im Dezember 1941 schilderte er in einer Berliner Pressekonferenz sein Schicksal in sowjetischer Gefangenschaft, und im Frühjahr 1943 reiste er nach Katyn, um die sowjetischen Verbrechen an den dort ermordeten polnischen Offizieren zu bezeugen. Vgl. Friedrich, Zusammenarbeit (wie Anm. 82), S. 115 f.

198 Ferdynand Goetel (1890–1960), Schriftsteller. Laut „WRN" hätten sich die Deutschen bemüht, mit einem Gespräch beim Gouverneur des GG-Distrikts Warschau, Ludwig Fischer, von Seiten der polnischen Gesellschaft Unterstützung zu gewinnen. Goetel sei dann in Begleitung der bekannten Antikommunisten Skiwski und Stanisław Trzeciak, einem Priester, und einiger Vertreter der Warschauer Stadtverwaltung nach Smolensk geflogen, was die Deutschen im Sinne ihrer Katyn-Propaganda natürlich propagandistisch ausgenutzt hätten. Da die Deutschen, so „WRN", in Polen „die Massenvernichtung des polnischen Volkes mit nahezu einem Dutzend raffinierten Mordverfahren" („masowego wyniszczenia narodu polskiego dziesiątkiem sposobów wyrafinowanego morderstwa") durchführten, sei es für Polen unwürdig, an einem solchen Ausflug teilzunehmen. Vgl. Nr. 8 vom 16. April 1943, Cyniczna demonstracja [Eine zynische Demonstration]. In dem Sanacja-Organ S[trzelec] hieß es unterdessen, der „bekannte Literat Ferdynand Goetel" sei „mit einem Flugzeug gewaltsam nach Smolensk entführt" („aby porwać go samolotem do Smoleńska") worden. Vgl. Nr. 16 vom 18. April 1943, Niemcy zaczynają znowu... [Schon wieder beginnen die Deutschen...]. Vgl. auch Klaus-Peter Friedrich, Der „Fall Józef Mackiewicz" und die polnische Zeitgeschichte. Geschichtsbilder und Biographien zwischen Kollaboration und Widerstand, in: Zeitschrift für Geschichtswissenschaft 48 (2000), S. 697-717, hier S. 708 f.

199 Gwardzista Nr. 20 vom 10. Juni 1943, Nowe siły do walki [Neue Kräfte für den Kampf]: „Rozbijanie zjednoczenia narodu leży w interesie zaborcy i upodabnia tych rozbijaczy do takich sługusów faszyzmu jak Kozłowski, Skiwski, czy Goetel, którzy splamili imię Polaka udziałem w niemieckich prowokacjach w Katyniu."

„Kraj" reagierte sehr empfindlich auf kommunistische Vorwürfe, die den Polen weismachen wollten, es gebe auch in ihrem Volk Staatskollaborateure. Nachdem der Moskauer Rundfunk Ende September 1943 in seinem polnischsprachigen Programm verkündet hatte, dass Hitler außer über Mussolini noch über „Hacha, Quisling, Pétain, Kozłowski und Goetel" verfüge, fühlte sich „Kraj" zu einer scharfen Polemik veranlasst: „Polen hat keinen Verräter hervorgebracht, außer den Verrätern, die heute in Moskau sitzen und die polnischen Sendungen der bolschewistischen Rundfunkstation leiten. Aber diese Verräter hat die polnische Gesellschaft schon vor dem Krieg gekannt und sie verstoßen."[200] Es sei allgemein bekannt, dass Kozłowski und Goetel niemanden repräsentierten, dass sie nicht im Namen Polens sprächen und nicht versuchten, im Generalgouvernement eine „Pseudoregierung" zu bilden. Laut „Kraj" sei der bolschewistischen Propaganda vielmehr daran gelegen, vor aller Welt den Anschein zu erwecken, „dass unsere Position gleich der anderer Völker ist, dass nur ein Teil der Polen die Alliierten [der Anti-Hitler-Koalition; K.-P. F.] unterstützt und ein anderer deutschfreundlich eingestellt ist".[201] Erst habe die Sowjetregierung während der Katyn-Affäre die polnische Regierung beschuldigt, mit Hitler zusammenzuarbeiten, und nun denunzierten sie die Polen, „wir hätten unsere Quislinge und Hachas". Der Sowjetpropaganda gehe es darum zu zeigen, dass „die ‚kleinen Staaten' Europas nicht selbständig existieren können und Russland sie ‚unter seine Obhut nehmen' müsse".[202]

Nachdem Redakteure des Untergrundblattes „Naród" verbreitet hatten, der größte Feind sei von nun an der Kommunismus, bezeichnete das Organ der kommunistischen Polnischen Arbeiterpartei (PPR), „Trybuna Wolności", sie als „Hetzer für einen Bruderkrieg".[203] Zwar sei in den Kreisen der offiziellen polnischen Vertretungsorgane vielmals hervorgehoben worden, dass es in Polen keine Quislinge gegeben habe. Doch gebe es nun immerhin eine „kollaborationswillige (quislingowska)" Propaganda. Aber die „polnische Reaktion kommt zu spät. Sie schickt sich an, die Rolle von Quislingen zu spielen unter Verhältnissen, in denen die Quislinge der ersten Stunde Anstrengungen unternehmen, um sich von verlorenen Posten zurückzuziehen".[204]

„Trybuna Wolności" berichtete bereits Mitte August 1942, also während die große Vernichtungsaktion gegen das Warschauer jüdische Zwangswohnviertel in vollem Gange war, dass das Gefühl, alleingelassen zu sein, einen entscheidenden Einfluss auf die dort herrschende Resignation und Gefängniswillkür ausgeübt habe – und dass Juden außerhalb der

---

200 Kraj Nr. 12 vom 13. Oktober 1943, W odmęcie kłamstwa. „Polska ma Quislinga i Hachę" [Im Lügengeflecht. „Polen hat einen Quisling und einen Hácha"]: „Polska nie wydała z siebie zdrajcy, poza tymy zdrajcami, którzy siedzą dziś w Moskwie i kierują polskimi audycjami bolszewickiej radiówki. Ale zdrajców tych znało społeczeństwo polskie już przed wojną i ich się wyrzekło."

201 „(...) że pozycja nasza jest taka jak innych narodów, że tylko część Polaków popiera aliantów, a część jest orientacji proniemieckiej."

202 Kraj Nr. 12 vom 13. Oktober 1943: W odmęcie kłamstwa. „Polska ma Quislinga i Hachę" (wie Anm. 200).

203 Trybuna Wolności Nr. 42 vom 15. Oktober 1943, Kronika polityczna: Podżegacze wojny bratobójczej [Politische Chronik: Hetzer für einen Bruderkrieg]. Vgl. auch ebenda, Nr. 32 vom 15. Mai 1943, Klęska reakcji [Niederlage der Reaktion], wo festgestellt wird, die Besatzer suchten neuerdings nach einem Helfer „vom Schlage des Verräters Laval und Quisling" („pomocnika w rodzaju zdrajcy Lavali czy Quislinga").

204 „Polska reakcja się spóźnia. Szykuje się do odegrania roli Quislingów w warunkach, gdy już starzy Quislingowie czynią wysiłki, aby wycofać się z przegranych pozycji."

Ghettomauern Abneigung, ja Feindschaft begegne. „Trybuna" hielt diese Worte für „eine schreckliche, aber gerechte Anklage" gegen die „polnische Reaktion": Sie habe das „Gift des Antisemitismus unter die Massen gestreut und ein Volk gegen das andere aufgehetzt". Und dies tue auch der Besatzer, der Polen gegen Juden aufhetze: „Es waren deutsche Gendarmen, die polnischen Baudienstlern befahlen, bei der ‚Liquidierung' des Tarnówer Ghettos auf Juden zu schießen. (...) Deswegen ist der Judenpogrom im Ghetto zugleich eine Katastrophe des polnischen Volkes."[205]

Dieser Vorwurf der Interessenidentität bei deutschen Besatzern und „polnischer Reaktion" wurde 1944 mit der Anklage verbunden, dass „in den befreiten Gebieten Polens Banditen unter dem Zeichen der NSZ und AK gegenwärtig Juden meuchlings ermorden, die – nachdem sie sich so viele Jahre in Kellern und an finsteren Orten verborgen hatten – [wieder] ans Tageslicht gekommen sind".[206]

Der auf den Antisemitismus der Rechten gestützte Kollaborationsvorwurf wurde in den späten Besatzungsjahren immer wieder aufgegriffen, um eine Rechtfertigung für die Brandmarkung und „Bestrafung reaktionärer Verbrecher" zu geben.[207] Nachdem ein Teil der Nationalen Streitkräfte sich der Heimatarmee unterstellt hatte, hieß es im Parteiblatt der kommunistischen PPR, AK-Einheiten und nationaldemokratische bewaffnete Gruppen arbeiteten mit der Gestapo zusammen, um Juden aufzuspüren, die sich verbargen: „(...) sie ermorden sie oder übergeben sie der Gestapo" („mordują ich bądź wydają Gestapo").[208] Besonders auf dem Land hätten sie sich „bei der schändlichen Prozedur, Juden in die Hände der Deutschen auszuliefern, ‚Ruhm' erworben".[209] „Gwardzista", das Organ der Volksgarde, polemisierte gegen die Heimatarmee-Führung, indem es ihr eine den fortgesetzten Judenmord in Kauf nehmende abwartende Haltung unterstellte: „Wenngleich Hitler in der Zwischenzeit viele Millionen Polen ermordet oder zur Sklavenarbeit weggetrieben hat, wenngleich er mit stiller Zustimmung der ‚maßgeblichen Kreise? [d.h. der Repräsentanten der Exilregierung; K.-P. F.] fast alle Juden in Polen ermordet hat, so gilt es, ihn nicht bei der Arbeit stören."[210]

---

205 Trybuna Wolności Nr. 14 vom 15. August 1942, Planowe tępienie ludności żydowskiej [Die planmäßige Ausrottung der jüdischen Bevölkerung]: „To żandarmi niemieccy kazali polskim junakom strzelać na Żydów w czasie ‚likwidacji' getta w Tarnowie."
206 Robotnik Nr. 26 vom 12. Dezember 1944, Zebranie partyzantów żydowskich [Versammlung der jüdischen Partisanen]: „(...) obecnie na wyzwolonych terenach Polski bandyci spod znaku NSZ i AK mordują zza węgla Żydów, którzy – po tyloletnim ukrywaniu się w lochach i ciemnicach – wyszli na światło dzienne."
207 Trybuna Wolności Nr. 51 vom 2. März 1944, Napiętnować i ukarać reakcyjnych zbrodniarzy! [Die reaktionären Verbrecher sind zu brandmarken und zu bestrafen!]
208 Ebenda; vgl. auch Nr. 55 vom 1. Mai 1944, Zamiast artykułu. W związku z przystąpieniem NSZ do Armii Krajowej [Anstelle des Leitartikels. Zum Beitritt der nationalen Streitkräfte zur Heimatarmee].
209 Tygodnik Polski Nr. 63 vom 4. Juli 1944, Prowokacje myślenickich wychowańców [Provokation der Zöglinge von Myślenice]: „(...) ‚wsławiły' się nie tylko swym haniebnym procederem wydawania Żydów w ręce niemieckie."
210 Gwardzista Nr. 40 vom 1. Mai 1944, Nowe oszustwo [Ein neuer Betrug]: „Chociaż w międzyczasie Hitler wymordował lub zapędził do katorżniczej pracy wiele milionów Polaków, chociaż wymordował prawie wszystkich żydów w Polsce przy cichej aprobacie ‚czynników miarodajnych', nie należy mu jednak w pracy przeszkadzać." Auch anlässlich der Ernennung Kazimierz Sosnkowskis zum Oberbefehlshaber der polnischen (Exil-)Armee war „Trybuna Wolności" be-

„Rada Narodowa" berichtete Anfang 1944 über die ersten, vom neu geschaffenen (pro)kommunistischen ‚Parlament‘, dem Landes-Nationalrat (KRN), ergriffenen Maßnahmen, die Kollaboration von Teilen der polnischen Bevölkerung bei der Judenverfolgung einzudämmen und zu ahnden:[211] „Angesichts der Tatsache, daß einige Individuen polnischer Nationalität und Teile der sog. dunkelblauen (= Polnischen) Polizei bei der Ausrottung der Unabhängigkeitsbewegung und bei der Ermordung oder Erpressung der Reste der dem Tode entkommenen Juden mit dem Besatzer zusammenarbeiten, HAT DER LANDES-NATIONALRAT BESCHLOSSEN: I. Jeder, der – ungeachtet seiner Beweggründe – auf unmittelbare oder mittelbare Weise teilnimmt an (...) d) der Ausrottung von sich versteckt haltenden Juden, an ihrer Auslieferung in die Hände der deutschen Besatzungsmacht oder deren untergeordnete und ihr behilflichen polnischen Organe sowie an der Erpressung und Abnötigung von Leistungen („Freikaufgeldern") (...) wird zur Verantwortung gezogen werden und muss mit strenger Bestrafung, einschließlich der Todesstrafe, rechnen."[212]

Zur Begründung dieser Verordnung führte das Blatt aus: „Der deutsche Besatzer hat sich das Ziel gesetzt, das polnische Volk zu vernichten. (...) Er ist bemüht, die Vernichtungsaktion am polnischen Volk (...) nicht nur mit eigenem Personal durchzuführen. Er hetzt daher die einen Völker gegen die anderen auf: Ukrainer, Litauer und Letten gegen Polen und Juden, Polen gegen Ukrainer und Juden, schließlich Polen selbst gegen Polen."[213]

Während die polnische Gesellschaft in ihrer überwältigenden Mehrheit Versuchungen dieser Art mit Entschiedenheit und Würde widerstanden habe, „hat ein unbedeutender Teil reaktionärer Abtrünniger, die sich vom Volk losgerissen und der faschistischen Ideologie verschrieben haben, sich als empfängliches Material für das raffinierte und verbrecherische Spiel des Besatzers erwiesen, der danach trachtet, das Herz der Polen mit der Saat des Hasses zu vergiften".[214]

---

müht, ihn als unverbesserlichen Antisemiten und Vorläufer der NS-Judenverfolgung anzuschwärzen. Trybuna Wolności Nr. 57 vom 1. Juni 1944, Kariera pewnego Generała [Die Karriere eines gewissen Generals].

211 Rada Narodowa Nr. 3 vom 5. Februar 1944, Zarządzenie Krajowej Rady Narodowej [Verordnung des Landes-Nationalrats]. Zwei Wochen später gab „Trybuna Wolności" die wesentlichen, weiter unten zitierten Passagen aus dem Artikel wieder, Nr. 50 vom 20. Februar 1944, Uzasadnienie zarządzenia [Die Begründung der Verordnung].

212 „Wobec faktów współpracy z okupantem niektórych jednostek narodowości polskiej i części t.zw. granatowej policji w tępieniu ruchu niepodległościowego w mordowaniu lub szantażowaniu resztek ocalałych od śmierci Żydów itp. – KRAJOWA RADA NARODOWA POSTANAWIA: I. Każdy, kto – niezależnie od pobudek – w sposób bezpośredni lub pośredni bierze udział (...) d) w akcji tępienia ukrywających się Żydów, oddawania ich w ręce niemieckich władz okupacyjnych, lub podporządkowanych im pomocniczych organów polskich, jak też w szantażowaniu i wymuszaniu świadczeń (‚okupów‘) (...) pociągięty zostanie do odpowiedzialności i podlega surowej karze do kary śmierci włącznie."

213 „Okupant niemiecki postawił sobie za cel wyniszczenie Narodu Polskiego. (...) Akcję wyniszczania Narodu Polskiego okupant usiłuje prowadzić (...) nie tylko z własnymi rękoma. Podburza więc jedne narody przeciwko drugim: Ukraińców, Litwinów i Łotyszów przeciwko Polakom i Żydom, Polaków przeciwko Ukraińcom i Żydom, wreszcie samych Polaków przeciwko Polakom."

214 „(...) nieznaczna część reakcyjnych zaprzańców, oderwanych od narodu i ulegających ideologii faszystowskiej, okazała się podatnym materiałem dla wyrafinowanej i zbrodniczej gry okupanta, usiłującego zatruć serca Polaków jadem nienawiści."

Inzwischen sei auch die zum Kampf mit dem Kommunismus aufrufende NS-Propaganda „von entarteten Kreisen der polnischen Reaktion übernommen und als ideologische Begründung für die Auslösung eines Bürgerkriegs in Polen genutzt" worden.[215] Eine gleichermaßen verbrecherische und niederträchtige Rolle spielten unterdessen „andere Helfer des Besatzers – aus der Gesellschaft Ausgestoßene aus allen Schichten, welche sich dem Gewerbe des Aufspürens und der Erpressung der am Leben gebliebenen Reste der jüdischen Bevölkerung widmen",[216] wobei sich ein Teil der polnischen Kriminal- und uniformierten Polizei besonders hervortue, indem sie „den guten Ruf der Polen schändlich besudelt" („okrywając hańbą imię Polaka")

Die Zeitung einer mit der PPR kollaborierenden prosowjetischen PPS-Abspaltung, „Robotnik", führte dessen ungeachtet fünf Wochen vor Kriegsende aus: „Es ist unserem gesunden Instinkt des Polentums gut zu schreiben, dass sich in der Besatzungszeit in Polen kein organisiertes politisches Zentrum fand, das so verwegen gewesen wäre, irgendeine Form der ‚Zusammenarbeit' mit den Deutschen zu beginnen, dass – trotz der sirenenhaften Einflüsterungen der deutschen Propaganda – kein polnischer Quisling, (Léon) Degrelle oder (Pierre) Laval den Schauplatz betreten hat."[217]

Freilich habe die Okkupation „auch bei uns in Polen eine Menge Schmutz und Unrat hinterlassen, und (damit) alle Feinde der neuen Ordnung der Dinge in geschlossenen Reihen geeint".[218] Zu diesen zählte sie u.a. „die Nutznießer ehemals jüdischen Eigentums" („użytkownicy pożydowskiego mienia"). Daher müsse „das giftige Unkraut aus dem polnischen Boden ausgerissen und restlos vernichtet werden".[219]

Dieser Aufgabe sollte sich in den Folgejahren der NKVD, die polnische Geheimpolizei, die den Kommunisten zur Verfügung stehende Armee und Bürgermiliz, aber auch die Propaganda widmen, wobei der Begriff des „Reaktionärs", der mit dem des „Kollaborateurs" immer mehr verschmolz, den Machtsicherungsinteressen stets neu angepasst wurde.[220]

Schlussbetrachtung

Zuletzt wurde – und zwar bezogen auf ganz Ostmittel- und Südosteuropa – festgestellt, dass lange vor dem Zweiten Weltkrieg Feindgruppen konstruiert wurden, „die in der Vergangenheit zur vermeintlichen Schwächung des jeweiligen Volkes oder Staates beigetragen hätten.

---

215 „(...) została przyjęta przez zwyrodniałe koła reakcji polskiej i użyta jako uzasadnienie ideologiczne dla rozpętywania wojny domowej w Polsce."
216 „(...) inni pomocnicy okupanta – wyrzutki społeczne z różnych warstw społeczeństwa uprawiające proceder tropienia i szantażowania resztek pozostałej jeszcze przy życiu ludności żydowskiej."
217 Robotnik Nr. 79 (109) vom 3. April 1945, Czujność – cnotą demokracji [Wachsamkeit – Tugend der Demokratie]: „Na dobro naszego zdrowego instynktu polskości, zapisać jednak trzeba, że w dobie okupacji nie znalazł się w Polsce żaden zorganizowany ośrodek polityczny, któryby się zdobył na zuchwałość jakiejś ‚współpracy' z Niemcami, że – mimo syrenich podszeptów niemieckiej propagandy – nie zjawił się na scenie wydarzeń ku hańbie własnej i na szkodę Narodu jakiś polski Quisling, Degrelle czy Laval."
218 „I u nas w Polsce brudu i śmieci pozostawiła okupacja sporo, jednocząc we wspólnych szeregach wszystkich wrogów nowego porządku rzeczy."
219 „(...) trujące chwasty muszą być z gruntu polskiego wyrwane i bez reszty zniszczone."
220 Vgl. Friedrich, Legitimierung (wie Anm. 5), S. 19, 27 f., 37-42 u. 45,

Der Feindbegriff bildete die Kehrseite des Nations- und Volksbegriffs."[221] Die vorliegende Untersuchung lässt dies einmal mehr deutlich werden.

Für viele polnische Untergrundblätter insbesondere auf dem rechten Spektrum war mit der – nicht zuletzt propagandistischen – Konstruktion einer ethnisch begründeten Volksgemeinschaft die Tradierung der polnisch-jüdischen Konfliktgeschichte untrennbar verbunden. Antijüdische Stereotype wurden aufrechterhalten, gefestigt und neuen Erfordernissen angepasst. Sie waren in den Augen jener polnischen Publizisten vielseitig einsetzbar, konnten Juden doch zum einen als gefährliche Agenten, willfährige Handlanger, geschäftstüchtige Freunde und unverbesserliche Bewunderer der Deutschen gelten und zugleich als verlässlichste Bündnispartner der Russen bzw. als Mentoren des Sowjetkommunismus erscheinen. Die nationaldemokratische Untergrundzeitung „Polak" („Der Pole") fasste diesen Status des ‚ewigen Gegners' – oder Kollaborateurs – im Herbst 1943 in die Worte: „Ein Pole kann kein Kommunist sein, weil er dann aufhört, Pole zu sein";[222] und jeder, der sich der kommunistischen Propaganda unterwerfe, werde auf die gleiche Weise zum Verräter wie die Volksdeutschen.

Eine Analyse von Mitteilungen des rechten und konservativen Spektrums der Untergrundpresse zeigt, dass parallel zum nationalsozialistischen Judenmord die Vorstellung von der die polnische Nation und den polnischen Staat stets bekämpfenden „Judenkommune" („żydokomuna") wieder belebt und gefestigt wurde. Auch das Stereotyp von der ‚jüdischen Kollaboration' lebte unter der NS-Okkupation nicht nur fort, sondern verbreitete sich bis weit in die Kreise der politischen Mitte hinein. Deren Presseorgane wurden auf die moralischen Implikationen einer Fortsetzung der Diskussion um die „Judenfrage" erst spät aufmerksam. Sie waren dann – wie die Blätter der Linken – bemüht, kriminellen Auswüchsen einer polnischen Beteiligung am Judenmord mit Appellen, Strafandrohungen und Strafen entgegenzuwirken.

Die Pressemitteilungen über die „Kollaboration" ‚der Juden' dienten also bloß als Bestätigung dessen, wovon die Mitarbeiter der Untergrundblätter ohnehin schon überzeugt waren. Anders verhielt es sich beim Umgang mit dem polnischen Selbstbild. Dessen Konstruktion beruhte auf einem durchweg positiven Wahrnehmungsmuster von ‚den Polen'. Viele Begebenheiten, welche die Presse aktuell mitteilte, wollten dazu jedoch gar nicht passen. Indes konnten sie die ganz einseitige Eigenwahrnehmung keineswegs beeinflussen, und diese wurde an der komplizierten Wirklichkeit der Okkupationsgesellschaft nicht überprüft.

Die Zeugenschaft und häufig demoralisierende persönliche Erfahrung mit dem NS-Judenmord aus nächster Nähe sollte bei vielen Augenzeugen keine grundlegende Änderung im Verhältnis zu ‚den Juden' bewirken. Die Erfahrung der Okkupation(en) brachte bei den rechten Gruppierungen und in ihrer Presse im Gegenteil die Bestärkung eines ethnischen

221 Christoph Dieckmann, Babette Quinkert, Tatjana Tönsmeyer, Editorial, in: Kooperation und Verbrechen (wie Anm. 82), S. 9-21, hier S. 15.
222 Polak Nr. 19 vom 20. Oktober 1943, Armia Ludowa narzędziem wroga [Die Volksarmee – ein Werkzeug des Feindes]: „Polak nie może być komunistą, bo przestaje być Polakiem." Die kommunistische Presse schloss ihrerseits politische Gegner aus der polnischen Volksgemeinschaft aus: „Ein Pole kann kein Faschist sein, ein Faschist kann nicht Pole sein" („Polak nie może być faszystą, faszysta nie jest Polakiem"). Polska Zbrojna Nr. 116 vom 14. Juni 1945, Lekcja Wierzchowin [Die Lehre aus „Wierzchowiny"].

(und in Teilen sogar rassistischen) Verständnisses von der anzustrebenden Homogenität des Volkes mit sich. Bei der Verfolgung dieses Zieles sollten 1945 in den ersten Nachkriegsmonaten mehrere hundert der überlebenden polnischen Juden Morden zum Opfer fallen und Überreste und Spuren jüdischen Lebens in Polen auch unter dem neuen Regime ausgelöscht werden.

Der Literaturhistoriker Kazimierz Wyka stand alleine da, als er 1945 beklagte, dass Polen keinen Quisling oder Hácha hervorgebracht habe, denn dadurch habe der Antisemitismus in Polen – anders als dort, wo er sich durch die politische Kollaboration beim Judenmord diskreditiert habe – die Okkupationsjahre ungeschwächt überleben können. Nicht einmal Trauer um den Verlust gebe es bei dem „levantinischen Gewimmel polnischer Abstammung" („lewantyński tłum polskiego pochodzenia"). Im Gegenteil, dieses „ignoriert", wie Wyka bitter bemerkte, „eine der größten Katastrophen und Verbrechen, welche die Geschichte kennt".[223]

---

223   Odrodzenie Nr. 43 vom 23. Oktober 1945, Kazimierz Wyka: Potęga ciemnoty potwierdzona [Die Macht der Unwissenheit findet sich bestätigt]: „(...) ciemna na jedno za największych nieszczęść i zbrodni, jakie znają dzieje."

Hans-Jürgen Bömelburg

Der Kollaborationsvorwurf in der polnischen und jüdischen Öffentlichkeit nach 1945 – das Beispiel Michał Weichert

Am 7. Januar 1946 sprach das polnische Sonderstrafgericht in Krakau den seit März 1945 in Haft befindlichen Dr. Michał Weichert (1890–1967), den Leiter der Jüdischen Sozialen Selbsthilfe in Polen im Zweiten Weltkrieg, von dem Vorwurf der Zusammenarbeit mit den deutschen Besatzungsbehörden frei. In der Begründung hieß es, der Angeklagte habe „in der Aufrechterhaltung der Tätigkeit der JUS (Jüdische Unterstützungsstelle; H.-J. B.) und der Hilfeleistung für die Juden die ihm am ehesten entsprechende Handlungsweise gesehen. Er schob alle anderen Gesichtspunkte beiseite, und stellte das in den Vordergrund, was am wichtigsten ist, nämlich das menschliche Leben."[1]

Gemacht wurde diese Aussage von dem Gerichtsvorsitzenden Alfred Eimer, der kurze Zeit später den Kriegsverbrecherprozess gegen den Leiter des Lagers Płaszów, Ammon Goeth, leitete, obwohl das gegen Weichert 1943/44 im Untergrund ergangene Todesurteil der Warschauer Jüdischen Kampforganisation (Żydowska Organizacja Bojowa, ŻOB) durch den Zeugen Icchak Cukierman (1914–1981) ausdrücklich bestätigt worden war,[2] politisch einflussreiche Akteure wie der Sejmabgeordnete Marek Ferdynand Arczyński (1900–1979) und Adolf Berman (1906–1978) gegen Weichert ausgesagt hatten und auch nach Ansicht des Gerichts der Vorwurf der Schädigung nationaler Interessen nicht ohne Grund erhoben worden war: Die Handlungen des Angeklagten hätten „gegen die geschlossene Front des polnischen Volkes, das den Kampf gegen den Besatzer entschieden aufnahm, verstoßen, denn alles, was in dieser Situation die Nation desorientieren und deren Widerstands- und Verteidigungshaltung schwächen konnte, stellte zweifellos ein schädliches Verhalten

---

1 Archiv des Jüdischen Historischen Instituts [Żydowski Instytut Historyczny] Warschau, Procesy przestępców wojennych, 344 [weiter: AŻIH], Nr. 145, Urteil des Gerichts, S. 14 f.: „Osk. (...) upatrywał w podtrzymaniu działalności JUSu i niesienia pomocy żydom najwłaściwszą formę działania. Odrzucał on na bok wszelkie inne względy, wysuwając na pierwszy plan to, co jest najcenniejsze, tj. życie ludzkie." In den Zitaten wird die Originalschreibweise der Gerichtsakten beibehalten, insbesondere werden Groß- und Kleinschreibung und Hervorhebungen wiedergegeben, um zeitgenössische Bewertungen sichtbar zu machen.
2 Cukierman hatte ausgesagt, die Jüdische Kampforganisation habe die Weigerung Weicherts, von seiner Position als Leiter der Jüdischen Unterstützungsstelle zurückzutreten, als Feigheit angesehen und sei der Auffassung gewesen, bei dieser Tätigkeit habe es sich um Verrat gehandelt. Das Todesurteil sei „aus technischen Gründen" nicht vollstreckt worden. „Komenda Z.O.B. wzdraganie się dr. Weicherta przed ustąpieniem ze stanowiska kierownika JUSu uważała za tchórzostwo, a działalność jego w naszym pojęciu nosiła znamiona zdrady. Chodziło nam przede wszystkim o stanowisko zagranicy, która dzięki działalności Weicherta, mogła nie zdawać sobie sprawy z tego, że żydzi w Polsce skazani są na zagładę. (...) Z.O.B. wydał wyrok śmierci na Weicherta, jednak ze względów technicznych nie został on wykonany." Ebenda, Verhandlung v. 5.12.1945, S. 1.

dar."[3] Jedoch seien Weicherts Handlungen aus dessen ideellen Ansichten entsprungen, auf diese Art und Weise am besten seiner Nation zu dienen. Im Verlaufe der Gerichtsverhandlungen sei deutlich geworden, dass den Angeklagten humanitäre Motive geleitet hätten: Vor diesem Hintergrund könne der Schluss einer bewussten Kollaboration mit der Besatzungsmacht nicht gezogen werden. Der Angeklagte sei weder eine Zusammenarbeit mit dem Besatzer im Sinne der Anklageschrift eingegangen und noch habe er hierzu Bereitschaft gezeigt.[4]

Gänzlich anders verlief das Verfahren gegen Michał Weichert 1949 vor einem jüdischen Ehrengericht beim Zentralkomitee der Polnischen Juden (Centralny Komitet Żydów w Polsce, CKŻP): Das Warschauer Geschworenengericht verkündete am 28. Dezember 1949, Weichert habe „durch die Annahme der Nominierung durch die deutschen Behörden als Leiter der Jüdischen Unterstützungsstelle, einer von ihrer Anlage her kollaborierenden Einrichtung, durch seine Tätigkeit und sein Verbleiben in dieser Stellung trotz der Aufrufe von Untergrundorganisationen, mit den nationalsozialistischen Behörden zusammengearbeitet. Das Ehrengericht bestätigt die Schuld von Herrn Dr. Michał Weichert als Kollaborateur und brandmarkt ihn als solchen."[5]

Mit diesem Urteil wurde Weichert aus der jüdischen Gesellschaft in Polen ausgeschlossen und galt fortan als Verräter. Der promovierte Jurist fand trotz seiner Erfahrung als Verwaltungsfachmann und Theaterregisseur in Polen keine Anstellung und wurde bis 1956 in keine Juristen- und Schriftstellerverbände aufgenommen. 1957 erhielt er eine Ausreisegenehmigung nach Israel, konnte aber dort – auch angesichts der weiter aufrechterhaltenen Vorwürfe – nicht Fuß fassen. Er schrieb noch eine vierbändige jiddischsprachige Autobiografie, die teilweise erst nach seinem Tod 1967 erschien, jedoch in der Holocaust-Forschung kaum bekannt ist.[6]

Jenseits der persönlichen Dramatik ist der Casus Weichert von grundsätzlicher Bedeutung für die Diskussion um angemessene Verhaltensweisen innerhalb der polnischen und

---

3 „Nie da się zaprzeczyć, że zarzut szkodliwości działania osk. z punktu widzenia interesu Naród i Państwa nie został bezpodstawnie podniesiony. (...) Sąd (...) jest również tego zdania, że to działanie oskarżonego, co najmniej jednak pośrednio godziło w zwarty front narodu Polskiego, który podjął zdecydowanie walkę z okupantem, a w tym stanie rzeczy cokolwiek mogło dezorientować naród i osłabić jego odporność i obronną jego postawę, stanowiło niewątpliwą szkodę." Ebenda, S. 16.

4 „Wynikało ono tak z ogólno-ludzkich jako też ideowych pobudek, które wynikiem jego głębokiego przekonania aczkolwiek fałszywego, że w ten sposób najlepiej służy sprawie Narodu (...) W przewodzie sądowym sylwetka osk. zarysowuje się jako człowieka bardzo wartościowego. (...) W tym stanie rzeczy trudno zatem wysnuć wniosek o świadomym kolaboracjonizmie osk. z okupantem, gdyż ani formy działania osk. ani osoba osk. tej konkluzji nie nasuwają, by osk. szedł lub godził się na współpracę z okupantem w sensie czynionego mu zarzutu." Ebenda, S. 17.

5 „Sąd Społeczny stwierda, że dr Michał Wajchert przez przyjęcie nominacji na kierownika tej organizacji, kolaboracjonistycznej w samym swoim założeniu, przez działalność na tym stanowisku oraz przez trwanie na nim, mimo wezwania organizacji podziemnych, dopuścił się współpracy z władzą hitlerowską. Uznając winę dr. Michała Wajcherta jako kolaboracjonisty, Sąd Społeczny surowo go piętnuje." AŻIH, 313/137, S. 859 f.

6 Michał Weichert, Zichroines. Bd. 1-4, Tel Aviv 1960–1970. (Bd. 1:) Galitzie, Win, Berlin. 1890–1918. 1960 [303 S.]; Bd. 2: Warše. 1918–1939. 1961 [303 S., m. einem Porträt]; Bd. 3: Milchome. 1963 [419 S.]; Bd. 4. Nochn churwn. 1970 [464 S.].

jüdischen Nachkriegsgesellschaft in Ostmitteleuropa. Sichtbar wird, dass ein und dasselbe Verhalten in unterschiedlichen Kollektiven, nämlich der polnischen Gesellschaft und unter den überlebenden Juden, sehr unterschiedlich beurteilt werden konnte. Welche Konsequenzen diese Konflikte in der unmittelbaren Nachkriegszeit für das Geschichtsbild auch noch in der heutigen polnischen und den jüdischen Gesellschaft(en) besaßen, veranschaulicht ein Blick auf die Forschungssituation: Während über den „Hilfsrat für Juden in Polen" (Rada Pomocy Żydom w Polsce, „Żegota", RGŻ)[7] und die ŻOB[8] Memoiren wie wissenschaftliche Publikationen in allen Weltsprachen vorliegen, ist über die „Jüdische Soziale Selbsthilfe" (Żydowska Samopomoc Społeczna, ŻSS) trotz einer sich 1940–1942 auf das gesamte Generalgouvernement erstreckenden Tätigkeit und umfangreicher erhaltener Archivalien außer den in Jiddisch vorliegenden Publikationen Weicherts kaum etwas bekannt.[9] Über die Person Weicherts und dessen Prozesse liegt lediglich ein Aufsatz von David Engel vor, der auf der Basis der in Israel greifbaren Überlieferung dem Kollaborationsvorwurf nachgeht.[10]

Sicherlich spiegelt sich in diesen Rezeptionslücken auch die innerjüdisch über Jahrzehnte umstrittene Bewertung der von den Nationalsozialisten eingerichteten Selbstverwaltungsgremien wider, die unter den Begriff „Judenräte" gefasst wurden und denen stets auch der Vorwurf einer „Kollaboration" gemacht wurde. Deshalb soll als Hintergrund in einem ersten Schritt diese internationale Kontroverse knapp nachgezeichnet werden, bevor die Tätigkeit der ŻSS und die Rolle Weicherts knapp umrissen werden. Vor diesem Hintergrund werden anschließend die Verhandlungen des Krakauer Prozesses 1945/46 wie das Ehrengerichts-

---

7   Verwiesen sei nur auf die zahlreichen Publikationen unter Beteiligung von Władysław Bartoszewski; annotierter Überblick: Deutsch-polnische Beziehungen in Geschichte und Gegenwart. Bibliographie. 4 Bde., hrsg. v. Andreas Lawaty u. Wiesław Mincer. Wiesbaden 2000, hier Bd. 1, S. 872-877; bahnbrechend insbesondere: Ten jest z ojczyzny mojej. Polacy z pomocą Żydom 1939–1945 [Dieser ist aus meinem Vaterland. Polen, die Juden halfen 1939–1945], bearb. v. Władysław Bartoszewski u. Zofia Lewinówna. Kraków 1966 [2. Aufl. 1969]; zuletzt: „Żegota". Rada pomocy Żydom 1942–1945. Wybór dokumentów [Der Hilfsrat für Juden 1942–1945. Dokumentenauswahl], bearb. v. Andrzej Krzysztof Kunert. Warszawa 2002.

8   Neben den wissenschaftlichen Darstellungen von Bernard Mark erreichten insbesondere die Memoiren von Marek Edelman (in der literarischen Bearbeitung von Hanna Krall) ein weltweites Publikum. Die ursprünglich in hebräischer Sprache verfassten Memoiren von Icchak Cukierman (Yitzhak Zuckerman) wurden ins Englische und Polnische übersetzt, hier wurde die polnische Ausgabe benutzt: Nadmiar pamięci (siedem owych lat). Wspomnienia 1939–1946 [Übermaß an Erinnerung (Jene sieben Jahre). Erinnerungen 1939–1946], hrsg. v. Marian Turski. Warszawa 2000.

9   Michael Weichert, Jidiše aleinhilf 1939–1945. Tel Aviv 1962. In deutscher Sprache nur: Tatiana Berenstein, Jüdische Soziale Selbsthilfe, in: Arbeitsmarkt und Sondererlass. Menschenverwertung, Rassenpolitik und Arbeitsamt, hrsg. v. Götz Aly. Berlin 1990 (Beiträge zur Nationalsozialistischen Gesundheits- und Sozialpolitik. 8), S. 156-174. – Hinzuweisen ist auch auf das im Jüdischen Historischen Institut Warschau liegende und von Weichert im Versteck in der zweiten Jahreshälfte 1944 verfasste unpublizierte polnischsprachige Manuskript (Sygn. 302/25 Pamiętniki Michała Weicherta), das quellenkritisch gegenüber der Monographie von 1962 Vorrang besitzt. Ein Abgleich beider Texte ist ein Desiderat. – Über die Jüdische Selbsthilfe bereitet in Warschau Jakub Petelewicz eine Monographie vor.

10 David Engel, Who is a Collaborator? The Trials of Michał Weichert, in: The Jews of Poland, hrsg. v. Sławomir Kapralski. 2 Bde., Kraków 1999, hier Bd. 2, S. 339-370.

verfahren 1949 analysiert. Am Schluss stehen Überlegungen zum Kollaborationsvorwurf in der polnischen und jüdischen Öffentlichkeit und zur Fortdauer geschichtspolitischer Front-bildungen.

1. Die Kontroversen um die Judenräte und der Kollaborationsvorwurf

Seine 2000 erschienene Monografie über den Wiener „Judenrat" 1938–1945 leitete Doron Rabinovici wie folgt ein: „Die Diskussion um die Judenräte rührt an das jüdische Selbstver-ständnis nach 1945 und verdeutlicht zudem mehr als alles andere, dass der Mensch durch die nationalsozialistische Vernichtungspolitik sogar noch der Würde des Opfers beraubt wurde."[11] Rabinovici sagte dies mit Blick auf eine innerjüdisch seit 60 Jahren andauernde Diskussion über die Funktion der Judenräte und die Rolle ihrer teilweise prominenten Mit-glieder. 1945 hatten erste Ehrengerichte Verfahren in DP-Lagern, in den Niederlanden, in Italien oder in Großbritannien gegen überlebende Judenratsmitglieder durchgeführt, die mit Freisprüchen endeten, die jüdischen Überlebenden aber polarisierten. Die Verhaftung des letzten Theresienstädter Judenrates durch tschechoslowakische Behörden und österreichi-sche Prozesse gegen Mitarbeiter der Jüdischen Kultusgemeinde in Wien besaßen auch klas-senkämpferische Akzente, bewiesen aber insbesondere in den österreichischen Verfahren die Unhaltbarkeit und Doppelbödigkeit der angelegten Maßstäbe. In diesen Verfahren wur-den von Überlebenden, die sich oder Angehörige subjektiv verständlich als „Opfer jüdischer Funktionäre" sahen, Beschuldigungen gegen Judenratsmitglieder vorgebracht.[12] Die Kon-troversen besaßen starken Einfluss auf innerjüdische Diskussionen: Noch in den 70er Jahren wurden in Jugendorganisationen auf Bildungsveranstaltungen die Ehrengerichte nachgestellt. Die Judenräte galten im jüdischen Selbstverständnis nach 1945 als Symbole eines Juden-tums, das nicht wehrhaft aufzutreten vermochte. Wer überlebt hatte, wollte nichts zu tun haben „mit der Strategie des Kompromisses und der Anpassung (...). Der Kampf gegen die einstigen Funktionäre und Mitarbeiter des ‚Ältestenrates' war Teil der Neukonstituierung der jüdischen Identität nach dem Massenmord."[13]

Auf internationaler Ebene wird diese Kontroverse seit über 40 Jahren geführt, seit Han-nah Arendt in ihrem Buch „Eichmann in Jerusalem" ihre Schlussfolgerungen aus dem Eich-mann-Prozess in Jerusalem 1961 vorstellte. Nach Vorabdrucken erschien das Buch in allen Weltsprachen.[14] In der Darstellung, die den Charakter von unterkühlten Essays bewahrte, sprach die Philosophin, enttäuscht über den angeblich fehlenden Widerstand der jüdischen Eliten, wiederholt von verbrecherischem Egoismus und Verblendung der jüdischen Führer, die durch ihr Zusammenwirken mit den Mördern ihrem Volk die tödlichen Gefahren verhehlt und es bis zum bitteren Ende getäuscht hätten. Die Judenräte hätten eine unwürdige und verräterische Strategie verfolgt. Daraus folgte der Generalvorwurf: „Von Polen bis Holland und Frankreich, von Skandinavien bis zum Balkan gab es anerkannte jüdische Führer, und diese Führerschaft hat fast ohne Ausnahme auf die eine oder andere Weise, aus dem einen

---

11 Doron Rabinovici, Instanzen der Ohnmacht. Wien 1938–1945. Der Weg zum Judenrat. Frankfurt a.M. 2000, S. 9.
12 Ebenda, S. 394-399.
13 Ebenda, S. 390.
14 Hannah Arendt, Eichmann in Jerusalem. Ein Bericht von der Banalität des Bösen. 13. Aufl., München 2004.

oder anderen Grund mit den Nazis zusammengearbeitet. Wäre das jüdische Volk wirklich unorganisiert und führerlos gewesen, so hätte die ‚Endlösung' ein furchtbares Chaos und ein unerhörtes Elend bedeutet, aber (...) die Gesamtzahl der Opfer hätte schwerlich die Zahl von viereinhalb bis sechs Millionen Menschen erreicht."[15]

Diese Argumentation, die von dem Ansatz ausging, erst die Konzentration, Segregation und Gettoisierung der Juden habe ihre Deportation und Ermordung ermöglicht, und dabei die Rolle der jüdischen Administration hervorhob, die vorgeblich errichtet worden war, um die Verpflegung und Ernährung der Juden zentral zu gewährleisten, löste eine heftige Kontroverse aus, die sowohl inneramerikanisch als auch in Europa ausgetragen wurde.[16] Beteiligt waren Überlebende und Zeitzeugen wie Gershom Scholem, der Hannah Arendt die Freundschaft aufkündigte, Manès Sperber, der von „verleumderischem Unsinn" sprach, oder Propst Heinrich Grüber, der selbst an der Rettung jüdischen Lebens beteiligt war und formulierte: „Vor allen Dingen glaube ich, muss Hannah Arendt das Recht abgesprochen werden, über die Zusammenarbeit der jüdischen Menschen mit den SS-Funktionären zu urteilen, denn darüber kann sich nur ein Urteil erlauben, wer selbst in solchen Situationen gewesen ist und zur Zusammenarbeit genötigt wurde."[17]

Erkennbar wird die Schärfe der Auseinandersetzung, in der es um das Recht des Urteils und die Urteilsmaßstäbe ging. Außerhalb der deutschen Diskussion, wo Arendts Bemerkung über den „Jewish Führer" Leo Baeck – so im amerikanischen Original – Empörung erregte, standen dabei international Arendts Reflexionen über die Funktion der Judenräte in Osteuropa im Vordergrund, denen die Autorin mit der unzutreffenden Behauptung Vorschub leistete, in Frankreich und Belgien habe es keine Judenräte gegeben. Dabei stützte sich Arendt durchgängig auf die zeitgenössisch modernste Forschung, nämlich auf Raul Hilbergs 1961 erschienene Gesamtdarstellung „The destruction of the European Jews", was von Fachhistorikern erkannt wurde. So hieß es: „Tatsächlich steht hinter dem ganzen Buch von Hannah Arendt der riesige Schatten von Hilbergs Buch".[18] Aus dem Ansatz einer Täterforschung, die sich ausschließlich auf deutsche Akten und Dokumente stützte, in denen jüdischer Widerstand kaum greifbar wurde, kam Hilberg zu dem Schluss, die Judenräte seien ausschließlich ein Teil der deutschen Bürokratie gewesen, der dem Völkermord zugearbeitet hätte.

Die Schwächen dieses Ansatzes waren zeitgenössischen Kritikern mit einem ostjüdischen Hintergrund bekannt. Jacob Robinson, der über litauische Juden forschte, kritisierte, dass „die Autorin die Quellen aus erster Hand nicht verwerten konnte, die in Hebräisch, Jiddisch, Polnisch und Ungarisch geschrieben sind. Aus diesem Grunde war ihr die reichhaltige Memoirenliteratur und die eindrucksvolle Reihe von Monographien über die Gettos von Warschau, Wilna, Kowno, Bialystok, Lodz, Krakau und Siauliai völlig unzugänglich".[19] Das Gleiche galt für Hilberg. Für beide hatte die Kontroverse persönliche wie wissenschaftliche Konsequenzen: Hannah Arendt wurde von Teilen der jüdisch-amerikanischen Intelligenz

---

15 Ebenda, S. 162.
16 Die Kontroverse. Hannah Arendt, Eichmann und die Juden, hrsg. v. F.A. Krummacher. München 1964.
17 Ebenda, S. 239.
18 Ebenda, S. 186.
19 Jacob Robinson, in: Ebenda, S. 223.

mit einem Boykott belegt, und Raul Hilberg bemerkte noch 1997: „Wer erinnert sich an Ereignisse? Man erinnert sich nicht an Ereignisse, man erinnert sich an Bücher. Ich ringe seit 33 Jahren mit Hannah Arendt, ob sie nun lebt oder tot ist. Immer wieder, wie ein Gespenst, kommt sie zurück."[20] Hilbergs Buch wurde in den 1960er Jahren nicht ins Deutsche übersetzt (eine Übersetzung erfolgte erst 1981), laut schriftlicher Mitteilung des Verlags Droemer-Knaur trotz Übersetzungsvertrags wegen dessen Thesen zur jüdischen „Kollaboration".[21]

Dieser Vorwurf der „Kollaboration", der in der Wendung von der „deutsch-jüdischen Gemeinschaftsarbeit" in öffentlichkeitswirksamen Zeitschriften wie dem „Spiegel" erhoben wurde, ist rückblickend eine der am wenigsten verständlichen Wendungen der Kontroverse, setzt „Kollaboration" doch eine freiwillige Zusammenarbeit voraus, was auch Arendt niemals behauptet hatte.[22] Andererseits zeigt er, wie wirkungsmächtig das nach 1945 entwickelte Kollaborationsparadigma auch noch unter den Bedingungen einer freiheitlich-liberalen Diskussionskultur in den 1960er Jahren blieb.

Zugleich regte die internationale Kontroverse zu einer wissenschaftlichen Beschäftigung mit der „jüdischen Selbstverwaltung" und den Judenräten an: Seit der zweiten Hälfte der 1960er Jahre gibt es eine internationale Forschungsdiskussion, die zunächst vor allem von ostjüdischen Überlebenden und deren Nachkommen in den USA getragen wurde. Seit dem Ende der 1970er Jahre beteiligen sich verstärkt israelische Historiker und in den 1990er Jahren auch erstmals ostmitteleuropäische Stimmen. Vor 1989 war eine genuine Forschung in Ostmitteleuropa kaum möglich. So zeigte beispielsweise das Warschauer Jüdische Historische Institut Ende der 1940er Jahre kein Interesse, als ihm das wohl bedeutendste Selbstzeugnis aus den Reihen der Judenratsmitglieder, das Tagebuch des Obmanns des Warschauer Judenrats, Adam Czerniaków, der 1942 aus Entsetzen über die ersten Deportationen in das Vernichtungslager Treblinka Selbstmord begangen hatte, angeboten wurde.[23] Das polnischsprachige Tagebuch erschien infolgedessen 1968 nur in hebräischer Übersetzung, die Originalausgabe 1972, eine kritische Ausgabe erst 1983. Infolge dieser Blockade war das Dokument vor Ende der 1970er Jahre nur Spezialisten bekannt.

In der deutschsprachigen Forschung wurden die Judenräte nur selten aufgegriffen, obwohl die vorhandenen Quellen zum erheblichen Teil in deutscher Sprache vorliegen: Bewusst war seit der Arendt-Kontroverse die moralische Problematik und die Gefahr, dass die Beschäftigung mit den Verwaltensweisen der jüdischen Opfer zum moralisierenden Vorwurf werden und in Geschichtsrelativierung entgleiten könne. Als Ausnahmen sind seit den 1990er Jahren nur Dan Diner[24] und Doron Rabinovici zu nennen, der formulierte: „Die

---

20 Hannah Arendt revisited: „Eichmann in Jerusalem" und die Folgen, hrsg. v. Gary Smith. Frankfurt a.M. 2000, S. 7.

21 Raul Hilberg, Unerbetene Erinnerung. Der Weg eines Holocaust-Forschers. Frankfurt a.M. 1994, S. 140 ff. „Kollaboration" in Anführungszeichen in der Verlagsmitteilung des Droemer/Knaur-Verlags, in der dieser den Übersetzungsvertrag aufkündigte.

22 Ebenda, S. 144.

23 Adam Czerniaków, Dziennik getta warszawskiego 6 IX 1939–23 VII 1942 [Tagebuch des Warschauer Gettos 6.9.1939–23.7.1942], hrsg. v. Marian Fuks. Warszawa 1983, S. 14 f.

24 Dan Diner, Die Perspektive des Judenrats. Zur universellen Bedeutung einer partikularen Erfahrung, in: „Wer zum Leben, wer zum Tod...". Strategien jüdischen Überlebens im Ghetto, hrsg. v. Doron Kiesel (u.a.). Frankfurt a.M./New York 1992, S. 11-35.

Geschichtsschreibung, insbesondere die deutschsprachige, ist der Frage nach dem jüdischen Verhalten in der Zeit der Verfolgung und Ermordung der europäischen Juden lange Jahre hindurch ausgewichen."[25]

In der Forschung zu den Judenräten sind unterschiedliche historiografische Ansätze und Schulbildungen erkennbar. Gestützt auf Hilbergs einflussreiche Gesamtdarstellung geht eine Richtung von den Räten als bedingungslosen Werkzeugen des nationalsozialistischen Verwaltungssystems aus.[26] Hilberg hielt an dieser These fest und sieht in den Judenräten eine „Fatal combination: (...) Jewish authenticity aided German authority".[27] Eine zweite Richtung in den USA und seit Ende der 1970er Jahre auch in Israel suchte detailliert die Organisation der „Judenräte" zu erforschen und ihre Funktion innerhalb der jüdischen Gemeinschaften zu beschreiben. Als Materialbasis dienten hierbei neben deutschen Akten die in jüdischen oder westeuropäischen Archiven aufbewahrten Selbstzeugnisse sowie Befragungen jüdischer Überlebender. Die umfangreiche Studie von Isaiah Trunk in erster Linie zu Judenräten im besetzten Polen, daneben aber auch in Litauen, Lettland und der Ukraine berücksichtigt 405 Judenräte in der Großregion.[28] 1964–1966 wurde vom Autor und weiteren Mitarbeitern eine Enquete unter Überlebenden in den USA und Israel über den sozialen Hintergrund, die Vorbildung, die parteipolitischen Optionen und die Verhaltensweisen von Mitgliedern der Judenräte und „jüdischen Ordnungsdiensten" in den Gettos unternommen.[29]

Diese Studie, die den Charakter eines Standardwerkes bewahrt hat, leidet darunter, dass kein offener Zugang zu Archiven des östlichen Europa bestand, in denen umfangreiche Archivbestände zu lokalen Judenräten aufbewahrt wurden. Nicht unproblematisch erscheint auch die Verbindung der Judenräte mit der sog. „Gettopolizei", die teilweise nicht von ersteren, sondern von SS und SD kontrolliert wurde. Jedoch gelang Trunk eine deutliche Relativierung der pauschalen Verurteilung aller Mitglieder der Judenräte: Nach Ausweis der Studie musste jeder lokale Judenrat, jede Person und jede Situation gesondert betrachtet werden; ein Generalurteil sei keinesfalls möglich.

Insbesondere durch diese Detailforschungen gelang eine Versachlichung der Diskussionen. Unter allen Beteiligten herrschte Einigkeit, dass a) die Judenräte von deutscher Seite eingesetzt wurden, unter deutscher Befehlsgewalt standen und lediglich unter den Bedingungen von Massenmord, massiver Erpressung und wiederholten Lügen und Täuschungen mit den deutschen Behörden zwangsweise kooperierten; b) die deutschen Ziele darin lagen, die Durchführung der antijüdischen Maßnahmen abzusichern, die jedoch nach Möglichkeit von der „jüdischen Selbstverwaltung" ausgeführt werden sollten; dies zog eine Diskreditierung der Führung in den Augen der jüdischen Bevölkerung nach sich; c) die Judenräte zeitweise die Leitung der jeweiligen jüdischen Gemeinden innehatten und d) die Judenräte

---

25 Rabinovici, Instanzen (wie Anm. 11), S. 412.

26 Raul Hilberg, The Destruction of the European Jews. Chicago 1961, S. 122-125.

27 Raul Hilberg, The Judenrat: Conscious or Unconscious „Tool", in: Patterns of Jewish Leadership in Nazi Europe, 1933–1945, hrsg. v. Yisrael Gutman u. Cynthia Hart. Jerusalem 1979, S. 31-44, hier S. 37. Vgl. auch ebenda: „The Jewish Councils became a German tool as a consequence of their origin, condition and strategy."

28 Isaiah Trunk, Judenrat. The Jewish Councils in Eastern Europe under Nazi Occupation. New York/London 1972, S. XII f. Benutzt wurde auch der bedeutende Nachlass von Philipp Friedman.

29 Ebenda, S. XIV f. Insgesamt wurden 740 Mitglieder von Judenräten und 112 Polizisten befragt, die sich auf 99 Gettos bezogen.

eine eigenständige gesellschaftliche Funktion für die jüdischen Gemeinschaften besaßen, die nicht ausschließlich aus der Politik des Dritten Reiches ableitbar ist, sondern versuchte, die wirtschaftlichen und sozialen Interessen der Gemeinschaften zu vertreten.

Ursache für fortgesetzte Kontroversen bildete das Konzept einer „jüdischen Führung", das 1977 am Ende einer Tagung zu „Patterns of Jewish Leadership in Nazi Europe" von Yehuda Bauer so zusammengefasst wurde: „There was a leadership within the enclosure too: it was accepted as such by the Jews and, in a strange and perverted fashion, by the Germans as well."[30] Die Differenzen um die Bewertung der Judenräte blieben so offen. In einer Übersicht wie der „Enzyklopädie des Holocaust" hieß es 1990 in einer Kompromissformel: „Manche Historiker sind überzeugt, dass diese Institution die innere Kraft der jüdischen Gemeinden geschwächt, andere meinen, dass sie den Lebenswillen der Juden gestärkt habe."[31]

Zuletzt schlug Dan Michman vor, den bisher in der Forschung zu den Judenräten wie den Judenvereinigungen verwandten Begriff einer jüdischen „Führung" zu modifizieren: Von einer jüdischen Führung („leadership") könne nicht die Rede sein; sinnvoll sei es dagegen von einer NS-Herrschaft über ernannte und völlig abhängige jüdische Funktionäre („headship") zu sprechen.[32] Belegt wird dieser Gedankengang etwa durch das minutiöse Tagebuch Adam Czerniaków: Der Vorsitzende der größten jüdischen Gemeinschaft im NS-Herrschaftsbereich und Verantwortliche für 30% der Warschauer Stadtbevölkerung wurde geschlagen und gedemütigt und konnte in drei Jahren nur ein einziges Mal zum Warschauer Gouverneur Fischer vordringen.[33] Alle Mitglieder der jüdischen Verwaltungen hatten durchweg nur mit niederen deutschen Dienstgraden Kontakt. Das Modell Michmans scheint deshalb geeignet, aus den Aporien der älteren Judenrats-Diskussion einen Ausweg zu weisen und den fragwürdigen Begriff einer „jüdischen Führung" zu vermeiden.

2. Die Jüdische Soziale Selbsthilfe im besetzten Polen und die Rolle Michał Weicherts

Die im Zweiten Weltkrieg eingerichtete Jüdische Soziale Selbsthilfe (ŻSS) ist als im gesamten Generalgouvernement tätige Selbsthilfeorganisation nicht mit den lokalen Judenräten gleichzusetzen. Insbesondere wurden die Leitungsgremien der Selbsthilfe nicht von deutscher Seite eingesetzt, sondern innerhalb der jüdischen Gesellschaft – allerdings innerhalb der von Deutschen gesetzten Rahmenbedingungen und deren Einflussnahmen – ausgehandelt. Die Existenzbedingungen der ŻSS weisen jedoch, insbesondere nach der formalen Auflösung der eigenständigen Organisation (1. Juli 1942), Parallelen zu den Judenräten auf. Bereits bei der Entstehung der jüdischen Selbsthilfe in der ersten Jahreshälfte 1940 waren insbesondere der Warschauer und der Krakauer Judenrat intensiv beteiligt.[34] Später orga-

---

30 Patterns of Jewish Leadership (wie Anm. 27), S. 393.
31 Enzyklopädie des Holocaust. Die Verfolgung und Ermordung der europäischen Juden, hrsg. v. Eberhard Jäckel. 3 Bde., Berlin 1991–1993, hier Bd. 2, S. 690.
32 Dan Michman, „Judenräte" und „Judenvereinigungen" unter nationalsozialistischer Herrschaft. Aufbau und Anwendung eines verwaltungsmäßigen Konzepts, in: Zeitschrift für Geschichtswissenschaft 46 (1998), H. 4, S. 293-304.
33 Czerniaków, Dziennik (wie Anm. 23), S. 184 (21.5.1941).
34 An den Krakauer Konferenzen in der ersten Jahreshälfte 1940, die in die Konstituierung der Zentralstelle der jüdischen Selbsthilfe einmündeten, nahmen führende Vertreter des Warschauer

nisierte die Krakauer Zentrale Hilfssendungen vor allem über die örtlichen Judenräte und kooptierte Mitglieder des Präsidiums aus deren Umfeld.[35]

Die Funktionäre der Jüdischen Selbsthilfe waren seit 1940 von der Duldung der deutschen Verwaltung im Generalgouvernement, insbesondere der Abteilung „Bevölkerungswesen und Fürsorge" (BuF) in der Zentralverwaltung des Generalgouvernements in Krakau (Leitung Dr. Fritz Arlt, dann Lothar Weirauch [1908–1983], Stellvertreter Dr. Walter Föhl), abhängig.[36] Die Nominierung des Präsidiums der ŻSS erfolgte nach ähnlichen Grundsätzen wie die Einsetzung der Judenräte: Die jüdischen Verbände konnten Vertreter benennen, die von der deutschen Seite bestätigt werden mussten.[37]

Nach der formalen Auflösung der ŻSS im Sommer 1942 konnte die Selbsthilfeorganisation nur noch unter Ausnutzung der Kompetenzstreitigkeiten zwischen deutschen Behörden und Polizeidienststellen begrenzt tätig werden. Von Seiten des jüdischen bewaffneten Widerstands wurde die Selbsthilfe, je länger der Krieg dauerte, umso mehr mit den Judenräten gleichgesetzt, zumal personelle Verbindungen bestanden.[38] Spätere widersprüchliche Aussagen der Funktionäre der ŻSS, die insbesondere nach 1945 die erhebliche Distanz zu den Judenräten betonten, besaßen vor allem eine taktische Dimension, da die Judenräte als Organe einer Kollaboration mit den Besatzungsbehörden galten.

Strukturell baute die Einrichtung der ŻSS im Zweiten Weltkrieg auf den intensiven hi-

---

und Krakauer Judenrats teil, so etwa am 14.3.1940 Adam Czerniaków, Józef Jaszuński, Abram Stolzman, Israel Milejkowski und Ignacy Borenstein (Joint); aus Krakau waren Marek Bieberstein, Dr. Chaim Hilfstein und Eliasz Tisch von Anfang an beteiligt. Vgl. AŻIH, 313/137, Sąd Społeczny, Bl. 5-13: Bericht Weicherts über die Tätigkeit der Jüdischen Selbsthilfe v. 8.3.1945, hier Bl. 5.

35 Ebenda, Bl. 5 f. Kooptiert wurden Dr. Marek Alten für den Distrikt Lublin und Dr. Leib Landau für Galizien. Weichert beschreibt in seinen Aufzeichnungen den Konflikt mit einigen Judenräten, insbesondere in Lemberg und Tschenstochau, vgl. AŻIH, 302/25, Bd. 1, S. 208-215 u. 230-236.

36 Weichert leugnete nicht die Aufsicht durch die deutsche Verwaltung, suchte diese aber zu minimieren: „Posiedzenia Prezydium [ŻSS; H.-J. B.] oficjalnie odbywały się w regule co miesiąc w obecności przedstawicieli B.u.F., a były poprzedzane trzydniowymi naradami wewnętrznymi, na których omawiano wyczerpująco wszystkie sprawy, tak iż oficjalne posiedzenie było tylko formalnym potwierdzeniem uchwał (...)." AŻIH, 313/137, Bl. 214-241, Vernehmung Weicherts v. 22.11.1948, hier B. 221. Biografische Informationen zu den deutschen Beamten der BuF: Bogdan Musial, Deutsche Zivilverwaltung und Judenverfolgung im Generalgouvernement. Eine Fallstudie zum Distrikt Lublin 1939–1944. Wiesbaden 1999 (DHI Warschau, Quellen und Studien. 10), S. 380, 394 f., 397 f. – Insbesondere Weirauch, der nach dem Krieg als Bundesgeschäftsführer der FDP und Ministerialdirektor im Ministerium für Gesamtdeutsche Fragen tätig war, geriet in den letzten Jahren in die Schlagzeilen: Er soll als Doppelagent britischer Dienste und des Ministeriums für Staatssicherheit im Nachkriegsdeutschland tätig gewesen sein, vgl. Detlef Kühn, Das Gesamtdeutsche Institut im Visier der Staatssicherheit. Berlin 2001 (Schriftenreihe der Berliner Landesbeauftragten für die Unterlagen des Staatssicherheitsdienstes der ehemaligen DDR. 13), S. 71-78.

37 Dies wird durch die Aussagen in verschiedenen Situationen bestätigt: Einerseits hob Weichert bei den Vernehmungen hervor, das Präsidium des ŻSS sei niemals von deutschen Stellen ernannt worden („Nigdy niemcy nikogo z nas nie mianowali. [Hervorhebung i.Org.]" Aussage Weicherts vom 22.11.1948), andererseits schrieb er in seinen Erinnerungen, dem Krakauer J. Zimmerman sei wegen seiner Mitgliedschaft in einer Freimaurerloge die Mitgliedschaft im Präsidium des ŻSS von deutscher Seite verweigert worden, vgl. AŻIH, 302/25, Bd. 1, S. 102.

38 Rückblickend wird dies in den Erinnerungen Cukiermans deutlich, vgl. ders., Nadmiar pamięci (wie Anm. 8), S. 317 f.

storischen Erfahrungen einer jüdischen Wohlfahrt auf, die in Kriegssituationen mehrfach ihre Leistungsfähigkeit bewiesen hatte und in der Zwischenkriegszeit in zahlreichen religiösen, gewerkschaftlichen und parteinahen Hilfsorganisationen bestand. Michał Weichert hatte nach der Schulausbildung in Stanisławów und dem mit Promotion abgeschlossenen Jurastudium in Lemberg und Wien sowie einer Tätigkeit als Regisseur jiddischsprachiger Theater seit 1933 in dem „Vereinigten Wohlfahrtskomitee für das Jüdische Handwerk" (Zjednoczony Komitet dla Spraw Żydowskiego Rzemiosła) in Warschau gearbeitet. Sein Lebenslauf mit den wechselnden Schwerpunkten Rechtswissenschaft, Theater und Literatur sowie jüdische Wohlfahrt bildete unter den Lebensbedingungen einer Minderheit im Polen der Zwischenkriegszeit keine Ausnahme; infolge der wachsenden Abschließung der polnischen Jurisprudenz gegenüber Juden fanden Juristen nur im Kultursektor oder in Selbsthilfeeinrichtungen Beschäftigung.

Im September 1939 schlossen sich die Wohlfahrtseinrichtungen unter den Kriegsbedingungen einer nur eingeschränkten Kommunikation zu lokalen Komitees zusammen, in denen jeweils Prioritäten für die Unterstützung vor Ort festgelegt wurden. Gefördert wurde dies durch Maßnahmen der polnischen Regierung: In Warschau entstand auf deren Anordnung am 1. September das „Hauptstädtische Komitee für soziale Selbsthilfe" (Stołeczny Komitet Samopomocy Społecznej). Jüdische Organisationen arbeiteten hier über ein Koordinationskomitee mit, dessen Vizepräsidentschaft Weichert übernahm.[39]

Als die deutsche Besatzungsverwaltung in der ersten Jahreshälfte 1940 die Einrichtung zentraler Wohlfahrtseinrichtungen für das Generalgouvernement zuließ, wurden unterhalb des Obersten Hilfsrates (Naczelna Rada Opiekuńcza, Leitung Graf Adam Ronikier) Nationalitätenkomitees gebildet, die eine Unterstützung für die polnische (Rada Główna Opiekuńcza, RGO), ukrainische und jüdische Bevölkerung ermöglichen sollten.[40] Dies entsprach nationalsozialistischen Vorstellungen einer „völkischen Dekomposition" des polnischen Staates.[41] An den Verhandlungen um eine jüdische Unterstützungseinrichtung im Generalgouvernement beteiligten sich Mitglieder der Judenräte aus Warschau und Krakau, den mit Abstand größten jüdischen Gemeinschaften im Generalgouvernement. Schließlich wurde im Juni 1940 vereinbart, dass in das siebenköpfige Präsidium der ŻSS vier Personen aus Warschau und drei aus Krakau entsandt wurden; aus Warschau beteiligten sich Józef Jaszuński, Benjamin Zabłudowski, Gamsej Wielikowski und Weichert; aus Krakau Dr. Chaim Hilfstein, Dr. Eliasz Tisch und Prof. Marek Bieberstein, wobei am 22. Juni 1940 bei der Konstituierung des Präsidiums Weichert zum Vorsitzenden und Jaszuński zu dessen Stellvertreter bestimmt wurden. Da Krakau als „Hauptstadt" des Generalgouvernements auch den Sitz des RGO und seiner nationalen Unterorganisationen bildete, siedelte Weichert mit seiner Familie im Herbst 1940 von Warschau nach Krakau über.

---

39   „Jako współpracownik Zjednoczonego Komitetu dla Spraw Żydowskiego Rzemiosła zwróciłem się do wszystkich stowarzyszeń żydowskich o stworzenie zjednoczego związku pomocy dla Żydów, pod nazwą Komisji Koordynacyjnej Żydowskiej przy S.K.S.S. który udzielił nam pomocy. Prezesem K.K. wybrany został Leon Neustadt a ja wiceprezesem." AŻIH, 344/145, S. 2: Darstellung Weicherts v. 27.11.1945.

40   Bogdan Kroll, Rada Główna Opiekuńcza 1939–1945 [Der Hauptfürsorgerat 1939–1945]. Warszawa 1985.

41   Dazu instruktiv am Beispiel Krakaus Andrzej Chwalba, Dzieje Krakowa. Bd. 5: Kraków w latach 1939–1945 [Geschichte Krakaus. Bd. 5: Krakau 1939–1945]. Kraków 2002, S. 60-70.

Als Ursachen für den Aufstieg Weicherts an die Spitze der Jüdischen Selbsthilfe sind vor allem drei Faktoren benennbar. Zum einen dessen hervorragende Deutschkenntnisse und Verhandlungsgeschick, die für die Kontakte mit den deutschen Behörden unentbehrlich waren: Weichert organisierte vor Verhandlungsrunden mit Rückgriff auf seine Erfahrungen als Regisseur von ihm selbst so genannte regelrechte Generalproben, auf denen die jeweiligen Rollen und Redebeiträge der jüdischen Teilnehmer festgelegt wurden. Rückblickend beschrieb er die Verhandlungen mit den deutschen Behörden, bei denen begrenzte Sprachkenntnisse schnell zu einem Handicap wurden und ein jüdischer Akzent im Deutschen die antisemitischen Vorurteile der deutschen Beamten verstärkte.[42]

Zweitens konnte Weichert als Vertreter Warschaus, der größten jüdischen Gemeinde in Polen und dem kulturell und demografisch unbestrittenen Zentrum der polnischen Judenheit, gelten. Durch den Sitz der ŻSS in Krakau konnten die Warschauer Interessen tendenziell ins Hintertreffen geraten, weshalb die Warschauer Vertreter im Präsidium ein Übergewicht von vier (von sieben) Mitgliedern erhielten und den Präsidenten stellten.[43] Weichert besaß das Vertrauen von Józef Jaszuński (1881–1943), dem Präsidenten der Gesellschaft zur Unterstützung des Handwerks (ORT) und Mitglied des Warschauer Judenrates, und wohl auch die Unterstützung von Czerniaków. Erheblichere Fragen und Sachentscheidungen sprach er bis 1942 durchweg unmittelbar oder telefonisch mit Warschauer Vertretern ab.[44]

Schließlich besaß Weichert noch aufgrund seiner Warschauer Tätigkeit vor 1939 gute Kontakte zu den vor allem in Warschau ansässigen internationalen jüdischen Wohlfahrtsorganisationen, insbesondere zu dem American Jewish Joint Distribution Committee (JDC). Im Herbst 1939 hatte er eng mit Vertretern des JDC zusammengearbeitet, so dass ihm auch von dieser Seite Vertrauen entgegengebracht wurde.

Lebensmittel und Medikamente erhielt die ŻSS aus verschiedenen Quellen: erstens auf der Basis von Unterstützungslieferungen jüdischer Organisationen, insbesondere durch das JDC. Mit dem Kriegseintritt der USA (Dezember 1941) wurden diese Lieferungen allerdings erheblich spärlicher und von den deutschen Behörden beschlagnahmt. Eine zweite Quelle lieferte umfangreiche Hilfssendungen und ermöglichte bis 1944 eine begrenzte Unterstützung: Die Jüdische Selbsthilfe erhielt auf der Basis eines festen Schlüssels, nach dem der RGO alle aus dem Ausland und insbesondere durch das Internationale Rote Kreuz eintreffenden Spenden und Hilfsmittel auf seine nationalen Unterorganisationen aufteilte, ca. 18% (ab 1943 10%) aller internationalen Spenden. Die Sendungen und Spenden wurden bis zum Sommer 1942 über die Unterorganisationen sowie auf dem Postwege (Medikamente) verteilt.

Trotz des seit Sommer 1941 von deutscher Seite organisierten Massenmords an der jüdischen Bevölkerung konnte die ŻSS bis zum Sommer 1942 formal weiter bestehen,

---

42 AŻIH, 302/25, Bd. 1, S. 48-56.
43 Diese Auffassung stützen Aussagen aus dem Umfeld Graf Ronikiers. So vermerkte Edmund Seyfried: „z oświadczenia Ronikiera wynikało, że został wyznaczony na to stanowisko w Warszawie." AŻIH, 344/145, S. 12.
44 AŻIH, 302/25, Bd. 1, S. 47 f., 81, 83 ff.; 313/137, S. 348 ff. Aussage von Anna Schneeweiss-Taube, der Sekretärin des ŻSS, die die Gespräche zwischen Weichert und Jaszuński regelmäßig mitstenographierte.

wobei sich ihr Radius zunächst noch auf Galizien ausweitete (November 1941), de facto in der ersten Jahreshälfte 1942 jedoch immer stärker beschränkte. Auch Delegierte der Krakauer Zentrale gerieten trotz ihrer Papiere und Schutzausweise seit Frühsommer 1942 in die Reichweite des nationalsozialistischen Völkermords.[45] Am 29. Juni 1942 erhielt die ŻSS den Befehl zu ihrer Auflösung zum 1. Juli 1942. Weichert selbst wurde am 2. Juni 1942 bei dem Versuch, den in jiddischer Sprache schreibenden Musiker und Komponisten Mordechaj Gebirtig (1877–1942) vor dem Transport ins Vernichtungslager zu retten, angeschossen.[46] Während der Deportationen am 28. Oktober 1942 sollte Weichert mitsamt dem Präsidium der Selbsthilfe nach Bełżec deportiert worden und verdankte seine Rettung nur jüdischen Fürsprechern.[47]

Zugleich unternahm die Abteilung BuF Versuche zu einer Fortführung der Tätigkeit der Selbsthilfe, die seit dem 16. Oktober 1942 unter der veränderten Bezeichnung „Jüdische Unterstützungsstelle für das Generalgouvernement" (JUS) offiziell fortgeführt wurde. Zum 1. Dezember 1942 erfolgte jedoch die endgültige offizielle Schließung der JUS, nach Vermutungen Weicherts aufgrund einer Mitteilung in der nationalsozialistisch kontrollierten „Gazeta Żydowska" und internen Streitigkeiten zwischen Zivilverwaltung und SS.[48] Hinfort seien nur noch der Höhere SS- und Polizeiführer und die SS für die Juden zuständig, hieß es in einer Mitteilung der BuF an Weichert vom 1. Dezember 1942.[49]

Auch damit war allerdings die Tätigkeit der JUS nicht gänzlich beendet. Zunächst wurden auch Weichert und seine Familie zur Zwangsarbeit verpflichtet. Weichert arbeitete in der „Zentrale für Handwerkslieferungen" im Gebäude der ehemaligen Firma Optima; die weiteren jüdischen Mitarbeiter der JUS, insbesondere Hilfstein und Tisch, wurden in das Arbeitslager Płaszów eingewiesen. Doch schuf die Auflösung der letzten jüdischen Hilfsorganisation auch für die nationalsozialistischen Behörden Schwierigkeiten. Einerseits gelang es SS-Dienststellen angesichts der Weigerung des Internationalen Roten Kreuzes und der RGO, diese Sendungen an nichtjüdische Empfänger auszuliefern, nicht, die für die jüdische Bevölkerung bestimmten Hilfssendungen legal in Empfang zu nehmen. Vor einer Beschlagnahme schreckte auch der Polizei- und SS-Apparat zurück, da Repressalien gegen deutsche Kriegsgefangene auf alliierter Seite und eine Verschlechterung von deren Versorgung befürchtet wurden. Schließlich unternahm die Zivilverwaltung des Generalgouvernements in

---

45 Dieser Prozess lässt sich auf der Basis der nicht edierten Erinnerungen Michał Weicherts, die dieser vor Kriegsende im Versteck in Krakau niederschrieb (AŻIH, 302/25), detailliert nachzeichnen. Spätestens seit Herbst 1941 hatte das Präsidium des ŻSS Kenntnis des Völkermords, wobei Weichert Seelentrost in der Lektüre von Franz Werfels „Die vierzig Tage des Musa Dagh" suchte. In der ersten Jahreshälfte 1942 unternahm die ŻSS Versuche, mit Beamten der Krakauer Zentralverwaltung ein Programm zu einer „Rettung durch Arbeit" auszuarbeiten.

46 Bericht Weicherts in: AŻIH, 302/25, Bd. 2, S. 46 f. Der Vorfall ist durch mehrere unabhängige Aussagen von Zeugen belegt; vgl. Tadeusz Pankiewicz, Apteka w getcie krakowskim [Die Apotheke im Krakauer Getto]. Kraków 1947, S. 36 f. Gebirtig wurde am 4.6.1942 in Krakau auf offener Straße erschossen, als er gegen den Deportationsbefehl Widerstand leistete.

47 AŻIH, 313/137, Bl. 644: Aussage Anna Schneeweiss.

48 AŻIH, 302/25, S. 120 f. u. 193; es ist unklar, welche Ausgabe Weichert im Auge hatte, zumal unklar ist, bis wann die „Gazeta Żydowska" 1942 erschien. Vgl. dazu den Beitrag von Lars Jockheck in diesem Band.

49 AŻIH, 302/25, Bd. 2, S. 13, 69; Engel, Who is a Collaborator (wie Anm. 10), S. 348.

Gestalt der BuF weitere Versuche, eine Fortexistenz der JUS zu befördern, wohl weil man sich im deutschen Beamtenapparat hiervon eine Erweiterung des eigenen Aufgabengebiets und eine Sicherung der Unabkömmlichkeitsstellung versprach.[50]

Weichert erhielt Ende Februar 1943 die Information, dass eine informelle Weiterführung der Tätigkeit der JUS geduldet werde. Am 13. März, dem Tage der endgültigen Liquidierung des Krakauer Gettos, wurde die Fortführung eines Büros der JUS mündlich bestätigt; jedoch wurde Weichert nach eigenen Aussagen eine schriftliche Bestätigung zu keinem Zeitpunkt erteilt.[51] Seit März 1943 führte er mit seiner Familie, jüdischen Mitarbeitern, die in das Lager Płaszów eingewiesen waren, jedoch Passierscheine erhielten,[52] und „arischen" Mitarbeitern die Tätigkeit der jüdischen Selbsthilfe fort. Die Selbsthilfe beschränkte sich nun auf die Versorgung der Arbeitslager in Krakau und Umgebung sowie im südlichen Polen (Skarżysko-Kamienna, Tschenstochau) vor allem mit Medikamenten, die über Transporte, Postsendungen und persönliche Besuche in den Lagern ausgehändigt wurden. Natan Stern, einer der verbliebenen jüdischen Mitarbeiter, beschrieb die Motivation der verbliebenen Rumpforganisation nach Kriegsende: „Solange eine Möglichkeit zur Unterhaltung einer legalen Organisation bestand, musste man diese um jeden Preis aufrechterhalten, die Arzneimittel waren für die jüdische Bevölkerung notwendig und ein Schmuggel auf illegalem Wege war unmöglich. (...) Ich schaute nicht auf die Tätigkeit der JUS aus der Perspektive nationaler Würde und Ehre, denn während der Lagerzeit ging es uns instinktiv um das Überleben. Ich gehe davon aus, dass damals alle Lagerinsassen dieser Meinung waren; ich sprach darüber mit Dr. Nehmer und Hilfstein, die äußerten, solange ein Funken Hoffnung bestände, Menschen am Leben zu halten, müsse man ihnen helfen."[53]

---

50 Die Motivationslage der Mitarbeiter der BuF ist sehr undurchsichtig, zumal nur die Aussagen von Weichert und der Leitungsebene der RGO (Adam Ronikier, Edmund Seyfried, Janusz Machnicki) vorliegen. Konsens in allen Aussagen ist jedoch, dass insbesondere Weirauch, der zeitweise Krakauer Leiter der BuF, versuchte, die deutsche Politik abzumildern und RGO wie JUS zu unterstützen, vgl. dazu die zahlreichen Erwähnungen Weicherts bei Adam Ronikier, Pamiętniki 1939–1945 [Erinnerungen 1939–1945]. Kraków 2001. Weirauchs Krakauer Tätigkeit verlangt dringend, auch im Lichte seiner Nachkriegsaktivitäten (vgl. Anm. 36), nach einer Detailstudie.

51 Vgl. die Aussagen Weicherts: „Am 13.3., am Tage des Abtransports der arbeitenden Bevölkerung aus dem Getto A in das Lager Płaszów, als ich mit meiner Familie und den gepackten Habseligkeiten im Büro der Gemeinde, von wo der Abmarsch ins Lager erfolgte, wartete, teilte man mir mit, dass wir vorübergehend im Zusammenhang mit der Tätigkeit der JUS im Getto bleiben können. (...) Während der gesamten Zeit ihres weiteren Bestehens wurde die JUS nur toleriert." AŻIH, 313/137, Bl. 233. Vgl. auch Mitteilungen aus Weicherts autobiographischen Schriften, zusammengestellt bei Engel, Who is a Collaborator (wie Anm. 10), S. 349 f.

52 „Es wurde die Wiederaufnahme der Tätigkeit beschlossen (...) unter meiner Leitung unter Mitarbeit der ehemaligen engsten Mitarbeiter Dr. Hilfstein, Dr. Tisch, Mgr. Stern, der Apotheker Bieberstein, die Sekretärin Schneeweissówna und zwei Arbeiter. Ich wohnte im Gebäude der JUS, die Erwähnten kamen bis zum 1. September täglich zur Arbeit aus dem Lager in Płaszów." Bericht Weicherts v. 8.3.1945, AŻIH 313/137, S. 6 f. Diese Aussagen Weicherts wurden von den Genannten, die überlebten, später wiederholt bestätigt.

53 „Jeżeli jest możliwość utrzymania tej legalnej organizacji, to trzeba nią za wszelką cenę utrzymać, leki były dla ludności żydowskiej konieczne, a szmuglowanie drogą nielegalną było niemożliwe. (...) Z punktu widzenia godności i honoru narodowego nie patrzyłem na działalność JUSu, gdyż podczas pobytu w obozie chodziło nam instynktywnie o utrzymanie życia. Przepuszczam że wszyscy obozowicze byli tego zdania; rozmawiałem na ten temat z dr. Nehmerem i Hilfsteinem

Ab dem 2. September 1943 durften die in Płaszów eingesperrten jüdischen Mitarbeiter der JUS das Lager nicht mehr verlassen. Weichert griff nun noch stärker auf polnische Mitarbeiter und den Postweg zurück, um weiterhin Medikamente zu versenden. In den Lagern dienten besonders die jüdischen Lagerärzte als Anlauf- und Verteilstationen, wobei eine gerechte Verteilung vielfach von deren persönlicher Integrität abhing. Zugleich arbeitete die JUS auch mit der im März 1943 gegründeten Krakauer Abteilung des im Untergrund tätigen „Rats zur Hilfe der Juden" (RPŻ) zusammen, in dem unter dem Vorsitz Stanisław Wincenty Dobrowolskis (1915–1994) Vertreter polnischer Parteien die Hilfe für Juden organisierten.[54] Die JUS schmuggelte Sendungen der RPŻ nach Płaszów und half Juden beim Untertauchen.

Andernorts wurde die Tätigkeit der JUS 1943/44 von um ihr Überleben kämpfenden Juden jedoch anders wahrgenommen: Die in Warschau ansässige Koordinierungskommission (Komisja Koordynacyjna, KK) des Jüdischen Nationalkomitees (Żydowski Komitet Narodowy, ŻKN) und des Bunds, eine Aushandlungsplattform der Warschauer jüdischen Parteien, sah in der JUS seit Sommer 1943 eine von den Deutschen abhängige Organisation[55] und entsandte Mitte Oktober Marek Ferdynand Arczyński aus Warschau nach Krakau, der in einer Unterredung in den Räumen der RGO von Weichert eine Einstellung der Tätigkeit der JUS forderte.[56] Die KK begründete ihre negative Beurteilung der JUS in internen Beratungen im Herbst 1943 und Frühjahr 1944 mit grundsätzlichen Überlegungen: mit der Notwendigkeit einer scharfen Trennung jüdischer Aktivitäten von der Tätigkeit der Besatzungsverwaltung. Dagegen diene die JUS zur Aufrechterhaltung einer Fassade, dass, 1) die Juden in Polen lebten, 2) es eine deutsche „Humanität" gebe, sie hielte 3) Illusionen unter den Juden aufrecht und kassiere 4) Geschenke aus dem Ausland ein, die mehrheitlich den deutschen Besatzungseinrichtungen zugute kämen.

Gegenüber diesen dringlichen Aufforderungen bezog Weichert zunächst eine schwankende Position, lehnte an der Jahreswende 1943/44 jedoch Forderungen nach einer Auflösung der JUS ab, da dank deren Tätigkeit zahlreichen Juden in den Arbeitslagern in Krakau und Südpolen geholfen werden könne. Angesichts der Situation in Krakau nehme er bindende Weisungen nur von einem jüdischen Bevollmächtigten mit einer eindeutigen Legitimation, nicht jedoch von dem Nichtjuden Arczyński auf der Basis der Forderungen einiger Warschauer Verbände entgegen.

Die Jüdische Kampforganisation (ŻOB) in Warschau verhängte daraufhin gegen Weichert als nationalen Verräter ein Todesurteil, das jedoch nicht vollstreckt wurde.[57] Nach den

---

byli zadania, że dopóki istnieje iskierka nadziei utrzymania ludzi przy życiu, trzeba im udzielać pomocy." Natan Stern, Aussage vom 27.11.1945, AŻIH, 344/145, S. 22.

54 Die Zusammenarbeit zwischen JUS und RPŻ in Krakau wurde von Dobrowolski stets bestätigt, jedoch in ihrem Ausmaß unterschiedlich akzentuiert. Vgl. z.B. in dessen Erinnerungen aus den 1960er Jahren, Ten jest z ojczyzny mojej (wie Anm. 7), S. 115.

55 Zu den Motiven von KK und ŻKN Engel, Who is a Collaborator (wie Anm. 10), S. 349 ff.

56 Über die Umstände des Treffens, das Weichert auf Mitte Oktober 1943 datierte, machte Arczyński zahlreiche widersprüchliche Angaben (mehrere Treffen, Treffen in Weicherts „luxuriöser" Wohnung). Auch durch die Äußerungen von Dritten (Edmund Seyfried, RGO) belegt ist nur eine Begegnung. Vgl. auch ebenda, S. 351 f.

57 In seiner schriftlichen Aussage datierte Edelman das Todesurteil auf die zweite Jahreshälfte 1943: „Das Urteil wurde deshalb ausgesprochen, weil wir die Tätigkeit von Weichert als schädlich und

Aussagen Cukiermans war dies darauf zurückzuführen, dass die ŻOB in Krakau nicht präsent war und man die Ausführung des Urteils ausschließlich jüdischen Händen anvertrauen wollte.[58] Auch das ŻKN adressierte 1944 scharfe Vorwürfe gegen die JUS in der internationalen Öffentlichkeit: Sie sei eine deutsche Tarnorganisation und Weichert manipuliere ausschließlich dank seiner deutschen Verbindungen die jüdische Öffentlichkeit.[59] Die von dem „Gestapolakaien" Weichert ausgestellten Spendenbescheinigungen seien ein betrügerisches Unternehmen, von dem ausschließlich die deutschen Besatzer profitierten, hieß es in Schreiben an zionistische Verbände in Palästina.[60]

Weichert setzte die Tätigkeit der JUS auch noch in der ersten Jahreshälfte 1944 insbesondere auf dem Gelände des KZ Płaszów fort. Hilfe erhielt er dabei von nichtjüdischen, polnischen Mitarbeitern in der Unterstützungsstelle.[61] Als sich Ende Juli 1944 die Nachrichten verdichteten, dass die Gestapo demnächst auch Weichert und dessen Familie verhaften werde, tauchte dieser am 31. Juli 1944 mit Hilfe polnischer Organisationen unter[62] und

---

schändlich aus dem Gesichtspunkt der Interessen der jüdischen Nation ansahen, denn auf der Basis seiner Tätigkeit konnte im Ausland ein irreführendes Bild der tatsächlichen Situation der Juden in Polen entstehen." Zeugenaussage Marek Edelman vom 19.2.1949, AŻIH, 313/137, S. 318 f. In seinen Aussagen während des Ehrengerichtsprozesses vermerkte Edelman eine andere Chronologie: „Die ŻOB (...) beschloss, gegenüber dem Widerstand und den Ausflüchten Dr. Weicherts, das Todesurteil gegen ihn auszusprechen. Das war im Frühjahr 1944 (...) Offiziell gab es einen Unterschied zwischen der KK und der ŻOB. Es waren unterschiedliche Einrichtungen, aber tatsächlich gab es nur ein ausführendes Organ. (...) Das Todesurteil fiel auf einer Sitzung der Kampfleitung, an der Antek – Icchak Cukierman, Celina – Cywia Lubetkin, Tadek – Tuwa Bożykowski und Marek – das heißt ich, teilnahmen." Ebenda, S. 518. Auf eine Nachfrage des Gerichts zu der widersprüchlichen Chronologie ergänzte Edelman: „Dezember 1943 oder Februar 1944 – einen Kalender führte ich in der Zeit nicht." Ebenda, S. 521.

58 Aussage Cukiermans v. 5.12.1945, AŻIH, 344/145, S. 1. – Nach der Aussage von Leon (Arieh) Bauminger soll Cukierman die Vollstreckung des Todesurteils noch nach der Befreiung gefordert haben, vgl. Engel, Who is a Collaborator (wie Anm. 10), S. 342.

59 „Die JUS ist eine deutsche Agentur (...). Einige Worte über die JUS Weicherts. Schon vor den Völkermordaktionen rief die Tätigkeit Weicherts das Gefühl einer grenzenlosen Verachtung aus. Dank seiner ,Beziehungen' aber seiner großen Kenntnis der Sprache der Deutschen und ihers ,Stils' machte er ,Karriere'. Er wurde von den Deutschen zum Vorsitzenden der Sozialen Selbsthilfe ernannt. [Hervorhebung im Orig.; H.-J. B.] (...) Er zwang der jüdischen Gesellschaft den Willen der Deutschen auf. (...) Die Tatsache, dass in einer solchen Situation ein Jude an der Spitze einer deutschen Agentur stehen konnte, empfanden wir als schändlich, die Kalkulation der Deutschen ist durchsichtig." AŻIH, 313/137, S. 256. Der von Adolf Berman, Icchak Cukierman, Szymon Gottesman und Dawid Kaftor unterzeichnete Brief v. 24.5.1944 wurde seit 1945 mehrfach in der internationalen jüdischen Publizistik in hebräischer und jiddischer Sprache abgedruckt und trug zu der Pressekampagne gegen Weichert bei. Melech Neustadt, Hurbn un oifštand fun di Idn in Warše: Eides-bleter un azkores. Ibergezetzt fun hebre'iš D.B. Malkin. Tel-Avîv 1948, S. 52, 186-206, 225 ff. u. 236-239. Zuvor waren bereits zwei hebräische Ausgaben erschienen.

60 Schreiben an das Poale Zion-Komitee in Tel Aviv, AŻIH, 313/137, Bl. 258. Weitere Korrespondenzen mit scharfen persönlichen Angriffen auf Weichert bei Engel, Who is a Collaborator (wie Anm. 10), S. 353 f.

61 Aussage Henryk Matus, AŻIH, 313/137, S. 717; Aussage Romana Kinslerowa, ebenda, S. 702.

62 „Der Angeklagte tauchte Ende Juli 1944 unter. Die Gestapo kam ihn abzuholen, er erwartete dies und übernachtete deshalb bei mir im Büro. (...) übrigens gab die Untergrundorganisation Geld für sein Versteck, man sah ihn also nicht als nationalen Verräter an. (...) Ich muss bekräftigen, dass er sich mit Würde in Beziehung zu den Deutschen verhielt. Ich brachte ihm und seiner Familie

überlebte im Versteck bis zur Befreiung Krakaus durch sowjetische Truppen im Januar 1945.

3. Der Prozess in Krakau 1945/46

Unmittelbar nach der Befreiung Krakaus durch sowjetische Truppen erhielt Weicherts Selbsthilfe ähnlich wie andere Wohltätigkeitsorganisationen durch den Beauftragten des Ministeriums für Arbeit, Fürsorge und Gesundheit, Dr. Piekarski, am 27. Januar 1945 die dringende Aufforderung, die karitative Tätigkeit rasch wieder aufzunehmen.[63] Weichert suchte dieser Aufforderung nachzukommen, stieß jedoch auf den Widerstand zentraler jüdischer Einrichtungen in Warschau. Anfang Februar 1945 verweigerte Salo Fiszgrund (1893–1971), der Delegierte des neu gegründeten Zentralkomitees der Juden Polens (CKŻP),[64] bei einem Treffen mit Weichert eine Begrüßung durch Handschlag und lehnte es ab, die verbliebenen Arzneivorräte der JUS zu übernehmen.[65] Fiszgrund beschrieb 1949 seine Tätigkeit in Krakau im Februar 1945 und führte aus, er habe die überlebenden Krakauer Juden auf einer Konferenz „objektiv" über die Tätigkeit der JUS informiert.[66] Hier deutete sich der erinnerungspolitische Konflikt über das „richtige" Verhalten in der Besatzungszeit unter den jüdischen Überlebenden nach der Befreiung an.

Zugleich erhielt Weichert am 6. Februar verdeckte Informationen, dass seine Verhaftung bevorstehe. Da nach diesen Ankündigungen noch ein Monat bis zu einer ersten Verhaftung und einem Verhör verstrich, interpretierte Weichert dies als Versuche, ihm eine Ausreise bzw. Flucht nahe zu legen und ihn gleichzeitig dadurch zu kompromittieren.[67] In einem Brief an den Präsidenten des CKŻP, Dr. Emil Sommerstein, vom 12. Februar 1945 legte Weichert die Motive des Konflikts aus seiner Perspektive offen: „Die jüdische Koordinierungskommission bezog von Anfang an aus grundsätzlichen und prestigeträchtigen Gründen eine negative Position zur Tätigkeit der JUS. Auf dieser Position verharrt sie bis heute. (...) Die Koordinierungskommission ging 1943 von der Annahme aus, dass nur die im Versteck lebenden Juden gerettet werden könnten, während die jüdischen Lagerinsassen der Vernichtung geweiht seien. (...) Ich war der Meinung, dass, solange Juden in den Lagern lebten, man diese mit allen Mitteln am Leben erhalten müsse. (...) Die letzten Ereignisse

---

Kennkarten aus Warschau, die ich ihm zum Zeitpunkt seines Untertauchens aushändigte." Aussage Edmund Seyfried v. 27.11.1945, AŻIH, 345/145, S. 14.

63 AŻIH, 313/137, Bl. 73: Anordnung vom 27.1.1945, Wiederaufnahme der karitativen Tätigkeit (Schreiben bei Gerichtsakten); ebenda, Bl. 299.

64 Vgl. David Engel, The Reconstruction of Jewish Communal Institutions in Postwar Poland: The Origins of the Central Committee of Polish Jews 1944–1945, in: East European Politics and Societies 10 (1996), S. 87-100.

65 AŻIH, 313/137, Bl. 627: Aussage Fiszgrunds v. 2.12.1949.

66 „Na tym posiedzeniu ja zupełnie obiektywnie zreferowałem sprawę." Ebenda. Details bei Engel, Who is a Collaborator (wie Anm. 10), S. 355 f.

67 „Nach der Befreiung des Landes warnte mich Stanisław Dobrowolski am 6.2.1945, ich solle verhaftet werden, und empfahl mir abzuhauen. Wenn ich das getan hätte, hätte man es als Schuldbeweis gegen mich vorgebracht. Man gab mir einen ganzen Monat Zeit zur Flucht." Aussage Weicherts v. 22.11.1948, AŻIH, 313/137, Bl. 238.

beweisen die Berechtigung meiner Position: Beinahe 5.000 Juden aus den Lagern wurden in Tschenstochau gerettet."[68]

Weichert wurde am 6. März verhaftet und am 8. erstmals durch einen Untersuchungsrichter vernommen. Über die Bedingungen der achtmonatigen Haft äußerte er während der Gerichtsverhandlungen, er sei im Gefängnis als Volksdeutscher behandelt worden und habe ein Hakenkreuz auf seiner Gefängniskleidung tragen müssen.[69] Die Anklage wurde in Krakau vor einem Sonderstrafgericht zur Aburteilung von Kollaborationsfällen unter Vorsitz des Richters Eimer zwischen November 1945 und Januar 1946 verhandelt.[70] Die Anklageschrift warf Weichert vor, er habe sich durch seine Tätigkeit in der JUS von den Deutschen zu deren Zwecken benutzen lassen. Diesen sei es zu Propagandazwecken darum gegangen, dass im Generalgouvernement eine jüdische Institution bestanden habe, um auf internationaler Bühne die Ermordung der Juden zu verschleiern. Der Angeklagte habe „den deutschen Besatzungsbehörden zugearbeitet und zum Schaden des polnischen Staates gehandelt".[71]

In dem Verfahren kam den Aussagen des Krakauer „Rats zur Hilfe der Juden" Bedeutung zu. Als Retter jüdischen Lebens besaßen sie eine herausgehobene moralische Reputation. Untersucht man die Aussagen dieses Personenkreises (Dobrowolski, Władysław Wójcik, Miriam Hochberg), so fällt einerseits deren Ambivalenz und andererseits eine wachsende Schärfe in der Verurteilung Weicherts mit fortschreitender Verhandlungsdauer auf. Zitiert seien Passagen aus der Aussage von Stanisław Dobrowolski, zu diesem Zeitpunkt Abgeordneter zum polnischen Nationalrat (Krajowa Rada Narodowa, KRN) die eine Vorstellung von dessen widersprüchlicher Einschätzung geben: „Dr. Weichert ließ sich in seinen Handlungen nicht von einem persönlichen Nutzen, sondern von seiner Beharrlichkeit und der Überzeugung seiner eigenen organisatorischen Überlegenheit leiten. (...) Wenn es um die Hilfe durch Dr. Weichert bei der Übermittlung von Korrespondenz und Geldsendungen geht, so griffen wir (d.i. die Krakauer RPŻ; H.-J. B.) einige Male darauf zurück. (...) Wenn ich nach längerem Nachdenken meine Meinung über Dr. Weichert zusammenfasse, so glaube ich mit folgendem Vergleich keinen Fehler zu begehen: So wie es in Frankreich Laval und

---

68 „Komitet Koordynacyjny /żydowski/ (...) zajął a prori ze względów zasadniczych i prestiżowych stanowisko negatywne do działalności JUSu. Na tym stanowisku trwał nieubłaganie przez cały czas i trwa po dzień dzisiejszy (...). Komitet Koordynacyjny w r. 1943 wychodził z założenia, iż ratować należy wyłącznie Żydów ukrywających się, podczas gdy Żydzi umieszczeni w obozach skazani są na zagładę (...). Ja byłem zdania, iż jak długo Żydzi żyją w obozach, należy ich wszelkimi środkami utrzymywać przy życiu (...). Ostatnie wypadki potwierdziły słuszność mojego stanowiska: Blisko 5.000 Żydów z obozów uratowało się w Częstochowie." Abschrift Schreiben W.s an Dr. Emil Sommerstein v. 12.2.1945, ebenda, Bl. 302-305.

69 „W więzieniu jestem do dziś notowany jako Vd. pewno chodziłem ze swastyką na plecach." AŻIH, 344/145, S. 6.

70 Das Sonderstrafgericht Krakau (Sąd Specjalny Karny w Krakowie) verhandelte in der Besetzung Vorsitzender Richter Dr. A. Eimer, Beisitzer St. Mieroszewski und E. Wąsowicz, Vizestaatsanwalt J. Brandys und Protokollantin H. Olszewska; Weichert ließ sich durch die Verteidiger Dr. Rudolf Gintner-Güntner und Dr. Ettinger vertreten.

71 „pozwalając się w ten sposób wykorzystać niemcom, którym chodziło ze względów propagandowych o dalsze istnienie tego rodzaju instytucji celem stworzenia pozorów zmierzających do podważenia opinii świata o świadomej eksterminacji żydów w Polsce – przez co szedł na rękę niemieckim władzom okupacyjnym, działał zaś na szkodę interesów Państwa Polskiego." AŻIH, 344/146, Anklageschrift v. 1.10.1945.

Petain gab – so gab es bei uns in der jüdischen Welt Verbrechen und Kollaborateure wie Milowicz (gemeint ist der Leiter des jüdischen Ordnungsdienstes im KZ Płaszów Wilhelm Chilowicz; H.-J. B.). Der Angeklagte befand sich in einer Situation wie niemand sonst in der jüdischen Welt, er war nicht nur durch den Untergrund informiert, sondern er traf mit der Gestapo und der deutschen Verwaltung zusammen. (...) ich konnte mich nicht mit der Meinung versöhnen, dass man für die Rettung einer Gruppe von Menschen solch weit reichende Kompromisse eingehen musste, diese Hilfe stellte sich für uns als Mästung eines Ferkels vor der Schlachtung dar, die Verlängerung der Existenz von Juden, die von Anfang an zur Vernichtung verurteilt waren. (...) persönlich bin ich von der Ehrlichkeit des Angeklagten überzeugt."[72] Offenbar werden hier, noch kein Jahr nach der Befreiung, die unterschiedlichen Hilfskonzeptionen zwischen JUS und RPŻ: Sollte ohne Unterschied allen Juden oder nur den in Freiheit befindlichen Personen Hilfe geleistet werden?

Bei Miriam Hochberg (Maria Górska), die im Untergrund überlebte und das einzige jüdische Mitglied der Krakauer RPŻ war, werden schwankende Einschätzungen insbesondere mit Fortdauer des Prozesses deutlich. Noch in einer Aussage im Mai 1945 hatte sie Weichert persönliche Integrität bescheinigt: „Dr. Weichert hatte als einziger Jude Zugang zum Lager in Płaszów und wurde von der RPŻ zur Übermittlung von Hilfssendungen in Geld und Naturalien für die Juden im Lager Płaszów benutzt. (...) alle Sendungen der RPŻ, die durch seine Hände gingen, wurden ausnahmslos den Juden zugestellt. Dies konnte durch Briefe überprüft werden. Es gab keinen Fall von Unterschlagung durch Dr. Weichert."[73] In ihrer Aussage im Prozess setzte Hochberg die Akzente anders: „Die Einstellung der RPŻ zur JUS war entschieden negativ, wir waren der Meinung, dass von der Hilfe nur die Deutschen profitierten. Nicht nur die materielle Hilfe war wichtig, sondern auch der moralische Standpunkt."[74] Erkennbar wird hier eine Verschiebung des Schwerpunkts der Argumentation, möglicherweise, weil sich im Umfeld der Krakauer RPŻ die negative Meinung von der Tätigkeit der Jüdischen Sozialen Selbsthilfe verfestigt hatte und strategisch die Chance zu einer Aufwertung der eigenen Rolle erkannt wurde.

---

72 „Dr Weichert nie kierował się osobistymi korzyściami a pewnym uporem i przeświadczeniem o swojej wyższości organizacyjnej. (...) Jeśli chodzi o korzystanie z pomocy dr Weicherta w dostarczaniu korespondencji i pieniędzy, to korzystaliśmy z niej kilkakrotnie. (...) Reasumując pogląd na sylwetkę dr Weicherta, po długim zresztą namyśle, sądzę, że nie popełnię błędu, robiąc porównanie: jak we Francji był Lawal i Petom – zbrodniarz i kolaboracjonista tak u nas w świecie żydowskim był Milowicz i Weichert. (...) Osk. miał sytuację jak nikt inny ze środowiska żydowskiego, był informowany nie tylko przez świat podziemy ale stykał się z gestapem i administracją niemiecką. (...) nie mogłem się pogodzić z poglądem, że dla ratowania grupy ludzi trzeba aż tak daleko idącego kompromisu, dla nas pomoc ta była odkarmianiem prosiaka przed zarżnięciem, przedłużanie egzystencji żydów, którzy od początki byli skazani na zagładę. (...) osobiście jestem przeświadczony o uczciwości osk." AŻIH, 344/145, S. 3-6.

73 „Dr Weichert jako jedyny Żyd mający dostęp do obozu w Płaszowie był używany przez R.P.Ż. dla doręczania Żydom na terenie obozu płaszowskiego pomocy tak w pieniędzach jak w naturaliach. (...) to wszystko, co zostało kierowane przez jego rękę z R.P.Ż., było bezwzględnie Żydom doręczone. Możność sprawdzenia tego istniała zawsze przez kontakty listowe. Nie było wypadku sprzeniewierzenia przez Dra Weicherta." Aussage Maria Górska v. 15.5.1945, AŻIH, 313/137, Bl. 14.

74 „Stosunek R.P.Ż. do JUSu był zdecydowanie negatywny, uważano, że z pomocy leków korzystają przede wszystkim niemcy. Nie tylko pomoc materialna była ważna ale przede wszystkim stanowisko moralne." Aussage v. 27.11.1945, AŻIH, 344/145, S. 25.

Sind in den Aussagen der Krakauer Mitglieder der RPŻ widersprüchliche Eindrücke über die Tätigkeit Weicherts erkennbar, so erschien Weicherts Rolle für den Warschauer Politiker Adolf Berman eindeutig.[75] Zunächst führte Berman aus, er komme gerade von einer internationalen Konferenz über die Situation in Palästina zurück und habe dort erfahren, dass „die Tätigkeit der JUS London und Washington desorientiert" habe.[76] Zwar habe sich Weichert der Hochschätzung als charakterlich wertvoller Mensch erfreut, und man könne seine karitative Tätigkeit nicht verurteilen, doch habe die JUS die Rolle von Verrätern gespielt.[77] Die zentralen Vorwürfe Bermans gegen Weichert waren politischer Natur: Weichert habe bereits zu Beginn des Krieges die jüdischen Selbsthilfeorganisationen „gleichgeschaltet", auch auf Aufforderung jüdischer Stellen habe er im Krieg seine „schändliche Tätigkeit" nicht eingestellt. Als „Verrat" sei die Tätigkeit Weicherts aus der Perspektive des Auslands zu bewerten, wo infolge von dessen Aktivitäten der Eindruck habe entstehen können, die polnischen Juden seien nicht zur Vernichtung bestimmt.[78]

Solchen Unterstellungen, deren tatsächlicher Gehalt im Prozess nicht bewiesen wurde, standen Aussagen von überlebenden Krakauer Juden gegenüber, welche Weicherts Verdienste für das Überleben Tausender Juden in den Mittelpunkt rückten. Der Mediziner Aleksander Bieberstein (1889–1979), Arzt in vier Konzentrationslagern, hob hervor, dass ausschließlich dank der Tätigkeit Weicherts eine medizinische Behandlung in den Lagern möglich gewesen sei. Der Angeklagte habe unter persönlicher Gefahr Geld und andere Sendungen transportiert, und die Tätigkeit der JUS sei aus der Perspektive der Lagerinsassen unverzichtbar gewesen.[79] Ähnlich sagte der Mediziner Leon Steinberg für weitere Lager aus.[80] Unterstützt wurden diese Aussagen von mehreren Häftlingen aus dem Lager Płaszów

---

75 Zu Berman, einer Schlüsselfigur der frühen Nachkriegsgeschichte der polnischen Juden, fehlt eine biographische Darstellung. Dessen Schlüsselposition erklärt sich daraus, dass er einerseits in einer zionistischen Partei beheimatet war (Poale Syjon Lewica), andererseits jedoch über seinen Bruder Jakub Berman gute Kontakte in die Nomenklatura der polnischen Kommunisten besaß.

76 „Obecnie wracam ze Światowej Konferencji Żydów w związku z sytuacją w Palestynie. Stąd wiem, że JUS dezorientował Londyn i Waszyngton." Aussage v. 27.11.1945, ebenda, S. 14.

77 „Dr Weichert cieszył się opinią człowieka wartościowego, nie mogę potępiać jego diałalności charytatywnej, ani oskarżać go w sensie subiektywnym, ale obiekywnie JUS odgrywał rolę zdrajców." Ebenda, S. 16.

78 „W Ż.S.S. pracowałem w okresie początkowym z osk., zarzucam osk., że w tym okresie zgodnie z żądaniem niemców dążył zgleiszachtowania [sic!] wszystkich organizacji żydowskich, które chciały istnieć samodzielnie. (...) zwróciliśmy sie do niego, aby zaprzestał swej działalności, w naszym pojęciu haniebnej. (...) Komenda ŻOB wzdraganie się dr. Weicherta przed ustąpieniem ze stanowiska kierownika JUSu uważała za tchórzostwo, a działalność jego w naszym pojęciu nosiła znamiona zdrady. Chodziło nam przede wszystkim o stanowisko zagranicy, która dzięki działalności Weicherta, mogła nie zdawać sobie sprawy z tego, że żydzi w Polsce skazani są na zagładę." Ebenda, S. 17.

79 „Bezwzględnie twierdzę, że gdyby nie pomoc dr. Weichera nie moglibyśmy w ogóle leczyć, jestem przekonany, że dzięki tej pomocy wielu ludzi teraz żyje. Oprócz leków rozdawane były specjalne pożywki, zupy JUSowe dla chorych były b. znane, dużo również dostarczano chleba. Weichert był jedynym łącznikiem z naszymi znajomymi na wolności, przewoził konspiracyjnie pieniądze przez co niejednokrotnie się narażał. (...) Pomoc JUSu była konieczna, osobiście zrobiłby dr. Weichertowi zarzut, gdyby tej działalności zaprzestał i ustąpił." AŻIH, 344/145, S. 24 f.

80 Ebenda, S. 26.

und den Arbeitslagern in Skarżysko-Kamienna.[81] Die Verteidigung Weicherts unterstützte diese Aussagen durch die Beibringung von weiteren Zeugen sowie Belegen aus dem Archiv der Jüdischen Sozialen Selbsthilfe, wonach die Hilfeleistungen der JUS 1943/44 tatsächlich in den Lagern ankamen. Diese Belege wurden vom Gericht als aussagekräftig anerkannt.[82]

Die persönliche Verteidigung Weicherts zielte zudem auf eine Widerlegung des Kollaborationsvorwurfs und eine ethische Rechtfertigung der Tätigkeit der Selbsthilfe ab. In einer Erklärung führte er aus, er habe nicht zum Schaden des polnischen Staates gehandelt und ihn treffe dieser Vorwurf schmerzlich, da er, obwohl jüdischer Nationalität, sich als guter Pole fühle.[83] Zu einer Beachtung der Befehle des Jüdischen Koordinationskomitees sei er nicht verpflichtet gewesen, da er sein Mandat aus anderer Quelle, von allen jüdischen Selbsthilfeeinrichtungen, erhalten habe. Er habe sich den Anordnungen aus Warschau bewusst widersetzt und sich ausschließlich von einer jüdischen Verhaltensräson leiten lassen, denn die Soziale Selbsthilfe sei der einzige Weg gewesen, den Juden in den Lagern zu helfen. Gegenüber der Tatsache, dass er vielen Menschen helfen konnte, sei für ihn heute keine Strafe zu hoch. Doch sei er in seiner Tätigkeit nicht den Deutschen zur Hand gegangen, sondern habe in schweren und risikoreichen Auseinandersetzungen immer neue Zugeständnisse erreicht.[84]

Das Urteil vom 7. Januar 1946 sprach Weichert von dem Vorwurf der Kollaboration frei. Zwar sei seine Tätigkeit objektiv vom Gesichtspunkt der Interessen von Nation und Staat aus (gemeint waren hier die polnische Nation und der polnische Staat) schädlich gewesen,[85] aber es handele sich bei Weichert um eine Person mit ehrenwerten Motiven, der in der Aufrechterhaltung der Tätigkeit der JUS und der Hilfeleistung für Juden die eigentliche Form seiner Tätigkeit gesehen habe. Er habe an die erste Stelle das gestellt, was am kostbarsten sei, nämlich das menschliche Leben.[86] Mit Ausnahme von vielleicht Cukierman habe niemand gegenüber Weichert den Vorwurf erhoben, er habe sich in seinem Handeln von verräterischen Motiven leiten lassen. Zwar sei der Vorwurf einer für Nation und Staat schädlichen Tätigkeit des Angeklagten nicht unbegründet erhoben worden, da dessen Tätigkeit „zumindest mittelbar gegen die geschlossene Front der polnischen Nation gerichtet gewesen sei, die einen entschiedenen Kampf mit dem Okkupanten aufgenommen hatte und in dieser Situation alles, was die Nation verunsichern und deren widerständige Einstellung erschüttern konnte, zweifellos schädlich"[87] gewesen sei. Jedoch seien die Handlungen Weicherts

---

81 „Die Hilfe der JUS war im Lagerleben hilfreich und trug zur Erniedrigung der Preise im Lager bei." Mieczysław Pemper, Häftling in Płaszów, ebenda, S. 25. – „Im Lager in Skarżysko erhielten wir von der JUS Brot, Mehl, Bekleidung und vor allem Arzneien. Über eine Hilfe für die Lager von der Seite der Untergrundorganisationen ist mir nichts bekannt." Izaak Smulewicz, ebenda, S. 27.

82 Ebenda, S. 7 f. (neue Paginierung).

83 „Nie działałem na niekorzyść państwa polskiego, chociaż przyznaję się do nar. Żydowskiej, ale byłem i jestem dobrym polakiem, zarzut ten najwięcej mi boli." Ebenda, S. 6.

84 Ebenda, S. 7 f.

85 „działalność (...) wyraźnie szkodliwa z punktu widzenia interesów Narodu i Państwa." AŻIH, 344/151, S. 7.

86 Vgl. Anm. 1.

87 „Niemand jedoch, vielleicht mit Ausnahme des Zeugen Bagniewski [= Cukierman; H.-J. B.], erhob den Vorwurf, der Angeklagte habe sich von Motiven, die sein Verhalten als einen nationalen

allgemein-menschlichen und ideellen Motiven entsprungen und ein Ergebnis seiner tiefen – wiewohl falschen – Überzeugung gewesen, dass er auf diese Art und Weise am besten der nationalen Sache diene. In der Beweisaufnahme habe sich der Angeklagte als ein charakterlich äußerst wertvoller Mensch erwiesen: Deshalb könne „kein Schluss einer bewussten Kollaboration des Angeklagten mit dem Besatzer gezogen werden, weder die Handlungen noch die Person des Angeklagten legen den Schluss nahe, dass dieser eine Zusammenarbeit mit dem Besatzer im Sinne des ihm zur Last gelegten Vorwurfs beging".[88]

Dem Freispruch folgte der Versuch der Krakauer Staatsanwaltschaft, eine Kassation des Urteils beim damals noch in Lodz ansässigen Obersten Nationalen Tribunal zu erreichen. Als Begründung wurde angeführt, das Krakauer Gericht habe nicht ausreichend die Desorientierung des Auslands und die Ausnutzung der Tätigkeit des JUS durch die deutsche Propaganda gewürdigt. Der Angeklagte habe zum Schaden des polnischen Staates gehandelt, und das Interesse der Öffentlichkeit verlange in diesem Falle eine Bestrafung.[89] Der Generalstaatsanwalt beim Obersten Nationalen Tribunal lehnte den Antrag jedoch ab.[90]

4. Der Prozess vor dem jüdischen Ehrengericht in Warschau 1949

Damit war der staatliche Rechtsweg zur Ahndung der Weichert zur Last gelegten Vergehen erschöpft, nicht jedoch der Versuch, durch eine ausgewählte Veröffentlichungspraxis und eine gezielte Geschichtspolitik die Tätigkeit der Jüdischen Sozialen Selbsthilfe zu diskreditieren. Die Zentrale Jüdische Historische Kommission beim CKŻP und deren Abteilung in Krakau suchten nach 1945 systematisch, durch eine Publikationspraxis des Verschweigens und durch Druck auf Autoren von Erinnerungen die Tätigkeit der Selbsthilfe zu übergehen oder als Kollaboration darzustellen. So erhielt der im März 1946 zum dritten Jahrestag der Liquidierung des Krakauer Gettos herausgegebene Sammelband lediglich einen Satz zu diesem Thema: „Die bestehende ,Jüdische Soziale Selbsthilfe' hatte nur eine minimale Bedeutung".[91]

Verrat auffassen lassen, leiten lassen. (...) Es kann nicht bestritten werden, dass der Vorwurf des schädigenden Verhaltens des Angeklagten gegenüber den Interessen von Nation und Staat nicht unbegründet erhoben wurde. (...) Das Gericht (...) ist ebenfalls der Ansicht, dass die Tätigkeit des Angeklagten zumindest mittelbar die geschlossenen Reihen der polnischen Nation beeinträchtigte, das entschieden den Kampf mit dem Besatzer aufnahm, und in dieser Situation ist alles, was die Nation desorientieren und ihre Widerstandskraft schwächen konnte, von unzweifelhaftem Schaden." Ebenda, S. 15 f.

88 Ebenda, S. 17 f.

89 „Er handelte dennoch zum Schaden der Interessen des Polnischen Staats (...). Die Argumentation des Gerichts in Bezug auf die Motive des Angeklagten (...) sollte auf der Ebene der Interessen der Allgemeinheit und der gesamtstaatlichen politischen Staatsräson gegenüber den Interessen des Einzelnen abgewogen werden; in diesem Fall können die Argumente, gerade wenn es um die aktiv für die Juden geleistete Hilfe des Angeklagten im Lichte des Artikels 54 KPK geht, nur Umstände darstellen, die bei der Bemessung des Strafmaßes Berücksichtigung finden sollten. In keinem Fall können sie Grundlage für einen Freispruch des Angeklagten bilden." AŻIH, 344/152, S. 4.

90 AŻIH, 313/137, Bl. 144.

91 W 3-cią rocznicę zagłady ghetta w Krakowie (13.III.1943–13.III.1946) [Zum Dritten Jahrestag der Ausrottung des Krakauer Gettos (13.3.1943–13.3.1946)]. Kraków 1946, S. 37. Parallel wurde die weniger als zwei Jahre dauernde Tätigkeit der Krakauer Abteilung der RPŻ in einem Beitrag von Tadeusz Seweryn breit vorgestellt, in: Ebenda, S. 163-173.

Schwerer als solche diskutablen Bewertungen wiegt der massive Druck auf Zeitzeugen und jüdische Autoren: Felicja Bannet-Chajes, die über die Zwangsarbeitslager von Skarżysko-Kamienna Erinnerungen vorlegte, berichtete, dass Róża Bauminger, die Autorin eines Sammelbandes über die dortigen Lager, der im Verlag der Jüdischen Historischen Kommission in Krakau erschien, alle positiven Hinweise auf die Jüdische Soziale Selbsthilfe streichen musste.[92] Sie selbst berichtete, wie sie von dem Funktionär Szymon Gottesman (1885-?), als sie diesen ausführlich über die Unterstützung durch die Selbsthilfe informierte und mitteilte, dass sie so auch vor Gericht aussagen werde, zur Ausreise nach Israel gedrängt worden sei.[93] Andere Zeugen bestätigten, dass auf sie ähnlicher Druck ausgeübt worden sei.[94] Infolge dieser Manipulationen fanden sich Informationen über die Tätigkeit der Jüdischen Selbsthilfe nur in Erinnerungen von Autoren, die nicht in den Publikationen der Jüdischen Historischen Kommission erschienen. So schilderte etwa Tadeusz Pankiewicz in seinen 1947 erschienenen Erinnerungen über die Apotheke im Krakauer Getto auch die Unterstützung durch Weichert und die Selbsthilfe.[95]

Weichert selbst wurde nach seinem Freispruch wiederholt von der polnischen Rechtsprechung als Zeuge und Experte in Prozessen gegen nationalsozialistische Funktionäre herangezogen. Zugleich arbeitete er mit der staatlichen Hauptkommission zur Verfolgung der deutschen Verbrechen zusammen und sollte sogar im Auftrag der Kommission eine Monografie über die polnische Selbstbehauptung unter deutscher Besatzung vorbereiten.[96] Aufgrund seiner Kenntnis des deutschen Besatzungsapparats und seiner umfangreichen Sammlungen schien er auf dem Wege zu sein, einer der führenden polnisch-jüdischen Experten zum NS-Besatzungssystem zu werden.

Zugleich sah er sich seit seinem Freispruch als Opfer von falschen Darstellungen jüdischer Funktionäre[97] und Ziel einer Pressekampagne. Seit 1946 erschienen in polnischen und ausländischen jüdischen Zeitungen wiederholt Artikel zu Weichert, die diesen als Verräter diskreditierten und die Einsetzung eines jüdischen Ehrengerichts gegen ihn forderten. So hieß es etwa in der jiddischsprachigen „Folkscajtung" vom Oktober 1946 in einem Arti-

---

92 Aussage v. 14.3.1949, AŻIH, 313/137, Bl. 338 ff. Der einzige erhaltene Satz lautete: „Z ‚Jusu' nadeszły lekarstwa do szpitala i chorzy dostawali jeszcze jedną zupę." [„Von der JUS wurden Arzneien für die Krankenstation übersandt und die Kranken erhielten noch eine Suppe."] Róża Bauminger, Przy pikrinie i trotylu (Obóz pracy przymusowej w Skarżysku-Kamiennej) [Bei Pikrin und Sprengstoff (Das Zwangsarbeitslager in Skarżysko-Kamienna]. Kraków 1946, S. 51. Der aus dem Kontext gerissene Satz ist für den Leser unverständlich.

93 AŻIH, 313/137, Bl. 340.

94 Vgl. die Aussage von Teodor Dembitzer-Dembicki v. 15.3.1949: „Nach der Befreiung erfuhr ich, dass Dr. Weichert verhaftet worden war – ich wollte mich bei der Staatsanwaltschaft als Zeuge melden, aber verschiedene Personen, die vor dem Jüdischen Komitee Posten bezogen hatten, rieten mir vom Gang zur Staatsanwaltschaft ab und teilten mir mit, dort sei der Sicherheitsdienst und ich könne verhaftet werden. Unter denjenigen, die mir abrieten, war der Anwalt Gottesman, der besonders feindlich gegenüber Dr. Weichert eingestellt war." Ebenda, Bl. 357 f.

95 Pankiewicz, Apteka (wie Anm. 46), S. 36 f., 104, 140 f. u. 146 f.

96 Engel, Who is a Collaborator (wie Anm. 10), S. 361 f.

97 „Ausländische Persönlichkeiten ließ man nicht zu mir. Zerubabel, Rafał Mahler, Zygmunt Turkow, Jakub Rotbaum – allen diesen Leuten berichtete man Räubergeschichten. Auf die Frage, was ich denn begangen habe, entgegnete man – besser fragen Sie nicht danach." Aussage v. 26.11.1949, AŻIH, 313/137, Bl. 498.

kel Leon Finkelsteins (1895–1950), Weichert sei ein Schulkollege des „Oberhenkers Hans Frank" und dass zwischen beiden in Krakau herzliche und freundschaftliche Beziehungen bestanden hätten. Eine Gegendarstellung durch Weichert, in dem dieser nachweisen konnte, dass er zehn Jahre älter als Frank war und diesen in Krakau niemals gesehen hatte, wurde nicht gedruckt. Finkelsteins Beitrag endete mit der kategorischen Feststellung, Weichert habe sich einem Tribunal der jüdischen Gesellschaft zu stellen. Geschehe dies nicht, so müsse er mit dem Kainsmal des blutigen Verräters leben und sei aus der jüdischen Gesellschaft auszuschließen.[98]

Da mit Verweis auf diese Vorwürfe die Aufnahme Weicherts in Berufsverbände und Kulturorganisationen abgelehnt wurde, sah dieser sich an den Rand der Gesellschaft gedrängt. Auf die Nachricht von der Einrichtung einer Stelle zur Verfolgung und Überprüfung von Kollaborationsvorwürfen schrieb Weichert im April 1948 an Staatsanwalt Arnold Gubiński mit der Bitte um die Behandlung seines Falls; am 27. Oktober 1948 erfolgte eine formale Ablehnung durch Gubiński, da der Antragsteller freigesprochen worden sei.[99] Weichert fasste seine Situation so zusammen: „Nach dem Freispruch durch das Sonderstrafgericht in Krakau ließ die Ausstreuung der ekelhaftesten Verleumdungen nicht nach, woraufhin ich mich von der jüdischen Gesellschaft ausgeschlossen fand. Vergeblich bemühte ich mich um die Berufung einer Kommission, die die Gesamtheit der Tätigkeit der Wohlfahrtsorganisationen während der Besatzung und die gegen mich gerichteten Vorwürfe untersuchen sollte."[100]

Nach dem Scheitern aller Versuche auf der Ebene der polnischen Gerichtsbarkeit blieb Weichert nur noch ein Verfahren durch die jüdische Ehrengerichtsbarkeit beim Zentralkomitee der Polnischen Juden, ein Weg, den Weichert zuvor mit guten Gründen abgelehnt hatte: „es fügt sich so unglücklich, dass die Autoren der verleumderischen Briefe aus der Besatzungszeit gegenwärtig Mitglieder des Zentralkomitees der Polnischen Juden sind, weshalb es mir scheint, dass das Gericht beim CKŻP parteilich ist und nicht Richter in eigener Sache sein kann."[101] Dennoch entschloss sich Weichert im Herbst 1948, ein solches Verfahren in Kauf zu nehmen, um sich von den Vorwürfen zu reinigen.[102]

---

98 Folkscajtung, Oktober 1946, Nr. 7, S. 3. Weitere Erzeugnisse der Kampagne bei Engel, Who is a Collaborator (wie Anm. 10), S. 362 ff.

99 AŻIH, 313/137, Bl. 301. Die Stelle des „Beauftragten zur Verfolgung von Personen, die der Kollaboration mit den Deutschen verdächtig sind" („Pełnomocnik do spraw ścigania osób podejrzanych o kollaborację z Niemcami"), sollte auch fragwürdige Fälle abschließend behandeln.

100 „Po uniewinnieniu mnie przez Specjalny Sąd Karny w Krakowie rozsiewanie najohydniejszych oszczerstw nie ustało, w następstwie czego znalazłem sie poza nawiasem społeczeństwa żydowskiego. Nadaremnie zabiegałem bezustannie o powołanie komisji, która by zbadała całokształt działalności organizacyj opiekuńczych podczas okupacji oraz zarzuty wysuwane przeciwko mnie." AŻIH, 313/137, Bl. 239.

101 Undatiertes Gespräch mit Adv. Michał Temczyn [1948]: „Wyjaśniłem mu, że tak fatalnie mu się złożyło iż autorzy oszczerczych listów z czasów okupacji są obecnie członkami C.K.Ż.P., wobec czego wydaje mi się, iż Sąd przy C.K.Ż.P. jest stroną i nie może być sędzią in re sua." Ebenda, Bl. 300.

102 Die Meinungsänderung Weicherts ist zwischen dem 10.8.1948, als er noch Aussagen ablehnte, und dem 22.11.1948 (ausführliche Vernehmung) zu datieren, vgl. ebenda, Bl. 162, 214-241. Engel, Who is a Collaborator (wie Anm. 10), S. 364, führt Weicherts Meinungswandel auf das Erscheinen von Melech Neustadts Veröffentlichung auch in jiddischer Sprache zurück, mir

Die in der ersten Jahreshälfte 1949 erstellte Anklageschrift setzte Weichert einem allgemeinen Kollaborationsvorwurf für dessen Tätigkeit seit der zweiten Jahreshälfte 1942 aus: Die Tätigkeit der JUS habe ausschließlich „im Interesse des deutschen Besatzers" gelegen, Weicherts Position habe diesem, „als einziger legaler Jude im Generalgouvernement" eine durch die deutschen Behörden garantierte völlige Bewegungsfreiheit gegeben, die Korrespondenz der JUS habe die ausländische öffentliche Meinung in die Irre geführt und alarmierende Nachrichten über den Völkermord an den polnischen Juden desavouiert, die der JUS zufallenden Sendungen seien mehrheitlich von den Deutschen genutzt worden und hätten „deren militärisches Potential gestärkt", die Tätigkeit der JUS habe vor allem im Interesse der deutschen Propaganda gelegen und schließlich habe Weichert die Anordnungen der KK nicht befolgt. Unter ethischen Gesichtspunkten habe Weichert schließlich eine einem jüdischen Bürger unwürdige Haltung eingenommen.[103] Weicherts Replik lehnte die Anklageschrift ab, insbesondere seien die Aussagen der Zeugen nicht gewürdigt worden und zudem wiesen die Aufstellungen zahlreiche Fehler im Detail auf.[104]

Weicherts Antwort noch vor Eröffnung des Verfahrens blendete einen Sachverhalt aus: Zwar konnte Weichert zahlreiche Krakauer Entlastungszeugen aufbieten, doch las sich die Liste der von der Anklage benannten Belastungszeugen wie ein Who is who der verbliebenen jüdischen Politiker in Polen und der Eliten der RPŻ. Benannt wurden u.a. Dr. Adolf Berman, bis zum Frühjahr 1949 Vorsitzender des CKŻP, Salo Fiszgrund, 1949 stellvertretender Vorsitzender, die Abgeordneten Emilia Hiżowa (1895–1970), Marek Arczyński, Stanisław Dobrowolski und Witold Bieńkowski (1906–1965), der einflussreiche Krakauer Kommunalpolitiker Władysław Wójcik und Dr. Tadeusz Rek (1906–1968), stellvertretender Minister der Justiz. Unter den Entlastungszeugen fanden sich zwar zahlreiche Mitglieder des Krakauer Bürgertums und Vertreter konservativer jüdischer Strömungen, jedoch kein einziger aktiver Politiker.[105] Zudem gelang es Weichert entgegen früheren Zusagen des CKŻP nicht, Einfluss auf die Auswahl der Richter zu nehmen.[106]

---

scheint er eine Folge der endgültigen Gewissheit, dass vor polnischen Gerichten kein neues Verfahren zu erreichen war, zu sein.

103 Akt oskarżenia [undatiert], Rzecznik oskarżenia Sądu Społecznego przy CKŻwP, AŻIH, 313/137, Bl. 375-385.

104 „Die Anklage ist einseitig redigiert und zieht von Grund auf falsche Schlüsse aus Tatsachen, die sich nicht widerlegen lassen (...) greift jedoch nicht auf das reiche Beweismaterial zurück, das insbesondere in den Zeugenaussagen enthalten ist. (...) Der Vertreter der Anklage verdächtigt mich sogar, Beziehungen zu SS-Generälen unterhalten zu haben, und erhob zu diesem Zweck einen deutschen Zivilarzt (...) in den Rang eines SS-Generals." Ebenda, Bl. 393. Die letzte Bemerkung Weicherts bezog sich auf die irrtümliche Gleichsetzung von Dr. Sopp, Direktor einer psychiatrischen Klinik in Krakau, mit dem SS-General Jürgen Stroop.

105 Zur politischen Situation 1949 und zur Ausschaltung aller zionistischen Kräfte aus dem politischen Leben der polnischen Juden vgl. August Grabski, Działalność komunistów wśród Żydów w Polsce (1944–1949) [Die Tätigkeit der Kommunisten unter den Juden in Polen (1944–1949)]. Warszawa 2004, S. 304-318.

106 Das Gericht setzte sich aus folgenden Mitgliedern zusammen: Vorsitzender Szymon Rogoziński; Mitglieder: Leon Bojm, Jeszajahu Szpigiel, Efroim Kupfer, Bernhard Borg, Dr. Szymon Datner, Leon Lew, W. Rapaport, H. Erlich; Ankläger: MDr. Jakub Wilf i Marek Lasota; Verteidiger von Amts wegen: B. Kobryner. Zu den Zusagen gegenüber Weichert Engel, Who is a Collaborator (wie Anm. 10), S. 364. – Das Gericht wurde neben dem der zionistischen Ichud angehörigen

Das über ca. 20 Verhandlungstage im November und Dezember 1949 tagende Gericht verhandelte in einer gespannten Atmosphäre. Dazu trug auch die emotionale Argumentation Weicherts bei, der etwa in der eröffnenden Sitzung ausführte, er werde „seit fünf Jahren in unerhörter Weise verleumdet. Es gibt keine Gemeinheit, der ich nicht verdächtigt werde. Verursacht wird dies durch die Unkenntnis dessen, was in der Besatzungszeit geschah".[107] Die Unterstellung einer Unkenntnis des Besatzungsalltags, mochte sie auch für die zu dieser Zeit in der Sowjetunion befindlichen Ankläger und einen Teil der Geschworenen zutreffen, sprach dem jüdischen Gericht in einer zentralen Frage der eigenen Geschichte jegliche Legitimation ab. Zentrale Bedeutung für den Ablauf des gesamten Verfahrens besaß allerdings die einseitige Verhandlungsführung des Gerichts, das in enger Absprache mit der Anklage zahlreiche Manipulationen zuließ:

1. So wurden die drei historischen Expertisen von Personen angefertigt, die keinerlei Orts- und Sachkenntnis über die Krakauer Verhältnisse besaßen (Henryk-Hersch Wasser, Nachman Blumenthal und Artur Eisenbach) und die Positionen der Warschauer politischen Führung des CKŻP vertraten.[108] Zwischen den Expertisen und den Aussagen der Krakauer Zeugen besteht ein kaum überbrückbarer Widerspruch.

2. Das Gericht hielt seit der Beweisaufnahme bekannte Sachverhalte, die Weichert entlasteten, zurück. So wurde die Unterstützung des Krakauer jüdischen Widerstands um Adolf Liebeskind, auf die Weichert bereits in seinen Vernehmungen hingewiesen hatte, zurückgehalten, bis Natan Gross, ein Mitglied der Kampfgruppe „Akiba" in Krakau, Weicherts Unterstützung für den Widerstand hervorhob. Die Jüdische Soziale Selbsthilfe mit Weichert an der Spitze habe die Entstehung von Strukturen eines aktiven Widerstands gefördert.[109] Daraufhin hielt die Anklage Weichert vor, unglaubwürdig

---

Vorsitzenden Rogoziński von Mitgliedern der polnischen Arbeiterpartei geprägt, vgl. Grabski, Działalność (wie Anm. 105) mit Angaben zu den einzelnen Personen.

107 „Od 5 lat jestem w niesłychany sposób spotwarzany. Nie ma takiej podłości, o którą by mnie nie posądzono. Spowodowane jest to nieświadomością tego, co się działo za czasów okupacji. AŻIH, 313/137, Bl. 441.

108 AŻIH, 344, S. 147-150. Auszüge aus dem Bericht von Wasser: „Ebenfalls die JUS sollte die Rolle der SS-Behörden im Generalgouvernement vernebeln. (...) Die Bewertung der Jüdischen Unterstützungsstelle für das Generalgouvernement (...) kann nur eindeutig sein: Die Institution diente objektiv deutschen Interessen, die Ergebnisse ihrer Tätigkeit waren unvergleichlich geringer als der Schaden, den der Widerstandsfront im Land wie im Ausland zugefügt wurden, und die Leitung zeigte eine strafwürdige Nicht-Unterordnung unter die politische, nationale und gesellschaftliche Disziplin der politischen Untergrundinstanzen." – Eisenbach: „die Tätigkeit der JUS in diesem Zeitraum (1943; H.-J. B.) muss man für die jüdischen Häftlinge als demobilisierend und desorientierend bezüglich der weiteren Pläne der deutschen Behörden beurteilen. (...) die deutschen Behörden ließen eine legale Arznei- und Lebensmittelhilfe zu. Diese Desorientierung schwächte die Wachsamkeit der Häftlinge, schwächte den Widerstandsgeist und fügte der nationalen und antifaschistischen Sache mehr Schaden zu, als der Nutzen aus der minimalen materiellen Hilfe, die die JUS bereitstellte, betrug. (...) In diesem Sinne behaupte ich, dass der Charakter und die Form der Hilfe durch die JUS im Zeitraum 1943–1944, in einer hoffnungslosen Situation, im Lichte der historischen Fakten ein demobilisierender Faktor war, der die Aufmerksamkeit der Häftlinge ablenkte und sie nicht zum Kampf mit dem Besatzer mobilisierte."

109 „Das Verhältnis Liebeskinds zu Weichert war ausdrücklich positiv. Es ist mir bekannt, dass Dr. Weichert wusste, dass Liebeskind der Leiter der ‚Akiba' war und dass Dr. Weichert sich für ihn um eine Beschäftigung im Landwirtschaftsressort bemühte, insbesondere damit er Unteror-

zu sein und ein unverständliches Doppelspiel zu treiben: „Sie stehen unter Kollaborationsvorwurf. Der stärkste Trumpf wäre gewesen, wenn Sie den Anführer der Kampfgruppe Liebeskind unterstützt hätten. Warum haben Sie nicht darauf hingewiesen?"[110] Daraufhin verließ Weichert aus Protest die Verhandlung.[111]

3. Im Vorfeld des Prozesses wurde eine Gruppe von jüdischen Zeugen aus Dzierzoniów (Reichenbach), nach dem Krieg das Zentrum der jüdischen Handwerkergenossenschaften in Schlesien, präpariert, die durchweg jegliche Hilfe durch die JUS im Lager Płaszów verneinte.[112] Die „Zeugen" wurden von der Anklage aufgeboten, nachdem durch die Vernehmung zahlreicher Krakauer Zeugen der Eindruck entstand, dass die Jüdische Soziale Selbsthilfe effektiv und zielführend gearbeitet habe. In ihrem Auftritt im Prozess verstrickten sich die Zeugen in Widersprüche bei den Ortsangaben und in Details, die an ihrer Glaubwürdigkeit erhebliche Zweifel wecken.[113] Die für Weichert belastenden Aussagen stammten mit Ausnahme der genannten Gruppe nur in Einzelfällen von Juden aus den Lagern oder aus Krakau – ein Sachverhalt, der gegenüber anderen Prozessen gegen Judenratsmitglieder oder jüdische Funktionäre erstaunt, da in der Realität der nationalsozialistischen Judenpolitik die einzelnen jüdischen Funktionäre gegeneinander ausgespielt wurden. Schwer belastet wurde der Angeklagte dagegen von Warschauer Politikern und Funktionären des CKŻP. So sagte Marek Arczyński aus, Weichert habe „den Deutschen sehr große Dienste geleistet". Für ihn sei er ein „typisches Beispiel für einen Kollaborateur".[114] Begründet wurden diese pauschalen Vorwürfe durch den in den Krakauer Verhältnissen wenig bewanderten Arczyński mit kolportierten – und von Krakauer Augenzeugen widerlegten – Vor

---

ganisationen im Gelände errichten konnte. (...) Eindeutig positiv. Wir schätzten auch die Hilfe der JUS so ein." Aussage Natan Gross' v. 4.12.1949, AŻIH, 313/137, Bl. 678.

110 „Rzecznik Osk.: ‚Pan jest pod zarzutem kolaboracji. Najważniejszym atutem było, że pan wspomagał dowódcę grupy bojowej Liebeskinda. Dlatego pan o tym nie wspomniał'?" Ebenda, Bl. 679. Weichert hatte ausdrücklich auf die Unterstützung Liebeskinds bereits in dem Krakauer Verfahren hingewiesen und hatte den Sachverhalt in der Vernehmung vom 22.11.1948 erläutert, vgl. ebenda, Bl. 224. Auch mehrere, dem Gericht vorliegende Zeugenaussagen hatten dies bestätigt, vgl. ebenda, S. 326-330: Aussage Jakub Sternberg, Prezes Żydowskiej Kongregacji Religijnej w Krakowie, 14.3.1949.

111 Das Gerichtsprotoll verzeichnet Weicherts Kommentar: „„Ja już mam dość tego, proszę o wydanie zaocznego wyroku. Więcej znosić podobnych potwarzy nie mogę.' Opuszcza salę." [„Ich habe davon genug und bitte um die Verkündigung eines Urteils in Abwesenheit. Ich kann diese Verleumdungen nicht mehr ertragen.' Verlässt den Saal."] Ebenda, Bl. 679. Die von dem Pflichtverteidiger nachgeschobene Erklärung ist nur die halbe Wahrheit: „In Verbindung mit der Frage, die der Vertreter der Anklage an Dr. Weichert richtete, bin ich befugt mitzuteilen, dass vor dem Sondergericht Dr. Weichert sich auf die Umstände des Kontaktes mit Liebeskind berief." Ebenda, Bl. 681.

112 Aufgrund der Aktenlage liegt hier der Vorwurf einer Manipulation auf der Hand: Am 30.7., als bereits ein Überblick über alle schriftlichen Zeugenaussagen vorlag, beschloß das Gericht, noch „neu hinzugekommene" Aussagen aus Dzierzoniów abzuwarten; die Zeugen wurden am 4.8. ohne Gegenwart eines Vertreters der Verteidigung gehört und gaben durchweg gleichlautende Aussagen zu Protokoll. Ebenda, Bl. 397-426.

113 Ebenda, Sitzung v. 13.12.1949, Bl. 741-756.

114 „Dr Weichert oddał bardzo duże usługi Niemcom. Dla mnie dr. Weichert jest typowym okazem kolaboracjonisty." Aussage v. 26.11.1949, ebenda, Bl. 543-546, hier Bl. 545.

würfen über die Haushaltung Weicherts: Er habe in einem „kleinen Palast" gewohnt, habe „Kuchen" gegessen, während andere Menschen hungerten und sich schließlich im August 1944 bei dem „Deutschenfreund" und „Kollaborateur" Graf Ronikier versteckt.[115] Die mehrfach angestellte Verbindung des Falles Weichert mit Ronikier, der in der stalinistischen Epoche der Volksrepublik Polen als Zentralfigur einer Kollaboration der adlig-bürgerlichen Eliten mit dem deutschen Besatzer galt, belegt die wachsende Bedeutung ideologischer Elemente in dem Verfahren.[116]

Weicherts Verteidigung warf dem Zeugen daraufhin erhebliche Abweichungen in seinen Aussagen im Krakauer Prozess 1945 und in dem Verfahren 1949 vor. Noch 1945 hatte Arczyński eine bewusste Zusammenarbeit Weicherts mit den Deutschen ausgeschlossen, vier Jahre später behauptete er nun das Gegenteil.[117] In seiner Antwort wies Arczyński auf die gewachsene Bedeutung des Kollaborationsvorwurfs seit 1944 hin: „seit 1944 änderte ich meine Meinung zu vielen Fragen (...). Ich bewerte sie damals und heute gleich, nur schätze ich heute das, was ich damals als Beeinträchtigung einer gewissen Solidarität mit der gesamten leidenden jüdischen Gesellschaft qualifizierte, heute als einen typischen Fall eines Kollaborateurs ein."[118]

Noch gewichtiger als die Vorwürfe Arczyńskis mussten vor einem jüdischen Ehrengericht die Aussagen von Jakub Berman erscheinen. Dieser verwies zunächst auf seine Bekanntschaft mit Weichert aus der Vorkriegszeit und belastete ihn bereits für die Jahre 1939/40 mit dem Vorwurf der „Gleichschaltung" der jüdischen Selbsthilfeorganisationen und eines „pathologischen Legalismus".[119] Auch mit Beginn des Völkermords an den Ju-

---

115 Ebenda, Bl. 543 f. Ähnlich auch die den ganzen Krieg über in Warschau lebende Emilia Hiżowa, ebenda, Bl. 178. Die Vorwürfe zum Lebenswandel Weicherts wurden wiederholt von Krakauer Zeugen widerlegt, vgl. Aussage Wanda Bianchi, die Weichert 1944 versteckte, ebenda, Bl. 730 (lebte sehr bescheiden); ähnlich Wanda Janina Dwernicka, ebenda, Bl. 842.

116 Vgl. etwa die Expertise von Wasser: „Leiter der RGO war Graf Ronikier, der gleichzeitig Leiter der Hauptverwaltung der polnischen Fürsorge war, bekannt für seine germanophilen Überzeugungen, Leiter der Hauptverwaltung der ukrainischen Fürsorge war Prof. Kubijowicz, derselbe, der die ukrainische Bevölkerung zum Eintritt in die SS-Division Galizien aufrief. Der Vorsitzende der Verwaltung der ŻSS war Dr. Weichert." Ebenda, Bl. 761. Die Zusammenstellung legt den Kollaborationsverdacht nahe. – Weichert begründete sein vorübergehendes Versteck bei Ronikier plausibel mit seiner äußersten Notsituation im August 1944: „Sie sagten, ich habe mich bei Ronikier versteckt. Es versteckte mich ein Mitarbeiter der RGO in der ul. Wiślna 10 und am zweiten Tag, als er mir befahl, seine Wohnung zu verlassen, befand ich mich auf der Straße (...). Der Zeuge sagte jedoch aus, ich habe mich bei diesem Ober-Kollaborateur versteckt (...) um drei Uhr nachmittags, am helllichten Tage, fand ich mich plötzlich bei der Post auf der Straße wieder. Ich musste die Wohnung auf den Wunsch des Eigentümers verlassen und war in dieser Situation gezwungen, mich drei Tage bei Ronikier zu verstecken." Ebenda, Bl. 552.

117 Ebenda, Bl. 806.

118 „Od 1944 r. zmieniłem pogląd na wiele spraw (...) Ja tak samo oceniałem wtedy, jak i dzisiaj, tylko wówczas kwalifikowałem jako naruszenie pewnej solidarności z całym cierpiącym społeczeństwem żydowskim, a dzisiaj twierdzę, że Weichert był typowym okazem kolaboranta." Ebenda, Bl. 550.

119 „Er zeigte oft diktatorische und despotische Züge gegen Juden und jüdische Institutionen. In den Beziehungen zu den deutschen Behörden zeigte Weichert eine besondere Loyalität und einen pathologischen Legalismus. Dies fand Ausdruck in der Gleichschaltungsaktion gegenüber den jüdischen Wohlfahrtsorganisationen wie TOZ, Centos u.a. (...)." Aussage v. 4.12., ebenda, Bl.

den, als sich alte Handlungsweisen überlebt hätten, habe Weichert seine Meinung nicht geändert und sei an die Spitze der JUS getreten: „Ein Jude an der Spitze einer legalen Institution in dieser Zeit! Die Nachricht traf uns wie der Blitz aus heiterem Himmel. Uns packte die Scham. Alle fassten dies als nationalen Verrat auf. Alle Gruppierungen reagierten ohne Ausnahme auf die Nachricht." Die Ziele der JUS seien klar gewesen: Die Deutschen wollten den Anschein erwecken, dass weiterhin Juden in Polen unter erträglichen Bedingungen lebten und sich ein Alibi gegenüber dem Internationalen Roten Kreuz schaffen, um deren Spenden zu verwerten.[120]

Dagegen seien die Hilfeleistungen der JUS auch unter Klassen- und Mobilisierungsgesichtspunkten zu bewerten: Hilfstein und Tisch als „rechtsbürgerliche Funktionäre" hätten Hilfe nur für die „Lageraristokratie" organisiert. Weichert dagegen habe es nicht für angemessen gehalten, auf die Meinung des Untergrunds Rücksicht zu nehmen und sei „aus eigenem Willen ein Verräter seiner Nation" geworden:[121] „Ich schätzte damals die JUS als einen Dolchstoß in den Rücken des jüdischen nationalen und antifaschistischen Kampfs ein, als eine Organisation, die die nationalsozialistische Propaganda und die Machenschaften der anglosächsischen Reaktion erleichterte. 1943 und 1944 wie auch heute schätze ich die JUS als eine eindeutig kollaborierende Einrichtung ein. Es gibt verschiedene Arten der Kollaboration: die politische Kollaboration der Quisling, Petain, Hacha, Skiwski, Burdecki und Goetel. Solch eine Kollaboration gab es wegen des judenfeindlichen Charakters des Nationalsozialismus unter den Juden selten. Die zweite Form der Kollaboration betraf den unmittelbaren Dienst an der Seite der nationalsozialistischen Machtorgane. Hierzu kann man die jüdischen Gestapozuträger, die jüdische Polizei und zu einem erheblichen Teil die Judenräte zählen. Eine dritte Form der Kollaboration bildeten Institutionen, die mit ihrem Namen als Instrumente der nationalsozialistischen Behörden firmierten und deren Bestehen im Interesse des Besatzers lag – zu dieser Kategorie muss man die JUS zählen. Deshalb war und bin ich der Auffassung, dass Dr. Weichert zu Recht der Kollaboration beschuldigt wird."[122]

Aus der Perspektive Bermans konnten gegen dieses Konzept einer politischen Kollaboration keine humanitären Beweggründe angeführt werden. Auf die Frage der Verteidigung, ob man sich in Warschau der Tatsache bewusst gewesen sei, dass im Falle der Einstellung

---

690. – Erwähnenswert ist, dass die Prozessregie die eigentlich zusammengehörenden Aussagen von Arczyński, Bieńkowski, Berman, Hiżowa und Rek auf verschiedene Sitzungen verteilte und so den inneren Zusammenhang zwischen den Aussagen verschleierte.

120 Ebenda, Bl. 690 f.

121 „nie uważał za stosowne liczyć się ze zdaniem polskiego i żydowskiego podziemia (...) z własnej woli stał się zdrajcą swego narodu". Ebenda, Bl. 693 f.

122 „Oceniłem wtedy JUS, jako nóż w plecy żydowskiej walki narodowej i antyfaszystowskiej, jako organizację, która ułatwiała propagandę hitlerowcom oraz knowania anglo-saskiej reakcji. Zarówno w 1943 r. i 1944 r., jak i obecnie oceniam JUS, jako wyraźnie kolaborancką organizację. Są różne rodzaje kolaboracji: jeden rodzaj, to kolaboracja polityczna: Kwisling, Petain, Hacha, Skiwski, Burdecki, Goetel. Ten rodzaj kolaboracji był u Żydów rzadko spotykany z powodu żydożerczego charakteru hitleryzmu. Drugi rodzaj kolaboracji, to bezpośrednia służba u hitlerowskich organów władzy. Do tego rodzaju można zaliczyć: żydowskich gestapowców, policję i w znacznej mierze Judenraty. Trzeci rodzaj – to być instrumentem władz hitlerowskich, firmować swoim nazwiskiem instytucję, która służy interesom okupanta – do tej kategorii należy zaliczyć JUS. Z tego punktu widzenia uważałem i uważam, że dr Weichert jest winny kolaboracji." Ebenda, Bl. 694 f.

der Tätigkeit der JUS Tausende von Juden in den Lagern ohne ärztliche Hilfe geblieben wären, entgegnete Berman, dass solche Momente in der Meinungsbildung der KK und der Warschauer RGŻ keine Rolle gespielt hätten. Die Hilfe der JUS für „gewisse Kreise" habe bei diesen nur Illusionen genährt und sie demobilisiert.[123] Auch der Funktionär Fiszgrund bestätigte in seinen Aussagen diese Auffassung aus der Sicht der jüdischen Parteien und des Untergrunds: Die Arznei- und Lebensmittelversorgung habe für die Häftlinge keine Bedeutung gehabt.[124]

Solch eine Bewertung aus der Perspektive der politischen Nützlichkeit lag allerdings Mitarbeitern jüdischer Wohlfahrtseinrichtungen fern. Leon Alter (1880–1963), der Leiter der Hias, einer Wohlfahrtsorganisation, der im Zweiten Weltkrieg aus dem Ausland die Hilfe für Juden organisiert hatte und ab 1942 nur noch über Weichert Hilfssendungen verschicken konnte, bezeugte, dass dieser keine falschen Angaben über die Verwendung der Sendungen gemacht habe. Mehr noch: „Natürlich war Hilfe notwendig, solange auch nur noch ein einziger Jude übrig blieb. Darüber gab es keinerlei Zweifel unter den Mitarbeitern der Wohltätigkeitsverbände."[125] Fassbar wird hier die gänzlich unterschiedliche Perspektive – politische Nützlichkeit versus Überleben von Opfern –, aus der eine Bewertung der Tätigkeit der Jüdischen Sozialen Selbsthilfe und Weicherts selbst möglich war.

Die lange Liste von ca. 100 Entlastungszeugen, die Weichert und seine Verteidigung vorbrachten, suchte anhand der eigenen Lebensgeschichte bzw. des Schicksals von Familienmitgliedern und Freunden genau dies zu belegen: Wahrscheinlich Tausende von Juden hätten dank der Jüdischen Selbsthilfe die Lager und den Zweiten Weltkrieg überlebt.[126] Die Entlastungszeugen rekrutierten sich dabei aus sehr unterschiedlichen Gruppen: Für Weichert sagten ehemalige oder aktuelle leitende Mitglieder der Jüdischen Gemeinde Krakau aus,[127] zahlreiche jüdische Mediziner und Apotheker, die die Lager überlebt und Selbsthilfelieferungen verteilt hatten,[128] Mitarbeiter der Jüdischen Sozialen Selbsthil-

---

123 „Czy panowie liczyli się z takim faktem, że tysiące Żydów w obozach pozostawione zostaną bez żadnej pomocy lekarskiej?" Berman „To wszystko co powiedziałem świadczy, że miałem zasadniczo inny pogląd na tę sprawę i ten moment nie wchodzi w rachubę i nie miał decydującego znaczenia w naszej ocenie. (...) Jeśli chodzi o pewne koła, które miały pomoc od JUS-u, to JUS je demobilizował, stwarzając iluzję." Ebenda, Bl. 697.

124 „Myśmy uważali, że to nic więźniom nie daje (...)." Ebenda, Bl. 625.

125 „Naturalnie, jeżeli jeszcze jeden Żyd został, to potrzebna była pomoc. Co do tego nie było żadnych wątpliwości wśród działaczy charytatywnych." Ebenda, Bl. 676. Vgl. dazu auch die wenige Tage vorher erfolgte Aussage Weicherts auf eine Frage des Vorsitzenden: „Haben Sie später gegenüber der Tatsache, dass die Deutschen anfingen, die jüdische Bevölkerung zu ermorden, sich nicht über die Notwendigkeit einer Änderung der Taktik in Beziehung zu den Deutschen Gedanken gemacht?" Weichert: „Ich war der Meinung, so lange Juden leben und gequält werden, ist es meine heilige – oder eher meine verdammte, um nicht das Wort ‚heilig' zu missbrauchen – Pflicht, alles, was ich besitze und alles, was man sogar dem Teufel abhandeln kann, den Juden zukommen zu lassen." Ebenda, Bl. 501.

126 Eine detaillierte Analyse dieser Aussagen ist im Rahmen dieses Beitrags nicht möglich. Sie bieten jedoch eine erhebliche Quelle für eine noch zu schreibende Geschichte der Jüdischen Selbsthilfe im Zweiten Weltkrieg.

127 Jakub Sternberg, Präsident der Żydowskiej Kongregacji Religijnej w Krakowie, ebenda, Bl. 326-330, 649; Brief Leib Salpeter, Vorsitzender der Organizacji Sjonistów-Demokratów „Ichud", ebenda, Bl. 386 f.; Jakub Perlman, ebenda, Bl. 309-313.

128 Ryszard Aptowicz, ebenda, Bl. 576; Dr. Aleksander Bieberstein, ebenda, Bl. 331 ff., 659; Ludwik

fe,[129] ca. zwei Dutzend jüdische Häftlinge aus Płaszów und anderen Krakauer Arbeits-lagern,[130] jüdische Arbeitssklaven aus den Lagern in Skarżysko-Kamienna[131] und jüdische Häftlinge aus anderen Lagern (Tschenstochau, Piotrków).[132] Aus dem nichtjüdischen Milieu bezeugten Mitarbeiter der RGO und Angehörige der Krakauer Intelligenz die Wirksamkeit der Tätigkeit der Sozialen Selbsthilfe.[133] Während des Prozesses bekundeten weitere 20, zu einer Aussage nicht zugelassene Personen, die Hilfe durch die JUS.[134]

In zahlreichen Aussagen klingt dabei völliges Unverständnis für die Motive der Anklage an. So beschrieb Stefan Sewerski, Häftling in Piotrków, die Hilfe für Kinder durch die JUS und drückte Empörung über die Anklage aus: Kinder seien durch die JUS gerettet worden, wie könne man die Helfer anklagen?[135] Zudem belasteten fehlende Kenntnisse der abweichenden Krakauer Strukturen den Verhandlungsverlauf: Zu Gericht saßen vor allem mit den Warschauer Verhältnissen vertraute Personen über Vorgänge in Krakau, was Weichert im Laufe der Verhandlungen auch aussprach: In Krakau sei es gelungen, durch eine Beschäftigung in der Landwirtschaft einige tausend Juden zu retten. Dagegen hätten die schrittweisen und immer wieder von Unterbrechungen begleiteten Transporte aus Krakau einen Aufstandsversuch wie in Warschau vereitelt.[136]

Żurowski, ebenda, Bl. 658; Gustawa Konarska, ebenda, Bl. 679 f.; Apothekerin Helena Anisfeld-Dobrowolska, ebenda, Bl. 351 ff., 683.

129   Dr. Artur Jurand, ebenda, Bl. 334 f., 597; Anna Schneeweiss-Taube, ebenda, Bl. 638-645.

130   Dr. Julian Aleksandrowicz, ebenda, Bl. 341; Aleksander Alerhand, ebenda, Bl. 735; Józef Bau, ebenda, Bl. 732; Jakub Baumann, ebenda, Bl. 852; Marek Birnfeld, ebenda, Bl. 846; Stanisław Chojda, ebenda, Bl. 669; Gimpel Förster, ebenda, Bl. 276; Kurt Karol Fromowicz, ebenda, Bl. 736; Dawid Goldberg, ebenda, Bl. 738; Samuel Grobler, ebenda, Bl. 648; Dawid Grunwald, ebenda, Bl. 593; Stanisław Hojda, ebenda, Bl. 346 f.; Sabina Horowitz, ebenda, Bl. 719; Natali Hudes, ebenda, Bl. 724; Mina Jackobson, ebenda, Bl. 740; Irene Liebkind, ebenda, Bl. 854; Rafał Morecki, ebenda, Bl. 687; Zygmunt Nornberg, ebenda, Bl. 740; Mieczysław Pemper, ebenda, Bl. 354 ff., 582-586; Leon Pomorski, ebenda, Bl. 556-562; Marian Pufeles-Polewski, ebenda, Bl. 663-666; Samuel Sigma, ebenda, Bl. 670 f.; Helena Szenirer, ebenda, Bl. 737; Wiktor Traubman, ebenda, Bl. 654 ff.; Maurycy Wassertal, ebenda, Bl. 723 f.; Juliusz Wiener, ebenda, Bl. 739.

131   Felicja Bannet-Chajes, ebenda, Bl. 338 ff., 715 f.; Szmul Borenstein, ebenda, Bl. 574; Feliks Rogowski, ebenda, Bl. 363 ff.; Szymon Szlachet, ebenda, Bl. 89 f.

132   Emil Loefler, ebenda, Bl. 714; Stefan Sewerski, ebenda, Bl. 682.

133   RGO-Mitarbeiter: Seyfried, Władysław Wróbel, ebenda, Bl. 605; Krakauer Intelligenz: Prof. Aleksander Kocwa, ebenda, Bl. 716; Prof. Dr. Władysław Wolter, ebenda, Bl. 342 f., 632 ff.; sonstige polnische Aussagen: Jerzy Jaksza, ebenda, Bl. 718; Andrzej Juchowski, ebenda, Bl. 703; Romana Kinslerowa, ebenda, Bl. 702; Kazimierz Liszko, ebenda, Bl. 703; Henryk Matus, ebenda, Bl. 717; Stefan Myszkowski, ebenda, Bl. 701; Marian Plebańczyk, ebenda, Bl. 682; Ludwika Stolarska, ebenda, Bl. 344 f.; Tadeusz Twirski, ebenda, Bl. 720; Salomea Urbachowa, ebenda, Bl. 731 f.

134   „Wir Unterzeichner, ehemalige Häftlinge der hitleristischen Konzentrationslager, erklären, dass die Hilfe durch die JUS uns das Überleben auf dem Gebiet des sog. ‚GG' wie auch später in anderen Lagern ermöglicht hat." Offener, von 20 Personen unterzeichneter Brief v. 7.12.1949, ebenda, Bl. 845.

135   „Sewerski: Jeder war deshalb empört. Vorsitzender: Aus welchem Grund? S.: Weil die Hilfe, welche die Kinder im Lager erhielten, groß war und die Kinder nur dank dieser Hilfe gerettet wurden. Vorsitzender: Auf welche Art und Weise wurden die Kinder gerettet? S.: Die Kinder wurden fortgebracht. Es gab keine Sterblichkeit unter den Kindern." Ebenda, Bl. 682.

136   Ebenda, Bl. 502.

Eine aufmerksame Lektüre der Verhandlungsprotokolle zeigt, dass zentrale Vorwürfe der Anklage unbewiesen blieben oder durch bloße Gerüchte und üble Nachrede gestützt wurden. So wurde die „prodeutsche Einstellung" Weicherts mit Verweis auf dessen Haltung, zwischen „guten" und „schlechten" Deutschen zu unterscheiden, zu beweisen versucht.[137] Die von Berman aufgestellte Behauptung, die Korrespondenz der JUS habe ausländische Kreise desinformiert, konnte auch auf Nachfrage nicht belegt werden.[138] Solchen Thesen widersprach wie bereits erwähnt Leon Alter und schriftlich auch Dr. Jan Sehn, Mitarbeiter der Hauptkommission zur Erforschung der deutschen Verbrechen in Polen.[139]

Es verblieb der Vorwurf, Weichert habe die Unterordnung unter Warschauer jüdische Gremien 1943/44 verweigert. Dieser an sich auch vor einem Ehrengericht kaum justiziable Vorwurf – schließlich war die Legitimation der Warschauer Gremien fragwürdig – wurde vom Angeklagten akzeptiert und in seiner Genese begründet: Er habe an der Jahreswende 1943/44 aus vertrauenswürdigen Quellen – u.a. Mieczysław Pemper und Oskar Schindler – erfahren, dass jüdische Zwangsarbeitslager in Südpolen bestehen bleiben sollten, und sei der Auffassung gewesen, seine Hilfslieferungen seien nicht aus anderen Quellen ersetzbar.[140] Dieser Aussage schlossen sich auch Zeugen aus der Zentralverwaltung der RGO wie Edmund Seyfried an, die betonten, im Falle der Auflösung der JUS hätte es keine Möglichkeiten für Hilfslieferungen in die Lager gegeben.[141]

---

137 „Die Erinnerungen Weicherts habe ich durchgesehen; aus ihnen sprach oft ein prodeutscher Standpunkt; deshalb versuchte Weichert auch nach der Befreiung mit aller Gewalt, seine Erinnerungen unter dem Vorwand zurückzuerhalten, sie fertigzustellen. Auf jeden Fall gehörte Weichert zu denen, die die ‚guten Deutschen' von den ‚schlechten' unterschieden. Der Standpunkt Weicherts (...) war ein umfassender Legalismus gegenüber den Deutschen." Aussage Władysław Wójcik, ebenda, Bl. 359-362.

138 „Der Zeuge bemerkte, er habe unter Personen, die er im Ausland getroffen habe, die Feststellung gehört, dass die Tätigkeit die ausländische öffentliche Meinung desorganisierte und desorientierte. Kann der Zeuge diese Personen benennen? Berman: Nein." Ebenda, Bl. 695. Vgl. auch die ohne Belege geäußerte suggestive Frage des Geschworenen Szymon Datner an Arczyński: „die Tätigkeit Dr. Weicherts (...) erfüllte die Aufgabe eines Lockmittels und konnte verursachen, dass Hunderttausende ungarischer Juden in den Lagern ermordet wurden. Kann die Tatsache, dass teilweise die Wachsamkeit dieser Juden eingeschläfert wurde, nicht eine Folge des Vorgehens von Dr. Weichert sein? Arczyński: Ja." Ebenda, Bl. 546.

139 „Materialien, die irgendwelche Hinweise über die Benutzung der Existenz der Jüdischen Unterstützungsstelle für Propagandazwecke geben, sind mir nicht bekannt." Dr. Jan Sehn, Główna Komisja Badania Zbrodni Niemieckich w Polsce, 13.12.1949 an den Sąd Społeczny, ebenda, Bl. 857.

140 Informationen, dass einige Lager bestehen bleiben werden: „von 1. Mieczysław Pemper, einem Häftling des Lagers Płaszów, der als Stenotypist des Kommandanten Zugang zu vertraulichen Materialien hatte und der mir bereits zuvor wiederholt heimlich wertvolle Informationen hatte zukommen lassen, 2. dem Leiter der B.u.F. Weirauch, 3. Oskar Schindler, dem Eigentümer und Direktor der Emailwarenfabrik, der tätigen Anteil in dem langen Kampf zwischen Rüstungs- und Versorgungsindustrie auf der einen Seite und SS auf der anderen Seite um den Erhalt der jüdischen Arbeitskräfte nahm, 4. Dr. Sopp, dem Direktor der staatlichen psychiatrischen Klinik, der die jüdischen Angelegenheiten nur aus der Entfernung kannte." Aussage Weinerts, ebenda, Bl. 238.

141 „Wenn die JUS liquidiert worden wäre, hätte die RGO auf legale Weise den jüdischen Insassen des Lagers in Płaszów Hilfe leisten können? Seyfried: Ausgeschlossen, es gab keinen Rechtstitel. (...) Gab es einen Augenblick des Zweifels in Bezug auf die Person Dr. Weicherts in dem Sinne,

In fragwürdigem Lichte erschienen im Prozessverlauf dagegen manche Hilfsleistungen der Krakauer Abteilung des „Hilfsrats für Juden in Polen" und deren prätendierter Anteil an jüdischen Widerstandsvorbereitungen. Nicht nur, dass exponierten Zeugen die Tätigkeit des Hilfsrats in Krakau bis 1945 verborgen geblieben war,[142] auch Jakub Berman äußerte deutliche Kritik an der Tätigkeit der RPŻ in Krakau.[143] Auch das Ausmaß der Hilfe für Juden durch die RPŻ-Zentrale in Warschau erschien fragwürdig: War nun 12 000 (Berman) oder 3 000 (Hiżowa, Rek) Juden Hilfe geleistet worden?[144] Der führende Kopf für bewaffnete Widerstandsplanungen im KZ Płaszów, Wiktor Traubman, bestätigte persönlich die Hilfeleistungen der JUS und die persönliche Integrität Weicherts. Dagegen stellte er die Hilfeleistungen der RPŻ für die Häftlinge in Frage, da diese über korrumpierte Funktionshäftlinge erfolgt seien und die Lagerinsassen nicht erreicht hätten.[145] Weichert selbst nahm für die JUS in Anspruch, deren Handeln sei angemessen gewesen, denn es habe Tausende von Menschenleben gerettet. Falsch seien Auffassungen gewesen, die die Hilfe für die Juden in den Lagern als Verlängerung der Agonie von Dahinsiechenden gesehen hätten.[146]

Die führenden Köpfe der Krakauer RPŻ, die auf ihrer Tätigkeit im Untergrund ihre Nachkriegskarrieren aufbauten, beschuldigten im Gegenzug umgekehrt Weichert und die JUS, nur die „Lageraristokratie" versorgt und ebenfalls Hilfeleistungen über Funktionseliten

---

dass er sich den Deutschen andiene? Seyfried: In keinem Fall. Wir waren der Meinung, dass er ein großes Opfer bringt. Der Kontakt eines Polen mit einem Deutschen war nicht angenehm, und dann erst für einen Juden mit einem Deutschen." Ebenda, Bl. 527, 533.

142 „Über die Existenz einer illegalen Organisation in Krakau, die die Hilfe für die Juden zum Ziel hatte, wusste ich in der Besatzungszeit nichts und das verwundert mich, denn wenn eine solche Organisation existierte, so konnte sie im Laufe von zweieinhalb Jahren auf keinen so guten Ort für Kontakte treffen, der zudem mit keinen Kosten verbunden war, wie es meine Apotheke war. Diese meine Verwunderung habe ich unmittelbar gegenüber einem der Mitglieder der Organisation des Hilfsrats für Juden, Herrn Wóycik, ausgesprochen." Schriftliche Aussage Tadeusz Pankiewicz v. 16.3., ebenda, Bl. 366-369.

143 „die Arbeit der Krakauer Abteilung des RPŻ ließ viel zu wünschen übrig." Ebenda, Bl. 697.

144 Aussagen von Hiżowa, Rek und Berman, ebenda, Bl. 704 ff.

145 Hilfe durch JUS: „Wenn es um die Krankenabteilung geht, so half er vielen Leuten." Unterstützung durch die RPŻ über den Häftling Liebhaber: „Ich weiß, dass er Geld erhielt und es vertrank. Ich sagte sogar, es sei ein schändliches Verhalten, Wodka zu trinken und sich unmoralisch auf dem Lagergelände zu verhalten. (...) Der Vorsitzende: Es gab also eine Widerstandsbewegung auf dem Gelände des Lagers? Traubman: Ja, ich spreche nicht darüber, weil dafür keiner Orden vergibt und wir nichts ausgerichtet haben. (...) Vorsitzender: Warum berichteten Sie also nicht, dass Liebhaber trinkt und dass man ihm kein Geld geben solle. Traubman: Ich habe selbstverständlich darum gebeten, sogar Tadek Rusek." Juden außerhalb des KZ Płaszów: „Solche Juden gab es mehrere. Es gab Gołębiowski, Tonbruch und Marcel Diamand, aber es gab grundsätzliche Unterschiede zwischen diesen Juden und diesem Juden [gemeint ist Weichert; H.-J. B.] (...) Wir erhielten Brot, Weichert verriet keinen als Juden, obwohl er ohne Judenstern auftrat, er trieb nicht zur Arbeit an und denunzierte nicht. Die anderen arbeiteten für die Gestapo, was jeder, der in Krakau offene Augen besaß, wusste." Ebenda, Bl. 655 f.

146 „Tausende Häftlinge, die dank der Hilfe durch die JUS überlebten, bezeugen, dass unsere Vorannahmen gerechtfertigt waren, und nicht der Standpunkt jener, die behaupteten, die den Juden in den Lagern geleistete Hilfe sei eine ‚Verlängerung der Agonie von Sterbenden' oder ‚das Mästen von Ferkeln vor dem Metzger' (...), obwohl jene selbst später auf unfähige Art und Weise und ungeschickt versuchten, jenen Sterbenden und Ferkeln zu helfen." Ebenda, Bl. 239.

abgewickelt zu haben.[147] Zusätzlich wurde Ende 1949 erstmals die Behauptung lanciert, Weichert habe versucht, Mitglieder der RPŻ an die Gestapo auszuliefern.[148] In mancher Hinsicht richtete in dem Gerichtsverfahren eine Gruppe, die für ihren Weg der Hilfeleistung für Juden Ausschließlichkeit beanspruchte, über konkurrierende Unterstützungsversuche auf anderen Wegen.

In einem waren sich jedoch beide Parteien einig: Die Tätigkeit der Judenräte sei durchweg als Kollaboration zu bewerten. Zeugen insbesondere aus dem Milieu der Selbsthilfeorganisationen äußerten den Vorwurf[149] ähnlich wie Jakub Berman.[150] Weichert selbst distanzierte sich bereits 1945 von den Judenräten und schob ihnen die Verantwortung für die Akzeptanzprobleme der Jüdischen Sozialen Selbsthilfe auch unter Teilen der jüdischen Gesellschaft zu.[151] Auch später grenzte er das Handeln der Selbsthilfe entschieden von der Tätigkeit der Judenräte ab: Zwischen beiden Einrichtungen habe es schwere Interessenkonflikte gegeben, da die Judenräte ausschließlich im Dienste der Deutschen gestanden, die Selbsthilfe dagegen unter Ausnutzung deutscher Behörden karitative Dienste geleistet habe.[152] Diese auch verhandlungstaktischen Ausführungen sind wegen der personellen wie auch organisatorischen Verknüpfungen der Selbsthilfe nur bedingt haltbar, sie belegen jedoch das Odium des Verrats, dass den Judenräten nach 1945 auch in Polen anhing.

In dem Prozess 1949 fanden Weicherts Differenzierungsversuche keinen Glauben: Das abschließende Plädoyer der Anklage setzte mit der expliziten Behauptung ein, so wie die Judenräte sei auch die Jüdische Selbsthilfe von der Gestapo abhängig gewesen und habe seit 1942 ausschließlich nationalsozialistischen Zielen gedient.[153] Deshalb habe es sich um kollaborierende Einrichtungen gehandelt, von den Besatzern eingerichtet und deren Informa-

---

147 „Die Hilfe durch die JUS, und eigentlich durch Weichert für das Lager in Płaszów kennzeichnete, dass diese Hilfe vor allem die Lageraristokratie und von ihr protegierte Personen erreichte. Weichert selbst erwähnte mir gegenüber als Person, die im Lager die Verteilung der Arzneien übernahm, Gross und für andere Waren die Frauen von Gross und Hilowicz." Aussage Wójcik, ebenda, Bl. 359-362.

148 Aussage Władysław Wójcik v. 7.12.1949, ebenda, Bl. 713. Aufgrund des erstmaligen Auftauchens des Vorwurfs im Dezember 1949 besitzen diese Behauptungen keine Glaubwürdigkeit.

149 So etwa die Aussage von Józef Gitler-Barski, im Krieg Vorsitzender des Centos, einer Selbsthilfeorganisation: „In den Judenräten war ein einheitliches Element tätig, das sich den deutschen Befehlen unterordnen wollte." Ebenda, Bl. 540.

150 „Da ich die Herren aus dem Präsidium der ŻSS gut kannte, kann ich sagen, dass sie sich vor jedem Auftauchen einer politischen Frage, ähnlich wie die Judenräte, fürchteten." Ebenda, Bl. 697.

151 „Die Feindseligkeiten von Juden gegenüber ŻSS und JUS rührten vermutlich daher, dass diese Organisationen doch den Juden Hilfe leisteten, und die Judenräte taten nichts und konnten uns das nicht verzeihen." Aussage Weicherts v. 27.11.1945, AŻIH, 344/145, S. 6.

152 „Da die Einstellung der jüdischen Gesellschaft zu unseren Stellen außerordentlich positiv war, konnten uns die Judenräte und Ordnungsdienste es nicht verzeihen, dass – wie sich einer der bekanntesten Judenräte ausdrückte – alles Schlechte für die Juden von ihnen kam und alles Gute vom ŻSS. Dr. Tisch schuf die Parole: Die Judenräte nehmen von den Juden und geben den Deutschen, und die ŻSS nimmt von den Deutschen und gibt den Juden." Aussage Weicherts v. 22.11.1948, AŻIH, 313/137, Bl. 221.

153 Weichert „behauptete hartnäckig, dass die JUS eine andere Organisation als die Judenräte gewesen sei. Der Judenrat habe der Gestapo unterstanden, und die JUS der BuF – das heißt angeblich der Zivilverwaltung. (...) Ich behaupte jedoch mit vollem Bewusstsein, dass (...) die ŻSS auch unmittelbar der Gestapo unterstand. (...) die Organisation der JUS erfolgte allein und

tionszwecken dienend, um so systematischer die Massenmorde durchführen zu können.[154] „Derjenige, der an der Spitze einer solchen Organisation stand, war ein Kollaborateur. (...) Das einzig richtige Urteil kann in der Verurteilung des Angeklagten als der Kollaboration schuldig liegen und in einer Verurteilung nicht nur Dr. Weicherts, sondern all derjenigen, die unter dem Mantel des Apolitischen zu Werkzeugen des Nationalsozialismus wurden. Das Urteil sollte Ausdruck der Solidarität mit den Warschauer Gettokämpfern sein, die ihr Leben der Verteidigung der Würde der Nation opferten."[155]

Ähnlich lautete das Plädoyer des zweiten Anklägers: Es handele sich um einen Fall klassischer Kollaboration. Die deutschen Mörder hätten einen „legalen Juden" zum Empfang ausländischer Spenden benötigt.[156] Dagegen sei die von der Verteidigung angeführte Hilfe für Tausende Juden nur ein rhetorisches Ablenkungsmanöver, denn dies sei in dem vorliegenden Prozess zweitrangig gewesen. Zudem habe es Lebensmittel in Płaszów im Überfluss gegeben. Weichert habe mit dem Besatzer zusammengearbeitet, und sein Verhalten müsse von dem Gericht der jüdischen Gesellschaft in Polen geächtet werden.[157]

Weichert selbst, durch die vorangegangenen Prozesstage und die Plädoyers der Ankläger mürbe gemacht, bekräftigte in seinem Schlusswort, er habe „keine Niederträchtigkeiten begangen und sich nicht den Deutschen angedient. Ich nutzte jede Gelegenheit, um Juden zu helfen. (...) Man hat hier aus mir einen Verräter gemacht."[158]

---

ausschließlich durch die Hitleristen für ihre Ziele." Plädoyer des Anklägers Wilf v. 19.12.1949, ebenda, Bl. 779 ff.

154 „Die hitleristischen Besatzungsbehörden beriefen die ŻSS, die anschließend zu einem Werkzeug der Kollaboration wurde. (...) Juden meldeten sich freiwillig zum Abtransport. Dabei half ihnen der Judenrat (...) Die Passivität führte zur Vernichtung der jüdischen Massen in Polen und alle, die (...) eine solche Passivität propagierten, machten sich der Kollaboration schuldig. (...) Die ŻSS-Stellen waren Informationspunkte für die hitleristischen Behörden. (...) Wenn wir all dies berücksichtigen, können wir nur zu dem gerechtfertigten Schluss gelangen, dass die JUS eine durch die Hitleristen geschaffene Organisation war, um effektiver und ohne Widerstand die Morde durchführen zu können (...)." Ebenda, Bl. 782-786.

155 „I ten który stanął na czele takiej organizacji był kolaborantem. (...) Uważam, że jedynym słusznym wyrokiem będzie uznanie oskarżonego winnym kollaboracji i potępienie nie tylko dr Weicherta, potępienie tych wszystkich, którzy pod płaszczykiem apolityczności stali się narzędziem hitlerowców. Wyrok winien być wyrazem solidarności z bojownikami getta warszawskiego, którzy poświęcili swe życie w obronie godności narodu." Ebenda, Bl. 782-788.

156 „Wir haben es mit einem Fall klassischer Kollaboration zu tun. Den Deutschen, die die jüdische Gesellschaft ermordeten, war ganz einfach ein legaler Jude von Nutzen, der die ausländischen Spenden quittieren konnte." Plädoyer des Anklägers Lasota v. 19.12., ebenda, Bl. 790 ff.

157 Die Verteidigung behaupte, „im Austausch dafür habe er eine große Sendung von Arzneien der Hoover-Stiftung gerettet und einen Weg für eine legale Hilfsaktion für die Lager gefunden, die es erlaubt habe, Tausende Lagerinsassen vor dem Tod zu retten (...) Dies ist ein Trick, denn letztlich (...) besitzt die Frage der Hilfeleistung in diesem Prozess eine zweitrangige Bedeutung. (...) Dr. Weichert hat mit dem Besatzer zusammengearbeitet. Hohes Gericht der jüdischen Gesellschaft in Polen! Von Ihnen hängt es ab, im Urteil einen Ausdruck für die Verurteilung zu finden, mit der sich die gesund denkende Gesellschaft von den aus der allgemeinen Haltung des kämpfenden Volkes ausbrechenden Einzelnen abgrenzt." Ebenda, Bl. 792-797. Die Behauptung, in Płaszów habe es Lebensmittel im Überfluss gegeben, stützte sich auf die Aussage des „Zeugen" Eidler aus Dzierzoniów.

158 „Podłości nie popełniłem, nie wysługiwałem się Niemcom. Wykorzystywałem każdą okazję, aby Żydom nieść pomoc. (...) Zrobiono tu ze mnie zdrajcę." Ebenda, Bl. 814.

Das von sieben der neun Richter unterzeichnete Urteil des jüdischen Ehrengerichts[159] vom 28. Dezember 1949 führte zunächst aus, dass Weichert durch die Annahme der Nominierung als Leiter der JUS an die Spitze einer kollaborierenden Organisation getreten sei und durch sein dortiges Verbleiben trotz Aufforderungen aus dem Untergrund sich einer Zusammenarbeit mit nationalsozialistischen Behörden schuldig gemacht habe. „Das Bürgergericht bekräftigt die Schuld Michał Weicherts als Kollaborateur und brandmarkt ihn streng."[160]

Die einseitige Begründung verzichtete ausdrücklich darauf, die wirkliche Hilfe der JUS für die Lager bzw. die Streitfrage „Hilfe nur für die Lagereliten oder für die durchschnittlichen Lagerinsassen" zu beurteilen. Die JUS sei jedoch bereits von ihrer Grundlage her eine auf Kollaboration aufgebaute Organisation gewesen. Die schädlichen Folgen dieser Kollaboration seien unvermeidlich gewesen: Insbesondere musste die Korrespondenz der JUS „durch ihren Inhalt die Illusionen hervorrufen, dass im Generalgouvernement noch ein organisiertes jüdisches Leben bestehe; man muss zu dem Schluss kommen, das das völlige Nichtwissen über das Schicksal, das auf die aus der Slowakei, Ungarn und anderen europäischen Ländern nach Polen deportierte jüdische Bevölkerung wartete, zweifellos in gewisser Weise durch diese Tätigkeit verschuldet worden ist".[161] Dagegen sprach das Gericht Weichert von dem Vorwurf frei, er habe sich bei seinem Handeln von materiellen oder persönlichen Gründen leiten lassen.[162]

Das Urteil und der gerichtlich sanktionierte Vorwurf der Kollaboration gegen Weichert bedeuteten, dass der Angeklagte in Zukunft keinerlei Rolle im Leben der jüdischen Gemeinschaft in Polen spielen konnte. Weichert selbst sah sich als Opfer einer Verleumdungskampagne und politischer Machenschaften von jüdischen Führungszirkeln inner- und außerhalb Polens. In einem undatierten vertraulichen Brief an seinen Verteidiger Kobryner beurteilte er den Prozessverlauf als Folge des Aufstiegs von Personen aus der Warschauer jüdischen Koordinierungskommission in politische und gesellschaftliche Ämter innerhalb der jüdischen Gemeinschaft. Dieser Aufstieg sei zu einem erheblichen Teil auf wirkliche oder angemaßte Verdienste für die Untergrundbewegung während der Besatzungszeit zurückzuführen. Um

---

159 Unter dem Urteil fehlen die Unterschriften von H. Erlich und W. Rapaport. Ungeklärt ist, ob die Mitglieder aus persönlichen Gründen fehlten oder eine Unterschrift unter das Urteil verweigerten.

160 Ebenda, Bl. 859.

161 „(...) nie wnikając w ocenę ani rozmiarów rzeczywistej pomocy JUS dla obozów ani docierania tej pomocy czy to tylko do elity obozowej, czy też do szarej masy obozowiczów – stwierdzić trzeba, że JUS w samym swoim założeniu była organizacją kolaboracjonistyczną. Szkodliwe skutki tej kolaboracji musiały nieuchronnie nastąpić (...). [Die Korrespondenz der JUS; H.-J. B.] które swą treścią musiały wywołać iluzję, że w Gubernii Generalnej istnieje jeszcze zorganizowane życie żydowskie, to należy dojść do wniosku, że kompletne nieuświadomienie wysłanej do Polski na zagładę ludności żydowskiej ze Słowacji, Węgier innych krajów europejskich co do losu, jaki ich czeka, bezwątpienia w pewnej mierze położyć należy na karb tej działalności." Ebenda, Bl. 860 f.

162 „Natomiast stwierdzić trzeba, że przewód sądowy nie dostarczył żadnych dowodów, któreby pozwoliły przyjąć, że dr Wajchert przy udzielaniu pomocy kierował się względami pieniężnych, osobistych korzyści." Ebenda, Bl. 861.

diese Tätigkeiten angemessen zur Geltung zu bringen, hätten diese Personen einen Kollaborateur gesucht und die Wahl sei auf ihn gefallen."[163]

David Engel kam in der bisher einzigen Studie zum Kollaborationsvorwurf gegen Weichert zu dem Schluss, die jüdische Gemeinschaft in Polen habe ihre Geschichte nach 1945 so konstruiert, dass außerhalb der Gettos und Lager in Polen nur zwei Wege für ein Überleben möglich gewesen seien: Widerstand im Untergrund oder Verrat. Letzterer Weg sei in den Kollaborationsprozessen nach 1945 verurteilt worden, so dass sich die davon nicht Betroffenen als Teil des Widerstands definieren und in mancher Hinsicht ein Stück heroischer Tapferkeit einheimsen konnten. Ein dritter Weg, eine begrenzte Anpassung und ein Überdauern in der Halblegalität sei grundsätzlich verworfen worden.[164] Daraus resultierte ein extrem weiter und in vieler Hinsicht allumfassender Kollaborationsbegriff: Jeder, der nicht umfangreiche eigene Widerstandsaktivitäten nachweisen konnte, setzte sich dem Kollaborationsvorwurf aus.

Dagegen war in der polnischen Gesellschaft bekannt, dass große Gruppen der Bevölkerung in einer begrenzten Anpassung überdauert hatten. Neben der Landbevölkerung betraf dies Gruppen von kleinen Beamten und Angestellten, die im Zweiten Weltkrieg in der Verwaltung des Generalgouvernements und in nachgeordneten deutschen Einrichtungen tätig gewesen waren. Eine Verurteilung Weicherts vor einem polnischen Gericht hätte bei einer Anwendung kohärenter Maßstäbe bedeutet, dass auch jeder polnische Angestellte und Beamte der deutschen Zivilverwaltung im Generalgouvernement hätte belangt werden müssen, da es ihm an einer eindeutigen Widerstandshaltung gefehlt hatte. Ein solcher Kollaborationsbegriff hätte in der polnischen Gesellschaft Zehntausende einer Ausgrenzung, Verfolgung und Bestrafung ausgesetzt, war unter Funktionalitätsüberlegungen destabilisierend und politisch nicht durchsetzbar. Dagegen traf der weite Kollaborationsvorwurf in der jüdischen Gesellschaft nur Weichert und wenige Überlebende und war daher praktikabel. Zudem festigte er die Legitimation kleiner, aus dem Widerstand und dem Hilfsrat für Juden hervorgegangener jüdischer Führungsgruppen, die nach 1945 das jüdische Leben in Polen dominierten.

5. Der Kollaborationsvorwurf gegen Weichert in der polnischen und jüdischen Öffentlichkeit nach 1956

Auch für den polnischen Staat besaßen diese Führungsgruppen insbesondere nach dem Massenexodus 1946–1950 Bedeutung: Sie konnten belegen, dass Juden und Polen Hand in Hand den Nationalsozialismus bekämpft hatten und es eine polnisch-jüdische Solidarität gegeben hatte. Aus dieser Perspektive erschien die Jüdische Selbsthilfe weiterhin verdächtig. Als Stanisław Dobrowolski im November 1963 ein Brief Weicherts aus Tel Aviv erreichte, in dem dieser über die Niederschrift seiner Erinnerungen berichtete, schrieb er an Fiszgrund

---

163 „B[yli] członkowie K.K. sięgnęli do najwyższych szczebli kariery politycznej i społecznej w społeczeństwie żydowskim (...) W tym celu dyskontowali swoje zasługi w ruchu podziemnym podczas okupacji, jedni prawdziwe, drudzy urojone. By je uwypuklić należycie, szukali jako tła Quislinga. Wybór padł na mnie." Undatiertes Schreiben Weicherts an Kobryner, ebenda, Bl. 818-831, hier Bl. 829. Das Auftauchen dieses vertraulichen Briefes in den Akten des Gerichtsprozesses der Gegenseite wirft Fragen auf: Wurde der Postverkehr Weicherts überwacht oder übergab der Pflichtverteidiger die Korrespondenz Weicherts der Gegenseite?
164 Engel, Who is a Collaborator (wie Anm. 10), S. 370.

als Mitglied des Präsidiums für jüdische Kultur in Polen: Man müsse Gegenmaßnahmen ergreifen, denn „anderenfalls kann die der polnischen Volksrepublik feindliche israelische Propaganda weitere Weicherts finden, die der Wahrheit widersprechen, dass die polnische Gesellschaft ihre jüdischen Brüder so gut sie konnte vor der Ausrottung verteidigte."[165] Zur Vorbereitung von Entgegnungen fügte Dobrowolski Dokumente aus dem Archiv von Arczyński bei.

Zugleich erschien auch aus der Perspektive der israelischen Eliten die Tätigkeit der Jüdischen Selbsthilfe in Polen während des Zweiten Weltkriegs vernachlässigbar und sogar verdächtig. Hatte nicht die Konzentration auf die Hilfe zum Überleben in erster Linie passiven Charakter und verstärkte eine Einstellung des Erduldens unter den jüdischen Opfern? Überlebende des Widerstands und der ŻKN, die nach Israel emigriert waren, bestätigten zudem die Vorbehalte gegenüber der Selbsthilfe und denunzierten Weichert als Verräter. So verhinderte etwa Cukierman unter Androhung publizistischer Schritte Ende der 1950er Jahre, dass Weichert in Israel als jiddischsprachiger Regisseur Anstellung finden konnte.[166] Zugleich stellte er in seinen Erinnerungen Weichert als Prototyp eines jüdischen Kollaborateurs heraus.[167] Ähnlich erschien Weichert in manchen Veröffentlichungen aus dem Umkreis von Führern des polnischen Hilfsrats für Juden. So beschrieb Arczyński in seinem 1979 erschienenen Buch über die Tätigkeit des Hilfsrats Weichert als einen Kollaborateur in Diensten von NS-Dienststellen.[168] Ähnlich lautete der Tenor der Darstellungen Dobrowolskis in den 1980er Jahren.[169]

Gestützt auf solche in vielen Fällen als autoritativ aufgefassten Aussagen wird das Stereotyp des „Kollaborateurs" Weichert auch in der neueren Forschungsliteratur ohne Prüfung weiter getragen. So halten es etwa die polnischen Herausgeber des Tagebuchs von Basia Temkin-Bermanowa, der Ehefrau von Adolf Berman, Anka Grupińska und Paweł Szapiro,

---

165 „Inaczej wroga Polsce Ludowej propaganda Izraelska może sobie znaleźć i dalszych Weichertów dla zaprzeczenia prawdzie, że społeczeństwo polskie broniło sych żydowskich braci jak mogło przed eksterminacją." Brief Stanisław W. Dobrowolskis (Warszawa, al. Róż 6, m. 18) an den Genossen Salo Fiszgrund, Mitglied des Präsidiums der Towarzystwo Społeczne Kultury Żydów w Polsce, 16.3.1964, in: AŻIH, 313/137, Bl. 1.

166 Cukierman führte gegenüber Fürsprechern Weicherts aus, dieser sei ein Verräter und drohte mit einer Kampagne: „Eines wollte ich verhindern: dass Weichert eine öffentliche Position in Israel bekleiden konnte. Eines Tages fragte (Josef) Szprincak bei mir an (... [Cukierman entgegnete]) wir wissen gut, dass es auch einen jüdischen Verrat gibt, sogar einen bewussten Verrat. (...) Ich behaupte nach den Angaben, über die wir verfügen, dass Weichert ein Verräter ist. Ich will keine Gerichtsverfahren, aber ich warne, dass an dem Tag, an dem der Name Weicherts als Vorsitzender irgendeiner Institution erscheint, ein Gerichtsverfahren stattfinden wird." Cukierman, Nadmiar pamięci (wie Anm. 8), S. 321.

167 Ebenda, S. 318-321.

168 Marek Arczyński, Wiesław Balcerak, Kryptonim „Żegota". Z dziejów pomocy Żydom w Polsce 1939–1945 [Deckname „Żegota". Aus der Geschichte der Hilfe für Juden in Polen 1939–1945]. Warszawa 1979, S. 158-164.

169 Stanisław W. Dobrowolski, Memuar pacyfista [Erinnerungen eines Pazifisten]. Kraków 1989. Der Band wird von Maciej Giertych wegen „zahlreicher interessanter Einzelheiten über die Zusammenarbeit von Juden mit den Deutschen" und „zahlreichen Informationen über die verbrecherische Tätigkeit des Nazis Oskar Schindler" empfohlen (vgl. http://www.ciemnogrod.net/owk/owk18.htm); ders., Kim pan był, doktorze Weichert [Wer waren Sie, Herr Weichert]?, in: Zdanie 5 (1984).

für erforderlich, das stereotype Klischee ungeprüft weiterzugeben.[170] In anderen Veröffentlichungen werden ebenfalls unzutreffende Angaben allein auf der Basis der Warschauer Anklagen 1943–1949 reproduziert.[171] Zugleich finden sich engagierte Verteidigungen von Weicherts Tätigkeit insbesondere aus dem Krakauer Milieu.[172] Die auch in wissenschaftlichen Veröffentlichungen ungeprüft weiter getragene Auffassung eines „Kollaborateurs" Weichert ist umso problematischer, als zuletzt auch die polnische rechtsradikale und antisemitische Publizistik undifferenziert die Legende einer „Kollaboration" durch die Jüdische Selbsthilfe aufgriff. So findet man etwa in einschlägigen rechtsradikalen Zeitschriften und Monographien Beiträge, die in denunziatorischer Absicht den Fall Weichert aufgreifen und unter antisemitischer Stoßrichtung ausbeuten.[173]

Vor diesem Hintergrund ist eine Erforschung und Neubewertung des gesamten Tätigkeitspektrums der Jüdischen Sozialen Selbsthilfe im Zweiten Weltkrieg ein dringendes Desiderat. Eine kritische Sichtung der autobiographischen Aufzeichnungen Weicherts und der umfangreichen Aktenbestände der ŻSS/JUS kann neue Erkenntnisse in die Wahrnehmung des Völkermords durch jüdische Zeitzeugen bereits im Kriege bieten.[174] Dabei sollte es

---

170   Als Beleg sei ein vor Fehlern strotzendes Zitat angeführt: „Die ŻUS (sic! H.-J. B.) realisierte nur zu einem geringen Teil ihre satzungsgemäßen Ziele und diente grundsätzlich den Deutschen, indem sie den Anschein der Existenz von jüdischen Zentren im Generalgouvernement oder einer erträglichen Lage der Juden schuf (...) mit dem Ziel, die aus dem Ausland immer noch einströmenden Spenden zu übernehmen. Nur einen kleinen Teil von diesen wies die ŻUS für minderwertige Arzneien und von Fall zu Fall für eine Lebensmittelhilfe für die jüdischen Lagerinsassen in Płaszów aus. Die Berichte, die Weichert nach Genf sandte, wurden von ihm gefälscht. Wegen der offensichtlichen Schädlichkeit der Tätigkeit der Einrichtung und ihres Vorsitzenden wurde diese vom polnischen und jüdischen Untergrund enttarnt, man warnte vor ihr auch die polnische Regierung im Ausland und ausländische Spender. Im Frühjahr 1944 wurde die ŻUS von den Deutschen aufgelöst." Basia Temkin-Bermanowa, Dziennik z podziemia [Tagebuch aus dem Untergrund], hrsg. v. Anka Grupińska u. Paweł Szapiro. Warszawa 2000, S. 353. Erwähnt sei, dass die Tagebuchschreiberin Weichert neutral darstellt.
171   Barbara Engelking, Jacek Leociak, Getto warszawskie. Przewodnik po nieistniejącym mieście [Das Warschauer Getto. Führer durch einen nicht existierenden Ort]. Warszawa 2001, S. 296 f. (falsche Zahlenangaben, Darstellung ausschließlich auf der Basis der Anklage des ŻKN).
172   Als bahnbrechend können die posthum publizierten Erinerungen Aleksander Biebersteins gelten: Zagłada Żydów w Krakowie [Der Holocaust der Juden in Krakau]. Kraków 1985; Auf der Basis Biebersteins und weiterer Krakauer Erinnerungen Katarzyna Zimmerer, Zamordowany świat. Losy Żydów w Krakowie 1939–1945 [Ermordete Welt. Das Schicksal der Juden in Krakau 1939–1945]. Kraków 2004, S. 225-228.
173   Tadeusz Bednarczyk, Życie codzienne warszawskiego getta [Alltagsleben im Warschauer Getto]. Warszawa 1995, S. 205-214, unter der Überschrift „Kolaboranci – społecznicy" („Kollaborateure – Aktivisten"); Tadeusz Trautsolt, Machabeusze, owce i Judasze [Makkabäer, Lämmer und Judasse], in: Nasza Polska Nr. 50 (371) vom 10. Dezember 2002.
174   Weichert war 1940–1944 in zahlreichen Gettos und Lagern, die er auflistet: „1. Plaszów, 2. Julag I, 3. Julag II, 4. Julag III, 5. Emailwarenfabrik und Neue Kühler-Fabrik, 6. Kabelwerk, 7. Luftnachrichtengerätelager, 8. Flugmotorenwerk Reichhof w Rzeszowie, 9. Stahlwerke Braunschweig w Stalowej Woli, 10. Judenzwangsarbeitslager Szebnie (p. Jaśłem), 11. Willy Fischer w Hucie Komorowskiej, 12. Hobag (Delta) w Zakopanym, 13. Bauleitung der Luftwaffe w Dęblinie-Irenie, 14. C.W. Toebbens w Poniatowej, getta szczątkowe: 15. w Krakowie, 16. w Bochni, 17. w Tarnowie, 18. w Nowym Sączu, 19. Hans Bechtinger, 20. Willy Fischer (Kraków-Prokocim), 21. Möbelbeschaffungsamt des Gouverneurs im Distrikt Warschau, 22. Julius Madritsch, 23.

weniger um den zeitbedingten Vorwurf einer „Kollaboration" als vielmehr um eine akten-gestützte Darstellung der gesamten Selbsthilfetätigkeit gehen.

Erschwert und in vieler Hinsicht belastet ist ein solcher Neuansatz allerdings durch die gezielte Geschichtspolitik, mit der Protagonisten des jüdischen bewaffneten Widerstands von Anfang an die eigene Tätigkeit darstellten.[175] Dies schloss auch die Unterdrückung anders lautender Auffassungen und Niederschriften ein. Cukierman bekannte sich in seinen Erinnerungen dazu, die Aufzeichnungen Weicherts aus der zweiten Jahreshälfte 1944 an sich gebracht zu haben: „Als er noch in Polen im Gefängnis war, nahm man ihm die Handschrift mit seinen Erinnerungen fort, die sich jetzt in unserem Archiv befinden. (...) Weichert wusste bis zu seinem Tode nicht, dass die Handschrift sich in meinen Händen befindet. (...) Persönlich kenne ich keine ähnlichen Kollaborateure dieser Art."[176] Ob dieser Vorwurf in irgendeinem Punkt haltbar ist, kann an diesem Ort nicht geklärt werden und ließe sich nur nach einer sorgfältigen Beschäftigung mit der Tätigkeit der Jüdischen Sozialen Selbsthilfe sowie einer Edition verfügbarer Quellen abschätzen. Eine solche Arbeit ist überfällig, um jenseits der politischen Kollaborationsvorwürfe der Nachkriegszeit zu einem neuen Blick auf die Selbstbehauptungsbemühungen *aller* jüdischen Einrichtungen im Zweiten Weltkrieg zu gelangen.

Progress, 24. Instandsetzung des Höheren SS- und Polizeiführers, 25. Strauch, 26. Emanuel Wachs, 27. Zentrale für Handwerkslieferungen, 28. Julius Madritsch w Tarnowie, 29. Zentrale für Handwerkslieferungen w Tarnowie." Schriftliche Stellungnahme 17.12.1948, AŻIH, 313/137, Bl. 252.

175 Hinweise dazu in den Erinnerungen von Simha Rotem, Kazik. Erinnerungen eines Ghettokämpfers. Berlin 1996 [hebräische Erstausgabe 1984], S. 7 ff., 86 u 155.

176 „Gdy jeszcze był w Polsce, w areszcie, zabrano mu rękopis zawierający jego wspomnienia, które znajdują się teraz w naszym archiwum. (...) Weichert nie widział do koncu swego życia, że rękopis ten znajduje się w moich rękach. (...) Ja, osobiście, nie znam innych tego rodzaju kolaborantów." Cukierman, Nadmiar pamięci (wie Anm. 8), S. 322. – Wohl erst nach Weicherts Tod gelangte eine Bleistift-Handschrift in das Warschauer Jüdische Historische Institut. Ein Typoskript wurde im Februar 1974 von mgr. Felicja Fiszman abgeschlossen, vgl. AŻIH, 302/25.

Jerzy Kochanowski

„Selbst mit dem Teufel, Hauptsache in ein freies Polen". War während des Zweiten Weltkriegs ein gemeinsames Vorgehen von Polen und Deutschen gegen die UdSSR denkbar?[1]

In der polnischen Historiographie war das Bild des Zweiten Weltkriegs und der polnischen Beteiligung daran bis in die 90er Jahre recht einheitlich und schwarz-weiß. Dass sich die Realität bedeutend komplizierter darstellte, zeigten zuletzt die Debatten um Jedwabne oder um Anetta Rybickas Buch über das Krakauer Institut für Deutsche Ostarbeit.[2] Die Historiker meiden inzwischen nicht mehr die Darstellung der dunklen Seiten des Besatzungsalltags, sie sprechen über Nutznießer- ('szmalcownictwo') oder Denunziantentum.[3]

Wenn sich Polen fanden, die Juden auslieferten und erpressten, Landsleute denunzierten oder aus Berechnung sich in die Volksliste eintrugen, sollte da nicht auch eine polnisch-deutsche, antibolschewistische „Waffenbrüderschaft" möglich gewesen sein? Diese Frage klingt nur scheinbar absurd, schließlich ist Politik die Kunst des Kompromisses, durch den sogar die exotischsten Allianzen möglich werden, wenn sie nur dazu dienen, ein Ziel zu erreichen. Die polnischen Erfahrungen des Ersten Weltkriegs, die durch das Zitat im Titel treffend wiedergegeben werden, sind übrigens ein gutes Beispiel dafür. Die zitierten Worte äußerte (oder besser: schrie heraus) im August 1914 Bolesław Wieniawa-Długoszowski gegenüber dem Nobelpreisträger Henryk Sienkiewicz. Długoszowski, eine der schillerndsten Gestalten der polnischen Zwischenkriegszeit, brach am Anfang des Ersten Weltkriegs als

---

1 Das Problem habe ich bereits in mehreren Artikeln angesprochen: Wyrwy w szeregu. Polacy do Wehrmachtu, czyli pomysły na kolaborację [Risse in den Reihen. Polen in die Wehrmacht, d.h. Ideen zur Kollaboration], in: Polityka Nr. 7 vom 17. Februar 2001; Polen in der Wehrmacht? Zu einem wenig erforschten Aspekt der nationalsozialistischen Besatzungspolitik 1939–1945. Eine Problemskizze, in: Forum für osteuropäische Ideen- und Zeitgeschichte (2002), H. 1, S. 59-81; Polacy do Wehrmachtu? Propozycje i dyskusje 1939–1945. Zarys problemu (Polen in die Wehrmacht? Vorschläge und Diskussionen 1939–1945. Problemabriss), in: Przegląd Historyczny 93 (2002), Nr. 3, S. 307-320.
2 Anetta Rybicka, Instytut Niemieckiej Pracy Wschodniej. Institut für Deutsche Ostarbeit Kraków 1940–1945. Warszawa 2002. Zu den Kontroversen um dieses Buch siehe zuletzt: Historia do rewizji. Kolaboracja [Geschichte in Revision. Kollaboration], in: Przegląd Polityczny 64 (2004), S. 47-65. Dass. dt.: Die Debatte um Kollaboration in Polen im Zweiten Weltkrieg, in: Inter Finitimos N.F. 2 (2004), S. 51-74.
3 Siehe Barbara Engelking, „Szanowny panie gistapo". Donosy do władz niemieckich w Warszawie i okolicach w latach 1940–1941 („Sehr geehrter Herr Gestapo". Zuträgerbriefe an die deutschen Behörden in Warschau und in der Umgebung in den Jahren 1940–1941). Warszawa 2003; Jan Grabowski, „Ja tego Żyda znam!". Szantażowanie Żydów w Warszawie 1939–1943 ["Ich kenne diesen Juden!" Erpressung von Juden in Warschau 1939–1943]. Warszawa 2004.

Ulan in einer bescheidenen kleinen Kavallerieeinheit der polnischen Legionen Piłsudskis von Galizien nach Kongresspolen auf. Als sie um den 20. August 1914 im Gutshaus von Sienkiewicz in Oblęgorek bei Kielce auftauchten, rüffelte sie der Schriftsteller dafür, dass sie „mit den Deutschen gehen". Als Antwort bekam er den in der Überschrift zitierten Satz zu hören.[4]

Aber auch prodeutsche Haltungen waren in Kongresspolen keine Seltenheit, sogar in nationalen, von Natur aus prorussischen Milieus. „Gestern sind zwei Jahre vergangen, seit die ersten Deutschen in Chojnata aufgetaucht sind", notierte am 5. Oktober 1916 der Pfarrer einer 50 km von Warschau entfernten Pfarrei, „ich erinnere mich, dass wir uns in den ersten Kriegsmonaten sogar nach den Deutschen gesehnt haben. Hierzu hat die Vernichtungspolitik Russlands in diesem Land beigetragen. Jetzt, nach zwei Jahren, könnte man das bäuerliche Sprichwort ‚Das Onkelchen hat die Axt gegen ein Stöckchen getauscht' wiederholen."[5] Eine Woche später, am 12. Oktober 1916, notierte er: „... unsere Dummköpfe aus einigen Parteien wollen ein freies Polen von Gnaden der Deutschen haben – vor ihnen verneigen sie sich, rufen zum Kampf gegen Russland auf und werben die Jugendlichen für die chimärenhaften polnischen Legionen".[6]

Obwohl jene Legionen schon während des Ersten Weltkriegs sehr schnell von einer (übrigens bis heute kultivierten) romantischen Legende umrankt wurden, war es nicht Romantik, sondern kühle Berechnung, die bei Piłsudski die entscheidende Rolle bei der Auswahl seiner Partner spielte. In den Krieg zog er auf Seiten der Österreicher; als er sich aber bald darüber klar wurde, dass sie ein unsicherer Verbündeter waren, begann er auf die bedeutend effektiveren Deutschen zu setzen, die er in dem Moment im Stich ließ, als sich die politischen Umstände änderten. Im Frühling 1917 plante er gar, die Front zu wechseln und sich an die Spitze der in Russland formierten polnischen Einheiten zu stellen.[7] Sogar die politischen Gegner der „Aktivisten" akzeptierten deren Ziel, die Schaffung eigener Armeekader, „als etwas, was unverzichtbar ist und über das Schicksal des Landes entscheiden kann, ohne Rücksicht darauf, wann, unter welchen Bedingungen und mit wessen Hilfe sowie zum Nutzen welcher der kämpfenden Parteien diese Kader geschaffen werden."[8] Letztlich machte man damit dasselbe wie die Einheiten an der Seite Russlands oder Frankreichs. Keine der Parteien verwendete „Kollaborationsargumente", sondern verwies eher auf politische Unvernunft und eine schlechte ‚Anlage' des nationalen Kapitals.[9]

---

4 Jacek M. Majchrowski, Ulubieniec Cezara. Bolesław Wieniawa-Długoszowski (Liebling des Caesars. Bolesław Wieniawa-Długoszowski). Kraków 1990, S. 67.

5 Michał Woźniak, Kronika parafii Chojnata 1911–1920 (Chronik der Pfarrei Chojnata 1911–1920). Kopie im Besitz des Verfassers.

6 Ebenda.

7 Siehe u.a. Ryszard Świętek, Lodowa ściana. Sekrety polityki Józefa Piłsudskiego 1904–1918 [Die Eiswand. Geheimnisse der Politik von Józef Piłsudski]. Kraków 1998; Tomasz Serwatka, Józef Piłsudski a Niemcy [Józef Piłsudski und die Deutschen]. Wrocław 1997; Andrzej Nowak, Polska i trzy Rosje. Studium polityki wschodniej Józefa Piłsudskiego (do kwietnia 1920 roku) [Polen und die drei Russlands. Studie zur Ostpolitik von Józef Piłsudski (bis April 1920)]. Kraków 2001; Włodzimierz Suleja, Józef Piłsudski. Wrocław 1995; Andrzej Garlicki, Józef Piłsudski 1867–1935. Warszawa 1988.

8 Jan Lipecki, Legenda Piłsudskiego [Die Piłsudski-Legende]. Poznań 1923, S. 50.

9 Man warf ihnen vor, dass selbst eine große polnische Armee, die auf der Seite Deutschlands

Und obwohl die Auseinandersetzungen darüber, welche Politik – die Piłsudskis oder die Dmowskis – während des Ersten Weltkriegs die richtigere war, noch lange nach Kriegsende fortgeführt wurden, stimmten beide Seiten fast während der ganzen Zwischenkriegszeit in einem Punkt überein: die größere äußere Bedrohung für Polen stelle nicht Deutschland, sondern die kommunistische Sowjetunion dar. Weder der Hitler-Stalin-Pakt noch die Aggression des 1. September 1939 waren letztlich in der Lage, diese Überzeugung zu erschüttern. Ähnlich wie es in Polen-Litauen nach den Teilungen am Ende des 18. Jahrhunderts scheinen mochte, als ob ein so großer Staat wie die Rzeczpospolita nicht einfach von der Landkarte Europas verschwinden könne, dachte man im Herbst 1939 im Allgemeinen, dass wie im Ersten Weltkrieg von deutscher Seite die Entscheidung zur Schaffung irgendeines Rumpf-"Reststaates" mit eigener Regierung und eigener Armee fallen werde.[10] Man sollte dabei nicht vergessen, dass diejenigen Leute, die während des ersten Konflikts ‚Politik machten', weiterhin aktiv waren; durch die Piłsudski-Anhänger von der Macht gänzlich abgedrängt, waren sie nun bereit, eine „historische Rolle" zu spielen. Nicht ohne Bedeutung war auch der fehlende Glaube an die Dauerhaftigkeit einer Verständigung zwischen Deutschland und der UdSSR, ein Krieg schien nur eine Frage der Zeit zu sein.

Schon unmittelbar nach Beendigung des Septemberkrieges und der damit verbundenen tiefen Enttäuschung und der kollektiven Belastung gab es, wenn auch nicht allgemein verbreitete, so doch deutlich vernehmbare Auffassungen, dass es nötig sei, sich mit den Deutschen zu verständigen. Der führende polnische Germanophile Władysław Studnicki übertrieb gewiss nicht, als er im Herbst 1939 schrieb: Zu mir kamen vorwiegend Menschen aus der älteren Generation, die aus verschiedenen Schichten stammten und unterschiedliche politische Richtungen vertraten. Da waren Arbeiter, Handwerker, Mitglieder der Bauernpartei, Vertreter der Berufsintelligenz, vor allem Rechtsanwälte, Journalisten, Industrielle, viele Adlige. Sie vertraten die Ansicht, man müsse mit Deutschland verhandeln, ein Nationalkomitee bilden, eine Delegation nach Berlin schicken. Man müsse retten, was zu retten

kämpfe, den Krieg nur verlängern, nicht aber über dessen Ausgang entscheiden werde. – Stefan Dąbrowski, Walka o rekruta polskiego pod okupacją [Der Kampf um den polnischen Rekruten unter der Besatzung]. Warszawa 1922, S. 120. Die Nationaldemokraten stellten dem die Vorstellung entgegen, nach Ausbruch der Februarrevolution in Russland hätte „eine mindestens eine halbe Million Menschen zählende Armee aus polnischen Regimentern des russischen Heeres" geschaffen werden können. „Und man hätte sie schaffen, und nicht ihre Schaffung leider mit Rücksicht auf die Legionen Piłsudskis verhindern (...) sollen, die damals übrigens schon von den Mittelmächten verraten und verfolgt wurden, zerschlagen und desavouiert durch ihren Schöpfer Piłsudski selbst, mit Rücksicht auf diese nur einige tausend Mann starken tragischen, versprengten Truppen und die hinter ihnen stehende Handvoll politischer Bankrotteure (...). Mit dieser polnischen Armee (...) hätte man damals, als die Ostfront brüchig wurde, im Weltkrieg ins Gewicht fallen können! (...) Damals wäre vielleicht auch die Zeit für einen Aufstand im Lande gewesen, unterstützt durch diese Armee. Und dann ... hätten wir mit einem komplett anderen Gewicht unter den Verbündeten am Verhandlungstisch (...) in Versailles sitzen können". Lipecki, Legenda (wie Anm. 8), S. 45.
10 Ein Beispiel für die Fixierung auf die Erfahrungen des Ersten Weltkriegs ist die Tätigkeit Aleksander Bocheńskis, der den Plan schmiedete, eine Regierung zu bilden, in die u. a. Janusz Radziwiłł eintreten sollte. Wie ausgeprägt seine politische Naivität war, zeigt die Tatsache, dass er an den sich in Rumänien aufhaltenden Jerzy Giedroyc eine gewöhnliche Postkarte schickte: „Sei nicht blöd, komm zurück, wir machen eine Regierung." Vgl. Jerzy Giedroyc, Autobiografia na cztery ręce (Autobiographie für vier Hände), bearb. v. Krzysztof Pomian. Warszawa 1994, S. 84.

sei. Und dass es meine Pflicht sei, die Dinge in die Hand zu nehmen."[11] Grundlage der
Verständigung sollte der antizipierte deutsch-sowjetische Konflikt werden. Studnicki überzeugte den deutschen Kommandanten von Warschau, Karl von Neumann-Neurode, dass
Deutschland nicht über die Möglichkeiten der Besatzung und wirtschaftlichen Erschließung
der grenzenlosen Weiten Russlands verfüge. „Folglich", so schloss er, „werdet ihr ohne
den Wiederaufbau Polens, ohne eine Wiederherstellung der polnischen Armee den Krieg
gegen Russland verlieren".[12] Da der Vorschlag auf Interesse stieß, stellte Studnicki am 20.
November 1939 den Besatzungsbehörden seine „Denkschrift über eine polnische Armee
und den kommenden deutsch-sowjetischen Krieg" vor.[13]

Diese fiktive Armee hätte, nachdem sie von einer möglicherweise provisorischen Regierung einberufen und aufgestellt worden wäre, im Kriegsfall die Gebiete bis zum Dnepr
besetzen sollen, während die Deutschen die Gebiete bis zum Don und in den Kaukasus
übernehmen sollten. Studnicki schnitt die in einer solchen Lage augenfällige Frage des
Vertrauens in eine solche Armee an: „Wenn die Parole lautet ‚Krieg gegen Russland', gibt
es keinen Grund für irgendwelche Befürchtungen oder Zweifel, denn es wäre das größte Unglück für das polnische Volk, wenn ganz Polen unter die Herrschaft Sowjetrusslands
geriete." Mit der Suche nach geeigneten Offizieren, die „Verständnis für die Gefahr" aufwie-
sen, sollte sich eine von Studnicki gegründete Organisation beschäftigen. Die Armee sollte
übrigens nicht groß sein – einige Infanterie- und Kavalleriedivisionen, ohne technische Pan-
zerwaffen und Luftwaffe. Auch aus diesem Grund wäre sie – nach Meinung Studnickis –
keine Gefahr für Deutschland gewesen.

Obgleich Hans Frank die Verbreitung des Dokuments verboten hatte, schickte Studnicki
es und ein weiteres Memorandum, in dem er gegen die immer brutalere Politik im besetzten
Land protestierte, im Januar 1940 an den ehemaligen deutschen Botschafter in Warschau
Hans Adolf von Moltke, und dann an Hitler, Göring und Goebbels. Der Propagandaminister
machte Studnicki jedoch keine Illusionen: „Ich weiß, dass Sie immer ein Feind Russlands
waren (...) Aber heute sind Sie für uns unbequem, Sie können uns schaden oder sogar
gefährlich sein."[14]

Bleibt natürlich noch die Frage, ob sich überhaupt Freiwillige für diese Truppe gefunden hätten. Die Antwort darauf kann man in keinen Dokumenten finden, es scheint jedoch
wahrscheinlich, dass die Aktion Erfolgschancen gehabt hätte. Wenn es in derselben Zeit
gelang, in sowjetischen Lagern für polnische Kriegsgefangene eine ziemlich große Gruppe von Offizieren zu finden, die zur Zusammenarbeit bereit waren, wäre gewiss ein von
der anderen Seite unternommener ähnlicher Versuch ebenfalls von Erfolg gekrönt gewesen.
Man darf zudem vermuten, dass es während der ersten Monate der Besatzung, als sich die
Spirale des Terrors erst entwickelte, selbst „in der Freiheit" gelungen wäre, Freiwillige zu
werben. Denn auch der Emigration war die Idee einer Verständigung mit den Deutschen
nicht fremd, wenn deren gemeinsamer Nenner der Kampf gegen die UdSSR war. Als die
Deutschen zur Jahreswende 1939/40 versuchten, Kontakt zu dem an der Bukarester Bot-

---

11 Władysław Studnicki, Irrwege in Polen. Ein Kampf um die polnisch-deutsche Annäherung. Göt-
    tingen 1951, S. 35.
12 Ebenda, S. 37.
13 Ebenda, S. 110-115.
14 Ebenda, S. 57.

schaft arbeitenden Jerzy Giedroyc aufzunehmen, lehnte dieser nicht ab. „Ich glaubte (...)",
erinnerte sich der spätere Begründer der „Kultura", „dass man sich unterhalten müsse, wenn
sich so eine Gelegenheit böte, um die andere Seite auszuforschen und zugleich die Bedingungen einer möglichen Zusammenarbeit zu definieren, in diesem Fall eines Krieges gegen
die Sowjets."[15] Während der Begegnung, zu der es Mitte 1940 kam, stellte Giedroyc ausdrücklich die These auf, dass „Deutschland ohne Polen nicht imstande ist, den Krieg gegen
Russland zu gewinnen. (...) Dies wurde mit einer gewissen Skepsis aufgenommen, und damit war es beendet."[16] Dass es im Falle Giedroyc' „beendet war", bedeutet nicht, dass die
Idee eines gemeinsamen Feldzugs gegen die Bol'ševiki von allen Polen begraben wurde.
Ganz im Gegenteil. Die Ereignisse des Frühjahrs und Sommers 1940 – der Zusammenbruch
Frankreichs, die Annexion der baltischen Staaten und Bessarabiens durch die UdSSR – schufen für diese Idee – sowohl in der Emigration als auch in Polen – ein günstiges Klima.[17]
Am 16. Juni 1940 unternahm ein konservativer Politiker, der in der Zwischenkriegszeit
mit den Piłsudski-Anhängern verbundene Stanisław Cat-Mackiewicz in Libourne in Südfrankreich den erfolglosen Versuch, Präsident Władysław Raczkiewicz von Verhandlungen
mit dem Dritten Reich zu überzeugen. Die logische Konsequenz war einen Monat später
die Initiative einer Gruppe polnischer Politiker sowohl mit einem Piłsudski- (Ignacy Matuszewski), einem konservativen (Mackiewicz) als auch einem national-radikalen (Tadeusz
Bielecki, Jerzy Kurcjusz, Jerzy Zdziechowski) Hintergrund. Die Gruppe, deren Klammer
nicht so sehr Germanophilie als vielmehr eine antisowjetische Haltung und die Zuneigung
zu autoritären Regierungsformen war, übergab Ende Juni 1940 dem Gesandten Italiens in
Lissabon ein Memorandum, dessen eigentlicher Adressat die deutschen Machthaber sein
sollten. Die Verfasser zeigten auf, dass die Niederlage Frankreichs die Lage in Europa definitiv gefestigt habe, dessen „Wiederaufbau" von der Basis der deutschen Herrschaft auf
dem Kontinent ausgehen müsse. Gleichzeitig wies man auf die wachsende kommunistische
Bedrohung hin, die besonders in Polen erheblich sei. Nach Meinung der Autoren sollte
man die Gesellschaft von den guten Absichten der Besatzer überzeugen, indem man eine
Regierung bilde, die nicht nur die Nationalisten, sondern auch die Sozialisten und Bauern-
parteien in der Emigration unterstützten. In Berlin legte man das Dokument nicht sofort zu
den Akten, sondern überprüfte ausführlich die Glaubwürdigkeit der Autoren. Danach ließ
man das Memorandum – auf Weisung Ribbentrops – allerdings unbeantwortet.[18]
    Die Überzeugung, dass etwas passieren müsse, war auch an der Weichsel spürbar. An-
fang Juli 1940 notierte der sich in den Besatzungsrealitäten ausgezeichnet auskennende
Ludwik Landau, dass auf der Warschauer Straße das Auftauchen von Megaphonen mit

---

15 Giedroyc, Autobiografia (wie Anm. 10), S. 84.
16 Ebenda, S. 85.
17 Um so mehr, als die Italiener Befürworter einer Verständigung mit Polen waren, da sie darauf
   zählten, dass es nach der Eliminierung Frankreichs (und dem erhofften Sieg über Großbritannien)
   gelingen werde, die Kriegshandlungen im Westen zu beenden, und man dann gegen Osten los-
   schlagen könne. Vgl. Krzysztof Strzałka, Między przyjaźnią a wrogością. Z dziejów stosunków
   polsko-włoskich (1939–1945) [Zwischen Freundschaft und Feindschaft. Aus der Geschichte der
   polnisch-italienischen Beziehungen (1939–1945)]. Kraków 2001.
18 Bernard Wiaderny, Nie chciana kolaboracja: polscy politycy i nazistowskie Niemcy w lipcu 1940
   [Ungewollte Kollaboration: polnische Politiker und nationalsozialistisches Deutschland im Juli
   1940], in: Zeszyty Historyczne (2002), Nr. 142, S. 131-140.

der Hoffnung verbunden wurde, aus ihnen bald Appelle zu hören, die „zur Meldung in irgendwelchen gegen die Bolschewiken, den tatsächlichen Feind Polens, gebildeten Einheiten" aufriefen.[19] Es verbreiteten sich Gerüchte, dass in der Provinz, u.a. in Grodzisk Mazowiecki bei Warschau, die Rekrutierung schon begonnen habe.[20] Der in diesem Ort wohnende Schriftsteller Stanisław Rembek notierte am 3. Juli 1940 – ohne eindeutig negative Konnotationen – in sein Tagebuch, dass „man davon spricht, dass die Deutschen aus polnischen Kriegsgefangenen antibolschewistische Legionen bilden".[21] Drei Tage später erklärte Rembek, von der Herkunft her ein Linker, einem Bekannten, den er zufällig auf der Straße traf, dass „man doch beginnen sollte mit den Deutschen zu paktieren, um vom polnischen Element das zu retten, was noch zu retten ist, und um irgendwelche Streitkräfte für den Fall einer allgemeinen bolschewistischen Revolution zu haben, die uns meiner Meinung nach angesichts der Verwüstung von fast ganz Europa in hohem Maße droht".[22] Diese Ansichten stellte er am selben Tag dem ehemaligen Vorsitzenden des polnischen PEN-Clubs, Ferdynand Goetel, vor. Dieser stimmte nicht nur zu, sondern stellte sogar fest, dass sich „schon etwas in diese Richtung tue, aber nicht früher als im Herbst beginnen werde".[23]

Es ist schwer zu sagen, worauf Goetel seine Hoffnung stützte, weil die deutschen Stellen nicht die Absicht hatten, irgendwelche Zugeständnisse gegenüber den Polen zu machen. Oberst Jan Kowalewski meldete in einem Bericht aus Lissabon am 13. Juni 1941 zu Recht, solange eine Emigrationsregierung und eine auf Seiten der Alliierten kämpfende polnische Armee existierten, werde eine Änderung der deutschen Politik unmöglich sein. „Sogar dann, wenn die Deutschen – was unvermeidlich ist – gegen Russland marschieren und die Bolschewiken schlagen, wird die polnische Frage nicht in einer anderen als der gegenwärtigen Form gestellt werden, solange es eine gegen Deutschland kämpfende organisierte polnische Emigration gibt. In dieser Hinsicht ist der Standpunkt Berlins ein formaler, und anstatt Polen als Element der neuen Ordnung im Osten zu benutzen, werden sie das ganz alleine nach eigenem Plan machen, ohne Polen in dem Programm einen Platz zu lassen."[24]

Als neun Tage später der Krieg gegen die UdSSR tatsächlich ausbrach, machten die Deutschen von einer weiteren Initiative Władysław Studnickis, „die Polen zu mobilisieren", keinen Gebrauch, sondern schickten den alten Germanophilen sogar für ein Jahr ins Gefängnis. Man verzichtete aber nicht darauf, die Meinungen der Polen auszuloten. Im August 1941 wurden an einigen Stellen Warschaus riesige Leinwände aufgestellt, auf denen u.a. ausländische Freiwillige gezeigt wurden, die sich an die Ostfront begaben, mit dem entsprechenden Kommentar „Ganz Europa kämpft gegen den Bolschewismus... An der Ostfront, an der Seite des deutschen Soldaten sind Italiener, Spanier, Belgier, Norweger, Holländer,

---

19 Ludwik Landau, Kronika lat wojny i okupacji, [Chronik der Kriegs- und Besatzungsjahre], opr. Zbigniew Landau, Jerzy Tomaszewski. Bd. 1: wrzesień 1939 – listopad 1940 [September 1939 – November 1940]. Warszawa 1962, S. 571.
20 Ebenda.
21 Stanisław Rembek, Dziennik okupacyjny [Tagebuch aus der Besatzungszeit]. Warszawa 2000, S. 88.
22 Ebenda, S. 88 f.
23 Ebenda, S. 89.
24 Krzysztof Strzałka, Niemcy i „sprawa polska" w dwóch raportach płk. Jana Kowalewskiego z Lizbony z 1941 roku [Die Deutschen und die „polnische Frage" in den beiden Berichten des Oberst Jan Kowalewski aus Lissabon von 1941], in: Zeszyty Historyczne (2003), Nr. 145, S. 38.

Dänen, Kroaten, Slowaken, Ungarn und Rumänen. Und wo bist du, Pole?"[25] Nach einer Gegenaktion der Widerstandsbewegung hörte man auf, diesen Teil des Propagandafilms zu zeigen.

Wenn es auch im Generalgouvernement damals tatsächlich schwer war, Freiwillige für antibolschewistische Abteilungen zu finden,[26] hätte eine solche Aktion in den zwischen Herbst 1939 und Sommer 1941 von der UdSSR besetzten polnischen Ostgebieten bedeutend größere Chancen besessen. Die Einwohner, zu denen nicht viele Informationen über die Realitäten der deutschen Besatzung gedrungen waren, behandelten die anrückenden Wehrmachtseinheiten als Befreier, und gewiss wäre ein Teil der Gesellschaft zum Mitwirken im Kampf gegen die verhassten Sowjets bereit gewesen.[27] „Die Gefahr, dass die jungen Leute gerne gegen die Bolschewiken in die Wehrmacht gehen, war nicht grundlos. Die Deutschen wurden hier mit Begeisterung begrüßt", erinnerte sich Zbigniew Koźliński. „Es kam dazu, dass Landwirte ihnen freiwillig ihre Kühe ablieferten, Messen für sie bestellten und ihnen Triumphbögen errichteten. Als die spanische ‚Blaue Division' in unsere Gegend kam, wurde sie besonders bewirtet, die Soldaten betrunken gemacht (...). Die Deutschen befreiten in den ersten Tagen der Offensive viele Polen aus sowjetischen Gefängnissen, und das war auch ein Grund für die Bittgebete für sie in den Kirchen."[28] In dem im Sommer 1941 von ungarischen Einheiten besetzten Teil Galiziens unternahmen die Ungarn sogar konkrete Versuche, polnische Einheiten zu bilden.[29]

Die Deutschen machten sich – außer bei Fällen von Hilfeleistung beim Aufspüren von Rotarmisten, lokalen Kommunisten oder Juden – die Bereitschaft zur „bewaffneten" Zusammenarbeit nicht zunutze. Die Entscheidung über die „Polenpolitik" lag gänzlich in der Hand Hitlers, der auch nach dem Ausbruch des Krieges gegen die UdSSR keinerlei Zuge-

---

25 Czesław Michalski, Wojna warszawsko-niemiecka. Pamiętnik wawerczyka [Der deutsche Krieg gegen Warschau. Erinnerungen]. Warszawa 1971, S. 144.

26 Mit einem Fiasko endete die 1942 von Wacław Krzeptowski unternommene Gründung einer „Goralenlegion". Stanisław Żerko, Próba sformowania na Podhalu „Legionu góralskiego" Waffen-SS [Der Versuch, in Podhale eine „Goralenlegion" der Waffen-SS zu gründen], in: Przegląd Zachodni (1997), Nr. 3, S. 217-222.

27 Ein symptomatisches Beispiel beschreibt der konspirative „Biuletyn Informacyjny" vom 19. Juli 1940, also fast ein Jahr vor Ausbruch des deutsch-sowjetischen Krieges. Als im Frühjahr 1940 ein Zug mit Polen nach Przemyśl kam, die die Erlaubnis bekommen hatten, unter die deutsche Besatzung zurückzukehren, „kam zu den Flüchtlingen ein deutscher Geheimdienstoffizier, der perfekt Polnisch sprach und sie über den Zustand der sowjetischen Truppen auszufragen begann. Eine Reihe von Männern umgab unverzüglich den Offizier und bemühte sich, so eifrig wie möglich die gewünschten Informationen zu geben. Nach einer Weile entstand die paradoxe Lage einer gewissen ‚patriotischen Spannung' – ‚Geben wir den Bolschewistenlumpen eins auf den Schädel!' Wobei jenes ‚wir' die gemeinsame Empfindung des Deutschen und unserer Eiferer umfasste."

28 Zbigniew Koźliński, Moja Czarnowszczyna [Meine Region Czarnow], in: Europa NIEprowincjonalna. Przemiany na ziemiach wschodnich dawnej Rzeczypospolitej (Białoruś, Litwa, Łotwa, Ukraina, wschodnie pogranicze III Rzeczypospolitej Polskiej) w latach 1772–1999 [Das NICHTprovinzielle Europa. Veränderungen in den Ostgebieten der alten Polnisch-Litauischen Republik (Weißrussland, Litauen, Lettland, Ukraine, die Ostgrenze der 3. Polnischen Republik) in den Jahren 1772–1999], Red. v. Krzysztof Jasiewicz. Warszawa 1999, S. 153 f.

29 Archiwum Akt Nowych, Mikrofilmy Aleksandryjskie [AAN, MA], zespół T-175, Rolle 233, Ausschnitt 2721517, Ereignismeldung UdSSR Nr. 23 vom 15.07.1941 (auf alle Informationen aus den sog. Alexandrinischen Mikrofilmen hat mich Dr. Jarosław Gdański aufmerksam gemacht).

ständnisse gestattete. „Eine Anspielung auf dieses Thema", berichtete Kowalewski am 21. Oktober 1941, „erzeugt bei ihm heftige Reaktionen. (...) Kreise innerhalb der Wehrmacht und außerhalb der Partei verstehen die Tragik dieser Personifizierung der polnischen Frage und bedauern das sehr, aber gegenwärtig lässt sich da nichts machen, man muss bis zum Ende des Krieges warten."[30] Kowalewski informierte zugleich darüber, dass seine deutschen Gesprächspartner inoffiziell die Meinung verträten, dass es ohne das polnische Menschenpotenzial nicht gelingen werde, die zerstörten Gebiete der UdSSR nutzbar zu machen, und „wenn sich starke Polen fänden, die die Verantwortung für eine Zusammenarbeit auf sich nähmen, diese möglich wäre".[31]

Wenn auch Hitlers Haltung zu einer „Waffenbrüderschaft" mit den Polen noch drei Jahre lang unbeugsam bleib, war doch ein Teil der nationalsozialistischen Entscheidungsträger sowohl im Reich als auch im Generalgouvernement konzilianter. Im Generalgouvernement milderten die Machthaber in regelmäßigen Abständen den Terror und erweckten den Anschein einer Verständigung mit den Polen. Deutlich sichtbar war dies im Frühjahr 1943, als die deutsche Propaganda im Generalgouvernement versuchte, die Katyn-Affäre auszunutzen, indem sie mit den Parolen der bolschewistisch-jüdischen Bedrohung arbeitete.[32] Am 17. Mai 1943 wurden neben den Listen mit den Namen der in Katyn hingerichteten Offiziere „Leserbriefe" mit Aufrufen zum Kampf gegen Juden und Bolschewiken im „Nowy Kurier Warszawski" veröffentlicht. Es tauchte das Gerücht auf, dass General Bortnowski der Ober-

---

30 Strzałka, Niemcy (wie Anm. 24), S. 48.
31 Ebenda, S. 50.
32 Über die propagandistische Benutzung von Katyn siehe Eugeniusz Cezary Król, Propaganda i indoktrynacja narodowego socjalizmu w Niemczech 1919–1945. Studium organizacji, treści, metod i technik masowego oddziaływania [Propaganda und Indoktrination des Nationalsozialismus in Deutschland 1919–1945. Studie zu Organisation, Inhalt, den Methoden und der Technik der Massenbeeinflussung]. Warszawa 1999, S. 556-561. Die Bereitschaft zu einer Änderung der Einstellung gegenüber den Polen begann sich auch in einem Teil des Polizeiapparats breit zu machen. Am 20. April 1943 sagte der Chef der Sicherheitspolizei im Generalgouvernement, Eberhard Schöngarth: „Einige Kräfte wollen immer noch nicht verstehen, dass das bisherige Verhältnis zum polnischen Volk in vielerlei Hinsicht falsch war. Man muss endlich Mut beweisen und den deutschen Kurs ändern. Das polnische Volk ist wertvolles Kriegsmaterial, wenn man den Sieg erreichen will, muss man es restlos in den Dienst für Deutschland stellen." – Zit. nach Włodzimierz Borodziej, Terror i polityka. Polityka niemiecka a polski ruch oporu w GG 1939–1944. Warszawa 1985, S. 69 f.; dt. Ausgabe: Terror und Politik. Deutsche Politik und die polnische Widerstandsbewegung im Generalgouvernement 1939–1944. Mainz (u.a.) 1999. Im Kontext dieser Aussage sollte man den von der Führung der polnischen Untergrundorganisation „Miecz i Pług" („Schwert und Pflug", MiP) unternommenen Versuch verstehen, die seit 1941 im Distrikt Radom mit der deutschen Polizei zusammenarbeitete. Im Mai 1943 reichte die Führung der Organisation in Berlin ein an Hitler gerichtetes Memorandum ein, in dem sie „mit Hilfe der Wehrmacht und der Sicherheitsorgane" die Bildung polnischer Streitkräfte vorschlug, die unter deutschem Kommando gegen den Bolschewismus kämpfen, ferner eine „loyale" Zusammenarbeit auf den Gebieten Arbeit und Wirtschaft leisten, eine „Entlastung" der deutschen Verwaltung ermöglichen, einen „unerbittlichen" Kampf gegen „Banden, Partisanen, Juden und Freimaurer" und gegen „alle fremden Agenturen" führen sollten. Die Anregungen wurden nicht aufgegriffen, und Kaltenbrunner befahl, mit dem „MiP" nur „vorsichtigen" Kontakt zu halten und die Organisation nur bei Geheimdienstmaßnahmen gegen die Widerstandsbewegung zu benutzen. AAN, Niemieckie władze okupacyjne, sygn. 214/I-5, k. 6-7, 27-31; Borodziej, Terror (wie oben), S. 71 ff.; Kochanowski, Polen in der Wehrmacht (wie Anm. 1), S. 67 f.

befehl über eine polnische antibolschewistische Legion angeboten worden sei. Zwei Wochen
später notierte Landau in sein Tagebuch, dass die Deutschen trotz des von ihnen weiterhin
rücksichtslos gegen die Polen ausgeübten Terrors die „Hoffnung hegen, irgendeine Verstän-
digungsebene ließe sich finden, auf der die Polen für den ‚Kampf gegen den Bolschewismus
zur Verteidigung Europas' ausgenutzt werden könnten. Denn welchen anderen Sinn kann
die neue Verstärkung des Lärms in Sachen Katyn haben? Das heutige ‚Schmierblatt' variiert
die Liste der Opfer mit Hinweisen auf bei ihnen gefundene Medaillons, Ringkrägen usw.
(...). Was allerdings am meisten zu denken gibt, es berichtet vom Besuch Kozłowskis in
Katyn, der nach allgemeiner Meinung der Kandidat für einen polnischen Quisling ist."[33]
    Die erwähnten Briefe, die bei den Redaktionen der „Reptilienpresse" eintrafen – und
die sehr wahrscheinlich zu einem großen Teil präpariert waren –, wurden immer radikaler.
„Ein Verfasser eines solchen Briefs", trug Landau am 29. Mai 1943 in sein Tagebuch ein,
„ruft voller Begeisterung, dass er an die Front geht, um gegen Juden und Bolschewiken zu
kämpfen, und ruft die Gesamtheit der Polen auf, in seine Fußstapfen zu treten – der erste
deutliche Versuch einer Rekrutierung".[34] In der Tat prüfte man die Konzepte zur Bildung
„polnischer Legionen" damals gleichzeitig in zwei miteinander rivalisierenden Kreisen des
NS-Establishments: bei Hans Frank und bei Heinrich Himmler. Polen zu den Waffen zu
rufen, war umso wichtiger, als sich die deutschen Mobilisierungsmöglichkeiten deutlich
zu erschöpfen begannen. Gleichzeitig hatten sich angeblich schon die ersten Freiwilligen
gemeldet. Laut einem von General Walter Warlimont am 1. Juni 1943 an Himmler gerichteten Schreiben meldeten sich „zahlreiche" Polen, darunter ehemalige Militärs, und baten
um Aufnahme in die Armee, um „für die Gräueltaten von Katyn Rache zu nehmen und
sich am Kampf gegen den Bolschewismus zu beteiligen".[35] Der General gab zu, dass eine
Rekrutierung momentan unmöglich sei, andererseits jedoch könne man diejenigen, die sich
meldeten, sowohl zu Propagandazwecken einsetzen als auch zur „Entspannung" der Atmosphäre im Generalgouvernement. Er suggerierte auch, darüber nachzudenken, „ob irgend
eine Möglichkeit zur indirekten Beteiligung der Anfragesteller am Kampf gegen den Bolschewismus gegeben sei und an welche Stelle zweckmäßigerweise Anträge weiterzuleiten
wären".[36] Bestimmt war es kein Zufall, dass an einem einzigen Tag, dem 19. Juni 1943, sowohl Himmler als auch Frank Hitler die Idee vorstellten, Polen zu den Waffen zu rufen.[37] In
beiden Fällen war Hitlers Ablehnung definitiv, und dementsprechend informierte Himmler
am 24. Juni Warlimont: „Es bleibt bei der bisherigen Behandlung der Polenfrage".[38] Frank,
der fürchtete, dass die Initiative seine – ohnehin wacklige – Position schwächen könnte,
verstärkte indessen den Terror zu bisher nicht da gewesenen Ausmaßen.

---

33 Landau, Kronika (wie Anm. 19), Bd. 2: grudzień 1942 – czerwiec 1943 [Dezember 1942 – Juni
    1943]. Warszawa 1962, S. 457 f.
34 Ebenda, S. 454. Auch die Berichte der deutschen Machtorgane verzeichnen, dass Polen die Be-
    reitschaft zur „bewaffneten Rache an den Bolschewiken" erklärten. AAN, MA, T-580, Rolle 75.
35 AAN, MA, T-580, Rolle 75, OKW an Himmler, 1.6.1943. Es meldete sich u.a. der ehemalige
    Oberst der Polnischen Armee Stanisław Wrzaliński.
36 Ebenda.
37 Borodziej, Terror (wie Anm. 32), S. 74, 192; Martin Broszat, 200 Jahre deutsche Polenpolitik.
    München 1963, S. 240 f.
38 Broszat, 200 Jahre (wie Anm. 37), S. 352; Borodziej, Terror (wie Anm. 32), S. 192; AAN, MA,
    T-580, Rolle 75, Himmler an Warlimont.

Trotz des Alptraums der Besatzung lief bei einem Teil der Polen die Meinung um, die Deutschen seien der einzige Schutz vor dem heranrückenden „Sturm aus dem Osten". Eine solche Ansicht vertraten besonders (wenn auch nicht ausschließlich) kleinbürgerliche Kreise, für die – wie Landau Ende September 1943 notierte – „der Bolschewismus die Verkörperung des extremen und beinahe einzigen Bösen blieb: mit heiler Haut aus den wirtschaftlichen Schwierigkeiten des Lebens unter der Besatzung davongekommen, vielleicht weniger als andere vom politischen Terror betroffen, ist [das Kleinbürgertum] sogar bereit, in den Deutschen das kleinere Übel gegenüber den Bolschewiken zu sehen."[39] Kurze Zeit später, als die Rote Armee Anfang Januar 1944 die Vorkriegsgrenze Polens überschritten hatte, notierte er, dass sich in Warschau Gerüchte über die Bildung einer polnischen kommunistischen Regierung in Sarny verbreiteten, gleichzeitig aber „besonders das Gerücht Ansehen genieße, dass die Polen mit den Deutschen gegen die Bolschewiken marschieren würden – ja sogar über eine von den Deutschen bereits verfügte Aushebung, (...) im Einklang mit den Alliierten."[40] Dies waren keineswegs nur völlig haltlose Gerüchte, denn eben zu dieser Zeit unternahm Frank noch einen Versuch, Hitler von einer Änderung der Politik im Generalgouvernement zu überzeugen, dazu zählte auch die Zustimmung zur Rekrutierung von Polen. Bei einer Begegnung am 6. Februar 1944 äußerte Hitler seine entschiedene Missbilligung, wobei er meinte, er wünsche keine neuen Piłsudski-Legionen.[41]

Dennoch waren seit dem Frühjahr 1944 Anzeichen eines deutlich milderen Kurses zu beobachten. Die ‚Sicherheitsorgane' des Generalgouvernements stellten die massenhaften öffentlichen Hinrichtungen ein und erklärten die – weiterhin blutigen – Repressionen mit der „Kriegsnotwendigkeit". In der Propaganda entwickelte man das Motiv der „bolschewistisch-jüdischen Bedrohung" und berief sich auf die polnischen Traditionen des Kampfes gegen den Bolschewismus. Gleichzeitig suchten die Deutschen Wege für eine Verständigung mit verschiedenen Schichten der polnischen Gesellschaft. Unter anderem machten nach den Berichten der Regierungsdelegatur in Polen die Gestapo-Chefs in Radom, Lublin, Przemyśl und Tarnów Versöhnungsgesten gegenüber Polen und versuchten sie zu einer gemeinsamen antikommunistischen Aktion zu bewegen;[42] Wincenty Witos sollte – erfolglos – überredet werden, einen Appell zu verkünden, der zum Kampf gegen den Kommunismus aufrief.[43]

Man verzichtete auch nicht auf andere Methoden, die Polen zu erreichen. Am 17. April 1944 erschien in Krakau die erste Nummer der Zweiwochenschrift „Przełom" („Der Durchbruch"), theoretisch ein Untergrundblatt, de facto jedoch komplett von den Deutschen inspiriert und kontrolliert. Durch die Feder von Feliks Burdecki, Jan Emil Skiwski und anderen[44]

---

39 Landau, Kronika (wie Anm. 19), Bd. 3, S. 256.

40 Ebenda, S. 566.

41 Okupacja i ruch oporu w dzienniku Hansa Franka 1939–1945 [Okkupation und die Widerstandsbewegung im Tagebuch von Hans Frank 1939–1945], Red. v. Stanisław Płoski. Bd. 2, Warszawa 1970, S. 396.

42 AAN, Delegatura Rządu na Kraj [DRnK – Delegatur der Exilregierung im Lande], 202/III/24, k. 6.

43 Andrzej Zakrzewski, Wincenty Witos, chłopski polityk i mąż stanu [Wincenty Witos, Bauernpolitiker und Staatsmann]. Warszawa 1977, S. 392 f.

44 Zu Skiwskis Tätigkeit siehe Maciej Urbanowski, Człowiek z głębszego podziemia. Życie i twórczość Jana Emila Skiwskiego [Der Mann eines tieferen Untergrunds. Leben und Schaffen von Jan Emil Skiwski]. Kraków 2003.

wurde zum gemeinsamen Kampf gegen den Bolschewismus aufgerufen, und zugleich der Eindruck erweckt, dass dies auch die Meinung eines Teils des Untergrunds sei. Es verwundert nicht, dass die Gerüchte über eine bevorstehende Einberufung von Polen zum Militärdienst und die Bildung einer Polnischen Legion im Rahmen der Waffen-SS immer lauter wurden, was schließlich am 30. April Kaltenbrunner veranlasste, seinen Untergebenen die beiden Seiten der „polnischen Medaille" zu erklären. Warum, so der Chef des Reichssicherheitshauptamtes, sollte man nicht einerseits, da ja auch schon Esten und Letten einberufen worden seien, auch Polen einziehen, besonders weil sowohl vor 1939 als auch – trotz allem – jetzt ein Teil der Polen den Deutschen gegenüber freundschaftlich eingestellt sei. Kaltenbrunner war geradezu brutal aufrichtig: „Jeder gefallene polnische Soldat bedeutet einen Substanzverlust an polnischem Blut und einen Unruheherd weniger. Je mehr polnische Soldaten fallen würden, um so besser wäre es für das deutsche Volk".[45] Andererseits aber sprachen für einen Verzicht auf die Hilfe der Polen sowohl die schlechten Erfahrungen aus der Zeit des vorigen Krieges als auch die Tatsache, dass nach Meinung der Sicherheitspolizei eine „Resozialisierung" von Polen „nicht tragbar" sei. Polnische Einheiten würden auch sofort von der Widerstandsbewegung infiltriert und genutzt werden. Aus Agentenberichten gehe hervor, dass der Dienst in der Organisation Todt in Italien deswegen unterstützt werde, weil er eine Flucht zum dort unter westalliierter Fahne kämpfenden II. Korps der Polnischen Streitkräfte erleichtere. Eine Zustimmung zur Rekrutierung wäre zudem gleichbedeutend mit einer völligen Umorientierung der Politik gegenüber den Polen. Die Bedrohungen überwogen deshalb aus Berliner Sicht die Vorteile, und so erging am 19. Mai 1944 ein „prinzipielles Verbot", Polen in die Wehrmacht einzuberufen. Lediglich der Reichsführer-SS wurde ermächtigt, aus „besonders brauchbaren Einheiten" separate polnische Abteilungen zu schaffen. Jedoch bereits am 21. Mai entschied Hitler schließlich, dass nur Ukrainer und Weißrussen – ehemalige polnische Staatsbürger – in Hilfsabteilungen der Wehrmacht (Hilfswillige, HiWi) aufgenommen werden könnten.[46]

Diese Entscheidung störte den veränderten Ton der Propaganda nicht, die die Polen weiter zur Mitwirkung aufrief, wenn auch nicht an der Front, so wenigstens bei der Arbeit, denn es wurde um tätige Mithilfe bei den Befestigungsarbeiten appelliert. Die Rückkehr zur Idee eines Kampfes von Polen mit dem Gewehr (und nicht nur mit der Schaufel) ließ zunächst auf sich warten. So wie im Frühjahr 1943 die Katyn-Affäre als Vorwand diente, war es im Herbst 1944 der Warschauer Aufstand, nach dessen Niederschlagung zum letzten Mal versucht wurde, die Polen zu gewinnen. Ein Vorhaben, und das sei besonders hervorgehoben, ohne jegliche Erfolgschancen: Auf deutscher Seite gab es nach wie vor kein wie auch immer geartetes Polenprogramm, und auf polnischer Seite fehlte – was wichtiger ist – die Akzeptanz vollständig. Die polnische Gesellschaft ließ sich weder von einer in Aussicht gestellten Beteiligung an den (unteren) Verwaltungsstellen noch von Gerüchten über eine angebliche Umwandlung des Hauptfürsorgerates (Rada Główna Opiekuńcza) in ein „Polnisches Nationalkomitee" überzeugen.[47] Wenig Wirkung zeigte auch das Kokettieren mit der Bewunderung für den Mut und die antikommunistische Haltung der Aufständischen.

---

45 AAN, MA, T-580, rol. 75.
46 Bundesarchiv-Militärarchiv Freiburg [BA-MA], OKW/WFSt/Qu: Generalgouvernement – allgem. Oktober 1943 – Januar 1945, RW 4/v.731, k. 13/14.
47 Siehe Król, Propaganda (wie Anm. 32), S. 572; Borodziej, Terror (wie Anm. 32), S. 149.

Die deutsche Propaganda suggerierte (und darin sekundierte ihr die Propaganda auf der anderen Seite der Front), dass ein Teil der Einheiten der Heimatarmee schon auf Seiten der Deutschen zum Kampf bereit stünde.[48]

Es ist schwer zu sagen, wer oder was im Herbst 1944 Hitlers Widerstand brach, die Polen zu den Waffen zu rufen. Möglicherweise war es das Resultat der Bemühungen Hans Franks, der den fünften Jahrestag der Bildung des Generalgouvernements (26. Oktober) zu Propagandazwecken nutzen wollte. Gewiss fand er Unterstützung in einigen Militärkreisen. Das Oberkommando des Heeres trat an Hitler mit einem entsprechenden Gesuch am 23. Oktober 1944 heran und erhielt am Tag darauf die Zustimmung zum Einsatz von Polen in Hilfseinheiten der Wehrmacht auf der Basis der Bestimmungen vom 29. April 1944 für andere östliche Einheiten.[49] Sofort wurde Frank darüber informiert, der „diese Meldung ganz besonders begrüßte, da sie völlig in seiner Richtung liegt".[50]

Die Information wurde vorläufig geheim gehalten. Wenigstens scheint es so gewesen zu sein, weil schon vor der offiziellen Verkündung der Rekrutierung in einer Krakauer Druckerei ein entsprechendes Plakat zum Druck vorbereitet wurde, das einen „polnischen Arbeiter zeigt, wie er die Schaufel weglegt, während ihm ein deutscher Soldat einen Karabiner aushändigt und dabei behauptet, dass die Polen es sich durch ‚massenhafte freiwillige' Beteiligung am Ausheben von Gräben gegen die Sowjets verdient hätten, gegen den Feind aus dem Osten mit der Waffe in der Hand zu kämpfen".[51] Auf den Plakaten wurden die Rechte angegeben, die den Freiwilligen zustanden, und die Rekrutierungspunkte genannt. Die Gerüchte über die Einberufung gelangten in die Stadt, wo sie tiefe Beunruhigung auslösten. Der Vorsitzende des Hauptfürsorgerats, Konstanty Tchórznicki, intervenierte am 2. und 3. November bei der „Regierung" des Generalgouvernements und erklärte, dass er die Ankündigung von Einziehungen „zum gegenwärtigen Zeitpunkt als höchst unpolitischen Schritt erachte, der ernsthafte und schädliche Folgen nach sich ziehen könne".[52] Er bekam die Antwort, dass nur eine freiwillige Rekrutierung für eine Hilfsformation verkündet werde, die in nichts an die SS-Division Galizien, sondern, wenn man schon Vergleiche suche, eher an die Organisation Todt erinnere. Kategorisch wurde in Abrede gestellt, dass dies der Beginn einer allgemeinen Einberufung sei. Vertraulich wurde dem polnischen Beauftragten mitgeteilt, dass die Wehrmacht dieser Initiative Franks keine größere Bedeutung beimesse und nicht mit einem besonderen Erfolg rechne.[53]

---

48 In einem für die Soldaten der Polnischen Armee bestimmten Flugblatt stand: „Hier spricht einer von euch, der auf die deutsche Seite übergewechselt ist (...) Kollegen, macht dasselbe wie ich und andere! Wechselt auf die deutsche Seite über. Die Einheiten der Heimatarmee, die am 4. Oktober aus Warschau mit den Waffen auf der Schulter herausmarschiert sind, bezeugen vor der Geschichte die ritterliche Haltung der Deutschen. (...) Wenn es euch die Lage nicht gestattet, die Frontlinie zu überschreiten, versucht euch einer der Partisanenabteilungen der Heimatarmee anzuschließen, die im Rücken der Bolschewiken tätig sind". – AAN, 214/XII-2, k. 44a.

49 BA-MA, OKW/WFSt/Qu: Generalgouvernement – allgem. Oktober 1943 – Januar 1945, RW 4/v.731, k. 25.

50 Das Diensttagebuch des deutschen Generalgouverneurs in Polen 1939–1945, hrsg. v. Werner Präg u. Wolfgang Jacobmeyer. Stuttgart 1975, S. 920.

51 AAN, DRnK 202/III,-26, k. 8, Bericht aus dem GG 1.X.-20.XII.1944.

52 Ebenda.

53 Ebenda.

Trotz solcher Erklärungen widmeten die Militärs dem mit dem symptomatischen Decknamen „Weißer Adler" versehenen Unternehmen viel Aufmerksamkeit und bemühten sich
um einen entsprechenden propagandistischen Widerhall. Am 4. November 1944 verkündete
die Führung der Heeresgruppe Mitte die Grundsätze für die Rekrutierung von Polen. Die
Einheiten sollten anfänglich 12 000 Freiwillige zählen, wobei die komplette Freiwilligkeit
der Meldung unterstrichen wurde. Kategorisch verboten wurde der abfällige Begriff „Hi-
Wi", um die Polen zu überzeugen, dass sie wie „echte" Wehrmachtssoldaten behandelt
würden. Verboten wurde es auch, jede Art von politischen Diskussionen mit den Freiwilligen zu führen, denen gegenüber nur eine Meinung gelten sollte: „Die deutsche Wehrmacht
führt einen bis zum letzten entschlossenen Kampf zum Schutz Europas gegen den Bolschewismus. Jeder ehrliche Helfer in diesem bedingungslosen Kampf ist der Wehrmacht als
Kamerad willkommen."[54] Im Bemühen um eine hohe Rekrutierungsquote wurde empfohlen,
jeden Mann zwischen 16 und 50 Jahren aufzunehmen, sofern er die ärztliche Kommission
passiert habe. Die Rekruten sollten folgenden Eid leisten: „Ich schwöre bei Gott diesen
heiligen Eid, dass ich im Kampf um die Zukunft Europas in den Reihen der deutschen
Wehrmacht dem Obersten Befehlshaber der deutschen Wehrmacht, Adolf Hitler, unbedingten Gehorsam leisten werde und als tapferer Soldat bereit bin, jederzeit für diesen Eid mein
Leben einzusetzen."[55] Die Polen sollten mit Uniformen und der für die Wehrmacht typischen Ausrüstung ausgestattet werden, sofern sie – wie unterstrichen wurde – „vorhanden
ist". Eine Bewaffnung der Einheiten war erst nach zwei Monaten Probezeit vorgesehen und
scharfen Kontrollen unterworfen.[56] Den Freiwilligen wurden dieselben Rechte versprochen,
die den deutschen Soldaten zustanden: geistliche Betreuung (mit der Freiheit des religiösen Bekenntnisses), identische Versorgung mit Lebensmitteln, Möglichkeit, zu niedrigeren
Preisen einzukaufen, medizinische Versorgung. Außerdem wurde eine Versicherung für den
Fall der Verwundung oder des Todes garantiert. Der Sold war nicht allzu hoch: 90 Złoty
für den gemeinen Soldaten, 108 für den Unteroffizier, 150-210 für den Zugführer. Höhere
Dienstgrade waren für die Polen nicht vorgesehen.[57]

---

54 BA-MA, RH 53-13/140, Ausländische Soldaten, k. 43v. Charakteristisch ist die Rhetorik des vor
   allem an die Soldaten der polnischen Armee gerichteten Flugblatts: „Es nähert sich auch die Stunde
   eurer Befreiung. Ihr habt geglaubt, dass eure Befreiung kommen würde, als die Bolschewisten in
   eure Städte einmarschiert sind. Aber jetzt habt ihr das wirkliche Antlitz des jüdischen Systems
   der Unfreiheit durchschaut. (...) Ihr habt auch verstanden, dass ihr Polen Europäer seid. Der stolze
   polnische Adler mit der Krone soll nie dem asiatischen Geier zum Opfer fallen! Unsere europäische
   Nachbarschaft verpflichtet uns zum gemeinsamen Kampf gegen den Bolschewismus, der euren
   Frauen und Kindern nur Hunger und Not bringt. Vergesst alles, was einst zwischen uns war, so
   wie auch wir es vergessen haben. Erinnert euch an die Freundschaft unserer Führer Piłsudski und
   Hitler." – AAN, 214/XII-2, k. 70. Vgl. auch: Tomasz Głowiński, O nowy porządek europejski.
   Ewolucja hitlerowskiej propagandy politycznej wobec Polaków w Generalnym Gubernatorstwie
   1939–1945 [Für eine neue europäische Ordnung. Die Evolution der politischen NS-Propaganda
   gegenüber Polen im Generalgouvernement 1939–1945]. Wrocław 2000.
55 BA-MA, OKW/WFSt/Qu: Generalgouvernement – allgem. Oktober 1943 – Januar 1945, RW
   4/v.731, k. 48.
56 BA-MA, RH 53-13/140, Ausländische Soldaten, k. 43-44.
57 Ebenda, k. 45; AAN, 214/XIII-1, k. 9.

Charakteristischerweise informierten sowohl die Plakate[58] als auch die Zeitungen (z.B. der „Goniec Krakowski" vom 17. und 19./20. November 1944) nur über die Rekrutierung für einen „polnischen Hilfsdienst bei den deutschen Streitkräften". Zuerst in Krakau, dann auch in anderen Städten und Städtchen des Generalgouvernements wurden Rekrutierungsbüros eingerichtet, mitunter wie z.B. in Włoszczowa mit grünen Zweigen, weiß-roten Fahnen und polnischen Adlern geschmückt. Die polnische nationale Symbolik, die – wie erwähnt – bereits im Namen des Unternehmens aufgenommen worden war, sollte eine große Rolle spielen, um die Polen zu überzeugen. In den Rekrutierungspunkten wurde über die Bildung einer „Division Weißer Adler" informiert.[59]

Eine Meldung zu dem Verband musste nicht unbedingt Ausdruck einer festen anti-kommunistischen Überzeugung sein. Zum einen dürfte bei der damaligen fatalen Versorgungslage die ständige Verpflegung in den Rekrutierungspunkten bereits eine Verlockung dargestellt haben,[60] zum anderen bot die Vision, in einer nicht näher definierten, jedenfalls ferner liegenden Zukunft in den Kampf geworfen zu werden, Chancen für eine Flucht aus der Arbeitskompanie, dem Lager oder dem Gefängnis. Diese Interpretation bestätigen die Urteile der Regierungsdelegatur, die die Rekrutierungsversuche mit Aufmerksamkeit beobachtete: „Die Aushebung zu diesem Freiwilligendienst verläuft jedoch mühsam und bringt minimale Resultate", hieß es in einem Bericht. „Sie wurden zu einem gewissen Grade nur in Lagern und Gefängnissen erzielt. Die Deutschen transportierten eine Gruppe von 50 jungen Männern, angeblich ‚Freiwillige', nach Krakau, was eine Propagandaaktion war. Diese Leute kamen aus Warschau, waren in Pruszków und Auschwitz im Lager gewesen, von wo man sie in ein Lager bei Breslau schickte. Dort wurden sie zum ‚freiwilligen' Dienst in der Wehrmacht gezwungen. Aus der Provinz kommen Nachrichten, dass in zahlreichen Fällen die lokalen Behörden Meldungen zum Dienst erzwingen, in anderen Ortschaften dagegen verkünden sie, dass es eine polnisch-deutsche Übereinkunft gegeben habe und ein Befehl an die Mitglieder der Heimatarmee ergehen werde, die Reihen der neuen deutschen Formation gegen die Bolschewiken zu stärken."[61]

---

58 Nach einer Depesche des Kommandanten der Heimatarmee für den Bezirk Krakau wurden die Ankündigungen am 16. November in Krakau plakatiert. „Ich rechne mit Razzien von größerem Ausmaß", schrieb Przemysław Nakoniecznikoff-Klukowski. „Ich habe Verfügungen erlassen mit dem Ziel, Verhaftungen zu vermeiden, Transporte ins Reich zu stören, und Maßnahmen getroffen für den Fall von Repressionen gegen die Zivilbevölkerung." – Armia Krajowa w dokumentach 1939–1945 [Heimatarmee in Dokumenten 1939–1945]. Bd. 5: październik 1944 – lipiec 1945 [Oktober 1944 – Juli 1945]. Wrocław (u.a.) 1991, S. 143.

59 Tadeusz Kusowski, Byłem werbowany..., list do redakcji tygodnika „Polityka" [Ich wurde angeworben..., Brief an die Redaktion der Wochenzeitung „Polityka"].

60 Kusowski schreibt: „Die Werber bedienten sich hier eines Tricks, indem sie besonders die Garantie einer guten Verpflegung unterstrichen, was auf die zu schlechter Behandlung infolge der Aussiedlung verurteilten und ausgehungerten Menschen einen überwältigenden Einfluss ausüben sollte und es auch tat. Resultat davon war, dass sich ca. zehn Freiwillige meldeten, von denen wir isoliert und zur ununterbrochenen Arbeit weggebracht wurden. Die Deutschen brachten die Rekrutierten in das ungefähr sieben Kilometer entfernte Garbatka. Dort wurden sie nach den soldatischen Normen mit Proviant versorgt und im Schulgebäude einquartiert. Ich weiß, dass wohl schon in der ersten Nacht in der Schule ein Feuer ausbrach und die frisch rekrutierten Freiwilligen, die man nicht einmal mit Uniformen ausgestattet hatte, sich zu ihren Familien zerstreuten." Ebenda.

61 AAN, DRnK 202/III-26, k. 8-9.

Bis Anfang Dezember 1944 gelang es nach den Daten der Delegatur, im Generalgouvernement 471 Freiwillige anzuwerben. Es ist nicht verwunderlich, dass man vor allem mit den oben erwähnten Gefangenen rechnete. In Krakau sollte die Nummerierung der Freiwilligen mit 5 000 beginnen, die früheren Plätze reservierte man für ‚Freiwillige‘ aus den Lagern. Im Gefängnis von Petrikau und im Montelupi-Gefängnis in Krakau sollten weibliche Gefangene überredet werden, dem Hilfsdienst der Frauen beizutreten, jedoch hielt sich der Erfolg offenbar in engen Grenzen.[62] Die Rekrutierung wurde – mit ähnlichen Resultaten – bis zum Ende der Besatzung fortgeführt. Potentielle Freiwillige schreckte zuletzt auch die immer brutalere Art und Weise der ‚Werbung‘ ab (man veranstaltete z.B. bei Radom Razzien und schickte diejenigen, die es ablehnten, sich ‚freiwillig‘ aufnehmen zu lassen, zum Ausheben von Schützengräben). Hinzu kam, dass die mit den Versprechungen wenig übereinstimmende Behandlung der Rekruten (z.B. die Einführung rücksichtslosen Drills und deutscher Kommandos) rasch zu Desertionen führte.[63]

Die Anwerbung sollte auch auf die ins Reich eingegliederten Gebiete ausgedehnt werden. Dies stieß jedoch auf die entschiedene Ablehnung Berlins, wo man der Meinung war, dass dort die Polen als Arbeiter wichtiger seien denn als Soldaten.[64] Auf der Suche nach Rekruten unternahm man daneben den Versuch einer Anwerbung von Jugendlichen, die für die Bedienung von Flugabwehrkanonen und für eine Nachrichtenübermittlung vorgesehen waren. Angeblich gelang es, aus einer kleinen Gruppe aus Warschau den sog. Polski Hufiec Lotniczy (Polnische Fliegereinheit) zu bilden. Auch in diesem Fall plante man eine „patriotische" Ausstattung für die Anwerbung: Jugendliche zwischen 15 und 20 Jahren sollten Armbinden mit Husarenflügeln erhalten, eine spezielle Zeitschrift mit dem Namen „Do czynu" („Zur Tat") war für sie vorgesehen, und die gesamte Aktion sollte unter der Parole „Die polnische Jugend will die Fehler ihrer Väter korrigieren und Polen eine Entwicklungschance geben" ablaufen.[65] Die polnischen Formationen wurden nicht mehr in den Kampf geschickt, da die sowjetische Winteroffensive zu schnell Boden gewann (übrigens wurden

---

62 Ebenda, k. 9.
63 Ebenda, k. 23. Lagebericht für die Zeit vom 21.12.1944 bis zum 21.1.1945. Kennzeichnend ist, dass der am 25. Mai 1948 gefällte Beschluss der Richter der Strafkammer des Obersten Gerichtes feststellte, dass nur der freiwillige Beitritt eines polnischen Staatsbürgers zum Polnischen Freiwilligenkorps bei der deutschen Wehrmacht ein Verbrechen im Sinne der Zugehörigkeit zu einer feindlichen Armeeorganisation darstelle. – Aleksander Kochański, Polska 1944–1991. Informator historyczny [Polen 1944–1991. Historisches Lexikon]. Bd. 1: Podział administracyjny. Ważniejsze akty prawne, decyzje i enuncjacje państwowe 1944–1956 [Administrative Aufteilung. Wichtigere Rechtsakte, Entscheidungen und Staatsverfügungen 1944–1956]. Warszawa 1996, S. 237.
64 BA-MA, OKW/WFSt/Qu: Generalgouvernement – allgem. Oktober 1943 – Januar 1945, RW 4/v.731, k. 40, 43.
65 AAN, DRnK 202/III-26, k. 10. Ein Teil der polnischen Jugendlichen war tatsächlich empfänglich für die Parole „Kampf gegen den Bolschewismus". Eine gewisse Rolle spielte dabei sicherlich der Wille, ein „Männerabenteuer" zu erleben. Am 15. Januar 1945, drei Tage vor Beginn der sowjetischen Offensive, wurde aus dem deutschen Ersatzregiment 523 berichtet: „seit einiger Zeit melden sich beim Regiment polnische Freiwillige aus dem OT-Lehrlager in Falkensee mit der Bitte, als Soldat bei der Wehrmacht eingestellt zu werden. (...) Es handelt sich durchweg um kräftige, junge Burschen im Alter von 18-23 Jahren, die zum Teil deutsch sprechen und nach Mitteilung des Lagerleiters auf technische Berufe umgeschult werden sollen, aber immer wieder aus dem Lager fortlaufen, um sich unter Berufung auf den Dienstausweis bei der Wehrmacht oder bei der Waffen-SS zu melden". – AAN, MA, T-311, Rolle 169, Ausschnitt 7220427. Anfragen,

den ‚Freiwilligen' nicht einmal Waffen ausgehändigt). Den letzten – völlig absurden – Versuch, Polen in den Kampf zu schicken, unternahm im März 1945 Władysław Studnicki, indem er an Himmler appellierte, Polen aus den noch existierenden Konzentrationslagern freizulassen und einen Teil von ihnen an die Front zu schicken.[66]

Gab es, so bleibt abschließend zu fragen, eine Chance, dass Polen an der Seite der Deutschen gegen die UdSSR gekämpft hätten? Eine eindeutige Antwort ist natürlich unmöglich, und jeder Versuch, eine solche zu geben, würde sich am Rande einer kontrafaktischen Geschichte bewegen. Andererseits werden wir trotz all des guten Willens zur Bewahrung von Objektivität und des Verständnisses aller damaligen Voraussetzungen immer dazu neigen, auf die Verhaltensweisen von vor 60 Jahren unsere heutigen Maßstäbe anzulegen. Oft werden nicht einmal Versuche unternommen, die Besonderheit der Besatzungszeit zu verstehen, weswegen man dann nur ihre äußere Hülle wahrnimmt. Ein spezifisches Beispiel ist in diesem Zusammenhang die Beschwerde, die Mitarbeiter der Stettiner Fleischfabriken im Juli 1980 nach Warschau schickten. Die Autoren, die mit seinem Vornamen die Neigung des Fabrikdirektors zu Missbrauch belegen wollten, stellten fest, dass „er im Jahre 1941 geboren wurde, welcher Pole hätte in jener Zeit seinem Sohn den Vornamen Adolf gegeben".[67] Niemand machte sich 1980 Gedanken darüber, ob die Eltern des Mannes vielleicht wirklich von Hitler fasziniert waren, oder ob es sich vielleicht um eine polnische, von Aussiedlung bedrohte Familie in Oberschlesien oder Pommerellen handelte, oder – was am wahrscheinlichsten ist – der spätere Fabrikdirektor in den Ostgebieten, wo man 1941 die deutschen „Befreiungstruppen" begrüßt hatte, geboren wurde. Andererseits ist natürlich auch klar, dass, wenn sich Polen fanden, die ihren Nachwuchs mit dem Vornamen des „Führers" ‚beschenkten', sich auch solche gefunden hätten, die – im Namen dieser oder jener Ziele – für diesen die Uniform angelegt hätten, wenn sie dazu Gelegenheit gehabt hätten. Zur historischen Prophetie gehört ebenso die Frage, ob eine „Division Weißer Adler" an der Ostfront gestanden hätte, wenn Hitler im Sommer 1941 oder im Frühjahr 1943 weniger Widerwillen gezeigt hätte und den Polen solche Bedingungen wie Ende 1944 angeboten worden wären. Es hätte sich nicht einmal um eine besonders große Einheit handeln müssen, weil eine geschickt betriebene Propagandaaktion in der Lage gewesen wäre, aus einem kleinen Gefecht einer unbedeutenden Abteilung den entscheidenden Sieg zu machen. Das Beispiel der Schlacht von Lenino, bei der polnische Einheiten auf sowjetischer Seite eingriffen, deren Einsatz zu einem Opfergang der Polen stilisiert wurde, mag als Beleg dienen.[68] Eine Bereitschaft zur „Waffenbrüderschaft" gab es folglich auf beiden Seiten, sowohl auf der polnischen als auch auf der deutschen. Wir Polen haben ziemliches Glück gehabt, dass die Vorstellungen der beiden Seiten nicht zur gleichen Zeit virulent wurden.

ob man polnische Freiwillige aufnehmen könne, kamen Anfang März 1945 aus der Region Berlin-Potsdam. – Ebenda, Ausschnitt 7220425.

66 Czesław Madajczyk, Faszyzm i okupacje 1938–1945. Wykonywanie okupacji przez państwa Osi w Europie [Faschismus und Besatzungen 1938–1945. Ausführung des Besatzungsregimes durch die Achsenmächte in Europa]. Bd. 2: Mechanizmy realizowania okupacji [Mechanismen der Ausübung der Besatzung]. Poznań 1984, S. 331.

67 AAN, Ministerstwo Przemysłu Spożywczego i Skupu, 7/54, k. 96.

68 Jerzy Kochanowski, Dwa kilometry za daleko [Zwei Kilometer zu weit], in: Polityka Nr. 41 v. 11. Oktober 2003.

Jerzy W. Borejsza

Einige Anmerkungen zum Gebrauch des Begriffs Kollaboration in der heutigen polnischen Sprache

Im dritten Band der „Neuen Allgemeinen Enzyklopädie", die im Jahre 1996 herausgegeben wurde, lesen wir unter dem Eintrag „Kollaboration": „KOLLABORATION (lat.), im Zweiten Weltkrieg zur Bezeichnung der Zusammenarbeit eines Staatsbürgers eines besetzten Landes mit den Besatzungsorganen (Deutschlands, Italiens, Japans) zum Schaden dieses Landes oder seiner Staatsbürger (z.B. die Vichy-Regierung in Frankreich 1940–1944) verbreiteter Begriff; in Polen und anderen während des Zweiten Weltkrieges besetzten Ländern galt Kollaboration als Verbrechen".[1] Eine ähnliche Definition findet sich in dem klassischen „Lexikon fremder Ausdrücke und fremdsprachlicher Wendungen" von Władysław Kopaliński: „Kollaboration – Zusammenarbeit mit dem Gegner, Besatzer (besonders mit den Nationalsozialisten während des Zweiten Weltkriegs)."[2] Im „Lexikon der Ereignisse, Begriffe und Legenden des 20. Jahrhunderts" aus dem Jahre 1999 verknüpft Kopaliński, einer der populärsten polnischen Lexikographen, den Begriff mit den Schlagworten Vichy, Quisling und Fünfte Kolonne.[3]

Das Wort *Kollaboration* gewann seine eindeutig negativen Konnotationen während des Zweiten Weltkriegs. Zuvor war es oftmals ein Synonym des Wortes Zusammenarbeit. Im ersten Band des „Lexikons der polnischen Sprache" unter der Redaktion von Mieczysław Szymczak aus dem Jahre 1996 finden wir eine auffällige Definition von Kollaboration: „Zusammenarbeit mit einer durch die Mehrheit der Gesellschaft nicht unterstützten Macht; Zusammenarbeit eines Staatsbürgers eines besetzten Landes mit den Besatzungsorganen zum Schaden für das Land oder seine Staatsbürger; früher: jede Zusammenarbeit."[4] Von Kollaboration als dem besetzten Land Schaden bringende Tätigkeit sprechen viele Definitionen in der polnischen Sprache. Aber das Kriterium „einer durch die Mehrheit der

---

1 Nowa Encyklopedia Powszechna PWN [Neue Allgemeine Enzyklopädie des Verlags PWN]. Bd. 3, Warszawa 1996, S. 401.
2 Władysław Kopaliński, Słownik wyrazów obcych i zwrotów obcojęzycznych [Lexikon fremder Ausdrücke und fremdsprachlicher Wendungen]. 18. Aufl., Warszawa 1989, S. 267.
3 Władysław Kopaliński, Słownik wydarzeń, pojęć i legend XX wieku [Lexikon der Ereignisse, Begriffe und Legenden des 20. Jahrhunderts]. Warszawa 1999, S. 195.
4 Mieczysław Szymczak, Słownik Języka Polskiego [Lexikon der polnischen Sprache]. Warszawa 1996, S. 892. In den älteren, von vor 100 Jahren stammenden Wörterbüchern der polnischen Sprache, wie etwa dem von Stanisław Szober, war Kollaboration nur ein Synonym für Zusammenarbeit. In dem umfangreichsten, vierbändigen Wörterbuch der polnischen Sprache von Witold Doroszewski, wird Kollaboration in Bd. 3 (S. 800), der 1961 erschien, ausschließlich als „politische und wirtschaftliche Zusammenarbeit mit dem nationalsozialistischen Besatzer" („współpracę polityczną i gospodarczą z okupantem hitlerowskim") erklärt.

Gesellschaft nicht unterstützten Macht" ist eine keineswegs zufällige Definition, erlaubt sie doch vielfältige Interpretationen, und zwar nicht nur der Lage in Polen vor 1945.

Ein sowohl in der Zeit der Volksrepublik Polen 1945–1989 als auch in der Dritten Republik ziemlich verbreitetes Axiom war: In Polen gab es keine Kollaboration mit den nationalsozialistischen Besatzern, Polen war ein Land ohne Quisling. Aber seit 1989 und bis heute gibt es eine breite, in ihrer Argumentation eher journalistische als wissenschaftliche Diskussion über die „Kollaboration mit den Sowjets". Auch über das Verhältnis zu den nationalsozialistischen Besatzern begann man nicht mehr nur pauschal zu sprechen, wovon z.B. Arbeiten über die sog. „blaue Polizei" (die polnische Polizei in der Zeit der deutschen Besatzung) und ihre Rolle zeugen. Dabei wurde an vereinzelte Versuche einer politischen Kollaboration erinnert, die nicht nur wegen ihrer begrenzten Unterstützung von polnischer Seite, sondern auch aus dem einfachen Grund, dass sich Hitler konsequent den Versuchen einer politischen Kollaboration mit den Polen widersetzte, im Sande verliefen. Zudem wird inzwischen das wenig bekannte und erforschte Problem der wirtschaftlichen Kollaboration mit den deutschen Besatzern behandelt.

Diese Diskussionen verschärften sich besonders im Zusammenhang mit der vor kurzem erfolgten Veröffentlichung von Dokumenten über eine „ungewollte Kollaboration" in den „Zeszyty Historyczne" (2003),[5] d.h. über die Versuche einiger polnischer Politiker, nach der Niederlage Frankreichs im Jahre 1940 aus der Emigration heraus Beziehungen mit dem nationalsozialistischen Berlin aufzunehmen, aber auch im Zusammenhang mit Anetta Rybickas Buch über das Institut für Deutsche Ostarbeit in Krakau.[6]

In den Debatten überwogen häufig Emotionen oder die „ideologische Einstellung" über sorgfältig geführte wissenschaftliche Argumentationen. Ich erlaube mir in diesem Kontext, Andrzej Chwalba von der Jagiellonen-Universität zu zitieren, der während der Diskussion um Anetta Rybickas Arbeit in der Polnischen Akademie der Wissenschaften (PAU) in Krakau, an der ungefähr 300 Personen teilnahmen, sagte: „Wohl das erste Mal seit der Reaktivierung der Akademie hat sich ein so zahlreicher und erregter Hörerkreis für eine Debatte eingefunden, die in den Vorstellungen der Veranstalter Kammercharakter haben sollte. Emotionen überwogen inhaltliche Argumente, worüber man sich jedoch nur schwerlich wundern kann. Deshalb fielen während des Treffens Worte, die unter normalen Umständen bestimmt nicht gefallen wären".[7] Die Worte „Kollaborateur" und „Kollaboration" gehören in der polnischen politischen Sprache heute zu den pejorativsten Bezeichnungen überhaupt, am nächsten scheint ihnen der Begriff „nationaler Verrat" zu kommen. Als ‚mildere' Umschreibungen werden verwendet: nationales Renegatentum, Beschwichtigung, Loyalismus (nicht zu verwechseln mit Loyalität) oder Servilität.

---

5   Bernard Wiaderny, Niechciana kolaboracja: polscy politycy i nazistowskie Niemcy w lipcu 1940 [Unerwünschte Kollaboration: polnische Politiker und das nationalsozialistische Deutschland im Juli 1940], in: Zeszyty Historyczne 142 (2002), S. 131-140.

6   Anetta Rybicka, Instytut Niemieckiej Pracy Wschodniej. Institut für Deutsche Ostarbeit Kraków 1940–1945. Warszawa 2002.

7   Kolaboracja [Kollaboration], in: Przegląd Polityczny (2004), Nr. 64, S. 54 f.; deutsch in: Inter Finitimos N.F. 2 (2004), S. 67; vgl. auch: Piotr Majewski, Kolaboracja której nie było... Problem postaw społeczeństwa polskiego w warunkach niemieckiej okupacji 1939–1945 [Kollaboration, die es nicht gegeben hatte... Das Problem der Haltung der polnischen Gesellschaft unter Bedingungen der deutschen Besatzung 1939–1945], in: Dzieje Najnowsze (2004), Nr. 4, S. 59-72.

Das Wort Kollaborateur unterliegt seit dem Jahre 1945 einer unaufhörlichen Ideologisierung. Bis 1989 rechnete man mit den Personen oder Gruppen ab, die mit den Deutschen kollaboriert hatten. Im offiziellen Dialog durfte dagegen von einer Kollaboration mit den Sowjets nicht einmal die Rede sein. Hinzugefügt sei, dass die Abrechnungen mit der Kollaboration unter den nationalsozialistischen Besatzern durch ideologische Imperative überformt wurden. Da die stalinistische Propagandakonzeption für die breiten Massen lautete, das Volk in seiner Masse sei ‚gut‘, operierte man mit dem Begriff „Kollaboration mit den Deutschen" auf eine ideologisch gesteuerte Weise. Viele Kollaborateure bestrafte man zwar tatsächlich, aber gleichzeitig überging man im Allgemeinen die Massenhaftigkeit der Kollaboration wie etwa die Bereicherung von Gemeinschaften und Gruppen auf Kosten der Millionen ermordeter Juden. Mir persönlich ist bekannt, dass es in Dörfern in der Umgebung von Treblinka noch in den 1950er Jahren nicht schwer war, in Bauernhäusern Möbel, Vorhänge oder Wäsche zu entdecken, die eindeutig „ehemaligen jüdischen Besitz" darstellten. Sowohl dieses Phänomen als auch die „erpresserische Bereicherung" („*szmalcownictwo*") – d.h. das Erpressen von Lösegeld von Juden und ihre anschließende Auslieferung an die Deutschen – wurden in historischen Forschungen relativ selten thematisiert, eben im Sinne der Vorgabe, das Volk sei ‚gut‘. Die wirtschaftliche Kollaboration vieler polnischer Staatsbürger verschiedener Nationalitäten ist bisher praktisch noch nicht erforscht worden.

Der inzwischen verstorbene Rechtsanwalt Zbigniew Czerski erzählte mir, er sei unmittelbar nach Ende der deutschen Besatzung an der Sicherstellung von Akten aus den Jahren 1939/40 aus dem Gebiet von Płock beteiligt gewesen. Die entsetzliche Menge an Denunziationen von Einwohnern bei den deutschen Behörden aufgrund von kleinen ökonomischen Streitigkeiten bewirkte, dass die Warschauer Behörden nach 1945 anordneten, die Akten zu verstecken oder gar zu vernichten, um nicht weiteren Hass oder Vergeltung unter den Polen zu schüren. Allerdings sei darauf hingewiesen, dass vor allem die Menschen in den ländlichen Gebieten in den ersten Monaten nach dem September 1939 sich nicht immer und nicht voll und ganz darüber im Klaren waren, was die deutsche Besatzung mit sich bringen werde.

Während der Volksrepublik Polen wurde das beleidigende und vernichtende Wort „Kollaborateur" mit dem nationalsozialistischen Besatzer vielfach und grundlos für die Männer des antinationalsozialistischen Untergrundes oder Anführer der Heimatarmee verwendet. Neben ‚echten‘ Kollaborateuren wurden auch ‚erfundene Kollaborateure‘ angeklagt, die dafür nicht selten mit dem Leben bezahlten. Die Abrechnungen waren vielfältig und schmerzhaft, sie trugen, ob man will oder nicht, die Merkmale eines Bruderkrieges. Bei dieser Formulierung geht es mir im Übrigen nur um ‚Merkmale eines Krieges‘, aber nicht um eine Antwort auf die Frage, ob man in den Jahren 1944–1947 von einem Bürgerkrieg in Polen sprechen kann.

Jenes eigentümliche Gefühl, dass man die nationale Ehre der Polen verteidigen und deswegen die unschönen Ereignisse nicht allzu plastisch darstellen sollte, verbindet paradoxerweise nicht wenige Ideologen und Historiker aus der Zeit der Volksrepublik mit denen der Dritten Republik nach 1989. Ein Beispiel für eine solche Vermischung vieler Begriffe ist z.B. der Text von Małgorzata Dąbrowska, einer Professorin für Byzantinistik an der Universität Lodz, die in der Diskussion über „Kollaboration und Geschichte" u.a. schreibt: „(...) es gibt in Publikationen keine Gefahr durch Polen, die mit den Deutschen kollaborierten. Das war ein marginales Phänomen, allgemein verurteilt, eigentlich schon in der Zeit des Krieges entschieden. Unser Drama bis heute ist die Zustimmung zur Kollaboration mit den Sowjets, später mit den Moskauer bzw. von Moskau abhängigen Sicherheitsdiensten. Die Zulassung dessen, was die Sowjetisierung lange Jahre mit uns gemacht hat. Das gab es während des Krieges nicht, daher die in verschiedenen Berichten zaghaft vorscheinenden negativen Urteile über das Verhalten der Juden, die zu Ehren der Sowjets Hochrufe erhoben, als diese polnische Städte und Dörfer betraten (...)."[8] Und an anderer Stelle schreibt dieselbe Autorin über die von ihr „Entzauberer" (*odbrązowiaczami*) genannten Publizisten und Historiker: „Die Entzauberer sekundieren, ‚wir sind keine Heiligen'; es hat sich ein Kreis gebildet, der über die Kollaboration mit den Deutschen nachgedacht hat: ungebildete Bauern haben die Juden in Jedwabne in die Scheune getrieben, das Karussell beim Warschauer Ghetto hat sich unbekümmert gedreht (...) Die *szmalcownicy* haben verschiedenen Frauen Seidenman aufgelauert, besonders den schönen, den Knüppel des Vorkriegspolizisten spürte der weißrussische oder ukrainische Bauer fortwährend auf seinem Rücken usw. Betrübt muss man sagen, dass Jerzy Giedroyc der Patron der ‚Entzauberer' ist (...); die publizistische Sturmgruppe der ‚Entzauberer' stellen zweifellos die ‚Gazeta Wyborcza' und ihr Chefredakteur Adam Michnik dar (...)"[9] usw. Für Menschen dieses Schlags existiert die Geschichte in einer schwarz-weißen Dimension und die Verteilung der Farben hängt oft von ihren Ansichten ab, und nicht von den Forschungen. Keine Rede davon, dass Millionen polnischer Staatsbürger nichtpolnischer Nationalität in ihrer Mehrzahl in der Zweiten Republik nicht gleichberechtigt behandelt wurden, oder dass der Antisemitismus in der polnischen Gesellschaft auch ohne Juden bis zum heutigen Tage andauert (was 2004 eine gesamteuropäische Umfrage, die unter der Schirmherrschaft internationaler Organisationen durchgeführt wurde, zeigte) – das alles wird im Namen der „Ehre des polnischen Volkes" zurückgewiesen. Darunter leidet natürlich die Diskussion über die Kollaboration.

In der Zweimonatsschrift „Arcana" gab es eine interessante Diskussion zum Thema. Ich teile die Auffassung Daniel Grinbergs, dass „die polnischen Umwertungen der 90er Jahre, wenn man sie in einer angemessen vergleichenden Perspektive betrachtet, nicht den Eindruck machen, allzu weit zu gehen. Obwohl sich die Paradigmen veränderten, der amtliche Kommunismus durch Antikommunismus ersetzt wurde und aus den Lehrbüchern ‚weiße' und ‚schwarze Flecken' entfernt wurden, hat sich in der Historiographie nicht viel geändert. Immer noch begegnet man vielen ‚zur Erquickung der Herzen' geschriebenen Publikationen, die aber im Grunde genommen einen nicht überwundenen Minderwertigkeitskomplex gegenüber der Außenwelt ausdrücken. Viele Autoren aus der Zeit des Kriegszustandes haben die Schlussfolgerung gezogen, dass man unabhängig von der behandelten Frage auf der Seite der Gesellschaft stehen sollte. Ihr nach dem Mund zu reden oder sich dem Staat entgegen zu stellen, gehört in vielen Kreisen zum guten Ton. Es ist gewiss auch kein Zufall, dass Historiker von außen wie Norman Davies, Jan T. Gross oder Daniel Beauvois bedeutende Diskussionen ausgelöst haben, weil sie es wagten, Bereiche eines kanonisch mythologisierten Polentums einer Kritik zu unterziehen (besonders den Mythos von Polen als einem ewigen unschuldigen Opfer der Geschichte, den Mythos der Ostgebiete sowie den Mythos einer vermeintlichen Homogenität des Verhaltens gegenüber den Teilungsmächten und Besatzern). Der scharfe Widerstand, auf den sie stießen, belegt unzweifelhaft, dass sich

8   „Kolaboracja" i historia [Kollaboration und Geschichte], in: Arcana (2003), Nr. 3/4, S. 23.
9   Ebenda, S. 21 f. „Frau Seidenman" bezieht sich auf Andrzej Szczypiorskis in Polen sehr umstrittenen Roman „Die schöne Frau Seidenman" (polnischer Originaltitel: „Początek").

sogar unter den professionellen Historikern eine solche Sichtweise nur mit großer Mühe einen Weg bahnt.

Alles, was ich bisher geschrieben habe, führt zu der Feststellung, dass ich die Strömung des ‚Entzauberns' (in maßvollen Dosen und unter Wahrung methodischer Korrektheit) generell als nützlich erachte. Sogar wenn sie sich irren oder Meinungen voreilig und mit publizistischer Übertreibung formulieren, tragen die Autoren dieser Strömung zu einer belebenden geistigen Unruhe bei. Das kann ich dagegen nicht von der entgegengesetzten Strömung der so genannten „wahren" Geschichte sagen, die im Grunde genommen auf eine sehr einseitige Verteidigung des „guten Namens" Polens und der Polen zurückzuführen ist (unbequeme Belege werden verschwiegen, und das Böse wird nach außen extrapoliert, d.h. äußere Faktoren und nationale Minderheiten mit der gesamten Schuld für das nationale Unglück belastet)."[10]

Marek Kazimierz Kamiński schreibt, dass die Verteidiger der ‚wahren' Geschichte „indem sie die Definition übernehmen, dass Kollaboration die freiwillige Zusammenarbeit mit dem Besatzer zum Schaden des eigenen Landes oder seiner Mitbürger ist, davon ausgehen, dass jedwedes von Polen gebildete, von Berlin abhängige Machtzentrum automatisch gerade zum Schaden der Einwohner Polens, die sich unter deutscher Herrschaft befanden, hätte handeln müssen. Es kam ihnen nicht in den Sinn, dass das Ziel der Tätigkeit eines solchen Zentrums die Begrenzung des im europäischen Maßstab nie da gewesenen deutschen Terrors gegen die polnische Bevölkerung hätte sein sollen".[11]

An den Umfang dieses Terrors hat kürzlich im Juli 2004 ein vom ersten Programm des polnischen Fernsehens ausgestrahlter Film unter Mitwirkung ehemaliger Häftlinge aus Majdanek erinnert, die die Rote Armee im Sommer 1944 befreite. Am Ende des Films werden die Worte „sie [die Rote Armee; die Red.] hat befreit" verwendet, die viele Historiker der jungen Generation vermeiden, die von zwei Totalitarismen und zwei Besatzungen in einem Atemzug sprechen und sich im Laufe der letzten 15 Jahre hauptsächlich auf die Kollaboration mit dem sowjetischen Besatzer konzentriert haben.

Im Film über die Befreiung von Majdanek traten 80 bis 90 Jahre alte Menschen auf. Krzysztof Kawalec hat zutreffend darauf hingewiesen: „Wir sind Zeugen der Tatsache, dass mit dem Aussterben der Generation der Kriegsteilnehmer auch die Bedeutung ihrer Erlebnisse und ihrer Perspektive verloren geht. Auf jeden Fall sind sie kein Bezugspunkt für die heute vorgenommenen Bewertungen mehr. Das Zerbröckeln von Tabus kann für den Wissensfortschritt bis zu einem gewissen Grade günstig sein, parallel dazu schafft es jedoch ein vorteilhaftes Klima für das Entstehen von Arbeiten, die man – in Analogie zur ‚alternativen' Medizin, die sich trotz der Klagen über Scharlatanerie und Betrug üppig entwickelt – mit der Bezeichnung ‚alternative Historiographie' versehen könnte." Und weiter schreibt Kawalec: „Das Dritte Reich wird quasi veredelt und seine Opfer werden in immer höherem Maße mindestens mitverantwortlich für ihr Schicksal."[12]

Nach 1989, nachdem 45 Jahre lang an die nationalsozialistischen Verbrechen erinnert wurde, reagierte sich die von den Fesseln der Zensur befreite öffentliche Meinung ab, indem sie ihre Aufmerksamkeit darauf konzentrierte, was im Osten und zu Zeiten Volkspolens (ge-

---

10 Ebenda, S. 32 f.
11 Ebenda, S. 35.
12 Ebenda, S. 39.

mäß der Verfassung erst seit 1952 Polnische Volksrepublik [PRL] genannt) geschehen war. Die Zeithistoriker passten sich in bedeutendem Maße den Interessen der wenig bewanderten Massenrezipienten an. Ein gewisses Gleichgewicht beginnen jetzt paradoxerweise die Initiativen von Erika Steinbach wiederherzustellen, die, indem sie das Schicksal der aus Polen ausgesiedelten und vertriebenen Deutschen mit dem der 6 Millionen polnischen Staatsbürger, die den Tod aus den Händen des Besatzers erlitten, gleichsetzen, an die Proportionen zwischen der deutschen und der sowjetischen Besatzung erinnern. Nach verschiedenen Berechnungen schwankt das Verhältnis von 10: 1 bis 7: 1.[13] Massenvernichtungslager auf polnischem Boden errichteten nur die Deutschen (notabene: die gegenwärtig in westlichen Medien auftauchende Formulierung „polnische Vernichtungslager" suggeriert eine Ähnlichkeit und Vergleichbarkeit, die nicht vorhanden ist. Man sollte sich an die Formulierung „auf polnischem Boden errichtete deutsche Vernichtungslager" halten).

Die Historiographie, die immer konturenreicher die vergangene Zeit rekonstruiert, hat mit verschiedenen Gefahren zu rechnen, die mit dem Verwenden des Terminus Kollaboration verbunden sind. Wer von den polnischen Beamten in der Verwaltung von Hans Frank in Krakau wirkte zugunsten des Polentums oder sogar des Untergrundstaates, und wer kollaborierte in erster Linie mit dem Besatzer? Dies kann natürlich auch über die Polen unter sowjetischer Besatzung in Lemberg in den Jahren 1939–1941 gefragt werden. Waren diejenigen, die Denkmäler des Polentums retteten, den Polnischunterricht an Schulen und Universitäten verteidigten, Kollaborateure oder zahlten nicht auch sie einen hohen Preis für die Zusammenarbeit mit dem Besatzer, die der polnischen Bevölkerung aber dennoch sichtbare Vorteile brachte? In diesem Kontext sind Versuche, den polnischen Schriftsteller Tadeusz Boy-Żeleński als Kollaborateur darzustellen, ein tiefgehendes Missverständnis. Boy-Żeleński kam bekanntlich unmittelbar nach dem deutschen Einmarsch in Lemberg um. Stalins Moskau bemühte sich in der Zeit der sowjetischen Besatzung darum, einen Teil der polnischen Intelligenz in Lemberg für sich zu gewinnen. Die deutsche Botschaft in Moskau meldete nicht zufällig nach Berlin, dass die von den sowjetischen Behörden unter Mitwirkung Lemberger Polen (Kommunisten und Nicht-Kommunisten) veranstalteten Feiern zum 85. Todestag von Adam Mickiewicz in Lemberg das Signal einer Änderung der Politik der UdSSR gegenüber polnischen Angelegenheiten seien. Waren die polnischen Kommunisten, die an die Parole von der „internationalen Solidarität der Proletarier" glaubten, aber gleichzeitig das Polentum Lembergs verteidigten, also nur und ausschließlich Kollaborateure?

Tomasz Szarota unterstreicht in seinen wichtigen Arbeiten über jene Zeit zu Recht, dass die Lage von Warschau und von Paris unter deutscher Besatzung nicht zu vergleichen sei. Dagegen seien die Situation von Paris unter deutscher Besatzung und die von Lemberg unter sowjetischer eher vergleichbar, wenn auch bei weitem nicht identisch.[14]

Ein weiteres mit dem Phänomen der Kollaboration während des Zweiten Weltkriegs verbundenes Paradoxon ist, dass sowohl die Ideologien der extremen Nationalismen als auch

13 Vgl. die Arbeiten von Czesław Łuczak, Czesław Madajczyk und anderen. Siehe auch Jerzy W. Borejsza, Polscy historycy – uczeni, sędziowie i inni [Polnische Historiker – Gelehrte, Richter und andere], in: Przegląd Polityczny (2004), Nr. 66, S. 19.
14 Siehe den Beitrag von Tomasz Szarota in diesem Band, S. 324-341. Vgl. auch Stanisław Salmonowicz, Jerzy Serczyk, Z problemów kolaboracji w Polsce w latach 1939–1941 [Zum Problem der Kollaboration in Polen in den Jahren 1939–1941], in: Czasy Nowożytne 14 (2003), S. 43-65.

des proletarischen Internationalismus ihr zuneigten. Bezeichnend sind die Aufzeichnungen im Tagebuch des polnischen Essayisten Jerzy Stempowski. Unter dem Datum des 8. Oktober 1940 notierte er: „Rumänien hat aufgehört, als souveräner Staat zu existieren. Ungarn wird vermutlich sein Schicksal teilen, wenn man bedenkt, dass die deutschen Einheiten der Besatzungstruppen durch ungarisches Territorium hindurch marschieren und dort ihr Kommunikationsnetz entfalten müssen. Sonderbar, dass die Rumänen dem despotischen, von standhaften Patrioten umgebenen General [Ion Antonescu; J.W. B.], die Vollmachten für die Kapitulation gegeben haben. Es hätte doch irgendwer sonst sich dieser Aufgabe genauso gut entledigen können. Dennoch verliefen all die letzten Kapitulationen nach demselben Schema. Hacha und Chvalkovsky sind hundertprozentige Patrioten, für die Beneš kaum mehr als ein Vertreter des internationalen Sozialismus und des Freimaurertums war. Auch Hlinka und Tiso sind extreme Patrioten. Ähnlich repräsentieren die Kapitulanten von Vichy den lärmendsten Patriotismus vom Typ ‚Gringoire‘. Die Kapitulation Rumäniens erfolgte nach derselben Formel. Die unversöhnlichsten Patrioten, die abscheulichsten Nationalisten, die Anhänger des verbissenen nationalen Egoismus übernehmen die Macht, um zu kapitulieren und ihr Land fremder Dominanz zu übergeben. Dieses groteske Spektakel kündigt gewiss eine Grenze des Nationalismus an, der nicht nur nicht in der Lage ist, das Vaterland zu verteidigen, sondern zusätzlich durch seinen Hass alle demoralisiert, die darüber nachzudenken wagen. Vielleicht ist der Begriff Nationalstaat altmodisch geworden. Es wäre schwierig, ihn zu verteidigen, nachdem der Nationalismus ad absurdum geführt worden ist. Ohne Rücksicht auf das Ergebnis des Krieges kann man sich eine Auferstehung all der Staaten schwerlich vorstellen, die verschwunden sind, ausgeliefert in die Hand des Feindes gerade durch die Befürworter eines integralen Nationalismus."[15]

Die Nationalisten Mittel-, Süd- und Osteuropas entschieden sich in ihrer antikommunistischen, antiliberalen, antifreimaurerischen und antisemitischen Funktion sehr oft für die Kollaboration mit dem Dritten Reich oder wurden zur Kollaboration gezwungen. Aber Stempowski sah dies im Jahre 1940 dennoch in vereinfachter Form. Schwer auslot- und abgrenzbar sind besonders in Osteuropa die Grenzen zwischen Patriotismus und Nationalismus, und dies nicht nur für die extreme Rechte. In der heutigen polnischen Publizistik stößt man sogar in Zeitungen der Mitte oder der rechten Mitte wie der „Rzeczpospolita" nicht selten auf die austauschbare Verwendung der Begriffe Kommunist und Kollaborateur, Mitarbeiter oder Agent der Komintern und Kollaborateur. Das sind Vereinfachungen und Invektiven, die auch in historischen Arbeiten vorkommen. Man kann über das Provisorische Revolutionäre Komitee Polens im Jahre 1920 während des polnisch-bolschewistischen Krieges als ‚Kollaborationsgeschöpf‘ diskutieren (Feliks Dzierżyński, Feliks Kon, Julian Marchlewski, Edward Próchniak u.a.). Aber fällt Karl Radek, damals Mitglied der Komintern und ihr Emissär, der sich aus verschiedenen Gründen dem Einmarsch der Roten Armee nach Polen widersetzte, als „Agent der Komintern" *eo ipso* unter die Bezeichnung „Kollaborateur"?[16]

Die Bewertung dessen, was wir Spionage, Kollaboration und was wir Heldentum nennen, hat viele Dimensionen. Mitunter heften verschiedene Gruppen derselben Person in verschiedenen Zeitabschnitten verschiedene Charakterisierungen an. Ein extremes Beispiel

---

15 Zeszyty Literackie (2004), Nr. 1, S. 12 f.
16 Siehe Jean-François Fayet, Karl Radek (1885–1939). Biographie politique. Bern 2004.

dafür stellt die Person des Obersten Jerzy Ryszard Kukliński dar, der für die CIA arbeitete;
von Militärgerichten der Volksrepublik Polen wurde er in Abwesenheit zum Tode verurteilt, in den 90er Jahren dagegen von manchen Polen zum Nationalhelden ausgerufen, um
schließlich im Jahre 2004 mit allen Ehren auf dem Militärfriedhof in Warschau beigesetzt
zu werden.

Die Diskussionen über den Begriff Kollaboration rufen zwangsläufig die Frage nach den
Traditionen der drei Teilungsgebiete und der Folgezeit hervor: Ist es erlaubt, den Konfor-
mismus und den Loyalismus gegenüber den einzelnen Teilungsmächten im 19. Jahrhundert
mit der Kollaboration mit dem Besatzer während des Zweiten Weltkriegs zu vergleichen?
Andrzej Chwalba veröffentlichte kürzlich das Buch „Die Polen in Diensten der Moskowi-
ter". Er schreibt darin über Polen als Angestellte in Verwaltung, Schulwesen, Justiz und
Polizei sowie im Eisenbahnwesen des Königreichs Polen in den Jahren 1864–1915. Die
Fragen, denen Chwalba nachgeht, stehen deutlich in Beziehung zu denen, die wir uns stellen, wenn wir von Kollaboration während des Zweiten Weltkriegs in Polen und in Europa
sprechen: „Betrachteten die Zeitgenossen das Tragen einer zaristischen Uniform als Beweis
für nationalen Verrat? Wie groß war das Ausmaß des Bekenntniswechsels und des Wechsels der nationalen Identität bei den Beschäftigten der öffentlichen Verwaltung? Inwieweit
bestimmte die Haltung zur Uniform (der Teilungsmacht) die Haltung zum (Teilungs-)Staat?
Konnte man ein guter Pole und Patriot, zugleich aber ein guter Beamter sein, der im Namen der Sorge um die Interessen Russlands eine Politik der Integration des Königreichs
in das Kaiserreich und der Russifizierung betrieb? Weshalb hat die unabhängige Republik
keine personelle Säuberung der Kader der Einrichtungen der Teilungsmächte durchgeführt?
Warum glückte Russland der Plan einer Vereinheitlichung des Königreichs mit dem Imperium, warum misslang aber die Entpolonisierung? Welche Faktoren waren von Bedeutung
dafür, dass es nicht gelang, diese zu einem siegreichen Ende zu führen, was den Deutschen
im Posener Territorium gelang?"[17]

Chwalba lässt keinen Zweifel an seinen Antworten zu diesen Fragen.: „(...) im allgemeinen Empfinden wurde der Dienst in zaristischen Uniformen nicht als tadelnswerte oder gar
verbrecherische Tätigkeit behandelt. Allgemein sah man darin keine verdammenswürdige
Kollaboration. Nur die Vertreter des radikalen, auf Unabhängigkeit und Sozialismus bedachten Milieus riefen zur Missbilligung und Verurteilung auf, aber auch sie dachten nicht
an alle, die einstmals russische Uniformen trugen, sondern nur an die Polizisten, Gefängnis-
wärter usw., die sich durch Übereifer und Sadismus auszeichneten (...). Mancher im Dienst
schrieb seiner amtlichen Aktivität patriotische Erklärungen zu, indem er argumentierte, dass
er auf diese Weise polnische Stellen vor den ‚Moskowitern' gerettet und ‚polnischen Besitz' (z.B. Schulbesitz) behütet habe. Andere behaupteten, dass sie einer Zusammenarbeit
zugestimmt hätten, weil sie das, was noch zu retten blieb, retten wollten (...)."[18]

Ich stimme mit Chwalba überein, dass der Begriff „Kollaboration" nicht zur Lage der
Polen in russischen oder österreichischen Diensten während der über 100 Jahre dauernden
Fremdherrschaft (1795–1918) passt. So waren z.B. die Anführer des Aufstandes von 1863 in
breiter Mehrheit polnische Offiziere der russischen Armee mit Romuald Traugutt als Anfüh-

17 Andrzej Chwalba, Polacy w służbie Moskali [Polen in Diensten der Moskowiter]. Warsza-
   wa/Kraków 1999, S. 7.
18 Ebenda, S. 244 f.

rer mit diktatorischen Vollmachten an der Spitze. Verfehlt sind auch rein „ideologisierende" Versuche, aus einem unzweifelhaften Verteidiger des Polentums wie Markgraf Aleksander Wielopolski einen Patron der Kollaboration mit Petersburg und Moskau zu machen. Eine Übereinkunft mit einer Teilungsmacht war nicht gleichbedeutend mit Kollaboration.

Die Übertragung des Begriffes „Kollaboration" auf die Geschichte des langen polnischen 19. Jahrhunderts ist sinnlos, es gibt keine Berechtigung dafür, einen als internationales Idiom erst während des Zweiten Weltkriegs verbreiteten Terminus in die Vergangenheit zu projizieren.

Die Lage in Kongresspolen wurde zu Zeiten der Volksrepublik in Anspielungen (z.B. den Romanen von Marian Brandys oder Władysław Terlecki) mit der in Volkspolen unter dem Protektorat und der Aufsicht der UdSSR verglichen. Nach 1989 flossen Parallelen dieser Art häufig in die Debatten der Historiker ein. Und doch trifft auch hier der Vorwurf Kollaboration auf viele Politiker der Volksrepublik und die Mehrheit der in Kultur und Wissenschaft Tätigen nicht zu. Diese Menschen erweisen sich als bedeutende Schöpfer und Verteidiger der polnischen Kultur, auch wenn sie von eifrigen Revisoren, jungen Historikern, die die Realitäten der vergangenen Epoche nicht kennen und nicht fühlen, den bis 1989 schweigenden „Passiven" oder den die Spuren ihrer früheren Beschäftigungen verwischenden ehemaligen Nomenklatur-Vertretern der älteren Generation angeklagt werden. Die Anklageschriften gegen Jarosław Iwaszkiewicz, Andrzej Wajda, Gustaw Holoubek, Witold Lutosławski, gegen den Schauspieler Tadeusz Łomnicki, seinerzeit Mitglied des Zentralkomitees der Polnischen Vereinigten Arbeiterpartei (PZPR), und viele andere fallen inzwischen eine nach der anderen zusammen.

Eine Gruppe polnischer Historiker, zu der auch ich gehöre, hat vor kurzem einen Band zur Geschichte des polnischen politischen Denkens mit dem charakteristischen Titel „Zwischen Irredenta, Loyalität und Kollaboration. Über die staatliche Souveränität und die nationale Unabhängigkeit (1795–1989)" publiziert.[19] Dieser Titel übergeht zwangsläufig die große Vielfalt von Verhaltensweisen zwischen Loyalität und Kollaboration, vor allem die der Passivität. Die Geschichte der polnischen Gesellschaft war wie die vieler anderer im 19. Jahrhundert eine Geschichte schmaler, politisch aktiver Eliten und einer passiven Mehrheit. Eine *ex post* geschriebene Geschichte stellt im Allgemeinen die Aktivitäten und Gedanken der Eliten als die Geschichte der Allgemeinheit dar.

Eine besonders, auch moralisch fragwürdige Verhaltensweise ist die Behauptung einer ‚Kollaboration mit den Sowjets' bei nicht mehr lebenden Personen. Man fühlt sich unwillkürlich an die Worte des französischen Schriftstellers Aurelien Scholl, des Verfassers von „L'ésprit du boulevard", erinnert (1888): „Ce qu'il y a de plus heureux pour les historiens, c'est que les morts ne puissent protester". Mein Appell an die Historiker lautet demgemäß, den historischen Kontext des Wortes „Kollaboration" und die Notwendigkeit seiner Historisierung nicht aus den Augen zu verlieren.

---

19 Między irredentą, lojalnością a kolaboracją. O suwerenność państwową i niezależność narodową (1795–1989) [Zwischen Irredenta, Loyalität und Kollaboration. Über die staatliche Souveränität und nationale Unabhängigkeit (1795–1989)]. Toruń 2001.

Piotr Madajczyk

Bedeutung und Nutzen des Begriffs „Kollaboration" für Forschungen über die Zeitgeschichte Polens

Im vorliegenden Text gehe ich der Frage nach, welchen analytischen Nutzen ein polnischer Zeitgeschichtler aus dem Begriff Kollaboration ziehen kann. Das Wort steht in enger semantischer Verbindung zu einem womöglich noch emotionaler aufgeladenen Begriff wie ‚Verrat', aber auch zu der eher neutralen Redewendung ‚aktive Zusammenarbeit'. Die Abgrenzungen dieser drei Begriffe bleiben unscharf, aber eben das macht sie für Historiker, aber keineswegs nur für diese interessant.

In dem Begriff „Verrat" selbst ist natürlich der Zwiespalt bereits angelegt, denn einerseits nimmt er Bezug auf scheinbar genau definierbare und objektiv beschreibbare Objekte wie Nationalstaat, Staatssouveränität, territoriale Integrität oder Staatsgeheimnis; andererseits ist er aber fest in abstrakten Normen und Werten verankert, die sich nicht klar und eindeutig beschreiben lassen.[1] Das, was im Polen der Teilungszeit „aktive Zusammenarbeit" (mit einer fremden Macht) bedeutete, war einem häufigen Wandel unterworfen: aus einer pragmatischen politischen Option konnte unversehens eine aus patriotischen Gründen nicht mehr akzeptable Haltung werden. Die Einsicht in die historische Komplexität der Situation wurde besonders nach 1918 von einer auf die Vergangenheit rückprojizierten Vorstellung einer national gesinnten, patriotischen Einheit der polnischen Gesellschaft überlagert, ein Umstand, der sich erst seit wenigen Jahren grundsätzlich zu wandeln scheint, und zwar mehr im wissenschaftlichen Bereich als im kollektiven Gedächtnis.[2]

Eine mehrheitsfähige Definition von Kollaboration existiert unter Historikern nicht. Kollaboration bleibt in Polen daher ein breiter Begriff, der verschiedene Formen der Zusammenarbeit mit dem Feind umfasst, darunter auch solche, die man eindeutig als Verrat versteht. Eine genaue Unterscheidung zwischen Verrat und Kollaboration wäre ein Forschungsdesiderat, weil die beiden Phänomene ohne eine solche Differenzierung einer breiteren, vergleichenden Perspektive nicht zugänglich sind, wie in den letzten Jahren in historischen und in publizistischen Diskussionen gleichermaßen zu beobachten war. Bis heute aktuell geblieben ist die ironische Formulierung von Hans Lemberg aus dem Jahre 1972: „Was Kollaboration ist, weiß jedermann".[3] Die Situation wird durch die Verwendung des Begriffs Kollabora-

---

1 Vgl. Magdalena Micińska, Zdrada córka nocy. Pojęcie zdrady narodowej w świadomości Polaków w latach 1861–1914 [Verrat, Tochter der Nacht. Der Begriff des nationalen Verrats im Bewusstsein der Polen 1861–1914]. Warszawa 1998.
2 Zu erwähnen wären Publikationen von Andrzej Chwalba, Polacy w służbie Moskali [Polen im Dienst der Moskauer]. Warszawa/Kraków 1999; oder Polskie mity polityczne XIX i XX wieku. Kontynuacja [Polnische politische Mythen im 19. und 20. Jahrhundert. Fortsetzung], hrsg. v. Wojciech Wrzesiński. Wrocław 1996.
3 Hans Lemberg, Kollaboration in Europa mit dem Dritten Reich um das Jahr 1941, in: Das Jahr

tion in gänzlich anderen Zusammenhängen noch verworrener.[4] In einer polemischen Besprechung bemerkte Czesław Madajczyk, dass für Franz W. Seidler „Kollaboration" nicht Zusammenarbeit mit den Besatzungsbehörden bedeute, sondern als Bezeichnung für alle Anhänger des Dritten Reiches verwendet werde. Mit „Kollaboration" werde folglich eine politische Option umschrieben und nicht das Handeln zum Schaden des eigenen Staates.[5]

In Polen wurde das besondere Interesse an der Fragestellung in letzter Zeit bei verschiedenen öffentlichen Diskussionen sichtbar. Um die Problematik aufzuzeigen, habe ich zwei Bereiche ausgewählt, während ich auf andere wie etwa die polnisch-sowjetischen Beziehungen während des Zweiten Weltkrieges nicht eingehen werde. In den 90er Jahren hatten nicht nur die Historiker Probleme bei der Frage, wie der Status der Volksrepublik Polen und entsprechend dazu das Verhalten der im damaligen System politisch aktiven Personen bezeichnet werden sollten. Besonders scharf waren die Urteile von Tomasz Strzembosz: Er betrachtete die Jahre 1944–1989 als eine Periode der „spezifischen Besatzung" und beurteilte jedes politische Engagement in dieser Zeit als Kollaboration. Dies war dann je nach Umstand politisch, fest eingebunden in die Struktur andersnationaler Dienste oder situativ.[6] Eine so verstandene „Kollaboration" stand für ihn in jedem Falle im Widerspruch zur polnischen Staatsraison. Die Mehrheit der Historiker war allerdings wesentlich zurückhaltender und vermied eine eindeutige Einordnung der Abhängigkeit des polnischen Staates von der Sowjetunion und des Spektrums der gesellschaftlichen Haltungen zwischen Widerstand und Anpassung.

Eine Dekade später kam in Wissenschaft und Öffentlichkeit eine andere Diskussion auf, in der die Frage der Kollaboration jedoch wieder eine wichtige Rolle spielte. Es ging um das so genannte „Memorandum von Lissabon" (1940)[7] und um das Buch von Anetta Rybicka über das Institut für Deutsche Ostarbeit in Krakau.[8] Durch die Veröffentlichung des Memorandums vom Juli 1940 wurde 2002 das im übrigen folgenlose Vorhaben einiger polnischer Politiker, die allerdings keine führenden Positionen innerhalb der polnischen Emigration innehatten, bekannt, den Deutschen eine Zusammenarbeit während des Zweiten Weltkriegs anzubieten. Das Buch von Anetta Rybicka erneuerte wiederum den Vorwurf einer Zusammenarbeit mit den deutschen Besatzungsbehörden, der einigen polnischen Wissenschaftlern, die in Krakau am besagten Institut beschäftigt waren, gemacht worden war.

1941 in der europäischen Politik, hrsg. v. Karl Bosl. München/Wien 1972, S. 143-162, hier S. 143. Vgl. Okkupation und Kollaboration (1938–1945). Beiträge zu Konzeption und Praxis der Kollaboration in der deutschen Okkupationspolitik, hrsg. v. Werner Röhr. Berlin/Heidelberg 1994, und Czesław Madajczyk, Między neutralną współpracą ludności terytoriów okupowanych a kolaboracją z Niemcami [Zwischen neutraler Zusammenarbeit der Bevölkerung der besetzten Gebiete und Kollaboration mit den Deutschen], in: Studia nad Faszyzmem i Zbrodniami Hitlerowskimi XXI (1998), S. 181-196.

4 Etwa Franz W. Seidler, Die Kollaboration. Zeitgeschichtliche Dokumente in Biographien. München 1995, der unter „Kollaboranten" die Anhänger des Nationalsozialismus versteht.

5 Besprechung in: Dzieje Najnowsze (2000), Nr. 2, S. 184-187.

6 Tomasz Strzembosz, Czyny i rozmowy [Taten und Gespräche], in: Polemiki wokół najnowszej historii Polski [Polemiken um die neueste Geschichte Polens]. Warszawa 1984, S. 300-306.

7 Auslöser war eine Veröffentlichung von Bernard Wiaderny, Nie chciana kolaboracja. Polscy politycy i nazistowskie Niemcy w lipcu 1940 [Unerwünschte Kollaboration. Polnische Politiker und Nazi-Deutschland im Juli 1940], in: Zeszyty Historyczne (2002), Nr. 142, S. 131-137.

8 Anetta Rybicka, Instytut Niemieckiej Pracy Wschodniej Kraków 1945-1950 – Institut für Deutsche Ostarbeit. Warszawa 2002. Vgl. dazu in diesem Band den Beitrag von Jerzy Kochanowski.

Zum „Memorandum von Lissabon" stellte Andrzej Paczkowski fest, dass in der polnischen Tradition „Kollaboration eine Zusammenarbeit mit dem Besatzer zum Schaden des eigenen Staates und der eigenen Nation bedeute[t]".[9] In der Volksrepublik hatte der Begriff allerdings eine engere politische Bedeutung und bezog sich zunächst nur auf die deutsche Besatzung während des Zweiten Weltkrieges, wurde aber in den 60er und 70er Jahren ausgedehnt und deckte nunmehr jede Form der Zusammenarbeit mit Staaten des faschistischen Blocks ab. Seit den 80er Jahren benutzte man ihn allgemein zur Kennzeichnung einer Zusammenarbeit mit den Besatzungsbehörden zum Schaden des eigenen Staates und der eigenen Mitbürger.[10] Der Begriff wurde also zum einen ausgeweitet, zum anderen aber eingegrenzt, so dass er sich der Bedeutung von ‚Verrat' annäherte. Man hat geradezu den Eindruck, Kollaboration sollte eine wissenschaftliche Bezeichnung für das sein, was man umgangssprachlich Verrat zu nennen pflegte. In dieser engen Perspektive kam die Frage auf, ob die Verfasser des Memorandums denn überhaupt gewusst hätten, was in Polen unter der deutschen Besatzung vor sich gehe. Die in der Fragestellung aufscheinende Erwartungshaltung, dass allein aus Kenntnis der Besatzungsrealität heraus jede Form von Kollaboration hätte abgelehnt werden müssen, ist aber nur bei einer Gleichsetzung von Kollaboration und Verrat nachzuvollziehen.

Betrachten wir aber Kollaboration als einen Versuch, unter ungünstigen Umständen in möglichst begrenztem Maß eigene nationale und staatliche Interessen zu verfolgen, können wir die Frage folgendermaßen beantworten: Vielleicht entstand das Memorandum eben gerade deswegen, weil seine Verfasser wussten, wie brutal die deutsche Besatzungspolitik in Polen war, und glaubten, durch ihr Angebot diese Politik mildern zu können.

Der polnischen Tradition des Begriffs blieb man auch bei der Diskussion über die am Institut für Deutsche Ostarbeit tätigen polnischen Wissenschaftler treu. Ein kritischer Artikel zu diesem Thema in der Wochenzeitung „Wprost", der viel Unruhe und Missfallen in Krakau stiftete, leitete die Ausführungen mit der Feststellung ein: „Mehr als hundert polnische Wissenschaftler arbeiteten zielstrebig mit den Hitler-Deutschen. Keiner wurde nach dem Krieg bestraft."[11]

Lassen wir die an sich interessante methodische Kritik beiseite: Rybicka wurde nämlich vorgeworfen, sie sei wegen fehlender Kenntnis der Kriegsrealität nicht im Stande gewesen, verdeckte Widerstandskämpfer von Kollaborateuren zu unterscheiden (ein Argument, das die Medien weiter ausbauten).[12] Für unsere Fragestellung ist die Selbstverständlichkeit wich-

---

9 Andrzej Paczkowski, Jak ryby na piasku [Wie Fische auf dem Sand], in: Gazeta Wyborcza vom 5.-6. April 2003, S. 19.

10 Vgl. ausführlich Piotr Madajczyk, Verrat – Kollaboration – Passivität in der Geschichte der Volksrepublik Polen, in: Forum für osteuropäische Ideen- und Zeitgeschichte (1999), H.2, S.185-213, hier S. 197 f.

11 Vgl. Sławomir Sieradzki, Instytut kolaboracji [Institut der Kollaboration], in: Wprost vom 30. März 2003, S. 80 ff.

12 Vgl. Kolaboracja czy konspiracja [Kollaboration oder Konspiration], in: Gazeta Wyborcza vom 1. April 2003, S.6. Auf diesen Vorwurf bezogen sich auch die polemischen Publikationen in den Studia Historyczne (2003), H. 2 von Józef Buszko, Aleksander Litewka und Janina Stoksik. Folgt man diesen Stellungnahmen, hat Rybicka in der Tat zu wenige Quellen berücksichtigt und deswegen die Handlungen wenigstens eines Teiles der Krakauer Wissenschaftler zu schematisch interpretiert.

tiger, mit der (auch in der Öffentlichkeit unwidersprochen) angenommen wurde, dass die Wissenschaftler zu bestrafen seien, weil sie in dem Institut quasi automatisch den Interessen des polnischen Staates und der polnischen Nation zuwider gehandelt haben mussten. In dieser Perspektive gab es keinen Spielraum zwischen Verrat und Widerstand. Hätte es nicht auch sein können, dass einige der „kollaborierenden" Wissenschaftler zwar im Interesse des polnischen Staates und der Nation handeln wollten, von den Besatzern aber aufgrund einiger ideologischer Berührungspunkte geschickt benutzt wurden? Oder noch einmal anders gefragt: War das Überleben der Wissenschaftler für die Nachkriegszeit vielleicht wichtiger als ihre unmittelbare Beteiligung am Widerstandskampf?

Die Debatten zeigen, dass in Polen das, was „Kollaboration" ist, überwiegend durch die Erfahrungen der deutschen Besatzungspolitik während des Zweiten Weltkrieges geprägt wurde. Entscheidend dafür waren das Ausmaß des deutschen Terrors und das Fehlen eines deutschen Interesses an polnischer Kollaboration. Die wenigen polnischen Vorstöße in diese Richtung fanden daher keine gesellschaftliche und politische Unterstützung, bewegten sich in Richtung Bedeutungslosigkeit oder erwiesen sich in der Tat als Verrat (weil sie nur der Rechtfertigung der Vernichtungspolitik des Besatzers dienten). Die Kollaborateure wurden von dem Rest der Gesellschaft isoliert.

Als ebenso prägend für den polnischen Kollaborationsbegriff erwies sich daneben die offizielle Erinnerungspolitik, die sich allein auf die deutsche Besatzung konzentrierte und die sowjetische verdrängte. Außerdem ließ sich die ‚Kollaboration‘ von Polen mit der sowjetischen Besatzung oft nicht so eindeutig und klar mit ‚Verrat‘ in Verbindung bringen, wie dies während der deutschen Herrschaft offenkundig möglich war. Zweifellos muss jedoch jede Überlegung zum Thema Kollaboration in Polen sowohl die Zusammenarbeit mit den deutschen als auch die mit den sowjetischen Besatzungsbehörden einbeziehen. Wichtig wäre in diesem Zusammenhang auch, die Erfahrung der litauischen Besatzung in Wilna 1939–1940 zu berücksichtigen, besonders weil wir es dort mit keinem totalitären System und keiner völkermörderischen Politik zu tun hatten. Außerdem sollten wir daran denken, dass während der ersten Periode des Krieges, als die massenmörderische Dynamik des Nationalsozialismus noch nicht von allen erkannt worden war, auch Texte wie das „Memorandum von Lissabon" unterschiedlich beurteilt werden konnten. Die Bezeichnung „Verrat" lässt keinen Platz für die Überlegung, dass das Memorandum die Suche nach einer, wenn auch in der polnischen Gesellschaft nicht mehrheitsfähigen, politischen Option gewesen sein könnte, die die Polen vor den Besatzern schützen sollte.

Das Angebot zur Kollaboration war nicht nur in Polen lediglich ein Ausgangspunkt für die Suche nach einem Konsens mit den deutschen oder sowjetischen Besatzern. Selbst wenn sich „diese (...) Zusammenarbeit als zukunftsträchtig und als erfolgreiche Grundlage einer für längere Zeit stabilen Ordnung" erwiesen hätte, sollten wir trotzdem den Kollaborationsbegriff als Bezeichnung für die erste Phase behalten.[13] Dieser Begriff ist für den Beginn einer Entwicklung von Nutzen. Diese hängt, um nur zwei einleuchtende Faktoren zu nennen, vor allem von der Politik der Besatzungsmacht und den internationalen Rahmenbedingungen ab. Kollaboration mit dem Dritten Reich war also nicht nur in Polen, sondern auch in Ländern, in denen eine Kooperation zuerst durchaus einen bedeutenden

---

13 Werner Röhr, Einleitung, in: Okkupation und Kollaboration (wie Anm. 3), S. 27.

politischen und gesellschaftlichen Rückhalt genoss, zum Scheitern verurteilt. Diejenigen, die sich auf die Deutschen eingelassen hatten, distanzierten sich später von ihnen oder sie drifteten unausweichlich in Richtung „Verrat".

Anders stellte sich die Entwicklung im sowjetischen Machtbereich nach dem Zweiten Weltkrieg dar: Als sich nach und nach die Abhängigkeit von der Sowjetunion gemildert und die internationale Lage stabilisiert hatte, wurde Kollaboration durch kompliziertere Formen von Unterwerfung und Kontrolle der abhängigen, undemokratischen Regime ersetzt.

Neben der individuellen Motivation, also der subjektiven Einstellung stellen natürlich die tatsächlichen Auswirkungen von Kollaboration für Besatzer und für Besetzte ein wichtiges Element dar. Für die Besatzer geht es meistens um Erleichterung der Besatzungsverwaltung und um Ausbeutung. Ganz anders stellt sich die Lage für die Besetzten dar: Czesław Madajczyk schreibt dazu: „Charakteristisch für eine solche Zusammenarbeit war der Versuch, den Besatzer zu überlisten. Ziel war es, in einer günstigen internationalen Konfiguration, die durch den Krieg geschaffen werden konnte, eigene erstrangige und übergeordnete politische Ziele zu verfolgen, wie Unabhängigkeit oder die Hoffnung, einen bedeutenden Platz in Europa zu gewinnen. Solche Bestrebungen verbanden sich aber mit dem Kampf gegen ein oder mehrere Mitglieder der antifaschistischen Koalition. Dieses Engagement zählte als Unterstützung – obwohl nicht die entscheidende – im Kampf um die Zukunft Europas und der Welt, besonders in dem Moment, als der Krieg ideologische und völkermörderische Züge zeigte."[14] Diese Feststellung über die Kollaboration lässt sich problemlos auf die sowjetischen Besatzer erweitern, denn auch in diesem Falle hatte sie eine Stärkung des totalitären und Schwächung des demokratischen Systems zur Folge.

Das obige Zitat belegt nochmals eindringlich, dass eine Unterscheidung zwischen Kollaboration und Verrat nur unter Einbeziehung von vier Faktoren möglich ist: individuelle Motivation, Ziele der Kollaboration, Ziele der Besatzungspolitik, reale Folgen. Im Hinblick auf die Motivation war die Kollaboration polnischer Kommunisten mit der UdSSR in der ersten Phase des Krieges schlimmer als die im „Memorandum von Lissabon" aufscheinende, weil die Kommunisten sich mit der totalitären Ideologie identifizierten und dabei manchmal die Grenzen des Verrats überschritten, indem sie die Interessen des polnischen Staates und der Nation den sowjetischen Zielen vollständig unterordneten. Die Einbeziehung der Faktoren „Ziele der Besatzungspolitik" und „reale Folgen" relativiert jedoch diese Beurteilung, weil das sowjetische System gegenüber Polen keine mit den deutschen vergleichbaren Exterminationspläne hatte. In der sowjetischen Politik ging es um Unterwerfung und Indoktrination, nicht um einen rassistischen Massenmord, was einen großen Unterschied ausmacht.

Es ist bekannt, dass die Einstellung von Teilen der nationalen Minderheiten zum polnischen Staat und zur Nation (es wäre sicherlich falsch, hier von der polnischen Gesellschaft zu sprechen) während des Zweiten Weltkriegs schwierige Fragen aufwirft. Dazu gehören sowohl antipolnische Ausschreitungen als auch die Zusammenarbeit mit den Besatzungsbehörden. Ohne auf die Einzelheiten eingehen zu können, möchte ich feststellen, dass solche Personen eine Minderheit innerhalb ihrer eigenen Gruppe darstellten, aber eine Mehrheit unter denjenigen, die mit den deutschen oder sowjetischen Besatzern zusammenarbeiteten.

---

14 Madajczyk, Między neutralną współpracą (wie Anm. 3), S. 195.

In diesem Fall spricht man in Polen meistens von Kollaboration, was sicher falsch ist, aber der bereits mehrfach erwähnten Gleichsetzung von „Kollaboration" und „Verrat" entspricht. Diese Gleichsetzung verhindert jedoch auch in diesem Fall eine kritische und ausgewogene Beurteilung. Wenn wir den Verfassern des „Memorandums von Lissabon" unterstellen, ihr elementarstes Motiv sei die polnische ‚Staatsraison' gewesen, wenn auch in einem Verständnis, das damals und heute keine Mehrheit finden würde, dann ist offenkundig, dass für die polnischen Staatsbürger nichtpolnischer Nationalität, die aktiv gegen Polen handelten, dieses Motiv keine Rolle gespielt haben kann, oder wenn, dann nur in negativer Hinsicht.

Es wäre sicherlich falsch, Handlungen, denen so verschiedene Motive und Ziele zu Grunde liegen, mit einem einzigen Begriff erfassen zu wollen. Besonders wenn wir annehmen, dass die Frage nach Kollaboration und Verrat mit dem modernen Nationalstaat und Nationalismus sowie mit der Frage der Souveränität bzw. Fremdherrschaft verbunden ist. Das bedeutet eine Verknüpfung mit der Loyalität zur staatlichen, meist auch überwiegend nationalen Gemeinschaft. Die Balance zwischen diesen zwei Ebenen kann sich verschieben: In Friedenszeiten handelt es sich mehr um eine auf den Staat bezogene Loyalität, in Kriegszeiten (falls staatliche Strukturen geschwächt oder zerstört werden) stärker um eine national definierte Loyalität.

Im Fall der polnischen Minderheiten zeigt sich interessanterweise eine Distanzierung von der Loyalität zur polnischen Gemeinschaft. Damit verlassen wir aber den Rahmen der Kollaboration. Fehlende Rücksicht auf die polnische Staatsraison, egal wie man sie begreift, bedeutet – eindeutig in rechtlichen und politischen Kategorien, nicht so eindeutig in Bezug auf Wertbegriffe – Verrat. Dies klingt zwar hart in Bezug auf diese Mitglieder der nationalen Minderheiten in Polen, und steht auch in bestimmtem Widerspruch mit der polnischen Denkweise des 19. Jahrhunderts, dass Verräter nur jemand sein kann, der zur Gemeinschaft gehört. Es ist hier nicht meine Aufgabe, die Ursachen zu analysieren, die die fehlende Identifikation eines großen Teiles der Mitglieder der nationalen Minderheiten mit dem polnischen Staat und der Gesellschaft in der Zwischenkriegszeit erklärlich machen. Der Hinweis mag genügen, dass die Verantwortung dafür zwar nicht ausschließlich, aber zum großen Teil die polnische Seite trug.

Welche Bedeutung besitzt der Begriff „Kollaboration" in den Forschungen über die polnische Geschichte nach 1945? Sicherlich ist er besser geeignet, um Phänomene der ersten, kurzen Periode zu beschreiben, in der die polnischen Kommunisten direkte sowjetische Unterstützung brauchten, um an der Macht zu bleiben. Es war keine Revolution, die den (Untergrund-)Staat zerstörte, und damit die Anwendbarkeit des Begriffs zweifelhaft machen würde, sondern eine Kollaboration mit dem Besatzer, um die dominanten politischen Kräfte, die die Unterstützung der Mehrheit der Gesellschaft wie auch die nationale Legitimation hatten, zu zerstören und selbst die Macht zu übernehmen. Es gab und es gibt Meinungsunterschiede, wie man diese Form von Abhängigkeit in der ersten Periode nach dem Krieg exakt bezeichnen kann. Übereinstimmung herrscht aber darin, dass damals kein souveräner, nicht einmal ein begrenzt souveräner polnischer Staat mehr existierte, auch wenn formal an ihm festgehalten wurde. Die sowjetische Macht übte nämlich einen direkten Einfluss auf allen Ebenen auf die Lage in Polen aus.

Die Kollaboration der polnischen Kommunisten war ideologisch motiviert. Manche Polen entschieden sich auch für eine Kollaboration, weil sie sie damals als unvermeidlich für einen geschwächten Staat und die Nation betrachteten. Einige wollten die Nation vor den Verlusten eines aussichtslosen Widerstandes schützen. Für andere wiederum war der neue Verlauf der deutsch-polnischen Grenze entscheidend. Über Verrat kann man nur in Bezug auf diejenigen Personen sprechen, für die die Unterordnung der polnischen Interessen unter die sowjetischen keine Rolle spielte, weil sie sich mit der sowjetischen Ideologie identifizierten oder von der sowjetischen Seite erpresst wurden.

Besonders für diese Phase der polnischen Geschichte ist die Gefahr einer Polarisierung und Emotionalisierung gegeben. Wenn wir Personen als Verräter betrachten, die sich zwar für die Zusammenarbeit mit den sowjetischen Besatzern entschieden, dabei aber die polnische Staatsraison nicht völlig vergaßen, wird diese Interpretation polarisierend wirken. Man wird auch keine passende Bezeichnung für die Politik der großen oppositionellen Partei der ersten Nachkriegsjahre, der Polnischen Bauernpartei, finden. Sie musste die damaligen Realitäten anerkennen, um überhaupt existieren zu können. Es handelte sich also um Kollaboration, aber in einem neutralen Sinn, der mit Verrat nichts zu tun hat.

Ist es sinnvoll, von Kollaboration in Bezug auf spätere Perioden zu sprechen, nachdem sich das System in Polen gefestigt hatte und internationale Anerkennung genoss? Betrachten wir zuerst die höchste staatliche Ebene. Hans Kirchhof beschrieb die dänische Politik während des Zweiten Weltkriegs mit dem Begriff „Staatskollaboration".[15] Die ostmittel-europäische Wirklichkeit nach 1945 ging aber über den Fall Dänemark weit hinaus, weil die Indoktrination der Gesellschaft einer direkten Unterordnung der Staaten diente. Die damalige dänische Politik entspricht zweifellos meinem Verständnis von Kollaboration: eine unvermeidbare Zusammenarbeit in einigen Bereichen und zugleich der Versuch, in anderen Bereichen eigene Interessen durchzusetzen. Wäre aber die ostmitteleuropäische Perspektive der „gesellschaftlich unterbauten Staatskollaboration" wissenschaftlich ergiebiger für eine Analyse der Mechanismen einer Stabilisierungspolitik innerhalb einer Einflusszone? Bei Fragen nach der Umsetzung von Herrschaft im politischen und sicherheitspolitischen Bereich sicherlich nicht. Der Begriff könnte aber hilfreich sein bei einer Analyse der Handlungsspielräume zwischen der Unterordnung unter einen anderen Staat und der Vertretung der eigenen nationalen bzw. staatlichen Interessen. Dies ist eine sehr dynamische Beziehung, und auch in Polen setzte sich die Regel durch, dass Kollaborateure

– eigene nationale bzw. staatliche Interessen desto erfolgreicher verteidigen konnten, je stärker die innenpolitische Basis und je günstiger der internationale Rahmen dafür war;

– in Wechselwirkung dazu die innenpolitische Basis desto eher stärken konnten, je besser es ihnen gelang, die erfolgreiche Durchsetzung eigener nationaler bzw. staatlicher Interessen der Gesellschaft zu präsentieren.

Damit sind wir am entscheidenden Punkt angelangt, weswegen wir in Bezug auf die späteren Jahre der Volksrepublik Polen den Begriff Kollaboration nicht benutzen sollten. Andernfalls ‚lauern' mindestens drei Gefahren auf den Forscher:

– Die Realität des Alltagslebens kann übersehen werden.

– Außerdem suggeriert der Begriff Kollaboration, dass es in der Volksrepublik Polen ein verbindliches Muster gab, was unter einer patriotischen Haltung zu verstehen sei, die ein „richtiger Pole" an den Tag legen sollte. Ein solches Muster gab es aber nicht,

---

15 In: Okkupation und Kollaboration (wie Anm. 3), S. 101-118.

auch keine Merkmale, die z.B. mit der Rolle von Religion und Sprache während der
Teilungszeit vergleichbar gewesen wären. Die Meinungen über Patriotismus und Verrat
waren einem starken Wandel unterworfen: 1946 musste die polnische kommunistische
Partei noch einen Volksentscheid zum eigenen Vorteil fälschen, während rund zehn
Jahre später, nach dem Ende des Stalinismus, der Erste Sekretär derselben Partei,
Władysław Gomułka, als Nationalheld gefeiert wurde.

– Kollaboration findet zudem in einem bestimmten gesellschaftlichen, emotionellen Kontext statt: Man ist sich der fehlenden Souveränität bewusst und empfindet den Verlust
   in verschiedenen Lebensbereichen. Ein solches Verlustgefühl gab es in Polen während
   des Zweiten Weltkriegs und in den ersten Jahren der sowjetischen Dominanz. Dann
   aber änderte sich die Bewusstseinslage der großen Mehrheit grundlegend. Wenn ein
   großer Teil der Gesellschaft nicht das Gefühl hat, von einer fremden Macht mit Gewalt
   unterjocht zu werden, ist auch der Begriff Kollaboration nicht anwendbar.

Es besteht immer die Gefahr, dass in einer Konkurrenz der Kollaborateure dem Besatzer
immer „lukrativere" Angebote gemacht werden, was den Ausbau einer innenpolitischen
Basis erschwert. Jede Gruppierung versucht jedoch, diese Basis schon aus Eigeninteresse
auszubauen. In einer günstigen Lage kann es dazu kommen – wie in der Volksrepublik
Polen –, dass diese Basis eine Stabilität erreicht, die ein direktes Eingreifen des darüber
herrschenden fremden Staates überflüssig macht. In der Volksrepublik Polen konnte man
dabei auf folgende Motivbündel zurückgreifen wie: 1. der Glaube an die sozialistische
(kommunistische) Ideologie; 2. politische Ambitionen, Opportunismus und wirtschaftliche
Interessen; 3. die Überzeugung von der Permanenz der sowjetischen Hegemonie; 4. die
Vorstellung der Schwäche und Ungerechtigkeit des kapitalistischen Systems (besonders in
Vorkriegspolen verbreitet). Diese Bereitschaft zur Zusammenarbeit konnte ausgenutzt werden, um den Status quo zu legitimieren und den Widerstandswillen der Gesellschaft zu
schwächen.

Auf dieser Grundlage entstand eine eigene gesellschaftliche Basis, die es den polnischen
Kommunisten ermöglichte, eine Kollaborationsregierung in eine Diktatur umzuwandeln.
Natürlich war im Allgemeinen bekannt, wer der wahre Souverän war. Dieser setzte aber
seine Macht nur in Notfällen ein, um die von ihm abhängige Diktatur an der Macht oder
unter Kontrolle zu halten. Damit spielten nunmehr Prozesse und Mechanismen eine erstrangige Rolle, die mit der Befestigung eines diktatorischen Systems oder mit Versuchen, es zu
stürzen, verbunden waren. Kollaboration und Verrat treten in diesem Kontext nicht als historische Erscheinungen auf, sondern nur als Schlagwörter, die es der Opposition erleichterten,
sich gegen eine Diktatur zu organisieren, die als Fremdherrschaft empfunden wurde. Dies
bedeutet nicht, dass die fehlende Souveränität in den folgenden Jahren keine Rolle mehr
spielte, besonders in den 80er Jahren kehrte das Thema zurück. Der mit der Pariser Exil-
zeitschrift „Kultura" verbundene bekannte Journalist Juliusz Mieroszewski schrieb Anfang
der 50er Jahre, dass man überzeugte Kommunisten von sowjetischen Agenten unterscheiden
solle, auch wenn in der Praxis diese Unterscheidung kaum eine Bedeutung habe. Auf die
Leser der in Polen illegalen „Kultura" Bezug nehmend schrieb er: „Wir stützten uns auf die
Intelligenz, die eine potenzielle Opposition darstellt. Diese Leute im Lande, die abgeschrie-
bene Hefte der ‚Kultura' lesen, arbeiten vielleicht mit dem Regime als Ärzte, Ingenieure
usw. zusammen. Sie arbeiten mit dem Kommunismus aber nicht ideologisch zusammen,
sie schreiben keine Artikel für die Presse, usw." Nur eine ideologische Zusammenarbeit

war für Mieroszewski gleichbedeutend mit Kollaboration.[16] Schon früh ging die polnische Emigration nach 1945 davon aus, dass es zulässig sei, in Verwaltung und in öffentlichen Einrichtungen zu arbeiten, wenn diese Arbeit keinen politischen Charakter trage. Eine politische Zusammenarbeit, wie z.B. die von Stanisław Mikołajczyk mit den Kommunisten, wurde jedoch von vielen polnischen Emigranten als Verrat angesehen.[17]

Mieroszewski ging also nicht von einer „situationsbedingten Kollaboration" aus, wenn er Personen, die aus pragmatischen Gründen mit den Behörden zusammenarbeiteten, als „potenzielle Opposition" anerkannte. Ideologische und politische Affinitäten bildeten für ihn die entscheidende Weichenstellung hin zur Kollaboration. Als Mieroszewski im Jahre 1951 seinen Artikel schrieb, war seine Formulierung noch eindeutig, weil die kommunistischen Machthaber eine volle ideologische Unterwerfung verlangten und deshalb eine politische Zusammenarbeit ohne ideologische Grundlage gar nicht möglich war. Weniger eindeutig stellt sich der Sachverhalt bereits bei der Vertretung der polnischen katholischen Laien (ZNAK-Bewegung) im polnischen Parlament seit 1956 dar. Wenn man überhaupt eine ideologische Gemeinsamkeit mit den kommunistischen Machthabern erkennen kann, dann erschöpfte sie sich in der Überzeugung von der Unvermeidbarkeit eines Verzichts auf das Wiedererlangen der Souveränität (zumindest in absehbarer Zukunft). Ein Aktivist der ZNAK-Bewegung, der Journalist und Schriftsteller Stefan Kisielewski, schrieb am 14. April 1957 im „Tygodnik Powszechny": „Wenn man unsere geographische Lage zwischen Deutschland und Russland berücksichtigt, dazu die lebendigsten Interessen Russlands in der DDR, wie auch die allgemeine politisch-strategische Lage in Europa und in der Welt, wird man feststellen müssen, dass jeder Versuch Polens, sich von Russland, vom Ostblock und von der sozialistischen Ideologie und ihren Losungen zu lösen, in sich die Gefahr der russischen Militärintervention birgt, was uns in eine noch schwierigere Situation als die Ungarns versetzen und (...) die Staatsraison schmerzhaft verletzen würde."[18] Kollaboration ist in diesem Fall zweifellos nicht der passende Begriff, zumal die ZNAK-Bewegung von vielen Polen als ein Teil einer (begrenzten) Demokratisierung des politischen Systems betrachtet wurde und dies in der Tat auch war. Näher liegend wäre dagegen ein Vergleich mit den Traditionen der polnischen ,aktivistischen' Politik in der Teilungszeit, die davon ausging, dass eine aktive Zusammenarbeit mit einer der Teilungsmächte sowohl als persönliche Entscheidung als auch als politisches Programm vertretbar sei.[19]

---

16 Jerzy Giedroyc – Juliusz Mieroszewski. Listy 1949–1956 [Jerzy Giedroyc – Juliusz Mieroszewski. Briefe 1949–1956). Warszawa 1999, Bd. 1, S. 123; Bd. 2, S. 191, 157.
17 Vgl. Tadeusz Wolsza, Opinie, oceny i propozycje „Polskiego Londynu" w sprawie przystosowania społeczeństwa w kraju do nowej rzeczywistości społeczno-politycznej i gospodarczej (przełom lat czterdziestych i pięćdziesiątych XX w.) [Meinungen, Urteile und Vorschläge des „Polnischen London" in der Frage der Anpassung der Gesellschaft im Lande an die neue politisch-gesellschaftliche und wirtschaftliche Wirklichkeit (Umbruch der 40er und 50er Jahre des 20. Jahrhunderts), in: Polacy wobec PRL. Strategie przystosowawcze [Polen gegenüber Volksrepublik Polen. Anpassungsstrategien], hrsg. v. Grzegorz Miernik. Kielce 2003, S. 37-55, hier S. 42. Nach Wolsza glaubte man in der polnischen Emigration, diese Personen könnten eine für das System ähnlich destruktive Rolle spielen wie in der deutschen oder sowjetischen Verwaltung während des Zweiten Weltkriegs.
18 Tygodnik Powszechny vom 14. April 1957.
19 Andrzej Chwalba, Historia Polski 1795–1918 [Geschichte Polens 1795–1918]. Kraków 2000, S. 350, schrieb über die Zeit: „(...) sie waren gegen innere Emigration, gegen Nachdenken über

Jedenfalls änderte sich diese Situation bis zum Ende der Volksrepublik Polen nicht mehr. Dabei spielte meiner Meinung nach auch eine Rolle, dass Kollaboration eine Erscheinung ist, die sich mit der Bedrohung von Staat und Nation verbindet. Die Volksrepublik Polen stellt sicher eine Periode der zivilisatorischen Abkoppelung Polens von der Entwicklung in Westeuropa, aber keine Zeit der Bedrohung der staatlichen und nationalen Existenz dar. Es gab eben keine Bedrohung des Nationalstaates. Dementsprechend fand ein Engagement innerhalb des Systems keine einheitliche Ablehnung der Gesellschaft, die mit der während der Besatzung im Zweiten Weltkrieg vergleichbar wäre.

Niederlage, Verehrung der Gräber und des Leidens. Sie wollten nützlich für sich, für den polnischen Landadel, für das Land arbeiten. Sie formulierten bescheidene, realistische Aufgaben." Solche Kontinuität merkt auch Wolsza, Opinie (wie Anm. 17), S. 46 f.

Tomasz Szarota

Kollaboration mit deutschen und sowjetischen Besatzern aus polnischer Sicht – damals, gestern und heute

Die polnischen Debatten zur jüngsten Geschichte haben überwiegend mit so genannten weißen Flecken zu tun, mit Geschehnissen und Problemen also, die jahrzehntelang infolge von Zensur verschwiegen wurden.[1] Sie haben aber auch mit der derzeitigen internationalen Diskussion über die Vergleichbarkeit der totalitären Regime, des nationalsozialistischen und des kommunistischen, zu tun. An dieser Diskussion beteiligen sich Polen nicht zuletzt deshalb, weil sie die unmenschliche Seite beider Systeme in voller Härte und unmittelbar erfahren haben. Entsprechend ist auch der polnische Umgang mit dem Problem „Kollaboration" im Kontext dieser Erfahrungen zu betrachten.

Einige Bemerkungen allein schon zum Begriff „Kollaboration" müssen vorangeschickt werden. Aus sprachwissenschaftlichen Arbeiten zur polnischen Sprache der Kriegs- und Okkupationszeit[2] sowie aus meiner Kenntnis der Untergrundpresse geht hervor, dass die Begriffe „Kollaboration" und „Kollaborateur" in den Jahren 1939–1945 von Polen äußerst selten gebraucht wurden.[3] Stefan Korboński, der als Chef der Führung für den Zivilen Kampf (KWC) in der polnischen Widerstandsbewegung für die Bekämpfung von Kollaboration verantwortlich war, schrieb später: „Als Kollaboration galt die freiwillige Zusammenarbeit mit dem Besatzer zum Schaden des Landes oder der Mitbürger. Dieser Vorwurf wurde äußerst selten erhoben und wenn, dann wurden die lebensnotwendigen Dinge und die Existenzbedingungen unter der Besatzung berücksichtigt."[4] Eine dezidierte Meinung zum Thema Kollaboration vertrat auch Bohdan Korzeniewski, Mitglied des Geheimen

1   Eingriffe der Zensur betrafen vor allem, wenn auch nicht ausschließlich, die Geschichte der polnisch-russischen und polnisch-sowjetischen Beziehungen. In der zweiten Hälfte der 70er Jahre erschienen bereits unzensierte Untergrundpublikationen im sog. zweiten Umlauf („Samizdat"-Literatur). – Der vorliegende Beitrag basiert auf meinem polnischen Text: Kolaboracja z okupantem niemieckim i sowieckim w oczach Polaków – wówczas, wczoraj i dziś [Die Kollaboration mit dem deutschen und sowjetischen Besatzer in den Augen der Polen – damals, gestern und heute], in: Sobótka (2000), Nr. 4, S. 493-508.
2   Vgl. Stanisław Kania, Polska gwara konspiracyjno-partyzancka czasu okupacji hitlerowskiej [Die Sprache der Partisanen in der Zeit der nationalsozialistischen Besatzung]. Zielona Góra 1975; Feliks Pluta, Język polski w okresie Drugiej Wojny Światowej. Studium słowotwórczo-semantyczne [Die polnische Sprache in der Zeit des Zweiten Weltkriegs. Eine Studie zur Wortbildung und Semantik]. Opole 1975; Język polski czasu drugiej wojny światowej [Die polnische Sprache in der Zeit des Zweiten Weltkriegs], unter der Red. v. Irena Bajerowa. Warszawa 1996.
3   Ich stieß im „Biuletyn Informacyjny" („Informationsbulletin". Zentralorgan der Heimatarmee) nicht ein einziges Mal auf den Begriff. Die beste Arbeit bleibt Hans Lemberg, Kollaboration in Europa mit dem Dritten Reich um das Jahr 1941, in: Das Jahr 1941 in der europäischen Politik, hrsg. v. K. Bosl. München/Wien 1972, S. 143-162.
4   Stefan Korboński, Polskie państwo podziemne. Przewodnik po Podziemiu z lat 1939–1945 [Der

Theaterrates, der 1940 den Schauspielern verbot, in den von den Deutschen konzessionierten öffentlichen Theatern des Generalgouvernements aufzutreten. Auf die Bemerkung der Journalistin Małgorzata Szejnert: „Ihre Generation kam damals mit einer überraschenden Erscheinung – der Kollaboration der Schauspieler – in Berührung", reagierte Korzeniewski im Jahre 1988: „Ich mag dieses Wort nicht. Es ist nicht das richtige. Als Kollaborateure wurden Politiker bezeichnet, denen die Behörden des Tausendjährigen Reiches eine Zusammenarbeit vorschlugen. Polen, polnischen Politikern war eine solche Zusammenarbeit nicht vorgeschlagen worden. Reden wir also nicht von Kollaborateuren, sondern lediglich von Leuten, die freiwillig die deutschen Verordnungen ausführten. Verordnungen, die gegen die vom polnischen Untergrundstaat geschützten Werte gerichtet waren. Statt von ‚Kollaboration‘ würde ich lieber von ‚Ungehorsam‘ sprechen."[5] In einem 1992 veröffentlichten Beitrag schrieb der Publizist Tadeusz Chrzanowski: „Meine Landsleute rühmen sich oft dessen, dass Polen das einzige Land war, in dem es keine Kollaborateure von Rang gegeben habe, dass hier kein Marionettenkabinett entstanden sei, dass ... Aber um Himmels willen, Landsleute – die Deutschen selbst wollten doch hier nicht einmal eine Marionettenregierung haben, sie suchten keine Kandidaten für die Kollaboration, denn wenn sie welche gesucht hätten, dann hätten sie auch welche gefunden."[6]

Es wird also nach Kollaboration in einem „Land ohne Quisling"[7] gefragt. Die mit der Linken verbundene Halina Krahelska bezog im Frühjahr 1944 denselben Standpunkt, den der eben zitierte Chrzanowski einige Jahrzehnte später einnahm. Sie schrieb: „Dass sich aber Opportunismus (...) und Versöhnung gegenüber den Deutschen nicht im Lande verbreiteten, dafür liegt die Schuld (oder das Verdienst) bei den Deutschen selbst, die nichts tun wollten, um die polnische Bevölkerung für sich zu gewinnen, zumindest nicht in der Zeit, als sie an der Front einen Sieg nach dem anderen errangen."[8] Es bleibt eine unbestrittene Tatsache, dass Polen keinen Quisling hervorbrachte, aber auch, dass die Kollaboration in diesem Land niemals Massencharakter hatte. Der Warschauer Arbeiter Kazimierz Szymczak notierte am 29. August 1942 in seinem Okkupationstagebuch: „Ich bin stolz darauf, dass ich dem Volk angehöre, in dem es keine Massenverräter gibt, es gibt nur Massengräber und einzelne Verräter, die mit dem Besatzer zusammenarbeiten."[9] Auf das Problem der

polnische Untergrundstaat. Ein Führer durch den polnischen Untergrund 1939–1945]. Paris 1975, S. 145.

5 Małgorzata Szejnert, Sława i infamia. Rozmowa z Bohdanem Korzeniewskim [Ruhm und Infamie. Gespräch mit Bohdan Korzeniewski]. 2. Aufl., Warszawa 1988, S. 15 (die 1. Aufl. erschien im selben Jahr in London im Verlag „Aneks").

6 Tadeusz Chrzanowski, Kolaborant czyli sługa złych panów [Kollaborateur, d.h. ein Diener böser Herren], in: Dialog (1992), Nr. 8, S. 116 f.

7 Vgl. Tomasz Szarota, Il collaborazionismo in un paese senza Quisling. Il casa di Varsavia: fonti et prospettive di ricerca, in: Una certa Europa il collaborazionismo 1939–1945. Brescia 1992 (Annali della Fondazione Luigi Micheletti. 6), S. 395-414.

8 Halina Krahelska, Postawa społeczeństwa polskiego pod okupacją niemiecką [Die Haltung der polnischen Bevölkerung unter deutscher Besatzung], in: Archiwum Akt Nowych [Archiv der Neuen Akten] Warschau, Abteilung VI, Sig. 33883/II-4, S. 11.

9 Kazimierz Szymczak, Dni zgrozy i walki o wolność [Tage des Grauens und des Freiheitskampfes], in: Pamiętniki robotników z czasów okupacji [Arbeitererinnerungen aus der Besatzungszeit]. Warszawa 1948, S. 79.

politischen Zusammenarbeit mit den Deutschen komme ich noch zurück, hier möchte ich nur auf eine in diesem Zusammenhang kaum beachtete Quelle hinweisen, die davon zeugt, dass sich Stalin der Gründung eines kleinen polnischen Pufferstaates entschieden widersetzte. Der deutsche Botschafter Schulenburg telegrafierte nach einem Treffen mit ihm am 25. September 1939 aus dem Kreml nach Berlin: „Stalin trug folgendes vor. Bei der endgültigen Regelung der polnischen Frage müsste alles vermieden werden, was in Zukunft Reibungen zwischen Deutschland und der Sowjetunion gebären könnte. Unter diesem Gesichtspunkt erscheine ihm die Belassung eines selbständigen Restpolens abwegig."[10]

Bereits am 17. September 1939 war die Rote Armee auf Befehl Stalins – „Hitlers besten Verbündeten"[11] – in Polen einmarschiert. Im Einklang mit dem deutsch-sowjetischen Abkommen vom 28. September desselben Jahres geriet ein Großteil des polnischen Staates unter sowjetische Besatzung – die vierte Teilung Polens wurde vollzogen.

Den Begriff „sowjetische Besatzung" durften wir bis 1989 nicht gebrauchen, und alles, was unter sowjetischer Herrschaft passiert war, war in der Volksrepublik Polen tabu, bildete damit also keinen Gegenstand wissenschaftlicher Forschungen.[12] Nicht nur Polen hatte mehr als einen Besatzer: in Frankreich waren es außer den Deutschen die Italiener, in Griechenland außer den Deutschen Italiener und Bulgaren. Die Polen hatten sogar vier Besatzer, denn ein Teil des Landes befand sich für einige Monate unter litauischer Besatzung, und ein kleines Gebiet, dafür aber längere Zeit – unter slowakischer Besatzung. Uns interessiert allerdings nur der Vergleich der sowjetischen Besatzung mit der deutschen.[13] Zweifellos kann man dabei von Ähnlichkeiten sprechen. Der Vertreibung der Polen durch die Deutschen aus den sog. eingegliederten Ostgebieten[14] und später der Verschickung von Polen zur Zwangsarbeit ins Reich entsprachen die vier Deportationsaktionen von Polen ins Innere der UdSSR (hauptsächlich nach Sibirien), die in den Jahren 1940/41 von den sowjetischen Behörden durchgeführt wurden. Sowohl in den Konzentrationslagern der Nationalsoziali-

---

10 Akten zur Deutschen Auswärtigen Politik 1918–1945. Serie D: 1937–1945, Band VIII: Die Kriegsjahre, Erster Band: 4. September 1939 bis 18. März 1940. Baden-Baden /Frankfurt a.M. 1961, S. 101.

11 Ich erinnere daran, dass das Buch des Polen Aleksander Bregman, das 1958 erstmals erschien und dann in einige Sprachen übersetzt wurde, eben diesen Titel trug: „Najlepszy sojusznik Hitlera".

12 Es ist deswegen ja auch kein Zufall, dass das bahnbrechende Buch von Jan Tomasz Gross, einem polnischen Emigranten, in den Vereinigten Staaten erschien: Revolution from Abroad. The Soviet Conquest of Poland's Western Ukraine and Western Belorussia. Princeton, N.J. 1988.

13 Am Rande weise ich darauf hin, dass die Zensur in den Jahren 1949–1989 (also fast während der gesamten Existenz der DDR) Begriffe wie „deutsche Besatzung" und „deutsche Verbrechen" ablehnte und anordnete, stattdessen die Termini „Nazibesatzung" und „Naziverbrechen" zu verwenden. Die 1945 gegründete Hauptkommission zur Untersuchung der Deutschen Verbrechen in Polen änderte 1949 ihren Namen in Hauptkommission zur Untersuchung der Naziverbrechen in Polen. Heute ist das die Hauptkommission zur Untersuchung der Verbrechen gegen das Polnische Volk – Institut des Nationalen Gedenkens. Zum Vergleich beider Besatzungen vgl. Tomasz Szarota, Poland under German Occupation, 1939–1941: A Comparative Survey, in: From Peace to War. Germany, Soviet Russia and the World 1939–1941, hrsg. v. B. Wegner. Providence/Oxford 1997, S. 47-61.

14 Einen Teil des besetzten Territoriums Polens (Oberschlesien, Pommerellen, Großpolen, dazu ein Teil Zentralpolens mit Lodz, das in Litzmannstadt umgetauft wurde) verleibten die Deutschen dem Dritten Reich ein (genauso hielten sie es z.B. mit Elsass und Lothringen). Viele polnische Familien wurden aus diesem Gebiet in das Generalgouvernement vertrieben.

sten als auch im Stalinschen Archipel Gulag, in denen Völkermord begangen wurde, kamen Bürger des polnischen Staates ums Leben. Den Kampf des Nationalsozialismus gegen den „Rassenfeind" kann man mit dem Kampf des kommunistischen Regimes gegen den „Klassenfeind" vergleichen. Zwar benutzten die Kommunisten keine Gaskammern, führten jedoch ohne jeden Skrupel Massenhinrichtungen durch. Es genügt, hier auf das Schicksal von fast 15 000 polnischen Offizieren hinzuweisen, die in Katyn, Mednoje und Charkow erschossen wurden.[15] Die materiellen Bedingungen unter beiden Besatzungen waren ziemlich ähnlich – hier und dort herrschten Hunger und Armut, die Bevölkerung unterlag einer raschen und drastischen Pauperisierung.[16]

Das, was die Situation unter sowjetischer Besatzung von der Lage unter deutscher Besatzung unterschied, war – natürlich neben dem unter NS-Herrschaft begangenen Holocaust – vor allem der Umgang der Besatzer mit dem nationalen und kulturellen Erbe sowie mit der polnischen Intelligenz. Zum Symbol der deutschen Herrschaft in Polen wurde die Verhaftung der Professoren der Krakauer Universität am 6. November 1939 und ihre Deportation ins Konzentrationslager Sachsenhausen, die Schließung aller Ober- und Hochschulen, die Exekution von Politikern, Wissenschaftlern und Künstlern, die Beseitigung der Denkmäler namhafter Polen, die Einführung einer Liste des „unerwünschten und schädlichen Schrifttums", die Schließung von Museen, wissenschaftlichen Bibliotheken, Konzertsälen und auch von Dramentheatern mit seriösem Repertoire.[17] Im von den Sowjets besetzten Lemberg (Lwów) dagegen waren polnische Oberschulen und eine Universität geöffnet, der nunmehr der Name Ivan Franko verliehen worden war, die Theater führten polnische Klassik auf, Konzerte fanden statt. Im März 1940 hieß es in der Warschauer Untergrundzeitung „Polska Żyje!" in der Notiz „Was ist in Lemberg los": „Die Einstellung der Sowjets zur polnischen Kultur ist ostentativ positiv. (...) Die Boschewiken haben Achtung vor sog. Intelligenzberufen."[18] Letztere Beobachtung traf gewiss auf Gelehrte, Lehrer, Ärzte und Künstler

---

15 Insgesamt wurden mehr als 22 000 polnische Kriegsgefangene in der Sowjetunion ermordet. Eine der ersten, wenn nicht überhaupt die früheste Publikation über Katyn war das Buch von Józef Mackiewicz, der im April 1943 am Ort des Verbrechens gewesen war: Katyn – ungesühntes Verbrechen. Zürich 1949; 2. Aufl., Frankfurt a.M. 1983. Weitere Hinrichtungsorte wurden erst in den 80er Jahren entdeckt.

16 Vgl. Tomasz Szarota, Warschau unter dem Hakenkreuz. Leben und Alltag im besetzten Warschau. Paderborn 1985; Stanisława Lewandowska, Życie codzienne Wilna w latach II wojny światowej [Das Alltagsleben in Wilna in den Jahren des Zweiten Weltkriegs]. Warszawa 1997; Grzegorz Hryciuk, Polacy we Lwowie 1939–1944. Życie codzienne [Polen in Lemberg 1939–1944. Alltagsleben]. Warszawa 2000.

17 Die Deutschen gestatteten im Generalgouvernement die Öffnung von Revuetheatern. In den Instruktionen an die örtlichen Behörden wurde unterstrichen, dass die Vorführungen keinen künstlerischen Charakter haben dürften, und es wurden Aufführungen mit anzüglichen Inhalten empfohlen. Der bereits zitierte Bohdan Korzeniewski erinnert sich: „Es war wohl Ende 1941, als die Deutschen Journalisten aus den eroberten Ländern – aus Frankreich, Holland und wohl Dänemark oder Norwegen – nach Warschau brachten. Ein gutes Dutzend Leute. Sie zeigten ihnen diese Theater zum Beweis, dass Polen ein normales Leben führt, nur, dass es ein wildes Volk ist. Ein Volk ohne Kultur, das keine dramatischen Theater, keine echte Literatur, sondern nur das hat, was hier zu sehen ist. Es hat eine sekundäre, unzüchtige Scheinkultur." Szejnert, Sława (wie Anm. 5), S. 16.

18 Polska Żyje! (Polen lebt!) Nr. 39-40 (1940).

zu, während das Verhältnis gegenüber Vertretern der Justiz, höheren Staatsbeamten, Offizieren, Polizisten, Forstleuten, Priestern und Ordensgeistlichen entschieden feindselig war – sie wurden verfolgt und schikaniert.

Nach der Niederlage Frankreichs, also seit dem Sommer 1940, begannen die sowjetischen Behörden sich deutlich darum zu bemühen, die Polen für sich zu gewinnen, in denen sie wohl schon künftige Verbündete im näher rückenden Zusammenstoß mit dem Dritten Reich erblickten.[19] Eben diesem Zweck dienten die im großen Stil organisierten und breit propagierten Feierlichkeiten anlässlich des 85. Todestages des Dichters Adam Mickiewicz im November 1940.[20] Die Kunde darüber drang natürlich auch ins Generalgouvernement. Im Bericht vom 20. März 1941 schrieb dazu der deutsche Kommandant von Warschau, Oberst Walter von Unruh: „Noch mehr wie vorher wird von einem unmittelbar bevorstehenden Krieg mit Russland gesprochen. Während man aber früher einen Sieg der Russen nicht wünschte, ist jetzt die Stimmung dahin umgeschlagen, dass man eine russische Herrschaft den dauernden deutschen Misshandlungen vorzieht, zumal die Russen, wie bekannt wurde, in letzter Zeit die Polen ausgesucht gut behandeln. So wurde zum Beispiel für den polnischen Nationaldichter Mickiewicz – einer Art Schiller für das polnische Volk –, dessen Denkmal in Krakau entfernt worden ist, in Russland eine Gedenkwoche von der Sowjetregierung angeordnet.“[21]

1. Wie wurde die Kollaboration während der Besatzung, *damals* also, gesehen

Auf das Verhalten eines Polen während der Besatzung sowie auf seine Einschätzungen des Verhaltens seiner Landsleute und seiner Mitbürger[22] wirkten viele Faktoren ein. Zu den

---

19 Ich riskiere die These, dass die Entscheidung über die Beseitigung der polnischen Kriegsgefangenen (vom 5. März 1940) nach der Niederlage Frankreichs nicht mehr getroffen worden wäre. Es ist sehr wahrscheinlich, dass ziemlich früh Meldungen über die Vorbereitungen Deutschlands auf den sog. Barbarossa-Plan nach Moskau gelangt waren. Ich denke dabei sowohl an Meldungen der Nachrichtendienste als auch Berichte des Botschafters der UdSSR in Berlin (die chiffriert waren und bis heute nicht öffentlich zugänglich gemacht wurden).

20 Es wäre wichtig zu ermitteln, wann genau in Moskau die Entscheidung fiel, diese Feierlichkeiten zu veranstalten. Die Warschauer Untergrundzeitung „Biuletyn Informacyjny" vom 20. September 1940 brachte die Nachricht darüber eine Woche nach der die Festivitäten ankündigenden Rede des kommunistischen Funktionärs Jerzy Borejsza in „Radio Lwów". Über den Verlauf der Feierlichkeiten vgl. Jan Rogowski, Kult A. Mickiewicza we Lwowie w latach 1939–1941 [Die Mickiewicz-Verehrung in Lemberg 1939–1941], in: Pamiętnik Literacki (1948), S. 522-532, sowie Mieczysław Inglot, Polska kultura literacka Lwowa lat 1939–1941 [Die polnische literarische Kultur in Lemberg 1939–1941]. Wrocław 1995, S. 124-157.

21 Institut für Zeitgeschichte, München, Mikrofilm MA 679/2/, Bl. 1111. Einige andere deutsche Berichte hierzu veröffentlichte Klementyna Pytlarczyk. Im Brief vom 18. Dezember 1940 an das Außenministerium heißt es: „Die – unmittelbar nach der Beseitigung des Mickiewicz-Denkmals in Krakau – einsetzenden Mickiewicz-Veranstaltungen in Lemberg haben u.a. angeblich zur Folge gehabt, dass sogar eine bereits auf den Namen des Sowjetmarschalls und ehemaligen Kriegskommissars Woroschilow umgetaufte Straße den Namen Mickiewicz-Straße zurückerhielt", in: Z dziejów stosunków polsko-radzieckich. Studia i Materiały 5 (1969), S. 210. Am Rande sei gesagt, dass das Mickiewicz-Denkmal auch in Posen von den Deutschen entfernt wurde. Im Mai 1940 sprengten sie das Chopin-Denkmal in Warschau.

22 Ich erinnere daran, dass Vorkriegspolen ein Vielvölkerstaat war, in dem u.a. Juden, Deutsche und Ukrainer Mitbürger der Polen waren. In der Forschung wurde für die Territorien unter sowjeti-

wichtigsten gehörten zum einen das Verhältnis zu der zunächst nach 123 Jahren Knechtschaft wieder gewonnenen und jetzt nach 20 Jahren erneut verlorenen polnischen Staatlichkeit, zum anderen der Charakter des vom Aggressor installierten Besatzungssystems und
schließlich die Propagandaeinwirkung des polnischen Untergrundstaates, eines im Rahmen
der Widerstandsbewegung funktionierenden Phänomens, das in keinem anderen besetzten
Land existierte.[23] Die Untergrundbehörden, die mit der zuerst in Frankreich und dann in
London wirkenden Exilregierung verbunden waren, die oft unter dem Decknamen „maß-
geblicher Faktoren im Land" auftraten, wirkten mit Hilfe eigener Massenmedien[24] auf die
Stimmung der Bevölkerung ein, formulierten einen patriotisch-staatsbürgerlichen Moralkodex und brandmarkten jene, die sich nicht an diese Vorschriften hielten. Die Untergrundjustiz wiederum ermöglichte es, Verräter und diejenigen zu bestrafen, deren Vorgehen einen
Grund lieferte, sie aus der nationalen Gemeinschaft auszustoßen, ihnen die Ehre abzuer-
kennen und sie mitunter sogar zur Todesstrafe zu verurteilen.[25]

Es ist schwierig, die Frage eindeutig zu beantworten, ob die polnische Exilregierung
und die mit ihr verbundene Untergrundbewegung die deutschen und sowjetischen Besatzer
in den Jahren 1939–1941 identisch behandelten. In der am 15. November 1939 in Paris
verabschiedeten Richtlinie über das Verhältnis der Bevölkerung zu *beiden* Besatzern wurde
angeordnet, beide „politisch zu boykottieren und jeglichen geselligen Umgang mit ihnen
zu meiden".[26] Dieser anscheinend klare Sachverhalt kompliziert sich jedoch, wenn wir den
patriotischen Dekalog betrachten, der im Frühjahr 1940 in der Untergrundpresse veröffentlicht wurde. Als erste brachte die Warschauer Zeitung „Pobudka" („Weckruf") am 18. April
1940 den Text „Bojkot najeźdźcy" („Boykott dem Aggressor"), in dem nur vom deutschen
Besatzer die Rede ist. Am 1. Mai 1940 erschien derselbe Dekalog dann im Untergrundblatt
„Polska Żyje!" und zehn Tage darauf im „Biuletyn Informacyjny" („Informationsbulletin"),
der zwar ebenfalls in Warschau verlegt wurde, aber das Organ einer landesweiten Organisation (der Vorgängerin der Heimatarmee) darstellte. Nur ein einziges Mal ist dabei von
beiden Besatzern die Rede, und zwar in dem Satz „Der Deutsche und der Bolschewik sind
weder Gast noch Tourist".[27] Von Besatzern im Plural ist dagegen in den am 25. Juli 1940

---

scher Besatzung gern die Kollaboration von Juden und Ukrainern hervorgehoben, unter deutscher
Besatzung die der ‚Volksdeutschen', also von Menschen, die sich im Generalgouvernement zur
deutschen Herkunft bekannten.

23 Vgl. Stanisław Salmonowicz, Polskie Państwo Podziemne [Der polnische Untergrundstaat]. Warszawa 1994; vgl. auch Waldemar Grabowski, Polska tajna administracja cywilna 1940–1945 [Die
polnische geheime Zivilverwaltung 1940–1945]. Warszawa 2003.

24 Dazu ist vor allem die Untergrundpresse zu zählen, es wurden jedoch auch Flugblätter gedruckt
und „Schmetterlinge" („papillons") an Wände und Litfasssäulen geklebt.

25 Über die militärische und zivile Untergrundjustiz gibt es in Polen bereits eine sehr reiche Literatur.
Nur einige Urteile wurden in der Untergrundpresse bekannt gegeben. Ein einziges Mal (am 5.
März 1943) wurde die Bevölkerung mit Hilfe von in Warschau an die Wände geklebten Plakaten
über ein Todesurteil informiert. Die geringste Strafe war eine per Post zugestellte Warnung, die
nächste ein schriftlicher Tadel und schließlich die Aberkennung der Ehre. Die Beschuldigten
wurden auch ausgepeitscht oder kahl geschoren, letzteres geschah hauptsächlich mit Frauen, die
sich mit Deutschen eingelassen hatten.

26 Armia Krajowa w dokumentach [Die Heimatarmee in Dokumenten]. Bd. 1, Londyn 1970, S. 5-8.

27 Der Dekalog wurde nach dem Krieg mehrfach nachgedruckt, wobei allerdings die Zensur immer
die Formulierung „und der Bolschewik" strich. Den vollständigen Text veröffentlichte erstmals

in Warschau erschienenen „Nakazy chwili" („Die Gebote der Stunde") die Rede. Dort hieß es, alle Kompromisse oder politischen Kombinationen, die eine wie auch immer geartete Zusammenarbeit mit den Besatzern mit einschließen, insbesondere aber jede Zustimmung zur Errichtung eines fiktiven polnischen Staates unter dem Protektorat Deutschlands oder einer föderativen polnischen Republik unter der Federführung der Sowjetunion stünden im Widerspruch zur Ehre der Nation, und seien aus politischer Sicht und im Hinblick auf die Unabhängigkeit unangebracht und schädlich. Gleichzeitig spekulierte man schon auf die Möglichkeit eines sowjetisch-deutschen Konflikts, als dessen Folge auch die Aufstellung von antideutschen oder antibolschewistischen Legionen nicht auszuschließen wäre. Deswegen hieß es, dass „unsere Haltung gegenüber solchen Initiativen entschieden negativ (verurteilend) sein muss". Es wurde auch empfohlen, sich den Einflüssen der „Germanisierung und Russifizierung" zu widersetzen.[28] Leider macht es der Forschungsstand zur Geschichte der sowjetischen Besatzung und der polnischen antisowjetischen Widerstandsbewegung vorläufig unmöglich, die dort herrschenden Stimmungen und Haltungen sowie die geltenden ethischen und patriotischen Verhaltensnormen zu analysieren. Wir wissen nicht, in welchem Grade die unter der deutschen Besatzung entstandenen moralischen Normen in das sowjetische Gebiet einwirkten und angenommen wurden. Es ist nicht ausgeschlossen, dass in dem von den Sowjets besetzten Lemberg das, was keinen Anstoß erregte, und das, was tadelnswert erschien, eher an die Situation im von den Deutschen besetzten Paris erinnerte als an die in dem ebenfalls von den Deutschen besetzten Warschau.[29] Die für die Lemberger Intelligenz bestimmte Zeitschrift „Nowe Widnokręgi" („Neue Horizonte") hatte ein ähnlich hohes Niveau wie die in Paris verlegte „Comaedia", dagegen kann man sie nicht mit den von den Deutschen für das polnische „Untermenschentum" bestimmten Blättern vergleichen, wie die anzügliche „Fala" oder das Unterhaltungsmagazin „7 Dni".[30]

Kehren wir jedoch zu dem Problem der politischen Kollaboration im besetzten Polen zurück. Die Deutschen verhielten sich entschieden negativ gegenüber den Initiativen eines der wenigen polnischen Germanophilen, Władysław Studnicki, der in einer an die Behörden des Dritten Reiches gerichteten Denkschrift verlangte, die Terrorherrschaft einzustellen, und

Andrzej Krzysztof Kunert, Rzeczpospolita walcząca. Styczeń – grudzień 1940. Kalendarium [Die kämpfende Republik. Januar – Dezember 1940. Kalendarium]. Warszawa 1997, S. 184 f.

28 Armia Krajowa w dokumentach (wie Anm. 26), S. 271 ff.

29 Anders gesagt: Jean-Paul Sartre, der in Paris seine beiden Theaterstücke aufführte, ein Buch in einem offiziell tätigen Verlag (Gallimard) veröffentlichte und einen Beitrag in einem von den Deutschen zensierten Blatt publizierte, hätte als Kollaborateur gegolten, wenn er dies in Warschau getan hätte. Es ist aber zweifelhaft, ob er auch in Lemberg zum Kollaborateur abgestempelt worden wäre. In Paris jedenfalls verurteilte ihn damals niemand dafür. Heutige Einschätzungen sind dagegen schon kritischer, vgl. Gilbert Joseph, Une si douce occupation. Simone de Beauvoir et Jean-Paul Sartre 1940–1944. Paris 1991.

30 Die sich in Warschau aufhaltende Schriftstellerin Aurelia Wyleżyńska notierte in ihrem Tagebuch am 22. Februar 1942 ihre Eindrücke von der Lektüre jenes Monatsblatts, dessen drei aus Lemberg geschmuggelte Hefte ihr jemand geliehen hatte: „Für einen Literaten ist in einer Zeitschrift alles interessant. (...) Das sind fast am Rande des Bolschewismus geschriebene Werke, mitunter nur gibt es eine Verbeugung in Richtung Stalin." Archiwum Akt Nowych, Abteilung VI, Sig. 231/I-1, Bl. 57 f.; vgl. Krzysztof Woźniakowski, „7 Dni" (1940–1944). Quasi-kulturalny gadzinowy tygodnik warszawski [„7 Tage" (1940–1944). Ein quasi-kulturelles Warschauer Reptilienwochenblatt], in: Zeszyty Prasoznawcze (1994), Nr. 1-2, S. 146.

dafür Zusammenarbeit anbot.[31] Keinerlei Forderungen stellten vermutlich die polnischen Faschisten, die mehrfach versuchten, einen polnischen Ableger der NSDAP ins Leben zu rufen. Über die Tätigkeit dieser kleinen Gruppe besitzen wir heute nur noch fragmentarische Kenntnisse.[32]

Nach wie vor offen ist die Frage, ob die Sowjets schon im Juli 1940 versuchten, eine polnische Kollaborationsregierung zu gründen. Vielleicht kann man in sowjetischen Archiven Dokumente finden, die belegen, ob dem mehrfachen polnischen Ministerpräsidenten in der Zwischenkriegszeit Kazimierz Bartel tatsächlich ein solcher Vorschlag unterbreitet wurde.[33] Aus der Notiz im Tagebuch Ludwik Landaus vom 31. Mai 1943 geht hervor, dass Leon Kozłowski, ein Ministerpräsident der Vorkriegszeit, nach seinem Besuch in Katyn als „Kandidat für den polnischen Quisling" galt.[34] Am bekanntesten ist jedoch wohl der Fall der von den Deutschen herausgegebenen und von Feliks Burdecki und Jan Emil Skiwski redigierten Schrift „Przełom" („Der Durchbruch"), die sich als Untergrundzeitung ausgab und seit dem Frühjahr 1944 erschien.[35] Ohne Zweifel kann man von einem Programm einer politischen Zusammenarbeit mit dem Feind sprechen, und Jan Emil Skiwski erinnert in gewissem Grade auch an den französischen Kollaborateur Robert Brasillach.[36]

---

31 Der Text der Denkschrift wurde in seinem Buch: Irrwege in Polen. Ein Kampf um die polnisch-deutsche Annäherung. Göttingen 1951, veröffentlicht. Einige Jahrzehnte darauf gab sie der Sohn Studnickis, Konrad Studnicki-Gizbert, zusammen mit anderen Materialien auf Polnisch heraus: Tragiczne manowce. Próby przeciwdziałania katastrofom narodowym 1939–1945 [Tragische Irrwege. Versuche 1939–1945, nationalen Katastrophen entgegenzuwirken]. Gdańsk 1995.

32 Das Material, das ich zusammengetragen habe, verwendete ich in dem Buch: U progu Zagłady. Zajścia antyżydowskie i pogromy w okupowanej Europie. Warszawa, Paryż, Amsterdam, Antwerpia, Kowno [An der Schwelle zur Vernichtung. Antijüdische Ausschreitungen und Pogrome im besetzten Europa. Warschau, Paris, Amsterdam, Antwerpen, Kaunas]. Warszawa 2000, S. 19-82.

33 Die Vermutung stammt von Czesław Madajczyk und Ryszard Torzecki in ihrem Beitrag Świat kultury i nauki Lwowa (1936–1941) [Die Welt der Kultur und der Wissenschaft in Lemberg (1936–1941)], in: Dzieje Najnowsze Nr. 1-4 (1982), S. 60 f.

34 Ludwik Landau, Kronika lat wojny i okupacji [Chronik der Kriegs- und Besatzungszeit], hrsg. v. Zbigniew Landau und Jerzy Tomaszewski. Bd. 2, Warszawa 1962, S. 458; kürzlich dazu: Maciej Kozłowski, Sprawa premiera Leona Kozłowskiego. Zdrajca czy ofiara [Der Fall des Ministerpräsidenten Leon Kozłowski. Verräter oder Opfer]. Warszawa 2005. Im „Biuletyn Informacyjny" vom 20. Mai 1943 wurde gewarnt: „Die Kugeln des polnischen Untergrundstaates, die ihren Weg zu den Krügern, den Schultzes und den Hoffmanns gefunden haben, werden auch leicht diejenigen Polen treffen, die versuchen sollten, eine politische, wirtschaftliche oder militärische Zusammenarbeit mit unserem Todfeind Nr. 1, *dem Deutschen*, zu organisieren suchen".

35 Der Historiker Lucjan Dobroszycki schrieb über das Blatt: „Tatsächlich jedoch war ,Przełom' das Organ einer polnischen Gruppe, die ideell mit der Nazibewegung verbunden war. Formal gesehen war es also die in der Geschichte des Generalgouvernement erste und gleichzeitig einzige ,Reptilien-Zeitung' in der eigentlichen Bedeutung dieses Wortes"; in: Ders., Die legale polnische Presse im Generalgouvernement 1939–1945. München 1977, S. 184 f.

36 Beide waren sehr begabte Publizisten, handelten aus ideellen Motiven und waren erbitterte Antikommunisten. Brasillach wurde nach dem Krieg aufgrund des Urteils eines französischen Gerichts erschossen. Skiwski, der im September 1944 als Organisator der „Bolschewistischen Liga" von Hans Frank empfangen wurde und sich nach seiner Flucht aus Polen im Februar 1945 in dessen Umfeld aufhielt, starb an einem Herzanfall 1956 in Caracas. Auf den „Fall Skiwski" komme ich noch zurück.

Dagegen kam es im besetzten Polen nicht zur Bildung von kollaborierenden militä-rischen Einheiten. Hitler gestattete es nicht, Formationen aus polnischen Freiwilligen zu bilden, wobei er sich auf das Beispiel der Piłsudski-Legionen aus dem Ersten Weltkrieg berief.[37] Was die einzelnen Berufe angeht, so wurde das Verhalten der Schauspieler, die in Revue-Theatern im Generalgouvernement auftraten oder in von Deutschen gedrehten anti-polnischen Filmen mitwirkten, am schärfsten verurteilt.[38] Die auf den Theaterbühnen unter der sowjetischen Besatzung spielenden Schauspieler wurden jedoch nicht verurteilt, weil, so lautete das Argument, „das Niveau der polnischen Theater im Osten gut ist und nichts gemein hat mit dem Niveau der polnischen Theater unter der deutschen Besatzung"[39].

Die Haltung der Schriftsteller wurde durch die Widerstandsbewegung dagegen insgesamt sehr positiv beurteilt.[40] Nur einige zweitrangige Autoren entschlossen sich zum Druck von Büchern in von den Deutschen konzessionierten Verlagen.[41] Eine weitaus umfangreichere ‚Negativliste' gab es für Journalisten, die mit den offiziellen, von den Deutschen herausgege-benen polnischsprachigen Presseorganen, „Reptilienpresse" genannt, zusammenarbeiteten, obwohl auch in diesem Kreis keine vor dem Krieg bekannte Persönlichkeit zu finden ist.[42] Es unterliegt nicht dem geringsten Zweifel, dass die patriotische Öffentlichkeit sich auch gegenüber Personen, die Propagandatexte in der unter sowjetischer Besatzung erscheinen-den „Reptilienpresse" veröffentlichten, kritisch und oft geradezu verächtlich verhielt. Der Hauptunterschied beruhte eher darauf, dass die Zusammenarbeit mit der offiziellen Presse im Generalgouvernement an sich verurteilt wurde, während im Osten vor allem Inhalt und Aussage eines konkreten Beitrags, einer Erzählung oder eines Gedichts zählten.

Zur Kategorie der Kollaborateure zählten schließlich Wissenschaftler,[43] die mit dem in Krakau gegründeten Institut für deutsche Ostarbeit zusammenarbeiteten, und auch Perso-

---

37 Davon zeugt eine Notiz Himmlers vom 10. Juli 1943 nach einem Gespräch mit Hitler über eine eventuelle Verwendung des am 30. Juni 1943 in Warschau festgenommenen Führers der Heimatarmee, General Stefan Rowecki. Das Faksimile dieses Dokuments habe ich in meinem Buch: Stefan Rowecki ‚Grot'. 2. Aufl., Warszawa 1985, veröffentlicht. Vgl. auch den Beitrag Kochanowski in diesem Band, S. 289-304.

38 Entgegen den Empfehlungen des geheimen Theaterrates nahmen ca. 200 Schauspieler die Arbeit an öffentlichen Theatern auf. Die Strafen in Form eines Tadels und der Aberkennung der Ehre wurden jedoch nicht für das Auftreten auf der Bühne, sondern für den geselligen Umgang mit den Deutschen ‚verhängt'. Ein derartiges Urteil wurde wegen der Mitwirkung am Film „Heimkehr" veröffentlicht.

39 Szejnert, Sława (wie Anm. 5), S. 56 (eine solche Einschätzung gab der Schauspieler Jan Kreczmar, der sowohl die Lemberger als auch die Warschauer Wirklichkeit kannte).

40 Vgl. den Beitrag unter dem bezeichnenden Titel „Honor milczenia" („Die Ehre des Schweigens"), der am 3. April 1941 im „Biuletyn Informacyjny" erschien.

41 Vgl. Krzysztof Woźniakowski, W kręgu jawnego piśmiennictwa literackiego Generalnego Guber-natorstwa (1939–1945) [Im Bannkreis des öffentlichen literarischen Schrifttums im Generalgou-vernement (1939–1945)]. Kraków 1997.

42 Die Namen der Journalisten wurden mehrfach in der Untergrundpresse veröffentlicht. Es ist be-zeichnend, dass die Texte, die in dem in Lemberg unter sowjetischer Besatzung herausgegebenen „Czerwony Sztandar" erschienen, in der Regel mit Vor- und Nachname unterschrieben waren, während es viele Autoren des „Nowy Kurier Warszawski" vorzogen, sich eines Pseudonyms oder Kryptonyms zu bedienen.

43 Vgl. den Beitrag „Zaprzańcy" („Verräter") in der Untergrundzeitschrift „Strzelec" vom 14. De-zember 1942.

nen, die in den Arbeitsämtern beschäftigt wurden. Entschieden verurteilt wurde die Arbeit in der Polizei, die wegen der Farbe ihrer Uniform „blaue Polizei"[44] genannt wurde. Im Allgemeinen galten die Vertreter einer Volksgruppe aus Südpolen als Verräter, die dazu beitrugen, ein angeblich gesondertes sog. Goralenvolk zu schaffen.[45] Ein anderes Problem ist die Einschätzung der Zusammenarbeit der Juden mit den Deutschen. Während die Teilnahme am im Warschauer Getto organisierten Ordnungsdienst eindeutig verurteilt wurde, wurde die Beteiligung an den Arbeiten der Judenräte schon anders gesehen, und den an der Spitze der Warschauer Gemeinde stehenden Adam Czerniaków[46] nannte niemand einen Kollaborateur oder gar Verräter.

2. Abrechnung mit der Kollaboration *gestern*, d.h. in der Volksrepublik Polen

Am 21. Juli 1944 entstand in Moskau das Polnische Komitee für Nationale Befreiung – eine von den Kommunisten gebildete Quasi-Regierung, die bald darauf die Macht in Polen übernehmen sollte. Am 31. August desselben Jahres erließ das nun bereits in Lublin tätige Komitee das später berüchtigte Dekret „über das Strafmaß für faschistisch-nazistische Verbrecher, die die Zivilbevölkerung und die Kriegsgefangenen ermordet und gequält haben, sowie für Verräter am Polnischen Volk".[47] Aufgrund dieses Dekrets wurden in Polen dann nicht nur Kollaborateure, sondern auch politische Gegner und polnische Patrioten gerichtet und verurteilt.[48] Anfangs hatte man jedoch noch die Absicht, all jene der Gerechtigkeit auszuliefern, die während der Besatzung mit den Deutschen zusammengearbeitet hatten (von der Zusammenarbeit mit dem sowjetischen Besatzer war selbstredend nirgendwo die Rede). Von den frühen Absichten der entstehenden „Volksmacht" mag das Vorgehen in Praga, dem Warschauer Stadtteil östlich der Weichsel, zeugen, der am 14. September 1944 befreit wur-

---

44 Vgl. Adam Hempel, Pogrobowcy klęski. Rzecz o policji „granatowej" w Generalnym Gubernatorstwie [Die Totengräber der Niederlage. Zur ‚blauen Polizei' im Generalgouvernement]. Warszawa 1990. Der Warschauer Polizeikommandant Aleksander Reszczyński kam bei einem von den Kommunisten organisierten Attentat ums Leben, wobei die Täter vermutlich nichts von seinen Verbindungen zur Heimatarmee gewusst hatten.

45 Vgl. Korboński, Polskie państwo (wie Anm. 4), S. 147; der zum Führer des Goralenvolks erkorene Wacław Krzeptowski wurde aufgrund eines Urteils des Untergrunds am 20. Januar 1945 von Goralen erhängt.

46 Adam Czerniaków war eine der tragischsten Gestalten im besetzten Polen und verübte am 23. Juli 1942 Selbstmord. Er hinterließ ein erschütterndes Dokument: Im Warschauer Getto. Das Tagebuch des Adam Czerniaków, aus dem Polnischen übertragen von Silke Lent. München 1986.

47 Dziennik Ustaw Rzeczypospolitej Polskiej Nr. 4, Position 16 (1944).

48 Unter den Dokumenten der Zivilkanzlei des Präsidenten Bolesław Bierut, die im Archiv der Neuen Akten aufbewahrt werden, ist eine „Notiz über die Verbrechen aufgrund des Augustdekrets" überliefert, die Ende 1950 angefertigt wurde. Daraus geht hervor, dass in den Jahren 1944–1949 16622 Sachen bei Gericht eingingen, die mit diesem Dekret verbunden waren. In der Notiz wurden die Angeklagten in folgende Gruppen gegliedert: „1. aus Deutschland ausgelieferte Kriegsverbrecher, 2. blaue Polizisten, 3. Mitglieder faschistischer Gruppierungen (Nationale Streitkräfte, Heimatarmee), die mit der Gestapo zusammenarbeiteten, 4. Spitzel, Gestapo, Gendarmen u.dgl.m., 5. Verbrecher, die Verbrechen in Konzentrationslagern begingen, 6. Bauern, die an Razzien oder an der Suche nach sich versteckenden Juden bzw. Partisanen teilnahmen oder auf eigene Initiative den deutschen Behörden vom Besatzer aus Nationalitäts- oder politischen Gründen verfolgte und gesuchte Personen auslieferten. Letztgenannte Gruppe ist am zahlreichsten." Ich danke Dariusz Jarosz, der mir eine Kopie des Dokuments zugänglich machte.

de. Auf der ersten Sitzung des Volksrats der Hauptstadt Warschau am 30. November 1944 wurde ein Beschluss gefasst, der den Hauskomitees gebot, eine Liste der Hausbewohner mit einer beigefügten „Aufstellung der Volksverräter" anzufertigen.[49]

Es ist sehr wahrscheinlich, dass die Nutzung des Augustdekrets zur Bekämpfung von Gegnern des kommunistischen Regimes, darunter der Soldaten der Heimatarmee (AK), auf Vorschlag oder sogar Befehl des NKWD erfolgte. Sehr rasch wurde das Schimpfwort „Kollaborateur" gebraucht, um Funktionäre der politischen Opposition zu kompromittieren. Am Vorabend der von den Kommunisten gefälschten Wahlen, dem 18. Januar 1947, notierte Stefan Korboński in sein Tagebuch: „Rund eine halbe Million Personen, darunter 98 Kandidaten für das Parlament, wurden unter dem falschen Vorwand, mit den Deutschen zusammengearbeitet zu haben, von den Wahllisten gestrichen. Da Polen das Land war, das im Untergrundkampf gegen den Besatzer führend war und ‚keinen Quisling hervorgebracht hatte', ist dieser Vorwurf der Massenkollaboration eine empörende Verdrehung der Tatsachen. Das konnte sich kein Pole ausgedacht haben. Nur fremde Perfidie konnte auf eine solche Gemeinheit kommen."[50] Wie weit man dabei inzwischen ging, zeigt ein Auszug aus der Begründung des Urteils gegen Blanka Kaczorowska, einer überführten Gestapo-Agentin. Als mildernde Umstände erkannte man an, dass sie „ein Opfer der verbrecherischen Tätigkeit der Leitung der Heimatarmee war, die, wie wir jetzt wissen, mit der Gestapo zusammengearbeitet hat, der Gestapo zu Diensten stand und zusammen mit der Gestapo gegen den größten Teil des Polnischen Volkes gekämpft hat".[51]

In den Jahren 1945–1948 fanden in Polen einige aufsehenerregende Gerichtsverhandlungen gegen Kollaborateure statt. Es sei betont, dass sie in der Regel Personen betrafen, die vorher in der Untergrundpresse gebrandmarkt oder von der Untergrundjustiz verurteilt worden waren.[52]

---

49 Vgl. den Beitrag „Oszyścić dom" („Das Haus reinigen"), in: Życie Warszawy vom 3. Dezember 1944.
50 Stefan Korboński, W imieniu Kremla (Im Namen des Kreml), bearb. von Andrzej Krzysztof Kunert. Warszawa 1997, S. 218.
51 Die Abschrift aus den Gerichtsakten verdanke ich Andrzej Gass.
52 Es kam vor, dass Verhandlungen unter Abwesenheit der Angeklagten stattfanden. So ging es etwa dem bereits erwähnten Redakteur der Zeitschrift „Przełom". Was Skiwski anbelangt, so wurde er schon im September 1941 in der Untergrundpresse erwähnt, weil er angeblich einen Roman im offiziellen Verlag „Wydawnictwo Polskie" zum Druck gelegt und zudem die Leitung der Literarischen Abteilung übernommen hatte. In dem Blatt „Pionier" vom 15. September 1941 wurde, offensichtlich weil sich die Vorwürfe nicht bestätigt hatten, ein Antrag auf „Suspendierung der Aberkennung der Ehre" erwähnt, während das „Biuletyn Informacyjny" vom 18. September berichtete, dass die Sache einem „Sondergericht" übergeben worden sei, wobei der Titel der Mitteilung „Infamie" (d.i. Aberkennung der Ehre) unterstellte, dass das Urteil gegen die dort erwähnten drei Personen, darunter u.a. Skiwski, schon gefällt sei. Unter dem Eindruck des Nachkriegsprozesses gegen Skiwski schrieb Stefan Kisielewski recht negativ über ihn: Wspominki i inwektywy [Erinnerungen und Invektiven], im Band: Polityka i sztuka [Politik und Kunst]. Warszawa/Kraków 1949, S. 252 ff.; vgl. auch Edward Kozikowski, Burdecki i Skiwski [Burdecki und Skiwski], in: Odra (1949), Nr. 26. An die von Skiwski am 30. September 1944 an die deutschen Behörden gerichtete Denkschrift erinnerte Zygmunt Mycielski, Sprawa Skiwskiego i towarzyszy [Der Fall Skiwskis und seiner Kameraden], in: Odrodzenie (1948), Nr. 23.

Die Öffentlichkeit nahm es mit deutlichem Missmut auf, wenn Angeklagte frei gesprochen wurden, wie z.B. Stanisław Wasylewski, dem eine Zusammenarbeit mit der von den Deutschen herausgegebenen „Gazeta Lwowska" vorgeworfen worden war. Wurde dagegen ein Angeklagter zu einigen Jahren Freiheitsentzug verurteilt, so wurde das von der Öffentlichkeit in der Regel begrüßt. Wenn man heute als Historiker die Prozessakten studiert, erscheinen die Urteile als zu streng.[53]

Neben ‚normalen' Gerichtsverfahren wurden die Kollaborationsangelegenheiten im Nachkriegspolen auch von besonderen Kollegialgerichten oder Prüfungsausschüssen einzelner Berufsgruppen verhandelt. Die entsprechenden Entscheidungen hielt die Öffentlichkeit für zu milde; z.B. wenn es Schauspielern verboten wurde, in der Hauptstadt aufzutreten. Der bereits zitierte Stefan Korboński schrieb am 22. Dezember 1946 in sein Tagebuch: „Irgendwie kommt unser Besatzungsauswurf zu oft mit heiler Haut davon. Der Malicka wurde ein dummer Prozess wegen Aneignung fremden Eigentums gemacht, und dann wurde sie freigesprochen. Die einzige Strafe, die sie für ihre engen Beziehungen zu den Deutschen erhielt, war das Urteil des Zentralgerichts des Verbandes der Schauspieler der Polnischen Bühnen, das ihr Auftritte bis zum 1. September 1947 untersagte. (...) Genauso rasch war man mit Dymsza, Perzanowska und anderen fertig."[54]

Wenig bekannt ist die Tatsache, dass der Justizminister in einer Verordnung vom 22. März 1948 einen Bevollmächtigten für die Verfolgung von Personen berief, die der Kollaboration mit den Deutschen verdächtigt wurden. In einem geheimen Rundschreiben an die Staatsanwälte vom 6. April 1948 wurde der Grund dieser Entscheidung erläutert: „Die öffentliche Meinung, die in zahlreichen Publikationen und Informationsbeiträgen zum Vorschein kam, berührt die Frage der Zusammenarbeit einer Reihe von Personen aus Intelligenzkreisen mit den Deutschen. Besonders empört ist die Gesellschaft über die Nachsicht der Verifizierungs- und Disziplinarinstanzen, die bei einzelnen Berufsorganisationen und -verbänden wirkten."[55] Während man im stalinistischen Polen aufhörte, von den tatsächlichen Kollaborateuren zu reden, zögerte man nicht, einen der Anführer der polnischen Widerstandsbewegung General Emil Fieldorf, genannt „Nil" aufgrund des Augustdekrets zum Tode zu verurteilen. Das Problem der Zusammenarbeit mit dem sowjetischen Besatzer war bis 1989 lediglich in Exilpublikationen angesprochen worden.[56]

Nach dem Oktober 1956 übernahmen Wissenschaftler zusammen mit interessierten Künstlern den Versuch, eine kritisch-differenzierende Betrachtung von Verhaltensweisen während der Nazibesatzung vorzunehmen. Im Dezember 1962 fand dann eine wissenschaft-

---

53 Zu dieser Einschätzung komme ich beispielsweise nach Einsicht in die Akten des Prozesses gegen Helena Wielgomas, einer Vielschreiberin, die ihre „literarischen Werke" in der offiziellen Presse veröffentlichte. Wielgomas wurde zu sechs Jahren Gefängnis verurteilt.

54 Korboński, W imieniu Kremla (wie Anm. 50), S. 209.

55 Das Dokument wird im Archiv des Justizministeriums aufbewahrt, eine Kopie erhielt ich dank der Freundlichkeit von Aleksander Kochański.

56 Ich denke hier vor allem an den Beitrag „Inżynierowie dusz" [„Seeleningenieure"] von Michał Borwicz über die Situation in Lemberg in den Jahren 1939–1941, der in Paris in den Zeszyty Historyczne (1963), H. 3, S. 121-163, veröffentlicht wurde; Nachdruck im Band: Ludzie, książki, spory [Menschen, Bücher, Dispute]. Paryż 1980, S. 7-51, oder den Beitrag von Bogdan Czaykowski, Lwowska Szkoła inżynierii dusz [Die Lemberger Seeleningenieurschule], in: Kultura (1988), Nr. 4, S. 12-38.

liche Konferenz im Kunstinstitut der Polnischen Akademie der Wissenschaften in Warschau statt, die dem polnischen Theaterleben in den Jahren des Zweiten Weltkriegs gewidmet war.[57] Und im April 1981 organisierte schließlich die Warschauer Musikgesellschaft eine wissenschaftliche Tagung unter dem Titel „Die Musikkultur Warschaus in den Jahren der Nazibesatzung", deren Materialien allerdings niemals veröffentlicht wurden.[58]

3. Wie die Kollaboration *heute*, d.h. in der Dritten Republik, gesehen wird

Es nimmt niemand wunder, dass es im martyrologisch-heroischen Bild der Besatzungszeit, das im sozialen, kollektiven Gedächtnis der Polen haftet, keinen Platz für eine ganz und gar nicht zu diesem Bild passende Erscheinung wie eben die Kollaboration gibt.[59] Das heißt natürlich nicht, dass das Thema Publizisten, Forscher und jetzt nicht mehr nur die Betroffenen selbst, sondern auch ihre Nachfahren nicht interessieren würde. Die Streitigkeiten und Kontroversen um das Verhalten einzelner Menschen während der Besatzung haben dabei, insbesondere seit 1989, einen deutlichen ideologischen und politischen Kontext, was vom Fehlen der Zensur gefördert wird. Ich bemühe mich, das an einigen Beispielen zu veranschaulichen.

Am 19. Juni 1989 wurde auf der Sitzung des polnischen PEN-Clubs in Warschau eine Erklärung in der Sache des Schriftstellers Ferdynand Goetel verlesen, in der es hieß, dass der Vorwurf, er habe während der Besatzung mit den Deutschen kollaboriert, der Grundlage entbehre, er habe vielmehr an der Widerstandsbewegung teilgenommen.[60]

Im Juni 1991 erschien in der meistgelesenen polnischen Tageszeitung „Gazeta Wyborcza" ein Interview von Adam Michnik mit Czesław Miłosz, in dem u.a. über Teodor Bujnicki und Józef Mackiewicz gesprochen wurde.[61] Bujnicki, ein Dichter, veröffentlichte in der unter sowjetischer Besatzung erscheinenden Zeitung „Prawda Wileńska" Gedichte, weswegen er im November 1944 von einer Untergrundorganisation zum Tode ‚verurteilt' und hingerichtet wurde. Für Michnik war Bujnickis Verhalten „ein chemisch reines Beispiel der Kollaboration mit dem Besatzer, mit dem Feind", er fügte jedoch hinzu: „Aber darf man einen Schriftsteller selbst für die gemeinsten Gedichte umbringen? Das ist eine

---

57 Die Materialien der Konferenz wurden in einem Sonderheft des Theatertagebuchs Pamiętnik Teatralny (1963), Nr. 1-4 veröffentlicht, das dann aus dem Verkehr gezogen wurde. Heute ist es eine große Seltenheit. Einige Jahre darauf erschien das das Thema aufgreifende überaus wertvolle Buch von Stanisław Marczak-Oborski, Teatr czasu wojny 1939–1945 [Theater der Kriegszeit 1939–1945]. Warszawa 1967.

58 Schade ist es nicht nur um die Referate, sondern auch um die wichtigen Diskussionsbeiträge der heute nicht mehr lebenden Augenzeugen. Vermerkt sei jedoch das Erscheinen des Buches von Stanisław Lachowicz, Muzyka w okupowanym Krakowie 1939–1945 [Musik im besetzten Krakau 1939–1945]. Kraków 1988.

59 Vgl. Tomasz Szarota, Vivre l'histoire ou l'histoire vivante: la Seconde Guerre mondiale dans l'esprit des Polonais cinquante ans après, in: Bulletin du Comité international d'histoire de la Deuxième Guerre mondiale (1995), Nr. 27/28, S. 293-310, hier S. 303.

60 Ich weise jedoch darauf hin, dass der Antrag, Goetel mit Aberkennung der Ehre zu bestrafen (er überredete Kollegen, sich bei den deutschen Behörden zu registrieren), im September 1941 formuliert wurde, dagegen wurde er nicht dafür getadelt, dass er zu derjenigen polnischen Gruppe gehörte, die von den Deutschen nach Katyn geschickt wurde. Erst 1990 konnten Goetels Memoiren: Czas wojny [Die Zeit des Krieges] in Polen erscheinen.

61 Gazeta Wyborcza Świąteczna vom 8.-9. Juni 1991.

Frage, auf die ich mir selbst keine Antwort weiß." Nach der Veröffentlichung dieses Textes trat Tadeusz Bujnicki in Verteidigung des guten Namens seines Vaters auf. Seinen Brief veröffentlichte das Wochenblatt „Polityka".[62]

Die weitesten Kreise zog jedoch der Streit um die Person von Józef Mackiewicz, der von einigen Kritikern als einer der hervorragendsten polnischen Schriftsteller unseres Jahrhunderts bezeichnet wird.[63] In gewissem Sinne erinnern die Bemühungen seiner Anhänger, ihm einen Platz in der Geschichte der polnischen Literatur zu sichern, an die Versuche, Célines Schaffen wieder in die französische Literatur einzugliedern. Ich erinnere daran, dass Józef Mackiewicz Beiträge im „Goniec Codzienny" veröffentlichte, einer von den Deutschen im besetzten Vilnius herausgegebenen Zeitung. Er befand sich unter deutscher Ägide (angeblich in Absprache mit den Untergrundbehörden) in Katyn und wurde von einem Untergrundgericht zur Todesstrafe ‚verurteilt', die aber nicht ‚vollstreckt' wurde. Im Sommer 1944 tauchte Mackiewicz in Warschau auf und dachte daran, eine Zeitschrift zu gründen, die ein Programm der Verständigung mit den den Krieg verlierenden Deutschen verkünden sollte.[64] Bis jetzt ist eine Rehabilitierung von Józef Mackiewicz auf scharfen Widerspruch gestoßen.[65]

Ich habe in meinem Beitrag Jan Emil Skiwski bereits zweimal erwähnt. Obwohl der in der Zeitschrift „Arka" veröffentlichte Beitrag von Maciej Urbanowski „Bohaterowie i zdrajca" („Die Helden und der Verräter") kaum als Versuch einer Rehabilitierung von Skiwski gewertet werden kann, so ist es doch zweifelsfrei die Absicht des Autors gewesen, die Person Skiwski von verschiedenen Seiten zu betrachten, auf jeden Fall aber das Vorkriegsœuvre des Schriftstellers vor der Vergessenheit zu bewahren.[66] Trotz der Polemik mit Urbanowski ist auch Marta Fik der Auffassung, dass das Schimpfwort „Kollaborateur" eine allzu einfache Einschätzung Skiwskis sei.[67]

---

62 Tadeusz Bujnicki: Sprawa śmierci mego ojca, list do redakcji [Die Frage des Todes meines Vaters. Brief an die Redaktion], in: Polityka (1991), Nr. 34; vgl. Tomasz Szarota, Problem kolaboracji w Wilnie pod okupacją sowiecką. Sprawa Teodora Bujnickiego [Das Kollaborationsproblem in Wilna unter sowjetischer Okkupation], in: Europa NIEprowincjonalna [Das NICHTprovinzielle Europa], Red. v. Krzysztof Jasiewicz. Warszawa 1999, S. 600-616.

63 Die Romane von Józef Mackiewicz wurden bereits in mehrere Sprachen übersetzt, in Polen selbst wurde sein Schaffen erst durch Untergrundpublikationen in den 80er Jahren popularisiert. Jerzy Malewski (eigentl. Włodzimierz Bolecki) widmete ihm zwei Bücher: Ptasznik z Wilna [Der Vogelzüchter aus Vilnius]. Kraków 1991, und Wyrok na Józefa Mackiewicza [Das Urteil über J. Mackiewicz]. Londyn 1991.

64 An das Treffen mit ihm erinnert sich Czesław Miłosz wie folgt: „Wir hörten ihm ungläubig zu, wie man jemandem zuhört, der nicht ganz bei Troste ist. Und wir lachten ihn aus. Wir sagten ihm, er habe keinerlei Ahnung von den hiesigen Stimmungen, niemand würde mit einem solchen Blatt zusammenarbeiten, den Kollaborateuren Emil Skiwski und Feliks Rybicki (sic! T. S.) gäbe niemand die Hand, er aber, begänne er eine solche Zeitschrift herauszugeben, würde als Verräter gebrandmarkt", in: Ders., Rok myśliwego [Das Jahr des Jägers]. Kraków 1991, S. 218.

65 Zu Wort meldeten sich u.a. Władysław Bartoszewski, Jan Nowak-Jeziorański und Cezary Chlebowski. Als Antwort erschien in der Presse eine Erklärung von mehr als zehn Schriftstellern zur Verteidigung von Mackiewicz, Gazeta Wyborcza vom 27. Januar 1992.

66 Arka (Krakau) (1993), Nr. 43 (1), S. 132-152.

67 Marta Fik, Skiwski zdrajca heroiczny? [Skiwski – ein heroischer Verräter?], in: Puls (Warschau Juli-August 1993), Nr. 63; Nachdruck in: dies., Autorytecie wróć? Szkice o postawach polskich intelektualistów po październiku 1956 [Autorität – kehre zurück? Skizzen über die Haltungen polnischer Intellektueller nach dem Oktober 1956]. Warszawa 1997, S. 21-30.

Ein Thema, das immer mehr die Aufmerksamkeit der polnischen Forscher auf sich zieht, ist die Geschichte Lembergs während des Zweiten Weltkriegs, wobei die Zeit der sowjetischen Besatzung besonderes Interesse weckt. Immer häufiger erscheinen Erinnerungen derjenigen auf dem Buchmarkt, die die Herrschaft „der ersten Bolschewiken"[68] am eigenen Leib zu spüren bekamen, und die Zahl der wissenschaftlichen Arbeiten zum Thema nimmt zu,[69] doch mangelt es immer noch an Quellenpublikationen.

Die Diskussion über die Kollaboration mit den Sowjetbehörden hatte zwar schon früher begonnen, doch erst im freien Polen konnte es zu echten und scharfen Kontroversen zwischen den verschiedenen Standpunkten kommen. Als eine Zentralfigur der Diskussion kann der namhafte Schriftsteller, Theaterkritiker und geachtete Übersetzer der französischen Literatur Tadeusz Boy-Żeleński gelten. Barbara Winklowa, die Verfasserin seiner Biografie und eine ausgezeichnete Kennerin seines Schaffens, spricht ihn vom Vorwurf der Kollaboration frei. Für ihre Beweisführung hat die Autorin sämtliche ihr zugänglichen Äußerungen über Aktivitäten von Boy-Żeleński in den Jahren 1939–1941 in Lemberg zusammengetragen und veröffentlicht.[70] Unmittelbar nach Erscheinen des Buchs wurden Stimmen laut, die den Vorwurf der Kollaboration aufrechterhielten;[71] die Debatte geht also weiter.

Abschließend möchte ich auf die Tatsache verweisen, dass wir es heute in Polen mit einer überraschenden und noch zunehmenden Popularität des Begriffs „Kollaborateur" zu tun haben. Er wird derzeit keineswegs nur dann gebraucht, wenn man über die Zeit des Zweiten Weltkriegs spricht oder schreibt. Kazimierz Orłoś, ein hervorragender Schriftsteller, bemerkt in seinem Beitrag „Kto jest kolaborantem" („Wer ist ein Kollaborateur?"), einer Polemik zu dem von mir bereits erwähnten Interview Michniks mit Miłosz: „Polen hatte zwar keine (...) Quislinge, dafür hatte es aber – was wir vergessen – seine Bieruts". Und er stellt fest: „Keiner kann daran zweifeln, dass die polnischen Kommunisten in den letzten Jahrzehnten mit der Sowjetunion kollaborierten."[72] 1986 erschien in Paris das Buch

---

68 Als Herrschaft der „ersten Bolschewiken" (oder der „ersten Sowjets") wird die Zeit von 1939–1941 bezeichnet, die „zweiten Bolschewiken" (Sowjets) kamen dann 1944. Zu den interessanteren Memoiren würde ich das Buch des bekannten Ethnographen Leszek Dzięgiel, Lwów nie każdemu zdrów [Lemberg bekommt nicht jedem]. Wrocław 1991, zählen, der damals noch ein Kind war.

69 Ich denke hierbei an die Doktorarbeit von Agnieszka Cieślikowa, Prasa okupowanego Lwowa [Die Presse des besetzten Lemberg]. Warszawa 1997, vor allem aber an das Buch von Jacek Trznadel, Kolaboranci. Tadeusz Boy-Żeleński i grupa komunistycznych pisarzy we Lwowie 1939–1941 [Die Kollaborateure. Tadeusz Boy-Żeleński und die Gruppe kommunistischer Schriftsteller in Lemberg 1939–1941]. Komorów 1998. In Ankündigung seiner hervorragenden Dissertation (vgl. Anm. 16) veröffentlichte Grzegorz Hryciuk einen populärwissenschaftlichen Beitrag: Kolaboracja we Lwowie w latach 1939–1941 [Kollaboration in Lemberg in den Jahre 1939–1941], in: Mówią Wieki Nr. 1 (440) vom Januar 1996, S. 37-40; bereits 1992 erschien sein Buch über die unter deutscher Besatzung herausgegebene „Gazeta Lwowska".

70 Barbara Winklowa, Boy we Lwowie 1939–1941. Antologia tekstów o pobycie Tadeusza Żeleńskiego (Boya) we Lwowie [Boy in Lemberg 1939–1941. Anthologie von Texten über den Aufenthalt von Tadeusz Żeleński ‚Boy' in Lemberg]. Warszawa 1992.

71 Ich denke vor allem an die Memoiren von Kazimierz Żygulski, der während des Kriegsrechts in Polen Kulturminister war: Jestem z lwowskiego etapu [Ich komme von der Lemberger Etappe her]. Warszawa 1994, S. 128, 139 u. 143 ff. In dem Buch wird allerdings überhaupt nicht erwähnt, dass Boy im Juli 1941 von den Deutschen erschossen wurde.

72 Gazeta Wyborcza vom 19. Juli 1991.

von Jacek Trznadel „Hańba domowa. Rozmowy z pisarzami" („Die Hausschande. Gespräche mit Schriftstellern"), das dann anschließend in Polen mehrfach neu aufgelegt und zur
Schullektüre wurde.[73] Für den Verfasser und einige seiner Gesprächspartner war das literarische Nachkriegsschaffen, das die Propaganda und Ideologie des kommunistischen Regimes
unterstützte, Kollaboration. Als Kollaborateure schließlich wurden und werden weiterhin
diejenigen Schauspieler bezeichnet, die nicht an dem spontanen Boykott teilnahmen, der
nach der Einführung des Kriegsrechts im Dezember 1981 in Polen gegen Auftritte im
Fernsehen verhängt worden war.

Mit dem Begriff „Kollaboration" beginnt man übrigens in Polen auch schon Ereignisse
von gleicher oder nur scheinbar gleicher Art zu bezeichnen, die sich in früheren Jahrhunderten abspielten. Charakteristisch dafür ist etwa eine Sondernummer der populärwissenschaftlichen historischen Zeitschrift „Mówią Wieki" („Jahrhunderte sprechen"), die sich ganz dem
Problem der Kollaboration widmete. Nur die Mediävistin Halina Manikowska schwang sich
zu der Bemerkung auf, dass der Begriff „Kollaboration" „sich" nur „mit größter Mühe auf
die mittelalterliche Wirklichkeit beziehen lässt".[74] Solche Zweifel plagten die Veranstalter
einer wissenschaftlichen Tagung nicht, die 1997 in Allenstein (Olsztyn) stattfand. Sie trug
den Titel: „Zwischen Irredenta und Kollaboration. Haltungen der polnischen Bevölkerung
gegenüber den Annexionsmächten im 19. Jahrhundert".

Anlässlich der polnischen Debatte über den Judenmord in Jedwabne am 10. Juli 1941,
die durch das Buch von Jan Tomasz Gross „Nachbarn" ausgelöst wurde,[75] tauchte der
Begriff „Kollaboration" erneut als Diskussionsthema auf, und zwar in zweifacher Hinsicht
als Problem der Beteiligung von Polen am Holocaust und als Problem von jüdischer und
polnischer Kollaboration mit dem sowjetischen Besatzer in Ostpolen in den Jahren 1939–
1941. Der Titel eines im Januar 2001 in der Warschauer Zeitung veröffentlichten Aufsatzes
des Historikers Tomasz Strzembosz über die Kollaboration von Juden spricht von einer
„Przemilczana kolaboracja" („Verschwiegene Kollaboration").[76]

Auch in anderen Zusammenhängen kommt das Thema Kollaboration immer wieder zur
Sprache: Zuerst ging es um eine Dissertation von Anetta Rybicka über das Krakauer Institut für Deutsche Ostarbeit, an dem in der Besatzungszeit auch 150 Polen tätig waren.[77]

---

73 Die letzte, siebente Auflage: Warszawa 1997. Bezeichnend ist dabei die Äußerung des angese-
    henen Dichters Zbigniew Herbert: „Solche wie ich meinten, dass das Jahr 1945 überhaupt keine
    Befreiung ist, sondern einfach ein Überfall, eine weitere, länger anhaltende und moralisch viel
    schwieriger durchzustehende Besatzung. Ich hatte die Lemberger Erfahrung." 5. Aufl., Lublin
    1990, S. 181.
74 M. Manikowska, Średniowieczna „kolaboracja" all ‚Italiano [Mittelalterliche „Kollaboration" all
    ‚italiano], in: Magazyn Historyczny Mówią Wieki Nr. 1 (440) vom Januar 1996, S. 15.
75 Jan Tomasz Gross: Sąsiedzi. Historia zagłady żydowskiego miasteczka. Sejny 2000; dt.: Nachbarn:
    Der Mord an den Juden von Jedwabne. München 2001. Vgl. Die ‚Jedwabne'-Debatte' in polnischen
    Zeitungen und Zeitschriften. Dokumentation, hrsg. v. Ruth Henning. Potsdam 2001 (Transodra.
    Deutsch-Polnisches Informationsbulletin Dezember 2001).
76 Rzeczpospolita vom 27.-28. Januar 2001, neulich auch: Marek Wierzbicki, Polacy pod okupacją
    sowiecką 1939–1941. Ofiara i kolaboranci [Polen unter sowjetischer Besatzung 1939–1941: Ein
    Opfer und die Kollaboranten], in: Rzeczpospolita vom 27.-28. September 2003.
77 Anetta Rybicka, Instytut Niemieckiej Pracy Wschodniej Institut für Deutsche Ostarbeit Kraków
    1940–1945. Warszawa 2002; vgl. Sławomir Sieradzki, Instytut kolaboracji [Ein Institut der Kolla-
    boration], in: Wprost Nr. 13 vom 30. März 2003; vgl. Spór o rolę Polaków w wojennym Instytucie

Dann erschien in der in Paris herausgegebenen historischen Fachzeitschrift „Zeszyty Histo-ryczne" („Historische Hefte") ein Aufsatz von Bernard Wiaderny, in dem eine Denkschrift einer Gruppe polnischer Politiker vom 24. Juli 1940 aus Lissabon (verfasst in französischer Sprache, ohne Unterschriften) vorgestellt wurde, in der sie dem Dritten Reich eine Zusam-menarbeit anbot.[78] Der in der gleichen Nummer der Zeitschrift veröffentlichte Aufsatz von Jan Grabowski über diejenigen Warschauer „szmalcownicy", die unter deutscher Besatzung Juden erpressten und verrieten, fand keinen besonderen Widerhall.[79] Ein eigenes Kapitel der Debatte eröffnete Barbara Engelking mit ihrem 2003 erschienenen Büchlein über die Denunziationen bei deutschen Behörden, die aus Warschau und Umgebung in den Jahren 1940/41 registriert wurden.[80]

Zu Beginn meiner Überlegungen berührte ich das Problem des Verhaltens polnischer Schauspieler während des Zweiten Weltkriegs und wies darauf hin, daß deren Auftritte auf der Bühne im besetzten Land oft nach dem Krieg als Kollaboration bezeichnet wurde. Die Diskussionen und Polemiken zu diesem Thema halten an, insbesondere da man nun über die

---

Niemieckiej Pracy Wschodniej [Streit über die Rolle der Polen im Institut für Deutsche Ostarbeit während des Krieges], in: Tygodnik Powszechny Nr. 21 vom 25. Mai 2003, hier: Aleksander Li-tewka, Kolaboranci? [Kollaborateure?]; Marcin Kula, Sprawa nie pierwsza i nie ostatnia [Nicht der erste und nicht der letzte Fall]; Paweł Machcewicz, Szafa pełna szkieletów [Schrank voll Ske-lette]; Andrzej Paczkowski, Kolaboracja-zimnym okiem [Kollaboration mit kaltem Auge gesehen]; vgl. das Gespräch von Andrzej Brzezicki mit Włodzimierz Borodziej: Jak definiować kolaborację. Prostych odpowiedzi nie będzie [Wie soll man Kollaboration definieren? Es wird keine einfachen Antworten geben], in: Tygodnik Powszechny Nr. 23 vom 8. Juni 2003; Tomasz Szarota, Kolabo-ranci w kraju bez Quislinga [Kollaborateure im Land ohne Quisling], in: Tygodnik Powszechny Nr. 27 vom 6. Juli 2003; Henryk Rutkowski, Działalność Prof. Władysława Semkowicza w Insty-tucie Niemieckiej Pracy Wschodniej. Sabotaż w Ost-Institut [Die Tätigkeit von Prof. Władysław Semkowicz im Institut für Deutsche Ostarbeit. Sabotage im Ost-Institut], in: Tygodnik Powszechny Nr. 35 vom 31. August 2003; vgl. auch Stanisław Salmonowicz und Jerzy Serczyk, Z problemów kolaboracji w Polsce w latach 1939–1941 [Zu Problemen der Kollaboration in Polen in den Jah-ren 1939–1941], in: Czasy Nowożytne XIV (2003), S. 43-65. Bereits nach Fertigstellung dieses Textes erschien eine gegenüber den Feststellungen von A. Rybicka polemische Darstellung: Teresa Bałuk-Ulewiczowa, Wyzwolić się z błędnego koła. Instytut für Deutsche Ostarbeit w świetle do-kumentów Armii Krajowej i materiałów zachowanych w Polsce [Aus der fehlerhaften Perspektive befreien. Das Institut für Deutsche Ostarbeit im Lichte von Quellen der Heimatarmee und in Polen erhaltenen Dokumenten]. Kraków 2004.
78 Bernard Wiaderny, Nie chciana kolaboracja: polscy politycy i nazistowskie Niemcy w lipcu 1940 [Ungewollte Kollaboration: polnische Politiker und das nationalsozialistische Deutschland im Juli 1940], in: Zeszyty Historyczne (2002), H. 142, S. 131-140; vgl. ebenda, H. 143 (zahlreiche Le-serbriefe); vgl. Anna Maria Cienciała, „Nie chciana kolaboracja" – czy na pewno? [„Ungewollte Kollaboration" – ist es sicher?], in: Nowy Dziennik (New York) vom 7. Februar 2003; vgl. Tomasz Szarota, Quislinga i tak nie było [Quisling gab es sowieso nicht], und Andrzej Paczkowski, Jak ryby na piasku [Wie Fische auf dem Sand], in: Gazeta Wyborcza vom 5.-6. April 2003; vgl. auch S. Salmonowicz und J. Serczyk (wie Anm. 77).
79 Jan Grabowski, Szmalcownicy Warszawscy, 1939–1942 [Die Warschauer Denunzianten 1939–1942], in: Zeszyty Historyczne 143 (2003), S. 85-117; erweiterte Fassung: Jan Grabowski, „Ja tego Żyda znam!" Szantażowanie Żydów w Warszawie, 1939–1943 [„Diesen Juden kenne ich!" Erpressung von Juden in Warschau 1939–1943]. Warszawa 2004.
80 Barbara Engelking, „Szanowny panie gistapo". Donosy do władz niemieckich w Warszawie i okoli-cach w latach 1940–1941 [„Sehr geehrter Herr Gistapo". Denunziation an die deutschen Behörden in Warschau und Umgebung 1940–1941]. Warszawa 2003.

Situation in den polnischen Territorien unter sowjetischer Besatzung schreiben kann. 1997 erschien ein neues Heft des „Pamiętnik Teatralny", das dem Theaterleben unter deutscher und sowjetischer Besatzung gewidmet ist.[81]

Zum Zeitpunkt der Überarbeitung dieses Artikels erschien gerade ein weiterer, leider nicht besonders sachlicher und gelungener Beitrag zum Thema Kollaboration der Polen 1939–1945.[82] Es erscheint nicht ausgeschlossen, dass in Zukunft sogar eine Monographie zum Thema Kollaboration in Polen in Angriff genommen wird. Über die vielen vorliegenden Definitionen des Begriffs hinaus möchte ich – nicht ohne Zögern – einen eigenen Vorschlag hinzufügen: Kollaboration ist die Zusammenarbeit mit dem Besatzer und die Zurückweisung einer Unterordnung unter die deutlichen Verbote und Warnungen des polnischen Untergrundstaates, die propagandistisch von Seiten der Besatzer ausgenutzt wurde und der eigenen nationalen Gruppe Schaden zufügte.

---

81 Pamiętnik Teatralny H. 1-4 (181-184); hier verdienen folgende Texte Aufmerksamkeit: Kolaboracja bojkot – weryfikacja. Dyskusja z udziałem Edwarda Krasińskiego, Tomasza Strzembosza, Jacka Trznadla i Edward Krasiński, Działalność Komisji Weryfikacyjnych ZASP Związku Artystów Scen Polskich 1945–1949 [Die Tätigkeit der Verifikationskommissionen des Polnischen Schauspielerverbands], S. 36-112; Janina Hera, Losy aktorów w Generalnym Gubernatorstwie (wrzesień 1939–1 sierpnia 1944) [Das Schicksal der Schauspieler im Generalgouvernement (September 1939–1. August 1944), S. 315-398; Krzysztof Woźniakowski, Jawne polskie życie teatralne w okupowanym Krakowie 1939–1945 [Das öffentliche Theaterleben im besetzten Krakau], S. 410-459; Jagoda Hernik Spalińska, Życie teatralne Wilna podczas II wojny światowej [Das Theaterleben in Wilna im Zweiten Weltkrieg], S. 585-684; Piotr Horbatowski, Życie teatralne w Lwowie w latach 1939–1945 [Das Theaterleben in Lemberg 1939–1945], S. 685-734.
82 Piotr Majewski, Kolaboracja, której nie było... Problem postaw społeczeństwa polskiego w warunkach okupacji niemieckiej 1939–1945 [Eine Kollaboration, die es nicht gab... Das Problem der Einstellungen der polnischen Gesellschaft unter den Bedingungen der deutschen Besatzung[, in: Dzieje Najnowsze (2004), H. 4, S. 59-71.

Włodzimierz Borodziej

Zur Debatte um Kollaboration in Polen im Zweiten Weltkrieg[1]

Die polnischen Diskussionen über „Kollaboration" entzündeten sich in den 1990er Jahren an Biographien von Schriftstellern, Publizisten und Politikern. Dabei ging es vor allem um die Kollaboration mit den sowjetischen Machthabern in den Jahren 1939–1941.[2] Eine detaillierte Erörterung dieses Reizthemas erfordert umfangreiche Kenntnisse über die komplizierten nationalen Verhältnisse in Ostpolen sowie die abrupten Brüche der sowjetischen Nationalitätenpolitik und würde den vorgegebenen Rahmen sprengen. Daher beschränke ich mich auf das Gebiet unter deutscher Besatzung, wobei Seitenblicke auf das dem sowjetischen Machtbereich eingegliederte Ostpolen 1939–1941 immer wieder helfen, die Spezifik der polnischen Haltungen gegenüber dem Dritten Reich deutlicher herauszuarbeiten.

Auf den grundlegenden Unterschied zwischen beiden Besatzungen hat vor kurzem Tomasz Szarota hingewiesen: Während das deutsche Programm der Auslöschung polnischer Kultur und Bildung mit der Deportation der Krakauer Professoren in Konzentrationslager ein an Deutlichkeit und Schrecken kaum zu überbietendes Symbol erhalten hatte, schlossen die Sowjets die polnischen Gymnasien, Theater und Konzertsäle in Lemberg nicht – ebenso wie sie die meisten Professoren der dortigen Universität weiter lehren ließen. Trotz aller

---

1 Der Aufsatz stellt die geringfügig ergänzte Fassung eines Beitrags dar, den der Verfasser auf einem Kolloquium Krakauer und Warschauer Historiker am 16. Mai 2003 gehalten hat. Anlass des Treffens war die Veröffentlichung der Dissertation von Anetta Rybicka, Instytut Niemieckiej Pracy Wschodniej. Institut für Deutsche Ostarbeit Kraków 1940–1945. Warszawa 2002, deren Kapitel über die Mitarbeit polnischer Wissenschaftler am Institut für Deutsche Ostarbeit (IDO) in Krakau eine Welle der Empörung auslöste. Die Diskussion wurde u.a. im Krakauer „Tygodnik Powszechny" besonders im Frühjahr 2003 fortgesetzt. Teile des Kolloquiums vom 16. Mai sind unter dem Titel „Historia do rewizji" [Geschichte zur Revision], in: Przegląd Polityczny 2004 (64), S. 47-61 dokumentiert, zugleich in deutscher Übersetzung von Ulrich Heiße, in: Inter Finitimos. Jahrbuch zur deutsch-polnischen Beziehungsgeschichte (2004), Nr. 2, S. 51-74. Diese Übersetzung dient auch als Grundlage für den hier abgedruckten, vom Autor überarbeiteten Beitrag.

2 Vgl. Tomasz Szarota, Zaprzaniec, renegat, zdrajca [Verleugner, Renegat, Verräter], in: Polityka (1999), Nr. 5, S. 68-71; ders., Kollaboration mit deutschen und sowjetischen Besatzern aus polnischer Sicht – damals, gestern und heute (in diesem Band, S. 324-341); ders., Problem kolaboracji w Wilnie pod okupacją sowiecką. Sprawa Teodora Bujnickiego [Das Problem der Kollaboration in Vilnius unter sowjetischer Besatzung. Der Fall Teodor Bujnicki], in: Europa nieprowincjonalna. Przemiany na ziemiach wschodnich dawnej Rzeczypospolitej (...) w latach 1772–1999 [Das nicht-provinzielle Europa. Veränderungen in den Ostgebieten der alten Polnisch-Litauischen Republik in den Jahren 1772–1999], hrsg. v. Krzysztof Jasiewicz. Warszawa 1999, S. 600-616. Während Szarota die Verwendung des Kollaborationsbegriffs auf die Zeit der beiden Weltkriege begrenzt wissen will (vgl. ebenda, S. 601), dachte zuletzt Piotr Madajczyk darüber nach, ob der Begriff nicht auch für die Zeit der Volksrepublik Polen Verwendung finden könnte: Piotr Madajczyk, Zdrada – współdziałanie – pasywność [Verrat – Zusammenarbeit – Passivität], in: Więź Nr. 523 vom Mai 2002, S. 112-121.

Ähnlichkeiten beider Besatzungspolitiken war es gerade dieser Unterschied, der sich immer wieder als Bezugspunkt für die Beurteilung einzelner und kollektiver Haltungen herausstellte; die Vermutung liegt nahe, dass die Urteile über „anständiges" oder „unanständiges" Verhalten unter sowjetischer Okkupation eher denen im deutsch besetzten Paris als denen im ebenfalls von Deutschen besetzten Warschau ähnelten.[3]

In der jahrzehntelang eher peripher erörterten Frage einer Kollaboration mit Deutschland löste eine höchst untypische Figur wie Józef Mackiewicz die wohl größten Kontroversen aus.[4] In letzter Zeit erweiterte sich die Liste der Verdächtigen um die Politiker, deren Namen im so genannten Kowalewski-Memorandum aus dem Jahr 1940 auftauchen.[5] Es wurde auch der Versuch unternommen, die Verantwortung des ehemaligen Ministerpräsidenten (1934/35) Leon Kozłowski und des seit jeher germanophilen Politikers und Publizisten Władysław Studnicki neu zu bewerten.[6] Nicht bekannt waren die Gespräche zwischen der polnischen Heimatarmee in Wilna und der dortigen deutschen Abwehr im Februar 1944, die Bernhard Chiari zuletzt auf der Basis deutschen Materials vorgestellt hat.[7]

Allen Diskussionen gemeinsam ist die Konzentration auf Handlungen von Personen, die aus einer mehr oder weniger klaren politischen Intention heraus tätig waren, von Mackiewicz bis zu dem polnischen Befehlshaber der Wilnaer Heimatarmee Aleksander Krzyżanowski (Pseudonym „Wilk"). Allen polnischen Akteuren ging es in ihren Kontakten mit den Deutschen darum, eine Situation herbeizuführen, die – ihrer Meinung nach – die Perspektiven der Polen und Polens verbessert hätte. Alle diese Aktivitäten widersprachen der Politik der

---

3 Szarota, Kollaboration (wie Anm. 2).

4 Jerzy Malewski [eigentlich Włodzimierz Bolecki], Wyrok na Józefa Mackiewicza [Das Urteil über Józef Mackiewicz]. Londyn 1991.

5 Dabei ging es um Versuche einer Kontaktaufnahme mit deutschen Behörden im Juli 1940 durch acht sich in Frankreich und Portugal aufhaltende polnische Politiker. Verfasser der ans deutsche Außenministerium gerichteten Denkschrift war Jan Kowalewski, Oberst der polnischen Armee, vor 1939 Mitarbeiter des militärischen Geheimdienstes der Republik Polen. Die Denkschrift wurde von Bernard Wiaderny ediert: Bernard Wiaderny, Nie chciana kolaboracja. Polscy politycy i nazistowskie Niemcy w lipcu 1940 [Die ungewollte Kollaboration. Polnische Politiker und Nazideutsche im Juli 1940], in: Zeszyty Historyczne 142 (2002), S. 131-140 und die umfangreiche Diskussion in: Zeszyty Historyczne 143 (2003), S. 215-234; 144 (2003), S. 217-232; Jan Stanisław Ciechanowski, Pułkownik Jan Kowalewski – kontakty z władzami niemieckimi w czasie wojny [Oberst J.K. und Kontakte mit den deutschen Behörden während des Kriegs], in: Zeszyty Historyczne 144 (2003), S. 50-87; Bernard Wiaderny, Pułkownik Kowalewski w Lizbonie: dwa epizody [Oberst K. in Lissabon: zwei Episoden], in: Ebenda, S. 88-102; Andrzej St. Kowalczyk, Jerzy Stempowski i Akcja Kontynentalna [J.S. und die Kontinentalaktion], in: Ebenda, S. 103-108; Krzysztof Strzałka, Niemcy i „sprawa polska" w dwóch raportach płk. Kowalewskiego z Lizbony z 1941 roku [Die Deutschen und die „polnische Frage" in zwei Berichten von Oberst K. aus Lissabon 1941], in: Zeszyty Historyczne 145 (2003), S. 33-51.

6 Mikołaj Kunicki, Unwanted Collaborators: Leon Kozłowski, Władysław Studnicki and the Problem of Collaboration among Polish Conservative Politicians in World War II, in: European Review of History 8 (2001), No. 2, S. 203-220.

7 Bernhard Chiari, Kriegslist oder Bündnis mit dem Feind? Deutsch-polnische Kontakte 1943/44, in: Die polnische Heimatarmee. Geschichte und Mythos der Armia Krajowa seit dem Zweiten Weltkrieg, hrsg. v. dems. München 2003, S. 497-527. Nach der Abkommandierung eines Offiziers der Abwehr aus Vilnius versuchte am 26. April ein Vertreter des SD mit Aleksander „Wilk" Krzyżanowski (1895–1951, Offizier der polnischen Armee, Kommandant des Wilnaer Militärbezirks des ZWZ-AK) Kontakt aufzunehmen. Krzyżanowski lehnte ab (vgl. ebenda, S. 524).

Exilregierung, die Mehrzahl unterlag als unvereinbar mit den vom Untergrundstaat aufgestellten Normen einer Strafverfolgung im Untergrund.

Nur vereinzelt werden in Publikationen der letzten Jahre andere, in mancher Hinsicht apolitische Formen der Kollaboration behandelt.[8] Bearbeitungsstand und Themenwahl der polnischen Historiographie sind dabei durchaus vergleichbar mit anderen europäischen Geschichtsschreibungen. Entgegen der recht verbreiteten Überzeugung, es sei unmöglich, die polnische Kollaboration zum Beispiel mit der französischen zu vergleichen, sind die Probleme, die in der französischen Historiographie für die Erforschung des Vichy-Regimes in den 1990er Jahren diskutiert werden, polnischen Historikern nicht fremd:

–   eine Verengung der Kollaboration auf den Bereich der Politik,
–   eine Instrumentalisierung des Problems nach 1945, ohne eine Erforschung des „historischen Sachverhalts",
–   unklare und fließende Übergänge zwischen verschiedenen Formen der Zusammenarbeit mit den Besatzern, zwischen passivem Abwarten und Widerstand.[9]

Versuche, die mittel- und osteuropäischen Realitäten innerhalb der Geographie des besetzten Europa besonders herauszustellen, führen paradoxerweise nicht weiter. Wacław Długoborski unterschied drei Motivationslagen für eine Kollaboration im Europa östlich der deutschen Reichsgrenzen:

–   die Volksdeutschen, aus nahe liegenden Gründen,
–   nationale Hoffnungen, etwa der Balten und Ukrainer, auf die (Wieder-)Errichtung eines eigenen Staates,
–   einheimische Faschisten.[10]

In der polnischen Diskussion spielt keine dieser Gruppen eine nennenswerte Rolle, obwohl – wie ich versuchen werde aufzuzeigen – die erste Gruppe breiter als bisher berücksichtigt werden sollte; die Typologie insgesamt kann jedoch auf die Realität der deutschen Besatzung in Polen nicht sinnvoll angewandt werden.

Im meiner folgenden Analyse möchte ich auf Schlussfolgerungen und Fragen hinweisen, die sich aus der bisherigen Diskussion ergeben, sowie auf Forschungsperspektiven, die unseren Blick auf das Problem der Kollaboration verändern.

1. Der negativ besetzte Begriff des „Kollaborateurs" ist offenkundig den Besiegten vorbehalten. Die Phantasie reicht nicht aus, um sich die Karriere einer Petainschen Kollabo-

---

8   Ich berufe mich, wohl nicht zufällig, auf Veröffentlichungen der allerletzten Zeit: Martin Dean, Polen in der einheimischen Hilfspolizei. Ein Aspekt der Besatzungsrealität in den deutsch besetzten ostpolnischen Gebieten, in: Die polnische Heimatarmee (wie Anm. 7), S. 355-369; Jerzy Kochanowski, Polacy do Wehrmachtu? Propozycje i dyskusje 1939–1945. Zarys problemu [Polen in die Wehrmacht? Vorschläge und Diskussionen 1939–1945. Abriss des Problems], in: Przegląd Historyczny 93 (2002), S. 307-320; Jan Grabowski, Szmalcownicy warszawscy, 1939–1942 [Die Warschauer Denunzianten 1939–1942], in: Zeszyty Historyczne 143 (2003), S. 85-117; erweiterte Fassung: ders., „Ja tego Żyda znam". Szantażowanie Żydów w Warszawie 1939–1943 ("Diesen Juden kenne ich". Die Erpressung von Juden in Warschau 1939–1943]. Warszawa 2004.

9   Vgl. den Kommentar von Gerhard Hirschfeld, Einführung, in: Kollaboration in Frankreich. Politik, Wirtschaft und Kultur während der nationalsozialistischen Besatzung, 1940–1944, hrsg. v. dems. u. Patrick Marsh. Frankfurt a.M. 1991, S. 7-22, hier S. 8 f., 14 f.

10 Wacław Długoborski, Kollektive Reaktionen auf die deutsche Invasion und die Errichtung der NS-Besatzungsherrschaft, in: Anpassung, Kollaboration, Widerstand. Kollektive Reaktionen auf die Okkupation, hrsg. v. Wolfgang Benz (u.a.). Berlin 1996, S. 11-24, hier S. 19 f.

ration nach einem Sieg des Dritten Reiches vorzustellen, doch kann man sich ausmalen, dass – analog zum 20. Parteitag der KPdSU – nach dem 20. Parteitag der NSDAP, nach der Abschaffung des Personenkults und nach der Distanzierung von Hitlers „Fehlern und Irrtümern" eine wiederbelebte polnischsprachige Universität – etwa in Lemberg – den Namen von Władysław Studnicki tragen könnte und dieser nun in den Schulbüchern als einer der wenigen weitsichtigen Vorreiter einer Zusammenarbeit zwischen dem rassisch guten Teil des armen, von einer reaktionären Clique irregeleiteten polnischen Volkes mit dem großen deutschen Volk auftauchen könnte.

2. Die Urteile über „Kollaboration" sind zumindest zu einem gewissen Grad fließend und werden durch einige Faktoren markiert. Zuerst sind die zeitgenössisch herrschenden Rechtsnormen zu berücksichtigen (darauf komme ich in Punkt 8 zurück). Zweitens ist die nicht unbedingt mit Normen zusammenhängende Auffassung von „Kollaboration" (oder ihrem Fehlen) in den jeweiligen Bevölkerungsgruppen und Milieus zu berücksichtigen, die oft vom Standort des Beobachters und der Entfernung vom Ort des Geschehens abhängig war. Polen unter deutscher Besatzung war in zwei (die „eingegliederten Gebiete" und das „Generalgouvernement"), ab 1941 in drei (das „Reichskommissariat Ostland") Zonen aufgeteilt. Bei genauerer Betrachtung kann man diese Zonen – u.a. im Hinblick auf die Durchdringung durch die Besatzungsherrschaft, die Eliminierung der polnischen Führungsschichten, den Anteil der Reichs- und Volksdeutschen an der Gesamtbevölkerung – in noch mehr Einheiten aufteilen. Infolge dieser abweichenden politischen Verhältnisse konnten sich die Voraussetzungen für eine Anpassung bzw. einen Widerstand sehr unterschiedlich entwickeln.[11] In Warschau waren manche in den polnischen Ostgebieten übliche Verhaltensweisen schwer vorstellbar, diese wiederum unterschieden sich auch innerhalb der Ostgebiete, etwa im Wilnagebiet und in Wolhynien, wenn es um das Verhältnis zur sowjetischen Partisanenbewegung ging; das Beispiel der „Volksliste" zeigt, dass das gleiche Verhalten in Posen, Kattowitz oder Lemberg eine unterschiedliche Bedeutung haben konnte und von der jeweiligen Umgebung völlig anders bewertet wurde. Dies galt umso mehr für die Wahrnehmung aus der Warschauer Perspektive, die ja maßgeblich war, weil sich dort die Vertretung der Exilregierung und das Oberkommando der Heimatarmee befanden.

Weiterhin ist drittens der Zeitpunkt des jeweiligen Handelns zu berücksichtigen: Unmittelbar nach der Aufteilung Polens im September 1939 bzw. nach der Niederlage Frankreichs im Juni 1940 mochten politische Annäherungsversuche an das siegreiche Deutschland als zwangsläufige Folge realpolitischen Denkens erscheinen,[12] 1943 und 1944 fiel diese Begründung weg. Andererseits dürfte das Herannahen der Roten Armee gerade in den umstrittenen Ostgebieten ein neues Argument geliefert haben, das wiederum aus der Warschauer Optik weniger Gültigkeit beanspruchen konnte. Aber auch ein Intellektueller, der im Frühjahr

---

11 In dem vielleicht nachdenklichsten Beitrag, der auf das Buch von Anetta Rybicka eingeht, unterscheiden die Verfasser neun Gebiete in West- und Zentralpolen (d.h. ohne die polnischen Ostprovinzen), in denen „staatsbürgerliche Haltungen" der Polen mit einem sehr unterschiedlichen Grad von Risiko verbunden waren: Stanisław Salmonowicz, Jerzy Serczyk, Z problemów kolaboracji w Polsce w latach 1939–1941 [Probleme der Kollaboration in Polen in den Jahren 1939–1941], in: Czasy Nowożytne XIV (2003), S. 43-65, hier S. 48 f.; Warschau und Umgebung stehen an der Spitze der Risikoskala, der „Reichsgau Oberschlesien" am unteren Ende.

12 So die Argumentation von Salmonowicz und Serczyk als Erklärung des „Lissabon Memorandums" vom Juni 1940 (wie Anm. 11), S. 60-63.

1940 eine Stelle im Institut für Deutsche Ostarbeit annahm, handelte unter anderen Rahmenbedingungen, als er etwa drei Jahre später gehandelt hätte.[13]

Die vierte Variable ist durch die retrospektive strafrechtliche oder moralische Bewertung gegeben. Verurteilungen oder Freisprüche, gefällt nach 1945 durch Gerichte verschiedener Art – von Straf- bis Ehrengerichten – verstärkten oder schwächten die vorherigen Einschätzungen oder Vermutungen ab. Fünftens sind schließlich die Urteile der Nachwelt zu berücksichtigen, die – wie wir nicht nur am polnischen Beispiel sehen – wechselhaft sind, politischen Konjunkturen und Druck unterliegen, aber auch aus dem Bedürfnis jeder Generation resultieren, die Geschichte neu zu interpretieren, ohne die Sichtweisen der vorangegangenen Generation zu übernehmen. Ich bin immer mehr zu der Auffassung gelangt, dass in strittigen Fragen keines der oben genannten Kriterien alleine maßgeblich sein kann.

3. Im polnischen Fall ist die Diskussion über die Kollaboration besonders schwierig, vielleicht vor allem deswegen, weil der – im Vergleich zu anderen von den Deutschen besetzten Ländern – rudimentäre Charakter der politischen Kollaboration das Phänomen als solches zu vergessen erlaubte.[14] Das Schlagwort vom „Land ohne Quisling" war von beträchtlicher propagandistischer Bedeutung während des Krieges und danach: Die Kontrolle einer einwandfreien Haltung der Bevölkerung im Krieg resultierte aus dem nachvollziehbaren Wunsch, die Ausnahmesituation aufrechtzuerhalten; der nach 1956 offenkundige Unwille, sich mit dem Thema „Kollaboration" auseinanderzusetzen, diente der Pflege einer makellosen polnischen Selbstwahrnehmung. Zusätzlich verschärfte der Durchgriff der deutschen Besatzungsherrschaft automatisch die Kriterien der Bewertung: Solange es keine legalen politischen Institutionen und praktisch auch keine meinungsbildenden Kreise gab, die die deutsche Besatzungsordnung akzeptiert hätten, musste der Verdacht einer Zusammenarbeit Verhaltensweisen und Personen betreffen, denen man in anderen Ländern keinerlei Beachtung geschenkt hätte, in denen man sich eher auf öffentliche und offizielle Befürworter einer Kollaboration konzentrierte.

4. Weitere Erschwernisse der polnischen Diskussion resultierten aus der Parallelität der deutschen und sowjetischen Besatzung bis zum 22. Juni 1941, aus den spezifischen Versuchen nach dem Krieg, mit der „Kollaboration" (natürlich nur unter der deutschen Besatzung) abzurechnen oder auch aus der offenkundigen Verfälschung des Bildes vom Untergrundstaat, der plötzlich als Hauptträger der Kollaboration angesehen wurde. Die Abqualifizierung der Heimatarmee und der „Londoner Regierung" als Bündnispartner des Dritten Reiches bis Mitte der 50er Jahre kompromittierte nach 1956 die Erforschung der Kollaboration selbst ebenso wie die Überzeugung, im Vergleich mit Frankreich, Norwegen oder Holland gebe es bei uns nicht viel zu erforschen. Ein paar Symbolfiguren wie Jan Emil Skiwski oder Feliks Burdecki,[15] ein Teil der Partisanenbewegung der „Nationalen Streitkräfte" (Narodowe Siły Zbrojne) – diese isolierten Personen oder Gruppen aus den vielfältigen Einstellungen der polnischen Gesellschaft in der Besatzungszeit reichten der Öffentlichkeit und den Historikern aus.

---

13 Ebenda, S. 54-59.
14 Zu diesem Ergebnis kam auch Bolecki, wenn auch auf einen ganz anderen Weg; vgl. Bolecki, Wyrok (wie Anm. 4), S. 241-244.
15 Jan Emil Skiwski und Feliks Burdecki gaben in den Jahren 1944/45 in Krakau, inspiriert von der deutschen Propaganda, die Zeitschrift „Przełom" („Der Durchbruch") heraus.

5. Im Schatten dieser Sachlage versteckte sich indessen ein viel umfassenderes Problem, das nur selten – zum Beispiel 1979 durch Jan Tomasz Gross[16] – aufgegriffen wurde und damit zu tun hatte, dass die Verwaltung des Generalgouvernements vom Grundsatz her eine Kolonialverwaltung war. Diese Feststellung ist oft wiederholt worden, selten kommt jedoch die Frage nach den praktischen Konsequenzen eines solchen Modells auf, das wir am Beispiel der Verwaltung des Distrikts Radom illustrieren wollen. In diesem Gebiet lebten 1943 2,3 Millionen Menschen (Nichtdeutsche), und in der dortigen Zivilverwaltung arbeiteten etwas mehr als 400 Deutsche. Damaligen Schätzungen zufolge entfielen auf einen deutschen Beamten über 56 000 Einwohner und 45 Quadratkilometer.[17] Das heißt, die Zivilverwaltung war zu über 90%, darunter durchweg auf allen niederen und mittleren Ebenen, mit Nichtdeutschen besetzt, in ihrer überwiegenden Mehrheit mit Polen (von 301 Gemeindevorstehern und Bürgermeistern im Radomer Distrikt waren 237 Polen, 59 Deutsche, 2 Ukrainer und 3 unbekannter Nationalität). Ein anderes Beispiel ist die nichtpolitische Polizei, in der deutschen Begrifflichkeit als „Ordnungspolizei" bezeichnet. Im Generalgouvernement gab es 1943 etwa 12 000 deutsche Ordnungspolizisten, eine Zahl, die ziemlich genau der Anzahl der polnischen „blauen" Polizisten entspricht.[18] Im Fall des damals wichtigsten Verkehrsmittels, der Eisenbahn, entfielen auf 7 000 reichsdeutsche und 1 500 volksdeutsche über 100 000 nichtdeutsche Beschäftigte.[19]

6. Eine naive Lektüre solcher Statistiken liefert allerdings lediglich Futter für die Sensationsberichterstattung der polnischen Boulevardpresse:[20] Denn es gibt keine Korrelation (weder positiver noch negativer Art) zwischen der Anzahl der Beschäftigten in einem bestimmten Bereich der Verwaltung oder der Wirtschaft und deren Verantwortung. Darauf beruht ja gerade das Wesen der Kolonialverwaltung: Die Eingeborenen führen Befehle und einfache Arbeiten aus, die Politik ist die Domäne der Kolonialherren. Zugleich kommt man in diesem Zusammenhang nicht um die Frage herum, was wohl passiert wäre, wenn die Polen die ihnen zugewiesenen Rollen nicht übernommen hätten? Wer hat kollaboriert, wer versuchte nur zu überleben und in welchem Maß muss eine Antwort auf diese Frage ein Verhaltenskontinuum auseinanderreißen?

7. Die Antwort von Gross in dem Kontext, der uns hier interessiert, ist einfach: Eine Besatzungsmacht braucht Machtorgane, Kenntnisse und Arbeitskraft („authority, expertise, manpower"). Nur wer als Machtorgan der Besatzer auftritt oder diese Organe legitimiert, betreibt Kollaboration; wer seine Kenntnisse (im Sinne von Fachwissen) und Arbeitskraft

---

16 Jan Tomasz Gross, Polish Society Under German Occupation, The Generalgouvernement 1939–1944. Princeton 1979.

17 Über die Zivilverwaltung im Distrikt Radom entsteht zur Zeit in Wuppertal eine Dissertation von Robert Seidel.

18 Zahlenangaben nach Włodzimierz Borodziej, Terror i polityka. Policja niemiecka a polski ruch oporu w Generalnym Gubernatorstwie 1939–1944. Warszawa 1985, dt.: Terror und Politik. Die deutsche Polizei und die polnische Widerstandsbewegung im Generalgouvernement 1939–1944. Mainz 1999 (Veröffentlichungen des Instituts für Europäische Geschichte Mainz Abteilung Universalgeschichte. Beiheft 28), S. 34 f.

19 Gross, Polish Society (wie Anm. 16), S. 133.

20 In der Ausgabe vom 12. April 2003 beschuldigte das Blatt „Wprost" Krakauer Wissenschaftler massiv der Kollaboration mit der deutschen Besatzungsmacht, wobei die Beispiele für diese These durchgehend dem vor kurzem veröffentlichten Buch von Rybicka (wie Anm. 1) entnommen waren.

Włodzimierz Borodziej

zur Verfügung stellt, bleibt damit hingegen im Bereich der Kooperation, ohne zu kollaborieren. Die Angestellten, Gemeindevorsteher und Bürgermeister waren de facto Werkzeuge des Okkupanten, vom Standpunkt der Deutschen aus Ausführende, nach Meinung ihrer Umgebung aber eine Art Entscheidungsträger, denn schließlich entschieden sie über das Maß an Belastungen und Abgaben durch einzelne Personen oder Familien.[21] Vom Standpunkt dieser Angestellten oder der Gemeindevorsteher, die für die Besatzungsverwaltung arbeiteten, war eine Nichtübernahme ihrer Tätigkeit schlicht unmöglich, sie mussten ihre Familien ernähren, taten nichts Böses, machten schließlich nichts anderes als vor dem Krieg...

8. Der Untergrundstaat erkannte schon frühzeitig die potenzielle Mehrdeutigkeit dieser Argumentation und zugleich ihre Rationalität angesichts der individuellen Bedrohung. Als Institution und Machtorgan dazu berufen, die Normen des polnischen Staates zu wahren, versuchte er vorbeugende und verbietende Vorschriften für die Zeit des Krieges zu erlassen. Tomasz Szarota hat dieses Problem vor einem Vierteljahrhundert (also mehr oder weniger zur gleichen Zeit, als Gross die Frage der gesellschaftlichen Dimension der „Kooperation" aufwarf) in seinem Buch über den Alltag im besetzten Warschau analysiert.[22] Hinzuzufügen ist, dass beide Autoren keine große Resonanz fanden, weder in der Fachliteratur noch in der Publizistik. Kehren wir nun zurück zum „Moralkodex im besetzten Polen" des Untergrundstaates von 1941. Dieser sah die Todesstrafe vor für Denunziationen, für andere Formen der Zusammenarbeit mit dem Feind, für unterlassene Hilfe für „vom Feind Verfolgte", für die Schwächung des „Verteidigungswillens des polnischen Volkes" und für bewusste „Handlungen, die diesen Willen schwächen könnten". Den Dienst „beim Feind", angetreten „ohne unbestreitbaren Zwang", stufte er als Verbrechen gegen die Zugehörigkeit zum polnischen Volk ein, ähnlich wie Passivität und das Ausnutzen von Anordnungen des Feindes „zum eigenen Nutzen und zum Schaden für den Staat und die polnische Nation".

9. Szarota weist zu Recht darauf hin, dass „die Einstufung einzelner Vergehen (...) recht willkürlich erscheint (...). Bestimmte Paragraphen sind regelrecht unklar, nur wenig präzise", jedoch stellt er zusammenfassend fest, dass „der Kodex vor allem das unerhört hohe Niveau der ethischen Anforderungen belegt, die vom Untergrund an die polnische Gesellschaft gestellt wurden. Ich glaube nicht", fasst der Autor zusammen, „dass viele Polen die Zeit der Besatzung überstehen konnten, ohne auch nur ein einziges Mal irgendeine dieser Vorschriften zu verletzen." Diese Bemerkung bezieht sich ganz offensichtlich auf hier nicht zitierte Normen (das Verbot, die „Reptilienpresse" [*gadzinówka*] zu lesen, sich „vollzusaufen" oder ostentativ zu konsumieren). Anders sei der mit der Todesstrafe bedrohte Dienst „beim Feind, ohne unbestreitbaren Zwang" zu bewerten. Der Verfasser zieht die grundsätzliche Schlussfolgerung, dass es denjenigen, die dieses Gesetz erließen, sicher um offenen Verrat gegangen sei, generell sei jedoch für eine Bewertung von Arbeitstätigkeiten in Einrichtungen der Besatzungsmacht ausschlaggebend gewesen, „in welcher Weise diese Arbeit oder dieser Dienst ausgeführt wurden".[23]

---

21 Gross, Polish Society (wie Anm. 16), S. 117 ff. u. 141-144.
22 Tomasz Szarota, Okupowanej Warszawy dzień powszedni [Alltag im besetzten Warschau]. Warszawa 1978; dt., erheblich gekürzte Ausgabe: Warschau unter dem Hakenkreuz. Leben und Alltag im besetzten Warschau, 1.10.1939 bis 31.7.1944. Paderborn 1985. Im Folgenden wird in Übersetzung nach der vollständigen polnischen Ausgabe zitiert.
23 Szarota, Okupowanej Warszawy dzień powszedni (wie Anm. 22), S. 566-574.

10. Die jeweilige Umgebung konnte auf solche – nennen wir sie: zweifelhaften – Verhaltensweisen unterschiedlich reagieren. Dies betraf natürlich nicht den Verrat: Nirgendwo in der Untergrundpresse finden wir eine Akzeptanz für Denunziantentum[24] – eine wahre Plage nicht nur im Generalgouvernement.[25] In Lodz erhielt die Gestapo in den ersten Monaten der Besatzung ca. 40 Denunziationen täglich, was bis Januar 1940 eine Konzentration „auf die eigentliche Aufgabe, d.h. die Bekämpfung der polnischen Widerstandsbewegung" unmöglich machte.[26] Gleiches galt für Erpressungen und Verrat gegenüber jüdischen Mitbürgern in der Illegalität (*„szmalcownictwo"*), d.h. offenkundiges Handeln zum Schaden von Mitbürgern, gleichgültig aus welcher Motivation heraus. Ähnlich uninteressant sind für unsere Fragestellung freiwillige Mitarbeiter der Besatzungsmacht, z.B. Volksdeutsche, die sich der Gestapo als Dolmetscher zur Verfügung stellten und die natürlich wissen mussten (selbst wenn sie sehr naiv waren), dass sie zum Schaden ihrer (nach ihrem Verständnis: ehemaligen) Mitbürger handeln würden. Keinerlei Zweifel gab es gegenüber deutschen Agenten und Informanten, auf die sich – als die schädlichsten und gefährlichsten Werkzeuge der deutschen Besatzungsbehörden – die Vergeltungs- und Todesurteile des Untergrundes konzentrierten. Nach einer Schätzung von Leszek Gondek wurden ca. 2 500 Todesurteile gefällt: Nach der einzigen, damit nicht unbedingt repräsentativen Auswertung Gondeks betrafen davon nur 16% Arbeiter, Bauern, Landarbeiter und Handwerker, über 20% „blaue" Polizisten und weitere 20% Angestellte, Bürgermeister und Gemeindevorsteher. Unter den übrigen Verurteilten überwogen Personen mit einer überdurchschnittlichen oder einer sehr hohen gesellschaftlichen Position, erkennbar ist auch das weit über dem Durchschnitt liegende Bildungsniveau der zur Verantwortung Gezogenen.[27]

Von ihrem gesellschaftlichen Profil her lässt sich auch die zahlenmäßig stärkste Gruppe der auf Grundlage des volkspolnischen Dekrets vom 31. August 1944, das mit der Kollaboration abrechnen sollte, zum Tode Verurteilten umreißen: Bauern, die Juden und Partisanen auslieferten.[28] In diesem Fall fiel die Bewertung durch die nächsten Generationen oft rigoroser aus als die Urteile von zeitgenössischen Kennern der Besatzungszeit, die im Allgemeinen derselben Gemeinschaft angehörten.

---

24 Grabowski, Szmalcownicy (wie Anm. 8), zeigt, dass ein Teil der Denunzianten Repressionen der Besatzungsmacht ausgesetzt war, weil organisierte Denunzianten- und Erpressergruppen die deutsche Verwaltung zu korrumpieren drohten.

25 Barbara Engelking-Boni, „szanowny panie gistapo". Donosy do władz niemieckich w Warszawie i okolicach w latach 1940–1941 [„... sehr geehrter Herr Gistapo". Denunziationen an deutsche Behörden in Warschau und Umgebung in den Jahren 1940–1941]. Warszawa 2003. – Ich danke der Autorin, dass sie mir seinerzeit bereits das Manuskript des Buches zur Verfügung stellte.

26 Borodziej, Terror und Politik (wie Anm. 18), S. 87.

27 Leszek Gondek, Polska karząca 1939–1945 [Das strafende Polen 1939–1945]. Warszawa 1988, S. 113-116.

28 Das Dekret vom 31. August 1944 „über die Strafzumessung für faschistisch-hitleristische Verbrecher, die der Tötung und der Misshandlung von Zivilpersonen und Kriegsgefangenen schuldig sind, sowie für Verräter des polnischen Volkes", sah eine drastische Verschärfung der bisher geltenden Vorschriften vor. Es wurde in den Folgejahren hauptsächlich nicht gegen deutsche Täter, sondern gegen Polen angewendet; die zahlreichste Gruppe der Angeklagten, so eine Aktennotiz in der Zivilkanzlei des Staatspräsidenten von 1950, seien Bauern, die Juden, Partisanen oder sonstige von der Besatzungsmacht gesuchte Personen ausgeliefert hätten. Die Aktennotiz zusammengefasst bei Szarota, Kollaboration (wie Anm. 2).

11. Der Kern des Problems scheint jedoch anderswo zu liegen, nämlich bei damals wie heute zweideutigen Haltungen. Es geht um zweifelhafte Verhaltensweisen, unklare Berichte, Anbiederung oder Bereicherung, also um die Grauzonen und Schattenbereiche des Alltags unter der Besatzung. Nach dem Krieg kam es oft zu Anklagen wegen Zusammenarbeit gegen Verwaltungsangestellte und Gewerbetreibende, gegen Gemeindevorsteher und Bürgermeister, Händler und Kneipenbesitzer, in vielen Fällen wohl nicht unbegründet. Vom Standpunkt der neuen kommunistischen Macht war das – theoretisch – sozusagen die erträumte Gruppe von Angeklagten, der kleinbürgerliche Kern des „ancien régime". Trotzdem endeten – aus Gründen, die wir bisher noch nicht erforscht haben – sogar im stalinistischen Polen auf Vorwürfen der „allgemeinen Überzeugung" der Gesellschaft basierende Anklagen nicht unbedingt mit einer Verurteilung. Genannt werden kann die Entscheidung des Obersten Gerichts vom 19. Dezember 1949, die das Todesurteil gegen einen gewissen K.M. aufhob, das eben auf dem „allgemeinen Eindruck" der Zeugen basierte, der Angeklagte habe mit der deutschen Polizei zusammengearbeitet. Hingegen stellte das Oberste Gericht in seiner Begründung fest, der Angeklagte habe einen Handel betrieben, und es sei allgemein bekannt, dass Händler vielfach gesellschaftliche Kontakte zu Deutschen angeknüpft hätten, um sich Vorteile für ihr Geschäft zu verschaffen.[29] Offensichtlich war in unpolitischen Angelegenheiten der Eifer der Behörden, mit der Kollaboration abzurechnen, begrenzt – wie übrigens auch eine Analyse der Gerichtsakten im Fall Jedwabne gezeigt hat.[30]

12. Hier begegnen sich die in Punkt 2 erwähnten Auffassungen und Urteile der jeweiligen polnischen Bevölkerungsgruppen und Milieus über „Kollaboration", die unterschiedlich motiviert sein konnten und nicht unbedingt etwas mit staatsbürgerlichem Verhalten zu tun haben mussten, mit der Aufarbeitung der Kollaboration nach dem Krieg. Die Statistik ist bekanntermaßen eine andere Form der Lüge, trotzdem lohnt es sich, den polnischen Fall im internationalen Vergleich zu betrachten. Szarota zitierte vor einigen Jahren den „Koeffizienten der bestraften Kollaboration" von Peter Novick für einige Länder Westeuropas: auf jeweils 100 000 Menschen in der Bevölkerung entfielen nach der Befreiung in Norwegen 633 Verurteilungen zu Gefängnisstrafen, in Belgien 596, in Holland 419, in Dänemark 374, in Frankreich 94 und in Polen (auf der Grundlage des Dekrets vom 31. August 1944) 68.[31]

Diese Daten kann man unter verschiedenen Gesichtspunkten hinterfragen. Überall war die Abrechnung mit der Besatzungsherrschaft zugleich (wenn auch in unterschiedlichem Maße) ein Instrument des politischen Kampfes, doch gerade in Polen nahm sie – verglichen mit den übrigen genannten Ländern – besonders krasse Formen an. Gerichtsurteile müssen nicht unbedingt, selbst wenn sie rechtsstaatlich sind (vielleicht dann erst recht), die Realität unter der Besatzung widerspiegeln. Im Lichte unseres historischen Wissens wäre es schwer, eine rationale, d.h. eine andere Erklärung für die Differenz der in Frankreich und der in Dänemark Verurteilten zu finden. Schließlich: Kollaboration ist nicht gleich Kollaboration, die Kriterien waren nicht einheitlich, weder während des Krieges noch danach.

---

29 Borodziej, Terror und Politik (wie Anm. 18), S. 144.
30 Vgl. den Beitrag von Andrzej Rzepliński in: Wokół Jedwabnego [Um Jedwabne]. Bd. I: Studia (Studien), hrsg. v. Paweł Machcewicz u. Krzysztof Persak. Warszawa 2002, S. 353-459.
31 Tomasz Szarota, Kolaboranci pod pręgierzem [Kollaborateure am Pranger], in: Magazyn, dodatek do Gazety Wyborczej Nr. 156 vom 7. Juli 1995.

13. Die Beurteilung der polnischen *épuration* als eines glaubwürdigen Spiegelbildes der Verhaltensweisen während der Besatzungszeit wird noch durch einen anderen Faktor gemindert, der selten berücksichtigt wird. Die größte Gruppe der in den ersten Nachkriegsjahren von Repressionen Betroffenen bildeten die Gefangenen in den Lagern und Gefängnissen, die vom Ministerium für Öffentliche Sicherheit geführt wurden. Im September 1945 waren dies fast 59 000 Personen, im Dezember 1946 über 116 000, im Juni 1947 über 121 000, im Februar 1948 fast 110 000. Der Anteil der Volksdeutschen an dieser Gefängnispopulation (nach Abzug der nichtpolitischen Häftlinge und Straftäter, die ja nicht Gegenstand der Abrechnung mit der Besatzungszeit waren) wies eine erstaunliche Stabilität auf und betrug im September 1945 52%, später jeweils 50%, 51% und 51%.[32]

Die Volksdeutschen bildeten im Generalgouvernement weniger als 1% der Bevölkerung. Ihre Zahl – 113 000 Personen – macht weniger als 5% der Gesamtheit der Volksdeutschen auf dem Territorium des polnischen Vorkriegsstaates aus, und es ist schwer vorstellbar, dass unter den Häftlingen der Lager und Gefängnisse die ehemaligen Bewohner des Generalgouvernements eine bedeutende Gruppe, geschweige denn die Mehrheit bildeten. Daraus folgt, dass die größte Einzelgruppe, die für ihr Verhalten in der Okkupationszeit nach 1945 Repressionen unterworfen war, aus Menschen bestand, deren angebliche oder tatsächliche Vergehen in den dem Deutschen Reich angegliederten Gebieten stattgefunden hatten, also unter völlig anderen Bedingungen, als sie im Generalgouvernement herrschten, das in den Diskussionen über die Kollaboration aus nachvollziehbaren Gründen einen zentralen Platz einnimmt.

Außerdem basierten die Repressionen, denen die Volksdeutschen ausgesetzt waren, auf anderen Vorschriften als dem August-Dekret (im Allgemeinen wohl durchweg gar nicht auf Gerichtsurteilen), und deshalb kommen diese in dem oben zitierten „Koeffizienten gerichtlich bestrafter Kollaboration" nicht vor. Zählte man diese – sehr vorsichtig geschätzt – 100 000 Inhaftierten hinzu (wir kennen nicht die Gesamtzahl der Häftlinge, die in den Jahren 1945–1948 polnische Lager durchlaufen haben, wenn jedoch auf einen Schlag in ihnen 30 000 Volksdeutsche einsaßen – und zu dieser Zeit fanden schon Massenentlassungen und Auflösungen von Lagern, Arresten etc. statt –, scheint die Annahme einer Zahl von 100 000 nicht zu hoch gegriffen), dann stiege der Faktor für Polen (466) auf ein höheres Niveau als in Holland (419).[33]

14. Wenn wir nicht wissen, worauf wir uns zuverlässig stützen können, bleiben Fragen offen. Sollte sich die historische Forschung auf die Handvoll mehr oder weniger bekannter Politiker konzentrieren? Bis vor kurzem konnte es den Anschein haben, dass wir fast alles

---

32 Berechnungen auf der Basis von: Niemcy w Polsce 1945–1950. Wybór dokumentów [Deutsche in Polen 1945–1950. Dokumentenauswahl], hrsg. v. Włodzimierz Borodziej u. Hans Lemberg. Bd. I, Warszawa 2000; dt. Ausgabe: „Unsere Heimat ist uns ein fremdes Land geworden..." Die Deutschen östlich von Oder und Neiße 1945–1950. Dokumente aus polnischen Archiven, hrsg. v. Włodzimierz Borodziej u. Hans Lemberg. Marburg 2000, S. 193-196, 289-300, 330, 351 ff.

33 In niederländischen Lagern befanden sich im Sommer 1945 ca. 100 000 Verdächtige, die jedoch rasch entlassen wurden. Von den 65 000 Verurteilten (davon 50 000 für leichtere Vergehen) ging die überwältigende Mehrheit sicher aus den im Sommer 1945 Internierten hervor; vgl. Peter Romijn, Niederlande – „Synthese", Säuberung und Integration, in: Kriegsende in Europa. Vom Beginn des deutschen Machtzerfalls bis zur Stabilisierung der Nachkriegsordnung 1944–1948, hrsg. v. Ulrich Herbert u. Axel Schildt. Essen 1998, S. 207-224, hier S. 220 ff.

über sie wissen. Nach dem Artikel von Bernard Wiaderny wurde dieser Glaube erschüttert, aber sind die Verhaltensweisen größerer, in der Regel anonymer gesellschaftlicher Schichten und Gruppen nicht wichtiger? Die Erforschung der Biographien von Personen des öffentlichen Interesses hat natürlich unbestreitbare praktische Vorteile: Wir wissen mehr von ihnen, haben auch weniger Skrupel bei ihrer Beurteilung.

Anders sieht es aus mit einer anonymen Schicht oder Gruppe, bei der die Rekonstruktion individueller Motive, Unterlassungen oder Handlungen schwieriger ist. Irgendwann gelangen wir jedoch auch dort auf die Ebene individuellen Verhaltens, und erst dann beginnen die sprichwörtlichen Stolpersteine: Widersprüche zwischen der nur spärlich erhalten gebliebenen Überlieferung von vor 1945 und den Rationalisierungen, die nach Kriegsende verkündet wurden; die Zwiespältigkeit der Situation der Rechtsprechung nach 1945 und deren Instrumentalisierung – all dies scheint darauf hinzudeuten, dass die Beurteilung eines durchschnittlichen Bürgers, der sich während der Besatzung einer Sphäre näherte, die man damals als nahe an der Kollaboration ansah, beinahe unmöglich ist. Zur Beurteilung gesellschaftlicher Verhaltensweisen in den Jahren 1939–1944 können solche Studien viel beitragen – doch die Bewertung einzelner Personen wird sicher noch lange kontrovers bleiben.

Leonid Luks

Heiligt der Zweck die Mittel? Lenins Zusammenarbeit mit dem Wilhelminischen Reich in vergleichender Perspektive

Mein Vortrag ist untypisch für die Fragestellung dieser Tagung. Ich befasse mich nicht mit der Fremdherrschaft, sondern nur mit der Kollaboration, mit der Zusammenarbeit einer politischen Gruppierung Russlands mit dem außenpolitischen Gegner des eigenen Staates, um in Anlehnung an ihn die eigene Regierung zu stürzen.

In der Literatur zur Vorgeschichte der Oktoberrevolution wird oft die Frage gestellt, wie stark die deutsche Unterstützung die bolschewistische Machtübernahme erleichtert hat. Mich interessiert in diesem Zusammenhang in erster Linie ein anderes Problem, nämlich: Warum hat die Zusammenarbeit Lenins mit dem Deutschen Reich, die für die russische Öffentlichkeit im Jahre 1917 ein offenes Geheimnis darstellte, dem bolschewistischen Siegeszug kaum geschadet?

Als der Erste Weltkrieg ausbrach, bezog Lenin sofort eine defätistische Position und sehnte militärische Niederlagen des Zarenreiches buchstäblich herbei. Diese Haltung des Gründers der bolschewistischen Partei isolierte ihn innerhalb der politischen Klasse Russlands. Die russischen Bildungsschichten, auch oppositionell gesinnte Gruppierungen, wurden nämlich nach Kriegsausbruch von einer nationalistischen Euphorie erfasst, die sich nicht allzu stark von der Stimmung unterschied, die damals auch im Westen den Beginn des Weltkrieges – der „europäischen Urkatastrophe" nach George F. Kennan – begleitete.

Wenn man bedenkt, mit welcher Gleichgültigkeit die russische Öffentlichkeit noch ein Jahrzehnt zuvor die verheerenden Niederlagen der zarischen Armee im Russisch-Japanischen Krieg hingenommen hatte, verblüfft dieser Stimmungswandel, der sich innerhalb kürzester Zeit im Lande vollzogen hatte. Zu den so genannten „Vaterlandsverteidigern" gehörten nun auch solche Politiker, die im Russisch-Japanischen Krieg, noch ähnlich wie Lenin, defätistische Positionen bezogen hatten,[1] z.B. der Ahnherr der russischen Sozialdemokratie Georgij Plechanov. Noch 1904 schrieb er: „Man muss ohne Umschweife sagen: Wenn das Glück unseren Seeleuten im Pazifik endlich lächeln sollte, dann würden unsere Petersburger Machthaber sofort ihr Haupt erheben (...). Darauf läuft ja gerade die tiefe Tragik aller russischen Uniformträger hinaus, dass zur Zeit ‚den Feind besiegen' nichts anderes bedeutet, als ‚der eigenen Gesellschaft eine Niederlage beibringen'. Aus dieser tief tragischen Lage gibt es für sie nur einen Ausweg: Gegen die Regierung des Zaren eben jene Waffen zu kehren, die mit der Mühsal und dem Schweiße des Volkes bezahlt wurden".[2] Zehn Jahre später

---

1 Zur damaligen Haltung Lenins siehe u.a. V.I. Lenin, Werke. Bd. 1-40, Berlin 1961 ff., hier Bd. 8, S. 34-42 u. 481-485.
2 Georgij Plechanov, Sočinenija [Werke]. Bd. 1-24, Moskva 1924 ff., hier Bd. 13, S. 215.

reihte sich Plechanov, ähnlich wie viele andere russische Revolutionäre, in die patriotische Front ein.

Zu Beginn des 20. Jahrhunderts, vor allem aber nach der aus der Sicht der russischen Opposition „gescheiterten" Revolution von 1905, wurde die russische Intelligenzija von ideologischen Gärungsprozessen erfasst, die zur Umwertung der bis dahin vorherrschenden Wertvorstellungen führten. Kennzeichnend für diese Gärungsprozesse war nicht nur eine gewisse Skepsis gegenüber dem revolutionären Ideal, dem die russische Intelligenzija generationenlang hingebungsvoll gedient hatte, sondern auch eine Art nationaler Renaissance. Viele Kritiker der zarischen Selbstherrschaft begannen nun dem außenpolitischen Prestige Russlands, seinen nationalen Interessen eine immer größere Bedeutung beizumessen. Symptomatisch für diese Tendenzwende war die programmatische Schrift des früheren Marxisten und späteren Mitverfassers des revolutionskritischen Sammelbandes „Vechi", Petr Struve. 1908 veröffentlichte Struve einen Aufsatz mit dem Titel „Großrussland", in dem er über die künftigen nationalen Aufgaben seines Heimatlandes nachdachte, so vor allem über die Verstärkung der russischen Präsenz im traditionellen Einflussbereich des Landes – in der Schwarzmeerregion.[3]

Lenin ließ sich durch diese neuen weltanschaulichen und kulturellen Tendenzen im Lager der russischen Intelligenz in keiner Weise beeindrucken und bekämpfte schonungslos Zweifler und Skeptiker innerhalb der eigenen Partei. Es sei unzulässig, Marx zu korrigieren, so Lenin 1904 im Gespräch mit Nikolaj Valentinov, der damals der bolschewistischen Partei angehörte. Die sozialdemokratische Partei sei kein Seminar, in dem über verschiedene neue Ideen debattiert werde, so Lenin weiter. Sie sei eine Kampforganisation mit einem bestimmten Programm und einer klaren Hierarchie von Ideen. Der Eintritt in diese Organisation ziehe eine bedingungslose Anerkennung dieser Ideen nach sich.[4]

Lenin sei in den Fragen der Kultur sehr konservativ gewesen, sagt der russische Philosoph Fedor Stepun in diesem Zusammenhang. Wäre er aber ein Revolutionär des Geistes gewesen, so Stepun, wäre er vielleicht nicht imstande gewesen, seine politische Revolution zu verwirklichen.[5]

Die Tatsache, dass die Pariser Kommune nach dem Zusammenbruch des französischen Heeres entstand und die russische Revolution von 1905 einem Debakel der zarischen Armee folgte, führte Lenin zu der Überzeugung, dass eine revolutionäre Partei während einer „imperialistischen" Auseinandersetzung vor allem auf die Herbeiführung der Niederlage der eigenen Regierung hinarbeiten sollte. So sah er den Ausbruch des Weltkrieges, anders als z.B. Rosa Luxemburg und viele andere Vertreter des linken Flügels der Sozialistischen Internationale, keineswegs als Anlass für Verzweiflung oder als beispiellose Tragödie.[6] Im Gegenteil, dieser Krieg stellte für ihn eine gewaltige Chance dar, revolutionäre Prozesse zu

---

3   Petr B. Struve, Velikaja Rossija. Iz razmyšlenij o probleme ruskogo moguščestva [Das große Russland. Überlegungen zur russischen Großmacht], in: Izbrannye sočinenija [Gesammelte Werke]. Moskva 1999, S. 182-201.

4   Nikolaj Valentinov (Vol'skij), Vstreči s Leninym [Begegnungen mit Lenin]. New York 1979, S. 252 ff.

5   Fedor Stepun, Mysli o Rossii [Gedanken über Russland], in: Sovremennye zapiski (1927), Nr. 33, S. 347 f.

6   Siehe dazu u.a. Peter Nettl, Rosa Luxemburg. London 1966, hier Bd. 2, S. 609.

beschleunigen, er nannte ihn den „größten Regisseur der Weltgeschichte".[7] Angelika Bala-banoff, die eine Zeitlang mit den Bol'ševiki sympathisierte, schreibt in ihren Erinnerungen: „Lenin war der erste, der sich von dem furchtbaren Schlag erholte, den der Krieg und die Kapitulation der sozialistischen Internationale für uns alle bedeutete. Während ein jeder von uns in höchster Bedrängnis jede Einzelheit der entsetzlichen Tragödie bedachte und sich in die Lage der Opfer zu versetzen suchte, schob Lenin die Figuren auf seinem Schachbrett herum. Heer gegen Heer, das Auf und Ab der Siege und Niederlagen, deren Preis (...) in unzähligen Menschenleben (...) bestand (...) Für ihn waren es nichts als Zahlen verkörpert in Schachfiguren."[8]

Für die Pazifisten, die diesen Krieg so schnell wie möglich beenden wollten, hatte Lenin nichts als Verachtung übrig. Kurz nach dem Ausbruch des Krieges schrieb er an seinen Parteifreund Šljapnikov: „Die Epoche des Bajonetts ist angebrochen (...) Dies bedeutet, dass man mit dieser Waffe auch kämpfen muss."[9]

Als Lenin diesen Gedanken formulierte, standen ihm keine eigenen Bajonette zur Verfügung. So musste er sich zwangsläufig mit den Kräften solidarisieren, die über solche Bajonette verfügten und das gleiche Ziel wie er verfolgten, nämlich die Zerschlagung der zarischen Armeen – und dies waren die Kriegsgegner Russlands. Dieses Vorgehen verstand Lenin keineswegs als Verrat an Russland. In seinem Artikel über den Nationalstolz der Russen vom Dezember 1914 schrieb er, die russischen Sozialdemokraten liebten ihr Vaterland wie andere Russen. Aber gerade deswegen wünschten sie der Zarenherrschaft die größten Niederlagen in jedem Krieg. Die Hilfe zur Vernichtung der Zarenmonarchie sei der beste Dienst, den jeder russische Patriot seinem Vaterland erweisen könne.[10]

Nach dem Sturz des Zaren im Februar 1917 sagte Lenin in seinen April-Thesen, Russland sei nun „von allen kriegführenden Ländern das freieste Land der Welt".[11] Dessen ungeachtet setzte er, diesmal gegen das „freieste Land der Welt", den 1914 begonnenen defätistischen Kurs unvermindert fort. Seine Zusammenarbeit mit den außenpolitischen Gegnern Russlands erreichte gerade zu dieser Zeit ihren Höhepunkt.

Da die Details dieser Zusammenarbeit, deren spektakulärstes Kapitel Lenins Reise nach Russland durch deutsches Gebiet bildete, recht gut erforscht sind,[12] möchte ich nur kurz darauf eingehen. Bereits einige Monate nach dem Ausbruch des Ersten Weltkrieges, als der Schlieffen-Plan des deutschen Generalstabes scheiterte, wurde in Deutschland der Wunsch nach einem Separatfrieden mit Russland wach. Der Chef des Generalstabes Falkenhayn

---

7 Vladimir I. Lenin, Polnoe sobranie sočinenij [Vollständige Schriftensammlung]. Moskva 1958 ff., hier Bd. 31, S. 13.

8 Angelica Balabanoff, Lenin. Psychologische Betrachtungen und Beobachtungen. Hannover 1961, S. 32 f.

9 Lenin, Polnoe sobranie (wie Anm. 7), Bd. 49, S. 27.

10 Lenin, Werke (wie Anm. 1), Bd. 21, S. 91-95.

11 Ebenda, Bd. 24, S. 4.

12 Vgl. dazu u.a. Werner Hahlweg, Lenins Rückkehr nach Rußland. Die deutschen Akten. Leiden 1957; Zbynek Zeman, Germany and the Revolution in Russia 1915–1918. Documents from the archives of the German Foreign Ministry. London 1958; Zbynek Zeman, Winfried Scharlau, Freibeuter der Revolution. Parvus-Helphand. Eine politische Biographie. Köln 1964; Richard Pipes, Die russische Revolution. Berlin 1991 f., hier Bd. 2, S. 131-134 u. 166-173; Dmitrij Volkogonov, Lenin. Düsseldorf 1994, S. 110-129.

schrieb am 18. November 1914, der Hauptfeind in diesem Krieg sei England, und es wäre daher vorteilhaft, einen der Bundesgenossen Englands auszuschalten und mit ihm einen Separatfrieden zu schließen.[13] Ein solcher Separatfriede war mit Frankreich, nicht zuletzt wegen Elsaß-Lothringen, aussichtslos. Deshalb konzentrierten sich alle Bemühungen der deutschen Politik auf die Ausschaltung Russlands aus dem Krieg. Man spekulierte zunächst auf die traditionell engen Beziehungen zwischen der Romanov- und der Hohenzollern-Dynastie. So schrieb Kronprinz Wilhelm am 6. Februar 1915 an den Verwandten der Zarin, den Großherzog von Hessen: „Ich bin der Ansicht, daß es unbedingt nötig ist, mit Rußland zu einem Sonderfrieden zu kommen. Erstens ist es dumm, daß wir uns gegenseitig zerfleischen, bloß damit England im Trüben fischt, und dann müssen wir unsere gesamte Truppenmacht hier zurückkriegen, um mit den Franzosen aufzuräumen (...) Könntest Du nicht mit Nicki [i.e. Nikolaj II.] in Verbindung treten und Ihm (!) raten, mit uns sich gütlich zu einigen, das Friedensbedürfnis in Rußland soll ja sehr groß sein."[14]

Auch im politischen Establishment Russlands gab es einige Kreise, die den Krieg zwischen den beiden konservativen Monarchien für völlig sinnlos hielten. So sagte z.B. unmittelbar vor Kriegsausbruch der russische Innenminister Durnovo, es sei im Grunde unwichtig, ob das Deutsche Reich oder Russland in diesem Krieg als Sieger hervorgehen werde. Im besiegten Land werde infolge der Niederlage eine Revolution ausbrechen, die dann auch auf die Siegermacht übergreifen und ihr Herrschaftssystem zerstören werde.[15]

Kurz nach dem Ausbruch des Krieges äußerte sich in diesem Sinne auch der ehemalige russische Ministerpräsident Sergej Vitte.[16] Dennoch stellten germanophile Kreise nur eine kleine Minderheit in der politischen Klasse Russlands dar. Gruppierungen, die den Krieg bis zum siegreichen Ende fortsetzen wollten, überwogen. Ein Bruch des Bündnisses mit den Westmächten kam für sie nicht in Frage. Sie waren der Meinung, das Ausscheiden des Zarenreiches aus dem Krieg werde die deutsche Hegemonie auf dem Kontinent endgültig befestigen und Russlands Status als Großmacht zerstören. Der Druck der patriotischen Partei in der russischen Bildungsschicht war so groß, dass es für die Regierung völlig unmöglich war, einen Separatfrieden mit Deutschland zu schließen.

In Berlin sah man relativ schnell ein, dass Kompromisse mit der zarischen Regierung nicht zu erzielen waren. Deshalb begann man dort auf die entgegengesetzte Karte zu setzen – auf die radikalsten Gegner des Zarenregimes, nicht zuletzt auf die Bol'ševiki. Der einflussreiche deutsche Gesandte in Kopenhagen, Brockdorff-Rantzau, schrieb im Dezember 1915: Der russische Zar habe „eine furchtbare Schuld vor der Geschichte auf sich geladen und das Recht auf Schonung von unserer Seite verwirkt". Es sei ein „folgenschwerer Irrtum", jetzt noch die traditionelle Freundschaft zum Hause Romanov in die Waagschale legen zu wollen. Jedes Mittel sei gerechtfertigt, wenn es darauf ankomme, Deutschland vor der Erschöpfung zu bewahren und es davor zu schützen, die von der Entente diktierten Friedensbedingungen annehmen zu müssen. „Der Sieg und als Preis der erste Platz in der

13 Zeman, Scharlau, Freibeuter (wie Anm. 12), S. 168.
14 Egmont Zechlin, Friedensbestrebungen und Revolutionierungsversuche, in: Das Parlament, Beilage 15.5.1963, S. 54.
15 Lionel Kochan, Russia in Revolution 1890–1918. London 1966, S. 168.
16 Vgl. Maurice Paléologue, Am Zarenhof während des Weltkrieges. München 1925, hier Bd. 1, S. 112 ff.

Welt ist aber unser, wenn es gelingt, Rußland rechtzeitig zu revolutionieren und dadurch die Koalition zu sprengen."[17]

Zu den leidenschaftlichsten Propagandisten eines Bündnisses zwischen dem Wilhelminischen Reich und der russischen Revolution gehörte der deutsch-russische Sozialdemokrat Alexander Helphand-Parvus. Da Parvus bei der Entstehung dieses Bündnisses eine äußerst wichtige Rolle spielte, möchte ich auf strategische Überlegungen wie auch auf das Vorgehen dieses radikalen Kritikers des Zarenregimes genauer eingehen.

Bereits zu Beginn des 20. Jahrhunderts verkündete Parvus, dass das revolutionäre Zentrum Europas sich nun nach Russland verlagere,[18] wodurch er den Stolz der SPD-Führung erheblich verletzte. In den Augen mancher führender SPD-Theoretiker galt Russland bloß als ein rückständiges Agrarland. Für die Avantgarde der europäischen Arbeiterbewegung hielten sie die deutsche Sozialdemokratie. So betrachtete die Führung der SPD Parvus als einen Exzentriker, und die Schärfe, die er in die innerparteiliche Polemik einführte, galt ihr als Zeichen der „russischen Unduldsamkeit".

1910 verließ Parvus resigniert Deutschland und reiste in die Türkei, um eine völlig neue Seite seiner Biographie aufzuschlagen. Schon einige Jahre später besaß er ein beträchtliches Vermögen. Aber Geldverdienen betrachtete er keineswegs als Selbstzweck. Er beobachtete weiterhin aufmerksam die weltpolitische Lage und verlor sein revolutionäres Hauptziel – die Zerschlagung des Zarenregimes – keineswegs aus den Augen. Nach dem Ausbruch des Weltkrieges stellte er sich sofort auf die Seite Deutschlands. Im Januar 1915 sagte er im Gespräch mit dem deutschen Botschafter in Konstantinopel Wangenheim: „Die Interessen der deutschen Regierung seien mit denen der russischen Revolutionäre identisch". Die russische Demokratie könne nur durch die Zertrümmerung des Zarismus und durch die Aufteilung Russlands in kleinere Staaten ihr Ziel erreichen. Das gleiche treffe für die deutsche Regierung zu. Deutschland werde keinen vollen Erfolg haben, „wenn es nicht gelinge, eine große Revolution in Rußland zu entfachen. Die russische Gefahr werde aber auch nach dem Krieg für Deutschland bestehen bleiben, solange das russische Reich nicht in einzelne Teile zerlegt ist".[19]

Deshalb regte Parvus ein Zweckbündnis zwischen dem Deutschen Reich und den russischen Revolutionären an. Im Gespräch mit dem Berliner Staatssekretär des Auswärtigen Amtes von Jagow im Februar 1915 verwies Parvus auf die Bol'ševiki als die aktivste Gruppe im revolutionären Lager Russlands und plädierte für deren Unterstützung.[20]

Im März 1915 wurde Parvus zum Berater der deutschen Regierung für die Angelegenheiten der russischen Revolution ernannt und erhielt beträchtliche Geldsummen, um die defätistisch bzw. revolutionär gesinnten Kräfte in Russland zu fördern. Zahlreiche Dokumente aus deutschen Archiven belegen dies.[21]

Parvus lag sehr viel an einer Zusammenarbeit mit Lenin. Er selbst war nur ein originell denkender Einzelgänger und hatte im Gegensatz zu Lenin keine Partei hinter sich. Im Mai 1915 trafen sich beide in Zürich, es kam aber offensichtlich zu keiner Einigung.[22] Parvus

---

17 Zeman, Scharlau, Freibeuter (wie Anm. 12), S. 213 f.
18 Ebenda, S. 71.
19 Ebenda, S. 149.
20 Ebenda, S. 161.
21 Vgl. Anm. 12.
22 Alexander Helphand (Parvus), Im Kampf um die Wahrheit. Berlin 1918, S. 50.

genoss aufgrund seiner geheimnisvollen Kontakte zur deutschen Regierung einen recht zweifelhaften Ruf im Lager der Sozialdemokraten. So hätte eine offene Zusammenarbeit mit ihm Lenin in Verruf bringen können. Indirekte Kontakte zwischen den beiden hat es aber durchaus gegeben. Ein enger Mitarbeiter Lenins, der polnische Sozialist Hanecki, war Parvus' Angestellter in dessen Firma in Kopenhagen. Und auch andere Mitstreiter Lenins, z.B. Karl Radek, hatten regelmäßige Kontakte zu Parvus.

Als 1917 in Rußland die Februarrevolution ausbrach, sah Parvus darin die Bestätigung aller seiner früheren Voraussagen. Er sprach vom Anwachsen der Anarchie, die zum Zusammenbruch des russischen Reiches führen werde. Diese Anarchie diene den deutschen Interessen, daher seien die extremen revolutionären Kräfte Russlands natürliche Verbündete des Deutschen Reiches.[23] Er schlug auch der deutschen Führung vor, Lenin die Rückreise aus dem Schweizer Exil nach Russland durch deutsches Gebiet zu ermöglichen.[24] Die Reichsregierung und die Oberste Heeresleitung waren mit diesem Plan einverstanden. Am 23. März kabelte der Unterstaatssekretär im Auswärtigen Amt Zimmermann an den Vertreter des Auswärtigen Amtes im Großen Hauptquartier Lersner: „Da wir Interesse daran haben, daß Einfluß des radikalen Flügels der Revolutionäre in Rußland Oberhand gewinnt, scheint mir eventuelle Durchreise-Erlaubnis durch Deutschland angezeigt. Ich möchte daher Gewährung befürworten."[25] Lersner antwortete: „Oberste Heeresleitung läßt drahten: Gegen Durchreise russischer Revolutionäre keine Bedenken."[26] Am 9. April 1917 reiste der Zug mit Lenin und seinen Anhängern von Bern ab: „Selbst unter den Frachten des Krieges (war es) eine Fracht von außerordentlicher Explosionskraft", schrieb später Trockij.[27]

Lenin hatte keine Skrupel, das Kooperationsangebot der Deutschen anzunehmen. Die Beschuldigungen seiner Gegner, die ihn als deutschen Agenten bezeichneten, waren überaus naiv. Lenin war Agent für niemanden. Er arbeitete nur für sein Ziel – für die proletarische Weltrevolution. Er wollte das deutsche Herrschaftssystem genauso wie das russische zerstören. Aber die unsichere und schwache postrevolutionäre Regierung Russlands war nun einmal viel leichter zu stürzen als das deutsche Militärregime. Getreu seiner Devise „Bezwingung des schwächsten Gliedes der imperialistischen Kette" wollte Lenin alle seine Kräfte auf Russland konzentrieren.

Lev Trockij resümierte das Wesen des Abkommens zwischen Lenin und dem mächtigsten Mann in der Obersten Heeresleitung, Erich Ludendorff, folgendermaßen: „Ludendorff hat gehofft, die Revolution werde in Rußland die zaristische Armee demoralisieren (...) Von Ludendorff war das ein Abenteuer, das aus der schwierigen militärischen Lage Deutschlands resultierte. Lenin nutzte die Berechnung Ludendorffs aus und hatte dabei seine eigene Berechnung. Ludendorff sagte sich: Lenin wird die Patrioten stürzen, dann werde ich kommen und Lenin und seine Freunde ersticken. Lenin sagte sich: Ich werde in Ludendorffs Eisenbahnwaggon (...) fahren und werde ihm für diesen Dienst auf meine Art zahlen."[28]

Viele Dokumente weisen eindeutig darauf hin, dass Lenins Zusammenarbeit mit dem

23 Zeman, Scharlau, Freibeuter (wie Anm. 12), S. 246 f.
24 Hahlweg, Lenins Rückkehr (wie Anm. 12), S. 14.
25 Ebenda, S. 65.
26 Ebenda, S. 66.
27 Lev Trockij, Geschichte der Russischen Revolution. Berlin 1960, S. 237.
28 Lev Trockij, Mein Leben. Versuch einer Autobiographie. Berlin 1961, S. 287.

Deutschen Reich bis zur Oktoberrevolution recht intensiv war. So berichtete der deutsche Gesandte in Bern Freiherr von Romberg am 30. April 1917 in seinem Schreiben an den Reichskanzler Bethmann Hollweg über ein Gespräch, das er mit einem der engsten Gefährten Lenins, Fritz Platten (Schweizer Sozialdemokrat), geführt hatte: „Herr Platten, der (...) den russischen Revolutionär Lenin (...) auf (seiner) Reise durch Deutschland begleitet hatte, besuchte mich heute, um mir namens der Russen für das ihnen erwiesene Entgegenkommen zu danken. Die Reise sei vortrefflich vonstatten gegangen (...) Lenin (sei) von seinen Anhängern ein glänzender Empfang bereitet worden. Man könne wohl sagen, daß er 3/4 der St. Petersburger Arbeiter hinter sich habe (...) Aus den Bemerkungen Plattens ging hervor, daß es den Emigranten sehr an Mitteln für ihre Propaganda fehlt, während ihre Gegner natürlich über unbegrenzte Mittel verfügen.“[29]

Um dieses „Ungleichgewicht" zumindest partiell zu beseitigen, fand die deutsche Führung mehrere Kanäle, um die Bol'ševiki finanziell zu unterstützen. Dies lässt sich anhand vieler deutscher und russischer Dokumente ausreichend belegen. Im Juli 1917 gab die bolschewistische Partei 41 Zeitungen mit einer Tagesauflage von 320 000 Exemplaren heraus.[30] Der Lenin-Biograf Dmitrij Volkogonov schreibt dazu: „Für eine publizistische Tätigkeit dieser Größenordnung reichten die Mitgliedsbeiträge bei weitem nicht aus. Zudem bezogen die leitenden Parteifunktionäre in unregelmäßigen Abständen ihre Gehälter.“[31] Nach einer Berechnung Eduard Bernsteins, die er im Januar 1921 im SPD-Organ „Vorwärts" veröffentlichte, stellte die deutsche Regierung den Bol'ševiki in den Jahren 1917/18 etwa 50 Millionen Reichsmark zur Verfügung.[32]

So stellte Lenins Zusammenarbeit mit den Deutschen für westliche wie auch für viele nichtbolschewistische russische Autoren kein Geheimnis dar. Lediglich in der sowjetischen Historiographie wurde diese Problematik tabuisiert. Dmitrij Volkogonov entdeckte in diesem Zusammenhang ein viel sagendes Dokument: So beschloss das bolschewistische Politbüro im Mai 1920, nur jene Stellen aus den Kriegserinnerungen Erich Ludendorffs für die Übersetzung ins Russische freizugeben, die sich auf die Friedensverhandlungen in Brest-Litovsk bezogen.[33] Die Passagen, in denen Ludendorff die Reise Lenins durch Deutschland beschrieb, wollte man den russischen Lesern vorenthalten.

Auch in der Dämmerungsphase des Sowjetreiches, als die Gorbačevsche Perestrojka ihren Höhepunkt erreichte, wurde das heikle Thema der Kooperation Lenins mit den Deutschen kaum berührt. Sogar das außerordentlich sachliche Geschichtswerk „Naše Otečestvo" von 1991, an dem sich die Elite der sowjetischen Historikerzunft beteiligte, betrachtete die These einer Zusammenarbeit Lenins und der Bol'ševiki mit den Deutschen als nicht eindeutig bewiesen. Zugleich gaben aber die Autoren selbstkritisch zu, dass diese Frage in der Sowjetunion noch nicht erforscht sei.[34] Nach der Auflösung der Sowjetunion verloren aber

---

29 Hahlweg, Lenins Rückkehr (wie Anm. 12), S. 114 f.
30 Volkogonov, Lenin (wie Anm. 12), S. 118; Pipes, Die russische Revolution (wie Anm. 12), Bd. 2, S. 130.
31 Volkogonov, Lenin (wie Anm. 12), S. 119.
32 Ebenda, S. 123 f.; Pipes, Die russische Revolution (wie Anm. 12), Bd. 2, S. 132.
33 Volkogonov, Lenin (wie Anm. 12), S. 111.
34 Naše otečestvo. Opyt političeskoj istorii [Unser Vaterland. Versuch einer politischen Geschichte], hrsg. v. S.V. Kulešov (u.a.). Moskva 1991, hier Bd. 1, S. 359 f.; etwas differenzierter wird diese Problematik im zweiten Band des Werks behandelt (S. 9-12).

auch viele russische Autoren ihre Zweifel. Volkogonov sprach nun von einem beispiellosen Landesverrat und bezeichnete Lenin als einen „historischen Verbrecher".[35]

Was in diesem Zusammenhang interessiert, ist aber die Tatsache, warum die Bol'ševiki, ungeachtet dieser Zusammenarbeit mit dem Kriegsgegner, die die Provisorische Regierung nach dem missglückten bolschewistischen Putschversuch vom Juli 1917 dokumentarisch nachgewiesen hatte, einige Monate später an die Macht gelangen konnten. Der erste Außenminister der Provisorischen Regierung Pavel Miljukov war einige Wochen nach dem Sturz des Zaren noch davon überzeugt, dass sich Lenin durch seinen offen defätistischen Kurs endgültig kompromittiert habe. Im Gespräch mit dem britischen Botschafter in Petrograd Buchanan beteuerte er, dass Lenin im Lande unpopulär sei und die Soldaten nur auf einen Wink der Regierung warteten, um den Führer der Bol'ševiki zu verhaften.[36] In Wirklichkeit musste aber nicht Lenin, sondern Miljukov einer Explosion des Volkszorns weichen. Seine Erklärung, in der er vom Krieg bis zum siegreichen Ende sprach, gelangte am 20. April an die Öffentlichkeit und löste regierungsfeindliche Demonstrationen aus. Um die Gemüter zu beruhigen, benötigte die Regierung unbedingt die Unterstützung des Petrograder Sowjets, der sich als Vertreter der „revolutionär gesinnten Massen" verstand. Den Preis für diese Unterstützung mussten diejenigen Minister bezahlen, die sich besonders stark für die Fortsetzung des Krieges engagiert hatten. Dies war neben Miljukov auch der Kriegsminister Gučkov. Beide mussten Ende April 1917 das Kabinett verlassen.[37]

Die russische Revolution entwickelte nun einen neuen Ehrenkodex, in dem nationale Ehrbegriffe als antiquiert galten. Nur dieser Paradigmenwechsel machte es möglich, dass ein Politiker, dem eine Kooperation mit dem Kriegsgegner vorgeworfen und nachgewiesen wurde, so gut wie keinen Schaden davontrug und letztlich die Alleinherrschaft im Lande erringen konnte.

Dabei muss man hervorheben, dass dieser nationale Nihilismus in erster Linie für die russischen Unterschichten charakteristisch war. Die Bildungsschichten blieben im Wesentlichen dem Denken in den nationalen Kategorien, das sie am Vorabend des Ersten Weltkrieges quasi neu entdeckt hatten, treu. Diese Tatsache hatte indes auf die Entwicklung der revolutionären Prozesse im Lande so gut wie keinen Einfluss. Die Februarrevolution zerstörte über Nacht den gewaltigen zarischen Staats- und Polizeiapparat und befreite die Armee – also etwa 10 Millionen Bauern in Uniform – von den Fesseln der Militärdisziplin. Und diese anarchisierten, immer radikaler werdenden Massen entschieden nun über das Schicksal Russlands. Mit ihrer revolutionären Begeisterung, mit ihrem Hass auf die russische Autokratie bzw. auf deren Überreste, setzten sie im Grunde Denk- und Verhaltensmuster der revolutionären russischen Intelligenzija der 60er und 70er Jahre des 19. Jahrhunderts fort. Die unermüdliche Aufklärungsarbeit der Intelligenzija sei nun von Erfolg gekrönt, schrieb

---

35 Dmitrij Volkogonov, Sem' voždej. Galereja liderov SSSR v 2-ch knigach. Kniga 1. Vladimir Lenin, Iosif Stalin, Nikita Chruščev [Sieben Anführer. Leader der UdSSR in 2 Bänden. Bd. 1. Vladimir Lenin, Iosif Stalin, Nikita Chruščev]. Moskva 1995, S. 58.
36 Sir George Buchanan, My Mission to Russia and Other Diplomatic Memories. 2 Bde., Boston 1923, hier Bd. 2, S. 119.
37 P.V. Miljukov, Vospominanija [Erinnerungen] (1859–1917). New York 1955, hier Bd. 2, S. 336-371; Pipes, Die russische Revolution (wie Anm. 12), Bd. 2, S. 113-125; Helmut Altrichter, Rußland 1917. Ein Land auf der Suche nach sich selbst. Paderborn (u.a.) 1997, S. 152-160.

ironisch bereits im Jahre 1908 der Philosoph Sergej Bulgakov. Dieser „Erfolg" der Intelligenzija, so Bulgakov weiter, könne allerdings für Russland unabsehbare Folgen haben.[38]

Die Tatsache, dass sich Teile der russischen Intelligenzija am Vorabend des Weltkrieges von dem bis dahin so vergötterten revolutionären Ideal abwandten und von der nationalen Größe Russlands zu träumen begannen, war für die russischen Unterschichten unerheblich. Nicht die Größe Russlands, sondern die ungelöste Agrarfrage, nicht die Verteidigung der Revolution gegenüber den äußeren Feinden, sondern die inneren Feinde interessierten sie am meisten. Sie lehnten dabei nicht nur die so genannte bürgerliche Gesellschaftsordnung, sondern das hierarchische Prinzip als solches ab. Sie wurden von einem egalitaristischen Rausch erfasst und knüpften dabei eigentlich an alte russische Wertvorstellungen an. Von allen Formen der Gerechtigkeit stehe die Gleichheit für die Russen an erster Stelle, sagt der Historiker Georgij Fedotov in diesem Zusammenhang.[39]

Viele politische Denker, so z.B. Joseph de Maistre, machten die Beobachtung, dass große Revolutionen unter einem gewissen Zwang stünden, immer radikaler zu werden. Pavel Miljukov schreibt dazu: „Es besteht bei den Massen eine Art instinktiver Furcht, daß die Revolution zu früh ende. Sie haben das Gefühl, die Revolution würde fehlschlagen, wenn der Sieg von den gemäßigten Kräften allein davongetragen würde."[40]

So hätte der Prozess der Radikalisierung der russischen Revolution sicherlich auch ohne das Zutun der Bol'ševiki stattgefunden. Sie waren allerdings die einzige bedeutende politische Kraft Russlands, die sich von diesem Radikalisierungsprozess nicht beunruhigen ließ und ihn sogar zu beschleunigen suchte.

Lenin sei wohl der einzige russische Politiker gewesen, der vor keinen Folgen der Revolution Angst gehabt habe, so Fedor Stepun. Das einzige, was er von der Revolution gefordert habe, sei ihre Vertiefung gewesen. Diese Offenheit Lenins gegenüber allen Stürmen der Revolution sei den dunklen Sehnsüchten der russischen Massen entgegengekommen, so Stepun.[41]

Nun erwies es sich als Vorteil, dass Lenin samt seiner Partei in der politischen Klasse Russlands weitgehend isoliert war, dass er geistig ein Fossil geblieben war und dem naiven Revolutionsglauben der 60er und 70er Jahre des 19. Jahrhunderts die Treue gehalten hatte. Denn in einem ähnlichen mentalen Zustand befanden sich auch die russischen Unterschichten. Auch sie dienten nun hingebungsvoll ihrem „Heiligtum" – der Revolution –, von der sie die Errichtung paradiesischer Zustände, und zwar über Nacht, erwarteten.[42] Die Fragen der russischen Staatsräson spielten in dieser auf Revolution fixierten Welt so gut wie keine Rolle. So wurde der wohl freiheitlichste Staat in der russischen Geschichte fallengelassen

---

38 Sergej Bulgakov, Dva grada [Zwei Städte]. Moskva 1911, hier Bd. 2, S. 159-163.

39 Georgij Fedotov, Narod i vlast' [Volk und Macht], in: Vestnik Rossijskogo Studenčeskogo Christianskogo Dviženija (1969), Nr. 94, S. 89.

40 Pavel Miljukov, Rußlands Zusammenbruch. Bd. 1-2, Stuttgart 1925/26, hier Bd. 1, S. 25.

41 Fedor Stepun, Sbyvšeesja i nesbyvšeesja [Vergangenes und Unerfülltes]. Bd. 1-2, London 1990, hier Bd. 2, S. 104.

42 Die utopische Gemütskrankheit der russischen Intelligenzija habe sich auf die unteren Volksschichten übertragen, schrieb in diesem Zusammenhang der russische Philosoph Semen Frank. Sie hätten nun mit der gleichen Selbstaufopferung dem revolutionären Götzen zu dienen begonnen, wie dies seinerzeit die russischen Eliten getan hätten (Semen Frank, Krušenie kumirov [Das Scheitern der Idole]. Berlin 1924, S. 19 f.).

und seinen extremen Feinden ausgeliefert. Am 7. November 1917 war Lenin an der Macht. Am 3. März 1918 schaltete die OHL durch den Frieden von Brest-Litovsk Sowjetrussland aus dem Krieg aus. Beide Kooperationspartner hatten ihr Ziel erreicht.[43]

Erlauben Sie mir zum Schluss noch einen Vergleich, den ich im Titel des Beitrages bereits angekündigt habe. Zweieinhalb Jahrzehnte nach der bolschewistischen Revolution versuchten die Gegner der Bol'ševiki, vor allem General Andrej Vlasov,[44] ihrerseits die bolschewistische Taktik in gewisser Hinsicht zu imitieren, und lehnten sich im Kampfe gegen das eigene Regime an Deutschland an. Zwischen Vlasov und den Bol'ševiki bestanden aber grundlegende Unterschiede, auf die ich kurz eingehen möchte.

Lenin hatte sich 1917 an das Deutsche Reich angelehnt, um eine Regierung zu stürzen, die er selbst, wie bereits gesagt, als die „freiheitlichste Regierung der Welt" definierte. General Vlasov hingegen bekämpfte die wohl despotischste Regierung, die Russland je gekannt hatte. Nicht zuletzt deshalb betrachten die Apologeten Vlasovs das Vorgehen des Generals als legitim,[45] Lenins Taktik hingegen lehnen sie als verwerflich ab. Diese Betrachtungsweise hat sich allerdings in der russischen Öffentlichkeit als solcher nicht durchgesetzt. Als verwerflich gilt hier in der Regel die Taktik Vlasovs, Lenins Vorgehen wird hingegen etwas milder bewertet. Man darf in diesem Zusammenhang nicht vergessen, dass Lenins Zusammenarbeit mit den Deutschen seinem triumphalen Siegeszug im Jahre 1917 kaum geschadet, Vlasovs Unternehmen hingegen so gut wie keine Verwirklichungschancen hatte. Worauf lassen sich diese derart unterschiedlichen politischen Schicksale der beiden Persönlichkeiten zurückführen? Ich möchte mich hier auf zwei Punkte beschränken.

Die Russlandpolitik des Wilhelminischen Reiches wurde von der überwiegenden Mehrheit der Russen, wenn man von den national gesinnten Teilen der Bildungsschicht absieht, nicht als tödliche Gefahr für die russische Staatlichkeit als solche empfunden. Fedor Stepun, der als Offizier am Ersten Weltkrieg teilnahm, berichtet über seine Gespräche mit einfachen russischen Soldaten, die den Sinn dieses Krieges nicht begreifen konnten. Sie fragten, ob die Deutschen auch Christen seien, und als Stepun dies bejahte, war es ihnen völlig unverständlich, welchem Zweck ein Krieg von Christen gegen Christen dienen sollte.[46]

Fragen dieser Art wären 25 Jahre später unvorstellbar. Für die überwiegende Mehrheit der Russen war es klar, dass Hitlers Krieg auf die völlige Vernichtung der russischen Staatlichkeit hinzielte. Defätistische Stimmungen, die zu Beginn des deutsch-sowjetischen

---

43 An den Diensten von Parvus, der jahrelang zwischen den Bol'ševiki und dem Deutschen Reich vermittelt hatte, waren beide Seiten immer weniger interessiert. Die sowjetische Regierung erlaubte ihm nicht, nach Russland einzureisen. Sein beträchtliches Vermögen und sein außergewöhnliches publizistisches Talent setzte Parvus nun hauptsächlich für einen Zweck ein – für die Bekämpfung des bol'ševistischen Regimes, an dessen Errichtung er seinerzeit mitgewirkt hatte. Aber vergeblich. Die Diktatur Lenins war auf wesentlich festeren Grundlagen gebaut als die Provisorische Regierung Kerenskijs. Parvus war ihr, trotz seines inzwischen mächtigen Wirtschaftsimperiums, nicht gewachsen.

44 Vgl. den Beitrag zu General Vlasov von Matthias Schröder in diesem Band, S. 434–442.

45 Vgl. dazu u.a. Joachim Hoffmann, Die Tragödie der „Russischen Befreiungsarmee" 1944/45. Wlassow gegen Stalin. München 2003; Ekaterina Andreeva, General Vlasov i russkoe osvoboditel'noe dviženie [General Vlasov und die russische Befreiungsbewegung]. London 1990.

46 Stepun, Sbyvšeesja (wie Anm. 41), Bd. 1, S. 347 ff.; siehe dazu auch Vera Pirožkova, Moi tri žizni. Avtobiografičeskie očerki [Meine drei Leben. Autobiografische Skizzen]. Sankt Peterburg 2002, S. 296.

Krieges durchaus aufgekommen waren, verflogen sehr schnell, als sich die Kunde über die bestialische Behandlung der gefangenen Rotarmisten in den deutschen Gefangenen- und Konzentrationslagern bei der Bevölkerung verbreitete. Die Illusion, dass Kompromisse mit Hitler möglich seien, wurde nun von der überwältigenden Mehrheit der Russen verworfen, und dies entzog dem Vlasovschen Unternehmen jegliche Grundlage.

Eine andere Ursache für das Scheitern der Vlasov-Bewegung war damit verknüpft, dass die russischen Volksschichten etwa zwei Jahrzehnte nach der Entmachtung und Vertreibung der ehemaligen Oberschicht von ähnlichen Prozessen erfasst wurden wie ihre „Klassengegner" zu Beginn des 20. Jahrhunderts. Die nationale Idee, die die russische Intelligenz kurz vor dem Ausbruch des Ersten Weltkrieges für sich neu entdeckt hatte, begann 20 Jahre später auch die russischen Arbeiter und Bauern zu faszinieren. Die stalinistische Führung, die seit Mitte der 30er Jahre diese Idee propagierte, versuchte dadurch dem bestehenden Terrorregime eine zusätzliche Legitimation zu verschaffen. Dessen ungeachtet wurde der stalinistische Nationalismus trotz seines offenkundig manipulatorischen Charakters in Russland bereitwillig aufgenommen. Die Wiederentdeckung des bis dahin in Russland verbotenen Wortes „Heimat" sei nicht nur auf Befehl erfolgt, schrieb 1935 der bereits erwähnte Exilhistoriker Georgij Fedotov. Die Machthaber hätten nur dem längst vorhandenen nationalen Gefühl eine Äußerungsmöglichkeit gegeben.[47]

Nach dem Ausbruch des deutsch-sowjetischen Krieges erreichte die in den 30er Jahren begonnene nationale Renaissance ihren Höhepunkt. Der russische Patriotismus, der im Weltbild der russischen Volksschichten zur Zeit des Ersten Weltkrieges so gut wie keine Rolle gespielt hatte, wurde nun zu dem wohl wichtigsten Faktor, der zum Überleben des russischen Staates, zum Zusammenbruch des Dritten Reiches wie auch zum Scheitern des Vlasovschen Programms beitrug. Die Tragödie Russlands bestand darin, dass diese patriotische Woge nicht nur dem russischen Staat, sondern auch dem stalinistischen Regime das Überdauern ermöglichte. Der Sieg über das Dritte Reich schien die stalinistische Tyrannei zusätzlich zu legitimieren, und die herrschende Nomenklatura nutzte diesen Triumph sehr geschickt aus.

---

47 Georgij Fedotov, Novyj idol [Das neue Idol], in: Tjažba o Rossii (Stat'i 1933–1936) [Streit um Russland (Aufsätze 1933–1936). Paris 1982, S. 179-198.

Alfred Eisfeld

Deutsche in der Region Odessa 1917–1920: Loyalität, Autonomie, Emigration

Die Frage nach der Loyalität der Bevölkerung einem Staat bzw. einer „Obrigkeit" gegenüber stellt sich besonders in Zeiten innenpolitischer Spannungen oder außenpolitischer Pressionen. Die Antwort darauf kann sowohl für die Bevölkerung als auch für die „Obrigkeit" von existenzieller Bedeutung sein. Nachstehend soll untersucht werden, wie sich für die deutsche Bevölkerung der Schwarzmeerregion während des Ersten Weltkrieges und in den Jahren des darauf folgenden Bürgerkriegs die Frage nach ihrer Loyalität dem russischen Staat gegenüber, dessen Bürger sie waren, stellte.

Am Ende des Ersten Weltkriegs war die innenpolitische Lage der Schwarzmeerregion, darunter auch die Gegend mit der Stadt Odessa als Mittelpunkt, äußerst instabil. Die Politik der Zarenregierung hatte zu erheblichen Verwerfungen geführt, von denen auch die deutsche Landbevölkerung betroffen war. Nach dem Zusammenbruch des russischen Zentralstaates wechselte die Macht zwischen März 1917 und Februar 1920 in Odessa insgesamt sieben Mal, wobei die nominell von November 1917 an existierende Regierung der Ukrainischen Volksrepublik (Zentralrada; d.h. Zentralrat) in der Stadt und in der Region kaum reale Machtmittel einsetzen konnte. Die verschiedenen Phasen in chronologischer Abfolge waren:
- die Provisorische Regierung und Übergangszeit der Zentralrada (12.03.1917-27.01.1918);[1]
- die 1. Phase der Sowjetmacht (27.01.-13.03.1918);
- die österreichisch-deutsche Besatzung (13.03.-18.12.1918);
- die französische Intervention (18.12.1918–04.04.1919);
- die 2. Phase der Sowjetmacht (04.04.-23.08.1919);
- die Freiwilligenarmee (23.08.1919–08.02.1920);
- die 3. Phase der Sowjetmacht (ab 08.02.1920).[2]

---

1 Der gregorianische Kalender wurde in Russland durch das Dekret des Rates der Volkskommissare der RSFSR vom 26. Januar 1918 eingeführt. Der 1. Februar 1918 nach dem alten, julianischen Kalender wurde zum 14. Februar 1918 nach dem gregorianischen Kalender. Die Datumsangaben in diesem Beitrag nach dem 14. Februar 1918 entsprechen bis auf einige Ausnahmen dem gregorianischen Kalender. In der nachstehenden Periodisierung der Machtausübung in Odessa wurde der gregorianische Kalender angewendet. In einigen der genutzten Quellen wurden die Daten nach dem julianischen und dem gregorianischen Kalender durch einen Querstrich getrennt bis in das Jahr 1919 hinein angegeben. Diese doppelte Datumsangabe wird in den Fußnoten zitiert.

2 Odes'ka periodična presa rokiv revoljuciï ta gromadjans'koï vijny 1917–1921. Praci Odes'koï central'noï naukovoï biblioteki [Odessaer periodische Presse der Revolutions- und Bürgerkriegsjahre 1917–1921. Abhandlungen der Odessaer wissenschaftlichen Zentralbibliothek]. T. III, Red. S.R. Rubinštejn, zusammengest. v. G.D. Štejnwand. Odesa 1929, S. VIII f.

Die Machtausübung während der einzelnen Perioden war sehr unterschiedlich und erstreckte sich vor allem auf eine Präsenz in Odessa. Nachfolgend wird deshalb nur auf jene Episoden eingegangen, bei denen es zu Interaktionen zwischen der jeweiligen herrschenden Gruppierung und der ländlichen deutschen Bevölkerung kam, die ein mehr als nur sporadisches Ausmaß besaßen.

1. Einstellung der Bevölkerung gegenüber der Zarenregierung und der Provisorischen Regierung

Massive Eingriffe in die Eigentumsrechte der deutschen Grundbesitzer in den sog. Südwest-Gouvernements (Wolhynien, Podolien, Kiev) und in Bessarabien wurden von Regierungsseite bereits in den Jahren 1910 und 1912 vorgenommen. Damit knüpfte man an die Forderungen der Slawophilen aus dem letzten Drittel des 19. Jahrhunderts an, denen es um die Zurückdrängung von Polen aus den Südwest-Gouvernements und deren Aufsiedlung mit Russen ging.[3]

Nach Ausbruch des Ersten Weltkriegs wurde eine weitere Einschränkung der Besitzrechte der deutschen Untertanen des Russischen Reiches auf dem Wege der Sondergesetzgebung forciert. Insgesamt wurde unter Umgehung des Parlaments, der Russischen Staatsduma, nicht weniger als ein Dutzend Gesetze in Kraft gesetzt, die den Grundbesitz und die Bodennutzung für russische Untertanen, deren Vorfahren aus Deutschland und Österreich-Ungarn stammten, reglementierten und später aufheben sollten. Das erste dieser „Liquidationsgesetze" vom 2. Februar 1915 betraf die Südwest-Gouvernements, das letzte vom 8. Februar 1917 dehnte seine Anwendung auf das gesamte Gebiet des Russischen Reiches aus.[4] In der Russischen Staatsduma und im Ministerrat war wiederholt die Rede vom Schaden, der durch die Liquidation des deutschen Grundbesitzes für die Volkswirtschaft Russlands und die Versorgung der kämpfenden Truppe mit Lebensmitteln entstehe,[5] doch hatten diese Bedenken offensichtlich keinen Einfluss auf die Regierungspolitik.

Die Militärbehörden, allen voran der Stabchef des Oberkommandierenden Generals N.N. Januškevič, setzten sich für die Aussiedlung aller Deutschen aus den frontnahen Gou-

---

3   W.A. Kohls, Beitrag zur Geschichte der deutschen Kolonisten in Russland. Eine Untersuchung russischer Pressepolemik und der deutschen diplomatischen Berichte aus der St. Petersburger Amtszeit des Botschafters von Schweinitz, in: Archivalische Fundstücke zu den russisch-deutschen Beziehungen. Erik Amburger zum 65. Geburtstag, hrsg. v. H.-J. Krüger. Berlin 1973, S. 163 ff. u. 182 f.

4   O zemlevladenii i zemlepol'zovanii nekotorych razrjadov sostojaščich v russkom poddanstve avstrijskich, vengerskich ili germanskich vychodcev [Über das Grundeigentum und die Bodennutzung einiger österreichischer, ungarischer oder deutscher Abkömmlinge, die russische Untertanen sind], in: Sobranie uzakonenij i rasporjaženij pravitel'stva (1915), st. 350; O podtverždenii i razjasnenii smysla ograničitel'nych v otnošenii neprijatel'skich zemlevladenija i zemlepol'zovanija uzakonenij 2 fevralja i 13 dekabrja 1915 g. [Über die Bestätigung und Erläuterung des Sinnes der gegen (Angehörige) feindlicher Staaten gerichteten Einschränkungen des Grundeigentums und der Bodennutzung vom 2. Februar und 13. Dezember 1915], in: Ebenda (1917), st. 212.

5   K.E. Lindeman, Zakony 2-go fevralja i 13-go dekabrja 1915 g. (ob ograničenii nemeckogo zemlevladenija v Rossii) i ich vlijanie na ėkonomičeskoe sostojanie Južnoj Rossii [Die Gesetze vom 2. Februar und vom 13. Dezember 1915 (über die Begrenzung des deutschen Grundbesitzes in Russland) und ihr Einfluss auf den ökonomischen Zustand des südlichen Russland]. Moskva,1916, S. 26-29.

vernements (beginnend mit den polnischen Gouvernements) ein. Die Notwendigkeit von Deportationen wurde mit der angeblich drohenden Spionagegefahr seitens der deutschen Bevölkerung begründet. Mit dem Vorrücken der Front nach Osten wurden auch die Südwest-Gouvernements – Wolhynien, Podolien und Kiev – zum frontnahen Gebiet, aus denen Angehörige der gegen Russland kriegführenden Staaten sowie alle als unzuverlässig anzusehenden Personen unter Mitwirkung bzw. auf Anordnung der Militärbehörden in die inneren Gouvernements umgesiedelt werden sollten. Auf Beschluss einer Sonderberatung im Hauptquartier vom 23. Juni 1915 wurde mit der Deportation aus dem Bereich der Südwest-Front bereits am 24. Juni begonnen. Die Deportation sollte bis zum 28. Juli abgeschlossen werden, musste jedoch aus verschiedenen Gründen mehrfach verschoben werden.[6]

Im Zuge der Umsetzung der „Liquidationsgesetze" wurden 1915/16 aus den Südwest-Gouvernements 190 000 bis 200 000 Deutsche[7] z.T. in monatelangen Transporten in die Gouvernements Samara, Saratov, Orenburg und nach Sibirien verbracht. Ein Teil der Deportierten wurde auch auf Ortschaften im Gouvernement Ekaterinoslav verteilt. Die Deportation wurde so rasch durchgeführt, dass es für eine Veräußerung des immobilen Besitzes keine Möglichkeiten gab. Der private und gemeinschaftliche Grundbesitz wurde requiriert. Bei der Durchführung dieser Deportation wurden Geiseln genommen. Die entsprechende Bekanntmachung der Requisitionskommission lautete: „Die Geiseln sind verantwortlich für alle Ordnungsstörer ihrer Glaubensgenossen, der Kolonisten, bis zur Todesstrafe einschließlich und werden auf die ganze Zeit bis zur Vollendung der Aussiedlung eingekerkert".[8]

Zur selben Zeit wurden deutsche Rekruten für den Militärdienst mobilisiert und an die Front geschickt. S. Nelipovič kommt nach Sichtung entsprechender Akten des Russischen Militärhistorischen Archivs zu dem Ergebnis, dass deutsche Rekruten einen Anteil an der russischen Armee stellten, der dem Anteil der deutschen Bevölkerung an der Gesamtbevölkerung Russlands entsprach.[9] Nach einer Erhebung von K. Lindeman wurden in den Kolonien Südrusslands und der Krim bis zu 70% der erwachsenen männlichen Bevölkerung für den Krieg mobilisiert.[10] Doch die Behandlung der deutschen Untertanen des Russischen

---

6 S.G. Nelipovič, Rol' voennogo rukovodstva Rossii v „nemeckom voprose" v gody Pervoj mirovoj vojny (1914–1917) [Die Rolle der militärischen Führung Russlands in der „deutschen Frage" in den Jahren des Ersten Weltkriegs (1914–1917)], in: Rossijskie nemcy. Problemy istorii, jazyka i sovremennogo položenija. Materialy meždunarodnoj naučnoj konferencii. Anapa, 20-25 sentjabrja 1995 g. [Die Russlanddeutschen. Probleme der Geschichte, der Sprache und der gegenwärtigen Lage. Materialien der internationalen wissenschaftlichen Konferenz. Anapa, 20.-25. September 1995]. Moskva 1996, S. 274-277

7 R. Deringer, Die Ausweisung der deutschen Kolonisten aus Wolhynien in den Jahren 1915 und 1916, in: Deutsches Leben in Russland 7 (1929), Nr. 8-10, S. 66 ff.; S. Nikel, Die Deutschen in Wolhynien. Kiew/Charkow 1935, S. 52.

8 Zit. nach Nikel, Die Deutschen (wie Anm. 7), S. 51.

9 S.G. Nelipovič, Problema lojal'nosti rossijskich nemcev v konfliktach XX veka: istoriografija voprosa i krug istočnikov [Das Problem der Loyalität der Russlanddeutschen in den Konflikten des 20. Jahrhunderts: Historiographie der Frage und die Quellenbasis], in: Nemcy Rossii i SSSR: 1901–1941 gg. Materialy meždunarodnoj naučnoj konferencii. Moskva, 17-19 sentjabrja 1999 g. [Die Deutschen Russlands und der UdSSR: 1901–1941. Materialien der internationalen wissenschaftlichen Konferenz. Moskau, den 17.-19. September 1999]. Moskva2000, S. 375.

10 K. Lindeman, Von den deutschen Kolonisten in Rußland. Ergebnisse einer Studienreise 1919–1921. Stuttgart 1924, S. 94.

Reiches, die sich in den Reihen der russischen Armee befanden, war von Misstrauen gekennzeichnet. Deutschen kommandierenden Generälen wurde die Schuld an den Niederlagen der russischen Armee gegeben, und über die Hälfte der deutschen Mannschaftsgrade und Unteroffiziere zog man nach den ersten Kriegsmonaten von der Front gegen Deutschland und Österreich-Ungarn ab und verlegte sie an die Front gegen die Türkei in den Kaukasus. Offiziersanwärter wurden nach Abschluss ihrer Ausbildung nicht zu Offizieren befördert.

Verhielten sich diese Soldaten und Unteroffiziere ihrem Land gegenüber loyal? Nach K. Lindeman wurden von den von ihm erfassten 7 683 Soldaten aus den südlichen Gouvernements der Ukraine, aus dem Kaukasus und 22 bei Orenburg gelegenen Dörfern 4,87% getötet und 4,85% verwundet. 1,67% erreichten den Rang eines Unteroffiziers, während 0,64% sogar zum Offizier befördert wurden. Auszeichnungen erhielten 1,31% der Rekruten, wobei einige von ihnen mehrfach mit Medaillen und Orden ausgezeichnet wurden.[11] Die Angaben belegen, dass die deutschen Soldaten der russischen Armee ihr Leben an der Front für ihr russisches Vaterland einsetzten. Beförderungen eines Rekruten oder die Auszeichnung mit Orden und Medaillen erfolgten nur aufgrund persönlicher Tapferkeit und militärischer Zuverlässigkeit.

In diesem Zusammenhang ist zudem erwähnenswert, dass sich ca. 15 000 Mennoniten, die in Friedenszeiten entsprechend dem Gesetz über die Wehrpflicht von 1874 Ersatzdienst zu leisten hatten, nach Kriegsbeginn freiwillig für den Sanitätsdienst meldeten (bei einer Gesamtbevölkerung in Russland von ca. 100 000 Personen).

S. Nelipovič fand allerdings heraus, dass die Auszeichnung der Verwundeten und Versehrten mit dem Georgskreuz und der Georgsmedaille von 2,8% im Jahre 1914 auf 1,9% 1915 zurückging,[12] was ein Indiz dafür sein könnte, dass die militärische Führung im Jahre 1915 bei der Auszeichnung der deutschen Rekruten restriktiver vorging, als dies in den Anfangsmonaten des Krieges der Fall war.

Werfen wir nun einen Blick auf die Lage der Zivilbevölkerung des Gouvernements Cherson. Im Jahre 1916 wurden Listen des aufzulösenden Grundbesitzes erstellt und im Nachrichtenblatt des Gouvernements, den „Gubernskie vedomosti", veröffentlicht. Insgesamt wurden 2 110 Grundstücke (vladenija) erfasst. Von diesen kaufte die Chersoner Bauernbank (Chersonskij krest'janskij pozemel'nyj bank) 670 Grundstücke mit einer Fläche von 189 500 Desjatinen auf.[13] Bereits im September 1914 wurde der Gebrauch der deutschen Sprache in der Öffentlichkeit und im Schriftverkehr der Verwaltungsbehörden untersagt.[14] Auf Verfügung des Innenministeriums vom 15. Oktober 1914 sollten alle deutschen Kolonien, die zu dieser Zeit noch deutsche Ortsnamen hatten, umbenannt werden. So wurde

11 Berechnet nach: Ebenda, S. 92 f.
12 Nelipovič, Problema lojal'nosti (wie Anm. 9), S. 376.
13 O. Konovalova, Nemcy Juga Ukrainy v 1914–1922 gg. Po materialam Gosudarstvennogo archiva Odesskoj oblasti [Die Deutschen der Südukraine in den Jahren 1914–1922. Auf der Grundlage der Akten des Staatlichen Archivi des Gebiets Odessa], in: Nemcy Odessy i Odesskogo regiona. Sbornik dokladov, sdelannych na meždunarodnych konferencijach v Gettingene (Germanija) [Die Deutschen der Stadt und der Region Odessa. Sammelband von Beiträgen, die auf internationalen wissenschaftlichen Konferenzen in Göttingen (Deutschland) gehalten wurden]. Odessa 2003, S. 63.
14 GAOO [Staatliches Archiv des Gebiets Odessa], F. 61, op. 2, d. 321, l. 94; F. 67, op. 1, d. 851, l. 202.

Landau zu Svjato-Pokrovskoe, Speyer zu Karpatskoe, Karlsruhe zu Petro-Pavlovskoe, Johannestal zu Puškino usw.[15]

Im November 1914 verbot der General-Gouverneur Ebelov das Abhalten von Gottesdiensten in deutscher Sprache und untersagte jegliche Versammlung von Deutschen auf der Straße.[16] Etwas später verfügte der Gouverneur, dass in den Kolonien außerhalb der Häuser ausschließlich Russisch zu sprechen sei. Die Bediensteten der Gemeindeverwaltungen, die den amtlichen Briefwechsel von nun an ausschließlich in russischer Sprache zu führen hatten, sollten die Ausführung der Anordnung kontrollieren.

Diese Politik von Regierung und lokaler Verwaltung wurde von allen sozialen Schichten und Berufsgruppen der deutschen Bevölkerung gleichermaßen als diskriminierend empfunden und abgelehnt. Entsprechende Stellungnahmen fanden in Resolutionen des Zentralkomitees des Verbands der Deutsch-Russen und in den Beschlüssen der Versammlung der deutschen Soldaten und Offiziere (Odessa, 20. Juni 1917) und der deutschen Arbeiter und Handwerker (Odessa, 24. Juni 1917) in unmissverständlicher Form ihren Ausdruck.[17]

Es nimmt daher nicht Wunder, dass der Sturz der Zarenregierung zunächst als Befreiung empfunden wurde. Die Proklamationen der Provisorischen Regierung stellten ein demokratisches Russland in Aussicht, dessen Grundgesetz von einer Nationalversammlung ausgearbeitet werden sollte, wobei die Interessen aller Regionen, Völkerschaften und sozialen Schichten Berücksichtigung finden sollten. Die Suspendierung der Liquidationsgesetze durch die Provisorische Regierung am 11. März[18] und die Aufhebung von Rechtsbeschränkungen aus religiösen und nationalen Gründen am 21. März 1917[19] ließen auch die Deutschen Hoffnung auf eine gerechte Staatsordnung schöpfen.

Nachdem Vertreter der deutschen Bevölkerung Odessas bereits am 18. März 1917 ein erstes Treffen durchgeführt hatten, wurde auf einer zweiten Versammlung am 28. März die Gründung eines „Allrussischen Verbands der russischen Deutschen" beschlossen.

Die Versammlung am 28. März besuchte auch der Kommissar der Provisorischen Regierung in Odessa, Velichov. Einer der ersten Beschlüsse des Treffens war eine Kontaktaufnahme mit dem Abgeordneten der Russischen Duma, Ludwig Lutz, der die Anliegen der deutschen Bevölkerung der Regierung übermitteln sollte. Schließlich wurde ein Hauptkomitee in St. Petersburg gebildet, dessen wichtigste Aufgabe in der Interessenvertretung der deutschen Bevölkerung gegenüber der Regierung bestand.

Die deutsche Bevölkerung setzte große Hoffnungen in die zu wählende Nationalversammlung (Učreditrel'noe Sobranie). Diese sollte die Interessen der gesamten Bevölkerung Russlands vertreten und die Grundlagen eines demokratischen Rechtsstaats legen. Den politischen Parteien aus der Zeit vor dem Sturz der Monarchie gegenüber war man jedoch misstrauisch, hatten diese doch trotz mehrerer deutscher Abgeordneter in ihren Reihen die „Liquidationsgesetze" nicht wie in der Zeit vor 1914 verhindern können. Das fand seinen

---

15 GAOO, F. 91, op. 3, d. 18, l. 4-5.

16 Lindeman, Zakony (wie Anm. 5), S. 25.

17 GAOO, F. R-3829, op. 1, d. 25, l. 24 ob.

18 Sobranie uzakonenij i rasporjaženij pravitel'stva, izdavaemoe pri pravitel'stvujuščem senate 1917, otdel 1, 17 marta [Sammlung der Verordnungen und Anordnungen der Regierung, herausgegeben vom regierenden Senat. 1917, Abteilung 1, 17. März], Nr. 62, st. 367.

19 Ebenda, Nr. 70, st. 400.

Niederschlag während des Zweiten Kongresses des „Verbands der deutschen Kolonisten des Schwarzmeergebiets" (so nannte man sich jetzt), der vom 1. bis 3. August 1917 in Odessa tagte. Es wurde eine Reihe von Beschlüssen zur Agrarfrage, zu den bevorstehenden Wahlen in die Landschaftsverwaltung (Zemstvo) und die Nationalversammlung gefasst. Der Verband, der zu dieser Zeit 45 Ortsgruppen mit 7 240 Mitgliedern zählte, sprach sich für ein gemeinsames Vorgehen mit den Zentralkomitees des Verbandes der russischen Deutschen im Wolgagebiet, im Nordkaukasus, in Sibirien und dem Hauptkomitee in St. Petersburg aus. Diese Entscheidungen wurden auch von der Versammlung der bevollmächtigten Vertreter der deutschen Amtsbezirke (volostnoj komitet) des Odessaer Bezirks (uezd), der am 3. September 1917 in Odessa tagte, mitgetragen. Die gesellschaftlich-politische Vertretung, d.h. der Verband, und die auf völlig anderer Grundlage von den Stimmberechtigten der Dorfgemeinden gewählte kommunale, d.h. die staatliche Verwaltung, waren sich in der Wahl ihrer Ziele und Mittel einig: Für die bevorstehenden Wahlen sollte eine gemeinsame Kandidatenliste aufgestellt werden. Diese hieß zuerst Liste russischer Deutscher (Spisok russkich nemcev), später Liste russischer Bürger deutscher Volkszugehörigkeit (Spisok russkich graždan nemeckoj nacional'nosti).

Bemerkenswert ist, dass die bis dahin als völlig unpolitisch geltenden Mennoniten ebenfalls in kurzer Zeit eine eigene politische Organisation aufbauten, die sämtliche mennonitischen Siedlungen des Russischen Reiches umfasste und mit den deutschen regionalen Verbänden eng zusammenarbeitete.[20]

Die Wahlen zur Nationalversammlung verliefen für die deutschen Verbände allerdings erfolglos: Weder im Schwarzmeergebiet noch in der Wolgaregion gelang es, auch nur ein einziges Mandat zu erringen. Die Nationalversammlung selbst wurde bekanntlich von den Bol'ševiki gewaltsam aufgelöst und konnte so die in sie gesetzten Hoffnungen nicht erfüllen.

2. Ukrainische Zentralrada

Die Proklamation der Ukrainischen Volksrepublik am 7. November 1917 durch die Zentralrada (Zentralrat) in Kiev war ein Wendepunkt der politischen Entwicklung. Die Zentralrada war darum bemüht, einen souveränen Staat aufzubauen, der sich außenpolitisch an die Mittelmächte Deutschland und Österreich-Ungarn anlehnte und innenpolitisch grundlegende Reformen in Angriff nahm.

Für die deutsche Bevölkerung war der Friedensschluss der Ukraine mit den Mittelmächten in Brest-Litovsk und die darauf folgende Präsenz deutscher und österreichisch-ungarischer Truppen von Bedeutung. Im Zusatzabkommen zum Friedensvertrag wurden nämlich der Schutz der deutschen Bevölkerung durch das Deutsche Reich und die Möglichkeit einer Rückwanderung nach Deutschland binnen zehn Jahren in Aussicht gestellt. Es hatte den Anschein, als könne man zwischen Bleiben und Gehen wählen. Diese vermeintliche Alternative hatte für kurze Zeit großen Einfluss auf die Stimmung der Bevölkerung. Auf zahlreichen Versammlungen wurde über den nun möglich scheinenden Schutz durch

20 A. Ajsfel'd, Političeskaja žizn' mennonitov Rossii v 1917–1919 godach [Das politische Leben der Mennoniten Russlands in den Jahren 1917–1919], in: Voprosy germanskoj istorii. Sbornik naučnych statej [Fragen der Deutschen Geschichte. Jahrbuch wissenschaftlicher Schriften]. Dnepropetrovs'k 2000, S. 223-248.

das Deutsche Reich, über die Auswanderung nach Deutschland oder den Verbleib in der
Ukraine debattiert und agitiert.

Am 9. Januar 1918 verabschiedete die Zentralrada das Gesetz über die national-personale
(nacional'no-personal'naja) Autonomie.[21] Das Gesetz sah eine Kulturautonomie für Russen, Juden und Polen innerhalb des ukrainischen Staates ohne Bindung an ein Territorium
vor. Weißrussen, Tschechen, Moldauern, Deutschen, Tataren, Griechen und Bulgaren stand
es frei, ebenfalls ihre kulturelle Autonomie formal zu erklären. Dafür war die Eintragung
von mehr als 10 000 Personen der jeweiligen Volksgruppe, die an verschiedenen Orten der
Ukraine ansässig waren, im Nationalkataster erforderlich. Angesichts der Bevölkerungszahl
wäre das für die Deutschen zwar kein ernsthaftes Hindernis gewesen, aber es stellte sich
die Frage nach dem Erwerb der ukrainischen Staatsangehörigkeit. Das Gesetz über die
Staatsangehörigkeit vom 20. März 1918 sah vor, dass jeder Einwohner der Ukraine binnen
3 Monaten für oder gegen die ukrainische Staatsangehörigkeit optieren konnte. Wer sich
für die ukrainische Staatsangehörigkeit entschied, unterlag der entschädigungslosen Nationalisierung von Grund und Boden im Zuge der bevorstehenden Agrarreform entsprechend
den Bestimmungen des 3. Universals (Manifest) der Zentralrada vom 7. Oktober 1917.[22]
Dadurch hätte die weit überwiegend bäuerliche Bevölkerung ihre wirtschaftliche Grundlage
verloren. Diese Perspektive stand einer Option für die Ukraine im Wege, weswegen sich
die Blicke eher auf die Besatzungsmächte richteten.

3. Zukunftsperspektiven während der österreichisch-deutschen Präsenz

Aus der Anwesenheit der deutschen und österreichisch-ungarischen Truppen schöpfte ein
Teil der deutschen Bevölkerung die Hoffnung, dass auch bei einem Verbleib in der Ukraine
der Erwerb der deutschen Staatsangehörigkeit möglich sei. Als deutsche Staatsangehörige
würden sie und ihr Besitz vor dem Zugriff des ukrainischen Staates geschützt sein. Davon
ausgehend entwickelte der Pastor Immanuel Winkler die Überlegung, die zu dieser Zeit
von Rumänien besetzten Bezirke Akkerman, Izmail und Bendery sowie die Bezirke Odessa, Tiraspol und den südlichen Teil des Bezirks Anan'ev mit der Krim zu einer deutschen
Kronkolonie Krim zusammenzuschließen.[23] Diesen Plan stellte er Regierungsvertretern in
Berlin und der Verwaltung des Oberbefehlshabers Ost vor. Auf dem Kronrat am 2. Juli
1918 wurde der Winkler-Plan jedoch abgelehnt. Lediglich Ludendorff hielt noch an einer modifizierten Version fest, die eine Umsiedlung der Kolonisten aus den verschiedenen
ukrainischen Siedlungsgebieten auf die Krim vorsah.[24] Ebenfalls ohne Erfolg blieben die
Bemühungen um eine massenweise Einbürgerung der Kolonisten. Die deutsche Staatsangehörigkeit wurde nur individuell und bestimmten Kategorien von Personen erteilt, die sich in

---

21 Zakon Zentral'noï Radi pro nacional'no-personal'nu avtonomiju [Gesetz der Zentralrada über die
    national-personale Autonomie], in: Ukraïns'ka Central'na Rada. Dokumenti i materialy u dvoch
    tomach [Ukrainische Zentralrada. Dokumente und Materialien in zwei Bänden]. T. 2, Kyïv 1997,
    S. 99 ff.
22 Th. Hornykiewicz, Ereignisse in der Ukraine 1914–1922. Bd. 1, Philadelphia 1966, S. 393 ff.
23 A. Eisfeld, Deutsche Kolonien an der Wolga 1917–1919 und das Deutsche Reich. Wiesbaden
    1985, S. 94.
24 Ebenda, S. 105 f.

den Dienst des Deutschen Reiches stellten (Rekruten für die Reichswehr und ihre nächsten Familienangehörigen).

Das Odessaer Zentralkomitee des Verbandes der deutschen Kolonisten in der Ukraine vertrat in einer Denkschrift vom 23. März 1918, die an das Oberkommando der deutsch-österreichischen Truppen in Odessa gerichtet war, eine völlig andere Konzeption. Die Kernpunkte waren:

– die Wiederherstellung der Besitzrechte aus der Vorkriegszeit und damit die Verhinderung einer Sozialisierung des Grundbesitzes;
– die Durchführung der national-personalen Autonomie auch für die Deutschen. Die bereits da und dort bestehenden bolschewistischen Landkomitees und Bauernräte sollten dagegen in den deutschen Siedlungsgebieten aufgelöst werden;
– die sofortige Schaffung eines Sekretariats für deutsche Angelegenheiten bei der Kiever Zentralrada und eines Kommissariats für deutsche Angelegenheiten beim Außerordentlichen Kommissar der Zentralrada in Odessa. Das Vorschlagsrecht für die Besetzung dieser Ämter sollte dem Verband der Kolonisten zustehen.[25]

Die beiden vorgestellten Zukunftskonzeptionen hatten nicht nur zahlreiche Anhänger unter den Kolonisten, sondern auch in deutschen Regierungsstellen und Militärkreisen. Die Ablehnung des Winkler-Plans in allen Varianten belegt jedoch, dass weder Deutschland noch Österreich-Ungarn den Schwarzmeerdeutschen eine eigenständige oder auch nur temporär bedeutende Rolle zudachten. Eine Illoyalität seitens der deutschen Bevölkerung dem ukrainischen Staat gegenüber wurde von den beiden Zentralmächten weder erwartet noch durch eigene Maßnahmen gefördert.

Die Lebensmittelbeschaffung für Deutschland und Österreich-Ungarn machte dennoch eine Zusammenarbeit der Dienststellen der Besatzer mit der dortigen Bevölkerung erforderlich. Dabei galt das vorrangige Interesse der Aufrechterhaltung der öffentlichen Ordnung. Der Schutz der Kolonien richtete sich dabei nicht gegen die ukrainische Regierung oder deren Behörden, denn es erscheint fraglich, ob die Abkommandierung von zwei Bataillonen zum Schutz der deutschen Siedlungen als besonderes Entgegenkommen den Schwarzmeerdeutschen gegenüber gewertet werden kann, zumal auch andere gefährdete Siedlungen und „Versorgungsquellen" militärischen Schutz gegen marodierende Banden erhielten. Unterstützung bei der Einbringung der Ernte des Jahres 1918 mit Arbeitskräften und technischer Hilfe (etwa die Versorgung mit Treib- und Schmierstoffen) wurde zudem allen Landwirten des Gouvernements in Aussicht gestellt.[26]

In den letzten Wochen vor dem Abzug der deutschen und österreichisch-ungarischen Truppen aus der Ukraine unternahm der Verband der deutschen Kolonisten im Schwarzmeergebiet einige Anstrengungen, um eine Rechtsgrundlage für die Zukunft der deutschen Bevölkerung im ukrainischen Staat zu schaffen. Im November wurde ein Programm für den Aufbau einer autonomen Verwaltung der deutschen Kolonien auf der Grundlage des Gesetzes über die national-kulturelle[27] Autonomie ausgearbeitet. Das Projekt enthält in 24

25 Hornykiewicz, Ereignisse in der Ukraine (wie Anm. 22), S. 355.
26 Prikaz Nr. 4 Chersonskogo gubernskogo starosty. 11 ijulja 1918 g. [Befehl Nr. 4 des Ältesten des Gouvernements Cherson, 11. Juli 1918], in: GAOO, F. 53, op. 1, d. 370, l. 21.
27 Dieser Begriff sollte in der zeitgenössischen Diskussion zum Ausdruck bringen, dass es sich um eine Kulturautonomie auf nationaler Grundlage handelte. Er ist somit eine Präzisierung des Begriffs

Kapiteln 459 Artikel, darunter detaillierte Bestimmungen über Verwaltung, Polizei, Justiz, Gesundheits- und Bildungswesen, über Steuern und Streitkräfte. Selbst Aufbau und Zuständigkeiten der Brandversicherung und des Feuerschutzes, von Bildungsanstalten, Notariat und Polizei sind recht ausführlich beschrieben. Das überrascht insofern nicht, als diese Aufgaben bislang schon in die Zuständigkeit der Landschaftsverwaltung (zemstvo) gehört hatten, mit der die Kolonisten seit über 40 Jahren ihre Erfahrungen gesammelt hatten. Neu waren dagegen die Gründung einer Nationalbank und der Aufbau von Streitkräften, die nach dem Prinzip einer Miliz strukturiert waren und von einem General befehligt werden sollten. Die Bestimmungen für diesen Selbstschutz wurden vom Vertreter der ukrainischen Regierung beim Befehlshaber des österreichisch-ungarischen Korps am 18. November 1918 unterzeichnet und traten am nächsten Tag in Kraft. Sie wurden an alle Gemeinde- und Amtsbezirksverwaltungen versandt und in der Zeitung „Odessaer Rundschau" veröffentlicht.[28] Dementsprechend waren alle Männer zum Wachdienst verpflichtet. Die Abteilungen jeder Kolonie wurden von aus ihren Reihen gewählten Kommandeuren befehligt. Abteilungen benachbarter Kolonien bildeten einen Kreisverband, an dessen Spitze ebenfalls ein gewählter Kommandeur stand.[29]

Dieser deutsche Selbstschutz war Teil der Ordnungskräfte der ukrainischen Regierung, wie eindeutig aus dem Protokoll über eine Sitzung der Landschaftsverwaltung des Amtsbezirks Groß-Liebental vom 23. November 1918 hervorgeht. Neben den Mitgliedern der Amtsbezirksverwaltung waren die Gemeindevorsteher sowie je zwei Vertrauensleute jeder Gemeinde und der ukrainischen Schutzpolizei (Deržavnaja Varta) anwesend.[30]

Im März 1919 hatte die Odessaer Bezirksverwaltung angesichts der zunehmenden Überfälle auf die Bevölkerung die Bildung von Selbstschutz-Abteilungen aus Angehörigen der ortsansässigen Bevölkerung angeregt, da diese von Kräften der Regierung nicht geschützt werden konnte. Offensichtlich sollte nun in anderen Dörfern nachgeholt werden, was sich in den deutschen Kolonien zu dieser Zeit bereits bewährt hatte. Am 13. März 1919 stellte die Landschaftsbank des Gouvernements Cherson 25 000 Rubel für den Unterhalt des Selbstschutzes in den deutschen Kolonien zur Verfügung, auch das ein Beleg, dass der Selbstschutz Teil der staatlichen Ordnungskräfte war. Vor diesem Hintergrund ist der Selbstschutz kein Indiz für eine fehlende Loyalität der deutschen Kolonisten dem ukrainischen Staat gegenüber. Allerdings waren in dieser spezifischen Angelegenheit die Interessen der ukrainischen Regierung und der deutschen Kolonisten identisch.

„national-personale Autonomie", der vor allem aussagt, dass die Autonomie von Personen, nicht von Territorien gebildet wird. Das war in der damaligen Diskussion der Nationalitätenpolitik allgemein verständlich. Zur Verortung der verwendeten Begriffe und den verschiedenen Modellen der „national-personalen" bzw. der „national-kulturellen" Autonomie auf dem Territorium des ehem. Russischen Reiches vgl. A. Eisfeld, Nacional'no-kul'turnaja avtonomija, nacional'no-personal'naja avtonomija [National-kulturelle Autonomie, national-personale Autonomie], in: Nemcy Rossii. Ėnciklopedija [Die Deutschen Russlands. Enzyklopädie]. T. 2: K-O, Moskva 2004, S. 619-626.

28 An alle Ortschaften des Schwarzmeergebiets mit deutscher Bevölkerung, in: Odessaer Rundschau Nr. 220 vom 30. November 1918, S. 2.

29 Selbstschutz-Ordnung gegen Bandenunwesen für die Ortschaften mit deutscher Bevölkerung im Schwarzmeergebiet, in: Odessaer Rundschau Nr. 220 vom 30. November 1918, S. 2; Nr. 221 vom 1. Dezember 1918, S. 2.

30 GAOO, F. 63, op. 1, d. 326, l. 1-1 ob.

4. Die 2. Phase der Sowjetmacht: April – August 1919

Die erste Machtergreifung der Bol'ševiki in Odessa am 27. Januar 1918 hatte zur Proklamation einer Odessaer Sowjetrepublik geführt, die in der kurzen Zeitspanne bis zum Einrücken österreichisch-ungarischer und deutscher Truppen am 13. März 1918 keine effizienten Machtorgane aufbauen konnte. Die häufig durchgeführten Requisitionen hatten einen eher zufälligen Charakter.

Die zweite Machtergreifung der Bol'ševiki erfolgte in Odessa am 4. April 1919, nachdem die französischen Truppen abgezogen waren. Damit begann in der Stadt und in der Region die Politik des Kriegskommunismus, d.h. es wurde ein Monopol des Staates auf die Nutzung von Grund und Boden, von agrarischen und industriellen Gütern sowie den Einsatz von Menschen proklamiert. Zu den am häufigsten eingesetzten Instrumenten zur Durchsetzung dieses Monopols zählten Requisitionen und Mobilisierungen in einem Umfang und in Fristen, die von „außerordentlichen", durch ein Gesetz nicht legitimierten Organen ohne Kenntnis der wirtschaftlichen Lage der Region und unter Missachtung der Belange der Bevölkerung durchgeführt wurden.

Das Staatsmonopol auf landwirtschaftliche Produkte, d.h. deren Ablieferung an staatliche Einrichtungen zu festgesetzten Preisen und die damit verbundene Ausschaltung des freien Handels, war an sich nicht neu. Es war schon von der zaristischen und der Provisorischen Regierung angewandt worden. Allerdings hatte letztere die Ankaufspreise um 60% erhöht und Verpflegungskomitees, die aus Vertretern verschiedener Verwaltungsorgane, Fachkomitees, von Kooperativen usw. bestanden, mit der Beschaffung von Lebensmitteln beauftragt. Die Abgabenlast drückte schwer, aber sie wurde als kriegsnotwendig betrachtet, im Umlageverfahren durchgeführt und war nicht auf die Vernichtung der Existenz der Produzenten ausgerichtet.

Die Sowjetmacht hingegen verlangte die Abgabe von Getreide, anderen Lebensmitteln und landwirtschaftlichen Produkten und versprach dafür eine „lichte" Zukunft. Die Requisitionen wurden willkürlich und ohne erkennbare und nachvollziehbare Legitimation durchgeführt. Dagegen setzten sich die Dorfgemeinden zur Wehr. Aus der Sicht der Betroffenen gab es nämlich keinen Unterschied zwischen den Überfällen marodierender Banden und den Requisitionen der Roten Garden, die ebenfalls aus Fremden bestanden. Damit gerieten die Dorfgemeinschaften in Opposition zur Politik des Kriegskommunismus und des „roten Terrors". Die Beziehung der Sowjetmacht zur Bevölkerung hatte damit von Anfang an einen repressiven Charakter und jede Auflehnung wurde durch „außerordentliche" Organe bestraft.

In einem zeitgenössischen Bericht wird geschildert, wie sich die Versorgungslage in Odessa binnen weniger Wochen bis ins Unerträgliche verschlechterte. Requisitionen und ein Preisdiktat führten dazu, dass die Bauern aus den umliegenden deutschen Dörfern keine Lebensmittel mehr in die Stadt zum Verkauf brachten. Darauf setzten Übergriffe der Roten Garden auf die Kolonien ein. „Die Bauern waren natürlich nicht geneigt, sich ohne Widerstand ausplündern zu lassen. Sie stellten Verbindungen mit den hungernden Odessaer Arbeitern her, von denen sich viele, durch die besseren Ernährungsverhältnisse angelockt, auf die Dörfer verdrückten und sich den Bauern für den Kampf mit den Bol'ševiki anboten."[31]

---

31 A. Niemann, Fünf Monate Obrigkeit von unten. Erinnerungen aus den Odessaer Bolschewistentagen April bis August 1919. Berlin 1920, S. 30 f.

Zur Verschärfung der Beziehung zwischen der Sowjetmacht und der Bevölkerung kam es, nachdem Jan Gamarnik[32] auf dem Sowjetkongress des Odessaer Gouvernements, der vom 11. bis 13. Juli 1919 tagte, die Politik des „Kriegskommunismus" verkündete und den „roten Terror" als Mittel zu deren Durchsetzung proklamierte. Eine Woche später zog eine Gruppe von „Spartakisten" in die Liebentaler Kolonien, um dort Requisitionen und die Mobilisierung von Rekruten für die Rote Armee durchzuführen. Diese „Spartakisten" waren deutsche und österreichische Kriegsgefangene, die sich auf die Seite der Bol'ševiki geschlagen hatten und als „Deutsche Gruppe" der ukrainischen kommunistischen Partei firmierten.

Das Vorgehen der „Spartakisten" führte zu Unruhen, die sich sehr rasch zu einem Bauernaufstand ausweiteten, der mehrere Amtsbezirke der Bezirke Odessa und Tiraspol mit seiner deutschen und russischen Bevölkerung erfasste.[33] Zur Unterdrückung des Aufstands mussten Einheiten der Roten Armee von der Front abgezogen werden, weswegen die Kampflinie zusammenbrach. Die Rote Armee, die unter dem Befehl von I.Ė. Jakir stand, musste Odessa verlassen. In die Stadt zogen Einheiten der Freiwilligen Armee des „weißen" Generals Denikin ein.[34]

5. Freiwilligenarmee

Das Zentralkomitee des Verbands der deutschen Kolonisten des Schwarzmeergebiets nahm in den ersten Tagen nach dem Eintreffen der Freiwilligenarmee in Odessa Kontakt mit deren Kommandostellen auf und versuchte am 23. August, eine Genehmigung zum Fortbestand des Selbstschutzes zu bekommen. Bereits in seiner Sitzung am 28. August 1919 hatte das ZK des Verbands der deutschen Kolonisten im Schwarzmeergebiet einen Zentralrat des Selbstschutzes mit dem Generalmajor G.-A. Schöll und den Stabskapitänen Bauer und Böll gebildet.[35] Für den Unterhalt des Selbstschutzes wurde eine Sondersteuer in Höhe von 5 Rbl. pro Desjatine Ackerland erhoben.[36]

---

32 Gamarnik, Jan (1894–1937), geb. in Žitomir, Funktionär der Bol'ševiki in Kiev, wurde 1918 zur Vorbereitung der Machtergreifung nach Odessa entsandt. Während der Anwesenheit der österreichisch-ungarischen und deutschen Truppen war Gamarnik im Untergrund in Odessa, Char'kov und auf der Krim tätig. 1919 war er zeitweise Vorsitzender des Odessaer Gouvernementskomitees der Bol'ševiki, danach Vertreter der Bol'ševiki in Stäben verschiedener Formationen der Roten Armee.

33 Nach einigen Berichten begannen die Unruhen in Groß-Liebental (vgl. G. Leibbrandt, Hoffnungstal und seine Schwaben. Bonn 1980, S. 129), nach anderen in Mannheim (vgl. I.N. Škljaev, Mjatež [Der Aufstand], in: Akkermanskie drevnosti [Akkermaner Altertümer]. Vypusk 1, Belgorod-Dnestrovskij 1997, S. 205.

34 A.I. Beznosov, K voprosu ob učastii nemeckich kolonistov i mennonitov v graždanskoj vojne na Juge Ukrainy (1917–1921 gg.) [Zur Frage über die Teilnahme von deutschen Kolonisten und Mennoniten am Bürgerkrieg im Süden der Ukraine (1917–1921)], in: Voprosy germanskoj istorii. Nemcy v Ukraine. Materialy ukrainsko-germanskoj naučnoj konferencii. Dnepropetrovsk, 26-29 sentjabrja 1995 g. [Fragen der deutschen Geschichte. Deutsche in der Ukraine. Materialien der ukrainisch-deutschen wissenschaftlichen Konferenz. Dnepropetrovsk, 26.-29. September 1995]. Dnepropetrovsk 1996, S. 120 f.

35 Auszug aus dem Protokoll der Sitzung des Zentralkomitees vom 15./28. August 1919, in: Vereinsbote II, Nr. 19 vom 27. August/9. September 1919, S. 4.

36 GAOO, F. 54, op. 1, d. 60, l. 25. Aus dem Dokument geht nicht hervor, wer die Abgabe erhob.

Der Selbstschutz des Verbands der deutschen Kolonisten des Schwarzmeergebiets wurde durch die Befehle des Befehlshabers der Truppen des Neurussischen Gebiets vom 14. und vom 18. Dezember 1919 anerkannt. Am 19. Dezember 1919 erhielt der Kommandeur der Bereitschaftspolizei des Odessaer Bezirks, Oberst G.V. Ždanov, vom Zentralrat des Selbstschutzes seine Ernennung zum Chef der Odessaer Abteilung des Selbstschutzes.[37] Damit wandelte sich der Selbstschutz der deutschen Kolonisten zu einer legalen bewaffneten Formation, deren Aufgabe in der Aufrechterhaltung von Ruhe und Ordnung in den von Deutschen bewohnten Teilen des Bezirks bestand.

Mit der Verschärfung der Situation durch den Vormarsch der Roten Armee im Dezember 1919 wurde die Sicherheitsfrage auf einer breiteren Grundlage erörtert. Auf Einladung des ZK der deutschen Kolonisten des Schwarzmeergebiets fand eine Beratung von Bevollmächtigten einer Reihe von deutschen und russischen Amtsbezirken des Odessaer, des Tiraspoler und des Anan'ever Bezirks statt. Beschlossen wurde, eine Volkswehr des Chersoner Gouvernements unter der Leitung eines Komitees aufzustellen, das aus Vertretern von Bauern, Kolonisten, Arbeitern und der Stadtbevölkerung bestehen sollte. Diese Volkswehr sollte den Schutz vor Überfällen bewaffneter Banden organisieren.[38] An ihm wollten sich auch russische Dörfer, weitere deutsche und bulgarische Kolonien sowie der Odessaer Stadtrat beteiligen. Nach Meinung von General Schöll[39] wäre die Bürgerwehr in der Lage gewesen, in der Region zwischen den Einheiten der Freiwilligenarmee und der Roten Armee für Ordnung zu sorgen.

Anfang Januar 1920 befand sich die Odessaer Abteilung des Selbstschutzes in der Kolonie Landau, einzelne Kompanien lagen in Speyer und Rosenfeld. Insgesamt waren es rund 500 Mann, die von der englischen Militärmission der Entente und vom Verband der deutschen Kolonisten des Schwarzmeergebiets eingekleidet und bewaffnet wurden. Nach Verlusten im Kampf gegen die Bol'ševiki zog sich die Abteilung am 23. Januar 1920 nach Odessa zurück. Dort bekam sie Verstärkung an Offizieren und Mannschaften und setzte den Rückzug mit den Truppen unter dem Befehl von General F.Ė. Bredov bis auf polnisches Gebiet fort. Nach der Internierung bei Krakau konnte ein Teil der Offiziere und Soldaten des Selbstschutzes im August 1920 die Reise über den Balkan auf die Krim antreten und nahm dort am Bürgerkrieg bis zum Abzug der „weißen" Wrangel-Armee teil.

6. Die 3. Phase der Sowjetmacht: ab Februar 1920

Mit der erneuten Inbesitznahme Odessas und der Region durch die Rote Armee begann eine neue Epoche. Die Sowjetmacht und deren Behörden nahmen keinerlei Rücksicht auf die für die Bevölkerung vertrauten Verwaltungsmethoden und -ziele. Zu Trägern der staatli-

---

Steuern wurden jedoch grundsätzlich von der Gemeinde erhoben und an die vorgesetzte Dienststelle abgeführt. Andere, im Umlageverfahren erhobene Zahlungen werden im Unterschied zu „Steuern" als „Abgaben" (russ.: sbory) bezeichnet.

37　Rossijskij Gosudarstvennyj voennyj archiv [Russisches Staatliches Militärarchiv] (RGVA), F. 39805, op. 1, d. 1, l. 1.

38　An die Russischen Bauern und die Kolonisten!, in: Vereinsbote Nr. 54 vom 31. Dezember 1919/13. Januar 1920, S. 1.

39　General A.J. Schöll [sic!] über den Selbstschutz, in: Vereinsbote Nr. 54 vom 31. Dezember 1919/13. Januar 1920, S. 4.

chen Macht wurden Revolutionskomitees auf Orts-, Amtsbezirks-, Bezirks- und Gouvernementsebene. Diese Revolutionskomitees wurden von den politischen Verwaltungen einzelner Truppenteile der Roten Armee und anderen „außerordentlichen" Sowjetorganen eingesetzt.

Eine der ersten Maßnahmen der Sowjetmacht bestand in der Nationalisierung von Grund und Boden, der vom Eigentümer nicht selbst bearbeitet wurde, und dessen anschließende Verteilung an landarme und landlose Bauern. Dafür wurden neue Organe, die so genannten Landabteilungen, geschaffen. In den deutschen Kolonien fanden sich nur selten Personen, die bereit waren, an der Nationalisierung des Landes über die Landabteilungen mitzuwirken. Äußerst unpopulär war auch die Entnahme von Getreide und anderen Agrarprodukten sowie die Mobilisierung von Rekruten und Requirierung von Pferden für die Rote Armee.

Dieser Politik widersetzten sich die Bauern schließlich. Im Frühjahr 1920 wurde in den Kolonien eine Untergrundorganisation unter der Leitung des Kolonisten Ludwig Schock gebildet, die Kontakte mit in der Region verbliebenen Weißgardisten und ukrainischen Anhängern von N. Petljura aufnahm, um einen gemeinsamen Aufstand gegen die Sowjetmacht durchzuführen. Obwohl Mitte Juni der gesamte Stab der Untergrundorganisation verhaftet wurde, begann am 18. Juni der bewaffnete Aufstand. Der letzte Widerstand konnte erst im August 1921 gebrochen werden, nachdem 67 Personen verhaftet worden waren.[40]

Am 31. Juli 1920 löste das Odessaer Revolutionskomitee alle ihm unterstellten Revolutionskomitees in den Dörfern auf und setzte andere ein. Eine der ersten Aufgaben der neuen Revolutionskomitees war die Einsetzung von Dreiergremien (trojka) zur Untersuchung der Untätigkeit der früheren Mitglieder der Exekutiv- und Revolutionskomitees. Eine andere Aufgabe bestand in der Schaffung von Dorfarmenkomitees, um die Landbevölkerung nach der Klassenzugehörigkeit aufzuteilen. Zugleich wurde angedroht, die Vorsitzenden der ehemaligen Revolutionskomitees wegen Untätigkeit im Kampf gegen die besitzenden Bauern vor Gericht zu stellen, wenn nicht binnen einer Woche die Dorfarmenkomitees gebildet worden seien.[41]

Mit dem Beginn der Erntearbeiten Mitte August begann eine „Kampagne des Kampfes gegen die Übermacht der Kulaken", deren alleiniger Sinn in der Entnahme des geernteten Getreides bestand. Die Kampagne wurde jeweils von Dreiergremien (trojka) geleitet. In einem der Berichte des Stabs der 41. Schützendivision, die an der Kampagne beteiligt war, ist nachzulesen, dass die sich in den deutschen Kolonien Baden und Straßburg befindenden militärischen Abteilungen des VOCHR[42] und der Tiraspoler Bezirks-ČK[43] mehrere Ausschreitungen begingen. Das auf 70 Fuhrwerke verladene, für den Transport nach Odessa vorgesehene Getreide wurde mitten auf der Straße in den Dreck geworfen und befohlen, die Fuhrwerke nach Tiraspol zu bringen. Betrunkene gingen die Straßen auf und ab, schossen auf Hunde und Gänse, jagten die Dorfverwaltung auseinander und flößten allen Dorfeinwohnern große Angst ein.[44]

40 Beznosov, K voprosu (wie Anm. 34), S. 112-125.
41 GAOO, F. R-2106, op. 3, d. 366, l. 344.
42 Abkürzung von: Voenizirovannaja ochrana (dt.: militärischer Betriebsschutz).
43 ČK: Abkürzung von: Črezvyčajnaja Komissija (dt.: Außerordentliche Kommission [zur Bekämpfung der Konterrevolution und der Sabotage]).
44 GAOO, F. P-3, op. 1, d. 14, l. 20.

Die deutsche Sektion bei der Verwaltungsabteilung des Odessaer Gouvernementsexekutivkomitees merkte an, die deutschen Kolonien würden als unerschöpfliche Quelle für die Beschaffung von Agrarprodukten gesehen. Die Umlagen würden zu 100 bis 120% erfüllt, während die benachbarten Dörfer mit russischer, ukrainischer, bulgarischer und moldauischer Bevölkerung nicht einmal die Hälfe der ihnen auferlegten Menge abliefern würden.[45]

Fazit

Die Gesellschaft des Russischen Reiches befand sich seit 1905 im Wandel von einem Ständestaat zu einer Zivilgesellschaft, in der das Verhältnis zwischen Staat und Bürgern nach neuen Grundsätzen ausgestaltet wurde. An Stelle der Zugehörigkeit zu einem Stand traten zunehmend soziale, nationale, religiöse und/oder politische Gemeinsamkeiten als verbindendes Merkmal. Der Gehorsam der Untertanen wurde zusehends durch die Forderung nach Rechtsstaatlichkeit, Gerechtigkeit und Demokratie ersetzt. Politische Parteien wurden zu anerkannten Vertretern von Interessengruppen und setzten sich für diese im parlamentarischen Gesetzgebungsverfahren ein. Die Verpflichtung auf das Grundgesetz und das Prinzip der Rechtsstaatlichkeit waren vor dem Ersten Weltkrieg bereits so stark im Bewusstsein der politischen Eliten und der Administration verankert, dass im Parlament Vorhaben der Regierung, die dem widersprachen, zurückgewiesen werden konnten. So konnten Gesetzesentwürfe (z.B. die Liquidationsgesetze von 1910 und 1912) der Regierung in der Duma durch die Einwirkung des „Verbands vom 17. Oktober" zurückgewiesen werden, der auf Initiative der „Deutschen Gruppen", die in Moskau und in St. Petersburg als Gliederungen der Partei existierten, tätig wurde. Argumentiert wurde dabei pragmatisch (Gemeinwohl und Rechstaatlichkeit) und nicht national.

Nach Ausbruch des Ersten Weltkrieges wurde der Parlamentarismus von der Regierung in seinen Rechten noch weiter beschnitten und an Stelle der Rechtsstaatlichkeit eine Sondergesetzgebung gesetzt, die gegen das Grundgesetz verstieß. Nach dem Sturz der Zarenregierung setzte die Provisorische Regierung in einer der zentralen Fragen – der Agrarfrage – auf Veränderungen im Konsens. So hieß es in den Richtlinien für die von den Landkomitees zu erarbeitende Agrarreform, es sei auf die wichtigsten Besonderheiten der Bodennutzung und Wirtschaftsführung der Regionen und auf das Rechtsbewusstsein der Bevölkerung Rücksicht zu nehmen.[46]

Die Bol'ševiki dagegen setzten sich sofort nach der Machtergreifung über die bislang geltenden Normen und Gewohnheiten hinweg. Sie missachteten auch den Willen der Landbevölkerung, indem sie eine Agrarreform im Sinne der Sozialisierung von Grund und Boden und dessen Umverteilung an alle landarmen und landlosen Bauern ohne Berücksichtigung von ökonomischen Notwendigkeiten betrieben. Von der Mehrheit der Landbevölkerung wur-

---

45 N.A. Ševčuk, Položenie nemeckich kolonij v Odesskoj gubernii v 1920-e gg. [Die Lage der deutschen Kolonien im Gouvernement Odessa in den 1920er Jahren], in: Nemcy Rossii (wie Anm. 9), S. 267.

46 Glavnyj zemel'nyj komitet. Obščij plan dejatel'nosti Gubernskich, Uezdnych i volostnych zemel'nych komitetov po podgotovke zemel'noj reformy [Hauptagrarkomitee (Hrsg.), Allgemeiner Plan für die Tätigkeit der Gouvernements-, Bezirks- und Amtsbezirksagrarkomitees für die Vorbereitung der Agrarreform]. 2. Aufl., o.O. [Druckerei des Ministeriums für Landwirtschaft] 1917, S. 5.

de diese Vorgehensweise als illegitim betrachtet und bis hin zu bewaffnetem Widerstand abgelehnt. Die ‚Zusammenarbeit' mit der Regierung und deren Behörden in dieser Phase kann nicht unter der Bezeichnung Loyalität erfasst werden, sondern war dem Wesen nach eine gewaltsame Besitzergreifung von privatem und gemeinschaftlichem Eigentum durch eine nicht legitimierte Macht. Die ablehnende Haltung dieser Politik gegenüber kann daher auch nicht als Illoyalität verstanden werden, da die Macht als illegitim und deren Politik als ungerecht und ungesetzlich betrachtet wurde, was sie faktisch ja auch war.

Die oberste Priorität der verschiedenen Vertreter der deutschen Bevölkerung bestand nicht in der Verfolgung abstrakter Konzeptionen oder Doktrinen, sondern im Ausloten von Überlebensstrategien. Mit Regierungen und deren Behörden wurde immer dann und in einem Rahmen zusammengearbeitet, wenn dies eine Besitz- und Überlebenschance zu versprechen schien. Dazu zählen sowohl der Versuch, eine Kronkolonie Krim-Taurien zu schaffen, als auch die Ansätze, eine nationale Kulturautonomie aufzubauen.

Die örtlichen Behörden (Dorfverwaltung, Amtsbezirks- und Bezirksverwaltung) waren, durch Gesetz und Wahl, zuletzt 1918, legitimiert. Sie hatten u.a. die Aufgabe, Recht und Ordnung aufrecht zu erhalten. Die in der Region gebildeten territorialen und konfessionellen[47] Verbände schufen durch Wahlen und die Delegation von Entscheidungsbefugnissen an das Odessaer Zentralkomitee des Verbandes der deutschen Kolonisten eine übergeordnete Instanz auf demokratischer Grundlage, die von den deutschen Dorf- und Amtsbezirksverwaltungen anerkannt wurde. Das Odessaer Zentralkomitee selbst suchte nach jedem Machtwechsel in der Region den Kontakt mit der neuen Obrigkeit und arbeitete mit dieser zusammen. Lediglich mit den Bol'ševiki war eine Verständigung nicht möglich. Die ablehnende Haltung zwischen April und August 1919 den Bol'ševiki gegenüber kann insofern nicht als Illoyalität bezeichnet werden, als deren Macht selbst illegitim war und keine Rechtsnormen beachtet wurden.

Die Emigration war keine wirkliche Alternative zum Verbleib im Lande. Dafür gab es weder von Seiten Deutschlands noch von einer anderen Seite eine entsprechende Aufnahmebereitschaft. Lediglich persönlich gefährdete Personen gingen nach Deutschland. Die Masse blieb in ihren Wohnorten.

---

47 Wie z.B. der Mennoniten-Verband oder verschiedene katholische Vereine.

Nikolaus Katzer

Heute Weiße, morgen Rote.
„Kollaboration" als Grenzerfahrung im Russischen Bürgerkrieg

1. Einleitung

Bürgerkriege der Neuzeit sind Zeiten der Entgrenzung und Grenzüberschreitung. Gemeinsam ist ihnen, dass es keine Unbeteiligten zu geben schien und ein beständiger Druck erzeugt wurde, Partei zu ergreifen und sich zu rechtfertigen. Insofern erkennen wir in ihnen Urformen des modernen „totalen Krieges", den einerseits umfassende Mobilisierungs- und Vereinnahmungsanstrengungen bzw. Unterdrückungs- und Einschüchterungskampagnen alter und neuer Machtinstanzen und andererseits individuelle oder kollektive Unterwerfungs- und Identifikationspraktiken bzw. Absetz- und Überlebensstrategien der Soldaten und der Zivilbevölkerung kennzeichnen. Auf die moderne Kriegführung wirkten revolutionäre Veränderungen seit dem Ende des 18. Jahrhunderts ein. So entfesselten die von einer auf die „Masse" zielenden Politik inspirierten Revolutionskriege, die säkularen Ideologien von Gleichheit und Nation sowie die durch die Industrialisierung angestoßenen produktions- und militärtechnischen Umwälzungen des 19. Jahrhunderts ungeahnte Leidenschaften und Vernichtungspotentiale.[1] Bereits im Amerikanischen Bürgerkrieg beschränkten sich die Gegner nicht auf den staatsorientierten Anspruch, über Wohlfahrt und Arbeitskraft der Bürger zu verfügen, sondern setzten unnachgiebig und effizient die Mobilisierung sozialer Ressourcen durch. Dabei kalkulierten sie eine Terrorisierung der Zivilbevölkerung ein.[2] Zuvor hatte der Krimkrieg durch den Einsatz neuer Waffentechnik, der Telegraphie, von Eisenbahnen und Dampfschiffen die Konsequenzen der technischen Revolution für die Kriegführung vor Augen geführt.[3] Als Folgekrieg des Ersten Weltkriegs, der den revolutionären Zusammenbruch

---

1   Hew Strachan, On Total War and Modern War, in: International History Review 17 (2000), Nr. 2, S. 350 f. Vgl. Roger Chickering, Militärgeschichte als Totalgeschichte im Zeitalter des totalen Krieges, in: Was ist Militärgeschichte?, hrsg. v. Thomas Kühne u. Benjamin Ziemann. Paderborn (u.a.) 2000, S. 301-312; ders., Total War: The Use and Abuse of a Concept, in: Anticipating Total War: The German and American Experiences, hrsg. v. Manfred A. Boeneke, Roger Chickering u. Stig Förster. Cambridge 1999, S. 13-28; T.C.W. Blanning, The Origin of the French Revolutionary Wars. London 1986.
2   Zum Krieg gegen die Zivilbevölkerung Mark Grimsley, The Hard Hand of War: Union Military Policy Toward Southern Civilians, 1861–1865. Cambridge 1995; ders., Modern War/Total War, in: The American Civil War: A Handbook of Literature and Research, hrsg. v. Steven E. Woodworth. Westport, CT 1996, S. 379-389. Zur Identifikation von Soldaten mit den Zielen politischer Administrationen Earl J. Hess, The Union Soldier in Battle: Enduring the Ordeal of Combat. Lawrence, KS 1997; James M. MacPherson, For Cause and Comrades: Why Men Fought in the Civil War. Oxford 1997; Joseph Allen Frank, With Ballot and Bayonet: The Political Socialization of American Civil War Soldiers. Athens, GA 1998.
3   Jonathan Bailey, The First World War and the Birth of Modern Warfare, in: The Dynamics of

des Zarenreiches brachte, war der Russische Bürgerkrieg durch eine weitere Eskalation brutaler Gewalt gekennzeichnet. Einerseits sahen sich die Soldaten radikalen politischen und ideologischen Erwartungen, Ansprüchen, Regulativen und Orientierungen ausgesetzt, deren Beachtung und Einhaltung wechselnde Machtinstanzen ultimativ einforderten. Andererseits prägte die daraus resultierende Unduldsamkeit nicht nur die Kämpfe an den militärischen Fronten, sondern auch die Konflikte im Hinterland. Sich einer Übermacht zu beugen, bedeutete nunmehr nicht nur, sich ihr bedingungslos zu unterwerfen, sondern ihre Interessen gleichsam als die eigenen anzuerkennen. „Kollaboration" bündelte in diesem Sinne sowohl vielfältige externe Zuschreibungen für abtrünnige und normverletzende Tatbestände als auch bewusste und unbewusste Einstellungen und Verhaltensweisen gegenüber einer Besatzungsmacht. Um diese beiden Bedeutungsfelder von Kollaboration als Begriff und als Deutungsfigur soll es im Folgenden gehen.

Zunächst sind einige vorläufige terminologische Überlegungen anzustellen. Sie werden am Ende des Beitrags noch einmal grundsätzlich erörtert werden. Der Begriff „Kollaboration" besitzt als internationales Fremdwort im Deutschen wie im Englischen und Französischen sowohl die neutrale, allgemeine Bedeutung „Zusammenarbeit" als auch die spezifische Konnotation „Kollaboration (mit dem Feind)". Namentlich in der deutschen historischen Forschung ist er nahezu exklusiv auf den Zweiten Weltkrieg angewandt und vor dessen Hintergrund definiert worden. Er meint alle Formen der Zusammenarbeit der einheimischen Bevölkerungen mit der deutschen Besatzungsmacht in den Ländern Europas. In Anlehnung an diese Eingrenzung hat sich in der bei diesem Thema noch immer sehr verhaltenen russischen Forschung inzwischen der klar unterscheidbare und ausschließlich pejorativ besetzte Fachterminus „kollaboracionizm" durchgesetzt. Eine Ausweitung der wissenschaftlichen Debatte auf die Vorgeschichte des Zweiten Weltkriegs und die unterschiedlichen Kontexte der Kollaboration zeichnete sich bislang nicht ab. Trotz der reichen Erträge, welche die internationale Forschung auf dem semantisch und zeitlich vergleichsweise scharf abgesteckten Problemfeld vorgelegt hat, sind Zweifel berechtigt, ob die genannte Beschränkung angesichts der stetig erweiterten interdisziplinären Untersuchungsverfahren und des Aufschwungs komparatistischer Ansätze in der Zeitgeschichtsschreibung sachlich noch angemessen ist. Eine Vielzahl von Phänomenen des modernen Krieges lässt sich unter dem Oberbegriff „Kollaboration" fassen. Zum einen eignet er sich als Kategorie zur Beschreibung und Analyse bestimmter beobachtbarer Handlungsweisen. Zum anderen diente er den zeitgenössischen Akteuren zur Bezeichnung eigenen oder fremden Verhaltens. Je weiter die Suche nach den Ursprüngen der Kollaboration zurückreicht, umso zahlreicher stellen sich Surrogatbegriffe ein. Einige von ihnen werden weiter unten beispielhaft vorgestellt.

Die weltanschaulich aufgeladenen, nicht selten multipolaren Kämpfe des 20. Jahrhunderts mit durchlässigen Grenzen zwischen den gegnerischen Lagern und mit beweglichen Orientierungen bildeten Verhaltensformen aus, die von selbstbezogener, vermeintlich unpolitischer individueller Interessenwahrung oder Opportunismus, über erzwungene Dienste bis hin zu freiwilliger aktiver, rational begründeter und nicht selten ideologisch legitimierter Komplizenschaft „mit dem Feind" reichten. Diese Verhaltensformen gerieten mehr oder we-

---

Military Revolution 1300–2050, hrsg. v. MacGregor Knox u. Williamson Murray. Cambridge 2001, S. 132-153.

niger unterschiedslos unter das Verdikt des „Verrats" an der „Nation", an der „Klasse" oder an anderen weltanschaulich definierten Kollektiven. Sie generierten eine Atmosphäre des Misstrauens und des Verdachts, der sich letztlich niemand entziehen konnte. Bereits Passivität und Indifferenz oder der Wunsch nach Neutralität konnten als „objektives" Verlassen einer tatsächlichen oder gedachten Gemeinschaft ausgelegt werden.

2. Gesellschaftliche Desintegration

Im Russischen Bürgerkrieg löste sich das alte Zarenreich von den Rändern her auf. Die Totalität des Kampfgeschehens ergab sich aus der seit Jahrhundertbeginn zunehmenden Desintegration, namentlich den verschärften nationalen Gegensätzen, dem Entwicklungsgefälle zwischen Metropolen und Provinz, Stadt und Land, Region und lokalen Einheiten, Stammeskulturen und modernen Lebensstilen sowie aus dem sozialen Sprengstoff einer Agrargesellschaft im ungleichmäßigen Übergang in das industrielle und technische Zeitalter.[4] Moralische Barrieren im alltäglichen Umgang der Reichsbewohner fielen, überkommene Werte, Normen und Einstellungen verloren ihre ordnende Kraft. Im Gefolge der Industrialisierung, des Russisch-japanischen Krieges und der Revolution von 1905 bis 1907 wurden die heterogenen Lebenswelten des Vielvölkerimperiums erschüttert und gerieten zunehmend in Rivalität miteinander. Die nationalistischen Kampagnen der Zarenregierung im Ersten Weltkrieg beschleunigten die Krise dramatisch.[5] Im Russischen Bürgerkrieg kulminierten schließlich die hier angelegten Bedrohungsszenarien und Phobien: Allerorts schienen nun „Feinde" zu lauern, welche die „Heimat" bedrohten: Sie intervenierten als Eindringlinge von außen, kamen wie ein Naturereignis in Gestalt von Rekrutierungs- und Requirierungskommandos über abgelegene Dörfer oder zogen als marodierende Horden übers Land. Die Furcht vor „Spitzeln", „Denunzianten" und „Provokateuren" beherrschte die Sozialbeziehungen. Generationskonflikte wurden blutig ausgetragen, Familien brachen auseinander und Freundschaften endeten unter den Zwängen eines zunehmend politisierten Alltags.[6]

Die militärischen Frontlinien, wenigstens ihre durch Nachrichten oder Gerüchte imaginierten Verläufe, boten nur denen Orientierung, die vom Sieg der Waffen ein Ende der sozialen, nationalen und kulturellen Konflikte erwarteten. Ihr Herannahen steigerte die Ängste vor der Rache des Gegners oder die Hoffnungen auf die Wohltaten des „Befreiers" von den bisherigen Besatzern.[7]

Erst die Öffnung der Archive Anfang der 90er Jahre und die Überwindung außerwissenschaftlich motivierter Blickverengungen nach den Jahren des Kalten Krieges haben die

---

4   Alfred J. Rieber, Sedimentary Society, in: Between Tsar and People: Educated Society and the Quest for Public Identity in Late Imperial Russia, hrsg. v. E.W. Clowes, S.D. Kassow u. J.L. West. Princeton, NJ 1991, S. 343-366; Elise Kimerling Wirtschafter, Structure of Society: Imperial Russia's People of Various Ranks. DeKalb, IL 1994; dies., Social Identity in Imperial Russia. DeKalb, IL 1997.

5   Eric Lohr, Nationalizing the Russian Empire: The Campaign against Enemy Aliens during World War I. Cambridge/London 2003.

6   Erwähnenswert unter den Überblicksdarstellungen des Bürgerkriegs: Christopher Read, From Tsar to Soviets: The Russian People and Their Revolution, 1917–21. London 1996; W. Bruce Lincoln, Red Victory: A History of the Russian Civil War. New York/London 1991.

7   Zur Militärgeschichte des Bürgerkriegs: Evan Mawdsley, The Russian Civil War. London 1987.

Forschung befähigt, die wahren Dimensionen des Geschehens zu erfassen. Insbesondere regionalgeschichtliche Mikrostudien über die Mittlere Wolga, Sibirien, das Uralgebiet oder Nordrussland erfassten erstmals lokale Interessenlagen und Identitätsbildungen. Diese Arbeiten zogen einen Paradigmenwechsel nach sich, weil sie auch den Blick auf die politische und Militärgeschichte des Bürgerkriegs insgesamt grundlegend veränderten.[8] Nun erst wurden Alltag, Leben und Leiden im Hinterland, Weltbilder und Wertvorstellungen der Bevölkerung im Verhältnis zum „Bürgerkrieg der Ideen" der städtischen Intelligenz oder die Reichweite politischer Konzepte von Parteien und Gruppierungen in den Umrissen erkennbar. Vergleichsweise wenig bekannt ist noch immer über die politischen Denkmuster von Bauern, Arbeitern, städtischen Unter- und Mittelschichten, über die Wahrnehmungen des Krieges und der allgegenwärtigen Gewalt oder über den Wandel der Vorstellungswelten in der neuen „Zeit der Wirren".[9] In jedem Fall stehen die identifikatorischen Angebote der politischen Kräfte im Bürgerkrieg lediglich für eine Perspektive „von oben" (im Sinne von materiellen Versprechungen und durch Propaganda vermittelten Utopien einer verheißungsvollen Zukunft) und sagen wenig über Verhaltensformen, Einstellungen und Alltagspraktiken der Bevölkerung. Letztere sind für den hier gewählten thematischen Zusammenhang von entscheidender Bedeutung. Tagebücher, autobiographische Zeugnisse, geheime Lage- und Stimmungsberichte lokaler und zentraler Behörden, thematische Übersichten und politische Analysen (svodki, obzory, spravki, doklady) militärischer und ziviler Sicherheits- und Aufklärungsdienste für einen streng limitierten Adressatenkreis (etwa die Außerordentliche Kommission [ČK] auf Seiten der Bol'ševiki[10] oder die konkurrierenden Geheimdienste der Gegenregierungen [Straža, Gosochrana, Kontrrazvedka, Azbuka]), Leserbriefe an Zeitungen und Zeitschriften, die „Briefe an die Macht" („Pis'ma vo vlast'"), d.h. Eingaben an Behörden, Bittschriften und Denunziationen[11] sowie private Korrespondenzen. Dieses au-

---

8 Stellvertretend für jüngere Mikrostudien, insbesondere zur Sozial- und Alltagsgeschichte: Peter Scheibert, Lenin an der Macht. Das russische Volk in der Revolution 1918–1922. Weinheim 1984; Orlando Figes, Peasant Russia, Civil War: The Volga Countryside in Revolution, 1917–1921. Oxford 1989; Vladimir N. Brovkin, Behind the Front Lines of the Civil War: Political Parties and Social Movements in Russia, 1918–1922. Princeton, NJ 1994; Norman G.O. Pereira, White Siberia: The Politics of Civil War. Montreal 1996; Jonathan Smele, Civil War in Siberia. Cambridge/New York 1996; Igor' V. Narskij, Žizn' v katastrofe. Budni naselenija Urala v 1917–1922 gg. [Das Leben in der Katastrophe. Der Alltag der Bevölkerung im Ural 1917–1922]. Moskva 2001; Donald J. Raleigh, Experiencing Russia's Civil War: Politics, Society, and Revolutionary Culture in Saratov, 1917–1922. Princeton/Oxford 2002.

9 Ansätze bei Sergej V. Jarov, Krest'janin kak politik. Krest'janstvo Severo-Zapada Rossii v 1918–1919 gg.: političeskoe myšlenie i massovyj protest [Der Bauer als Politiker. Die Bauernschaft im Nordwesten Russlands 1918–1919: politisches Denken und Massenprotest]. S. Peterburg 1999; ders., Gorožanin kak politik. Revoljucija, voennyj kommunizm i NEP glazami petrogradcev [Der Städter als Politiker. Revolution, Kriegskommunismus und NEP in den Augen der Petrograder]. S. Peterburg 1999.

10 Sovetskaja derevnja glazami VČK – OGPU [Das sowjetische Dorf in den Augen der VČK – OGPU]. Bd. 1: 1918–1922. Dokumenty i materialy [Dokumente und Materialien], hrsg. v. L. Borisov, V. Danilov, N. Ivnickij u. V. Kondrašin. Moskva 1998.

11 Pis'ma vo vlast'. 1917–1927. Zajavlenija, žaloby, donosy, pis'ma v gosudarstvennye struktury i bol'ševistskim voždjam [Briefe an die Macht. 1917–1927. Eingaben, Beschwerden, Denunziationen und Briefe an die Behörden und die bolschewistischen Führer], hrsg. v. A.Ja. Livšin u. I.B. Orlov. Moskva 1998.

ßergewöhnlich reiche, kaum überschaubare Material ermöglicht insgesamt eine wesentliche Erweiterung und Ergänzung der lange vorherrschenden Politik-, Militär- und Sozialgeschichte der Bürgerkriegsepoche.

3. Innere und äußere Fronten

Der Russische Bürgerkrieg ging unmittelbar aus dem Ersten Weltkrieg und den Revolutionen des Jahres 1917 hervor. Aufgrund der Intervention Deutschlands, Englands, Frankreichs, Amerikas und Japans sowie nicht-staatlicher Roter Brigaden, Freikorps und der Tschechoslowakischen Legion trug er von Beginn an internationalen Charakter.[12] Die Ententemächte hatten nach dem Friedensschluss von Brest-Litovsk Abwehrriegel gegen die im zerfallenden Russland weiter operierenden deutschen Truppen errichten wollen, sich nach dem November 1918 aber nicht zurückgezogen, sondern einen widersprüchlichen Einmischungskurs verfolgt. Er wurde keineswegs eindeutig mit der Abwehr des Bolschewismus legitimiert, wenngleich Streiks, Aufstände und Umsturzversuche in Europa als Vorboten einer von Moskau ausgehenden Weltrevolution verstanden werden konnten.[13] Eher kreuzten sich auf dem riesigen Schauplatz des Bürgerkrieges diffuse ökonomische und machtpolitische Interessen, deren Durchsetzung vorerst nicht absehbar war. In der Wahrnehmung der Zeitgenossen verwischten sich die Trennlinien zwischen „Innen" und „Außen". Seit 1914 verfestigte sich die Vorstellung, die imperialen, staatlichen, institutionellen, rechtlichen, wirtschaftlichen und sozialen Ordnungen lösten sich unter der Wucht eines permanenten Ausnahmezustandes allmählich auf.[14] Dennoch ist der Bürgerkrieg jahrzehntelang als ein Duell zwischen Roter und Weißer Armee oder als ein auf Russland begrenzter Klassenkrieg und damit als „innerer Krieg" beschrieben worden.[15] Dies entsprach dem verständlichen Bedürfnis der Sieger, ihren Triumph abschließend zu datieren. Doch auch die Unterlegenen taten wenig, diese Perspektive zu verändern, erlaubte sie doch, die in den verwirrenden Kämpfen geformten polyvalenten Feindbilder auf nur noch einen Gegner, den Bolschewismus, zu fokussieren und dauerhaft zu pflegen.

Die „Roten", die Anhänger der Bol'ševiki, bildeten die „Zentralmacht", auf die sich zweifellos ein Großteil des Geschehens bezog. Sie konnten unter schweren Verlusten die

---

12 Aus der meist älteren, die Perspektive der Interventionsmächte favorisierenden Literatur seien genannt: Richard H. Ullman, Anglo-Soviet Relations, 1917–1921. Bd. 1-3, Princeton, NJ 1956–1958; Gerburg Thunig-Nittner, Die Tschechoslowakische Legion in Rußland. Ihre Geschichte und Bedeutung bei der Entstehung der 1. Tschechoslowakischen Republik. Wiesbaden 1970; Michael Jabara Carley, Revolution and Intervention: The French Government and the Russian Civil War 1917–1919. Kingston/Montreal 1983; David S. Foglesong, America's Secret War Against Bolshevism: U.S. Intervention in the Russian Civil War, 1917–1920. Chapel Hill, NC 1995; Norman E. Saul, War and Revolution: the United States and Russia, 1914–1921. Lawrence, KS 2001.

13 International Communism and the Communist International 1919–43, hrsg. v. Tim Rees u. Andrew Thorpe. Manchester/New York 1998; Komintern i ideja mirovoj revoljucii. Dokumenty [Die Komintern und die Idee der Weltrevolution. Dokumente]. Moskva 1998.

14 Helmut Altrichter, Rußland 1917. Ein Land auf der Suche nach sich selbst. Paderborn 1997.

15 Eine differenzierte theoretische Debatte über Eigenart und Merkmale „innerer Kriege" wird streng genommen erst im Blick auf die Bürgerkriege der Gegenwart in der so genannten Dritten Welt geführt. Aus politologischer und völkerrechtlicher Sicht siehe etwa Robin Murphy Williams, The Wars within: Peoples and States in Conflict. Ithaca (u.a.) 2003.

Kerngebiete des alten Russland über die gesamte Dauer der Kämpfe behaupten. Hier konzentrierte sich das Schwergewicht der menschlichen, materiellen und finanziellen Reserven.[16] Ihre politischen und militärischen Gegner, vereinfachend „Weiße" genannt, verband kaum mehr als ein diffuser Antibolschewismus. Die große Bauernpartei der Sozialrevolutionäre, die orthodox marxistischen Men'ševiki und einige weitere kleine Parteiungen formierten eine numerisch starke, ansonsten heterogene sozialistische Opposition. Erstere war federführend bei dem Versuch, an der Mittleren Wolga, in Sibirien und in Nordrussland eine nichtkommunistische, linksorientierte Republik zu begründen und eine geschlossene militärische Front gegen Moskau zu errichten. Im Herbst 1918 brach das Unternehmen zusammen.[17] Es folgten die Weißen im engeren Sinne – Liberale, Konservative und Monarchisten, die ihrerseits unter der Losung eines „Einigen und unteilbaren Russlands" einen Ring von Gegenregierungen und militärischen Fronten um Sowjetrussland legten. Ihr erklärtes, aber vages Ziel war es, nach dem Sturz der Sowjetmacht „das Volk" über die künftige Staatsform abstimmen zu lassen.[18]

Neben den ideologisch-politischen und militärischen Konstellationen „Rot gegen Weiß" und „Rot gegen Rot" umfasste der Bürgerkrieg zahlreiche „innere Fronten", die quer zu und hinter den regulären Kampflinien verliefen und vielfältige Schauplätze kannten. Die Gewaltausbrüche und Konflikte des Hinterlandes prägten das Geschehen stärker als die Hauptfronten. Sie wirkten nachhaltiger auf das historische und soziale Gedächtnis der Bevölkerung ein als die militärischen Schlachten, welche die großen Erzählungen der Sieger und der Emigration beherrschten. Im Hinterland operierten mobile Kleinverbände oder ganze Bauernarmeen der „Grünen" (zelenye), die erbitterten Widerstand gegen die Zwangsrequirierung von Getreide und Vieh oder gegen die Rekrutierung von Soldaten durch rote oder weiße Kommandos leisteten. Sie durchkreuzten die Feldzüge der weißen Generäle und lieferten der Roten Armee bis in die 20er Jahre hinein schwere Gefechte.[19]

---

16 Party, State, and Society in the Russian Civil War. Explorations in Social History, hrsg. v. Diane P. Koenker (u.a.). Bloomington 1989; The Bolsheviks in Russian Society: The Revolution and the Civil Wars, hrsg. v. Vladimir N. Brovkin. New Haven 1997.

17 Zu den Staatsgründungsversuchen der Sozialrevolutionäre: Susan Zayer Rupp, Conflict and Crippled Compromise: Civil War Politics in the East and the Ufa State Conference, in: Russian Review 56 (1997), S. 249-264; G.A. Trukan, Antibol'ševistskie pravitel'stva Rossii [Die antibolschewistischen Regierungen Russlands]. Moskva 2000, S. 8-67.

18 Nikolaus Katzer, Die weiße Bewegung in Russland. Herrschaftsbildung, praktische Politik und politische Programmatik im Bürgerkrieg. Köln/Weimar/Wien 1999.

19 V.L. Telicyn, „Bessmyslennyj i bespoščadnyj?" Fenomen krest'janskogo buntarstva 1917–1921 godov [Sinnlos und gnadenlos? Das Phänomen der bäuerlichen Rebellion 1917–1921]. Moskva 2003; Za sovety bez kommunistov: Krest'janskoe vosstanie v Tjumenskoj gubernii 1921. Sbornik dokumentov [Für Sowjets ohne Kommunisten: Der Bauernaufstand 1921 im Gouvernement Tjumen']. Novosibirsk 2000; Delano DuGarm, Local Politics and the Struggle for Grain in Tambov, 1918–21, in: Provincial Landscapes. Local Dimensions of Soviet Power, 1917–1953, hrsg. v. Donald J. Raleigh. Pittsburgh 2001, S. 59-81, 344-347; Krest'janskoe vosstanie v Tambovskoj gubernii v 1919–1921 gg. („Antonovščina"). Dokumenty i materialy [Der Bauernaufstand im Gouvernement Tambov 1919–1921 („Antonovščina"). Dokumente und Materialien], hrsg. v. V.P. Danilov u. Teodor Shanin. Tambov 1994; M.S. Frenkin, Tragedija krest'janskich vosstanij v Rossii, 1918–1921 gg. [Die Tragödie der Bauernaufstände in Russland 1918–1921]. Jerusalem 1988; Oliver H. Radkey, The Unknown Civil War in Soviet Russia: A Study of the Green Movement in the Tambov Region 1920–1921. Stanford, CA 1976.

Nicht minder verheerend waren die Scharmützel nationaler Milizen, vagabundierender Truppenteile und ungebundener Guerillagruppen, welche wie moderne Landsknechte ganze Landstriche terrorisierten und mit Plünderung und Verwüstung überzogen. Die lokalen Schreckensherrschaften destabilisierten Sowjetrussland ebenso wie die Territorien der Gegenregierungen. In Sibirien, in der Ukraine und in Südrussland standen sie unter der Führung tatsächlicher oder selbsternannter Atamane. Den regionalen Kriegsherren eilte der Ruf voraus, kleine „Diktatoren" oder lediglich „Schlächter" zu sein.[20] Die regulären Kosakenheere an Don, Kuban' und Terek sowie im Ural und in Sibirien verteidigten in erster Linie den gefährdeten Sonderstatus ihres Standes und ihrer Regionen. Sie führten Feldzüge gegen Nachbargebiete, ohne sich um das Ziel der Reichseinheit zu sorgen.[21] Ungeachtet dessen leisteten kosakische Reiterverbände oder einzelne Führer in den Bewegungskriegen der Roten und Weißen Armeen wichtige Dienste. Im Krieg gegen Polen 1920 oder bei der Niederschlagung des Matrosenaufstandes von Kronstadt stellten sie den Sieg Sowjetrusslands bzw. der Bol'ševiki sicher.[22]

Den „anderen" Bürgerkrieg hinter den Linien haben sowjetische Historiker niemals angemessen beschrieben. Mit großer Liebe zum Detail rekonstruierten sie seit Beginn der 20er Jahre den Bürgerkrieg als militärisches Großereignis. Fronten wurden nach Länge und Verlauf vermessen, Armeestärken verglichen, Waffenbestände nachgerechnet und die Militärkommandeure aufgelistet.[23] Farbige Karten und Schlachtpläne, erläuternde Zeichen und Symbole, Pfeile und Schraffierungen ließen keinen Zweifel: Der Bürgerkrieg wurde von regulären Armeen ausgetragen. Er gliederte sich in Feldzüge, Etappensiege und „Theater". Die „Revolution" verteidigte sich gegen die „Konterrevolution" oder ging gegen sie in die Offensive. Sie zog sich in eine „belagerte Festung" zurück oder schwärmte als Reiterarmee aus. In jedem Fall war sie – im Unterschied zu den immensen Opferzahlen – ein Fall für die Statistik.[24] Die Militärhistoriker der Weißen pflegten in der Emigration vergleichbare Heldenmythen, die sie um „Eismärsche" kleinster Verbände im Winter 1917/18, um die

---

20 E. Belov, Baron Ungern fon Šternberg. Moskva 2003; Eberhard Müller, Autonome Bewegungen des Volkskrieges in Sowjetrussland nach der Revolution von 1917, in: Partisanen und Volkskrieg. Zur Revolutionierung des Krieges im 20. Jahrhundert, hrsg. v. Gerhard Schulz. Göttingen 1985, S. 36-56; Michael Malet, Nestor Makhno in the Russian Civil War. London 1982; C.F. Smith, Atamanshchina in the Russian Far East, in: Russian History 6 (1979), S. 57-67; Partizanskoe dviženie v Sibiri [Die Partisanenbewegung in Sibirien]. Bd. 1, Moskva/Leningrad 1925.

21 A.V. Lazarev, Donskie kazaki v graždanskoj vojne 1917–1920 gg. Istoriografija problemy [Die Donkosaken im Bürgerkrieg 1917–1920. Historiographische Probleme]. Moskva 1995; A.I. Kozlov, Kazačestvo v revoljucijach i graždanskoj vojne [Das Kosakentum in den Revolutionen und im Bürgerkrieg]. Čerkessk 1988; Rudolf Karmann, Der Freiheitskampf der Kosaken. Die weiße Armee in der russischen Revolution 1917–1920. Puchheim 1985; A.P. Ermolin, Revoljucija i kazačestvo (Revolution und Kosakentum). Moskva 1982.

22 Filipp Mironov. Tichij Don v 1917–1921 gg. Dokumenty i materialy (Filipp Mironov. Der stille Don 1917–1921. Dokumente und Materialien), hrsg. v. V. Danilov u. T. Šanin. Moskva 1997; Stephen Brown, Communists and the Red Cavalry: the Political Education of the Konarmija in the Russian Civil War 1918–20, in: Slavonic and East European Review 73 (1995), S. 82-99.

23 Stilbildend für die sowjetische militärgeschichtliche Tradition war das zweibändige Werk von Nikolaj E. Kakurin, Kak sražalas' revoljucija [Wie die Revolution kämpfte]. Moskva 1925, obwohl es bald in den Sondermagazinen verschwand und erst 1990 nachgedruckt wurde.

24 Graždanskaja vojna i voennaja intervencija v SSSR. Ėnciklopedija [Bürgerkrieg und Militärintervention in der UdSSR. Enzyklopädie]. Moskva 1987.

legendäre „Freiwilligenarmee" Kornilovs und Denikins oder um einzelne Triumphe wie den Sieg Vrangel's 1919 vor Caricyn, dem späteren Stalingrad, rankten. Auch bei ihnen wurde der Bürgerkrieg auf dem Schlachtfeld beendet und entschieden.[25]

Das ehemalige Zarenreich glich 1919 einem zersplitterten Kosmos unterschiedlicher Ethnien, Stammeskulturen und sozialer Schichten. Einerseits focht das sowjetische Reichszentrum einen Bürgerkrieg um Einheit oder Sezession mit den nationalen Peripherien aus. Allerdings deklarierten ihn die Bol'ševiki als Prolog eines universalen „Klassenkrieges". Zugleich machten sich Randvölker untereinander Territorien streitig. „Russland" existierte nur noch als Imagination vergangener Verhältnisse oder als Zukunftsvision. Für die Bol'ševiki bedurfte es vorerst keiner festen Grenzen, weil die Hoffnung auf die Weltrevolution nationale oder imperiale Markierungen entbehrlich machte.[26] In den sozialistischen Parteien herrschte keine Einigkeit darüber, welchen Völkern das Ausscheiden aus dem alten Reichsverband zugesagt werden sollte.[27] Die liberalen Konstitutionellen Demokraten, die bei den Wahlen zur Verfassunggebenden Versammlung 1917 nur 5% der Stimmen erzielt hatten, klammerten sich am konsequentesten an das Prinzip des Einheitsstaats in den Grenzen von 1914.[28] In dieser Perspektive konnten die antibolschewistischen Regierungen keine andere Aufgabe haben, als von ihrer jeweiligen Randlage aus den Ring um Moskau, das „Hirn" und die „Seele" des Reiches,[29] immer enger zu ziehen. Für den Historiker und Führer der Liberalen, Pavel N. Miljukov, bestand kein Zweifel am Sinn der Rückeroberung des Zentrums: „Wer Moskau kontrolliert, wird Russland kontrollieren."[30]

Jedoch empfanden die Bewohner an der südlichen, östlichen, nördlichen und südwestlichen Peripherie die weißen politischen und militärischen Administrationen als „fremd". Diese operierten gleichsam in Feindesland, weil sie keine substantiellen Abstriche an ihrer nationalrussischen Ideologie machten. Eine kaum verhüllte chauvinistische Praxis offenbarte, dass es ein politisches Konzept für die Neugestaltung des multiethnischen Großraums nicht gab. Die „Hauptstädte" der Gegenregierungen ließen sich nicht gleichzeitig zu „Zitadellen" (N.E. Kakurin) gegen regionale Gegner und zu Brückenköpfen gegen den Hauptfeind im Zentrum ausbauen. Da die Gegner der Bol'ševiki den Ethnien in ihrer unmittelbaren Nachbarschaft wenig mehr als den Status quo ante anboten, kam Denikins „Marsch auf

25 Paul Robinson, The White Russian Army in Exile 1920–1941, Oxford 2002; N.N. Golovin, Russkaja kontr-revoljucija v 1917–1918 gg. [Die russische Konterrevolution 1917–1918]. Teile I-IV (in zwölf Büchern), Paris 1937; Roman B. Gul', Ledjanoj pochod [Der Eismarsch]. Berlin 1921. In seinen Memoiren klagte General Denikin über die politischen Kabale im Hinterland, welche die Kampfkraft der Fronttruppen untergraben hätten (siehe Anton I. Denikin, Očerki russkoj smuty [Skizzen der russischen Zeit der Wirren]. Bd. I-V, Berlin 1921–1926).

26 Zur Nationalitätenpolitik der Bol'ševiki Jeremy Smith, The Bolsheviks and the National Question, 1917–23. London 1999.

27 N.V. Brjullova-Šaskol'skaja, Partija Socialistov-revoljucionerov i nacional'nyj vopros [Die Partei der Sozialrevolutionäre und die nationale Frage]. Petrograd 1917.

28 Zur weißen Reichsideologie William G. Rosenberg, Liberals in the Russian Revolution: The Constitutional Democratic Party, 1917–1921. Princeton 1974, S. 12-20; A.A. Alekseev, Edinaja ili federativnaja Rossija (Einheitliches oder föderatives Russland). Rostov am Don 1919.

29 So ein Sozialrevolutionär (Iz archiva V.I. Lebedeva [Aus dem Lebedev-Archiv]), in: Volja Rossii (1928), Nr. 8-9, S. 152.

30 Dnevnik P. N. Miljukova (Miljukov i Belaja Armija) [Das Tagebuch P.N. Miljukovs. (Miljukov und die Weiße Armee)], in: Novyj Žurnal 67 (1962), S. 189 f.

Moskau" von 1919 einer Preisgabe der Peripherie gleich, die nur unter Aufbietung aller verfügbaren menschlichen, politischen, militärischen und wirtschaftlichen Ressourcen der Region sowie durch zwangsstaatliche und terroristische Mittel zu halten gewesen war.[31] Auf dem Höhepunkt seiner Macht kontrollierte Denikins diktatorisches Regime im Oktober 1919 eine ethnisch inhomogene Bevölkerung von etwa 42 Mio. Menschen, Getreideüberschussgebiete, wichtige industrielle Zentren und Kommunikationswege ins Ausland. Baron Vrangel's Krimstaat von 1920 zeigte das daraus erwachsende Dilemma in extremer Zuspitzung: Durch die Revolution aus dem Zentrum vertrieben, hielten die Weißen selbst dann noch am zentralistischen Staats- und Reichsgedanken fest, als sie hinter sich nur noch das Schwarze Meer hatten.[32]

4. Wechsel der Seiten oder der Identitäten?

Zahlreiche Gebiete wechselten während des Bürgerkriegs mehrfach den Besatzer. Die „Wellen" von Eroberung, Vertreibung und Reconquista hinterließen verwüstete Landschaften, Städte und Dörfer. Sie setzten eine Spirale der Gewalt in Gang. Die Vergeltung traf neben den erklärten Gegnern zunehmend auch jene, denen Unterstützung des Feindes nachgesagt wurde. So verschieden die Verhaltensweisen der Akteure und Opfer in dem unübersichtlichen Geschehen sein konnten, so vielfältig waren die Begriffe, mit denen sie umschrieben wurden.

Die Städte des Hinterlandes hatten sich in überfüllte Fluchtburgen für Hunderttausende von Flüchtlingen aus der Provinz oder in Zwischenstationen auf dem Weg in die Emigration verwandelt.[33] Hier hausten die Menschen in notdürftigen Unterkünften und Erdhöhlen. Diese Städte durchliefen einen Prozess rapider Dezivilisierung und büßten einen Großteil ihrer Infrastruktur ein.[34] Auch Petrograd, von der Sowjetregierung als Amtssitz aufgegeben, befand sich im permanenten Ausnahmezustand. Die „Wiege der Revolution" war als exponierter Schauplatz des „Kriegskommunismus" ein Brennpunkt des Bürgerkriegs.[35] An ihren teils unsichtbaren Fronten kämpften Befürworter und Gegner der Revolution, Anhänger der Roten und der Weißen, Unpolitische, Mitläufer und Denunzianten um das tägliche Überleben. „In ,Sowdepien' hat man immer, selbst wenn man daran nicht denkt, das Gefühl, dass einem jemand hinter dem Rücken steht und über die Schultern das Geschriebene liest", notierte die Schriftstellerin Zinaida Gippius in ihr Tagebuch.[36] Mitglieder von „Komitees

31 Alter L. Litvin, Krasnyj i belyj teror v Rossii 1918–1922 gg. [Der weiße und der rote Terror in Russland 1918–1922]. Kazan' 1995.

32 Aleksandr I. Ušakov, Vladimir P. Fedjuk, Belyj Jug. Nojabr' 1919 – nojabr' 1920 [Der weiße Süden November 1919 – November 1920]. Moskva 1997; Nikolaj G. Ross, Vrangel' v Krymu [Vrangel' auf der Krim]. Frankfurt a.M. 1982.

33 Etwa Omsk, „Hauptstadt" der Ostfront und Sitz von Kolčaks Regierung; vgl. Smele, Civil War (wie Anm. 8), S. 369 ff.

34 Diane P. Koenker, Urbanization and Deurbanization in the Russian Revolution and Civil War, in: Journal of Modern History 57 (1985), S. 424–450.

35 Petrograd na perelome ėpoch. Gorod i ego žiteli v gody revoljucii i graždanskoj vojny [Petrograd an der Epochenschwelle. Die Stadt und ihre Bewohner in den Jahren der Revolution und des Bürgerkrieges], hrsg. v. V.A. Šiškin. S. Peterburg 2000.

36 Sinaida Gippius, Petersburger Tagebuch. Berlin/Weimar 1993, S. 14 f. „Sowdepien" („Sovdepia")

der Hausarmut" sahen es als ihre Aufgabe an, unter den Mietern „Bourgeois" („buržui")
ausfindig zu machen, sie der ČK zu melden und ihre Wohnungen der Plünderung anheim
zu stellen.[37]

Eine Ethik des „erbarmungslosen Kampfes" („bespoščadnaja bor'ba") und des „Koste
es, was es wolle" („vo čto by to ne stalo") durchzog die Verlautbarungen aller Bürgerkriegs-
parteien von der extremen Linken bis zur radikalen Rechten. Die antibolschewistischen Re-
gionalregierungen von Omsk, Ekaterinodar, Archangel'sk oder Kiev bemühten sich mit nur
teilweise ministrablem Personal zum einen um die Abgrenzung einer politischen Sphäre von
den Generalstäben der Weißen Armeen und zum anderem um die Wahrung wenigstens eines
Mindestmaßes an „Rechtlichkeit".[38] Ihre Handlungsspielräume blieben jedoch beschränkt.
Hinter legalistischen Formeln verbargen die Berater Kolčaks nur notdürftig die staatliche
Willkür. Nirgendwo gelang es einer Gegenregierung länger als wenige Monate, den Kredit
der Armee als „Befreierin" vom Joch der Bol'ševiki in festes Vertrauenskapital zu verwan-
deln. Vergeblich sträubten sich die Politiker gegen den Ruf, Marionetten der Generäle zu
sein. Diese wiederum waren angesichts der Anarchie schwache Diktatoren auf Zeit.[39] Vergeblich kämpften sie gegen das populäre Vorurteil, Relikte der alten „Obrigkeit" zu sein.
Von den Arbeitern der Industrieregionen, den potenziellen Verbündeten der Bol'ševiki,
konnten sie bestenfalls Neutralität erwarten und begegneten ihnen deshalb argwöhnisch.[40]
Die Bauern reagierten auf die Administrationen der Weißen nur dann wohlwollender, wenn
ihr Getreide ordentlich bezahlt wurde und sie vom Militärdienst verschont blieben.[41] Der
Sowjetmacht begegneten sie indessen nicht minder misstrauisch, weil die revolutionäre Ver-
heißung von „Brot und Land" durch die Praxis der Beschlagnahme in Frage gestellt war.[42]

Die schwache Bindekraft staatlicher Politik und die schwankenden Loyalitäten zeigten,
wie vorbehaltlich die Transformation Russlands in eine moderne Zivilgesellschaft mit säkularen, demokratischen und bürgerlich-rechtsstaatlichen Institutionen seit dem Ende des 19.
Jahrhunderts gewesen war.[43] Kriege und Revolutionen, aber auch radikale Reformen hatten

---

    war eine zeitgenössische abschätzige Wortschöpfung aus den Anfangssilben der russischen Be-
    zeichnung für Sowjetdeputierte.

37 Ebenda, S. 18.

38 Katzer, Weiße Bewegung (wie Anm. 18), S. 295-310. Eine Organisationsgeschichte der Strafverfol-
    gung und des Gerichtswesens auf den Territorien der Weißen sowie systematische Untersuchungen
    zu den Folgewirkungen des „weißen Terrors" fehlen.

39 Vgl. die Beispiele „Zar Antons" (Georgij M. Ippolitov, Denikin. Moskva 2000, S. 363-389) und
    des „Kranken Mannes von Sibirien" (Smele, Civil War [wie Anm. 8], S. 449 u. 668-672).

40 Th.H. Friedgut, Iuzovka and Revolution. Bd. 1-2, Princeton, NJ 1989–1994; Katzer, Weiße Be-
    wegung (wie Anm. 18), S. 476-493; Smele, Civil War (wie Anm. 8), S. 327-375.

41 Katzer, Weiße Bewegung (wie Anm. 18), S. 445-475; Smele, Civil War (wie Anm. 8), S. 375-392;
    Ross, Vrangel' (wie Anm. 32), S. 139-190.

42 Zur Vertrauenskrise nach der Revolution und zur Formierung des Widerstandes: Taisija V. Osipova,
    Rossijskoe krest'janstvo v revoljucii i graždanskoj vojne [Das russische Bauerntum in Revolution
    und Bürgerkrieg]. Moskva 2001, S. 91-110; Brovkin, Behind the Front Lines (wie Anm. 8), S. 127-
    162.

43 Vgl. Boris N. Mironov, Social'naja istorija Rossii perioda imperii (XVIII – načalo XX v.). Genezis
    ličnosti, demokratičeskoj sem'i, graždanskogo obščestva i pravovogo gosudarstva [Sozialgeschich-
    te Russlands in der Zeit des Imperiums (18. bis Anfang 20. Jahrhundert). Die Entstehung der Per-
    sönlichkeit, demokratischen Familie, Bürgergesellschaft und des Rechtsstaats]. Bd. 2, S. Peterburg
    1999, S. 284-373; Between Tsar and People (wie Anm. 4).

diesen Prozess erheblich gestört, asynchrone Verläufe verstärkt und die Retraditionalisierung ländlicher und städtischer Sozialbeziehungen begünstigt. Vorherrschender gesellschaftlicher Typus war der „Grenzgänger", der zwischen Stadt und Land, Nation und Imperium, Klasse und Religion ständig die Positionen wechselte. Er reagierte auf die Erschütterung der sozialen Identitäten und den Zusammenbruch der Lebenswelten in Weltkrieg, Revolution und Bürgerkrieg mit Verhaltensweisen, die zwar noch stark in der „alten Zeit" wurzelten, aber nach einer Anpassung an die Erfordernisse der „neuen Zeit" strebten. Im Kerngebiet des dauerhaft von den Bol'ševiki gehaltenen Territoriums waren andere Überlebensstrategien notwendig als in dessen Grenzsäumen oder in den Zonen mit mehrfach wechselnder Herrschaft. Hier nämlich gab es Vergleichsmöglichkeiten, die sich nicht nur auf Gerüchte stützten. Aus dem Gouvernement Perm' (Ekaterinburg) meldete ein privater Briefschreiber am 22. Juli 1919: „Als die Weißen da waren, hat man den Bauern nichts weggenommen, aber als die Roten kamen, blieb den Bauern gerade mal eine Kuh."[44] Um der stetigen Bedrohung durch bekannte lokale Übeltäter, durch allmählich zur Gewissheit werdende, aus der Ferne heranrückende Söldnerscharen oder durch imaginierte, apokalyptisch überhöhte Vernichtungshorden zu begegnen leistete die Bevölkerung aktiven oder passiven Widerstand, verhielt sich opportunistisch, pragmatisch oder abwartend, sympathisierte oder kollaborierte mit den zeitweiligen Machthabern, zeigte offene Ablehnung oder entzog sich durch Flucht und Emigration.

So vielfältig wie die Haltungen und Einstellungen waren auch die individuellen und kollektiven Verhaltensmotive. Für Angehörige der Mittelschichten fehlen systematische Untersuchungen. Zwar nicht erschöpfend, aber relativ am dichtesten erforscht ist die Intelligenz.[45] Von der stark differenzierten Arbeiterschaft lagen lange Zeit mehr Kenntnisse über das politische Bewusstsein und die Sozialbeziehungen als über das Alltagsverhalten und seine komplexen Bezugssysteme vor.[46] Auf wissenschaftliches Neuland führen insbesondere

---

44 Častnye pis'ma ėpochi graždanskoj vojny. Po materialam voennoj cenzury [Privatbriefe der Bürgerkriegsepoche. Nach Materialien der Militärzensur], hrsg. v. I.S. Davidjan u. V.A. Kozlov, in: Neizvestnaja Rossija. XX vek [Unbekanntes Russland. 20. Jahrhundert]. Bd. II, Moskva 1992, S. 213.

45 Susanne Schattenberg, Stalins Ingenieure. Lebenswelten zwischen Technik und Terror in den 1930er Jahren. München 2002, S. 70-84; Vera Tolz, Russian Academicians and the Revolution: Combining Professionalism and Politics. London 1997; Dietrich Beyrau, Intelligenz und Dissens. Die russischen Bildungsschichten in der Sowjetunion 1917–1985. Göttingen 1993, S. 27-72; Jane Burbank, Intelligentsia and Revolution: Russian Views of Bolshevism, 1917–1922. New York 1986.

46 Mit neuem Zugang über die Werke von „Arbeiterschriftstellern" und „proletarischen Intellektuellen", welche das zwiespältige Verhältnis zur „modernen" und „fortschrittlichen", zugleich aber auch „fremden" und „feindlichen" Maschinenwelt der Städte literarisch gestalten und häufig mit religiösen Begriffen, Formeln und Metaphern deuten: Mark D. Steinberg, Proletarian Imagination: Self, Modernity, and the Sacred in Russia, 1910–1925. Ithaca/London 2002. Vgl. Dimitrij O. Čurakov, Revoljucija, gosudarstvo, rabočij protest: Formy, dinamika i priroda massovych vystuplenij rabočich v Sovetskoj Rossii. 1917–1918 gody [Revolution, Staat, Arbeiterprotest. Formen, Dynamik und Natur der Massenauftritte der Arbeiter in Sowjetrussland. 1917–1918]. Moskva 2004; Making Workers Soviet: Power, Class, and Identity, hrsg. v. Lewis H. Siegelbaum u. Ronald G. Suny. Ithaca/London 1994; S.A. Smith, Red Petrograd: Revolution in the Factories, 1917–18. Cambridge 1983; Diane Koenker, Moscow Workers and the 1917 Revolution. Princeton, NJ 1981.

Fragen nach dem Wandel bäuerlicher Einstellungen im Zeitalter der Weltkriege und der sozialen Revolution, nach dem konkreten Einfluss obrigkeitlicher gesellschaftlicher Konzepte und Codes auf das kollektive Gedächtnis bzw. spezifische Verhaltensweisen in Konflikt- und Entscheidungssituationen. Die „Stimme des Volkes", bäuerliche Wahrnehmungs- und Deutungsmuster, Erfahrungshorizonte und lagebedingte Stimmungen, affirmative oder subversive Verhaltensweisen sind aus Briefen, persönlichen Zeugnissen, Eingaben, Bittschriften, Denunziationen, Anzeigen oder späteren mündlichen Befragungen rekonstruierbar.[47]

Wie schwierig es ist, individuelle „Grenzerfahrungen" im Bürgerkrieg zu verallgemeinern, soll anhand einiger Beispiele veranschaulicht werden. Sie betreffen die zeitgenössischen Kategorien des „Frontkämpfers" („frontovik"), des „Deserteurs" („dezertir") und des „Verräters" („izmennik", „predatel'"), welche bei der Genese des Phänomens „Kollaboration" eine wesentliche Rolle spielten. Die Desertion Hunderttausender von der Weltkriegsfront und ihr Rückstrom aufs Land zogen seit dem Sommer 1917 eine Verrohung und Desozialisierung der männlichen Jugend nach sich, trugen maßgeblich zur Brutalisierung des Bürgerkriegs bei und wirkten lange über diesen hinaus nach.[48] Zunächst wollten viele Bauernsoldaten nichts anderes, als bei der erwarteten Verteilung des Landes in ihrer Dorfgemeinde dabei zu sein. Sie waren des Kämpfens an den heimatfernen Fronten müde. Indessen behielten friedfertige Motive nicht lange die Oberhand. Aus der „Schule der Gewalt" im Weltkrieg brachten die Rückkehrer ein aggressives Selbstbewusstsein mit. Wer verheerende Schlachten überlebte, musste das Zivilleben nicht fürchten. Ein „frontovik" zu sein hieß, den „Glauben an das Schwert" und an das Recht des Stärkeren zu teilen.[49] Die Spuren der Verwüstung, welche die Frontkämpfer auf dem Weg in ihre Heimatdörfer

47 Mentalitet i agrarnoe razvitie Rossii (XIX-XX vv.) [Mentalität und Agrarentwicklung Russlands. 19.-20. Jahrhundert], hrsg. v. V.P. Danilov. Moskva 1996; Golosa krest'jan: sel'skaja Rossija XX veka v krest'janskich memuarach [Die Stimmen der Bauern. Das ländliche Russland des 20. Jahrhunderts in bäuerlichen Memoiren]. Moskva 1996; Golos naroda. Pis'ma i otkliki rjadovych sovetskich graždan o sobytijach 1918–1932 gg. [Die Stimme des Volkes. Briefe und Reaktionen sowjetischer Durchschnittsbürger auf die Ereignisse der Jahre 1918–1932], hrsg. v. A.K. Sokolov. Moskva 1998; Obščestvo i vlast'. 1930-e gody. Povestvovanie v dokumentach [Gesellschaft und Herrschaft. Die 1930er Jahre. Ein Bericht in Dokumenten], hrsg. v. dems. Moskva 1998; Sheila Fitzpatrick, Stalin's Peasants. Resistance and Survival in the Russian Village after Collectivization. New York/Oxford 1994, S. 74 ff.
48 Tsuyoshi Hasegawa, Crime, Police, and Mob Justice in Petrograd during the Russian Revolutions of 1917, in: Religious and Secular Forces in Late Tsarist Russia. Essays in Honor of D.W. Treadgold, hrsg. v. Ch.E. Timberlake. London 1992, S. 241-271; Hildegard Kochanek, Rußlands verwahrloste Kinder in den 1920er Jahren, in: Kinder und Jugendliche in Krieg und Revolution. Vom Dreißigjährigen Krieg bis zu den Kindersoldaten Afrikas, hrsg. v. Dittmar Dahlmann. Paderborn 2000, S. 93-121; Alan Ball, And now my Soul is Hardened. Abandoned Children in Soviet Russia, 1918–1930. Berkeley/Los Angeles/London 1994; Sowjetjugend 1917–1941. Generation zwischen Revolution und Resignation, hrsg. v. Corinna Kuhr-Korolev (u.a.). Essen 2001.
49 David Dalin, Posle vojn i revoljucii [Nach den Kriegen und Revolutionen]. Berlin 1922, S. 5. Zur Militarisierung (voenizacija): Elena Dubrovskaja, „Škola mužestva" – formirovanie novych cennostej v armejskoj i flotskoj srede v 1920-e gody ["Die Schule der Tapferkeit" – Die Bildung neuer Werte im Milieu der Armee und der Marine], in: Normy i cennosti povsednevnoj žizni: Stanovlenie socialističeskogo obraza žizni v Rossii, 1920–1930-e gody [Normen und Werte des Alltagslebens: Die Herausbildung des sozialistischen Lebensstils in Russland in den 1920er – 1930er Jahren], hrsg. v. Timo Vichavajnen. S. Peterburg 2000, S. 317-346.

entlang von Eisenbahnlinien und in Provinzstädten hinterließen, waren erste Vorboten des Bürgerkriegs. Den Rückkehrern fiel es schwer, sich in die Ordnung des Dorfes einzufügen, in der sie vor ihrem Eintritt in die Armee noch kaum Wurzeln geschlagen hatten. Aus dem Reservoir dieser gestrandeten Kämpfer schöpften die Mobilisierungskommandos sowohl der Roten als auch der Weißen Armeen. Unter ihnen rekrutierten auch die irregulären Verbände ihre Kombattanten.[50]

Der „Deserteur" wurde in doppelter Hinsicht zum Typus der Bürgerkriegszeit. Zum einen lässt sich tatsächlich feststellen, dass unzählige wiederholt die Fronten wechselten. Zum anderen nahm der Begriff in den Diskursen der roten und weißen Machteliten einen zentralen Platz ein und wurde zum Synonym unterschiedlicher unerwünschter oder abweichender Verhaltensformen. Deserteure als Phänomene des sozialen Alltags waren in der Regel, nachdem sie glücklich die Weltkriegsfront hinter sich gelassen hatten, zwangsrekrutiert worden und warteten die erste Gelegenheit ab, ins Hinterland zu fliehen. Die rote und die weiße Propaganda versuchten, die Massenflucht durch positive Leitbilder einzudämmen. Dazu gehörte es, mit je spezifischer Motivierung den idealen „Freiwilligen" („dobrovolec") zu stilisieren, der sich selbstlos dem Kampf gegen „das Böse" („zlo") in wechselnder Gestalt stellte. Der „rote Freiwillige" sollte im Dienste der Sowjetmacht dem „Klassenfeind" („klassovyj vrag") des „Proletariats", dem „Söldner" der Entente, der Gutsbesitzer, Kapitalisten, Generäle und Popen widerstehen.[51] Weiße Kommandeure verlangten, die Waffen gegen „jüdische Kommissare", „chinesische Čekisten" bzw. durchweg gegen „unrussische", „ehrlose", „heimatlose", „gottlose", „schmutzige", „zu Tieren verkommene" Bol'ševiki oder gegen abtrünnige „Ukrainisierende" („ukrainstvujuščie") zu erheben.[52] In den Propagandaformeln klang die Androhung von Strafe für eine Verweigerung mit. In einem roten Flugblatt des Kriegskomitees des Gouvernements Vjatka aus dem Jahre 1918 hieß es: „Jeder Bauer und jeder Arbeiter, der den Weißen hilft, hilft seinen schlimmsten Feinden und verrät die Sache des Volkes."[53]

Im Weltanschauungskrieg entschied nicht allein die Zahl der Gewehre über Sieg und Niederlage. Ebenso wichtig für die Mobilisierung von Sympathisanten waren die prägnante politische Losung und das klare Feindbild. Die Fülle der Flugblätter, Plakate, Verordnun-

---

50 Zur Mobilisierungspraxis und Zusammensetzung der Armeen Sergej V. Volkov, Tragedija russkogo oficerstva [Die Tragödie des russischen Offizierkorps]. Moskva 1999, S. 38-59 u. 308-324 (tabellarischer Anhang); Orlando Figes, The Red Army and Mass Mobilization during the Russian Civil War, 1918–1920, in: Past und Present (1990), Nr. 129, S. 168-211; Mark von Hagen, Soldiers in the Proletarian Dictatorship: The Red Army and the Soviet Socialist State, 1917–1930. Ithaca, NY/London 1990; Allan K. Wildman, The End of the Russian Imperial Army. Bd. 1-2, Princeton, NJ 1980–1987.

51 Zur Desertion und Freiwilligenpropaganda S. Olikov, Dezertirstvo v krasnoj armii i bor'ba s nim [Desertion in der Roten Armee und der Kampf gegen sie]. Leningrad 1926, S. 30 f.; Figes, Peasant Russia (wie Anm. 8), S. 316-320. Vgl. die Sammlung retrospektiver, in der frühen Emigration verfasster Stilisierungen der „weißen Freiwilligen" bei Sergej Ja. Ėfron, Zapiski dobrovol'ca [Aufzeichnungen eines Freiwilligen]. Ljubercy 1998.

52 Zur Semantik der weißen Propaganda Katzer, Weiße Bewegung (wie Anm. 18), S. 311-338; Christopher Lazarski, White Propaganda Efforts in the South during the Russian Civil War, 1918–19 (The Alekseev-Denikin Period), in: Slavonic and East European Review 70 (1992), S. 688-707.

53 Plamennoe slovo. Listovki graždanskoj vojny (1918–1922 gg.) [Flammendes Wort. Flugblätter des Bürgerkrieges (1918–1922)]. Moskva 1967, S. 36.

gen und Aufrufe gegen die Fahnenflucht zeigt, dass die Reihen der regulären Armeen nicht geschlossen gehalten werden konnten und die Wirkung der massiven Kampagnen begrenzt blieb. Je nach Kriegslage stieg oder fiel die Zahl der Überläufer aus der Roten Armee zu den Weißen Armeen oder umgekehrt. Noch mehr Rekruten entzogen sich allerdings beiden Seiten gleichermaßen, verließen die Reihen, um bei der Ernte zu helfen, flohen in die Wälder, warteten entweder den Abzug der Gestellungstrupps ab oder schlossen sich den Verbänden der „Grünen" an, welche die regulären Armeen aus dem Hinterhalt attackierten. Sie verteidigten ihre Heimatdörfer gegen vagabundierende Banden ebenso wie gegen rote Straf-expeditionen.[54] Je unerbittlicher sie unterdrückt wurden, umso größeren Zulauf fanden die „Grünen". Manche Kommandeure beklagten Verluste von bis zu 80%. Selbst „Sperrabtei-lungen" („zagraditel'nye otrjady") aus zuverlässigen Soldaten, die mit Maschinengewehren hinter den vordersten Frontlinien postiert waren, konnten auf dem Höhepunkt des Bürger-kriegs im Sommer 1919 die Sogwirkung dieser Absetzbewegung nicht unterbinden. Eine Instruktion des Revolutionären Kriegsrats der 13. Armee drohte Kommandeuren und poli-tischen Kommissaren gleichermaßen: „Einheiten können und müssen in ihrer Gesamtheit untergehen, aber sie dürfen nicht zurückweichen, und das muss den Kommandeuren und Kommissaren klar sein. Sie müssen wissen, dass es kein Zurück gibt, dass im Hinterland ein schimpflicher Tod sie erwartet und an der Front ein sicherer Sieg, denn der Feind rückt mit geringen Kräften vor und handelt nur aus Dreistigkeit."[55] Der Guerillakrieg gegen die Rote Armee dauerte über das offizielle Ende des Bürgerkriegs im Jahre 1921 hinaus an. Diese reagierte mit Massenerschießungen, der Einrichtung von Konzentrationslagern und kollek-tiven Bestrafungsaktionen gegen ganze Dörfer.[56] Die sofortige Erschießung aufgegriffener Deserteure war gängige Praxis auf beiden Seiten der militärischen Fronten. Entlaufende Rotarmisten mussten befürchten, dass ihre Familien als Geiseln genommen wurden. Sip-penhaftung drohte auch, wenn Entflohene versteckt wurden. Allerdings gab es Ausnahmen, insbesondere wenn die Lage der Roten Armee desolat war. Dann wurden nicht nur Kriegs-gefangene, sondern auch reuige Fahnenflüchtige „begnadigt".[57] Mit gezielten Kampagnen warb die Sowjetregierung dann für die freiwillige Rückkehr von Deserteuren und sagte Straffreiheit zu. Indessen wurde immer wieder gegen solche Versprechungen verstoßen.[58] Unter dem Kriegskommunismus setzten die Bol'ševiki militärische und Arbeitsfront gleich. Wer zu spät zur Schicht kam, unerlaubt die Werkbank verließ oder der Fabrik vollends den Rücken kehrte, verletzte seine Dienstpflicht und wurde zum „Klassenfeind". Der militari-sierte Alltag vertrug keine „Arbeitsdeserteure" und „Bummelanten".[59]

---

54 V.I. Šiškin, Krasnyj banditizm v sovetskoj Sibiri [Das rote Banditentum im sowjetischen Sibi-rien], in: Sovetskaja istorija. Problemy i uroki [Sowjetgeschichte. Probleme und Lektionen], hrsg. v. dems. Novosibirsk 1992, S. 3-79.

55 Archiv russkoj revoljucii [Das Archiv der russischen Revolution]. Bd. 18, Berlin 1926, S. 272; vgl. Lev D. Trockij, Kak vooružalas' revoljucija [Wie sich die Revolution bewaffnete]. Bd. 1, Moskva 1923, S. 235.

56 Litvin, Terror (wie Anm. 31), S. 36-100.

57 L. Trotzki, Die Geburt der Roten Armee. Reden, Befehle, Aufrufe und Thesen aus dem Grün-dungsjahr der Roten Armee. Wien 1924, S. 124 u. 143.

58 Figes, Peasant Russia (wie Anm. 8), S. 318.

59 Listovki pervych let sovetskoj vlasti [Flugblätter der ersten Jahre der sowjetischen Herrschaft]. Bd. 1, Moskva 1967, Nrn. 309, 311, 360 u.a.

Die Motive der Deserteure aus den Weißen Armeen waren denen der Rotarmisten nicht unähnlich. Aus Pinka (Gouvernement Smolensk) schrieb ein Gewährsmann am 8. August 1919: „Bei uns gab es einen Befehl, in den Kriegsdienst zu gehen, doch im Dorf sagt man: ,Wozu sollen wir kämpfen, gegen wen, Freund gegen Freund und Bruder gegen Bruder?'"[60] Ein Rotarmist notierte am 13. Juni 1919: „Jeden Tag laufen weiße Offiziere zu uns über, weil sie bei denen kein Brot haben. Die Weißen geben nur 1 Pfund, aber uns gibt man 2 Pfund. Und schon laufen sie auf unsere Seite über."[61] Es bedurfte hartnäckiger Überzeugungsarbeit, fanatische weiße Offiziere davon abzuhalten, Kriegsgefangene oder übergelaufene Rotarmisten unterschiedslos erschießen zu lassen. General Kornilov hatte im Januar 1918 seinen Gefolgsleuten die Losung ausgegeben, im Kampf gegen die Bol'ševiki „keine Gefangenen zu machen".[62] Die panische Furcht der Militärführer vor Unterwanderung durch den Gegner war symptomatisch für die Durchlässigkeit der Fronten. Doch trug auch die Feindpropaganda beider Seiten erheblich dazu bei, die Soldaten in den eigenen Reihen zu verunsichern. Mit Flugzeugen wurden Flugblätter hinter den Linien abgeworfen. Gefälschte Proklamationen, Dekrete, Zeitungsausgaben oder Plakate zielten auf die Manipulation der Bevölkerung und der Soldaten. So versuchten insbesondere die Propagandaabteilungen Denikins und Vrangel's im Süden, die „russischen" Rotarmisten gegen die „fremdstämmigen" Kommissare auszuspielen, deren Herrschaft sie in Anlehnung an die Mongolenzeit als „Joch" bezeichneten.[63] Regierung, Parteiführung und ČK wurden als Instrumente einer „jüdischen Verschwörung" gegen das russische Volk ausgegeben, bei der chinesische und lettische Söldner als Hilfstruppen dienten.[64] Antisemitismus und Chauvinismus spiegelten sich indessen auch in Privatbriefen gewöhnlicher Städter und Dorfbewohner.[65] An Pogromen waren neben Russen und Kosaken Angehörige anderer Nationalitäten und ethnischer Gruppen wie Polen, Ukrainer und Weißrussen beteiligt.[66]

---

60 Častnye pis'ma (wie Anm. 44), S. 221.

61 Ebenda, S. 243.

62 S.M. Paul', S Kornilovym [An der Seite Kornilovs], in: Beloe Delo. Letopis' beloj bor'by [Die weiße Sache. Chronik des weißen Kampfes]. Bd. III, Berlin 1927, S. 67. Im Unterschied zu Denikin, der ebenfalls zu Unnachsichtigkeit neigte, sah sich Vrangel' gezwungen, Überläufern eine Amnestie in Aussicht zu stellen. In einem durch Agenten und mittels Flugzeugabwurf in hoher Zahl hinter den gegnerischen Linien verbreiteten Aufruf an die „Offiziere der Roten Armee" vom Mai 1920 versprach er, „das Vergangene zu vergessen" und durch aktive Zusammenarbeit „Sünden wiedergutzumachen" (Petr N. Vrangel', Vospominanija [Erinnerungen]. Bd. II, Frankfurt a.M. 1969, S. 53).

63 Ross, Vrangel' (wie Anm. 32), S. 271 f.

64 Peter Kenez, Pogroms and White Ideology in the Russian Civil War, in: Pogroms: Anti-Jewish Violence in Modern Russian History, hrsg. v. J.D. Klier u. Sh. Lambroza. Cambridge (u.a.) 1992, S. 293-313; Marc Jansen, International Class Solidarity or Foreign Intervention? Internationalists and Latvian Rifles in the Russian Revolution and the Civil War, in: International Review of Social History 31 (1986), S. 68-79.

65 Siehe die zahlreichen Belege aus unterschiedlichen Regionen in: Častnye pis'ma (wie Anm. 44), S. 228-233 u. 240 ff.

66 Dieser spezielle Aspekt der Kollaboration, nämlich die Judenverfolgung im Zuge einer militärischen Invasion oder Besatzung, etwa mit den polnischen Truppen 1920 oder mit den Deutschen nach 1941 oder mit einer der Bürgerkriegsarmeen (etwa Budennyjs roter Reiterarmee oder der weißen Freiwilligenarmee) oder aber auch mit selbstständigen kosakischen Verbänden und ukrainischen Rebellen ist noch nicht systematisch erforscht worden. Vgl. Yuri Slezkine, The Je-

Der Begriff des „Deserteurs" büßte somit seine herkömmliche Semantik ein.[67] Zwar ließ sich der Konflikt der regulären Armeen theoretisch vom „Klassenkrieg" und vom „Bürgerkrieg" unterscheiden. Die weltanschauliche Aufladung jeder Form von Auseinandersetzung nach 1917 zwang allerdings dazu, das kollektive wie das individuelle Tun beständig vor einer tatsächlichen oder gedachten moralischen Instanz zu rechtfertigen. Den Kriegsdienst in der Roten Armee zu verweigern bedeutete, die Stabilisierung der Sowjetmacht zu hintertreiben, welche für Trockij gleichbedeutend mit der „Organisation des Bürgerkriegs", d.h. mit einer alles erfassenden Entscheidungsschlacht, war.[68] Hatten sich die Bol'ševiki durch die Annahme des Diktats von Brest-Litovsk dem Vorwurf russischer Patrioten von den Sozialisten bis zu den Monarchisten ausgesetzt gesehen, Russlands Interessen zu „verraten",[69] so kehrten sie dieses Verdikt nun gegen alle, die nicht an ihrer Seite kämpfen wollten.

In der Perspektive von den Rändern und von unten her relativierte sich die Bindekraft ideologischer Angebote und zentralstaatlicher Ambitionen. Seit dem späten Zarenreich war der offizielle Reichspatriotismus mehr und mehr von einer militärischen Definition des Staatsbürgerbegriffs beherrscht worden. Der Waffendienst für „Heimat" („rodina") und „Vaterland" („otečestvo") rückte in den Mittelpunkt der Untertanenpflichten.[70] Sowohl der Weltkrieg als auch der Revolutionskrieg offenbarten indessen, dass die Masse der Bauernsoldaten ihre Identität aus dörflichen und bestenfalls regionalen Bezügen gewann, nur durch Zwang und Gewalt zum Kampf für darüber hinaus reichende Interessen mobilisiert werden konnte, jede Gelegenheit nutzte, sich dem Dienst zu entziehen oder auf die Seite zu wechseln, welche bessere Konditionen bot oder nach Lage der Dinge den endgültigen Sieg davonzutragen schien.[71]

wish Century. Princeton 2004; Diana Siebert, Bäuerliche Alltagsstrategien in der Belarussischen SSR (1921–1941). Die Zerstörung patriarchalischer Familienwirtschaft. Stuttgart 1998, S. 45 f.; Matthias Vetter, Antisemiten und Bolschewiki. Zum Verhältnis von Sowjetsystem und Judenfeindschaft 1917–1939. Berlin 1995.

67 Aleksander Dneprovskij, Zapiski dezertira, vojna 1914–1918 gg. [Aufzeichnungen eines Deserteurs, der Krieg 1914–1918]. New York 1931.

68 Gemäß einem Zeugnis N. Suchanovs, in: Novaja Žizn' vom 11. Juni 1918, S. 1.

69 Vgl. Lutz Häfner, Die Partei der linken Sozialrevolutionäre in der russischen Revolution von 1917/18. Köln (u.a.) 1994, S. 331-394; Udo Gehrmann, Turbulenzen am Stillen Don. Zur deutschen Kriegsziel- und Ostpolitik in der Zeit des Brest-Litovsker Friedens, in: Jahrbücher für Geschichte Osteuropas 41 (1993), S. 394-421.

70 Donald P. Wright, The Cultivation of Patriotism and the Militarization of Citizenship in Late Imperial Russia, 1906–1914. Ph. Diss. Tulane University 2001; Hubertus F. Jahn, Patriotic Culture in Russia during World War I. Ithaca/New York/London 1995.

71 Vgl. P.S. Kabytov, Antivoennye nastroenija rossijskich krest'jan [Antikriegseinstellung der russischen Bauern], in: Rossija v XX veke. Reformy i revoljucii [Russland im 20. Jahrhundert. Reformen und Revolutionen], hrsg. v. G.N. Sevost'janov. Bd. 1, Moskva 2002, S. 521-528; Andrej A. Kurenyšev, „Revoljucionnaja vojna" i krest'janstvo ["Revolutionskrieg" und Bauernschaft], in: Otečestvennaja Istorija (2001), Nr. 6, S. 33-46; David Moon, Peasants into Russian Citizens? A Comparative Perspective, in: Revolutionary Russia 5 (1996), Nr. 1, S. 43-81; Elizabeth J. Hemenway, Mother Russia and the Crisis of the Russian National Family: The Puzzle of Gender in Revolutionary Russia, in: Nationalities Papers 25 (1997), Nr. 1, S. 103-121.

5. Von „Feinden" umgeben

Der Bürgerkrieg erschien nicht nur aufgrund der jede Vorstellung von abgegrenzten Kampf-zonen sprengenden Kriegführung als „totaler Krieg", sondern auch, weil er die vollständige Indienstnahme der menschlichen und materiellen Ressourcen beanspruchte. Die extensive Gewalt entsprang einerseits dem allseits geschürten Hass auf „den Gegner". Andererseits bedingte sie die Phobie, von „Verrätern", „Denunzianten", „Saboteuren" oder „Spionen" umgeben zu sein.[72] Der dämonisierte Feind verlor jedes Recht auf Respekt oder Schonung. Wenn gelegentlich der Bürgerkrieg zum Duell gleichberechtigter Kämpfer stilisiert wurde,[73] wirkte dies merkwürdig anachronistisch. Er zeichnete sich gerade dadurch aus, dass jede der kämpfenden politischen, ideologischen, sozialen oder ethnischen Parteien die Unter-werfung des Gegners verlangte, weil sie sich als alleinige „legitime" Macht ausgab. Wer diesen Anspruch leugnete oder sich ihm widersetzte, machte sich gleichsam selbst zum „Feind" und provozierte Gewalt. Diese eskalierte insbesondere wegen der strittigen Legiti-mität zwischen den Kontrahenten, die keinen Staat repräsentierten, sondern lediglich Teile innerhalb eines imperial-territorialen Rahmens darstellten. Rote und Weiße griffen nach der Oberhoheit über das Gebiet des alten Reiches, während ihnen Nationalbewegungen wie die der Ukrainer, Esten oder Aseris, soziale Rebellionen wie die der Arbeiter oder Bauern und anarchische Regionalismen wie der der „Grünen" oder der Machno-Gruppen dabei hin-derlich oder förderlich waren. Streng genommen kämpften also nicht die Streitkräfte eines souveränen Staates gegen die eigene Bevölkerung, sondern die Armeen von Teilautoritäten um die Macht im Gesamtstaat oder gegen diese Ambitionen um Unabhängigkeit. Durch die Überlagerung unvereinbarer Ziele und die Auflösung des Gewaltmonopols und wegen des beträchtlichen Gefälles bei der Verfügbarkeit militärischer Potenziale erfuhren die Ver-nichtungsenergien sich überlegen wähnender Kräfte Auftrieb. Um Widerstand zu brechen oder Sympathisantentum bzw. Komplizenschaft zu ahnden, griffen die Gegner zu immer drastischeren Vergeltungsaktionen, angefangen vom Niederbrennen ganzer Dörfer über die Deportation oder Vertreibung der Zivilbevölkerung bis hin zu Massakern und Pogromen.[74] Wer die Seiten wechselte, konnte von vorübergehendem Nutzen sein. Die „Militärspezia-listen" („voennye specialisty") in der Roten Armee glaubten, als unpolitische Fachleute Aufnahme zu finden. Tatsächlich haftete ihnen dauerhaft der biographische Makel an, ehe-malige Zarenoffiziere zu sein bzw. „Dienst bei den Weißen" geleistet zu haben, und ging in

---

72 Gabor Rittersporn, The Omnipresent Conspiracy: on Soviet Imagery of Politics and Social Re-lations in the 1930s, in: Stalinism: Its Nature and Aftermath. Essays in Honor of Moshe Lewin, hrsg. v. Nick Lampert u. Gabor Rittersporn. London 1992, S. 101-120.

73 Siehe etwa das Plakat eines anonymen sowjetischen Künstlers aus der Zeit des polnisch-russischen Krieges von 1920 mit dem polnischsprachigen Motto „Z drogi" („Aus dem Weg!"), welches den Zweikampf zweier lanzenbewehrter Reiter auf dem Feld vor einer Industrielandschaft zeigt, hinter der die Sonne aufgeht (Stephen White, The Bolshevik Poster. New Haven/London 1988, S. 99, Abb. 5.19). Zur damit korrespondierenden Sicht weißer Offiziere auf den Bürgerkrieg: Paul F. Robinson, „Always with Honour": The Code of the White Russian Officers, in: Canadian Slavonic Papers 41 (1999), Nr. 2, S. 121-141.

74 Zu Entstehung und Auswirkung solcher spontanen „Pogromstimmungen", etwa unter Einfluss von Alkohol und nicht nur in den jüdischen Siedlungsgebieten: Narskij, Žizn' v katastrofe (wie Anm. 8), S. 196-206.

die Personalakten ein.[75] Das Misstrauen der Bürgerkriegsjahre verstetigte sich und wurde zum konstitutiven Bestandteil der sowjetischen Staatsräson. Einerseits die Androhung und andererseits die Erwartung von Gewalt blieben Konstanten in der krieglosen Zeit. „Ehemalige" („byvšie ljudi") und „ideologisch unzuverlässige Elemente" („ideologičeski nenadežnyj element") verloren das Bürger- und Wahlrecht, ihre Nachfahren mussten Nachteile und Schikanen hinnehmen.[76] Der Begriff für diese „Rechtlosen" („lišency") wurde nahezu synonym für „Klassenfeind" („klassovyj vrag") gebraucht.[77] Jahr für Jahr ging eine Flut von Eingaben und Bittschriften bei den Behörden ein, in denen um Rehabilitierung ersucht wurde.[78] Trockij hatte befohlen, Familienregister anzulegen und alle Kommandeure zu entlassen, deren Angehörige dem Zugriff der Sowjetorgane entzogen waren, d.h. im Fall von „Verrat" nicht in Sippenhaftung genommen werden konnten.[79] Der bloße Verdacht genügte, einen Offizier hinrichten zu lassen und zugleich seine Familie zu terrorisieren.[80]

---

75 Aleksandr G. Kavtaradze, Voennye specialisty na službe v Respublike Sovetov 1917–1920 gg. [Militärspezialisten in Diensten der Sowjetrepublik 1917–1920]. Moskva 1988, S. 225. Hier wird allerdings nur sehr vage auf die Repressionen unter Stalin Ende der 30er Jahre Bezug genommen. Der Verfasser schätzt die Zahl der ehemaligen Generäle und Offiziere der russischen Weltkriegsarmee, die in der Roten Armee dienten, auf insgesamt etwa 75 000. Davon hätten etwa 12 000 zuvor bei den Weißen gedient, seien in Gefangenschaft geraten oder freiwillig übergelaufen (S. 222). Unter neuer Perspektive: Valerij V. Kaminskij, Russkie genštabisty v 1917–1920 godach. Itogi izučenija (Russische Generalstabsoffiziere in den Jahren 1917–1920. Forschungsergebnisse), in: Voprosy Istorii (2002), Nr. 12, S. 40-51. Vgl. die Konflikte mit „bürgerlichen" Agrarspezialisten im Volkskommissariat für Landwirtschaft (Narkomzem): James W. Heinzen, Inventing a Soviet Countryside: State Power and the Transformation of Rural Russia, 1917–1929. Pittsburgh 2004.
76 Grundlegend auf der Basis erstmals benutzter Personalakten: Golfo Alexopoulos, Stalin's Outcasts: Aliens, Citizens, and the Soviet State, 1926–1936. Ithaca/London 2003. Vgl. Hans-Michael Miedlig, Am Rande der Gesellschaft im Frühstalinismus. Die Verfolgung der Personen ohne Wahlrecht in den Städten des Moskauer Gebiets 1928–1934. Stuttgart 2004; Julia Obertreis, „Ehemalige", „Spießbürger" und „Aktivisten" – Lebensstile und Konflikte in Leningrader Kommunalwohnungen in den zwanziger Jahren, in: Forum für osteuropäische Ideen- und Zeitgeschichte 5 (2001), H. 2, S. 167-195, hier S. 184 f.; Vladimir I. Tichonov, Viktorija S. Tjažel'nikova, Igor' F. Jušin, Lišenie izbiratel'nych prav v Moskve v 1920–1930-e gody. Novye archivnye materialy i metody obrabotki [Der Verlust des Wahlrechts in Moskau in den 1920er und 1930er Jahren. Neue Archivmaterialien und Arbeitsmethoden]. Moskva 1998, S. 23. Zur Lage der „Ehemaligen" in den Jahren des Bürgerkriegs: T.M. Smirnova, „...Čtoby nam dali vozmožnost' mirno dožit' našu žizn'...". Predstaviteli byvšich privilegirovannych sloev v poiskach novoj social'noj niši. Oktjabr' 1917–1921 g. [„...mögen sie uns doch die Möglichkeit geben, unser Leben friedlich zu Ende zu leben". Vertreter ehemals privilegierter Schichten auf der Suche nach einer neuen sozialen Nische. Oktober 1917–1921), in: Sovetskaja vlast' – narodnaja vlast'? Očerki istorii narodnogo vosprijatija sovetskoj vlasti v SSSR [Die Sowjetmacht – eine Macht des Volkes? Skizzen einer Geschichte der Wahrnehmung der Sowjetmacht durch das Volk in der UdSSR], hrsg. v. Timo Vihavainen. S. Peterburg 2003, S. 67-87.
77 Sheila Fitzpatrick, Ascribing Class: the Construction of Social Identity in Soviet Russia, in: Journal of Modern History 65 (1993), Nr. 4, S. 745-770.
78 Tichonov, Tjažel'nikova, Jušin, Lišenie (wie Anm. 76), S. 25 f. Die Praxis des Rechtsentzugs wurde offiziell bis 1936 geübt.
79 Am Beispiel von Offizieren in Petrograd: Gippius, Tagebuch (wie Anm. 36), S. 25.
80 Befehl vom 28. Dezember 1918 (Archiv russkoj revoljucii [wie Anm. 55], S. 270 f.; L.D. Trockij, Sočinenija [Werke]. Bd. 17, Teil 1, Moskva/Leningrad 1926, S. 509 f.; Izvestija vom 14. August 1918).

Nach dem Ende des Bürgerkriegs verschmolzen die zahlreichen Motive für „Kollaboration" zur untilgbaren „Schuld", die dem Stigma „nichtproletarischer" Herkunft gleichkam. Diese „Schuld" war nicht nur nicht an den Nachweis konkreter Taten und Verfehlungen gebunden, sondern sie verging auch nicht. Jederzeit konnte sie als Rechtfertigung für die nachträgliche Ausstoßung aus der Gemeinschaft wachgerufen werden. Während die Feldkommandeure und Revolutionstribunale ihre Anklagen noch mehr oder weniger improvisiert hatten, wurde der Strafkatalog in den 1920er und 1930er Jahren systematisiert. Zu einer zeitlich terminierten, umfassenden juristischen Bestandsaufnahme im Sinne von Kriegsverbrecherprozessen, in denen kriminelle Schuld verhandelt wurde, konnte es weder nach dem Stand des Völkerrechts noch im Blick auf die im Aufbau befindliche sowjetische Rechtsordnung kommen. Einige spektakuläre Prozesse, wie etwa der gegen den berüchtigten General Jakov A. Slaščev, der nach Vrangel's Niederlage aufgrund einer Amnestie nach Sowjetrussland zurückgekehrt war und im Ruf eines „Henkers" stand, dienten eher der politischen Propaganda des endgültigen Triumphes als einer gerichtlichen Ahndung nachweislicher Exzesse.[81] Was an Recht gesprochen wurde, entsprang einer spezifischen Siegerjustiz. Die Bol'ševiki waren aus dem Weltkrieg ausgeschieden, um über den Bürgerkrieg zur Weltrevolution zu gelangen. Als Siegermacht in diesem neuartigen Konflikt setzten sie eine neue „Herrschaftssprache" durch und diktierten die Rechtsnormen, die nicht durch Übereinkunft mit der Gesellschaft, sondern im Zuge militärischer Unterwerfung gesetzt wurden.[82] Eine pseudowissenschaftliche Gegnerforschung erweckte den Eindruck seriöser Biographik. Durch die Publikation zensierter Memoiren wurden typisierte Karrieren von „Konterrevolutionären" für Jahrzehnte festgeschrieben. Im Kontrast zur Massenproduktion stilisierter „proletarischer" Lebensläufe, welche ein heroischer Untergrundkampf gegen das Zarenregime und Heldentaten in der Roten Armee an der Bürgerkriegsfront adelten, erfüllten sie die Funktion, die ständige Bedrohung des Landes der Sowjets exemplarisch vor Augen zu führen.

Niemand gab indessen bereitwillig Auskunft, wenn er einmalig oder mehrfach „Lager", „Seiten" und „Identitäten" gewechselt hatte. Eher suchte er durch Denunziation Entlastung.[83] Passivität, Neutralität oder eine unpolitische Haltung hatten unter der wachsenden

---

81 Vgl. die noch in der Emigration veröffentlichte Rechtfertigungsschrift und Abrechnung mit Vrangel': Ja.A. Slaščev, Trebuju suda obščestva i glasnosti. (Oborona i sdača Kryma). Memuary i dokumenty [Ich fordere ein Urteil der Gesellschaft und der Öffentlichkeit]. Konstantinopel 1921, Neudruck Moskva 1990, und die von D.A. Furmanov eingeleiteten Auszüge unter dem Titel Krym v 1920 g. Otryvki vospominanij [Die Krim im Jahr 1920. Erinnerungsfragmente]. Moskva/Leningrad 1924 (darin auch die Zuschreibungen eines „Henkers" und „Scharfrichters", S. 3). F.E. Dzeržinskij, der Begründer der ČK, holte den Heimkehrer, der in den „Izvestii" vom 24. November 1921 bekannte, er wolle „die Ehre Russlands" verteidigen und seine „Pflicht" als Militär erfüllen, persönlich in Sevastopol' ab.

82 Donald J. Raleigh, Languages of Power: How the Saratov Bolsheviks Imagined Their Enemies, in: Slavic Review 57 (1998), Nr. 2, S. 320-349; ders., Experiencing Russia's Civil War (wie Anm. 8), S. 416; Evgenij A. Sikorskij, Sovetskaja sistema političeskogo kontrolja nad naseleniem v 1918–1920 godach [Das sowjetische System der politischen Überwachung der Bevölkerung in den Jahren 1918–1920], in: Voprosy Istorii (1998), Nr. 5, S. 91-100.

83 Vgl. Golfo Alexopoulos, Victim Talk: Defense Testimony and Denunciation under Stalin, in: Russian Modernity: Politics, Knowledge, Practices, hrsg. v. David L. Hoffmann u. Yanni Kotsonis. London/New York 2000, S. 204-220; Sheila Fitzpatrick, Signals from Below: Soviet Letters of Denunciation in the 1930s, in: Journal of Modern History 68 (1996), S. 831-866.

Wirkung binärer Kategorien aus dem Glossar des Klassenkampfes, später des sowjetischen Reichspatriotismus oder des pseudonationalen Konzepts von „Heimat" keinen anerkannten Platz. Wer „wir" („my") bzw. „die Unsrigen" („swoi"; „naši") und wer „sie" („oni") bzw. die „Anderen" („drugie") und „Fremden" („čužie") waren, entschieden nicht mehr allein die traditionellen Autoritäten oder die spezifischen Interessenkonstellationen vor Ort. Davon wurde auch die historische Erinnerung überlagert, die in eine öffentliche und eine private Sphäre zerfiel. Dies führte dazu, dass wesentliche Felder der Überlieferung verödeten, weil die Erlebnisgeneration ihr Erfahrungswissen nur eingeschränkt weitergeben konnte bzw. den Formeln öffentlichen Erinnerns anpasste, je weiter die Ereignisse zeitlich entrückten.

Extreme Dimensionen nahm die Verfemung, Entrechtung und Dehumanisierung der bäuerlichen Bevölkerungsmehrheit an, welche durch ihr Beharren auf traditionellen Lebensformen und Arbeitsweisen dem utopischen Konzept einer beschleunigten Modernisierung der radikalen Bol'ševiki entgegenstanden. Im Bürgerkrieg als „Banditen" diskreditiert, wenn sie bei den „Grünen" kämpften oder in selbstorganisierten Verbänden ihre Dörfer verteidigten, wurden sie am Vorabend der Zwangskollektivierung zu „Kulaken" und „Klassenfeinden" erklärt, die ohne jede Nachsicht zu „liquidieren" waren.[84] Eingeteilt in drei Kategorien und nach regionalen „Kontingenten" bzw. „Schwarzen Listen", wurden sie einem grausamen Repressionssystem mit Hausdurchsuchungen, Verhaftungen, Erschießungen und Zwangsumsiedlungen unterworfen, mit dem die in Bedrängnis geratene politische Führung die mitverschuldete Agrarkrise am Ende der 20er Jahre überstehen und das widerspenstige Dorf in Schach halten wollte.[85] Stalin wies die Sonderorgane an, bei der „Säuberung" der

---

84 Lynne Viola, The Peasant's Kulak: Social Identities and Moral Economy in the Soviet Countryside in the 1920s, in: Canadian Slavonic Papers 42 (2000), Nr. 4, S. 431-460; dies., The Second Coming: Class Enemies in the Soviet Countryside, 1927–1935, in: Stalinist Terror. New Perspectives, hrsg. v. J. Arch Getty u. Roberta T. Manning. Cambridge, MA 1993, S. 70-98; Nikolaus Katzer, Brot und Herrschaft. Die Hungersnot in der RSFSR, in: Osteuropa 54 (2004), S. 90-110; Jörg Baberowski, „Stalinismus von oben". Kulakendeportationen in der Sowjetunion 1929–1934, in: Jahrbücher für Geschichte Osteuropas 46 (1998), S. 572-595.

85 Vgl. die Dokumentationen und Untersuchungen Sovetskaja derevnja glazami OGPU-NKVD. 1918–1939. Dokumenty i materialy [Das sowjetische Dorf in den Augen von OGPU-NKVD. 1918–1939. Dokumente und Materialien]. Bd. 1-4, hrsg. v. A. Berelovič u. V. Danilov, hier Bd. 3,1: 1930–1931. Moskva 2003, S. 372-375; Dar'ja N. Chubova, Černye doski: Tabula rasa. Golod 1932–1933 godov v ustnych svidetel'stvach [Schwarze Listen: Tabula rasa. Der Hunger 1932–1933 in mündlichen Zeugnissen], in: Golod 1932–1933 godov [Hunger 1932–1933], hrsg. v. Jurij N. Afanas'ev. Moskva 1995, S. 67-88; Tragedija sovetskoj derevni. Kollektivizacija i raskulačivanie. Dokumenty i materialy [Die Tragödie des sowjetischen Dorfes. Kollektivierung und Entkulakisierung. Dokumente und Materialien], 1927–1939. Bd. 1-5, Moskva 1999–2003; Robert W. Davies, The Industrialization of Russia. Bd. 1: The Socialist Offensive. Collectivization of Soviet Agriculture, 1929–1930. Cambridge 1980, S. 56-108. Als „Kulaken erster Kategorie" galten kriminalisierte „Konterrevolutionäre", die in Konzentrationslager eingewiesen oder erschossen und deren Angehörige in entfernte Gebiete deportiert wurden. Den „Kulaken zweiter Kategorie" wurde „aktives Auftreten gegen die Kollektivierung" zur Last gelegt. Sie wurden mit ihren Familien in „Sondersiedlungen" im hohen Norden, im Ural oder in Sibirien zwangsumgesiedelt. Eine dritte Kategorie umfasste diejenigen, die innerhalb einer Region umgesiedelt wurden. Zur Opferstatistik und ihren methodischen Problemen siehe N.A. Ivnickij, Kollektivizacija i raskulačivanie (načalo 30-ch godov) [Kollektivierung und Entkulakisierung zu Beginn der 1930er Jahre]. Moskva 1994, S. 202 ff.; ders., Repressivnaja politika Sovetskoj vlasti v derevne (1928–1933 gg.) [Die repressive

Kolchosen, Sovchosen und Maschinen- und Traktorenstationen die „fremden" Elemente und „Schädlinge" nicht nur im Umfeld, sondern im Innern der Einrichtungen selbst aufzuspüren, wo sie unbehelligt als Lagerverwalter, Rechnungsführer oder Sekretäre Dienst täten.[86] Die Kampagnen und Maßnahmen gerieten vor allem aufgrund einer sehr weit auslegbaren Begrifflichkeit in der Direktive Nr. 771 der OGPU vom 11. Januar 1930 außer Kontrolle. Darin wurden alle Agenturen angewiesen, Daten über „Organisationen, Gruppierungen und Einzelgänger des kulakisch-weißgardistisch-banditischen Elements" zu sammeln und an die Zentrale zu übermitteln. Aus dem Gouvernement Tambov trafen beispielsweise Nachrichten über „ehemalige Antonov-Anhänger", aus anderen Regionen über „ehemalige weiße", „kulakisch-kosakische" oder „sozialrevolutionäre Gruppierungen" ein. Den Zuträgern fiel es zunehmend schwerer, die historisierenden Vokabeln mit einem konkreten Inhalt zu füllen, etwa wenn es darum ging, den politischen Charakter dörflicher Versammlungen oder bäuerlicher Alltagsgespräche zu bestimmen.[87] An der unteren Wolga sträubten sich Mitarbeiter des niederen Sowjetapparates, die Kampagnen zur „Entkulakisierung" weiter zu forcieren. In einem Stimmungsbericht der geheimen politischen Abteilung der OGPU vom Frühjahr 1931 hieß es: „Bei uns gibt es keine Kulaken, sondern nur Mittelbauern (*serednjaki*) und arme Bauern (*bednjaki*). Wir entkulakisieren jeden Tag, und so werden auch alle zu Kulaken."[88] Die Vergegenwärtigung der Frontstellungen des Bürgerkriegs in Verbindung mit der Beliebigkeit des Begriffs „Kulak" ließen nach Ansicht der lokalen Parteifunktionäre die Agenten des Sicherheitsdienstes und die Milizionäre bei den „ungeordneten Arresten" und Deportationen „jedes Maßgefühl" vermissen. Die Festnahmen „ohne jeden Grund" folgten demnach dem Prinzip: „Zuerst verhaften, dann klären."[89] An der Informationsflut waren indessen nicht nur professionelle Zuträger und Berichterstatter beteiligt. Unter den Verfassern von Eingaben waren überzeugte Parteimitglieder und verbannte Kommunisten, ehemalige rote Partisanen und gegenwärtige Brigadiere, Bestarbeiter und gewöhnliche Werktätige, einfache Dorfbewohner und Studenten, Ingenieure, Kolchosfrauen und Lehrerinnen. In der verwirrenden Lage klagten sie an oder erbaten Hilfe, verwünschten sie oder flehten, dienten sich an oder drohten, denunzierten oder versuchten sich zu rechtfertigen.[90]

Politik der Sowjetmacht im Dorf (1928–1933)]. Moskva 2000, S. 315 ff.; Oleg W. Chlewnjuk, Das Politbüro. Mechanismen der politischen Macht in der Sowjetunion der dreißiger Jahre. Hamburg 1998, S. 84 u. 386, Anm. 1; Dokumenty svidetel'stvujut. Iz istorii derevni nakanune i v chode kollektivizacii 1927–1932 gg. [Die Dokumente geben Zeugnis. Zur Geschichte des Dorfes am Vorabend und während der Kollektivierung 1927–1932], hrsg. v. V.P. Danilov u. Na.A. Ivnickij. Moskva 1989, S. 46 f.

86 I.V. Stalin, Sočinenija [Werke]. Bd. 13, Moskva 1951, S. 229.
87 Wortlaut der Direktive in: Sovetskaja derevnja (wie Anm. 85), Bd. 3,1, S. 71. Vgl. die Berichte der OGPU (ebenda, S. 144-150, 180-189, 242-252 u. 269-280).
88 Svodka („Über die Ergebnisse der Aussiedlung des Kulakentums im Leningrader Gebiet, im Zentralen Schwarzerdegebiet und in den Regionen Untere Wolga und Nižnij Novgorod") vom 14. April 1931, in: Tragedija sovetskoj derevni (wie Anm. 85), Bd. 3, S. 119.
89 Direktive des CK VKP(b) und des Rates der Volkskommissare an alle Partei- und Sowjetfunktionäre und Organe der OGPU vom 8. Mai 1933, in: Ebenda, S. 747.
90 Vgl. das reiche dokumentarische Material in: Pis'ma vo vlast'. 1917–1927 (wie Anm. 11); Pis'ma vo vlast'. 1928–1939. Zajavlenija, žaloby, donosy, pis'ma v gosudarstvennye struktury i bol'ševistskim voždjam [Briefe an die Macht. 1928–1939. Eingaben, Beschwerden, Denunziationen und Briefe an die Behörden und die bolschewistischen Führer], hrsg. v. A.Ja. Livšin,

Bäuerliche Kollaborateure in der Ukraine oder in Weißrussland erinnerten im Zweiten Weltkrieg nicht nur die Zwangskollektivierung und „Entkulakisierung" seit Ende der 20er Jahre, sondern insgesamt die als Feldzug gegen das Dorf wahrgenommene Bauernpolitik der Bol'ševiki seit 1917.[91] In den hauptstädtischen intellektuellen Diskursen im Allgemeinen und unter Parteifunktionären im Besonderen schwankte das Bild vom russischen „Bauern" nicht mehr wie in der vorrevolutionären Zeit zwischen Idealisierung und Verachtung.[92] Es war einer Rhetorik gewichen, die „Dorf" und „Kultur" für unvereinbare Begriffe ausgab und den Bauern als Wesen „vornehmlich zoologischer Art" apostrophierte, welches „von den Naturmächten geknechtet" sei.[93] Welchem Grad der Marginalisierung die Landbewohner auf dem Höhepunkt der Kollektivierung zu Beginn der 30er Jahre unterlagen, verdeutlichte die Frage eines Bauern an einen staatlichen Funktionär während einer Versammlung in einem sibirischen Dorf: „Hält die Sowjetmacht Bauern für Menschen?"[94] In der Wahrnehmung der Dorfbewohner besaßen die nach 1927 verstärkt reproduzierten staatlichen Einkreisungsphobien durchaus einen realen Kern, allerdings nicht in Gestalt ausländischer Interventionsmächte, sondern von Kollektivierungsbrigaden, Deportationszügen und Erschießungskommandos. Sie fühlten sich „wie Vieh" behandelt und stellten sich darauf ein, „wie Hunde zu Tode geschunden" zu werden.[95] Für ihre traumatischen Erfahrungen seit dem Bürgerkrieg wählten sie die Bilderwelt der Apokalypse als adäquates Repertoire.[96]

Analoge Erfahrungen prägten die Erinnerung der Kosaken, die nach dem Bürgerkrieg systematisch zu „Konterrevolutionären" „gemacht" wurden. Von der „Entkosakisierung" („raskazačivanie") wurden auch jene erfasst, die im Bürgerkrieg auf Seiten der Sieger gekämpft hatten.[97] Hier zeichneten sich die Konturen und Mechanismen einer „ethnischen

---

I.B. Orlov u. O.V. Chlevnjuk. Moskva 2002. Zum Problem der Massendokumente und ihrer Repräsentativität, der Bedeutung von Relikten der Volkskultur und der Wirksamkeit sozialistischer Ideologeme bzw. der offiziellen Sowjetkultur siehe Sarah Davies, Popular Opinion in Stalin's Russia. Terror, Propaganda, and Dissent, 1934–1941. Cambridge 1997.

91 Zu den Konturen dieses „Bauernkrieges" Markus Wehner, Bauernpolitik im proletarischen Staat. Die Bauernfrage als zentrales Problem der sowjetischen Innenpolitik 1921–1928. Köln/Weimar/Wien 1998; Andrea Graziosi, The Great Soviet Peasant War. Bolsheviks and the Peasants, 1917–1933. Cambridge, MA 1996.

92 Vgl. Dietrich Beyrau, Janus in Bastschuhen. Die Bauern in der Russischen Revolution 1905–1917, in: Geschichte und Gesellschaft 21 (1995), S. 585-603; Stephen P. Frank, Confronting the Domestic Order: Rural Popular Culture and Its Enemies in Fin-de-Siècle Russia, in: Cultures in Flux. Lower Class Values, Practices, and Resistance in Late Imperial Russia, hrsg. v. dems. u. Mark D. Steinberg. Princeton 1994, S. 74-107; Cathy A. Frierson, Peasant Icons: Representations of Rural People in Late Nineteenth-Century Russia. New York/Oxford 1993.

93 Maxim Gorki, Zwei Kulturen, in: Die Kommunistische Internationale (1919), Nr. 2, S. 103.

94 Elena Osokina, Our Daily Bread: Socialist Distribution and the Art of Survival in Stalin's Russia, 1927–1941. New York 2001, S. 87, vgl. ebenda, S. 223, Anm. 17.

95 Spravka der OGPU über die Nordregion, 25. Mai 1930, in: Sovetskaja derevnja (wie Anm. 85), S. 376.

96 Lynne Viola, The Peasant Nightmare: Visions of Apocalypse in the Soviet Countryside, in: Journal of Modern History 62 (1990), S. 747-770.

97 Zu den Kampagnen gegen die „russische Vendée", die Anwendung des „Massenterrors" namentlich im Dongebiet, die Strategie „des gesunden Klassenhasses" der Bol'ševiki in den sozial und ethnisch heterogenen Kosakenterritorien siehe Nikolaus Katzer, Das Ende des Kosakentums in Rußland, in: Adel – Geistlichkeit – Militär. Festschrift für Eckardt Opitz zum 60. Geburtstag,

Säuberung" ab, die als Prolog zum Kampf gegen „Feindnationen" bzw. „Feindvölker" gedeutet werden können.[98] Gründe, die Unnachsichtigkeit des neuen Regimes oder Übergriffe benachbarter ethnischer Gruppen zu fürchten, gab es auch für orthodoxe Christen, Muslime und Angehörige anderer Glaubensgemeinschaften, wobei der unter Weißen, Kosaken, ukrainischen Verbänden und polnischen Truppen verbreitete Antisemitismus aufgrund der teils aktiv involvierten, teils aus ideologischen Gründen desinteressierten und teils selbst als „jüdische Kommunisten" betroffenen Roten eine spezifische Form interethnischer und teils religiös motivierter Gewalt darstellte.[99] Komplexe Ursachen lagen auch den ethnischen Konflikten an den Rändern des russischen Kerngebiets bzw. an den Grenzen des restituierten Imperiums zugrunde, insbesondere am Kaukasus, in der Wolgaregion und in Zentralasien. Dem Autonomieversprechen der Bol'ševiki folgte zwar meist die zwangsweise Wiedereingliederung in den Reichsverband, aber auch ein offizielles Programm zur „Nationalisierung der Nationen" und Stärkung indigener Traditionen, das erst durch die Russifizierungspolitik unter Stalin beendet wurde.[100]

6. Bürgerkrieg und Kollaboration

Der Russische Bürgerkrieg nimmt einen unverwechselbaren Platz in der Gewaltgeschichte des 20. Jahrhunderts ein. Von ihm ging eine nachhaltigere Wirkung auf das individuelle und kollektive Gedächtnis der Erlebnisgeneration aus als vom Ersten Weltkrieg. Die in den Wahrnehmungsmustern ständiger Bedrohung tradierten Erfahrungen gingen nicht nur in Verhaltensformen der Unterwerfung und Anpassung oder der Verweigerung und Renitenz ein, sondern waren die Voraussetzung einer verbreiteten Aggressionsbereitschaft. Der obsessive Kult der „Wachsamkeit" („bditel'nost'") und des „Auf-der-Wacht-Seins" („byt'

hrsg. v. Michael Busch u. Jörg Hillmann. Bochum 1999, S. 53-69, bes. S. 59-62. Vgl. Peter Holquist, Making War, Forging Revolution: Russia's Continuum of Crisis, 1914–1921. Cambridge 2002, S. 166-205; ders., Making Cossacks Counter-Revolutionary: The Don Host and the 1918 Anti-Soviet Insurgency, in: Language and Revolution. Making Modern Political Identities, hrsg. v. Igal Halfin. London 2002, S. 83-103; ders., „Conduct Merciless Mass Terror". Decossackization on the Don, 1919, in: Cahiers du monde russe 38 (1997), Nr. 1-2, S. 127-162; V.L. Genis, Raskazačivanie v Sovetskoj Rossii [Die Entkosakisierung in Sowjetrussland], in: Voprosy Istorii (1994), Nr. 1, S. 42-55.

98   Terry Martin, Modernization or Neo-traditionalism? Ascribed Nationality and Soviet Primordialism, in: Russian Modernity (wie Anm. 83), S. 161-182, hier S. 171 f. Vgl. ders., The Origins of Soviet Ethnic Cleansing, in: Journal of Modern History 70 (1998), Nr. 4, S. 813-861.

99   Zur antireligiösen Politik der Bol'ševiki: Sandra Dahlke, „An der antireligiösen Front". Der Verband der Gottlosen in der Sowjetunion der zwanziger Jahre. Hamburg 1998; dies., Kampagnen für Gottlosigkeit: Zum Zusammenhang zwischen Legitimation, Mobilisierung und Partizipation in der Sowjetunion der zwanziger Jahre, in: Jahrbücher für Geschichte Osteuropas 50 (2002), S. 172-185; Daniel Peris, Storming the Heavens. The Soviet League of the Militant Godless. Ithaca/London 1998. Zu Kontext und Folgen von politisch, ethnisch und religiös motivierter Gewalt gegen Juden im Bürgerkrieg: Vetter, Antisemiten (wie Anm. 66); O. Budnitskii, Jews, Pogroms, and the White Movement: A Historical Critique, in: Kritika 2 (2001), Nr. 4, S. 751-772; V.L. Genis, Pervaja konnaja armija: za kulisami slavy [Die erste Kavallerie: hinter den Kulissen des Ruhms], in: Voprosy Istorii (1994), Nr. 12, S. 64-77; Kenez, Pogroms (wie Anm. 64).

100   Terry Martin, The Affirmative Action Empire. Nations and Nationalism in the Soviet Union 1923–1939. Ithaca/New York 2001; E.D. Weitz, Racial Politics without the Concept of Race: Re-evaluating Soviet Ethnic and National Purges, in: Slavic Review 61 (2002), S. 1-29.

na straže") erzeugte eine Atmosphäre des Misstrauens und des Verdachts. Panik und Angst angesichts eines ständig antizipierten Schreckens förderten Brutalität, Militanz und Intoleranz. Da sich die Grenzen zwischen „Tätern" und „Opfern" mehr und mehr verwischten und Unzählige zugleich oder nacheinander beiden Kategorien zugehörten, war die Schuldfrage bereits in der Zwischenkriegszeit kaum noch eindeutig zu beantworten. Zwar lassen sich der Instanzenweg zentraler Direktiven rekonstruieren, der Kenntnisstand politischer und militärischer Führer über die Konsequenzen ihrer Entscheidungen ermitteln und damit individuelle Verantwortung benennen. Die Dimensionen der Tragödie sind aber kaum durch einen intentionalen Erklärungsansatz oder die Konzentration auf „Haupttäter", politische Machtkämpfe oder ideologische Konflikte zu erschließen. Zudem fehlte eine übergeordnete und akzeptierte Appellations- und Sanktionsinstanz, die zu einer Entwirrung der verschlungenen Wurzeln der Gewalt bereit und in der Lage gewesen wäre. Es ist ein wichtiges wissenschaftliches Anliegen, diese „verdeckte Dimension"[101] vergleichend im Blick auf die beiden Nachkriegszeiten zu untersuchen, um herauszufinden, worin das spezifisch Neue in den Kriegsverbrecherprozessen nach 1945 und den politischen bzw. rechtlichen und moralischen Auseinandersetzungen mit dem Phänomen „Kollaboration" in der ersten Jahrhunderthälfte bestand.[102] Das für die Zusammenarbeit mit den Deutschen im Zweiten Weltkrieg entwickelte begriffliche Instrumentarium sollte dabei nicht schematisch auf das frühere Geschehen übertragen werden. Vielmehr erscheint es notwendig, die Kontinuitäten in der langen Vorgeschichte des Paradigmas und seine vielfältigen Flexionen genauer in den Blick zu nehmen.[103] Durch die Verkettung von verheerenden Kriegszeiten, Hungersnöten, Epidemien und massiver staatlicher Repression in Verbindung mit utopischen Gesellschaftskonzepten einerseits und durch die Schübe ökonomischer, sozialer, nationaler und technischer Revolutionen andererseits verloren die über Generationen tradierten Gewissheiten des Alltags ihre stabilisierende und orientierende Funktion. Entsprechend vielfältig war das Spektrum der Motive und Praktiken, in den multiplen Konflikten aktiv zu agieren, d.h. an Vernichtungsmaßnahmen mitzuwirken, in der Verwaltung, der Presse, der Justiz, dem Bildungswesen und der Wirtschaft mitzuarbeiten oder aber Distanz zu halten bzw. sich zu

---

101 Sergei Kudryashov, The Hidden Dimension. Wartime Collaboration in the Soviet Union, in: Barbarossa. The Axis and the Allies, hrsg. v. John Erickson u. David Dilks. Edinburgh 1994, S. 238-254.

102 Nützliche Orientierungen für ein solches Unterfangen: Gerd Hankel, Kriegsverbrechen und die Möglichkeiten ihrer Ahndung in Vergangenheit und Gegenwart, in: Erster Weltkrieg – Zweiter Weltkrieg. Ein Vergleich: Krieg, Kriegserlebnis, Kriegserfahrung in Deutschland, hrsg. v. Bruno Thoß u. Hans-Erich Volkmann. Paderborn (u.a.) 2002, S. 669-685; Kriegsverbrechen im 20. Jahrhundert, hrsg. v. Wolfram Wette u. Gerd Ueberschär. Darmstadt 2001; Politische Säuberung in Europa. Die Abrechnung mit Faschismus und Kollaboration nach dem Zweiten Weltkrieg, hrsg. v. Klaus-Dietmar Henke. München 1991. Umrisse einer neuen Nachkriegsgeschichte im Schatten des Weltkriegs bietet Elena Ju. Zubkova, Sovetskaja žizn' (1945–1953) [Sowjetisches Leben (1945–1953)]. Moskva 2003; dies., Russia after the War. Hopes, Illusions, and Disappointments (1945–1957). New York (u.a.) 1998.

103 Dazu bereits A. Warwick, War and Social Change in the Twentieth Century: A Comparative Study of Britain, France, Germany, Russia and the United States. London 1974. Vgl. Total War and Historical Change: Europe 1914–1955, hrsg. v. dems., C. Emsley u. W. Simpson. Buckingham 2001. Bezogen auf die sowjetische Traditionsbildung: Amir Weiner, Making Sense of War: The Second World War and the Fate of Bolshevik Revolution. Princeton 2001.

entziehen zu versuchen, offen oder insgeheim mit einem Akteur zu sympathisieren, günstige Konstellationen zum eigenen Vorteil auszunutzen, vom Augenzeugen zum Antreiber oder Komplizen zu werden oder das jeweilige Verhalten zu rechtfertigen bzw. zu rationalisieren. Was „Mitläufer" und „Karrieristen" von „Überzeugungstätern" unterschied, wer „käuflich", „aus niederen Beweggründen" oder wohlmeinend handelte, „um Schlimmeres zu verhindern", lässt sich letztlich nur durch eine Analyse der Selbstbilder der Akteure, der personalen Binnenstrukturen und der kollektiven mentalen Dispositionen kleinräumiger Gemeinschaften klären. In diesem Dickicht von Einstellungen und Verhaltensweisen ist das zu suchen, was man Normalität und Alltag des Ausnahmezustandes nennen könnte. Hier liegen ebenfalls wichtige Bereiche synchroner und diachroner vergleichender Forschung, denn man wird schwerlich behaupten können, dass die Lebenswirklichkeit hinter der Front in den Regionen der Sowjetunion im Zweiten Weltkrieg auch nur annähernd befriedigend untersucht worden sei.[104] Von der Polarisierung des „Entweder-Oder" wurden im Bürgerkrieg auch die regionalen und lokalen Rückzugsgebiete autonomen Handelns erfasst. Dieser moderne, in der Dauerkrise seit 1905 immer anziehender wirkende Manichäismus verwandelte die

---

104 Zu den wenigen Ausnahmen zählt die Studie von Bernhard Chiari, Alltag hinter der Front. Besatzung, Kollaboration und Widerstand in Weißrußland 1941–1944. Düsseldorf 1998. Vom gleichen Autor ein komparatistischer Problemaufriss: Bernhard Chiari, Geschichte als Gewalttat. Weißrußland als Kind zweier Weltkriege, in: Erster Weltkrieg – Zweiter Weltkrieg (wie Anm. 102), S. 615-631. Nützlich als empirische Abhandlung sozialer, ökonomischer und mentaler Prädispositionen Diana Siebert, Bäuerliche Alltagsstrategien in der Belarussischen SSR (1921–1941). Die Zerstörung patriarchalischer Familienwirtschaft. Stuttgart 1998. Zur Kollaboration: sehr allgemein und eher aus der Perspektive der Besatzungsmacht Jerzy Turonek, Weißruthenien: Zweifrontenkrieg der Ideologien, in: Anpassung – Kollaboration – Widerstand. Kollektive Reaktionen auf die Okkupation, hrsg. v. Wolfgang Benz, Johannes Houwink ten Cate u. Gerhard Otto. Berlin 1996, S. 191-198. Dezidierter in der Problemstellung Frank Golczewski, Ukrainische Reaktionen auf die deutsche Besetzung 1939/41, in: Ebenda, S. 199-211; Oleg Zarubinsky, Collaboration of the Population in Occupied Ukrainian Territory. Some Aspects of the Overall Picture, in: Journal of Slavic Military Studies 10 (1997), Nr. 2, S. 138-152. Das Thema „Mensch und Krieg" nur punktuell und auf schmaler empirischer Basis aufgreifend, etwa am Beispiel der Vlasov-Armee (Beitrag von M.I. Semirjaga) oder als summarische Auseinandersetzung mit „Illusionen" der Bevölkerung (Beitrag von K.B. Toman): Drugaja vojna 1939–1945 [Der andere Krieg 1939–1945], hrsg. v. Jurij N. Afanas'ev. Moskva 1996, S. 296-312 u. 313-339. Begrenzt auf die Militärhistorie: Valentin Bojzov, Aspekte der militärischen Kollaboration in der UdSSR von 1941–1944, in: Europa unterm Hakenkreuz. Okkupation und Kollaboration (1938–1945). Beiträge zu Konzepten und Praxis der Kollaboration in der deutschen Okkupationspolitik, hrsg. u. eingel. v. Werner Röhr. Berlin/Heidelberg 1994, S. 293-317. Anregend aufgrund der Vielfalt der Fragestellungen: Hans-Heinrich Wilhelm, Die Rolle der Kollaboration für die deutsche Besatzungspolitik in Litauen und „Weißruthenien". Konzepte, Praxis, Probleme, Wirkungen und Forschungsdesiderata, in: Ebenda, S. 191-216. Innovativ wegen der Erweiterung der Perspektive auf die Kollaboration muslimischer tatarischer und türkischer Bevölkerungsteile sowie unter Einbeziehung von den jeweiligen Emigrationen: Iskander Giljazov, Na drugoj storone. Kollaboracionisty iz povolžsko-priural'skich tatar v gody Vtoroj mirovoj vojny [Auf der anderen Seite. Die Kollaborateure unter den Volga-Ural-Tataren im Zweiten Weltkrieg]. Kazan' 1998; ders., Kollaboracionizm tjurko-musul'manskich narodov SSSR v gody vtoroj mirovoj vojny – forma projavlenija nacionalizma? [Die Kollaboration der türkisch-muslimischen Völker der UdSSR in den Jahren des Zweiten Weltkriegs – eine Erscheinungsform des Nationalismus?], in: Ab imperio (2000), Nr. 1, S. 107-129. Vgl. daneben den Artikel von Iskander Giljazov hier in diesem Band, S. 406-413.

zersplitterte Szenerie des alten Reichsgebiets in einen imaginierten Gesamtschauplatz von „Entscheidungsschlachten" und „Endsiegen", auf dem Front und Hinterland kaum noch zu trennen waren. Es wäre vermessen, hier nur die Gesetze eines „Weltanschauungskrieges" obwalten zu sehen und beispielsweise den weißen Terror aus dem roten oder umgekehrt ableiten zu wollen. „Total" war dieser Krieg vor allem aufgrund seiner Tendenz, alle Gegensätze zugleich austragen und radikal lösen zu wollen, was die Zerstörungsenergien potenzierte.[105] Was im Weltkrieg an staatlichen Gewaltpraktiken gegenüber ethnischen und sozialen Gruppen angewandt worden war,[106] fand im Bürgerkrieg in den Deportationen, Umsiedlungsprojekten und Überwachungsorganen sowie insgesamt in einer Dezivilisierung des gesellschaftlichen Lebens eine beschleunigte, dynamisierte und systematische Zuspitzung.

Als das Deutsche Reich 1941 die Sowjetunion überfiel, richteten sich daher höchst unterschiedliche und gegensätzliche Hoffnungen auf eine „Befreiung" durch die Besatzer. Sie waren gerade deshalb tragisch, weil sie angesichts des erklärten Vernichtungszieles ohne jede Aussicht auf Erfüllung waren. Unbeschadet der großen Mobilisierungserfolge der Bol'ševiki trat die Brüchigkeit der in zwei Jahrzehnten oktroyierten Bindungen an das Sowjetsystem zutage. In gesteigerter Radikalität fanden sich soziale Schichten, Nationalitäten, ethnische und religiöse Gruppen in einer verzweifelten Entscheidungssituation wieder, die im Russischen Bürgerkrieg unterschiedliche Präfigurationen erfahren hatte.

Die Kollaboration im Zweiten Weltkrieg steht somit im Kontext des „neuen Dreißigjährigen Krieges" von 1914 bis 1945,[107] der nicht nur in den Weltkriegen, sondern auch im russischen, spanischen, griechischen und anderen Bürgerkriegen neue Dimensionen der Gewaltausübung und Gewalterfahrung sowie veränderte Rahmenbedingungen für Loyalitätsbildung und Identitätsstiftung eröffnete. Über die Binnengeschichte des Sowjetstaates hinaus, die auch ohne das verzweigte Aktionsnetz der Kommunistischen Internationale nicht an den Landesgrenzen endete, spielten kollektive Leidenschaften und entfesselte Gewaltphantasien eine treibende Rolle. Sie manifestierten sich in der riesigen Vielvölkerzone zwischen der Mitte und dem Osten Europas nicht zuletzt in den nationalistischen Tendenzen zur Russifizierung, Germanisierung, Polonisierung oder Litauisierung.[108] „Kollaboration" meint in diesem umfassenden Kontext eine Deutungsfigur, in der spezifische Einstellungen und Verhaltensweisen sowie Zuschreibungen und Insinuationen von „Verrat", „Abtrünnigkeit",

---

105 Vgl. Dirk Schumann, Europa, der Erste Weltkrieg und die Nachkriegszeit: eine Kontinuität der Gewalt?, in: Journal of Modern European History 1 (2003), Nr. 1, S. 24-43; Stefan Plaggenborg, Weltkrieg, Bürgerkrieg, Klassenkrieg. Mentalitätsgeschichtliche Versuche über die Gewalt in Sowjetrußland, in: Historische Anthropologie 3 (1995), S. 493-505.

106 Lohr, Nationalizing the Russian Empire (wie Anm. 5), S. 121-165; ders., The Russian Army and the Jews: Mass Deportations, Hostages, and Violence during World War I, in: Russian Review 60 (2001), Nr. 3, S. 404-419; Peter I. Holquist, To Count, to Extract, and to Exterminate: Population Statistics and Population Politics in Late Imperial and Soviet Russia, in: A State of Nations: Empire and Nation-Making in the Age of Lenin and Stalin, hrsg. v. Ronald G. Suny u. Terry Martin. Oxford/New York 2001, S. 111-144.

107 Klaus J. Bade, Europa in Bewegung. Migration vom späten 18. Jahrhundert bis zur Gegenwart. München 2003, S. 232.

108 Dietrich Beyrau, Schlachtfeld der Diktatoren. Osteuropa im Schatten von Stalin und Hitler. Göttingen 2000.

„Spionage" oder „Sabotage" zusammenfließen, um Gewalt zu motivieren und zu legitimieren, „Schuldige" nachträglich ausfindig zu machen und durch Ausgrenzung, Vertreibung oder Eliminierung das Bild einer intakten Gemeinschaft zu erzeugen. Insofern stehen die öffentlichen Aufrechnungen, gerichtlichen Untersuchungen und individuellen Bewältigungsversuche nach dem Russischen Bürgerkrieg und nach dem Zweiten Weltkrieg in einem sachlichen Zusammenhang.

Iskander Gilyazov

Die Kollaboration der türk-muslimischen Völker der Sowjetunion während des Zweiten Weltkrieges als Erscheinungsform des Nationalismus

Das Problem der Kollaboration während des Zweiten Weltkrieges bleibt bis heute ein Thema, das in der russländischen Geschichtswissenschaft nicht ausreichend untersucht ist.[1] Ungeachtet der sich ändernden politischen Situation und der Möglichkeit, nunmehr die Themen der historischen Forschung frei auszuwählen, wurde die Frage der Kollaboration in den letzten zehn bis fünfzehn Jahren zwar als Problem erkannt, aber nicht wirklich erforscht. Für unsere Gesellschaft bleibt Kollaboration nämlich bis heute ein sehr heikles Thema. In der öffentlichen Meinung werden die Kollaborateure des Zweiten Weltkrieges nach wie vor als Verräter gebrandmarkt, was auf die Positionen und Urteile der Historiker nicht ohne Einfluss bleibt.[2]

In der sowjetischen historischen Literatur existierte das Problem überhaupt nicht. Es wurde angenommen, dass die Zahl der Kollaborateure sehr klein gewesen sei, die Kollaborateure auf den Verlauf des Krieges keinerlei Einfluss besessen hätten und daher auch keine Aufmerksamkeit verdienten. Bei der Einschätzung eines so großen und tragischen Ereignisses wie des Zweiten Weltkriegs sollten sich aber die Historiker einer vielseitigen Betrachtungsweise befleißigen, zumal dieser Krieg sowohl die schwachen als auch die starken Seiten der damaligen Sowjetgesellschaft zum Vorschein brachte: einerseits den Patriotismus des Volkes im Kampf gegen den Feind, andererseits aber die vielen Fehler des Stalin-Regimes, insbesondere die Folgen von Massenterror und Repressalien. Das politische System, das sich in der UdSSR in den 1920er und 1930er Jahren herausgebildet hatte, trug viel dazu bei, dass ein bestimmter Teil der sowjetischen Bürger im Bestreben, den Totalitarismus innerhalb des eigenen Landes zu bekämpfen, auf den äußeren Feind setzte. Dies war ein großer und tragischer Fehler, denn das Hitler-Regime war nicht weniger totalitär als das Stalin-Regime.

Natürlich fingen nicht alle, nicht einmal die eingefleischten Gegner des Stalin-Regimes, an, mit Deutschland zusammenzuarbeiten. Und nicht alle Kollaborateure der Kriegszeit waren überzeugte und konsequente Gegner des Stalinismus. Wahrscheinlich waren sie sogar im

1 A.O. Čubar'jan, Diskussionnyje voprosy istorii vojny [Diskussionsfragen zur Geschichte des Kriegs], in: Vtoraja mirovaja vojna – aktual'nyje problemy. K 50-letiju Pobedy [Der Zweite Weltkrieg – Aktuelle Probleme. Zum 50. Jahrestag des Sieges], Red. O.A. Rževskij. Moskva 1995, S. 11.

2 Die Aktualität solcher Positionen zeigt z.B. der Titel einer der neuesten Publikationen zum Thema: S. Čuev, Prokljatye soldaty. Predateli na storone 3. Rejcha [Verfluchte Soldaten. Verräter auf der Seite des Dritten Reiches]. Moskva 2004.

Gegenteil in der Minderheit. Viele Rotarmisten, die in Gefangenschaft geraten waren und auf die Seite des Feindes übergingen, versuchten damit ihr Leben zu retten, dem Hungertod im Kriegsgefangenenlager zu entgehen, und vielleicht sogar bei einer sich bietenden Gelegenheit wieder zu fliehen. Die wahren Motive eines Wechsels auf die deutsche Seite wurden häufig von einer antistalinistischen Rhetorik überdeckt. Die Intensität der politischen und militärischen Zusammenarbeit mit Deutschland stellt sich daher bei jedem ‚Kollaborateur' womöglich anders dar. Insofern handelt es sich bei dem Versuch, Wesen und Umfang der Zusammenarbeit von sowjetischen Bürgern mit Deutschland richtig einzuschätzen, um eine überaus komplizierte Aufgabe, die aber auf jeden Fall ein individuelles Herangehen erfordert.

Im Hinblick auf die Etymologie und die Semantik des Begriffs „Kollaboration" lohnt ein Blick in die Forschungsliteratur und Lexika. Die russischen bzw. sowjetischen Nachschlagewerke der Vorkriegszeit kennen das Wort überhaupt nicht.[3] Der Begriff erscheint erst in sowjetischen Nachkriegsausgaben. Für „Die große sowjetische Enzyklopädie" sind Kollaborateure „Personen, die während des Zweiten Weltkrieges mit den faschistischen Eroberern in den besetzten Ländern zusammenarbeiteten".[4] Eine ähnliche Definition finden wir im „Sowjetischen enzyklopädischen Wörterbuch".[5] Einer schärferen Formulierung bedient sich „Das Fremdwörterbuch": „Verräter der Heimat, Personen, die in der Zeit des Zweiten Weltkriegs in den besetzten Ländern mit den faschistischen Eroberern zusammenarbeiteten".[6] „Die sowjetische Militärenzyklopädie" beschreibt den Begriff ebenso deutlich, jedoch inhaltlich umfassender. Es handele sich um ‚Kapitulanten', die sich dem Feind widerstandslos ergeben hätten, wobei auf Beispiele wie Petain, Laval usw. verwiesen wird.[7] Aus den aufgeführten Beispielen ergeben sich mehrere Schlussfolgerungen:

1. In der sowjetischen historischen Tradition bedient man sich des Begriffs „Kollaborateur" (die Person) und nicht des Begriffs „Kollaboration" (die Erscheinung). In den erwähnten Veröffentlichungen fehlt diese Bezeichnung völlig. Damit wird gleichsam betont, dass ‚Kollaboration' während des Krieges unwichtig und nicht erwähnenswert war und das Handeln der Kollaborateure ohne Einfluss auf den Lauf der Kriegsereignisse blieb;

2. Die ohnehin widerwillige Verwendung der Bezeichnung Kollaborateure bezieht sich ausschließlich auf die Zeit des Zweiten Weltkriegs, als wäre es möglich, das Phänomen allein auf diese Zeit zu beschränken;

3. Kollaborateure gelten schlicht als „Verräter";

4. Kollaborateure werden von den erwähnten Nachschlagewerken ausschließlich in an-

3   Vgl. Ėnciklopedičeskij Slovar' [Enzyklopädisches Wörterbuch], hrsg. v. F.A. Brokgauz' u. I.A. Efron'. S-Peterburg 1890–1907 bzw. Ėnciklopedičeskij Slovar' [Enzyklopädisches Wörterbuch], hrsg. v. A. u. I. Granat. Moskva 1910–1936.

4   Bol'šaja Sovetskaja Ėnciklopedija [Große Sowjetische Enzyklopädie] Bd. 12, 3. Aufl., Red. A.M. Prochorov. Moskva 1973, S. 421.

5   Sovjetskij Ėnciklopedičeskij Slovar' [Sowjetisches Enzyklopädisches Wörterbuch]. 2. Ausgabe, Red. A.M. Prochorov. Moskva 1982, S. 600.

6   Slovar' inostrannych slov [Fremdwörterbuch]. 18. Aufl., Moskva 1979, S. 240.

7   Sovetskaja voennaja ėnciklopedija [Sowjetische Kriegsenzyklopädie]. Bd. 4, Red. N.V. Ogarkov. Moskva 1977, S. 235.

deren Ländern erwähnt, gleichsam, als ob es in der Sowjetunion überhaupt keine Kollaborateure gegeben hätte.

Im Folgenden benutze ich den Begriff „Kollaboration" als die Zusammenarbeit mit NS-Deutschland in verschiedenen politischen, militärischen und gesellschaftlichen Formen.

In der Geschichte militärischer Konflikte gibt es verschiedene Beispiele der Zusammenarbeit zwischen Vertretern einer Seite mit der anderen. In der westeuropäischen und amerikanischen Historiographie zog das Phänomen große Aufmerksamkeit auf sich, was sich in einer recht umfangreichen Literatur zum Thema widerspiegelt. In ihr findet sich, wie ich meine, eine sehr genaue Charakterisierung der Motive und der verschiedenen Formen der politischen und militärischen Zusammenarbeit mit Deutschland in den verschiedenen Ländern. Von besonderem Interesse scheint mir die Position von Hans-Werner Neulen zu sein, denn seiner Klassifikation liegt ein politisches Motiv zugrunde, wie er am Beispiel der Rolle des Nationalismus bei der Entwicklung der Kollaboration während des Weltkrieges demonstriert.[8]

Viel schwieriger steht es mit der Bewertung des Phänomens, wenn strafrechtliche Kriterien die Richtschnur abgeben. Mir scheint, dass Kollaboration zum einen eine massenhafte, zumindest aber eine große Gruppen betreffende Erscheinung ist, zum anderen eine Tiefendimension besitzt, in der sich individuelle Entscheidungen von Personen in komplexen Zusammenhängen einer Kriegssituation widerspiegeln. Eine eindeutige und kategorische Bewertung von Kollaboration ist daher kaum möglich. Das gilt selbstverständlich auch für die Beurteilung individueller Verhaltensweisen, die eben nicht immer nur gerechtfertigt oder nur verurteilt werden können.

Dennoch bietet auch die zeitgenössische Historiographie Beispiele solcher kategorischen Urteile. So sind beispielsweise für den weißrussischen Historiker A.M. Litvin „die Kollaborateure lokale National-Faschisten", die in gleicher Weise zu bewerten sind wie die „Anhänger von Quisling, Petain, Vlasov, Bandera".[9] Eine ähnliche Auffassung vertritt der Militärhistoriker Michail Semirjaga, Autor der einzigen Monographie über das Problem der Kollaboration, die in der letzten Zeit in Russland erschien: „Kollaboration: Natur, Typologie und Erscheinungsformen während des Zweiten Weltkrieges". Semirjaga war Teilnehmer des Krieges; eine Unkenntnis der Quellen kann man ihm sicherlich nicht vorwerfen. Er betrachtet die Kollaboration als eine Abart des Faschismus und sieht die Praxis der Zusammenarbeit mit der nationalsozialistischen Besatzungsmacht als nationalen Verrat, der in jedem Falle zum Schaden des eigenen Volkes und der Heimat gereichte.[10] Eine solche De-

---

8 Vgl. z.B. Werner Warmbrunn, The Dutch under German Occupation 1940–1945. Stanford/London 1963; Hans Lemberg, Kollaboration in Europa mit dem Dritten Reich um das Jahr 1941, in: Das Jahr 1941 in der europäischen Politik, hrsg. v. Karl Bosl. München/Wien 1972, S. 143–162; Hans-Werner Neulen, Eurofaschismus und der Zweite Weltkrieg. Europas verratene Söhne. München 1980; ders., An deutscher Seite. Internationale Freiwillige von Wehrmacht und Waffen-SS. München 1985.

9 A.M. Litvin, Problema kollaboracionizma i političeskije represii v Belorussii 40-50 godov [Das Problem der Kollaboration und politische Repressionen in Weißrussland der 40er und 50er Jahre], in: Političeskij sysk v Rosii: istorija i sovremenost' [Politischer Geheimdienst in Russland: Geschichte und Gegenwart]. Sankt Peterburg 1997. S. 267: „kvislingovcy, petenovcy, vlasovcy, banderovcy".

10 M.I. Semirjaga, Kollaboracionizm: Priroda, tipologija i projavlenija v gody vtoroj mirovoj vojny

finition ist nicht zuletzt auf den außerordentlich starken Druck der öffentlichen Meinung in Russland zurückzuführen, sie stellt aber dennoch einen vereinfachten und einseitigen Blick auf das Problem dar. Schließlich teilte die Mehrheit der Kollaborateure die Ideologie des Nationalsozialismus und des Faschismus in ihrer ,reinen' Form sicherlich nicht, vielmehr waren religiöse, nationalistische, sogar pseudodemokratische Vorstellungen und Motive für die Kollaboration meist typischer.

Überblickt man die Situation in verschiedenen Ländern und in verschiedenen Phasen, wird deutlich, dass die Forschung einen wichtigen Aspekt des Problems außer Acht gelassen hat. Die Kriegsereignisse ließen manche Nationen und ethnisch definierte Territorien unberührt. Dies hat zur Folge, dass wir die Motivation von ,potenziellen Kollaborateuren' aus diesen Gebieten quasi idealtypisch betrachten können.

Für „potenzielle Kollaborateure" war die nationale bzw. nationalistische Motivation von besonderer Bedeutung und wirkte wie ein Katalysator. Das illustriert das konkrete Beispiel der nichtrussischen Völker im Wolga-Ural-Gebiet, in Mittelasien und im Kaukasus, d.h. der türk-muslimischen Völker der damaligen Sowjetunion, deren Vertreter mit dem nationalsozialistischen Deutschland zusammenarbeiteten.

Für diese Völker, insbesondere für die Wolga-Tataren, Aserbeidschaner und Krim-Tataren, stellte die Lösung der nationalen Frage, so wie die Bol'ševiki sie entworfen hatten, eine wirkliche Katastrophe dar. Viele Intellektuelle wurden bereits vor dem Krieg Opfer der stalinistischen Repressionen. Der Angriff Hitlers auf die Sowjetunion weckte daher Hoffnungen auf den Aufbau von unabhängigen Staaten mit deutscher Hilfe und Unterstützung. Solche Hoffnungen wurden geschürt durch einige, schon in den ersten Monaten des Krieges durchgeführte Maßnahmen der deutschen Wehrmacht und der zivilen Behörden. Die von der Wehrmacht praktizierte Trennung der muslimischen von den anderen sowjetischen Kriegsgefangenen schien beispielsweise ein erster Schritt in diese Richtung zu sein. Unter den Millionen gefangener Rotarmisten befanden sich mehrere hunderttausend Muslime.

Muslimische Kriegsgefangene wurden von den übrigen Rotarmisten seit August 1941 getrennt. Die bereits im Juli zusammengestellten Kriegsgefangenenkommissionen waren für diese Aufgabe zuständig. Auf polnischem und ukrainischem Territorium wurden spezielle Sammellager eingerichtet. Schon in der ersten Hälfte des Jahres 1942 wurde mit der Aufstellung von ersten Einheiten der „Ostlegionen" begonnen. Damals entstanden aserbeidschanische, georgische, armenische, nordkaukasische, turkestanische und wolga-tatarische Legionen.[11]

[Kollaboration: Natur, Typologie und Erscheinungsformen während des Zweiten Weltkriegs]. Moskva 2000, S. 21. Obwohl diese Monographie einen großen Umfang hat und der Autor vielfältiges Material verwendet, erwähnt er nur einige wenige Beispiele aus der modernen Fachliteratur zum Thema. Eindeutig als „Verräter" bezeichnet Kollaborateure auch Boris Kovalev: B.N. Kovalev, Nacistskij okkupacionnyj režim i kollaboracionizm w Rossii 1941–1944 g. [Nationalsozialistisches Besatzungsregime und Kollaboration in Russland 1941–1944]. Velikij Novgorod 2001, S. 8.

11 Mehr dazu bei I.A. Gilyazov, Na drugoj storone. Kollaboracionisty iz povolžsko-priural'skich tatar v gody vtoroj mirovoj vojny [Auf der anderen Seite. Kollaborateure unter den Wolga-Ural-Tataren in den Jahren des Zweiten Weltkriegs]. Kazan' 1998; Sebastian Cwiklinski, Wolgatataren im Deutschland des Zweiten Weltkriegs. Deutsche Ostpolitik und tatarischer Nationalismus. Berlin 2002.

Prominente deutsche Wissenschaftler (Johannes Benzing, Gerhard von Mende) riefen die
Führung dazu auf, den „türkisch-muslimischen" Faktor ernst zu nehmen und sich nutzbar
zu machen. Zugleich war die deutsche Diplomatie in der Türkei aktiv darum bemüht, das
Land zum Kriegseintritt auf deutscher Seite zu bewegen. Schon im Herbst 1941, als der
Großmufti Amin el-Husseini von Außenminister von Ribbentrop und Hitler empfangen
wurde, erklärten diese ihr Wohlwollen gegenüber den muslimischen Völkern. Ein Jahr
später, am 12. Dezember 1942, offenbarte Hitler sein Vertrauen in die Muslime: „(...)
für sicher halte ich nur die Mohammedaner".[12] Er mahnte die militärische Führung zu
großer Vorsicht bei der Organisation der Einheiten der „Ostvölker", die er für an sich
risikoreich hielt, sah aber – und das ist erstaunlich – keinerlei Gefahr in der Schaffung rein
„mohammedanischer" Einheiten.

1943/44 begann sich auch die SS für die Muslime und Türken zu interessieren. Die
SS-Führung griff dabei wohl auf Erfahrungen aus dem Ersten Weltkrieg zurück und ent-
wickelte vergleichbare Zielvorstellungen: auch ihr ging es um die „Revolutionierung" der
Orientvölker gegen die Sowjetunion. Im Rahmen der Waffen-SS war die Gründung eines
„Osttürkischen Waffenverbandes" unter der Leitung eines SS-Standartenführers, eines deut-
schen Islam-Konvertiten und Abenteurers, vorgesehen.[13]

Als wichtigstes Instrument für die Förderung eines religiösen Bewusstseins der zukünftigen muslimischen SS-Männer plante die SS-Führung so genannte Mullah-Schulen, deren
Organisation umgehend in Angriff genommen wurde.[14] Bei der Eröffnung einer Mullah-
Schule in Dresden erinnerte SS-Gruppenführer Walter Schellenberg an die Traditionen des
Ersten Weltkrieges und betonte die Konsequenz der deutschen Politik und den Vorbild-
charakter eines Lagers in Wünsdorf im vorigen Krieg: Deutschland habe bereits damals
muslimische Kriegsgefangene von den übrigen unterschieden und im Wünsdorfer Lager
bevorzugt behandelt. „Der Ausbruch des Zweiten Weltkrieges erfolgte zu einer Zeit", sagte
Schellenberg, „als die völkischen Triebkräfte in der Sowjetunion noch nicht gebrochen waren, während der Verfall der kulturellen und religiösen Tradition bedrohlich fortgeschritten
war".[15] Deshalb hätten die nichtrussischen Völker der Sowjetunion Bereitschaft gezeigt,
an der Seite Deutschlands gegen den Bolschewismus zu kämpfen. Deutschland begrüße
diese Bemühungen auf das Wärmste und sei bereit, jegliche nur mögliche Hilfe zu leisten.
Schellenberg nannte den Islam das „wichtigste Bollwerk gegen eine nationale, völkische und
kulturelle Entwurzelung der Osttürken", ein Mittel gegen ihre „Infektion durch den Bolschewismus", und er forderte die Muslime auf, „ihrer jungen Generation wieder den Anschluss
an die Tradition der Vergangenheit zu sichern, um der Zukunft aus eigener Kraft, nicht aber

12 Hitlers Lagebesprechungen. Die Protokollfragmente seiner militärischen Konferenzen. 1942–1945,
   hrsg. v. Hellmut Heiber. Stuttgart 1962, S. 73 f.
13 Über die SS-Politik gegenüber den Turkvölkern der Sowjetunion vgl. Gilyazov, Na drugoj storone
   (wie Anm. 11), S. 125-144; Sebastian Cwiklinski, Die Panturkismus-Politik der SS: Angehörige
   sowjetischer Turkvölker als Objekte und Subjekte der SS-Politik, in: Fremdeinsätze. Afrikaner
   und Asiaten in europäischen Kriegen, 1914–1945, hrsg. v. Gerhard Höpp u. Brigitte Reinwald.
   Berlin 2000, S. 149-166; ders., Wolgatataren (wie Anm. 11), S. 27-32 u. 65-70.
14 Über die Mullah-Schulen der Waffen-SS vgl. Peter Heine, Die Mullah-Kurse der Waffen-SS,
   in: Fremdeinsätze (wie Anm. 13), S. 181-188; Joachim Hoffmann, Die Ostlegionen 1941–1943.
   Turkotataren, Kaukasier und Wolgafinnen im deutschen Heer. Freiburg i.Br. 1976, S. 139-146.
15 Bundesarchiv, NS 31/60, Bl. 2 f.

auf den Krücken bolschewistischer Ideologien oder gar eines russischen, nicht artgemäßen Weltbildes entgegen schreiten zu können". Das religiöse Motiv besaß zweifellos für die muslimischen Völker der Sowjetunion eine überaus aktuelle Bedeutung, und die deutsche Führung nutzte dies aus.

Im Rahmen des Ostministeriums funktionierten seit 1942 die so genannten nationalen Mittelstellen (später Leitstellen), in denen sowohl deutsche Beamte als auch Vertreter der nationalen Gruppen tätig waren, die vor allem die Propaganda für die Ostlegionen organisieren sollten. Allmählich entstanden auch nationale Komitees, die sich fast als nationale Exil-Regierungen präsentierten.[16] Mit Blick auf diese Vorgänge entsteht der Eindruck, dass sich die deutsche Führung während des Zweiten Weltkrieges recht intensiv mit dem „türkisch-muslimischen Faktor" auseinandersetzte. Dieses starke Interesse überrascht, hatte sich doch das Regime vor dem Krieg überhaupt nicht mit der Frage einer Unterstützung der einheimischen Bevölkerung in Osteuropa beschäftigt. Der Sieg sollte ausschließlich mit deutschen Truppen und deutschen Waffen errungen werden. Mehr noch, die nationalsozialistische Propaganda denunzierte die Bevölkerung der Sowjetunion unterschiedslos als „Untermenschen" und „wilde Asiaten". Die politische Wendung erfolgte überraschend, wobei folgende Gründe eine Rolle spielten:

1.   die unerwartet große Zahl der Kriegsgefangenen;
2.   die Instrumentalisierung des pantürkischen Faktors sollte die Türkei zum Kriegseintritt auf der deutschen Seite bewegen;
3.   der panislamische Faktor sollte die islamische Welt auf die deutsche Seite ziehen;
4.   eine gewisse Rolle spielten politische Emigranten der Zwischenkriegszeit, die bei einigen deutschen offiziellen Stellen und Wissenschaftlern Gehör fanden.

Der entscheidende Moment war aber das Scheitern der Blitzkriegsstrategie im Osten. Und es ging dabei ausschließlich um deutsche Interessen, nicht um die der Muslime. Von deutscher Seite wurden keine konkreten politischen Versprechungen gemacht, und man sprach bisweilen offen davon, kein deutsches Blut vergießen zu wollen.[17] Die nationalen Kräfte erwiesen sich somit als Spielball in den Auseinandersetzungen zwischen den Großmächten. Sie wurden als Werkzeuge benutzt, besaßen aber weder Machtmittel noch Selbständigkeit, um die eigenen, nationalen Ziele verfolgen zu können.

Und was war der konkrete Inhalt der nationalen Vorstellungen der Kollaborateure? Ich möchte auf zwei Beispiele für nationale Beweggründe eingehen, die für die politische Tätigkeit der Kollaborateure aus den Turkvölkern ausschlaggebend waren.

Das erste Beispiel betrifft die Beziehung zwischen den türk-muslimischen und den russischen Kollaborateuren.[18] Von Anfang an entwickelten sich diese Beziehungen unter komplexen Bedingungen, denn in der Vorstellung der Nichtrussen vertrat General Vlasov ausschließlich die großrussische imperiale Tradition gegenüber den anderen Völkern. Vlasov,

---

16 Zu Struktur und Tätigkeit der Leitstellen vgl. Cwiklinski, Wolgatataren (wie Anm. 11), S. 42 ff. u. 48-56; Patrik von zur Mühlen, Zwischen Hakenkreuz und Sowjetstern. Der Nationalismus der sowjetischen Orientvölker im Zweiten Weltkrieg. Düsseldorf 1971, S. 78 f.; Gilyazov, Na drugoj storone (wie Anm. 11), S. 165-170.
17 Das sprach z.B. der Oberbefehlshaber der Heeresgruppe-Süd in einem Befehl vom 19. Mai 1942 offen aus. (Bundesarchiv-Militärarchiv [Freiburg], RH 22/109)
18 Vgl. dazu ausführlicher Gilyazov, Na drugoj storone (wie Anm. 11), S. 186-191.

der diese Bedenken verstanden hatte, hob daher fast immer in seinen Interviews, Publikationen und Reden hervor, dass alle Bemühungen der Russischen Befreiungsarmee und des so genannten „Komitees für die Befreiung der Völker von Russland" darauf gerichtet seien, alle Völker Russlands vom Bolschewismus zu befreien und auch ihnen die nationale Freiheit zu sichern. In einem der Interviews, die er dem „Völkischen Beobachter" gab, erklärte er, die russische Befreiungsbewegung versuche, die nationalen Rechte der Völker zu verteidigen, ihnen ihre nationale Eigenart zu sichern und den verderblichen Internationalismus zu vernichten.[19] In einem anderen Interview gab er sogar seine Bereitschaft zu erkennen, den Zerfall Russlands in Kauf zu nehmen, falls die nichtrussischen Völker eigene Staaten bilden sollten. Im Text des Prager Manifests vom 14. November 1944 – dem offiziell anerkannten Programm der Vlasov-Bewegung – wurde eine gerechte Lösung der nationalen Frage in Russland bei der Aufzählung aller Prinzipien der neuen russischen Staatlichkeit an erster Stelle genannt.[20] Und das war kein Zufall, sondern die schlichte Erkenntnis, dass die nationale Frage in der Ideologie der nichtrussischen Kollaborateure eine überaus zentrale Rolle spielte. Vlasov hatte verstanden, dass er mit der Unterstützung der politischen Bewegung der nichtrussischen Völker nicht rechnen konnte, wenn sein Programm die zukünftige Lage der Nichtrussen nicht explizit berücksichtigte und ihren Anspruch auf eine gerechte Lösung der nationalen Frage und auf eigene Staatlichkeit nicht anerkannte.

Auch die Materialien einer Tagung der Wolga-Ural-Völker in Greifswald im März 1944 belegen, dass antistalinistische bzw. antibolschewistische Motive für die Kollaboration nicht ausreichten.[21] Man sprach in Greifswald ziemlich viel über die Ziele der politischen Bewegung der Wolga-Tataren, und eigentlich war die Veranstaltung eine typische Propagandamaßnahme. Dennoch gab selbst hier die politische Führung der Wolga-Tataren ihre nationale Motivation als Hauptantriebskraft für die Zusammenarbeit mit Deutschland zu erkennen und unterstrich ihre Verbindung zum nationalen Befreiungskampf aus der Zeit des russländischen Bürgerkriegs in den Jahren 1917–1921. Als Hauptziel wurde der Aufbau eines unabhängigen Staates mit deutscher Unterstützung, doch bei voller Gleichberechtigung gegenüber allen am Befreiungskampf teilnehmenden Völkern proklamiert. Die Resolution der Tagung klang eher nationalistisch als nationalsozialistisch; und sie hob folgende Prinzipien eines zukünftigen unabhängigen Staates Idel-Ural hervor: Auflösung der Kolchosen, Verteilung des Landes an die Bauern, Verstaatlichung der Bodenschätze, Wälder, Gewässer, Kampf für die Reinheit der tatarischen Sprache, Weiterentwicklung der Kultur, Schutz der Religion usw.

Der nationale Faktor prägte also entscheidend die Entwicklung der kollaborierenden Bewegungen der nichtrussischen Völker der Sowjetunion. Bei einigen größeren Ethnien erwies sich die nationale Komponente als vielschichtig, d.h. sie war nicht nur auf die Lösung

---

19 Der Text wurde auf Russisch in der Vlasovschen Zeitung „Volja naroda" („Des Volkes Wille") Nr. 8 vom 9. Dezember 1944 abgedruckt.

20 Der Text des Prager Manifests wurde auf Russisch z.B. in der Monographie von N. Konjaev veröffentlicht: N.M. Konjaev, Vlasov. Dva lica generala [Vlasov. Zwei Gesichter des Generals]. Moskva 2003. S. 327-332. Vgl. auch Alexander Dallin, Deutsche Herrschaft in Rußland. 1941–1945. Eine Studie über Besatzungspolitik. Düsseldorf 1958, S. 647-652.

21 Über die Tagung in Greifswald vgl. Cwiklinski, Wolgatataren (wie Anm. 11), S. 56-63. Ein Stenogramm der Tagung auf Tatarisch wurde in Berlin im Jahre 1944 veröffentlicht: Idel-Ural koryltajy. Berlin 1944.

der eigenen nationalen Probleme gerichtet, sondern auch auf die Befestigung der führenden Position der eigenen Ethnie im Verhältnis zu weniger organisierten oder traditionell untergeordneten Völkern (Russen und Nichtrussen, Tataren und andere Völker des Wolgagebietes, Usbeken und andere Völker Turkestans).

Was waren die Gründe für diesen bemerkenswerten Einfluss auf die Entwicklung der Kollaboration? Das nationalsozialistische Deutschland kann dabei keine Rolle gespielt haben, denn es vermochte die nationale Ideologie anderer Völker angesichts der eigenen rassistischen Lehre nicht wirklich anzuerkennen oder zu akzeptieren und sah nur deren Mitwirkung an „Deutschlands Krieg". Meiner Meinung nach sind die Quellen und Wurzeln der national motivierten Kollaboration einerseits in den Besonderheiten der Nationalitätenpolitik in der UdSSR in den 1920er und 1930er Jahren, andererseits in dem ungeachtet aller Schwierigkeiten relativ großen Potenzial der nationalen Befreiungsbewegungen der Völker der UdSSR, einschließlich der politischen Emigration, zu suchen. Ausschlaggebend waren für die Nationalisten der zu erwartende Sieg Deutschlands und der Zerfall der Sowjetunion, den sie als erste Etappe auf dem Weg zur Erfüllung ihrer eigenen nationalen Ziele ansahen. Viele von ihnen meinten, eigene nationale Staaten aufbauen zu können, was natürlich eine Illusion war.

Das nationale Motiv spielte folglich für die Vertreter der nichtrussischen Völker eine außerordentlich wichtige Rolle in ihrer Zusammenarbeit mit Deutschland. Und dennoch sollte man sich davor hüten, Kollaboration und Nationalismus als deckungsgleich anzusehen: Nationalismus war während des Krieges nur eine unter vielen verschiedenen Beweggründen für Kollaboration. Die große Mehrheit jener Personen, die heute als Kollaborateure betrachtet werden, gingen nicht aus einem aufrichtigen Wunsch nach nationaler oder politischer Freiheit auf die deutsche Seite über, sondern um ihr Leben zu retten; und sie verbargen diese verständliche Absicht hinter politischen, militärischen oder nationalistischen Deklarationen.

Martin Dean[1]

The "Local Police" in Nazi-occupied Belarus and Ukraine as the "Ideal Type" of Collaboration: in Practice, in the Recollections of its Members and in the Verdicts of the Courts

Introduction: the "ideal type" of collaboration

For many historians the concept of "collaboration" is problematic, because it is sharply tainted: with connotations of treason, personal self-interest and above all with the support of Nazi Germany during the Second World War. In particular, it is a blunt instrument, which does not distinguish clearly between different levels of collaboration. These can range from reluctant obedience in everyday life to active participation in the Holocaust.[2]

Nevertheless, the unqualified term "collaboration" retains a certain resonance, precisely because of its strongly negative connotations, the bad taste it leaves in the mouth, which conjures up a specific and potent image. The concept of betraying one's own people and becoming a willing and unscrupulous tool of an occupying enemy power is a crime so repugnant that it inevitably provokes a very subjective and strong emotional response. In particular, the idea of entering into a pact with the devil, in order to obtain personal gain, carries with it a strongly moralistic sense of revulsion. This subjective response is inherent to the concept.

Of course, such moral and subjective components are not exactly helpful, if one is attempting a comparative study of different cases of "collaboration," as intended in this volume. Nevertheless it remains possible to select a particular example of "collaboration" and take it as a "Weberian ideal type," in order to measure the other examples against this clearly identifiable yardstick – the epitome or archetype of "collaboration."

In this essay the participation of "local policemen" in the Holocaust in the German occupied territories of Belarus and Ukraine will be examined as an "ideal type" (or worst case scenario) of collaboration. Needless to say, this represents an extreme case, which because of the moral opprobrium associated with perpetrators of the Holocaust, is drawn in stark black and white terms. However, this paper will examine the recruitment, activities and motives of local policemen not only from contemporary documentation, but also incorporating the perspectives of the policemen themselves, insofar as it is possible, on the

---

1 The opinions stated in this chapter are those of the author alone and do not necessarily reflect those of the United States Holocaust Memorial Museum or the United States Holocaust Memorial Council.
2 See, for example, Kooperation und Verbrechen: Formen der "Kollaboration" im östlichen Europa 1939–1945, ed. by Christoph Dieckmann (et al.). Göttingen 2003 (Beiträge zur Geschichte des Nationalsozialismus. 19), Editorial, pp. 13 f., which chooses to use the word co-operation rather than "collaboration."

basis of post-war investigations. Finally, these attempts at self-justification will be contrasted again with the verdicts of post-war courts in both the communist and western legal systems. The result is a complex and multi-layered history, which both questions and confirms the validity of this "ideal type" as a model for examining other examples of collaboration.

The Practice of Local Police Collaboration, 1941–44

In terms of the actual history of local police collaboration between 1941–44, there are three main questions to be examined. How were local policemen recruited? What did they actually do? And what were their motivations?

Recruitment

According to Hitler's instructions locally recruited collaborators were not supposed to fight at the front alongside the Germans against the Red Army.[3] Nevertheless Himmler issued an order on July 25, 1941 to the Higher SS and Police Leaders stating that:

> the tasks of the police in the occupied eastern territories cannot be achieved by the currently and still to be deployed personnel of the police and the SS alone. Therefore, it is necessary to establish rapidly additional protection forces from the sections of the population in the conquered territories that are well disposed towards us... These protection forces should be recruited first of all from the Ukrainians, the inhabitants of the Baltic countries and the Belarussians (*"Weißruthenen"*). They should be selected from the men still available locally in these regions and the non-communist prisoners of war...[4]

For Himmler it was clear that without the assistance of local forces, it would not be possible to rule the vast, largely agricultural eastern territories. In fact the military administration in the East had already begun the recruitment of a local auxiliary police force (known as the *Hilfspolizei* or *Ordnungsdienst*) prior to this. Himmler's order was preceded by a request from the OKW (*Oberkommando der Wehrmacht*) on July 20, 1941, which proposed strengthening the police with local forces, in order to protect important economic installations and supplies in the occupied territories.[5]

Initial recruitment to the local police took place by the Germans asking for volunteers; in Minsk, soon after the German occupation of the city, notices were put up on walls appealing for men to join the police.[6] Some men sent in letters of application.[7] Volunteers

---

3   U.S. National Archives and Records Administration, College Park, Maryland (NARA), RG 238, 221-L Note of a conference at the Führer HQ, July 16, 1941.

4   Bundesarchiv-Militärarchiv, Freiburg (BA-MA), RW 41/4 RFSS an die HSSPF: Berlin, July 25, 1941.

5   Bundesarchiv, Berlin (BAB), NS 19/540; see also Christoph Dieckmann, Die Zivilverwaltung in Litauen, in: Täter im Vernichtungskrieg: Der Überfall auf die Sowjetunion und der Völkermord an den Juden, ed. by Wolf Kaiser. Berlin/Munich 2002, pp. 103 f.

6   War Crimes Unit, Scotland Yard (WCU), S119A. In Latvia and Lithuania the first local recruits to the auxiliary police responded to appeals in the press and on radio. See also Derzhavnyi arkhiv Zhitomirs'koyi oblasti [Zhytomyr State Oblast Archive = ZSOA], 1151-1-21, pp. 65 f. Appeal for voluntary enlistment into the *Schutzmannschaft* in Ukraine, February 21, 1942.

7   Minsk Oblast Archive, 685-1-2.

were selected following a vetting procedure. The majority of policemen were recruited from among the rural population in the villages.[8]

In the small *rayon* (sub-district) town of Mir,[9] the local police was formed within a couple of weeks of the German arrival on the basis of voluntary service. The force was composed of about 30 local men aged between 25 and 35. They were mainly Belarussians, together with a few Poles and Tartars. These men did not enjoy a good reputation with the local population. Some had seen their relatives deported to Siberia during the brief Soviet occupation in 1939 to 1941 and a handful were known as aggressive antisemites.[10]

The voluntary nature of service during this initial period is demonstrated by the ability of men to leave the police if they wished.[11] According to an order dated February 1942 for the Zhytomyr district, local policemen could only request their release in "especially urgent cases for personal or economic reasons."[12] Nevertheless this was sometimes granted.[13] Subsequently by late 1942, once the Germans had resorted to local forms of conscription, it became much harder to leave the police, but some men still managed to bribe a doctor for a certificate that they were unfit for police duty.[14]

There was supposed to be careful vetting of recruits by the Security Police and not all of those who initially applied to join were accepted. A lady in the Mir rayon recalls that her neighbour "wanted to join the police voluntarily and wrote an application. He came to my room and asked my daughter to help him write it. At first he was not accepted, because the Germans had shot his father as a Soviet patriot in 1941. Then, in September 1942 he got a call up notice from the police...."[15]

In fact it is important to make a clear distinction between the early volunteers, who threw their lot in with the Germans from the start and subsequent conscripts, who were generally less enthusiastic, especially once they began to doubt the certainty of German victory. The voluntary leaders of the local police mostly committed themselves to the Germans from a combination of anti-communism and personal ambition. Many of these men took an active part in the murderous actions against the Jews and partisan families.[16] The conscripted policemen, however, only took their oaths of loyalty to the Germans from

8 WCU, S101A. On the voluntary nature of service in the Mir district see also D7308.
9 The spelling of town names here is generally in accordance with the local spellings according to the pre-1939 borders, in accordance with the customary practice of the U.S. Holocaust Memorial Museum.
10 Dorking Committal proceedings against Semion Serafinowicz (Dorking): statements of Oswald Rufeisen on February 22, 1996 and Lev Abramovsky on April 1, 1996.
11 Dorking, Oswald Rufeisen on February 22, 1996.
12 United States Holocaust Memorial Museum (USHMMA) RG 53.002M, reel 5 (National Archives of Belarus, NAB) 658-1-1, p. 84 *KdO* [Kommandeur der Ordnungspolizei] *Befehl* 6/42, February 18, 1942. In Brest individual policemen were sometimes granted release from service at this time for health or family reasons, see BAB, R 94/6 Report of *Stadtkommissar* Brest, January 12, 1942.
13 USHMMA, RG-31 (Accession 1996.A.0269, copies from ZSOA), 1151-1-3, p. 27.
14 Institute of National Remembrance, Warsaw, SWGd 75 pp. 737 f., statement of Konstanty Korneluk on September 9, 1969 at own trial. On the bribing of doctors see also KGB Archives for the Brest Oblast (KGBBO), File No. 2905, Criminal Case 69, pp. 16-18 statement of N.L. on September 13, 1944.
15 Statement of M.F. Yakimova on August 3, 1944, in Soviet trial of A. Bus'ko.
16 Memorial Book of Glebokie. A Translation into English of Khurbn Glubok by M. & Z. Rajak, originally published in 1956 in Yiddish in Buenos Aires by the Former Residents' Association in

the fall of 1942 onwards, that is after the main actions against the Jews had already taken place.

By this time these men could be in little doubt about the nature of the organization they were joining; but for most able-bodied men of military age the choice was one between paid service in the police, deportation to Germany or joining the partisans in the forests. Dangers were involved in all of these options. But for those who had no love for the communists, police service may have seemed the more attractive alternative. Most of the conscripts obeyed German orders, but their loyalty was in many cases half-hearted, their main aim being survival. Many collaborators, including some volunteers, revealed the limits of their loyalty to the Germans once sent to the West, where they took the first good opportunity to desert the German ranks.

In his book, *Neighbors*, Jan Gross puts forward the hypothesis that many of those who participated in the murder and plunder of the Jews in Jedwabne may also have collaborated with the Soviets, both before and after the German occupation.[17] While this thesis is not without some foundation in terms of behavioral patterns, it appears to have been only a limited phenomenon with regard to the Ukrainian and Belarussian local police. Both the Germans and the Soviets made considerable efforts to identify and punish those connected to the previous power structure and only relatively few men appear to have held significant positions in the police under both regimes.[18]

In terms of the "ideal type" of collaboration, it is those men who volunteered for local police service during the first months of the German occupation and actively participated in the anti-Jewish measures that are the focus of my attention. The process of volunteering, which required active personal initiative, reinforces the treasonous nature of wartime service with the enemy. In this respect the local police was probably more "culpable" even than many of the infamous "Travniki guards" who served in the Nazi "death camps." The "Travnikis" were often recruited from Soviet prisoners of war, who recognized their slim chances of surviving if they did not "volunteer."[19] Furthermore, the service of local policemen in their own communities meant that their oppressive actions were directed against former schoolmates and work colleagues, who could also identify them and denounce them after

Argentina (1994), p. 139: "the names of the Police have already been listed. All of them, as was mentioned above, actively helped the Germans in their wild murderous deeds."

17 Jan T. Gross, Nachbarn: Der Mord an den Juden von Jedwabne. München 2001, pp. 109-118; Alfonsas Eidintas, Jews, Lithuanians and Holocaust. Vilnius 2003, pp. 256 f., also refers to the phenomenon of expiation: some of those implicated in the crimes of the previous regime seeking to cover their traces by enthusiastic collaboration with the new masters. Neither, however, makes a serious attempt to assess the scale of this phenomenon.

18 Martin Dean, Collaboration in the Holocaust: Crimes of the local police in Belorussia and Ukraine, 1941–44. London/New York 2000, pp. 30 & 64 f.; Tanja Penter, Die lokale Gesellschaft im Donbass unter deutscher Okkupation 1941–1943, in: Kooperation und Verbrechen (as note 2), p. 200, notes that former Party members were excluded from service in the local police, although soon the German authorities began recruiting former members of the Soviet militia, due to the shortage of suitable personnel; see also Dieter Pohl, Ukrainische Hilfskräfte beim Mord an den Juden, in Die Täter der Shoah. Fanatische Nationalsozialisten oder ganz normale Deutsche?, ed. by Gerhard Paul. Göttingen 2002, pp. 205-234, here p. 220.

19 Helge Grabitz, Iwan Demjanjuk zum Tode verurteilt. Anmerkungen zur strafrechtlichen Verantwortung der 'Trawnikis', in: Tribüne 27 (1988), H. 108, pp. 176-182.

the war. This neighbourly "context" to their betrayal, added further to the moral burden of the crimes, at least in public perceptions, if not in any strict legal sense.

Activities

The method of killing by mass shooting and the participation of men from the local population indicate the unique character of the Holocaust in Belarus and Ukraine. Here local policemen assisted in the murder of their neighbours within earshot of their own homes. These massacres culminated in scenes of singular brutality, which could not be kept secret from the local population.

In a number of massacres conducted during the fall of 1941, for example, in the towns of Mir, Jody and Borisov (in present-day Belarus), or towns such as Radomyschl, Krivoy Rog and Rowne (in present-day Ukraine), local policemen played a very active role.[20] Without local knowledge it was difficult for the Germans even to identify the Jews.[21]

A surprisingly vivid reconstruction of the events in Mir is possible, mainly on the basis of eyewitness evidence (taken in 1996) at the committal proceedings of Semion Serafinowicz held in Dorking, Surrey. On November 9, 1941 the local police force, under Serafinowicz's command, together with men from the 8th Company, 727th German Infantry Regiment hunted down the local Jews on the streets of the town, killing some 1 500 individuals.[22] The Jewish survivor, Ze'ev Schreiber witnessed many Jews trying to escape by running into the fields. He saw local Belarussian policemen shooting at them as they fled, killing some with their automatic weapons.[23] A local Belarussian inhabitant, Boris Grushevsky, not a member of the police, observed the scene at one of the two main killing sites:

> The [local] policemen were sitting on the top of this pit. They had sub-machine guns. There were also several Germans. It was the policemen who shot. The Jews were standing in columns in front of the pit. The police were guarding at the sides... The Jews were forced to take off their clothes a few at a time and approach the pit and enter it. They laid down and were shot...[24]

---

20 On Mir, see the detailed description given below; on Jody, see P. Silverman, D. Smuschkowitz, P. Smuschkowicz, From Victims to Victors. Concord, Ontario 1992, pp. 79-83; on Borisov, see, for example, NARA, PS-3047 Sönnecken letter, dated October 17-20, 1941 and Landesarchiv Berlin, Archiv für Wiedergutmachung (AfW), Bd. 55, pp. 923 ff. Bericht von Dr. Wenz on October 22, 1941; on Radomyschl, see BAB, R 58/217, p. 164, Ereignismeldung UdSSR 88, September 19, 1941; on Krivoy Rog, see USHMM, RG-11.001M13 (Former Osobyi Archive, Moscow, former Heeresarchiv collection) 1275-3-665, OK I/253 Kriwoj-Rog Lagebericht, October 15, 1941; Pohl, Ukrainische Hilfskräfte (as note 18), p. 215; Aleksandr I. Kruglov, Katastrofa ukrainskogo evreistva 1941–1944 gg.: entsiklopedicheskii spravochnik [The Catastrophe of the Ukrainian Jews 1941–1944. Encyclopedic Reference Book]. Khar'kov 2001, p. 272.

21 Pohl, Ukrainische Hilfskräfte (as note 18), p. 224; see also Dean, Collaboration (as note 18), p. 164.

22 BAB, R 2104/14, pp. 180-186; R 2104/23, pp. 731 f.; Dorking, see especially the statements of Regina Bedynska, Menchem Shalev, Ze'ev Schreiber, Boris Ivanovich Grushevsky and Lev Abramovsky regarding the first Mir massacre.

23 Dorking, Ze'ev Schreiber on March 27, 1996.

24 Dorking, Boris Grushevsky on March 18, 1996.

In the summer and fall of 1941 the military administration in western Belarussia and western Ukraine was gradually replaced by a civil administration. This meant that the local police was renamed the *Schutzmannschaft-Einzeldienst* and subordinated to small detachments of the Order Police (*Gendarmerie* and *Schutzpolizei*) arriving from Germany. At the same time this reorganization was used to purge the local police of some undesirable elements, such as many Poles, who were viewed as unreliable.[25] A Gendarmerie order issued in the Zhytomyr region (*Generalbezirk*) instructed that:

> The existing militia units in the districts are to be dissolved in so far as they are difficult to control and unreliable... the creation of a new *Schutzmannschaft* force, corresponding to our needs is to be commenced right away. The *Schutzmannschaft* should assist the Police and Gendarmerie by carrying out the dirty work. Its strength will vary according to the tasks. Generally, some 20 or 30 men for each rayon town will be sufficient...[26]

The strength of the *Schutzmannschaft* increased dramatically during the course of 1942 from 33 000 in January to more than 150 000 men by December, matched by a similar number of locals subordinated to the Order Police in the fire brigades and water police. Of these, the *Schutzmannschaft* on individual post duty (*Einzeldienst*, as opposed to Battalions) comprised more than two thirds.[27] The main expansion occurred from the summer of 1942 as a result of more or less enforced recruitment for local post duty.

In many places the local police were also entrusted with guarding the ghetto perimeter to prevent smuggling and with escorting Jews to places of work outside the ghetto.[28] At the beginning of the occupation the *Schutzmannschaft* also dealt with everyday crime such as theft and burglary. Regular police work largely ground to a halt, however, once the partisan war intensified by the fall of 1942.[29]

In *Generalkommissariat Weißruthenien* and the western parts of *Reichskommissariat* Ukraine, the majority of the Jews were killed during the "second wave" of mass killings in 1942 and 1943.[30] During this period more than 300 000 Jews were shot with the active participation of the local police. Despite careful organization, it probably could not have

---

25 Martin Dean, Polen in der einheimischen Hilfspolizei. Ein Aspekt der Besatzungsrealität in den deutsch besetzten ostpolnischen Gebieten, in: Die polnische Heimatarmee. Geschichte und Mythos der Armia Krajowa seit dem Zweiten Weltkrieg, ed. by Bernhard Chiari. Munich 2003, pp. 355-368, here p. 359.

26 ZSOA, 1182-1-17, p. 132 Extracts from the Gendarmerie Captaincy Orders concerning the establishment of the Ukrainian *Schutzmannschaften*, undated.

27 Tsentr khraneniya istoriko-dokumental'nykh kollektsii (formerly Osobyi arkhiv) [Center for the Storage of Historical Documentary Collections (Special Archive)], Moscow, 1323-2-267, report of Daluege on the strength and operations of the Order Police in 1942, dated February 1, 1943; see also Raul Hilberg, The Destruction of the European Jews. Vol. 1, New Haven 2003, p. 385.

28 Zentrale Stelle (now Bundesarchiv-Außenstelle), Ludwigsburg (ZSL), 2 AR-Z 16/67, Vol. X, pp. 1977-2013 statement of M.E. on June 13, 1973; WCU, D7852; WCU, D9885; Shmuel Spector, The Holocaust of Volhynian Jews. Jerusalem 1990, p. 134; BAB, R 94/6, *SSPF* Brest report, March 15, 1942.

29 WCU S119A; WCU S135B.

30 See, for example, Shalom Cholawsky, The Jews of Bielorussia during World War II. Amsterdam 1998, pp. 70-73 & 150; Spector, Holocaust (as note 28), pp. 186; on the organization of the "Second Wave" see also Hilberg, Destruction (as note 27), Vol. 1, pp. 382-408.

been conducted effectively without their help. This time Jews took more extensive evasive action, building bunkers or trying to escape, requiring more manpower on the side of the perpetrators.[31]

A fairly typical example of the active participation of local policemen in the murder of remaining Jews is the case of the Ustynovka *rayon* in the Kirovograd oblast, where the shootings took place in the late spring of 1942. The Bobrynets' district commissar (*Gebietskommissar*) organized the collection of all the Jews of the district, so that they could be shot in a pit, a few kilometers outside the village of Izrailovka. Among the victims were some 80 Jews from Izrailovka, including about 20 half-Jewish children from mixed marriages, who were collected by local policemen shortly after the round up of the other Jews.[32]

At the killing site, the Jews were made to undress. Then members of the Security Police, the Gendarmerie and also some local policemen murdered them by shooting. Other members of these police forces guarded the perimeter of the killing site. Strong corroboration of the descriptions provided only by the perpetrators, was found by a team of forensic experts employed by the Australian Special Investigations Unit in 1991. During an exhumation of the site near Izrailovka, the skeletal remains of 19 children aged under-11 years were uncovered at the top of the mass grave. Seven of the children had bullet wounds in the head, while the remainder had fractured skulls caused by a blunt instrument, such as a rifle butt. Under these bodies the investigators found the remains of more than one hundred adult humans.[33]

The Jews of Nieswiez (in present-day Belarus) prepared hiding places in the summer of 1942 before an expected second "action."[34] The "liquidation" of the ghetto in the nearby town of Horodziej was carried out on July 16, 1942. News of events in Horodziej rapidly dispelled any delusions among the Nieswiez Jews that they might be spared. During a memorial service in the Nieswiez synagogue, Shalom Cholawsky urged his co-religionists to fight for their lives: "A plan of attack was agreed. It was decided to set fires and resist with weapons in order to gain the opportunity, for those Jews who could, to flee to the forest."[35]

In the meantime the German police began their own preparations. Under the organization of the Security Police a combined force of German police and Lithuanian auxiliaries arrived in Nieswiez from Baranowicze on trucks the day before the action. In addition the local

---

31 Dieter Pohl, Schauplatz Ukraine: Der Massenmord an den Juden im Militärverwaltungsgebiet und im Reichskommissariat 1941–1943, in Ausbeutung, Vernichtung, Öffentlichkeit: Neue Studien zur nationalsozialistischen Lagerpolitik, ed. by Norbert Frei, Sybille Steinbacher and Bernd C. Wagner. Munich 2000, pp 135-174, here p. 162, notes more than 200 000 for the *Reichskommissariat* Ukraine; Christian Gerlach, Kalkulierte Mord: Die deutsche Wirtschafts- und Vernichtungspolitik in Weissrussland 1941 bis 1944. Hamburg 1999, p. 705, estimates some 115 000 for *RK* [Reichskommissariat] Ostland in 1942.

32 This summary of events in Ustynovka has been compiled mainly from statements in Soviet trials after the war. In spite of some discrepancies, these testimonies appear to be reliable concerning the general pattern of events. These accounts can also be compared with the evidence collected in the case of Heinrich Wagner by the Australian Special Investigations Unit and by the Staatsanwaltschaft (Sta.) Dortmund in the case of Ernst Hering.

33 Landgericht Köln (4. große Strafkammer, 1. Jugendkammer), Verdict (Urteil) B. 104-28/97 in der Strafsache gegen Ernst Hering, December 19, 1997 (Urteil Hering), pp. 43-49.

34 Moshe Lachowicky, Churban Nesvizh (Yiddish, The destruction of Nesvizh). Tel Aviv 1948.

35 Shalom Cholawski, Soldiers from the Ghetto. San Diego/New York 1980, pp. 67 f.

Belarussian policemen from all the stations in the *rayon* were brought to Nieswiez.[36] In the evening the police chief explained to the assembled policemen that the Jews were to be shot the next day. A tight cordon was thrown around the ghetto to prevent Jews escaping. The policemen received clear orders to shoot any Jews attempting to flee.[37]

During the night there was some sporadic shooting before the action began. A few Germans and local police appeared at the ghetto gate early in the morning and informed the Head of the Jewish Council, Magalif, there would be a "selection."[38] Some Jews were transported away in an orderly fashion, but soon the Jewish fighting unit in the synagogue returned German shots with machine gun fire and a battle ensued. Fires were lit within the ghetto and a number of Jews tried to escape in the smoke and confusion.[39] Both local inhabitants and former policemen recall the active role of local policemen in slaying the fleeing Jews and those in hiding.[40]

In the German region (*Generalbezirk*) of Volhynia-Podolia, the main wave of killings was carried out in the summer and fall of 1942. For example, the largely Jewish population of the small town of Domaczewo were murdered on Sunday, September 20, 1942. One local Jew, Ben-Zion Blustein, woke up that day to find the ghetto surrounded by German and Ukrainian policemen. He received instructions to report to the sports stadium. Instead he and his family went into a pre-prepared bunker to await developments. During that day he heard many shots and people weeping, so that when nobody returned in the evening he understood what had happened.[41]

All the Jews were gathered at the stadium, where their gold and other valuables were taken from them and they were made to undress. The local police then escorted them in large groups to a sandy area in the forest, only some 500 meters outside the town. Here they were made to lie face downwards and were shot.[42] At the execution site thirteen Jews were selected to work in the stables for the German cavalry squadron based in the town.[43]

Shortly afterwards the German Gendarmerie commander in Brest reported that: "on September 19th and 20th, 1942 about 2 900 Jews were shot in Domaczewo and Tomaszowka by a special command of the SD in connection with the cavalry squadron stationed in Domaczewo, the Gendarmerie and the Schutzmannschaft. The 'Jewish action' took place

---

36 ZSL, 202 AR 133/81, pp. 32-35 A.A.G. statement on October 17, 1979; on the concentration of all Nesvizh district police see also pp. 36 ff. statement of A.I.T. on October 19, 1979 and also Lachowicky, Churban Nesvizh (as note 34). On the participation of Lithuanians, probably auxiliaries of the Security Police, see WCU D9132 & D9129.

37 ZSL, 202 AR-Z 133/81, pp. 25-38, A.A.G. on October 17, 1979; on the orders to shoot escapees see also A.K.A. on October 16, 1979 & A.I.T. on October 19, 1979. Spector, Holocaust (as note 28), p. 176, mentions shoot to kill orders received prior to the ghetto round ups in Volhynia.

38 Lachowicky, Churban Nesvizh (as note 34); Cholawsky, The Jews of Bielorussia (as note 30), p. 190.

39 Lachowicky, Churban Nesvizh (as note 34); Cholawski, Soldiers (as note 30), pp. 68 ff.

40 Dean, Collaboration (as note 18), pp. 88 ff.

41 Committal proceedings at the Old Bailey against Anthony Sawoniuk (Old Bailey): evidence of Ben-Zion Blustein given in April 1998.

42 KGBBO, Investigation of Ivan Yefimovich Chikun, Arch. File No. 466, Vol. 2, pp. 94-98, statement of Ivan Stepanovich Khvisyuchik on March 16, 1983.

43 KGBBO, Investigation of Roman Antonovich Vitovskiy, Archive No. 6134, pp. 30 f., statement of the accused on January 28, 1945.

without any disturbances."[44] The hunt for surviving Jews in the emptied ghetto and the surrounding forests went on for many days thereafter. In this task a few leading personalities in the Domaczewo police played an especially active role. This pattern was repeated in many of the more than 100 ghettos in the Volhynia-Podolia general region.

A Polish underground report from the end of December 1942, confirms, the active role of the local police in the liquidation of the Brest ghetto:

> Brest. The liquidation of the Jews has been continuing since October 15. During the first three days about 12 000 people were shot. The place of execution is Bronna Góra. At present the rest of those in hiding are being liquidated. The liquidation was organized by a mobile squad of SD and local police. At present the "finishing off" is being done by the local police, in which Poles represent a large percentage. They are often more zealous than the Germans. Some Jewish possessions go to furnish German homes and offices, some are sold at auction.[45]

A careful reading of the diverse sources now available leaves little doubt about the considerable contribution made by the local police to these ghetto "liquidations." For example, one Ukrainian *Schutzmann*, Wasyl Palamarchuk, in Samgorodok was recommended for a decoration in 1943, as he had "especially distinguished himself during the resettlement of the Jews in June of 1942 and in the subsequent apprehension of individual Jews who variously concealed themselves."[46]

Motivation

Various motives influenced the initial recruits in their decision to join the local police and in their active support of the Germans in implementing the Holocaust. With regard to recruitment, there is no doubt that the promise of food and pay, possibly supplemented by further booty, provided a major incentive for volunteering.[47] As one former policeman reportedly explained: "I haven't got a lump of bread, I have joined the police service to feed my children."[48] Some men were also motivated by a desire for personal revenge, due to relatives deported or property lost under the Soviets.[49]

Since almost no experienced policemen were available, most having fled before the German advance, training was a particular problem.[50] Inevitably under conditions of enemy occupation, police service tended to attract unsavoury characters, ambitious individuals and even criminals.[51] In the words of one man who worked as an undercover agent within the

---

44 BAB, R 94/7, Gendarmerie District Leader Brest, situation report, October 6, 1942.
45 Archive of New Documents, Warsaw, 202/III/7, vol. 1, p. 187, report of the Polish underground 252/A-1, dated December 17, 1942. On the active participation of the local police in the hunt for Jews after the ghetto liquidations in Volhynia, see Spector, Holocaust (as note 28), p. 176.
46 ZSOA, 1182-1-6, p. 163, *Gendarmerie* post Samgorodok, May 31, 1943.
47 WCU, D8011: one former policeman recalled of another that he "heard that his mother advised him to become a policeman as their food was assured."
48 WCU, D6950 and S296.
49 WCU, D8724.
50 BAB, R 94/7, *Schutzpolizei* Brest report, October 12, 1942.
51 KGB Archives for the Grodno Oblast, Case 59, Arch. File No. 20777, statement of V.A.K. on October 6, 1944.

police: "at the beginning of the war nobody was enlisted into the police by force... The police was formed at that time by those who wanted power and easy gains."[52]

The example of Andrei Sawoniuk, a notorious policeman in Domaczewo, who joined soon after the arrival of the Germans in the summer of 1941, can perhaps serve as an example of the (not exactly) "ideal type." Just turned twenty in 1941, he quickly rose to a position of considerable local power as a police deputy, on account of the high turnover in leadership. In particular, he knew some German, having spoken Yiddish with his Jewish neighbors before the war, and he was distinguished by a particular eagerness to carry out German orders.

What were his motives in serving in the local police? According to a conversation overheard by a Jewish survivor, Sawoniuk, replied to a relative who warned him about service in the police that he was not too worried about a possible German defeat: as "in the meantime I'll try to do what I want – to have a good life, to kill, to drink and to take what I can."[53] As a young man with a chip on his shoulder, Sawoniuk combined antisemitism born from personal animosity with greed and ambition. He especially relished the power of life and death he held over others and the reign of terror he inspired.

If antisemitism only played a small role in fostering recruitment, it was clearly not unimportant in facilitating the Holocaust. Local policemen were subjected to antisemitic propaganda both from the Germans and local nationalists, although their own lack of education may have limited its impact.[54] More significant was probably the example of German anti-Jewish measures, which declared open season on the Jews, placing them at the mercy of the local police. Jews were beaten mercilessly at work and could be shot for smuggling food or attempting to leave the ghetto.

It is notable that the strength of local nationalism, both as a motive for recruitment and as an ideological force, was much weaker in Belarussia than Ukraine. Many Ukrainians joined the police initially as a way to gain arms with a view to furthering Ukrainian independence. Nevertheless, the participation of the local police in actions against the Jews was not markedly dissimilar in the two countries. Whilst antisemitism clearly formed an important motive and was linked in people's minds with revenge for communist excesses, indoctrination and propaganda alone do not appear to be sufficient reasons to explain the killing of former neighbours.

The other motives indicated by the sources include those of personal enrichment and advancement, obedience to authority and group behaviour (peer pressure). Alcohol was readily available to the local police even during the actions and in practice looting was widespread. Those who carried out German orders eagerly and efficiently could expect promotion and rewards. Despite severe punishments within the local police for disobedience or disloyalty, no instances have been uncovered of a local policeman being shot for refusing to kill Jews.

---

52 WCU, D7431.

53 Old Bailey, evidence of Ben-Zion Blustein in April 1998.

54 On the spread of antisemitic literature early on in the German occupation, see, for example, Pinkes Biten, Bitener Landslayt in Argentine. Buenos Aires 1954, pp. 207-314; on the education level of the local police, see Dean, Collaboration (as note 18), p. 74.

The perspectives of "local collaborators"

As most of the information available on how "local collaborators" viewed their own service with the German auxiliary police can only be derived from post-war criminal investigations, these sources probably tell us more about the respective legal systems and defense strategies than they do about the wartime attitudes of local policemen. Nevertheless, it is of some interest to examine three of the main responses, which are to be found in these sources. Of those accused directly, the most frequent immediate response, especially of those who had made it to the West, was that of denial, either of police service at all, or of having participated in any criminal acts during that service.

As in most Soviet and Polish investigations there was generally sufficient evidence to demonstrate police service, a more common response under these circumstances was that of minimizing one's own personal responsibility or claiming to have secretly aided the partisans. A similar response is that of describing the massacres as if one was a bystander and not personally an agent of what took place. In many cases local policemen were used to escort the victims and guard the perimeter of massacre sites, and these men were naturally keen to stress the duress involved in local police service.

In the Soviet trials another common feature is the existence of detailed confessions, which can probably be attributed to the systematic use of coercion to obtain the desired result. In many cases these confessions probably contain clear elements of truth, which can be verified both from contemporary documents and independent witnesses; but it is notable that similar confessions are almost completely absent from western investigations, where they would also be given little weight by the courts without strong external corroboration.

Denial

In the case of Anthony (Andrei) Sawoniuk, tried in the U.K. in 1999, his initial response on interrogation was to deny having served in the police at all, a strategy that clearly backfired in the face of overwhelming documentary and witness evidence. Indeed scores of witnesses testified to having seen him in police uniform, citing unique family and personal details in support of their identification.[55] Another suspect from the Mir police, uncovered in Canada, claimed initially to have been deported to Siberia by the Soviets and to have come out with the Polish Army under Sikorski via Persia during the war, as some 70 000 Poles actually did.[56] Unfortunately his Polish Army record and captured German documentation told a rather different story.[57] Nevertheless, the story of oppression by the Soviets, actually experienced by other family members, was now conveniently borrowed to bolster his anti-

---

55 See, for example, the public evidence of witnesses given at the Old Bailey committal proceedings in April 1998.
56 WCU, Officer's Information regarding an interview with W.O. in Canada on December 2-3, 1995; on the actual history of the release of Poles from Soviet internment via Persia, see Keith Sword, Deportation and Exile: Poles in the Soviet Union, 1939–48. London 1994, p. 86.
57 Public Record Office, Hayes storage facility, Polish Resettlement Corps, File No. 1919/80/III for W.O., which noted his service with the German Armed Forces from March to July 1944 "according to his own testimony."

communist self-image. Thus he may have been trying to justify his collaboration with the Germans even in denial, by assuming the identity of a victim of Soviet oppression.

More subtle and effective defense strategies for the benefit of western courts, frequently involved a temporary absence from police service around the time when the Jews were killed. One local policeman, an ethnic German from near Ustynovka in Ukraine, claimed to have been on a training course in Vienna just at the time when the Jews were killed.[58] Another policemen from Nieswiez claimed to have been arrested by the Germans for a drunken incident just before the liquidation of the ghetto, again excusing himself from active participation.[59] This version of events allows the suspect to reconcile his police service with the fact of the murder of the Jews, without accepting any personal responsibility.

A more common, if less plausible story, heard on several occasions is that the accused individual claimed to have remained at the police post on guard duty, or working in the kitchen, on the relevant day, hearing about the action when his colleagues returned from the scene of the crime.[60] For example, one former policeman from Domaczewo who came to Britain after the war, carefully embedded his story within a fairly accurate narrative of wartime events. First he noted how former Polish policemen, landowners, shopkeepers and anyone who had held a position of authority in inter-war Poland had been arrested and deported by the Russians prior to the German invasion. He did not deny: "joining the Domaczewo militia about 4 weeks after it was formed," on the instructions of the local mayor. But he only worked as a clerk in the local police, because he knew a little German. With regard to the Jews he recalls that:

> The Jews were taken from the ghetto very early in the morning to the area of wasteland where the graves had been dug and they were all shot. I do not know who shot them because I did not see it. I do know that some of the Domaczewo militia were involved because I was in the police station when they left to take part.[61]

In the absence of eyewitness evidence placing suspects personally at the scene, such carefully phrased admissions enabled these men to describe the events more or less accurately without directly incriminating themselves.

Confessions

Of course, the position of local policemen involved in atrocities that fell into Soviet hands was rather different. Here one finds many signed "confessions" and even professions of guilt.

---

58 Statement of Martin Dean in the case of Heinrich Wagner prepared for the committal proceedings held in Adelaide in 1992, describing the research undertaken in Vienna to check out Wagner's alibi. See also Mark Aarons, War Criminals Welcome: Australia, a Sanctuary for Fugitive War Criminals since 1945. Melbourne 2001, p. 511, noting that a succession of witnesses demolished Wagner's alibi during the subsequent trial. Only a heart attack suffered by Wagner caused the proceedings to be stayed.
59 WCU, Officer's Information on the interview conducted with M.K. on December 6, 1993 in New Zealand.
60 WCU, Officer's Information on the interview conducted with P.S. on December 3, 1993, who claimed to have been "working in the kitchen" of the police station at the time of the massacre of the Jews in Mir in November 1941.
61 WCU, statement of L.T. on August 8, 1995.

The very forthright and uncompromising nature of these confessions, leads one naturally to suspect some degree of coercion. For example, the Soviet authorities recorded the following statement from the former police chief in Samgorodok:

> In June 1942 I participated together with the Germans in the shooting of the Jews. In total about 500 people were shot including children, women, and the elderly. My participation in the destruction of the Jewish inhabitants of Samgorodok consisted in the fact that I, and the policemen under my command collected the Jews from their houses and drove them into the school building. I selected the specialist workers, which were to be employed on various tasks by the Germans, and under my direction the Samgorodok police kept the Jews under strict guard during the shooting.[62]

However, this particular confession is corroborated by German wartime documentation indicating the active role of local police members in the liquidation of the Samgorodok ghetto in June 1942.[63]

Another interesting case is that of Piotr Sergeyev, a policeman in the Nieswiez rayon of Belarus, recruited into the Nazi local police in the fall of 1941. Sergeyev's post-war interrogations include confessions of participating in the shooting of Jews in the town of Snov and taking Jewish property. In subsequent appeals he complained vigorously about his treatment, claiming that some of his admissions were false, having been made under duress, and that in fact he had tried to save Jews and also remained in contact with the partisans. At the same time he did admit a certain degree of collaboration in German crimes, characterizing himself as an "accidental perpetrator" caught in the wrong place at the wrong time. In his appeal letters Sergeyev also stressed his lack of education and tough upbringing, arguing that he was only a small fry (literally a "criminal insect") compared with the real criminals who had stayed in the West. There may be some truth in his version of events, as he was one of only a few former policemen, who having escaped to Germany in 1945 heeded Soviet appeals to return home and was then prosecuted despite assurances that no retribution would take place. A more revealing insight into his character may be found, however, in the reported comment of his wife, who complained to a neighbour after one of the "actions" that: "again my blockhead has come [home] all [covered] in blood."[64]

Verdicts of the courts

In examining the view of local policemen who actively participated in the Holocaust taken by the courts in a number of countries, it is important to note that all clearly condemned such activity. Nevertheless, there were a variety of different responses, both in terms of defining the crime and in sentencing. In Eastern Europe the main focus of the written verdicts, even for Holocaust perpetrators, was the status of these crimes as treasonable: that is they were tried primarily for collaboration. In the Soviet Union, tens of thousands

---

62 ZSL, II 204a AR-Z 188/67, Vol. I, pp. 229 ff., statement of A.N.W. on June 2, 1953.
63 See note 46 above.
64 KGB Archives for the Minsk Oblast, Court Record in the case of Piotr Sergeyev[-Korolev], October 28-29, 1949 and subsequent appeal letters.

of former policemen and local administrators were tried and convicted under the statutes for "collaborating with the enemy."[65] This certainly made the burden of proof much easier for the courts, as it was necessary only to prove that they had served the enemy, that is they had worn an enemy uniform or carried arms against the Soviet state. In this context, additional crimes such as the massacre of Jews or the killing of other civilians acted only as an aggravating circumstance that would produce a more severe sentence, in some cases the death penalty. In western courts the significance of treason or collaboration was completely overshadowed by the concept of crimes against humanity (primarily the murder of Jews as innocent victims), whereby the main feature was not betrayal of one's own country or political system, but rather subordination to Nazi plans for racial extermination, which also had to be demonstrated by historical evidence placed before the court with the aid of historians acting as expert witnesses.[66]

Soviet Union

A high proportion (probably over 50%) of all former Nazi policemen who remained in or returned to the Soviet Union were arrested and tried by the Soviet authorities after the war. These men were tried primarily for betraying the motherland and "collaboration" with the Germans, in accordance with pre-war Soviet statutes (i.e. paragraph 54-1a of the Ukrainian SSR). During the war the definition of this crime was refined by further decrees to distinguish between "traitors" (especially those in leading positions under the Germans, those responsible for the killing of civilians, espionage or serious damage to the state, etc.) and their "accomplices" (whose crimes were limited to service with the Germans without direct involvement in the above crimes). The main difference was that the "traitors" were subject to the death penalty, while their accomplices would receive "only" 15 or 20 years of forced labour.[67]

In many regions systematic attempts were made to identify all former policemen and so-called "search files" were opened for those who could not be located. This involved the questioning of relatives and other local inhabitants to establish both evidence of their crimes and also their current whereabouts.[68] As Amir Weiner has shown, this effort to punish collaborators did not diminish over time as occurred in many countries such as

---

65 The figure of more than 300,000 individuals arrested as "collaborators" in the Soviet Union after the war was published recently on the web-site of the Federal'naia sluzhba bezopasnosti (FSB, successor organization in Russia of the KGB); see O.B. Mozokhin, Statistika repressivnoi deiatel'nosti organov bezopasnosti SSSR na period s 1921 po 1953 gg. [Statistics of repressive measures of the security organizations of the USSR in the period of 1921 to 1953], at: http://www.fsb.ru/new/mozokin.html (last consulted 1 July 2005).

66 The use of historical expert witnesses had been introduced in the German courts by the 1960s and has since been adopted in other countries, including the U.S., Australia, Canada, the U.K., and Israel.

67 For further details on the relevant decrees, see Penter, Lokale Gesellschaft (see note 18), pp. 189 f.

68 See Martin Dean, Soviet War Crimes Lists and their role in the investigation of Nazi War Criminals in the West, 1987–2000, in: NS-Gewaltherrschaft: Beiträge zur historischen Forschung und juristischen Aufarbeitung, ed. by Alfred Gottwaldt, Norbert Kampe and Peter Klein. Berlin 2005 (Publikationen der Gedenk- und Bildungsstätte Haus der Wannsee-Konferenz. 11), pp. 456-470.

France, but rather was intensified.[69] As men returned from the Red Army in 1947 and 1948 further trials of former policemen among the returnees were conducted, with only a small reduction in punishment earned for subsequent "loyal behaviour" in the Red Army.

Nevertheless there was also some awareness of the concept of "crimes against humanity" within the Soviet penal system. As noted above, those proven to have actively participated in the murder or torture of Soviet citizens generally received stiffer sentences than those who merely "collaborated." For example, the local policeman, Ivan Zhilun, who served in the Ustynovka district police under the Germans was accused of various acts of treason, in that he allowed himself to be captured while serving in the Red Army, served in the German police and armed forces and also participated in the arrest and shooting of Soviet citizens of Jewish nationality.[70] Despite his protestations that he did not personally shoot anybody, but only arrested the victims and guarded them during the shooting, his participation in additional crimes against Soviet citizens resulted in a sentence of 25 years. The verdict of June 5, 1947, found him guilty of "betraying his country", according to paragraph 54-1b of the Ukrainian penal code.[71] Zhilun's denial of personal responsibility for the shooting may have helped him a little, as he served only 8 years in jail before being released thanks to the amnesty given to many collaborators in 1955.

His former boss, the police chief in Ustynovka, Mefody Marchik, was identified by chance in another Ukrainian city in the late 1950s. The evidence against Marchik was considerably more clear-cut than that against Zhilun, including direct personal participation in several shooting actions. Marchik was tried and sentenced to death in Ukraine in 1958.[72] Thus the degree of personal responsibility and the seriousness of specific criminal acts had some influence on the sentences handed down, if the bulk of Nazi local policemen uncovered were tried and sentenced to at least ten or fifteen years imprisonment merely on account of their service in the police.

In a subsequent indictment in 1980 against three former local policemen, the main charge again was that they "betrayed their homeland and voluntarily went to work for the German-Fascist occupants." These three men were also accused of direct participation in shooting Jews from the Krymne ghetto in September 1942, as well as other acts of violence against Soviet citizens. All three were sentenced to death by shooting as "Traitors of the Homeland" on August 28, 1980.[73] Thus for the Soviet authorities, the combination of local police service and the murder or torture of Soviet citizens required the most severe punishment even some forty years later.

The post-Soviet rehabilitation laws, such as those introduced in Belarus during the period 1991–93, have also strictly excluded from rehabilitation those persons proven to

---

69 Amir Weiner, Making Sense of War: The Second World War and the fate of the Bolshevik Revolution. Princeton 2001, pp. 185 ff.

70 Indictment against I.K. Zhilun May, 12, 1947.

71 Kirovograd Oblast State Security Archive (former KGB archive), Archival No. 163, Case No. 102, Verdict Nr. 90 in the case of I.K. Zhilun, dated June 5, 1947. It is probable that he was not sentenced to death due to the "temporary" abolition of the death penalty by Stalin just prior to this in early 1947.

72 Ibidem, Criminal Case No. 4419, verdict in the case of Mefody Marchik, conducted in 1958.

73 Nazi crimes in Ukraine, 1941–1944: documents and materials, ed. By A.F. Vysotsky (et al.). Kiev 1987, pp. 345-352.

have committed the crimes of: "High treason... [or] complicity with traitors and the Fascist occupying forces during the Great Patriotic War...[or] war crimes, crimes against the peace or humanity..."[74] Again, this law closely links the crimes of treason and "war crimes" in the same statute without clear differentiation. This reflected the enduring Soviet wartime memory, which, while denying specific victim status to Jews as a group, still linked any collaboration with the commission of atrocities, in the light of massive Soviet civilian losses under German occupation.

Poland

What was the nature of the post-war trials of local police collaborators from present-day Belarus and Ukraine conducted in Poland? As Jan Gross and others have argued with regard to the criminal investigations conducted into the events in Jedwabne, these post-war investigations were primarily of a criminal nature with no strong political motivation.[75]

In most Polish cases against former policemen there was usually only general informa-tion available about the participation of the accused in specific anti-partisan actions or in the escorting of members of particular victim groups (sometimes Jews) to be shot. Many witnesses were themselves compromised by their own police service and had been tried (and convicted) previously. The difficult question was usually not whether someone had collaborated with the Germans, but whether he had played an active role in the German repressive measures, or rather, as was often claimed by the defendants, he had only gone along with the Germans passively out of fear for himself and his family.[76]

It is difficult to give a general picture of the sentencing policy of the Polish courts, as this varied considerably from case to case. Most of those convicted received sentences of between five and fifteen years in prison for their collaboration in the German police. On account of amnesties and parole policy, many prisoners actually served only about half of their sentence or less. More severe punishment, including death sentences (sometimes commuted) were meted out primarily to those who had leadership positions or who could be proven to be "excessive perpetrators" on account of their direct participation in brutal atrocities. These trials were not on the massive scale of those conducted in the Soviet Union, as only some 200 or so individuals were tried for local police service, mostly Polish nationals.[77] They were probably more susceptible to a careful weighting of the available evidence, with lighter sentences resulting compared to the Soviet trials, although the effect of amnesties in both countries was similar, roughly cutting sentences in half. But the close linkage of collaboration ("treason") and war crimes in the verdicts of the Polish courts resembled the practice in the Soviet Union.

---

74 WCU, translated extract from relevant Belarusian rehabilitation laws, published in the period 1991–93.

75 Jan T. Gross, Neighbors: The Destruction of the Jewish Community in Jedwabne, Poland. Princeton 2001, pp. 26-32; Wokół Jedwabnego [Around Jedwabne], ed. by P. Machcewicz and K. Persak. 2 vols., Warszawa 2002; see esp. the contributions of Andrzej Żbikow-ski and Andrzej Rzepliński (short abstracts in English were available on the Internet at <http://www.ipn.gov.pl/summary_1.pdf> on 25 Mar. 2004).

76 See Dean, Polen (see note 25), pp. 364-368.

77 Ibidem.

Great Britain

On April 1, 1999, a local policeman from the small Belarussian town of Domaczewo was convicted on two counts of murder by a British court and sentenced to life imprisonment, which in his case will probably mean no realistic chance of parole. This was the only successful criminal prosecution under the 1991 War Crimes Act, as a similar case involving another local police chief was abandoned due to ill health in 1996.[78] Andrei Sawoniuk came to the attention of the British police, as his name was one on a list of more than 100 suspected war criminals received from the Soviet authorities in the late 1980s.[79]

Sawoniuk attracted the close scrutiny of the London-based War Crimes Unit mainly as a result of the contents of his 200-page KGB Search File. Numerous local witnesses recalled seeing Sawoniuk beating Jews and other prisoners. There are also a number of allegations that he personally shot specific individuals or groups of victims, both Jews and non-Jews. Not atypical is the comment from one Soviet-era statement that he was reputed to be "a most bloodthirsty person and that many people died at his hands." According to one of his former police comrades, Sawoniuk was the most active policeman in all the repressive measures... [who] went to the executions of his own accord."[80]

These Soviet interrogations were subsequently augmented by scores of interviews conducted with local inhabitants by Scotland Yard detectives in the 1990s, which produced many similar descriptions, including several persons who claimed to have seen Sawoniuk shoot people. One witness saw him shoot two Jewish men and a Jewish woman who had been captured shortly after the liquidation of the ghetto and another man witnessed him shooting a larger group of Jewish women at about the same time. Others described him beating Jews and Soviet POWs on the way to a notorious killing site. Shots were heard shortly afterwards. Most conclude that he was eager to demonstrate his loyalty to the Germans through his brutality to earn promotion and other rewards. The Germans were clearly relieved to find such people to do their "dirty work" for them.[81]

The British court was naturally somewhat skeptical of the reliability of eyewitnesses recalling events more than fifty years later. However, at least two of the eyewitness accounts were deemed to be trustworthy and the sentence of life imprisonment was then mandatory, in accordance with the practice in other cases of murder. In terms both of the public perception and the view of the court, this case was very much one of a Holocaust perpetrator rather than a collaborator. Nevertheless, the largely supportive view expressed in the House of Commons and in parts of the press, reflected also a positive view of Britain's role during the Second World War, as having defeated Nazi tyranny. In this respect Nazi collaborators who participated in genocide were to be treated in the same way as their German masters.

---

78 The Daily Telegraph, Friday April 2, 1999.

79 See Dean, Soviet War Crimes (see note 68).

80 KGBBO, Search File for Andrei A. Savanyuk (English translation, WCU D9965). Sawoniuk was initially not traced in the U.K. due to the discrepancies between the Russian and Polish spellings of his name. The correct spelling of his name was found in the former Stasi Archives in Berlin after the fall of the Berlin wall.

81 Old Bailey, committal proceedings against Andrei Sawoniuk in 1998; The Daily Telegraph, Friday April 2, 1999, article by Sue Clough. I was unable to attend the trial in 1999, as I had already taken up my appointment with the United States Holocaust Memorial Museum.

Germany

In December 1997, Ernst Hering, then 75, was convicted of abetting the murder of the half-Jewish children at Izrailovka and given a suspended sentence of 20 months by a German youth court in Cologne.[82] The court found that Hering had joined the police of his own volition. From the available evidence, it does not appear that Hering was motivated by antisemitism. Between the world wars, ethnic relations in Israilovka had not been openly hostile. Approximately half of the small town's inhabitants were Jews, the remainder, apart from seven ethnic German families, were Ukrainians. Ernst Hering had even attended the town's Jewish school for a short period prior to its closure by the Soviet authorities.[83]

It seems that in Ernst Hering's case practical considerations were probably decisive in causing him to join the police. Firstly, unlike service in the German Army, joining the police permitted him to remain behind the front and in his home area. In addition, police service was less arduous and better paid than his former job as an agricultural laborer on a collective farm. His mild sentence resulted from the fact that he was tried before a "youth court," as he had been under-21 at the time of the offence. In addition, in the face of fairly weak evidence against him, he made certain admissions that almost resembled a form of plea-bargaining, which probably reduced his punishment still further.

The fact that the case took place at all reflects the high priority currently given by the German government to the punishment of Nazi crimes. However, his status as an ethnic German who served in the local police limits the applicability of the term collaborator in this case. Nevertheless there is a strong contrast between the leniency of this sentence and the tougher ones handed out to other Ustynovka *rayon* policemen in the Soviet Union earlier. Without the stigma of collaboration and with evidence only of abetting rather than direct perpetration of the crime, the court was more intent on belatedly expressing its condemnation of the crime of genocide than actually punishing the "small fry" perpetrator who had been caught. As the judges explained in their verdict, the crime itself had not exceeded the statute of limitations, as base motives were clearly involved in the crime. However, they were not able to prove that Hering himself had acted from base motives in his supporting role of escorting people to be shot.[84]

Conclusions

What were the key ingredients of local police collaboration that combined to make it an extreme case or "ideal type"? Three important objective elements were those of voluntary recruitment, the prominent role of self-interest, i.e. greed and ambition, and especially service as the willing tool of an enemy occupier in the murder and oppression of the civilian population.

---

82 Urteil Hering (see note 33), pp. 88 f. The verdict of the youth court is of particular interest as it also analyzes the family background and education of the accused as relevant factors in assessing the seriousness of the crime. Hering was under 21 at the time of the offence and therefore subject to trial by a youth court according to German law.

83 Ibidem, pp. 4-11.

84 Ibidem, pp. 64 f.: "Diese Beweggründe [Rassenhass] hat er sich selbst jedoch nicht zu eigen gemacht."

However, in practice it is not only such objective criteria, but also the subjective perceptions of post-war societies that have given the term collaboration its particular meaning.
Historians have to distinguish carefully between the concepts of treason or collaboration
and actual involvement in "crimes against humanity", which are clearly not synonymous.
Yet the popular perception in the Soviet Union and even the verdicts of communist tribunals
have often conflated these concepts, contributing to the extremely negative view of all forms
of collaboration.

The perspective of former local policemen attempts to break down this negative image
and restore their own self-esteem by stressing Soviet oppressive actions just prior to 1941 and
distancing themselves, wherever possible, from the atrocities committed against civilians.[85]
In reality there were actually two quite distinct categories of local police collaborators, with
the majority having been recruited under some form of compulsion after September 1942,
by which time the active participation of the local police in the Holocaust had also largely
been completed. Thus in terms of the ideal type, it is only the early volunteers, who were
far more likely to have participated in the Holocaust, which approach it in terms of having
made a career choice in favor of the German invaders shortly after their arrival.

The essence of the term collaboration is one of betrayal. For the Soviet state this was
a clear betrayal of the political system, compounded by taking sides with the fascist invader.
Both the Soviet and Polish laws stressed the element of treason and resulted in the exclusion
of collaborators from civil rights even after their amnesty. However, additional specific
crimes against humanity were closely linked to collaboration in the statutes and when
proven these resulted in more severe punishments, assessed on an individual case-by-case
basis.[86]

By contrast recent trials in the West have focused exclusively on "crimes against humanity" – that is participation in the Holocaust – with almost no emphasis on the crime of
treason. This reflects a different perspective, whereby the element of "personal betrayal" is
not so keenly felt.

In reality, very many local policemen came from the eastern Polish borderlands, only
recently annexed by the Soviet Union in 1939. Thus the accusation of betraying the Soviet
State, whilst understandable in terms of preserving the communist system, is hardly the
appropriate yardstick for assessing local police collaboration. Rather it is the participation in
atrocities against former neighbors and schoolmates, primarily for personal gain rather than
any national or political idealism, which characterizes this extreme form of collaboration.
Such acts could not help being perceived by local inhabitants as something personal that
was especially wounding and could not be forgiven.

As Zvi Gitelman has commented with regard to Jewish Red Army veterans who returned
home to find their communities destroyed and even their homes occupied and as expressed
especially by Jewish survivors in many Yizkor books, what hurt them most was the betrayal

---

85 During the Dorking committal proceedings against Semion Serafinowicz the Defence lawyers tried
hard to paint a [much distorted] picture of the local police preserving order against marauding
partisans even during the first months of the occupation, before there was much of a partisan
movement in existence.
86 See Weiner, Making Sense of War (see note 69), pp. 183-186.

by former friends and neighbors: local collaboration in the Holocaust.[87] Ultimately the success of the Sawoniuk trial in the U.K. relied on the detailed and graphic testimonies of numerous local non-Jewish residents from Domaczewo, who had neither forgotten nor forgiven him, rather than Jewish witnesses, in order to be successful. In this respect it was the emotional content of personal betrayal conveyed by the term "collaboration," which stuck in people's memories and demanded punishment, despite the erosions of time and the evasions of the perpetrators.

---

87 See the articles by Zvi Gitelman, Internationalism, Patriotism and Disillusion: Soviet Jewish Veterans Remember World War II and the Holocaust, and by Andrew Koss, Yizker Bikher as Primary Sources for the Study of Ghettos in the German-Occupied Soviet Union, both in: The Holocaust in the Soviet Union: Symposium Presentations. Washington, DC 2005 (Publication of the Center for Advanced Holocaust Studies, United States Holocaust Memorial Museum), pp. 95-126 and 61-68.

Matthias Schröder

„Denkmal Vlasov" – Zur politischen Instrumentalisierung des russischen Kollaborateurs General Vlasov im Zweiten Weltkrieg und zur Rezeptionsgeschichte nach 1945

„Russland könne nur von Russen besiegt werden",[1] erklärte Generalleutnant Andrej Vlasov im Frühjahr 1943 während einer Propagandareise im Auftrag der deutschen Wehrmacht. Nach Ansicht Vlasovs war der Krieg gegen die Sowjetunion zum Scheitern verurteilt, solange das gesamte russische Volk aufgrund der NS-Rassenideologie als „minderwertig" eingestuft wurde und sich die Kriegführung nicht explizit gegen das politische System des Sowjetregimes richtete. Das Russland unter Stalin könne, so wiederholte sich Vlasov im nächsten Jahr, „ohne Kenntnis und Mitwirkung der Russen nicht besiegt werden".[2]

Generalleutnant Andrej Andreevič Vlasov,[3] der rund ein Jahr nach Beginn des Russlandfeldzuges, am 12. Juli 1942, im so genannten „Volchov-Kessel" in deutsche Gefangenschaft geraten war, hatte sich unverzüglich bereit erklärt, aus kriegsgefangenen Sowjetsoldaten eine Armee aufzustellen, die auf deutscher Seite in den Kampf gegen Stalin ziehen würde.[4] In der Folgezeit stieß Vlasovs Vorschlag innerhalb der Wehrmacht und bei den mit ostpolitischen Themen befassten Dienststellen und Ämtern auf wachsende Zustimmung unter denjenigen, die die Ansicht vertraten, dass Hitlers „Untermenschen-Konzept" für die politische Kriegführung ungeeignet sei und der Kampf gegen das Sowjetregime nur dann erfolgreich sein könne, wenn er die Befreiung von der Herrschaft Stalins propagiere.

---

1   Zit. nach Aufzeichnungen Gunter d'Alquens. Institut für Zeitgeschichte (IfZ), Slg. Thorwald, ZS 2, Bd. 1, S. 32. Vlasovs Spruch lehnte sich an die gleich lautende Sentenz Sigismunds III. in Friedrich Schillers Drama „Demetrius" (1. Akt) an.
2   Ebenda. Vlasov äußerte dies während eines Gespräches mit Gunter d'Alquen 1944.
3   Der Beitrag basiert auf der Studie des Autors: Deutschbaltische SS-Führer und Andrej Vlasov 1942–1945. ‚Rußland kann nur von Russen besiegt werden' – Erhard Kroeger, Friedrich Buchardt und die ‚Russische Befreiungsarmee'. 2. Aufl., Paderborn 2003. Zur Biographie General Andrej Vlasovs siehe S. 130-135. Vgl. zum Thema außerdem: Sven Steenberg, Wlassow. Verräter oder Patriot? Köln 1968; Wilfried Strik-Strikfeldt, Gegen Stalin und Hitler. General Wlassow und die russische Freiheitsbewegung. Mainz 1970; Hans-Erich Volkmann, Das Vlasov-Unternehmen zwischen Ideologie und Pragmatismus, in: Militärgeschichtliche Mitteilungen 12 (1972), S. 117-155; Jürgen Thorwald, Die Illusion. Rotarmisten in Hitlers Heeren. München 1974; Joachim Hoffmann, Die Geschichte der Wlassow-Armee. Freiburg 1984; Catherine Andreyev, Vlasov and the Russian Liberation Movement. London 1987; Sergej Fröhlich, General Wlassow. Russen und Deutsche zwischen Hitler und Stalin. Köln 1987 sowie P.A. Pal'čikov, Istorija generala Vlasova [Die Geschichte des Generals Vlasov], in: Novaja i novejšaja istorija (1993), H. 2, S. 123-145.
4   Siehe die Aufzeichnungen des Botschaftsrates Gustav Hilger vom 8. August 1942 über die Vernehmung des Kriegsgefangenen Vlasov. Abgedruckt in: Kriegstagebuch des Oberkommandos der Wehrmacht (Wehrmachtführungsstab) 1940–1945, hrsg. v. Percy Ernst Schramm. Bd. II/2, Frankfurt a.M. 1963, S. 1287-1290.

Die Chance eines deutschen Sieges über die Sowjetunion allein mit militärischen Mitteln erschien zahlreichen Offizieren in Wehrmacht und SS trotz Goebbels' Proklamation des „Totalen Krieges" im Februar 1943 zunehmend unrealistisch. Allein eine „politische" Kriegführung im Osten konnte aus ihrer Sicht die militärische Wende einleiten. Das geeignete propagandistische Instrument hierfür schien diesen „Ostspezialisten" die „Russische Befreiungsbewegung" General Vlasovs zu sein, die ihr militärisches Pendant in einer „Vlasov-Armee" finden sollte.[5]

In der Tat wuchs der Bekanntheitsgrad des russischen Generals, begünstigt durch die massive deutsche Wehrmachtpropaganda, ab 1943 rapide an. Angesichts der drohenden Niederlage wurde die Vorstellung von einer gewaltigen „Russischen Befreiungsarmee", die zusammen mit Deutschland die Sowjetunion zerschlagen könne, von vielen sog. „Ostspezialisten" quer durch Ämter und Dienststellen als „rettender Strohhalm" begriffen, als letzte Chance, die Initiative im Osten zurück zu gewinnen.

Dabei umgab General Vlasov, der als erster eine deutsche Armee geschlagen hatte,[6] aus Sicht russischer Kriegsgefangener[7] und „Ostarbeiter"[8] *ebenso* wie aus Sicht deutscher Soldaten und von SS-Offizieren die Aura einer militärischen „Wunderwaffe"[9] und einer „politischen Geheimwaffe."[10] Die unter General Vlasovs Oberbefehl stehenden militärischen Verbände, die sog. „Bewaffneten Streitkräfte des Komitees zur Befreiung der Völker Russlands" (Vooružennye Sily Komiteta Osvoboždenija Narodov Rossii = VS KONR), werden

---

5 SD-Stimmungsberichte zum Einsatz der Vlasov-Truppen in Böhmen vom 29.11.1944, 6.12.1944 und 14.2.-23.2.1945, in IfZ München, MA 652/1, S. 5502 und MA 652/3, S. 6748 und 6751.
6 Vlasov hatte im November 1941 während der Verteidigung Moskaus die 20. Armee befehligt und wesentlich zum militärischen Erfolg des Abwehrkampfes beigetragen.
7 Ein Bericht des ‚Reichsministers für die besetzten Ostgebiete' (RMfdbO) bezüglich des propagandistischen Erfolgs einer Ausgabe der Kriegsgefangenenzeitung „Zarja" vom 18. April 1943 stellte fest, dass der darin veröffentlichte „Offene Brief" des Generals Vlasov „stürmischen Widerhall unter den Kriegsgefangenen hervorgerufen" habe. Bericht RMfdbO, o.D. (1943), in: IfZ München, MA 538, Bl. 1494 ff. Joachim Hoffmann urteilte, dass sich „viele Zehntausende, nach anderen Unterlagen Hunderttausende von Kriegsgefangenen" zum Eintritt in eine „von General Vlasov geführte Russische Befreiungsarmee bereit erklärt" hätten. Hoffmann, Wlassow-Armee (wie Anm. 3), S. 162 f.
8 „Auch in den Kreisen der so genannten Ostarbeiter zeigte sich eine große Aufgeschlossenheit der Vlasovbewegung gegenüber", zit. n. Hoffmann, Wlassow-Armee (wie Anm. 3), S. 162.
9 Dazu Friedrich Buchardt, Die Behandlung des russischen Problems während der Zeit des NS-Regimes in Deutschland. Unveröffentlichtes Manuskript [ca. 1946], S. 272 f. Eine Kopie des maschinenschriftlichen Manuskriptes befindet sich in der Alexander Dallin Collection der Hoover Institution on War, Revolution & Peace, Stanford University, California/USA. Siehe hierzu den Beitrag von Timm C. Richter, Hartmut Rüß, Matthias Schröder, Die Behandlung des Russischen Problems während der Zeit des NS-Regimes – Quellenkritische Untersuchung zu einem unveröffentlichten Manuskript Friedrich Buchardts, in: Deutschbalten, Weimarer Republik und Drittes Reich, hrsg. v. Michael Garleff. Bd. 2 (im Druck).
10 Mit Vlasov „verfügten die Deutschen seit Sommer 1942 über eine politische Geheimwaffe", so Hans Werner Neulen in seiner nicht unumstrittenen Untersuchung zu den internationalen Freiwilligenverbänden: Hans Werner Neulen, An deutscher Seite. Internationale Freiwillige von Wehrmacht und Waffen-SS. 2. Aufl., München 1992, S. 338. So weist Bernd Wegner auf den „apologetischen Grundtenor" in Neulens Arbeiten hin: Bernd Wegner, Hitlers Politische Soldaten: Die Waffen-SS 1933–1945. 5. Aufl., Paderborn 1997, S. 345. Neulen gesteht z.B. dem als Exzesstäter bekannt gewordenen Kollaborateur Bronislaw Kaminski „persönlichen Mut" zu; zit. ebenda, S. 336.

sowohl in zeitgenössischen Quellen als auch in der heutigen wissenschaftlichen Terminologie auch als „Russische Befreiungsarmee" (Russkaja Osvoboditel'naja Armija = ROA) bezeichnet.

Dies ist darin begründet, dass die russischen Freiwilligen auf ihren deutschen Uniformen das Abzeichen „ROA" trugen. Dieses Abzeichen wurde allerdings während des Krieges auch für zahlreiche Freiwilligenverbände der Ukrainer, Kosaken oder Weißrussen verwendet, obwohl diese nicht Teil der erst 1944 aufgestellten „ROA" unter Vlasov waren, sondern unterschiedlichen „Osteinheiten" der Wehrmacht und der Waffen-SS angehörten.

Vor allem der Wehrmachtpropaganda war daran gelegen, durch die Kennzeichnung „ROA" den Anschein einer umfassenden „Russischen Befreiungsarmee" unter den osteuropäischen Freiwilligen zu erwecken. Die seit Ende 1942 intensiv betriebene Überläuferpropaganda konnte vor allem dank des Aushängeschildes „Vlasov" ihre Wirkung entfalten. Erst Ende 1944 wurde aus der „Phantomarmee" Realität, als im kleinen Umfang eigenständige ROA-Einheiten aufgestellt und der Oberbefehl Anfang 1945 General Vlasov übergeben wurde. Vlasov selbst unterstanden allerdings nie mehr als die beiden Ende 1944 bzw. Anfang 1945 formierten Divisionen, kleine militärische Verbände und die 1945 unterstellten Kosakeneinheiten.

Es erscheint daher irreführend, in Übernahme der NS-Terminologie und Propagandasprache weiterhin von einer „Russischen Befreiungsarmee" zu sprechen. Vlasovs Initiative einer „Russischen Befreiungsbewegung" entfaltete letztlich weniger militärische denn politische Wirksamkeit. Daher liegt es nahe, in bewusster Abgrenzung zu den anderen osteuropäischen politischen Befreiungsbewegungen und Emigrantengruppen der Kriegszeit, die z.B. unter Alfred Rosenbergs Ägide standen, die Bezeichnung „Vlasov-Bewegung" zu verwenden.

Der Begriff „Vlasov-Bewegung" beschreibt also nicht eine von 1942 bis zum Kriegsende bestehende etablierte Organisation, sondern den um die Person General Vlasovs existierenden Kreis von Deutschen und Russen, der den Sturz des Sowjetregimes durch eine neue russische Führung mit Vlasov als Gegenpol zu Stalin verfolgte. Die deutschen Protagonisten wechselten im Verlauf des Krieges, bedingt durch den Übergang der Verantwortlichkeit von der Wehrmacht zur SS, der russische Mitarbeiterkreis um den General blieb weitgehend konstant.

„Denkmal Vlasov" – Politische Instrumentalisierung

Als „feiger Verräter",[11] Kollaborateur und „Quisling von Russland"[12] oder als „russischer Freiheitsheld",[13] „Märtyrer"[14] und „russisches Gegenstück zu Generalfeldmarschall Paulus

---

11 Das Scheitern der Aggressionspläne des faschistischen Blocks, hrsg. v. H. Hoffmann u. R. Brühl, in: Geschichte des 2. Weltkrieges 1939–45. Bd. 5, Berlin (Ost) 1975, S. 174.

12 George Fischer, Der Fall Wlassow, in: Der Monat 3 (1951), Nr. 33, S. 263 f., sowie das Buch eines unbekannten Autors: J'ai choisi la potence. Les confidences du Général Vlassov. Paris 1947, S. 10.

13 Fröhlich, General Wlassow (wie Anm. 3), S. 17. Ähnliche Charakterisierungen finden sich bei Otto Münter, Die Ostfreiwilligen. Der vergebliche Kampf der Stalin-Gegner im 2. Weltkrieg, in: Damals. Zeitschrift für geschichtliches Wissen 11 (1979), S. 207-226, hier S. 215, sowie André Junin, La défaite psychologique allemande sur le front de l'Est vue a travers le mouvement Vlasov (1942–1945), in: Revue d'histoire de la Deuxième Guerre Mondiale 12 (April 1962), H. 46, S. 3.

14 Strik-Strikfeld, Stalin und Hitler (wie Anm. 3), S. 5 f.

und de Gaulle"[15] wurde, abhängig vom politischen Standpunkt, die Person Andrej Vlasovs charakterisiert. Dabei wird deutlich, wie stark sowohl in der Belletristik als auch der
Historiographie das ‚Politikum Vlasov' instrumentalisiert wurde.

Bis in die 60er Jahre hinein waren im Westen sowohl die historische Forschung als auch
die literarische Verwertung zum Thema „Vlasov" von der politischen Lage während des
Kalten Krieges geprägt. Vor allem Trivialromane und Reportagen der großen Illustrierten
„Stern", „Quick" oder „Kristall" entwarfen ihr Bild vom „Kreuzzug gegen den Bolschewismus", vom „gerechten" Krieg im Osten und den tragisch gescheiterten, aber aufrecht
kämpfenden Soldaten.[16]

„Das Drama der Rotarmisten, die die Beseitigung des Stalinismus mit deutscher Hilfe
erhofften",[17] und letztlich am Starrsinn Hitlers gescheitert seien, bot den Autoren der Nachkriegsjahre den Stoff für auflagenstarke Kriegsromane und „Tatsachenberichte". Besonders
plausibel ließ sich nach dem Erklärungsmuster „anständige Soldaten – größenwahnsinniger
Führer" die Bestätigung dafür liefern, dass der Kampf gegen den Kommunismus im Grunde
unterstützenswert und mutig gewesen sei, zumal vor dem zeitgenössischen Hintergrund des
Kalten Krieges zwischen Ost und West.

Hierbei ließ sich die Figur General Vlasovs leicht als die des von Stalin hingerichteten
russischen Befreiungskämpfers propagieren und instrumentalisieren, zumal Vlasov auch
eine nachträgliche Legitimation des deutschen Überfalls auf die Sowjetunion zu liefern
schien. Deutsche Soldaten waren hiernach nicht mehr Teilnehmer am Vernichtungskrieg
gegen die Sowjetunion, sondern im Befreiungskampf gegen das Stalin-Regime an der Seite
des „freien" Russland, für das Vlasov und die „Russische Befreiungsarmee" stellvertretend
standen.

Schriftsteller wie Edwin Erich Dwinger,[18] Franz Taut,[19] Günther Hecht,[20] Karl I. Albrecht,[21] Nicholas Fersen,[22] Eugene Lyons[23] oder Alain Guerin[24] wussten in einer Mischung
aus vermeintlich objektivem „Tatsachenbericht" und Abenteuerroman die charismatische Figur Vlasovs zu einem tragischen Hauptdarsteller ihrer literarischen Werke hoch zu stilisieren. Der Schriftsteller Edwin Erich Dwinger, der 1935 zum „Reichskultursenator" avancierte

---

15 Gerald Reitlinger, Die SS: Tragödie einer deutschen Epoche, Wien/München 1956, S. 376; ders.,
    Ein Haus auf Sand gebaut. Hitlers Gewaltpolitik in Rußland 1941–1944. Gütersloh o. J., S. 29.
16 Vgl. die ausgezeichnete Analyse Michael Schornstheimers, Harmlose Idealisten und draufgänge-
    rische Soldaten. Militär und Krieg in den Illustriertenromanen der fünfziger Jahre, in: Vernich-
    tungskrieg. Verbrechen der Wehrmacht 1941–1944, hrsg. v. Hannes Heer u. Klaus Naumann. 6.
    Aufl., Frankfurt a.M. 1997, S. 634-650.
17 Zitat aus dem Klappentext zu Jürgen Thorwald, Die Illusion. Rotarmisten in Hitlers Heeren.
    München 1976.
18 Edwin Erich Dwinger, General Wlassow. Eine Tragödie unserer Zeit. Frankfurt a.M. 1951.
19 Franz Taut, Sie kam vom Don. General Wlassows Fünfte Kolonne (Roman). Bad Wörrishofen
    1958.
20 Günther Hecht, General Wlassow. Millionen Russen vertrauten ihm. Limburg a.d.L. 1961.
21 Karl I. Albrecht, Sie aber werden die Welt zerstören... München 1954. Darin das Kapitel „Das
    Geheimnis um General Wlassow, S. 210-219.
22 Nicholas Fersen, Im Zorn der Zeit (Roman). Stuttgart 1961.
23 Eugene Lyons, General Vlassow's mystery army, in: American Mercury 66 (Febr. 1948), S. 183-
    191; ders., Our secret allies. The peoples of Russia. New York 1953.
24 Alain Guerin, Le général gris. Paris 1968.

und während des Krieges im Range eines SS-Obersturmführers als SS-Kriegsberichterstatter mit Sondervollmachten in der UdSSR tätig war, veröffentlichte nach dem Krieg weiterhin auflagenstarke militaristische Werke, die vor allem die sowjetischen „Unmenschlichkeiten" dokumentieren sollten.[25]

Dwingers als Chronik angelegter Vlasov-Bericht[26] erzählt die Geschichte Andrej Vlasovs in Form eines großen romantischen Abenteuerromans. Dwinger selbst taucht in der Figur des Schriftstellers Hollstein auf, eines „Ostspezialisten" und deutschnationalen antibolschewistischen Schriftstellers, dessen Thesen einer „vernünftigen" Kriegführung im Osten Hollstein/Dwinger als Reformer vorstellen: „Ich habe seit 1921 (...), schon lange vor der Machtergreifung also, ununterbrochen gegen den Bolschewismus geschrieben. Was heute im deutschen Volk (...) an Widerstandskräften gegen ihn lebt, geht zweifellos zum Teil auf mein Wirken zurück. (...)." Er sei zudem überzeugt, so Hollstein/Dwinger, „dass der Krieg schon längst zu Ende, mindestens Rußland ausgeschaltet wäre, wenn man jene Anregungen befolgt hätte, die ich seit 1941 immer wieder gab!"[27] In Dwingers kriegsverherrlichender Schrift „Wiedersehen mit Sowjetrussland" aus dem Jahr 1942 stellt sich der Befürworter Vlasovs jedoch noch völlig anders dar: „Ob es die Tataren, ob es Peter, ob es Stalin war: Dies Volk ist für das Joch geboren, wohl sollte es ein menschenwürdiges erhalten, gleichzeitig aber auch eines, das die Welt künftig vor den Gefahren bewahrt, die immer schon in seinem Wesen schlummerten. (...) Man wird eine Lebensform für sie finden müssen, aus der heraus sie niemals wieder gefährlich werden können, denn es kann kaum etwas Bedrohlicheres für die Menschheit geben als eine derart stumpfe Millionenmasse wie die sowjetische, die sich in den Händen weniger Fanatiker zu allem gebrauchen läßt."[28]

Die ersten Versuche, jenseits der Belletristik die Vorgänge um die „Russische Befreiungsbewegung" General Vlasovs möglichst detailgetreu zu rekonstruieren, kamen allerdings nicht von der historischen Fachwissenschaft, sondern von Schriftstellern und Journalisten wie Jürgen Thorwald oder Gerald Reitlinger. Thorwald stützte sich in seinem Dokumentar-

---

25 Dwinger, Kriegsteilnehmer des Ersten Weltkrieges, verfasste kriegsverherrlichende, antikommunistische Propagandaromane (u.a.: Armee hinter Stacheldraht. 1929; Wir rufen Deutschland. 1932; Spanische Silhouetten. Tagebuch einer Frontreise. 1938; Der Tod in Polen. Die volksdeutsche Passion. 1940; Wiedersehen mit Sowjetrussland. Tagebuch vom Ostfeldzug. 1942). Jürgen Thorwald behauptet, Heinrich Himmler habe Dwinger 1941 sogar zu seinem Berater für Ostfragen machen wollen, vgl. Thorwald, Illusion (wie Anm. 3), S. 253. Eine literaturwissenschaftliche Auseinandersetzung mit Dwingers Kriegsreportagen der 20er Jahre bietet Viktoria Hertling, Quer durch – Von Dwinger bis Kisch. Berichte über die Sowjetunion aus der Epoche der Weimarer Zeit. Hanstein 1982. Verwiesen sei an dieser Stelle auf ein weiteres polemisches, antibolschewistisches Werk von Alexander Kazancev, einem russischen Exilpolitiker aus der Umgebung Vlasovs: Alexander Kazancev, Tretja sila – Die dritte Kraft. Frankfurt a.M. 1952.
26 Dwinger, General Wlassow (wie Anm. 18).
27 Ebenda, S. 246 f. Dwinger spielt hierbei auf seine eigene Denkschrift „Das russische Großreich und die Neuordnung Europas" aus dem Jahr 1943 an, in der er sich gegen eine „Ausbeutungspolitik" im Osten gewandt und die Einbeziehung der Völker Osteuropas in den Kampf gegen die Sowjetunion gefordert haben will. Hierauf erhielt Dwinger Schreibverbot. Vgl. dazu Thorwald, Illusion (wie Anm. 3), S. 253 f.
28 Edwin Erich Dwinger, Wiedersehen mit Sowjetrußland. Tagebuch vom Ostfeldzug. Jena 1942, S. 230 f.

bericht[29] ebenso wie Reitlinger[30] überwiegend auf die Angaben ehemaliger Militärs, NS-Politiker und russischer Emigranten, die im Westen lebten, nicht aber auf Archivmaterial, das von der Forschung in den Nachkriegsjahren nur zu einem Bruchteil erschlossen werden konnte. Thorwald, der 1950 auf Veranlassung des deutschen Geheimdienstlers Reinhard Gehlen ein „politisch-militärisches Lehrbuch" verfassen sollte, das im Falle einer militärischen Konfrontation verstehen helfen könne, „wie das sowjetische Staatssystem im Krieg von innen her mit Hilfe der russischen Bevölkerung zu erschüttern" sei, verstand sich selbst als „Chronist" und beanspruchte im Vorwort seines Werkes, „eine eigene Form der Geschichtsschreibung zu sein und ein Stück Geschichte zu repräsentieren."[31]

Thorwalds 1952 veröffentlichter Bericht „Wen sie verderben wollen"[32] geriet, obwohl eine Auftragsarbeit, nicht zu einem Lehrbuch für Militärs und Politiker, war jedoch von einer distanziert unpolitischen Betrachtung des Themas „Vlasov-Bewegung" weit entfernt. Weder fand eine quellenkritische Bewertung der Zeitzeugenberichte vor dem Hintergrund der Selektivität ihrer Erinnerungen statt, noch wurde die Glaubwürdigkeit der zumeist hochrangigen Wehrmachts- und SS-Offiziere in Frage gestellt. Obwohl der anerkannte Militärhistoriker Rolf-Dieter Müller in seiner Rezension der überarbeiteten Auflage des Thorwaldschen Werkes von 1974 einschränkend urteilte, der wissenschaftlich Interessierte könne diese historiografische Form einer literarisch-publizistischen Bearbeitung des Themas nur bedingt verwenden, wurde eine tiefer gehende quellenkritische Auseinandersetzung mit dieser Gattung von „Tatsachenberichten" und Chroniken nicht in Gang gesetzt.[33]

Dabei hatte sich bereits 1952 der ehemalige General der Freiwilligenverbände Ernst Köstring als „Ostspezialist" nach der Authentizität der Werke Edwin Erich Dwingers und Jürgen Thorwalds befragt, kritisch zur großen Zahl von Neuerscheinungen zum Phänomen „Vlasov" geäußert: „Sieben Völker sollen für sich in Anspruch nehmen, Rom gegründet zu haben. So behaupten jetzt auch 70 Persönlichkeiten, die Bedeutung der Freiwilligen, und vor allem Wlassows, schon lange vor dem Ende erkannt zu haben. Das alles sind ja gute Sensationsberichte, aber kein historisches Tatsachenmaterial, auf das es ankommt."[34]

All dies wäre nicht relevant, wenn nicht die historisch-wissenschaftliche Forschung bis heute Aussagen Thorwalds und anderer populärwissenschaftlicher Berichte übernehmen würde. Weil sie als Quellenfundus so willkommen waren, wurde die Frage nach der Wertigkeit dieser Chroniken unbeantwortet gelassen.[35] Auch im Hinblick auf die Rezeption des

---

29 Thorwald, Illusion (wie Anm. 3). Jürgen Thorwalds 1976 publizierter Bericht fußt in weiten Teilen auf seinem 1952 erschienenen Werk: Wen sie verderben wollen. Bericht des großen Verrats. Stuttgart 1952. Der Journalist Thorwald (* 1916) war vor 1940 Mitarbeiter bei „Das Reich" und 1948–1951 bei „Christ und Welt." Die von ihm genutzte Materialsammlung befindet sich heute in der „Sammlung Thorwald" des Instituts für Zeitgeschichte München.

30 Gerald Reitlinger, Die SS. Tragödie einer deutschen Epoche. Wien/München 1956.

31 Thorwald, Illusion (wie Anm. 3), Vorwort zur Entstehungsgeschichte seines Werkes, S. 15.

32 Thorwald, Wen sie verderben wollen (wie Anm. 29).

33 Rolf-Dieter Müller, Rezension von Jürgen Thowalds Werk: Die Illusion. Rotarmisten in Hitlers Heeren, München, 1974, in: Militärgeschichtliche Mitteilungen 17 (1975), S. 296 f.

34 Ernst Köstring in einem Brief vom 9. Juli 1952 an Siegfried Ungermann, der als Hauptmann in Köstrings Stab zuständig für Personalangelegenheiten der „Ostfreiwilligen" gewesen war, in: IfZ München, ZS 85, Bd. II, S. 48 f.

35 Joachim Hoffmann ging in seiner militärhistorischen Untersuchung auf diese Fragen nicht ein. Hoffmann verweist bei etlichen Quellen auf sein „Archiv des Verfassers", dessen Kern wieder-

Themas in anderen Medien ist festzustellen, welch enormer Raum denselben „Zeitzeugen",
auf die bereits die „Tatsachenberichte" zurückgegriffen hatten, innerhalb von Dokumen-
tarfilmen und TV-Reportagen eingeräumt wurde. Das in den 90er Jahren stark gestiegene
Interesse dieser Medien, laiengerecht aufbereitete Reportagen zu zeitgeschichtlichen Themen zu produzieren, und die altersbedingte Abnahme verfügbarer Zeitzeugen begünstigten
die Bildung und die verstärkte Medienpräsenz einer regelrechten „Zeitzeugenclique".

Die erste TV-Reportage über Andrej Vlasov, die WDR-Produktion „Wlassow – General
zwischen Hitler und Stalin", gesendet am 16. Juli 1970,[36] entstand unter Mitwirkung von
Sven Steenberg, der über gute Kontakte zu Interviewpartnern verfügte. Wie unbedarft die
Autoren des Filmes mit ihren „Zeitzeugen" umgingen, beweist die Mitwirkung von SS-
Oberführer Dr. Erhard Kroeger, der nur ein Jahr zuvor wegen seiner Tätigkeit als Leiter des
Einsatzkommandos 6 wegen Beihilfe zum Mord in 90 Fällen verurteilt worden war.[37] Auf
Nachfrage der Staatsanwaltschaft Stuttgart, die es für unvertretbar hielt, „dass ein wegen
Beihilfe zum Mord, wegen NS-Verbrechen verurteilter ehem. SS-Oberführer das Wort erhält,
um die Politik des Dritten Reiches zu rechtfertigen", antwortete man, dass die Konzeption
des TV-Filmes bereits vor der Verurteilung abgeschlossen gewesen sei.[38] Dass ein Autor wie
Sven Steenberg, der Kroeger seit Jahren bestens kannte und mehrfach Interviews mit ihm
geführt hatte, von dem Prozess, der zudem auf ein großes Medieninteresse gestoßen war,
nicht gewusst haben wollte, ist völlig unglaubwürdig. Umso weniger verwundert der Tenor
der Reportage, in der Vlasov wiederum als tragischer Held dargestellt wurde: „Das Ende des
Krieges war auch das Ende Vlasovs. Sein Unternehmen war gescheitert, sein Traum ausge-
träumt." Eine 1995 gesendete TV-Reportage versicherte sich zwar inzwischen der fachlichen
Beratung von Historikern,[39] u.a. war Joachim Hoffmann beteiligt, ließ aber den ehemaligen
SS-Obersturmführer und SS-Propagandamitarbeiter Robert Krötz in insgesamt acht Ein-
blendungen zu Wort kommen. Krötz konnte so dem geschichtlich interessierten Zuschauer
von vermeintlich „vernünftigen Nazis" und dem „verlorenen Sieg im Osten" berichten: „Die
(Mitarbeiter der Wehrmachtpropaganda, die mit der Vlasov-Propaganda befasst waren; M.
S.) wollten das Gute, aber sie hatten keine Macht. (...) Die hatten Ideen, die hatten nicht
nur Visionen, die hatten ganz konkrete Vorstellungen, wie man was machen könne (...).“[40]

---

um aus Zeitzeugenberichten besteht; Hoffmann, Wlassow (wie Anm. 3). Siehe auch Hans von
Rimschas Kritik an sog. „Tatsachenberichten": Die Vlasov-Bewegung im Lichte politisch zweck-
bestimmter Darstellungen, in: Jahrbücher für Geschichte Osteuropas N.F. 1 (1953), S. 326-330.

36 „Wlassow – General zwischen Hitler und Stalin", Autoren: Kurt Bethge & Sven Steenberg, Pro-
    duktion WDR Köln, gesendet am 16. Juli 1970, 41" Minuten; WDR Köln Fernseharchiv.
37 Erhard Kroeger wurde vom Schwurgericht Tübingen am 31. Juli 1969 wegen der Beihilfe zum
    gemeinschaftlich tateinheitlich begangenen Mord (Fall Dobromil) zu 3 Jahren und vier Monaten
    Zuchthaus verurteilt (Ks 1/68 Staatsanwaltschaft Tübingen). Siehe zu Erhard Kroeger die Studie
    des Autors: Schröder, Deutschbaltische SS-Führer (wie Anm. 3), S. 17-109.
38 Brief der Staatsanwaltschaft Stuttgart vom 12. November 1970 an die Zentrale Stelle der Landes-
    justizverwaltungen Ludwigsburg, in: ZST Ludwigsburg, II 204 AR 1258/66.
39 „Wlassow: Zweier Teufel General", von Ingo Bethge und Pavel Sergejev, gesendet am 23. Februar
    1995 (ARD) und im März 1996 (ARTE), 58"20 Minuten. Historische Fachberatung: Catherine
    Andreyev, Ortwin Buchbender, Joachim Hoffmann, Leonid Reschin.
40 Ebenda: O-Ton Robert Krötz. Krötz' Meinung unterscheidet sich hierbei nicht wesentlich von der,
    die er bereits während des Krieges als SS-Propagandist vertreten hatte. Siehe seine Artikel „Wlas-
    sows Kampf gegen Stalin", in: Deutsche Allgemeine Zeitung Nr. 310 vom 18. November 1944

Begrifflichkeiten wie „vernünftig" und „gut" erfahren hier, im völlig unkommentierten Zusammenhang mit dem nationalsozialistischen Kriegsziel der Vernichtung des sowjetischen Staates, eine geradezu gespenstische apologetische Umdeutung.

In einem 1996 gesendeten WDR-Hörspiel aus der Sendereihe „Geschichte"[41] erzählt der Autor und Zeitzeuge Nikolai von Michalewsky die Geschichte Vlasovs. In der Reihe „Bildung und Wissen" des WDR Schulfunks angesiedelt, werden innerhalb des Hörspieles zahlreiche aus wissenschaftlicher Sicht unzutreffende Aussagen getroffen: So habe Hitler persönlich noch in den letzten Kriegstagen von „einer Wlassow-Armee, die angeblich die Wende im Endkampf um das im Granatenhagel versinkende Berlin bringen sollte",[42] gesprochen. Dies ist angesichts der Tatsache, dass die Vlasov-Bewegung gerade aufgrund Hitlers massiver Ablehnung nicht in größerem Maße aktiv werden konnte, völlig unzutreffend. Noch am 27. Januar 1945 äußerte Hitler in einer „Führerlagebesprechung": „Wlassow ist gar nichts (...). Ich war ja dagegen, dass man sie in unsere Uniformen umkleidet. Aber wer war dafür? Das war unser liebes Heer, das seine eigenen Gedanken hatte."[43]

Es verwundert nicht, dass der Erzähler im Abspann des Hörspieles mahnend den moralischen Zeigefinger erhebt: „Die Amerikaner! Wann haben die je etwas begriffen? Sie lieferten Wlassow an Stalin aus! Später, im Kalten Krieg, mögen sie ihn sich zurückgewünscht haben. Aber da war er längst gehängt." Immerhin dokumentiert die häufige Thematisierung des Phänomens „Vlasov-Bewegung" sogar innerhalb des Schulfunks die ungebrochene Popularität der Person Vlasov. Selbst in populären Medien wie (Geschichts-)Comics, die sich mit dem Zweiten Weltkrieg befassen, wird die Figur Vlasovs als „Retter von Moskau" und tragischer Protagonist zwischen Hitler und Stalin bemüht.[44]

Resümiert man, so ist feststellbar, dass sich im Westen, beginnend mit den „Tatsachenberichten" der unmittelbaren Nachkriegszeit bis hin zur aktuellen Verwertung des Themas „Vlasov" in den Medien, eine Traditionslinie innerhalb der zeitgeschichtlichen Interpretation etablierte. Ausgehend von einer stark antikommunistischen Geisteshaltung, erschien als „gut" und „vernünftig", was aus pragmatischen Gründen der deutschen Kriegführung im Osten als plausibel erschien. Beispielhaft hierfür ist die oft zitierte, vermeintliche Nähe Vlasovs und seiner Befürworter zum Widerstandskreis um Oberst Graf Stauffenberg.

Mythologisierung bedeute auch Trivialisierung, konstatierte Wolfgang Benz in Bezug auf die Rezeption des Anne-Frank-Tagebuchs. Die publikumswirksame Vermarktung des

---

(in: Politisches Archiv/Auswärtiges Amt Berlin, R 27732, Handakte Megerle), und „Sowjetische Dämmerung", in: Das Reich Nr. 51 vom 17. Oktober 1944 (in: Bundesarchiv Berlin, R 19/443).

41 „Teufels und Beelzebubs General. Andrej Wlassow zwischen Stalin und Hitler", Ein Hörspiel von Nikolai von Michalewsky, gesendet am 20. Mai 1996, WDR 5 (Reihe „Bildung und Wissen" Geschichte), 29'35 Minuten.

42 Zit. nach Sendemanuskript des WDR-Hörspieles „Teufels und Beelzebubs General. Andrej Wlassow zwischen Stalin und Hitler". Ansage des Erzählers im Vorspann, S. 1.

43 Zit. nach Helmut Krausnick, Zu Hitlers Ostpolitik im Sommer 1943, in: Vierteljahreshefte für Zeitgeschichte 2 (1954), S. 309 mit Anm. 10.

44 Comic von Pierre Dupuis (Zeichner & Texter), Hitler und der II. Weltkrieg. Die große Farbbild-Dokumentation. The World at War in Pictures, Sonderausgabe Nr. 1, Unternehmen Barbarossa, Condor Print. Frankfurt a.M. o.J. Die französische Originalausgabe erschien 1976 unter dem Titel: La Guerre 39-45. Bd. 5: Moscou: Opération Barbarossa. Zum Thema „Comic & Geschichte" siehe die Studie von Oliver Näpel, Auschwitz im Comic. Münster 1998 (Reihe Zeitgeschichte – Zeitverständnis).

Schicksals der Anne Frank verschaffe keine Einsicht in die Wirklichkeit des Völkermordes.[45] Im Falle Andrej Vlasovs bedeutet Mythologisierung vor allem die Instrumentalisierung zu politischen Zwecken, die ebenso wie die Trivialisierung den Blick auf die Ambivalenz einer Person historischen und öffentlichen Interesses und seine politischen Motive verschließt. Gerade die Person Andrej Vlasovs bietet ein gutes Beispiel dafür, wie politische Sinnstiftungen aus der Retrospektive die Einordnung in den gesamtpolitischen Kontext erschweren. Kollaboration bezogen auf die Person Vlasovs implizierte überwiegend die Kategorisierung als Idealtyp des Verräters, die entweder die moralische Verurteilung oder aber die Stilisierung zum Befreiungskämpfer implizierte.

Hier stößt der Terminus Kollaboration an Grenzen, da seine Definition mehrdeutigen moralischen und politischen Deutungen unterworfen ist und, bezogen auf Vlasov, als moralischer Kampfbegriff missbraucht werden konnte. Für eine erschöpfende Analyse der Vlasov-Bewegung aus der Sicht der nationalsozialistischen „Ostpolitik" erschien es mir daher angebracht, einerseits neues Quellenmaterial zu erschließen, andererseits bekannte Quellen mit neuen Fragestellungen zu konfrontieren. Die Erinnerungen russischer Zeitzeugen konnten dank wieder entdeckter Tonbandinterviews, die der Autor Sven Steenberg in den 1960er Jahren mit in Deutschland lebenden Zeitzeugen geführt hatte, in die Untersuchung miteinbezogen werden.[46] Noch nicht berücksichtigt werden konnten bislang sowjetische Vernehmungsprotokolle und Akten aus dem Prozess gegen Vlasov und seinen Führungsstab. Dieses Material, das seit 1990 stärker ins Blickfeld russischer Historiker gerät,[47] dürfte eine wertvolle Ergänzung darstellen, ebenso wie eine ausführliche, bislang ausstehende Darstellung der Vlasov-Rezeption in der zeitgenössischen russischen Historiographie.[48]

---

45 Wolfgang Benz, Deutscher Mythos, in: Die Zeit, Nr. 37 vom 3. September 1998, S. 45 f.
46 Bundesarchiv/Tonarchiv, Interviewreihe Sven Steenberg, 1965/66, Ton 1108: „Unterhaltung in russischer Sprache/Wissensträger Artjemow, Kosmowitsch, Poremski."
47 Siehe den kritischen Literaturbericht zur sowjetischen Geschichtsschreibung von Vera Tolz, Discussion of General Vlasov in the Soviet Press, in: Report on the USSR 2 (Dezember 1990), Nr. 52, S. 1 ff.
48 Alexander Kolesnik, ROA-Vlasovskaja armija. Sudebnoe delo A.A. Vlasova [Russische Befreiungsarmee – Vlasov-Armee. Das Gerichtsverfahren gegen Andrej Vlasov]. Charkov 1990; ders., General Vlasov – predatel' ili geroj? [General Vlasov – Verräter oder Held?]. Moskva 1991; P.A. Pal'čikov, Istorija generala Vlasova [Die Geschichte des Generals Vlasov], in: Novaja i novejšaja istorija (1993), H. 2, S. 123-145; A. Bachalov, General Vlasov: predatel' ili geroj? [General Vlasov – Verräter oder Held?]. Sankt Peterburg 1994; Bogdan Susinskij, General Vlasov: Otveržennyj i prokljatyj „Vervolf" [General Vlasov: Der ausgestoßene und verdammte „Werwolf"]. Joskar-Ola 1996; Julij Kvicinskij, General Vlasov: Put predatel'stva [General Vlasov: Der Weg des Verrats]. Moskva 1999.

Otto Luchterhandt

Die Kollaborationsproblematik im Verhältnis von Religionsgemeinschaften und kommunistischem Einparteistaat (ausgehend vom Fall ‚Sowjetunion‘)

I. Prinzipielle Gemeinsamkeiten und Unterschiede zwischen der nationalen und der religiösen Kollaborationskonstellation

Kollaboration wird gewöhnlich – sowohl im Alltagssprachgebrauch als auch in den Wissenschaften – mit Fremdherrschaft, mit der Vorstellung eines von fremder Macht besetzten Landes verbunden.[1] Dem Begriff liegen Erfahrungen zugrunde, die zwar in der europäischen Geschichte seit den Tagen der „Napoleonischen Fremdherrschaft" wurzeln, aber wohl erst während des Zweiten Weltkrieges zu jener begriffsbestimmenden Gleichsetzung von Kollaboration und Verrat geführt haben, die in der Gestalt des Norwegers Quisling eine (negative) Symbolfigur, ihren „Gattungsnamen" (Margret Boveri) bekommen hat.[2] Man geht wohl nicht fehl in der Einschätzung, dass Wahrnehmung und Bewertung der Kooperation mit dem Fremdherrscher und „Feind" als Verrat ganz wesentlich darauf beruhen, dass sich im 20. Jahrhundert säkulare Weltanschauungen, „Ideologien" mit umfassenden Sinngebungs- und Heilsansprüchen der Welt des Politischen bemächtigen, Menschen, soziale Gruppen, Schichten, Klassen, Völker, Nationen unwiderstehlich in ihren Bann gezogen und sich ihrem militanten Ausschließlichkeitsanspruch unterworfen haben.

Wenn auch Kollaboration solchermaßen mit dem Phänomen der Fremdherrschaft kraft siegreicher militärischer Okkupation fest verbunden ist, sollte man gleichwohl nicht übersehen, dass der eigentliche gedankliche Kern der Kollaboration, ihr Wesensgehalt, erstens in der Zusammenarbeit von einer gewaltunterworfenen Gruppe mit einer als fremd und feindlich angesehenen herrschenden Territorialgewalt und zweitens darin besteht, dass diese Zusammenarbeit von der gewaltunterworfenen Gruppe zumindest mehrheitlich als Bruch und Wechsel der Gruppenloyalität empfunden wird. Hält man Kooperation mit dem fremden Herrscher unter Vollzug eines Loyalitätswechsels für das prinzipielle, generelle Phänomen und die „Kollaboration" nur für eine seiner Erscheinungsformen, nämlich Kooperation mit der militärischen Okkupationsmacht, dann wird der Blick frei für solche Fälle und Fallgruppen, die zwar nicht Kollaboration im gewöhnlichen Verstande sind, gleichwohl aber unter das allgemeine Phänomen fallen und daher mit Kollaboration nahe verwandt sind. Eine

---

1 Vgl. insbesondere die Beiträge in diesem Band von: Werner Röhr, Methodische Überlegungen zum Kollaborationsbegriff, S. 21-39, und von Christian Koller, Fremdherrschaft und nationale Loyalität: Das Fremdherrschaftskonzept in der politischen Sprache Deutschlands der ersten Hälfte des 20. Jahrhunderts, S. 56-74.

2 Margret Boveri, Der Verrat im XX. Jahrhundert. Für und gegen die Nation. Band I: Das sichtbare Geschehen. Reinbek 1956 (Rowohlts Deutsche Enzyklopädie. 23), S. 49 ff. („Das Rätsel Quisling").

jener Fallgruppen wird hier herausgegriffen und im Folgenden näher beschrieben, nämlich das Kooperationsverhältnis zwischen Religionsgemeinschaften und kommunistischem Einparteistaat. Dabei wird sich herausstellen, dass es hier wie auch im Falle der Kollaboration letztlich um den Begriff der Loyalität bzw. darum geht, wie ein Loyalitätskonflikt unter Fremdherrschaftsbedingungen gelöst wird.

Die Loyalitätsproblematik[3] stellt sich im Falle der Religionsgemeinschaften und ihrer Mitglieder – zumindest im Ansatz – anders dar als im Falle der „klassischen" Kollaborationslage eines von einer fremden Macht okkupierten Staates, einer Nation unter Fremdherrschaft. Die *nationale* Konstellation der Kollaboration ist nämlich durch eine prinzipielle Asymmetrie der Loyalität gekennzeichnet: Die Okkupationsmacht kann von den Angehörigen der unterworfenen Nation keine Loyalität verlangen und auch nicht erwarten, sondern lediglich Gehorsam, und diesen auch nur, sofern und solange sich ihre Anordnungen und Maßnahmen als Besatzungsmacht in Übereinstimmung mit dem Völkerrecht, also mit den Normen des Kriegsrechts und namentlich der Haager Landkriegsordnung (1907) befinden. Art. 45 HLKO bestimmt:[4] „Es ist untersagt, die Bevölkerung eines besetzten Gebietes zu zwingen, der feindlichen Macht den Treueid zu leisten." In umgekehrter, positiver Formulierung heißt das: Loyalität kann im modernen, spätestens seit der Französischen Revolution entstandenen Territorialstaat nur die eigene Nation, der eigene Staat beanspruchen, denn nur mit ihm ist der Bürger durch ein besonderes, ein enges rechtliches Band, nämlich die Staatsangehörigkeit, verbunden;[5] mit der fremden Okkupationsmacht verbindet ihn allein die tatsächliche Unterworfenheit. Darin liegt die Asymmetrie. Im Prinzip befindet sich der Bürger der okkupierten Nation daher nicht eigentlich in einem Loyalitätskonflikt, weil er eben nur *eine* Loyalitätsverpflichtung hat.

Die Loyalitätskonstellation der Religionsgemeinschaften ist im kommunistischen Einparteistaat, von dem hier allein die Rede sein wird, im Ansatz eine erheblich andere. Daraus ergeben sich in ihrem Fall Besonderheiten für die Kollaborationsproblematik.[6]

II. Die doppelte Loyalität des religiösen Bürgers

Religionsgemeinschaften und Staat sind zwei Typen von Sozialverbänden, die jeweils im Kern unterschiedliche Ziele verfolgen und daher ihre Mitglieder jeweils vor prinzipiell verschiedene Loyalitätsansprüche stellen. Auf eine gängige, griffige Formel gebracht: Während Sache des Staates die Sorge um das Wohl des Menschen ist, ist Sache der Religionsgemeinschaften die Sorge um das Heil des Menschen. Das Loyalitätsproblem ist im Falle von Religionsgemeinschaften und Staat dadurch gekennzeichnet und zugleich zugespitzt, dass ihre Mitglieder deckungsgleich sind, anders gesagt, das dieselben Menschen sowohl

---

3   Allgemein dazu Otto Luchterhandt, Nationale Minderheiten und Loyalität. Köln 1997, S. 17 ff. u. 26 ff.

4   Zu den rechtlichen Grenzen eines Besatzungsregimes im Überblick Karl Doehring, Völkerrecht. Ein Lehrbuch. 2. Aufl., Heidelberg 2004, Rdn. 606 ff.

5   Dazu grundsätzlich A.N. Makarow, Allgemeine Lehren des Staatsangehörigkeitsrechts. 2. Aufl., Stuttgart 1962, S. 27 ff.

6   Im weiteren wird, abweichend von dem engeren, spezifischen Begriff der Kollaboration (im Falle militärischer Fremdherrschaft), auch für die Konfliktlage der Religionsgemeinschaften im Weltanschauungsstaat von „Kollaboration" gesprochen.

Staatsbürger als auch Mitglieder von Religionsgemeinschaften in einem Territorialverband sind. Von dieser Besonderheit ist naturgemäß auch die Kollaborationsproblematik geprägt.

Nun ist im Verhältnis von Staat und Religionsgemeinschaften von vornherein klar, wer bzw. welche Institution in die Versuchung der Kollaboration geführt wird, d.h. wer das prekäre Subjekt der Kollaboration ist und auch nur sein kann: es sind die Organe, Funktionsträger und Mitglieder der Religionsgemeinschaften.[7] Wie sie das Loyalitätsproblem zu behandeln und allfällige Loyalitätskonflikte zu lösen haben, ist ihnen, soweit sie christlicher Konfession sind, durch zwei Regeln vorgegeben: Die erste Regel grenzt die beiden Loyalitätsbereiche, denen der Christ angehört, grundsätzlich voneinander ab, begründet ihre jeweilige Legitimität und formuliert ein doppeltes Loyalitätsgebot: „So gebt dem Kaiser, was des Kaisers ist, und Gott, was Gottes ist." (Mt 22,21).

Die zweite Regel ist eine Kollisionsregel. Sie gibt Antwort auf die Frage, wie sich der Christ im Konflikt sich einander ausschließender Loyalitätsansprüche zu entscheiden hat. Die Kollisionsregel steht in Apg 5,29: „Petrus aber und die Apostel antworteten und sprachen: Man muss Gott mehr gehorchen als den Menschen."

Die Loyalitätsverteilungsregel und die Kollisionsregel sind zwar christlicher Herkunft, doch können sie sinngemäß Geltung für alle Religionsgemeinschaften beanspruchen, die sich auf Gott als eine fremde, den Menschen übergeordnete, höhere Macht berufen, also zumindest für das Judentum und den Islam.

Wenn es nun zum Wesen der „klassischen", d.h. nationalen Kollaboration gehört, dass sie Verrat an der einen, unbedingten Loyalitätspflicht bedeutet, und wenn wir dies auf das Verhältnis von Staat und Religionsgemeinschaften übertragen, dann kann von Kollaboration z.B. eines religiösen Funktionsträgers (Geistlicher; Bischof; Diakon usw.) nur und erst gesprochen werden, wenn dreierlei geklärt ist, nämlich 1. wo die Grenze zwischen den beiden Loyalitätsbereichen konkret verläuft; 2. ob im Einzelfall sich wechselseitig ausschließende Loyalitätsforderungen einander gegenüber stehen; und 3. ob die Kollisionsregel nicht beachtet, also verletzt wurde. Um es an einem Beispiel zu illustrieren: Ein orthodoxer Priester lehnt es ab, eine Nottaufe im Hause von Gemeindegliedern (Eltern) vorzunehmen, weil der Staat Haustaufen ohne ausdrückliche Genehmigung der zuständigen Behörden kategorisch verboten habe. Das Kind stirbt ungetauft. Die Beschwerde der Eltern weist der Bischof mit der Begründung zurück, der Geistliche habe richtig gehandelt, da man sich gegen den Staat nicht auflehnen, seine Gebote vielmehr peinlich genau erfüllen müsse.[8]

III. Besonderheiten der religiösen Kollaborationsproblematik

Aus den vorhergehenden Ausführungen ergibt sich für die Religionsgemeinschaften eine klare Schlussfolgerung: Den Schlüssel zur Antwort auf die Frage, ob bzw. ab wann ein

---

7   Zu der grundsätzlichen Erfassung der Problematik durch die evangelische Theologie, namentlich Luthers, vgl. Siegfried Grundmann, Stichwort „Zwei-Reiche-Lehre", in: Evangelisches Staatslexikon, hrsg. v. H. Kunst u. S. Grundmann. Stuttgart/Berlin 1966, S. 259 ff.; Zwei Reiche und Regimente. Studien zur evangelischen Ethik, hrsg. v. Ulrich Duchrow. Bd. 13, Gütersloh 1977.

8   Das Beispiel ist nicht erfunden, sondern spiegelt die religionsrechtliche Lage in der UdSSR zwischen 1928 und 1990 wider, vgl. Otto Luchterhandt, Die religiöse Gewissensfreiheit im Sowjetstaat. Teil II: Die Rechtsstellung der Gläubigen nach dem Grundrecht der Gewissensfreiheit, in: Berichte des BIOst/Köln (1976), Nr. 40, S. 30 ff.

Wechsel der Loyalität, Verrat am vorrangigen Loyalitätsgebot, kurz: Kollaboration vorliegt, liefert die Bestimmung dessen, was des Kaisers ist und was nicht oder – von der anderen Seite her gesehen – was Gottes ist und wie weit die Gott geschuldete Loyalität reicht. Diese Bestimmung ist Aufgabe der Religionsgemeinschaften, ihrer Funktionsträger, jedes ihrer Mitglieder. Sie vollzieht sich nicht im luftleeren Raum, sondern in einem gesellschaftlichen, sozialen und institutionellen Rahmen, in einem geistig-theologischen Traditionszusammenhang, also unter konkreten historischen Bedingungen. Eines ist allerdings klar: Die Bestimmung dessen, was des Kaisers und was Gottes ist, kann letztlich nur gelingen, wenn sie ex ovo ernstlich, gewissenhaft, ehrlich, wahrhaftig, „reinen Herzens" geschieht und die Religionsgemeinschaften, ihre Funktionsträger, die Gläubigen, die Freiheit haben (oder sich die Freiheit nehmen!), nach abgeschlossener Diskussion und Prüfung die Grenzen zwischen dem staatlichen und dem göttlichen Loyalitätsgebot zu ziehen. Die daraus abzuleitende Konsequenz wäre: Bis hierhin und nicht weiter!

Die Bestimmung der Grenzen zwischen den Loyalitätsbereichen setzt also Freiheit und Selbstbestimmung voraus, und zwar Freiheit in zwei Aspekten: innere und äußere Freiheit. Die innere Freiheit bedeutet die feste Gründung im Glauben, im Bewusstsein der unbedingten Verpflichtung auf Gottes Gebot; sie bedeutet persönlichen Mut und Kraft. Die äußere Freiheit betrifft die politischen Rahmenbedingungen, unter denen sich die Bestimmung der Loyalitätsgebote gegenüber Kaiser und Gott vollzieht. Sie meint das Profil der staatlichen Herrschaft, ihre Prinzipien, ihre Verfassung, ihr Recht.

Zwischen innerer und äußerer Freiheit besteht kein strikter Kausalzusammenhang, wie wir gut aus Geschichte und Gegenwart wissen, aber doch ein sozialer Bedingungszusammenhang, d.h. je geringer die äußere Freiheit, desto schwächer und brüchiger ist die innere Freiheit, und dies hat ungünstige Folgen für die Fähigkeit, die besagte Grenze zwischen den Loyalitätsbereichen seriös zu bestimmen.

Die für nationale Kollaboration typische historische Lage ist durch das Fehlen der äußeren Freiheit, der politischen Selbstbestimmung der Bürger definiert: Eine überlegene fremde Macht hält ein bestimmtes Gebiet oder das Volk ganz oder teilweise besetzt; sie beherrscht es und zwingt den ihrer Gewalt unterworfenen Menschen eine von ihnen nicht gewollte Lebenssituation auf.

Die Lage der Religionsgemeinschaften, ihrer Funktionsträger und Mitglieder im Staat unterscheidet sich davon, weil sie nicht eigentlich einer fremden Staatsgewalt bzw. Okkupationsmacht unterworfen sind. Und doch weist ihre Lage im kommunistischen Weltanschauungsstaat sowjetischen Charakters eine wesentliche Gemeinsamkeit mit der nationalen Kollaborationslage auf: Die Religionsgemeinschaften standen im Sowjetstaat einer militant atheistischen, antireligiösen Staatsgewalt gegenüber, die die Daseinsberechtigung der Religion und damit auch der religiösen Bürger und der Religionsgemeinschaften prinzipiell verneinte und versuchte, die Religionsgemeinschaften zu schwächen und letztlich zu zerstören. Dies geschah unter dem Vorzeichen einer totalitären, mit Wahrheits- und Ausschließlichkeitsanspruch auftretenden Ideologie, der des Marxismus-Leninismus.[9] Hier, in den Phänomenen der Ideologisierung und der Totalisierung von Staat und Gesellschaft, liegt

---

9 Otto Luchterhandt, Die Religionsfreiheit im Verständnis der sozialistischen Staaten, in: Glaube in der 2. Welt (1982), S. 305-309.

vielleicht der tiefste Grund der Gemeinsamkeiten zwischen der Kollaborationsproblematik in Bezug auf die Religionsgemeinschaften einerseits, in Bezug auf die Opfer fremder, militärischer Okkupation andererseits. Ich denke daher, dass Margret Boveri mit jener Diagnose Recht hat, welche ihre Betrachtungen zur „Kollaboration" als eine Form des „Verrats im 20. Jahrhundert" einleiten:[10] „Dass Zusammenarbeiten, Kollorieren nicht mehr etwas Gutes, Freundschaftliches, Gemeinsames ist, sondern sich in etwas Böses, Sträfliches verwandelt hat, ist eine Folge der Ideologisierung und Totalisierung unseres Lebens."

Durch das ideologisch-militante, totalitäre Profil des kommunistischen Einparteistaates wird die Kollaborationsproblematik für die in diesem Staat existierenden, seiner Gewalt unausweichlich unterworfenen Religionsgemeinschaften aufs äußerste zugespitzt; denn das nunmehr nicht mehr weltanschaulich neutral definierte, sondern mit einer bestimmten antireligiösen Ideologie identifizierte allgemeine Staat-Bürger-Verhältnis trieb die religiösen Bürger in einen Konflikt, der sie, repräsentiert durch ihre Religionsgemeinschaften (Russisch-Orthodoxe Kirche usw.), vor folgende Grundsatzentscheidung stellte:

1. entweder die vom totalitären Einparteistaat durch Direktiven, Gesetze und Verwaltungspraxis bestimmte Grenze zwischen der Partei bzw. dem „Generalsekretär" und „Gott" zu akzeptieren, sich im Kollisionsfalle dem Staat zu unterwerfen und der Loyalität als Staatsbürger den Vorrang zu geben, oder aber

2. die einseitig vom Staat vollzogene Grenzziehung nicht zu akzeptieren, sondern vielmehr mit dem Staat um den Verlauf der Grenze zu ringen, ihm pragmatische Zugeständnisse abzuhandeln, den Kernbereich religiöser Loyalität so weit wie möglich zu bewahren, im Konfliktfall der Kollisionsregel (Gott mehr zu gehorchen) zu folgen und Widerstand zu leisten.[11]

Zwischen diesen beiden Polen bewegten sich im gesamten sowjetischen Hegemonialbereich die Religionsgemeinschaften, und zwar sowohl institutionell als Kirchen, repräsentiert von ihren geistlichen Führungsorganen, als auch individuell als einfache Mitglieder oder Funktionsträger. Der erste Pol beschreibt die Kollaborationslage für die Religionsgemeinschaften in reiner Form. Bei diesem Pol anzusiedeln ist die Russisch-Orthodoxe Kirche.[12]

Der entgegengesetzte Pol beschreibt eine Lage zerbrechlicher, schwieriger Koexistenz von kommunistischem Weltanschauungsstaat und Religionsgemeinschaften. Bei ihm anzusiedeln ist die Katholische Kirche Polens.[13]

Natürlich ist dies eine schematische, idealtypische Darstellung, und manche Religions-

---

10 Der Verrat im XX. Jahrhundert. Für und gegen die Nation. Bd. II: Das sichtbare Geschehen. Reinbek 1956 (Rowohlts Deutsche Enzyklopädie. 24), S. 45.

11 Zu dieser Alternative vgl. die Skizze des Verfassers: Dimensionen und Formen religiösen Widerstandes in der UdSSR – eine Skizze, in: Staat-Kirche-Beziehungen in der DDR und anderen ehemals realsozialistischen Ländern 1945–1989. Nachlese, hrsg. v.d. Evangelischen Akademie Berlin-Brandenburg. Berlin 1994, S. 141-155.

12 Über die ROK sind Bibliotheken geschrieben worden. Vgl. nur Otto Luchterhandt, Geknebelt und dennoch lebensfähig. Die Russisch-Orthodoxe Kirche in der Ära Breschnew, in: Herder-Korrespondenz (1982), S. 232-237 (mit weiteren Nachweisen).

13 Einen informativen Kurzüberblick liefert Janusz Wycislo, Die Katholische Kirche in Polen 1939–1989, in: Staat-Kirche-Beziehungen (wie Anm. 11), S. 125-130; Leonid Luks, Katholizismus und politische Macht in Polen 1945–1989. Köln (u.a.) 1993.

gemeinschaften werden irgendwo zwischen den Polen, allerdings meist näher am Kollaborationspol als am Koexistenzpol anzusiedeln sein.[14]

Von der globalen Zuordnung der Religionsgemeinschaften zu einem der beiden Pole oder zwischen ihnen ist – jedenfalls im Ansatz – das individuelle, persönliche Verhalten des religiösen Bürgers im Loyalitätskonflikt mit dem kommunistischen Regime zu trennen. Es ist eine durch zahllose, signifikante Beispiele belegbare und belegte Tatsache, dass es in Kollaborationskirchen mutige Menschen – Funktionsträger und Laien – gegeben hat, die sich gegen die Kollaboration entschieden und im Sinne der Kollisionsregel gehandelt haben, in der Russisch-Orthodoxen Kirche z.B. die Priester Gleb Jakunin und Dmitry Dudko.[15] Umgekehrt gab es in den Koexistenzkirchen ungezählte, bekannte und weniger bekannte Beispiele persönlicher Kollaboration. Hier sind insbesondere das Phänomen der Stasi-Spitzel im kirchlichen Raum einzuordnen, die parteihörigen Friedenspriesterorganisationen, Pfarrerbünde, ängstliche, druckempfindliche Bischöfe, die für ihre Ergebenheit gegenüber staatlichen Weisungen und Erwartungen bekannt waren.

Die Russisch-Orthodoxe Kirche ist vom Regime durch eine Jahrzehnte währende, rücksichtslose, terroristische, zeitweilig bis zur gezielten Vernichtung gesteigerte Bekämpfung zu einer Kollaborationskirche weich geklopft worden.[16] Aber selbst von ihrem Episkopat (ca. 60 Bischöfe in den 70er Jahren) konnten nach Einschätzung der staatlichen Religionsaufsichtsbehörde, des berühmt-berüchtigten „Furov-Berichts" (1975),[17] nur zwei Drittel zuverlässig als regimeloyal eingestuft werden. Ein Drittel zeichnete sich gar durch absolute Regimetreue aus. Zu ihm gehörten u.a. der Patriarch Pimen, der damalige Metropolit Aleksij von Tallinn und Estland, also der heutige Patriarch Aleksij II., und der Metropolit Pitirim von Volokalamsk, Leiter der Verlagsabteilung des Moskauer Patriarchats. Der Bericht beschreibt die Gruppe mit folgenden Worten:[18] „... diejenigen Bischöfe, die in Wort und Tat nicht nur eine loyale, sondern auch eine patriotische Haltung zur sozialistischen Gesellschaft bekunden, sich einer strikten Beachtung der Kultgesetze befleißigen und in diesem Geiste auch die Pfarrgeistlichkeit und die Gläubigen erziehen. Sie erkennen mit realistischem Blick, dass unser Staat nicht an einer Zunahme des gesellschaftlichen Stellenwerts

---

14 Einen Gesamtüberblick über die Religionsgemeinschaften in Osteuropa liefert Otto Luchterhandt, Religionsrechtliche Rahmenbedingungen für eine Neuordnung des Verhältnisses von Staat und Kirche in den Ländern Mittel- und Osteuropas, in: Die Neuordnung des Verhältnisses von Staat und Kirche in Mittel- und Osteuropa. Münster 1995 (Essener Gespräche zum Thema Staat und Kirche. 29), S. 5-69.
15 Dazu Luchterhandt, Dimensionen (wie Anm. 11), S. 144 f.
16 Otto Luchterhandt, Der Sowjetstaat und die Russisch-Orthodoxe Kirche. Eine rechtshistorische und rechtssystematische Untersuchung. Köln 1976, S. 60 ff., 90 ff. u. 123 ff.; eine ausführliche Darstellung der Strategie und Phasen der Religionsbekämpfung findet sich bei dems., Die Phase der Errichtung der kommunistischen Herrschaft in der Sowjetunion, in: Zwischen den Mühlsteinen. Protestantische Kirchen in der Phase der Errichtung der kommunistischen Herrschaft im östlichen Europa, hrsg. v. Peter Maser u. Jens Holger Schjørring. Erlangen 2002, S. 25-62 (mit weiteren Nachweisen zur neuesten Literatur). Eine eingehende Darstellung zu Armenien liefert neuerdings Hacek Rafi Gazer, Die Armenische Kirche in Sowjetarmenien zwischen den Weltkriegen. Anatomie einer Vernichtung. Hamburg 2001.
17 Der Stand der Russisch-Orthodoxen Kirche. Ein Internbericht für das ZK der KPdSU von Vassilij Furov. Als Quellentext übersetzt und veröffentlicht in: Glaube in der 2. Welt (1980), S. 2 ff.
18 Ebenda, S. 2.

von Religion und Kirche interessiert ist, und legen daher keine besondere Aktivität zur Ausweitung des Einflusses der Orthodoxie unter der Bevölkerung an den Tag." Alle drei Kirchenführer waren KGB-Spitzel („IM").[19]

Von ihnen grenzt der Bericht eine etwa gleich große Gruppe von Bischöfen ab, die man als gemäßigte Kollaborateure bezeichnen kann. Zu ihnen, so der Bericht,[20] „gehören solche Bischöfe, die loyal zum Staat stehen, sich korrekt zu den Kultgesetzen verhalten und sie beachten, die aber mit ihrer administrativen und ideologischen Routinetätigkeit eine Aktivierung der Kultdiener und des kirchlichen Aktivs zu erreichen suchen, mit Hilfe modernistischer oder traditioneller Konzeptionen, Anschauungen und Verhaltensweisen für eine Verstärkung der Rolle der Kirchen im Leben des Einzelnen, der Familie und der Gesellschaft eintreten und sowohl Jugendliche als auch in orthodoxer Frömmigkeit sich auszeichnende Eiferer für das Priesteramt zu gewinnen suchen." Kurz, es waren Kirchenführer, die sich noch einen Rest von „Loyalität gegenüber Gott" bewahrt hatten.

Eine dritte Gruppe im Episkopat versuchte unter den repressiven, scharfen Kontrollmaßnahmen und trotz der rigiden Rahmenbedingungen eine primäre, vorrangige Loyalität gegenüber Gott zu bewahren. Furov[21] kennzeichnet sie als denjenigen „Teil des Episkopats, bei dem sich bei verschiedenster Zeit Versuche bemerkbar machten und machen, die Kultgesetze zu umgehen. Einige von ihnen sind religiös konservativ, andere scheuen sich nicht, die Lage in den Eparchien und die Haltung der Staatsorgane ihnen gegenüber in verfälschter Weise darzustellen, bei anderen wiederum konnten Versuche beobachtet werden, die Bevollmächtigten (des Rates für die Angelegenheiten der Religionen) zu bestechen (...) und auch Amtspersonen der örtlichen Staatsorgane zu verleumden."

Die Grenzen zwischen den Gruppen waren fließend; die Zuordnung der Personen schwankte im Laufe der Zeit. Allein das ändert nichts am Gesamtbild der Russisch-Orthodoxen Kirche.

Die kommunistische Partei- und Staatsführung hatte im Sowjetstaat einen militant atheistischen Kontroll- und Repressionsapparat zur Beherrschung der Religionsgemeinschaften aufgebaut, der sich aus deren Sicht nicht wesentlich von einer aggressiven, fremden Besatzungsmacht unterschied. Von konträren Zielen und Prinzipien beseelt und einheitlich gesteuert, trat der Apparat den religiösen Bürgern und Gemeinschaften mit überlegener, rücksichtslos eingesetzter Macht gegenüber und ließ ihnen nur die Wahl zwischen unterwürfiger Anpassung und leidendem, mit Strafmaßnahmen bezahltem Widerstand. Die wesentlichen Strukturelemente des Apparates waren unterhalb der KP-Führungsorgane das Komitee für Staatssicherheit (KGB) und eine – wiederholt reorganisierte – spezielle staatliche Religionsaufsichtsbehörde (Rat für die Angelegenheiten der Religionen) bei der Regierung. Sie alle erfüllten die Unterdrückungsfunktion mit verteilten Rollen.[22]

---

19 Nachweise und Einzelheiten bei Luchterhandt, Rahmenbedingungen (wie Anm. 14), S. 23.
20 Vgl. Stand (wie Anm. 17), S. 2.
21 Ebenda, S. 2 f.
22 Otto Luchterhandt, The Council for Religious Affairs, in: Religious Policy in the Soviet Union, hrsg. v. Sabrina Petra Ramet. Cambridge 1993, S. 55-83; ders., Die Religionsaufsichtsbehörden im Ostblock, in: Herder-Korrespondenz (1984), S. 263-268.

IV. Felder der Kollaboration der Russisch-Orthodoxen Kirche

Seit ihrer erneuten staatlichen Anerkennung während des Zweiten Weltkrieges hat die Russisch-Orthodoxe Kirche, repräsentiert durch ihren Patriarchen und ihre weiteren Leitungsorgane, mit dem Staat auf den ihn interessierenden Feldern und nach seinen Vorgaben aufs engste und so gut wie vorbehaltlos zusammengearbeitet. Da dies allgemein bekannt ist, kann ich mich hier auf eine kurze, auf Hauptstichworte konzentrierte Zusammenfassung beschränken.

Vollkommen war die Kollaboration der Kirche auf dem Gebiet der Außenpolitik.[23] Spätestens seit ihrem Beitritt zum Ökumenischen Rat der Kirchen (1961) war der Russisch-Orthodoxen Kirche vom Staat die Funktion zugewiesen, die Ziele und Schwerpunkte der sowjetischen Außenpolitik auf den Foren und in den Organisationsstrukturen der internationalen christlich-konfessionellen Zusammenschlüsse und des interreligiösen Dialogs werbend zu vertreten, sie notfalls zu verteidigen und den Inhalt allfälliger Beschlüsse solcher Gremien entsprechend zu beeinflussen. Neben dem Weltkirchenrat[24] sind vor allem der Lutherische Weltbund, die Konferenz Europäischer Kirchen (KEK), die Panorthodoxe Konferenz sowie, nicht zuletzt, die Christliche Friedenskonferenz (CFK) zu nennen. „Frieden" und „Völkerfreundschaft" waren die ideologischen propagandistischen Konzepte der sowjetischen Außenpolitik, welche die Kirche, in ihr theologisches Vokabular eingekleidet, zu verbreiten und durchzusetzen hatte (eine systematische, wissenschaftliche Darstellung dieser Kollaborationsbeziehungen zwischen Religionsgemeinschaften und Sowjetstaat steht meines Wissens noch aus).

Auch in der Innenpolitik des Sowjetstaates und hier naturgemäß im Wesentlichen auf dem Feld der Religionspolitik und ihrer praktischen Durchsetzung erfüllten die kirchlichen Leitungsgremien wesentliche Funktionen und Aufgaben, die als Kollaboration eingestuft werden müssen.[25] Zu einem Teil spiegelten sie die kollaborative Mitwirkung an der Außenpolitik im Inneren wider. Dazu zählen die finanziellen Abführungen an den staatlichen „Friedensfonds", aus welchem außenpolitische Propagandamaßnahmen finanziert wurden, also die Zweckentfremdung kirchlicher Kollekten. Zu dieser Funktion gehört ferner die propagandistische Selbstdarstellung der Russisch-Orthodoxen Kirche gegenüber ausländischen Besuchern, um, wie es der Staat forderte, die Lage der Religionsgemeinschaften in der UdSSR als vollkommene Entfaltung der Glaubens- und Gewissensfreiheit zu demonstrieren. Dieselbe Funktion erfüllte die Kirche auch nach innen, gegenüber ihren eigenen Mitgliedern und Anhängern, gegenüber der sowjetischen Öffentlichkeit insgesamt in Wort und Schrift (Publikationen, Predigten usw.).

Reiner Ausfluss der Kollaboration mit den staatlichen Religionsaufsichtsbehörden war die Kontrolle über das Verhalten der Geistlichkeit aller Stufen (Bischöfe, Mönchs- und Gemeindegeistlichkeit) nach den Vorgaben staatlicher Direktiven, wofür man nach außen die Sprachregelung „Einhaltung der Kultgesetzgebung" benutzte. Ausfluss der Kollaboration

---

23 Luchterhandt, Sowjetstaat (wie Anm. 16), S. 170 ff. („Das Moskauer Patriarchat als politische Organisation").

24 J. A. Hebby, The State, the Church and the Oikumene: The Russian Orthodox Church and the World Council of Churches 1948–1985, in: Religious Policy (wie Anm. 22), S. 105–122.

25 Luchterhandt, Rahmenbedingungen (wie Anm. 14), S. 23 ff.

war schließlich der Umstand, dass beträchtliche Teile der geistlichen Funktionsträger ihre kirchlichen Aufgaben, sich den Wünschen der Partei bzw. des Staates beugend, nur mehr oder weniger formal, „lieblos", ohne besonderes Engagement erfüllten.

Analysiert man, über die Russisch-Orthodoxe Kirche hinausgehend, das Verhalten und den Weg der Religionsgemeinschaften in den kommunistischen Staaten seit dem Zweiten Weltkrieg, lässt sich feststellen, dass die Orthodoxen Kirchen in der UdSSR (unter Einschluss von Armenien) und auf dem Balkan durchweg Kollaborationskirchen waren. Kollaboration bestimmte auch den Kurs der Muslime. Den Weg der Kollaboration beschritten ferner ganz überwiegend die Lutherischen Kirchen (Estland, Lettland, Ungarn). Die Katholischen Kirchen im kommunistischen Hegemonialbereich waren dagegen ganz überwiegend Koexistenzkirchen. Diffus waren insofern die Verhältnisse in Litauen,[26] in der ČSSR und in Ungarn,[27] wobei man Ungarn wohl eher den Kollaborationskirchen zurechnen muss.

Einen Sonderfall bildete die DDR.[28] Zwar gab es hier zeitweilig in der Lutherischen Landeskirche Thüringens starke Tendenzen zur Kollaboration mit dem Regime, und auch andere Kirchenleitungen waren nicht völlig frei von dieser Versuchung, aber insgesamt muss man die im Bund Evangelischer Kirchen zusammengeschlossenen Landeskirchen und erst recht die Katholische Kirche in der DDR (Berliner Bischofskonferenz) als Koexistenzkirchen einstufen.

V. Motive und Zwecke der Kollaboration im Raum der Religionsgemeinschaften

Schließlich ist noch ein Blick auf die Motive und Zwecke zu werfen, die zur Kollaboration führten. Man kann ein ganzes Bündel von ihnen ausmachen. Teils entsprangen sie echter Sorge um die Fortexistenz, um das Wohl der Religionsgemeinschaft in ihrer feindlichen Umgebung, teils ganz privaten, moralisch stark anfechtbaren Gründen. Ich fasse sie in dem folgenden Katalog zusammen:[29]

1. Zusammenarbeit mit dem Staat, um den Behörden keinen Vorwand zu unmittelbarer Einmischung in innerkirchliche Angelegenheiten zu liefern;

---

26 Martin Jungraithmayr, Der Staat und die Katholische Kirche in Litauen seit dem Ende des Zweiten Weltkrieges. Berlin 2002.
27 Miklós Tomka, Widerstand und strukturelle Akkomodation – Die Katholische Kirche Ungarns im Kommunismus, in: Staat-Kirche-Beziehungen (wie Anm. 11), S. 131-140.
28 Detlef Pollack, Kirche in der Organisationsgesellschaft. Zum Wandel der gesellschaftlichen Lage der evangelischen Kirchen in der DDR. Stuttgart (u.a.) 1994; Die Rolle der Kirchen in der DDR. Eine erste Bilanz, hrsg. v. Horst Dähn. München 1993; Dietmar Linke, Niemand kann zwei Herren dienen. Als Pfarrer in der DDR. Hamburg 1988; „Pfarrer, Christen, Katholiken". Das Ministerium für Staatssicherheit der ehemaligen DDR und die Kirchen, hrsg. v. Gerhard Besier u. Stephan Wolf. 2. Aufl., Neukirchen-Vluyn 1992; Josef Schmid, Kirchen, Staat und Politik in Dresden zwischen 1975 und 1989. Köln (u.a.) 1998.
29 Eine systematische Untersuchung der vielfältigen und auch ambivalenten Motivationen für Kooperation und Kollaboration mit den kommunistischen, atheistischen Repressions- und Kontrollapparaten von Seiten religiöser Würdenträger und einfacher Gemeindmitglieder gibt es vorläufig (noch) nicht. Die folgenden Kataloge beruhen auf eigenen Beobachtungen und zahlreichen persönlichen Zeugnissen, die über unüberschaubar viele Informationsquellen verstreut an die Öffentlichkeit gelangt sind.

2. Nachgiebigkeit gegenüber den Behörden, um an anderer Stelle günstige Voraussetzungen für die Erreichung wichtiger, für wünschenswert gehaltener Ziele zu schaffen;

3. geistig-ideologische Nähe zum Regime im Zeichen eines „religiösen Sozialismus" und/oder eines religiös-kulturell fundierten Nationalismus.

Die persönlichen, „privaten" Motive und Ziele sind zahlreicher:

1. Machtstreben in der Kirche, d.h. Anstreben einer führenden Stellung innerhalb der Religionsgemeinschaft mit staatlicher Unterstützung;

2. Streben nach öffentlicher Anerkennung, Befriedigung persönlicher Eitelkeit und Geltungsbedürfnisses;

3. Streben nach Geld und anderen Mitteln, um ein angenehmes Leben führen zu können;

4. Hass auf gewisse Funktionsträger in der Kirche aus persönlichen Gründen; Rache für Herabsetzung und Demütigung von Seiten kirchenleitender Organe;

5. Erpressbarkeit wegen moralischer bzw. krimineller Verfehlungen;

6. Furcht vor persönlichen Nachteilen und behördlichen Repressionen bis hin zu Freiheitsverlust und Tod.

VI. Schlussbemerkung

Die Lage der Religionsgemeinschaften im kommunistischen Weltanschauungsstaat unterscheidet sich von der Lage eines Volkes unter fremder Okkupation wesentlich durch die aggressive, bedrängende Nähe der eigenen antireligiösen Staatsgewalt. Das eigene nationale Regime setzte die Religionsgemeinschaften einem permanenten Loyalitätsanspruch und damit einer permanenten Loyalitätsprüfung aus; es versetzte die Religionsgemeinschaften dadurch in einen ständigen Loyalitätskonflikt. So entstand die nur als zynisch und pervers zu bezeichnende Gleichzeitigkeit von diskriminierender Verdrängung der religiösen Bürger aus der Gesellschaft bei gleichzeitig drohend eingeforderter rückhaltloser Loyalität im Sinne einer staatsbürgerlichen Regimetreue, die zur Beachtung auch solcher ideologisch-politischen Ziele und Maßnahmen verpflichtete, welche dem religiös-theologischen Selbstverständnis der Religionsgemeinschaften, ihren Zielen und Aufgaben geradewegs widersprachen.[30]

Die vom Mitglied der Religionsgemeinschaft in seiner Eigenschaft als Staatsangehöriger gegenüber dem antireligiösen Regime zu erbringende staatsbürgerliche Loyalität setzte seine religiös-konfessionelle Loyalität naturgemäß der allerschwersten Prüfung aus. Der darin liegende Druck erhöhte die Wahrscheinlichkeit der Kollaboration mit dem Regime. In ihrer Wirklichkeit konnte sie mannigfache Gestalt annehmen, bis hin zu dem Grenzfall, nämlich dem Austritt aus der Religionsgemeinschaft, um hierdurch definitiv den sich aus dem ständigen Loyalitätskonflikt ergebenden seelischen und praktischen Belastungen ein Ende zu setzen.

---

30 Geradezu exemplarisch zeigte sich der Ansatz in dem terroristischen Kern der Tscheka gegenüber den Religionsgemeinschaften in der Frühzeit Sowjetrusslands. Dazu Luchterhandt, Phase der Errichtung (wie Anm. 16), S. 25–62, hier bes. S. 38 ff.

Detlef Brandes

Politische Kollaboration im „Protektorat Böhmen und Mähren"

Tschechische Historiker haben sich – wie ihre Kollegen in anderen von den Achsenmächten besetzten Ländern auch – intensiver mit der Widerstandsbewegung beschäftigt als mit jenen tschechischen Institutionen, Gruppen und Einzelpersonen, die nicht verboten oder in den Untergrund gedrängt worden waren und mit der Okkupationsmacht mehr oder weniger zusammenarbeiteten. Wenngleich auch in dem Jahrzehnt seit der Wende von 1989 weit mehr Aufsätze und Bücher vom Widerstand gegen die nationalsozialistische Herrschaft im Protektorat handeln, ist doch das Interesse an der „Kollaboration" im weitesten Sinn gestiegen.[1] In den vergangenen Jahren sind neben einigen allgemeinen Darstellungen vor allem mehrere Biographien führender Vertreter der tschechischen Politik im Protektorat erschienen. In meinem Vortrag fasse ich Ergebnisse meiner eigenen – dreieinhalb Jahrzehnte zurückliegenden – Studien sowie der seit 1989 in Tschechien erschienenen Literatur zusammen.[2]

1. Attentismus

Bei ihrem Urteil über Emil Hácha, den Staatspräsidenten der Nachmünchener Republik und des sog. ‚Protektorats Böhmen und Mähren', markieren auch zwei der drei neuen Biographien eine scharfe Grenze in der Politik Háchas vor und nach der Ernennung Heydrichs zum „stellvertretenden Reichsprotektor" im Herbst 1941 mit der anschließenden Welle von Verhaftungen und Todesurteilen bzw. nach dem erfolgreichen Attentat auf Heydrich und der noch grausameren Terrorwelle im Sommer 1942. Wie aus meinen eigenen Studien als auch aus einer neuen Darstellung über die Politik der Protektoratsregierungen seit dem Eintreffen Heydrichs hervorgeht, hat Hácha seine Politik jedoch nicht grundsätzlich geändert: Trotz fortschreitender Arteriosklerose und Gedächtnisschwund blieb er zwar bei seiner Bereitschaft, verbal auf die Wünsche der Besatzungsmacht einzugehen – Treue zum Reich und Hitler, Verurteilung der Politik der Exilregierung, Kampf gegen den Bolschewismus. Denn

---

1 Vgl. Bibliografie českých/československých dějin [Bibliographie zur tschechischen/tschechoslowakischen Geschichte] 1918–1999. Výběr knih, sborníků a článků vydaných v letech [Auswahl von Büchern, Sammelbänden und Artikel, herausgegeben in den Jahren] 1990–1995. Praha 1997; ...1996–1999 a doplňky za roky [Ergänzungen für die Jahre] 1990–1995. Praha 1999.

2 In meinem Beitrag übernehme ich die Ergebnisse meiner Untersuchung zur tschechischen Historiographie zum Thema Kollaboration, die ich auf einer Konferenz der Deutsch-Tschechischen und Deutsch-Slowakischen Historikerkommission in Brünn im März 2001 vorgetragen habe und die ausführlicher als hier abgedruckt sind: Detlef Brandes, Attentismus, Aktivismus, Verrat. Das Bild der Kollaboration im „Protektorat Böhmen und Mähren" in der tschechischen Historiographie seit 1989, in: Diktatur – Krieg – Vertreibung. Erinnerungskulturen in Tschechien, der Slowakei und Deutschland seit 1945. Für die Deutsch-Tschechische und Deutsch-Slowakische Historikerkommission hrsg. v. Christoph Cornelißen, Roman Holec und Jiří Pešek. Essen 2005, S. 101-148.

die Texte ihrer Reden mussten sich Hácha und die tschechischen Minister vom Reichsprotektor genehmigen lassen. Offensichtlich waren Hácha und seine Berater zu dem Schluss
gekommen, dass es auf einige weitere Loyalitätserklärungen nicht mehr ankam, wenn dadurch tschechische Leben gerettet werden konnten. Zugleich setzte sich Hácha nämlich
weiterhin für eine allgemeine Amnestie bzw. eine Amnestie für bestimmte Gruppen und
einzelne verhaftete Tschechen ein und erwirkte auch Freilassungen, die Aufhebung von Todesurteilen und die Verlegung von Gefangenen aus dem KZ Auschwitz ins KZ Buchenwald.
Obwohl es keine Untersuchung über Háchas Ansehen in der Bevölkerung gibt, lässt sich
aus den drei Hácha-Biographien doch entnehmen, dass es hoch, aber wohl nicht so hoch
gewesen ist wie dasjenige Marschall Pétains. Minister Krejčí meinte nach dem Krieg, dass
die Autorität Háchas fünfmal so groß gewesen sei wie die der gesamten Regierung.[3]

Die eben erwähnten Biografen ziehen denselben scharfen Trennungsstrich zwischen der
Politik der Regierung unter Führung von Eliáš bis zu dessen Verhaftung im Herbst 1941 auf
der einen und dem Verhalten der Regierungen Krejčí und Bienert auf der anderen Seite, wie
dies schon Beneš während des Exils getan hatte. Ich habe Zweifel, ob dies gerechtfertigt
ist. Richtig ist, dass Eliáš, Havelka – der Kanzleichef des Staatspräsidenten – und über sie
Hácha bis zum Herbst 1941 in Verbindung zum Exil standen, und dass die Verbindung
danach abbrach, allerdings auch von Beneš abgebrochen wurde, wenngleich angeblich die
Minister Kalfus und Bienert doch Kontakt zum Exil gehalten haben. Richtig ist auch, dass
der Spielraum der Regierungen Krejčí und Bienert durch die Ernennung eines Deutschen
zum Wirtschaftsminister und den Aktivismus des Schul- und Propaganda-Ministers Emanuel
Moravec weiter eingeschränkt wurde. Die Motive Háchas und der übrigen Minister, im Amt
zu bleiben – Verzögerung der Germanisierung, Aufrechterhaltung der Versorgung, Rettung
verhafteter Landsleute, Verminderung der Verluste an Menschenleben, wohl aber auch Angst
vor eigener Verhaftung –, blieben jedoch die gleichen. Zumindest einmal – wenige Tage vor
der Entsendung Heydrichs ins Protektorat – hat Hácha dennoch mit dem Rücktritt gedroht
und später mehrfach offen über Selbstmord gesprochen.

Die – vergeblichen – Versuche, einerseits den Kreis der ‚Juden' einzuschränken, die von
der Entrechtung betroffen werden sollten, andererseits aber auch dafür zu sorgen, dass sich
Tschechen an der ‚Arisierung' beteiligen konnten, wie auch die zahlreichen Einzeldekrete
der Regierung zur Entrechtung der Juden fallen schon in die Amtszeit der Regierung Eliáš.
Die deutsche Besatzungsmacht machte sich die Protektoratsregierungen unter Eliáš und
Krejčí mit Drohungen gefügig, und dies besonders nach den Demonstrationen im Herbst
1939, nach der Ankunft Heydrichs im Protektorat im September 1941 sowie nach dem
Attentat auf den stellvertretenden Reichsprotektor im Mai 1942. Damals drohte Hitler sogar
mit der Aussiedlung aller Tschechen: Nichts könne ihn hindern, die Tschechen auszusiedeln
und ihnen ein Schicksal wie den Wolgadeutschen zu bereiten. Von ihrem sog. ‚Gesandten'
in Berlin hörten Hácha und die tschechischen Minister, dass die Erschießung jedes zehnten
Tschechen erwogen werde. Die Exilpolitiker und die meisten Historiker warfen den Politikern in der Heimat vor, dass sie daraufhin nicht zurückgetreten seien. Diese zogen jedoch
die umgekehrte Schlussfolgerung: Nur ihr Verbleiben im Amt könne die Verwirklichung der

---

3   Vít Machálek, Prezident v zajetí. Život, činy a kříž Emila Háchy [Der Präsident in Gefangenschaft.
    Leben, Taten und das Kreuz Emil Háchas]. Praha 1998, S. 241.

Drohungen abwenden oder wenigstens mildern. Nach der Ermordung von fast 200 Männern des Dorfes Lidice riefen sie zu Massenkundgebungen gegen die Exilregierung und zur Anzeige der Attentäter auf.

Auch aus der neuesten Literatur ist nicht erkennbar, dass bestimmte politische Richtungen, etwa die Funktionäre der Nationaldemokratie, der Nationalen Einheit oder der Agrarpartei, stärker kollaboriert hätten als andere, wie dies marxistische Autoren behauptet hatten. Hácha beeilte sich, alle Versuche faschistischer und antisemitischer Gruppen abzuwehren, sich den deutschen Machthabern anzudienen. Mit den Führern der beiden Parteien der Zweiten Republik einigte er sich auf die Bildung einer ‚Nationalen Gemeinschaft' [Národní souručenství – NG]. Da bei der Werbung für den Beitritt zur NG nicht von der Loyalität und Zusammenarbeit mit den Deutschen, sondern vom Bekenntnis zum Tschechentum gesprochen wurde, traten innerhalb einer Woche fast alle tschechischen Männer über 21 Jahren der NG bei. Nach außen sollte diese Sammlungsbewegung den Eindruck einer „autoritären Bewegung" erwecken, ihre Leitung aber aus demokratischen Politikern bestehen.[4] 137 NG-Funktionäre wurden von der Gestapo verhaftet, 41 erschossen. Der nationale Konzentrationsprozess betraf auch die bisher parteipolitisch zersplitterten Gewerkschaften, die am 22. Juni 1939 in der ‚Nationalen Beschäftigten-Gewerkschaftszentrale? [Národní odborové ústředny zaměstnanské – NOÚZ] zusammengeführt wurden.[5]

2. Aktivismus

Wenige Tage nach dem deutschen Einmarsch empfing der Presseattaché der deutschen Gesandtschaft in Prag eine Reihe tschechischer Journalisten. Sie wurden auch zur Feier von Hitlers Geburtstag[6] und nach der Niederlage Polens in das besetzte Gebiet geschickt. Aus diesen Journalisten, die zu Redakteuren aufstiegen, formierte sich eine ‚aktivistische' Gruppe.[7] Diese Journalisten kamen von der Linken oder der linken Mitte und hatten aus dem Schock von München den Schluss gezogen, durch Aktivismus etwas noch Schlimmeres verhindern zu müssen. Nach Tesař waren sie keine Anhänger der NS-Ideologie, sondern nahmen diese als unvermeidlich hin.[8] Unter ihnen befanden sich die ehemaligen Kommunisten Vajtauer und Lažnovský, die ihre Leser aufforderten, sich in das „neue Europa" einzufügen, zumal Deutschland die Kultur der kleinen Völker respektiere. Ein Teil dieser Redakteure sprach von der Annäherung dreier sozialistischer Staaten, nämlich der Sowjetunion, des Deutschen Reiches und Italiens.[9] Nach der Verhaftung des Prager NG-Sekretärs

---

4 Tomáš Pasák, JUDr. Emil Hácha (1938–1945). Praha 1997, S. 70.
5 Ebenda, S. 94.
6 Blažena Gracová, Zur Rolle der Presse im Okkupationsregime des Protektorats Böhmen und Mähren. Anpassung, Widerstand und das Beispiel der antipolnischen Kampagne, in: Polen und die böhmischen Länder im 19. und 20. Jahrhundert. Politik und Gesellschaft im Vergleich, hrsg. v. Peter Heumos. München 1997, S. 189-216, hier S. 191-194.
7 Tomáš Pasák, Pod ochranou říše [Unter dem Schutz des Reiches]. Praha 1998, S. 180 f.
8 Jan Tesař, Protiněmecká opoziční jednota na počátku okupace [Die antideutsche Oppositionseinheit zu Beginn der Okkupation], in: Z počátku odboje [Aus den Anfängen der Widerstandsbewegung]. Praha 1969, S. 449-517, hier S. 485.
9 Tomáš Pasák, Aktivističtí novináři a postoj generál Eliáše v roce 1941 [Die aktivistischen Journalisten und die Haltung von General Eliáš im Jahre 1941], in: Československý časopis historický 15 (1967), S. 173-192, hier S. 178; ders., Pod ochranou (wie Anm. 7), S. 273.

forderten sie, dass die NG sich der „Erziehung zum Reichsgedanken" widmen solle. Tatsächlich erreichten sie die Bildung einer zehnköpfigen Arbeitsgruppe, die Richtlinien für
den Umgang der NG-Mitglieder, also fast aller Tschechen, mit den Juden ausarbeitete und
im November 1940 veröffentlichte. Als sie das Umgangsverbot durchsetzen wollten und besonders die Bischöfe mit einem Hirtenbrief drohten, wurden sie zum Rücktritt gezwungen.[10]
Im August und September 1941 forderte die Gruppe vergeblich, dass die Regierung ihre
Arbeit öffentlich unterstützen solle, besonders als die Exilregierung zu einem einwöchigen –
erfolgreichen – Boykott der Protektoratspresse aufgerufen hatte.[11]

3. Faschismus

Ein Teil der Faschisten war nicht mit ihrer Eingliederung in die NG einverstanden. Im Mai
und Juni 1939 veranstalteten sie antijüdische Demonstrationen in Brünn und Olmütz. Mit
Zustimmung Radola Gajdas, des Vorkriegsführers der ‚Nationalen Faschistengemeinde‘, bot
einer seiner Berater im Juni und Juli 1939 Karl Hermann Frank, dem Staatssekretär beim
Reichsprotektor, die Bildung einer ‚aktivistischen‘ Regierung an, wenn „Böhmen und das
tschechische Volk als gleichwertige Partner im Deutschen Reich anerkannt" würden.[12] Für
die Tschechen forderte er Zugang zu allen Wirtschaftsbereichen sowie eine Revision der
Grenzen des Protektorats.[13] Im August 1939 unternahm Gajda eine Rundreise durch Mähren,
um die dortigen Ortsgruppen seiner Partei für den Eintritt in die ‚Nationale Gemeinschaft‘ zu
gewinnen, doch ohne großen Erfolg. Mährische Faschisten machten sich unter verschiedenen
Namen selbständig, wobei die stärkste Gruppe von einem ehemaligen Kommunisten geführt
wurde.[14] Mehrfach unterstützte Gajda die Widerstandsbewegung und lehnte im September
1942 ein Angebot ab, den Vorsitz der NG zu übernehmen. Gegenüber der deutschen Politik
äußerte er sich immer negativer. Die Deutschen hätten die faschistische Idee diskreditiert.[15]
Zum stärksten rechtsextremen Faktor entwickelte sich die ‚Vlajka‘ [Fahne]. Unter ihrem neuen Führer Jan Rys-Rozsévač[16] gab sie ihre bisherige faschistische und all-slawische
Ideologie auf und orientierte sich am deutschen Nationalsozialismus. Sie bekannte sich zu
einer „tschechischen modernen völkischen Politik [narodovectví]" und zur „glücklichen Zukunft im Reich und in der Familie der befreiten arischen Völker(n)".[17] Hácha berief zwar

10 Pasák, Pod ochranou (wie Anm. 7), S. 251-255; Jaroslava Milotová, Die Protektoratspresse und
    die ‚Judenfrage‘, in: Theresienstädter Studien und Dokumente, hrsg. v. Miroslav Kárný, Raimund
    Kemper u. Margita Kárný. Prag 1996, S. 153-183, hier S. 165.
11 Pasák, Novináři (wie Anm. 9), S. 185.
12 Tomáš Pasák, Český fašismus 1922–1945 a kolaborace 1939–1945 [Der tschechische Faschismus
    1922–1945 und die Kollaboration 1939–1945]. Praha 1999, S. 278.
13 Antonín Klimek, Petr Hofman, Vítěz, který prohrál [Der Sieger, der verlor]. General Radola Gajda.
    Praha 1995, S. 272-279; Petr Němec, České pravicové skupiny v životě protektorátní společnosti
    [Tschechische Rechtsgruppen im Leben der Protektoratsgesellschaft], in: Sborník k dějinám 19.
    a 20. století [Sammelband zur Geschichte des 19. und 20. Jahrhunderts]. Praha 1993, S. 331-354,
    hier S. 341.
14 Pasák, Fašismus (wie Anm. 12), S. 283 ff.
15 Klimek, Hofman, Vítěz (wie Anm. 13), S. 279; Pasák, Fašismus (wie Anm. 12), S. 350 f.
16 Seit dem 28. April 1939. Milan Nakonečný, Vlajka. K historii a ideologii českého nacionalismu
    [Zur Geschichte und Ideologie des tschechischen Nationalismus]. Praha 2001, S. 108.
17 Ebenda, S. 121.

in den NG-Ausschuss vier Repräsentanten der Vlajka, doch erklärten diese am 31. August 1939 ihren Wiederaustritt. Anhänger der Vlajka begingen in mehreren Städten antisemitische Ausschreitungen, gegen die die tschechische Polizei vorging.[18] Mitte Oktober 1939 schlossen sich die Vlajka, einige faschistische Gruppen Mährens sowie eine ‚Nationale Arische Kultureinheit' [Národní arijská kulturní jednota], die antijüdische Gesetze forderte,[19] zu einem ‚Tschechischen Nationalsozialen (später Nationalsozialistischen) Lager – Vlajka' zusammen,[20] das für eine Kundgebung in der Prager Lucerna einmal immerhin 3 500 Anhänger zusammenbrachte.[21] Am 13. November kritisierte die erweiterte Vlajka in einem Memorandum an Hitler die „passive Resistenz" der tschechischen und die „oft falschen Eingriffe" der deutschen Protektoratspolitik gegen tschechische Interessen. Sie schlug die Bildung eines „Staatsrats" aus Vertrauenspersonen der Vlajka vor, der Hácha beraten und die Protektoratsregierung überwachen sollte.[22] Zwei Tage darauf ging die tschechische Polizei hart gegen eine Kundgebung dieser rechtsextremen Gruppe vor.[23] Die NG schwächte die mährischen Faschisten, indem sie zwei ihrer Führer kaufte; im Februar 1940 zerfiel die erweiterte Vlajka wieder.[24]

Unter dem Eindruck der deutschen Siege im Westen demonstrierte die Vlajka, die seit Juni 1939 eine gleichnamige Zeitung herausgab und im Sommer 1940 nach einer neuen Darstellung etwa 13 500 Mitglieder besaß,[25] am 6. Juni in Prag. Sie verlangte eine Arbeitspflicht für Juden und deren Aussiedlung aus den Innenstädten. Am selben Tag trug Rys dem Ministerpräsidenten die Forderungen seiner Organisation vor, nämlich ein Viertel der Sitze im NG-Ausschuss.[26] Als der Leiter des Prager NG wegen Beteiligung an der Widerstandsbewegung verhaftet und das Prager Sekretariat von den Deutschen geschlossen wurde, hielt die Vlajka die Stunde ihrer Machtergreifung für gekommen. Die tschechische Polizei schlug am 8. August 1940 jedoch ihren Angriff auf den Sitz des NG-Sekretariats, an dem sich zeitweise auch eine SS-Einheit beteiligte, zurück.[27] Mit diesem Misserfolg setzte der Niedergang der Vlajka mit dem Austritt führender Mitglieder ein, darunter des späteren Organisators des Jugendkuratoriums Teuner.[28] Im November 1941 forderte Rys Ministerposten für seine Gruppe und die Entsendung von Tschechen an die Ostfront. Als er sich aber nicht zur Zusammenarbeit mit Moravec bereit erklärte, sondern ihn öffentlich als „politischen Eunuchen" angriff, verfügte Heydrich Anfang April 1942 ein dreimonatiges Betätigungsverbot der Vlajka und anderer „völkischer Splittergruppen".[29] Im September 1942 ließ Frank schließlich 350 Vlajka-Funktionäre zum Arbeitseinsatz ins Reich deportieren und setzte Rys im KZ Dachau fest.[30] Ihre Rolle als Druckmittel auf die attentistische

---

18 Pasák, Fašismus (wie Anm. 12), S. 278.
19 Pasák, Pod ochranou (wie Anm. 7), S. 109.
20 Nakonečný, Vlajka (wie Anm. 16), S. 129 f.
21 Am 11. März 1940. Ebenda, S. 159; Pasák, Pod ochranou (wie Anm. 7), S. 201 ff.
22 Nakonečný, Vlajka (wie Anm. 16), S. 147 f. u. 287-294.
23 Ebenda, S. 173-176.
24 Ebenda, S. 144 ff.
25 Ebenda, S. 120.
26 Ebenda, S. 166 f.
27 Ebenda, S. 168-171.
28 Ebenda, S. 177 f. u. 192 ff.
29 Ebenda, S. 227.
30 Ebenda, S. 205.

NG und Regierung hatte die Vlajka ausgespielt. Als Konfidenten dienten der Gestapo aber weiterhin einige Vlajka-Mitglieder.[31]

Zum vierten Jahrestag der Errichtung des Protektorats nahm nach etwa einjähriger Vorbereitung das ‚Kuratorium für die Erziehung der Jugend in Böhmen und Mähren' [Kuratorium pro výchovu mládeže v Čechách an na Moravě] seine Tätigkeit auf. Grundlage war ein Erlass über die Dienstpflicht aller Jugendlichen zwischen 10 und 18 Jahren. Das Kuratorium, dessen Funktionäre zum größten Teil aus dem aufgelösten Jugendverband der Vlajka kamen, übernahm die politische Schulung der Jugendleiter. Als Vorsitzender des Kuratoriums schrieb Moravec: „Ich bin überzeugt, dass die tschechische Jugend sich einen ehrenhaften Platz in den Erinnerungen erstreitet, die einmal die Kämpfe für die Freiheit Europas und die Arbeit für ihren Aufbau schildern werden. Treue wird mit Treue vergolten! Voran, meine Freunde! Ihr seid die Vorhut unseres Volkes. Das Reich gibt uns die Möglichkeit zur Mitarbeit. Es lebe unser großer Führer Adolf Hitler!"[32] Zur Umsetzung der Jugendarbeit wurden alle möglichen Vereine herangezogen. Die ‚unpolitischen' Veranstaltungen des Kuratoriums, nämlich sportliche Tage der Jugend, Sommerlager, Theater- und Filmvorführungen und Konzerte zogen offensichtlich eine große Zahl von Jugendlichen an. An die breite Öffentlichkeit trat das Kuratorium mit der Organisation von sportlichen Wettbewerben und kulturellen Veranstaltungen.[33] In den Dienst der Besatzungsmacht stellte sich das Kuratorium, indem es zu „antibolschewistischen" Kundgebungen in verschiedenen Städten aufrief und Jugendliche zur Erntehilfe auf das Land und gegen Kriegsende zu Schanzarbeiten schickte.[34]

4. Auswirkungen der Kollaboration

Einerseits setzte die deutsche Macht in den okkupierten Gebieten soweit wie möglich auf die Zusammenarbeit mit den traditionellen Eliten, die eine ungestörte Verwaltung versprach, und nicht auf bedingungslos kollaborationsbereite und faschistische Gruppen. Und im Protektorat war dies möglich. Diese Kollaboration erleichterte es der Besatzungsmacht, das Protektorat zu verwalten, zu sichern und wirtschaftlich für die deutsche Kriegswirtschaft zu nutzen, ohne zahlreiche deutsche militärische, polizeiliche und wirtschaftliche Kräfte einsetzen zu müssen. Milotová hat berechnet, dass in der Verwaltung, bei der Polizei, der Post und den Eisenbahnen insgesamt nur etwa 12 000 Deutsche beschäftigt gewesen sind.[35] Vieles, was Robert Frank zur Kollaboration in Frankreich feststellt, gilt auch für das Protektorat: die Bedeutung der wirtschaftlichen Zusammenarbeit, die Bemühungen der Rüstungsbetriebe, mit Arbeitskräften, Energie und Material bevorzugt bedient zu werden, der Widerwille

31 Ebenda, S. 140-143.
32 Jan Špringl, Protektorátní vzor mladého člověka. Kuratorium pro výchou mládeže v Čechách a na Moravě [Das Bild des jungen Menschen im Protektorat. Das Kuratorium für die Erziehung der Jugend in Böhmen und Mähren] (1942–1945), in: Soudobé dějiny 11 (2004), S. 154-177, hier S. 160.
33 Jan Gebhart, Jan Kuklík, Dramatické a všední dny Protektorátu [Dramatische Tage und Alltag des Protektorats]. Praha 1996, S. 227-235; Nakonečný, Vlajka (wie Anm. 16), S. 207-211.
34 Špringl, Protektorátní vzor (wie Anm. 32), S. 156 f.
35 Jaroslava Milotová, Personální aspekty tzv. Heydrichovy správní reformy [Personelle Aspekte der sog. Verwaltungsreform Heydrichs], in: Paginae Historiae 1 (1993), S. 196-218.

der Arbeiter, in Deutschland zu arbeiten, ihre Bereitschaft aber, in der Heimat der Arbeit nachzugehen, die Nutzung der legalen Gewerkschaften für illegales Handeln.[36]

Andererseits sollte doch die Frage gestellt werden, ob und wie viele Menschen die tschechischen Politiker im Protektorat retten konnten. Zur Rechtfertigung seiner Unterwerfung unter Hitlers Diktat am 15. März und danach verwies Hácha immer wieder darauf hin, dass er „schreckliches Blutvergießen" verhindert und die Tschechen vor einem Schicksal wie jenem der Polen, Esten, Letten, Litauer und Finnen bewahrt habe.[37] Im Vergleich zur Teilung Polens, zur Annexion der baltischen Staaten und zum sowjetischen Angriff auf Finnland erschien das Protektorat als das „kleinere Übel". Schließlich müssten die Tschechen auch nicht in den Krieg ziehen wie zu Zeiten Österreichs.[38] Škorpil kommt in der einzigen mir bekannten zusammenfassenden Studie über die Zahl der NS-Opfer zu dem Schluss, dass 75 000 Juden und 6 000 Roma der böhmischen Länder ermordet wurden. Etwa 8 300 Tschechen seien nach sog. „Gerichtsverfahren" erschossen worden und rund 20 000 in Gefängnissen, Konzentrationslagern, bei Verhören, auf Todesmärschen usf. umgekommen.[39] Das sind große und schreckliche Zahlen. Die Kollaboration Háchas und der Protektoratsregierungen hat aber m.E. verhindert, dass noch mehr Tschechen ermordet wurden, während ihre Tätigkeit auf das Schicksal der als Juden und Roma ausgegrenzten Personen keinen Einfluss hatte. Vor allem wurden im Protektorat zwar Geiseln genommen, aber mit der gewichtigen Ausnahme der Zeit der sog. ‚Heydrichiade', also der Terrorwelle nach dem Attentat auf Heydrich, und der letzten Kriegstage im Protektorat nicht erschossen, sondern nach oder eben doch aufgrund der beharrlichen Interventionen der Kollaborateure, wenngleich oft nach langer Zeit wieder freigelassen. Pasák nennt dieses Vorgehen zu Recht „Brosamenpolitik", doch den betroffenen Tschechen brachte diese Politik die Freiheit[40] und rettete einem Teil von ihnen das Leben. Die Mitte November 1939 in ein KZ verschleppten knapp 1 200 Studenten sind nur das bekannteste Beispiel. Im Verhalten der Polen sahen die tschechischen Politiker, so der NG-Vorsitzende Nebeský, einen „Mangel an politischer Verantwortung und Hasardspiel mit dem Schicksal des eigenen Volkes".[41] Macháleks Schluss ist eindeutig: Im Vergleich zu den Polen habe das tschechische Volk während der Besatzung nur ein Zehntel an Menschenleben verloren und im Krieg ein relativ normales Leben führen können, „völlig unvergleichbar mit dem damaligen Leben von Völkern, die keine politische Vertretung besaßen wie die Polen, Weißrussen oder Ukrainer".[42]

36 Robert Frank, Deutsche Okkupation, Kollaboration und französische Gesellschaft 1940–1944, in: Okkupation und Kollaboration (1938–1945), zusammengest. u. eingel. v. Werner Röhr. Berlin/Heidelberg 1994, S. 87-100, hier S. 93 f.
37 Pasák, Hácha (wie Anm. 4), S. 106.
38 Tesař, Jednota (wie Anm. 8), S. 464 f.
39 Pavel Škorpil, K problematice počtu československých oběti nacionálně socialistického Německa v letech [Zur Problematik der Zahl der tschechoslowakischen Opfer des nationalsozialistischen Deutschland in den Jahren] 1938–1945, in: Terezinské listy 21 (1993), S. 60-80.
40 Pasák, Pod ochranou (wie Anm. 7), S. 215 f.; Dušan Tomášek, Robert Kvaček, Causa Emil Hácha. Praha 1995, S. 85.
41 Pasák: Pod ochranou (wie Anm. 7), S. 215.
42 Machálek, Prezident (wie Anm. 3), S. 265 f.

5. Zur Wahl der Begriffe

Die ursprünglich scharf antideutsch eingestellten tschechischen Faschisten, besonders deren Führer Gajda, wären nur unter der Bedingung der Gleichberechtigung zur Zusammenarbeit mit den Deutschen bereit gewesen.[43] Selbst die antisemitische Vlajka, die sich von der Besatzungsmacht als Stoßtrupp gegen die NG und Regierung einsetzen ließ, forderte Gleichberechtigung für die Tschechen. Im Gegensatz zu anderen besetzten Ländern nahm ihre Bedeutung im Laufe des Krieges nicht zu, sondern ab.[44] Mitglieder der Vlajka und der faschistischen Splittergruppen, die sich von Gajda lossagten, übten aber auch Verrat. Ihnen ging es um persönliche Machtpositionen und Vorteile. Unter ihnen fand die Gestapo Konfidenten und die Organisatoren des Jugendkuratoriums.

Stanley Hoffmann unterscheidet bei der Analyse der Kollaboration in Frankreich zwischen einer „collaboration d'état", d.h. zur Verteidigung der nationalen Interessen und der staatlichen Angelegenheiten, und freiwilliger Kollaboration mit den Nazis aus Karriere- oder ideologischen Gründen.[45] Czesław Madajczyk differenziert zwischen Verrat, Kollaboration und Zusammenarbeit. Madajczyks „Kollaboration" entspricht im tschechischen Fall der „Aktivismus". Während des Ersten Weltkrieges wurden jene tschechischen Politiker als Aktivisten bezeichnet, die davon ausgingen, dass die Habsburgermonarchie den Krieg überleben werde. Sie plädierten für eine loyale Haltung, um eine Verfolgung der Tschechen in und nach dem Kriege zu verhindern. Als Aktivisten galten außerdem die deutschen Parteien, die in der Zwischenkriegszeit zur Mitarbeit in der Tschechoslowakischen Republik bereit waren. Die tschechischen „Aktivisten" des Zweiten Weltkriegs hielten den Krieg zugunsten Deutschlands für entschieden oder wünschten sogar den Sieg der Achsenmächte. Eine Politik der „zwei Eisen im Feuer" gefährdete ihrer Meinung nach die Zukunft der Tschechen im künftig deutsch beherrschten Europa. In diese Kategorie fallen Moravec und die „aktivistischen" Redakteure.

Abwehren, Abwarten, Überwintern und Kollaborieren, „um Schlimmeres zu verhindern", war die Grundhaltung bei Hácha, den Protektoratsregierungen und der NG. Der deutsche Sicherheitsdienst urteilte, dass die Regierung hartnäckig die Rechte des tschechischen Staates verteidige.[46] Die Hácha-Garnitur habe die Germanisierung gebremst, so weit ihre Kräfte reichten, urteilt Tesař, nicht jedoch die antidemokratischen Maßnahmen[47] – dies von einer Regierung unter NS-Oberherrschaft zu erwarten, halte ich nun aber wirklich für illusorisch.[48] „Sich widersetzen, aufhalten – das ist die Taktik des Präsidenten und der Regie-

---

43 Tomáš Pasák, Problémy české kolaborace [Probleme der tschechischen Kollaboration], in: Cahiers du CeFres (März 1995), Nr. 6, S. 25-34, hier S. 31.
44 Milan Nakonečný, K hodnocení české protektorátní kolaborace [Zur Bewertung der tschechischen Protektoratskollaboration], in: Tvar (1994), Nr. 4, S. 10.
45 Livie Rothkirchenová, Motivy a záměr protektorátní vlády v řešení židovské otázky [Motive und Absicht der Protektoratsregierung bei der Lösung der Judenfrage], in: Akce Nisko v historii „konečného řešení židovské otázky". Mezinárodní vědecká konference. Sborník referátů [Die Aktion Nisko in der Geschichte der „Endlösung der jüdischen Frage". Eine internationale wissenschaftliche Konferenz. Sammlung der Referate]. Ostrava 1995, S. 160-173, hier S. 161.
46 Pasák, Pod ochranou (wie Anm. 7), S. 164.
47 Tesař, Jednota (wie Anm. 8), S. 478 f.
48 Ebenda, S. 487.

rung gegen die Willkür der Okkupanten", schreiben Tomášek und Kvaček.[49] Pasák bezeichnet auch die NG als „offensichtlich oppositionell und abwehrwillig" [zjevně opoziční a obranářská].[50] Insgesamt kommt Pasák zu folgendem Ergebnis: „Die ‚Brosamen'politik, verwirklicht um den Preis sowohl moralischer als auch politischer Zugeständnisse, ersetzte nur schwer, was durch das deutsche Vorgehen verloren wurde".[51] Jaromír Smutný, der politische Sekretär von Beneš, meinte noch 1943: „Hácha ist und war nie ein Quisling."[52] Und Beneš selbst bezeichnete Hácha als Hitlers Gefangenen.[53]

Die Zusammenarbeit von Staatspräsident, Protektoratsregierung und NG sollte nicht als „Staatskollaboration" bezeichnet werden, und zwar nicht wegen der staatsrechtlichen Unterschiede zwischen Vichy und Prag, sondern weil die beteiligten Kräfte keine „nationale Revolution" im Schutz Deutschlands anstrebten und nicht auf den Sieg Deutschlands hofften. Vielmehr ging es Staatspräsident, Regierung und NG um Abwarten und Überwintern bis zur Entscheidung über den Ausgang des Krieges. Zusammenarbeit mit der Besatzungsmacht auf der einen Seite, geheime Verbindung mit der Exilregierung und Widerstandsbewegung auf der anderen Seite sollten alle Optionen für den Fall eines Sieges der Achsenmächte oder der Alliierten oder für einen Kompromissfrieden offen halten. Ein Bericht aus dem Protektorat verglich die Politik der Protektoratsregierung vielmehr „mit dem Opportunismus des ‚Tschechischen Verbandes' im Ersten Weltkrieg".[54]

Eliáš gehörte zu den Gründern der Geheimarmee, während der Landwirtschaftsminister die Agrarpartei in der Führung der Widerstandsgruppe ‚Politisches Zentrum' [Politické ústředí] vertrat. Beim Amt des Ministerpräsidenten wurde eine Zensurbehörde angesiedelt, die zugleich Nachrichtendienst für die Regierung und das Exil betrieb, allerdings schon im August 1939 von der Gestapo aufgedeckt wurde. Zu Kriegsbeginn nahm die Gestapo etwa 3 000 potenzielle Gegner fest. Die Regierung zahlte den Familien der festgenommenen Staatsbediensteten weiter das Gehalt und unterstützte auch die Familien der später Verhafteten.[55] Anfang Dezember 1939 teilten Eliáš und Hácha insgeheim Beneš mit, dass die gesamte Regierung hinter dem „ausländischen Widerstand" stehe und Beneš „als ihren Kopf" betrachte. Sie forderten aber Zustimmung zu einer „solchen opportunistischen Politik, mit der nationale und wirtschaftliche Schäden verhindert würden".[56] Zur selben Zeit distanzierte sich Eliáš öffentlich vom Exil unter Beneš.[57]

Hätte Pasák mit seiner Annahme recht, dass Eliáš und die Mehrheit der Minister von Anfang an und durchgängig von dem bevorstehenden Krieg und der Befreiung nach einem Sieg der Alliierten überzeugt gewesen seien, dann hätten sie sich nicht ebenso wie übrigens die NG um eine Beteiligung von Tschechen an der ‚Arisierung' bemüht. Benešs Optimismus im Sommer 1941, dass die Alliierten den Krieg im Frühjahr oder spätestens im Sommer

---

49 Tomášek, Kvaček, Causa (wie Anm. 40), S. 54.
50 Pasák, Hácha (wie Anm. 4), S. 71.
51 Pasák, Pod ochranou (wie Anm. 7), S. 224.
52 Pasák, Hácha (wie Anm. 4), S. 61.
53 Ebenda.
54 Pasák, Pod ochranou (wie Anm. 7), S. 224.
55 Ebenda, S. 155 f.; Robert Kvaček, Dušan Tomášek, Generál Alois Eliáš. Jeden český osud [Ein tschechisches Schicksal]. Praha 1996, S. 12.
56 Pasák, Hácha (wie Anm. 4), S. 101; Pasák, Novináři (wie Anm. 9), S. 175.
57 Kvaček, Tomášek, Eliáš (wie Anm. 55), S. 49.

1942 siegreich beenden würden, teilte die Protektoratsregierung nicht. Während der Zeit des Abwartens, also des „Attentismus", versuchten die drei Institutionen, durch Zusammenarbeit tschechische Positionen zu halten und möglichst viele Tschechen vor der Erschießung zu retten. Zu einer militärischen Kollaboration kam es nur bei dem wenig effektiven Einsatz der sog. ‚Regierungstruppe' bei der Sicherung von Eisenbahnlinien in Norditalien seit dem Herbst 1943. Und zur Deportation der Juden wurde die tschechische Polizei anscheinend in geringerem Umfang und seltener herangezogen als die französische.

Personenregister

Bei den englischsprachigen Beiträgen wurde die verwendete Schreibweise der Namen in das Register übernommen.

Abramovsky, Lev 418
Adelmann von Adelmannsfelden, Raban Graf 198 f.
Adenauer, Konrad 11
Adler, Stanisław 204
Aksyonov, Vassily 114
Albrecht, Karl I. 437
Aleksandravičius, Egidijus 16
Aleksandrowicz, Julian 279
Aleksij II., Patriarch 448
Alerhand, Aleksander 279
Alexander I., Zar 179
Alexander II., Zar 94, 99
Alquen, Gunter d' 434
Alten, Marek 258
Alter, Leon 278, 280
Aly, Götz 45
Ambrazevičius(-Brazaitis), Juozas 153, 185 ff.
Anisfeld-Dobrowolska, Helena 279
Antonescu, Ion 311
Aptowicz, Ryszard 278
Arajs, Viktors 81-84
Arczyński, Marek Ferdynand 250, 263, 273, 275 ff., 280, 286
Arendt, Hannah 17, 117, 193, 253 ff.
Arlt, Fritz 258
Armstrong, John A. 129, 132 f.
Aron, Raymond 102, 117
Ash, Timothy Garton 107
Aykhenvald 105

Bacharov 189
Baeck, Leo 254
Bałaban, Majer 195
Balabanoff, Angelika 355
Bandera 408
Bannet-Chajes, Felicja 271, 279
Bartel, Kazimierz 331

Bartoszewski, Władysław 337
Bau, Józef 279
Bauer 374
Bauer, Yehuda 257
Bauman, Zygmunt 117
Baumann, Jakub 279
Bauminger, Leon (Arieh) 264
Bauminger, Róża 271
Beauvois, Daniel 308
Bedynska, Regina 418
Beneš 311, 454, 461
Benz, Wolfgang 441
Benzing, Johannes 410
Berdyaev, Nikolai 115
Beresnevčiūtė, Halina 175 f.
Berg, Mary 204
Bergmanis, Aleksandrs 87
Berling 233
Berman, Adolf 250, 264, 268, 273, 286
Berman, Jakub 268, 276 f., 280 ff.
Bermondt-Awaloff, Fürst 127
Bernstein, Eduard 359
Best, Werner 43 f.
Bethmann Hollweg 359
Bianchi, Wanda 276
Bibo, Istvan 164
Bieberstein, Aleksander 268, 278
Bieberstein, Marek 258 f., 262
Bielecki, Tadeusz 293
Bienert 454
Bieńkowski, Witold 273, 277
Bierut, Bolesław 333, 338
Birnfeld, Marek 279
Biržiška, Mykolas 177
Biržiška, Viktoras 177
Blodek 238
Blumenthal, Nachman 274
Blustein, Ben-Zion 421, 423

Blynas, Laimutis Feliksas 186
Blynas, Zenonas 157
Bobelis, Jurgis 156
Bocheński, Aleksander 291
Böhme, Franz 47
Böll 374
Bömelburg, Hans-Jürgen 17
Bojm, Leon 273
Bór-Komorowski, Tadeusz 53
Borejsza, Jerzy W. 16, 328
Borenstein, Ignacy 258
Borenstein, Szmul 279
Borg, Bernhard 273
Bormann, Martin 42
Borodziej, Włodzimierz 16
Bortnowski 296
Boveri, Margret 443, 447
Boy-Żeleński, Tadeusz 310, 338
Bożykowski, Tuwa (= Tadek) 264
Brafman, Jakov 99
Brandes, Detlef 17
Brandys, J. 266
Brandys, Marian 313
Brasillach, Robert 331
Brazauskas, Algirdas 104
Bredov, F.È 375
Brencis, Janis 83
Brockdorff-Rantzau 356
Brodsky, Joseph 112, 115
Browning, Christopher 83, 155
Broz, Josip (Tito) 54
Buber, Martin 115
Buchanan 360
Bülow(-Schwante), Vicco von 199
Bujnicki, Tadeusz 337
Bujnicki, Teodor 336
Bukovsky, Vladimir 109, 115
Bulgakov, Sergej 361
Burdecki, Feliks 223, 277, 298, 331, 346
Burger, Reiner 194
Burleigh, Michael 118
Byk, Jan 233

Cat-Mackiewicz, Stanisław 293
Céline 337
Chiari, Bernhard 343
Child, Clifton 43
Chilowicz, Wilhelm 267
Chlebowski, Cezary 337
Chojda, Stanisław 279
Cholawsky, Shalom 420

Chrzanowski, Tadeusz 325
Chvalkovsky 311
Chwalba, Andrzej 306, 312
Clausen 51
Conrady, Alexander 59
Coudenhove-Kalergi, Richard 72
Crull, [Wilhelm] 199
Cukierman, Icchak (= Antek) 250, 252, 264, 269, 286, 288
Cvirka, Petras 182
Czartoryski, Adam Jerzy 179
Czerniaków, Adam 255, 257 f., 260, 333
Czerski, Zbigniew 307

Dąbrowska, Małgorzata 307
Daniel, Yuli 105, 109
Darnand 51
Datner, Szymon 273, 280
Daukantas, Simonas 180 f.
Davies, Norman 308
Dean, Martin 17
Déat, Marcel 51
Degrelle, Léon 247
Deksnys, Jonas 177
Delbrück, Hans 58
Demann, Hermann 197, 199
Dembitzer-Dembicki, Teodor 271
Demm, Eberhard 121
Denikin 386 f., 393
Dieckmann, Christoph 16
Długoborski, Wacław 344
Dmowski, Roman 223 f., 226, 291
Dobrowolski, Stanisław Wincenty 263, 265 f., 273, 285 f.
Dołżycki, Adam 223
Donskis, Leonidas 16
Doriot 51
Drobnys, Aleksandras 190
Drunga, Karolis 175, 183 f., 187 f., 190
Dudko, Dmitry 448
Durnovo 356
Dwinger, Edwin Erich 437 ff.
Dymsza 35
Dzierżyński, Feliks 311
Dzikiewicz, Mieczysław 238

Ebelov 368
Edelman, Marek 252, 263 f.
Ehrlinger, Erich 154
Eidler 283
Eimer, Alfred 250, 266

Eisenbach, Artur 274
Eisfeld, Alfred 17
Eisenhart, Wolfgang 62
Eliáš 454, 461
Elze, Walter 59
Engel, David 252, 285
Engelking, Barbara 340
Enghien, Herzog von 57
Eppelmann, Rainer 22
Erlich, H. 73, 284
Ettinger 266

Falkenhayn 355
Fedotov, Georgij 361, 363
Feine, Hans Erich 60
Fersen, Nicholas 437
Fieldorf, Emil, gen. „Nil" 335
Fik, Marta 337
Finkelstein, Leon 272
Fiszgrund, Salo 265, 273, 278, 285
Fiszman, Felicja 288
Fleischer, Hagen 40 ff.
Föhl, Walter 258
Förster, Gimpel 279
Frank, Anne 441 f.
Frank, Hans 272, 292, 297 f., 300, 310, 331
Frank, Karl Hermann 456 f.
Frank, Robert 458
Franko, Ivan 327
Friedrich, Klaus-Peter 17
Frome, Frieda 144
Fromowicz, Kurt Karol 279
Funk, Walther 47
Furov 448 f.

Gajda 460
Gajdas, Radola 456
Galanskov, Yuri 112
Galéra, Karl Siegmar Baron von 67
Gamarnik, Jan 374
Gass, Andrzej 334
Gaulle, Charles de 437
Gay, Peter 122
Gdański, Jarosław 295
Gebirtig, Mordechaj 261
Gehlen, Reinhard 439
Gelb 220
Gellner, Ernest 102, 117
Germantas-Meškauskas, Pranas 186
Gerutis, Albertas 164 ff.
Giedroyc, Jerzy 291, 293, 308

Gilyazov, Iskander 17
Gintner-Güntner, Rudolf 266
Ginzburg, Alexander 112, 114
Gippius, Zinaida 387
Gira, Liudas 182
Gitelman, Zvi 432
Gitler-Barski, Józef 282
Gobineau, Joseph-Arthur Comte de 106
Goebbels, Joseph 24, 41 f., 44, 52, 292, 435
Göring, Hermann 24, 43, 47, 292
Goetel, Ferdynand 243 f., 277, 294, 336
Goeth, Ammon 250
Goldberg, Dawid 279
Gomułka, Władysław 321
Gondek, Leszek 349
Gorbačev, Michail 359
Gorizontov, Leonid 95
Górzyński, Leopold 217
Gottesman, Szymon 264, 271
Grabiec, Jan 219
Grabowski, Jan 340
Greenfield, Liah 119
Grimm, Friedrich 66
Grinberg, Daniel 308
Gringoire 311
Grobler, Samuel 279
Gross, Jan Tomasz 140, 308, 339, 347 f., 417, 429
Gross, Natan 274
Grüber, Heinrich 254
Grunwald, Dawid 279
Grupińska, Anka 286
Grushevsky, Boris Ivanovich 418
Gubiński, Arnold 272
Gučkov 360
Guerin, Alain 437
Guttmann, Fritz 197

Hácha, Emil 209, 244, 249, 277, 311, 435, 454 ff., 459 ff.
Hamann, Joachim 153, 157
Hanecki, 358
Hatlie, Mark 18
Havel, Václav 112
Havelka 454
Hecht, Günther 437
Helphand-Parvus, Alexander 357 f., 362
Herbert, Ulrich 44 f.
Herbert, Zbigniew 339
Hering, Ernst 420, 431
Hexmann, Friedrich 70

Heydrich 453 f.
Hilberg, Raul 128, 193, 254 ff.
Hilferding, Alexander 96 f.
Hilfstein, Chaim 258 f., 261 f., 277
Himmler, Heinrich 22, 44 f., 297, 304, 332, 415, 438
Hindenburg, Paul von 120 f.
Hirschfeld, Gerhard 12, 16, 132
Hitler, Adolf 22, 24, 35, 40 ff., 46, 51 ff., 66, 72, 116, 118, 145 f., 155 f., 162, 200, 236, 244 f., 292, 295-301, 304, 332, 362 f., 409 f., 415, 434, 437, 440 f., 453 ff., 458
Hiżowa, Emilia 273, 276 f., 281
Hlinka 311
Hochberg, Miriam (= Górska, Maria) 266 f.
Hoffmann, Joachim 440
Hoffmann, Stanley 460
Hojda, Stanisław 279
Holoubek, Gustaw 313
Horowitz, Sabina 279
Hudes, Natali 279
Hughes, H. Stuart 108
el-Husseini, Amin 410
Hyłko, Józef 217

Illgen, Friedrich 196
Ischreyt, Heinz 9
Ivinskis, Zenonas 155
Iwaszkiewicz, Jarosław 313

Jackobson, Mina 279
Jäger, Karl 154, 158
Jagow, von 357
Jakir, I.È 374
Jaksza, Jerzy 279
Jakunin, Gleb 448
Janicki 222
Januškevič, N.N. 365
Jarosz, Dariusz 333
Jaspers, Karl 117
Jaszuński, Józef 258 ff.
Jeckeln 81
Jockheck, Lars 17
Juchowski, Andrzej 279
Jurand, Artur 279

Kaczorowska, Blanka 334
Kaftor, Dawid 264
Kakurin, N.E. 386
Kalfus 454
Kaltenbrunner 296, 299

Kamiński, Marek Kazimierz 309
Kappeler, Andreas 88, 90
Karalius, Vincas 156
Katharina II., Zarin 98
Katzer, Nikolaus 17
Kaufman, Konstantin von 92 f.
Kavolis, Vytautas 103, 111, 113, 115, 175, 191
Kawalec, Krzysztof 309
Kennan, George F. 353
Kerenskij 362
Khrushchev 110
Khvisyuchik, Ivan Stepanovich 421
Kiepura, Jan 231
Kinslerowa, Romana 279
Kirchhof, Hans 320
Kirkor, Adam 94 ff.
Kisielewski, Stefan 322
Kleßmann, Christoph 42
Klier, John D. 99
Klimaitis 154 f., 162
Klimas, Petras 121
Kobryner, B. 273, 284
Koch, Erich 46
Kochanowski, Jerzy 17
Kochański, Aleksander 335
Kocwa, Aleksander 279
Koestler, Arthur 117
Köstring, Ernst 439
Kolčak 388
Koller, Christian 16
Kon, Feliks 311
Konarska, Gustawa 279
Konstantin Nikolaevič, Großfürst 92
Kopaliński, Władysław 305
Korboński, Stefan 324, 334 f.
Korneluk, Konstanty 416
Kornilov, Ivan 94, 386, 393
Korzeniewski, Bohdan 324 f., 327
Kosciuszko, Tadeusz 179
Koselleck, Reinhart 120
Kowalewski, Jan 294, 296, 343
Koźliński, Zbigniew 295
Kozłowski 243 f., 297
Kozłowski, Leon 331, 343
Krahelska, Halina 325
Krall, Hanna 252
Kreczmar, Jan 332
Krejčí 454
Krėvė(-Mickevičius), Vincas 144
Kroeger, Erhard 440
Krötz, Robert 440

Krull, Max 197
Krupavičius, Mykolas 182, 185
Kruszyński, Józef 221
Krygeris, Matas 156
Krystek, Janusz 220
Krzeptowski, Wacław 295, 333
Krzyżanowski, Aleksander (Pseud. „Wilk") 343
Kubijowicz 276
Kubiliūnas, Petras 159
Kukliński, Jerzy Ryszard 312
Kundera, Milan 112
Kupfer, Efroim 273
Kurcjusz, Jerzy 293
Kvaček, Robert 461

Łakiński, Jan 220
Lammers, Cornelis J. 14
Landau, Leib 258
Landau, Ludwik 293, 297 f., 331
Landsbergis, Vytautas 173
Lange, Rudolf 83
Langier (Langer) 195
Lasota, Marek 273, 283
Laval, Pierre 15, 24, 51, 247, 266, 407
Lawaty, Andreas 18
Lažnovský 455
Lec, Stanisław Jerzy 9
Lechthaler, Franz 154
Leikarts, Peteris 86
Lemberg, Hans 13 f., 23, 39, 77, 314
Lenin, Vladimir Il'jič 11, 353 ff., 357-362
Lersner 358
Lew, Leon 273
Liebeskind, Adolf 274 f.
Liebkind, Irene 279
Lindeman, K. 366 f.
Liszko, Kazimierz 279
Litvin, A.M. 408
Liulevičius, Vėjas Gabriel 16
Loefler, Emil 279
Łomnicki, Tadeusz 313
Lorek, Jan 221
Losev, Alexander 95
Łossowski, Piotr 165
Lubetkin, Cywia (= Celina) 264
Luchterhand, Otto 17
Ludendorff, Erich 120, 358 f., 370
Luks, Leonid 11, 17
Lutosławski, Witold 313
Lutz, Ludwig 368
Luxemburg, Rosa 354

Lyons, Eugene 437

Maceina, Antanas 148
Machálek, Vít 459
Machnicki, Janusz 262
Mackiewicz 293
Mackiewicz, Józef 336 f., 343
MacQueen, Mike 16
Madajczyk, Czesław 24, 43, 77, 315, 318, 460
Madajczyk, Piotr 16
Magalif 421
Mahler, Rafał 271
Maistre, Joseph de 361
Malicka 335
Manikowska, Halina 339
Marchik, Mefody 428
Marchlewski, Julian 311
Mark, Bernard 252
Matus, Henryk 279
Matuszewski, Ignacy 293
Mazower, Mark 162
Meinecke, Friedrich 68
Mende, Gerhard von 410
Michalewsky, Nikolai von 441
Michman, Dan 257
Michnik, Adam 112, 308, 336, 338
Mickiewicz, Adam 114, 179 f., 310, 328
Mieroczewski, St. 266
Mieroszewski, Juliusz 321, 322
Mihailowič, Draža 54
Mikołajczyk, Stanisław 322
Milejkowski, Israel 258
Miljukov, Pavel 360 f., 386
Miljutin, Dmitrij 92
Miller, Alex 90
Miłosz, Czesław 103, 105 f., 112, 115, 117, 175, 190, 336 ff.
Milotová, Jaroslava 458
Milowicz s. Chilowicz, Wilhelm
Milward, Alan 48
Mockūnas, Liūtas 177 f., 184
Moeller van den Bruck, Arthur 62
Mohler, Armin 62
Moltke, Hans Adolf von 292
Moravec, Emanuel 454, 457 f., 460
Morecki, Rafał 279
Mossert 15, 51
Müller, Rolf-Dieter 439
Müller-Brandenburg, Hermann 64
Murav'ev, Michail 89 ff., 94 f.
Mussert s. Mossert

Mussolini, Benito 244
Myszkowski, Stefan 279

Nakoniecznikoff-Klukowski, Przemysław 302
Napoleon I. 57, 62
Nebeský 459
Nehmer 262
Nekrasov 105
Nelipovič, S. 66 f.
Neris, Salomėja 182
Neulen, Hans-Werner 408
Neumann-Neurode, Karl von 292
Neustadt, Melech 272
Nicki s. Nikolaj II., Zar
Niedra, Andrievs 127
Niekisch, Ernst 63
Nikolaj II., Zar 356
Nöldeke, Wilhelm 198
Norkus, Bronius 158
Nornberg, Zygmunt 279
Novick, Peter 350
Novikov, Nikolaj 93
Nowak-Jeziorański, Jan 337
Noworol, Wacław 219

Oberg, Carl 24
Oettli, Theodor 63
Olszewska, H. 66
Oncken, Hermann 59
Orłoś, Kazimierz 338
Orlov, Yuri 114
Orwell, George 105 ff., 117
Osipov, V. 108
Overy, Richard 48
Ovid 113 f.

Paczkowski, Andrzej 316
Palamarchuk, Wasyl 422
Pankiewicz, Tadeusz 271, 281
Pasák, Tomáš 459 f.
Paulus 436
Pemper, Mieczysław 279 f.
Perlman, Jakub 278
Perzanowska 335
Pétain, Philippe 11 f., 24, 51, 130 f., 244, 267, 277, 407 f., 454
Peter I., Zar 108, 438
Petkevičius, Antanas 98
Petkus, Viktoras 114
Petljura, N. 376
Piekarski 265

Pietrzak, Antoni 217
Pilnik, Bogusław Jan 219
Piłsudski, Józef 185, 224, 290 f., 301, 332
Pimen, Patriarch 448
Pitirim von Volokalamsk, Metropolit 448
Platten, Fritz 359
Plebańczyk, Marian 279
Plechanov, Georgij 353 f.
Plechavičius, Povilas 160
Pomorski, Leon 279
Poralla, Curt 198
Potapov, Alexander 92 f., 96 f.
Potempko, Augustyn 222
Prel, Max du 201, 203
Próchniak, Edward 311
Pufeles-Polewski, Marian 279
Punikowski, Julian 223

Quiring, Franz 198
Quisling, Vidkun 12, 16 f., 51, 209 f., 243 f., 247, 249, 277, 305 f., 325, 331, 334, 338, 346, 408, 436, 443, 461

Rabinovici, Doron 253, 255
Raczkiewicz, Władysław 293
Radek, Karl 311
Radowitz, [Otto v.] 198
Radziwiłł, Janusz 291
Raila, Bronys 149 f., 152, 163
Ramult-Baldwin, L. 213
Rapaport, W. 273, 284
Rastenis, Vincas 175
Reich(-Ranicki), Marcel 194
Reichelt, Katrin 17
Reitlinger, Gerald 438 f.
Reivytis, Vytautas 157, 162
Rek, Tadeusz 273, 277, 281
Rembek, Stanisław 294
Renteln, Adrian von 159
Reszczyński, Aleksander 333
Ribbentrop, Joachim von 22, 152, 293, 410
Robinson, Jacob 254
Röhr, Werner 13, 16, 130
Rogowoj, Abraham (Aron) Mordechaj 195
Rogowski, Feliks 279
Rogoziński, Szymon 273 f.
Rolmanis 82
Roloff, Gustav 57
Romberg, von 359
Romeris, Mykolas 185
Ronikier, Adam 259 f., 262, 276

Rosenberg, Alfred 46, 65 f., 159
Roshwald, Aviel 124
Rostropovich, Mstislav 114
Rotbaum, Jakub 271
Rowecki, Stefan 332
Rozenfeld, Szulim 195
Rubin 233
Rufeisen, Oswald 416
Ruseckas, Petras 124 f.
Rusek 222
Rybicka, Anetta 289, 306, 315 f., 339, 345
Rybicki, Feliks 337
Rys-Rozsévač, Jan 456 f.

Sakharov, Andrei 105, 109
Salpeter, Leib 278
Sartre, Jean-Paul 330
Sauckel, Fritz 48 f.
Šaulys, Kazimieras 156
Saulis, R. 80
Savickas 125
Sawoniuk, Anthony (Andrei) 421, 423 f., 430, 433
Schellenberg, Walter 410
Schiller 328
Schindler, Oskar 280
Schmitt, Carl 44, 71
Schmittjakob, Felix 226
Schneeweiss-Taube, Anna 260, 279
Schneeweissówna 262
Schock, Ludwig 376
Schöll, G.-A. 374, 375
Schöngarth, Eberhard 296
Scholem, Gershom 254
Scholl, Aurelien 313
Schreiber, Ze'ev 418
Schröder, Matthias 17
Schulenburg 326
Schumacher, Kurt 11
Schwarzbard, Ignacy 228
Sehn, Jan 280
Seidler, Franz W. 315
Seifter, Fritz 17, 192, 195-203, 205
Semirjaga, Michail 408
Sendlikowski, Al[eksander] 223
Serafinowicz, Semion 416, 418, 432
Sergeyev, Piotr 426
Sewerski, Stefan 279
Seyfried, Edmund 262, 279 f.
Shafarevich, I. 108
Shakespeare, William 113

Shalev, Menchem 418
Sharansky, Natan (Anatoly) 114
Shner-Neshamit, Sarah 141
Shtromas, Alexander s. Štromas, Aleksandras
Sienkiewicz, Henryk 289 f.
Sigma, Samuel 279
Sikorski 171, 210, 214, 424
Sikorskis, Romualdas 190
Silietis, J. 124-127
Sinyavsky, Andrei 105, 109
Škirpa, Kazys 36, 148, 150-153
Skiwski, Jan Emil 223, 243, 277, 298, 331, 334, 337, 346
Škorpil, Pavel 459
Skvireckas, Juozas 155
Slaščev, Jakov A. 397
Šljapnikov 355
Šliupas, Jonas 181
Smetona, Antanas 142, 144, 148 f., 165, 168, 182
Smutný 461
Sniečkus, Antanas 146, 176, 190 f.
Socrates 113 f.
Solzhenitsyn, Aleksandr 104, 108, 114
Sommerstein, Emil 265
Sopp 280
Sosnkowski, Kazimierz 245
Speer, Albert 48
Sperber, Manès 254
Stahlecker, Walther 79 ff., 153 f.
Stalin, Josif V. 105, 116, 146, 149, 157, 162, 171, 228, 326, 398, 434, 436 ff., 440 f.
Staliūnas, Darius 16
Stauffenberg, Graf 441
Staugaitis, Justinas 156
Stecko, Jaroslav 36
Steenberg, Sven 440, 442
Stein, Edmund 195
Steinbach, Erika 310
Steinberg, Leon 268
Stempowski, Jerzy 311
Stepun, Fedor 354, 361 f.
Stern, Nathan 262
Sternberg, Jakub 275, 278
Stolarska, Ludwika 279
Stolzman, Abram 258
Strecker, Karl 123
Štromas, Aleksandras 101-104, 106-111, 115, 117, 175, 182 f., 189
Struve, Petr 354
Strzembosz, Tomasz 315, 339

Studnicki, Władysław   291 f., 294, 304, 330 f.,
    343, 345
Stülpnagel, Otto von   46
Stupnicki, Szaul (Szymon)   195
Sulik, Nikodem   168 f.
Sulzbach, Walter   64
Sužiedėlis, Saulius   16
Święcicki, Roman Leon   216
Szapiro, Paweł   286
Szarota, Tomasz   16, 310, 342, 348, 350
Szczepanski, Max von   58
Szejnert, Małgorzata   325
Szenirer, Helena   279
Szlachet, Szymon   279
Szostak, Bolesław   217
Szpigiel, Jeszajahu   273
Szprincak (Josef)   286
Szymczak, Kazimierz   325
Szymczak, Mieczysław   305

Tauber, Joachim   10
Taut, Franz   437
Tchórznicki, Konstanty   300
Temkin-Bermanowa, Basia   286
Terlecki, Władysław   313
Tesař, Jan   455, 460
Teuner   457
Thermann, [Edmund v.]   196
Thorwald, Jürgen   438 f.
Tisch, Eliasz   258 f., 261 f., 277
Tiso   311
Tolstoj, Dmitrij   96
Tomášek, Dušan   461
Traubman, Wiktor   279, 281
Traugutt, Romuald   312
Trockij, Leo   358, 394
Trumpa, Vincas   113, 175 f., 180
Trunk, Isaiah   256
Trzeciak, Stanisław   243
Trznadel, Jacek   339
Turkow, Zygmunt   271
Tuwim, Julian   231
Twirski, Tadeusz   279

Ulmanis, Karlis   127
Umbreit, Hans   43
Unruh, Walter von   328
Urbachowa, Salomea   279
Urbanowski, Maciej   337
Urbas   125
Urbšys, Juozas   142, 166

Vajtauer   455
Valančius, Motiejus   180
Valentinov, Nikolaj   354
Velichov   368
Venclova, Antanas   113, 182
Venclova, Tomas   101, 104, 109, 111-117
Vitkus-Kazimieraitis, Juozas   188
Vitkus, Viktoras   125
Vitovskiy, Roman Antonovich   421
Vitte, Sergej   356
Vlasov, Andrej   15, 17, 209, 362 f., 408, 411 f.,
    434-442
Voinovich   105
Voldemaras, Augustinas   150, 164 f.
Volkogonov, Dmitrij   359 f.
Vrangel'   386 f., 393, 397
Vytautas d.Gr.   151

Wagner, Heinrich   420, 425
Wajda, Andrzej   313
Wallenrod, Konrad   179 ff.
Wangenheim   357
Wańtuch, N.   217
Warlimont, Walter   297
Wąsowicz, E.   266
Wasser, Henryk-Hersch   274, 276
Wassertal, Maurycy   279
Wasylewski, Stanisław   335
Wawrzecki, Tomasz   179
Weber, Max   102
Weichert, Michał   17, 250 ff., 258-288
Weiner, Amir   427
Weirauch, Lothar   258, 262, 280
Westarp, Kuno Graf von   61, 63
Wiaderny, Bernard   340, 352
Wielgomas, Helena   335
Wielikowski, Gamsej   259
Wielopolski, Aleksander   99, 313
Wiener, Juliusz   279
Wieniawa-Długoszowski, Bolesław   289
Wiesner, Rudolf   201 f.
Wilf, Jakub   273, 283
Wilhelm, Kronprinz   356
Winkler, Immanuel   370
Winklowa, Barbara   338
Witos, Wincenty   298
Wittrock, Hugo   85
Wójcik, Władysław   266, 273, 280, 282
Wolsza, Tadeusz   322
Wolter, Władysław   279

Wolters, Friedrich   59
Woroschilow   328
Wróbel, Władysław   279
Wutz, Josef   159
Wyka, Kazimierz   249
Wyleżyńska, Aurelia   330

Yakimova, M.F.   416

Zabłudowski, Benjamin   259
Zajdman, Hilel   195
Ždanov, G.V.   375
Zdziechowski, Jerzy   293

Zelenoj, Alexander   92
Żeligowski   126, 173
Zembroń, N.   219
Žemkalnis   155
Žeromskis   177
Zerubabel   271
Zhilun, Ivan   428
Zimand, Roman   206
Zimmermann   358
Žukas   168
Żurowski, Ludwik   278 f.
Zyłka   220

Die Autoren des Bandes

Egidijus Aleksandravičius, Dr. phil., geb. 1956, Professor am Historischen Seminar der Vytautas-der-Große-Universität und Direktor des Instituts für litauische Emigration in Kaunas. Mehrere Gastprofessuren in den USA, Finnland und Polen. Sein wissenschaftliches Interesse gilt der Kulturgeschichte Litauens in der Neuzeit, der Historiographie und der Geschichte des litauischen Exils. Seine publizistischen Beiträge und Essays zur Zivil- und Übergangsgesellschaft in Litauen erscheinen regelmäßig in litauischen Periodika. Daneben hat er mehrere Monographien und viele Aufsätze in den baltischen Staaten, Polen und den USA veröffentlicht.

Hans-Jürgen Bömelburg, Dr. phil., geb. 1961, wiss. Mitarbeiter am Nordost-Institut, arbeitet zur ostmitteleuropäischen, insbesondere zur polnischen und preußischen Geschichte von der Frühen Neuzeit bis zur Gegenwart. Autor vielfältiger Veröffentlichungen, u.a. der Dissertation „Zwischen polnischer Ständegesellschaft und preußischem Obrigkeitsstaat" (1995) und der Habilitation „Das polnische Geschichtsdenken und die Diffusion einer humanistischen Nationalgeschichte im östlichen Europa 1500–1700" (2006); gegenwärtige Projekte: Geschichte der Stadt Lodz im 20. Jahrhundert, Frühneuzeitliche Adelseliten in Polen, Livland und Preußen.

Jerzy W. Borejsza, Dr. phil., geb. 1935, seit 1983 Professor an der Polnischen Akademie der Wissenschaften, seit 1999 Leiter der Abteilung für Totalitäre Systeme und die Geschichte des Zweiten Weltkriegs am Historischen Institut der Akademie, 1991–1996 Leiter einer Forschungsabteilung der Polnischen Akademie der Wissenschaften in Paris, seit 2004 zugleich Professor am Institut für Internationale Beziehungen an der Universität Toruń/Thorn. Autor zahlreicher Monographien und Beiträge zur Geschichte des 19. und 20. Jahrhunderts, insbesondere zur Geschichte der polnischen Emigration und des Totalitarismus in Europa, u.a. „Schulen des Hasses: faschistische Systeme in Europa" (1999).

Włodzimierz Borodziej, Dr. phil., geb.1956, Professor für Zeitgeschichte an der Universität Warschau, polnischer Co-Vorsitzender der Deutsch-Polnischen Schulbuchkommission. 1992–1994 Generaldirektor in der Sejmkanzlei (Parlamentsverwaltung). 1994/95 Gastprofessor an der Philipps-Universität Marburg, 2004/2005 an der Friedrich Schiller Universität Jena; 1999–2002 Vizepräsident der Universität Warschau. Verf. u.a. von „Der Warschauer Aufstand 1944" (2004). Zusammen mit Hans Lemberg Herausgeber der vierbändigen Quellenedition „Die Deutschen östlich von Oder und Neiße 1945–1950. Dokumente aus polnischen Archiven".

Detlef Brandes, Dr. phil., Dr. h.c., geb. 1941, seit 1991 Professor für Kultur und Geschichte der Deutschen im östlichen Europa an der Heinrich-Heine-Universität Düsseldorf. Mitglied der Deutsch-Tschechischen und Deutsch-Slowakischen Historikerkommission, Ehrendoktor der Karls-Universität Prag 2001. Vielfältige Veröffentlichungen zu Ostmitteleuropa und zu Russland/Sowjetunion u.a.: „Die Tschechen unter deutschem Protektorat". 2 Bde. (1969, 1975) (tschechisch 1999); „Großbritannien und seine osteuropäischen Alliierten 1939–1943. Die Regierungen Polens, der Tschechoslowakei und Jugoslawiens im Londoner Exil vom Kriegsausbruch bis zur Konferenz von Teheran" (1988); „Der Weg zur Vertreibung 1938–1945. Entscheidungen und Pläne zum ‚Transfer' der Deutschen aus der Tschechoslowakei und aus Polen (1939–1945)" (2. erweiterte Auflage 2005); „Von den Zaren adoptiert. Die deutschen Kolonisten und die Balkansiedler in Neurussland und Bessarabien 1751–1914" (1993); (mit Andrej Savin): „Die Sibiriendeutschen im Sowjetstaat 1919–1938" (2001). Herausgeber der „Veröffentlichungen zur Kultur und Geschichte im östlichen Europa" 26 Bde.; „Forschungen zur Geschichte und Kultur der Russlanddeutschen" 11 Bde.

Martin Dean, Dr. phil., geb. 1962, Studium der Geschichte und Promotion an der Universität Cambridge, 1991–1992 Historical Researcher bei der Australian Special Investigation Unit (War Crimes) in Sydney, 1992–1997 Senior Historian der Metropolitan Police War Crimes Unit, New Scotland Yard in London, seit 1998 Applied Research Scholar am Center for Advanced Holocaust Studies des U.S. Holocaust Memorial Museum in Washington D.C. Publikationen zur Kollaboration der örtlichen Polizei in Weißrussland und der Ukraine während des Holocausts.

Christoph Dieckmann, Dr. phil., geb. 1960, Studium der Geschichte, Volkswirtschaft und Soziologie in Göttingen, Jerusalem und Hamburg. Promotion bei Ulrich Herbert, Freiburg, über deutsche Besatzungspolitik in Litauen 1941–1944. Mitherausgeber der Reihe „Beiträge zur Geschichte des Nationalsozialismus". Seit 2005 Lecturer for Modern European History, Keele University, UK.

Leonidas Donskis, Dr. phil (Universität Vilnius), Dr. phil. (Universität Helsinki), geb. 1962, Research Fellow und Gastprofessuren an verschiedenen Universitäten in Skandinavien, Großbritannien und den USA, seit 2002 Inhaber des Lehrstuhls für Philosophie und Direktor des Instituts für Politische Wissenschaft und Diplomatie an der Vytautas-der-Große-Universität Kaunas. Publikationen zur Geschichte der Philosophie, der Kulturgeschichte und der Geschichte der politischen Ideen. Seit mehreren Jahren ist er zudem als Autor und Moderator der politischen Talkshow „Be pykčio" (Ohne Zorn) im litauischen Fernsehen tätig.

Alfred Eisfeld, Dr. phil., geb. 1951, Studium der Geschichte Ost- und Südosteuropas, der Politischen Wissenschaften und der Zeitungswissenschaften in München. Promotion 1983 mit dem Thema „Deutsche Kolonien an der Wolga 1917/1919 und das Deutsche Reich"; 1994–2001 Geschäftsführender Leiter des Instituts für Deutschland- und Osteuropaforschung, seit 2002 Leiter der Abteilung Göttingen des Nordost-Instituts.

Klaus-Peter Friedrich, Dr. phil., geb. 1960, Studium der Mittleren und Neueren Geschichte, Politikwissenschaft, Englischen Philologie und Anglo-Amerikanischen Geschichte in

Mainz, Bristol, Dijon und Köln; 1992–1996 Deutsch-Lektor in Lublin und Chelm; 1998–2002 Redaktionsassistent der Zeitschrift für Ostmitteleuropa-Forschung, Marburg; 2003–2004 im Auftrag des Verlags Herder-Institut Redaktion der Bände III und IV der Edition „Die Deutschen östlich von Oder und Neiße 1945–1950. Dokumente aus polnischen Archiven". In Deutschland, Polen und den USA zahlreiche Publikationen zur Zeitgeschichte Polens, insbesondere zur Geschichte der Juden in der polnischen Gesellschaft vor und unter der NS-Okkupation, zur Geschichte der Presse sowie zur Volksrepublik Polen. Internetfassung der Kölner Dissertation von 2002/03 mit dem Titel „Der nationalsozialistische Judenmord in polnischen Augen: Einstellungen in der polnischen Presse 1942–1946/47" unter http://www. kups.ub.uni-koeln.de/volltexte/2003/952/ verfügbar.

Iskander Gilyazov, Dr. phil., geb. 1958, Professor an der Fakultät für tatarische Geschichte und Philologie der Universität Kazan; Forschungsschwerpunkte zur Geschichte der tatarischen Emigration und zur Kollaboration im Zweiten Weltkrieg; Autor zahlreicher Publikationen, u.a. der Monographie (in russischer Sprache) „Auf der anderen Seite. Die Kollaborateure unter den Volga-Ural-Tataren im Zweiten Weltkrieg" (1998).

Gerhard Hirschfeld, Dr. phil., geb. 1946, Studium der Geschichte, Politischen Wissenschaften und Germanistik an den Universitäten Köln und Düsseldorf. 1978–1989 Wiss. Mitarbeiter am Deutschen Historischen Institut in London; seit 1989 Leiter der Bibliothek für Zeitgeschichte sowie (seit 1997) Professor am Historischen Institut der Universität Stuttgart; 1991–2000 Vorsitzender des Deutschen Komitees für die Geschichte des Zweiten Weltkriegs; seit 2000 Präsident des International Committee for the Study of the Second World War. Zahlreiche Veröffentlichungen zur deutschen und europäischen Zeitgeschichte (s.u. http://www.wlb-stuttgart.de/bfz/hirschf.htm). Derzeitige Forschungsfelder: Geschichte der Weltkriege; Völkermord im 20. Jahrhundert; Geschichte der Niederlande (1890–2000).

Lars Jockheck, Dr. phil., geb. 1968, Studium der Geschichte, Journalistik, Volkswirtschaft und polnischen Sprache in Hamburg, Mainz und Krakau; Promotion an der Universität Hamburg 2004; seit 1997 wissenschaftlicher Mitarbeiter an der Helmut-Schmidt-Universität, Universität der Bundeswehr Hamburg. Arbeitsschwerpunkte: Deutsch-polnische Beziehungen; Medien- und Kommunikationsgeschichte. Wichtigste Publikationen: „Der ‚Völkische Beobachter' über Polen 1932–1934. Eine Fallstudie zum Übergang vom ‚Kampfblatt' zur ‚Regierungszeitung'" (1999); „Ein Nationalmythos in ‚Eastman Color': Die Schlacht bei Tannenberg 1410 im polnischen Monumentalfilm ‚Krzyżacy' von Aleksander Ford", in: Zeitschrift für Ostmitteleuropa-Forschung 51 (2002), S. 16-252; „Propaganda im Generalgouvernement. Die NS-Besatzungspresse für Deutsche und Polen 1939–1945" (2006).

Nikolaus Katzer, Dr. phil., geb. 1952, Studium der Allgemeinen und Osteuropäischen Geschichte und der Slavistik an der Universität Frankfurt a.M. (1974–1978), Promotion in Frankfurt a.M. mit einer Arbeit zur politischen Biographie des Schriftstellers Maksim Gor'kij: „Gor'kijs Weg in die Russische Sozialdemokratie" (1990), Hochschulassistent am Seminar für Osteuropäische Geschichte der Rheinischen Friedrich-Wilhelms-Universität Bonn (1987–1993), Habilitation an der Universität Bonn mit einer Arbeit über die Gegner der Bolschewiki im russischen Bürgerkrieg: „Die Weiße Bewegung in Russland. Herrschaftsbildung, praktische Politik und politische Programmatik im Bürgerkrieg" (1999); seit 1996 Professor für die Geschichte des 19. und 20. Jahrhunderts mit besonderer Berücksichtigung der Geschichte Mittel- und Osteuropas an der Helmut-Schmidt-Universität/Universität der Bundeswehr Hamburg. Forschungsschwerpunkte: Religion und Revolution in Russland zu Beginn des 19. Jahrhunderts; Technik und Moderne in Russland im ersten Drittel des 20. Jahrhunderts; Gewalt und Utopie im 20. Jahrhundert (Bürgerkriege, Hungersnot, Kollaboration), Geschichte der Körperkultur und des Sports in Russland und der Sowjetunion.

Jerzy Kochanowski, Dr. phil., geb. 1980, Professor am Historischen Institut der Universität Warschau, dort Koordinator des Forschungsprojekts „„Schleichwege'. Inoffizielle Begegnungen der sozialistischen Bürger 1956–1989", am Deutschen Historischen Institut in Warschau verantwortlich für eine Quellenedition zur Geschichte der Beziehungen zwischen der Volksrepublik Polen und der DDR. Veröffentlichte zuletzt die Monographie „In polnischer Gefangenschaft: Deutsche Kriegsgefangene in Polen; 1945–1950" (2003); Mitherausgeber des Sammelbandes „Die polnische Heimatarmee: Geschichte und Mythos der Armia Krajowa" (2003) und Mitherausgeber der Quellenedition „Die Deutschen östlich von Oder und Neiße 1945–1950. Dokumente aus polnischen Archiven", Bd. 2 (2003).

Christian Koller, PD Dr. phil., geb. 1971; 1990–1996 Studium der Allgemeinen Geschichte, Wirtschaftswissenschaft und Politikwissenschaft; 1998 Promotion, 2003 Habilitation; z.Zt. Privatdozent und Oberassistent am Historischen Seminar der Universität Zürich; Arbeitsgebiete: Geschichte von Nationalismus, Sportgeschichte, ArbeiterInnengeschichte, Erinnerungskultur. Publikationen u.a. „„Von Wilden aller Rassen niedergemetzelt': Die Diskussion um die Verwendung von Kolonialtruppen in Europa zwischen Rassismus, Kolonial- und Militärpolitik (1914–1930)" (2001); „Goal! Kultur- und Sozialgeschichte des modernen Fußballs" (2002) (zusammen mit Fabian Brändle); „Fremdherrschaft': Ein politischer Kampfbegriff im Zeitalter des Nationalismus" (2005).

Vėjas Gabriel Liulevičius, Dr. phil., geb. 1966, Studium der Geschichte an den Universitäten Chicago und Pennsylvania mit einem Schwerpunkt auf der neueren deutschen Geschichte, Promotion 1994, Stipendiat des DAAD, Postdoctoral Fellowship an der Hoover Institution in Stanford, California. Seit 1995 Dozent und Associate Professor an der Universität von Tennessee (Knoxville, Tennessee), z.Zt. Inhaber der Hendrickson Professorship in the College of Arts and Sciences. Sein Buch „War Land on the Eastern Front: Culture, National Identity and German Occupation in World War I" (2000) erschien 2002 dt. unter dem Titel „Kriegsland im Osten: Eroberung, Kolonisierung und Militärherrschaft im Ersten Weltkrieg".

Otto Luchterhand, Dr. jur., geb. 1943, Studium der Rechts- und Staatswissenschaften, Slawistik und Osteuropäischen Geschichte in Freiburg i.Br. und Bonn 1965–1970; 1. jur. Staatsexamen (1970), 2. jur. Staatsexamen und Assessor jur. (Köln 1975); Promotion zum Dr. jur., Universität zu Köln 1974; Wissenschaftlicher Assistent bzw. Mitarbeiter am Institut für Ostrecht der Universität zu Köln 1975–1990; Habilitation und Ernennung zum Privatdozenten 1986 (Köln) mit venia legendi für Öffentliches Recht, Ostrecht und Kirchenrecht; 1988–1990 Lehrstuhlvertretungen in Freiburg/Br., Köln und Hamburg; seit 1991 Professor für Öffentliches Recht und Ostrecht am Fachbereich Rechtswissenschaft I der Universität Hamburg, Direktor der Abteilung für Ostrechtsforschung.

Leonid Luks, Dr. phil., geb. 1947 in Sverdlovsk (heute Ekaterinburg), 1965 Abitur in Szczecin/Stettin. 1965–1973 Studium der Slawischen Philologie, der Osteuropäischen Geschichte und der Neueren Geschichte in Jerusalem und München. 1973 Promotion und 1981 Habilitation an der Ludwig-Maximilian-Universität München. Danach als Hochschullehrer tätig an den Universitäten München, Bremen und Köln. Seit 1995 Inhaber des Lehrstuhls für Mittel- und Osteuropäische Zeitgeschichte an der Katholischen Universität Eichstätt-Ingolstadt. Mitherausgeber der Zeitschrift „Forum für osteuropäische Ideen- und Zeitgeschichte".

Michael MacQueen M.A., geb. 1949, Studium der Volkswirtschaft an der Universität Michigan; M.A. in mitteleuropäischer Geschichte; Stipendiat der Universität Warschau; cand. phil. der Universität Michigan; seit 1988 Chief of Investigative Research beim Office of Special Investigations des Department of Justice, Washington D.C.

Piotr Madajczyk, Dr. phil., geb. 1959, Professor an der Polnischen Akademie der Wissenschaften, Leiter der Abteilung für Deutschlandstudien am Institut für Politische Studien der Akademie. Arbeitet über die Geschichte der deutsch-polnischen Beziehungen im 20. Jahrhundert, nationale Minderheiten und die jüngste Geschichte Polens. Zuletzt veröffentlichte Monographien (in polnischer Sprache) über „Die Angliederung des Oppelner Schlesiens an Polen 1945–1948" (1996) und „Polnische Deutsche 1944–1989" (2001).

Katrin Reichelt, M.A., geb. 1970, Studium der Russistik, Polonistik und Neueren/Neuesten Geschichte; Tätigkeit für die Abteilung Kriegsverbrechen und Verbrechen gegen die Menschlichkeit des Justizministeriums Kanadas; derzeit Mitarbeit an der Erstellung eines Lexikons zur Erfassung der NS-Ghettos und Konzentrationslager am U.S. Holocaust Memorial Museum und Doktorandin am Zentrum für Antisemitismusforschung an der TU Berlin zum Thema der lettischen Kollaboration im Holocaust.

Werner Röhr, Dr. sc. phil., geb. 1941, Studium der Philosophie und Geschichte an der Humboldt-Universität zu Berlin, 1970 Promotion, 1976 Habilitation, bis zur Auflösung 1991 Mitarbeiter der Akademie der Wissenschaften der DDR, 1994 Gastprofessor an der Universität Zielona Góra. Forschungsschwerpunkte: Vergleichende Untersuchungen zur Okkupationspolitik der Achsenmächte im Zweiten Weltkrieg, deutsche und polnische Geschichte im 20. Jahrhundert, deutsche Philosophiegeschichte im 20. Jahrhundert, Faschistische Ideologie; Jüngste Publikationen: „Occupatio Poloniae. Forschungen zur deutschen Besatzungspolitik in Polen 1939–1945" (2004); „Panta rhei. Vorlesungen zur antiken Philosophie" (2004); Herausgeber von „Spinoza im Osten. Systematische und rezeptionsgeschichtliche Studien" (2005); Mitherausgeber der Reihe „Europa unterm Hakenkreuz" und Autor der Bände 2, 8 und Ergänzungsband 1 (1988–1996), Herausgeber: „Bulletin für Faschismus- und Weltkriegsforschung. Wissenschaftliche Halbjahresschrift" (seit 1993).

Matthias Schröder, Dr. phil., geb. 1969, Studium der Geschichte, Publizistik und Osteuropäischen Geschichte in Bochum und Münster. 2000 Promotion bei Wolfgang Jacobmeyer,

Universität Münster, mit einer Studie zu Deutschbaltischen SS-Führern und der Russischen Befreiungsbewegung unter General Vlasov. Seither freier Publizist und Kulturmanager, Forschungsschwerpunkte Deutschbaltische NS-Bewegung, Umsiedlung der Deutschbalten sowie biographische Studien zu Gunter d'Alquen und General August Ernst Köstring.

Darius Staliūnas, Dr. phil., geb. 1970, Studium der Geschichte, M.A. Universität Vilnius 1993, Promotion Universität Kaunas 1997; seit 1992 am Institut für Geschichte Litauens in Vilnius, seit 2000 stv. Direktor des Institutes; Dozent der Universität Klaipėda. Mitglied des Editorial Board der „Lithuanian Historical Studies". Forschungsschwerpunkte: Russische Nationalitätenpolitik in der sog. Nordwest-Region (Litauen und Weißrussland), Fragen der litauischen Historiographie und litauischer Erinnerungsorte. Veröffentlichungen u.a. „Visuomenė be universiteto? (Aukštosios mokyklos atkūrimo problema Lietuvoje: XIX a. vidurys-XX a. pradžia)" (2000) [Eine Gesellschaft ohne Universität? Das Problem der Gründung einer Hochschule in Litauen von der Mitte des 19. bis zum Beginn des 20. Jahrhunderts]. Arbeitet derzeit über „Russifizierung: Semantik und Praxis. Die russische Nationalitätenpolitik in Litauen und Weißrussland Mitte des 19. Jahrhunderts".

Saulius Sužiedėlis, Dr. phil., geb. 1945, Professur für Geschichte an der Millersville University in Pennsylvania; Mitglied der internationalen Kommission zur Erforschung nationalsozialistischer und sowjetischer Verbrechen in Litauen. Er ist Autor des „Historical Dictionary of Lithuania" (1991) und Verfasser der historischen Einleitung der litauischsprachigen Ausgabe von Avraham Torys „Surviving the Holocaust: The Kovno Ghetto Diary" (2001).

Tomasz Szarota, Dr. phil., geb. 1940, ordentlicher Professor am Institut für Geschichte der Polnischen Akademie der Wissenschaften in Warschau, dort Leiter der Abteilung für Geschichte Polens nach 1945. Veröffentlichungen in deutscher Sprache: „Warschau unter dem Hakenkreuz. Leben und Alltag im besetzten Warschau" (1985); „Der deutsche Michel. Geschichte eines nationalen Symbols und Autostereotyps" (1985). Verfasser einer Biographie des Generals Stefan Rowecki „Grot" und eines Buches über antijüdische Ausschreitungen und Pogrome im besetzten Europa. In Vorbereitung ist eine Monographie über den Luftkrieg gegen Warschau und Dresden.

Joachim Tauber, Dr. phil., geb. 1958, Studium der Geschichte, Germanistik und lateinischen Philologie, Promotion 1989 an der Universität Erlangen-Nürnberg, wiss. Mitarbeiter am Nordost-Institut in Lüneburg, Lehrbeauftragter der Universitäten Hamburg und Klaipėda/ Memel, 2003 und 2005 Gastprofessur an der Université du Littoral/Cote d'Opale in Boulogne-sur-Mer, Mitglied des Editorial Board der Zeitschriften „Lithuanian Foreign Policy Review", „Genocidas ir Rezistencija" und „Istorija", Mitglied der internationalen Kommission zur Erforschung nationalsozialistischer und sowjetischer Verbrechen in Litauen.